高等学校专业教材

合成香料工艺学

（第二版）

主编　易封萍　毛海舫

参编　潘仙华　张传祖　俞根发　张丽荣

欧文华　易维银　钱惠根

中国轻工业出版社

图书在版编目（CIP）数据

合成香料工艺学/易封萍，毛海舫主编．—2版．—北京：中国轻工业出版社，2025.1

高等学校专业教材

ISBN 978-7-5184-0637-1

Ⅰ.①合…　Ⅱ.①易…②毛…　Ⅲ.①合成香料—工艺学—高等学校—教材
Ⅳ.①TQ655

中国版本图书馆CIP数据核字（2015）第238229号

责任编辑：伊双双　钟　雨　　责任终审：滕炎福　　封面设计：锋尚设计
版式设计：宋振全　　责任校对：吴大鹏　　责任监印：张京华

出版发行：中国轻工业出版社（北京鲁谷东街5号，邮编：100040）
印　　刷：三河市万龙印装有限公司
经　　销：各地新华书店
版　　次：2025年1月第2版第3次印刷
开　　本：787×1092　1/16　印张：34.75
字　　数：770千字
书　　号：ISBN 978-7-5184-0637-1　定价：68.00元
邮购电话：010-85119873
发行电话：010-85119832　010-85119912
网　　址：http://www.chlip.com.cn
Email：club@chlip.com.cn

250093J1C203ZBW

前　言

由于新技术、新方法和新原料的不断涌现，科学研究和分析技术水平的不断提高，对合成香料的研究、开发、生产以及应用取得了飞速的发展。合成香料是香料工业的重要组成部分，由于其质量稳定、价格波动较小、生产不受气候、自然环境及地域条件的限制，以及能保证稳定供应等优点，已被广泛应用于日化、食品和其他各种香精中。为配合香料工业的发展，满足高等院校轻化工程专业课程教学需要，为此编写了本书。

本书主要介绍了各类香料化合物（烃类及含卤类、醇类、酚类、醚类、醛类、酮类、缩羰基类、羧酸类、羧酸酯类、内酯类、合成麝香类、含氮类、含硫类、杂环类等）的性质、结构与香气的关系以及它们的制备方法，包括了以上各类合成香料的理化性质、天然存在、制备方法、主要用途及安全管理。本书第二版在第一版的基础上进行了修改和补充，针对每一章节删除了有关基础有机化学的各类化合物的化学性质部分，并在每一章分别增加了第一版未曾收录的合成香料化合物品种；此外，删除了第一版中第十六章生产实例，将每一类合成香料的生产实例放在每一章的最后介绍，利于读者更好地掌握相关合成香料的工业化生产方法。

本书各类合成香料的生产实例由张传祖提供，相应的生产工艺设备流程图由钱惠根绘制，在此表示衷心感谢。同时，衷心感谢参考文献的所有作者。

本书可作为高等院校轻化工程专业本科教材，也可供高等院校相关专业、从事合成香料研究的科技人员和对合成香料感兴趣的读者参考。

在本书编写过程中，由于时间仓促，加之作者水平有限，不妥和错误之处在所难免，敬请读者提出宝贵意见，不胜感激。

编者

2016 年 1 月

国际组织机构名称和专业术语中英文对照表

英文缩写	英文全称	中文名称
FEMA	Flavor and Extract Manufacture's Association of the United States	美国食用香料与提取物制造者协会
FDA	Food and Drug Administration	美国食品与药物管理局
COE	Council of Europe	欧洲理事会
IFRA	International Fragrance Association	国际日化香料香精协会
RIFM	Research Institute for Fragrance Materials	国际日化香料研究所
GRAS	Generally Recognized as Safe	一般认为安全
CAS	Chemical Abstracts Service (Registry number)	美国化学文摘登记号

目　　录

第一章　绪　　论

第一节　香料和香料工业

香料也称香原料，是一种能被嗅觉嗅出香气或被味觉尝出香味的物质，是配制香精的原料，可以是单体，也可以是混合物。香料由天然香料和合成香料两部分组成。香料工业是一门研究具有令人愉快香气的科学，而合成香料工艺学则是详细地介绍合成香料的历史、现状、发展方向及工业生产方法的学科，合成香料是香料工业的重要组成部分。

- 香料工业
  - 香料
    - 天然香料
      - 动物性天然香料
      - 植物性天然香料
    - 合成香料（单体香料）
      - 单离香料
      - 化学合成香料
        - 全合成
        - 半合成
      - 用生物工程技术制备的香料
  - 香精（调香）
    - 日化调香
    - 食用调香

（1）动物性天然香料（Fauna natural perfume）　动物性天然香料是动物的分泌物或排泄物。动物性天然香料有十几种，能够形成商品和经常应用的只有麝香（Musk）、灵猫香（Civet）、海狸香（Castoreum，Castor）、龙涎香（Ambergris）和麝香鼠香（Musquash）5 种。

（2）植物性天然香料（Flora natural perfume）　植物性天然香料是以芳香植物的花、枝、叶、草、根、皮、茎、籽或果等为原料，用水蒸气蒸馏法、浸提法、压榨法、吸附法等方法生产出来的精油、浸膏、酊剂、香脂、油树脂和净油等，如玫瑰油、茉莉浸膏、桂花浸膏、香荚兰酊、白兰香脂、大蒜油树脂、水仙净油等。

（3）单离香料（Perfumery isolates）　使用物理的或化学的方法从天然香料中分离出来的单体香料化合物称为单离香料。单离香料来源于天然香料，但人们习惯将单离香料也称为合成香料。例如，在薄荷油中含有 70%～80%的薄荷醇，用重结晶的方法从薄荷油中分离出来的薄荷醇就是单离香料，俗称薄荷脑。又如，在山苍子油中含有 80%左右的柠檬醛，用精馏的方法可得到粗的柠檬醛，然后再用亚硫酸氢钠法进行纯化，即得到精制的柠檬醛，这种柠檬醛也是单离香料。

（4）合成香料（Synthetic perfume）　通过化学合成的方法制取的香料称为合成香料。广义的合成香料也称为单体香料，分为单离香料、化学合成香料以及新近发展起来的用生物工程技术制备的香料。狭义的合成香料是指以石油化工产品、煤焦油、林产加工产品等比较廉价的原料，通过各种化学反应合成的香料。目前世界上合成香料有 6000 多种，常用的产品有3000多种。许多合成香料新品种的出现与剖析天然香料的香成分组成的成果有关,在本书中所列举的合成香料品种中,有一些是“存在于自然界中”的,这表明它们是从剖析天然香料中发现存在而进行人工化学合成的;有一些虽然尚未在天然香料中发现,但是它们的化学结构与相应存在于天然香料中的某个成分相似,而且较其“母体”更容易合成得到,其香气及性能有的甚至较“母体”更好一些;还有一些则是有机化学工作者与调香工作者以及卫生工作者和分析工作者在密切配合协作中创试成功的。任何一种合成香料,除了在香气上有其特点和在稳定性上可为调香工作者选用之外,另一个重要的条件就是它必须对人体、皮肤、毛发是较安全的。

第二节　合成香料研究的对象

天然香料植物往往受自然条件及加工等因素的限制,因此在品种数量及产品质量上受到一定的影响。而合成香料不受自然条件的限制,质量稳定、生产规模大小可由人们自己安排,产品的价格也要比天然来源的便宜得多。此外,香精的创新和质量的提高也越来越依赖于新的合成香料品种。因此,研制和开拓发展新的合成香料就显得越来越重要。特别是随着近代科学研究和分析技术水平不断提高,已可分离和剖析天然香料中的主要发香成分及其结构,从而通过化学合成法进行研制,既可解决天然香料的不足之处,又可降低经济成本。

例如,近几年来发现玫瑰油的主香成分如下:

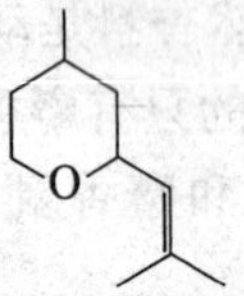

玫瑰醚

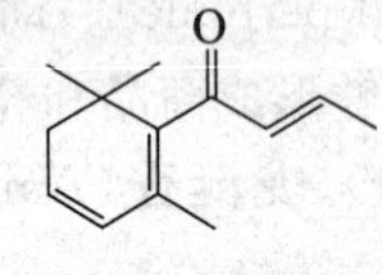

β-突厥烯酮

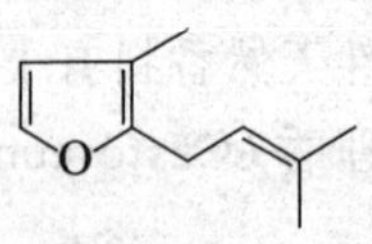

玫瑰呋喃

大花茉莉油的主香成分:

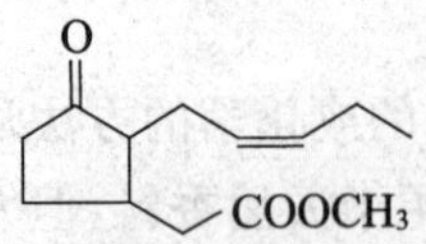

顺式-茉莉酮酸甲酯

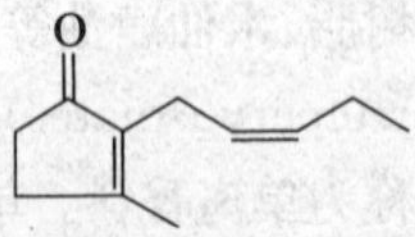

顺式-茉莉酮

栀子花的主香成分:

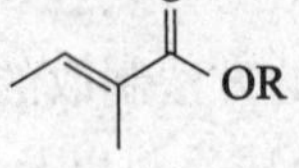

R为$C_6H_5CH{=}CHCH_2-$

$C_6H_5CH_2-$

$CH_3CH_2-\underset{H}{C}{=}\underset{H}{C}-CH_2CH_2-$

CH_3CH_2-

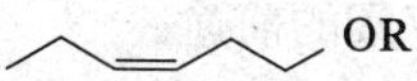
R为H或脂肪酰基

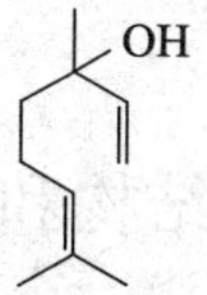
芳樟醇

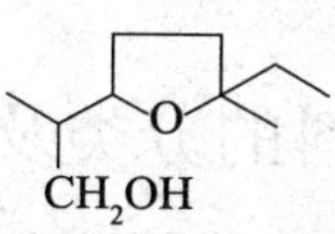
紫丁香醇

这些化合物现在可以通过化学方法合成。除此之外，还能合成一些自然界中不存在的化合物，其香气具有一定的使用价值，举例如下。

具有茉莉香气的化合物：

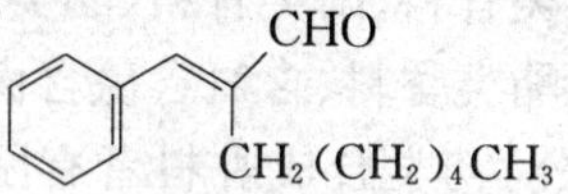
α-己基桂醛

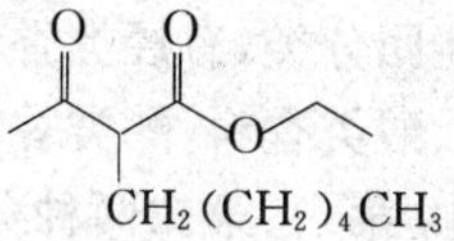
α-己基乙酰乙酸乙酯

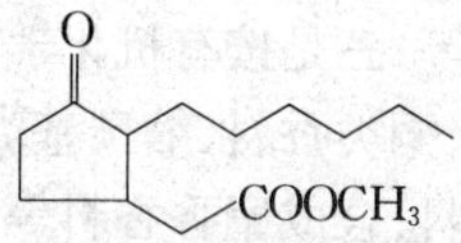
二氢茉莉酮酸甲酯

具有铃兰香气的化合物：

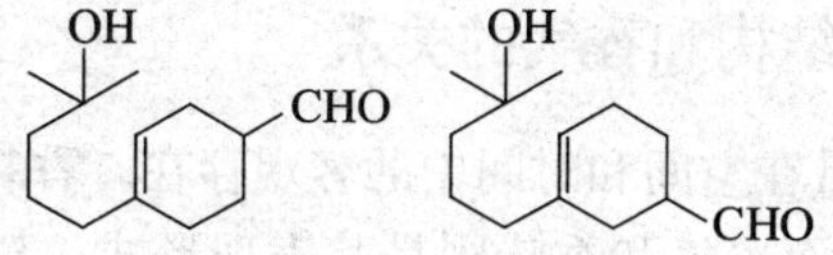
新铃兰醛

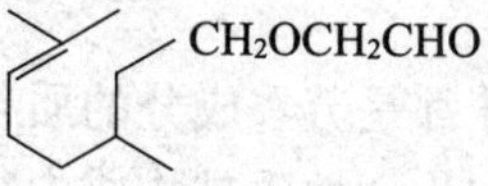
香茅氧基乙醛

具有木香香气的化合物：

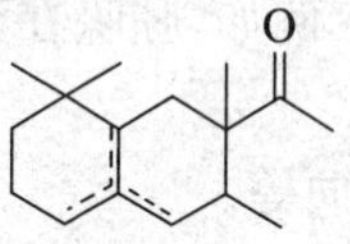
ISO E super
(龙涎酮)

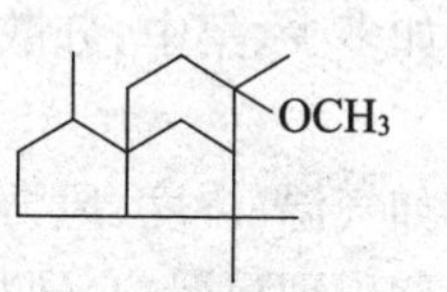
甲基柏木醚

具有青香香气的化合物：

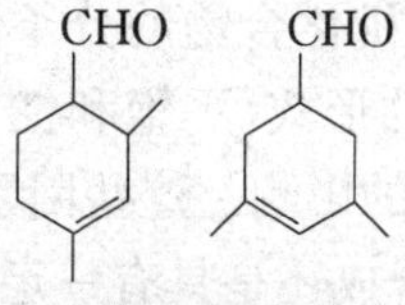
女贞醛

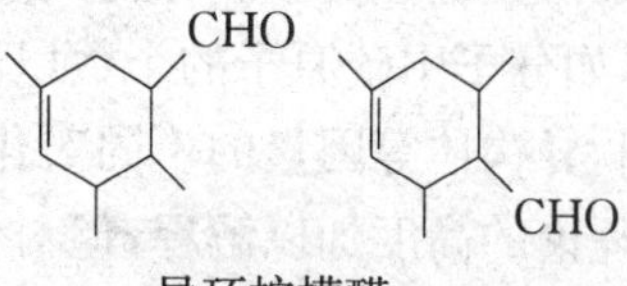
异环柠檬醛

具有苹果香气的化合物：

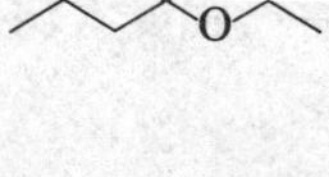
苹果酯

所以,合成香料的研制及生产具有极为广阔的前途。

合成香料不仅在数量、质量、作用的广泛性方面起着主导作用,在香精的创新和质量的提高上也越来越依赖于新的合成香料品种。

第三节　合成香料的分类及其结构和香气的关系

一、合成香料的分类

合成香料在分类上看法不一,一般有以下三种分类方法:一是按所采用的原料进行分类,有香茅油系统、山苍籽油系统、黄樟油系统、蓖麻油系统、松节油系统、煤焦油系统和石油化工系统等;二是根据香料的香型不同来进行分类,有玫瑰型、茉莉型、铃兰型、果香型、木香型等;三是按有机化学的官能团分类,有烃类香料、醇类香料、酚类香料、醚类香料、醛类香料、酮类香料、缩羰基类香料、酸类香料、酯类香料、内酯类香料、含氮含硫含卤以及杂环类香料、合成麝香香料等。其中,第一、第二两种分类法对初学合成香料者有困难。由于合成所得的单体香料具有一定的分子结构,而在一些单体的分子结构中,凡具有相同功能团时,为便于掌握合成香料的性质及合成的规律。虽然其结合的形式不同,但在化学性质上及制备中却具有相同之处,所以本书采用第三种分类方法。

二、分子结构和香气的关系

香气和香味都是芳香成分的质与量在空间和时间中的客观存在。香料和香精所含芳香成分的物理和化学性质是物质内容,而香气和香味则是其表现形式。对于香的类型确定,除芳香成分的客观存在外,还有感官判断等主观因素的影响。

下面一些因素对于鉴别香气的特性均有一定的影响。

(1)芳香成分的质　如分子结构、物理性质、化学性质等。

(2)芳香成分的量　如多少、集中、分散等。例如,吲哚在浓度高时呈粪便臭,而在浓度低时呈茉莉香。

(3)自然环境因素　如气温、湿度、风力、风向等。

(4)人的主观因素　如生理情况、心理状态、生活经验等。

分子结构与香味之间的关系一直是人们感兴趣的研究课题。但是,由于香料分子结构本身的复杂性和鉴定器官的主观性的影响,要在有机化合物分子结构与香味之间确定一种能够肯定的预测某种新化合物香味特征的理论是很困难的,迄今为止,这一重要理论课题研究尚未取得关键性突破。在此只能简单地分析有机化合物的分子结构,根据化合物的分子结构,如分子中碳原子的个数以及碳原子结合的形式、不饱和性与否、官能团差异、取代基不同、异构体等因素的不同对化合物香味产生的影响。这些因素对香味的影响虽然尚不能从理论的高度加以解释,但对有香化合物的合成还是具有一定的指导作用。

(一)碳原子个数以及碳原子结合的形式对香气的影响

香料化合物的相对分子质量一般在 50～300,相当于含有 4～20 个碳原子。在有机化合物中,碳原子个数太少,则沸点太低,挥发过快,不宜用作香料。如果碳原子个数太多,则由于蒸汽压减小而特别难于挥发,香气强度太弱,也不宜用作香料。

碳原子结合的形式不同，导致化合物分子结构不同，因而其香气也就不一样。例如，α-戊基桂醛（Ⅰ）具有茉莉花的香气，而铃兰醛（Ⅱ）具有铃兰的香气。

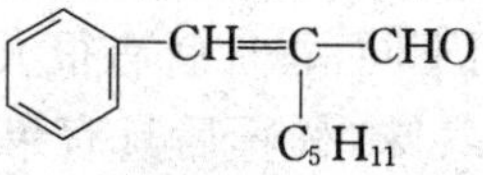

（Ⅰ）

茉莉花香气

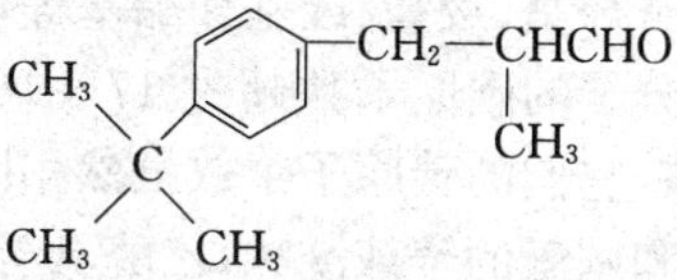

（Ⅱ）

铃兰香气

又如，2,4-二甲基-1,3-二氧戊烷-2-乙酸乙酯（Ⅲ）及2-甲基-1,3-二氧戊烷-2-乙酸乙酯（Ⅳ），两者仅相差一个甲基，前者具有苹果和草莓香气，而后者却具有苹果刚削去皮时的新鲜青香香气。

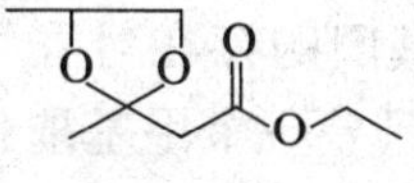

（Ⅲ）

苹果和草莓香气

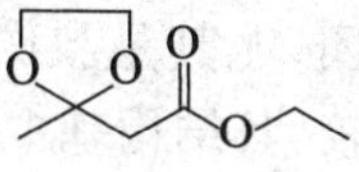

（Ⅳ）

新鲜青香香气

（二）不饱和性对香气的影响

碳原子个数相同且结构非常类似的有机化合物，其双键的存在与否以及双键的位置与化合物的香气都有一定的关系。例如，具有分子式$C_{11}H_{12}O$的10种苯基戊烯醛，由于分子中C=C、—CHO、—C_6H_5相对位置不同，它们的香气也各不相同。

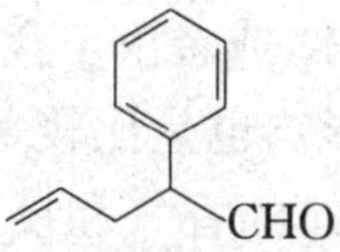

煮熟的番茄香气，带金属气

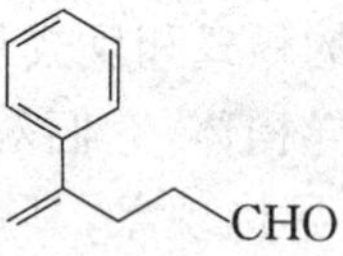

西瓜香气、胡桃香气

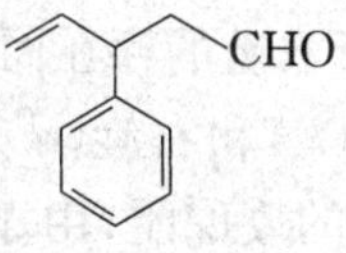

可可粉香气

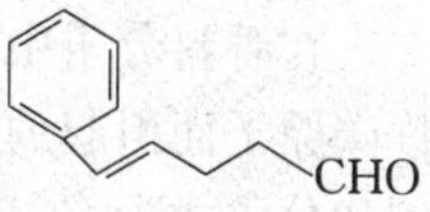

圆柚汁香气、带瓜香气

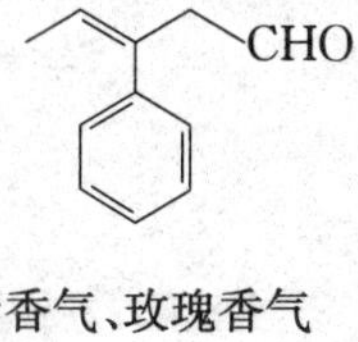

青香气、玫瑰香气

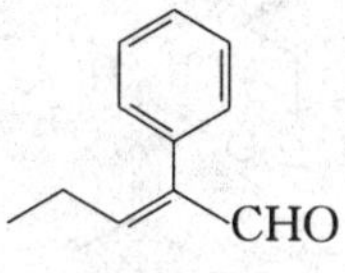

弱的玫瑰香气

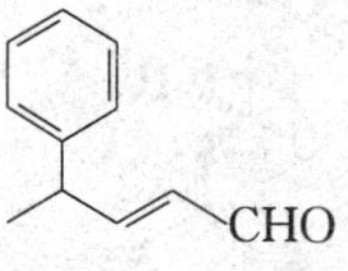

杂草青气、微弱瓜香气

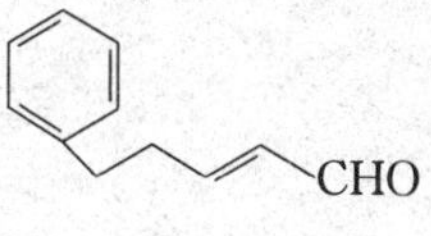

柑橘果香气

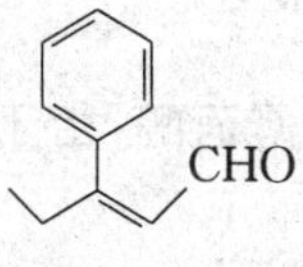

甜香气，类似柏木香气

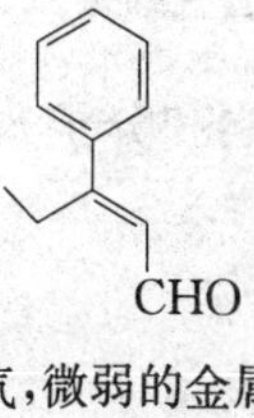

叶青香气，微弱的金属气

(三)官能团对香气的影响

官能团的存在及其在分子中的相对位置对有机化合物香气的影响是非常普遍的,凡分子结构中含有羟基、羧基、羰基和酯基等,一般都具有香气,而且与所结合的碳原子数有关。若化合物分子的碳原子数超过 17～18 时,其香气就会减弱,甚至无香气。例如,乙醇、乙醛和乙酸,它们的碳原子个数虽然相同,但官能团不同,香气就有很大的差别。乙醇具有酒的气味和刺激的辛辣滋味;乙醛具有辛辣、醚样气味,稀释后具有果香、咖啡香、酒香和青香;乙酸具有刺激、尖酸的气息,稀释到一定程度后具有酸味。又如,苯酚、苯甲醛和苯甲酸,它们具有相同的苯环,但因为取代官能团不同,所以它们的香味相差甚远。苯酚具有酚样、药香气和味道;苯甲醛具有苦杏仁、樱桃和坚果香气;苯甲酸具有微弱的香脂气息,苦味道。

(四)取代基对香气的影响

取代基对香气的影响也是显而易见的,取代基的类型、数量及位置对香气都有影响。碳链中具有支链基团,尤其是叔碳原子基团的存在对香气有一定的影响。例如,紫罗兰酮与鸢尾酮相比较,其结构基本相同,只差一个甲基取代基,但它们的香味却有很大差别。

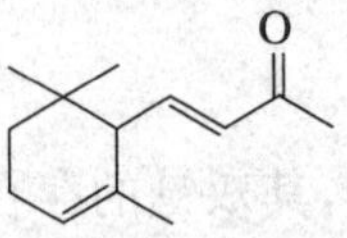

α-紫罗兰酮(紫罗兰花香)

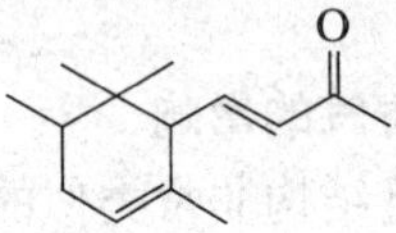

α-鸢尾酮(鸢尾根香)

(五)异构体对香气的影响

在香料分子中,由于双键的存在而引起的顺式和反式几何异构体,或者由于含有不对称碳原子而引起的左旋(l)和右旋(d)光学异构体,它们对香气的影响也是比较普遍的。例如分子式为 $C_{10}H_{13}O$ 的玫瑰醚,由于顺反异构现象,其顺式异构体的香气和反式的有差异。

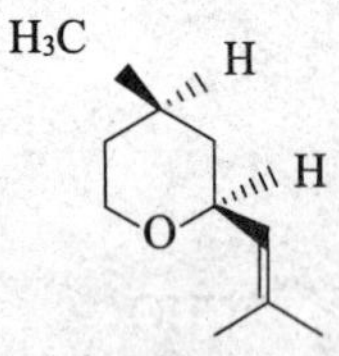

顺式

玫瑰香气,偏甜,香气细腻

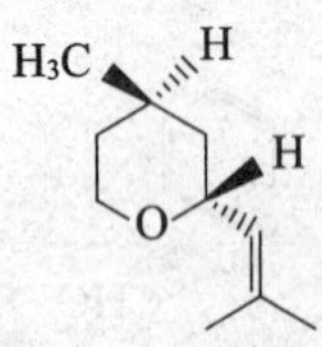

反式

玫瑰香气,偏青

又如,分子式为 $C_{10}H_{14}O$ 的香芹酮和分子式为 $C_{10}H_{20}O$ 的薄荷醇,由于旋光异构现象,其右旋体和左旋体的香气有差异。

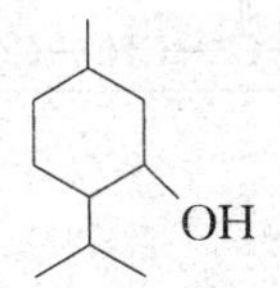

d-薄荷醇(弱薄荷香、不清凉)
l-薄荷醇(强薄荷香、清凉感)

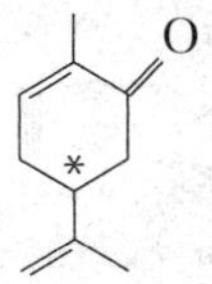

d-香芹酮(葛缕子酮)(葛缕子香气)
l-香芹酮(留兰香酮)(留兰香香气)

由此可见,分子中即使存在微小的差异,也可引起香气上的不同。这些关系将在以后各有关章节分别介绍。

第四节 合成香料的制备方法

现在一般所说的合成香料,通常包括单离香料、化学合成香料和用生物工程技术制备的香料。单离香料取自成分复杂的天然复体香料,其工业使用价值较高,大量用于香精的调配。天然精油中的某些立体异构体,通过化学合成手段很难合成,所以从天然精油中得到的单离香料有时是各种异构体的混合物,故某些单离香料和纯合成的单体香料相比在香气上会有一定的差别。用生物工程技术制备的香料,即通过植物组织细胞培养、微生物发酵或酶来完成生物合成过程而得到的单体香料。本书主要以化学合成的单体香料化合物为主,重点介绍每种香料化合物的理化性质、天然存在、制备方法和主要用途等。

合成香料的制备涉及许多有机化学反应,如氧化、还原、酯化、水解、缩合、异构化、加成等。合成香料的制备方法包括全合成法、半合成法和生物合成法。

一、全合成法

全合成法是以各种基本有机化工原料为起始原料,经一系列有机化学反应合成香料化合物。以下是几种典型的全合成法。

(一)石油化工产品合成法

在石油和天然气中含有大量甲烷,甲烷在1500℃下可得到乙炔。以乙炔和丙酮为原料,经炔化反应生成甲基丁炔醇,经还原反应生成甲基丁烯醇,然后与乙酰乙酸乙酯缩合,即可得到甲基庚烯酮。

乙炔和甲基庚烯酮反应生成脱氢芳樟醇。如果将脱氢芳樟醇异构化,可制得柠檬醛。柠檬醛与硫酸羟胺发生肟化反应,最后可制得柠檬腈。合成得到的柠檬醛与丙酮发生缩合反应生成假性紫罗兰酮,在浓硫酸存在下,假性紫罗兰酮经环化反应可制得α-紫罗兰酮和β-紫罗兰酮。如果将脱氢芳樟醇氢化,可制得芳樟醇。芳樟醇经氢化可制得香茅醇。芳樟醇与乙酰乙酸乙酯缩合生成香叶基丙酮,再与乙炔反应生成脱氢橙花叔醇,然后经氢化得到橙花叔醇。

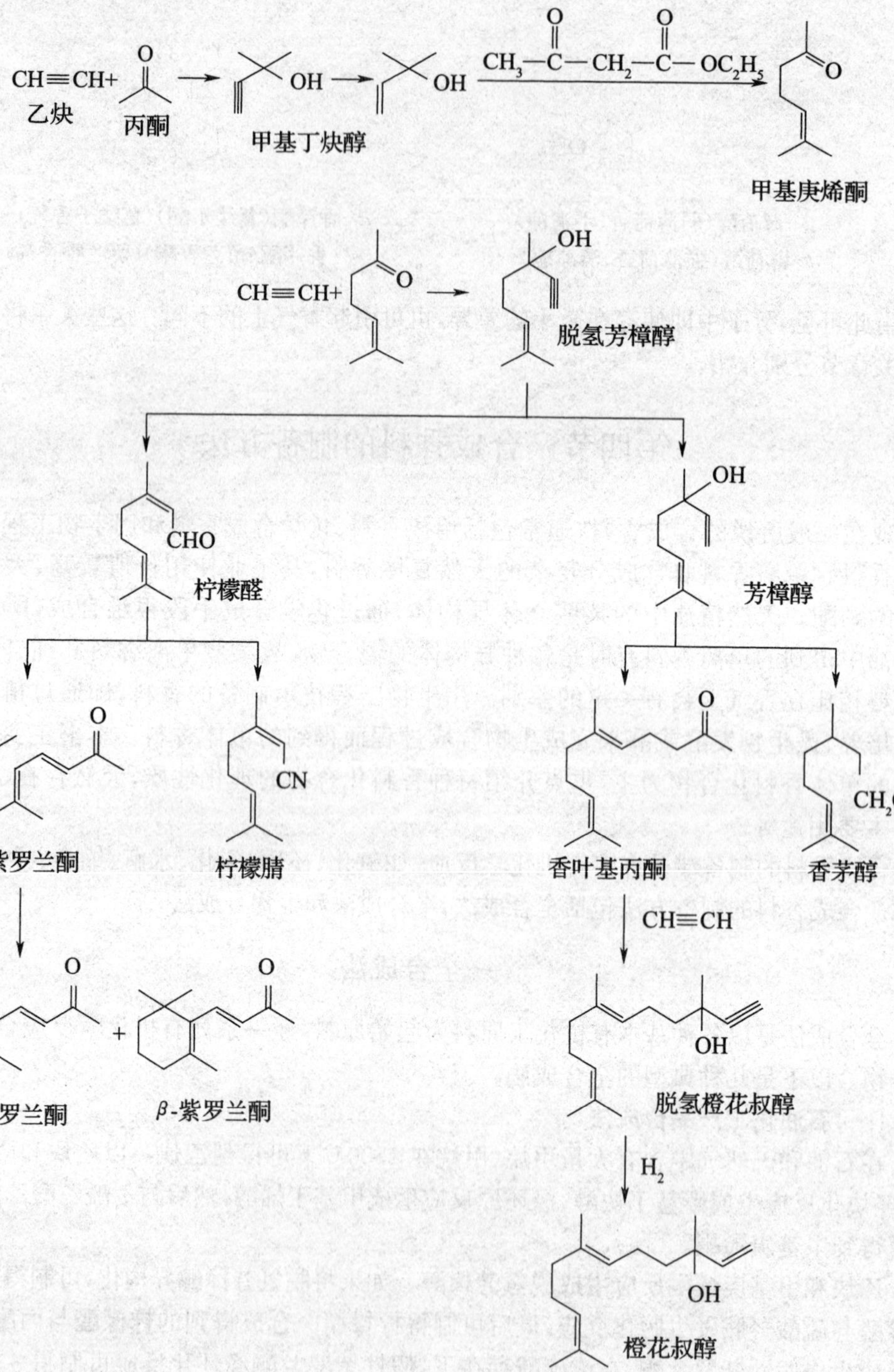

(二)异戊二烯合成法

萜类化合物的碳骨架是由多个异戊二烯分子构成的。用于香料的萜类化合物大多属于单萜、倍半萜和二萜类，所以异戊二烯是合成这些萜类化合物的重要原料之一。近年来，由于石油化学工业的飞速发展，为萜类香料化合物的合成提供了质优、价廉的异戊二烯原料。萜类香料化合物中单萜化合物数量较大，两个异戊二烯分子头尾相连形成二聚体骨架，是萜类香料化合物合成的关键所在。

从异戊二烯为起始原料可以制得氯代异戊烯，然后与丙酮进行加成反应合成甲基庚烯酮，以甲基庚烯酮为原料可以合成柠檬醛、芳樟醇、维生素 A、维生素 E、维生素 K、类胡萝卜素等重要化合物。

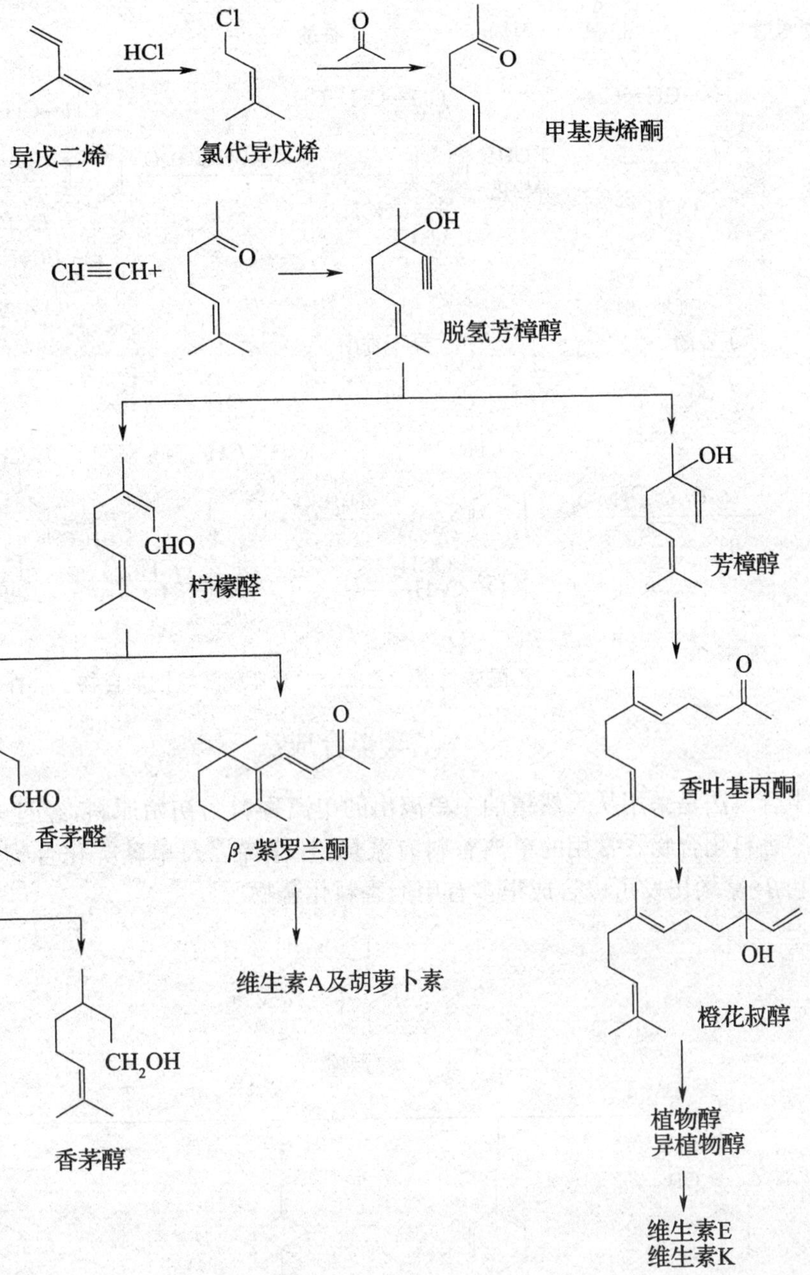

(三)以芳香族化合物为原料的合成方法

以芳香族化合物为起始原料，可以合成许多有价值的香料化合物。例如，以愈创木酚为原料可以制备丁香酚。以丁香酚为原料可以制备香兰素。

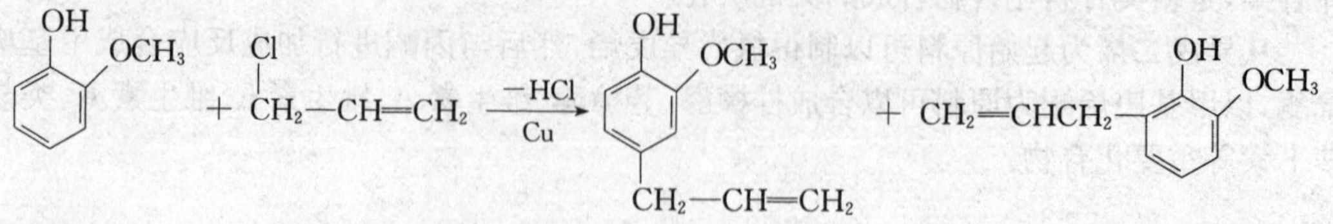

愈创木酚　　3-氯-1-丙烯　　丁香酚

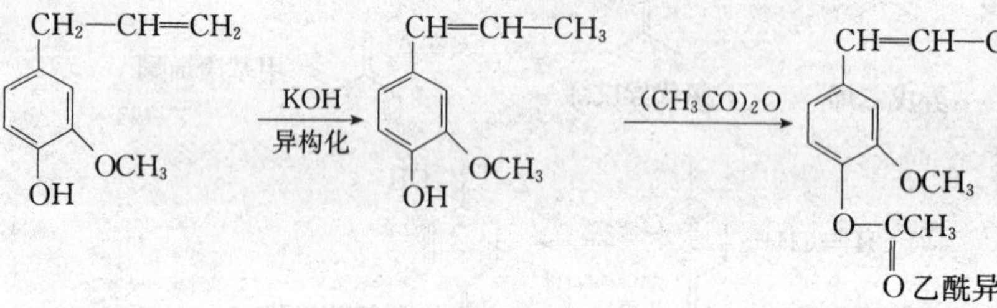

丁香酚　　异丁香酚　　乙酰异丁香酚

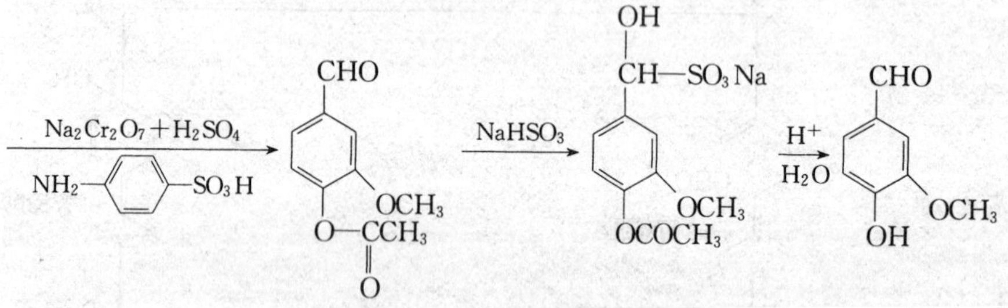

乙酰香兰素　乙酰香兰素亚硫酸氢钠加合物　香兰素

二、半合成法

半合成法是采用从天然精油中单离出的单离香料为初始原料，经过一系列反应合成重要的香料化合物。常用的单离香料有蒎烯、柠檬烯以及单萜类化合物等。例如，从α-蒎烯和β-蒎烯出发可以合成很多有用的香料化合物。

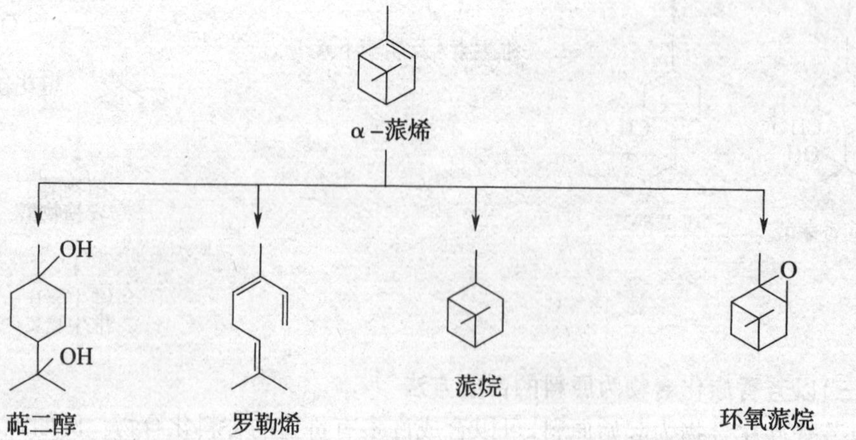

α-蒎烯

萜二醇　罗勒烯　蒎烷　环氧蒎烷

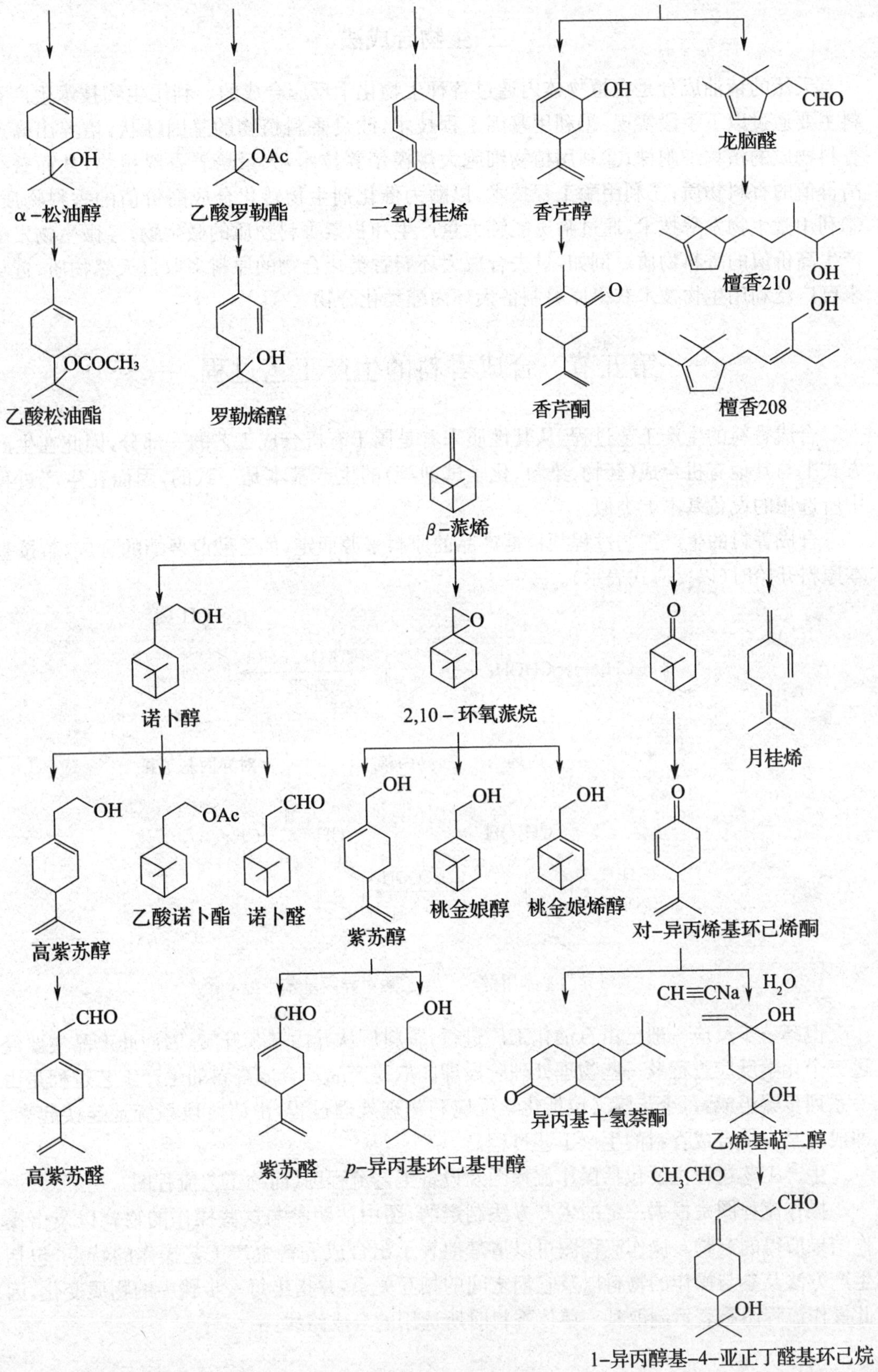
OH
α-松油醇
OCOCH3
乙酸松油酯
OAc
乙酸罗勒酯
OH
罗勒烯醇
二氢月桂烯
OH
香芹醇
O
香芹酮
CHO
龙脑醛
OH
檀香210
OH
檀香208
β-蒎烯
OH
诺卜醇
O
2,10-环氧蒎烷
O
月桂烯
OH
高紫苏醇
OAc
乙酸诺卜酯
CHO
诺卜醛
OH
紫苏醇
OH
桃金娘醇
OH
桃金娘烯醇
O
对-异丙烯基环己烯酮
CHO
高紫苏醛
CHO
紫苏醛
OH
p-异丙基环己基甲醇
O
异丙基十氢萘酮
CH≡CNa
H2O
OH
OH
乙烯基萜二醇
CH3CHO
CHO
OH
1-异丙醇基-4-亚正丁醛基环己烷

三、生物合成法

天然的精油成分是在植物体内通过各种生物化学反应合成的。利用生物技术生产香料主要通过以下手段实现:①利用基因工程技术,改良香料植物的基因性状,培养出高产香料物质的植物细胞株;②利用植物细胞大规模培养技术,大量培养香料植物,从而获得高价值的香料物质;③利用酶工程技术,以酶为催化剂生物转化合成高价值的香料物质;④利用微生物发酵技术,通过筛选能够大量产生和积累香料物质的微生物,经微生物发酵产生高价值的香料物质。例如,过去合成大环麝香类化合物的原料多取自天然物质,近年来已广泛利用生物技术获得原料制备大环内酯类化合物。

第五节 合成香料的生产工艺过程

合成香料的生产工艺过程,从其性质来看是属于有机合成工艺的一部分,因此在生产方式上与其他有机合成(药物、染料、化学试剂等)的生产基本是一致的,因而在生产过程中所选用的设备基本上类似。

合成香料的生产工艺过程须根据产品的原料来源而定,如乙酸莳萝酯的合成,若按基本原料开始时(以反应式表示)。

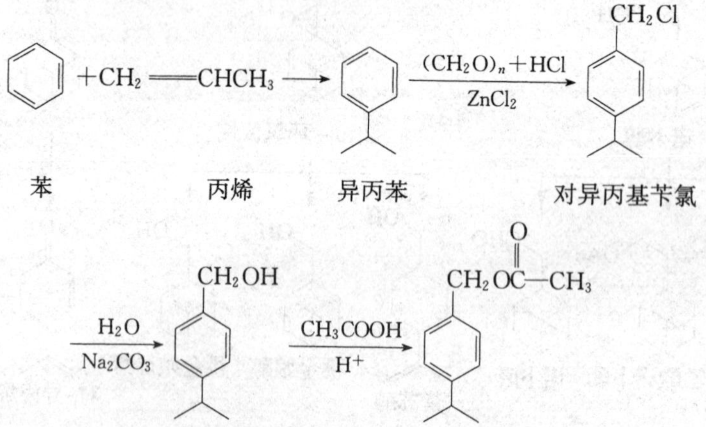

但第一步反应一般已由石油化工厂进行,香料厂从异丙基苯开始,因而此产品主要经过三个化学反应过程及一些物理处理阶段即能取得产品。合成香料的生产工艺过程是由一系列步骤组成,每个步骤又包括化学反应和物理处理过程,由诸阶段系统地连接起来,即成为某一个合成香料的生产工艺过程。

生产工艺过程主要包括操作流程图及设备工艺流程图(简称工艺流程图)。

操作流程图是根据一定的生产方法制定的,图中注明参与这些操作的物料以及由操作结果所得的产物。操作流程图可以清楚地表示出合成香料生产工艺操作的特点,包括生产方法及参与操作的物料以及它们之间的相互关系,并指出每一步骤中的物质变化,因此操作流程图是表示制取某一单体香料时所选用的合成路线。

设备工艺流程图是说明所选定生产的方式、设备及辅助设备布置情况。在这一流程图中要尽可能指明设备的式样及材质，它们之间的相对位置、相对尺寸及设备上最重要的一些附件（如搅拌器的式样、连接管、加热设备等）。

图 1－1 所示为操作流程图的各项记号，图 1－2 所示为制备水杨酸异戊酯的操作流程图。

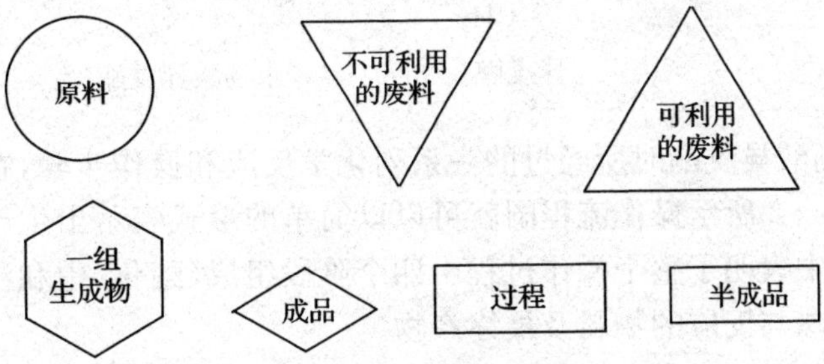

图 1－1　操作流程图的各项记号

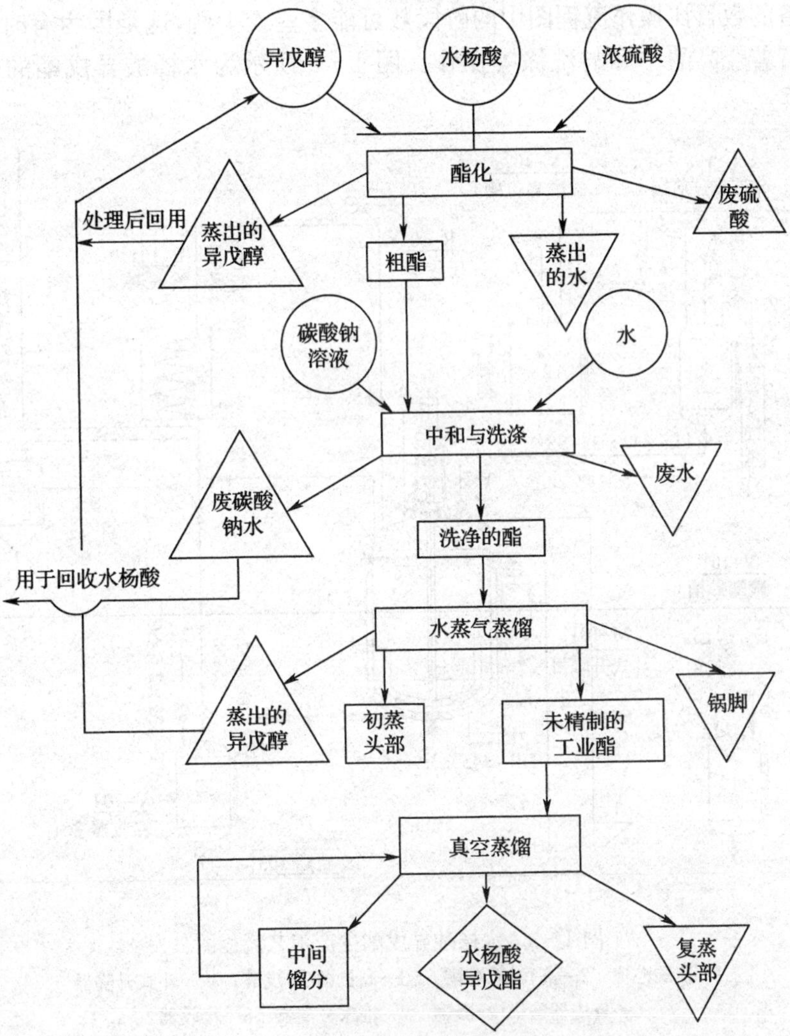

图 1－2　制备水杨酸异戊酯的操作流程图

水杨酸异戊酯是常用的酯类香料，为无色液体，有一种强烈持久的药草-草莓香气。它以水杨酸和异戊醇为原料，在催化剂浓硫酸的作用下进行酯化反应，其化学反应式为：

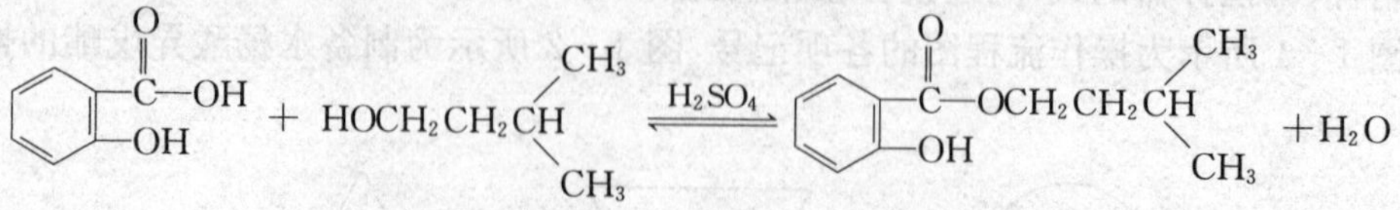

水杨酸　　异戊醇　　水杨酸异戊酯

至于制取水杨酸异戊酯时所经过的一系列化学反应和操作步骤，在反应式中并没有表示出来。而图 1-2 所示操作流程图就可以以简单的形式表示出生产过程中的物料变化与工艺内容，其中表明了整个操作过程由四个阶段组成(酯化、中和洗涤、水蒸气蒸馏、真空蒸馏)及所有参与反应的物料及最终产物。

通过操作流程图，可以在某种程度上预先知道生产过程中所需要的设备。但关于由水杨酸制备水杨酸异戊酯的生产设备的详尽概念，只能用工艺流程图表示。工艺流程图中主要设备的数目比操作流程图中的阶段数可能多些或少些，这是因为有时在反应器中经常也进行着产品的中和与洗涤等操作。图 1-3 所示为水杨酸异戊酯的生产工艺流程图。

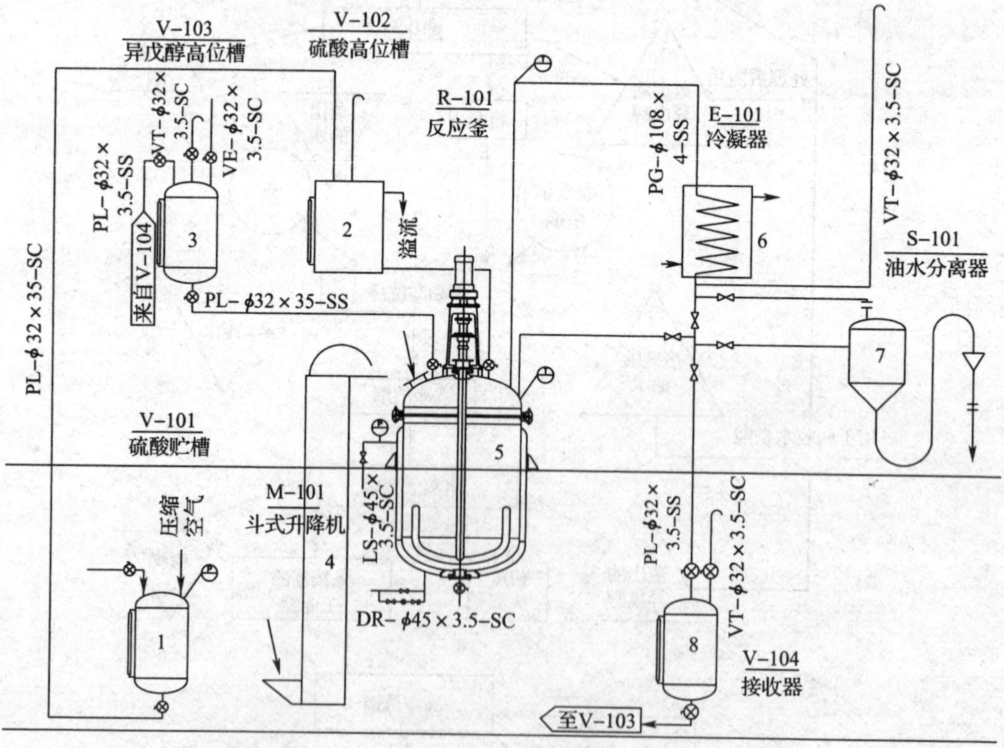

图 1-3　水杨酸异戊酯生产工艺流程图

1—硫酸贮槽　2—高位槽(硫酸)　3—高位槽(异戊醇)　4—斗式升降器
5—反应器　6—冷凝器　7—油水分离器　8—接收器

由水杨酸制备水杨酸异戊酯的生产过程简述如下：

(1)称量定量的水杨酸，用斗式升降机 4 加入到反应器 5 中。过量的异戊醇借助真空自盛器吸入至高位槽 3，从这里再自行流入反应器中。

(2)浓硫酸用压缩空气自硫酸贮槽 1 压到高位槽 2 中。在高位槽 2 上侧应具有出口管以备溢流，这样，过剩的酸就会流到特备的容器中。

(3)在钢质搪瓷反应器 5 中，装配有 80～100r/min 的马蹄式搅拌器、温度计、人孔、加料管、出料管以及蒸汽加热夹层。

(4)加热后，关好人孔和加料管路上的阀门。然后开动搅拌器，打开通到夹层的蒸气管阀，使加热设备逐渐接通。当加热到 100℃左右反应混合物开始沸腾，在此温度时蒸出异戊醇和水的混合物。

(5)异戊醇和水蒸气，沿着馏出管路而到达铜质冷凝器 6，馏出物从冷凝管流向铜质油水分离器 7 中。下层是水，上层是醇。油水分离器盛满时，上层即返回反应器中，而水分则经过油水分离器下面的鹅颈管而流入下水道。

(6)酯化将近结束时，生成的水量减少。当反应结束后，水就完全停止分出，同时在反应器中蒸汽温度也相应地上升。达到反应终点时，无水馏出，常压回收异戊醇(内温134～150℃)。这样就可以从水量和温度两方面来判断反应是否完成。回收的异戊醇就可收集在铜质接收器 8 中，然后可以重新利用。醇蒸完毕，关闭搅拌器并停止加热，然后将反应物予以中和洗涤，经水蒸气蒸馏和真空蒸馏等工序，最后制得水杨酸异戊酯产品。

设备工艺流程图不仅表明所用设备的类型，而且还表示了设备之间的相对位置、物料的输送等生产过程。

综上所述，在学习合成香料工艺过程时，只有在熟悉了产品的制备方法(其中包括化学结构及其合成工艺)、操作及工艺流程图之后，才能清楚地获得关于某一合成香料的工艺方法及生产过程的全部概念。

第二章　烃类及含卤香料

烃类是碳氢化合物，广泛存在于自然界中。由于烃类化合物一般香气比较弱，因此在调香中很少作为香料直接使用。但烃类化合物却可以作为香料工业中合成香料的重要原料、溶剂和萃取剂。香料工业所用的烃类有两个主要来源：许多天然精油中含有各种萜烯类化合物，只要加以单离即可；另一来源是石油工业的裂解产物，也可以合成许多烯烃，松节油和石油气都能生产一系列烯烃。萜烯类化合物也可用于仿制天然精油或配制香精，同时萜类化合物还是合成含氧萜类化合物的重要原料，在香料工业中占有很重要的地位。如松节油中所含的α-蒎烯和β-蒎烯可用于合成许多重要的单体香料。

含卤素的化合物大多数没有香气或具有令人厌恶的刺激臭气，但少数几种卤代物因具有一定的香气而被应用于调香中。

第一节　萜烯类化合物

一、萜烯类化合物的概念

19 世纪对香料精油的研究，发现了不少具有 $C_{10}H_{16}$ 组成分的烃类，因其分子中含有烯烃双键而称为萜烯。萜烯类化合物品种繁多，在植物精油成分中占有重要地位，是香料中极为重要的一类。经过对大量萜烯类分子及其结构的测定，其共同点是分子中的碳原子数都是 5 的整数倍，而且都是由异戊二烯的碳干骨骼相连构成的。即萜烯化合物的碳干骨骼可划分成若干个异戊二烯单位。这就是 1887 年德国 Wallach 提出的“异戊二烯定则”。这一定则指出，大多数萜烯类化合物是由两个或两个以上的异戊二烯以不同形式首尾相连而成的，少数也有头头相连或尾尾相连的。可以表示如下：

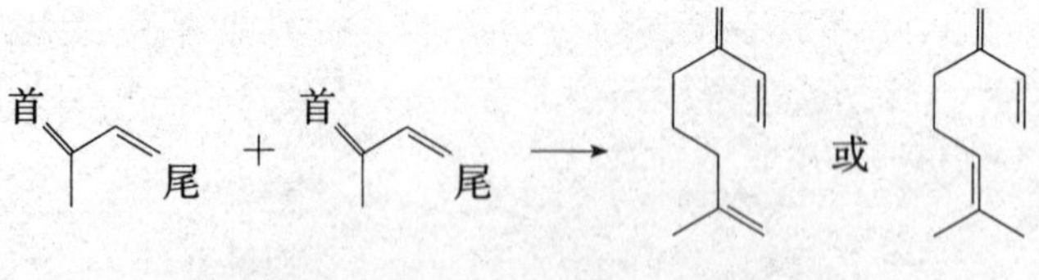

二、萜烯类化合物的分类

所有萜烯类化合物的分子结构都有一个共同的特点，即都可以写成 $(C_5H_8)_n$ 的通式，其中 $n=2,3,4$ 等。萜类化合物按分子中含有异戊二烯的单位数来划分，可分为单萜（$n=2$）、倍半萜（$n=3$）、二萜或双萜（$n=4$）、三萜（$n=6$）、四萜（$n=8$）、多萜（$n>8$）6 类。其中，单萜、倍半萜、双萜对香料工业特别有用。萜类化合物若按分子中是否含有环状结构及环的多少又可分为无环萜、单环萜、双环萜、三环萜等。另外，萜类化合物若按分子中是否含有氧原子还可分为含氧萜类与不含氧萜类二大类。萜烯类化合物广泛存在于各种精油中，它们往往是构成天然香料的主要成分，在香料工业中最重要的是单萜和倍半萜，即含碳原子数为 10 和 15 的化合物；双萜以上的化合物沸点很高，也无气味，对香料工业应用价值不大。

以下按单萜、倍半萜分类列出部分较重要的萜类香料。

1. 单萜类(Monoterpenoid)

(1)无环单萜

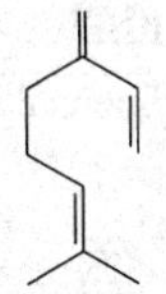
月桂烯
(Myrcene)

罗勒烯
(Ocimene)

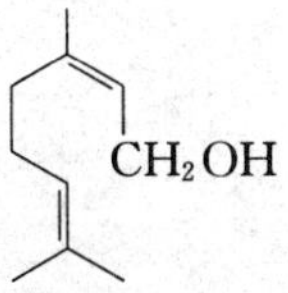

橙花醇
(Nerol)

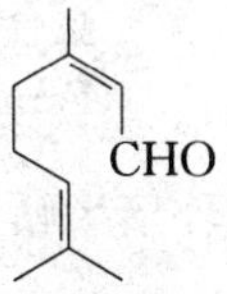

柠檬醛
(Citral)

(2)单环单萜

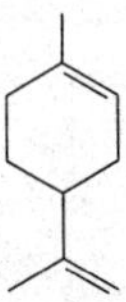
d-柠檬烯
(*d*-Limonene)

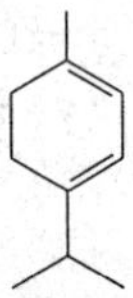
α-松油烯
(*α*-Terpinene)

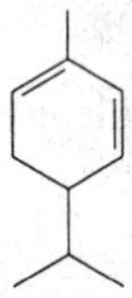
α-水芹烯
(*α*-Phellandrene)

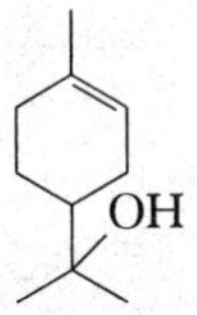

α-松油醇
(*α*-Terpineol)

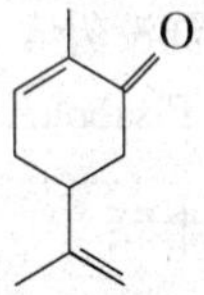

香芹酮
(Carvone)

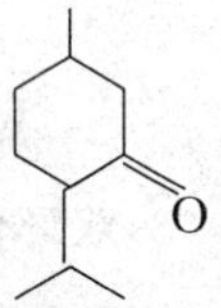

薄荷酮
(Menthone)

(3)双环单萜　双环单萜类化合物可分为五个类型：

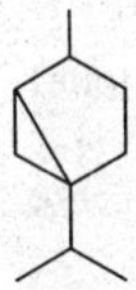
守烷
(Thujane)

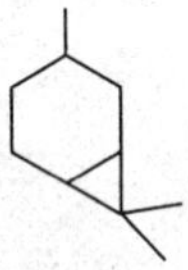
蒈烷
(Carane)

蒎烷
(Pinane)

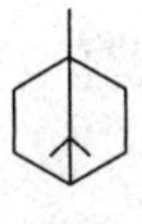
莰烷
(Camphane)

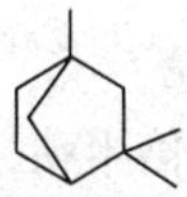
葑烷
(Fenchane)

上述双环单萜烃在自然界不存在，存在的仅是它的不饱和烃(双环单萜烯)及以含氧的形式存在于自然界的精油成分中。如以 *α*-侧柏烯及香桧烯等不饱和烃形式存在于自然界中。蒎烷的不饱和烃以 *α*-蒎烯和 *β*-蒎烯二者同时存在于松节油中，是松节油的主要成分。葑烷类中以小茴香酮为最重要，存在于小茴香油及侧柏木油中。

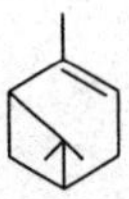
α-蒎烯
(*α*-Pinene)

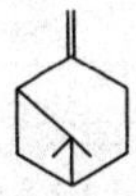
β-蒎烯
(*β*-Pinene)

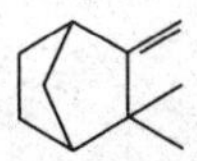
莰烯
(Camphene)

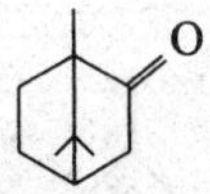

樟脑(莰酮)
(Camphor)

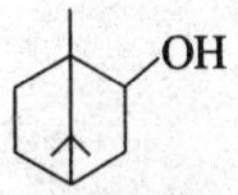

龙脑(冰片)
(Camphanol)

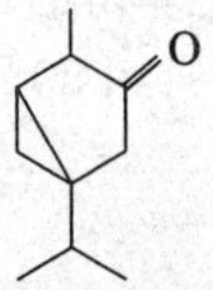

侧柏酮
(Thujone)

2. 倍半萜类(Sesquiterpenoid)

(1)无环倍半萜

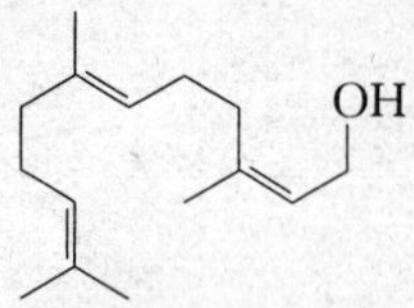
金合欢醇
(Farnesol)

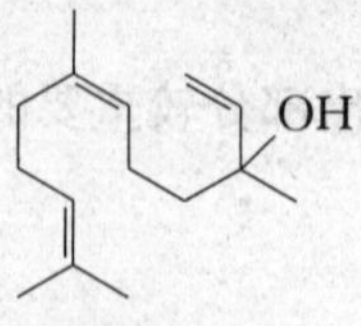
橙花叔醇
(Nerolidol)

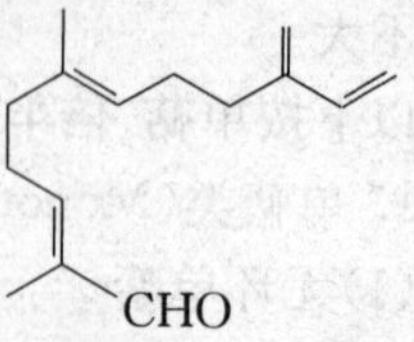
β-甜橙醛
(β- Sinensal)

(2)单环倍半萜

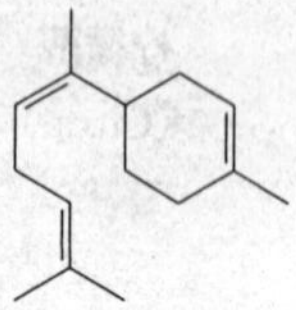
α-红没药烯
(α- Bisabolene)

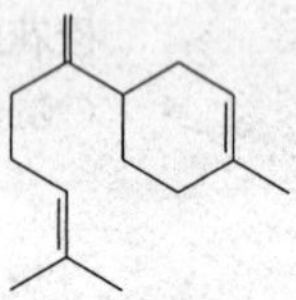
β-红没药烯
(β- Bisabolene)

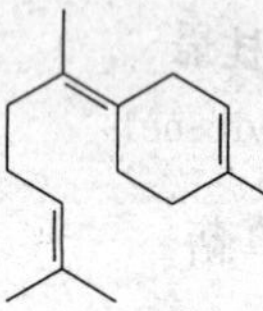
γ-红没药烯
(γ- Bisabolene)

(3)双环倍半萜

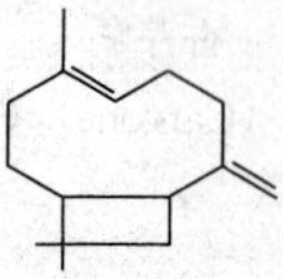
β-石竹烯
(β- Caryophyllene)

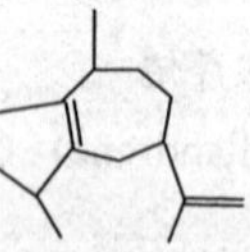
愈创木烯
(Guaiene)

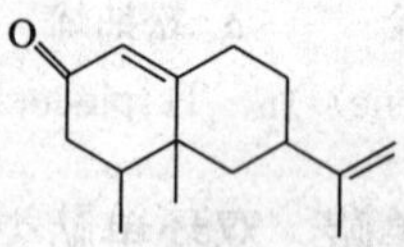
圆柚酮(诺卡酮)
(Nootkatone)

(4)三环倍半萜

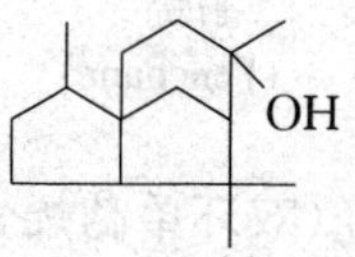
柏木脑
(Cedrol)

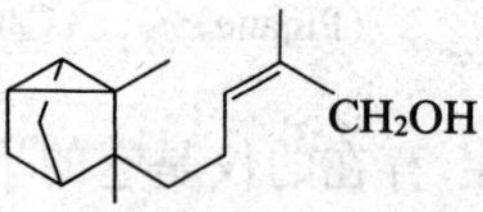
α-檀香醇
(α- Santalol)

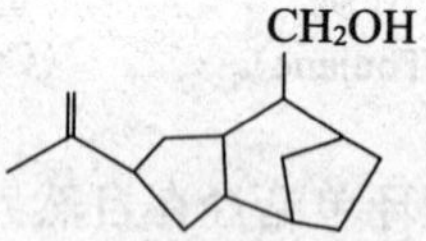
三环岩兰草醇或香根醇
(Vetiverol)

岩兰草醇有三环岩兰草醇也有双环岩兰草醇(岩兰草醇)。商品岩兰草醇是两种的混合物,各占约50%。

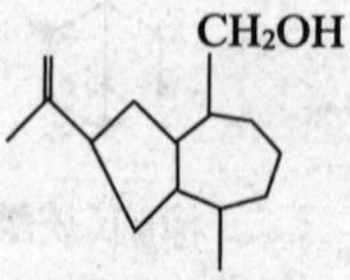
双环岩兰草醇
(Vetiverol)

三、重要的萜烯类香料

1. 蒎烯(Pinene)

蒎烯有 α -蒎烯和 β -蒎烯两种同分异构体。α -蒎烯为 2,6,6 -三甲基二环[3.1.1]-2 -庚烯,β -蒎烯为 2 -亚甲基- 6,6 -二甲基二环[3.1.1]庚烷。

分子式为 $C_{10}H_{16}$,相对分子质量 136.24。α -蒎烯 CAS 为 80 - 56 - 8,β -蒎烯 CAS 为 127 - 91 - 2。

α -蒎烯　　　β -蒎烯

(1)理化性质　α -蒎烯和 β -蒎烯两者的沸点非常接近,其中 α -蒎烯的沸点是156～157℃,β -蒎烯的沸点是 162～163℃。若将松节油蒸馏收集 155～165℃的馏分,此馏分内 β -蒎烯占 13%～17%(根据松节油的产地不同而不同),而最近发现云南省思茅地区的松节油中含有 20%～40%的 β -蒎烯。α -蒎烯的相对密度(d_4^{20})为 0.854～0.862,折射率(n_D^{20})为 1.4630～1.4670,闪点为 31℃;β -蒎烯的相对密度(d_4^{20})为 0.864～0.872,折射率(n_D^{20})为 1.4760～1.4810,闪点为 42℃。

(2)天然存在　α -蒎烯和 β -蒎烯均为无色油状液体。α -蒎烯具有松木、针叶和树脂香气,β -蒎烯具有松木和树脂香气。蒎烯广泛存在于松节油中,因产地不同,蒎烯中 α -蒎烯和 β -蒎烯的含量不同。

(3)制备方法

①从松节油中用真空分馏的方法,将 α -蒎烯和 β -蒎烯单离出来。

②从造纸厂的废液中回收松节油,然后将 α -蒎烯和 β -蒎烯单离出来。

(4)主要用途　蒎烯作为香料只微量地用于香柠檬、香叶、薰衣草等香型日化香精中以及柠檬、肉豆蔻等香型食用香精中。它的主要用途是在香料工业中合成许多重要的单体香料。

(5)安全管理　α -蒎烯 FEMA 号 2902,FDA172.515,COE2113,GB 2760—2014《食品安全国家标准　食品添加剂使用标准》批准为允许使用的食品香料;β -蒎烯 FEMA 号 2903,FDA172.515,COE2114,GB 2760—2014《食品安全国家标准　食品添加剂使用标准》批准为允许使用的食用香料。

2. 莰烯(Camphene)

莰烯又称 3,3 -二甲基- 2 -亚甲基二环-[2.2.1]-庚烷。

分子式为 $C_{10}H_{16}$,相对分子质量 136.24。CAS 为 79 - 92 - 5。

莰烯　　　莰烯

(1)理化性质　无色结晶体,具有松木和松节油香气,带有樟脑似的气息。不溶于水,溶于乙醇等有机溶剂。熔点为 51～52℃,沸点为 160～161℃,相对密度(d_4^{50})为 0.849,折射率(n_D^{54})为 1.5514,闪点为 40℃。

(2)天然存在　存在于松节油等植物精油中,但含量不高。

(3)制备方法

①从天然精油中用减压分馏的方法分离出莰烯。

②由蒎烯转化而得。

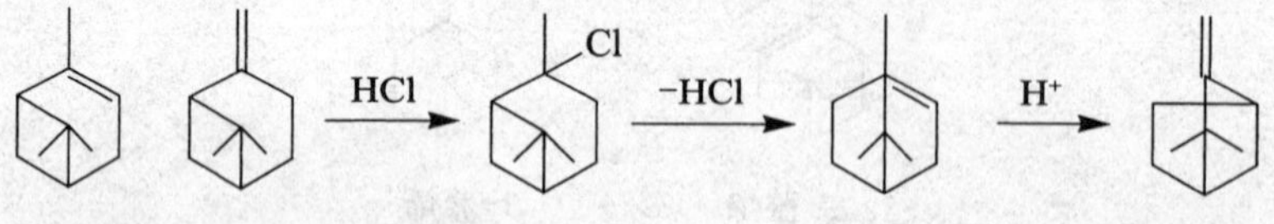

α-蒎烯　β-蒎烯　莰烯

(4)主要用途　莰烯在调香上用途不大,仅少量用于木香、肉豆蔻、柑橘香型香精和调味品用香精,主要用于合成龙脑、樟脑、乙酸异龙脑酯等萜烯类香料化合物和檀香型香料。

(5)安全管理　FEMA 号 2229,FDA172.515,COE2227,GB 2760—2014 批准为允许使用的食品香料。

3. 月桂烯(Myrcene)

月桂烯有 α-月桂烯和 β-月桂烯两种异构体。α-月桂烯为 2-甲基-6-亚甲基-1,7-辛二烯 β-月桂烯为 7-甲基-3-亚甲基-1,6-辛二烯。

分子式为 $C_{10}H_{16}$,相对分子质量 136.24。CAS 为 123-35-3。

α-月桂烯　β-月桂烯

(1)理化性质　月桂烯也称香叶烯。α-月桂烯在自然界中存在极少,对其研究也很少,所以一般在香料工业中经常用的月桂烯指 β-月桂烯。可通过真空分馏法分离,其沸点为 76～78℃/4.39kPa,常压沸点为 166～168℃。在空气存在下容易发生氧化及聚合反应,因此在真空分馏时,须在氮气流保护下操作。

β-月桂烯为无色或淡黄色液体,具有清淡的香脂香气和柑橘、热带水果味道。不溶于水,溶于乙醇等有机溶剂。常压沸点为 166～168℃、54℃/1.46kPa,相对密度(d_{20}^{20})为 0.792～0.798,折射率(n_D^{20})为 1.4690～1.4740,闪点为 37℃。

(2)天然存在　月桂烯主要以 β-月桂烯存在于若干精油中,如马鞭草油、蛇麻油、松节油、肉桂油、枫茅油、柏木油、云杉油、柠檬草油、柠檬油等。最近在黑龙江发现的黄柏油中含月桂烯高达 80%～90%,为我国香料工业提供了极为宝贵的资源。

(3)制备方法　月桂烯除通过真空分馏法从天然精油中得到外,还可通过化学合成法进行制取从而扩大其来源。

①从天然精油中用减压分馏的方法分离得到月桂烯。

②以异戊二烯为原料合成月桂烯。

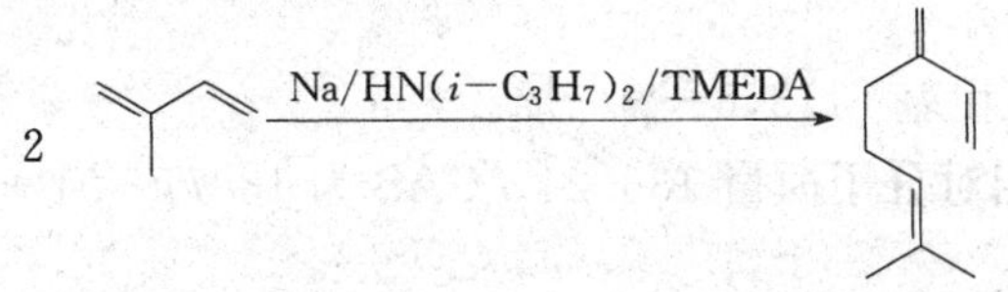

异戊二烯　　　　月桂烯

其中，TMEDA＝N,N,N',N',-四甲基乙二胺：

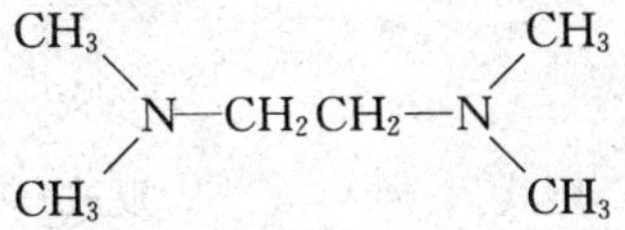

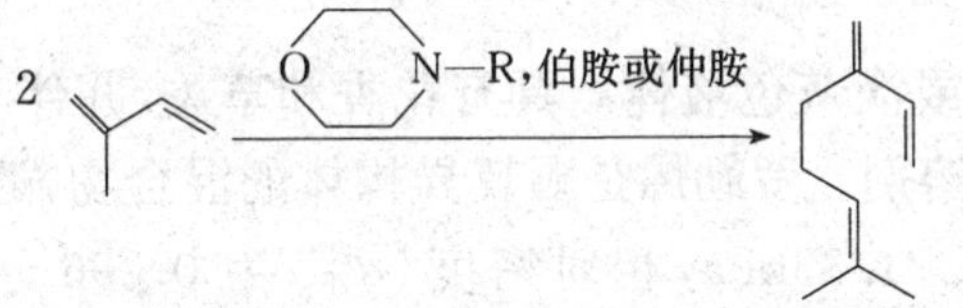

异戊二烯　　　　月桂烯

③以β-蒎烯为原料通过热裂解得到月桂烯。

由β-蒎烯制备月桂烯均采用加热的方式进行，使其双环在1,6间及4,5间的碳键断裂而开环。

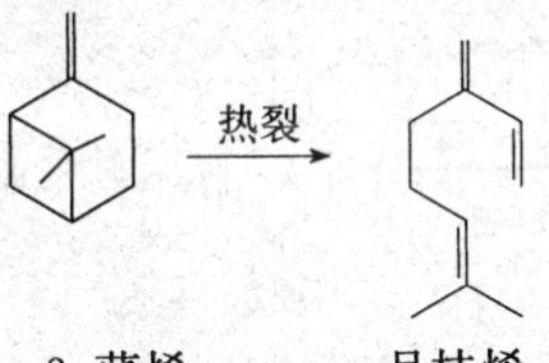

β-蒎烯　　月桂烯

裂解条件为：常压时热裂温度为±600℃；压力在13.3～53.2kPa时热裂温度为±480℃；Cu-Zn作催化剂时热裂温度为±250℃；

④以异戊二烯的溴化物偶合得到月桂烯。

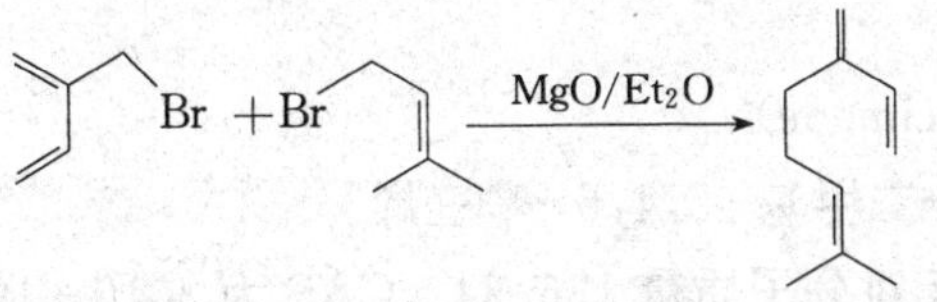

2-溴甲基-1,3-丁二烯　1-溴-3-甲基-2-丁烯　月桂烯

(4)主要用途　月桂烯香气较弱，在空气中容易氧化和聚合，少量用于古龙水、除臭剂用等日化香精及柑橘、芒果、橙子等香型食用香精中。月桂烯除用于配制天然精油外，更重要的是用它可合成一些重要的单体香料，如芳樟醇、香叶醇、橙花醇、香茅醇、紫罗兰酮、新铃兰醛、腈类等单体香料。

(5)安全管理　FEMA 号 2762,FDA172.515,COE2197,GB 2760—2014 批准为允许使用的食品香料。

4. 罗勒烯(Ocimene)

罗勒烯又称 3,7-二甲基-1,3,6-辛三烯。

分子式为 $C_{10}H_{16}$,相对分子质量 136.24。CAS 为 13877-91-3。

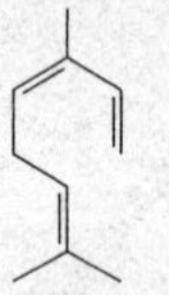
顺式

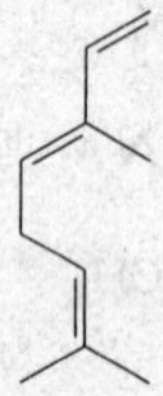
反式

(1)理化性质　无色或淡灰色液体。具有花香和草香,并伴有橙花油气息。不溶于水,溶于油和乙醇等有机溶剂。罗勒烯是顺反异构体的混合物,遇空气易氧化和树脂化,沸点为 176～178℃、63℃/1.33kPa,相对密度(d_{25}^{25})为 0.796～0.804,折射率(n_D^{20})为 1.4840～1.4920,闪点为 56℃。

(2)天然存在　存在于罗勒油、薰衣草油、杂薰衣草油、香紫苏油等多种精油中。

(3)制备方法　以 α-蒎烯为原料,在高温下热解,得到罗勒烯和别罗勒烯的混合物,再经真空精馏得到罗勒烯。

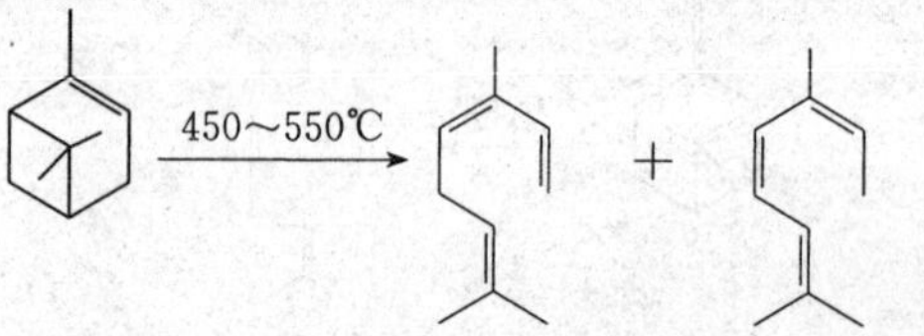

α-蒎烯　罗勒烯　别罗勒烯

(4)主要用途　可用于多种日化香精配方中。可用于调配桃、芒果、番石榴、柑橘等香型食用香精。

(5)安全管理　FEMA 号 3539,FDA172.515,COE11015,GB 2760—2014 批准为允许使用的食品香料。

5. 别罗勒烯(Alloocimene)

别罗勒烯又称 2,6-二甲基-2,4,6-辛三烯。

分子式为 $C_{10}H_{16}$,相对分子质量 136.24。CAS 为 3016-19-1。

别罗勒烯

(1)理化性质　无色至淡黄色液体。具有新鲜的尖刺的草香香气。不溶于水,溶于乙醇等有机溶剂。沸点为188～189℃,为异构体的混合物。其中(4E,6Z)异构体的沸点为89℃/2.7kPa,相对密度(d_4^{20})为0.806,闪点为40℃;(4E,6E)异构体的沸点为91℃/2.7kPa,相对密度(d_4^{20})为0.812。别罗勒烯不太稳定,遇空气易氧化,将罗勒烯加热即会转变成别罗勒烯。

(2)天然存在　存在于某些品种的香叶油等精油中。

(3)制备方法　以α-蒎烯为原料,在高温下热解,得到罗勒烯和别罗勒烯的混合物,再经真空精馏得到别罗勒烯。

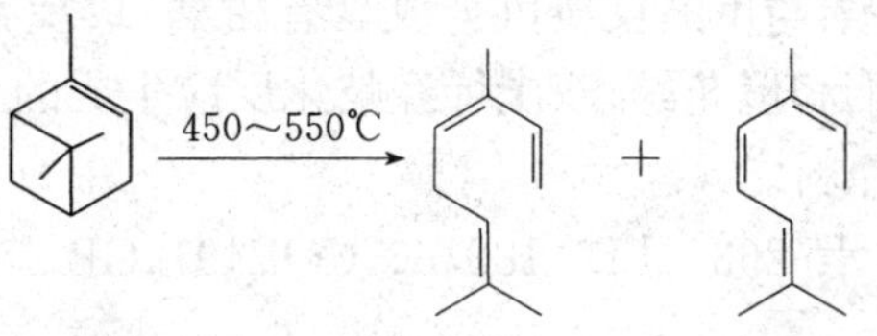

α-蒎烯　　罗勒烯　　别罗勒烯

(4)主要用途　普通的别罗勒烯主要用于日化化学品和工业品的加香,纯度高的别罗勒烯可用于香精的调配。普通的别罗勒烯可以作为合成艾兰醇、檀香醚等其他香料的中间体。

6. 苧烯(Limonene)

苧烯又称柠檬烯、1-甲基-4-异丙烯基-1-环己烯。

分子式为$C_{10}H_{16}$,相对分子质量136.24。CAS为138-86-3(±);5989-27-5(+);5989-54-8(-)。

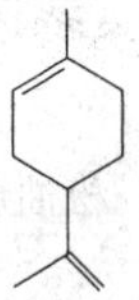

苧烯

(1)理化性质　无色至淡黄色液体。具有令人愉快的柑橘和柠檬香气。除了有香气外,苧烯还具有杀虫的特性。不溶于水,溶于乙醇等有机溶剂。沸点为176～178℃,相对密度(d_{25}^{25})为0.838～0.843,折射率(n_D^{20})为1.4700～1.4740。(+)-苧烯的旋光度($[\alpha]_D^{20}$)为+126.8°,(-)-苧烯的旋光度($[\alpha]_D^{20}$)为-123.7°,消旋的(±)-苧烯没有旋光性。

(2)天然存在　右旋即(+)-型的苧烯存在于橘子油、甜橙油及几乎所有的柑橘类精油中,含量高达90%～95%(橘子萜),可用于配制人造柑橘油。左旋的(-)-型的苧烯存在于松针油、松节油、白千层油等精油中。柠檬烯是一种比较稳定的烯烃,在常压下蒸馏不会分解(在氮气流下)。消旋的苧烯,即(±)-型苧烯又称双戊烯,主要存在于松节油及其加工的产物中。

(3)制备方法

①可由柑橘类精油的去萜部分的萜烯混合物中分馏而得。

②用使松油醇脱水的方法制取。

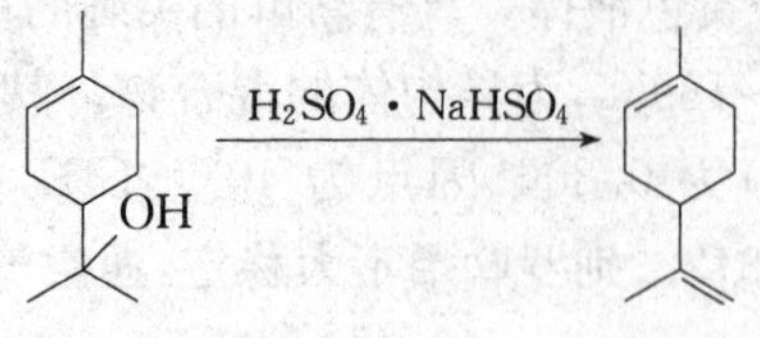

(4)主要用途　苧烯可用于许多日化香精的调配,其用量可达 30%;在食用香精中早就得到广泛大量地使用。消旋的苧烯在调香上用得比较少。但是,双戊烯作为合成香料的原料用途很广。例如:苧烯与甲醛反应可合成具有柑橘-玫瑰香气的萜烯醇。另外,使用双戊烯可以合成香柠檬酯和橙花酮;双戊烯经歧化反应生成的对异丙基甲苯,是合成吐纳麝香和粉檀麝香的主要原料。

(5)安全管理　FEMA 号 2633,FDA182.60,COE491,GB 2760—2014 批准为允许使用的食品香料。

7. 松油烯(Terpinene)

松油烯有三种异构体,即 α-松油烯,又称 1,3-对孟二烯、1-甲基-4-异丙基-1,3-环已二烯;β-松油烯,又称 1-亚甲基-4-异丙基-3-环己烯;γ-松油烯,又称 1-甲基-4-异丙基-1,4-环已二烯。

分子式为 $C_{10}H_{16}$,相对分子质量 136.24。

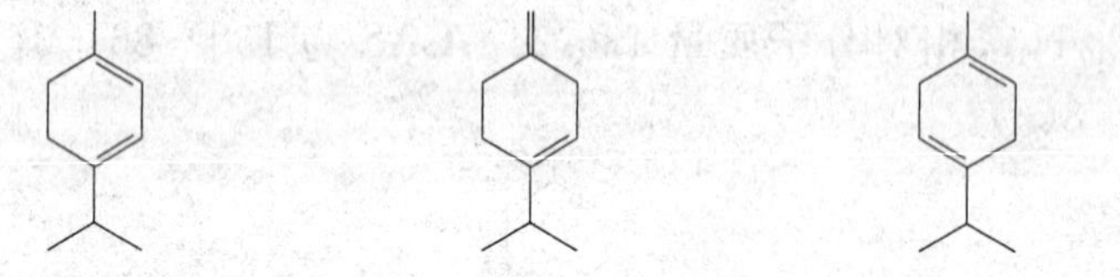

(1)理化性质　松油烯的三种异构体中,β-体化学性质很不稳定,γ-体香气欠佳,在香料工业中经常使用的松油烯一般是指 α-体。α-松油烯为无色油状液体,具有类似柠檬样的香气。三种异构体均不溶于水,溶于乙醇等有机溶剂。α-松油烯的沸点为173~175℃,相对密度(d_4^{20})为 0.837,折射率(n_D^{20})为 1.4770~1.4780。γ-松油烯的沸点为183℃,相对密度(d_4^{20})为 0.849,折射率(n_D^{20})为 1.4740。

(2)天然存在　在柑橘、薄荷、荆芥、桉树、豆蔻等精油中均有存在。

(3)制备方法

①从柑橘类精油脱萜的产物中进一步真空分馏,就可单离出松油烯。

②利用松节油中的蒎烯,在酸催化下经异构化反应可以制得 α-松油烯和 γ-松油烯。

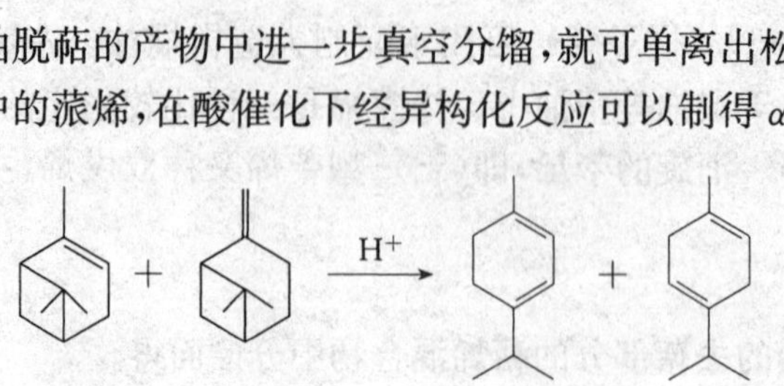

(4)主要用途　松油烯一般作为合成香料的中间体使用。α-松油烯可用于调配柠檬、薄荷香型香精。γ-松油烯可用于调配白柠檬、圆柚、柑橘、药草、芒果等香型食用香精。

(5)安全管理　α-松油烯 FEMA 号 3558，GB 2760—2014《食品安全国家标准　食品添加剂使用标准》批准为允许使用的食品香料；γ-松油烯 FEMA 号 3559，FDA 172.515，COE 11025，GB 2760—2014 批准为允许使用的食品香料。

8. α-柏木烯(α-Cedrene)

α-柏木烯又称 2,2,6,10-四甲基-三环[5,3,1,$0^{3,7}$]-9-十一碳烯。

分子式为 $C_{15}H_{24}$，相对分子质量 204.36。CAS 为 469-61-4。

α-柏木烯　　β-柏木烯

(1)理化性质　柏木烯有α-柏木烯和β-柏木烯两种异构体，一般α-柏木烯的含量较高，β-柏木烯的含量较低(约是α-柏木烯的一半)。无色至淡黄色黏稠液体，具有柏木香气。不溶于水，溶于乙醇等有机溶剂。沸点为 262～263℃、100℃/466Pa，相对密度(d_4^{20})为 0.932～0.933，折射率(n_D^{20})为 1.4990～1.5020。具有旋光性，旋光角为-52°～+71°。

(2)天然存在　广泛存在于许多天然柏木油中，是柏木油和杉木油的香成分之一。在广藿香、薰衣草、香紫苏等精油中也有少量存在。美国弗吉尼亚州和得克萨斯州生产的柏木油，以及中国贵州生产的柏木油中均富含柏木烯。α-柏木烯经常与β-柏木烯以及罗汉柏烯一起存在于柏木油里。

(3)制备方法

①从柏木油和杉木油中采用真空分馏的方法单离出柏木烯。先将柏木油分离除去柏木脑，然后再将富含倍半萜烯的剩余部分进行真空分馏，即可得到工业品级的α-柏木烯。

②由柏木醇脱水制得。

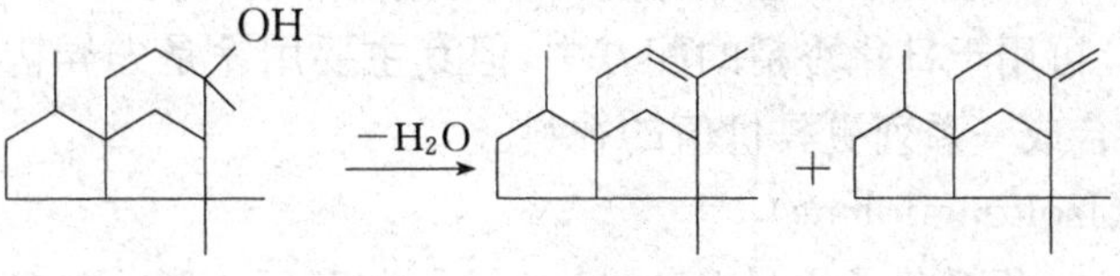

柏木醇　　α-柏木烯　　β-柏木烯

(4)主要用途　微量用于木香型化妆品香精中。还可用于合成乙酰基柏木烯、甲基柏木醚、环氧柏木烷等更具使用价值的木香型香料。

(5)安全管理　美国 FDA 准许用于食品。

9. β-石竹烯(β-Caryophyllene)

β-石竹烯又称 8-亚甲基-4,11,11-三甲基双环[7.2.0]-4-十一碳烯。

分子式为 $C_{15}H_{24}$，相对分子质量 204.36。CAS 为 87-44-5。

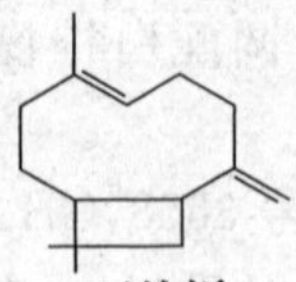

β-石竹烯

(1)理化性质　无色液体,具有温和的丁香香气。不溶于水,溶于乙醇等有机溶剂。在自然界中有α-、β-、γ-三种异构体。沸点为259～261℃,相对密度(d_{25}^{25})为0.897～0.910,折射率(n_D^{20})为1.4980～1.5040,闪点为97℃。

(2)天然存在　主要存在于丁香油中,在薰衣草油、薄荷油、桂皮油等精油中也有存在。

(3)制备方法　将除去丁香酚后的丁香油经真空分馏制得。

(4)主要用途　少量用于日化香精中,可直接用于辛香香精作协调剂。现在主要用作合成香料的原料,例如可用来合成乙酰基石竹烯等更具价值的香料。

(5)安全管理　FEMA号2252,FDA172.515,COE2118,GB 2760—2014批准为允许使用的食品香料。

10. 长叶烯(Longifolene)

分子式为$C_{15}H_{24}$,相对分子质量204.36。CAS为475-20-7。

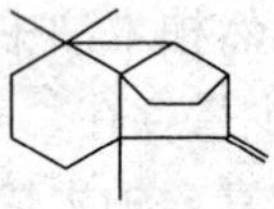

(1)理化性质　淡黄色黏稠液体,具有松木似的木香香气。不溶于水,溶于乙醇等有机溶剂。馏程252～262℃≥90%(体积分数),相对密度(d_{20}^{20})为0.927～0.930,折射率(n_D^{20})为1.4980～1.5100,闪点为96℃。

(2)天然存在　存在于许多松节油的重油部分中,也少量存在于其他一些精油中。在中国的福建、安徽、江西等地生产的松节油重馏分中含有很高量的长叶烯。

(3)制备方法　可从松节油的重油组分中采用真空分馏得到。

(4)主要用途　可用于日化香精的配方中,但其主要用途是先异构化成异长叶烯,再以异长叶烯为原料合成一系列更具价值的香料。

11. 异长叶烯(IsoLongifolene)

分子式为$C_{15}H_{24}$,相对分子质量204.36。CAS为1135-66-6。

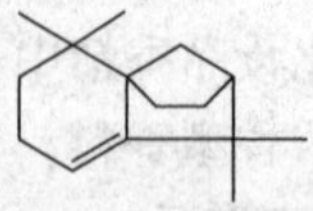

(1)理化性质　淡黄色液体,具有松木似的香气,并伴有果香气息。不溶于水,溶于乙醇等有机溶剂。沸点为113～114℃/930Pa,相对密度(d_{20}^{20})为0.927～0.936,折射率(n_D^{20})为1.4940～1.5000,闪点为116℃。

(2)天然存在　未见文献报道。

(3)制备方法　由长叶烯在酸性催化剂存在下经异构化反应制得。

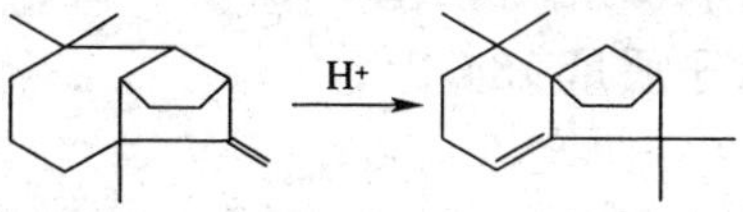

长叶烯

(4)主要用途　主要作为重要的初始原料用于合成乙酰基异长叶烯、异长叶烷酮、异长叶烯酯类等具有木香和龙涎香香气的香料化合物。

第二节　芳香族烃类化合物

由于芳香族烃类化合物的香气比较粗糙，所以直接用于调香的极少，只有少数几种可直接用于香精中。

一、二苯甲烷(Diphenyl methane)

二苯甲烷又称 1,1 -二苯基甲烷、人造香叶油。

分子式为 $C_{13}H_{12}$，相对分子质量 168.24。CAS 为 101 - 81 - 5。

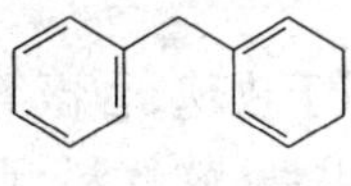

(1)理化性质　白色针状结晶体或液体，室温高于 20℃时为无色液体，具有强烈的香叶、甜橙香气，但较为粗糙，稀释后香气较为宜人。不溶于水，溶于乙醇等有机溶剂。熔点为 26～27℃，沸点为 260～261℃、120℃/1.3kPa，相对密度(d_4^{26})为 1.003～1.006，折射率(n_D^{20})为 1.5760～1.5775。

(2)天然存在　未见文献报道。

(3)制备方法　由氯苄和苯在无水三氯化铝(或氯化锌，或铝汞齐)存在下经 Friedel - Crafts 反应制得。也可以二氯甲烷和苯为原料制备。

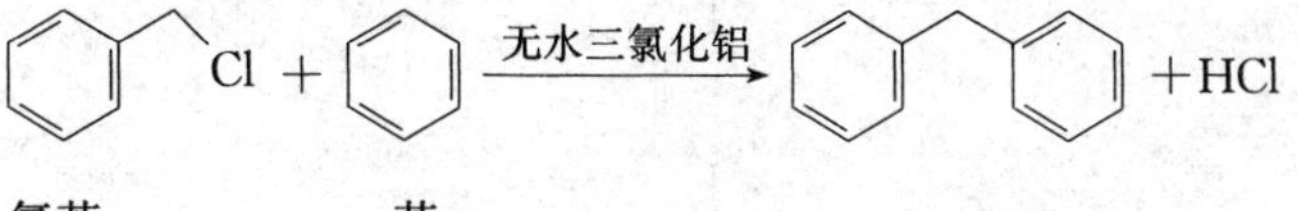

氯苄　　　苯

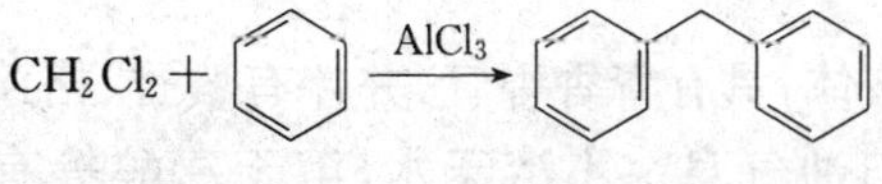

(4)主要用途　二苯甲烷在香料工业方面可作香叶油的代用品，作为定香剂，应用于玫瑰、香薇等香型皂用、化妆品香精中。

(5)安全管理　RIFM 认可外用，COE 批准暂作食用。

二、对伞花烃(ρ-Cymene)

对伞花烃又称4-异丙基甲苯、对异丙基甲苯。

分子式为$C_{10}H_{14}$，相对分子质量134.21。

(1)理化性质　无色液体。具有特征的胡萝卜、萜烯香气。不溶于水，溶于乙醇等有机溶剂。沸点为175～176℃，相对密度(d_4^{20})为0.857，折射率(n_D^{20})为1.4917。

(2)天然存在　广泛存在于柏木油、柠檬油、肉豆蔻油、肉桂油、大茴香油中。

(3)制备方法

①主要从亚硫酸盐法制浆的洗涤液中得到。

②以甲苯和丙烯为原料通过Friedel-Crafts烷基化反应制备。

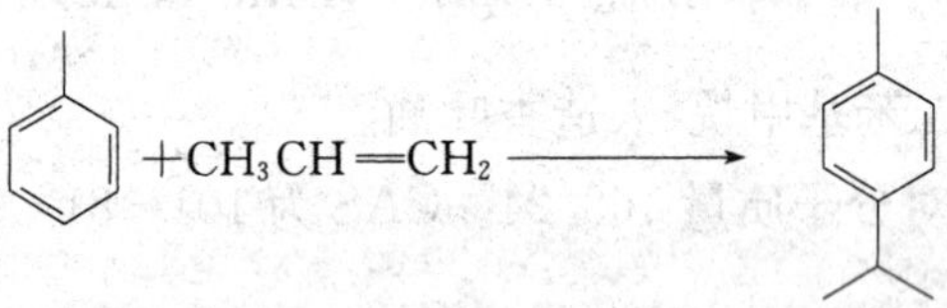

(4)主要用途　作为定香剂，应用于玫瑰、香薇等香型皂用、化妆品香精中。少量用于柑橘香型的食用香精以及冰淇淋、口香糖、软饮料、调味品等用食用香精中。是合成粉檀麝香、伞花麝香的主要原料。

(5)安全管理　FEMA号2356，GB 2760—2014批准为允许使用的食品香料。

三、丙烯基对异丙基甲苯(Verdoracine)

丙烯基对异丙基甲苯又称1-甲基-2-丙烯基-4-异丙基苯(1-Methyl-2-propenyl-4-isoprypylbenzene)、β,2-二甲基-5-异丙基苯乙烯。

分子式为$C_{13}H_{18}$，相对分子质量174.28。CAS为14374-92-6。

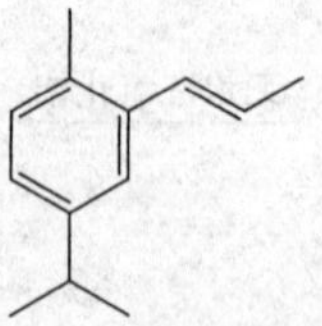

(1)理化性质　无色液体，具有青香香气，并伴有壤香、格蓬香以及岩兰草香韵，近似岩兰香草油、格蓬油、当归油气息。不溶于水，溶于乙醇等有机溶剂。沸点为100℃/670Pa，相对密度(d_{20}^{20})为0.889～0.891，折射率(n_D^{20})为1.5270～1.5290，闪点为80℃。

(2)天然存在　未见文献报道。

(3)制备方法　以对异丙基甲苯为原料，通过酰基化反应、还原反应，最后脱水得到。

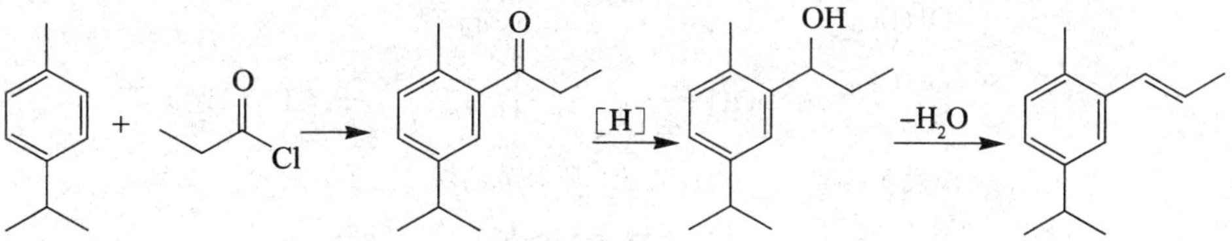

(4)主要用途　主要用于日化香精的调配，可调配风信子和橙叶等香型香精，也可用于日化香精中，用作橡苔、格蓬和香根等的修饰剂。

(5)安全管理　IFRA 没有限制规定。

第三节　含卤化合物

因含卤素的有机化合物多数具有刺激气息，微量的含卤素中间体会严重影响产品的香气，所以一般香料中不使用。因此，在香料生产中若有含卤素的中间体，净化精制的过程特别重要。但个别含卤素有机物因具有一定的香气，故被应用于香精的调配中。主要的含卤香料有以下几种。

一、β-溴代苏合香烯(β-Bromostyrene)

β-溴代苏合香烯又称溴代苯乙烯，1-溴-2-苯乙烯。

分子式为 C_8H_7Br，相对分子质量 183.06。CAS 为 103-64-0。

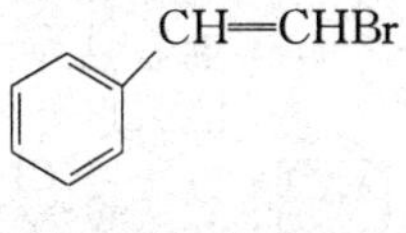

(1)理化性质　黄色透明液体，具有强烈的风信子样的花香香气和青香香气，稀释时具有玉簪花香气，略具辛辣味。为反式和顺式异构体的混合物。不宜食用，不宜用于儿童用产品的加香。微溶于水，易溶于乙醇或乙醚等有机溶剂。久置日光中易变为褐色，宜密闭储存于阴凉处。沸点为 219～220℃、108℃/2.7kPa，相对密度(d_4^{20})为 1.417～1.426，折射率(n_D^{20})为 1.6050～1.6090，闪点为 98℃。

(2)天然存在　未见文献报道。

(3)制备方法

①以溴代α-苯乙醇为原料，在浓磷酸的作用下，脱水生成β-溴代苯乙烯，粗制品中未反应的原料用皂化法使生成环氧苯乙烷，利用二者沸点间的差距，最后用分馏法提纯。为防止脱水后的粗产品在高温下被氧化，一般可加入少量对苯二酚。反应在减压下进行，边反应边蒸出粗产品。所得粗产品中加入稀碱液，在水浴上反应使皂化完全。经分层、洗涤后的粗产品用减压精馏法提纯。

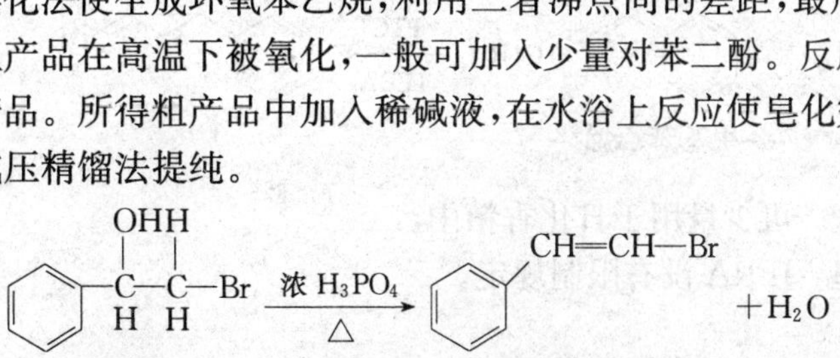

α-溴代苯乙醇　　β-溴代苏合香烯

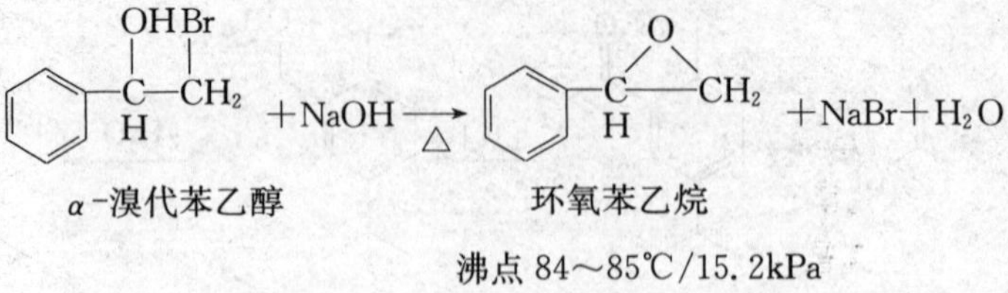

②以肉桂酸为原料，经溴化生成二溴肉桂酸，再用碳酸钠处理，经脱去溴化氢和脱羧反应制得。

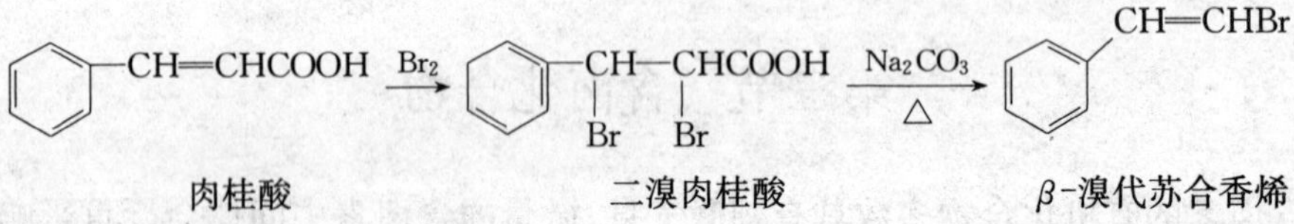

(4)主要用途　在化妆品香精中应用极少。主要用于中低档紫丁香、水仙、柏木、风信子、葵花香型皂用和洗衣粉香精中。

(5)安全管理　RIFM 认可外用。因对皮肤有刺激作用，不宜用于儿童用品加香。

二、环玫瑰烷(Cyclorosan)

环玫瑰烷又称 1-甲基-1-苯基-2,2-二氯环丙烷。

分子式为 $C_{10}H_{10}Cl_2$，相对分子质量 201.09。CAS 为 3591-42-2。

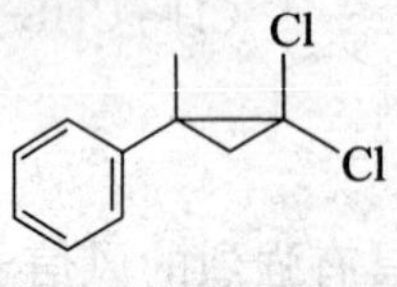

(1)理化性质　无色液体，具有强烈新鲜的似玫瑰、香叶样香气，但香气较为尖刺。不溶于水，溶于乙醇等有机溶剂。凝固点≥11℃，沸点为 116～117℃/2.26kPa、92～93℃/533Pa，相对密度(d_{25}^{25})为 1.186～1.189，折射率(n_D^{20})为 1.5400～1.5430，闪点约为 140℃。

(2)天然存在　未见文献报道。

(3)制备方法　由 α-甲基苯乙烯和氯仿在相转移催化条件下相互作用制得。

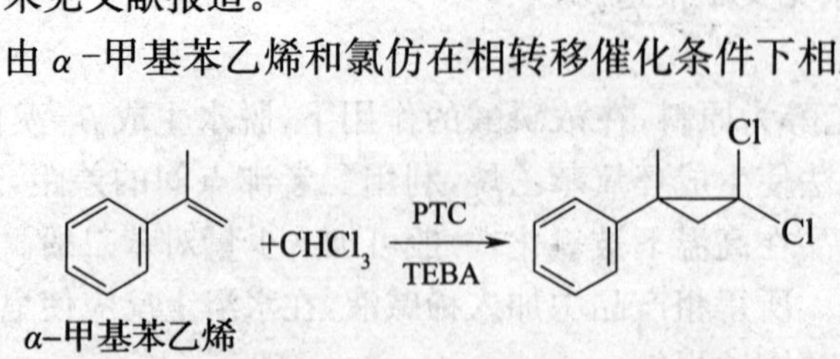

(4)主要用途　可少量用于日化香精中。

(5)安全管理　IFRA 没有限制规定。

三、结晶玫瑰(Rosone)

结晶玫瑰又称三氯甲基苄醇乙酸酯(Trichlormethyl phenyl carbinyl acetate)、乙酸三氯甲基苄原酯。

分子式为 $C_{10}H_9Cl_3O_2$，相对分子质量 267.55。CAS 为 90-17-5。

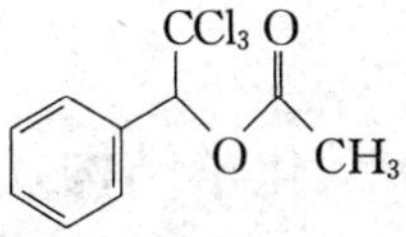

结晶玫瑰

(1)理化性质　白色晶体，具有微弱的柔和似玫瑰样香气，香气持久，同时带有青香和粉香，留香时间长，不能食用。不溶于水，溶于乙醇等有机溶剂。熔点为 86～88℃，沸点为 280～282℃、117℃/400Pa，闪点>100℃。

(2)天然存在　未见文献报道。

(3)制备方法

①以苯甲醛和氯仿为原料，在碱性条件下反应生成三氯甲基苄原醇，然后再与乙酰氯反应生成结晶玫瑰。

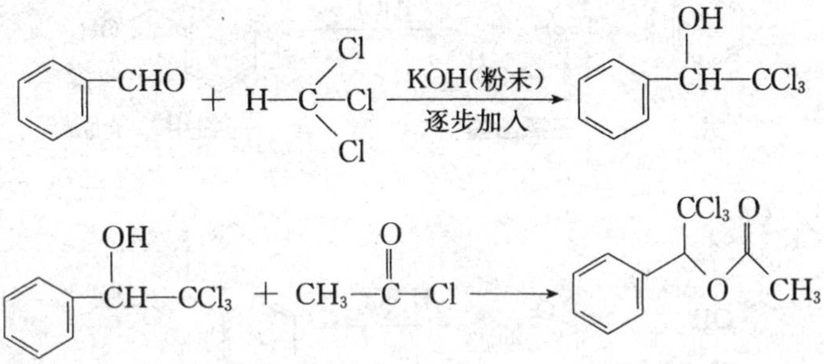

②以苯和三氯乙醛为原料，在三氯化铝催化下反应生成三氯甲基苄原醇，然后再与乙酸酐反应生成结晶玫瑰。

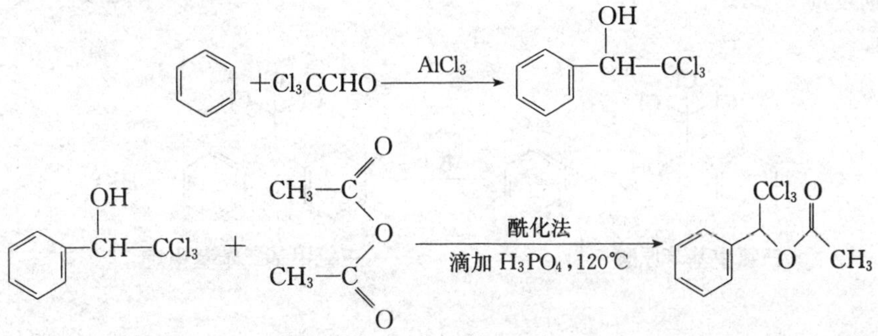

(4)主要用途　作为定香剂广泛应用于玫瑰、香叶等香型日化香精中，广泛用于香精配方。特别是在玫瑰、香叶型香精中，更适合于在香皂、浴盐和香粉香精中使用，作定香剂

使用。5%的结晶玫瑰和95%的苯乙醇调配在一起的香气较单纯苯乙醇的香气持久,留香时间长而又美好。

(5)安全管理 IFRA没有限制规定。

第四节 烃类香料生产工艺

以结晶玫瑰为例,简述如下。

一、化学结构式

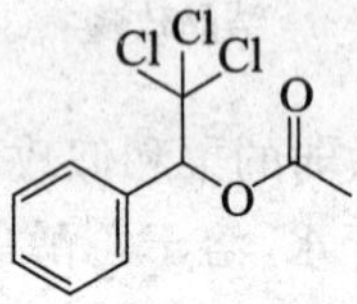

二、反应式

1. 主反应

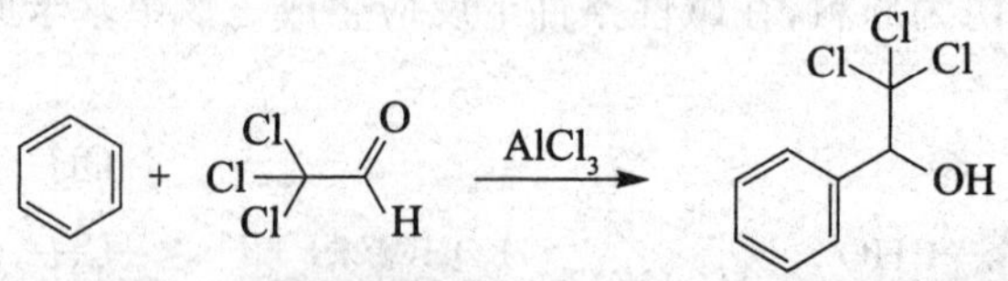

苯 三氯乙醛 三氯甲基苄原醇

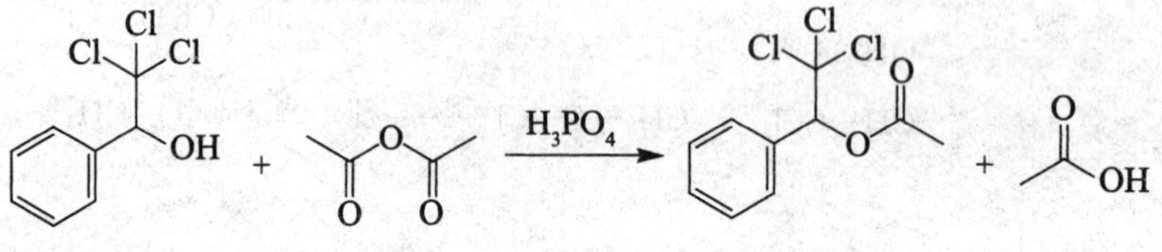

三氯甲基苄原醇 乙酸酐 结晶玫瑰 乙酸

2. 副反应

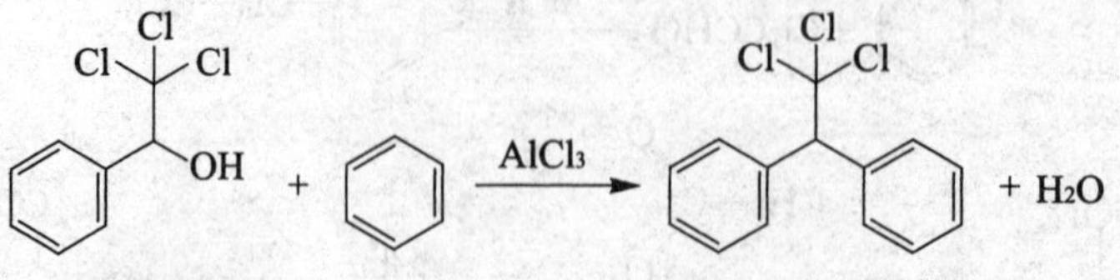

三氯甲基苄原醇 三氯甲基二苯基甲烷

三、原料规格

(1)三氯乙醛 含量≥98%。

(2)三氯化铝 含量≥97%。

(3)纯苯 含量≥99%;凝固点≥5℃;香气合格;含水<0.1%。

(4)乙酸酐 含量≥98%。

(5)磷酸 含量≥85%。

(6)乙醇 含量≥95%;香气合格,含水<5%。

四、工艺过程

结晶玫瑰生产工艺设备流程如图 2-1 所示。

1. 加成反应

在干燥的 2000L 加成反应釜 R-101 中加入无水纯苯 1400kg,开加成反应釜冷却水阀门并搅拌,在搅拌下加入细粉末状无水三氯化铝 50kg 后立即关闭加料口,搅拌 15min。同时将 250kg 合格三氯乙醛抽入滴加高位槽。保持加成反应釜温度在 25~30℃时开始滴加,约 1h 滴加完毕。滴加完毕在该温度下保持反应 6h 为反应终点。将此反应好的料液抽入 3000L 洗涤回收釜 R-102 中,加清水 1000kg,搅拌 15 min,静止 30min 后用 pH 试纸检测油层 pH,若 pH7,则分去下层水层,洗涤结束。开洗涤回收釜 R-102 夹套蒸汽,常压回收纯苯(此纯苯经干燥处理后重复利用)。当釜温升至 120℃后利用低真空(-0.05~0.06MPa)至釜温 130℃为止,将参与苯回收尽。稍冷,在洗涤回收釜中加入清水 300kg 搅拌 15min,静止 1h 后将下层三氯甲基苄原醇抽入浓缩蒸馏釜 R-103,水层放去。送入 R-103 的油层必须呈中性。

2. 三氯甲基苄原醇蒸馏

将脱苯以后的物料抽入 R-103 蒸馏釜。开电加热及水泵。蒸出少量苯及前馏分直至釜温升至 100℃,换机械泵,收集釜温在 100~140℃馏分为前段。换真空度高的机械泵,使塔顶真空度不低于 1333.22Pa,开始收集精品。应注意控制油温不超过 225℃,釜内物料尽量蒸出。可得到三氯甲基苄原醇 280~185kg,脚子 12~16kg。

3. 酯化反应及粗结晶

酯化反应投料比:三氯甲基苄原醇∶乙酸酐∶磷酸=1∶0.6∶0.006。在 1000L 搪瓷酯化釜 R-104 中加入两批三氯甲基苄原醇,将计算好分量的乙酸酐留下 40kg 左右后其余全部加入到 R-104 中,再将计算好的磷酸抽入后用剩下的乙酸酐冲洗管道。打开酯化釜透气口,开酯化釜搅拌,用 0.2MPa 蒸汽加热至内温 60~70℃,关蒸汽。反应放热,釜温自然上升,通常可升至 115~120℃。若不能自然升温至此温度,可适当开蒸汽加热至此温度。在 115~120℃保持反应 4h 后稍开夹层冰水进管道,待釜内料温降至 50℃后加入适量乙醇(第一次酯化)或上次结晶的母液 120~160kg,然后开足夹层冰水进口阀门,当釜内料温降至 10℃左右进行甩虑。用离心机 S-101 甩虑去除乙酸母液,得到酸性结晶。将该酸性结晶放在容器内,以回收乙醇(含量≥90%)浸没,使晶体均匀地分散在乙醇中,然后进行甩滤。甩干后得粗品结晶。

4. 精制

将粗品结晶玫瑰放入烊料锅,开蒸气加热至内温 90℃左右。晶体熔化后,将其加入结晶釜 R-105 中,开搅拌,自高位槽放入乙醇(95%)。控制结晶釜内温,夹套可用冷水或

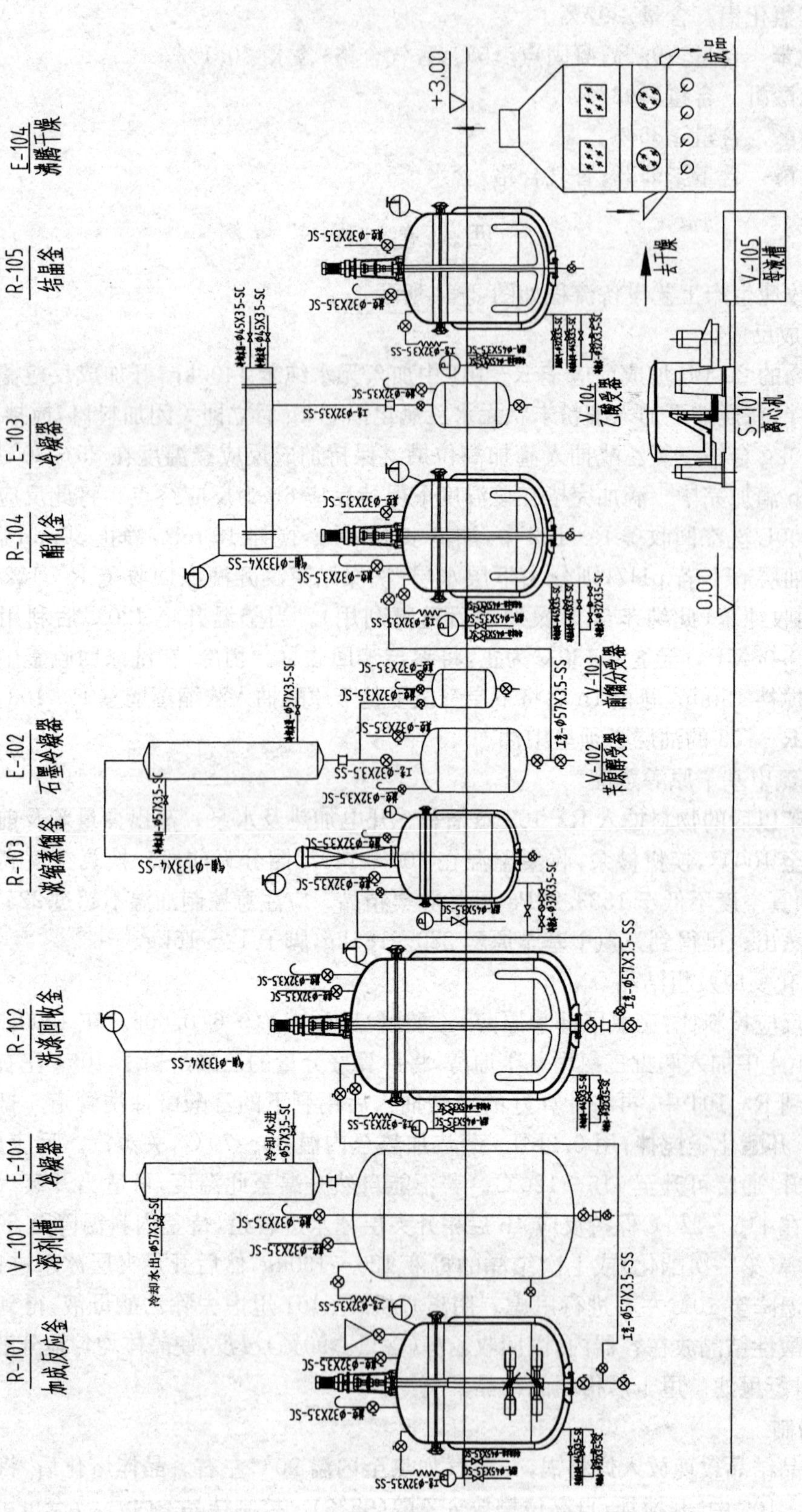

图2-1 结晶玫瑰生产工艺设备流程图

冰水冷却至结晶析出完全。甩离去除乙醇母液，在甩离过程中再用新乙醇淋洗至不呈酸性为止。甩干后得湿成品结晶，再经沸腾床干燥即得白色结晶玫瑰。

五、结晶玫瑰成品规格

(1)色状　白色结晶。

(2)含量　GC≥99.8%。

(3)熔点　86.5～88℃。

(4)香气　似玫瑰香气。

(5)溶解度(25℃)　1g 样品全溶于 25mL 95%的乙醇中。

六、注意事项

(1)加成反应必须无水，三氯乙醛必须清澈透明，应无白色乳状物(三氯乙醛水合物)。

(2)加成油层必须洗涤至中性；回收苯后粗三氯甲基苄原醇必须呈中性后才能精制。

(3)三氯甲基苄原醇精制时真空度必须达到 1333.22Pa，油浴温度不可超过 225℃。

(4)酯化反应温度必须达到 115～120℃，并在此温度下反应 4h 以上。

第三章　醇类香料

醇类化合物在香料工业中是一个重要的大类，是香料香精中重要的组成部分，在香料工业中占有重要地位。醇类香料种类占香料总数的20%左右，其中有许多醇对香料工业具有很大的作用，是调配日化香精和食用香精时大量使用的香原料。醇类化合物广泛存在于自然界中，在各种天然精油、香花成分或蔬菜、水果香味挥发物中，醇类香料是普遍存在的，在许多天然芳香油的成分中脂肪醇和萜类醇也占有很大的比例，且种类繁多。例如，乙醇、丙醇、丁醇在各种酒类、酱油、食醋、面包中均有存在，苯乙醇是玫瑰、橙花、依兰依兰的主要香成分之一，在香花精油和浸膏中经常发现含有芳樟醇、香叶醇、苯乙醇、松油醇和叶醇等醇类。例如，我国的玫瑰花浸膏，经水蒸气蒸馏，将收集得到的香成分用色-质联用仪进行分析，测得其主要成分为香叶醇、β-苯乙醇、β-香叶酸、橙花醇、香茅醇、丁香酚、丁香酚甲醚与苯甲酸苄酯、香叶醇的酯类等。又如在中国黄桃香味成分中就发现有31种醇类，它们包括：乙醇、丙醇、仲丁醇、异丁醇、3-甲基-2-丁烯-1-醇、2-甲基-3-丁烯-2-醇、正戊醇、异戊醇、3-戊醇、3-甲基-1-戊醇、3-甲基-3-戊醇、己醇、叶醇、反式-己烯-2-醇、环己醇、庚醇、2-辛烯-1-醇、7-辛烯-4-醇、2-乙基-1-己醇、苄醇、异辛醇、辛醇、α,α-二甲基苄醇、苯乙醇、月桂烯醇、芳樟醇、4-松油醇、α-松油醇、壬醇、香芹孟烯醇、橙花醇等。

第一节　醇类化合物的制备方法

醇是脂肪烃分子中的氢原子或芳香烃侧链上的氢原子被羟基(—OH)取代后的化合物。虽然有些醇类化合物在芳香油(精油)中存在，可通过物理或化学等处理方法(如水蒸气蒸馏、溶剂浸提、吸附、真空蒸馏、超临界萃取及柱层析法、分子蒸馏等)将其分离出来，但有些醇类化合物由于在芳香油中含量极少，可是在调配香精时又不能缺少，须通过化学合成法来进行制备。目前在调香中所使用的许多醇类化合物，大部分是采用化学合成法合成的。而且有些醇类化合物并不存在于自然界，都是经过科学实验筛选后被应用于调香中。本节主要介绍醇类化合物的一般制法，至于个别的反应将在个别醇类的内容中加以说明。

一、卤代烃水解

卤代烃经水解可制得醇类：

$$RX + H—O—H \rightleftharpoons R—OH + HX$$

这个反应是可逆的，除三级卤代烃外，其他在常温时进行得很慢。因此，在大多数情况下必须加入碱(如氢氧化钠、氢氧化钾或氢氧化钙等)以破坏可逆反应。但在强碱存在下，有些卤代烃经常容易发生副反应，例如仲卤代烃和叔卤代烃容易发生消除反应成为烯烃;有的卤代烃还会和已经水解出来的醇再发生反应。在实验室为了减少产生这种副反应,常用比较缓和的碱性试剂,如 Na_2CO_3、悬浮在水中的氧化铝或氧化银等。

由卤代烃水解合成醇的方法有很大的局限性,因为在一般情况下醇比相应的卤代烃更容易得到。通常是由醇合成卤代烃,只有在相应的卤代烃容易得到时才采用这种方法,如由氯苄和烯丙基氯合成苄醇和烯丙醇:

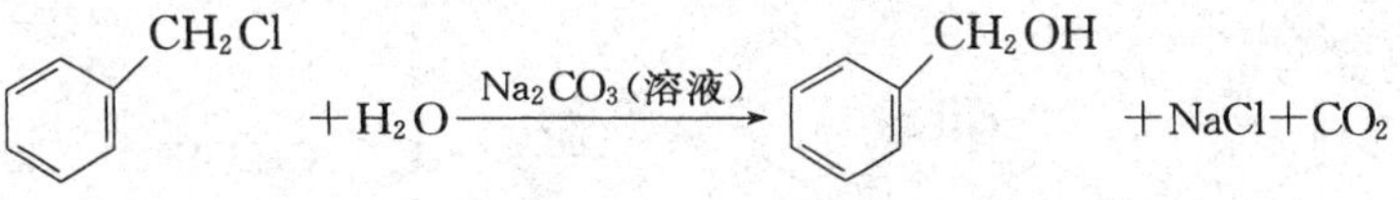

氯苄　　　　苄醇

$$CH_2{=}CHCH_2Cl \xrightarrow{Na_2CO_3(溶液)} CH_2{=}CH{-}CH_2OH + NaCl + CO_2$$

烯丙基氯　　　　烯丙醇

为了使卤代烃更有效地转变为醇(或不太容易直接水解的卤代烃),可采用卤代烃和乙酸钠作用生成乙酸酯,然后再用酸或碱来水解乙酸酯,最后得到醇的方法。此方法的优点是可以避免副产物烯烃的生成。

$$RX \xrightarrow{CH_3COONa} ROCOCH_3 \xrightarrow{H_2O} ROH + CH_2COOH$$

乙酸酯
(酸性或碱性)

例如,由萜烯制取香叶醇或芳樟醇等萜烯醇,就是通过卤代烃水解反应来合成的。

月桂烯和干燥的 HCl 反应后得到几种卤代烃,这些卤代烃可以水解成为相应的萜烯醇。

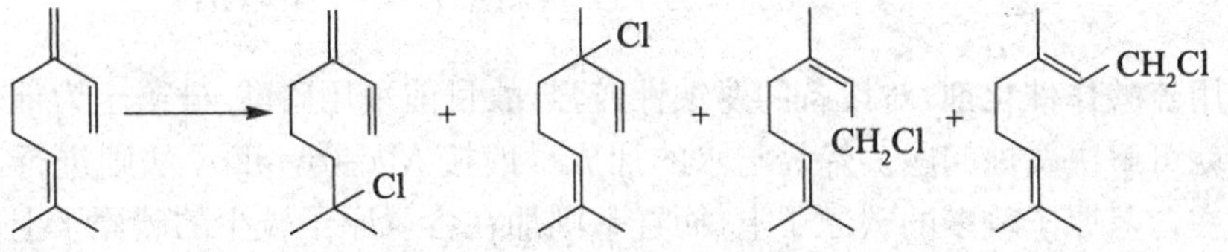

月桂烯

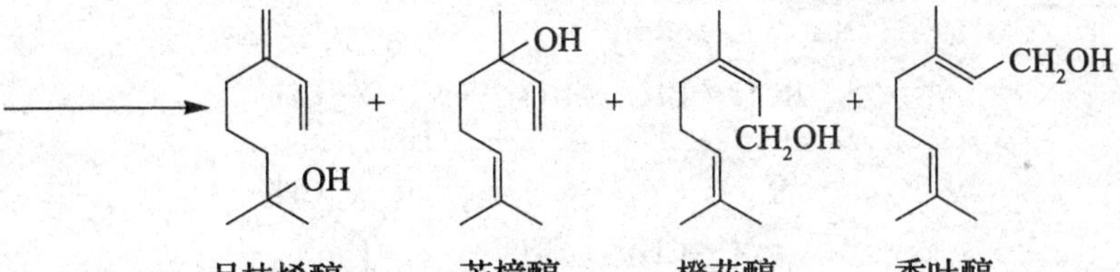

月桂烯醇　　芳樟醇　　橙花醇　　香叶醇

也可以将卤代烃先制成酯,然后水解成相应的醇。

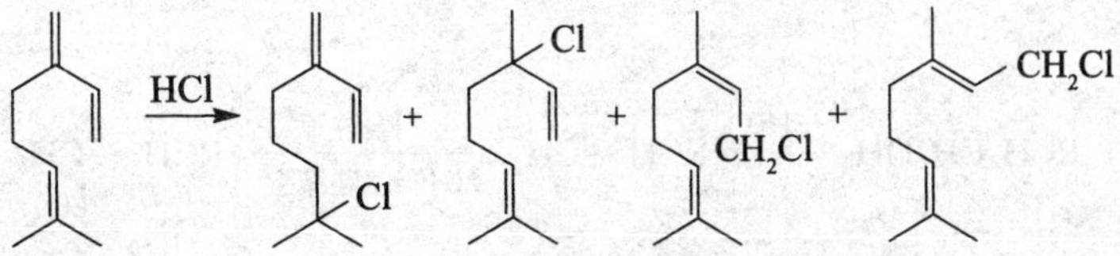

月桂烯

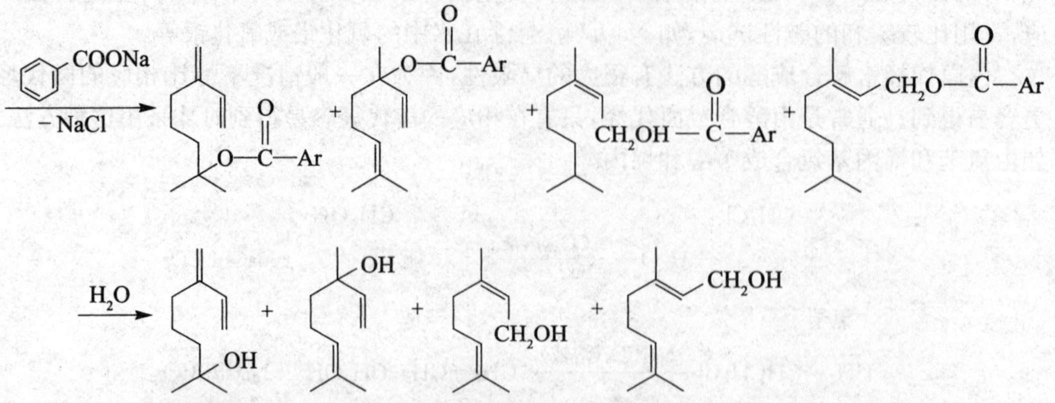

月桂烯醇　　芳樟醇　　橙花醇　　香叶醇

二、由烯烃制备醇

(一)烯烃与水的加成反应

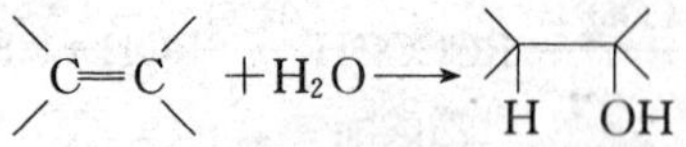

烯烃与水的加成反应是合成醇的常用方法,具有十分重要的工业意义。此反应必须有催化剂存在才能进行,过去通常采用硫酸为催化剂,其反应式为:

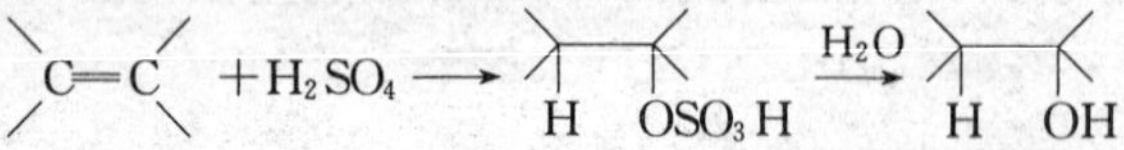

由于用硫酸作催化剂,对设备的腐蚀性较强,故目前采用磷酸-硅藻土为催化剂,在设备上衬铜就可解决腐蚀问题。烯烃与水的加成一般按 Markovnikov 法则进行,即水分子中的氢加在含氢原子较多的碳原子上,而羟基则加在含氢原子较少的碳原子上。因此,除了乙烯是生成伯醇之外,所有其他的烯烃与水加成后都生成仲醇或叔醇。

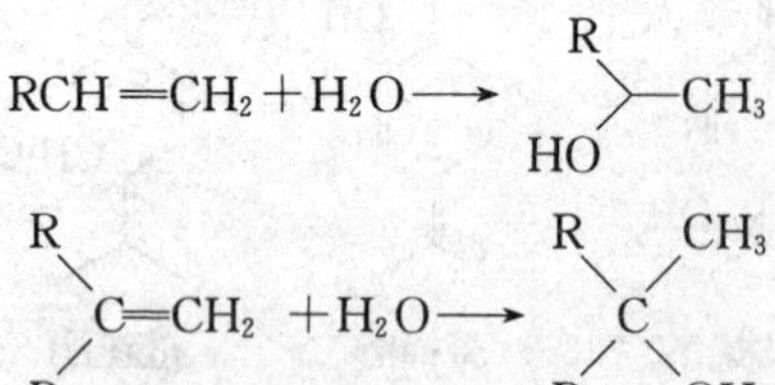

因此,在合成香料工业中,常常可以利用烯烃与水的加成反应从原来的伯醇转化为仲醇:

$$RCH_2CH_2OH \xrightarrow{-H_2O} RCH{=}CH_2 \xrightarrow[H_3PO_4/\text{硅藻土}]{H_2O} \underset{\displaystyle OH}{RCH}-CH_3$$

上述反应在合成香料中被应用于由蒎烯制备松油醇和由香茅醛制备羟基香茅醛。

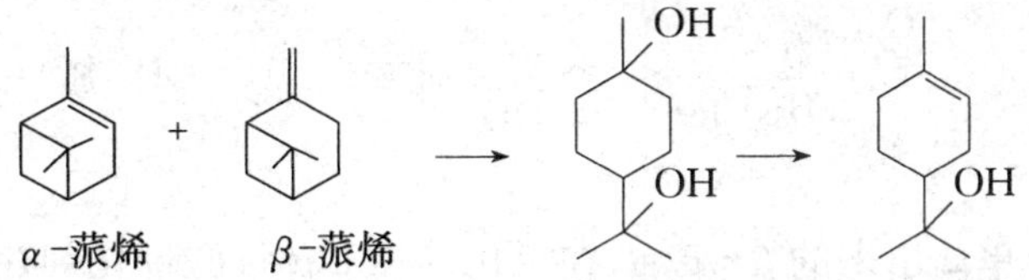

α-蒎烯 β-蒎烯 萜二醇 α-松油醇

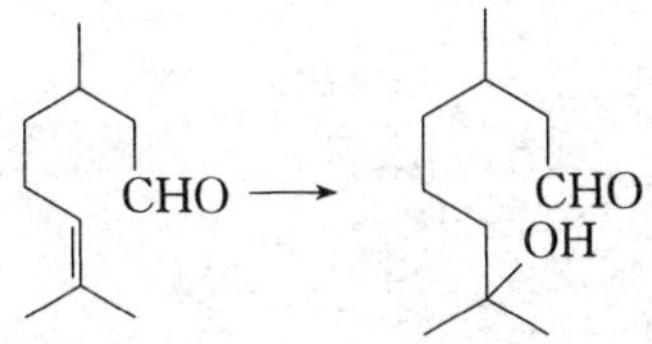

香茅醛 羟基香茅醛

(二)烯烃的羟汞化-脱汞反应

$$R—CH=CH_2 \xrightarrow{Hg(OAc)_2 \cdot H_2O} R—\underset{\underset{OH}{|}}{CH}—\underset{\underset{HgOAc}{|}}{CH_2} \xrightarrow{NaBH_4} R—\underset{\underset{OH}{|}}{CH}—CH_3$$

将烯烃用乙酸汞处理发生羟汞化反应,生成的汞化物用硼氢化钠还原生成醇。整个过程烯烃的加成反应是按 Markovnikov 规则加水生成醇的。生成的醇为仲醇。

(三)烯烃的硼氢化-氧化反应

$$3R—CH=CH_2 \xrightarrow{(BH_3)_2} (R—CH_2—CH_2)_3B \xrightarrow{H_2O_2} R—CH_2CH_2OH+H_3BO_3$$

烯烃的硼氢化-氧化反应是烯烃首先和硼烷反应,再经碱性过氧化氢氧化生成醇。整个过程烯烃是按反 Markovnikov 规则加水生成醇的,立体化学上为顺式加成,且无重排产物生成。用该法生成的醇是伯醇。

(四)烯烃的羰基化反应

羰基化合成法是工业上利用烯烃与一氧化碳、氢气合成醇的方法。烯烃与一氧化碳、氢气在羰基钴的催化下发生氢甲酰化反应,生成比原来的烯烃多 1 个碳原子的醛。因为一氧化碳可以加在双键的任意一个碳上,所以由此得到 2 个异构化的产物,进一步发生还原反应即生成 2 个醇。

$$R—CH=CH_2+CO+H_2 \xrightarrow{\text{羰基钴}} R—CH_2—CH_2—CHO+R—\underset{\underset{CHO}{|}}{CH}—CH_3$$

$$\xrightarrow{\text{活性镍}} R—CH_2—CH_2—CH_2OH+R—\underset{\underset{CH_2OH}{|}}{CH}—CH_3$$

(五)烯烃与甲醛的缩合反应

烯烃与甲醛在甲酸或乙酸存在下进行缩合反应(即 Prins 反应),可以制得醇类化合物。在合成香料工业中利用 Prins 反应可以制取各种有价值的醇类香料。

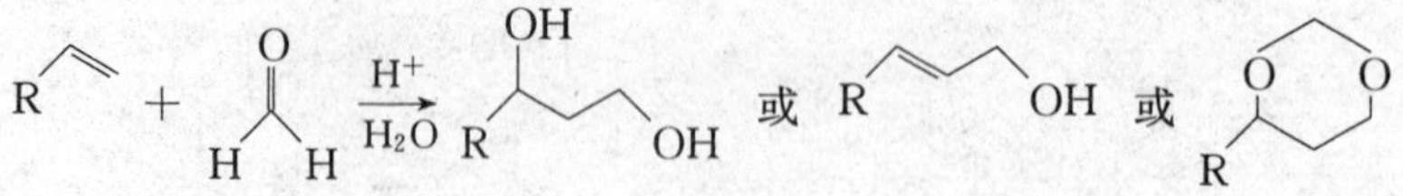

利用松节油中单离出来的β-蒎烯，在氯化锌等 Lewis 酸催化剂存在下与甲醛缩合可以制得诺卜醇。虽然诺卜醇本身没有特殊的香气，但它的乙酯却有新鲜的松木香气。

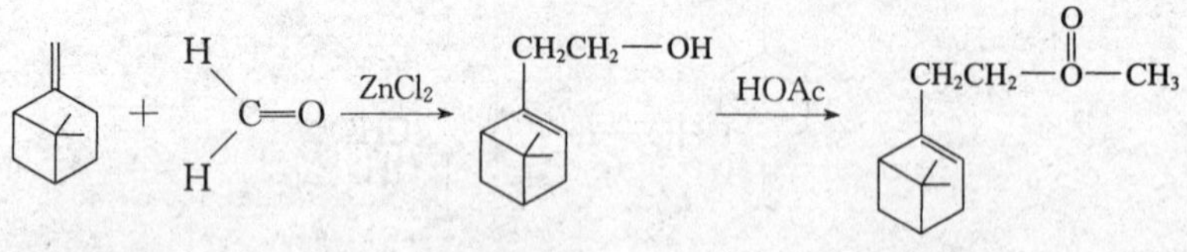

β-蒎烯　　诺卜醇　　乙酸诺卜酯

(六)烯烃的氧化反应

(1)烯烃的顺式羟基化　将烯烃用碱性高锰酸钾氧化，经过环状中间体，水解生成顺式二元醇。

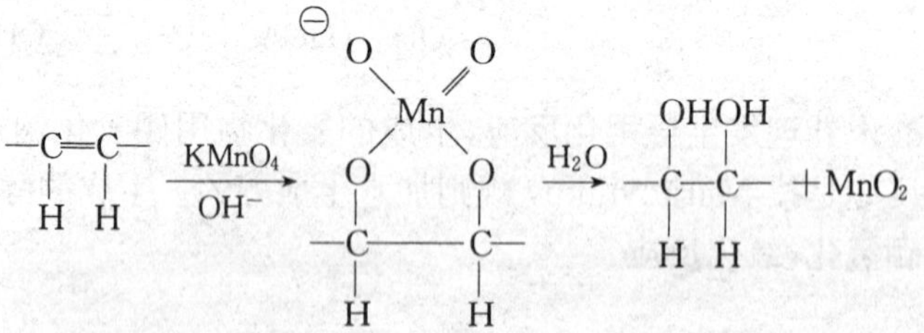

(2)烯烃的反式羟基化　将烯烃用过氧酸氧化，首先进行顺式加成形成环氧化物，然后反式开环生成反式二醇。常用的过氧酸有：过氧苯甲酸、间氯过氧苯甲酸、过氧甲酸、过氧乙酸、过氧三氟乙酸等。

$$CH_3CH_2-CH=CHCH_3 \xrightarrow[\text{② } HCl, CH_3OH]{\text{① } CF_3COOOH} CH_3CH_2-\underset{\text{OH}}{\overset{}{CH}}-\underset{\text{OH}}{CH}-CH_3$$

2-戊烯　　2,3-戊二醇

(3)烯烃的臭氧化　将烯烃用臭氧氧化，首先形成臭氧化中间体，然后通过还原反应生成醇。常用的还原剂有氢化铝锂、硼氢化钠等。

$$CH_3(CH_2)_5-CH=CH_2 \xrightarrow[\text{② } LiAlH_4]{\text{① } O_3} CH_3(CH_2)_5-CH_2-OH$$

1-辛烯　　1-庚醇

三、由醛、酮、羧酸及羧酸酯制备醇

(一)醛、酮、羧酸及羧酸酯的还原反应

含有羰基(>C=O)的化合物，如醛、酮、羧酸、酯可以被还原成醇。

1. 醛被还原成伯醇

醛　　　　伯醇

例如：

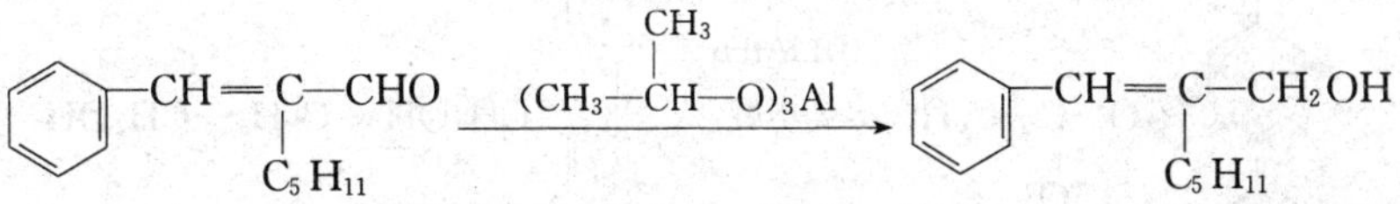

α-戊基肉桂醛　　　　α-戊基肉桂醇

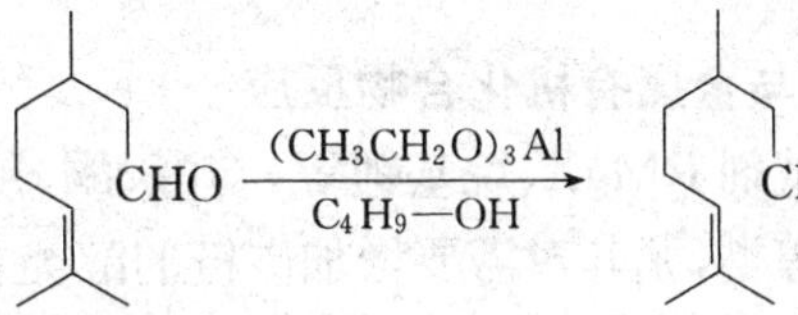

香茅醛　　　　香茅醇

2. 酮被还原成仲醇

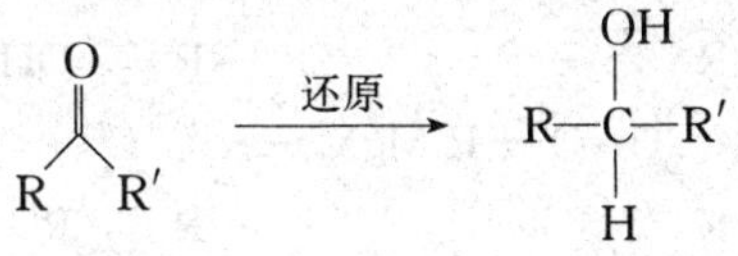

酮　　　　仲醇

例如：

樟脑(莰酮)　　　　龙脑(2-莰醇)

3. 羧酸被还原成伯醇

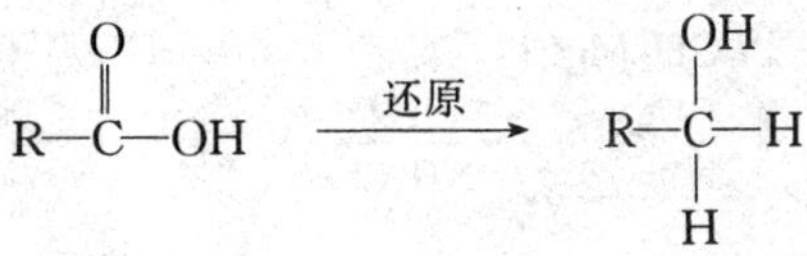

羧酸　　　　伯醇

例如：

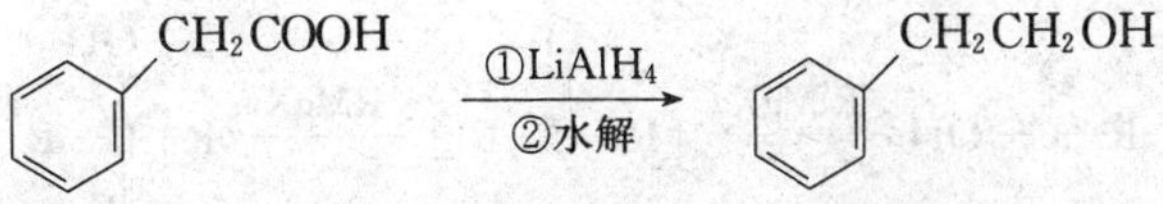

苯乙酸　　　　β-苯乙醇

4. 酯被还原成醇

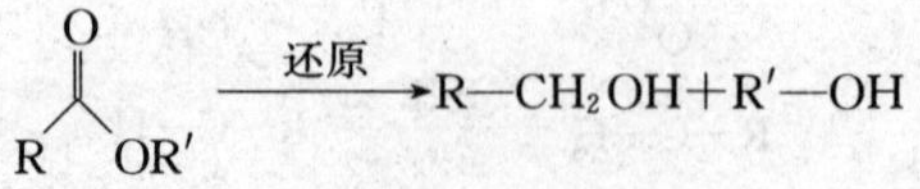

酯　　伯醇　　伯醇

例如：

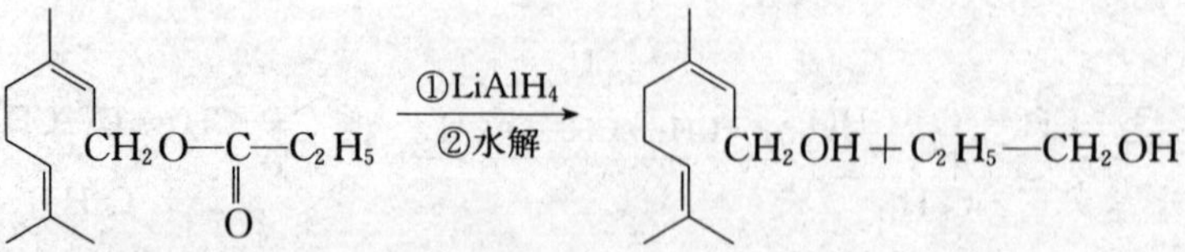

丙酸橙花酯　　橙花醇

(二)醛、酮、羧酸及羧酸酯与金属有机化合物反应

金属有机化合物(如格氏试剂 RMgX、烷基锂等)与醛、酮、羧酸、羧酸酯、环氧化物等反应,经过水解可以制得各种醇类,尤其对需要增加碳链的醇类香料更为重要。

在合成香料工业中,原醇类香料如二甲基苄基原醇、二甲基苯基原醇、甲基苯乙基原醇、丙基苯基原醇、甲基乙基苯基原醇、二甲基苯乙基原醇等都是通过 Grignard 反应制得的。

1. RMgX 与醛或酮反应

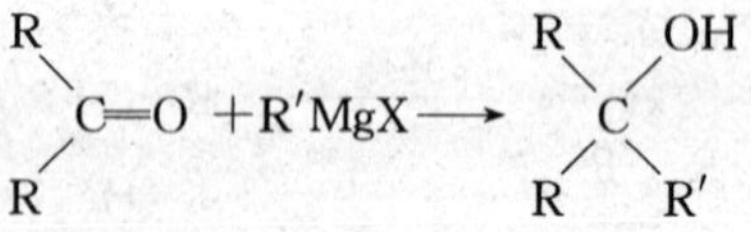

例如：

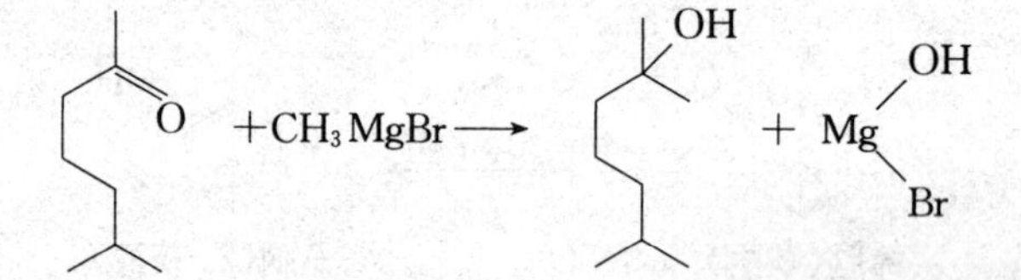

6-甲基-2-庚酮　　2,6-二甲基-2-庚醇

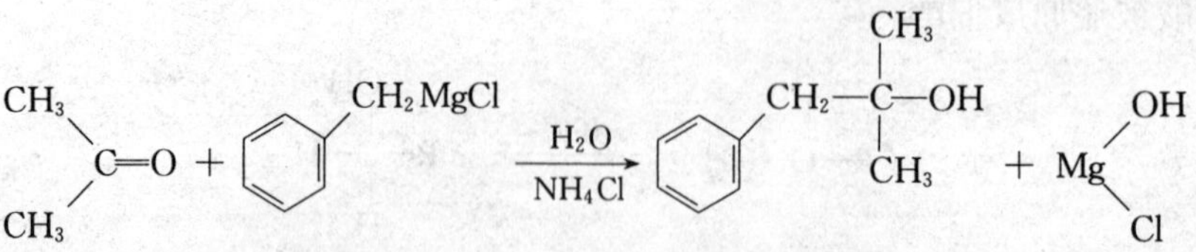

丙酮　　苄基氯化镁　　二甲基苄基原醇

2. RMgX 与羧酸、羧酸酯反应

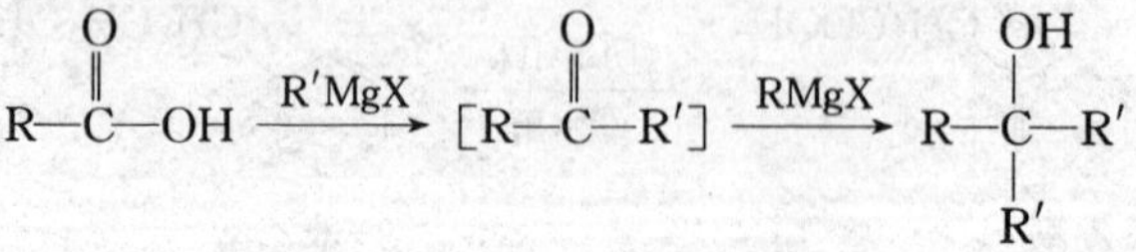

例如：

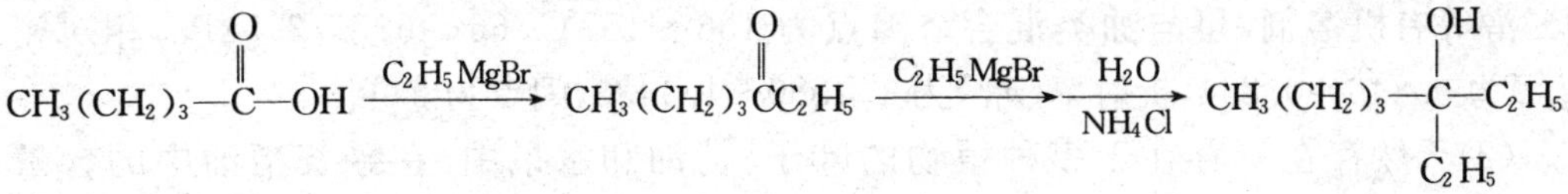

戊酸　　乙基丁基酮　　二乙基丁基原醇

此反应若要用于制备酮时则格氏试剂的量要控制，否则格氏试剂过量时则有叔醇生成。

3. RMgX 与环氧化合物反应

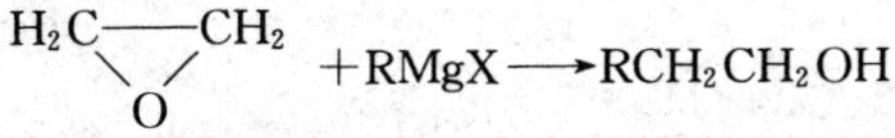

例如：

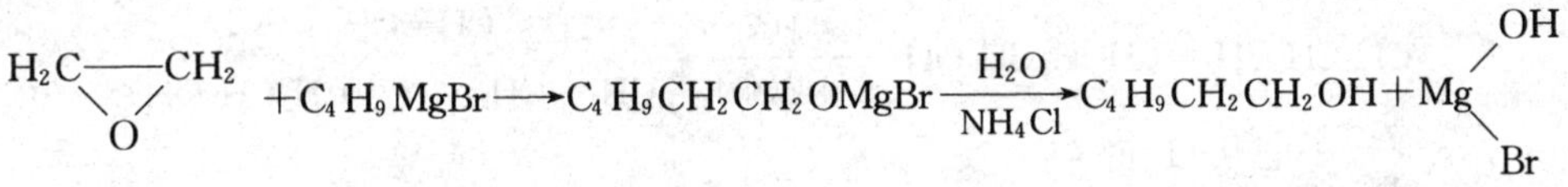

环氧乙烷　　己醇

从上述反应情况可以看出，当格氏试剂与醛反应时可得到仲醇，与酮、羧酸及羧酸酯等反应时可得到叔醇，仅与甲醛或环氧化合物反应才得到伯醇。并且上述反应中所生成的醇的碳原子均比原先的羰基化合物的碳原子数有所增加。

四、芳烃与环氧乙烷反应制备醇

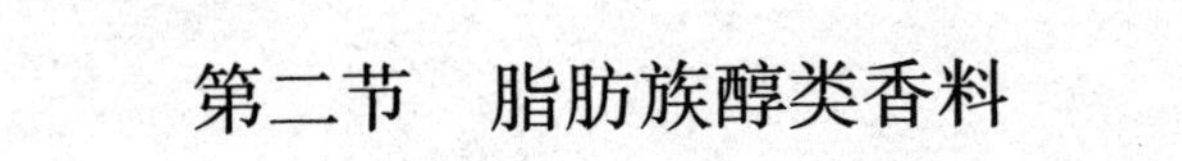

苯　环氧乙烷　　β-苯乙醇

在无水氯化铝或氯化锡催化下，芳烃与环氧乙烷发生弗-克反应，生成 β-芳基取代的乙醇。这是合成苯乙醇的方法之一。

第二节　脂肪族醇类香料

一、叶醇(Leaf alcohol)

叶醇又称顺-3-己烯醇。

分子式为 $C_6H_{12}O$，相对分子质量 100.16。CAS 为 928-96-1。

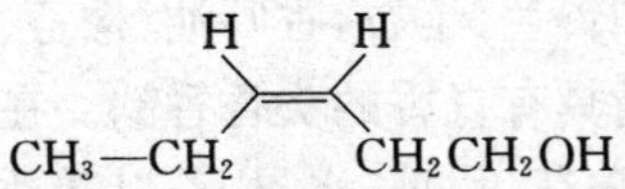

叶醇

(1)理化性质　无色油状液体,具有强烈的新鲜嫩青叶香气。微溶于水,溶于乙醇和丙二醇等有机溶剂,可与油类混合。沸点为156～157℃、66～67℃/2.5kPa,相对密度(d_4^{20})为0.846～0.854,折射率(n_D^{20})为1.4380～1.4430,闪点为64℃。

(2)天然存在　存在于多种植物的叶子、精油和水果中,在绿茶精油中的含量为35%～50%。

(3)制备方法　叶醇的合成路线和工艺方法有很多,主要介绍以下四种:

①以乙炔为原料制备叶醇:以乙炔为原料,在-45℃时将乙炔气通到卤化亚铜与乙基卤化镁格氏试剂的混合物中,生成丁炔格氏试剂,再与环氧乙烷反应生成3-己炔-1-醇,最后在Lindlar催化剂催化下氢化还原生成叶醇,总收率为57%。

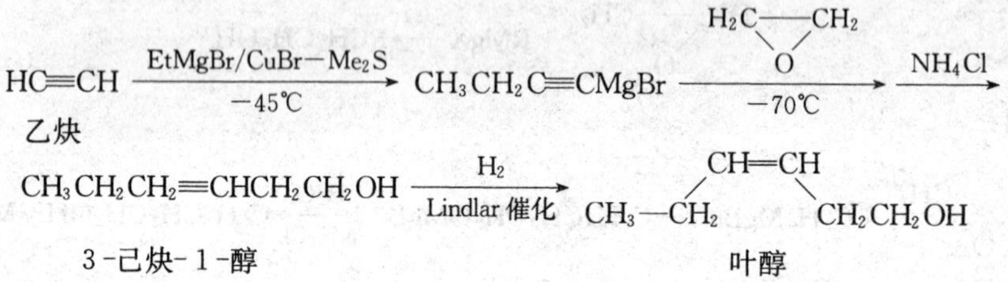

②在氨基钠和液氨存在下,以丁炔和环氧乙烷为原料制备。

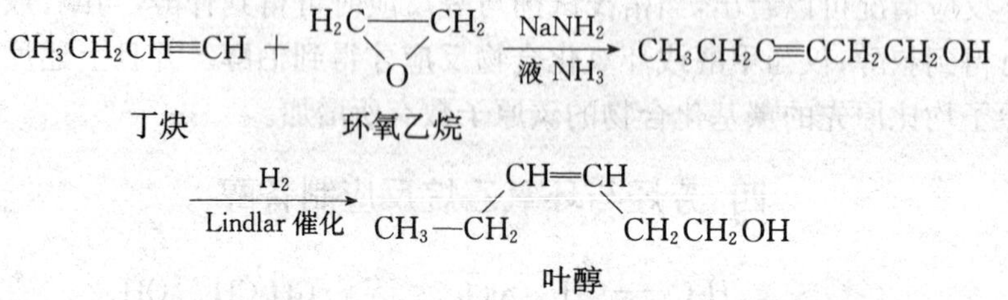

③以乙烯基乙炔为原料,先钠代,后与环氧乙烷反应,得到3-炔-5-烯-1-己醇,然后选择性加氢得到叶醇。

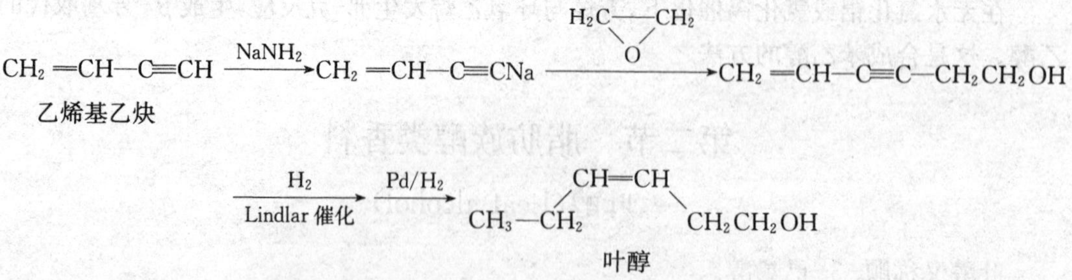

(4)主要用途　广泛用于日化香精和食用香精中,由于其香气极为强烈,故使用小剂量即可。用于调配各种精油,如铃兰、丁香、香叶油、橡苔、薰衣草和薄荷精油等;用于调配各种花香型香精,使精油和香精具有青香的头香香韵。在花香型日化香精中,只加微量即可增加香精的天然感;在草莓、薄荷、甜瓜、水果、茶叶等香型食用香精和各类有瓜果香气的复方中也可少量使用。叶醇常微量用于某些类型来提调头香,使新鲜飘逸,也用于人工配制的精油中。极微量用于铃兰、紫丁香等香精作头香，各类配方如花香、草香、新刈草、百花型中，都能给予生动的感觉。也常与香叶油、格蓬油、橡苔及树苔制品、薰衣草油同用。叶醇也是合成茉莉酮和茉莉酮酸甲酯的重要原料。

(5)安全管理　FEMA 号 2563，FDA172.515，COE750，GB 2760—2014 批准为允许使用的食品香料。

二、1-辛烯-3-醇(1-Octen-3-ol)

1-辛烯-3-醇又称松蕈醇、蘑菇醇(Matsutakeol、Morillol)和戊基乙烯基甲醇。

分子式为 $C_8H_{16}O$，相对分子质量 128.22。CAS 为 3391-86-4。

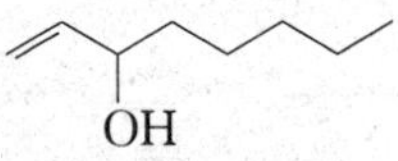

1-辛烯-3-醇

(1)理化性质　无色液体，具有蘑菇香气、森林青香气息和薰衣草似的香韵。微溶于水，溶于乙醇等有机溶剂。沸点为 175℃，79～81℃/2kPa，相对密度(d_4^{20})为 0.831～0.839，折射率(n_D^{20})为 1.4340～1.4400，闪点为 63℃。

(2)天然存在　存在于某些蘑菇、日本松蕈以及薰衣草油、杂薰衣草油、胡薄荷油中。

(3)制备方法

①以丙烯醛和溴代正戊基镁为原料，首先经格式反应，然后用饱和氯化铵溶液水解，洗涤油层，经减压蒸馏得到 1-辛烯-3-醇。

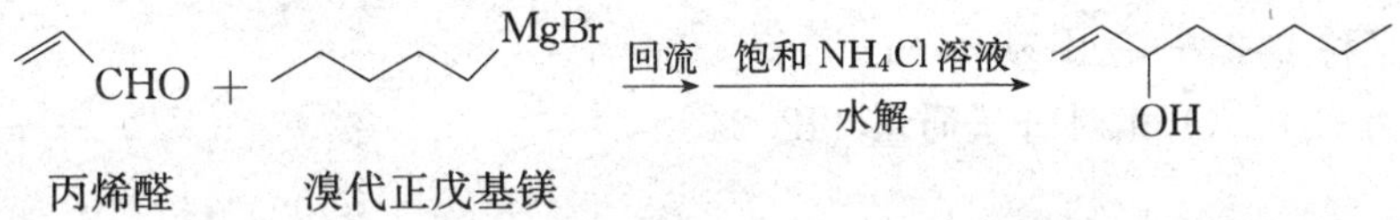

②以己醛与溴乙烯为原料，以四氢呋喃为溶剂，在-78℃的低温下与 NaH 反应生成产物 1-辛烯-3-醇。此法原料易得，但是反应温度过低，不易达到。

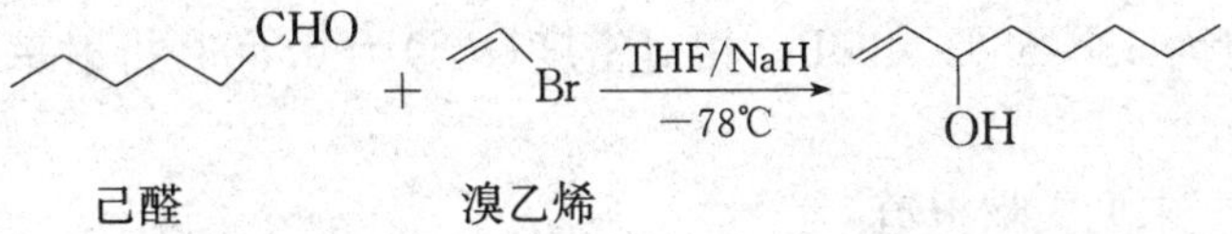

(4)主要用途　可用于日化香精的调配。可用于蘑菇、西红柿、土豆、牛乳、坚果等香型食用香精的调配。

(5)安全管理　FEMA 号 2805，FDA172.515，COE72，GB 2760—2014 批准为允许使用的食品香料。

三、壬二烯醇(Nonadienol)

壬二烯醇又称反-2-顺-6-壬二烯醇、紫罗兰叶醇、黄瓜醇。

分子式为 $C_9H_{16}O$，相对分子质量 140.23。

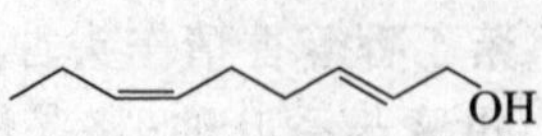

壬二烯醇

(1)理化性质 无色液体,具有强烈的草香、青香以及青叶似香气。不溶于水,溶于乙醇等有机溶剂。沸点为196℃、96～100℃/1.5kPa,相对密度(d_{25}^{25})为0.862,折射率(n_D^{20})为1.4630。

(2)天然存在 存在于紫罗兰叶和花的精油以及黄瓜中。

(3)制备方法 以叶醇为原料,先制成相应的溴化镁,然后再与丙烯醛反应,生成相应的烯醇,最后再经重排生成壬二烯醇。

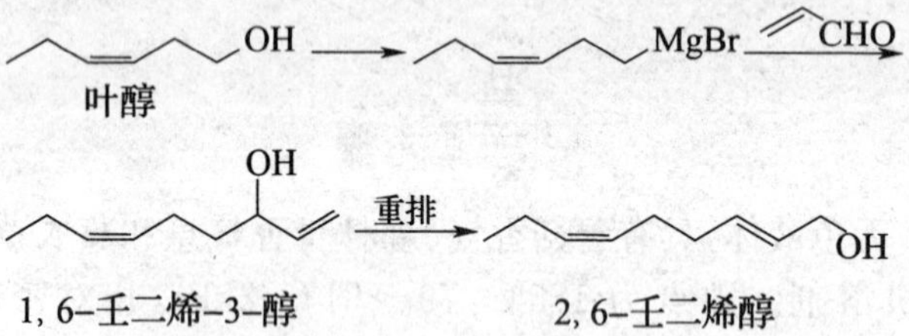

(4)主要用途 可用于日化香精的调配。

(5)安全管理 FEMA 号 2780,FDA172.515,COE589,GB 2760—2014 批准为允许使用的食品香料。

四、青草醇(Traveol)

青草醇又称2,2,5-三甲基-4-己烯醇。

分子式为$C_9H_{18}O$,相对分子质量142.24。

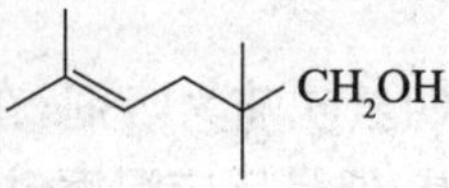

(1)理化性质 无色液体,具有强烈的草香和新鲜的青香香气。微溶于水,溶于乙醇等有机溶剂。沸点为53～55℃/400Pa,相对密度(d_4^{20})为0.863,折射率(n_D^{20})为1.4540,闪点为70℃。

(2)天然存在 未见文献报道。

(3)制备方法 由青草醛(2,2,5-三甲基-4-己烯醛)在铜-铬催化剂存在下选择性地催化氢化制得。

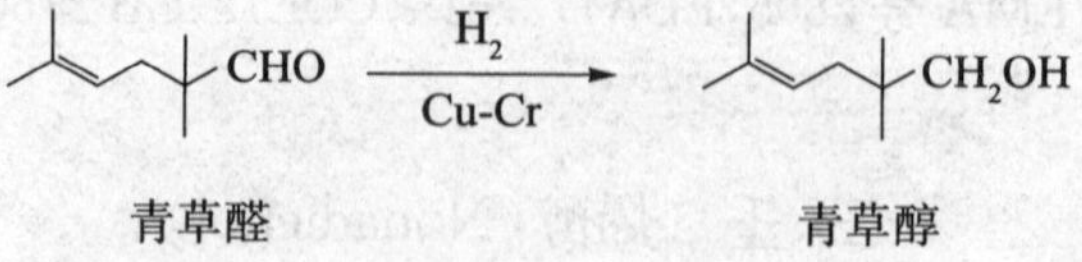

(4)主要用途 在日化香精中主要用于修饰香气的头香。

(5)安全管理 IFRA 没有限制规定。

五、正壬醇(*n* - Nonanol)

正壬醇又称 1-壬醇。

分子式为 $C_9H_{20}O$,相对分子质量 144.26。CAS 为 143-08-8。

$$CH_3(CH_2)_7—CH_2OH$$

(1)理化性质　无色至淡黄色液体,具有强烈而持久的香气,稀释后带有玫瑰和橙花香气,并伴有油脂气息。微溶于水,溶于乙醇等有机溶剂。沸点为 214～215℃,相对密度(d_{25}^{25})为 0.824～0.830,折射率(n_D^{20})为 1.4310～1.4350,闪点为 99℃。

(2)天然存在　以游离状态或成酯类存在于一些精油(如甜橙油、柠檬油、橘子油和玫瑰油等)以及橡苔树脂中。

(3)制备方法　以蓖麻油原料,热裂得到十一烯酸,十一烯酸加氢后即可得到十一醇(其香气温和,用途较少)。十一烯酸在碱熔加热时,先是双键移位到羧基的 α-、β-位置上,然后在高温和苛性钾作用下,碳链在双键处断裂,产生壬酸钾盐,经酸化后得到壬酸。将壬酸制成甲酯或乙酯,再在高温高压经催化还原即可制得壬醇。

$$\text{蓖麻油} \xrightarrow{\text{热裂}} \underset{\text{10-十一烯酸}}{CH_2=CH—(CH_2)_8—COOH} \xrightarrow[\triangle]{} \underset{\text{2-十一醇}}{CH_3(CH_2)_7CH=CHCOOH}$$

$$\underset{\text{2-十一烯酸}}{CH_3(CH_2)_7CH=CHCOOH} + 2KOH \xrightarrow[\triangle]{} CH_3(CH_2)_7COOK + CH_3COOK + H_2$$

$$CH_3(CH_2)_7COOK \xrightarrow{H^+} CH_3(CH_2)_7COOH$$

$$\underset{\text{壬酸}}{CH_3(CH_2)_7COOH} + \underset{\text{乙醇}}{CH_3CH_2OH} \xrightarrow{H^+} CH_3(CH_2)_7COOC_2H_5 + H_2O$$

$$\underset{\text{壬酸乙酯}}{CH_3(CH_2)_7COOC_2H_5} + H_2 \xrightarrow{CuO} CH_3(CH_2)_7—CH_2OH + CH_3CH_2OH$$

(4)主要用途　可少量用于玫瑰、茉莉、丁香等香型日化香精中。极少量用于柠檬、白柠檬、甜瓜、甜橙等香型食用香精中。

(5)安全管理　FEMA 号 2789,FDA172.515,COE55,GB 2760—2014 批准为允许使用的食品香料。

六、正癸醇(*n* - Decanol)

正癸醇又称 1-癸醇。

分子式为 $C_{10}H_{22}O$,相对分子质量 158.28。CAS 为 112-30-1。

$$CH_3(CH_2)_8—CH_2OH$$

(1)理化性质　无色液体,具有玫瑰和橙花香气,并带有油脂气息。不溶于水,溶于乙醇等有机溶剂。沸点为 231～232℃,相对密度(d_{25}^{25})为 0.826～0.832,折射率(n_D^{20})为 1.4350～1.4390,闪点为 104℃。

(2)天然存在　存在于甜橙油、橙花油、甜橘油、黄葵子油、杏花油等精油中。

(3)制备方法

①以癸醛为原料还原制备。

$$\underset{\text{癸醛}}{CH_3(CH_2)_8{-}CHO} \xrightarrow[Ni]{H_2} \underset{\text{癸醇}}{CH_3(CH_2)_8{-}CH_2OH}$$

②以环氧乙烷为原料,与格氏试剂反应制备。

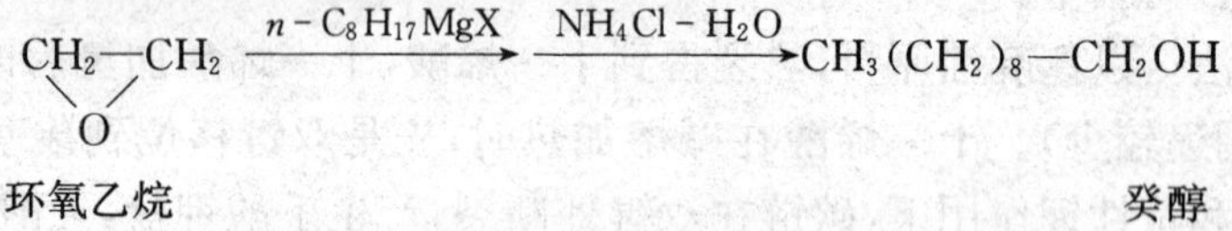

(4)主要用途　少量用于玫瑰、茉莉、橙花、金合欢、紫丁香等香型日化香精中。用于甜橙、柠檬、椰子、奶油等香型食用香精的调配。

(5)安全管理　FEMA 号 2365,FDA172.515,COE73,GB 2760—2014 批准为允许使用的食品香料。

七、月桂醇(Lauryl alcohol)

月桂醇又称 1-十二碳醇、十二烷基醇。

分子式为 $C_{12}H_{26}O$,相对分子质量 186.34。CAS 为 112-53-8。

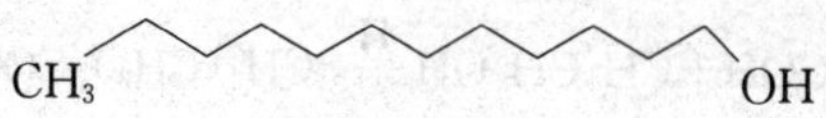

(1)理化性质　无色固体,具有微弱的油脂香气,略带柑橘香气。不溶于水,溶于乙醇等有机溶剂。熔点为 26℃,沸点为 255～258℃、150℃/2.7kPa,相对密度(d_{25}^{25})为 0.830～0.836,折射率(n_D^{20})为 1.4400～1.4440,闪点＞100℃。

(2)天然存在　存在于白柠檬油、松针油、酸橙油等植物精油中。

(3)制备方法

①以月桂酸为原料,经氢化还原反应制得月桂醇。

$$CH_3(CH_2)_{10}COOH + H_2 \xrightarrow{CuO-Cr_2O_3} CH_3(CH_2)_{10}CH_2OH$$

②以月桂酸乙酯为原料,经氢化还原反应制得月桂醇。

$$CH_3(CH_2)_{10}COOC_2H_5 \xrightarrow{CuO-CuCrO_4} CH_3(CH_2)_{10}CH_2OH + C_2H_5OH$$

(4)主要用途　少量应用于橙花、铃兰、玫瑰、紫罗兰、金合欢、水仙、晚香玉等香型的日化香精中。主要用于调配菠萝、柠檬、椰子、甜橙等香型的食用香精。

(5)安全管理 FEMA 号 2617,GB 2760—2014 批准为允许使用的食品香料。

第三节 芳香族醇类香料

一、苯甲醇(Benzyl alcohol)

苯甲醇又称苄醇。

分子式为 C_7H_8O,相对分子质量 108.13。CAS 为 100－51－6。

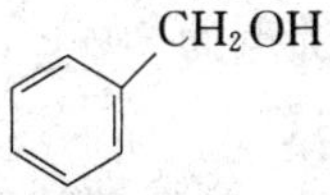

(1)理化性质 无色液体,具有微弱的芳香、花香和果香香气。微溶于水,溶于乙醇等有机溶剂。熔点为-15℃,沸点为 204～206℃/101kPa、98.2℃/1.86kPa、93℃/1.33kPa,相对密度(d_4^{25})为 1.041～1.046,折射率(n_D^{20})为 1.5390～1.5410,闪点为 100℃。

(2)天然存在 存在于依兰依兰、大花茉莉、白兰花等精油中,在秘鲁香脂和吐鲁香脂里也有发现。

(3)制备方法

①苯甲醇主要以氯化苄为原料进行水解反应制取。一般用纯碱的水溶液在 100℃回流 15h 进行水解皂化反应制得。

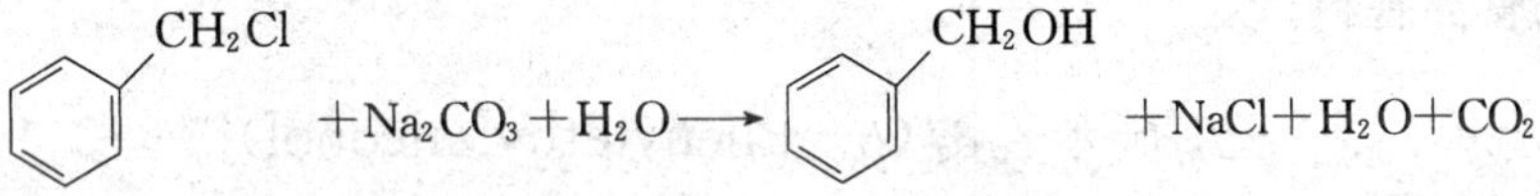

②以苯甲醛和甲醛为原料,在氢氧化钠存在下,通过 Cannizzaro 反应制备。

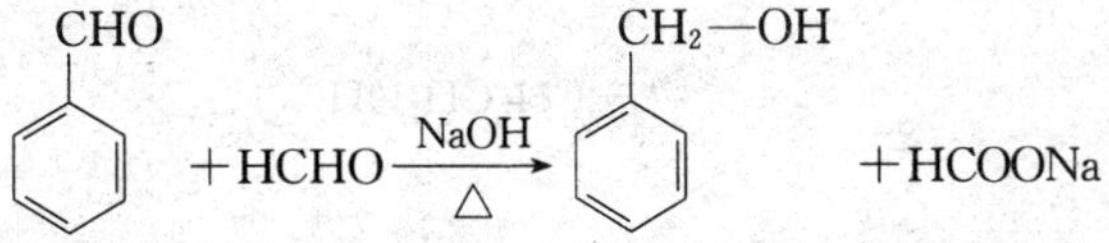

(4)主要用途 在茉莉、依兰依兰、晚香玉、栀子、素心兰、金合欢、风信子等香型的香精中起修饰剂和定香剂的作用,也可用于甜橙、樱桃、葡萄、玫瑰、坚果、浆果等香型的食用香精中。苯甲醇具有微弱的花香,但香气很弱,所以很少用于调香中,而它的酯类却有强烈花香,例如乙酸苄酯有很强的茉莉香气,故用作配制茉莉型香精的香原料。另外它是硝基麝香很好的溶剂,如 100g 苯甲醇约能溶解二甲苯麝香 8g、酮麝香 15g、葵子麝香 29g,因此苯甲醇在香料工业中有它的特殊性。

(5)安全管理 FEMA 号 2137,FDA172.515,COE58,GB 2760—2014 批准为暂时允许使用的食品香料。

二、α-苯乙醇(α-Phenethyl alcohol)

α-苯乙醇又称苏合香醇、α-甲基苄醇、甲基苯甲醇和苯基甲基甲醇。

分子式为 $C_8H_{10}O$,相对分子质量 122.17。CAS 为 98-85-1。

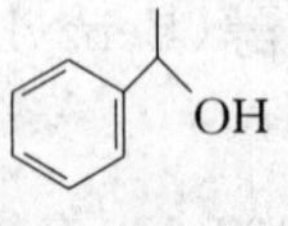

(1)理化性质　无色透明液体,具有似栀子、玫瑰、紫丁香的花香香气。微溶于水,溶于乙醇等有机溶剂。凝固点为 19℃,沸点为 204℃,相对密度(d_{25}^{25})为 1.010～1.013,折射率(n_D^{20})为 1.5260～1.5290,闪点为 92℃。

(2)天然存在　未见文献报道,但 α-苯乙醇的乙酸酯却在栀子花的提取物里被发现。

(3)制备方法　由苯乙酮经还原反应制得。

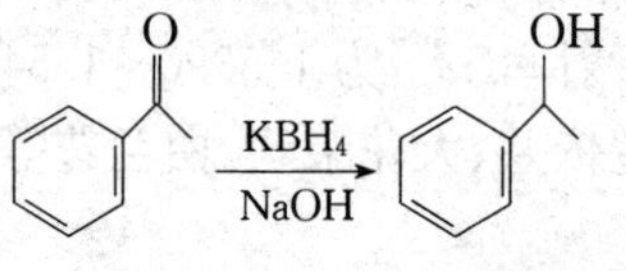

(4)主要用途　在日化香精中用得不多,主要用于制备乙酸苏合香酯和丙酸苏合香酯。

(5)安全管理　FEMA 号 2685,FDA172.515,COE2030,GB 2760—2014 批准为暂时允许使用的食品香料。

三、β-苯乙醇(β-Phenylethyl alcohol)

β-苯乙醇又称 2-苯乙醇、2-苯基乙醇和苯乙醇。

分子式为 $C_8H_{10}O$,相对分子质量 122.17。CAS 为 60-12-8。

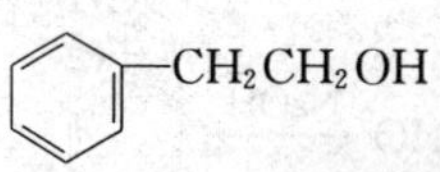

(1)理化性质　无色黏稠液体,具有柔和的玫瑰样花香香气,是配制玫瑰香精的主要原料之一。25℃时能完全溶解于 50 倍清水而不呈混浊,溶于乙醇等有机溶剂。熔点 -26℃,沸点为 220℃、99～99.4℃/1.13kPa,相对密度(d_{25}^{25})为 1.017～1.020,折射率(n_D^{20})为 1.5260～1.5330,闪点>100℃。

(2)天然存在　在玫瑰油、天竺葵油、依兰依兰油、橙花油、香叶油、风信子油、水仙浸膏、茶叶、烟草中均有存在。

(3)制备方法　苯乙醇有较多的制备方法,如工业上曾用卤代苯通过格氏反应与环氧乙烷制备苯乙醇,也曾用苯与环氧乙烷在三氯化铝催化下制备。目前采用较多的是以苯乙烯为原料经卤醇化、环化与催化氢化反应得到 β-苯乙醇。

①以苯乙烯为原料合成苯乙醇:第一步,将苯乙烯和水加到耐酸的搪瓷反应锅里,搅

拌并加热，同时滴加氯酸钠、溴化钠和硫酸溶液，滴加完毕，继续回流反应，定时测定油层的相对密度以决定反应的终点；第二步，将溴代苯乙醇用稀烧碱液进行皂化，皂化完毕静置分层，水洗至中性，得到粗环氧苯乙烷，经减压蒸馏得到较纯的环氧苯乙烷；第三步，在低压下进行氢化，直到氢气压不再下降，说明加氢已经完成。过滤、中和、水洗得粗品，经真空分馏得纯品。

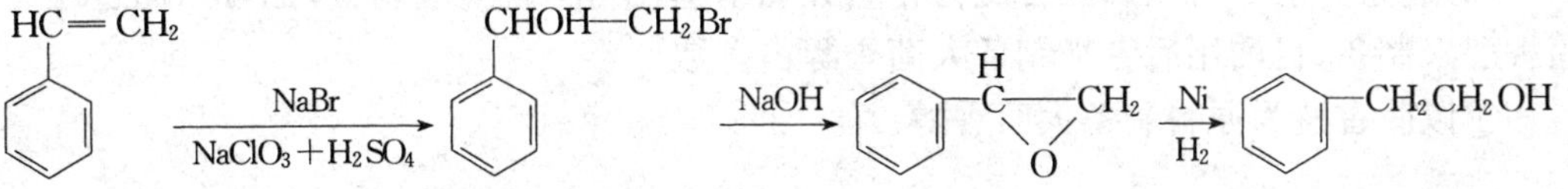

苯乙烯　溴代苯乙醇　环氧苯乙烷　β-苯乙醇

②以苯和环氧乙烷为原料制取β-苯乙醇。在工业上更简单的苯乙醇合成法是以三氯化铝为催化剂，将苯和环氧乙烷反应。若在反应中能将反应中生成的氯化氢除去，则能使苯乙醇的得率提高。

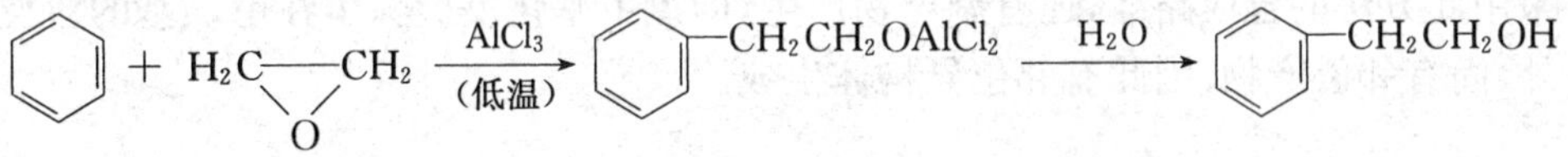

苯　环氧乙烷　β-苯乙醇三氯化铝加合物　β-苯乙醇

副产物有二苯乙烷($C_6H_5CH_2CH_2C_6H_5$)。

(4)主要用途　苯乙醇是最广泛应用于各种香精配方的香料之一，这主要是由于它的价格较廉价和香气的广泛适用性，能与各类香气都有良好的协调性。它既可用于花香型，也可用于东方型、苔香型、草香型、膏香型和近代醛香型等，是配制玫瑰香精的主香剂；它对碱的作用稳定，广泛应用于铃兰、依兰依兰、风信子、丁香、橙花等许多花香型日化香精和皂用香精中；在玫瑰、苹果、桃、浆果等香型食用香精中也可微量使用。苯乙醇也是合成其他精细化学品的重要中间体。

(5)安全管理　FEMA号2858，FDA172.515，COE68，GB 2760—2014批准为允许使用的食品香料。

四、大茴香醇(Anisyl alcohol)

大茴香醇又称p-甲氧基苯甲醇、茴香醇。

分子式为$C_8H_{10}O_2$，相对分子质量138.16。CAS为105-13-5。

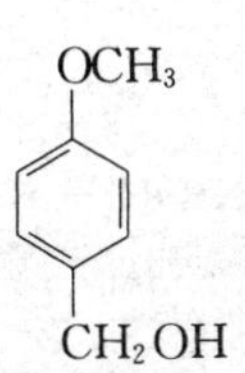

(1)理化性质　无色至淡黄色液体或固体，具有清淡而又略带紫丁香花香香气，并伴有茴香和山楂的香韵。在通常状况下，大茴香醇相当稳定，不会变色；在酸性条件下容易

在两个分子间脱水而生成醚;在碱性条件下非常稳定,所以在香皂中不会变质,可配制紫丁香精油及茉莉精油。不溶于水,溶于乙醇等有机溶剂。熔点为 24～25℃,沸点为 258～259℃、134～135℃/12.16kPa,最低凝固点为 23℃,相对密度(d_4^{20})为 1.109～1.117,折射率(n_D^{20})为 1.5420～1.5460,闪点为 137℃。

(2)天然存在 存在于香荚兰油和某些品种的茴香油中。

(3)制备方法 可以以茴香醚为原料经氯甲基化与水解反应制备,也可以通过还原大茴香醛来制备,目前用后者来制备大茴香醇占多数。

①以茴香醚为原料制备大茴香醇。

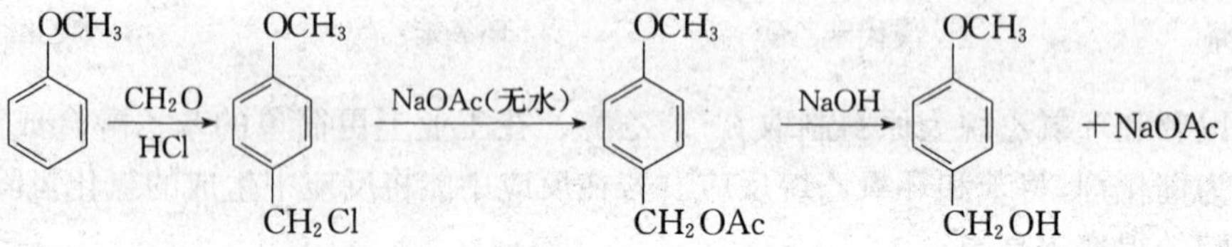

采用此方法的合成路线,还有副产物产生,即氯甲基化反应除了在甲氧基的对位发生反应外,尚有邻位产物,因此有邻位异构体生成。

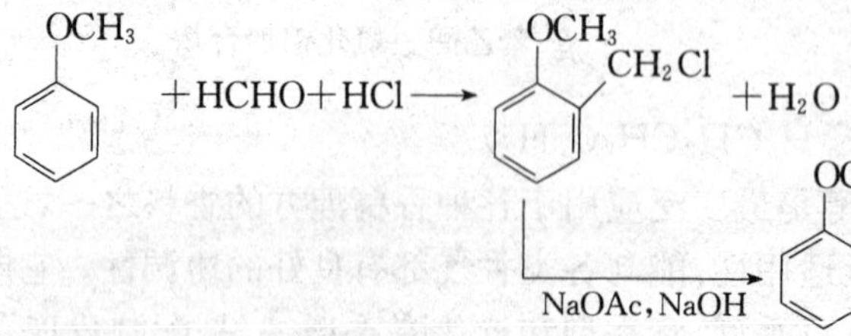

②以大茴香醛为原料制备大茴香醇。

以大茴香醛为原料制备大茴香醇包括催化加氢、硼氢化钾还原法和交叉歧化反应法(康尼查罗反应法)。

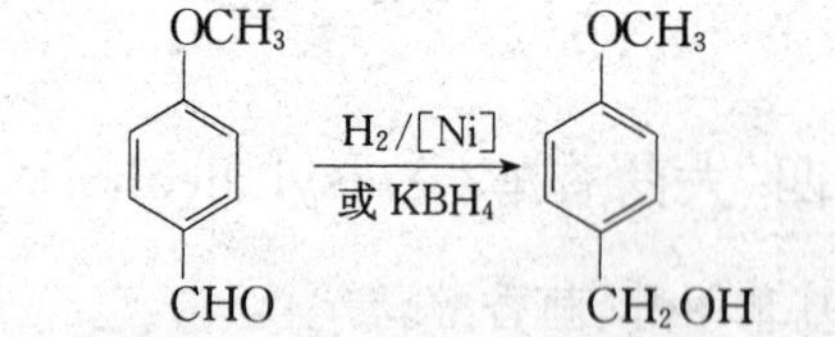

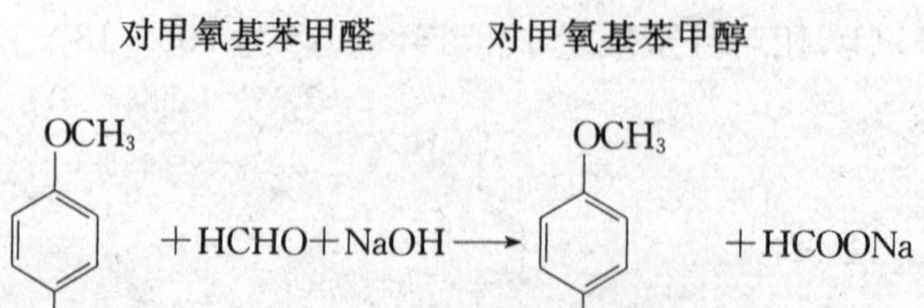

(4)主要用途 主要应用于茉莉、水仙、山茶花、葵花、金合欢、紫丁香、紫罗兰、香罗兰等香型日化香精中。也可微量用于可可、巧克力、香荚兰、甘草、樱桃等香型食用香精中。

(5)安全管理　FEMA 号 2099,FDA172.515,COE66,GB 2760—2014 批准为允许使用的食品香料。

五、肉桂醇(Cinnamic alcohol)

肉桂醇又称桂醇、苯丙烯醇和 3-苯基-2-丙烯醇。

分子式为 $C_9H_{10}O$,相对分子质量 134.17。CAS 为 104-54-1。

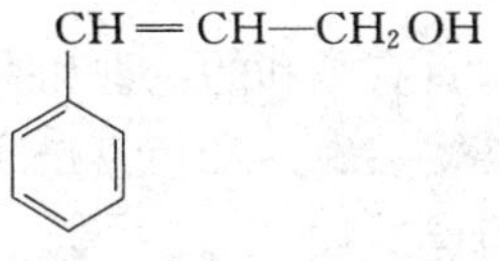

(1)理化性质　具有香脂香气,并带有甜润的花香和风信子香韵。几乎不溶于水,溶于乙醇等有机溶剂。反式肉桂醇为白色结晶体,熔点为 34.5℃,沸点为 257～258℃、116.5℃/14.18kPa,相对密度(d_4^{20})为 1.044,折射率(n_D^{20})为 1.5810～1.5820。顺式肉桂醇为无色至淡黄色液体,沸点为 127～128℃/1.33kPa,相对密度(d_4^{20})为 1.041,折射率(n_D^{20})为 1.5700。闪点>100℃。

(2)天然存在　肉桂醇以游离态或酯的形式天然存在于苏合香、某些香树脂、风信子花及少数精油中。

(3)制备方法

①从苏合香脂中单离出肉桂醇。

②以肉桂醛为原料采用硼氢化钾还原法制备桂醇。

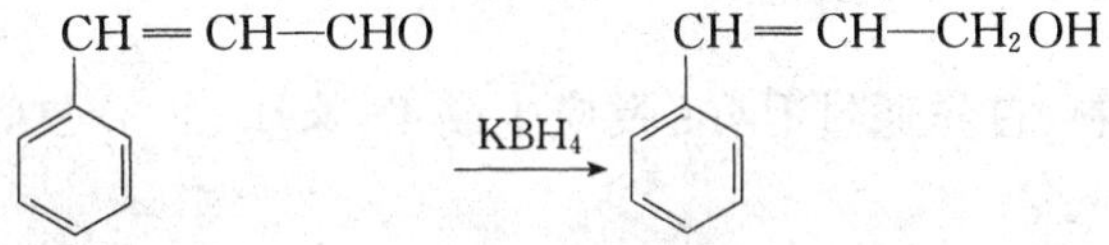

肉桂醛　　肉桂醇

③以肉桂醛为原料,采用苄醇铝为还原剂,并以苄醇作为氢的供给体参与反应。

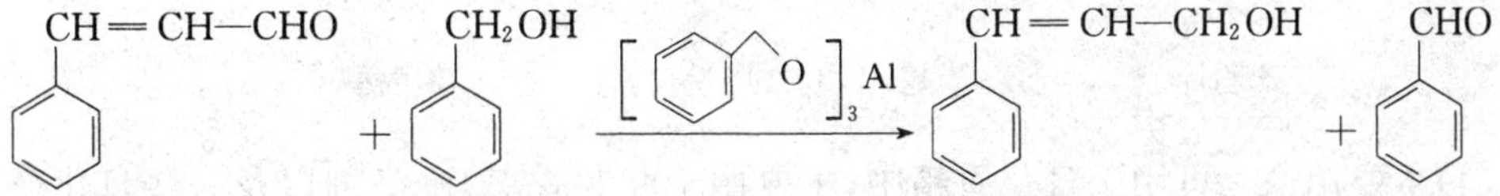

肉桂醛　　苯甲醇　　肉桂醇　　苯甲醛

(4)主要用途　肉桂醇具有温和的甜香,用途极广,无论在化妆品香精还是在皂用香精中,凡是欲增加甜感者都宜用,且持久。它是风信子香精的主香剂,可与苯乙醛合用,也是香石竹、水仙香精的重要和香;在香石竹、茉莉、玫瑰、铃兰、葵花、紫丁香、兔耳草、含羞花等花香型香精中也经常使用;还可用于桃、杏、柠檬、草莓等香型食用香精和白兰地酒用香精中。

(5)安全管理　FEMA 号 2294,FDA172.515,COE65,GB 2760—2014 批准为暂时允许使用的食品香料。

六、苯丙醇(Phenylpropyl alcohol)

苯丙醇又称3-苯基-1-丙醇、苄基乙醇和氢化肉桂醇。

分子式为$C_9H_{12}O$,相对分子质量136.20。CAS为122-97-4。

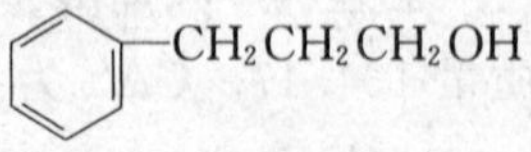

(1)理化性质　无色黏稠液体,具有柔和的花香和香脂香气,香气酷似风信子。微溶于水,能与乙醇和油混溶。沸点为235℃、120～121℃/1.7kPa,相对密度(d_4^{20})0.998～1.002,折射率(n_D^{20})为1.5240～1.5280,闪点>100℃。

(2)天然存在　存在于秘鲁香脂、安息香树脂和某些精油中。在天然树脂和精油中,苯丙醇常与桂醇同时并存。使用高浓度的甲酸处理该混合物时可以得到甲酸苯丙酯,而桂醇则被树脂化。

(3)制备方法

①以桂醛或桂醇为原料,经氢化还原反应制得。

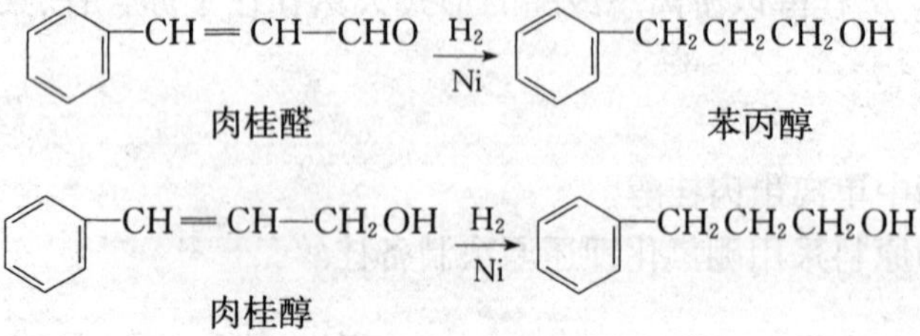

②以苯乙烯为原料,首先通过Prins反应生成4-苯基-1,3-二噁烷,最后再氢解还原成苯丙醇。

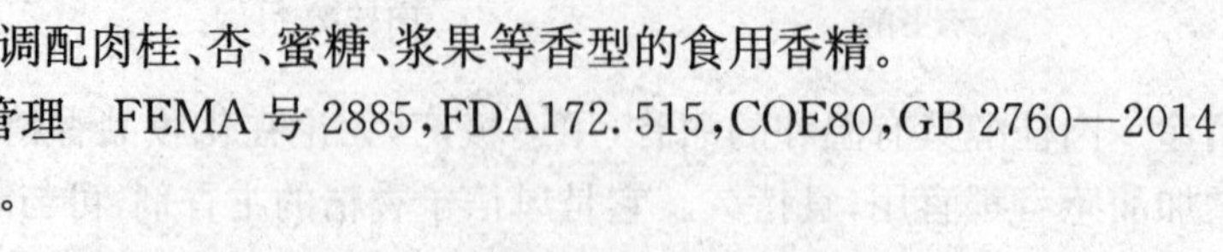

(4)主要用途　可用于日化香精中,主要用于配制香皂、洗涤剂以及一些日化产品的香精。可用于调配肉桂、杏、蜜糖、浆果等香型的食用香精。

(5)安全管理　FEMA号2885,FDA172.515,COE80,GB 2760—2014批准为允许使用的食品香料。

七、乙基苯基甲醇(Ethyl phenyl carbinol)

分子式为$C_9H_{12}O$,相对分子质量136.20。CAS为93-54-9。

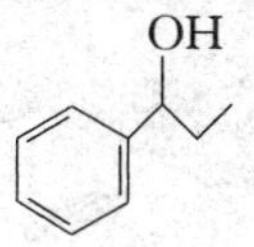

(1)理化性质 无色液体,具有令人愉快的花香和香脂香气。微溶于水,溶于乙醇等有机溶剂。沸点为 220℃,相对密度(d_{25}^{25})为 0.991～0.994,折射率(n_D^{20})为 1.5200～1.5230,闪点为 95℃。

(2)天然存在 未见文献报道。

(3)制备方法 可由苯基乙基甲酮经还原反应制得。

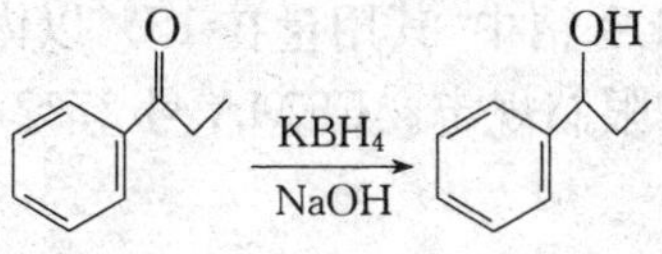

苯基乙基甲酮

(4)主要用途 可用于日化香精中。

(5)安全管理 IFRA 没有限制规定。

八、龙葵醇(Hydratropyl alcohol)

龙葵醇又称 2-苯基-1-丙醇。

分子式为 $C_9H_{12}O$,相对分子质量 136.20。CAS 为 1123-85-9。

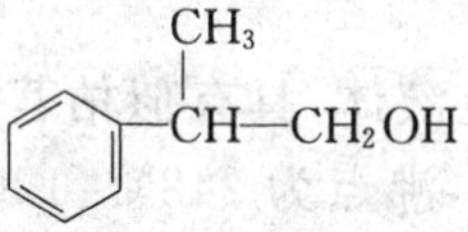

(1)理化性质 无色液体,具有似金银花和风信子的花香香气。微溶于水,能与乙醇和油混溶。沸点为 201～203/101kPa,相对密度(d_{25}^{25})0.997～1.005,折射率(n_D^{20})为 1.5240～1.5290,闪点>100℃。

(2)天然存在 未见文献报道。

(3)制备方法

①由龙葵醛还原制得。

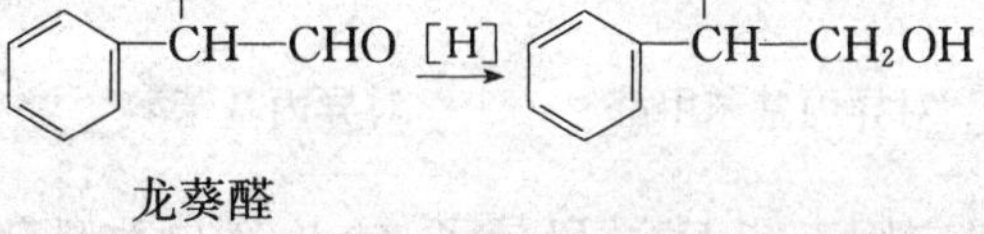

龙葵醛

②以 α-甲基苯乙烯为原料,在次氯酸钙水溶液中通入二氧化碳进行反应生成氯代醇,然后再与氢氧化钠水溶液反应生成 α-甲基环氧苯乙烷,最后在镍催化下经氢化还原生成龙葵醇。

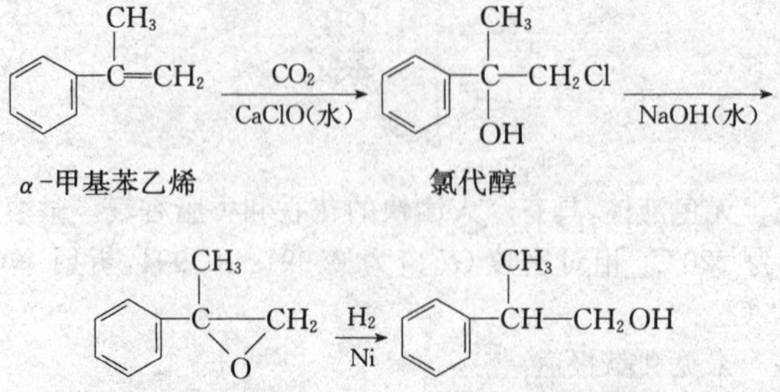

α-甲基苯乙烯　氯代醇　α-甲基环氧苯乙烷　龙葵醇

(4)主要用途　可用于日化香精中,其用量在15%以内。

(5)安全管理　IFRA没有限制规定。FEMA号2732,GB 2760—2014批准为允许使用的食品香料。

九、枯茗醇(Cuminyl alcohol)

枯茗醇又称对异丙基苄醇、莳萝醇。

分子式为$C_{10}H_{14}O$,相对分子质量150.22。CAS为536-60-7。

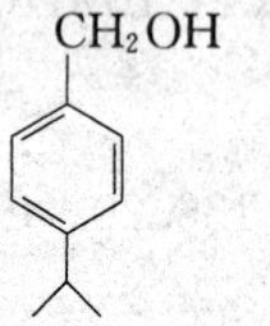

(1)理化性质　无色至淡黄色液体,具有似枯茗般的辛香香气,并带有花香香韵。微溶于水,溶于乙醇等有机溶剂。沸点为248℃、120～121℃/1.5kPa,相对密度(d_4^{20})为0.971～0.979,折射率(n_D^{20})为1.5160～1.5220,闪点>100℃。

(2)天然存在　存在于枯茗和葛缕子的果油中,在樟脑油、薰衣草油以及某些桉树油中也有存在。

(3)制备方法　以枯茗醛为原料,经氢化反应制得。

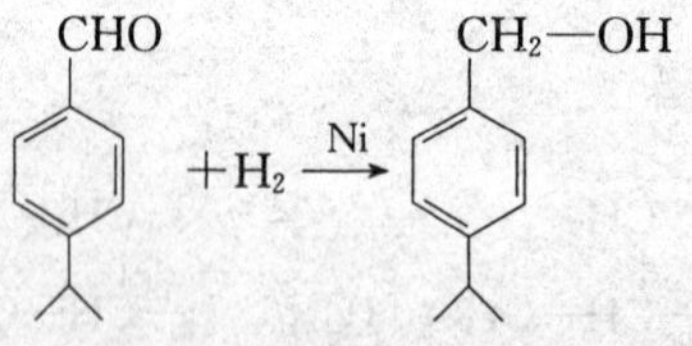

对异丙基苯甲醛　对异丙基苄醇

(4)主要用途　少量应用于紫丁香、风信子、铃兰等花香型日化香精中。也用于辣的调味品香精和姜、肉桂、香菜等香型食用香精中。

(5)安全管理　FEMA号2933,FDA172.515,COE88,GB 2760—2014批准为允许使用的食品香料。

十、二甲基苄基原醇(Dimethyl benzyl carbinol)

二甲基苄基原醇又称二甲基苄基甲醇和1,1-二甲基苯乙醇。

分子式为$C_{10}H_{14}O$,相对分子质量150.22。CAS为100-86-7。

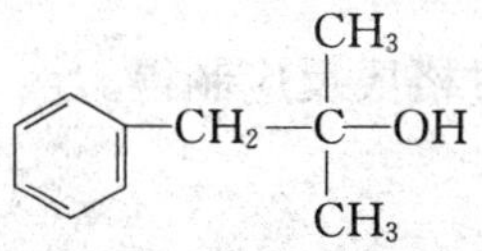

(1)理化性质　无色至淡黄色黏稠液体,易结晶成半透明晶体。具有丁香香气,并伴有草香和木香香韵。微溶于水,不溶于甘油,溶于乙醇等有机溶剂。凝固点为23~24℃,沸点为215℃、86℃/900Pa,相对密度(d_{25}^{25})为0.971~0.977,折射率(n_D^{20})为1.5140~1.5180,闪点为92℃。

(2)天然存在　未见文献报道。

(3)制备方法

①由氯化苄基镁和丙酮通过格氏反应制得。

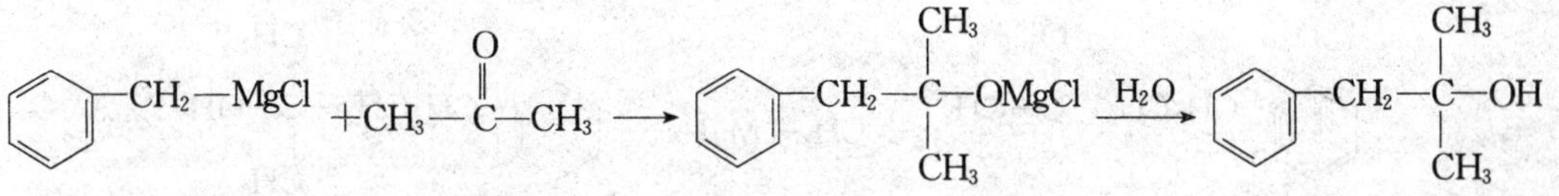

氯化苄基镁　　丙酮

②由苯乙酸乙酯和甲基碘化镁反应制得。

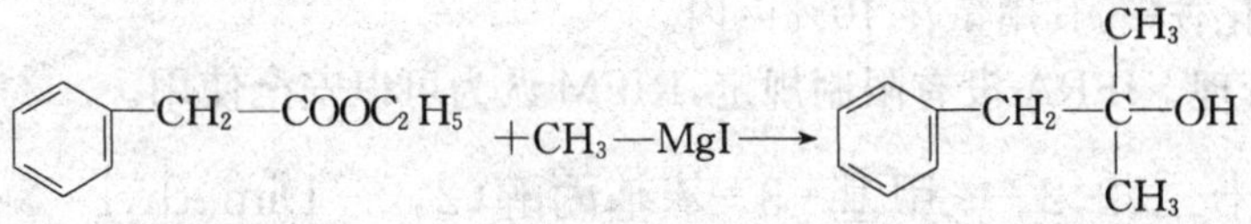

苯乙酸乙酯　　甲基碘化镁

(4)主要用途　可用于食用香精中,用于调配咖啡、胡椒、圆醋栗、生梨等香型食用香精。

(5)安全管理　FEMA号2393,FDA172.515,COE84,GB 2760—2014批准为允许使用的食品香料。

十一、二甲基苯乙基原醇(Dimethyl phenylethyl carbinol)

二甲基苯乙基原醇又称二甲基苯乙基甲醇和1,1-二甲基苯丙醇。

分子式为$C_{11}H_{16}O$,相对分子质量164.25。CAS为103-05-9。

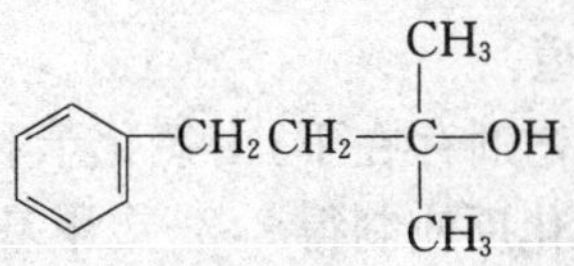

(1)理化性质 无色至淡黄色黏稠液体。具有似百合花的花香香气,伴有香草和青香香韵。微溶于水,溶于乙醇等有机溶剂。沸点为 230℃、124～125℃/1.9kPa,相对密度(d_{25}^{25})为 0.955～0.965,折射率(n_D^{20})为 1.5100～1.5130,闪点为 116℃。

(2)天然存在 未见文献报道。

(3)制备方法

①由氯化苯乙基镁和丙酮通过格氏反应制得。

氯化苯乙基镁 丙酮

②由苄基丙酮和甲基碘化镁反应制得。

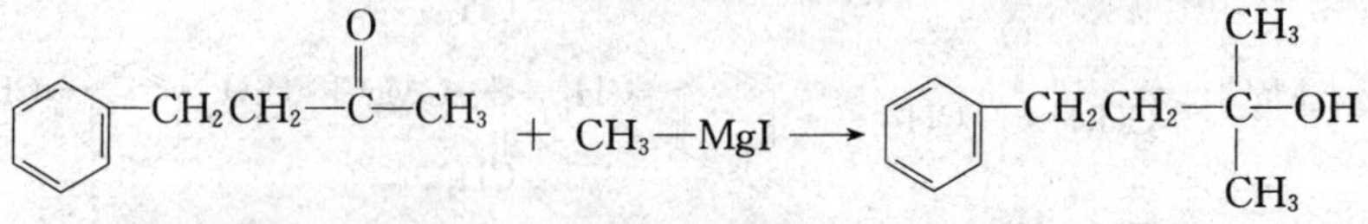

苄基丙酮 甲基碘化镁

(4)主要用途 主要用于花香型香水香精配方中,可以调配紫丁香、茉莉、风信子、铃兰等花香型日化香精,其用量在 10%以内。

(5)安全管理 IFRA 没有限制规定,RIFM 认为可以安全使用。

十二、2,2-二甲基-3-苯基丙醇(2,2-Dimethyl-3-phenylpropyl alcohol、Muguet alcohol)

2,2-二甲基-3-苯基丙醇又称铃兰醇。

分子式为 $C_{11}H_{16}O$,相对分子质量 164.25。

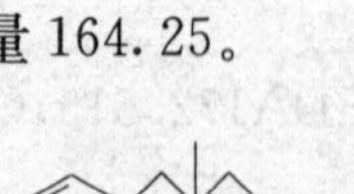

(1)理化性质 无色液体,但容易形成结晶。具有较弱的铃兰花香气和风信子似的香韵。微溶于水,溶于乙醇等有机溶剂。沸点为 92～94℃/400Pa,相对密度(d_4^{20})为 0.972～0.982,折射率(n_D^{20})为 1.5150～1.5250,闪点>110℃。

(2)天然存在 未见文献报道。

(3)制备方法 在相转移催化剂存在下,由氯化苄和异丁醛反应生成 2,2-二甲基-3-苯基丙醛,然后再进行催化氢化反应制得 2,2-二甲基-3-苯基丙醇。

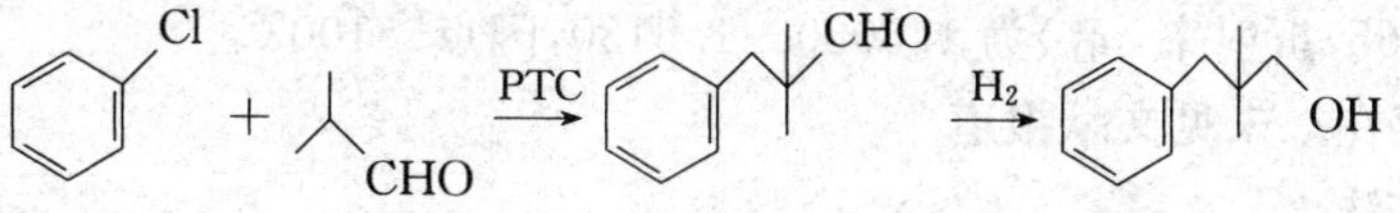

(4)主要用途　可用于日化香精中，适用于香皂、香波、洗涤剂等香精的调配。

(5)安全管理　IFRA 没有限制规定。

十三、对甲基二甲基苄基原醇(ρ- Methyl dimethyl benzyl carbinol)

对甲基二甲基苄基原醇又称对甲基二甲基苄基甲醇、2-甲基-3-(4-甲基苯基)-2-丙醇。

分子式为 $C_{11}H_{16}O$，相对分子质量 164.25。CAS 为 20834-59-7。

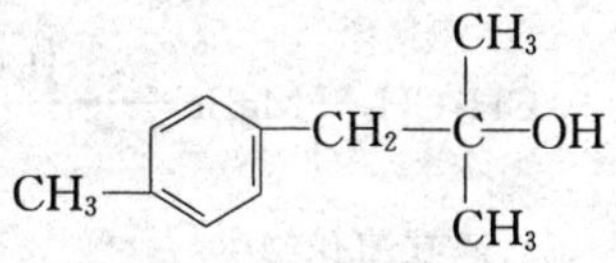

(1)理化性质　无色至淡黄色液体。具有花香香气，略带香脂气息，香气令人愉快而持久。不溶于水，溶于乙醇等有机溶剂。相对密度(d_4^{20})为 0.955～0.963，折射率(n_D^{20})为 1.5100～1.5160，闪点＞100℃。

(2)天然存在　未见文献报道。

(3)制备方法　由对甲基苄基氯化镁与丙酮通过格氏反应制得。

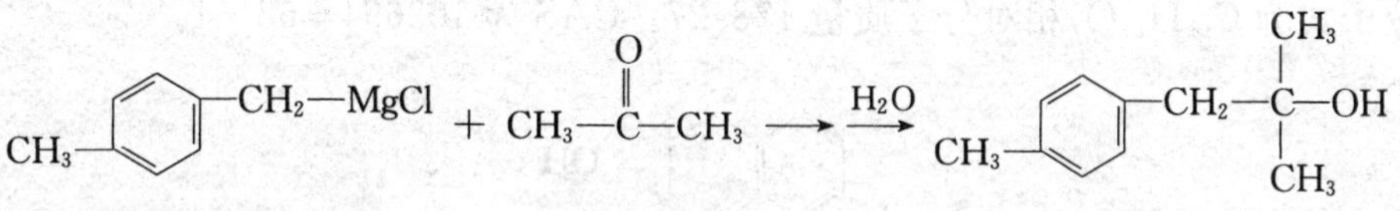

(4)主要用途　主要用于花香型香水香精配方中，其用量在 10%以内。

(5)安全管理　IFRA 没有限制规定。

十四、苯乙基甲基乙基原醇(p- Methyl dimethyl benzyl carbinol)

苯乙基甲基乙基原醇又称苯乙基甲基乙基甲醇。

分子式为 $C_{12}H_{18}O$，相对分子质量 178.27。CAS 为 10415-87-9。

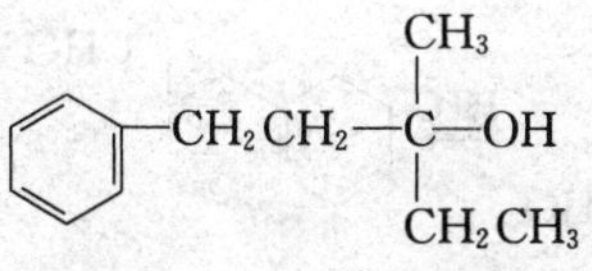

(1)理化性质　无色至淡黄色液体。具有柔和的花香香气，并伴有丁香、玫瑰和水仙的香韵。不溶于水，溶于乙醇等有机溶剂。沸点为 129～130℃/1.7kPa，相对密度(d_4^{20})

为 0.957～0.965，折射率(n_D^{20})为 1.5080～1.5130，闪点＞100℃。

(2)天然存在　未见文献报道。

(3)制备方法

①由苯乙基溴化镁与 2-丁酮反应制得。

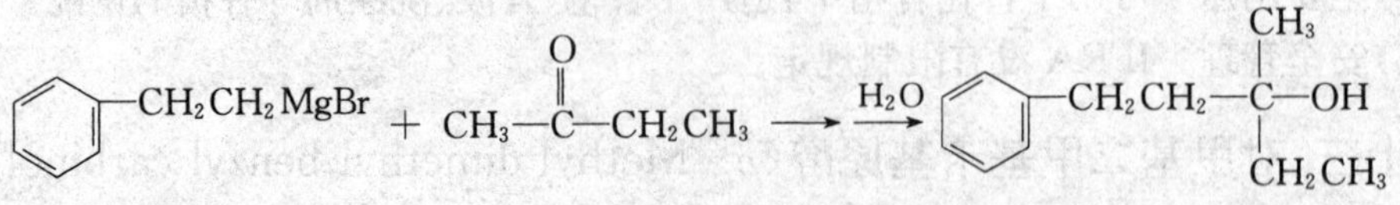

苯乙基溴化镁　　2-丁酮

②由苄基丙酮与乙基溴化镁反应制得。

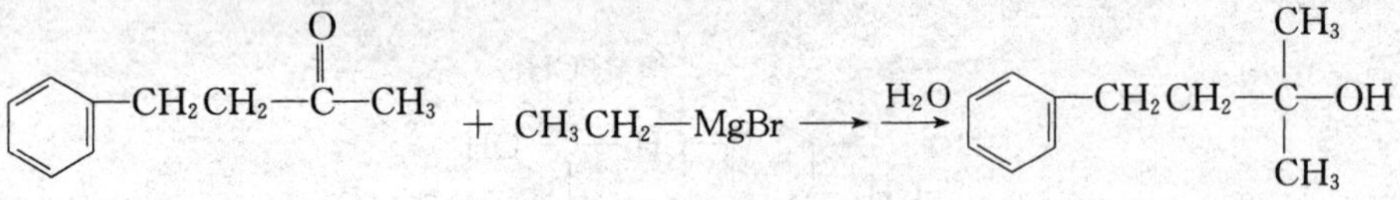

苄基丙酮　　乙基溴化镁

(4)主要用途　主要用于花香型香水香精配方中，其用量在 10%以内。

(5)安全管理　IFRA 没有限制规定。

十五、甲基铃兰醇(Majantol)

甲基铃兰醇又称 2,2-二甲基-3-(3-甲基苯基)丙醇。

分子式为 $C_{12}H_{18}O$，相对分子质量 178.27。CAS 为 103694-68-4。

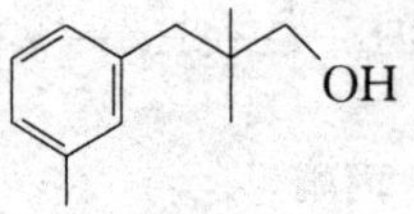

(1)理化性质　无色液体，但容易形成结晶。具有清新、持久的类似铃兰的花香香气。不溶于水，溶于乙醇等有机溶剂。熔点为 22℃，沸点为 74～76℃/13Pa，相对密度(d_{25}^{25})为 0.960，折射率($n_D{}^{25}$)为 1.5150～1.5180，闪点为 133℃。

(2)天然存在　未见文献报道。

(3)制备方法　在相转移催化剂存在下，由间甲基氯化苄和异丁醛进行烷基化反应，将生成的 2,2-二甲基-3-(3-甲基苯基)丙醛再进行催化氢化反应制得甲基铃兰醇。

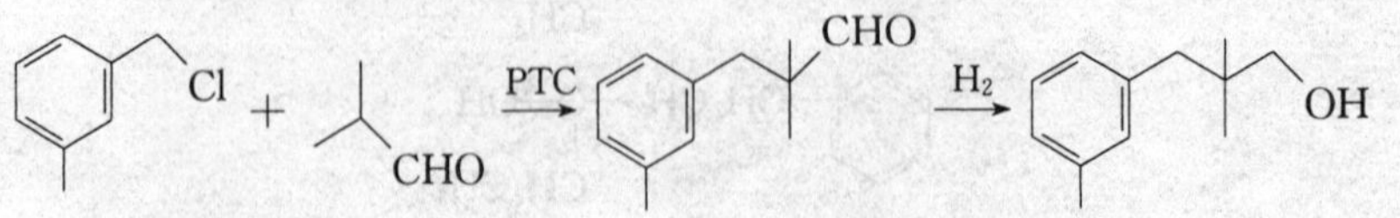

间甲基氯化苄　　异丁醛　　2,2-二甲基-3-(3-甲基苯基)丙醛

(4)主要用途　可用于日化香精中。

(5)安全管理　IFRA没有限制规定。

十六、3-甲基-5-苯基戊醇(3-Methyl-5-phenylpentanol、Phenylhexanol)

分子式为$C_{12}H_{18}O$,相对分子质量178.27。CAS为55066-48-3。

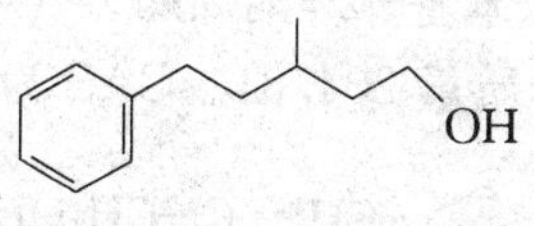

(1)理化性质　无色液体。具有玫瑰型花香香气,并伴有香脂和青香的香韵。不溶于水,溶于乙醇等有机溶剂。相对密度(d_{25}^{25})为0.954～0.962,折射率(n_D^{20})为1.5090～1.5140,闪点>100℃。

(2)天然存在　未见文献报道。

(3)制备方法　由苯甲醛和异丁烯基甲醇相互作用生成4-亚甲基-2-苯基四氢吡喃,然后接着氢解制得3-甲基-5-苯基戊醇。

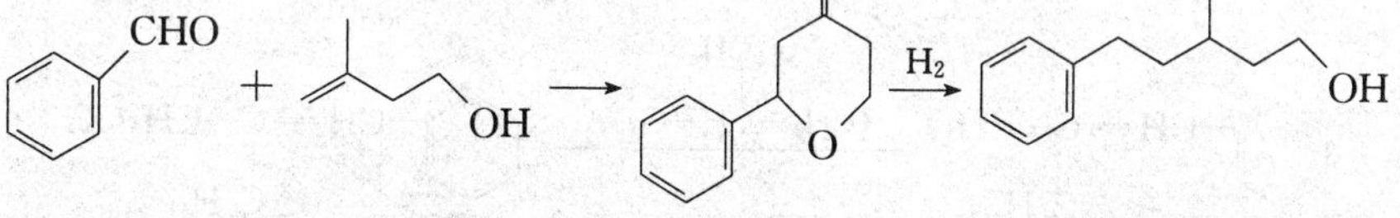

苯甲醛　　异丁烯基甲醇　　4-亚甲基-2-苯基四氢吡喃　　3-甲基-5-苯基戊醇

(4)主要用途　可用于日化香精中。

(5)安全管理　IFRA没有限制规定。

十七、2-甲基-5-苯基戊醇(2-Methyl-5-phenylpentanol、Rosaphen)

分子式为$C_{12}H_{18}O$,相对分子质量178.27。CAS为25634-93-9。

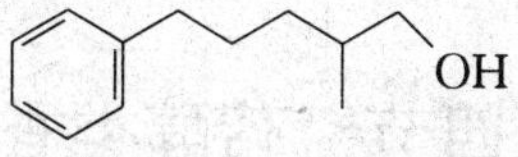

(1)理化性质　无色至淡黄色液体。具有玫瑰型花香香气,并伴有香叶醇似的香调。不溶于水,溶于乙醇等有机溶剂。相对密度(d_{25}^{25})为0.958～0.962,折射率(n_D^{20})为1.5100～1.5150,闪点>100℃。

(2)天然存在　未见文献报道。

(3)制备方法　首先由3-苯基丙醛和丙醛进行缩合反应,然后接着进行催化氢化反应制得2-甲基-5-苯基戊醇。

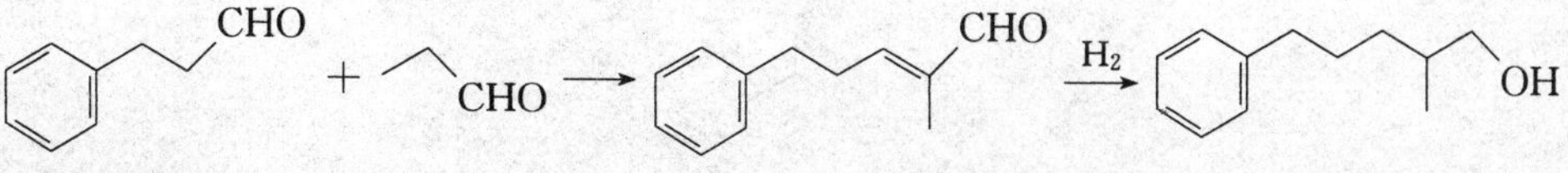

3-苯基丙醛　　丙醛

(4)主要用途　可用于日化香精中。

(5)安全管理　IFRA没有限制规定。

十八、α-戊基桂醇(α-Amyl cinnamic alcohol)

α-戊基桂醇又称2-戊基-3-苯基-2-丙烯醇。

分子式为$C_{14}H_{20}O$,相对分子质量204.31。CAS为101-85-9。

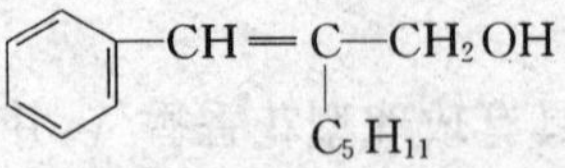

(1)理化性质　淡黄色液体,具有茉莉花似的香气。几乎不溶于水,溶于乙醇等有机溶剂。沸点为150℃/670Pa,相对密度(d_{25}^{25})为0.954~0.962,折射率(n_D^{20})为1.5330~1.5400,闪点>100℃。

(2)天然存在　未见文献报道。

(3)制备方法　以α-戊基桂醛为原料,利用异丙醇铝经还原制得。

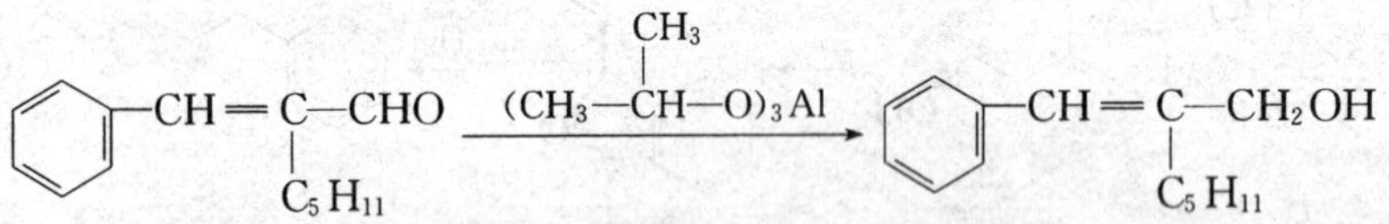

α-戊基桂醛

(4)主要用途　是配制树兰花香精的主香剂;又是配制紫罗兰、茉莉、栀子香精的协调剂;也可微量用于巧克力、水果等香型食用香精中。α-戊基桂醇与α-戊基桂醛一起使用效果更好,可增添天然感。与苯乙醇同用,可以比拟茉莉酮而用于茉莉、栀子、紫罗兰香型香精中。

(5)安全管理　FEMA号2065,FDA172.515,COE79,GB 2760—2014批准为允许使用的食品香料。

第四节　萜醇类香料

一、紫苏醇(Perillyl alcohol)

紫苏醇又称1-羟甲基-4-异丙烯基-1-环己烯。

分子式为$C_{10}H_{16}O$,相对分子质量152.23。

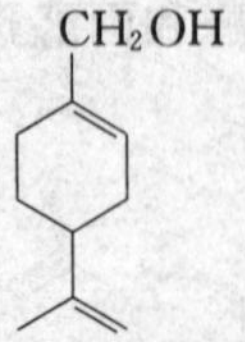

(1)理化性质　无色黏稠液体,具有丁香、辛香、木香、花香香气。几乎不溶于水,溶于

乙醇等有机溶剂。沸点为 93～95℃/0.67kPa，相对密度（d_4^{15}）为 0.951～0.953，折射率（n_D^{20}）为 1.4960～1.4980。

（2）天然存在　存在于薰衣草油、香柠檬油、玫瑰草油、姜草油等精油中。

（3）制备方法　以紫苏醛为原料，首先生成乙酸紫苏酯，然后再经皂化反应生成紫苏醇。

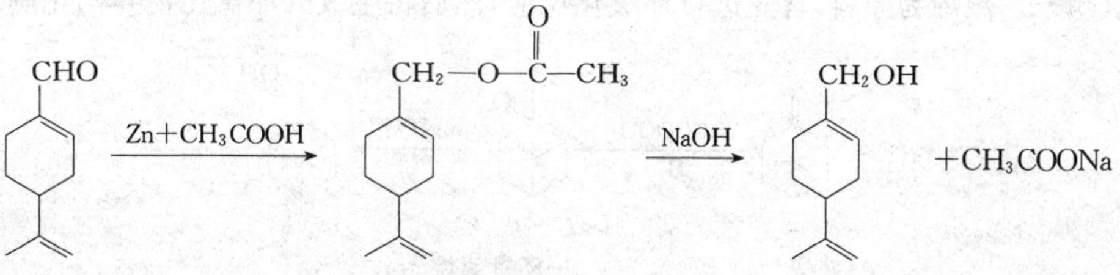

紫苏醛　　乙酸紫苏酯　　紫苏醇

（4）主要用途　主要作为花香型香精的修饰剂，可以用于香皂、洗涤剂等日化香精中；也可微量应用于花生、水果、柑橘、薄荷等香型食用香精和调味品用香精中。

（5）安全管理　FEMA 号 2664，GB 2760—2014 批准为允许使用的食品香料。

二、桃金娘烯醇（Myrtenol）

桃金娘烯醇又称香桃木烯醇、10-羟基-2-蒎烯。

分子式为 $C_{10}H_{16}O$，相对分子质量 152.23。CAS 为 515-00-4。

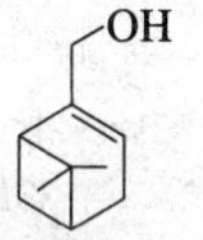

（1）理化性质　无色液体，具有木香、草香和辛香香气。不溶于水，溶于乙醇等有机溶剂。沸点为 222℃、86～88℃/600Pa，相对密度（d_4^{20}）为 0.978，折射率（n_D^{20}）为 1.4560，闪点为 94℃。

（2）天然存在　主要以游离态和乙酸酯的形式存在于桉树油和桃金娘油里。

（3）制备方法

①以 β-蒎烯为原料，经氯化、酯化和水解等反应制得。

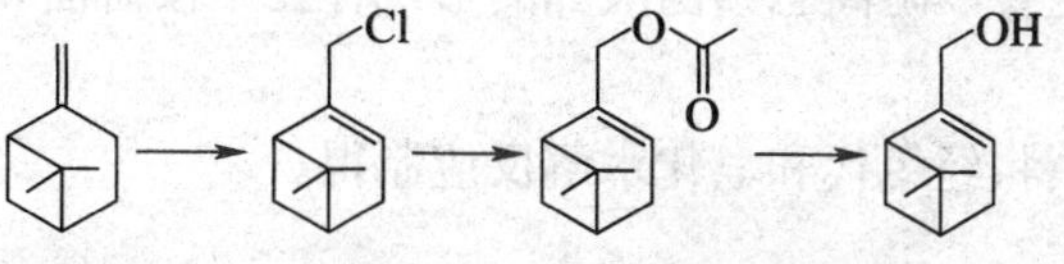

β-蒎烯　α-蒎烯氯　乙酸桃金娘烯酯

②以 β-蒎烯为原料，首先经光敏氧化反应生成氢过氧化物，然后再经还原反应制得。

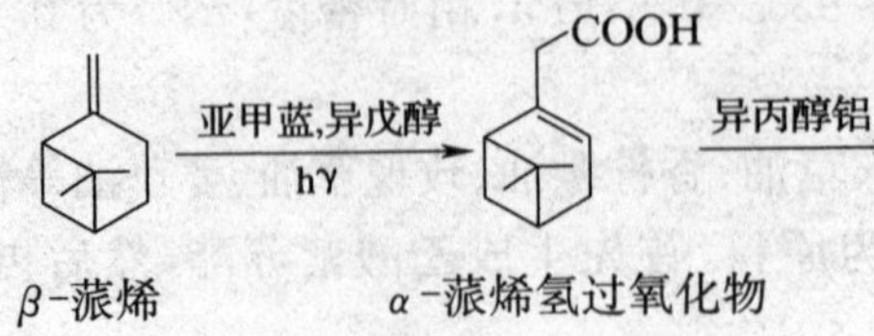

③以β-蒎烯为原料,首先进行环氧化反应,然后将生成的环氧化物异构化制得。

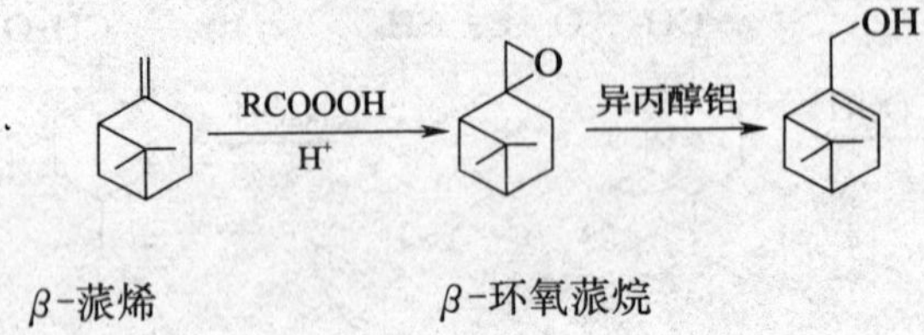

(4)主要用途　可用于日化香精中。可用于调配薄荷、覆盆子、肉豆蔻、欧黑莓等香型的食用香精。

(5)安全管理　FEMA 号 3439,COE10285,IFRA 没有限制规定,GB 2760—2014 批准为允许使用的食品香料。

三、月桂烯醇(Myrcenol)

月桂烯醇又称 2-甲基-6-亚甲基-7-辛烯-2-醇。

分子式为 $C_{10}H_{18}O$,相对分子质量 154.25。CAS 为 543-39-5。

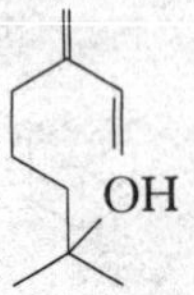

(1)理化性质　无色黏稠液体,具有新鲜的花香香气,并伴有酸柠檬似的香韵。久置于空气中容易聚合,故宜密闭储存于阴凉处。由于贮久易聚合,并增加其黏性而失去使用价值,故市售品一般都用稀释剂。例如,用邻苯二甲酸二乙酯等加以稀释,配成50%溶液作为商品。不溶于水,溶于乙醇等有机溶剂。沸点为 213℃、99℃/1.3kPa,相对密度(d_{20}^{20})为 0.871,折射率(n_D^{20})为 1.4730,闪点为 89℃。

(2)天然存在　主要以游离态和乙酸酯的形式存在于桉树油和桃金娘油里。

(3)制备方法

①以月桂烯为原料,经氯代和皂化水解反应制得。

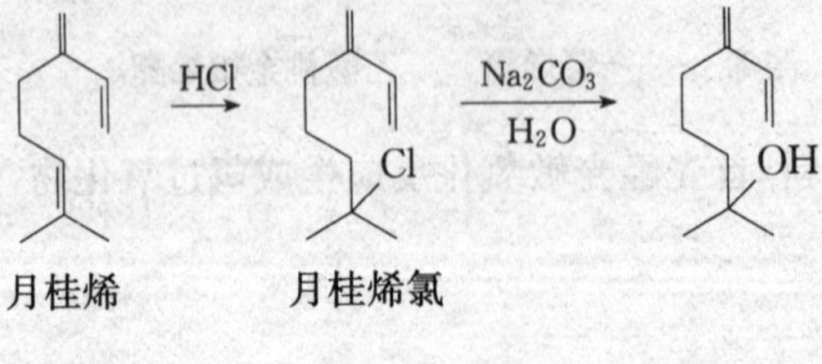

②以香叶基二乙胺为原料，经羟基化、氧化、异构化反应制得。

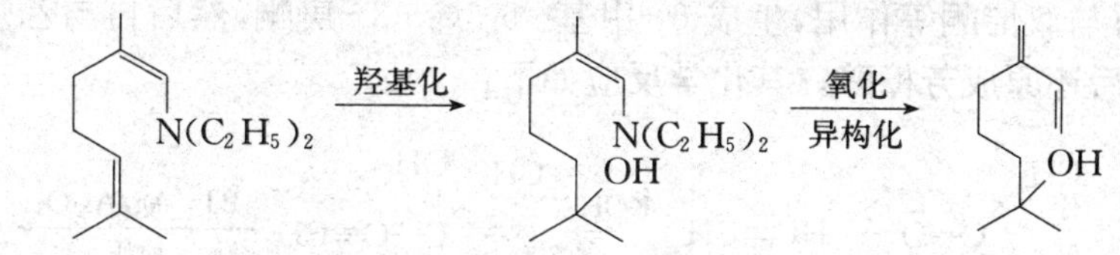

(4)主要用途　可用于日化香精中，作为花香型和果香型香精修饰剂，应用于花露水、香皂、洗涤剂等日化香精中。

(5)安全管理　一般可以安全外用。

四、芳樟醇(Linalool)

α-芳樟醇又称 3,7-二甲基-1,7-辛二烯-3-醇；β-芳樟醇又称 3,7-二甲基-1,6-辛二烯-3-醇。

分子式为 $C_{10}H_{18}O$，相对分子质量 154.25。CAS 为 78-70-6(α-芳樟醇)、126-90-9(β-芳樟醇)。

α-芳樟醇　　β-芳樟醇

(1)理化性质　无色液体，浓清香带甜的木青气息，似玫瑰木，既有强烈的紫丁香、铃兰和玫瑰的花香香气，又有木香、果香气息。香气柔和，轻扬透发，但不甚持久。植物的绿萼青蒂常含有此类清香。不同来源的芳樟醇香气不同，天然芳樟醇(单离品)与合成芳樟醇香气不同，天然芳樟醇一般较为清香透发，但往往不是单一香气，而合成芳樟醇香气一般较为纯和(质量差的例外)。从不同植物来的天然芳樟醇香气也不同。从玫瑰木油中单离的是清香带甜的木青香气；从白兰叶油中单离的香气最好，花香香气较突出，这也可能是由于带有微量的其他香成分所致；从芳樟油单离的香气较次，往往带有樟脑等的气息(这可能是由于加工精制的缺陷)。不溶于水，溶于乙醇等有机溶剂。沸点为 197～199℃、85～87℃/10.13kPa，相对密度(d_4^{25})为 0.858～0.862，折射率(n_D^{20})为 1.4610～1.4640，闪点为 79℃，旋光角为-18°～+2°。

(2)天然来源　芳樟醇存在于某些精油内，左旋体存在于芳樟叶油、黄樟油、伽罗木油、香柠檬油、薰衣草油、玫瑰木油以及香紫苏油等精油中，有的含量高达 80%。右旋体存在于芫荽籽油、橙花油、橙叶油、甜橘油等精油中。

(3)制备方法

①从天然精油中单离出芳樟醇。

②以丙酮-乙炔为原料:这是合成芳樟醇最早使用的方法,它是由丙酮开始,经和乙炔缩合、氢化,再与双烯酮等作用,生成 6-甲基-5-烯-2-庚酮,然后再与乙炔缩合得到脱氢芳樟醇,最后还原成芳樟醇。其化学反应如下:

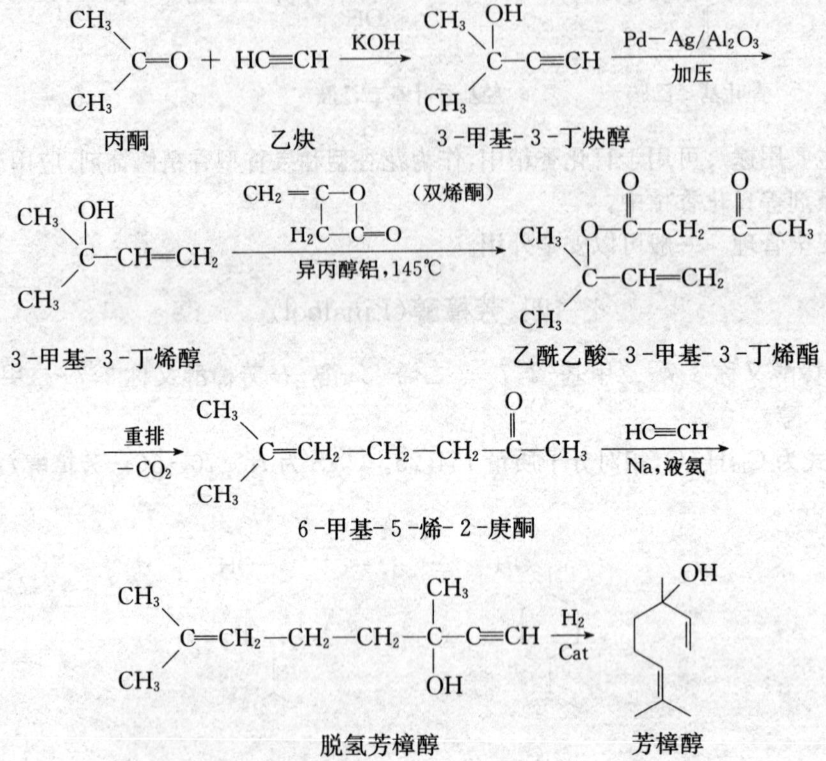

这个合成方法步骤较多,得率不够高,但起始原料简单,原料来源有保证。

③以异戊二烯为原料:随着石油工业的发展,异戊二烯的来源日益丰富,为本路线合成芳樟醇提供了有利条件。

以异戊二烯合成芳樟醇的反应路线如下:首先异戊二烯与氯化氢进行连续作用,反应中间生成的副产物 3-氯-3-甲基-1-丁烯可以在再循环过程中被消除。氯化异戊烯与丙酮缩合得到 6-甲基-5-烯-2-庚酮,然后在 N-甲基吡咯烷酮溶剂中与乙炔反应得到脱氢芳樟醇,最后进行部分加氢反应得到芳樟醇。

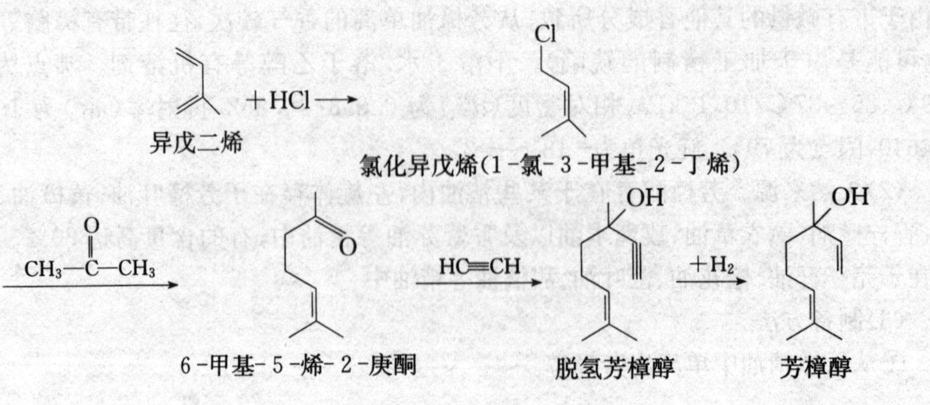

④以β-蒎烯为原料：由β-蒎烯合成芳樟醇，过程主要是将它的高温裂解转变为月桂烯，然后再经过一些反应将月桂烯水化成为芳樟醇。

其反应路线如下：首先β-蒎烯通过一个加热到500℃左右的热裂反应管，经过很短暂的时间，可以转化成月桂烯；月桂烯经过氢氯化反应再水解成芳樟醇。

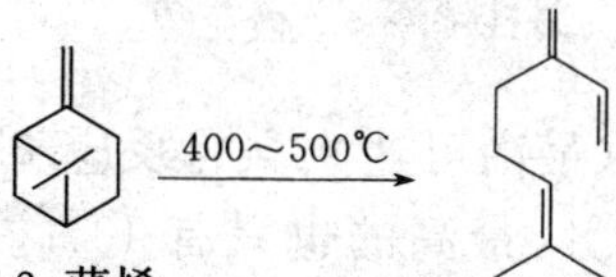

β-蒎烯　月桂烯

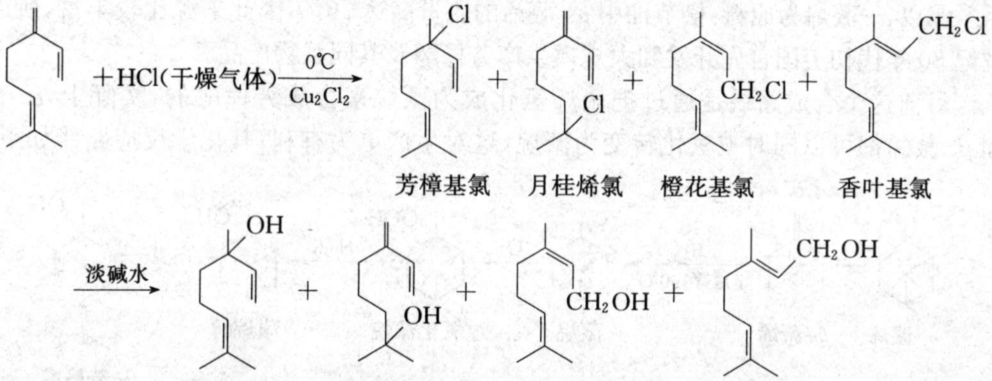

芳樟基氯　月桂烯氯　橙花基氯　香叶基氯

芳樟醇　月桂烯醇　橙花醇　香叶醇

如果不用催化剂，使月桂烯和干燥的HCl在0℃下反应，得到的混合物是芳樟基氯和月桂烯基氯，但后者的量高达25%，而前面所述在催化剂存在下得到的月桂烯氯的量可以下降到1%。

除了可以采用淡碱水溶液水解外，我国有的工厂是采用先和有机酸钠作用成为酯，然后再水解成醇的方法：

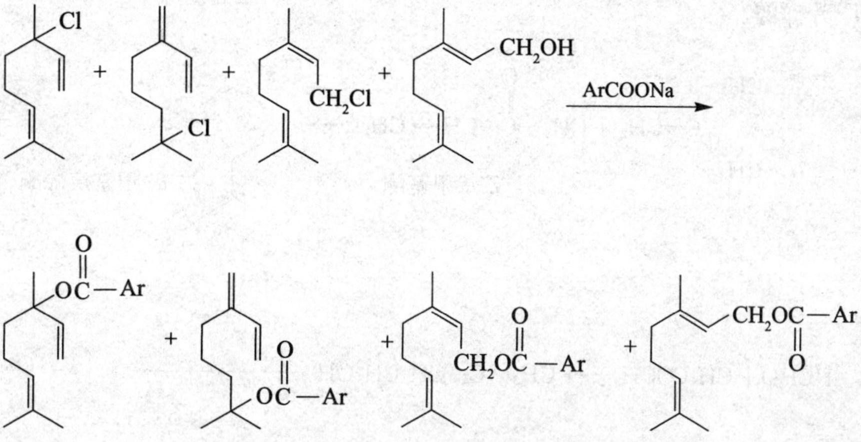

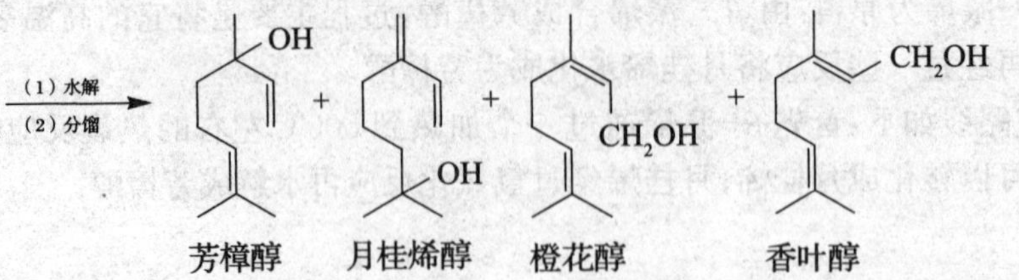

这种方法水解的得率比较高(最高可达 90%),反应步骤比较简单,但由于松节油中 β-蒎烯的含量一般只有 3%~4%,最高的也只有 13%左右,总的来说原料来源还不理想。

⑤以 α-蒎烯为原料:松节油中 α-蒎烯的含量高达 70%,因此来源比较丰富,所以 20 世纪 80 年代初美国首先开发和大规模生产芳樟醇及其同系物产品。

目前这个合成路线是通过把蒎烯氢化成为蒎烷来合成芳樟醇的,实际上,α-蒎烯和 β-蒎烯都可以同时被氢化转变为蒎烷,这对生产更为有利,其化学反应路线如下:

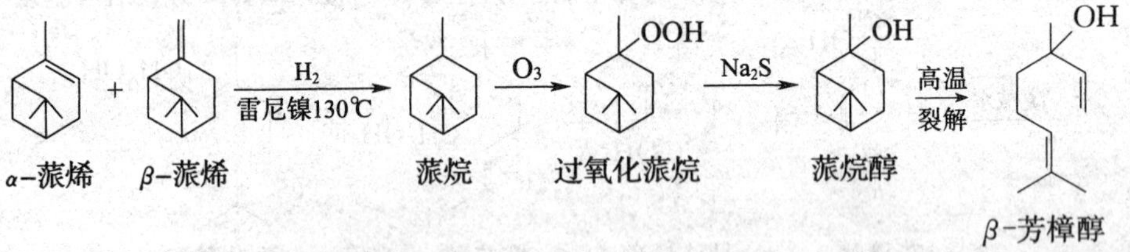

这条合成路线反应条件比较苛刻,各步反应得率比较低,但总的看来反应步骤少,原料丰富,都是有利条件,得率问题可通过选择更合理的反应条件等得到改进。

⑥以异丁烯为原料:利用异丁烯和丙酮、甲醛在 30MPa 压力及 300℃左右反应一步就能制得 α-甲基庚烯酮;还可以用乙烯甲基酮替代丙酮和甲醛;还可以先将丙酮和甲醛反应生成丁酮-3-醇,后再与异丁烯反应;或者先将甲醛与异丁烯反应生成 3-甲基-3-丁烯醇,然后再与酮反应;最后 α-甲基庚烯酮与乙炔反应生成 α-脱氢芳樟醇,最后经氢化制得 α-芳樟醇。

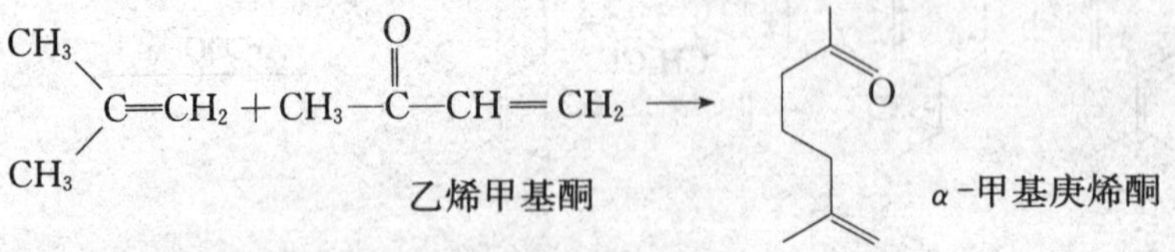

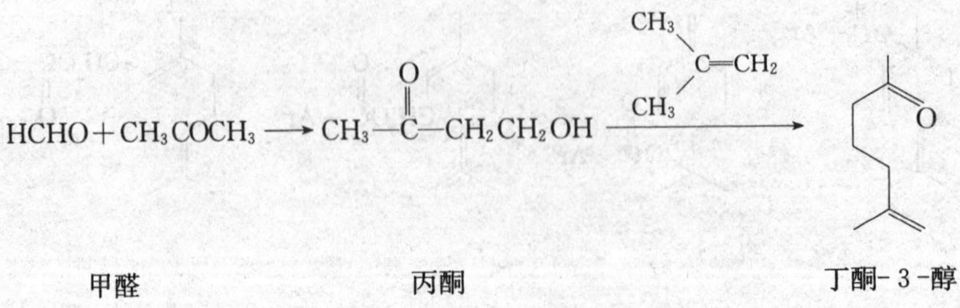

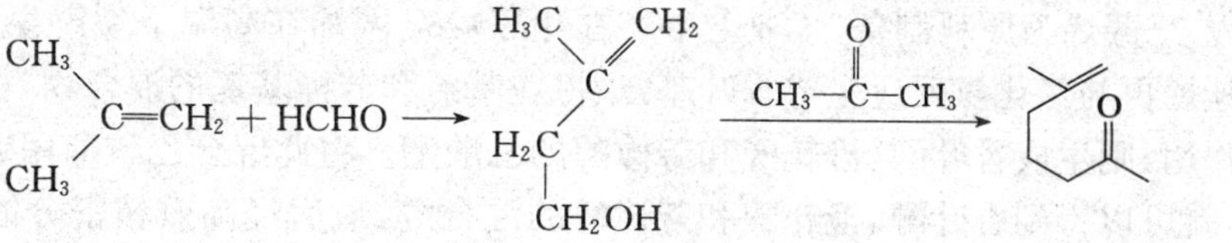

异丁烯　　3-甲基-3-丁烯醇　　α-甲基庚烯酮

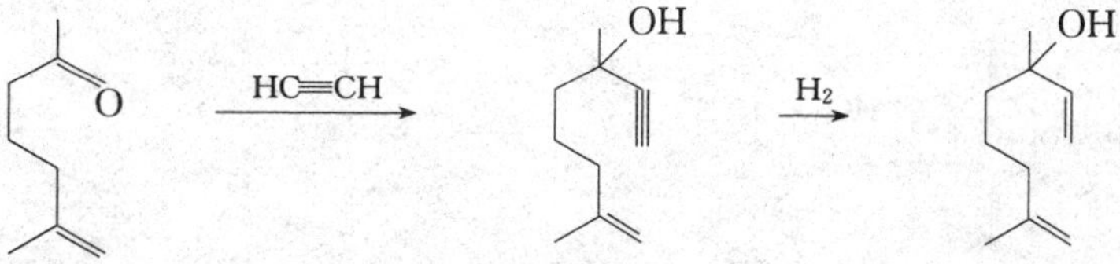

α-甲基庚烯酮　　α-脱氢芳樟醇　　α-芳樟醇

(4)主要用途　芳樟醇具有铃兰花香和木香香气，是一种重要的香料，用途极广，在茉莉、玫瑰、铃兰、金合欢、橙花、紫丁香、晚香玉等花香型以及果香型、木香型香精中均可应用；在葡萄、杏、菠萝、奶油等香型食用香精中也经常使用。芳樟醇也用于生产柠檬醛、硫代芳樟醇、硫代香叶醇等香料产品。

(5)安全管理　FEMA 号 2635，FDA182.60，COE61，GB 2760—2014 批准为暂时允许使用的食品香料。

五、香叶醇(Geraniol)

香叶醇又称牻牛儿醇、香天竺葵醇。α-香叶醇为反-3,7-二甲基-2,7-辛二烯-1-醇；β-香叶醇为反-3,7-二甲基-2,6-辛二烯-1-醇。

分子式为 $C_{10}H_{18}O$，相对分子质量 154.25。CAS 为 106-24-1。

α-香叶醇　　β-香叶醇

(1)理化性质　无色至淡黄色液体，具有似玫瑰的花香香气。几乎不溶于水，溶于乙醇等有机溶剂。沸点为 229～230℃、114～115℃/12.16kPa，相对密度(d_{25}^{25})为 0.872～0.880，折射率(n_D^{20})为 1.4710～1.4760，旋光角为-2°～+2°。

(2)天然存在　香叶醇存在于玫瑰草油(质量分数约为 80%)、香茅油、玫瑰油、香叶油、茉莉油、柠檬油等 200 多种天然植物精油中，主要以游离状态存在，但也有以酯和葡萄糖苷的形式存在的。它能与无水 $CaCl_2$ 形成结晶复合物，因而能够便利地分离出，然后水解此复合物，经分馏而提纯。天然的香叶醇主要从香茅油中分馏得到。

(3)制备方法

①从天然精油香叶油中单离出香叶醇。

②从天然精油香茅油中单离出香叶醇。

③以β-蒎烯为原料制备(工业上生产香叶醇):β-蒎烯在高温下裂解生成月桂烯,生成的月桂烯再与氯化氢反应生成香叶基氯、橙花基氯和芳樟基氯的混合物,将该混合物同乙酸钠作用,则生成香叶醇、橙花醇和芳樟醇的乙酸酯。将此混合乙酸酯用碱溶液加热皂化水解,就可以得到香叶醇、橙花醇和芳樟醇的混合醇,最后经高效精密分馏即可分别得到香叶醇、橙花醇和芳樟醇。

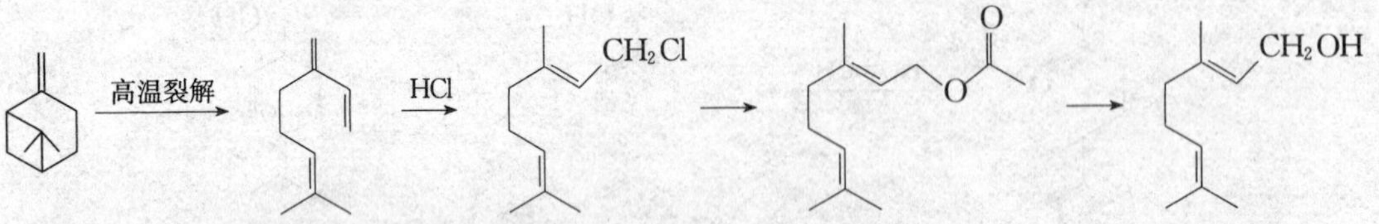

(4)主要用途　香叶醇是配制玫瑰香韵香精的主要原料,又是各种花香型香精中不可缺少的调香原料,也可以看作是增甜剂,常与香茅醇、苯乙醇同用,可以作为芳樟醇、松油醇类的香气协调和合剂。广泛应用于花香型香精,特别是玫瑰香精,也经常应用于橙花、桂花、茉莉、栀子、香石竹、晚香玉、金合欢、紫罗兰等香型日化香精中;微量地应用于苹果、玫瑰、草莓、杏、桃、浆果、柠檬、甜橙、柑橘等香型食用香精中。工业品香叶醇和橙花醇是生产香草醇、香草醛、柠檬醛、羟基香草醛、紫罗兰酮和维生素 A 的原料,以香叶醇为原料合成的各种酯也是很好的香料。

(5)安全管理　FEMA 号 2507,FDA182.60,COE60,GB 2760—2014 批准为允许使用的食品香料。

六、橙花醇(Nerol)

橙花醇又称β-柠檬醇。β-橙花醇又称顺-3,7-二甲基-2,6-辛二烯-1-醇;α-橙花醇为顺-3,7-二甲基-2,7-辛二烯-1-醇。

分子式为 $C_{10}H_{18}O$,相对分子质量 154.25。CAS 为 106-25-2。

(1)理化性质　无色液体,具有令人愉快的玫瑰香气,其香气比香叶醇更为优雅和温柔,并带有新鲜的青香和柑橘香韵。微溶于水,溶于乙醇等有机溶剂。沸点为 225~226℃、105℃/1.6kPa,相对密度(d_4^{20})为 0.875~0.880,折射率(n_D^{20})为 1.4730~1.4770,闪点为 92℃。橙花醇和香叶醇在结构上为顺反异构体,顺式为橙花醇,反式为香叶醇。

(2)天然存在　橙花醇及其酯存在于橙花油、香柠檬油、橙叶油、依兰依兰油、香茅油、斯里兰卡香茅油、香柠檬、柠檬、玫瑰油、玫瑰木油、伽罗木油、晚香玉油、白叶蜡菊油(质量分数约为 40%)、薰衣草油等多种精油中。橙花醇在自然界中往往与香叶醇同时存在于上述精油中,但这两个醇很容易分开,因为橙花醇不能与 $CaCl_2$ 形成复合物,而能与二苯氨基甲酰氯形成结晶状物,因此只要将混合醇先与 $CaCl_2$ 作用除去香叶醇,然后再用二苯氨基甲酰氯[$(C_6H_5)_2NCOCl$]处理即可得到。之后在甲醇中重结晶,使其熔点达 52～53℃(因二苯基氨基甲酸香叶酯的熔点为 80℃),再用 $KOH-C_2H_5OH$ 溶液处理,即析出纯的橙花醇。

(3)制备方法

①从天然精油中单离出橙花醇。

②由香叶醇经异构化来制取:如将 10 份香叶醇和 2 份苯甲醇铝于 230℃加热 1h,结果所得到的产物中含有 45%的橙花醇和 30%的香叶醇,可通过上述 $CaCl_2$ 法及二苯基氨基甲酰氯方法将此混合物中的橙花醇和香叶醇分开。

③以甲基庚烯酮为原料,与溴乙酸乙酯反应制得。

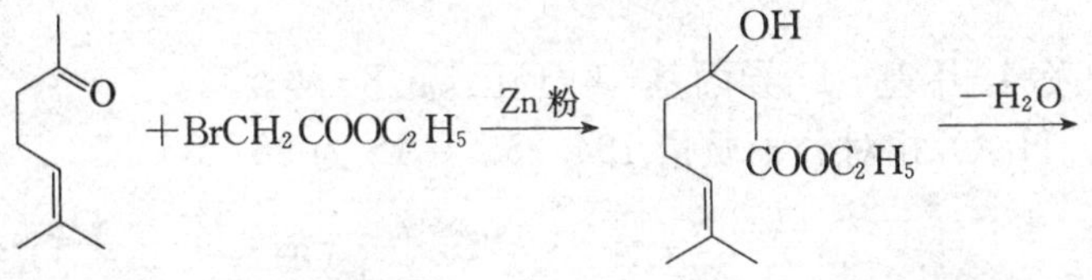

甲基庚烯酮　溴乙酸乙酯　β-羟基香叶酸橙花酸乙酯

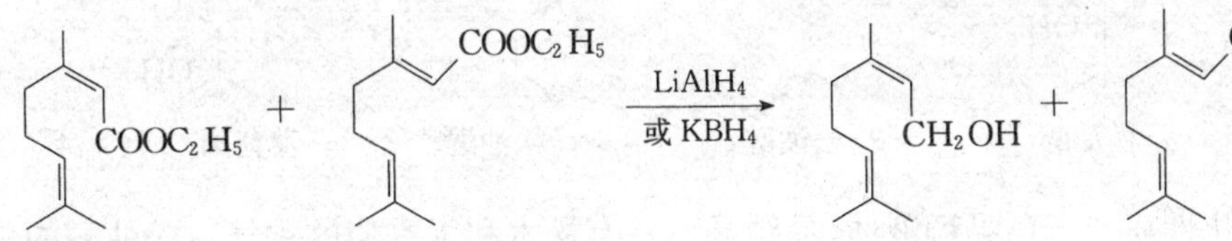

橙花酸乙酯　香叶酸乙酯　橙花醇　香叶醇

④以甲基庚烯酮为原料,与乙炔甲醚反应制得。

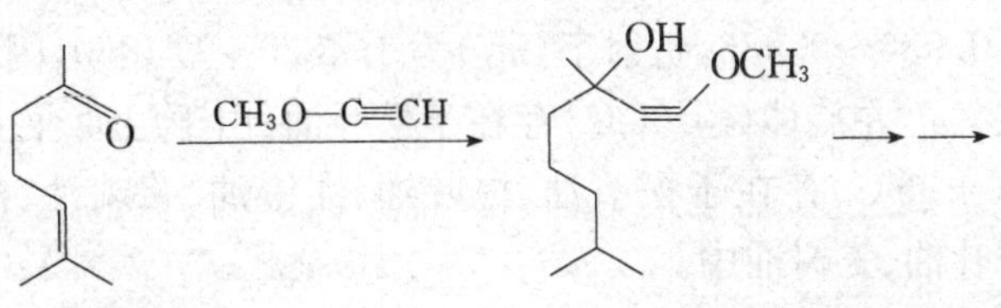

甲基庚烯酮　3,7-二甲基-3-羟基-1-辛炔基甲醚

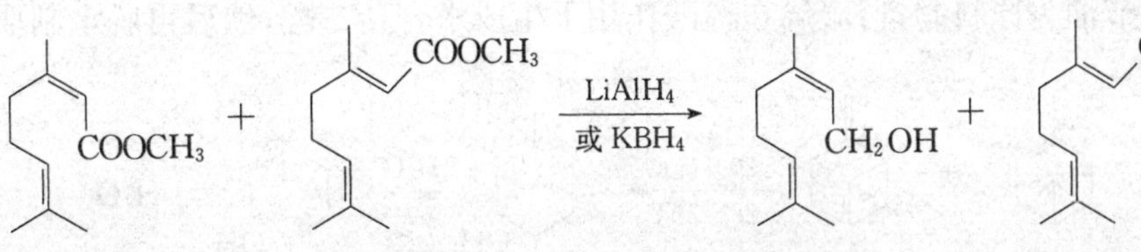

橙花酸甲酯　香叶酸甲酯　橙花醇　香叶醇

⑤以柠檬醛为原料,采用水和苯作混合溶剂、聚乙二醇(PEG-400)为相转移催化剂,以硼氢化钠还原来制备。

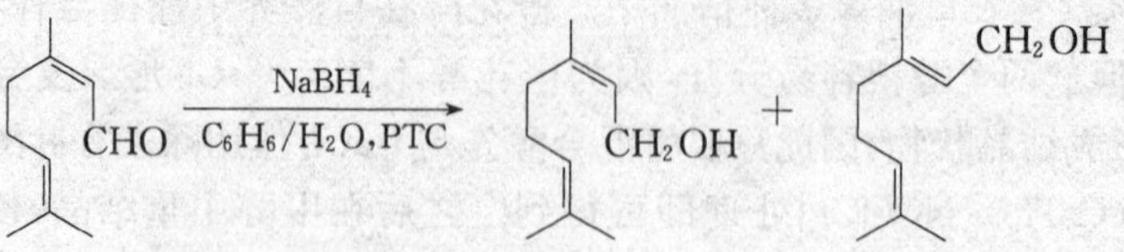

柠檬醛　　橙花醇　　香叶醇

(4)主要用途　广泛用于各种日化香精中。橙花醇是配制玫瑰、橙花、玉兰香型香精的主香原料，是配制白兰、铃兰、茉莉、水仙、香石竹、紫丁香等香型日化香精的协调剂，微量地应用于草莓、柠檬、柑橘、覆盆子等香型食用香精中。

(5)安全管理　FEMA 号 2770，FDA172.515，COE2018，GB 2760—2014 批准为允许使用的食品香料。

七、松油醇(Terpineol)

α-松油醇又称 1-甲基-4-异丙基-1-环己烯-8-醇。

分子式为 $C_{10}H_{18}O$，相对分子质量 154.25。CAS 为 98-55-5。

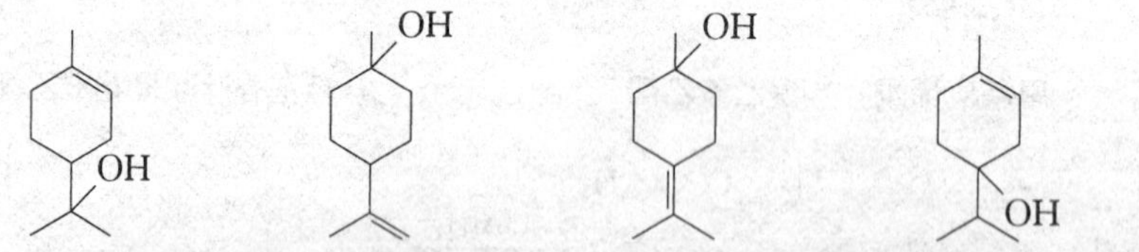

α-松油醇　　β-松油醇　　γ-松油醇　　ρ-薄荷烯-1-醇-4

(1)理化性质　无色黏稠液体，易结晶。具有松木和丁香似的香气。松油醇的价格较低，因此广泛用于皂用香精中，是最早实现工业生产的合成香料之一，至今已有 100 多年的历史。几乎不溶于水，溶于乙醇等有机溶剂。有 α-松油醇、β-松油醇、γ-松油醇三种异构体，主要以 α-体为主，三种异构体均存在。沸点为 219℃、85℃/400Pa，熔点为 35℃，相对密度(d_{25}^{25})为 0.930～0.936，折射率(n_D^{20})为 1.4820～1.4850，闪点为 90℃。

(2)天然存在　α-左旋体(-106℃)存在于松叶油、白千层油、白柠檬油、桂叶油、樟脑油中。α-右旋体(+96℃)存在于松节油、橙叶油、甜橙油、茉莉油、肉豆蔻油中。消旋体存在于兰桉油、香叶油、玉树油中。

(3)制备方法

①以松节油为原料制备：蒎烯在稀酸作用下生成水合萜二醇，然后再脱水制取。

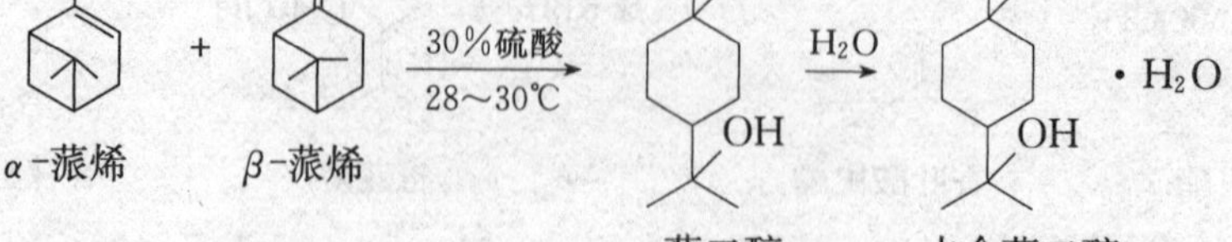

α-蒎烯　　β-蒎烯　　萜二醇　　水合萜二醇

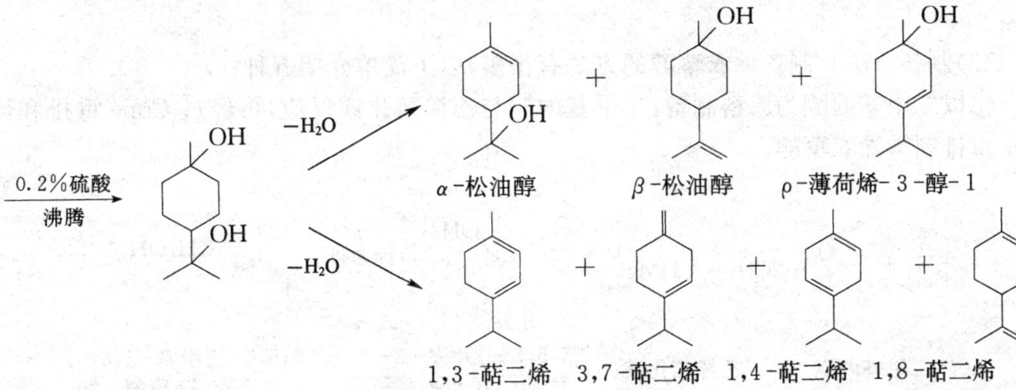

②以异戊二烯为原料制备:异戊二烯首先与丁烯酮发生 Diels-Alder 反应,然后再与格氏试剂反应得到松油醇。

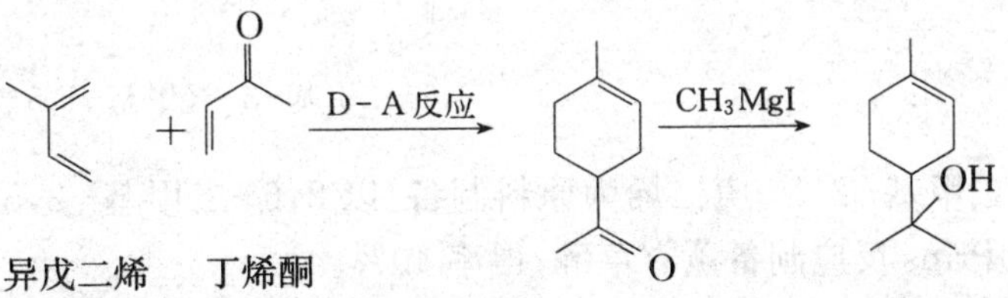

(4)主要用途 主要用在橙花、金合欢、百合、紫丁香、铃兰等香型香精中起主香剂的作用,在玉兰、香薇、栀子、松林等香型香精中起协调剂的作用。α-松油醇还可用于甜橙、桃、柠檬、白柠檬等香型食用香精及调味品用香精中。

(5)安全管理 FEMA 号 3045,FDA172.515,COE62,GB 2760—2014 批准为允许使用的食品香料。

八、薰衣草醇(Lavandulol)

薰衣草醇又称 2,6-二甲基-3-羟甲基-1,5-庚二烯。

分子式为 $C_{10}H_{18}O$,相对分子质量 154.25。CAS 为 498-16-8。

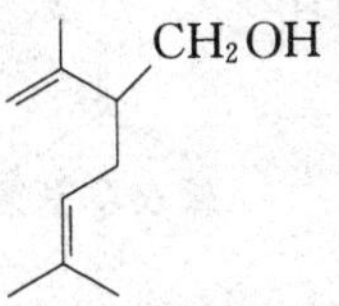

(1)理化性质 无色液体,具有类似薰衣草香和花香香气,带有青草气息,略带辛香香韵。其乙酸酯的香气像乙酸芳樟酯,但更为细腻。微溶于水,溶于乙醇等有机溶剂。沸点为 203℃、94～95℃/1.7kPa,相对密度(d_4^{20})为 0.878～0.880,折射率(n_D^{20})为 1.4670～1.4770。

(2)天然存在 存在于薰衣草油和杂薰衣草油等精油中,是薰衣草油的主要香成分之一。由于薰衣草醇在精油中的含量极少,单离不容易,经济上不合算,故常用化学合成法制备。

(3)制备方法　制备薰衣草醇的方法有很多,以下简单介绍五种。

①以二甲基丙酮为原料制备:二甲基丙酮与乙烯氯化镁反应,再经过 Cope 重排和烯丙基重排制得薰衣草醇。

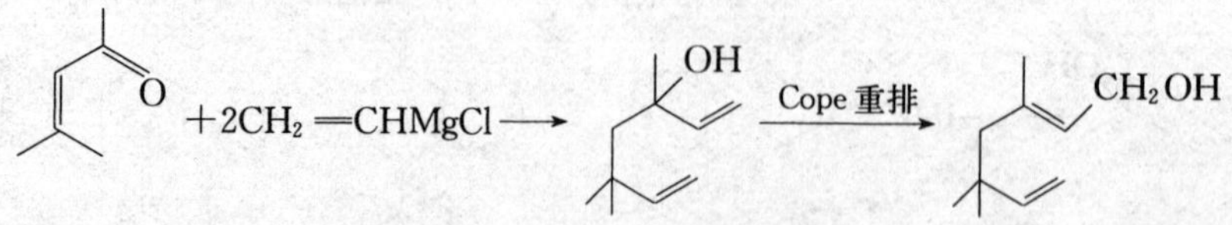

二甲基丙酮　　乙烯氯化镁　　3,5,5-三甲基-3-羟基-1,6-庚二烯　　3,5,5-三甲基-2,6-二烯-1-庚醇

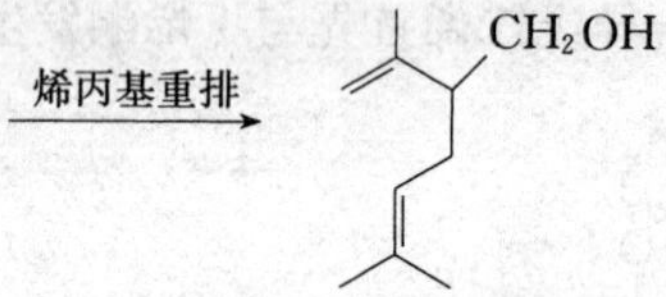

2,6-二甲基-3-羟甲基-1,5-庚二烯

②以 2,6-二甲基-2,5-庚二烯为原料制备:以 2,6-二甲基-2,5-庚二烯和多聚甲醛为原料,通过 Prins 反应制备薰衣草醇,得率 40%。

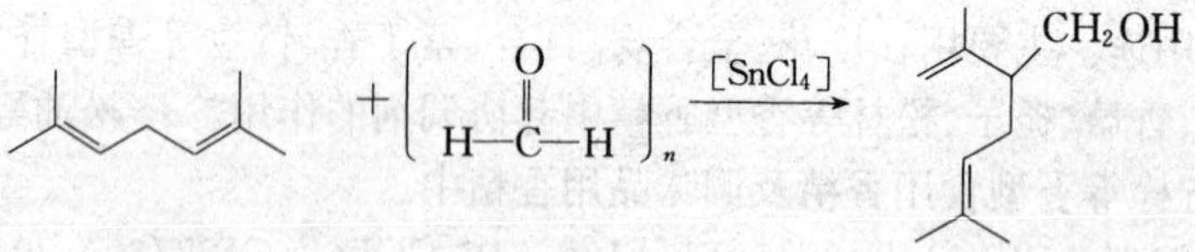

2,6-二甲基-2,5-庚二烯　　多聚甲醛

③以异戊二烯和异戊烯氯为原料制备:异戊二烯与异戊烯氯通过 Grignard 反应生成薰衣草基氯化镁,再水解制得薰衣草醇。

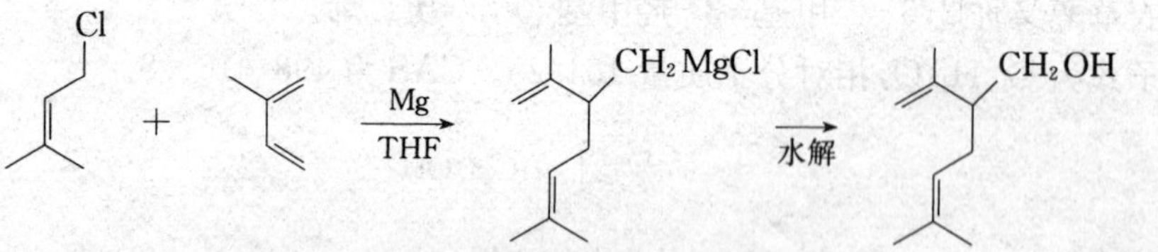

异戊烯氯　　异戊二烯　　薰衣草基氯化镁

④以二甲基丙烯醛和甲基丁烯醇为原料制备:二甲基丙烯醛与甲基丁烯醇反应生成薰衣草醛,再经还原反应制得薰衣草醇。

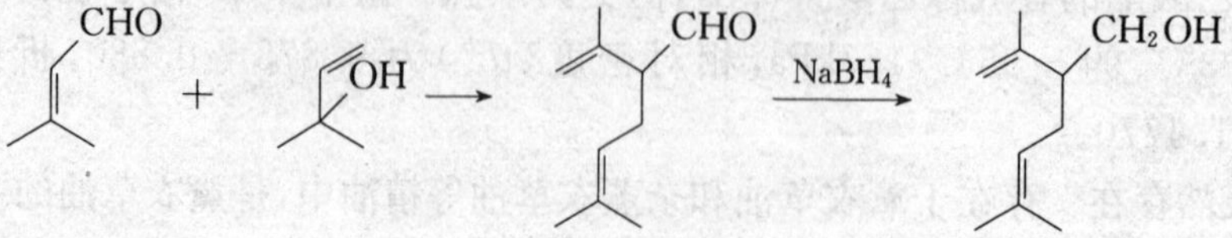

二甲基丙烯醛　　甲基丁烯醇　　薰衣草醛

⑤以异戊酰氯和甲基丁烯醇为原料制备：异戊酰氯与甲基丁烯醇通过重排反应生成薰衣草酸，再经还原反应制得薰衣草醇。

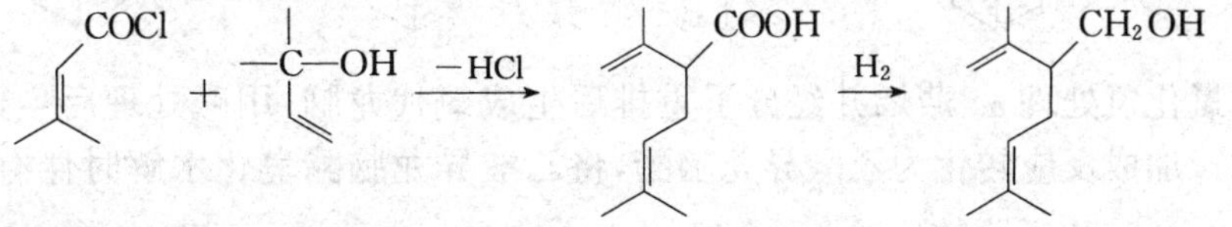

(4)主要用途　主要作为花香型香精的修饰剂，用于高级化妆品、皂用、香水香精中。

(5)安全管理　一般可以安全外用。IFRA 没有限制规定。

九、龙脑(Borneol)

龙脑又称冰片、2-莰醇。

分子式为 $C_{10}H_{18}O$，相对分子质量 154.25。CAS 为 464-45-9；507-70-0。

(1)理化性质　无色片状晶体。不溶于水，溶于乙醇等有机溶剂。熔点为 208℃，沸点为 212～214℃，相对密度(d_4^{20})为 1.011，$[\alpha]_D^{20}$为±37.9°，闪点为 65℃。龙脑为反式构型，其羟基处于内挂式位置，其立体异构体异龙脑(iso-Borneol)的羟基和二甲代亚-1,2-亚甲基桥处于同侧。龙脑具有松木和樟脑样香气，并略带薄荷的清凉气息，用于调配坚果香型和辛香香型的食用香精。异龙脑具有樟脑样香气，可微量用于水果香精、调味香精和合剂及坚果香精中。

市售的左旋龙脑是从天然精油中分离获得的，或者是由从松针油里得到的天然左旋乙酸龙脑酯经皂化后得到。它通常含有<40%的异龙脑，$[\alpha]_D^{20}$为-18°～-28°。

由天然来源的樟脑经化学还原得到的龙脑，以右旋体占多数；合成的龙脑以消旋体占多数。

(2)天然存在　(+)-龙脑天然存在于薰衣草油、香紫苏油、迷迭香油以及某些品种的樟脑油中，(-)-龙脑则存在于芫荽油、香茅油、松针油等精油中。

(3)制备方法

①以樟脑为原料经还原反应制备。

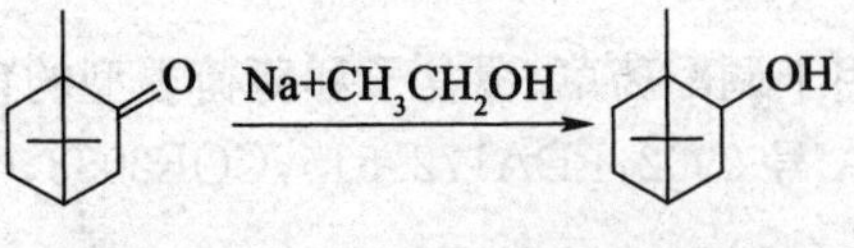

②以α-蒎烯为原料，先转化成氯代龙脑，然后再经格氏反应、氧化、水解制得龙脑。

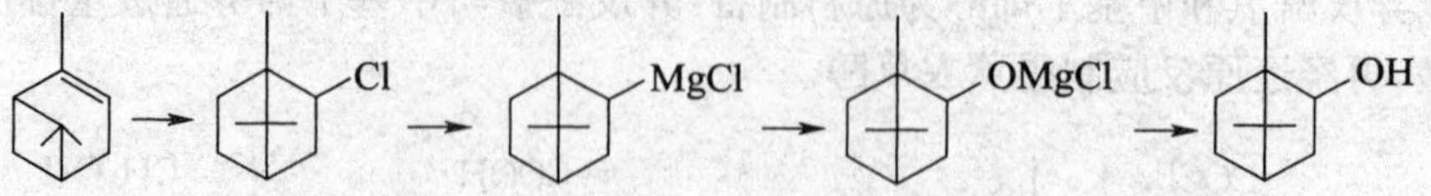

③用氯化氢处理α-蒎烯并经分子重排后生成氯代龙脑,用碱处理后生成莰烯,莰烯与乙酸进行加成反应转化为乙酸异龙脑酯,将乙酸异龙脑酯皂化水解时伴有异构体龙脑的生成。

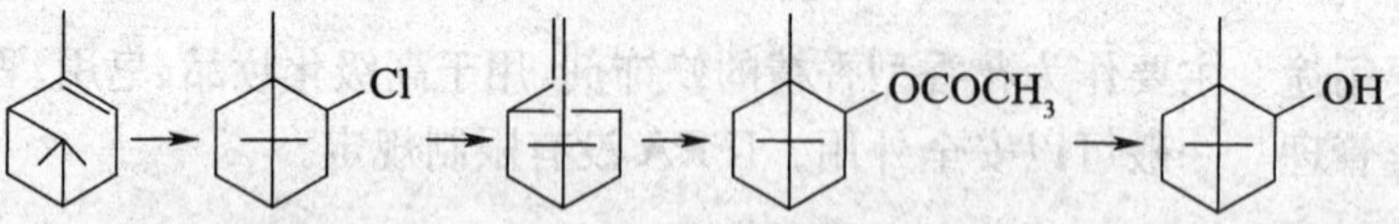

(4)主要用途 主要用于花露水、古龙水、浴液等化妆品香精中,还可用于洗涤剂、清洁剂、防虫剂、油墨等用香精中。极微量地应用于薄荷、白柠檬、坚果等香型食用香精和调味品用香精中。

(5)安全管理 FEMA 号 2157,FDA172.515,COE64,GB 2760—2014 批准为允许使用的食品香料。

十、异胡薄荷醇(Isopulegol)

分子式为 $C_{10}H_{18}O$,相对分子质量 154.25。

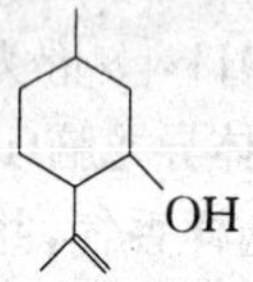

(1)理化性质 无色液体,具有薄荷香、清凉香、木香、青香、药草香香气。微溶于水,溶于乙醇等有机溶剂,具有旋光异构体。沸点为 91℃/1.6kPa,相对密度(d_4^{20})为 0.911,折射率(n_D^{20})为 1.4725。

(2)天然存在 存在于薄荷、橘子、朗姆酒中。

(3)制备方法 以香茅醛为原料制备。

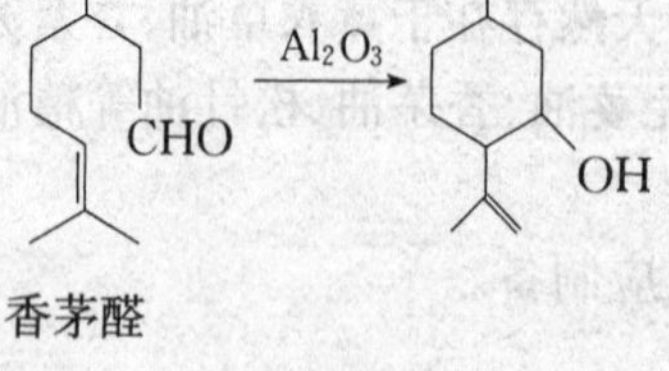

(4)主要用途 主要用于调配药草、覆盆子和薄荷香型的食用香精。

(5)安全管理 FEMA 号 2962,FDA172.515,COE2033,GB 2760—2014 批准为允许使用的食品香料。

十一、薄荷醇(Menthol)

薄荷醇又称薄荷脑、薄荷冰、3-萜醇、2-异丙基-5-甲基环己醇和1-甲基-4-异丙基环己-3-醇。

分子式为$C_{10}H_{20}O$，相对分子质量156.27。CAS为89-78-1天然(-)；2216-51-5(-)；15356-70-4(±)。

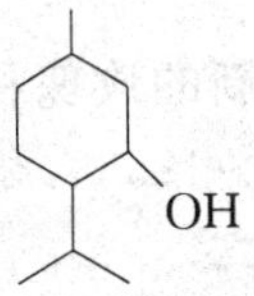

(1)理化性质　无色针状晶体或粒状，具有凉爽的薄荷香气。微溶于水，溶于乙醇等有机溶剂。薄荷醇有三个不对称碳原子，已知有四个空间顺式和反式异构体，它们每个都有左旋、右旋和消旋光学异构体。在香料中应用的大多为天然左旋体或合成的消旋体，合成的消旋体比天然左旋体的香气略弱，左旋薄荷醇具有特征的薄荷香气并有清凉的作用，消旋薄荷醇也有清凉作用，其他的异构体无清凉作用。熔点为42～43℃，沸点为216℃，相对密度(d_{15}^{15})为0.904，折射率(n_D^{20})为1.4610，旋光角为-50°～-46°，闪点>100℃。

(2)天然存在　存在于椒样薄荷油、日本薄荷油中，少量存在于香叶油等精油中。

(3)制备方法

①可采用冷冻结晶法自亚洲薄荷油中离析出左旋薄荷醇：亚洲薄荷油中含有高达70%～80%的左旋薄荷醇，除了获得结晶的薄荷醇之外，还可得到去脑油。其中，薄荷醇含量为40%～50%，称之为薄荷素油，也是一种天然香料产品。

②以间甲酚为初始原料，用丙烯进行烷基化反应生成百里香酚，然后再以镍为催化剂，经加氢还原反应制备。

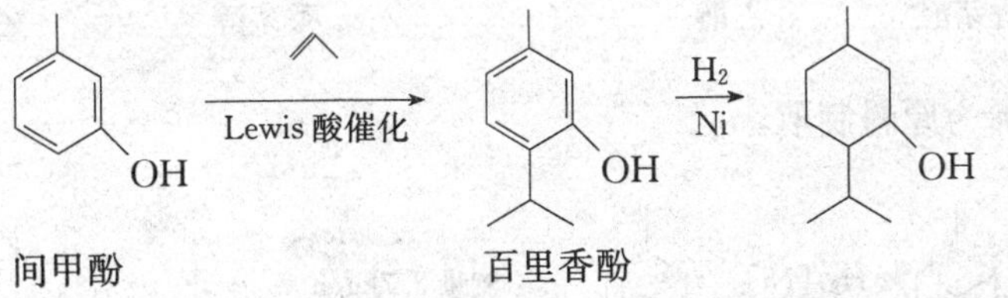

(4)主要用途　由于薄荷脑具有清凉醒脑的作用，因而是重要的医药原料。大量广泛地用于食用香精中，尤其是糖果和饮料用香精，烟酒工业中也应用很广，此外也用于牙膏、漱口水、花露水等所需香精的调配。

(5)安全管理　左旋体和消旋体FEMA号2665，FDA172.515，COE63，GB 2760—2014批准左旋薄荷醇和消旋薄荷醇为允许使用的食品香料。GB 2760—2014批准天然薄荷醇为允许使用的食品香料。

十二、香茅醇(Citronellol)

β-香茅醇又称3,7-二甲基-6-辛烯醇，α-香茅醇又称3,7-二甲基-7-辛烯醇。

分子式为 $C_{10}H_{20}O$,相对分子质量 156.27。CAS 为 106-22-9;7540-51-4。

β-香茅醇　　α-香茅醇

(1)理化性质　无色液体,具有清新的玫瑰和香叶似的香气。微溶于水,溶于乙醇等有机溶剂。沸点为 224~225℃、124~125℃,相对密度(d_{25}^{25})为 0.850~0.860,折射率(n_D^{20})为 1.4540~1.4620,闪点>100℃。

(2)天然存在　香茅醇具有甜美的玫瑰香气,与玫瑰醇共存于香茅油、香叶油、玫瑰油等多种精油中。若要取得香气较佳的香茅醇,可以从香叶油中分离出。这种产品常含有少量玫瑰醇。

香茅醇具有一个不对称碳原子,故有旋光异构体,如从香叶油中分离出的香茅醇为左旋体,从香茅油中单离出的为右旋体。

(3)制备方法

①从香叶油中用单离的方法制取。

②以柠檬桉叶油单离出的香茅醛为原料,通过乙醇铝还原法或催化氢化法制得。由香茅醛还原成香茅醇,在工业上一般选用乙醇铝为催化剂,而乙醇被氧化成乙醛,随着反应而蒸出。

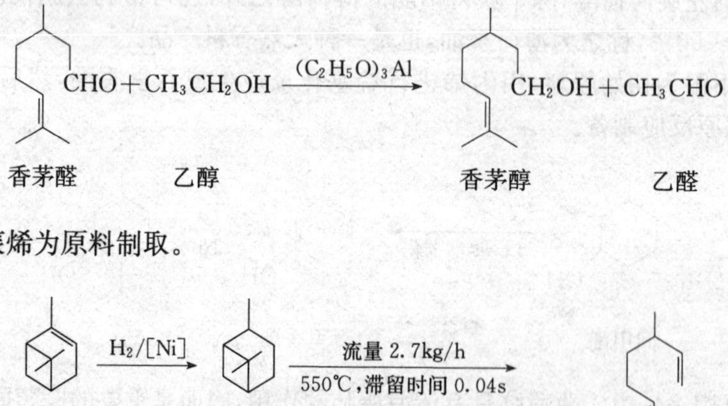

香茅醛　乙醇　香茅醇　乙醛

③以 α-蒎烯为原料制取。

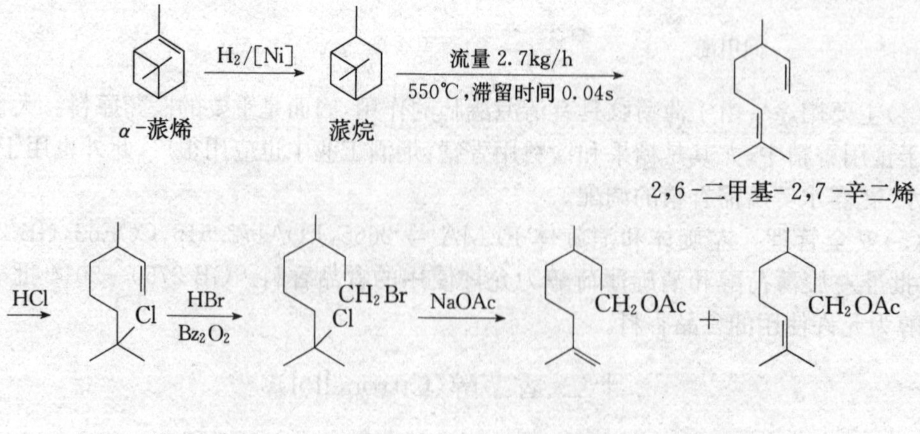

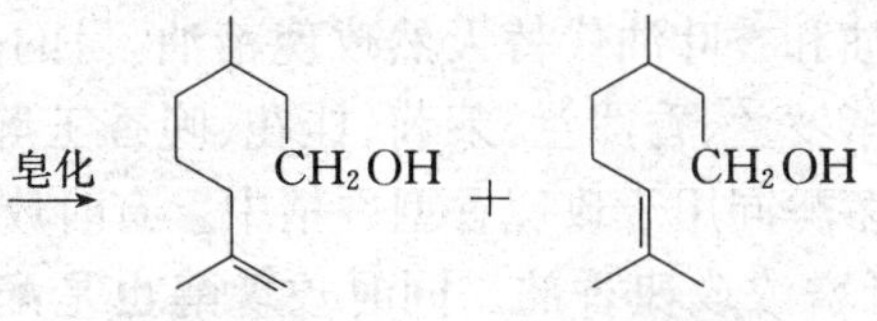
α-香茅醇 β-香茅醇

(4)主要用途 香茅醇的香气以β-香茅醇的左旋异构体为最佳,同时为合成玫瑰醚的原料。它可用于调配玫瑰、百合、兰花等香型香精,适用于皂用和化妆品香精。香茅醇是玫瑰香型香精的主香剂,常用以增甜鲜花香,如用在铃兰、紫丁香、桂花等花香型日化香精中;也是调配玫瑰、草莓、桃、悬钩子等浆果和甜橘、柑橘等鲜果香型食用香精的原料;常与香叶油、香叶醇、苯乙醇调和使用形成玫瑰香基。

(5)安全管理 FEMA 号 2309,FDA172.515,COE59,GB 2760—2014 批准为允许使用的食品香料。

十三、玫瑰醇(Rhodinol)

玫瑰醇又称α-香茅醇、3,7-二甲基-7-辛烯-1-醇,为左旋体。

分子式为 $C_{10}H_{20}O$,相对分子质量 156.27。CAS 为 141-25-3;68916-43-8。

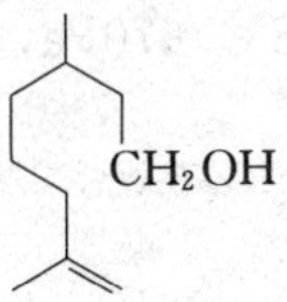

(1)理化性质 无色液体,具有甜的花香、蜡香、玫瑰样香气。不溶于水,溶于乙醇等有机溶剂。通常将左旋的香茅醇称为玫瑰醇,但商品级的玫瑰醇是一个含有香叶醇及其他醇的混合醇,并且某些商品玫瑰醇主要含有的是α-香茅醇(3,7-二甲基-7-辛烯-1-醇)。沸点为 225~230℃,相对密度(d_{25}^{25})为 0.860~0.880,折射率(n_D^{20})为 1.4630~1.4730,旋光角为-5°~-9°。

(2)天然存在 主要存在于波旁香叶油(geranium oil Bourbon)、保加利亚玫瑰油和印度玫瑰油中。

(3)制备方法

①将香叶油皂化后经真空分馏得到玫瑰醇。

②以α-甲基庚烯醇为原料,通过卤化反应制得格氏试剂,然后再与环氧乙烷反应制取玫瑰醇。

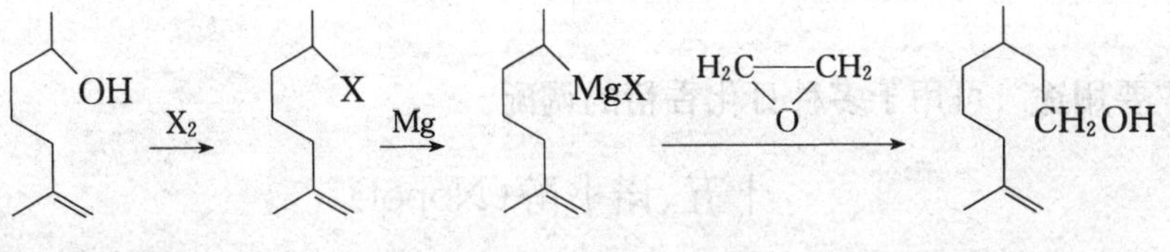
α-甲基庚烯醇

(4)主要用途 玫瑰醇是配制玫瑰香韵香精的主香原料,一般等级的玫瑰香精常用含有玫瑰醇较多的除萜香叶油和香叶油代替天然玫瑰精油，目的是取其价格便宜。玫瑰醇经常应用于在铃兰、兰花、紫罗兰、香罗兰、茉莉、桂花、晚香玉等许多花香型日化香精中。它常与苯乙醇、香叶醇、香茅醇同用于玫瑰香型香精中。有时玫瑰醇中含有极微量的薄荷酮(估计是来自香叶油)，可增浓玫瑰香韵。同时玫瑰醇也是配制巧克力、葡萄、草莓、柑橘、樱桃、覆盆子等香型食用香精的香原料。烟用香精也有使用玫瑰醇。

(5)安全管理　FEMA 号 2980，FDA172.515，COE76，GB 2760—2014 批准为允许使用的食品香料。

十四、艾兰醇(Elenol、Elgenol)

艾兰醇又称 3,7-二甲基-6-辛烯-2-醇。

分子式为 $C_{10}H_{20}O$，相对分子质量 156.27。

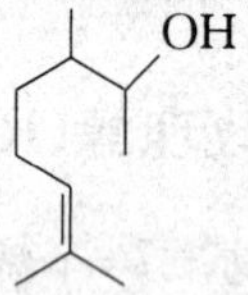

(1)理化性质　无色液体，具有令人愉快的花香香气，并伴有木香香韵。不溶于水，溶于乙醇等有机溶剂。沸点为 77～78℃/670Pa，相对密度(d_4^{20})为 0.857，折射率(n_D^{20})为 1.4550。

(2)天然存在　未见文献报道。

(3)制备方法

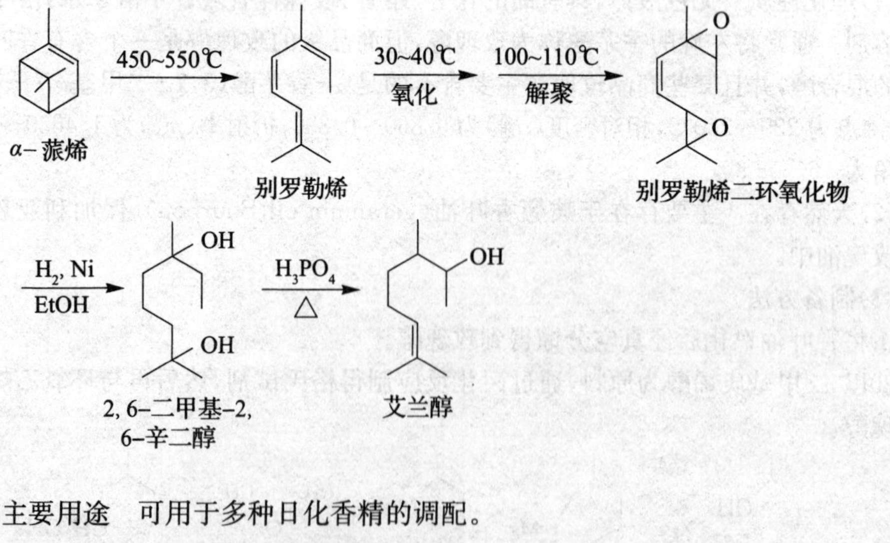

(4)主要用途　可用于多种日化香精的调配。

十五、诺卜醇(Nopol)

诺卜醇又称 10-羟甲基-2-蒎烯。

分子式为 $C_{11}H_{18}O$，相对分子质量 166.27。CAS 为 128-50-7。

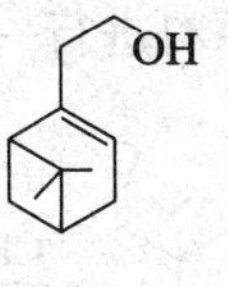

(1)理化性质 无色液体,具有柔和的木香香气,并伴有樟脑和薄荷气息,略带芳樟醇似的香韵。不溶于水,溶于乙醇等有机溶剂。沸点为235～236℃、110～111℃/1.3kPa,相对密度(d_4^{25})为0.964,折射率(n_D^{25})为1.4920,闪点>100℃。

(2)天然存在 未见文献报道。

(3)制备方法 以β-蒎烯为原料,在高压釜内高温下,在无水氯化锌催化下,与多聚甲醛发生Prins反应制得。

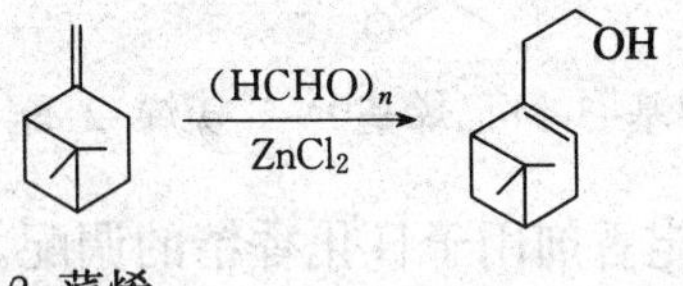

β-蒎烯

(4)主要用途 可用于化妆品和皂用香精中,主要用于配制木香型日化香精。

(5)安全管理 IFRA没有限制规定。

十六、红没药醇(Bisabolol、Dragosantol)

红没药醇又称甜没药醇、防风根醇和2-(4-甲基-3-环己烯基)-6-甲基-5-庚烯-2-醇。

分子式为$C_{15}H_{26}O$,相对分子质量222.36。

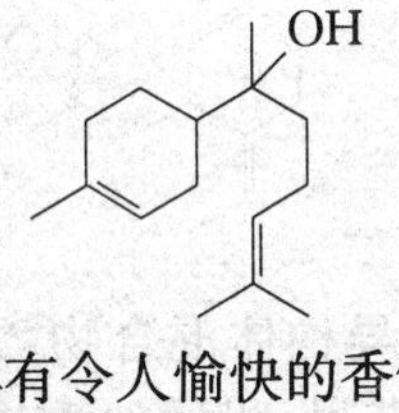

(1)理化性质 无色黏稠液体,具有令人愉快的香气,对人的皮肤有消炎作用,对人体有镇痉作用。几乎不溶于水,溶于乙醇等有机溶剂。沸点为153℃/1.6kPa、129～130℃/0.34kPa,相对密度(d_4^{20})为0.921,折射率(n_D^{20})为1.4920～1.4960。

(2)天然存在 存在于母菊花油(左旋型>50%)、春黄菊油(含量达17%)和薰衣草油等精油中。

(3)制备方法

①将苧烯与异戊烯醇甲酸酯在二氯甲烷和甲酸的存在下进行缩合反应制得。

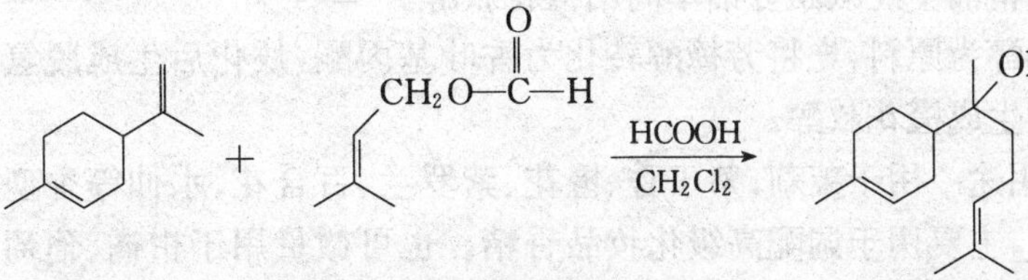

苧烯　　异戊烯醇甲酸酯　　红没药醇

②以异戊二烯和甲基乙烯基酮为原料进行一系列反应制得红没药醇。

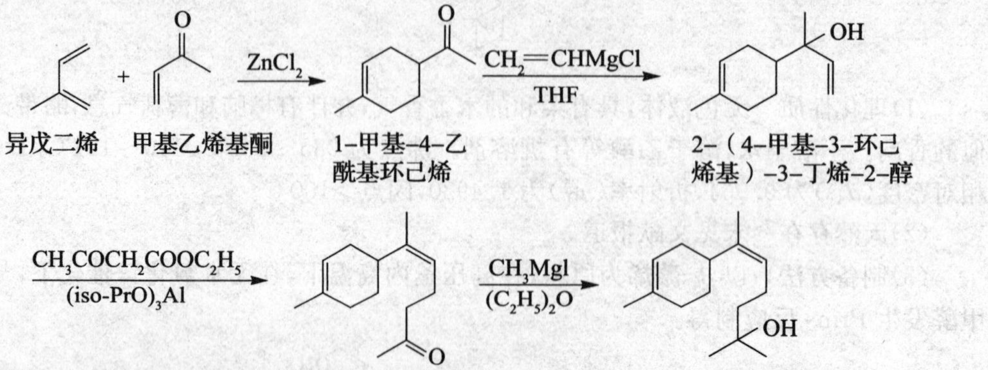

异戊二烯　甲基乙烯基酮　1-甲基-4-乙酰基环己烯　2-(4-甲基-3-环己烯基)-3-丁烯-2-醇

6-(4-甲基-3-环己烯基)-5-庚烯-2-酮

(4)主要用途　主要作为定香剂用于日化香精的调配。红没药醇是一种良好的消炎剂,可用于有疗效作用的化妆品中,也可直接用于香脂、膏霜以及化妆乳液中,用量为0.2%～0.5%。

(5)安全管理　IFRA 没有限制规定。

十七、橙花叔醇(Nerolidol)

橙花叔醇又称 3,7,11-三甲基-1,6,10-十二碳三烯-3-醇。

分子式为 $C_{15}H_{26}O$,相对分子质量 222.36。CAS 为 7212-44-4。

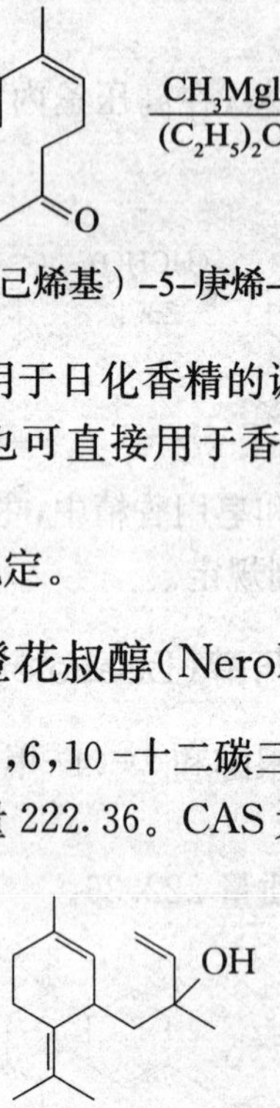

(1)理化性质　为顺式和反式异构体混合物,无色至淡黄色油状液体,具有柔和的花香香气,还有青香、玫瑰、百合、苹果、柑橘的香韵。微溶于水,溶于乙醇等有机溶剂。久置空气中容易聚合,宜密闭储存于阴凉处。沸点为 276℃,相对密度(d_{25}^{25})为 0.868～0.880,折射率(n_D^{20})为 1.4780～1.4850,闪点为 125℃。

(2)天然存在　存在于秘鲁香脂、吐鲁香脂、橙花油、橙叶油、甜橙油、金合欢油、依兰依兰油、茉莉油、马鞭草油等精油中。

(3)制备方法

①从天然精油中经减压分馏单离出橙花叔醇。

②以芳樟醇为原料,先将芳樟醇转化为香叶基丙酮,炔化后生成脱氢橙花叔醇,最后经加氢反应即生成橙花叔醇。

(4)主要用途　用于茉莉、紫丁香、橙花、紫罗兰、百合花、水仙等香型日化香精中,起定香剂的作用,主要用于调配高级化妆品香精。也可微量用于柑橘、葡萄、玫瑰、苹果、甜瓜等香型食用香精中。

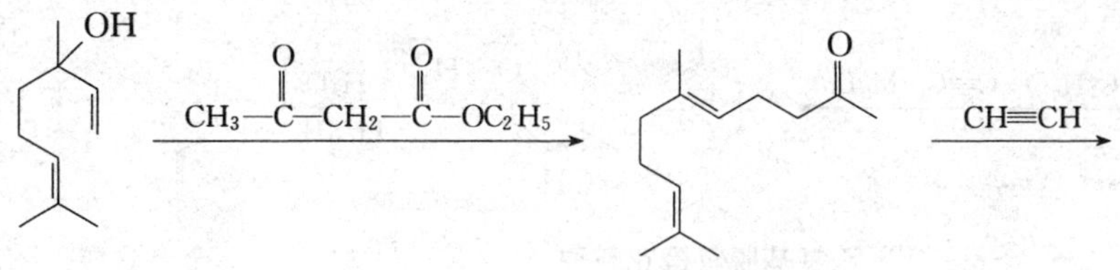

芳樟醇　　　　　　　　　　　　　香叶基丙酮

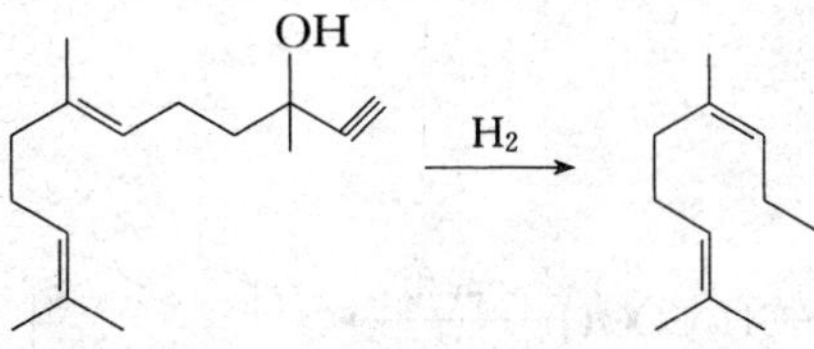

脱氢橙花叔醇

(5)安全管理　FEMA 号 2772，FDA172.515，COE67，GB 2760—2014 批准为允许使用的食品香料。

十八、金合欢醇(Farnesol)

金合欢醇又称法尼醇、3，7，11-三甲基-2，6，10-十二碳三烯-1-醇。

分子式为 $C_{15}H_{26}O$，相对分子质量 222.36。CAS 为 4602-84-0。

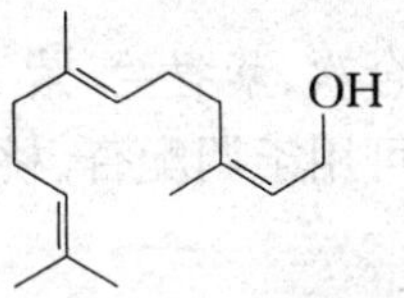

(1)理化性质　无色液体，具有花香香气，似椴树花香气，并带有青香和木香香韵。为顺式和反式异构体的混合物，通常商品中会有四种异构体。几乎不溶于水，溶于乙醇等有机溶剂。沸点为 263℃、131～132℃/0.4kPa，相对密度(d_4^{25})为 0.887～0.889，折射率(n_D^{20})为 1.4890～1.4910，闪点>100℃。

(2)天然存在　在许多天然植物中均有存在，如金合欢、玫瑰草、巴西檀木、黄葵子、依兰依兰、秘鲁香脂、吐鲁香脂、香茅、晚香玉等；在柠檬草油、香茅油、玫瑰草油、檀香油、依兰依兰油等精油中也有存在。

(3)制备方法

①以芳樟醇为原料制备。

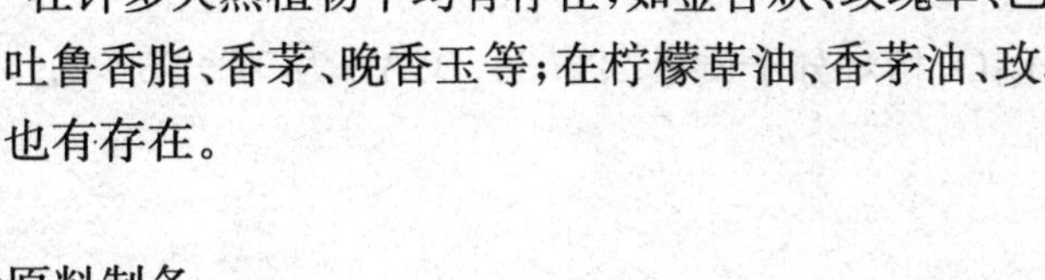

芳樟醇　　　　　　　　　　　　　香叶基丙酮

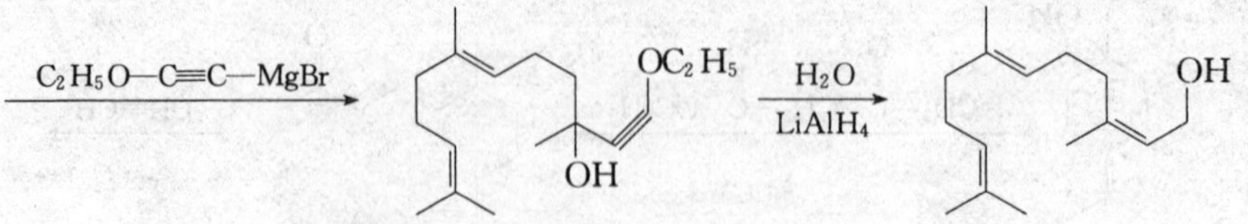

乙氧基脱氢橙花叔醇　　金合欢醇

②以橙花叔醇为原料,首先与无水乙酸加热异构化生成金合欢乙酸酯,然后再经皂化而制得金合欢醇。

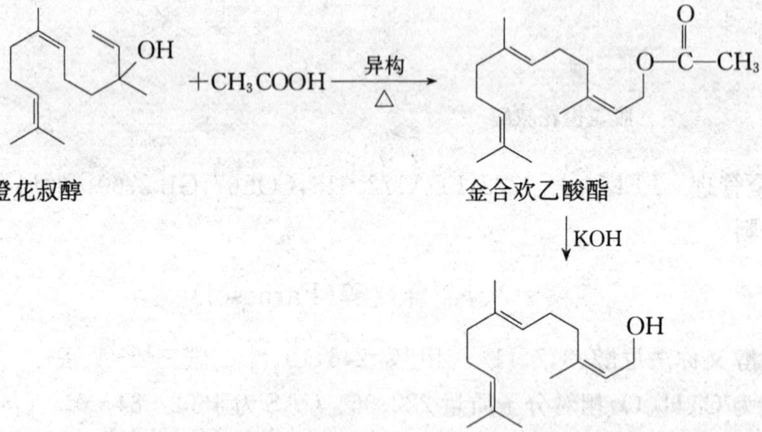

(4)主要用途　广泛应用于金合欢、紫罗兰、紫丁香、茉莉、橙花、玉兰、玫瑰等香型日化香精中,主要起协调剂的作用。可用于调配杏、桃、甜瓜、香蕉、樱桃、浆果、柑橘、草莓、覆盆子等香型的食用香精。

(5)安全管理　FEMA 号 2478,FDA172.515,COE78,GB 2760—2014 批准为允许使用的食品香料。

十九、柏木醇(Cedrol)

柏木醇是一种重要的三环倍半萜醇,又称柏木脑、10-羟基-2,2,6,10-四甲基-三环[5.3.1.0^{3,7}]十一烷。

分子式为 $C_{15}H_{26}O$,相对分子质量 222.36。CAS 为 77-53-2。

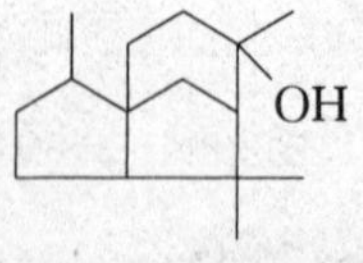

(1)理化性质　白色晶体,具有柔和的柏木香香气,但极纯时香气不明显,是木香型、檀香型等香精的重要组分,并是一种良好的定香剂。香气的质量取决于原料品种以及提纯的纯度。不溶于水,溶于乙醇等有机溶剂。闪点为 81℃,纯品熔点为 90℃,一般商品熔点为 86～87℃,沸点为 290～292℃、135℃/0.67kPa,相对密度(d_{25}^{25})为 0.970～0.980,折射率(n_D^{20})为 1.5060～1.5140，$[\alpha]_D^{20}$为+10.5°，闪点为 81℃。

(2)天然存在　存在于柏木、雪松等精油中。

(3)制备方法　由于合成路线复杂，目前主要是从天然精油中经真空分馏和重结晶等方法单离提取柏木醇。

(4)主要用途　作为优良的定香剂可用于檀香、花香、东方香型皂用和洗涤剂香精中。可以用于制备香气极好的甲酸或乙酸柏木酯、甲基柏木醚等香料。

(5)安全管理　RIFM 认为可以外用。

第五节　具有檀香香气的醇类香料

一、檀香醚(Osyrol、Elesant)

檀香醚又称 3,7-二甲基-7-甲氧基-2-辛醇。

分子式为 $C_{11}H_{24}O_2$，相对分子质量 188.31。CAS 为 41890-92-0。

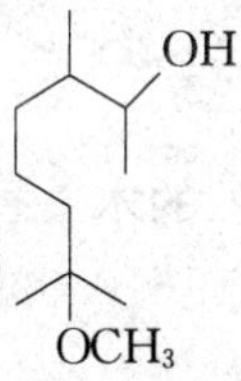

(1)理化性质　无色液体，具有檀香、花香香气，并伴有花香香韵。不溶于水，溶于乙醇等有机溶剂。相对密度(d_{20}^{20})为 0.898～0.910，折射率(n_D^{20})为 1.4460～1.4490，闪点为 110℃。

(2)天然存在　未见文献报道。

(3)制备方法

①以α-蒎烯为原料，在 RaneyNi 催化下加氢制得蒎烷，将蒎烷气化，通过高温金属管热裂制得香茅烯，然后用甲醇在香茅烯上引入甲氧基团，再用过氧乙酸将上述化合物氧化成环氧化物，最后经氢化得到檀香醚。

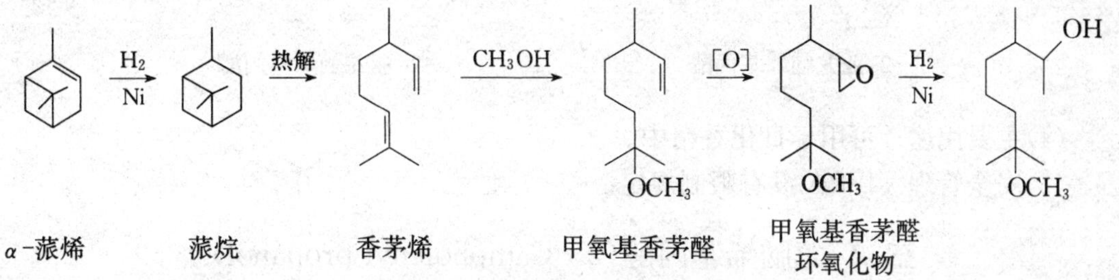

②以艾兰醇为原料，在酸性条件下与甲醇反应制得。

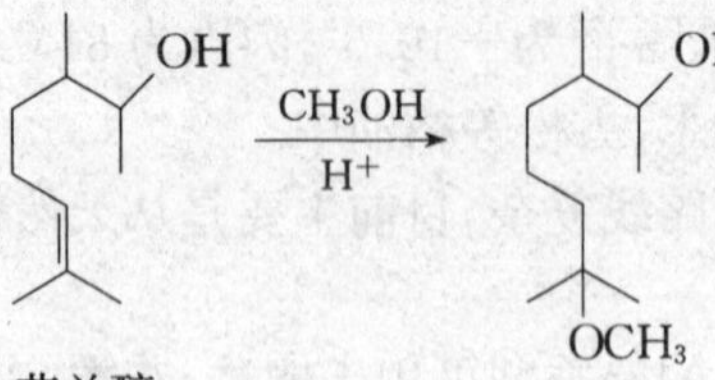

艾兰醇

(4)主要用途 可用于日化香精中。

(5)安全管理 IFRA 没有限制规定。

二、2-亚龙脑烯基丙醇(2-Campholenylidenepropanol)

2-亚龙脑烯基丙醇又称 2-甲基-4-(2,2,3-三甲基-3-环戊烯)-2-丁烯醇，檀香 194。

分子式为 $C_{13}H_{22}O$，相对分子质量 194.31。

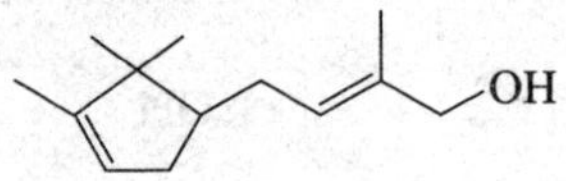

(1)理化性质 无色液体，具有强烈的木香香气，香气似天然檀香。不溶于水，溶于乙醇等有机溶剂。相对密度(d_{20}^{20})为 0.919～0.929，折射率(n_D^{20})为 1.4830～1.4930，闪点为 126℃。

(2)天然存在 未见文献报道。

(3)制备方法 首先以 α-蒎烯为原料制得龙脑烯醛，再将龙脑烯醛与丙醛进行醇醛缩合反应，最后经选择性还原制得 2-亚龙脑烯基丙醇。

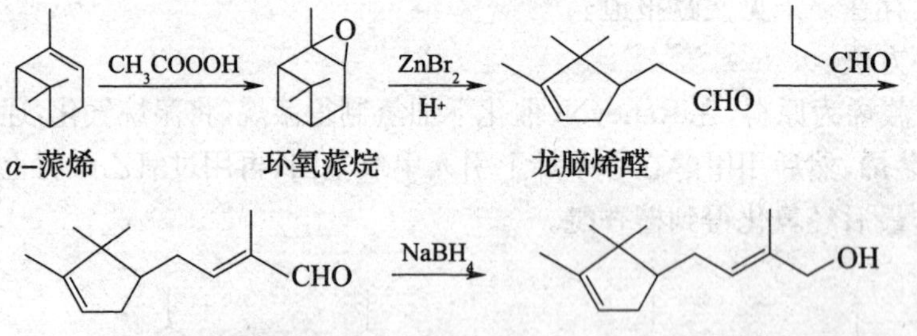

(4)主要用途 可用于日化香精中。

(5)安全管理 IFRA 没有限制规定。

三、2-龙脑烯基丙醇(2-Campholenyl propanol)

2-龙脑烯基丙醇又称 2-甲基-4-(2,2,3-三甲基-3-环戊烯)丁醇、檀香 196。

分子式为 $C_{13}H_{24}O$，相对分子质量 196.33。CAS 为 72089-08-8。

(1)理化性质　无色液体,具有檀香木香气,并伴有麝香香韵。具有高度的扩散力,较好的提香和定香效果。不溶于水,溶于乙醇等有机溶剂。沸点为110～133℃/270Pa,相对密度(d_{20}^{20})为0.900～0.910,折射率(n_D^{20})为1.4680～1.4780,闪点>110℃。

(2)天然存在　未见文献报道。

(3)制备方法　以α-蒎烯为初始原料,经氧化和异构化反应生成龙脑烯醛,然后再与丙醛进行醇醛缩合反应,最后经催化氢化制得2-龙脑烯基丙醇。

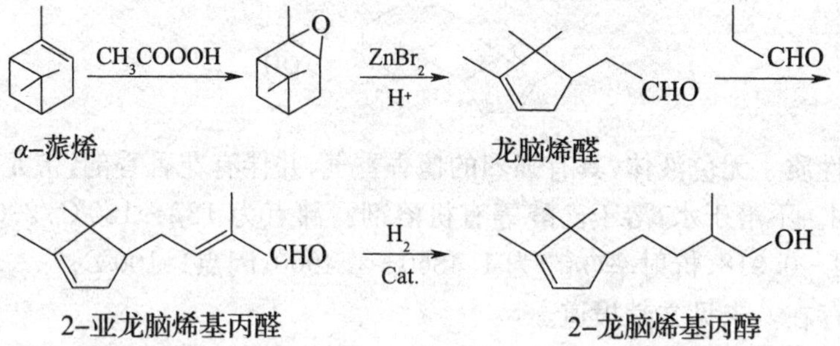

(4)主要用途　可用于日化香精中。

(5)安全管理　IFRA没有限制规定。

四、檀香206(Sandeflor)

檀香206又称甲基檀木醇、1-(3-甲基-2-龙脑烯-6-基)-2-甲基-1-戊烯-3-醇、2-甲基-双环[2.2.1]-2-己烯-5-基-2-甲基-1-戊烯-3-醇。

分子式为$C_{14}H_{22}O$,相对分子质量206.32。CAS为67739-11-1。

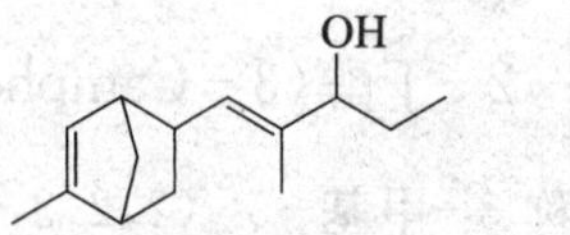

(1)理化性质　淡黄色黏稠液体,具有檀香木样香气。不溶于水,溶于乙醇等有机溶剂。沸点为80～81℃/0.13kPa,相对密度(d_{20}^{20})为0.980～0.985,折射率(n_D^{20})为1.4900～1.5000。

(2)天然存在　未见文献报道。

(3)制备方法　由甲基环戊二烯和丙烯醛经Diels-Alder缩合反应生成中间体甲基降龙脑烯基甲醛,然后该中间体与3-戊酮进行羟醛缩合反应,最后选择性还原生成檀香206。

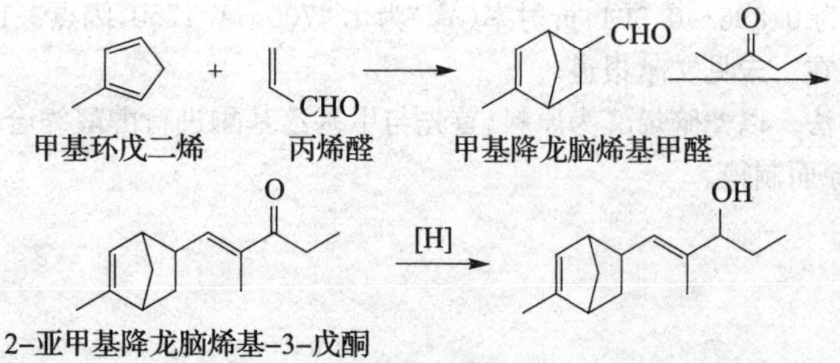

(4)主要用途　可用于日化香精中。

五、2-亚龙脑烯基丁醇(2-Campholenylidenebutanol)

2-亚龙脑烯基丁醇又称2-乙基-4-(2,2,3-三甲基-3-环戊烯)-2-丁烯醇、檀香208。

分子式为$C_{14}H_{24}O$,相对分子质量208.34。CAS为28219-61-6。

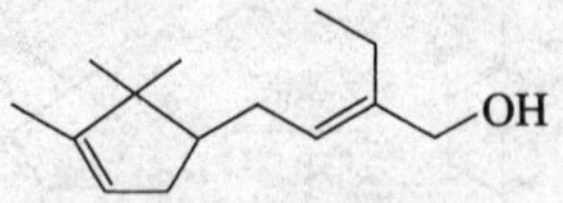

(1)理化性质　无色液体,具有强烈的檀香香气,并伴有花香香韵,带龙涎香底韵。商品名Bacdanol。不溶于水,溶于乙醇等有机溶剂。沸点为127~130℃/270Pa,相对密度(d_4^{20})为0.914~0.918,折射率(n_D^{20})为1.4860~1.4900,闪点>100℃。

(2)天然存在　未见文献报道。

(3)制备方法　由龙脑烯醛与丁醛进行醇醛缩合反应,然后再经选择性还原而制得。

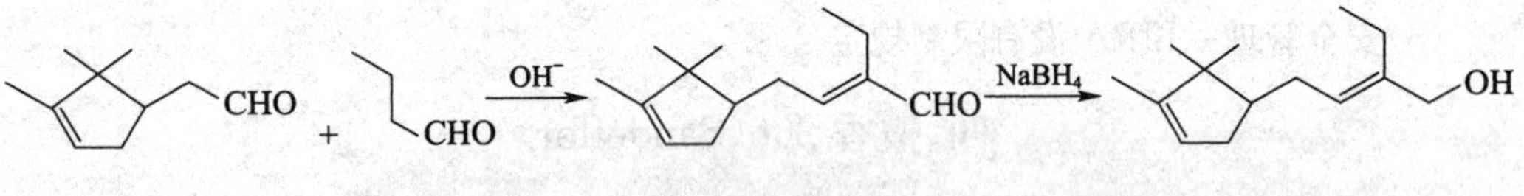

(4)主要用途　可用于日化香精中,用量在5%以内。

(5)安全管理　IFRA没有限制规定。

六、3-龙脑烯基-2-丁醇(3-Campholenyl-2-butanol)

3-龙脑烯基-2-丁醇又称3-甲基-5-(2,2,3-三甲基-3-环戊烯)-2-戊醇、檀香210。

分子式为$C_{14}H_{26}O$,相对分子质量210.36。CAS为65113-99-7。

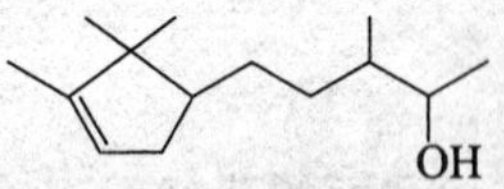

(1)理化性质　无色液体,具有强烈而又优雅的似天然檀香木香气。商品名Sandalore。不溶于水,溶于乙醇等有机溶剂。沸点为103~106℃/130Pa,为异构体的混合物。相对密度(d_4^{20})为0.896~0.904,折射率(n_D^{20})为1.4700~1.4750,闪点>100℃。

(2)天然存在　未见文献报道。

(3)制备方法　以龙脑烯醛为原料,首先与甲基乙基酮进行醇醛缩合反应,然后将缩合产物进行还原而制得。

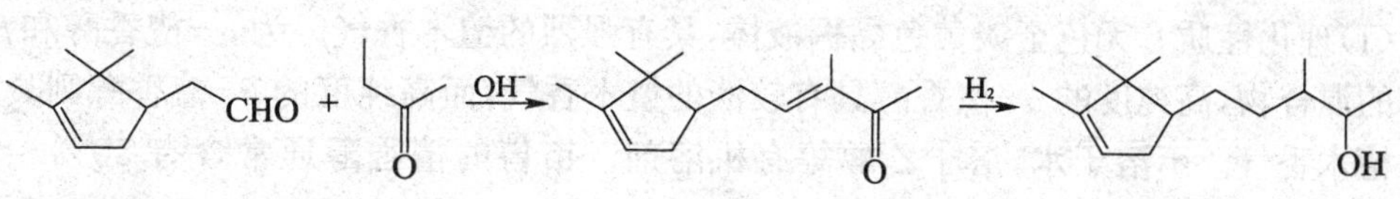

龙脑烯醛　　2-丁酮(甲基乙基酮)　　3-亚龙脑烯基-2-丁酮　　3-龙脑烯基-2-丁醇

(4)主要用途　可用于日化香精中，用量在10%以内。

(5)安全管理　IFRA没有限制规定。

七、甲基檀木醇(Methyl Sandeflor)

甲基檀木醇又称1-(3-甲基-2-降冰片烯-6-基)-2-甲基-1-戊烯-3-醇。分子式为$C_{14}H_{22}O$，相对分子质量206.33。CAS为67739-11-1。

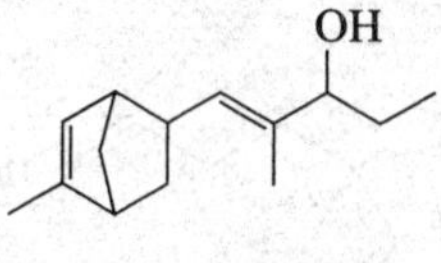

(1)理化性质　无色黏稠液体，具有类似檀香木的香气。不溶于水，溶于乙醇等有机溶剂。沸点为80～81℃/130Pa，相对密度(d_{20}^{20})为0.980～0.985，折射率(n_D^{20})为1.4900～1.5000，闪点为122℃。

(2)天然存在　未见文献报道。

(3)制备方法　以甲基环戊二烯和丙烯醛为原料，首先通过Diels-Alder反应生成双环醛，然后再与3-戊酮进行醇醛缩合反应得到不饱和酮，最后将不饱和酮进行选择性还原得到甲基檀木醇。

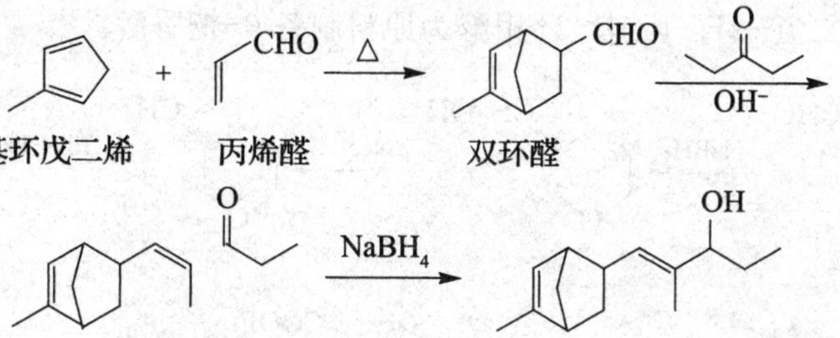

(4)主要用途　可用于日化香精中。

八、檀香醇(Santalol)

分子式为$C_{15}H_{24}O$，相对分子质量220.36。CAS为77-42-9;11031-45-1。

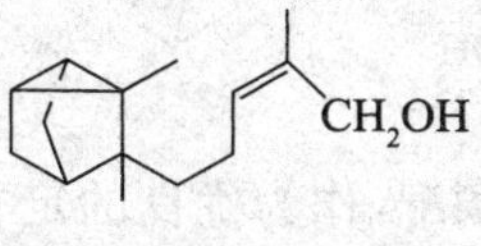

α-檀香醇

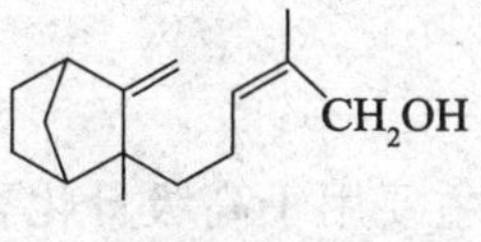

β-檀香醇

(1)理化性质　无色至淡黄色黏稠液体,具有强烈的檀木香气。为α-檀香醇和β-檀香醇的混合物,高纯度的α-檀香醇具有较淡的檀木香气,而高纯度的β-檀香醇则具有典型的檀木香气。不溶于水,溶于乙醇等有机溶剂。市售的檀香醇通常含有50%～70%的α-檀香醇和20%～40%的β-檀香醇。相对密度(d_{25}^{25})为0.968～0.976,折射率(n_D^{20})为1.5040～1.5090,闪点>100℃。α-檀香醇的沸点为302℃,β-檀香醇的沸点为309℃。

(2)天然存在　存在于东印度檀香油和澳大利亚檀香油中。东印度的白檀木油中,檀香醇的含量<80%,含有α-檀香醇和β-檀香醇;澳大利亚的檀木油中,檀香醇的含量为66%～76%,且主要成分为α-檀香醇。

(3)制备方法

①从檀香油中经真空分馏得到。

②以溴代三环萜和丙炔锂为原料制备α-檀香醇。

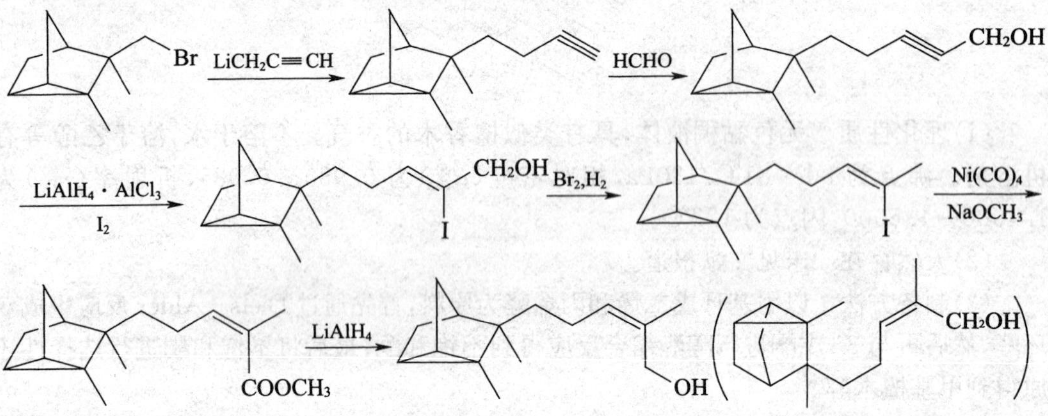

③以5,6-二氢-2H-吡喃-3-甲醛为原料制备β-檀香醇。

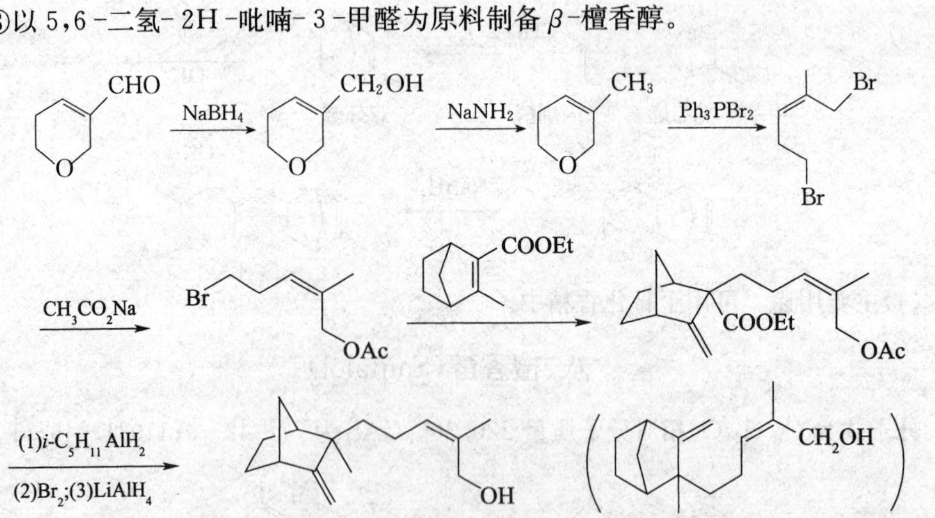

(4)主要用途　主要用于高级日化香精的调配,作为优良的定香剂主要用于调配檀香、香石竹、铃兰、素心兰、玫瑰等香型的日化香精。也可少量用于调配水果、坚果、覆盆子

等香型的食用香精。

(5)安全管理 FEMA 号 3006,FDA172.515,COE74,GB 2760—2014 批准为允许使用的食品香料。

九、多檀醇(Polysantol)

多檀醇又称 3,3-二甲基-5-(2,2,3-三甲基-3-环戊烯)-4-戊烯-2-醇。

分子式为 $C_{15}H_{26}O$,相对分子质量 222.39。

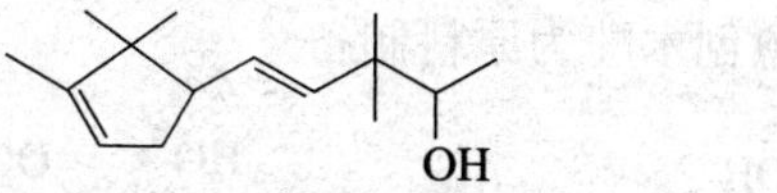

(1)理化性质 无色液体,具有强烈而又持久的檀香香气。

(2)天然存在 未见文献报道。

(3)制备方法 以龙脑烯醛为原料,与甲基乙基酮进行醇醛缩合反应后,再在缩合产物上引入甲基,最后经选择性还原而制得。

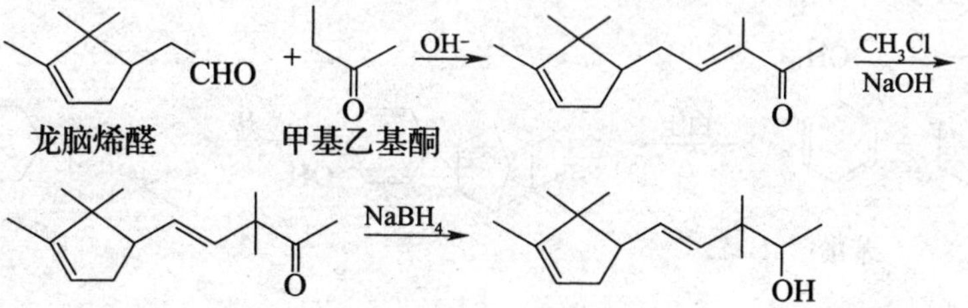

(4)主要用途 可用于日化香精中。

(5)安全管理 IFRA 没有限制规定。

十、檀香 803(Sandela)

檀香 803 又称异莰基环己醇。

分子式为 $C_{16}H_{28}O$,相对分子质量 236.40。CAS 为 6784-13-0;66068-84-6;70955-71-4。

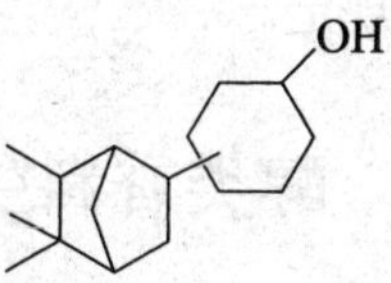

(1)理化性质 无色至淡黄色黏稠液体,具有强烈、优雅、持久的檀香型香气。不溶于水,溶于乙醇等有机溶剂。沸点为 165~175℃/700Pa。为多种同分异构体和立体异构体的混合物。

(2)天然存在 未见文献报道。

(3)制备方法

①以莰烯和愈创木酚为原料,用硫酸、三氟化硼乙醚或活性白土等酸性触媒经 Friedel - Crafts 烷基化反应缩合、催化加氢制得含 3 -龙脑基环己醇的混合物。

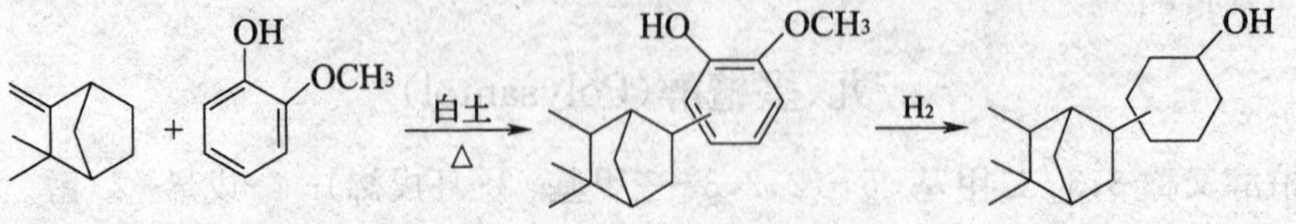

②以莰烯和乙基愈创木酚为原料制备。

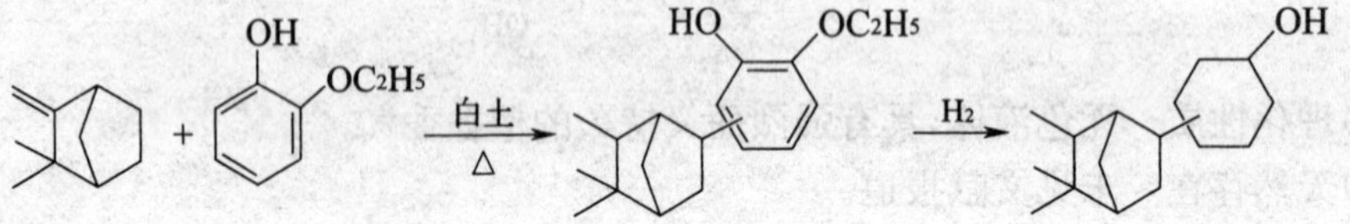

③以莰烯和苯酚为原料制备。

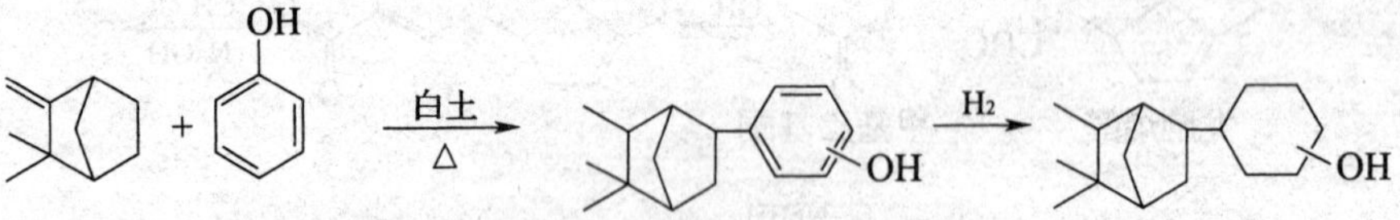

④以莰烯和邻苯二酚为原料制备。

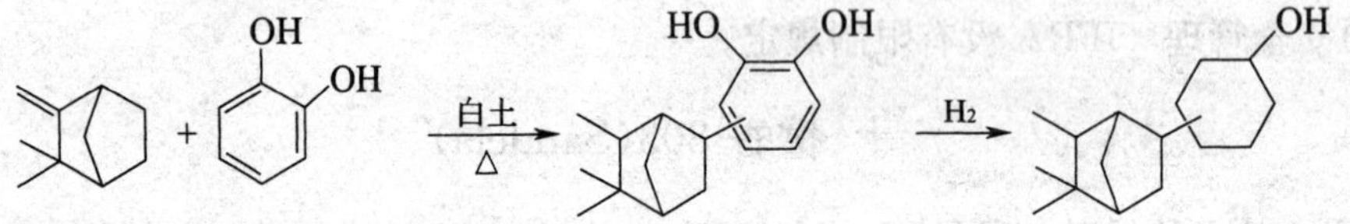

(4)主要用途　广泛用于各种日化香精的调配,其用量可在 20%以内。

(5)安全管理　IFRA 没有限制规定。

第六节　醇类香料生产工艺

以 β-苯乙醇为例,简述如下。

一、化学结构式

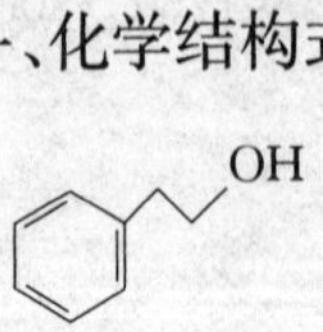

二、反应式

1. 主反应

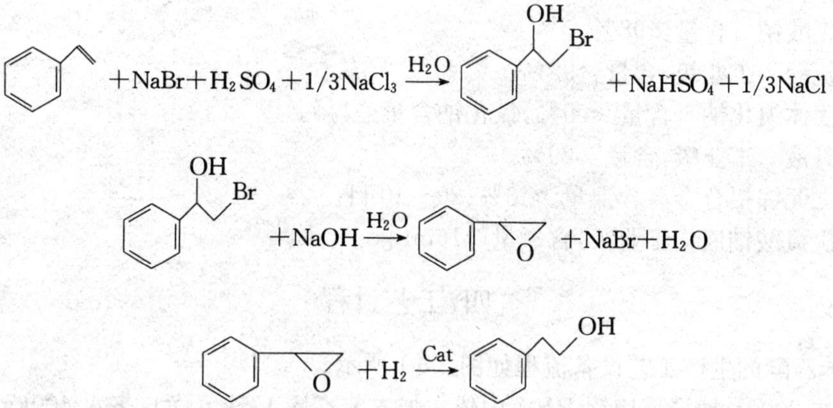

2. 副反应

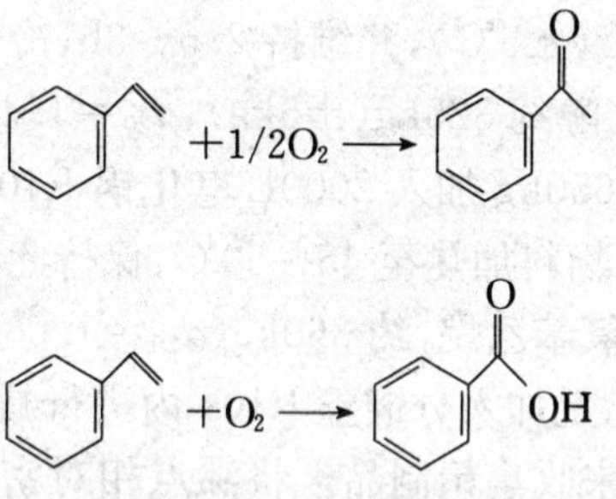

$NaBr + 1/3NaClO_3 + H_2SO_4 \longrightarrow NaHSO_4 + 1/3NaCl + HBrO$

$\xrightarrow{H^+} Br_2\uparrow + H_2O$

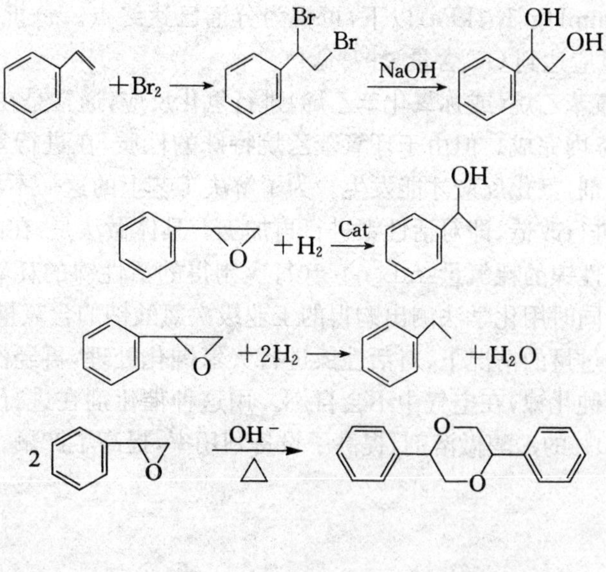

三、原料规格

(1)苯乙烯　无色透明液体,无聚合物[检验方法:在 10mL 甲醇(化学纯)内加入 2mL 样品,应清澈透明,不显浑浊],GC 含量≥99%,n=1.5436~1.5440。

(2)氯酸钠　含量≥98%。

(3)硫酸　工业级,含量≥95%。

(4)固体溴化钠　含量≥99%,氯化钠含量<1%。

(5)碱液　工业级,含量≥29%。

(6)二元镍铝合金　含镍量≥46%;20~40 目。

(7)次氯酸钠液　工业级,含氧量≥16mL[o]/mL。

四、工艺过程

β-苯乙醇的生产工艺设备流程如图 3-1 所示。

(1)在 2000L 搪瓷反应锅 R101 内依次加入苯乙烯 175kg、净自来水 400kg、相当于含溴(相对分子质量=80)量 300g/L 的溴化钠水溶液 450L,之后将锅内物料加热至 50~55℃,随后逐渐滴加 34%(质量分数)氯酸钠水溶液 176kg 的混合液,约 0.75h 加毕,同时使锅内温度逐渐上升至 100℃(±5℃),并维持 2.5~3h,冷却至 60℃(±5℃),搅拌,静止 0.5h,放料。每批得溴代苯乙醇约 325kg(±5kg),d_{20}=1.430(±0.01)。

将上述所得溴代苯乙醇 650kg 加入 2000L 皂化锅 R103 内,同时加入 20%氢氧化钠水溶液 700kg,开启搅拌并将物料加热至 45~50℃,保持此温度 1h,静置,放出溴水(溴水反复利用),上层油层为粗环氧苯乙烷,约 360kg(d_{20}=1.050~1.078)。

(2)将 360kg 粗环氧苯乙烷加入分馏釜 R104 内进行减压分馏,在真空状态下根据环氧苯乙烷的沸点和相对密度来收集精制品。将沸点相对密度均较低的馏分作为头子,沸点相对密度较高的馏分作为后段。粗环氧苯乙烷的沸点和相对密度为:62~67℃/800Pa,68~72℃/1000Pa,72~77℃/1000Pa,82~87℃/2000Pa,d_{20}=1.049~1.054。一般来说,馏内温度达 130℃±2℃,正品数量已出至 85%以上,视杯内流量已降低到极小程度,真空余压在 10mmHg(1.3kPa)以下,可视为分馏已达终点。每批分馏约可得精环氧苯乙烷 315kg,质量应达到 GC 含量≥97%。

(3)将精制环氧苯乙烷(或称氧化苯乙烯)进行氢化反应,通常是在催化剂活性镍的作用下,在氢化高压釜内完成。但由于环氧苯乙烷特殊的性质,在进行氢化反应时,必须以 40%的乙醇作为溶剂,氢化反应才能发生。为了解决工艺上的这一不足,提高设备的利用率,必须对催化剂进行改造,即对活性镍进行再加工。具体做法是:在制得了活性镍后,用化学法测得此批活性镍的耗氧量:mL[o]/g(每次制得的活性镍的耗氧量不可能相同,只是在某一范围内),同时用化学法测出购得的工业级次氯酸钠的含氧量(mL[o]/mL)。然后在次氯酸钠稍微过量的情况下,对活性镍进行失氢钝化处理,再经洗涤和晾干,即制得干燥的黑色颗粒状钝化镍,在空气中不会自燃。用这种催化剂在进行环氧苯乙烷的氢化反应时就不必加 40%的乙醇做溶剂,提高了设备利用率,提高了产量。

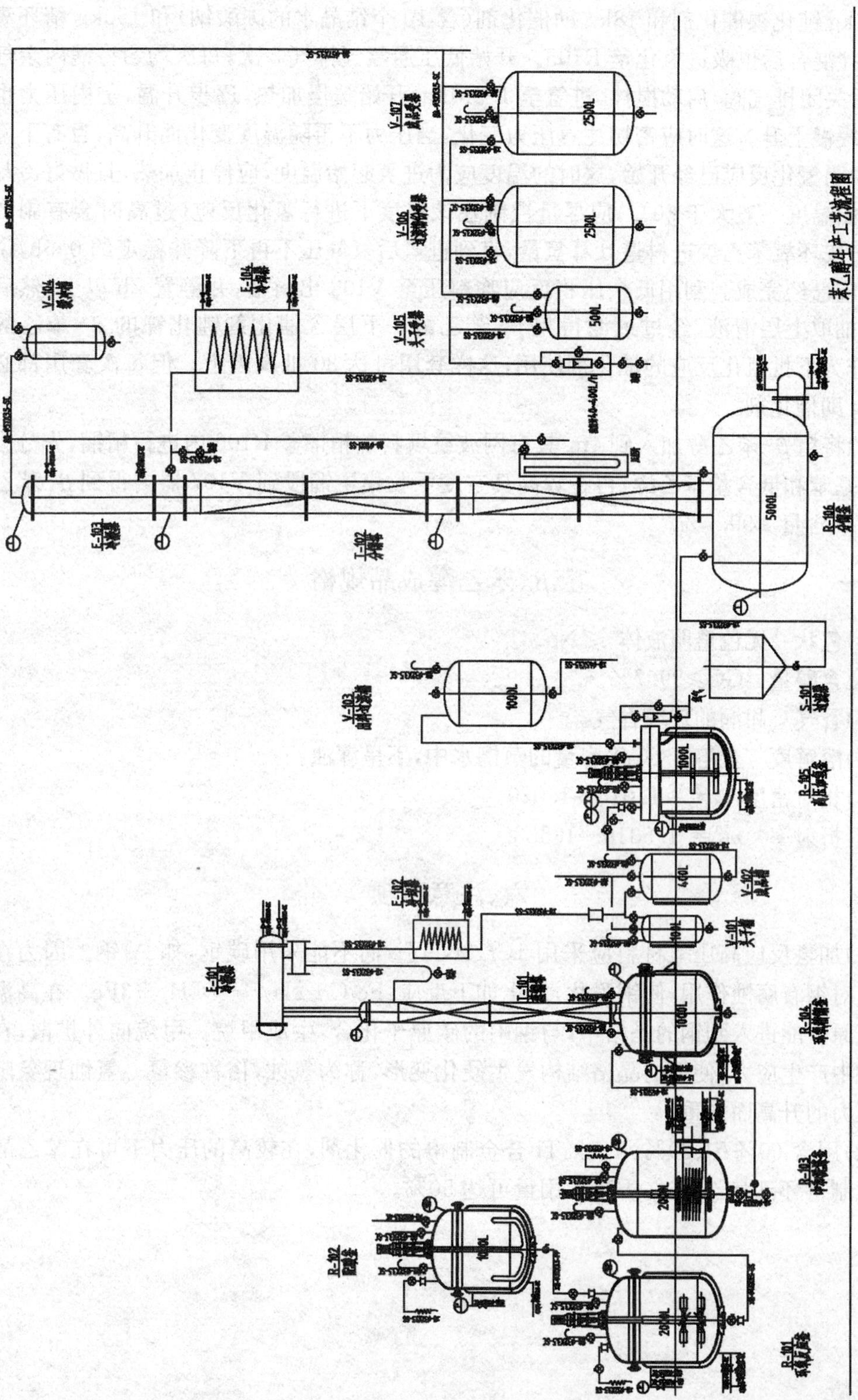

图3-1　β-苯乙醇生产工艺设备流程图

加氢反应操作过程:将 600kg 精环氧苯乙烷加入到 1000L 不锈钢氢化釜 R105 中,再将 37.5kg 钝化镍催化剂和 18kg 助催化剂(含 10 个结晶水的碳酸钠)和 150kg 精环氧苯乙烷搅拌混合后也吸进氢化釜 R105。开始低压通氢气排气 2 次,每次均匀将锅内余气抽完,然后关闭排气阀,启动搅拌,进氢至 1.5MPa,开始缓慢加热,逐步升温,釜内压力也随着升温缓慢上升。这时应密切注意压力变化:当压力不再随温度变化而升高,且有下降趋势时,说明氢化反应已经开始,这时的温度应为进氢起始温度,应停止加热,且做好冷却准备。起始温度一般大于 80℃,应尽量控制在该温度下进行氢化反应(过高时会有副产物产生)。按环氧苯乙烷进料量计算氢量,直到进氢后氢气压不再下降并稳定约 0.5h,说明加氢反应已经完成。利用低余压将反应物料压至 V103 出料槽,并静置 2h 以上,然后利用真空抽取上层清液,经过过滤得粗 β-苯乙醇。下层含催化剂钝化镍的 β-苯乙醇约 50kg,作为下批氢化反应的催化剂使用,这样套用可达 30 批次以上。但每次套用都必须加 18kg 助催化剂。

(4)将粗 β-苯乙醇加入到 $4m^3$ 具有网波纹填料的精馏釜 R106 内进行精馏,先分去副产物乙基苯和低含量苯乙醇,再在较高真空度下收集主馏段到 V107 器内得到 β-苯乙醇成品,GC 含量≥99.7%。

五、β-苯乙醇成品规格

(1)色状　无色透明液体,≤No.3。

(2)含醇量　GC≥99.7%。

(3)香气　甜润的玫瑰香气。

(4)溶解度　全溶于 50 倍容量的蒸馏水中,不呈浑浊。

(5)相对密度　$d_{25}^{25}=1.018\sim1.020$。

(6)折射率　$n_D^{20}=1.5310\sim1.5330$。

六、注意事项

(1)加氢反应高压釜材料应采用 1Cr18Ni9Ti,而不能采用碳钢,如 A_3 钢。因为在高压下氢对钢有腐蚀作用,使钢脆化,发生如下反应:$Fe_3C+2H_2 \longrightarrow CH_4+3Fe$。在高温高压下氢原子能进入到钢的晶格中,与钢中的碳原子化合,生成甲烷。甲烷向外扩散,在钢的晶格中产生应力,使钢的晶格结构发生硬化变形,称为氢蚀,俗称渗氢。氢蚀现象随温度与压力的升高而加重。

(2)用含 60%Al、39%Ni、1%Ti 合金制得的催化剂,在较高的压力下可在苯乙醇环上加氢制得环己基乙醇,在香精中用量可达 50%。

第四章　酚类香料

在自然界中存在许多酚类香料，如丁香酚、香芹酚、麝香草酚、香荆芥酚及浓馥香兰素等。酚类香料大都具有辛香、木香及药草香等香气，并具有一定的消毒杀菌的作用。如丁香酚和异丁香酚具有丁香香气，在调香上普遍使用；麝香草酚和香荆芥酚带有草药香且具有较好的消炎杀菌功效，广泛用于牙膏等口腔清洁剂、爽身粉及胶姆糖、咳嗽糖的加香；愈创木酚带有烟熏香气及药香，可作为食用和烟用香料。有些酚还是合成其他香料的重要原料，如苯酚是合成香豆素的起始原料，愈创木酚是合成香兰素的中间体。

第一节　酚类化合物的制备方法

酚类化合物在自然界中存在广泛，早期大多数酚都是从自然界直接提取的，随着用量的增多和化学工业的发展，现在很多酚类化合物都是合成的。酚类可看成是芳环上的氢原子被羟基取代后得到的化合物，与醇类化合物不同的是，酚上的羟基是直接和芳环相连的。由于很难直接将羟基引到苯环上，多数酚的合成都是通过官能团的转化得到的。

一、芳香磺酸盐碱熔法

将磺酸盐和氢氧化钠熔融后得到酚钠盐，再用酸酸化即可得到酚。这是一个亲核取代反应，并需要在高温、强碱性下进行，很多的官能团很难适应，因此该反应的应用范围较窄。苯酚和萘酚可以用此法合成。

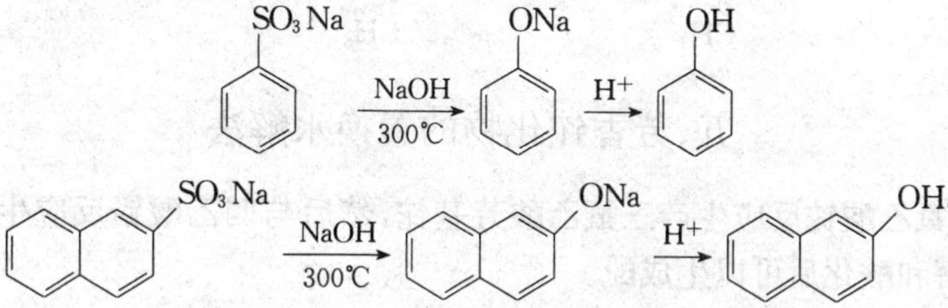

二、芳香卤代烃的水解

在高温、高压和催化剂存在的条件下，芳香卤代烃可以在碱性条件下水解。例如，氯苯在高温、高压和铜催化下生产苯酚。

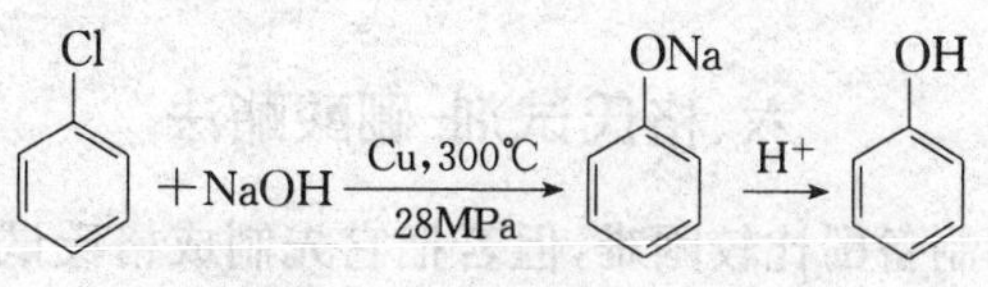

三、异丙苯法

该合成方法是将异丙基芳烃通过催化氧化得到过氧化物，后者在酸性条件下重排成酚和丙酮。利用该法得到酚的产率较高，且能得到另一个有价值的工业原料丙酮，因此在工业上，该法应用得较多。例如，苯酚和萘酚的合成。

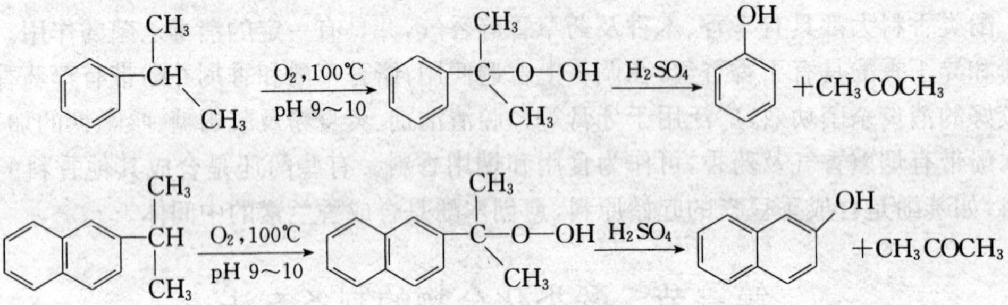

四、重氮盐水解法

将生成的重氮盐立即置于冰水中进行水解，便可以生成酚。为了防止生成的酚与尚未反应完的重氮离子之间的偶联，也可以将重氮盐慢慢地加入到大量沸腾的稀硫酸中进行水解。

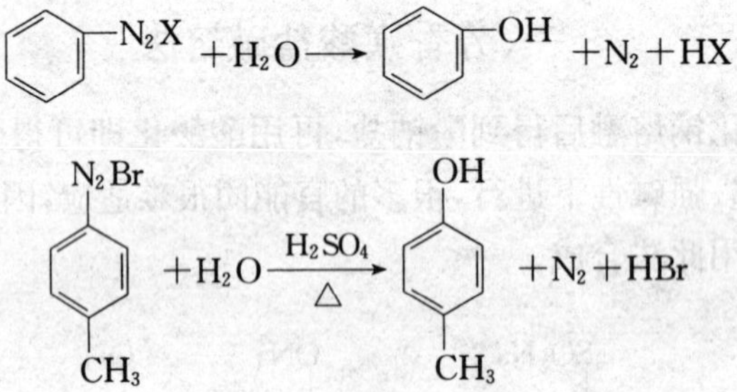

五、芳香铊化物的置换水解法

苯烃与三氟乙酸铊反应生产三氟乙酸芳基铊，然后与四乙酸铅反应生成三氟乙酸芳酯，最后经水解和酸化后可以生成酚。

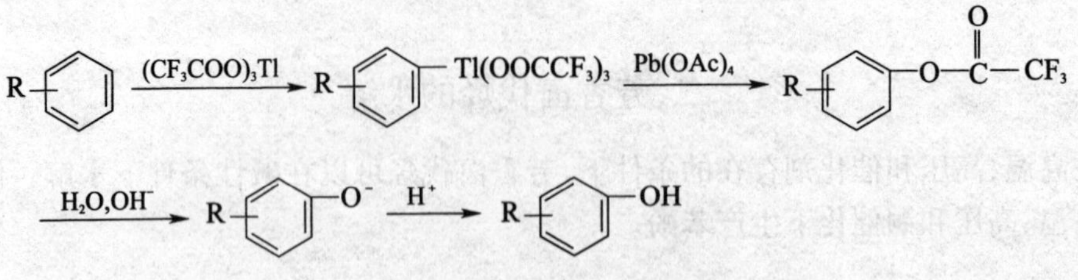

六、格氏试剂-硼酸酯法

由卤代苯直接水解制备酚比较困难，但若把它先制成格氏试剂，再进行相应的反应，即可比较容易地得到酚。反应一般是在低温条件下进行，首先将卤代苯制成格氏试剂，再与硼酸三甲酯反应，生成芳基硼酸二甲酯，酯经水解，得到芳基硼酸，然后在乙酸溶液中经15％过氧化氢氧化，最后水解即可生成酚。

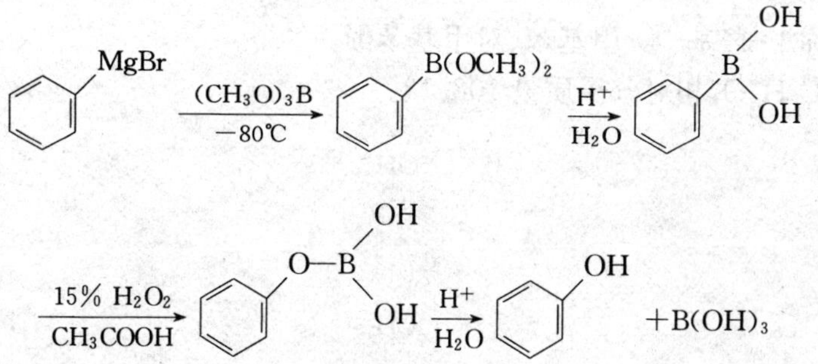

第二节　酚类香料

一、苯酚(Phenol)

苯酚又称石炭酸、羟基苯、氢氧化苯。

分子式为 C_6H_6O，相对分子质量 94.11。

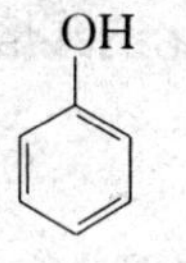

(1)理化性质　无色或白色针状晶体，暴露在空气中会慢慢变成粉红色。具有酚样的特殊香气。微溶于水，溶于乙醇、氯仿等大多数有机溶剂。熔点为 42～43℃，沸点为 181～182℃，相对密度(d_{20}^{20})为 1.072，折射率(n_D^{20})为 1.0576～1.0581，闪点为 79℃。

(2)天然存在　存在于煤焦油中。

(3)制备方法

①早期是从煤焦油中经碱化后分离再酸化得到苯酚。

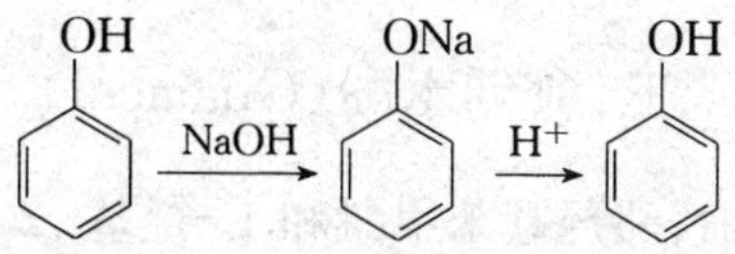

②工业上利用异丙苯为原料经氧化和水解制得。

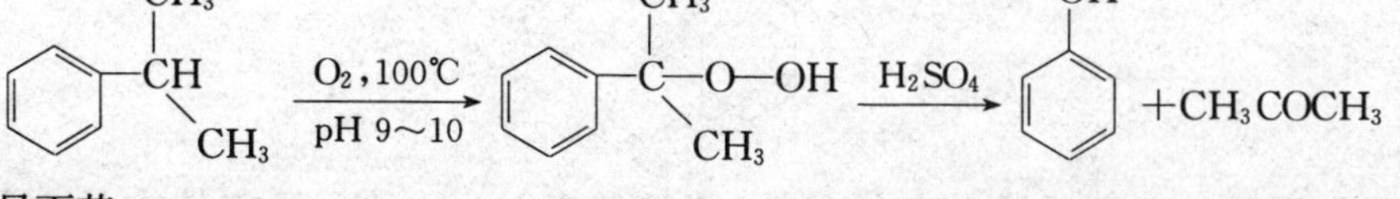

异丙苯

(4)主要用途　可用于调配烟香型食用香精,还可以用作合成其他香料的原料。

(5)安全管理　FEMA 号 3223,GB 2760—2014 批准为暂时允许使用的食品香料。

二、对甲酚(ρ-Cresol)

对甲酚又称 1-羟基-4-甲基苯、对甲基苯酚。

分子式为 C_7H_8O,相对分子质量 108.13。

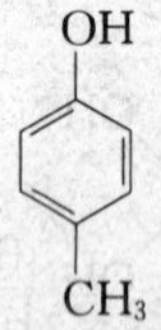

(1)理化性质　低熔点晶体固体。具有强烈的类似苯酚的特殊香气。微溶于水,溶于碱溶液中,能溶于乙醇等大多数有机溶剂。熔点为 35~36℃,沸点为 201~202℃,相对密度(d_{20}^{20})为 1.004,折射率(n_D^{20})为 1.5395。

(2)天然存在　存在于金合欢油、依兰依兰油、茉莉油、百合花油、柑橘油、八角茴香油、苦蒿精油中。

(3)制备方法

①可以从煤焦油中分馏得到。

②以对甲基苯磺酸为原料,与氢氧化钠共熔得到。

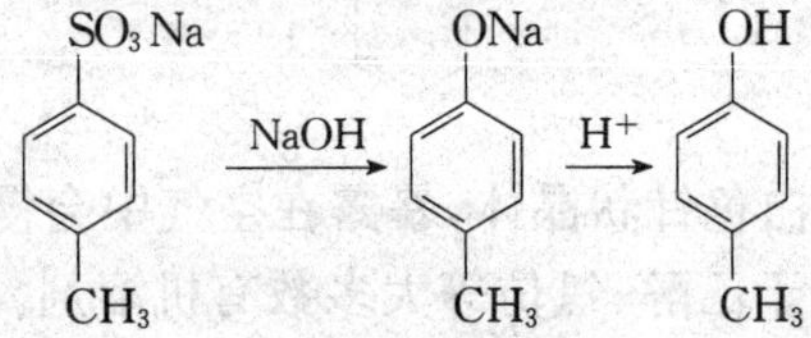

(4)主要用途　可用于调配丁香、百合等香型的日化香精。也用于调配烟草、坚果、香草等香型的食用香精。

(5)安全管理　FEMA 号 2337,FDA172.515,COE619,GB 2760—2014 批准为允许使用的食品香料。

三、愈创木酚(Guaiacol)

愈创木酚又称邻甲氧基酚、邻羟基苯甲醚和 1-羟基-2-甲氧基苯。

分子式为 $C_7H_8O_2$,相对分子质量 124.14。

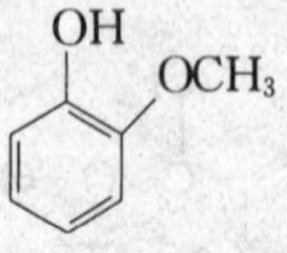

(1)理化性质　无色或淡黄色结晶体,或淡黄色油状液体,具有特有的尖刺的木香和

药香香气，带酚样的特殊气息。微溶于水，溶于碱溶液，能溶于乙醇等大多数有机溶剂。暴露在空气中容易变色，宜密闭储存于阴凉处。熔点为 31～32℃，沸点为 204～206℃、53～55℃/533.3Pa，相对密度（d_4^{20}）为 1.1395，折射率（n_D^{35}）为 1.5341。

（2）天然存在　存在于木馏油、海狸香油、芸香油、芹菜子油、烟叶油和橙叶蒸馏液中。

（3）制备方法

①由木馏油进行真空分馏单离得到。

②以邻氨基苯甲醚为原料，经重氮化、水解得到。第一步是重氮化反应：将邻氨基苯甲醚溶于稀硫酸中，在冷却条件下滴加亚硝酸钠溶液，进行重氮化反应，直至达到终点。第二步是水解反应：将硫酸铜溶于水中，加热，在搅拌下滴加上述重氮液进行水解反应，水与愈创木酚在水解时同时蒸出至油水分离器中。第三步是分离精制：从油水分离器中分离出粗愈创木酚，进行真空分馏，得到纯愈创木酚。含酚水用苯进行萃取回收愈创木酚，再经真空分馏得到纯品。

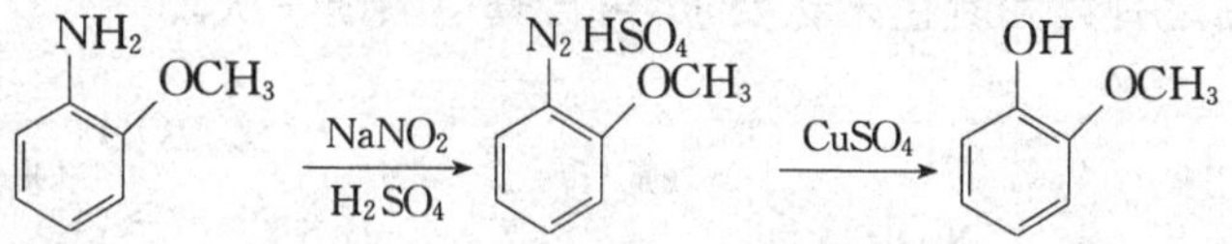

③以邻苯二酚为原料，与一卤代甲烷或甲醇或硫酸二甲酯反应制备。

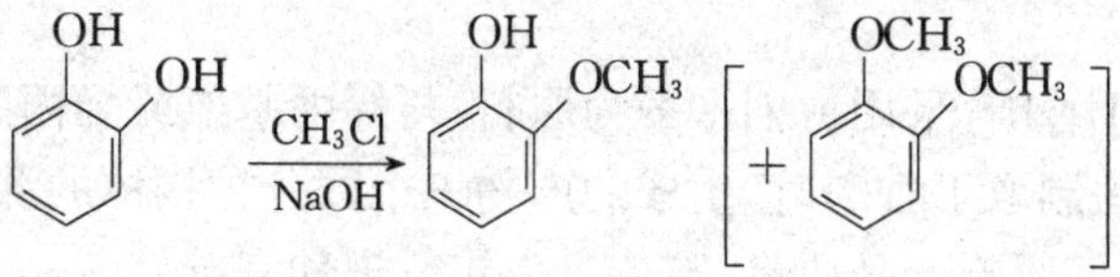

（4）主要用途　主要用于香草、烟草、菜肴、烟熏、熏猪肉、咖啡、威士忌等食用香精中，也用作合成香兰素、檀香 803 等香料的重要原料。

（5）安全管理　FEMA 号 2532，FDA172.515，COE173，GB 2760—2014 批准为暂时允许使用的食品香料。

四、丁香酚（Eugenol）

丁香酚又称 1-羟基-2-甲氧基-4-烯丙基苯、丁子香酚。

分子式为 $C_{10}H_{12}O_2$，相对分子质量 164.21。CAS 为 97-53-0。

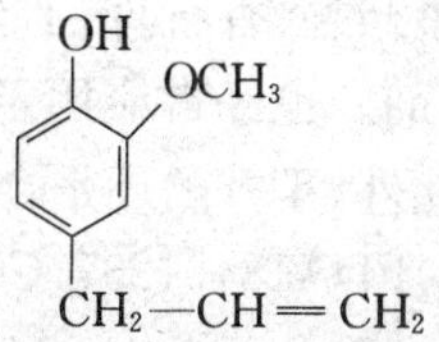

（1）理化性质　无色至淡黄色液体，具有强烈的丁香和辛香香气。几乎不溶于水，溶于乙醇等有机溶剂。暴露于空气中颜色逐渐加深，宜密闭储存于阴凉处。沸点为 253℃、110℃/700Pa，相对密度（d_4^{20}）为 1.066，折射率（n_D^{20}）为 1.5410，旋光角为 −1°30′，闪点为 110℃。

(2)天然存在　是多种天然精油的成分,尤其以丁香油(质量分数为 80%左右)、月桂叶油(质量分数为 80%左右)、丁香罗勒油(质量分数为 60%左右)中含量最多。在紫罗兰油、樟脑油、金合欢油、依兰依兰油中均有存在。

(3)制备方法

①采用丁香油或丁香罗勒油为原料通过碱和酸处理单离制得。第一步是钠盐的生成和分离:先将氢氧化钠溶液加入到被分离的精油中,加热搅拌后,使形成丁香酚钠盐。将浮于液面的非酚部分的油状物用溶剂萃取或用直接水蒸气蒸馏。馏出液通过油水分离器分去上层轻油,直至馏出液的水面无油滴为止。停止蒸馏,得到丁香酚钠盐水溶液。第二步是酸化和洗涤:在搅拌下将 50%的硫酸逐渐加入到上述已经冷却的丁香酚钠盐水溶液中,进行酸化,将液温控制在 50℃以下,直至呈酸性。静置分层,用水洗涤油层数次至中性。第三步是真空蒸馏:将洗涤后的丁香酚在真空下进行蒸馏,杂质分去后得到丁香酚。如果得到的丁香酚之香气和颜色未达要求,可再真空蒸馏一次。

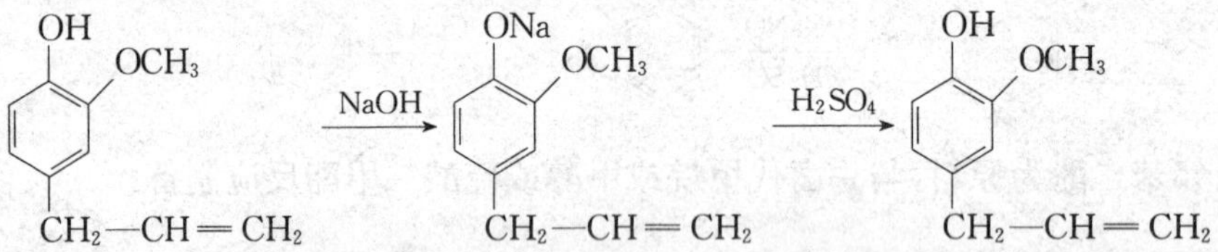

②合成法制备丁香酚,采用愈创木酚为原料,与烯丙基氯或烯丙醇等直接将愈创木酚丙基化而得。合成法制取丁香酚时,生成的产物三个同分异构体的沸点十分接近,造成分离和提纯较为困难,并影响产品质量,有待进一步改进和完善。

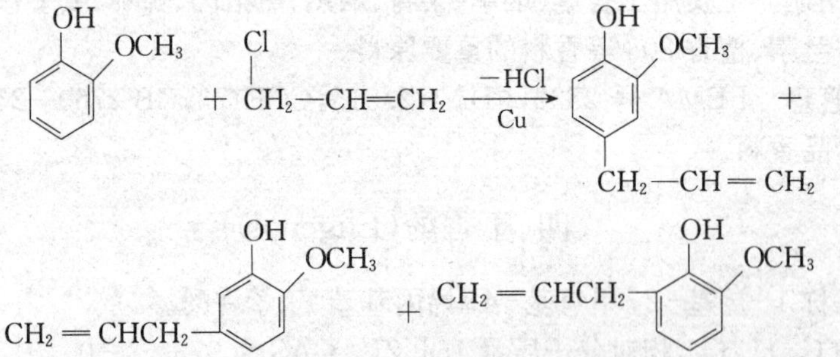

(4)主要用途　丁香酚是配制康乃馨、香石竹、丁香等香型香精的主香剂,是配制木香型和东方香型香精的定香剂和修饰剂。也经常应用于薄荷、坚果、辛香型、肉味等香型食用香精及调味品用、烟用香精中。此外,丁香酚还是合成香兰素的重要原料。

(5)安全管理　FEMA 号 2467,FDA184.1257,COE171,GB 2760—2014 批准为允许使用的食品香料。

五、异丁香酚(Isoeugenol)

异丁香酚又称 1-羟基-2-甲氧基-4-丙烯基苯。

分子式为 $C_{10}H_{12}O_2$，相对分子质量 164.21。CAS 为 97-54-1。

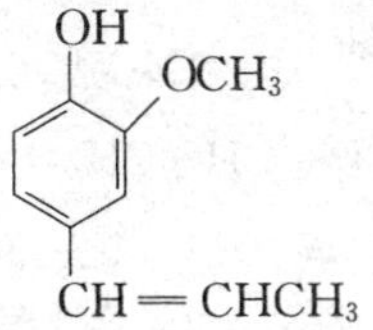

(1)理化性质　异丁香酚具有顺式和反式两种异构体，商品异丁香酚为两者的混合物。黄色黏稠液体，具有丁香、花香、辛香香气。都不溶于水，溶于碱的水溶液，能溶于乙醚、乙醇等大多数有机溶剂。化学性质不是很稳定，久置在空气中颜色会逐渐加深，不宜用于白色加香产品中，宜密闭储存于阴凉处。其中反式异构体为固体，熔点为 33～34℃，沸点为 140～142℃/1.6kPa、118℃/670Pa；顺式异构体为液体，沸点为 115～116℃/670Pa。商品的混合异丁香酚以反式异构体居多，反式体与顺式体的比例大约为 85∶15。凝固点为 12℃，相对密度(d_{25}^{25})为 1.082～1.086，折射率(n_D^{20})为 1.5731～1.5785，闪点为 137℃。

(2)天然存在　存在于丁香油、依兰依兰油、晚香玉油、长寿花油、水仙油、卡南加油、香石竹油、肉豆蔻油、白菖油等精油中。

(3)制备方法

①以丁香酚为原料制备：第一步是异构化：将丁香酚在搅拌下加入已经配好的氢氧化钾溶液中，并在搅拌下加热至 185～190℃进行异构化反应。反应完毕后，将反应物慢慢加入水中，在搅拌下加入溶剂(苯或甲苯)，将未反应的杂质去除并分离出异丁香酚钾盐的水溶液。第二步是酸化与洗涤：在搅拌下逐渐加入适量的 30%的硫酸至上述异丁香酚钾盐的水溶液中进行酸化，并用溶剂进行萃取，静置分层后，用水洗涤萃取物数次，分出水层的萃取物，经回收后得到粗品异丁香酚。第三步是真空分馏：将粗品异丁香酚在真空下进行分馏得到纯品异丁香酚。

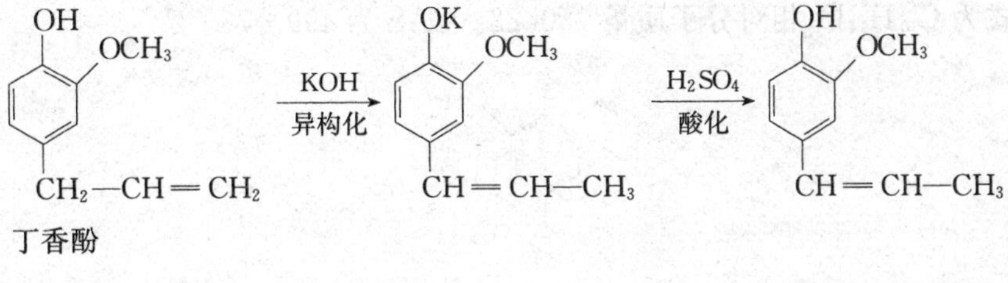

②以愈创木酚为原料制备：首先将愈创木酚与丙酸反应生成愈创木酚丙酸酯，再经重排异构成愈创木酚苯丙酮，然后再经氢化和脱水反应制得异丁香酚。

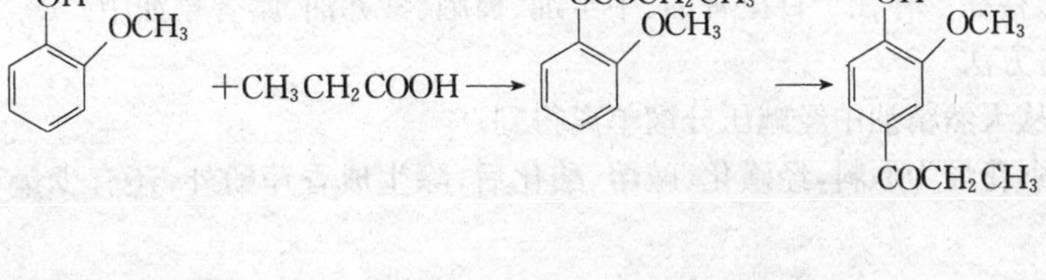

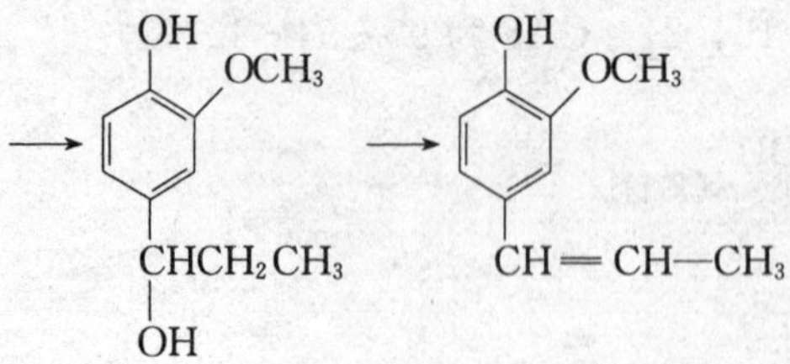

③以愈创木酚为原料制备:将愈创木酚与丙醛在酸性条件下缩合,然后将缩合产物在碱性条件下进行分解,便得到异丁香酚。副产物愈创木酚经分离回收后可重复使用。

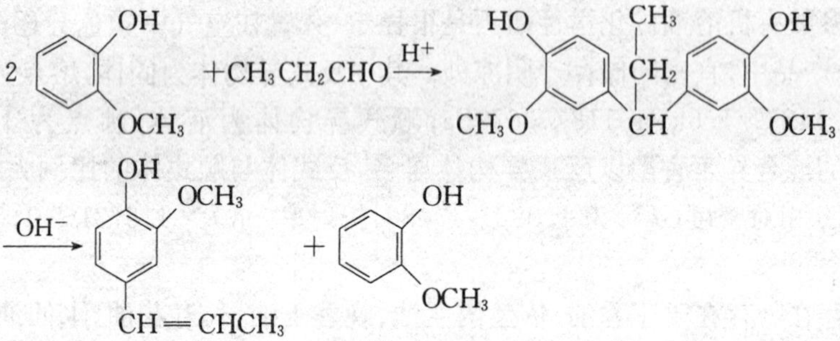

(4)主要用途　异丁香酚香气比丁香酚柔和、淡雅,广泛用于香石竹、素心兰、依兰依兰、水仙、紫丁香、玫瑰、白兰等花香型日化香精和皂用香精中。还可用于丁香、桃、坚果、香蕉、草莓、樱桃、覆盆子、熏肉等香型食用香精及调味品用香精中。

(5)安全管理　FEMA 号 2468,FDA172.515,COE172,GB 2760—2014 批准为暂时允许使用的食品香料。

六、香芹酚(Carvacrol)

香芹酚又称 1-甲基-2-羟基-4-异丙基苯、香荆芥酚、异麝香草酚和异百里香酚(因香芹酚是百里香酚的同分异构体)。

分子式为 $C_{10}H_{14}O$,相对分子质量 150.22。CAS 为 499-75-2。

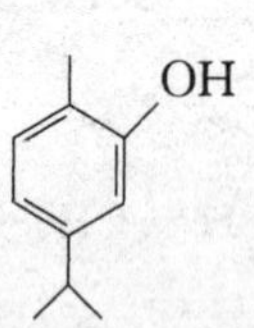

(1)理化性质　无色或浅黄色黏稠液体,具有百里香油似的辛香和草香香气,带苯酚样的特殊气息。不溶于水,溶于碱溶液,能溶于乙醇等大多数有机溶剂。熔点为 0～1℃,沸点为 236～237℃,闪点为 105℃,相对密度(d_{20}^{20})为 0.983,折射率(n_D^{20})为 1.5231。

(2)天然存在　存在于百里香油、牛至油、樟脑、紫苏油、麝香草油中。

(3)制备方法

①可以从天然精油中经减压分馏单离得到。

②以对伞花烃为原料,经磺化、碱熔、酸化后,除生成香芹酚外,还有少量百里香酚生

成，经分离纯化即可得到香芹酚。

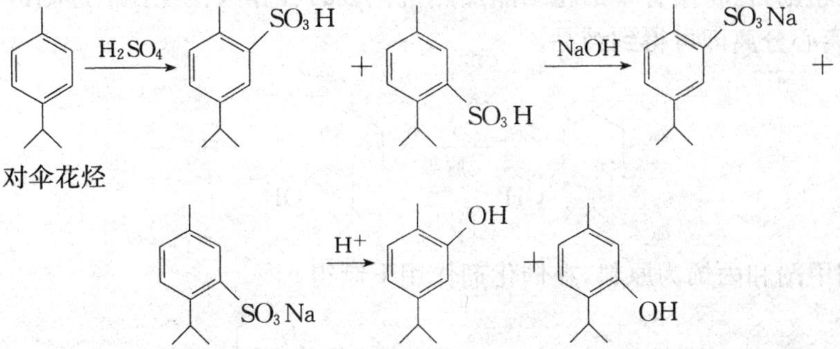

(4)主要用途　香芹酚具有很强的杀菌性，常用于牙膏、漱口水、爽身粉和药用化妆品中。也广泛用于食用香精和皂用香精中，少量用于辛香、肉类、橘香、薄荷等香型食用香精中。

(5)安全管理　FEMA 号 2245，FDA172.515，COE2055，GB 2760—2014 批准为允许使用的食品香料。

七、麝香草酚(Thymol)

麝香草酚又称 1-甲基-3-羟基-4-异丙基苯、百里香酚。

分子式为 $C_{10}H_{14}O$，相对分子质量 150.22。CAS 为 89-83-8。

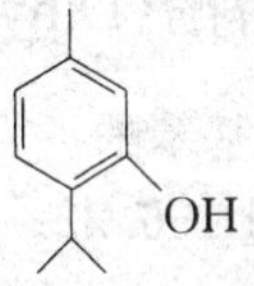

(1)理化性质　白色结晶体，具有百里香油似的辛香和草香香气，略带樟脑气息。微溶于水，溶于乙醚、乙醇等大多数有机溶剂。熔点为 48～51℃，沸点为 233～234℃，相对密度(d_{15}^{15})为 0.972～0.979，折射率(n_D^{20})为 1.5233，闪点>100℃。

(2)天然存在　存在于百里香油(质量分数高达 30%～75%)、香旱芹油、牛至油、丁香罗勒油、麝香草油中。

(3)制备方法

①可以从天然百里香油精油中单离得到。

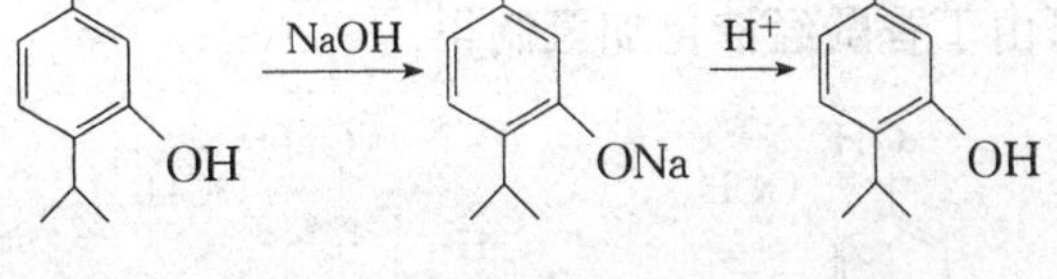

②以合成薄荷醇为原料经催化脱氢制得。第一步是脱氢反应：将薄荷醇加热成蒸汽进入脱氢反应器，通过催化剂(事先制备：将碳酸铜、碳酸镍及硅藻土混合物放入脱氢器，在通入氢气条件下逐渐加热使还原得到 Cu-Ni 催化剂)进行脱氢反应生成粗麝香草酚

流出。第二步是精制:将上述粗麝香草酚冷冻结晶后进行分离,得到粗麝香草酚结晶,母液分馏回收粗酚;再将麝香草酚粗结晶加热熔化,加入乙醇,在搅拌下逐渐冷却,形成麝香草酚晶体,离心分离即可得到纯品。

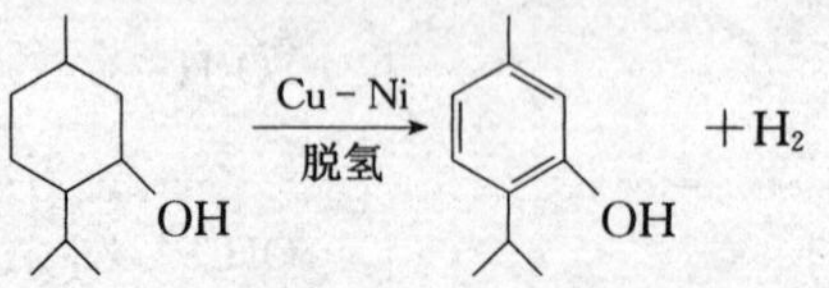

③以间甲酚和丙烯为原料,在催化剂作用下制得。

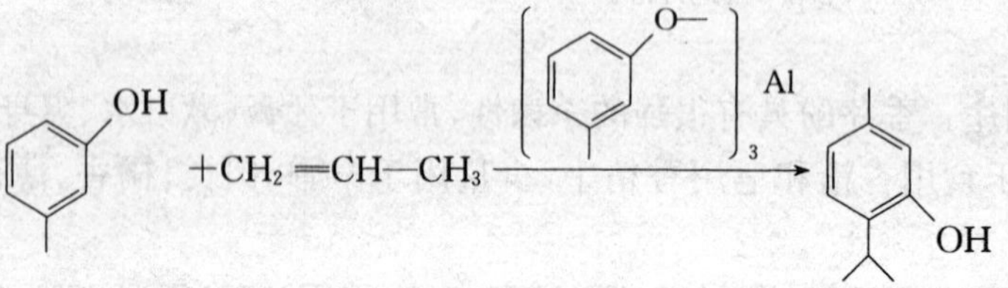

(4)主要用途　麝香草酚具有强的消炎杀菌功能,无毒性,广泛用于医药上。可用于牙膏、爽身粉、漱口水、化妆品等用日化香精中。它能与柑橘、薄荷、辛香、草香等香型的食用香精协调。另外,麝香草酚还被大量用于合成薄荷脑。

(5)安全管理　FEMA 号 3066,FDA172.515,COE174,GB 2760—2014 批准为暂时允许使用的食品香料。

八、二氢丁香酚(Dihydro eugenol)

二氢丁香酚又称 2-甲氧基-4-丙基苯酚。

分子式为 $C_{10}H_{14}O_2$,相对分子质量 166.22。CAS 为 2785-87-7。

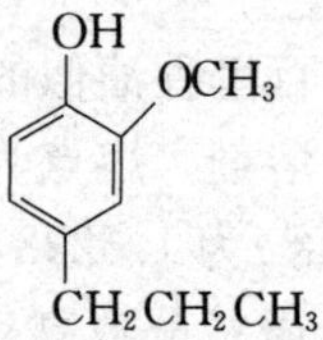

(1)理化性质　无色液体,具有浓郁辛辣的甜香,并略带花香和香脂气息。二氢丁香酚的稳定性较好,有不易变色等优点。不溶于水,溶于乙醇等有机溶剂。沸点为 250℃,相对密度(d_4^{20})为 1.040。

(2)天然存在　未见文献报道。

(3)制备方法　可由丁香酚经催化加氢制得。

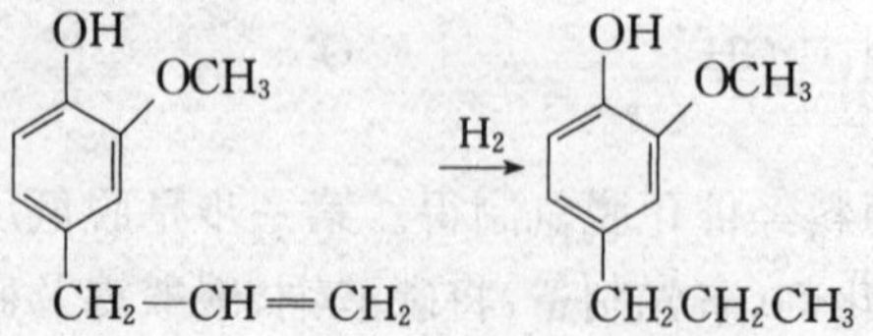

丁香酚

(4)主要用途　在日化香精中，可用于香皂、洗涤剂、化妆品和香水等香精的调配。在某些香精的调配中可以代替丁香酚使用。

(5)安全管理　IFRA 没有限制规定。

九、浓馥香兰素(Vanitrope)

分子式为 $C_{11}H_{14}O_2$，相对分子质量 178.23。CAS 为 94－86－0。

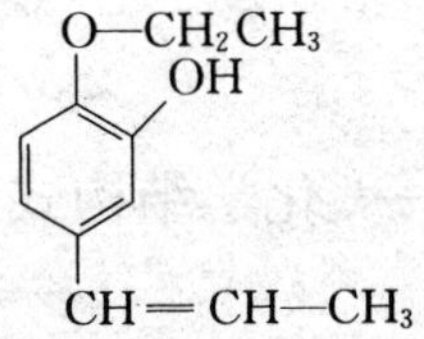

(1)理化性质　白色方形结晶，具有令人愉快的、强烈持久的丁香和香荚兰香气，香气强度是香兰素的 16～25 倍。不溶于水，溶于碱的水溶液中，能溶于乙醚、乙醇等大多数有机溶剂。香兰素化学性质相对稳定，对光、碱、氧化作用比较稳定。熔点为 85～86℃，沸点为 140～141℃/1.1kPa。

(2)天然存在　未见文献报道。

(3)制备方法

①浓馥香兰素的合成路线较多，目前生产成本较低且易生产的一条合成路线是以邻苯二酚为原料，经单烯丙基化、克莱森重排反应(Claisen rearrangement)、单乙基化、异构化得到。

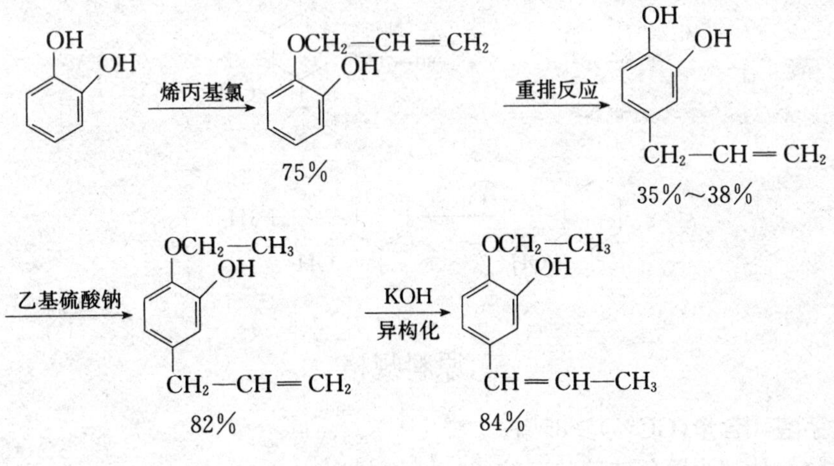

②以丁香酚为原料也可制得浓馥香兰素。

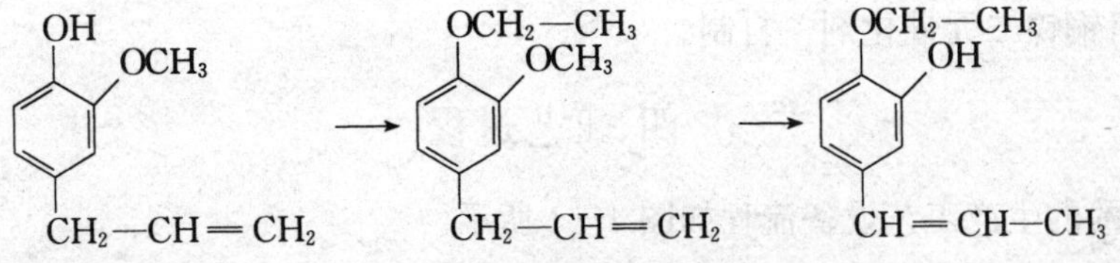

丁香酚

(4)主要用途　浓馥香兰素用于配制糖果、饮料等食用香精,也可用于化妆品及香皂等日化香精配方中。

(5)安全管理　FEMA号2922,COE170,GB 2760—2014批准为暂时允许使用的食品香料。

第三节　酚类香料生产工艺

以麝香草酚为例,简述如下。

一、化学结构式

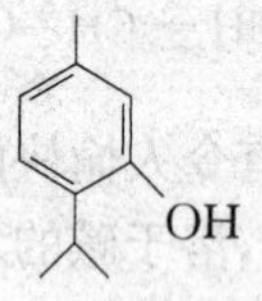

二、反应式

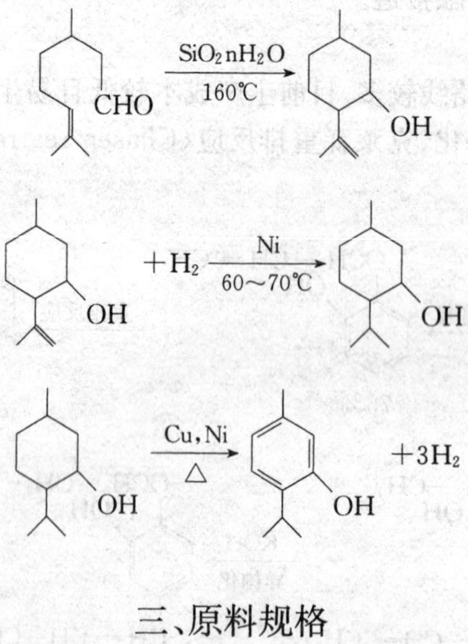

三、原料规格

(1)香茅醛　含量(GC%)≥85%。

(2)硅胶　外观为原色玻璃状碎粒(60～120目)。

(3)雷尼镍　50～80目活性镍,保存在乙醇中,去除乙醇能在空气中燃烧。

(4)脱氢铜镍二元催化剂　自制。

四、工艺过程

麝香草酚的生产工艺设备流程如图4-1所示。

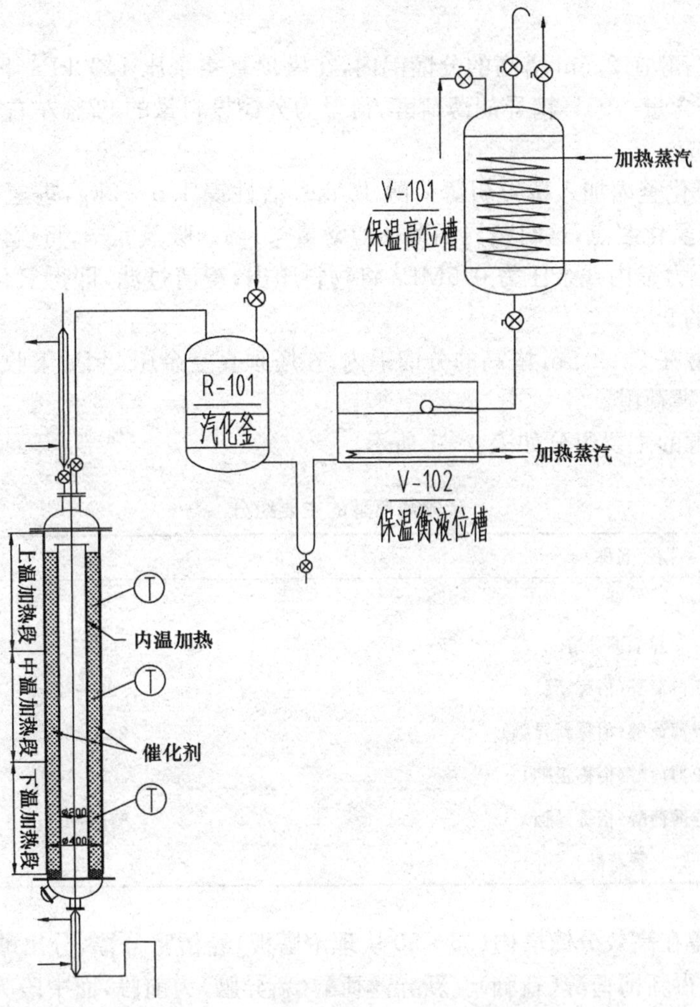

图 4-1　麝香草酚生产工艺设备流程图

1. 环化反应

在 400L 干燥的环化锅内加入香茅醛 270kg、硅胶 27kg(硅胶第一次投料后,可以连续使用 60～70 批次,直至失去催化作用),关闭进料阀门,开启搅拌及夹套气加热,当锅内温度达 120～140℃(在透气口处有少量气液混合物蒸出),说明环化反应已经逐渐开始,停止加热并放掉夹套蒸汽,内温将继续升高(放热反应),此时应密切注意反应情况,同冷却(或加热)方法控制反应速度,一般 20min 左右,使锅内温度稳步上升到 160℃且透气口处没有大量气液混合物冲出为宜。这时温度还将继续升高(若无冲出现象可不必冷却),直至内温达到 180℃左右。

反应时间从 160℃开始算起,在不低于 160℃的条件下反应 3h。3h 后,开夹套冷却水,使锅内温度冷却至 40℃以下,关冷却水,停止搅拌。静置 30min。将上层粗异胡薄荷醇从虹吸出料管中放入过滤桶内,滤去少量杂质和硅胶,存放在贮槽中待分馏。硅胶沉淀在环化锅内,下一批继续使用(若因失去催化作用不再使用,可同物料一起在搅拌情况下从锅底放出)。

粗异胡薄荷醇在2.5m塔高的分馏锅内,在塔顶真空余压1.33kPa下收集塔顶80～85℃馏分,可得含量>95%精异胡薄荷醇,得量为分馏投料量的92%左右。

2. 氢化反应

在200L氢化釜内加入精异胡薄荷醇160kg、活性镍1.5～2kg,进氢量达计算量后,再维持1.5h为氢化终点,这时精异胡薄荷醇含量<1%。吸氢完毕,将锅内温度冷却至小于35℃,利用压力釜内残余压力0.5MPa将物料压出,澄清过滤,即得氢化薄荷醇。得量不小于投料量的99%。

氢化薄荷醇在2～2.5m塔高的分馏锅内,在塔顶真空余压2kPa下收集温96～106℃馏分,可得合成薄荷醇。

合成薄荷醇的主要组分如表4-1所示。

表4-1　合成薄荷醇的主要组分

名称	含量/%
萜	<1
异胡薄荷醇	<1
新薄荷醇(俗称新脑)	20～22
新异薄荷醇(俗称新异脑)	2.5～3.5
正薄荷醇(俗称正脑)	65～70
异薄荷醇(俗称异脑)	8.5～9.5
香草醇	<2

合成薄荷醇在高效分馏塔内(85～90块理论塔板)经精密分馏,分出萜类及异胡薄荷醇为头子,再分得新薄荷醇(新脑)。新异薄荷醇(新异脑)为前段,而中段为含量>99%的薄荷醇(合成薄荷脑)。中段成品有双凝固点,无旋光,有很好的凉味。这是作为天然薄荷脑的替代品。因此新脑、新异脑、异脑是生产合成薄荷脑时的副产物,这些副产物不但凉味不足,而且气息也不太好,但是这些副产物却是生产麝香草酚的原料。

3. 脱氢催化剂的制作

脱氢催化剂的制作如表4-2所示。

表4-2　脱氧催化剂制作配方

试剂	品级	用量
碳酸铜	试剂级	16kg
碳酸镍	试剂级	21Kg
轻质氧化镁	化学纯	1.5kg
无水碳酸钾	化学纯	4.9 kg
硅藻土	—	3.4kg
蒸馏水	—	66kg

将上述物料混合均匀后，放置过夜，再烘干至使其能在挤条机中挤压成条状，置于清洁的搪瓷盘内，烘干。断成1cm左右长度的条状物，贮于密封容器内备用。粉状物可留至下次挤条时再成型使用。

4. 脱氢管道设备简述

脱氢管道长约2.0m，有内外两根套管，外管直径为400mm，内管直径为200mm。两管为同心圆安装，下端两管在同一平面上，上端内管低于外管50～60mm。内外两管外壁都用串小磁圈的电热丝密绕，外管分上、中、下三档，内管整根预热。两管中间的空腔为反应腔，可装入催化剂。装催化剂的时候可先将脱氢管上下大法兰都打开，检查反应腔干净无结垢，然后安装好下面的多孔板。先在反应腔内放进10kg磁圈(10mm×10mm)，放置应四周均匀，然后将干燥的催化剂轻轻装入，切勿将粉末倒入。将催化剂加至与内套管顶端相平，四周宽松度均匀，每管约加催化剂75kg，再装好上端大法兰及保温层。在脱氢管道上方安装300L附有加热保温盘管的高位槽V-101，高位槽下方为保温衡液位槽V-102，衡液位槽和汽化锅R-101以连通器形成连接。另通入N_2、H_2的管道与相应的设备连接。

5. 催化剂的活性与复活(再生)

新装催化剂必须经过活化处理后，才有脱氢作用。

进行中的催化剂在其脱氢作用减弱后，必须经过复活处理，才能恢复脱氢作用。

活化：新装催化剂先在整根脱氢管加热管加热至150℃温度下通氮气以逐出空气，然后通氢，整根管道逐渐升温至300℃，约需10h，直至无水分流出，说明催化剂已经活化完毕。

复活(再生)：当脱氢反应的产物含酚量连续低于70%，而反应温度上中下各段都达320℃时，可停止脱氢反应。关闭汽化锅进料阀门，关闭汽化锅及脱氢管各段电加热，待反应管内无料液流出时，开启反应管上端氮气阀门，在一定流量下使剩余料液全部从管道内流出，然后停止通氮。当脱氢管温度降至250℃时，打开管体上部小法兰及其管底旁门，使空气自行流入，催化剂遇到空气会自动燃烧放热，氧化成氧化铜镍，同时将有机物然掉，这时脱氢管下部的温度会由于这部分的催化剂先受到上升空气流的氧化发热而自行上升至300℃以上，当着温度不再上升，相反有降低趋势时，即开启下部电加热，温度设定在400℃，帮助其氧化，待温度升至400～450℃时，即为下部氧化完毕，关闭下部电氧化。

此时中部温度也自行上升，发生于下部相同的现象，最后是上部。处理脱氢管中上部温度的方法与处理脱氢管下部的温度相同。当上部温度达400～450℃时，关上部电加热。脱氢管氧化结束，氧化后的催化剂必须经过还原才能使用。待上部温度冷却至220℃左右时，可以从上端开着的法兰口检视管内催化剂有否下缩，如有下缩则当补充催化剂与其内管顶相高。然后盖好上法兰与下部通气旁门，装妥保温层，以一定流量通氮气10min。待上中下温度都降至200～220℃时方可通氢还原。因氧化后的催化剂在通氢还原时是放热反应，为防止升温太高而影响催化剂的活性和寿命，因此在开始通气时不宜温度过高，可将温度设定在200℃，通氢后上温先行发热，至温度不再升高时，再逐步调高温度。接下来是中温也开始自行上升，最后是下温亦自行上升。操作方法同上(注意还原升温程序和氧化升温程序相反)。待上中下各段温度都升至300℃时，且反应管内无水分流失,说明此时还原完毕。保持一定氢气流量关闭电热、冷却降温,当上中下及内温全部冷至 250℃时方可进料,进料后随即关闭氢气凡尔。全部通氢还原约 10h。

催化剂经这样复活(再生)后,一般可持续使用大于 7d,而整个催化剂的连续使用寿命可以达到半年以上。

6. 脱氢工艺过程

在进料前先将汽化锅加热至 180～190℃,当脱氢反应管上中下内温都降至 250℃时,开启高位槽至衡液位槽及衡液位槽通气至汽化锅的阀门,关闭进氢阀门,进行脱氢反应,约半小时后,反应管的出口就有粗酚流出,起始含酚在 85%左右,流量一般保持在 3～4kg/h,流量大小是通过控制气化锅的温度来达到的。(汽化锅是经高位槽和衡液位槽连续加热流过来的新脑。新异脑和异脑液体,在汽化锅内再加热成为蒸气)。在连续反应中催化剂的活性药退减,含酚量会降低,因此在反应时每隔 4 小时测含量一次,如含酚量降低,可将各段温度同时提高 2～4℃来提高反应出来粗酚的含量。如反应温度已升高至 310～320℃,而含酚量低于 70%,则停止反应,将催化剂复活(再生)后再反应。

7. 结晶精制

从脱氢管道出来的粗麝香草酚,在 5～10℃左右进行本体结晶,经离心分离后再加晶体重量 4%～7%都 95%的乙醇进行重结晶(乙醇用量视室温而定。室温＞25℃用 4%,室温＜8℃用 7%,室温 8～25℃时用 5%～6%),即可得熔点大于 49℃的成品。

五、麝香草酚成品规格

(1)色状　无色结晶。

(2)凝固点　≥49℃。

(3)不挥发物　＜0.05%。

(4)酸碱度　中性。

(5)香气　麝香草气息。

六、说明

德国 H&R 化学制品公司制麝香草酚方法与我国不同。他们利用德国拜耳公司的副产品间甲酚与丙烯在气相下经烷基化反应制得麝香草酚:

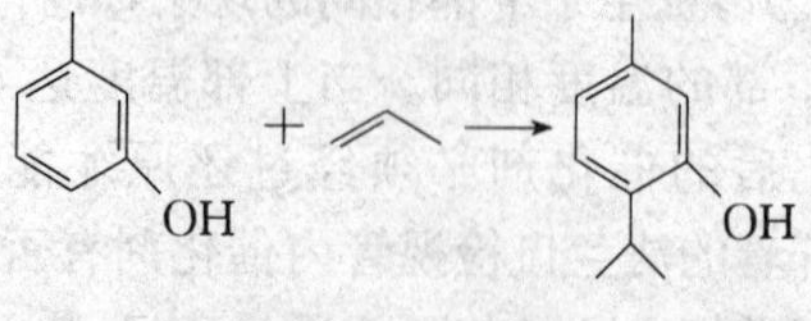

再进一步氢化制得含有四个异构体的合成薄荷脑。而我国采用大量含有香茅醛的天然原油:香茅油、柠檬桉油等为原料。

第五章　醚类香料

醚是水分子中的两个氢原子均被烃基取代的化合物，或者是醇分子中羟基上的氢原子被烃基取代的化合物。醚类香料约占香料总数的 5%，大都具有香气。醚类化合物比较稳定，不会使加香产品变色，而且大都具有香气，且香气柔和、愉快，这些特性使得它们在香精中有着广泛的应用，尤其是在化妆品、皂用、洗涤剂等香精中。例如，二苯醚、茴香醚、香叶基乙基醚、松油基甲基醚、甲基柏木醚、丁香酚甲醚、β-萘异丁醚、环氧罗勒烯、玫瑰醚、降龙涎香醚等均是常用的香料化合物。

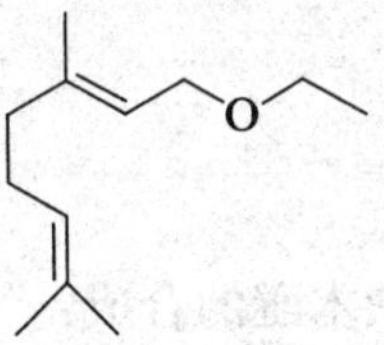

香叶基乙基醚

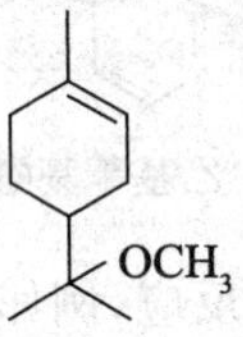

松油基甲基醚

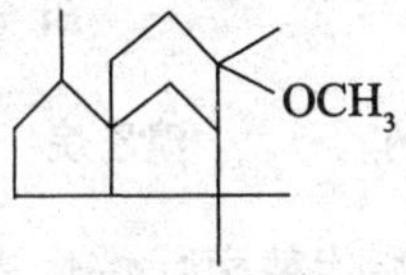

甲基柏木醚

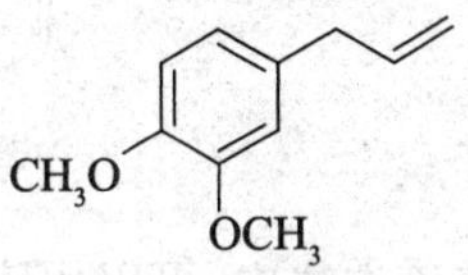

丁香酚甲醚

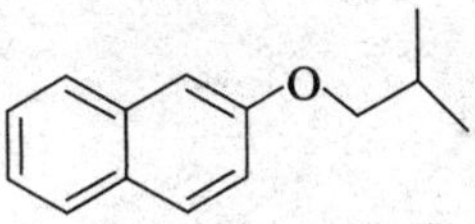

β-萘异丁醚

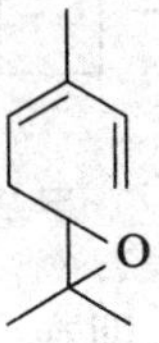

环氧罗勒烯

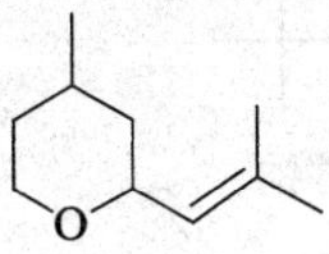

玫瑰醚

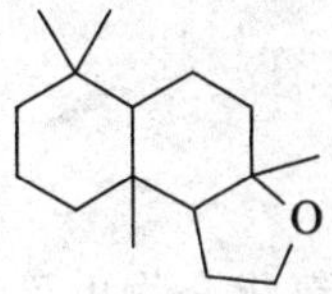

降龙涎香醚

第一节　醚类化合物的制备方法

一、威廉姆森合成法

威廉姆森合成法（Williamson, A. V.）是用醇钠和卤代烷在无水条件下进行的反应，是醇钠取代卤代烷中的卤素原子而生成醚的亲核取代反应。在该反应中，卤代烷烃可以用磺酸酯和硫酸酯代替。利用该反应既可以制得对称醚，也可以制得不对称醚。反应的通式为：

$$RONa + R'X \longrightarrow ROR' + NaX$$

上述反应是一个双分子亲核取代反应，通常情况下，在选用反应试剂时都会利用空间位阻相对较大的醇钠和空间位阻相对较小的卤代烷烃，这样才能尽可能多地得到醚；反之，如果选用多取代的卤代烃进行反应，就容易发生 E2 消去反应而得到烯烃。因此，在选择该方法合成醚类化合物时，最好能选用一级卤代烷烃。例如，合成乙基香茅基醚时，

选用氯乙烷:

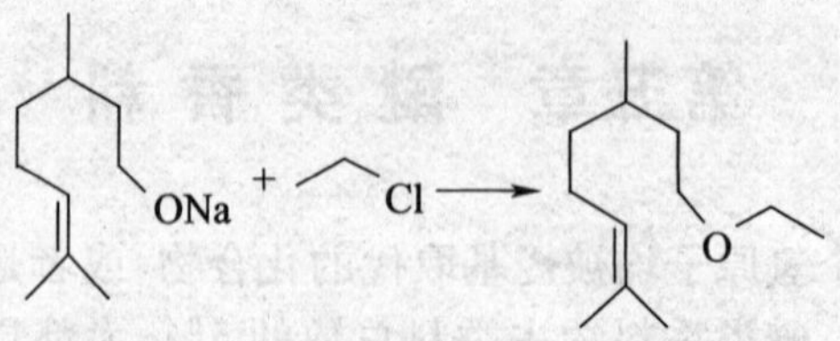

香茅醇钠 氯乙烷 乙基香茅基醚

另外,在利用该方法合成芳香醚时,必须选用卤代烷烃和酚钠盐进行反应,而不能选用卤代芳香烃和醇钠进行反应。例如,乙基苯基醚的合成:

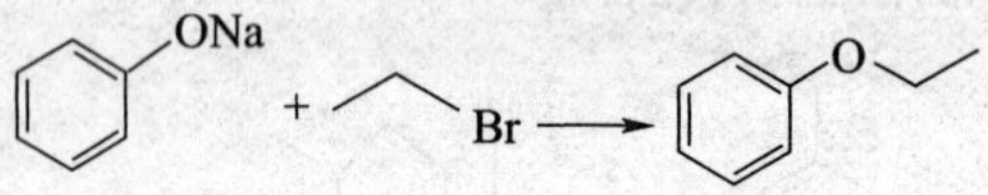

苯酚钠 溴乙烷 乙基苯基醚

在该方法中,可以用硫酸酯代替卤代烷烃进行反应,例如甲基柏木醚的合成:

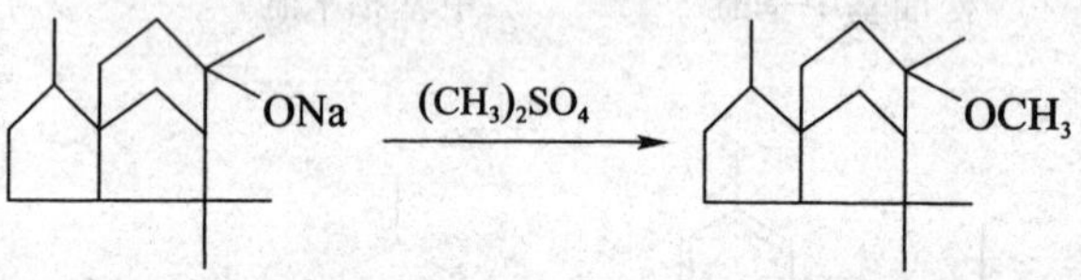

柏木醇钠 甲基柏木醚

环氧化合物也可以利用威廉森合成法来制备,即在一个分子内相邻的两个碳原子上存在卤素原子和烷氧负离子,且这两个基团在空间位置上处于反式,即可发生双分子亲核取代反应而得到环氧化合物。例如,环氧环己烷的制备:

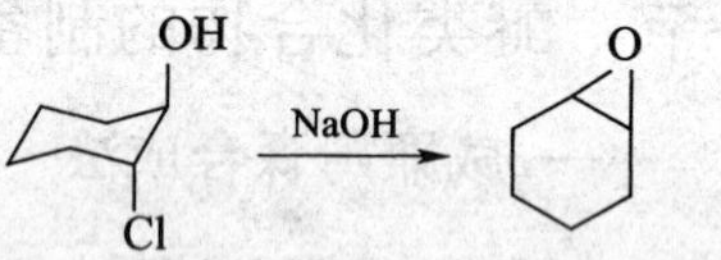

反式邻氯环己醇 环氧环己烷

冠醚也可以通过威廉森合成法来制备。例如,18-冠-6 的制备:

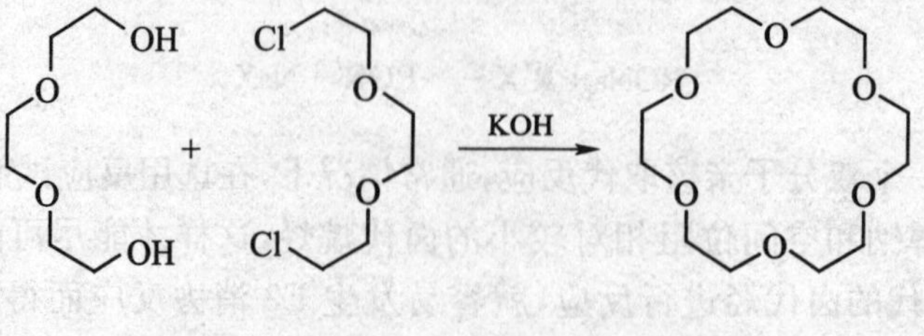

三缩三乙二醇 1,2-二(2-氯乙氧基)乙烷 18-冠-6

二、利用醇分子间脱水来制备醚

在酸的催化作用下，醇分子间脱水可以得到醚，这是制备对称醚的主要方法，其反应的通式如下：

$$2ROH \longrightarrow ROR + H_2O$$

在上述反应中，参与催化作用的酸可以是无机酸，如硫酸、磷酸等；也可以是有机酸，如对甲苯磺酸等；还可以是路易斯酸，如三氧化铝、三氟化硼等。例如，工业上制备乙醚就是用三氯化铝作为催化剂在300℃下使乙醇脱水而得到：

$$2CH_3CH_2OH \xrightarrow[300℃]{AlCl_3} CH_3CH_2OCH_2CH_3$$

通常情况下，一级醇的分子间脱水是按照S_N2反应机制来进行的。首先，一分子醇的羟基在酸的作用下质子化成盐，之后再与另一分子的醇继续反应形成二烷基烊盐，最后再失去质子得到醚。反应的大致历程如下：

$$RCH_2OH \xrightleftharpoons{H^+} RCH_2\overset{+}{O}H_2 \xrightleftharpoons[-H_2O]{RCH_2OH} (RCH_2)_2\overset{+}{O}H \xrightleftharpoons{-H^+} (RCH_2)_2O$$

二级醇的分子间脱水反应机制和一级醇不同，二级醇的分子间脱水是按照单分子亲核取代反应机制来进行的。首先，一分子醇的羟基在酸的作用下质子化成盐，之后直接失水，形成相对稳定的碳正离子，然后再与一分子的醇迅速结合成盐，最后失去质子得到醚。大致的反应历程如下：

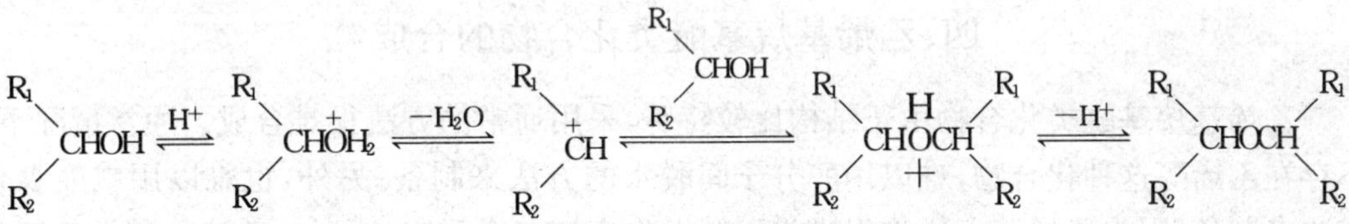

从上述反应历程可以发现，中间形成的碳正离子也可能会发生单分子消去反应而产生烯烃，因此二级醇在发生分子间的脱水时常常会伴随着烯烃的产生。

三级醇的分子间脱水很难发生，这是由于中间产生的碳正离子大部分都发生消去反应而产生烯烃。但是三级醇可以和一级醇发生分子间脱水而产生混合醚，例如，叔丁基甲基醚的制备可以通过叔丁醇和甲醇之间的脱水而产生。

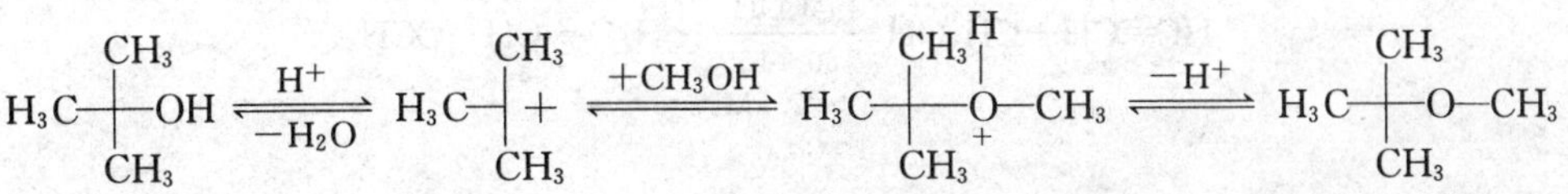

两种不同的一级醇、不同的二级醇或一级醇与二级醇的混合物在酸的作用下反应，生成的也是醚的混合物。

三、烯烃的烷氧汞化(脱汞法)

烯烃的烷氧汞化反应相当于醇和烯烃加成制备醚的方法。该反应的大致反应历程是:在汞盐(三氟乙酸汞)的催化作用下,醇和烯烃发生加成反应得到有机汞盐中间体,该加成反应遵循马氏加成规则,汞盐再还原脱汞得到醚。用这种方法制备醚类化合物时,不会得到消除反应的产物,有时比威廉森合成法更加实用。反应的通式如下:

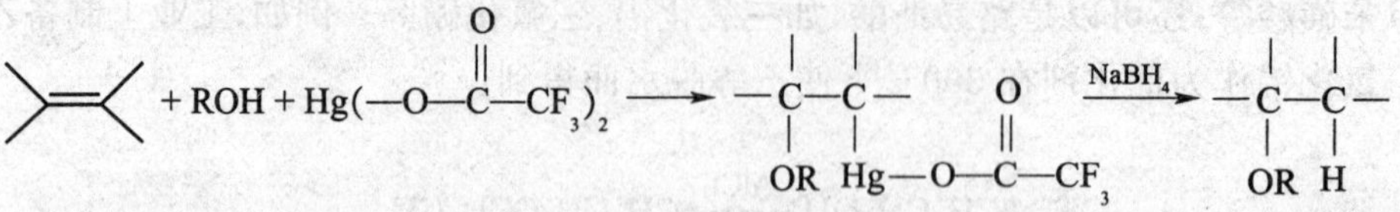

例如:

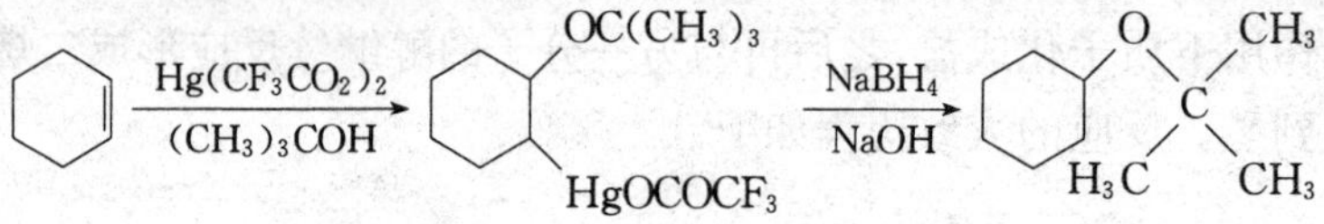

环己基叔丁醚

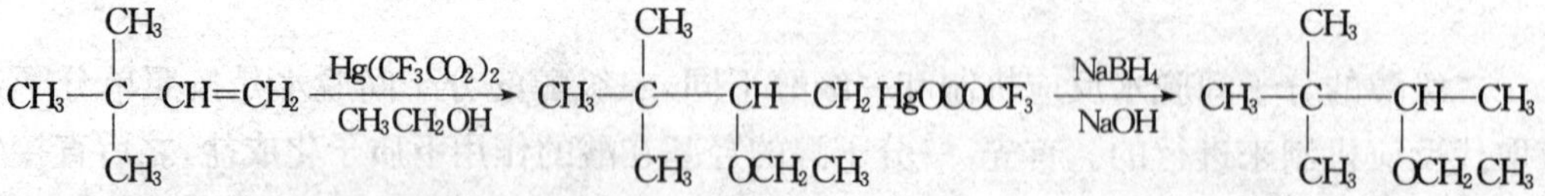

3-乙氧基-2,2-二甲基丁烷

四、乙烯基烷基醚类化合物的合成

乙烯基烷基醚类化合物由于结构比较特殊,采用通常的方法很难合成。通常情况下,不存在乙烯醇这种化合物,难以用醇分子间脱水的方法来制备;另外,也难以用威廉森合成法来制备,因为乙烯基卤代物很难与醇钠发生亲核加成反应,所以一般这种醚类的制备必须通过特殊的合成方法。这一类化合物采用炔烃和醇在一定的压力和温度下发生亲核加成反应而得到。反应的通式为:

$$R—C \equiv CH + R'CH_2OH \longrightarrow R—HC = CH—OCH_2R'$$

例如,甲基乙烯基醚的合成就是采用乙炔和甲醇进行反应而得到:

$$HC \equiv CH + CH_3OH \xrightarrow[\substack{160\sim165℃ \\ 2\sim2.5MPa}]{KOH} H_2C = CH—OCH_3$$

五、环氧化合物的制备

环氧化合物的制备可以利用威廉森合成法得到,但常用的合成方法是烯烃在过氧化物的作用下直接氧化就可以得到环氧化合物。通常用到的过氧化试剂有双氧水、过氧乙酸、过氧间氯苯甲酸等。例如，环氧石竹烯的合成：

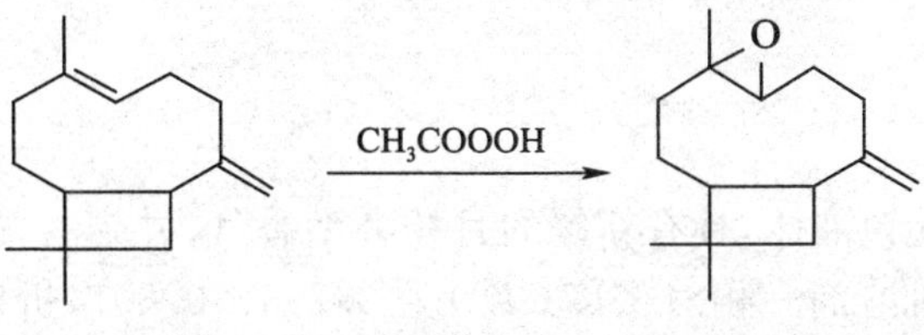

石竹烯 环氧石竹烯

六、利用相转移催化剂制取醚类香料

相转移催化剂在合成中具有重要的作用，醇或酸的 O-烃基化，用相转移催化反应可获得较高收率的醚。它比通常的必须使用醇淦的 Williamson 醚合成反应更为方便，在氢氧化钠存在下即可反应。

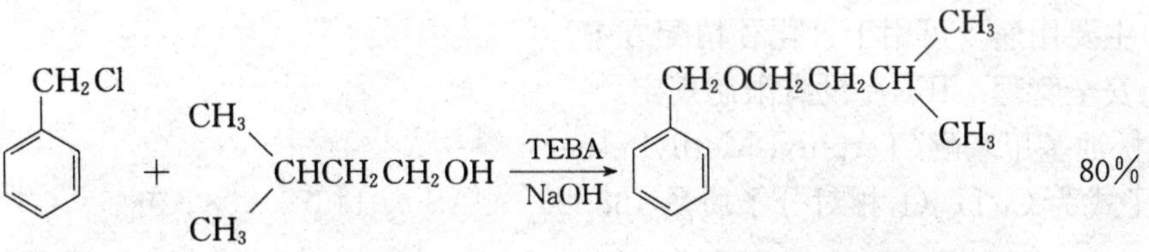

氯苄 异戊醇 栀子醚（异戊基苄基醚）

三乙基苄基氯化铵

TEBA：$[(C_2H_5)_3NCH_2C_6H_5]^+Cl^-$

第二节 醚类香料

一、直链烷烃醚类香料

1. 甲基正己基醚（Methy - *n* - hexylether）

分子式为 $C_7H_{16}O$，相对分子质量 116.21。CAS 为 4747-07-3。

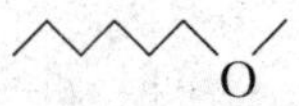

（1）理化性质　无色液体，具有薰衣草似的药草香气，香气浓郁，并带有梨似的水果香气。几乎不溶于水，溶于乙醇等有机溶剂。沸点为 126℃，相对密度（d_4^{20}）为 0.767～0.775，折射率（n_D^{20}）为 1.3950～1.4010，闪点为 24℃。

（2）天然存在　未见文献报道。

（3）制备方法　利用正己醇和甲醇为原料，在硫酸的催化下脱水制得。

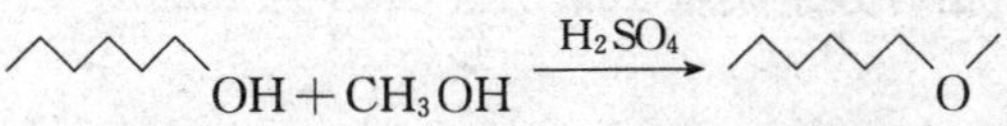

正己醇

(4)主要用途　主要用于工业品的加香。

2. 癸基甲基醚(Decyl methyl ether)

分子式为$C_{11}H_{24}O$,相对分子质量 172.18。CAS 为 7289-52-3。

(1)理化性质　无色液体,具有新鲜的月桂醛型香气,并带有薰衣草气息。几乎不溶于水,溶于乙醇等有机溶剂。相对密度(d_4^{20})为 0.793～0.801,折射率(n_D^{20})为 1.4190～1.4241,闪点为 84℃。

(2)天然存在　未见文献报道。

(3)制备方法　利用癸醇和甲醇为原料,在硫酸的催化下脱水得到。

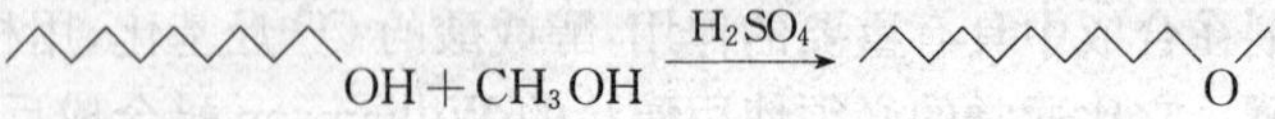

癸醇

(4)主要用途　可用于日化香精配方中。

(5)安全管理　IFRA 没有限制规定。

3. 松油基甲基醚(Terpinyl Methyl ether)

分子式为$C_{11}H_{20}O$,相对分子质量 168.28。CAS 为 14576-08-0。

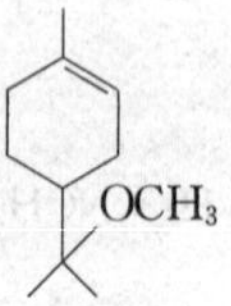

(1)理化性质　无色液体,具有花香味和柑橘香气,并带有圆柚和香柠檬香韵。几乎不溶于水,溶于乙醇等有机溶剂。相对密度(d_4^{20})为 0.897～0.905,折射率(n_D^{20})为 1.4641～1.4683,闪点为 82℃。

(2)天然存在　未见文献报道。

(3)制备方法　可由柠檬烯和甲醇在酸催化下进行加成反应而得到。

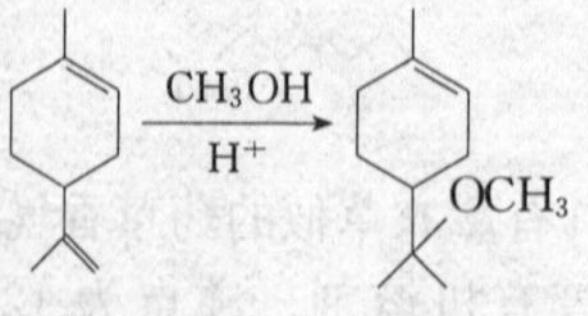

柠檬烯

(4)主要用途　被广泛用于香水和化妆品香精等的配方中。

4. 香叶基乙基醚(Geranyl ethyl ether)

分子式为$C_{12}H_{22}O$,相对分子质量 182.31。CAS 为 40267-72-9;22882-91-3。

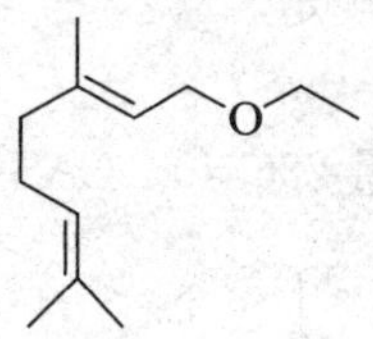

(1)理化性质　无色液体,具有玫瑰花香和香叶香气,并带有水香香韵。几乎不溶于水,溶于乙醇等有机溶剂。沸点为115～116℃/2.5kPa,相对密度(d_4^{20})为0.829～0.837,折射率(n_D^{20})为1.4530～1.4580,闪点为88℃。香叶基乙基醚有反式和顺式两种异构体,反式体即为香叶基乙基醚,顺式体则为橙花基乙基醚。

(2)天然存在　未见文献报道。

(3)制备方法　可由香叶基氯与乙醇钠在乙醇中反应而制得。

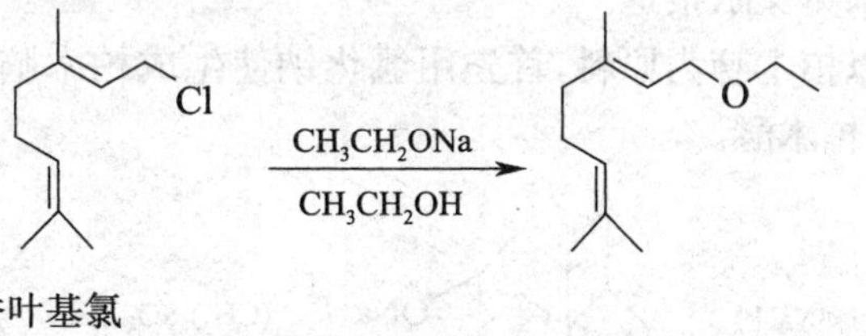

(4)主要用途　主要用于日化香精中。

(5)安全管理　IFRA没有限制规定。

5. 香茅基乙基醚(Citronellyl ethyl ether)

分子式为$C_{12}H_{24}O$,相对分子质量184.32。CAS为22810-10-2。

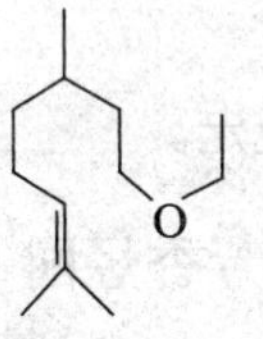

(1)理化性质　无色液体,具有清新的花香香气,并带有玫瑰、柑橘、青香香韵。几乎不溶于水,溶于乙醚等有机溶剂。相对密度(d_4^{20})为0.809～0.820,折射率(n_D^{20})为1.4351～1.4453,闪点为84℃。

(2)天然存在　未见文献报道。

(3)制备方法　可由香茅醇钠盐和氯乙烷经加成反应而制得。

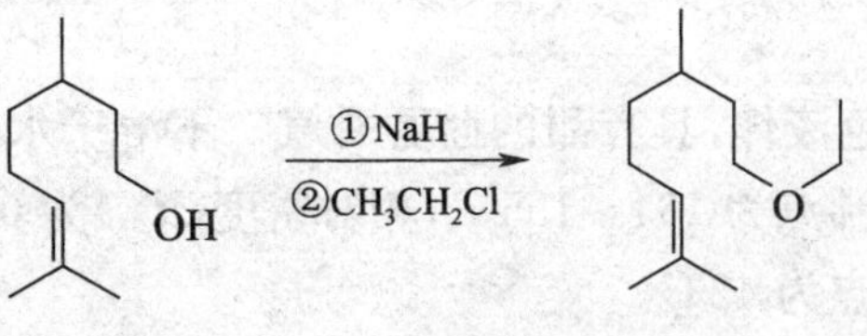

(4)主要用途　可用于日化香精中。

(5)安全管理　IFRA 没有限制规定。

6. 甲基柏木醚(Cedryl Methyl ether)

分子式为 $C_{16}H_{28}O$,相对分子质量 236.40。CAS 为 19870-74-7;67874-81-1。

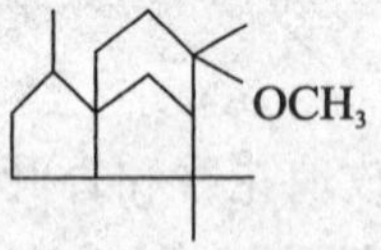

(1)理化性质　无色或浅黄色液体,与其他柏木脑的低级烷基醚一样(如乙基柏木醚、丙基柏木醚等),具有柔和、饱满、持久的木香香气,并带龙涎香香韵。几乎不溶于水,溶于乙醇等有机溶剂。沸点为 257～258℃、96℃/130Pa,相对密度(d_4^{20})为 0.972～0.980,折射率(n_D^{20})为 1.4941～1.4982,闪点>100℃。

(2)天然存在　未见文献报道。

(3)制备方法　以柏木脑为原料,首先用氢化钠使生成柏木脑钠盐,然后再与硫酸二甲酯甲基化得到甲基柏木醚。

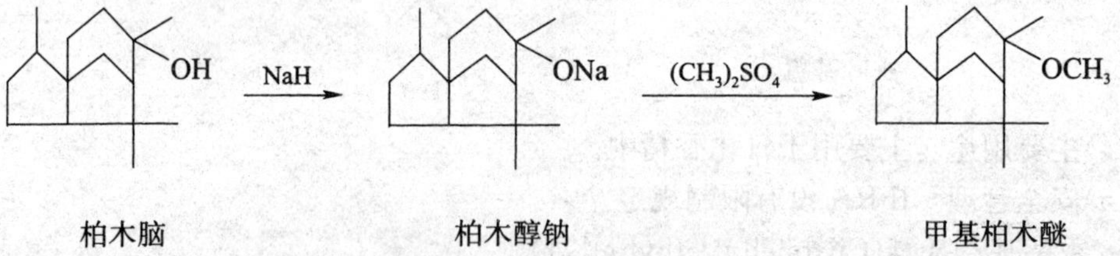

(4)主要用途　甲基柏木醚的化学性质比较稳定,定香效果好,因而被广泛用于日化香精等的配方中。

(5)安全管理　IFRA 没有限制规定。

二、芳香烃醚类香料

1. 茴香醚(Anisole)

茴香醚又称苯甲醚、大茴香醚。

分子式为 C_7H_8O,相对分子质量 108.13。

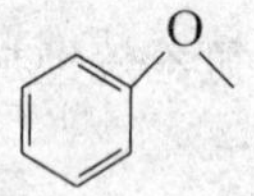

(1)理化性质　无色液体,具有甜的茴香香气。不溶于水,溶于乙醚、乙醇等有机溶剂。熔点为 37～38℃,沸点为 154～155℃,相对密度(d_{20}^{20})为 0.998～1.001,折射率(n_D^{20})为 1.5160～1.5180,闪点为 42℃。

(2)天然存在　在龙蒿油中有微量存在。

(3)制备方法　由苯酚和硫酸二甲酯经甲基化反应而制得。

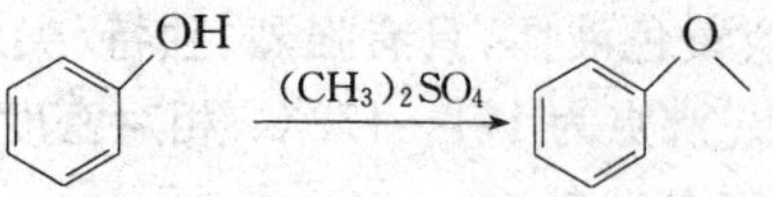

(4)主要用途　主要用于香皂、洗涤剂香精等日化香精中。也可用于香草、茴香、莱根等香型食用香精中。

(5)安全管理　FEMA 号 2097，FDA172.515，COE2056，GB 2760—2014 批准为允许使用的食品香料。

2. 对甲酚甲醚(Cresol methyl ether)

对甲酚甲醚又称对甲基茴香醚。

分子式为 $C_8H_{10}O$，相对分子质量 122.17。CAS 为 104-93-8。

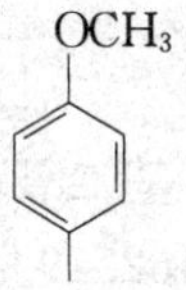

(1)理化性质　无色液体，具有依兰依兰油和紫罗兰型似的香气，久置于空气中会变色。微溶于水，溶于乙醚、乙醇等有机溶剂。沸点为 175～176℃、51℃/400Pa，相对密度(d_{20}^{20})为 0.968～0.971，折射率(n_D^{20})为 1.5101～1.5132，闪点为 62℃。

(2)天然存在　存在于依兰依兰油和卡南加油等精油中。

(3)制备方法

①由对甲酚和硫酸二甲酯在氢氧化钠存在下经甲基化反应制得。

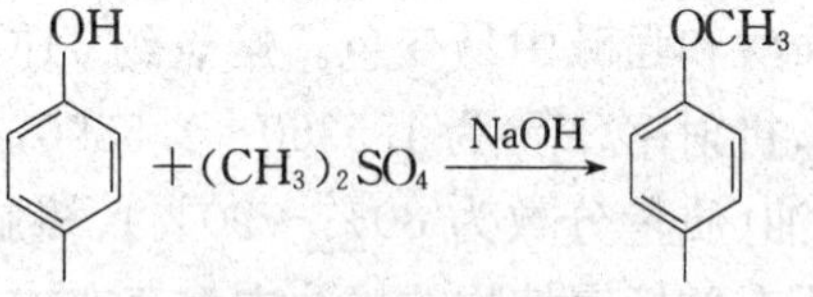

对甲酚　　硫酸二甲酯

②由对甲酚和甲醇在氧化钍催化剂存在下，于高温下气相脱水制得。

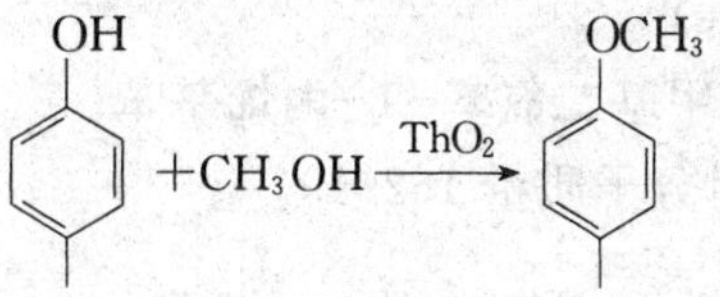

(4)主要用途　主要用于香皂、洗涤剂香精等日化香精中，粗品可用于合成大茴香醛。

(5)安全管理　IFRA 没有限制规定。

3. 苄基甲基醚(Methyl benzyl ether)

分子式为 $C_8H_{10}O$，相对分子质量 122.17。CAS 为 538-86-3。

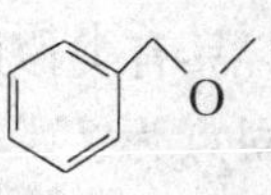

(1)理化性质　无色或淡黄色液体,具有强烈、独特、尖刺的花香香气。几乎不溶于水,溶于乙醚、苯等有机溶剂。沸点为171～172℃,相对密度(d_4^{20})为0.959～0.966,折射率(n_D^{20})为1.4981～1.5050,闪点为53℃。

(2)天然存在　少量存在于玫瑰油精油中。

(3)制备方法　由氯化苄和甲醇钠反应制得。

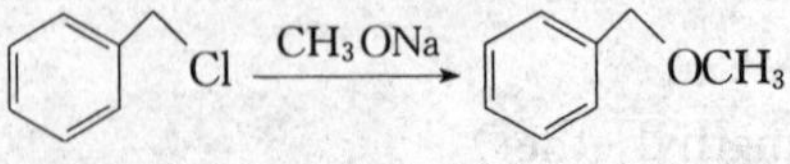

氯化苄

(4)主要用途　主要用于低档香皂香精等日化香精中,也用于工业上祛臭剂的加香。

(5)安全管理　IFRA没有限制规定。

4. 黄樟油素(Safrole)

黄樟油素又称4-烯丙基-1,2-亚甲基二氧基苯、黄樟素和黄樟脑。

分子式为$C_{10}H_{10}O_2$,相对分子质量162.19。CAS为94-59-7。

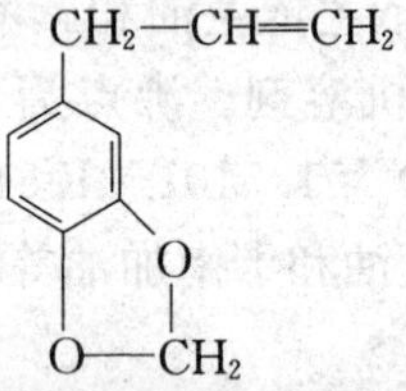

(1)理化性质　无色至淡黄色油状液体,具有黄樟树特有的香气。不溶于水和甘油,溶于乙醇等有机溶剂。在强酸和强碱中易变色。熔点约11℃,沸点为233～235℃,相对密度(d_4^{15})为1.100～1.107,折射率(n_D^{20})为1.5360～1.5390,旋光角为±1°。

(2)天然存在　在黄樟油(质量分数为80%～90%)、樟脑油、肉豆蔻油、肉桂叶油等精油中均有存在。在几乎所有的樟属植物的精油中都存在或多或少的黄樟素。

(3)制备方法　从黄樟油中用冻析和分馏的方法单离出黄樟油素。

(4)主要用途　主要用于合成洋茉莉醛和香兰素。

5. 异黄樟油素(Isosafrole)

异黄樟油素又称3,4-亚甲基二氧基-1-丙烯基苯。

分子式为$C_{10}H_{10}O_2$,相对分子质量162.19。

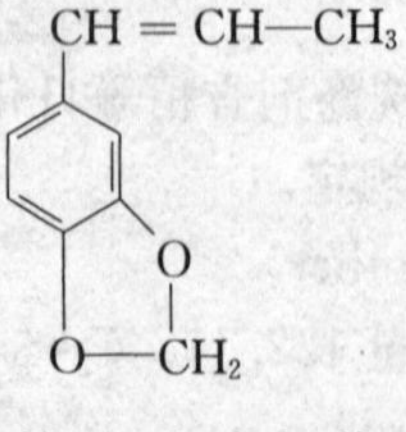

(1)理化性质　无色至淡黄色液体,具有类似茴香的青香香气。不溶于水,溶于乙醇等有机溶剂。沸点为248～252℃,凝固点为7℃,相对密度(d_4^{20})为1.122,折射率(n_D^{20})

为 1.5777。

(2)天然存在　存在于茴香油、当归油、依兰依兰油等精油中。

(3)制备方法　以黄樟油素为原料,在碱性条件下加热,经异构化反应制得。

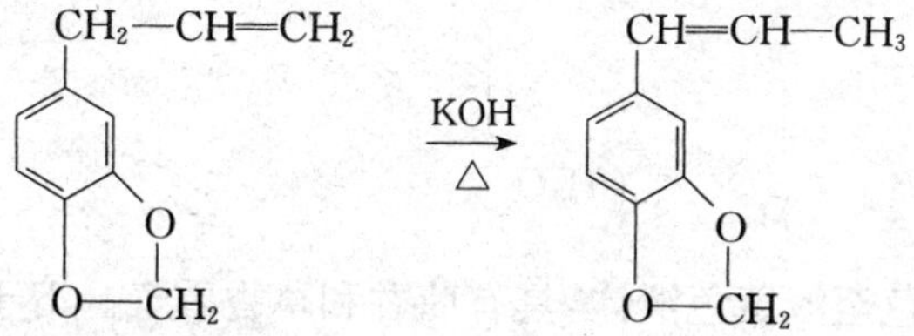

(4)主要用途　主要用于合成其他香料。

6. 茴香脑(Anethole)

茴香脑又称大茴香脑、丙烯基茴香醚、异-草蒿脑。

分子式为 $C_{10}H_{12}O$,相对分子质量 148.20。CAS 为 104-46-4;4180-23-8。

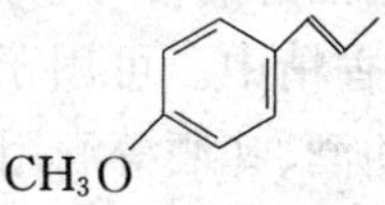

(1)理化性质　反式茴香脑为白色结晶固体,顺式茴香脑为无色液体,具有独特的甜润的茴香和辛香香气。不溶于水,溶于乙醇、乙醚、氯仿等有机溶剂。反式茴香脑熔点为 21～23℃,沸点为 235～237℃、81～81.5℃/300Pa,相对密度(d_4^{25})为 0.983～0.987,折射率(n_D^{25})为 1.5580～1.5612,闪点为 92℃。顺式茴香脑凝固点为-22.5℃,沸点为 79～79.5℃/300Pa。

(2)天然存在　存在于茴香油(质量分数为 80%左右)、小茴香油(质量分数为 65%左右)、八角茴香油、玉兰叶油、罗勒油、胡椒叶油等精油中,其中反式体占大多数。

(3)制备方法

①从天然精油中采用减压分馏法单离出茴香脑。

②这是常用的合成方法,以茴香醚为原料在路易斯酸的催化下与丙酸酐反应得到对甲氧基苯丙酮,再进行氢化还原后得到醇,该醇在酸性条件下脱水得到茴香脑。

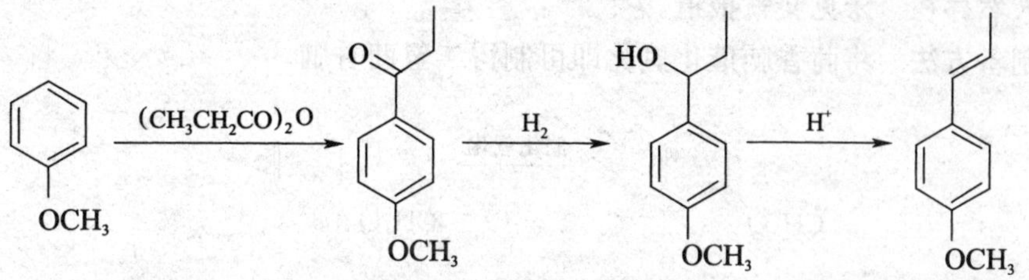

(4)主要用途　反式茴香脑少量用于配制皂类、洗涤剂、牙膏、口腔清洁剂等用香精中,同时是一种重要的食用香精,可用于茴香、小茴香、樱桃、薄荷等香型食用香精中。

(5)安全管理　FEMA 号 2086,FDA182.60,COE183,GB 2760—2014 批准为允许使用的食品香料。

7. 草蒿脑(Estragole)

草蒿脑又称龙蒿脑、异大茴香脑、对烯丙基茴香醚、对烯丙基苯甲醚和甲基黑椒酚。

分子式为 $C_{10}H_{12}O$,相对分子质量 148.20。CAS 为 140-67-0。

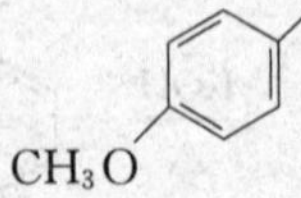

(1)理化性质　无色至淡黄色液体,具有茴香和草香香气。溶于水,与水形成共沸物,溶于乙醇等有机溶剂。沸点为 217℃、86℃/930Pa,相对密度(d_4^{20})为 0.962～0.969,折射率(n_D^{20})为 1.5190～1.5230,闪点为 80℃。

(2)天然存在　存在于茴香油、松节油、各种罗勒油和龙蒿油中。

(3)制备方法　从天然精油中采用真空分馏法单离得到或从硫酸盐法造纸副产物松节油组成中的含对烯丙基苯甲醚和松油醇的馏分中分离得到。

(4)主要用途　可少量用于日化香精中。可用于食用香精中,用于调配小茴香、香荚兰、樱桃、调味品香精等食用香精和甜酒、啤酒等酒用香精。

(5)安全管理　FEMA 号 2411,FDA172.515,COE183,GB 2760—2014 批准为允许使用的食品香料。

8. 二氢茴香脑(Dihydro anethole、*p*-Propylanisole)

二氢茴香脑又称二氢大茴香脑、对正丙基茴香醚、对正丙基苯甲醚。

分子式为 $C_{10}H_{14}O$,相对分子质量 150.24。CAS 为 104-45-0。

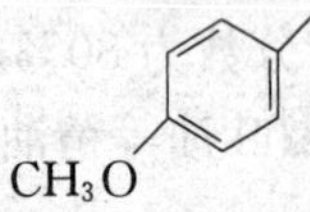

(1)理化性质　无色至淡黄色液体,具有近似甘草和大茴香脑的香气,并带有木香香韵。不溶于水,溶于乙醇等有机溶剂。沸点为 57℃/200Pa,相对密度(d_{25}^{25})为 0.940～0.943,折射率(n_D^{20})为 1.5030～1.5060,闪点为 85℃。

(2)天然存在　未见文献报道。

(3)制备方法　将茴香脑催化氢化即可制得二氢茴香脑。

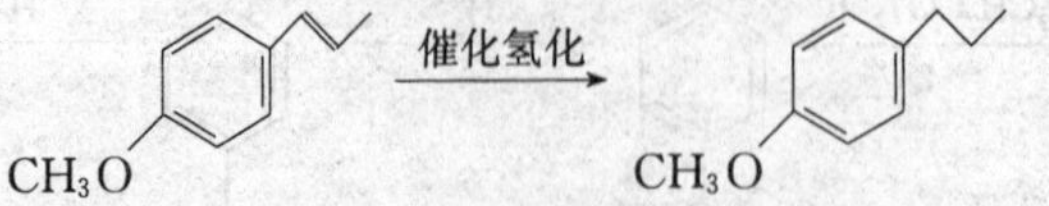

(4)主要用途　主要用于肥皂和合成洗涤剂的香精配方中。

(5)安全管理　IFRA 没有限制规定。

9. 丁香酚甲醚(Eugenol methyl ether)

丁香酚甲醚又称 1,2-二甲氧基-4-烯丙基苯、1-烯丙基-3,4-二甲氧基苯。

分子式为 $C_{11}H_{14}O_2$,相对分子质量 178.23。CAS 为 93-15-2。

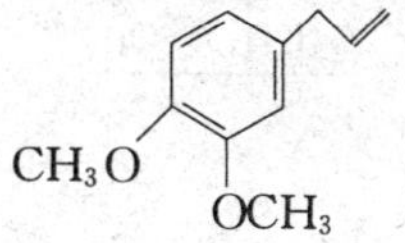

(1)理化性质　无色液体，具有温柔的辛香和丁香香气。不溶于水，溶于乙醇等有机溶剂。沸点为244～245℃、127～129℃/1.5kPa，相对密度(d_{25}^{25})为1.032～1.036，折射率(n_D^{20})为1.5320～1.5360，闪点为115℃。

(2)天然存在　存在于斯里兰卡香茅油、依兰依兰油、黄樟油和玫瑰油等精油中。

(3)制备方法

①从精油中用减压蒸馏法单离出丁香酚甲醚。

②以丁香酚为原料，在碱性条件下用硫酸二甲酯或甲基硫酸钠将丁香酚进行甲基化反应而制得。

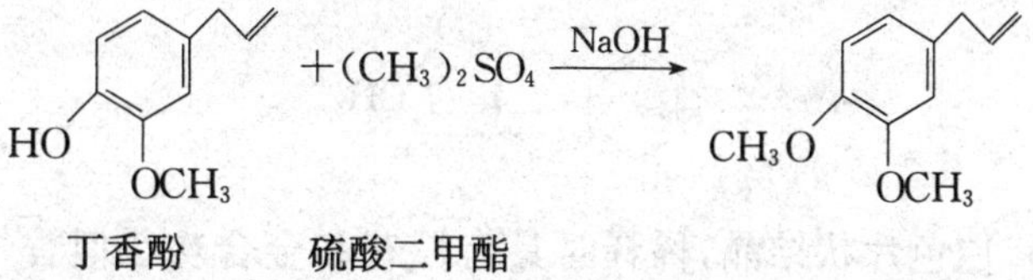

(4)主要用途　少量用于依兰依兰、白兰、玫瑰、紫丁香、香石竹、金合欢、晚香玉等香型日化香精中，在烟草香精、食用香精中也经常使用。

(5)安全管理　FEMA号2475，FDA172.515，COE185，GB 2760—2014批准为允许使用的食品香料。

10. 异丁香酚甲醚(Isoeugenyl methyl ether)

1，2-甲氧基-4-丙烯基苯。

分子式为$C_{11}H_{14}O_2$，相对分子质量178.23。CAS为93-16-3。

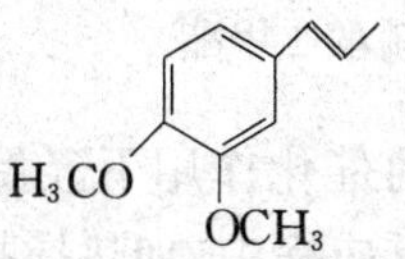

(1)理化性质　无色液体或淡黄色液体，具有温柔的辛香和丁香样香气。存在顺式和反式异构体，其中顺式异构体的含量通常为15%左右。几乎不溶于水，溶于乙醇等有机溶剂。反式异构体的沸点为262～263℃，相对密度(d_{20}^{20})为1.050～1.058，折射率(n_D^{20})为1.5660～1.5690，闪点为128℃。

(2)天然存在　存在于斯里兰卡香茅油等精油中。

(3)制备方法

①从天然精油中用真空分馏法单离出异丁香酚。

②由异丁香酚和硫酸二甲酯经甲基化反应制得。

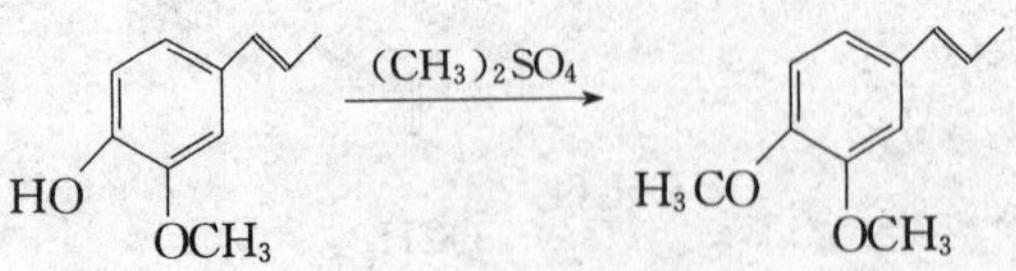

(4)主要用途　异丁香酚甲醚的化学性质较稳定,被广泛用于配制康乃馨型或东方型香精,是日化香精的定香剂和修饰剂。作为调味品香精的和合剂经常用于巧克力、香草、浆果等香型食用香精和烟草香精中。

(5)安全管理　FEMA 号 2476,FDA172.515,COE186,GB 2760—2014 批准为允许使用的食品香料。

11. β-萘甲醚(β- Naphthyl methyl ether)

β-萘甲醚又称 2-甲氧基萘。商品名:Yara Yara。

分子式为 $C_{11}H_{10}O$,相对分子质量 158.20。CAS 为 93-04-9。

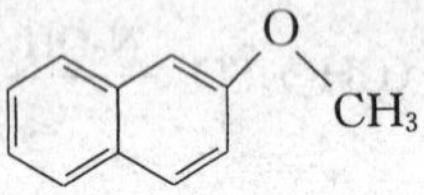

(1)理化性质　白色片状结晶,稀释时具有橙花和金合欢花似香气。几乎不溶于水,溶于乙醇等有机溶剂。熔点为 72～73℃,沸点为 274～275℃、138℃/1.3kPa,闪点＞100℃,加热时易升华。

(2)天然存在　未见文献报道。

(3)制备方法

①以 β-萘酚为原料,在苛性钠溶液中用硫酸二甲酯甲基化制得。

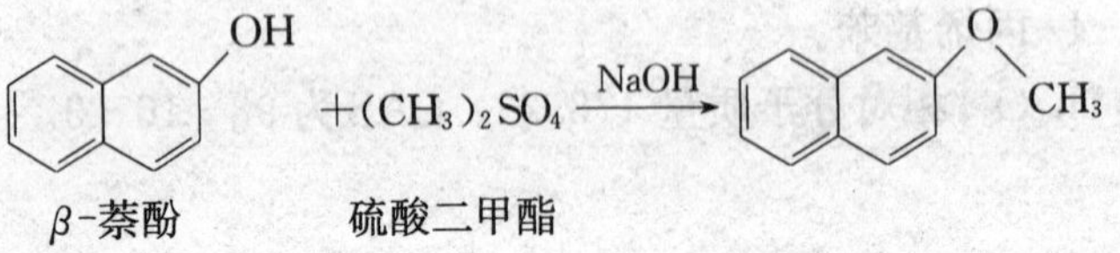

②以 β-萘酚和甲醇在浓硫酸的催化作用下经烷基化反应制得。首先进行烷基化反应:将 β-萘酚、甲醇和浓硫酸加入反应锅中,加热搅拌回流反应;反应完毕后回收甲醇,趁热分去酸层,油层含有 β-萘甲醚。然后加碱分离:用 40%氢氧化钠溶液除去未反应完的 β-萘酚,将碱液分去后得到粗品 β-萘甲醚。最后精制:将粗制 β-萘甲醚在 180～215℃用升华法精制,可得纯品 β-萘甲醚。

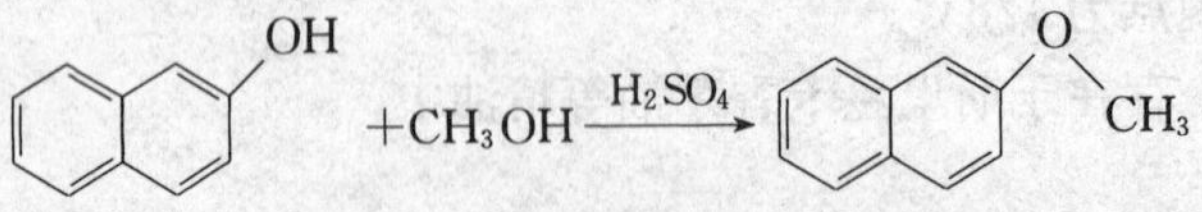

(4)主要用途　主要用于低档的金合欢、橙花、百合、茉莉等香型的香皂、洗涤剂用日化香精中。

(5)安全管理　IFRA 没有限制规定,GB 2760—2014 批准为允许使用的食品香料。

12. β-萘乙醚(β-Naphthyl ethyl ether)

β-萘乙醚又称 2-乙氧基萘。

分子式为 $C_{12}H_{12}O$，相对分子质量 172.23。CAS 为 93-18-5。

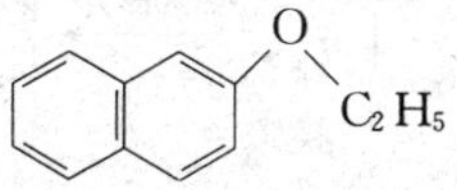

(1)理化性质　白色结晶，具有橙花香气，并略带水果香韵。不溶于水，溶于乙醇等有机溶剂。熔点为 37～37.5℃，沸点为 282℃、148℃/1.3kPa，相对密度(d_{50}^{50})为 1.051，折射率(n_D^{20})为 1.5975，闪点>100℃。

(2)天然存在　未见文献报道。

(3)制备方法

①以 β-萘酚为原料，在氢氧化钠溶液中用硫酸二乙酯进行乙基化反应制得。

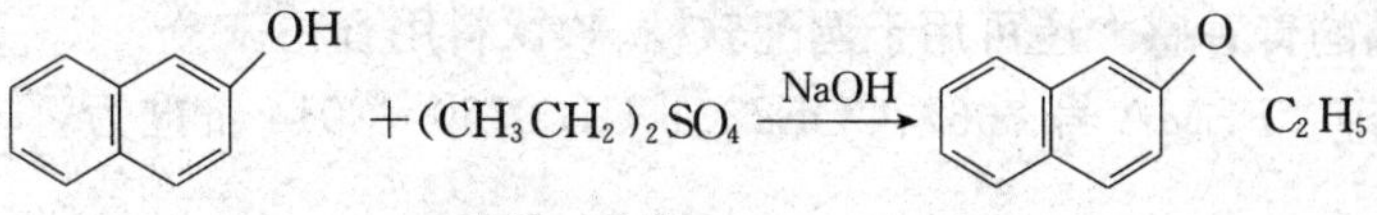

②由 β-萘酚和乙醇在浓硫酸的催化作用下经烷基化反应制得。最后精制时，先将粗品 β-萘乙醚真空蒸馏、冷却、结晶，最后再在乙醇中重结晶得到纯品 β-萘乙醚。

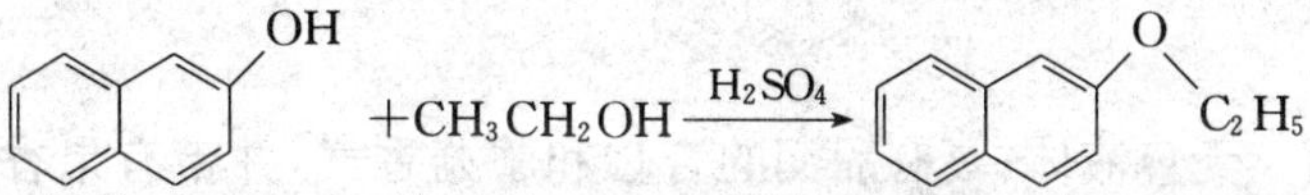

(4)主要用途　用于橙花、金合欢、茉莉、古龙水香型肥皂、洗涤剂、化妆品等用日化香精中，作为增甜剂和增香剂使用。可以微量用于樱桃、香荚兰、蜂蜜、水果、热带水果、葡萄等香型食用香精中。

(5)安全管理　FEMA 号 2768，COE2058，GB 2760—2014 批准为允许使用的食品香料。

13. 二苯醚(Diphenyl ether)

分子式为 $C_{12}H_{10}O$，相对分子质量 170.21。CAS 为 101-84-8。

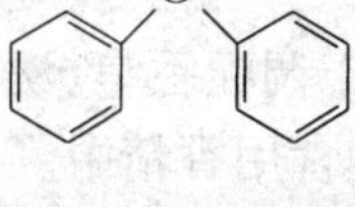

(1)理化性质　低温下为无色结晶，较高温度时为无色液体，具有玫瑰和香叶似香气，并带有酚的气息。不溶于水，溶于乙醇等有机溶剂。化学性质稳定。熔点为 26～28℃，沸点为 256～258℃，相对密度(d_{30}^{25})为 1.065～1.073，折射率(n_D^{25})为 1.5780～1.5790，闪点为 115℃。

(2)天然存在　未见文献报道。

(3)制备方法

①由氯苯和苯酚钾或钠盐在铜盐催化下经偶联制得。

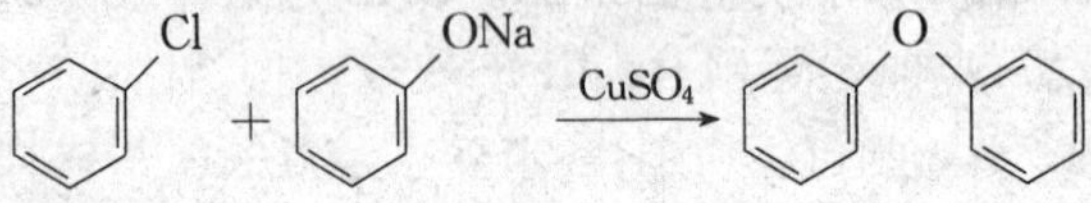

②由苯酚经脱水反应制得。

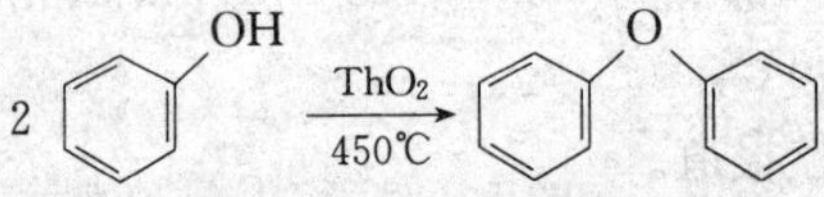

(4)主要用途　二苯醚的化学性质较稳定,因此被广泛用于配制低档的皂用、洗涤剂用香精或香水、花露水以及配制人造香叶油。在玫瑰、檀香、香叶、白花香型香精中加入少量就能增加香精的青香感。还可用于调配软糖、软饮料用香精。

(5)安全管理　FEMA 号 3667,COE2201,GB 2760—2014 批准为暂时允许使用的食品香料。

14. 二苄醚(Dibenzyl ether)

分子式为 $C_{14}H_{14}O$,相对分子质量 198.25。CAS 为 103-50-4。

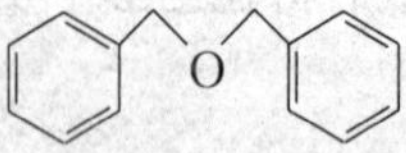

(1)理化性质　无色液体,具有甜润的杏仁和蘑菇香气,并带有果香和辛香香韵。几乎不溶于水,与乙醚、乙醇能互溶。熔点为 2～3℃,沸点为 298℃、170～171℃/20.3Pa,相对密度(d_{25}^{25})为 1.043,折射率(n_D^{20})为 1.5610～1.5620,闪点为 110℃。

(2)天然存在　未见文献报道。

(3)制备方法　氯化苄碱性水解的副产物。在氯化苄水解制备苄醇时,所产生的苄醇会有一部分在碱性条件下与氯化苄反应生成二苄醚,因其沸点比苄醇高较多,所以可以通过分馏制得。

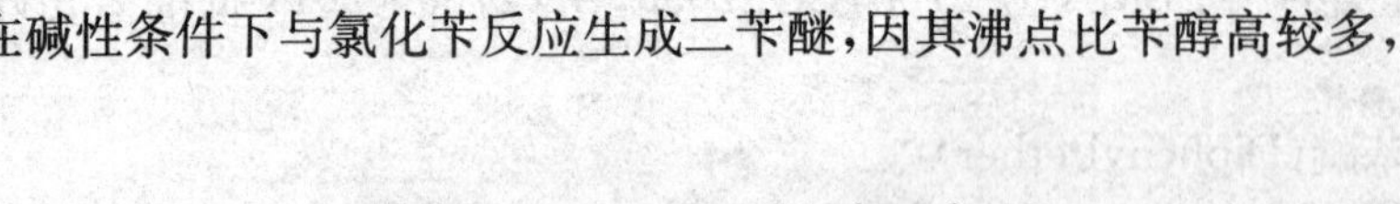

(4)主要用途　二苄基醚主要用于调配香皂、洗涤剂等用日化香精,可增加产品青鲜感。还可用于蘑菇、杏仁、樱桃等香型食用香精中。

(5)安全管理　FEMA 号 2371,FDA172.515,COE11856,GB 2760—2014 批准为允许使用的食品香料。

15. β-萘异丁醚(β-Naphthyl isobutyl ether)

β-萘异丁醚又称 2-异丁氧基萘、异丁基-β-萘基醚。

分子式为 $C_{14}H_{16}O$,相对分子质量 200.27。CAS 为 2173-57-1。

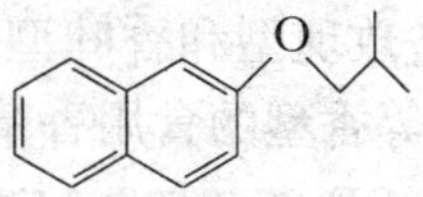

(1)理化性质　白色固体结晶，具有甜润的杨梅似的果香香气，并伴有持久细腻的橙化香韵。几乎不溶于水，溶于乙醇等有机溶剂。熔点为32～33℃，沸点为307℃。

(2)天然存在　未见文献报道。

(3)制备方法　由β-萘酚和异丁醇在酸的催化作用下反应制得。

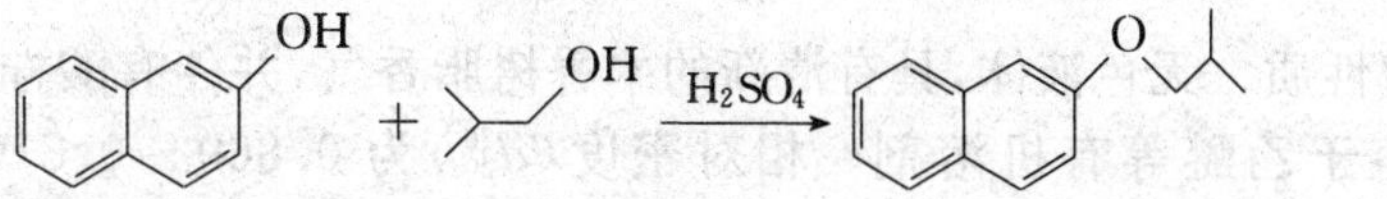

(4)主要用途　可用于日化香精等的配方中，可用以调配花香型和果香型香精。

(5)安全管理　被FEMA认定为GRAS，FEMA号3719，GB 2760—2014批准为允许使用的食品香料。

三、环醚类香料

1. 橙花醚(Nerol oxide)

橙花醚又称4-甲基-2-(2-甲基-1-丙烯基)-3,6-二氢-2H-吡喃。

分子式为$C_{10}H_{16}O$，相对分子质量154.24。CAS为1786-08-9。

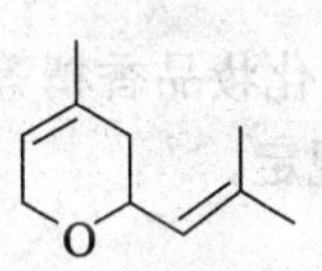

(1)理化性质　无色至淡黄色液体，具有强烈的橙花油花香香气和香叶型青香香气，稀释后有玫瑰和香叶香韵。不溶于水，溶于乙醚等有机溶剂。沸点为68～72℃/0.9kPa，相对密度(d_{20}^{20})为0.902～0.908，折射率(n_D^{20})为1.4732～1.4741，闪点为70℃。通常橙花醚有S构型和R构型两种手性异构体，且这两种异构体香气有一定的差别。S构型的异构体有强的橙花油花香和香叶型香气，而R构型的异构体香气较细腻，是单纯的花香型香气。

(2)天然存在　存在于玫瑰油、香叶油、圆柚汁、白葡萄酒和香橙皮油中。

(3)制备方法　可以从橙化醇出发，经光敏氧化、还原、环合后制得。

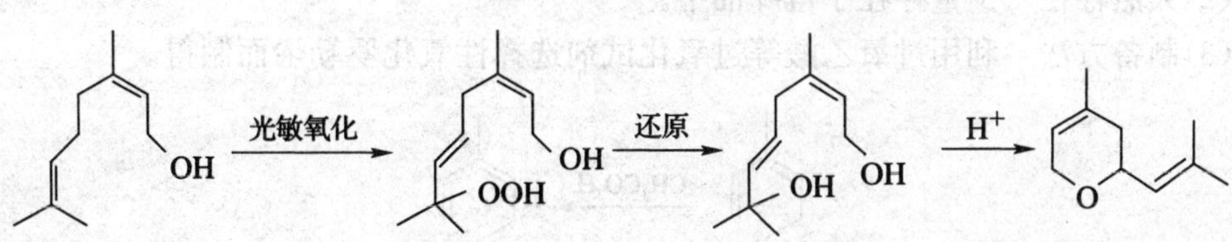

橙化醇

(4)主要用途　橙化醚用于制备玫瑰型和香叶型香水香精和化妆品香精。可用于调配药草、蔬菜、黄瓜、热带水果、茶叶等香型的食用香精。

(5)安全管理　FEMA 号 3661,GB 2760—2014 批准为允许使用的食品香料。

2. 紫丁香醚(Desoxide)

分子式为 $C_{10}H_{16}O$,相对分子质量 152.24。CAS 为 13679-86-2。

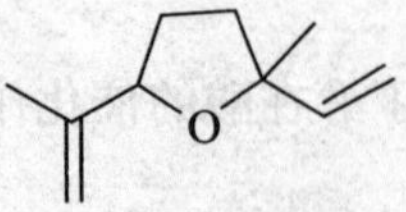

(1)理化性质　无色液体,具有清新的木香树脂香气,并伴有酸柠檬和水果的香韵。不溶于水,溶于乙醚等有机溶剂。相对密度(d_{20}^{20})为 0.869~0.876,折射率(n_D^{20})为 1.4525~1.4561,闪点为 47℃。

(2)天然存在　少量存在于香叶油和橙叶油中。

(3)制备方法　可以从月桂烯出发经环氧化、开环、环合后制得。

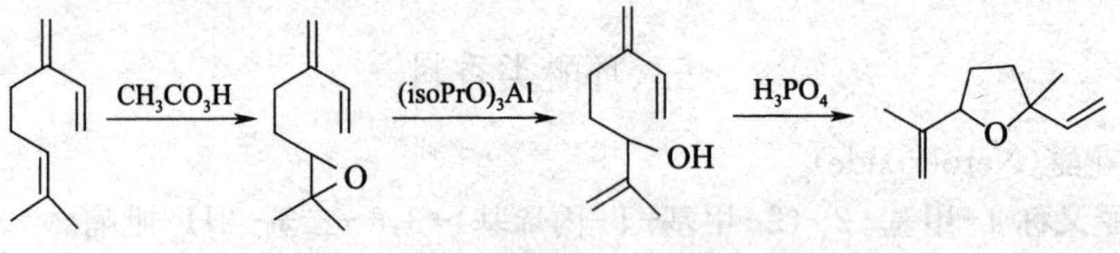

月桂烯

(4)主要用途　可用于日化香精、化妆品香精等的配方中。

(5)安全管理　IFRA 没有限制规定。

3. 环氧罗勒烯(Myroxyde)

分子式为 $C_{10}H_{16}O$,相对分子质量 154.24。CAS 为 69103-20-4。

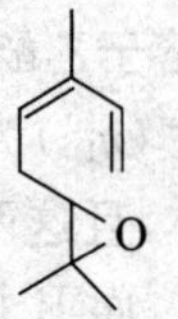

(1)理化性质　无色液体,具有草香香气,并伴有香紫苏、薰衣草、红没药等类似香韵。不溶于水,溶于氯仿等有机溶剂。沸点为 35~36℃/130Pa,相对密度(d_{20}^{20})为 0.883~0.895,折射率(n_D^{20})为 1.4755~1.4801,闪点为 70℃。

(2)天然存在　少量存在于橙叶油中。

(3)制备方法　利用过氧乙酸等过氧化试剂选择性氧化罗勒烯而制得。

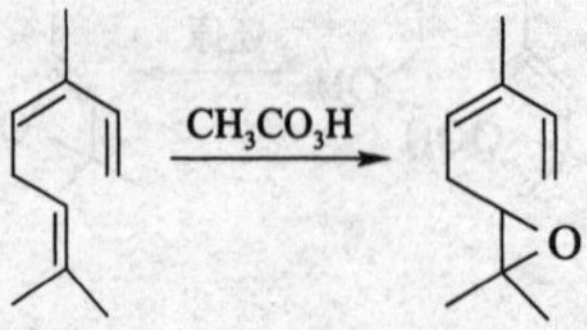

罗勒烯

(4)主要用途　可用于日化香精等的配方中。

(5)安全管理　IFRA 没有限制规定。

4. 玫瑰醚(Rose oxide)

玫瑰醚又称氧化玫瑰、2 -(2 -甲基- 1 -丙烯基)- 4 -甲基四氢吡喃。

分子式为 $C_{10}H_{18}O$，相对分子质量 154.25。CAS 为 16409 - 43 - 1。

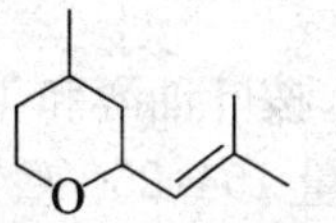

(1)理化性质　无色至淡黄色液体，具有透发性清新、青甜的花香香气，稀释后有玫瑰和新鲜的香叶香韵。几乎不溶于水，溶于乙醇等有机溶剂。沸点为 182℃、73℃/2kPa，相对密度(d_{20}^{20})为 0.869～0.878，折射率(n_D^{20})为 1.4328～1.4570，闪点为 66℃。通常玫瑰醚为混合物，既有顺反异构体，又有左旋和右旋异构体。顺反两种异构体的香气有一定的差别，顺式体香气较细腻而偏甜，反式体则偏青香香气；左旋体香气较甜润，并具强烈青香，右旋体则略带辛香香气。合成产品一般是两种异构体的混合物。

(2)天然存在　存在于保加利亚玫瑰油和留尼汪香叶油中。

(3)制备方法

①玫瑰醚的合成方法较多，其中美国专利报道的一种生产工艺是以香茅醇为原料，经环氧化，并用二甲胺开环得到胺化物，再用双氧水氧化该胺化物并消除后得到烯烃，最后在磷酸催化下进行关环而得到。

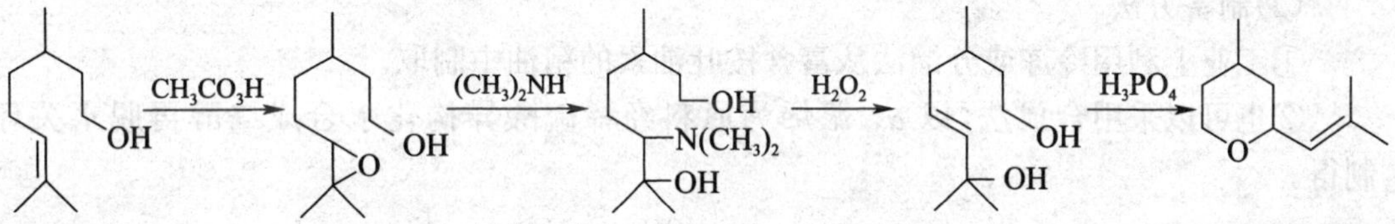

香茅醇

②将香茅醇进行光敏氧化，氧化产物用亚硫酸钠还原生成醇，最后在硫酸介质中环化制得。

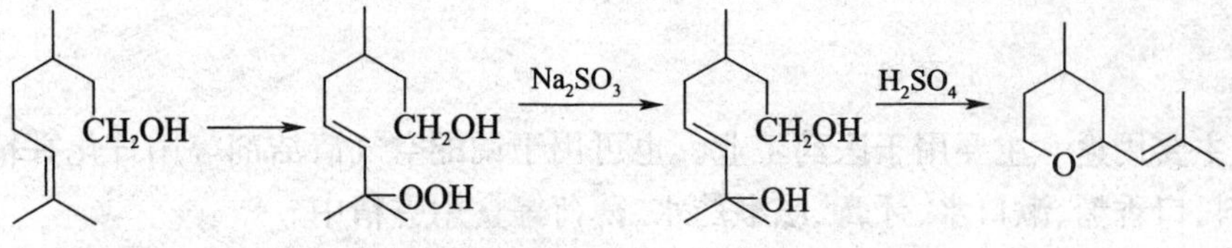

③以巴豆醛和乙烯基乙醚为原料制备。

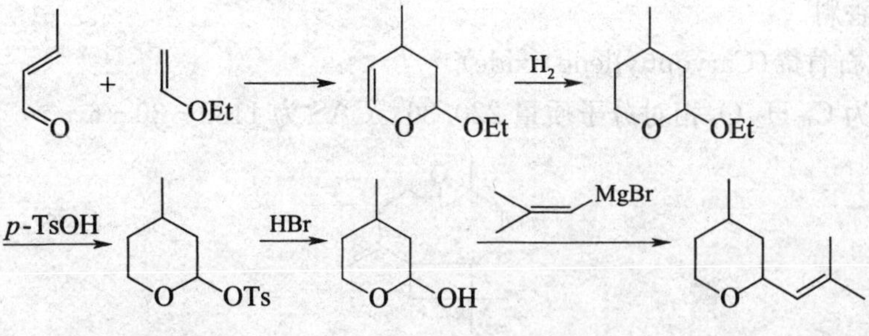

(4)主要用途　玫瑰醚为一种名贵的香料,是玫瑰、香叶香型香皂和化妆品香精的主香剂,广泛应用于调配玫瑰型和香叶型香水香精、化妆品香精,用于高级香水和高档化妆品的加香。可用于玫瑰、香叶、欧芹、圆叶当归、药草等香型食用香精中。

(5)安全管理　IFRA 没有限制规定,FEMA 号 3236,GB 2760—2014 批准为允许使用的食品香料。

5. 桉叶油素(Eucalyptol、Cineole)

桉叶油素又称桉树脑、桉叶油酚、桉叶油醇和 1,8-桉叶油素。

分子式为 $C_{10}H_{18}O$,相对分子质量 154.25。CAS 为 470-82-6。

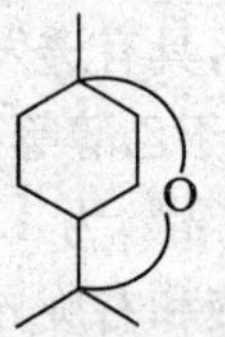

(1)理化性质　无色黏稠油状液体,具有强烈的樟脑样香气和清凉味,并伴有桉叶油和穗薰衣草油似的香韵。不溶于水,溶于乙醇等有机溶剂。最低凝固点为 0～1℃,沸点为 177～178℃、60℃/1.1kPa,相对密度(d_{25}^{25})为 0.922～0.927,折射率(n_D^{20})为 1.4560～1.4600,闪点为 48℃。

(2)天然存在　在蓝桉油(质量分数为 85%左右)、迷迭香油(质量分数为 50%左右)、月桂油(质量分数为 45%左右)、玉树油、樟脑油、薄荷油、八角茴香油等几百种精油中均有存在。

(3)制备方法

①工业上利用冷冻或分馏法从富含桉叶油素的精油中制取。

②也可以采用合成法,以 α-蒎烯为原料经稀硫酸异构化水合成二醇再脱水关环制得。

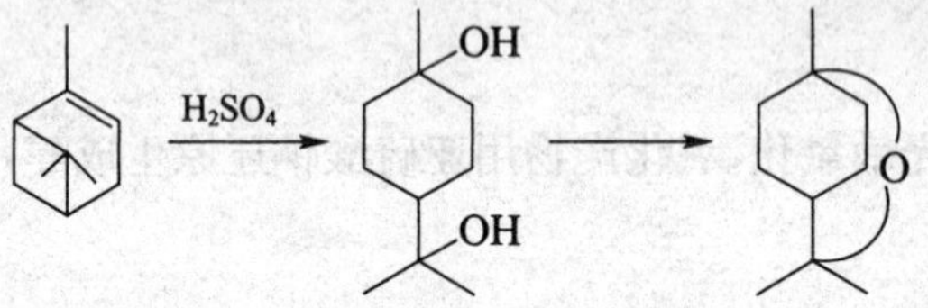

α-蒎烯

(4)主要用途　主要用于医药工业。也可用于调配空气清洁剂等用日化香精,少量用于软饮料、口香糖、漱口水、牙膏、咳嗽药水、薄荷等食用香精中。

(5)安全管理　FEMA 号 2465,FDA172.515,COE182,GB 2760—2014 批准为允许使用的食品香料。

6. 环氧石竹烯(Caryophyllene oxide)

分子式为 $C_{15}H_{24}O$,相对分子质量 220.36。CAS 为 1139-30-6。

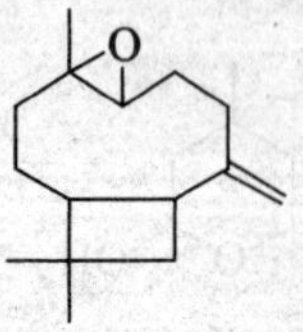

(1)理化性质　白色结晶体，具有木香香气，并伴龙涎香似的香韵。不溶于水，溶于乙醇等有机溶剂。熔点为64～65℃，沸点为114～117℃/240Pa。

(2)天然存在　存在于丁子香油、薰衣草油中。

(3)制备方法　利用过氧乙酸等过氧化试剂选择性氧化石竹烯而制得。

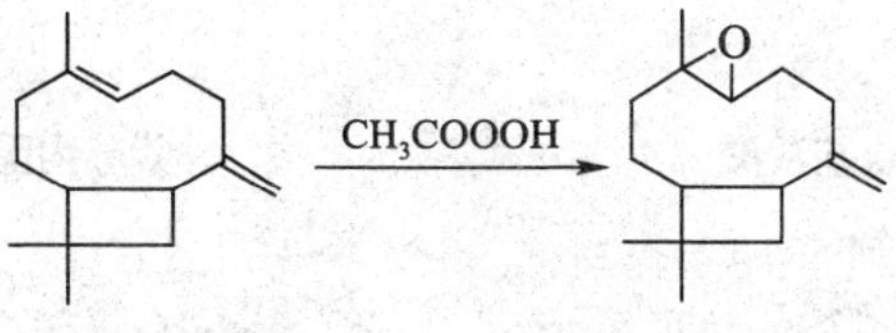

石竹烯

(4)主要用途　可用于日化香精等的配方中，也可以用于食用和烟用香精中。

(5)安全管理　FEMA号4085，GB 2760—2014批准为允许使用的食品香料。

7. 降龙涎香醚(Synambran、Ambroxide)

降龙涎香醚又称双环高二氢金合欢醚、2，6，6，10-四甲基-11-氧杂三环[8.3.0.0^{2,7}]十三烷。

分子式为$C_{16}H_{28}O$，相对分子质量236.40。CAS为6790-58-5；65588-69-4。

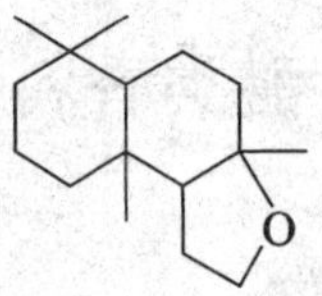

(1)理化性质　白色结晶体，非纯品常为黏稠液体，凝固点不低于20℃。商品中通常降龙涎香醚的含量为55%～60%，其他主要副产物有2%～5%的异降龙涎香醚，以及30%～38%的二环高金合欢醇等。具有强烈的龙涎香香气，略带温和的木香香气，具有很强的定香能力和提香效果。不溶于水，溶于乙醚等有机溶剂。熔点为75～76℃，沸点为102～106℃，闪点>100℃。通常降龙涎香醚为手性混合物，对光和空气比较稳定，故有很高的实用价值，通常用来代替天然的龙涎香。

(2)天然存在　是天然龙涎香最重要的成分之一，存在于龙涎香酊剂的有香成分中。

(3)制备方法

①一般采用香紫苏醇为原料，大致的合成路线如下。

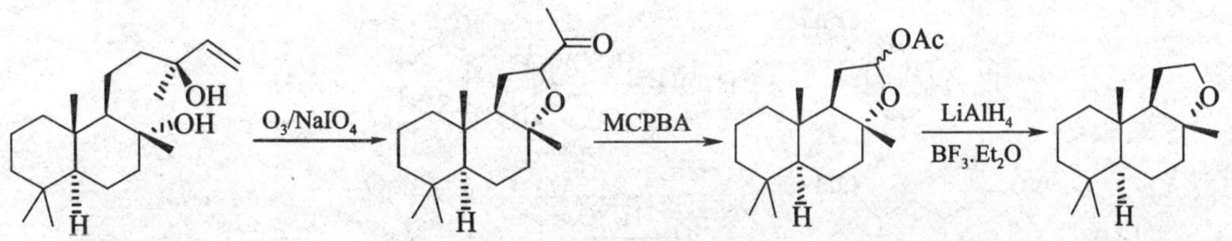

香紫苏醇

②由金合欢基羧酸环化生成香紫苏内酯，然后将内酯还原为二醇，最后再在酸性条件下将二醇进行真空脱水，即可制得降龙涎香醚。

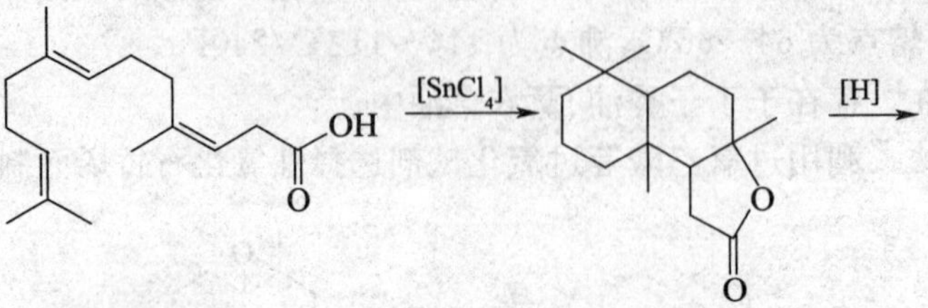

金合欢基羧酸　　　　香紫苏内酯

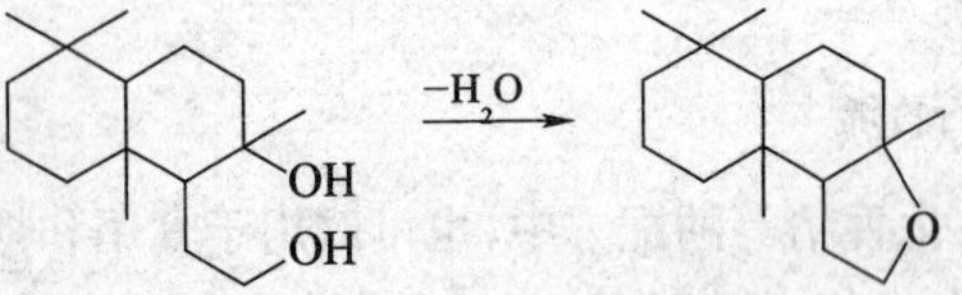

(4)主要用途　降龙涎香醚为一种价格昂贵的顶级香料，主要应用于龙涎香香型、东方型香精等的配方中。

(5)安全管理　FEMA 号 3471，COE10514，GB 2760—2014 批准为允许使用的食品香料。

第三节　醚类香料生产工艺

以 β-萘甲(乙)醚为例，简述如下。

一、化学结构式

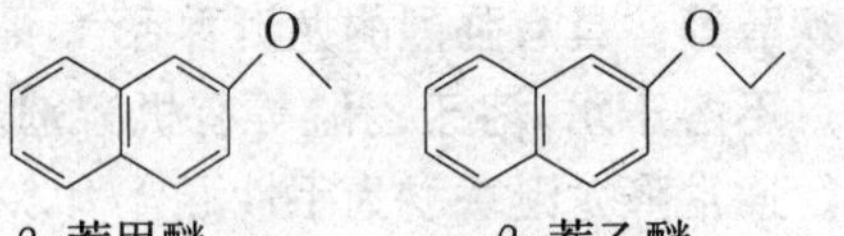

β-萘甲醚　　　　β-萘乙醚

二、反应式

1. 主反应

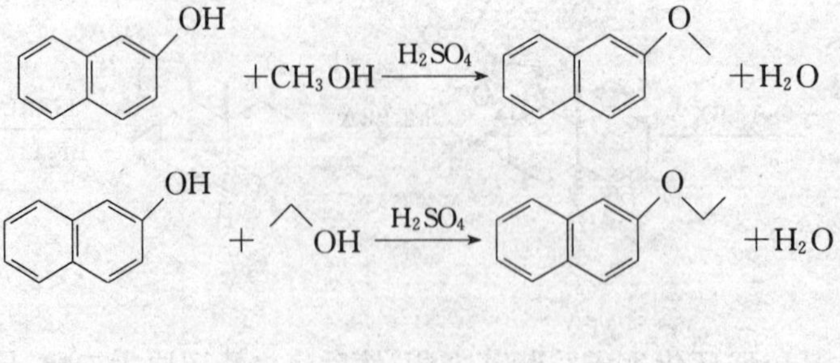

2. 副反应

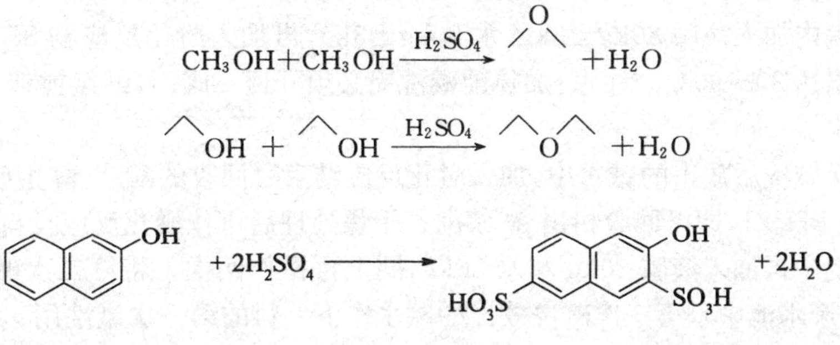

3. β-萘酚回收

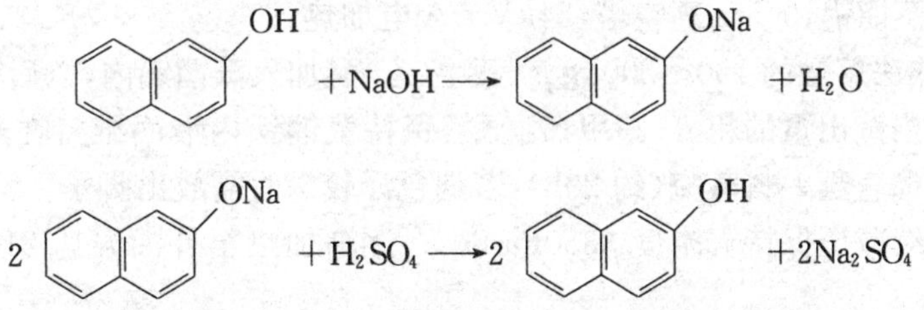

三、原料规格

(1)β-萘酚　灰白色薄片或均匀粉末。含量:≥98.5%,熔点:≥119.5℃。

(2)甲醇　无色透明液体,挥发后无杂味,含量≥99%,工业级。

(3)乙醇　无色透明液体,挥发后无杂味,含量≥95%,工业级。

(4)硫酸　无色或浅灰色稠厚液体,含量≥96%,工业级。

(5)液碱　含量29%~30%,工业级。

四、工艺过程

1. 醚化反应

在直径2m、高3m的回流塔(可作回流及回收溶剂用)耐酸搪瓷醚化锅内加入甲(乙)醇300kg±1kg、乙萘酚300kg±1kg后,密闭加料口,开搅拌,在管道畅通的情况下缓慢加入硫酸,控制在30~40min内均匀加毕;然后加热至反应物保持适度回流,控制内温在80~85℃正常回流7h。回流结束,开回收阀,关回流阀,回收溶剂,当溶剂回收达100kg时,锅内加水150kg后继续回收溶剂,至回收液略有白色结晶出现为止,总回收时间为6~7h。回收结束,停止加热,关搅拌,静置30min。放出下层酸水,除留出部分酸水作回收乙萘酚用外,其余放入废酸池集中处理。

回收甲醇累积一定数量后集中处理。塔顶温64~66.5℃作头子,66.5℃作甲醇正品,含量95%,79~95℃做后段,累积后重蒸馏。

回收的甲(乙)醇达到含量标准的均可作醚化反应原料使用。

2. 碱洗

碱洗共三次。

在碱洗锅内加入液碱80kg±3kg、水80kg±3kg，再加入醚化反应物355kg±5kg，搅拌加热至内温达80～90℃。注意：加热前碱洗锅必须开透气阀门，继续搅拌1h，静止1h，放出下层碱水。

在第一次碱洗后放出的碱水中，加入醚化反应结束时回收的酸液，静止后放出的下层酸水，中和至PH=1，即可回收析出β-萘酚。干燥处理后可作醚化反应投料用。

在碱洗锅中再加入液碱80kg和水80kg，同上再操作两次。将第二次碱洗放出的碱水舍弃(放入废水池中)，第三次碱洗放出的碱水作下一料的第一次碱洗用。

三次碱洗后的粗β-萘甲(乙)醚，处理后可投入下道蒸馏工序。

3. 蒸馏

300L铁制蒸馏锅，0.5m高空塔，24kV·A电加热。

把已用加热法熔融的150～200kg β-萘甲(乙)醚加入蒸馏锅内，以后每蒸出约100kg成品，再补加相当蒸出量的粗β-萘甲(乙)醚，保持蒸馏锅内液面维持在蒸馏锅容量2/3处，如此连续蒸馏直至一料蒸完(约20h)，若遇色泽较深时需放出脚子。

加料后，继续减压保持真空度3330Pa以下，逐渐加热至外油温达210～220℃，内温达170～175℃。

β-萘甲醚沸点：274℃/0.1MPa，145～148℃/2.1kPa；

β-萘乙醚沸点：282℃/0.1MPa，132℃/0.7kPa。

4. 结晶

在搅拌结晶锅内加入乙醇210kg±3kg，并预热至55～60℃，同时加入已预热至75～80℃、呈液态的β-萘甲醚(β-萘乙醚预热至40～45℃，210kg±3kg)。投料后使内温在70～75℃(β-萘乙醚使内温在40～45℃)，开始搅拌，于室温自然冷却搅拌6h后再开冷却水搅拌0.5h，使内温达室温。结晶过程中若锅壁粘结结晶，要经常铲清，操作中应注意安全。

结晶结束，用离心机分离出结晶，干燥和过筛后即为成品。

母液蒸出的乙醇可于结晶时使用，锅内残留液视情况重结晶或作蒸馏料用。

五、β-萘甲(乙)醚成品规格

1. β-萘甲醚

(1)色状　白色片状晶体。

(2)凝固点　≥72℃。

(3)溶解度　1g溶于30mL 95%乙醇中。

(4)香气　橙花型香气。

2. β-萘乙醚

(1)色状　较β-萘甲醚略大的白色片状晶体。

(2)凝固点　≥35.8℃。

(3)溶解度　1g溶于15mL 95%乙醇中。

(4)香气　橙花型香气。

六、注意事项

(1)在蒸甲(乙)醚时要注意管路会因料液升华、挥发造成结晶而堵塞,因此要注意保温。接受器在蒸馏过程中要随室温变化而适当保温,必要时在放料前再加热融化。

(2)蒸馏加料时进料管口勿伸入熔融粗β-萘甲(乙)醚底层,以免碱水混合在蒸馏锅中,造成冲料和爆沸事故。

要严格注意蒸馏过程中馏出物的色泽,色泽不白需重蒸,直至馏出物在液态时完全呈无色透明。

第六章　醛类香料

将碳原子与氧原子用双键相连的基团称为羰基，羰基碳与氢和烃基相连的化合物称为醛。醛类化合物在日化香精、食用香精中占有很重要的地位。醛类香料约占香料化合物总数的10%。低级醛具有强烈刺激味，中级醛具有果香味，所以含六个碳以上的醛多应用于香精调配。$C_6 \sim C_{12}$饱和脂肪族醛在稀释下具有令人愉快的香气，它们在香精配方中往往起头香剂的作用。某些不饱和脂肪族醛，如2,6-壬二烯醛具有紫罗兰叶青香，在香精配方中可以起修饰作用。芳香族醛在香料工业中起着重要的作用。例如，洋茉莉醛、仙客来醛、龙葵醛、肉桂醛、戊基桂醛、铃兰醛、香兰素等都是经常使用的香料。萜醛类香料，如柠檬醛、香茅醛、羟基香茅醛、甜橙醛等均是调配香精的佳品。醛香型香精在日化香精中是一种流行型香型。著名的"香奈尔五号"(Chanel No. 5)香水就是醛香型香水的代表作。食用香精中的头香和新鲜感往往是醛类香料所起的重要作用。

第一节　醛类化合物的制备方法

一、同碳二卤代物水解

在碱性溶液中，卤代烃分子中的卤素可被羟基置换而生成醇。若采用同碳二卤代物，则经水解后生成同碳二元醇，但由于同一个碳原子上两个羟基是不稳定的，能自动脱水，所以最终生成羰基化合物。如香料工业中苯甲醛是通过二氯化苄水解方法生产的，其化学方程式如下：

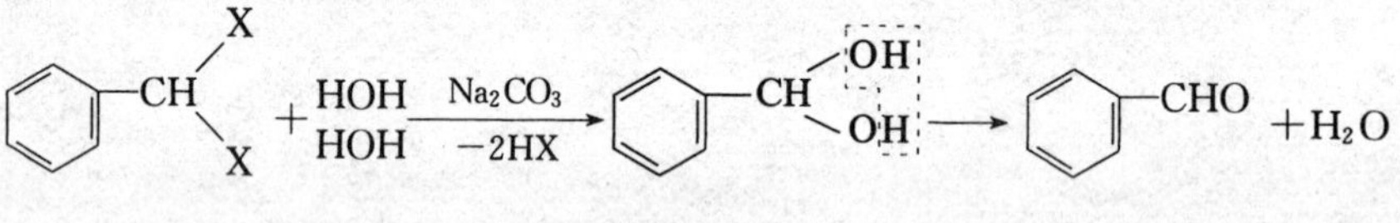

苯甲醛

二、氧化及催化脱氢法

大多数有机化合物在不同条件下均可被氧化而得到不同的氧化产物，若选择适当的氧化剂及合适的反应条件，可使烃或醇氧化得到醛类化合物。

1. 氧化法

氧化反应中所选用的氧化剂必须根据被氧化物质的性质及欲制备何种类型的化合物而确定。

(1)以二氧化锰为氧化剂，可将烃类或醇选择性氧化成醛。

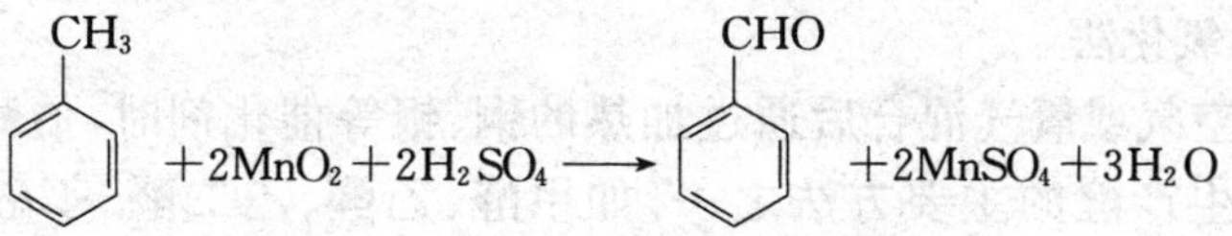

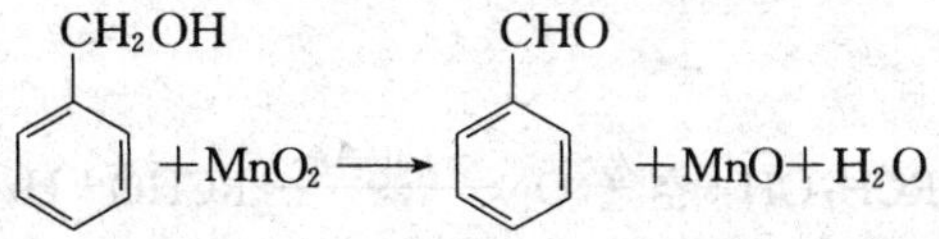

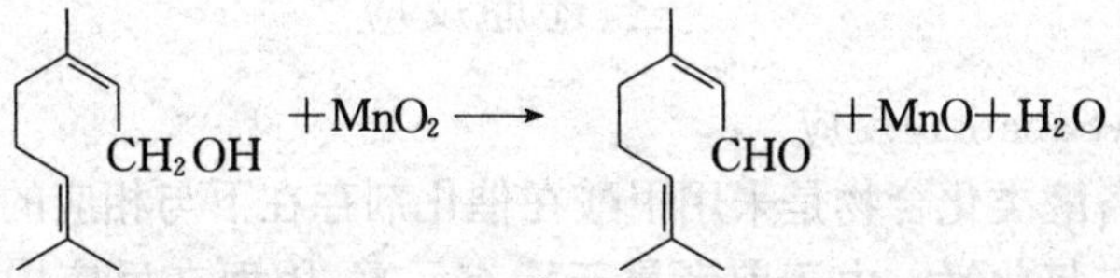

（2）烯烃化合物和伯醇的氧化　重铬酸钾（或重铬酸钠）加硫酸[$K_2Cr_2O_7+H_2SO_4$或$Na_2Cr_2O_7+H_2SO_4$]是常用的氧化剂，烯烃或伯醇化合物可被氧化成醛，因生成的醛容易继续被氧化成酸，所以此法只能用以制取低级的挥发性较大的醛。在制备时可设法使生成的醛及时蒸出（避免继续与氧化剂接触）或加入第三种物质，使醛的产率得以提高。由仲醇氧化制备酮，产率相当高。

例如，异黄樟油素用$K_2Cr_2O_7$-H_2SO_4氧化时，反应体系中加入对-氨基苯磺酸的目的是为避免生成的洋茉莉醛继续被氧化。

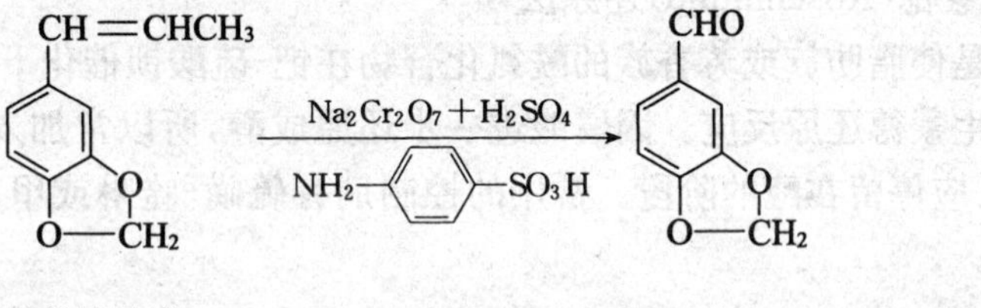

异黄樟油素

（3）以臭氧为氧化剂，首先与烯烃形成过氧化物中间体，然后再水解还原，也是制备醛类化合物的方法之一。

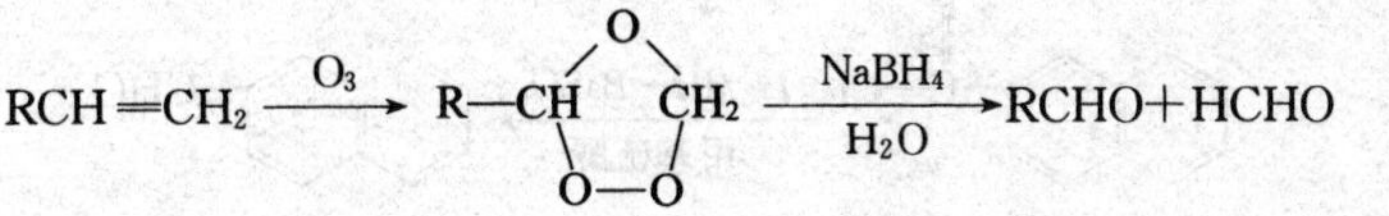

（4）甲苯的氧化　与芳环直接相连的甲基上的氢原子受芳环的影响容易被氧化生成醛。以氧化铬和乙酸酐为氧化剂时，首先形成双乙酸酯，然后迅速水解生成醛。甲苯也可以通过催化氧化合成苯甲醛。

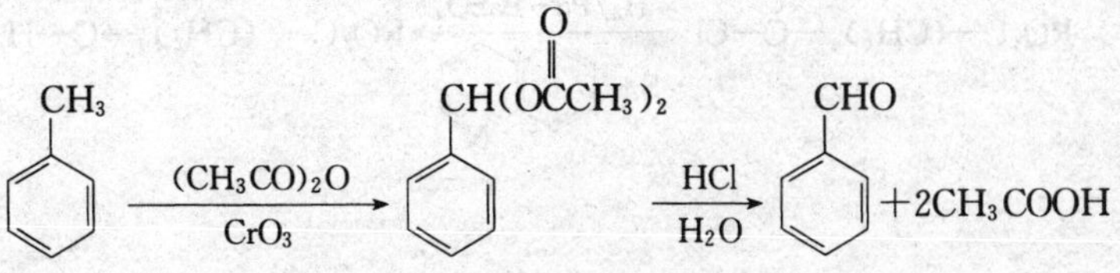

2. 伯醇催化氧化法

伯醇蒸气与空气或氧气混合后通过加热的铜、银等催化剂时,伯醇可以被氧化生成醛。这是工业上生产醛的主要方法之一,如甲醛、乙醛、乙二醛、丁醛等均采用此方法生产。

$$RCH_2OH + 空气(O_2) \xrightarrow{Cu/Ag} RCHO + H_2O$$

三、还原反应

1. 萨巴蒂埃(Sabatier)反应

萨巴蒂埃制备醛类化合物是采用甲酸在催化剂存在下与相应的羧酸作用而制得。催化剂有氧化钍或二氧化锰。由于前者属于稀有元素,因而在反应中常选用 MnO_2。而甲酸在加热下分解成 CO 及 H_2O,分解出的 CO 具有还原性,因而使羧酸还原成醛,CO 氧化成 CO_2。

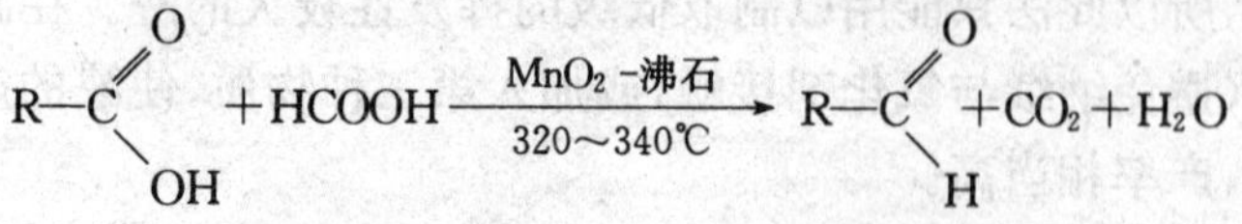

在合成香料中常采用此反应制备壬醛、十一醛及十一烯醛等。

2. 罗生蒙德(Rosenmund)还原法

此反应是使脂肪族或芳香族的酰氯化合物在钯-硫酸钡催化下氢化生成相应醛,这种反应称为罗生蒙德还原反应。因醛能进一步还原成醇,所以常加入控制剂以降低催化剂的活性,使反应停留在醛的阶段。常用的控制剂有硫磺-喹啉或甲基硫代脲等,溶剂为甲苯或二甲苯。

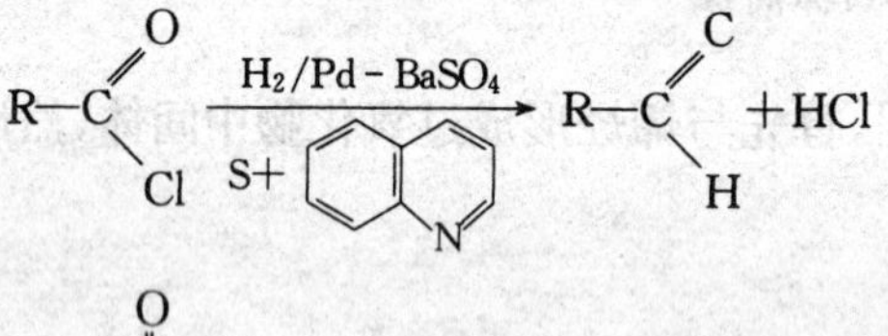

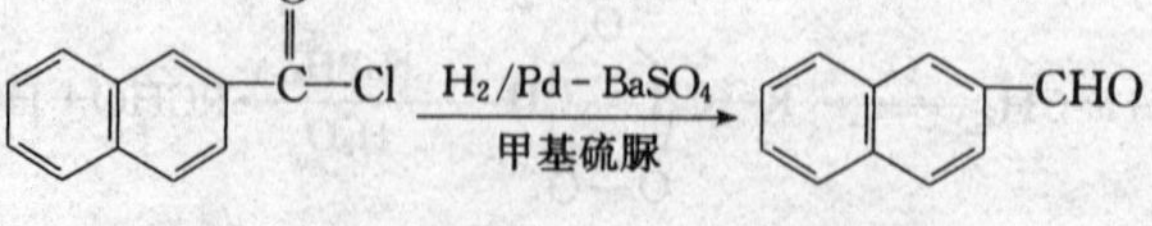

罗生蒙德还原反应可制备一般的醛类化合物,如反应物上含有硝基、卤素、酯基等基团时,均可保留,不被还原。例如:

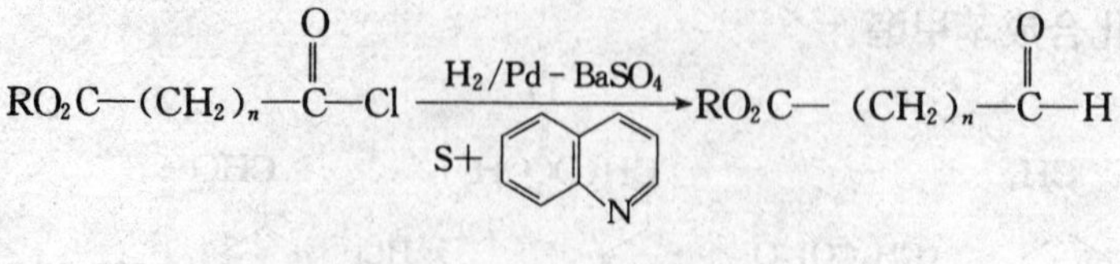

四、芳香族环上引入醛基的方法

(一)直接法引入醛基

1. 瑞穆尔-悌曼(Reimer－Tiemann)反应

酚类在氢氧化钠或氢氧化钾溶液中与氯仿一起加热，生成邻位及对位羟基醛的反应称为瑞穆尔-悌曼反应。含有羟基的喹啉、吡咯等杂环化合物也能进行此类反应。

工业上水杨醛(邻-羟基苯甲醛)曾采用瑞穆尔-悌曼反应来制备，但其中尚有对-羟基苯甲醛副产物。两种产物可通过水蒸气冲蒸法分离，水杨醛随水蒸气一起蒸出，而对-羟基苯甲醛则呈固体，留在锅内。

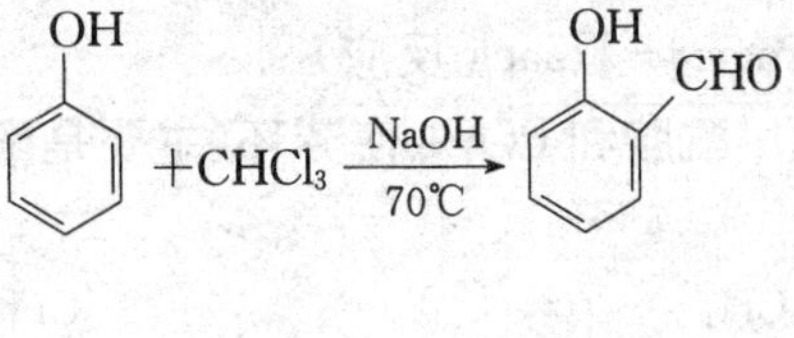

水杨醛　对-羟基苯甲醛

2. 盖特曼-柯启(Gattermann－Koch)反应

此反应是制备芳香族醛类化合物的方法之一。主要使用一氧化碳、干燥氯化氢和相应的芳香族化合物，在无水三氯化铝和氯化亚铜的催化下，在高压下进行反应合成。例如，对-甲基苯甲醛即可通过此方法制得。

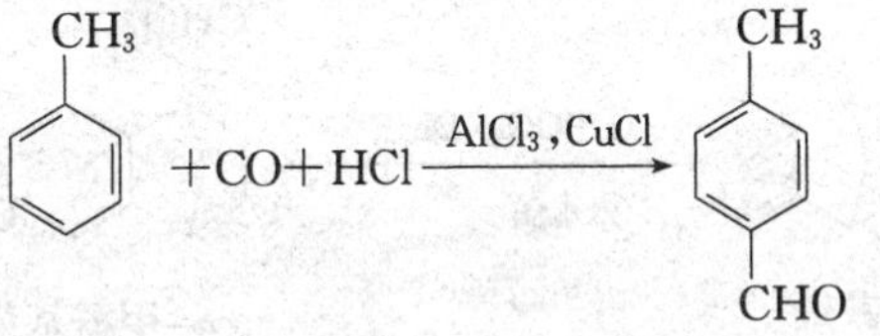

3. 盖特曼醛(Gattermann－Aldehyde)合成法

盖特曼醛合成法，主要是应用酚或芳香醚与干燥氰化氢气体及饱和氯化氢醚溶液，在无水氯化锌(或三氯化铝)的存在下生成芳香族醛类。如大茴香醛即是以苯甲醚为原料通过盖特曼醛反应而制得。

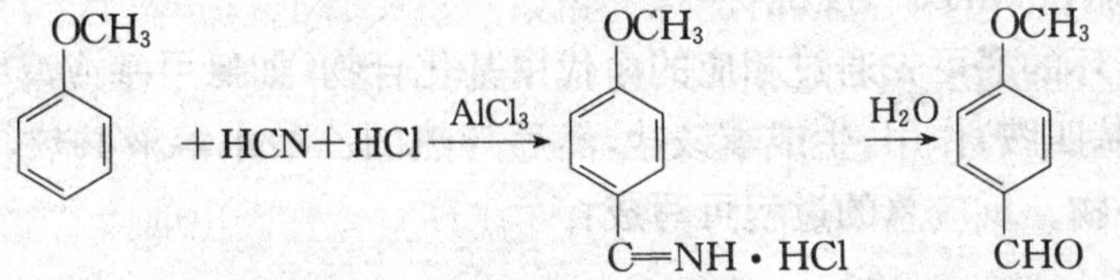

4. 阿特姆斯-李维纳(Adams－levine)反应

上述盖特曼-柯启、盖特曼醛制备方法，所使用的原料有一定的毒性，如一氧化碳、氰化氢等，因而在生产上受到一定的限制。阿特姆斯-李维纳采用固体氰化锌[$Zn(CN)_2$]和盐酸，替代剧毒的氰化氢气体，从而使反应容易控制及安全方便。

其替代的情况为：

$$Zn(CN)_2 + 3HCl \longrightarrow 2HCN + HCl + ZnCl_2$$

生成的 HCN 及 HCl 原是反应中所需要的原料，而 $ZnCl_2$ 是反应中的催化剂，故反应仅控制盐酸的滴加速度即可，如下：

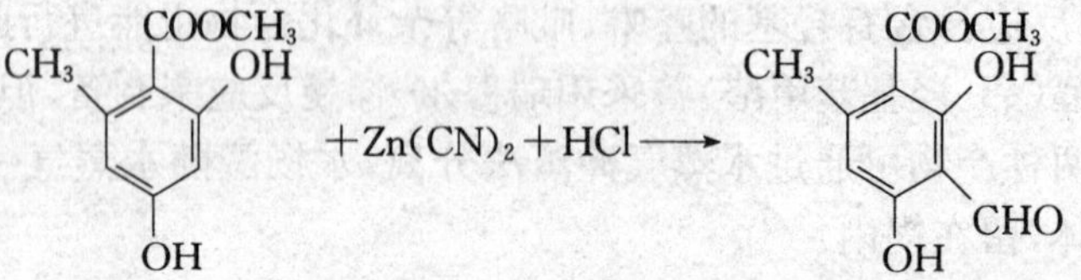

5. Vilsmeier 反应(也称 Vilsmeier - Haack 反应)

通常是指应用 *N*，*N* -二取代甲酰胺和 $POCl_3$ 使芳环(主要是酚类和芳胺类)甲酰化的反应。

$$ArH + Ph{-}N(CH_3){-}CHO \xrightarrow{POCl_3} ArCHO + Ph{-}NH{-}CH_3$$

例如：

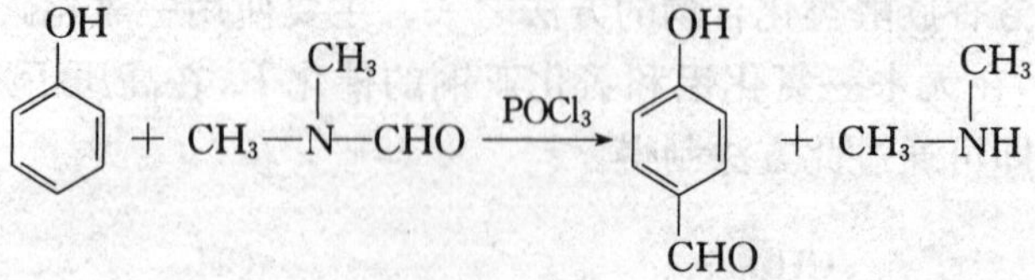

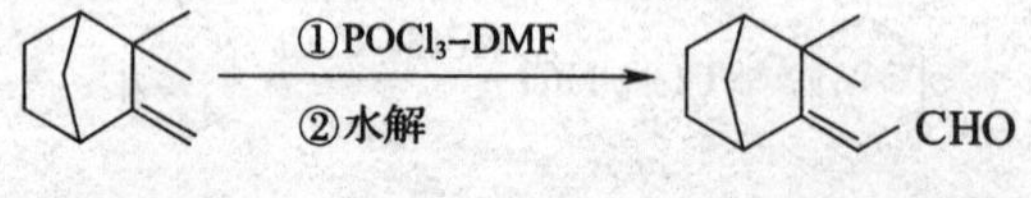

莰烯　　　　ω-甲酰基莰烯

ω -甲酰基莰烯是一种具有花香、木香以及清凉香气的香料，香气柔和，可用于配制松针和薰衣草香型的香精。此外，以 ω -甲酰基莰烯为基本原料可以合成一系列具有檀香香气的化合物。

(二)间接法引入醛基

1. 索姆莱特(Sommelet)反应

芳香环和杂环的醛可先通过相应的卤代甲基化合物(如氯甲基或溴甲基化合物)与乌洛托品(六次甲基四胺)作用，生成季铵盐，然后与热的乙酸水溶液共热，将季铵盐进行水解得到醛类化合物。反应总的过程可写成：

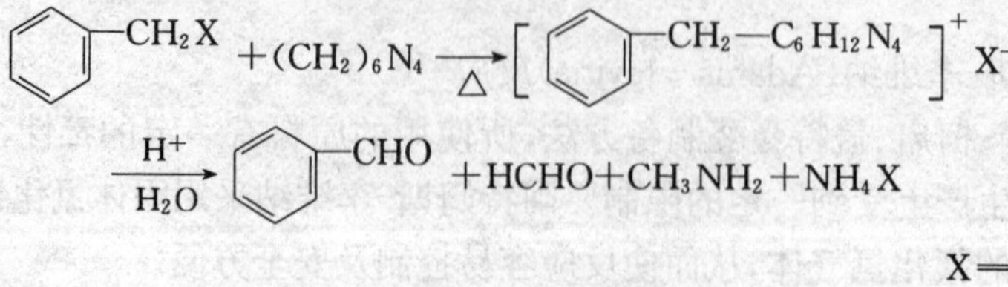

X═Cl，—Br

莳萝醛、兔耳草醛、铃兰醛均采用索姆莱特反应制备。

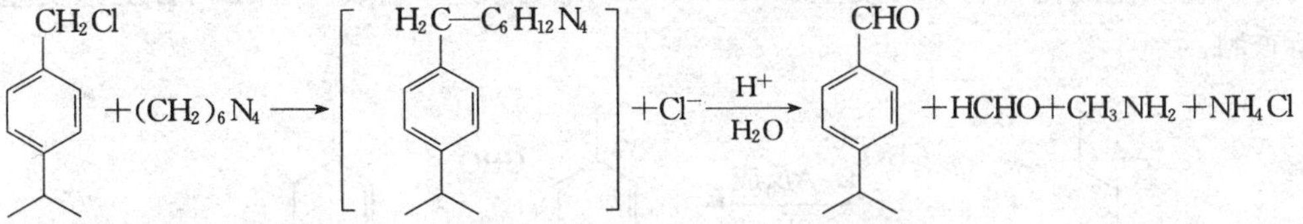

莳萝醛

2. 达真斯(Darzens)反应

利用该法可以制得支链醛类。醛或酮与氯乙酸酯在醇钠或氨基钠存在下于苯等溶剂中，5℃以下发生缩合反应。缩合完毕后，用水稀释，所得到的 α,β-环氧酯（缩水甘油酯）用无水硫酸钠干燥。将该酯用氢氧化钾（钠）醇溶液水解，再用盐酸酸化。得到的酸在减压下加热脱羧，可以得到相应的醛，收率为 50%。

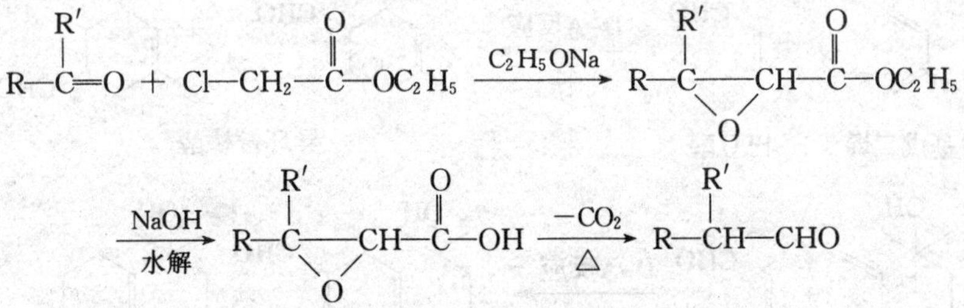

五、羟醛缩合反应（或醇醛缩合反应）

两分子的醛在稀碱溶液作用下可发生醇醛缩合反应生成羟醛化合物。如丙醛在稀 $Ba(OH)_2$ 作用下的反应：

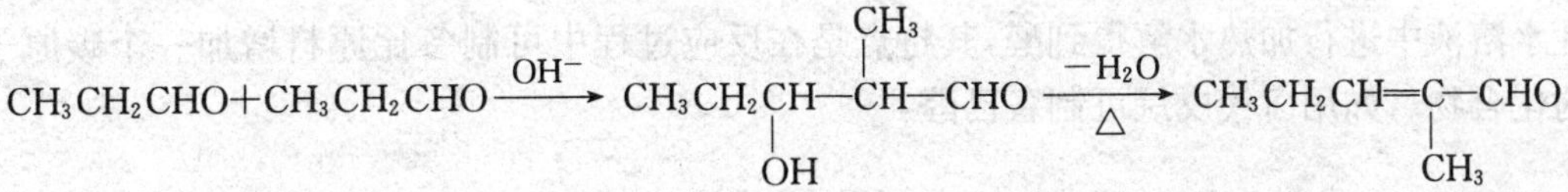

得到的 β-羟基醛、α-碳原子的活泼氢原子和 β-碳原子上的羟基可发生脱水反应生成 α,β-不饱和醛。若欲制备羟基醛，可在一定的真空度下经减压蒸馏获得。

若选择一种无 α-H 的醛和一种带 α-H 的醛进行“交错”缩合，则具有合成价值。克莱森-史密特（Claisen - Schmidt）反应即是一种芳香醛与脂肪醛或酮在碱性溶液中反应生成一种 α,β-不饱和醛或酮的反应。在香料中如桂醛、α-戊基桂醛、α-己基桂醛的合成就是利用这个反应。

六、狄尔斯-阿尔德尔（Diels - Alder）反应

狄尔斯-阿尔德尔反应即双烯加成反应，简称 D - A 反应。它是共轭二烯烃与活化了的双键或三键（称为亲二烯体）发生的加成反应。早在 20 世纪 20 年代时就已用此反应合

成了女贞醛、柑青醛等香料。脂肪族不饱和醛如丙烯醛、α-丁烯醛或脂肪族不饱和酮与具有共轭双键的化合物均可发生 Diels - Alder 缩合反应,生成一些在调香上颇受重视的新香料。

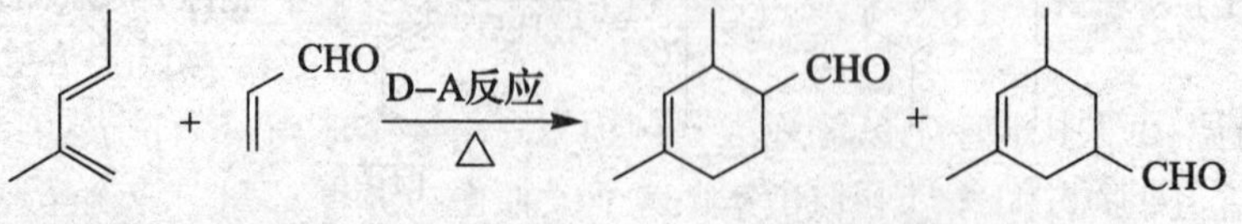

甲基戊二烯 丙烯醛 女贞醛

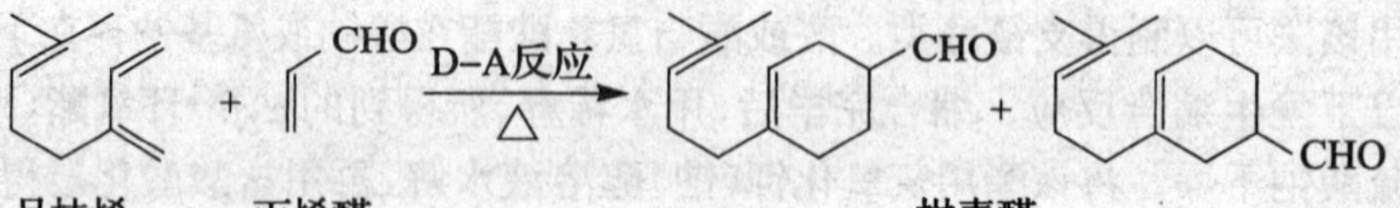

月桂烯 丙烯醛 柑青醛

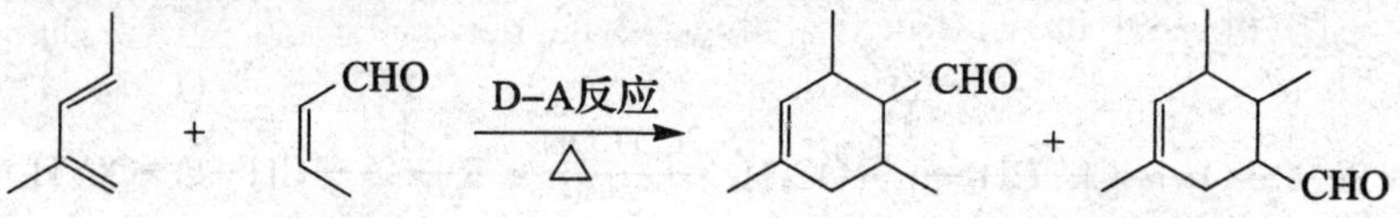

甲基戊二烯 巴豆醛 异环柠檬醛

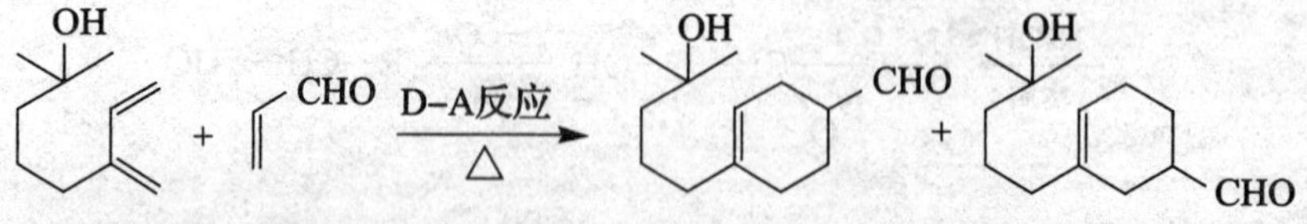

月桂烯醇 丙烯醛 新铃兰醛

七、格氏(Grignard)试剂与原甲酸三乙酯反应

此反应也是制备醛的方法之一。格氏试剂与原甲酸三乙酯反应,生成缩醛,然后在酸性水溶液中进行加热水解得到醛,其特点是在反应过程中可制备比原料增加一个碳原子的化合物。如用卤代戊烷可制备己醛:

$$C_4H_9CH_2Br + Mg \longrightarrow C_4H_9CH_2MgBr \xrightarrow{HC(OC_2H_5)_3} C_4H_9CH_2CH(OC_2H_5)_2 + C_2H_5OMgBr$$

$$C_4H_9CH_2CH(OC_2H_5)_2 \xrightarrow[H_2O]{H_2SO_4} C_4H_9CH_2CHO + 2C_2H_5OH$$

第二节 脂肪族醛类香料

一、异戊醛(Isovaleraldehyde)

异戊醛又称 3-甲基丁醛。

分子式为 $C_5H_{10}O$,相对分子质量为 86.13。CAS 为 590-86-3。

$$CH_3-\underset{\underset{CH_3}{|}}{CH}-CH_2-CHO$$

(1)理化性质　无色液体，具有强烈的、尖辛的令人恶心的气息，稀释后具有愉快的巧克力和可可似的香气。溶于水，溶于乙醇、丙二醇和其他有机溶剂。沸点为 90℃，相对密度(d_{25}^{25})为 0.798～0.814，折射率(n_D^{20})为 1.3880～1.4050，闪点为-2℃。

(2)天然存在　未见文献报道。

(3)制备方法　以 3-甲基丁醇为原料，在银网催化剂上经气相氧化反应制得。

$$CH_3-\underset{\underset{CH_3}{|}}{CH}-CH_2-CH_2OH \xrightarrow[\triangle,Ag]{O_2} CH_3-\underset{\underset{CH_3}{|}}{CH}-CH_2-CHO$$

3-甲基丁醇

(4)主要用途　在日化香精中很少使用。主要用于调配坚果、可可、巧克力、咖啡等香型食用香精。

(5)安全管理　FEMA 号 2692，FDA172.515，COE94，GB 2760—2014 批准为允许使用的食品香料。

二、2-己烯醛(2-Hexenal)

分子式为 $C_6H_{10}O$，相对分子质量 98.15。

$$CH_3CH_2CH_2CH{=}CHCHO$$

(1)理化性质　无色油状液体。具有顺-2-己烯醛和反-2-己烯醛两种异构体。反-2-己烯醛又称叶醛，CAS 为 6728-26-3。顺-2-己烯醛具有新鲜青香和水果香气反-2-己烯醛具有令人愉快的绿叶青香和水果香气。不溶于水，溶于乙醇等有机溶剂。容易自动氧化变质，宜密闭储存于阴凉处，多数情况下不宜直接使用，而是将其配成溶液以防变异。沸点为 146～150℃、80℃/8.6kPa，相对密度(d_4^{20})为 0.849，折射率(n_D^{20})为 1.4480。

(2)天然存在　存在于香茅油、樟脑油、桑叶、茶叶、苹果、葡萄和草莓等中。

(3)制备方法　以己醛为原料制备。

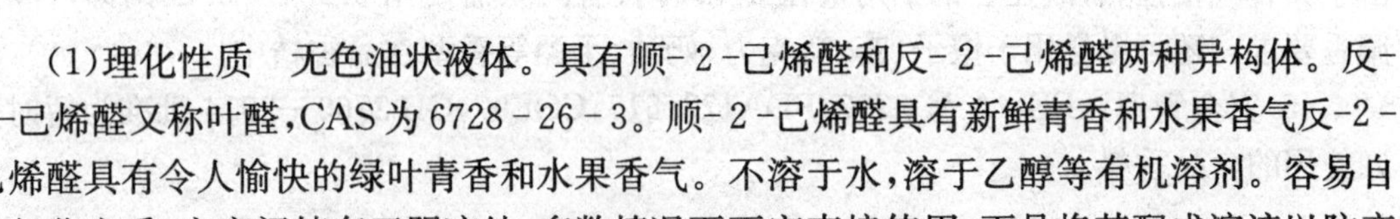

己醛　α-溴代己醛　α-溴代己醛乙二醇缩醛

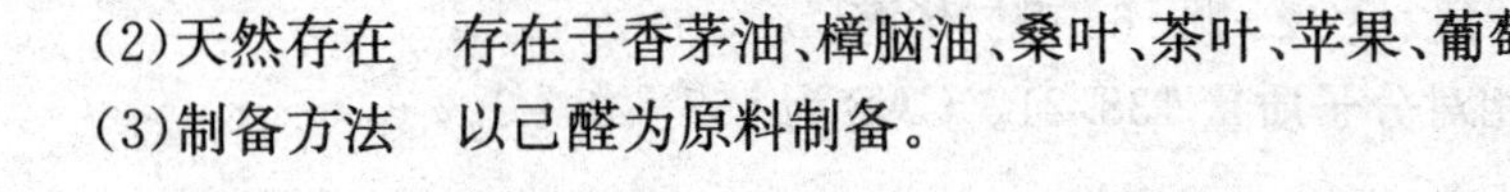

α,β-不饱和己醛乙二醇缩醛　2-己烯醛

(4)主要用途　顺-2-己烯醛可用于水果香精中。反-2-己烯醛少量用于紫罗兰、水仙等香型日化香精中,可用于配制水果、饮料等用食用香精。

(5)安全管理　顺-2-己烯醛 FEMA 号 2561。反-2-己烯醛 FEMA 号 2560,COE748,GB 2760—2014 批准为允许使用的食品香料。

三、正辛醛(*n*-Octylaldehyde)

正辛醛又称辛醛、C_8-醛。

分子式为 $C_8H_{16}O$,相对分子质量 128.22。CAS 为 124-13-0。

$$CH_3(CH_2)_6CHO$$

(1)理化性质　无色至淡黄色液体,具有强烈而又尖刺的水果香气,稀释时有未成熟柑橘似的香气和令人愉快的甜橙香气。不溶于水,溶于乙醇等有机溶剂。容易氧化,宜密闭储存于阴凉处。沸点为 171～173℃、82℃/1.7kPa,相对密度(d_{25}^{25})为 0.810～0.826,折射率(n_D^{20})为 1.4170～1.4250,闪点为 52℃。

(2)天然存在　存在于柑橘类精油和其他精油中。

(3)制备方法　由正辛醇在银网催化剂上气相氧化制取,或是在铜铬催化剂存在下经氧化或催化脱氢制得。

$$CH_3(CH_2)_6CH_2OH+O_2 \xrightarrow{Ag} CH_3(CH_2)_6CHO$$

(4)主要用途　在日化香精配方中,用于调配紫罗兰型、玫瑰型及其他花香型香精。由于其香气很强烈,故在香精中用量在 3%以内,有时只需使用 0.1%～0.25%即可满足调香要求。还可微量用于橙子、杏、巧克力、奶油、干酪等香型食品香精中。

(5)安全管理　FEMA 号 2797,FDA172.515,COE97,GB 2760—2014 批准为暂时允许使用的食品香料。

四、黄瓜醛(Cucumber aldehyde)

黄瓜醛又称紫罗兰叶醛、反-2-顺-6-壬二烯醛。

分子式为 $C_9H_{14}O$,相对分子质量 138.21。CAS 为 557-48-2。

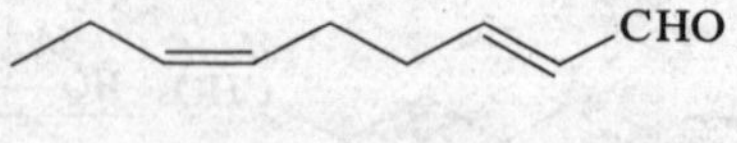

(1)理化性质　无色至淡黄色液体,具有强烈的青香香气及紫罗兰和黄瓜香韵。几乎不溶于水,溶于乙醇等有机溶剂。沸点为 187℃、94～95℃/2.4kPa,相对密度(d_4^{20})为 0.866,折射率(n_D^{20})为 1.4740,闪点为 82℃。

(2)天然存在　存在于紫罗兰花油、紫罗兰叶油以及黄瓜、甜瓜、欧洲越橘、柿子椒等果蔬植物中。

(3)制备方法

①由反-2-顺-6-壬二烯醇经三氧化铬氧化而制得。

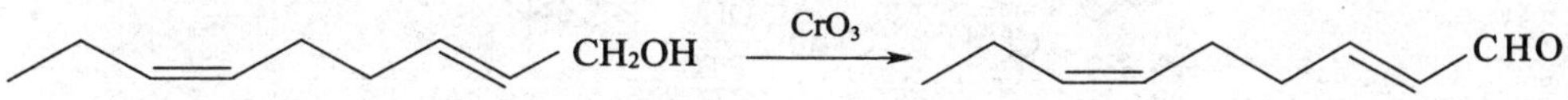

②以叶醇(顺式-3-己烯醇)为原料，首先制得格氏试剂，再与丙烯醛反应生成醇，用溴化磷处理得到2,6-壬二烯溴，水解后得到醇，最后经氧化反应生成反-2-顺-6-壬二烯醛。

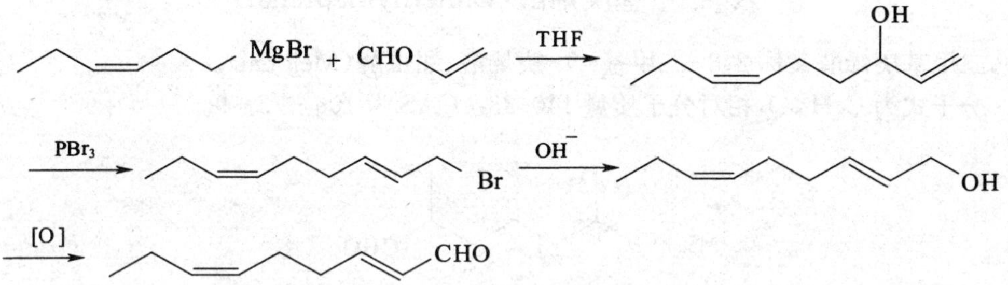

(4)主要用途　较微量用于水仙、玉兰、紫罗兰等香型日化香精中，作为头香剂使用。用于调配黄瓜、甜瓜、西瓜、梨、苹果、热带水果、牛乳、鱼、鸡肉等香型食用香精，作头香剂使用。

(5)安全管理　FEMA号3377，COE659，GB 2760—2014批准为暂时允许使用的食品香料。

五、青草醛(Traveal)

青草醛又称2,2,5-三甲基-4-己烯醛。

分子式为$C_9H_{16}O$，相对分子质量140.23。

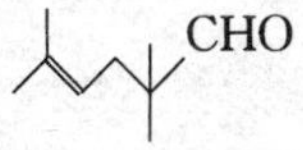

(1)理化性质　无色至淡黄色液体，具有强烈的草香和新鲜的青香香气。不溶于水，溶于乙醇等有机溶剂。在空气中容易氧化，宜密闭储存于阴凉处。沸点为65～66℃/2.7kPa，相对密度(d_4^{20})为0.851，折射率(n_D^{20})为1.4390～1.4410。

(2)天然存在　未见文献报道。

(3)制备方法

①以二甲基乙烯基甲醇和异丁醛为原料，在酸性催化剂存在下进行反应制得。

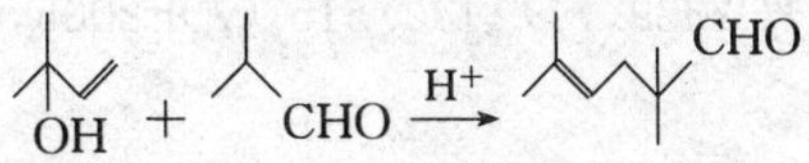

二甲基乙烯基甲醇　　异丁醛

②以氯代异戊烯和异丁醛为原料，在碱性介质中采用相转移催化剂制得。

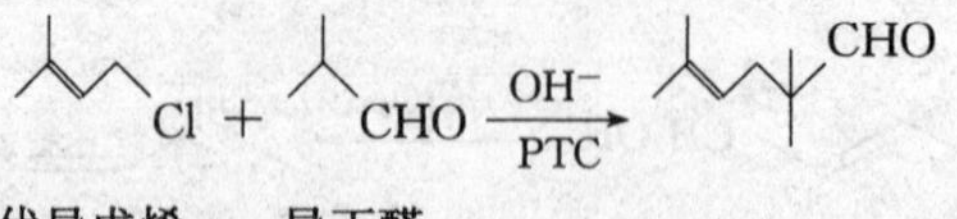

氯代异戊烯　　异丁醛

（4）主要用途　可用于香水香精的配制。也可作为合成香料的中间体，如可由青草醛选择性加氢制得青草醇。

六、二甲基庚烯醛（Dimethylheptenal）

二甲基庚烯醛又称 2,6 -二甲基- 5 -庚烯醛、甜瓜醛（Melonal）。

分子式为 $C_9H_{16}O$，相对分子质量 140.23。CAS 为 106 - 72 - 9。

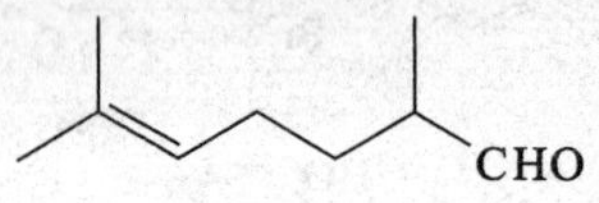

（1）理化性质　无色至淡黄色液体，具有强烈的、新鲜的甜瓜似的水果香气。微溶于水，溶于乙醇等有机溶剂。在碱性介质中不稳定，久置空气中易被氧化，宜密闭储存于阴凉处。沸点为 116～124℃/13.33kPa，相对密度（d_4^{20}）为 0.850～0.860，折射率（n_D^{20}）为 1.4400～1.4500，闪点为 68℃。

（2）天然存在　未见文献报道。

（3）制备方法　以甲基庚烯酮和氯乙酸乙酯为原料，采用乙醇钠为缩合剂，经达真斯（Darzens）反应生成环氧酸酯，然后经皂化、酸化反应生成环氧酸，最后在酸性条件下加热脱羧重排生成二甲基庚烯醛。

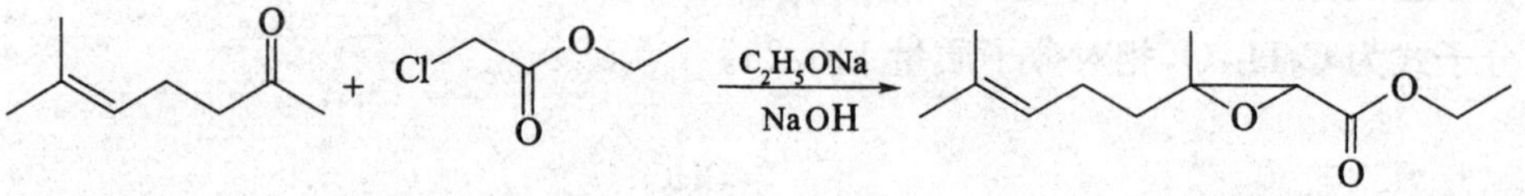

甲基庚烯酮　　氯乙酸乙酯　　环氧酸酯

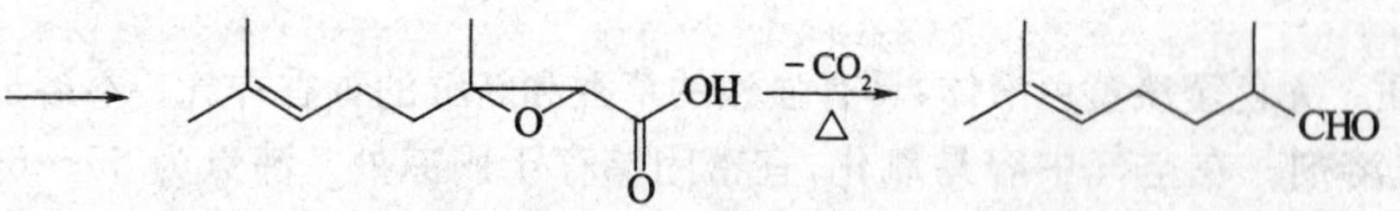

环氧酸　　二甲基庚烯醛

（4）主要用途　可用于日化香精的调配，以增加化香清鲜感。可用于甜瓜、黄瓜、西瓜、苹果、柠檬、蔬菜等香型食用香精的调配。

（5）安全管理　FEMA 号 2389，FDA172.515，COE2006，GB 2760—2014 批准为允许使用的食品香料。

七、2 -壬烯醛（2 - Nonenal）

2 -壬烯醛又称 α -壬烯醛。

分子式为 $C_9H_{16}O$，相对分子质量 140.23。CAS 为 2463－53－8。

$$CH_3(CH_2)_5—CH═CHCHO。$$

（1）理化性质　无色至淡黄色液体，高浓度时具有强烈的、尖刺的油脂和鸢尾根香气，稀释至 0.1% 浓度以下时则油脂气减少，鸢尾香气突出，并伴有花香和青香香韵。不溶于水，溶于乙醇等有机溶剂。在空气中容易氧化，宜密闭储存于阴凉处。沸点为 189℃、92℃/1.5kPa，相对密度（d_4^{20}）为 0.860，折射率（n_D^{20}）为 1.4540，闪点为 84℃。

（2）天然存在　存在于鸢尾油以及葡萄、番茄、胡萝卜、甜瓜、桃、黄瓜等果蔬植物中。

（3）制备方法　以 2-壬烯醇为原料，经三氧化铬氧化制得。

$$CH_3(CH_2)_5—CH═CHCH_2OH \xrightarrow{CrO_3} CH_3(CH_2)_5—CH═CHCHO$$

（4）主要用途　微量用于花香型日化香精中。用于调配黄瓜、西瓜、甜瓜、水果、面包、黄油、肉、鸡、家禽等香型的食用香精。

（5）安全管理　FEMA 号 3213，COE733，GB 2760—2014 批准为允许使用的食品香料。

八、壬醛（Nonanal）

壬醛又称正壬醛、C_9-醛。

分子式为 $C_9H_{18}O$，相对分子质量 142.24。CAS 为 124－19－6。

$$CH_3(CH_2)_7CHO$$

（1）理化性质　无色至淡黄色液体，具有强烈的、尖锐的油脂气息，带有柑橘及红玫瑰香气特征，在极度稀释时具有愉快的玫瑰和柑橘香气，因而在调香中是极为重要的品种之一。不溶于水，溶于乙醇等有机溶剂。容易氧化，宜密闭储存于阴凉处。沸点为 191～192℃、91～92℃/2.9kPa，熔点为 5～7℃，相对密度（d_4^{20}）为 0.820～0.828，折射率（n_D^{20}）为 1.4210～1.4260，闪点为 71℃。

（2）天然存在　壬醛首先在玫瑰油中被发现，后来在柑橘类精油、白柠檬油、鸢尾油、香紫苏油、姜油、肉桂油和松节油中发现也有存在。

（3）制备方法

①由壬醇催化脱氢制取。

$$\underset{\text{壬醇}}{CH_3—(CH_2)_7—CH_2OH} \xrightarrow[\triangle,Cu]{-H_2} CH_3(CH_2)_7—CHO$$

②虽然壬醛可以由壬醇催化脱氢制得，但壬醇的来源不易，因而常用壬酸经萨巴蒂埃（Sabatier）反应制得。

$$CH_3(CH_2)_7-\overset{\overset{\displaystyle O}{\|}}{C}-OH + HCOOH \xrightarrow[320\sim340^\circ C]{MnO-浮石} CH_3(CH_2)_7-\overset{\overset{\displaystyle O}{\|}}{C}-H + CO_2 + H_2O$$

壬酸

③以油酸为原料,经臭氧化反应生成壬醛和壬二酸,再经分离制得。

$$\underset{油酸}{CH_3(CH_2)_7CH=CH(CH_2)_7COOH} \xrightarrow{O_3} \underset{壬醛}{CH_3(CH_2)_7CHO} + \underset{壬二酸}{HO-\overset{\overset{\displaystyle O}{\|}}{C}-(CH_2)_7-\overset{\overset{\displaystyle O}{\|}}{C}-OH}$$

(4)主要用途　壬醛在调香上应用较广,主要作为头香剂用于玫瑰、橙花、金合欢、葵花、铃兰、茉莉等花香型和幻想型日化香精中,其用量一般在0.5%左右。在柠檬、白柠檬、橘子、甜橙、花香等香型食用香精中也可少量应用。

(5)安全管理　FEMA号2782,FDA172.515,COE114,GB 2760—2014批准为暂时允许使用的食品香料。

九、癸醛(Decanal)

癸醛又称正癸醛、十碳醛和C_{10}-醛。

分子式为$C_{10}H_{20}O$,相对分子质量156.26。CAS为112-31-2。

$$CH_3(CH_2)_8CHO$$

(1)理化性质　无色至淡黄色液体,具有强烈的醛香香气,稀释时具有甜橙和橘子香气,并带有油脂气息。不溶于水,溶于乙醇等有机溶剂。易被氧化,宜配成10%的乙醇溶液后储存。沸点为207~209℃,凝固点为17~18℃,相对密度(d_{25}^{25})为0.823~0.832,折射率(n_D^{20})为1.4260~1.4300。

(2)天然存在　在柠檬草油、柑橘油、橙花油、薰衣草油、针叶油、玫瑰油中均有存在。

(3)制备方法

①由癸醇催化氧化制备。

$$2\underset{癸醇}{CH_3(CH_2)_8CH_2OH} + O_2 \xrightarrow[350^\circ C]{Ag} 2CH_3(CH_2)_8CHO + 2H_2O$$

②由癸酸还原制备。

$$\underset{癸酸}{CH_3(CH_2)_8COOH} + HCOOH \xrightarrow[\triangle]{TiO_2} CH_3(CH_2)_8CHO + CO_2 + H_2O$$

(4)主要用途　主要用于调配橘子、橙花、玫瑰、茉莉、紫罗兰、紫丁香等香型的日化香精,在日化香精中用量一般小于1%。也可用于柑橘、橙子、柠檬等香型的食用香精中。

(5)安全管理 FEMA 号 2362，FDA182.60，COE98，GB 2760—2014 批准为暂时允许使用的食品香料。

十、甲基辛基乙醛(Methyl octyl acetaldehyde)

甲基辛基乙醛又称 MOA、2 -甲基- 1 -癸醛。

分子式为 $C_{11}H_{22}O$，相对分子质量 170.30。CAS 为 19009 - 56 - 4。

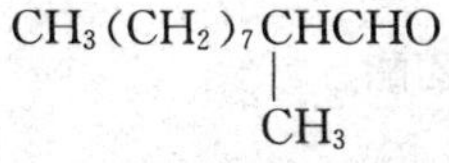

(1)理化性质 无色至淡黄色液体，稀释时具有强烈的醛香、花香和柑橘香气。不溶于水，溶于乙醇等有机溶剂。长期置于空气中易氧化，宜配成 10%的乙醇溶液，密闭储存于阴凉处。沸点 71℃/100Pa，相对密度(d_{25}^{25})为 0.822～0.826，折射率(n_D^{20})为 1.4290～1.4300。

(2)天然存在 未见文献报道。

(3)制备方法 通常以甲基辛基酮(2 -癸酮)与氯乙酸乙酯为原料，以醇钠为缩合剂，通过达真斯(Darzens)反应缩合制得。

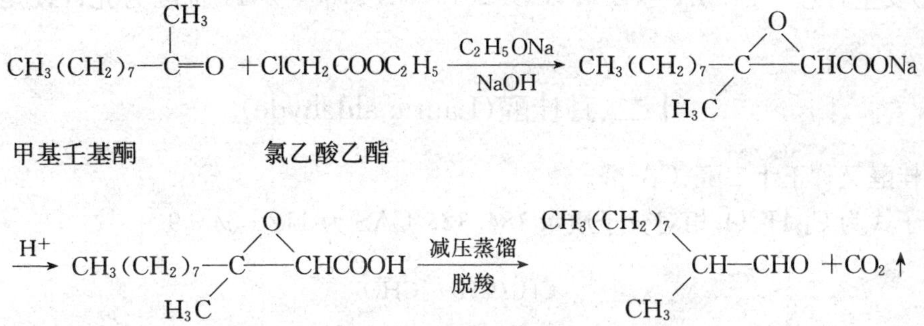

(4)主要用途 可用于日化香精中，用量在 1%以内。

(5)安全管理 IFRA 没有限制规定。

十一、甲基壬基乙醛(Methyl nonyl acetaldehyde)

甲基壬基乙醛又称 MNA、2 -甲基- 1 -十一醛。

分子式为 $C_{12}H_{24}O$，相对分子质量 184.32。CAS 为 110 - 41 - 8。

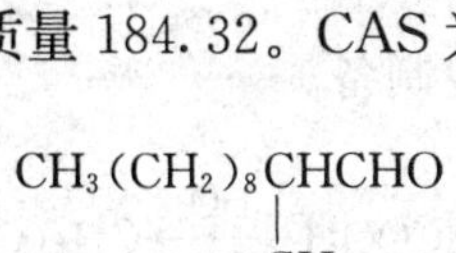

(1)理化性质 无色至淡黄色液体，具有强烈的醛香香气，并带有龙涎香、柑橘和草香香韵。其香气似除萜橙皮油，后段香气又似琥珀，香气温和而持久，较其他脂肪醛均佳。常用于香水香精中，往往同其他醛类同用于茉莉、古龙、素心兰等香型香精配方中，但甲基壬基乙醛的香气浓烈，只能微量使用。还常用于橙皮油中以增浓气息。不溶于水，溶于乙醇等有机溶剂。化学性质不太稳定，宜配成 10%的乙醇溶液，密闭储存于阴凉处。沸点

232℃、114℃/1.3kPa,相对密度(d_{25}^{25})为 0.822～0.830,折射率(n_D^{20})为 1.4312～1.4314。

(2)天然存在　未见文献报道。

(3)制备方法　一般是用甲基壬基酮(2-十一酮)与氯乙酸乙酯以醇钠为缩合剂,通过达真斯(Darzens)反应缩合制得。

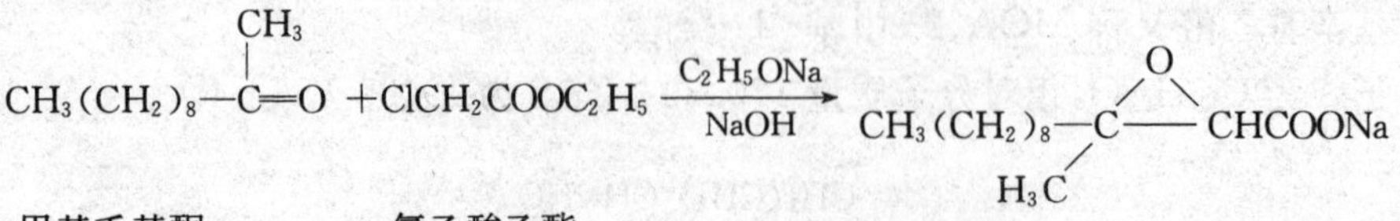

甲基壬基酮　　　　　氯乙酸乙酯

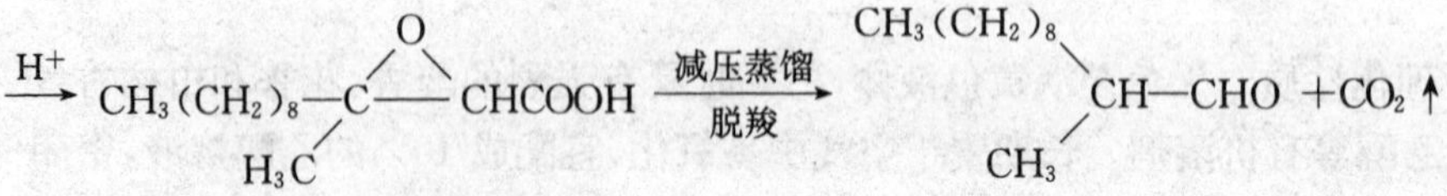

(4)主要用途　可用于调配茉莉、素心兰、百花、晚香玉等花香型和醛香型日化香精,主要作为头香剂使用。食用香精中用途极少,极微量地用于柑橘、蜜香、椰子、杏、菠萝等香型食用香精中。

(5)安全管理　FEMA 号 2749,COE2010,GB 2760—2014 批准为允许使用的食品香料。

十二、月桂醛(Lauric aldehyde)

月桂醛又称正十二醛、C_{12}-醛。

分子式为 $C_{12}H_{24}O$,相对分子质量 184.32。CAS 为 112-54-9。

$$CH_3(CH_2)_{10}CHO$$

(1)理化性质　无色至黄色液体,具有强烈的草香和松叶香气,稀释后有紫罗兰样的香气。不溶于水,溶于乙醇等有机溶剂。在空气中放置易发生氧化反应,宜密闭储存于阴凉处。沸点为 249℃,凝固点为 8～11℃,相对密度(d_{25}^{20})为 0.826～0.836,折射率(n_D^{20})为 1.4330～1.4390。

(2)天然存在　存在于柠檬油、白柠檬油、松针油和松节油中。

(3)制备方法

①以十二酸为原料经还原反应制备。

$$CH_3(CH_2)_{10}COOH + HCOOH \xrightarrow[260℃]{TiO_2} CH_3(CH_2)_{10}CHO + CO_2 + H_2O$$

十二酸

②以月桂醇为原料经氧化反应制备。

$$2CH_3(CH_2)_{10}CH_2OH + O_2 \xrightarrow[60℃]{PtO_2} 2CH_3(CH_2)_{10}CHO + 2H_2O$$

月桂醇

(4)主要用途　可用于日化香精的调配，主要用于紫罗兰、铃兰、丁香、橙花、茉莉、金合欢、素心兰等香型日化香精中。也可用于调配柑橘、柠檬、奶油、香蕉、橙子、混合水果等香型的食用香精。

(5)安全管理　FEMA 号 2615，FDA172.515，COE99，GB 2760—2014 批准为暂时允许使用的食品香料。

十三、肉豆蔻醛(Myristic aldehyde)

肉豆蔻醛又称正十四烷醛、C_{14}-醛。

分子式为 $C_{14}H_{28}O$，相对分子质量 212.36。CAS 为 124-25-4。

$$CH_3(CH_2)_{12}—CHO$$

(1)理化性质　无色至淡黄色液体，遇冷时成为蜡状固体。具有柔和的油脂气息，略带柑橘和鸢尾似香气。不溶于水，溶于乙醇等有机溶剂。容易发生聚合反应，生成熔点为 65℃的固体，宜密闭储存于阴凉处。熔点 23℃，沸点为 260℃，相对密度(d_4^{25})为 0.825～0.835，折射率(n_D^{20})为 1.4380～1.4450。

(2)天然存在　在金橘皮、黄瓜、生姜、鸡油、花生、啤酒花油中均有存在。

(3)制备方法　以肉豆蔻酸为原料，经还原反应制得。

$$CH_3—(CH_2)_{12}—COOH + HCOOH \xrightarrow[\triangle]{TiO_2} CH_3—(CH_2)_{12}—CHO + CO_2 + H_2O$$

(4)主要用途　少量用于素心兰、百合花、栀子香等香型的日化香精中；微量地用于脂肪、牛乳、鱼、柑橘、水果等香型的食用香精中。

(5)安全管理　FEMA 号 2763，FDA172.515，COE118，GB 2760—2014 批准为暂时允许使用的食品香料。

第三节　芳香族醛类香料

一、苯甲醛(Benzaldehyde)

苯甲醛分子式为 C_7H_6O，相对分子质量 106.12。CAS 为 100-52-7。

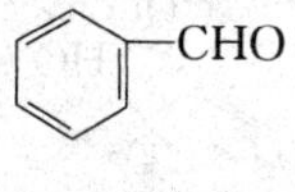

(1)理化性质　无色至淡黄色液体，具有强烈的杏仁和樱桃香气。微溶于水，溶于乙醇等有机溶剂。容易氧化生成苯甲酸，受日光照射更甚，宜密闭储存于阴凉处。沸点为 178～180℃、45℃/670Pa，相对密度(d_{25}^{25})为 1.041～1.046，折射率(n_D^{20})为 1.5440～1.5465，闪点为 64℃。

(2)天然存在　苯甲醛是天然苦杏仁油的主要成分，在自然界中以葡萄糖苷的形态存在。在苦杏仁油、广霍香油、风信子油、依兰依兰油、核桃油、橙花油、桂皮油、香茅油、鸢尾油、玫瑰油、黄樟油以及其他花的精油中也有存在。

(3)制备方法

①从天然精油中通过分馏单离制得。

②以天然肉桂油(含肉桂醛 80%以上)为原料,经臭氧化、硫脲还原反应制备。

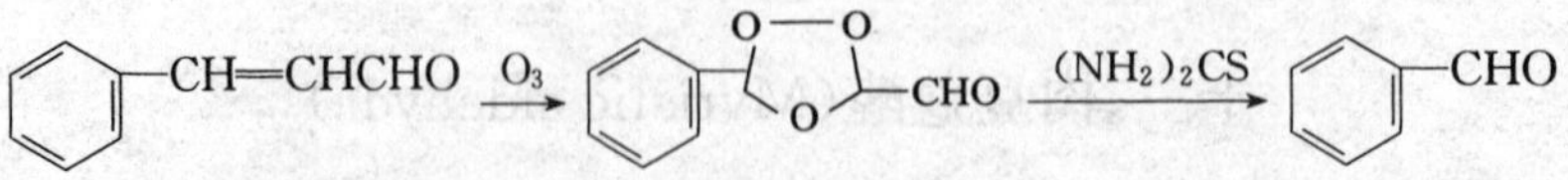

③以甲苯为原料,用催化氧化法制取。

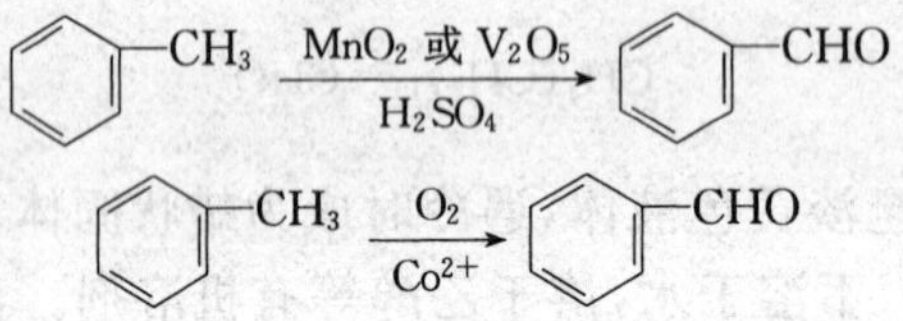

④以二氯苯甲烷为原料,在碱性条件下水解制得。

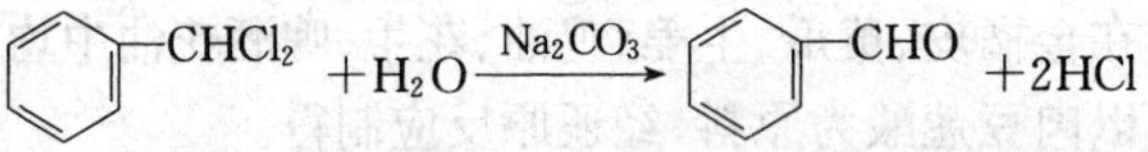

(4)主要用途　广泛用于医药、农药、染料、香料等行业。苯甲醛本身可以用于香料,可以作为特殊的头香剂,用于紫丁香、紫罗兰、白兰、茉莉、橙花、金合欢等香型的皂用香精中。作为食用香料替代天然苦杏仁油,在奶油、可可、香草、坚果、杏仁、杏、桃、椰子、樱桃、香荚兰豆、辛香、热带水果等香型的食用香精中也经常使用,但是用于食用的苯甲醛必须是无氯级。

(5)安全管理　FEMA 号 2127,FDA182.60,COE101,GB 2760—2014 批准为暂时允许使用的食品香料。

二、水杨醛(Salicylaldehyde)

水杨醛又称 2-羟基苯甲醛、邻羟基苯甲醛。

分子式为 $C_7H_6O_2$,相对分子质量 122.13。CAS 为 90-02-8。

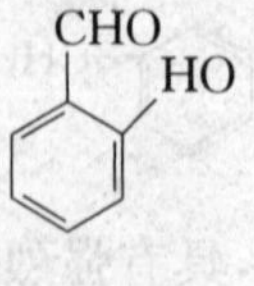

(1)理化性质　无色油状液体,具有杏仁香气,并带有苯酚气息,高度稀释后有药草香气。微溶于水,溶于乙醇等有机溶剂。沸点为 196～197℃,相对密度(d_{20}^{20})为 1.160～1.170,折射率(n_D^{20})为 1.5740,闪点为 79℃。

(2)天然存在　微量存在于肉桂油、小万寿菊油、烟叶油、玫瑰香葡萄、乌松果、香荚兰、雪利酒、西红柿和茶叶中。

(3)制备方法

①以邻甲酚为原料制备。

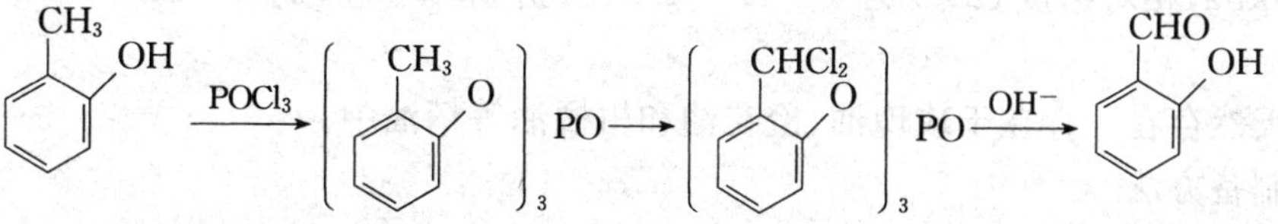

②以苯酚为原料,通过莱麦尔—蒂曼(Reimer - Tiemann)反应制备水杨醛。

由苯酚和氯仿在浓的碱溶液中进行缩合反应而制备。

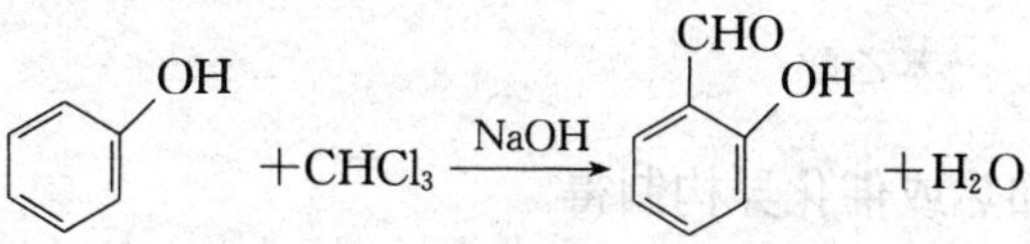

③将一氧化碳和苯酚在无水三氯化铝或氟化氢或苯酚铝的存在下进行缩合反应,制得水杨醛——这称为 Gattermann 芳香醛合成法。

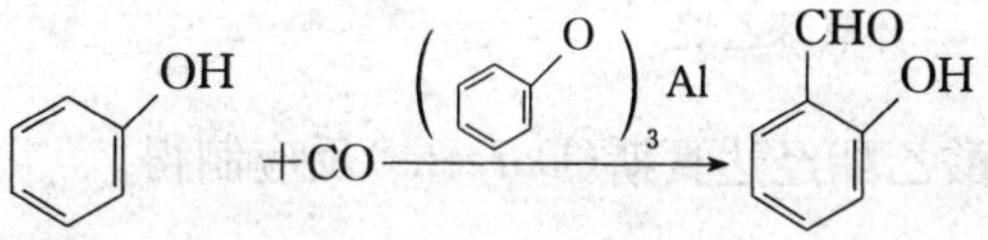

④将苯酚与硼酸反应得到苯酚硼酸酯,后者再与甲醛反应先制得水杨醇,最后再将其催化氧化制得水杨醛。

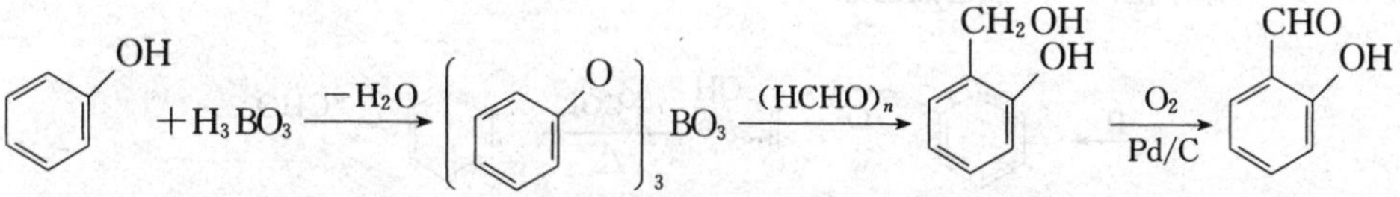

(4)主要用途　主要用作制备香豆素的原料。微量应用于紫罗兰等香型日化香精中少量应用于黄油、坚果、肉桂、香草等香型食用香精中。

(5)安全管理　FEMA 号 3004,FDA172.515,COE605,GB 2760—2014 批准为允许使用的食品香料。

三、苯乙醛(Phenylacetaldehyde)

苯乙醛分子式为 C_8H_8O,相对分子质量 120.15。CAS 为 122 - 78 - 1。

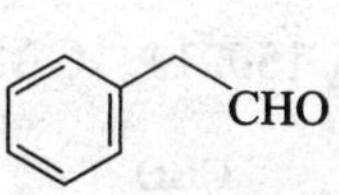

(1)理化性质　无色至淡黄色液体,具有强烈的风信子香气和绿叶似的青香香气。不溶于水,溶于乙醇等有机溶剂。长期置于空气中易变色,故宜密闭储存于阴凉处。因纯净的苯乙醛极易聚合,所以通常配成50%的苯乙醇或邻苯二甲酸二乙酯溶液使用。对于已经聚合的产品,可加入酸性催化剂后再进行加压蒸馏以使部分解聚。沸点为195℃、86℃/1.3kPa,相对密度(d_{25}^{25})为1.041~1.045,折射率(n_{D}^{20})为1.5300~1.5400,闪点为68℃。

(2)天然存在 存在于玫瑰油、橙花油和柑橘油等精油中。

(3)制备方法

①由苯乙醇经催化氧化制得。

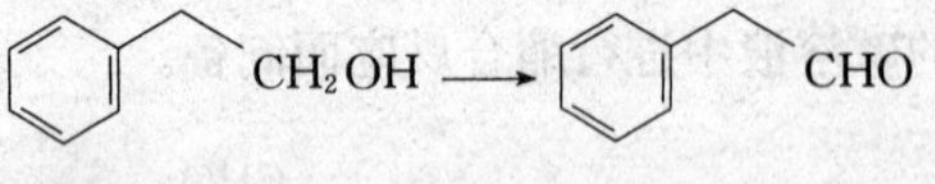

苯乙醇

②将环氧苯乙烷加热或催化异构制得。

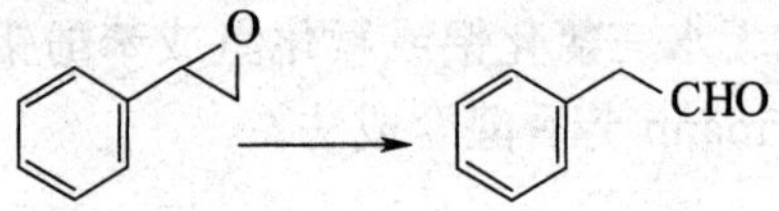

环氧苯乙烷

③由苯甲醛和氯乙酸乙酯经达真斯(Darzens)反应制得。

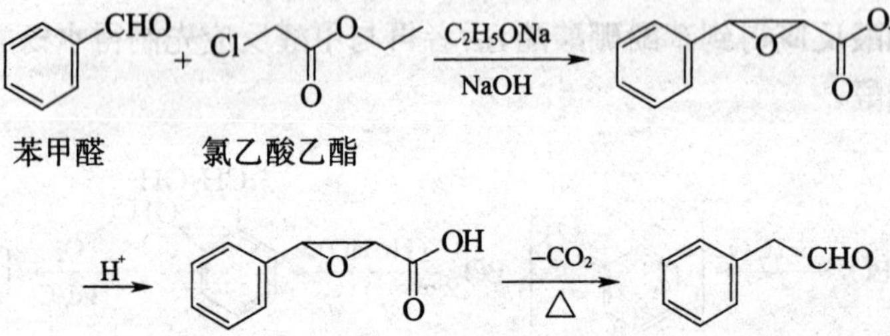

(4)主要用途 可用于日化香精中。在使用苯乙醛配制香水香精时,须同时加入等量的苯乙醇或二丙二醇醚。可少量用于花香、樱桃、桃、杏、覆盆子等香型食用香精中。

(5)安全管理 FEMA号2874,FDA172.515,COE116,GB 2760—2014批准为暂时允许使用的食品香料。

四、洋茉莉醛(Heliotropin、Piperonal)

洋茉莉醛又称胡椒醛、3,4-亚甲基二氧苯甲醛,目前市场上一般称之为洋茉莉醛。

分子式为$C_8H_6O_3$,相对分子质量150.14。CAS为120-57-0。

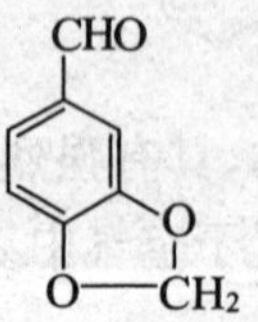

(1)理化性质　白色至淡黄色晶体，具有清甜的豆香兼茴青香气，有葵花似的花香和辛香香气。有些似香水草(俗称葵花)气息，又似樱桃香气，但至今未能从葵花中找到此化合物，香气较淡弱而持久。如果有微量黄樟素或异黄樟素存在，不仅会影响其花香而且不可作食用。微溶于水，溶于乙醇等有机溶剂。不太稳定，见光会变色，故宜密闭储存于阴凉处。不宜用于白色加香产品中，有致变色因素，与吲哚同用时会产生粉红色。熔点为36～37℃，沸点为261～263℃、112℃/700Pa，闪点为130℃。

(2)天然存在　在黄樟油、刺槐、刺芹油、胡椒、香荚兰豆、鸡、甜瓜、雪利酒、紫罗兰花、榆绣线菊等精油中均有存在。

(3)制备方法：洋茉莉醛的制备方法很多，主要有如下几种。

①最早合成洋茉莉醛的方法(1885年)是将3,4-二羟基苯甲醛与氢氧化钾和二碘甲烷作用生成，但得率较低。

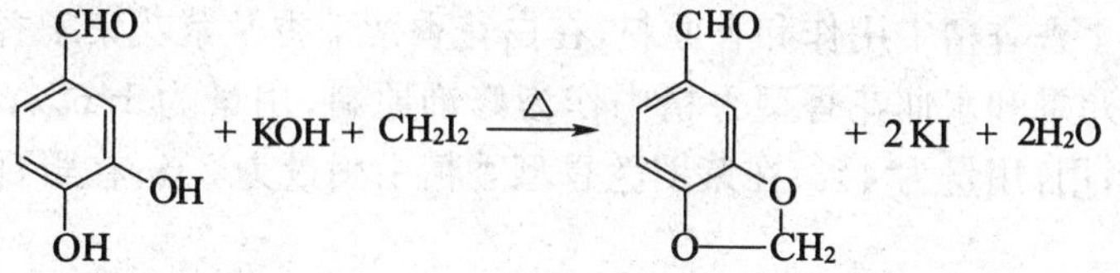

②将邻苯二酚与CH_2Cl_2及NaOH作用生成1,2-二氧亚甲基苯，再经氯甲基化反应及索姆莱特(Sommelet)反应而变成洋茉莉醛(全合成法)。

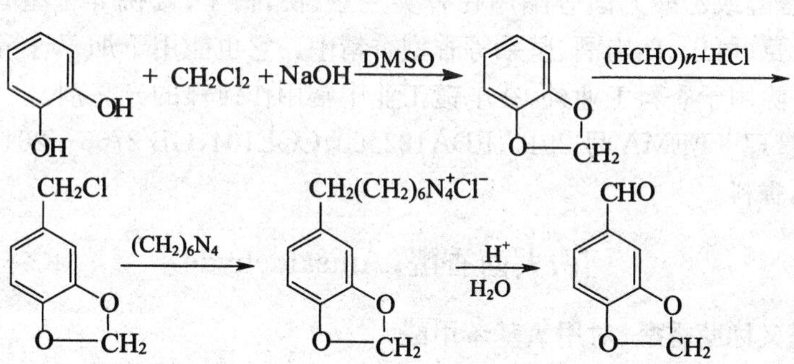

③以邻苯二酚和二氯甲烷在碱性条件下反应生成1,2-二氧亚甲基苯，后者在硫酸存在下与乙醛酸进行加成、缩合反应生成3,4-亚甲基二氧苯基羟乙酸，再用稀硝酸氧化脱羧即可得到洋茉莉醛(全合成法)。

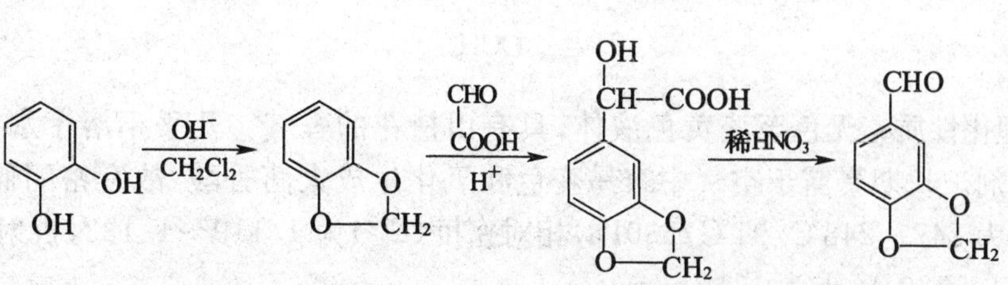

④自1885年从天然黄樟油中分离得到黄樟素，开始以黄樟素作为合成洋茉莉醛的原料后，大大降低了生产成本。其合成过程是先在碱性条件下使黄樟素的双键移位生成异黄樟素，然后异黄樟素经臭氧或重铬酸钾等氧化生成洋茉莉醛(半合成法)。

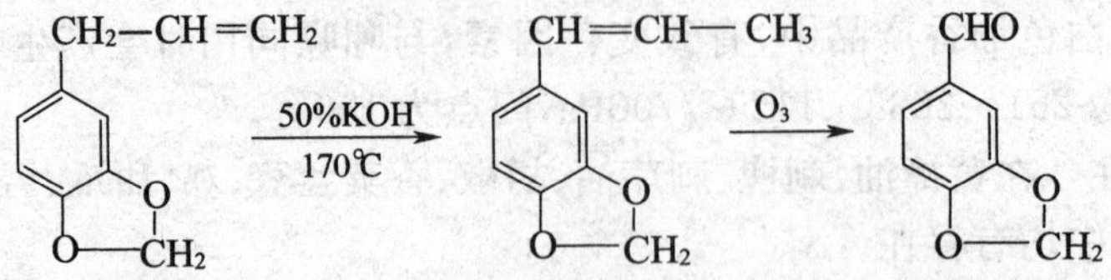

黄樟素　异黄樟素　洋茉莉醛

(4)主要用途　洋茉莉醛可视为豆香和茴香的和合香气。用途广，不论高低档香精均适用。洋茉莉醛是葵花香精的主体原料(用量高达40%)，也是其他花香型香精的重要辅助原料，如在紫丁香香精中用作和香原料，在白花香紫丁香及紫花紫丁香香精中用量均为2%；在铃兰、康乃馨和水仙花香型香精中作为修饰原料，用量为1.6%；也在桂花香型香精中作修饰原料用，用量为4%；在紫罗兰香型香精中用量为2%；在野百合花香型香精中也可用。

洋茉莉醛在某些场合下亦用作定香剂。

在食用香精中也常用洋茉莉醛以增加甜香，可对香兰素起增效提调作用。尤其是在香荚兰豆及樱桃香精中是必不可少的原料，但用量不能大。在樱桃香精中它作用于苯甲醛，它与大茴香醇或乙酸大茴香酯用在香荚兰豆、桃、梅子、樱桃等香型香精中能协调香气。也用于草莓、可乐、朗姆酒、坚果等香型香精中。它也能用于烟草香精中。

洋茉莉醛除用于香料工业外，在电镀工业中常用作镀镍的光亮剂。

(5)安全管理　FEMA号2911，FDA182.60，COE104，GB 2760—2014批准为暂时允许使用的食品香料。

五、大茴香醛(Anisaldehyde)

大茴香醛又称茴香醛、对甲氧基苯甲醛。

分子式为$C_8H_8O_2$，相对分子质量136.15。CAS为123-11-5。

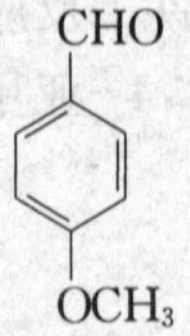

(1)理化性质　无色至淡黄色液体，具有山楂花的香气。几乎不溶于水，溶于乙醇等有机溶剂。长期暴露于空气中容易变色和氧化生成大茴香酸，故宜密闭储存于阴凉处。沸点为247～248℃、91℃/530Pa，相对密度(d_{25}^{25})为1.119～1.123，折射率(n_D^{20})为1.5718～1.5720，闪点为116℃。

(2)天然存在　大茴香醛通常存在于一些含有大茴香脑的天然精油(如八角茴香油、

小茴香油、莳萝子香油）及香荚兰豆、合欢花、番茄、蘑菇、啤酒、雪利酒中。

（3）制备方法

①以茴香脑为原料，经氧化反应制得。

以大茴香油为原料采用半合成法制备大茴香醛的方法与洋茉莉醛的半合成法基本相同。用此法生产的大茴香醛香气纯正，但价格较高，有时受原料限制，生产较困难。

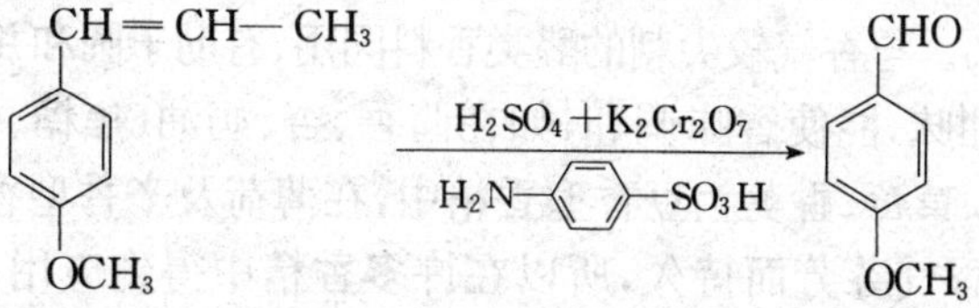

②以对甲基苯甲醚为原料，经氧化反应制得。

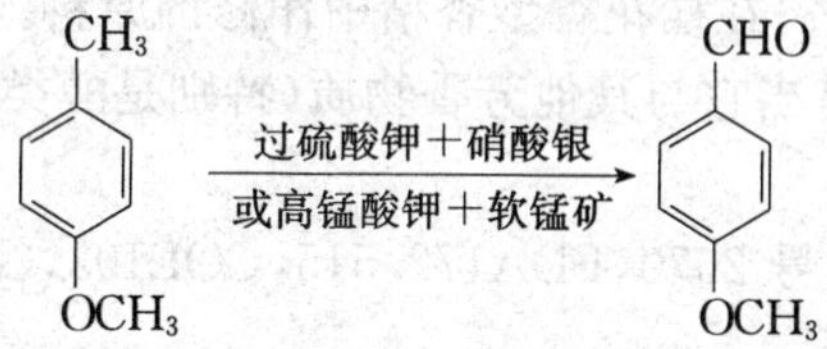

③以对羟基苯甲醛为原料，在碱性条件下，用硫酸二甲酯作为甲基化试剂，经甲基化反应制得。

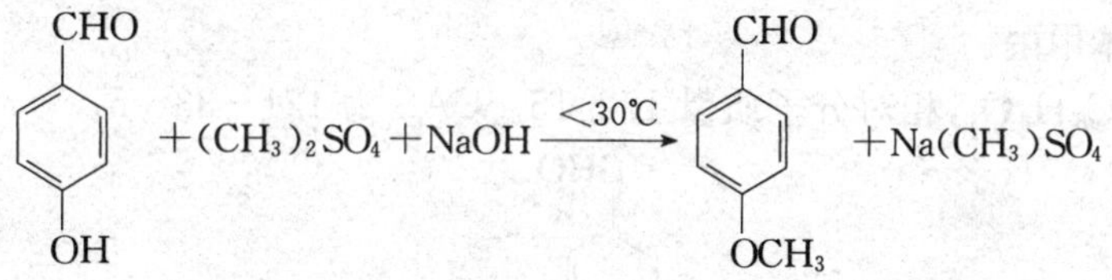

④以制备愈创木酚的副产物苯甲醚为原料，经甲基化反应生成对-甲氧基氯化苄，然后与乌洛托品成盐，再水解制得。

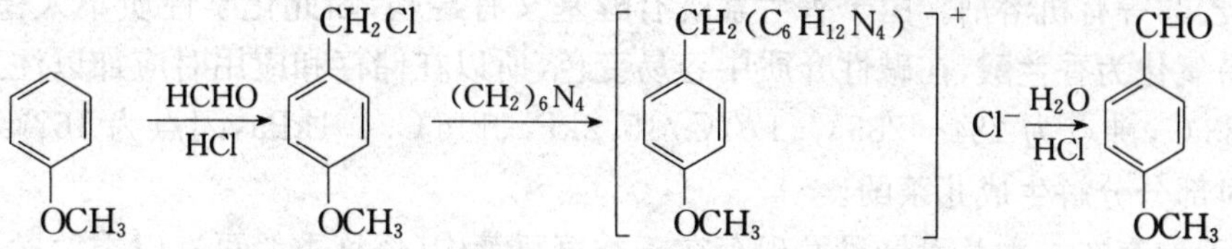

⑤以对甲酚为原料，先进行甲基化反应，再经氧化反应制得。

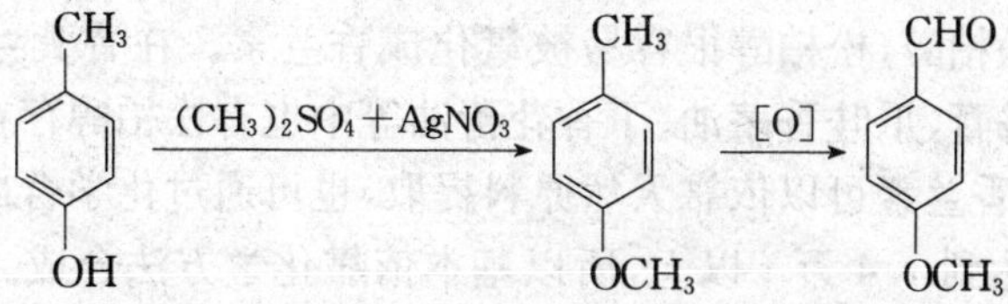

(4)主要用途　大茴香醛与大茴香醇为同类香气,应用范围也相同,是调配山楂花型香精的主体香料。也可用于紫丁香、兰花、葵花、金合欢、含羞花、刺槐、玉兰、香罗兰、甜豆花等花香型和新刈草、香薇、醛香等非花香型香精中。用于檀香等木香型香精中可透发木香。与有豆香的黑香豆、香荚兰豆香精同用,都能为茴青协调。用于粉香用香精配方中可增粉香。也可用于皂用香精中。

由于在碱性介质中及遇到胺类化合物不稳定,大茴香醛的用途就有所限制。在有些类型香精中用量可超过10%。与香气较尖刺的醛类香料同用,有助于圆和并减少其刺冲气息。

食用配方中用其甜味,能使香味调和,如在茴香、杏、奶油、焦糖、樱桃、巧克力、胡桃、黑胡桃、坚果、桃、悬钩子、草莓、香荚兰豆香型香精中,在薄荷及辛香型香精中可作修饰剂。

由于大茴香醛的香气芬芳而持久,所以在许多香精中得到应用,常与其他化合物调配而产生花香。它具有山楂的气息,可作为山楂花香型香精的主体原料。也是紫丁香香精的主体原料,用量3.5%;在铃兰花香型香精中作和香原料,用量2.5%;在葵花香型香精中作为主体原料,用量为6%;在桂花香型香精中作修饰原料。

大茴香醛的另一特点是当它与其他芳香物质(特别是醇类)混合后,其香气相当持久,同时抗氧化能力亦增强。

(5)安全管理　FEMA号2670,FDA172.515,COE103,GB 2760—2014批准为暂时允许使用的食品香料。

六、香兰素(Vanillin)

香兰素又称香草醛、香兰醛、香荚兰醛、香荚兰素、4-羟基-3-甲氧基苯甲醛和3-甲氧基-4-羟基苯甲醛。

分子式为$C_8H_8O_3$,相对分子质量152.15。CAS为121-33-5。

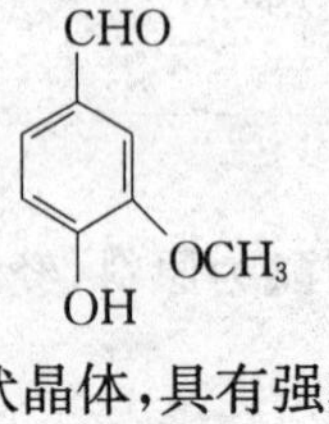

(1)理化性质　白色至微黄色针状晶体,具有强烈而又独特的香荚兰豆香气。微溶于水,溶于乙醇等有机溶剂。由于香兰素既有醛基又有羟基,因此化学性质不太稳定,在空气中容易氧化为香兰酸,在碱性介质中容易变色,所以在储存和应用时应加以注意。熔点为81～83℃,沸点为284～285℃、170℃/15.2kPa、146℃/4.1kPa,闪点为162℃,在常压下蒸馏时部分分解生成儿茶酚。

(2)天然存在　香兰素最早发现存在于香草豆荚中(俗称香兰豆),以香兰素葡萄苷的形式存在,可在酶的存在下水解得到。另外在一些针叶植物中也含有少量此物质,它的结构近似于香兰素的松柏醇。香兰素在天然产物中常以松柏苷的形式存在,当松柏苷水解时分解为葡萄糖及松柏醇,松柏醇很容易被氧化成香兰素。在香荚兰豆、橡苔油、秘鲁香膏、苏合香膏、安息香膏、爪哇香茅油、丁香花蕾油等中也有松柏醇存在。

(3)制备方法　香兰素可以依靠天然原料提取,也可通过化学合成方法制备。由于目前香兰素的年用量达到1.4万t以上,所以基本依靠化学方法合成。目前较常用的制备香兰素的方法有以下四种：

①丁香酚法：以丁香酚为原料，异构化成异丁香酚，然后用酰化法保护易被氧化的酚羟基，再在对氨基苯磺酸的存在下，以 $Na_2Cr_2O_7+H_2SO_4$ 为氧化剂，发生氧化反应生成乙酰香兰素。最后乙酰香兰素水解、酸化生成香兰素。也可以用臭氧或硝基苯等作氧化剂直接氧化异丁香酚得到香兰素。采用丁香酚为原料所制得的香兰素，其香气较其他合成方法更佳。

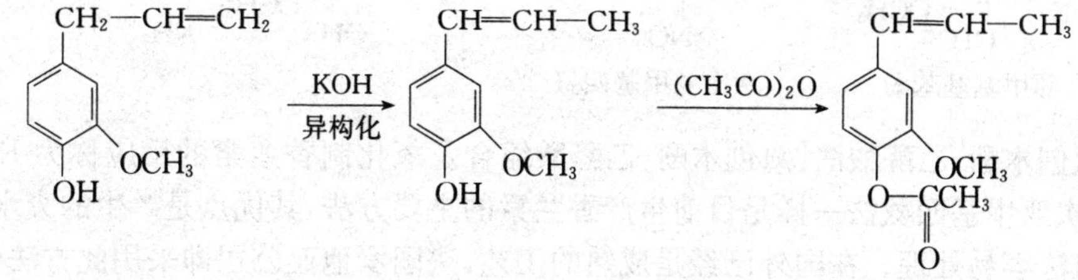

丁香酚　　异丁香酚

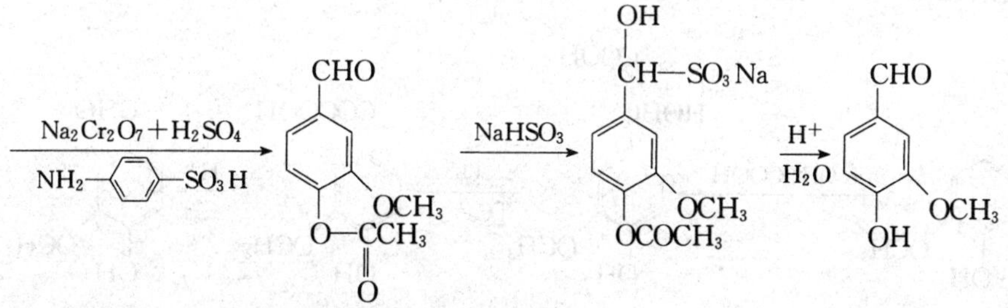

乙酰香兰素　　香兰素

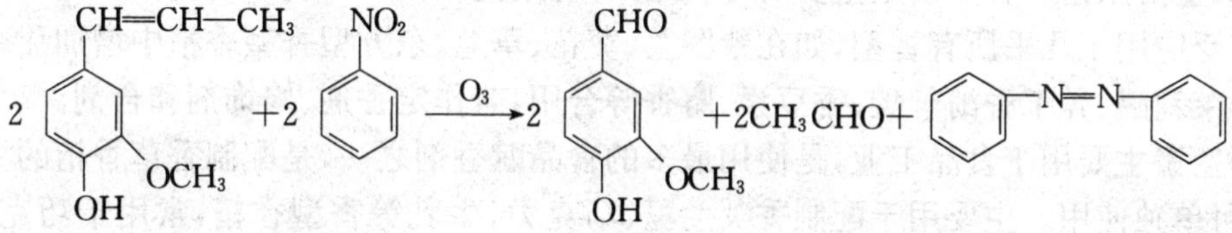

异丁香酚　　硝基苯

②木素法：以木素来合成香兰素是较新的方法，亦为木材工业的综合利用开辟了广阔的道路，我国用木素来制取香兰素业已成功。造纸工业中常用的原料针叶树（松杉等原木），用硫酸盐法或亚硫酸法制得的纸浆废液，均可作为生产香兰素的原料。

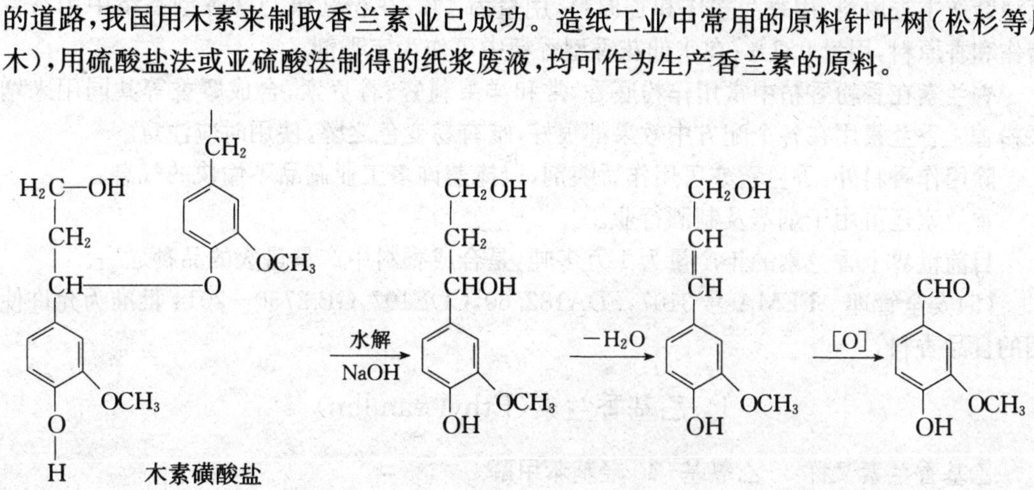

木素磺酸盐

③愈创木酚-乌诺托品法(又称愈创木酚-甲醛法、亚硝基法):邻甲氧基苯酚(愈疮木酚)与甲醛、六次亚甲基四氨(乌诺托品)反应生成香兰醇,香兰醇再氧化得到香兰素。其反应如下:

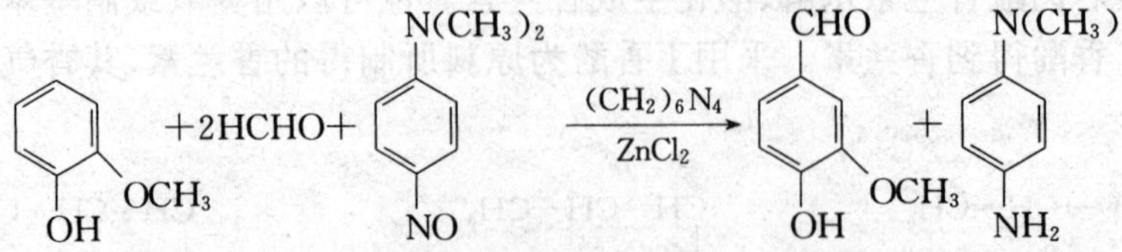

邻甲基基苯酚 六次亚甲基四氨

④愈创木酚-乙醛酸法:愈创木酚-乙醛酸缩合及氧化制香兰素的反应称为 Riedel 反应,与六次亚甲基四氨法一样是目前生产香兰素的主要方法,其优点是产生的废水比六次甲基四氨法容易处理。在国外已经是成熟的工艺,法国罗地亚公司即采用此方法,该公司年产香兰素在 4000t 以上。

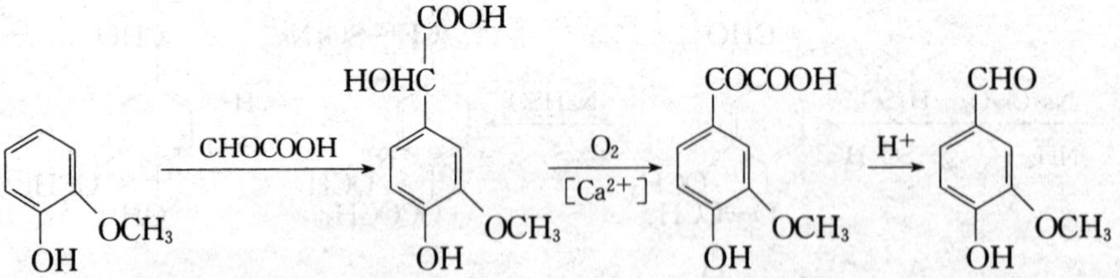

(4)主要用途　香兰素是重要的香料之一,应用范围极广,是获取花粉香、豆香的好香料。广泛应用于几乎所有香型,如在紫罗兰、葵花、草兰、东方型香型香精中增加甜香。它能和洋茉莉醛、异丁香酚苄醚、香豆素、麝香等合用,兼作定香剂、修饰剂和合剂。

香兰素主要用于食品工业,是使用最多的食品赋香剂之一,是配制香草香精的主体原料,也可单独使用。主要用于配制香荚兰豆、巧克力、牛乳等香型香精,常用于巧克力糖、糖果、饼干、蛋糕及冰淇淋中。

在化妆品香精中也常用香兰素来增加甜的豆香气息,如在葵花香型香精中用香荚兰豆浸膏作主香原料,用香兰素作和香原料,用量为 4%;在粉红康乃馨香型香精中用香兰素作和香原料,用量 0.3%;在水仙花香型香精中可作为定香剂。

香兰素在香粉香精中常用作粉底香,常和洋茉莉醛、香豆素、合成麝香等共同用来增添粉香。香兰素用在各个配方中效果都很好,唯有易变色之弊,使用时应注意。

除用作香料外,香兰素亦可用作矫嗅剂,以掩盖许多工业制品不愉快的气息。

香兰素还可用于烟草及制酒行业。

目前世界上香兰素的年产量为 1 万多吨,是合成香料中产量最大的品种之一。

(5)安全管理　FEMA 号 3107,FDA182.60,COE107,GB 2760—2014 批准为允许使用的食品香料。

七、乙基香兰素(Ethyl vanillin)

乙基香兰素又称 3-乙氧基-4-羟基苯甲醛。

分子式为 $C_9H_{10}O_3$，相对分子质量 166.18。CAS 为 121－32－4。

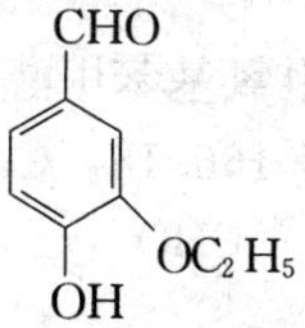

(1)理化性质　白色至微黄色细针状晶体。乙基香兰素的香气类似香兰素，但香气更为强烈，其香气强度为香兰素的 3～4 倍。微溶于水，溶于乙醇等有机溶剂。熔点为 76～77℃，沸点为 284～285℃、145℃/670Pa，闪点＞110℃。

(2)天然存在　至今未发现乙基香兰素在自然界中天然存在，均为化学合成产物。

(3)制备方法　生产乙基香兰素的方法与生产甲基香兰素的方法类似，有多种生产方法，在此只介绍其中三种。

①以原儿茶醛为原料制备。

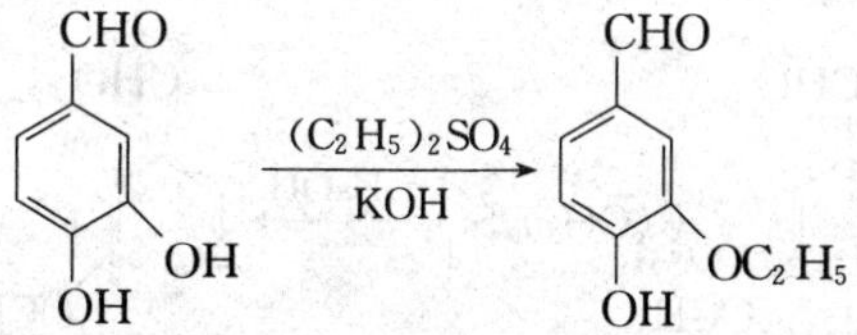

②以邻乙氧基苯酚与乌诺托品为原料制备。

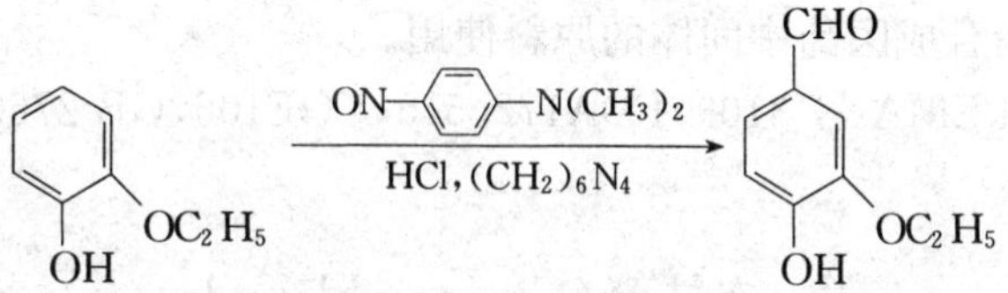

③以邻乙氧基苯酚与乙酸醛为原料制备。

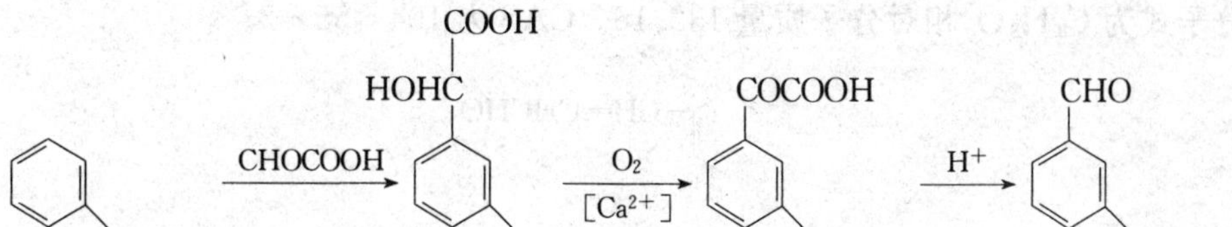

(4)应用　乙基香兰素和香兰素一样，应用范围基本相同。主要用于食品工业，在香草、巧克力、奶油、黄油、焦糖等香型食用香精中经常使用。在玫瑰、檀香、茉莉、依兰等香型日化香精中也广泛使用。乙基香兰素在香精的各个配方中效果也很好，只是有致变色因素，所以使用时应注意。

(5)安全管理　FEMA 号 2464，FDA182.60，COE108，IOFI，GB 2760—2014 批准为暂时允许使用的食品香料。

八、藜芦醛(Veratraldehyde)

藜芦醛又称香兰素甲醚、3,4-二甲氧基苯甲醛和原儿茶醛二甲醚。

分子式为 $C_9H_{10}O_3$,相对分子质量 166.18。CAS 为 120-14-9。

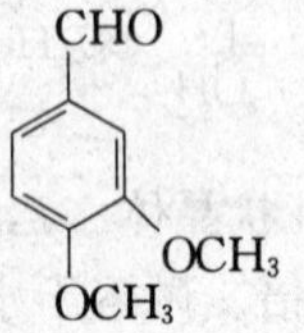

(1)理化性质　白色针状晶体,具有天然香荚兰豆和洋茉莉醛似的香气。几乎不溶于水,溶于乙醇等有机溶剂。在空气中容易被氧化,宜密闭储存于阴凉处。熔点为 43~45℃,沸点为 281~285℃、154~155℃/1.3kPa,闪点>100℃。

(2)天然存在　少量存在于香茅油、薄荷油和刺芹油等精油中。

(3)制备方法　以香兰素为原料,在碱性溶液中与硫酸二甲酯进行甲基化反应制得。

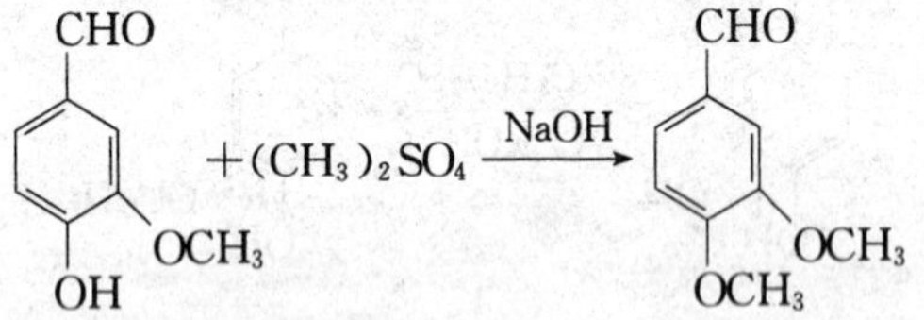

(4)主要用途　少量用于日化香精中。可用于水果、椰子、樱桃、香草、坚果等香型食用香精中。还可作为合成医药中间体的原料使用。

(5)安全管理　FEMA 号 3109,FDA172.515,COE106,GB 2760—2014 批准为允许使用的食品香料。

九、肉桂醛(Cinnamaldehyde)

肉桂醛又称 3-苯基丙烯醛、苯丙烯醛、桂皮醛和桂醛。

分子式为 C_9H_8O,相对分子质量 132.16。CAS 为 104-55-2。

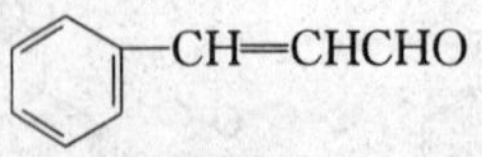

(1)理化性质　黄色液体,具有强烈的桂皮香气和辛香香气,香气较强烈、持久。肉桂醛有顺式和反式两种异构体,但不论是天然的还是合成的肉桂醛,均是反式结构。不溶于水,溶于乙醇等有机溶剂。长久暴露于空气中易氧化变色,宜密闭储存于阴凉处。沸点为 252℃(部分分解)、128~130℃/2.7kPa,相对密度(d_{25}^{25})为 1.048~1.523,折射率(n_D^{20})为 1.6180~1.6230,闪点为 128℃。

(2)天然存在　肉桂醛是肉桂油及桂皮油的主要成分,如肉桂油中含有 70%~75%,桂皮油中含有 80%~95%。同时也存在于肉桂叶、肉桂皮、广藿香、芹菜籽、柠檬香膏、玫瑰油和风信子油中。

(3)制备方法

①从精油中减压分馏单离出肉桂醛。

②以苯乙烯和甲醛为原料制备。

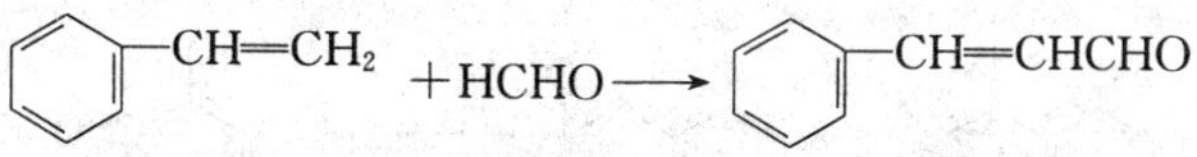

③以苯甲醛和乙醛为原料,在氢氧化钠存在下,通过 Claisen - Schmidt 缩合反应制备。

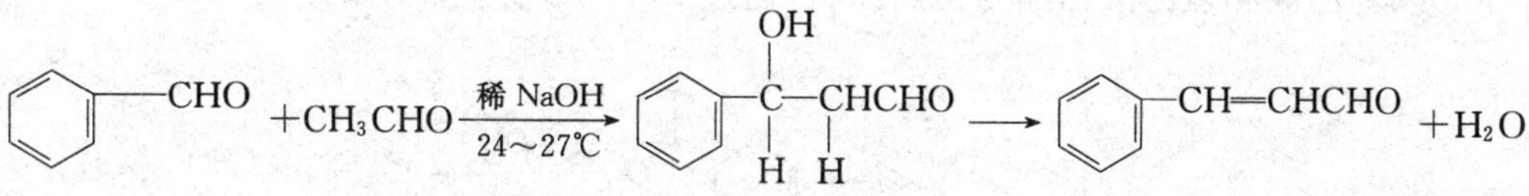

副反应:

$$2CH_3CHO \longrightarrow CH_3CH{=}CHCHO + H_2O$$

(4)主要用途 桂醛广泛应用于膏香型、辛香型及东方型、重花香型香精和香皂香精中。用于风信子、香石竹等花香型和檀香、木香等非花型香精中,可增温暖甜香之感。微量用于晚香玉、铃兰、紫丁香、茉莉和低档玫瑰香型香精中,也有良好的效果。也微量用于香薇、棕榈香型香精中。在食用香精中主要用于辛香、可乐型香精,其他如苹果、樱桃、核桃、香荚兰豆型香精也常用。在口香糖、胶姆糖、饮料、酒类、烟草香精中也有应用。还用于家用工业品、洗涤剂、掩盖剂、牙膏牙粉等口腔卫生品、漱口水等中。也用于医药中。肉桂醛还可用于合成其他芳香原料,如合成等肉桂醇及其酯类、苯丙醇及其酯类;肉桂醛经溴代得到 α-溴代-β-苯丙烯醛 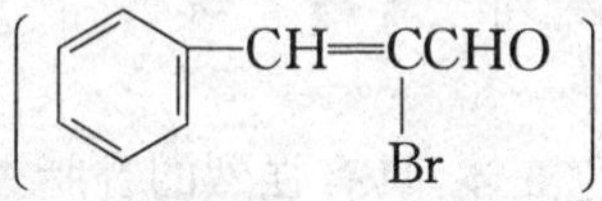 ,这是一种优良的纤维防虫防霉剂,在空气中慢慢升华,抑制和杀死细菌、霉菌,是替代樟脑、萘丸的新产品。

(5)安全管理 FEMA 号 2286,FDA182.60,COE102,GB 2760—2014 批准为允许使用的食品香料。

十、龙葵醛(Hydratropic aldehyde)

龙葵醛分子式为 $C_9H_{10}O$,相对分子质量 134.18。CAS 为 93-53-8。

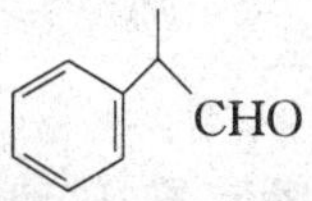

(1)理化性质 无色液体,具有风信子似的香气,并有青香和丁香样气息。微溶于水,溶于乙醇等有机溶剂。久置空气中易氧化变色,宜密闭储存于阴凉处。沸点为 204℃,相对密度(d_{25}^{25})为 0.998~1.015,折射率(n_D^{20})为 1.5150~1.5250,闪点为 80℃。

(2)天然存在 香荚兰。

(3)制备方法

①以α-甲基苯乙烯为初始原料,首先制得α-甲基环氧苯乙烷,然后经加热分解异构化生成龙葵醛。

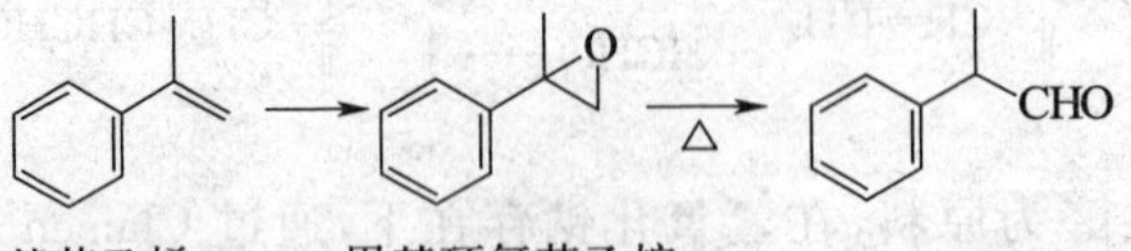

α-甲基苯乙烯　α-甲基环氧苯乙烷

②以苯乙酮和氯乙酸乙酯为初始原料,通过 Darzens 反应而制得。

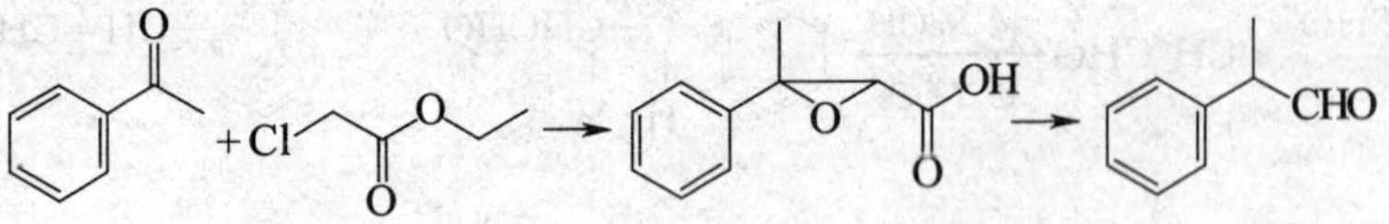

苯乙酮　氯乙酸乙酯

(4)主要用途　主要用于调配日化香精。

(5)安全管理　FEMA 号 2886,GB 2760—2014 批准为允许使用的食品香料。

十一、苯丙醛(Phenyl propyl aldehyde)

苯丙醛又称 3-苯基丙醛。

分子式为 $C_9H_{10}O$,相对分子质量 134.18。CAS 为 104-53-0。

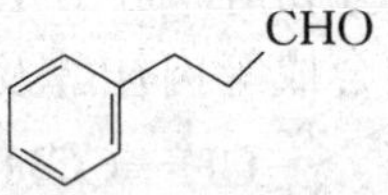

(1)理化性质　无色至淡黄色液体,具有强烈的香脂香气和风信子花香气息。不溶于水,溶于乙醇等有机溶剂。化学性质比较稳定。沸点为 221～224℃、112℃/2.7kPa,相对密度(d_{25}^{25})为 1.010～1.015,折射率(n_D^{20})为 1.5200～1.5240,闪点>100℃。

(2)天然存在　存在于肉桂油等精油中。

(3)制备方法　由肉桂醛经选择性催化氢化制得。

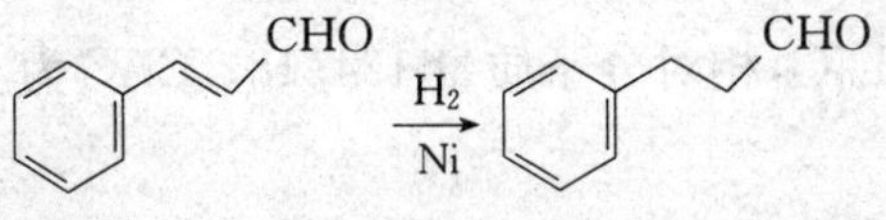

肉桂醛

(4)主要用途　可用于调配茉莉、风信子、玫瑰、丁香、铃兰等香型的日化香精。由于它对碱性比较稳定,所以也用于调配皂用香精。也可少量用于调配樱桃、黄瓜、西瓜、杏仁、草莓等香型的食用香精。

(5)安全管理　FEMA 号 2887,COE2013,GB 2760—2014 批准为允许使用的食品香料。

十二、枯茗醛(Cuminaldehyde)

枯茗醛又称莳萝醛、对异丙基苯甲醛。

分子式为$C_{10}H_{12}O$,相对分子质量148.21。CAS为122-03-2。

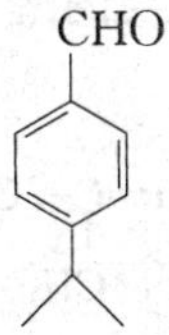

(1)理化性质　无色至淡黄色液体,具有尖刺的、令人不愉快的枯茗油和青草气息。不溶于水,溶于乙醇等有机溶剂。长期放置于空气中容易变色,宜密闭储存于阴凉处。沸点为231～232℃,相对密度(d_{15}^{15})为0.981～0.982,折射率(n_D^{20})为1.5290～1.5350,闪点为93℃。

(2)天然存在　在枯茗油(质量分数约为30%)、茴香油、丁香、百里香、肉桂油、苦橙油、兰桉油、芸香油、白柠檬油、金合欢油、牛肉、白兰地、葡萄中均有存在。

(3)制备方法

①从天然精油中通过减压精馏单离得到。

②以异丙基苯和六次甲基四胺为原料制备。

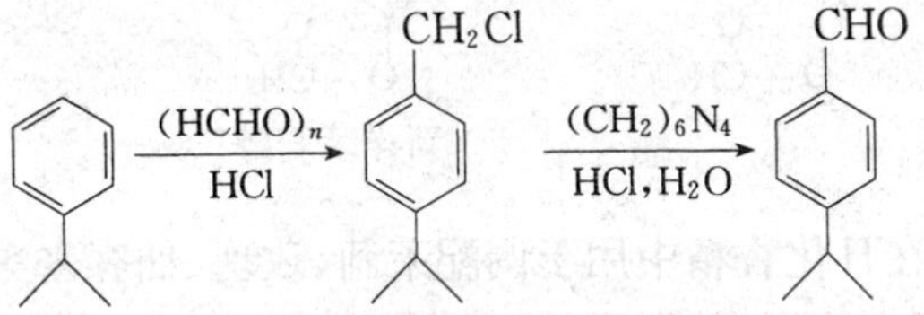

(4)主要用途　少量用于紫罗兰、紫丁香、风信子、金合欢、铃兰、鸢尾等香型日化香精中,作为头香剂使用。极微量地用于辛香、莳萝、药草、醋栗、蔬菜、调味品、浆果等香型食品香精中。

(5)安全管理　FEMA号2341,FDA172.515,COE111,GB 2760—2014批准为允许使用的食品香料。

十三、新洋茉莉醛(Helional)

新洋茉莉醛又称α-胡椒基丙醛、2-甲基-3-(3,4-亚甲二氧基苯)丙醛。

分子式为$C_{11}H_{12}O$,相对分子质量192.22。CAS为1205-17-0。

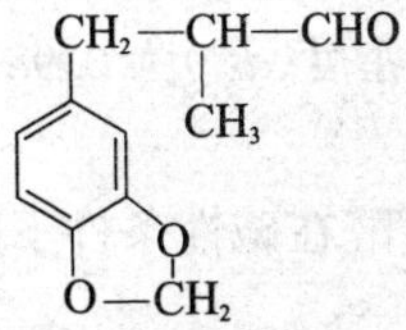

(1)理化性质　无色至淡黄色液体,具有柔和的兔耳草似的花香香气和新鲜的草香气

息。不溶于水,溶于乙醇等有机溶剂。沸点为 125℃/700Pa、97～99℃/80Pa,相对密度(d_4^{20})为 1.165～1.168,折射率(n_D^{20})为 1.5330～1.5360,闪点>100℃。

(2)天然存在　未见文献报道。

(3)制备方法

①以洋茉莉醛为原料,在碱性条件下与丙醛缩合生成不饱和醛,然后再经选择性催化氢化得到新洋茉莉醛。

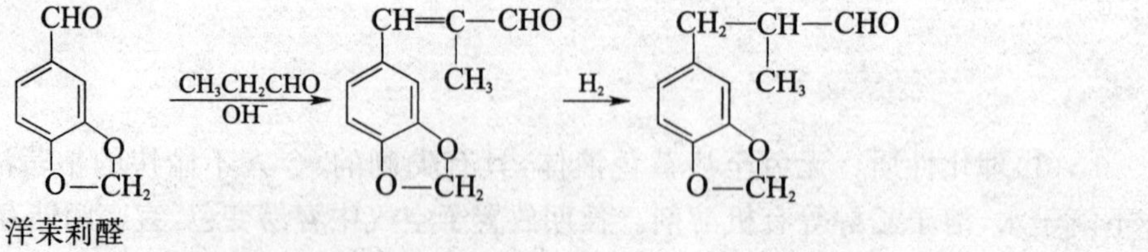

②以异黄樟油素为原料,在酸性条件下与甲醛进行 Prins 缩合反应,然后再用醇钠将缩合产物还原生成新洋茉莉醇,最后经氧化生成新洋茉莉醛。

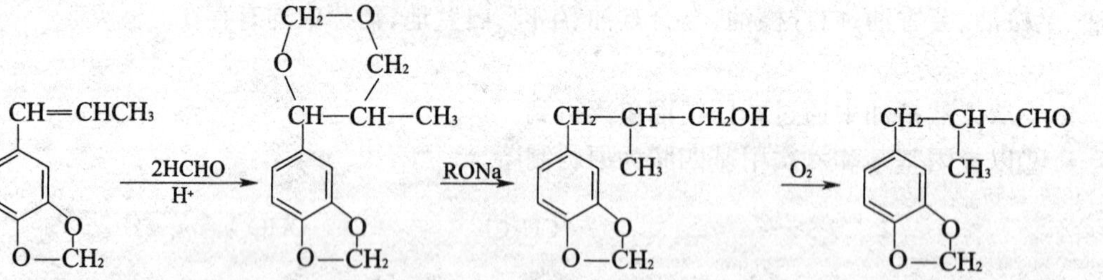

(4)主要用途　可在日化香精中用于调配茉莉、玫瑰、仙客来等几乎所有花香型香精。与二氢茉莉酮酸甲酯配合使用,效果更佳。

(5)安全管理　IFRA 没有限制规定。

十四、橘子醛(Apelsinal)

橘子醛又称 α-乙基氢化桂醛、α-乙基-3-苯基丙醛。

分子式为 $C_{11}H_{14}O$,相对分子质量 162.23。CAS 为 24569-60-6。

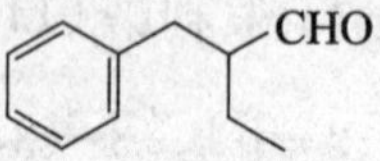

(1)理化性质　无色液体,具有柑橘型香气,略带辛香韵。不溶于水,溶于乙醇等有机溶剂。沸点为 231℃/101.3kPa,相对密度(d_4^{20})为 0.987,折射率(n_D^{20})为 1.5080～1.5120。

(2)天然存在　未见文献报道。

(3)制备方法　由苯甲醛和正丁醛在碱性条件下进行醇醛缩合反应,然后再选择性加氢还原得到。

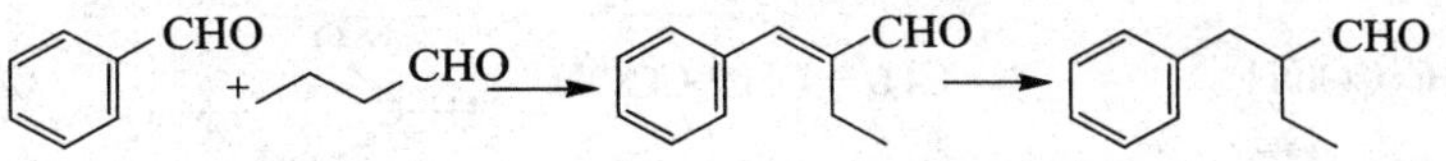

(4)主要用途 可用于日化香精中。

(5)安全管理 IFRA 没有限制规定。

十五、兔耳草醛(Cyclamen aldehyde)

兔耳草醛又称仙客来醛、2-甲基-3-(ρ-异丙苯基)-丙醛、ρ-异丙基-α-甲基苯丙醛。

分子式为 $C_{13}H_{18}O$,相对分子质量 190.29。CAS 为 103-95-7。

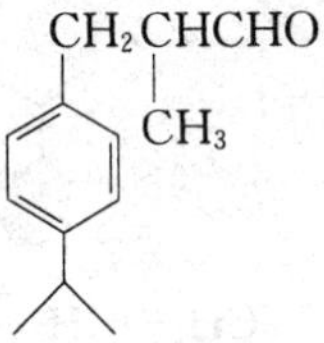

(1)理化性质 无色至淡黄色液体,具有强烈的兔耳草和铃兰香气,并带有青香香韵。几乎不溶于水,溶于乙醇等有机溶剂。沸点为 270℃,相对密度(d_{25}^{25})为 0.946~0.952,折射率(n_D^{20})为 1.5040~1.5080,闪点为 75℃。

(2)天然存在 自然界未发现有存在,为合成产品。

(3)制备方法

①以异丙苯为原料生产兔耳草醛主要有三种方法,其反应的简单过程如下。

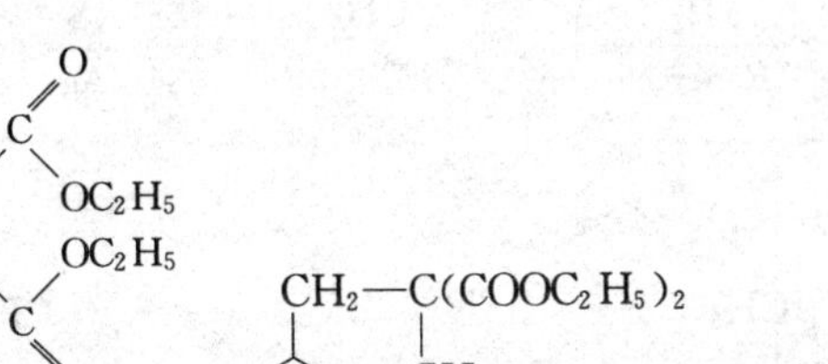

第一种方法:丙二酸二乙酯法。

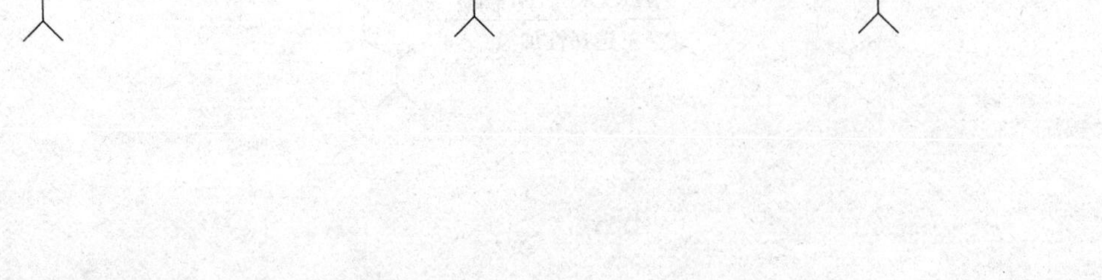

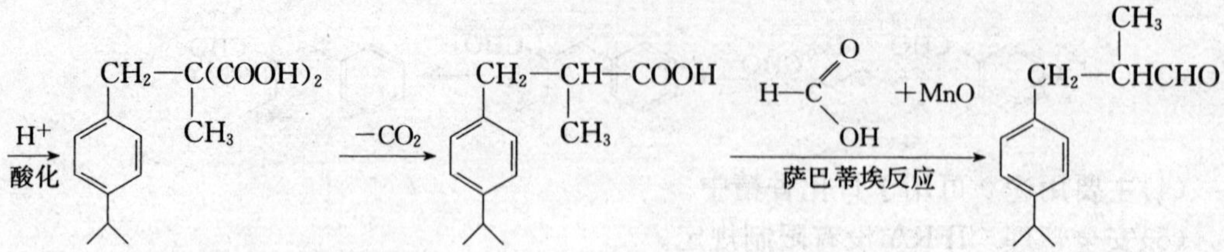

第二种方法:乙酰乙酸酯法。

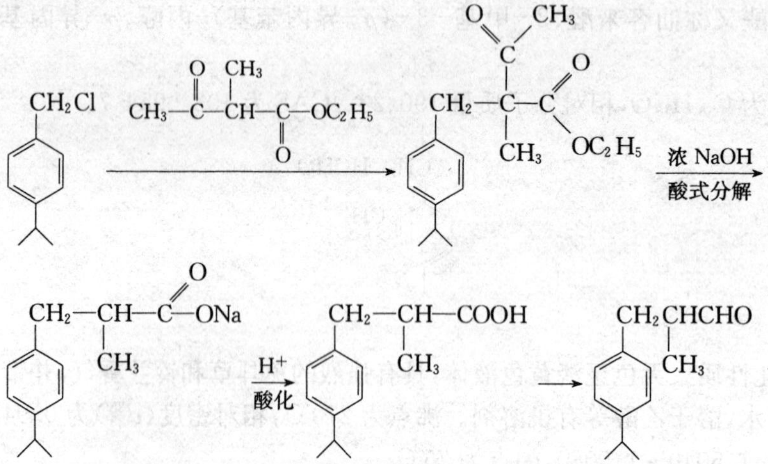

第三种方法:索姆莱特法。

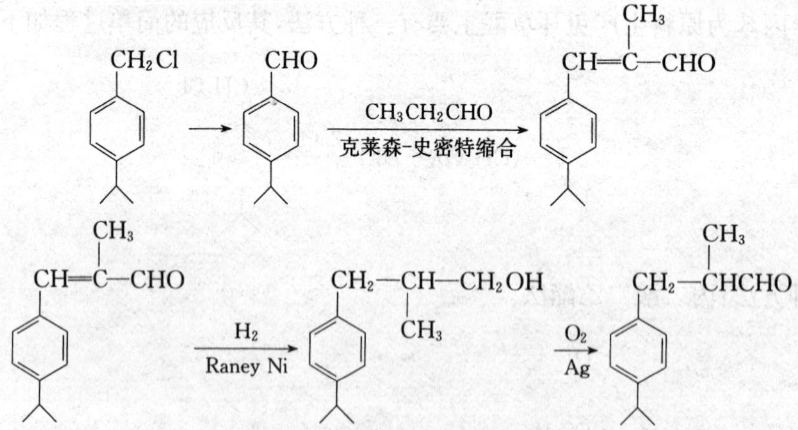

或:

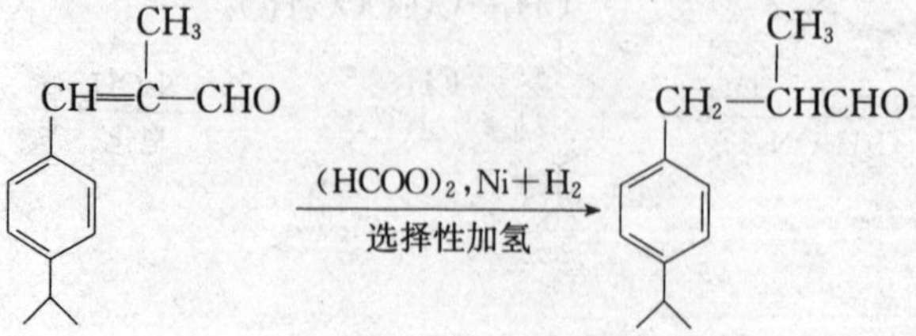

②以枯茗醛为原料制备。

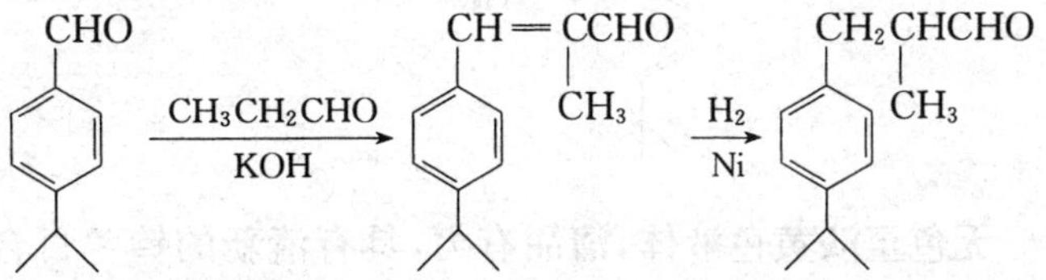

(4)主要用途 兔耳草醛广泛用于各种香精配方，凡清甜花香香精都可适量使用，以增强青鲜花香头香以及和润持久之感。有时也用兔耳草醛代替香茅醛使用，它比香茅醛稳定，且香气较强，但其香韵不及香茅醛。但由于兔耳草醛具有高度的抗碱性且对皮肤没有刺激性，故可大量用于香皂中。用于兔耳草、铃兰、紫丁香、橙花、玉兰、风信子、紫罗兰、牡丹等香型香精中，有增强花香效能。与紫罗兰酮类和玫瑰类香料有较好的香气协调性。

(5)安全管理 FEMA 号 2743，FDA172.515，COE133，GB 2760—2014 批准为暂时允许使用的食品香料。

十六、海风醛(Floralozone、Florazone)

海风醛又称 4-乙基-α,α-二甲基苯丙醛、α,α-二甲基-p-乙基苯基丙醛。

分子式为 $C_{13}H_{18}O$，相对分子质量 190.28。CAS 为 6734-14-4；67634-15-5。

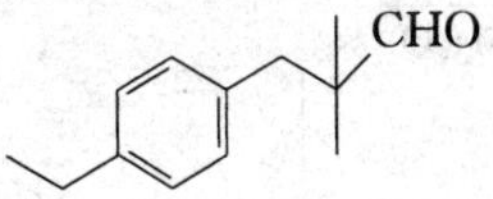

(1)理化性质 无色液体，具有新鲜的兔耳草花香，以及海风似的清新韵味。为异构体的混合物，不溶于水，溶于乙醇等有机溶剂。相对密度(d_4^{20})为 0.951～0.959，折射率(n_D^{20})为 1.5040～1.5090，闪点>100℃。

(2)天然存在 未见文献报道。

(3)制备方法 以乙苯为原料，首先经氯甲基化反应制备对乙基氯化苄，然后再与异丁醛在相转移催化剂存在下进行反应得到海风醛。

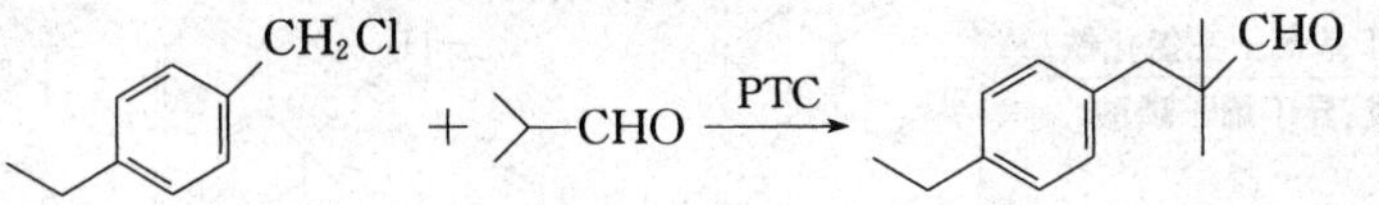

对乙基氯化苄

(4)主要用途 可用于多种日化香精的调配。

(5)安全管理 IFRA 没有限制规定。

十七、铃兰醛(Lilial)

铃兰醛又称 2-甲基-3-(ρ-叔丁基苯)-丙醛。

分子式为 $C_{14}H_{20}O$，相对分子质量 204.31。CAS 为 80-54-6。

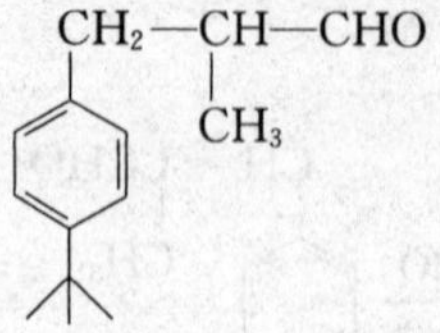

(1)理化性质　无色至淡黄色液体,清甜有力,具有清新的铃兰百合、兔耳草、菩提花似的花香香气,香气较青鲜透发,接近羟基香茅醛,易扩散,且相当持久。铃兰醛与兔耳草醛的化学结构相近,是羟基香茅醛-兔耳草醛型香气,但兔耳草醛的香气偏于甜润,而铃兰醛的香气偏于清灵透发而显得富于花香,更为细腻、温柔、优雅,是较新制成的清香香气。本品长期暴露于空气中容易发生氧化反应,生成白色粉状的酸,故宜密闭储存于阴凉处。沸点为 279℃、108℃/500Pa,相对密度(d_{25}^{25})为 0.941～0.946,折射率(n_D^{20})为 1.5030～1.5070,闪点>100℃。

(2)天然存在　存在于灵香草油中。

(3)制备方法

①以叔丁基苯甲醛和丙醛为原料,通过羟醛缩合反应和氢化还原反应可以制得铃兰醛。

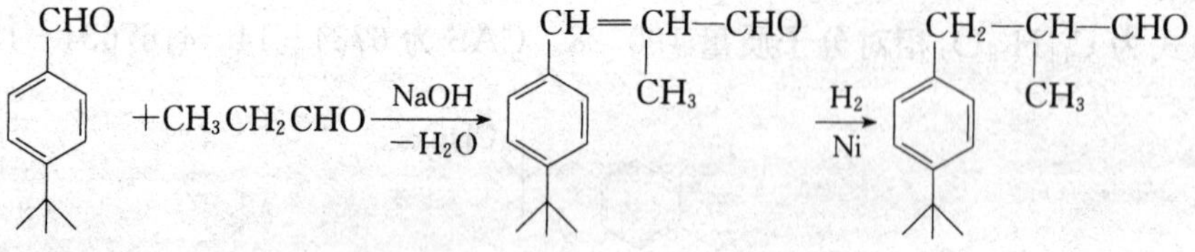

叔丁基苯甲醛

②以苯甲醛和丙醛为原料制备。

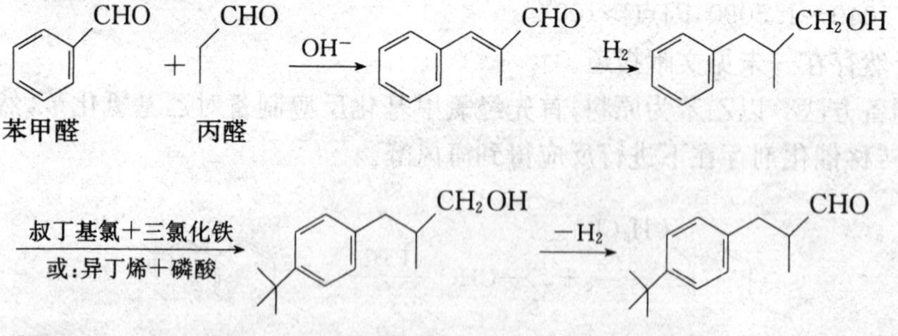

(4)主要用途　广泛用于茉莉、百合、铃兰、橙花、紫丁香和素心兰香型的化妆品、香皂和洗涤剂香精中。铃兰醛本身具有很好的花香,可与其他花香同用;又有很好的香气适应性,与其他花香类、麝香类及木香类香气香料能很好地协调和合。可广泛用于百合、铃兰、紫丁香、橙花、玉兰、鸡蛋花、木香花、甜豆花香型香精中,也可用于素心兰、香薇东方型、木香型、麝香基合幻想型等香精中。在用量上,铃兰醛可以多用,不像使用兔耳草醛那样,会有过量之虞;在用量比羟基香茅醛少得多的情况下,可以取得同样的花香效应。

(5)安全管理　不作食用,可以安全外用。

十八、α-戊基桂醛(α-Amyl cinnamaldehyde)

α-戊基桂醛又称茉莉醛、素馨醛、甲位戊基桂醛。

分子式为$C_{14}H_{18}O$，相对分子质量 202.30。CAS 为 122-40-7。

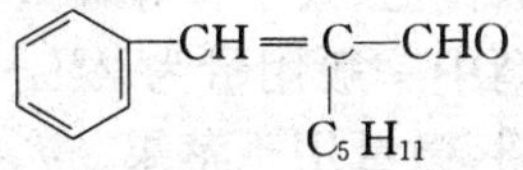

(1)理化性质　浅黄色的透明液体，具有茉莉花似的香气，稀释后香气更为突出。为反式和顺式异构体的混合物。不溶于水，溶于乙醇等有机溶剂。α-戊基桂醛的性能不稳定，在空气中易发生氧化反应，有时甚至还会自燃，故宜密闭储存于阴凉处；久贮后会略有分解而产生苯甲醛和庚醛的气息，故一般商品中常加入 0.5%的二苯胺作为抗氧化剂，起稳定作用。沸点为 285℃、153～154℃/1.33kPa，相对密度(d_4^{20})为 0.964～0.969，折射率(n_D^{20})为 1.5540～1.5590 闪点>100℃。

(2)天然存在　存在于大豆、红茶中。

(3)制备方法　以苯甲醛和庚醛为原料，在碱性介质中经 Claisen-Schmidt 缩合反应制得。在反应体系中，添加相转移催化剂(如四丁基溴化铵、聚乙二醇等)可以改进反应过程。

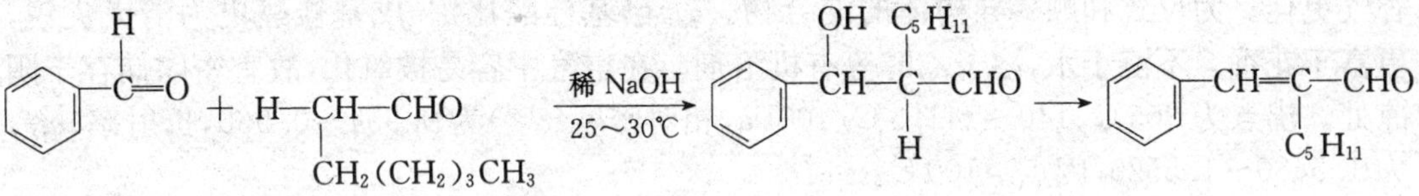

苯甲醛　　　　　庚醛

在反应中除了生成α-戊基桂醛外，同时庚醛本身也可发生羟醛缩合反应生成α-戊基壬醛：

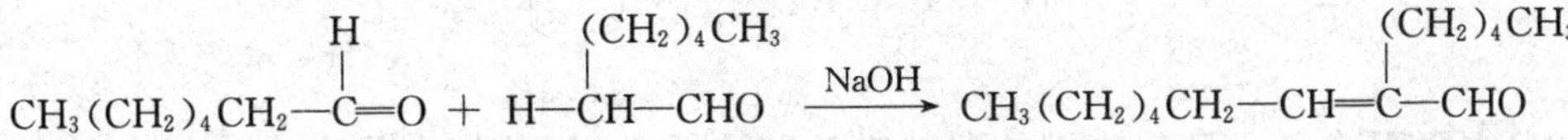

除此之外，庚醛还能与α-戊基桂醛及α-戊基壬醛缩合，生成一些高沸点化合物。这些高沸点化合物与α-戊基桂醛的分离比较容易，而α-戊基壬醛的沸点在 5mmHg 时与α-戊基桂醛沸点仅差 10℃，所以用普通蒸馏的方法很难使两者分开。α-戊基壬醛又是一个具有腥臭味的物质，而它本身又易氧化成一些带有极不愉快气息的化合物，影响到α-戊基桂醛的香气。因此，在生产上必须严格控制操作条件，以减少副产物的生成。

(4)主要用途　α-戊基桂醛是配制茉莉香精的重要原料，在茉莉型香精中作为主香剂使用，用量可达 10%以上，因此大量被应用于皂用香精和化妆品香精的加香。当与醇类作用形成缩醛化合物，不同的醇所得到的缩醛的香气不同，如二甲基、二乙基、二丙基和二异丙基的缩醛也具有茉莉花香，而二戊基和二异戊基缩醛则有可可的香气。它与邻氨基苯甲酸甲酯作用能生成希夫碱，具有金雀花和万寿花的香气。

如在大花茉莉(素馨花)的配方中,α-戊基桂醛二苯乙缩醛以及α-戊基桂醛邻氨基苯甲酸甲酯希夫碱(称茉莉素),都是主要原料,前者用6%,后者用2%。在小花茉莉(茉莉花)的配方中,前者用7%,后者用2%。两者都是紫丁香花香型香精的香原料。

α-戊基桂醛也是一种应用较广的重要香料。与苯乙醇同用可比拟茉莉酮香气,用于各种花香型香精配方,特别是茉莉、铃兰、紫丁香等香型香精。因其香气较生硬,在细腻的香型中用量不宜过多。在皂用香精中一般用量为2%~10%,在特殊的要求下用量可达30%~35%。它还可作为食用香料,微量用于苹果、杏、杏仁、桃、草莓、胡桃、樱桃、茉莉、水果以及辛香等香型香精中。

(5)安全管理 FEMA号2061,FDA172.515,COE128,GB 2760—2014批准为允许使用的食品香料。

十九、α-己基桂醛(α-Hexyl cinnamaldehyde)

α-己基桂醛又称HCA。

分子式为$C_{15}H_{20}O$,相对分子质量216.33。CAS为101-86-0。

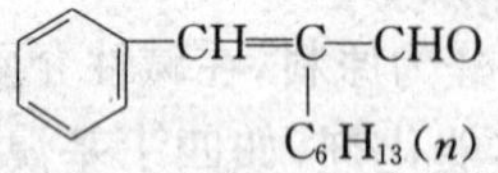

(1)理化性质 浅黄色液体,具有持久的茉莉花香,并略有栀子花和药草香气,稀释后香气更佳。为反式和顺式异构体的混合物。α-己基桂醛比α-戊基桂醛更为清灵尖锐,更富于花香。不溶于水,溶于乙醇等有机溶剂。在空气中容易被氧化,故宜密闭储存于阴凉处。沸点为305℃、140~141.5℃/400Pa,相对密度(d_4^{20})为0.954~0.960,折射率(n_D^{20})为1.5480~1.5520,闪点>100℃。

(2)天然存在 存在于稻米中。

(3)制备方法 以苯甲醛和辛醛为原料,在碱性介质中经缩合反应制得。

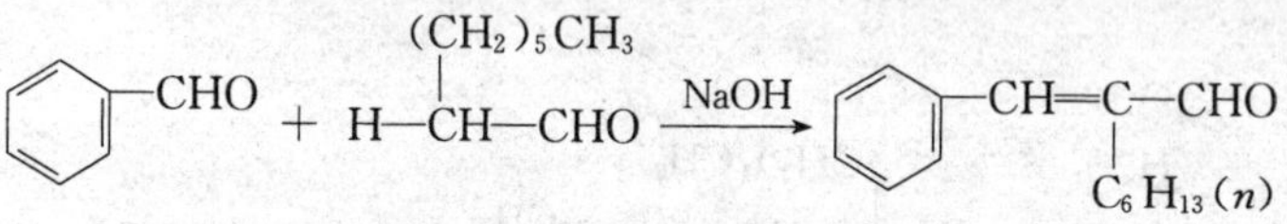

(4)主要用途 α-己基桂醛是配制树兰花油的很好原料,也是合成香料中最富于花香的品种之一,带有愉快的油青气息,与易挥发的香料同用,能使花香更生动。用于调配茉莉、铃兰、玉兰、紫丁香、风信子、水仙、栀子花、晚香玉等花香型香精。在杏、蜂蜜、桃、草莓、水果、调味品等香型食用香精中也可少量使用。

(5)安全管理 FEMA号2569,FDA172.515,COE129,GB 2760—2014批准为允许使用的食品香料。

第四节 萜醛类香料

一、紫苏醛(Perilla aldehyde)

分子式为$C_{10}H_{14}O$,相对分子质量150.22。CAS为2111-75-3。

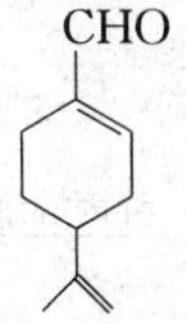

(1)理化性质　无色液体,具有紫苏油特有的香气,并伴有枯茗似的香气。几乎不溶于水,溶于乙醇等有机溶剂。长期置于空气中容易被氧化变色,故应密闭储存于阴凉处。沸点为237℃、104～105℃/1.33kPa,相对密度(d_4^{20})为0.968,折射率(n_D^{20})为1.5070。

(2)天然存在　存在于紫苏油(含量达40%～50%)、橘皮油和柑橘类果实中。

(3)制备方法

①从水蒸气蒸馏得到的紫苏油中单离得到或从某些精油中单离得到紫苏醇,然后将紫苏醇用三氧化铬氧化制得紫苏醛。

②以β-蒎烯为原料,首先进行环氧化反应生成环氧蒎烷,然后经氢化和异构化生成水芹醇,接着再脱氢生成紫苏醇,最后经氧化反应生成紫苏醛。

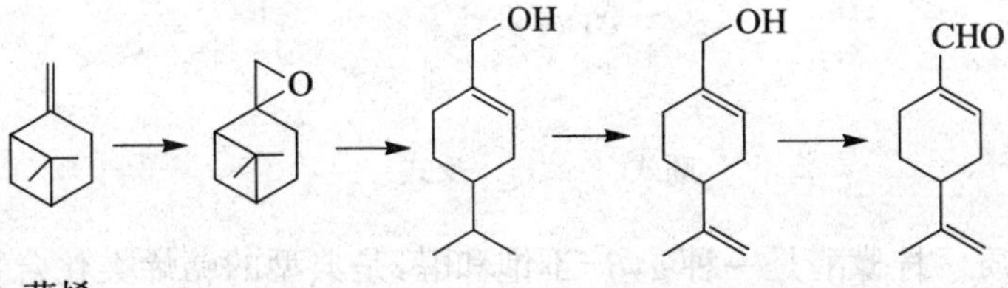

(4)主要用途　可用于化妆品、香水、香皂、洗涤剂等日化香精中。可用于香柠檬、留兰香等香型食用香精的调配。还是合成甜味剂紫苏葶的重要原料。

(5)安全管理　FEMA号3557,FDA172.515,COE11788,GB 2760—2014批准为暂时允许使用的食品香料。

二、桃金娘烯醛(Myrtenal)

桃金娘烯醛又称香桃木烯醛、2-甲酰基-6,6-二甲基二环[3.1.1]-2-庚烯。分子式为$C_{10}H_{14}O$,相对分子质量150.22。CAS为564-94-3。

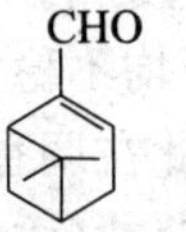

(1)理化性质　无色液体,具有肉桂似的辛香香气和药草香气。不溶于水,溶于乙醇等有机溶剂。久置空气中易被氧化,故应密闭储存于阴凉处。沸点为220～221℃、99～100℃/2kPa,相对密度(d_{20}^{20})为0.987,折射率(n_D^{20})为1.5039,闪点为78℃。

(2)天然存在　存在于“假樟木”油和西班牙产松叶油中。

(3)制备方法　以β-蒎烯为原料,经环氧化、异构化生成桃金娘烯醇,然后将其氧化制得。

β-蒎烯

(4)主要用途　可用于日化香精中。

(5)安全管理　FEMA 号 3395，COE10379，GB 2760—2014 批准为允许使用的食品香料。

三、柠檬醛(Citral)

柠檬醛又称牻牛儿醛、橙花醛、香叶醛、3,7-二甲基-2,6-辛二烯醛。

分子式为 $C_{10}H_{16}O$，相对分子质量 152.24。CAS 为 5392-40-5。

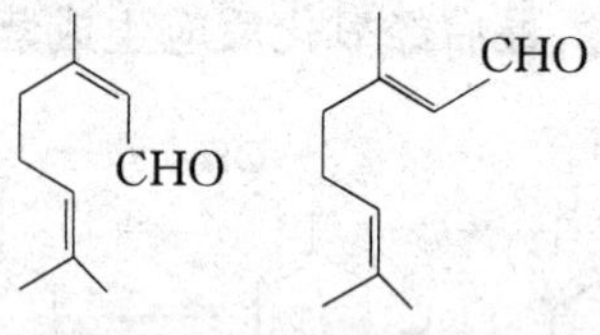

顺式　　反式

(1)理化性质　柠檬醛是一种 α,β-不饱和醛，是典型的萜烯类化合物，为黄色液体，具有强烈的柠檬香气，也似生姜的辛香，香气较清强。不同来源的柠檬醛香气略有不同。从调香应用上来说，自柠檬油或白柠檬油中提取的柠檬醛有柠檬果的香气，最为清灵美好，但较罕见；从柠檬草油中提取的柠檬醛，香气较甜，但不纯品易带青草气息；从山苍子油提取的柠檬醛香气一般不及前者，不纯品往往带有青辣气息；用合成法得到的柠檬醛因工艺路线不同，香气也会略有差异。

柠檬醛有顺、反两种异构体，两者的比例约为 7∶3。顺式异构体称为橙花醛，沸点为 102～104℃/1.6kPa；反式异构体称为香叶醛，沸点为 110～112℃/1.6kPa；异构体混合物的沸点为 228～229℃。市售商品为顺式异构体和反式异构体的混合物。反式异构体的香气相对偏甜，顺式异构体的香气相对偏清。柠檬醛几乎不溶于水，溶于乙醇等有机溶剂。相对密度(d_{25}^{25})为 0.885～0.891，折射率(n_D^{20})为 1.4860～1.4900，闪点为 98℃。柠檬醛在空气中、碱性介质中，以及光照下均不稳定，本身易变色，在香精中也易与某些香料化合物产生化学反应生成深色物质，因此在调香中应慎重选用。

(2)天然存在　柠檬醛存在于柠檬草油(质量分数占 70%～80%)、山苍子油(质量分数占 70%～80%)、丁香罗勒油(质量分数约占 65%)、酸柠檬叶油(质量分数约占 35%)、柠檬油、白柠檬油等多种天然精油中。山苍子油经减压分馏后柠檬醛的含量可达 75%。如果想要得到较纯的柠檬醛，除采用高效精密分馏(精馏法)外，也可采用与亚硫酸氢钠加成再经水解的方法。这样得到的产品，其中柠檬醛的含量可达 98%以上。

(3)制备方法

①从天然精油中单离得到。

②由 β-蒎烯为原料，首先制得香叶醇，然后再将其氧化成柠檬醛。

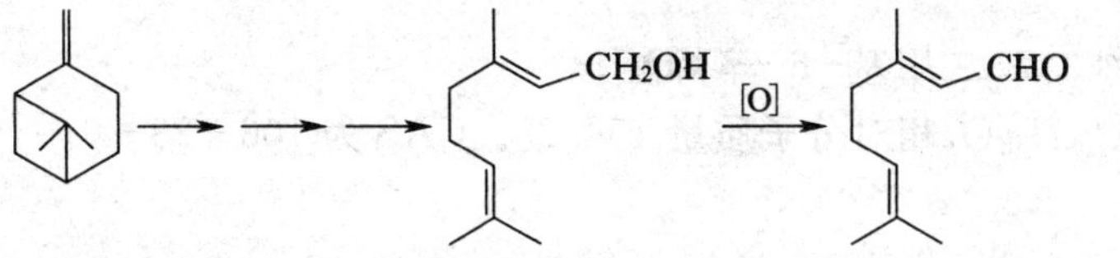

β-蒎烯　　香叶醇

③以异丁烯、异戊二烯、甲醛、乙炔、丙酮等为基本原料，首先制得甲基庚烯酮，然后再制得脱氢芳樟醇，最后再将其转化成柠檬醛。

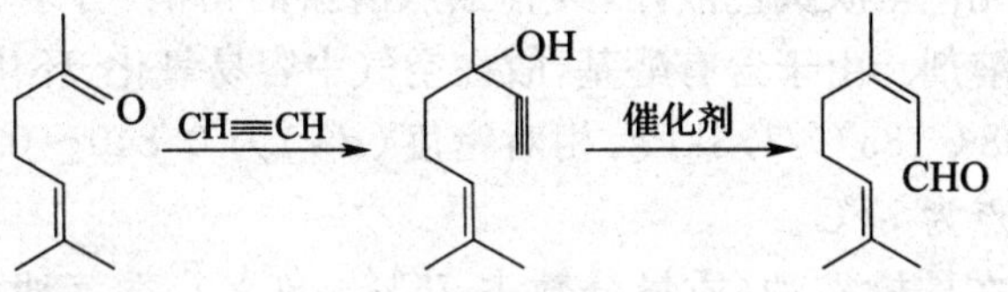

甲基庚烯酮　　脱氢芳樟醇

④以异戊烯醛和异戊烯醇为原料，首先两者反应生成缩醛，再将该缩醛重排生成柠檬醛。

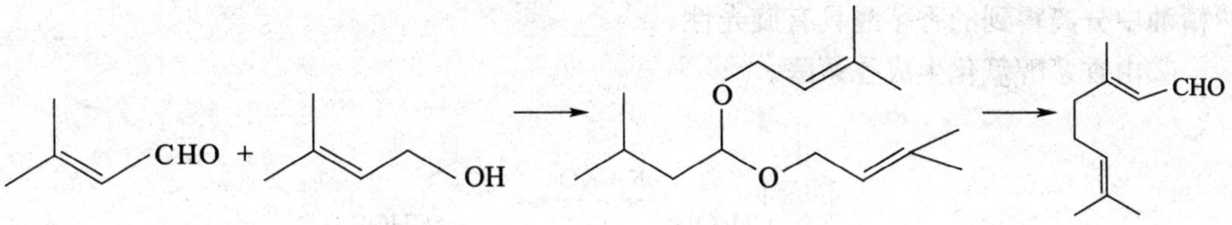

异戊烯醛　　异戊烯醇

(4)主要用途　柠檬醛的用途非常广泛，用于需要柠檬香气的各个方面。在橙花、丁香、玉兰、柠檬、薰衣草、香薇、古龙、玫瑰、紫罗兰等香型日化香精中均有大量使用，也是调制香水、香皂、牙膏、化妆品等香精的成分。是食用香精的重要组分，可用于柠檬、白柠檬、甜橙、苹果、草莓、葡萄、圆柚、樱桃、生姜及辛香等香型食用香精中。由于它本身易变色，所以宜用于有色加香产品。此外，柠檬醛对人的皮肤有过敏作用，在使用时应同时加以一些抑制过敏作用的香料（用量为所用柠檬醛的 1/4），如右旋苧烯、柑橘油的单萜烯或 α-蒎烯等。酒用香精也有使用。

柠檬醛是合成紫罗兰酮类、甲基紫罗兰酮类等重要香料的原料。紫罗兰酮是十分宝贵的香料，而且 β-紫罗兰酮是合成维生素 A、维生素 E 的起始原料，因此柠檬醛是香料工业和制药工业的重要中间体。柠檬醛也可作为掩盖工业生产中不良气息的原料。柠檬醛还是一种广谱的抗菌剂，有望成为天然防腐剂。

(5)安全管理　FEMA 号 2303，FDA182.60，COE109，GB 2760—2014 批准为允许使用的食品香料。

四、香茅醛(Citronellal)

香茅醛又称3,7-二甲基-6-辛烯醛。

分子式为$C_{10}H_{18}O$,相对分子质量154.25。CAS为106-23-0。

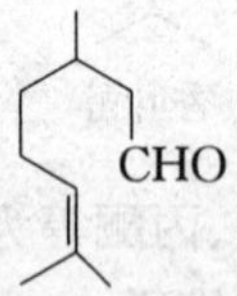

(1)理化性质　无色至淡黄色液体,具有强烈清新的柑橘、香茅和玫瑰香气。不溶于水,溶于乙醇等有机溶剂。由于含有醛基,故在空气中容易氧化、环化,宜密闭储存于阴凉处。沸点为207～208℃、83℃/1.3kPa,相对密度(d_{25}^{25})为0.840～0.850,折射率(n_D^{20})为1.4400～1.4500,闪点为77℃。

(2)天然存在　在柠檬桉油(质量分数占75%～80%)、香茅油(质量分数占30%～40%)、柠檬草油、橘子精油、罗勒油、薰衣草油中均有存在。

(3)制备方法

①从天然精油中单离香茅醛,由于在香茅醛的分子中有一个不对称碳原子,所以从天然精油中分离得到的香茅醛具有旋光性。

②由香茅醇氧化生成香茅醛。

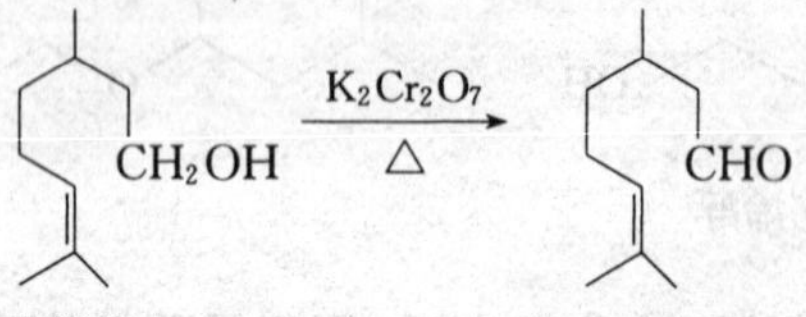

香茅醇

③由柠檬醛经选择性催化加氢制得香茅醛,该方法得到的香茅醛为外消旋体,不具旋光性。

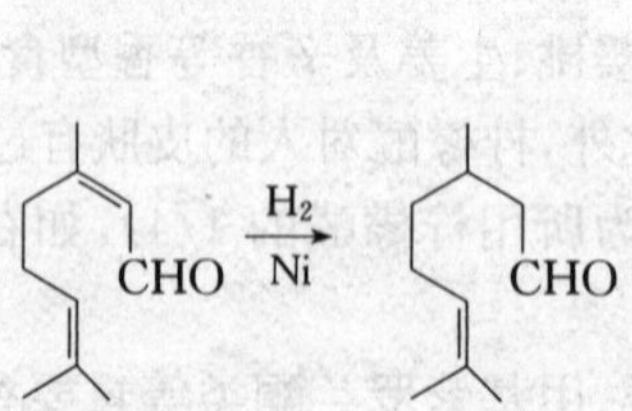

柠檬醛

(4)主要用途　香茅醛香气强烈,不甚愉快,遇光和遇碱也不甚稳定,故很少直接作为香料使用,主要用于配制香皂和化妆品香精。少量用于低档柠檬、紫丁香、铃兰、玉兰、古龙、香薇等香型日化香精中,微量用于饮料、柑橘、樱桃、蜂蜜、调味品等食品香精中,主要是取其有突出草青气的功效。因香茅醛有些驱蚊作用,过去习惯用于驱蚊喷剂或蚊香的加香。更广泛的用途是用作合成羟基香茅醛和左旋薄荷脑等的香原料。

(5)安全管理　FEMA号2307,FDA172.515,COE110,GB 2760—2014批准为允许

使用的食品香料。

五、羟基香茅醛(Hydroxycitronellal)

羟基香茅醛又称3,7-二甲基-7-羟基辛醛。

分子式为$C_{10}H_{20}O_2$,相对分子质量172.27。CAS为107-75-5。

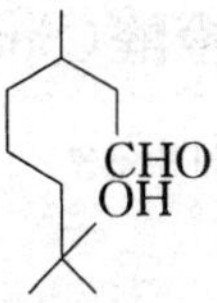

(1)理化性质　无色黏稠液体,清甜有力,具有令人愉快的铃兰、菩提花、百合花香气,香气平和而持久,产品不纯时往往带香茅醛的草青气息。微溶于水,溶于乙醇等有机溶剂。在碱性介质中不太稳定。沸点为241℃、103℃/400Pa,相对密度(d_{25}^{25})为0.918～0.923,折射率(n_D^{20})为1.4470～1.4490,闪点为113℃。

(2)天然存在　未见文献报道。

(3)制备方法

①以香茅醛为原料,先用亚硫酸氢钠生成加成物以保护醛基,再进行酸性条件下的水合反应产生羟基,最后在碱性条件下分解得到羟基香茅醛。

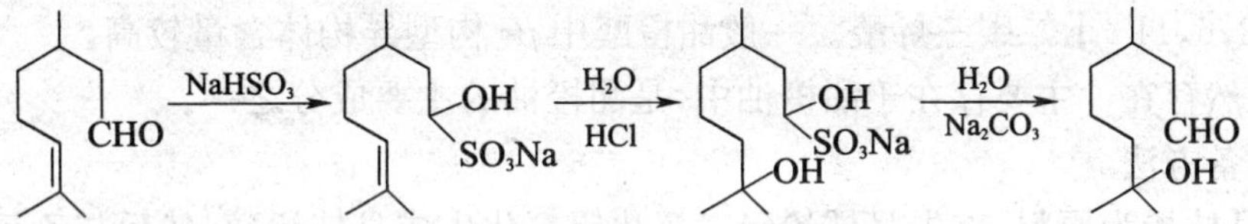

香茅醛

②以香茅醇为原料,先水合生成二醇,然后再脱氢生成羟基香茅醛。

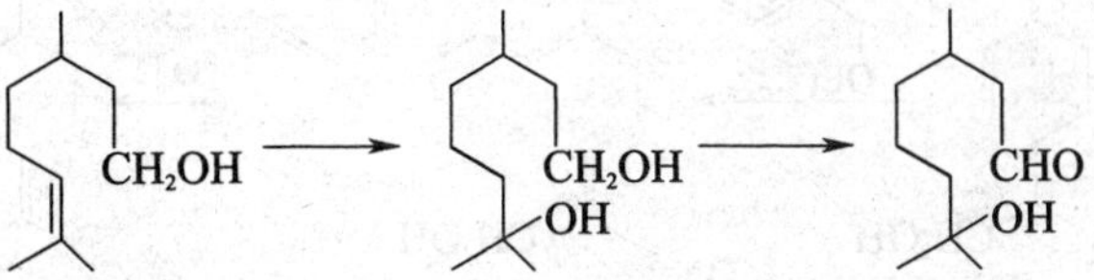

香茅醇

③以2,6-二甲基-6-庚烯-2-醇为原料,通过羰基化反应,一步制得羟基香茅醛。

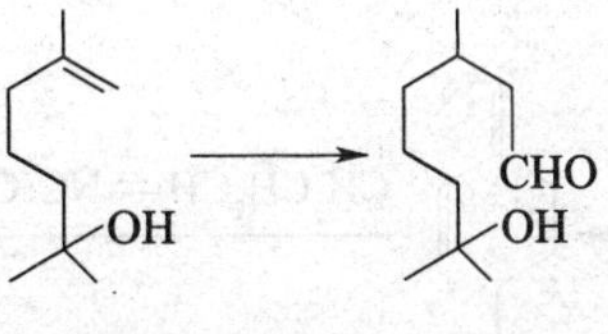

2,6-二甲基-6-庚烯-α-醇

(4)主要用途　羟基香茅醛是很重要的香料之一,广泛用于许多日化香精配方中,既可用于各种花香型,也可用于非花香型。在百合、铃兰、玉兰、茉莉、玫瑰等香型日化香精中起主香剂或协调剂的作用。也可用于柑橘、樱桃、甜瓜、薄荷、蜂蜜、水果等香型食用香精中。

(5)安全管理　FEMA 号 2583,FDA172.515,COE100,GB 2760—2014 批准为允许使用的食品香料。

六、甜橙醛(Sinensal)

分子式为 $C_{15}H_{22}O$,相对分子质量 218.33。

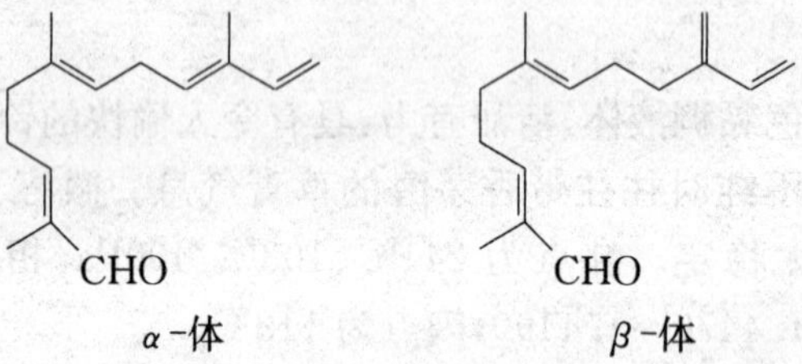

(1)理化性质　甜橙醛是 1965 年美国从冷压甜橙油中单离出来的一种倍半萜醛。甜橙醛为淡黄色液体,是甜橙油的主要成分,具有浓郁、新鲜的甜橙香味。沸点为 180℃(67Pa)。甜橙醛有四个异构体,即顺式和反式的 α-甜橙醛与顺式和反式的 β-甜橙醛。α-甜橙醛又称 2,6,10-三甲基-2,6,9,11-十二碳四烯醛 β-甜橙醛又称 2,6-二甲基-10-亚甲基-2,6,11-十二碳三烯醛。一般甜橙醛中 β-构型异构体含量较高。

(2)天然存在　主要存在于甜橙油中,是甜橙油的主要成分之一。

(3)制备方法

①以月桂烯为原料,首先月桂烯经二氧化锡氧化生成月桂烯醇,然后与乙氧基异戊烯经重排反应、再氧化后得到以 α-甜橙醛为主的产物。

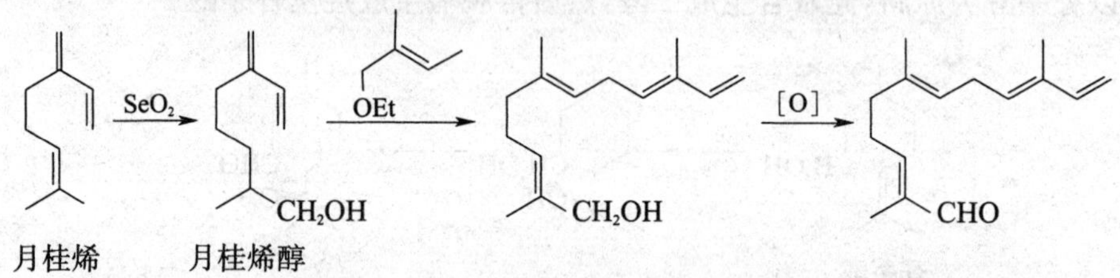

②以月桂烯为原料,氧化生成月桂烯醇,月桂烯醇与三溴化磷反应生成溴代物,然后与亚丙基叔丁基亚胺反应,再经过缩合、水解等反应,最后得到以 β-甜橙醛为主的产物。

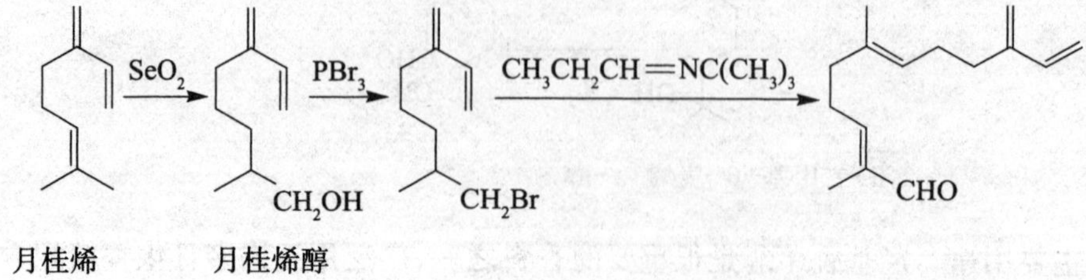

（4）主要用途　主要用于调配柑橘香型食用香精。

（5）安全管理　FEMA 号 3141，GB 2760—2014 批准为允许使用的食品香料。

第五节　其他醛类香料

一、女贞醛（Triplal）

女贞醛分子式为 $C_9H_{14}O$，相对分子质量 138.21。CAS 为 68039-49-6；27939-60-2；68737-61-1。

（Ⅰ）　（Ⅱ）

（1）理化性质　具有两种异构体。异构体（Ⅰ）又称为 2,4-二甲基-3-环己烯醛，异构体（Ⅱ）又称为 3,5-二甲基-3-环己烯醛。市售品为两种异构体的混合物，一般异构体（Ⅰ）约占 80%，青香气强烈；异构体（Ⅱ）约占 20%，青香气较弱。女贞醛为无色至淡黄色液体，具有新鲜的柑橘香、强烈的青香和草香香气。不溶于水，溶于乙醇等有机溶剂。沸点为 75～78℃/1.3kPa，相对密度（d_{20}^{20}）为 0.935～0.941，折射率（n_D^{20}）为 1.4710～1.4750，闪点为 62℃。

（2）天然存在　未见文献报道。

（3）制备方法　以双丙酮醇为原料，首先加氢生成甲基戊二醇，再脱水生成 2-甲基戊二烯，2-甲基戊二烯再与丙烯醛进行双烯加成反应制得女贞醛。

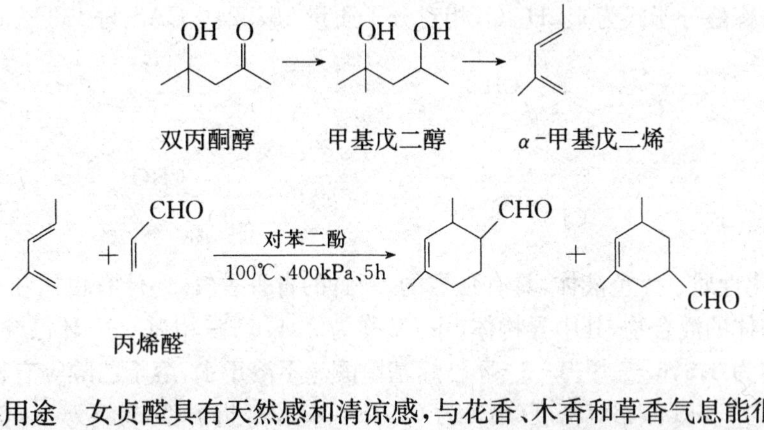

（4）主要用途　女贞醛具有天然感和清凉感，与花香、木香和草香气息能很好和谐，与格蓬、柑橘油同用非常好。它的清鲜，可用于香水、古龙水；用作花香、青香、果香等香型香精，能增加香精的清新感和扩散力。也适用于某些花香型、醛香型、近代新香型香精，能赋予天然感及浓度。用于香水、浴泡沫剂、香波、香皂、洗涤剂等香精中。

（5）安全管理　IFRA 没有限制规定。

二、艾薇醛(Cyclovertal、Isohexenaldehyde)

艾薇醛分子式为 $C_9H_{14}O$,相对分子质量 138.21。CAS 为 68039-49-6。

(Ⅰ) (Ⅱ)

(1)理化性质 无色液体,为异构体的混合物。异构体(Ⅰ)称为 2,4-二甲基-4-环己烯甲醛,异构体(Ⅱ)称为 2,5-二甲基-4-环己烯甲醛。具有尖刺的青香和果香香气。不溶于水,溶于乙醇等有机溶剂。沸点为 92~93℃,相对密度(d_{20}^{20})为 0.928~0.935,折射率(n_D^{20})为 1.4680~1.4720,闪点为 67℃。

(2)天然存在 未见文献报道。

(3)制备方法 由异戊二烯和巴豆醛进行 Diels-Alder 双烯加成反应制得。

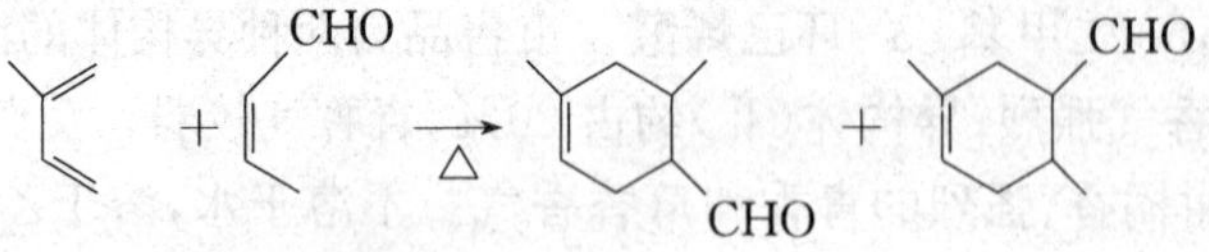

异戊二烯 巴豆醛

(4)主要用途 在日化香精中,主要用于合成洗涤剂香精和家用化学品香精中,用量在 2%以内。

三、异环柠檬醛(Isocyclocitral)

异环柠檬醛分子式为 $C_{10}H_{16}O$,相对分子质量 152.24。CAS 为 1335-66-6。

(Ⅰ) (Ⅱ)

(1)理化性质 无色液体,具有强烈的、新鲜的青香香气,还伴有柑橘和马鞭草似的香韵。为异构体的混合物,其中异构体(Ⅰ)又称为 2,4,6-三甲基-3-环己烯基甲醛,异构体(Ⅱ)又称为 3,5,6-三甲基-3-环己烯基甲醛。不溶于水,溶于乙醇等有机溶剂。沸点为 81~82℃/1.6kPa,相对密度(d_4^{20})为 0.918~0.924,折射率(n_D^{20})为 1.4680~1.4720,闪点为 79℃。

(2)天然存在 未见文献报道。

(3)制备方法 以 2-甲基-1,3-戊二烯为原料,与巴豆醛进行 Diels-Alder 双烯加成反应制得。

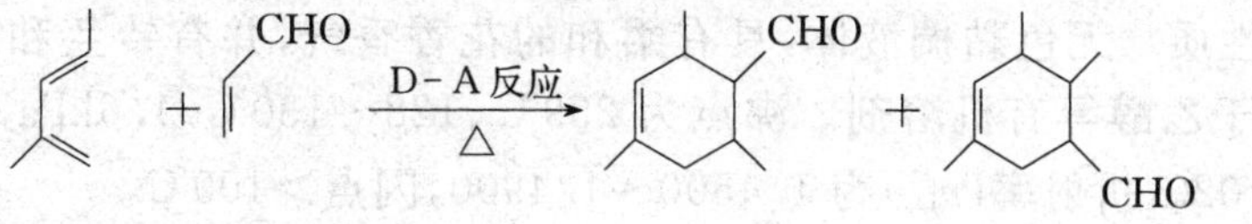

α-甲基-1,3-戊二烯　　巴豆醛

(4)主要用途　可用于日化香精中。

(5)安全管理　IFRA没有限制规定。

四、香柠檬醛(Bergamal)

香柠檬醛又称3,7-二甲基-2-亚甲基-6-辛烯醛、香柠檬。

分子式为$C_{11}H_{18}O$,相对分子质量166.26。CAS为22418-66-2。

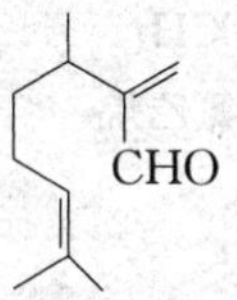

(1)理化性质　无色液体,具有强烈的醛香和柠檬香,并带有香柠檬香韵。几乎不溶于水,溶于乙醇等有机溶剂。化学性质比较稳定,不会变色。相对密度(d_4^{20})为0.865~0.874,折射率(n_D^{20})为1.4600~1.4680,闪点为83℃。

(2)天然存在　未见文献报道。

(3)制备方法　以香茅醛为原料,在二甲基氯化铵存在下与甲醛作用生成香柠檬醛。

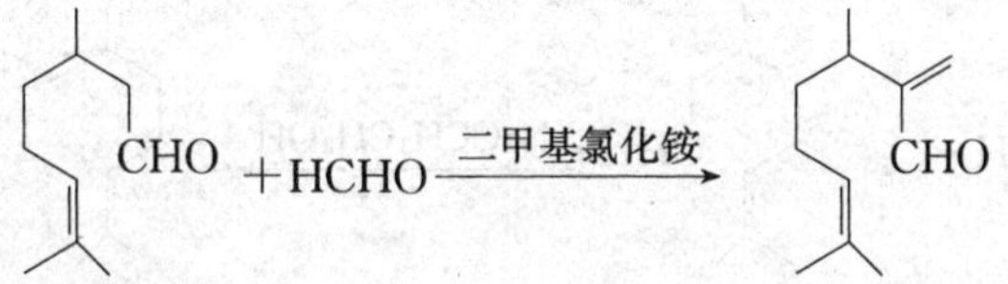

香茅醛

(4)主要用途　用途与柠檬醛相类似,但因性质比柠檬醛稳定,所以多用于要求比柠檬醛更稳定的香型配方中,较适用于柑橘香型香精。也可用于其他特殊香型香精中。

(5)安全管理　不作食用。IFRA没有限制规定。

五、香茅氧基乙醛(Citronellyl oxyacetaldehyde)

香茅氧基乙醛又称6,10-二甲基-3-氧杂-9-十一烯醛、谷百合醛(Muguet aldehyde)。

分子式为$C_{12}H_{22}O_2$,相对分子质量198.28。CAS为7492-67-3。

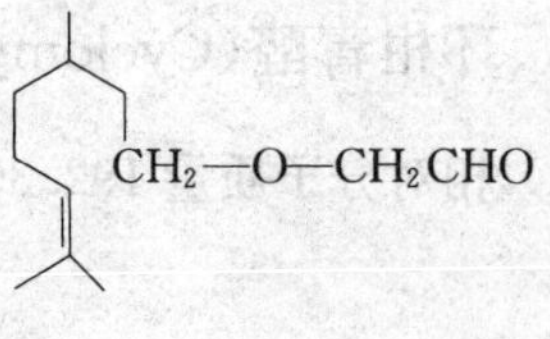

(1)理化性质　无色黏稠液体,具有柔和的花香香气,并有铃兰和玫瑰似的香韵。不溶于水,溶于乙醇等有机溶剂。沸点为 239℃、128～130℃/1.6kPa,相对密度(d_4^{20})为 0.921～1.020,折射率(n_D^{20})为 1.4500～1.4900,闪点>100℃。

(2)天然存在　未见文献报道。

(3)制备方法

①以香茅醇为原料,与二甲氧基氯乙烷在甲醇溶液中反应,生成缩醛中间体,最后经草酸水解制得。

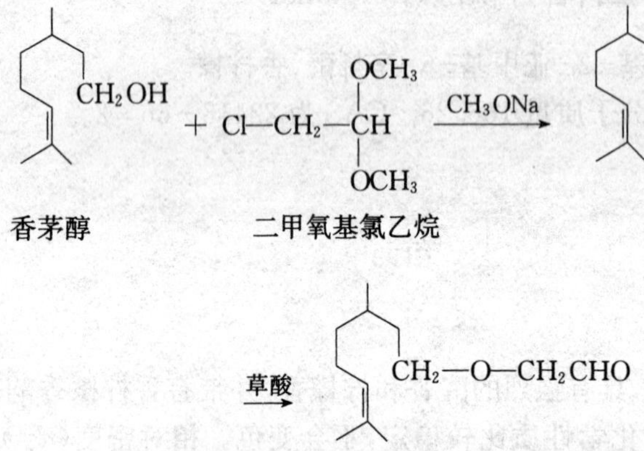

②以香茅醇为原料,先进行溴代反应,然后再与乙二醇单钠反应脱去溴化钠,最后将生成的香茅氧基乙醇氧化制得香茅氧基乙醛。

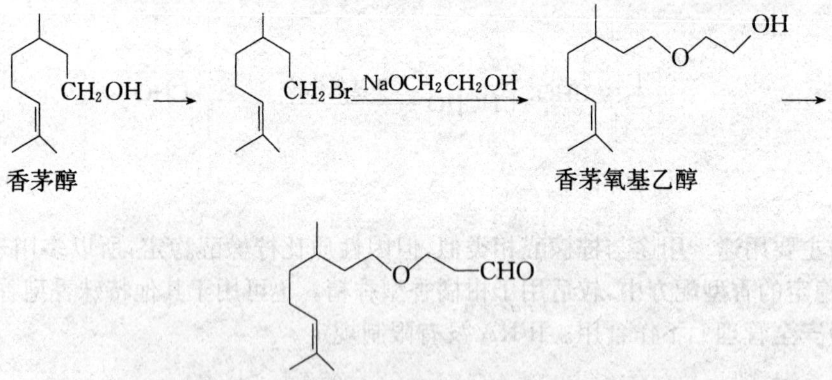

(4)主要用途　少量地应用于铃兰、玫瑰、百合等花香型日化香精中。也可用于柑橘、甜橙、甜瓜、水果等香型食用香精中。

(5)安全管理　FEMA 认定为 GRAS,FEMA 号 2310。FDA 批准其可用于食品中。GB 2760—2014 批准为允许使用的食品香料。

六、环柑青醛(Cyclomyral)

环柑青醛分子式为 $C_{13}H_{20}O$,相对分子质量 192.30。CAS 为 68991-97-9。

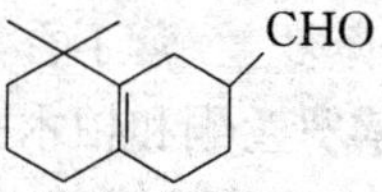

(1)理化性质　无色油状液体，为异构体的混合物。具有新鲜、独特的青香香气和海风似的清新气息，留香持久，是强有力的头香矫香剂。不溶于水，溶于乙醇等有机溶剂。沸点为94℃/400Pa，相对密度(d_4^{20})为0.993～1.001，折射率(n_D^{20})为1.5020～1.5080，闪点＞100℃。

(2)天然存在　未见文献报道。

(3)制备方法　在磷酸存在下由柑青醛环化而得。

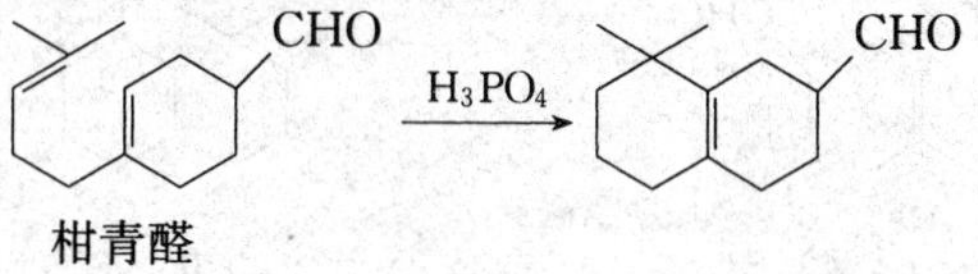

(4)主要用途　可用于日化香精中，特别适宜于配制百花型香精，只需少量使用就能起到提香作用，并使香气具有清新的感觉。

(5)安全管理　IFRA没有限制规定。

七、柑青醛(Myrac aldehyde)

柑青醛又称4-(4-甲基-3-戊烯基)-3-环己烯醛。

分子式为$C_{13}H_{20}O$，相对分子质量192.30。CAS为37677-14-8。

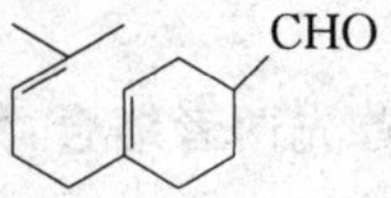

(1)理化性质　无色至黄色油状液体，为异构体的混合物。具有新鲜的柑橘、橙的青皮果香；稀释后有些鲜花香气，兼有似十二醛、十四醛和兔耳草醛的醛香气息；香气持久。几乎不溶于水，溶于乙醇等有机溶剂。沸点为120℃/667Pa，相对密度(d_{25}^{25})为0.928～0.933，折射率(n_D^{20})为1.4880～1.4920，闪点＞100℃。

(2)天然存在　未见文献报道。

(3)制备方法　以月桂烯和丙烯醛为原料，经环化反应制备。

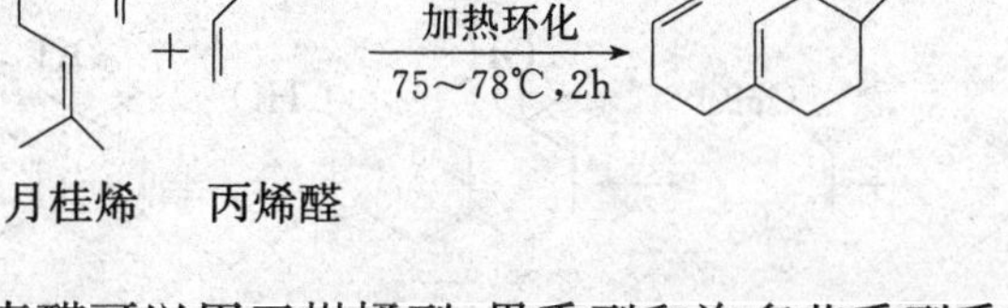

(4)主要用途　柑青醛可以用于柑橘型、果香型和许多花香型香精中。对香柠檬及其

他柑橘香有很大影响,包括醛香头香。由于柑青醛较一般脂肪醛类稳定,适用范围较广。用于香皂加香非常好,对松针、铃兰、紫罗兰、紫丁香等香型日化香精能起到增鲜作用。也可用作不良工业气息的掩盖剂。与紫罗兰酮和柏木香的环己基衍生物在皂中能很好地协调和合。香精中用量可达 5%～10%。一般不作食用。

(5)安全管理　不作食用。美国 RIFM 认为可以安全外用。IFRA 没有限制规定。

八、新铃兰醛(Lyral)

新铃兰醛分子式为 $C_{13}H_{22}O_2$,相对分子质量 210.32。CAS 为 31906-04-4;51414-25-6。

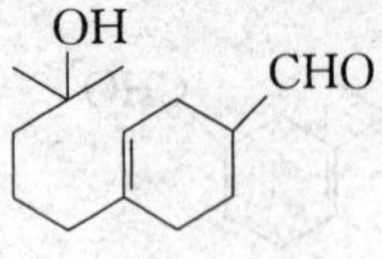

(Ⅰ)

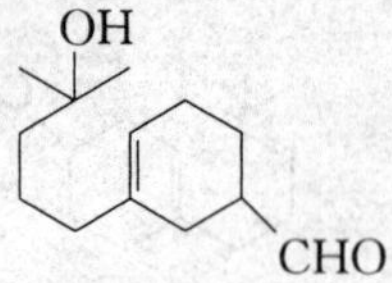

(Ⅱ)

(1)理化性质　具有两种异构体。异构体(Ⅰ)又称为 4-(4-羟基-4-甲基戊基)-3-环己烯醛,异构体(Ⅱ)又称为 3-(4-羟基-4-甲基戊基)-3-环己烯醛。市售品为两种异构体的混合物。为无色黏稠液体,具有淡清而甜润的花香,类似兔耳草花香,散发性能特殊,有持久优雅的铃兰香韵,更有丰富的余香。不溶于水,溶于乙醇等有机溶剂。久露空气中容易发生聚合反应,宜密闭储存于阴凉处。沸点为 120～122℃/130Pa,相对密度(d_4^{20})为 0.990～0.998,折射率(n_D^{20})为 1.4860～1.4930,闪点>100℃。

(2)天然存在　未见文献报道。

(3)制备方法

①以月桂烯和丙烯醛为原料,首先两者缩合,然后用吗啉保护醛基后再进行水合而成。

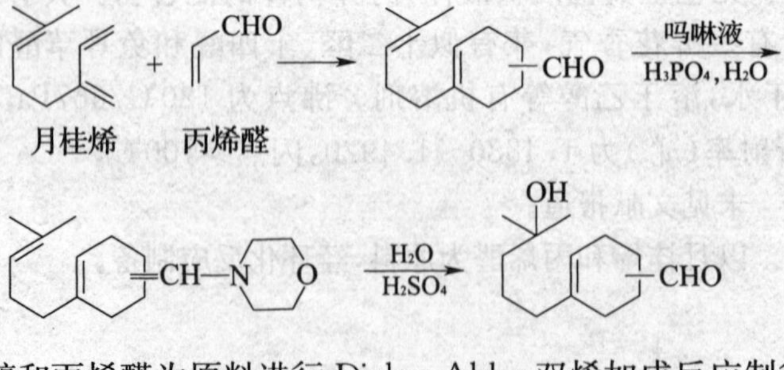

②以月桂烯醇和丙烯醛为原料进行 Diels-Alder 双烯加成反应制得。

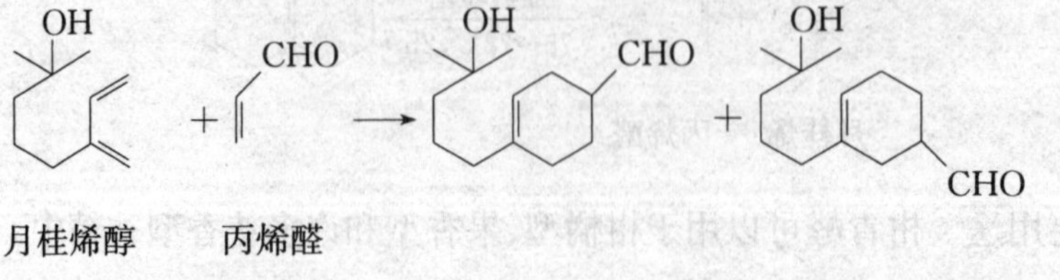

(4)主要用途　新铃兰醛的香气较羟基香茅醛强烈，化学性能也较羟基香茅醛稳定，又有不变色的优点，近年来已成为羟基香茅醛的良好代用品。能用于许多香型，在好的轻型花香格调中不会变动或减弱。代替或与羟基香茅醛同用，作为香精修饰剂，可改进紫丁香、风信子、铃兰、忍冬花等香型香精香气。在各种百花香型的香皂、洗涤剂、化妆品、食品、香水香精中，可赋予不寻常的花香、粉香及尾韵。

(5)安全管理　IFRA 没有限制规定。

九、甲基柑青醛(Myrcenal)

分子式为 $C_{14}H_{22}O$，相对分子质量 206.33。CAS 为 52474-60-9。

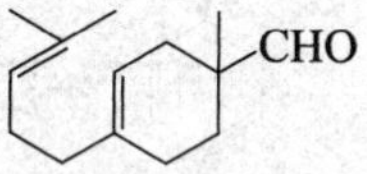

(1)理化性质　无色液体，为异构体的混合物。具有强烈、清新的气息，以及青香和果香的香韵。不溶于水，溶于乙醇等有机溶剂。沸点为 110～115℃/530Pa，相对密度(d_4^{20})为 0.915～0.923，折射率(n_D^{20})为 1.4830～1.4880，闪点>100℃。

(2)天然存在　未见文献报道。

(3)制备方法　由月桂烯和甲基丙烯醛进行 Diels-Alder 双烯加成反应制得。

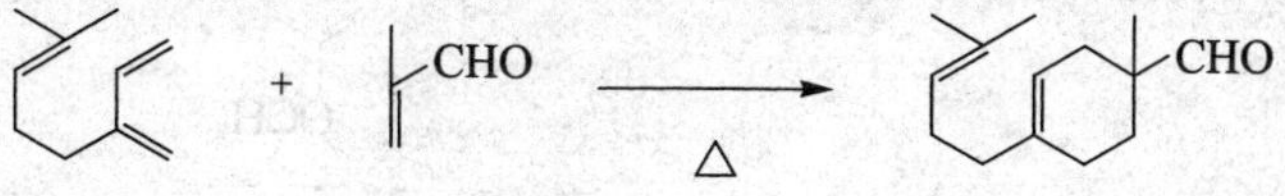

月桂烯　甲基丙烯醛

(4)主要用途　可用于日化香精中，尤其适于调配空气清新剂香精。

(5)安全管理　IFRA 没有限制规定。

十、二氢甲基柑青醛(Vernaldehyde)

分子式为 $C_{14}H_{24}O$，相对分子质量 208.34。CAS 为 66327-54-6。

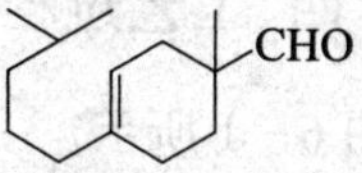

(1)理化性质　无色液体，为异构体的混合物。具有新鲜的青香和醛香香气。不溶于水，溶于乙醇等有机溶剂。相对密度(d_4^{20})为 0.892～0.899，折射率(n_D^{20})为 1.4640～1.4690，闪点为 78℃。

(2)天然存在　未见文献报道。

(3)制备方法　由甲基柑青醛进行选择性催化氢化制得。

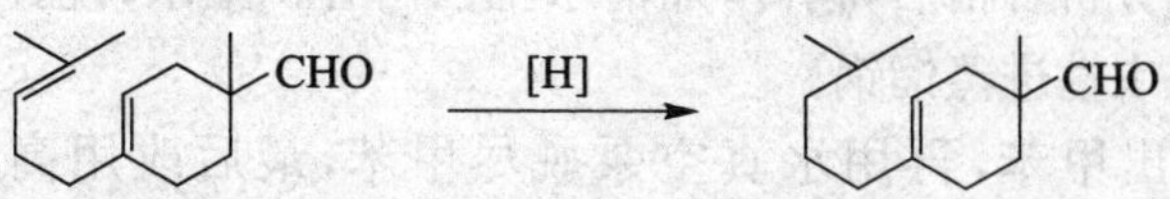

甲基柑青醛

(4)主要用途　可用于日化香精中。

(5)安全管理　IFRA 没有限制规定。

第六节　醛类香料生产工艺

以大茴香醛为例,简述如下。

一、化学结构式

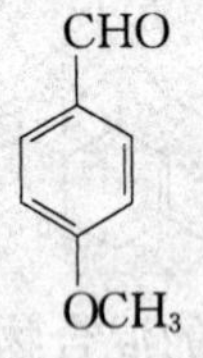

二、反应式

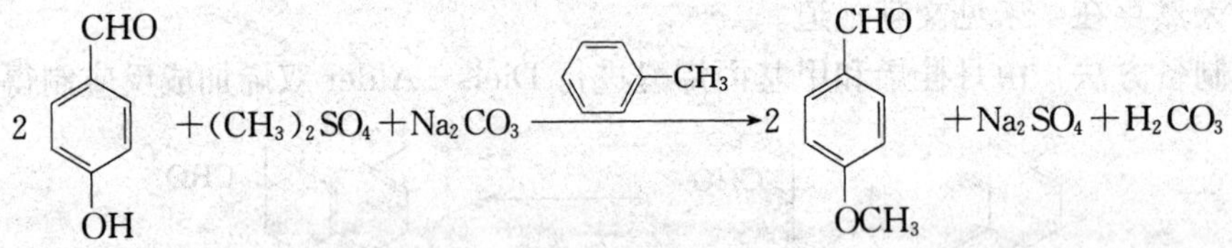

三、原料规格

(1)对羟基苯甲醛　含量 99%,工业级,淡黄色结晶。

(2)纯碱　含量 99%,工业级,白色粉末状。

(3)硫酸二甲酯　含量 98%,工业级,无色液体。

(4)甲苯　含量 99%,工业级,无色液体。

四、工艺过程

大茴香醛生产工艺设备流程如图 6－1 所示。

在 1000L 搪瓷反应釜内加入甲苯 315kg、对羟基甲醛 126kg 和无水碳酸钠 148kg,开搅拌,开蒸气压力 0.15～0.2MPa。加热到 80℃左右时,关蒸气压力,开夹套冷却水,滴加硫酸二甲酯 163kg。按先慢后快原则,20～30min 左右滴加完毕,具体视反应激烈程度而定。加毕开蒸汽加热,在回流状态下,保温 3～3.5h,保温温度在 98～103℃。再回流即可,在回流时水分可以通过分水装置分出。

保温结束,取样分析合格后,稍冷,加清水至国内容积上限,搅拌 10～15min,静止分层,油层用清水洗至中性进蒸馏锅。

先在常压下蒸出甲苯,再用水真空泵脱尽甲苯,最后改用高真空进行蒸馏。在 1.33kPa 真空下收集 117℃以后馏分(内温 135～140℃)为大茴香醛正品。

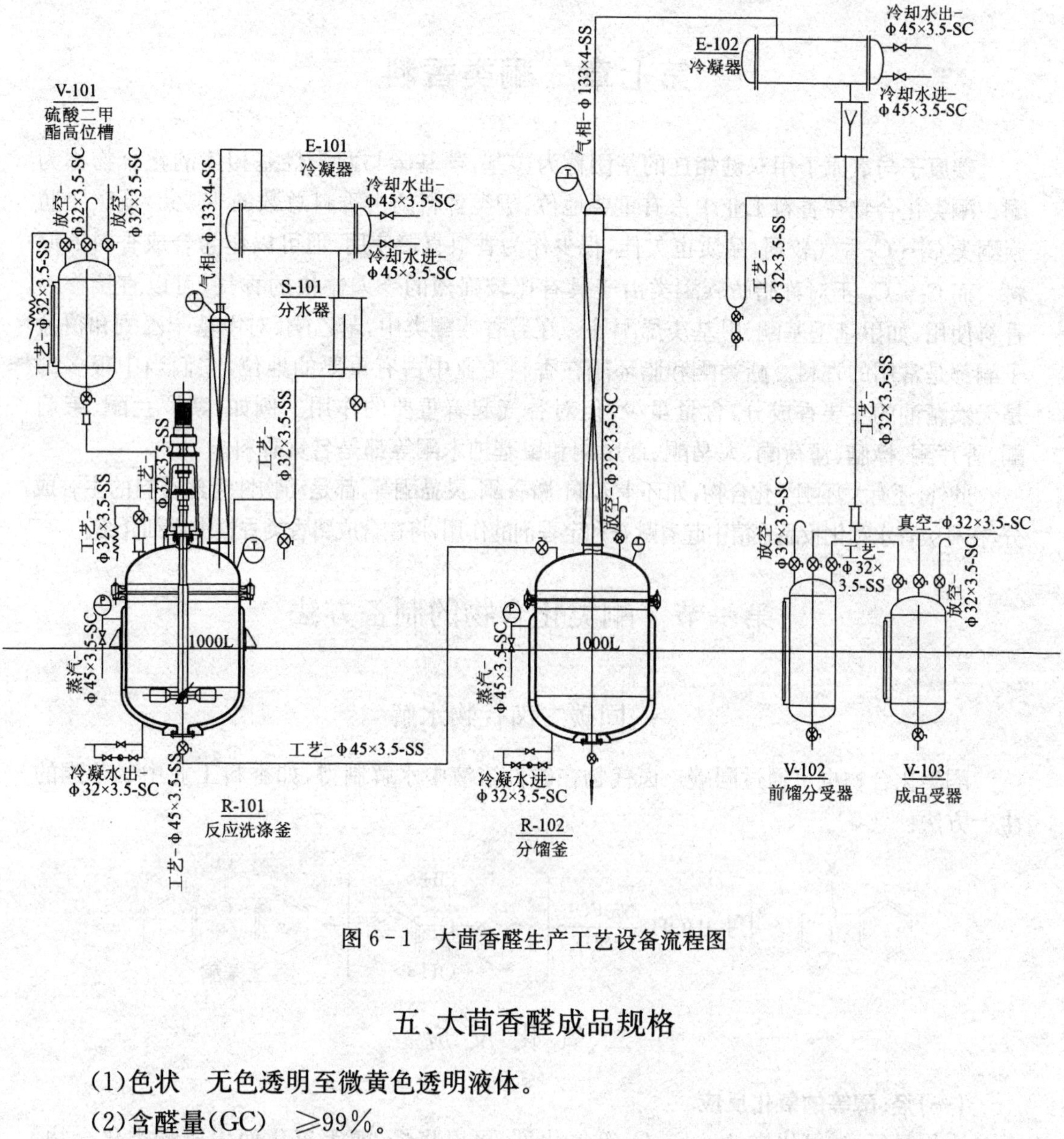

图 6-1　大茴香醛生产工艺设备流程图

五、大茴香醛成品规格

(1)色状　无色透明至微黄色透明液体。

(2)含醛量(GC)　≥99%。

(3)相对密度　$(d_{25}^{25}) = 1.119 \sim 1.123$。

(4)折射率　$n_{\mathrm{d}}^{20} = 1.571 \sim 1.574$。

(5)香气　似山楂香气。

(6)溶解度(25℃)　1mL 样品全溶于 7mL 50%的乙醇。

六、注意事项

(1)反应釜内不能有水,反应生成的水尽可能用甲苯带出。

(2)大茴香醛在高真空情况下蒸馏可得到香气更好的产品。

第七章　酮类香料

碳原子与氧原子用双键相连的基团称为羰基，羰基碳与两个烃基相连的化合物称为酮。酮类化合物在香料工业中占有重要地位，酮类香料约占香料总数的15%。低碳脂肪族酮类 C_3～C_6 香气较弱，品质也欠佳，很少作为香料直接使用，但可以作为合成香料的原料。而 C_7～C_{12} 不对称脂肪族酮类由于具有比较强烈的令人愉快的香气，可以直接作为香料使用，如甲基壬基酮、甲基庚烯酮等。在芳香族酮类中，苯乙酮、对甲基苯乙酮和覆盆子酮都是常用的香料。萜类酮和脂环酮在香料工业中占有重要的地位，它们当中很多都是天然精油的主要香成分，含量虽少，但对香气起着重要的作用。例如，紫罗兰酮、茉莉酮、香芹酮、樟脑、薄荷酮、大马酮、鸢尾酮和甲基柏木酮等都是名贵香料。

此外，还有大环酮类化合物，如环十五酮、麝香酮、灵猫酮等，都是动物性天然香料的主香成分，在高级香水和化妆品香精中起着赋香和定香剂的作用，将在合成麝香类香料中详细介绍。

第一节　酮类化合物的制备方法

一、同碳二卤代物水解

酮类化合物也可通过同碳二卤代物在碱性溶液中水解制得，如香料工业中二苯酮的生产方法：

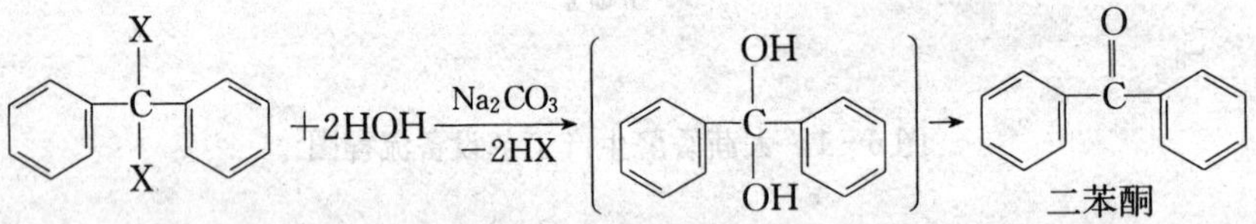

二苯酮

二、氧 化 反 应

（一）烃、醇等的氧化反应

采用臭氧、过氧化物、$Na_2Cr_2O_7$ 等氧化剂，可以将烃、醇等氧化而生成酮类化合物。仲醇在重铬酸钾和硫酸作为氧化剂时被氧化生成的酮，产率可达90%以上。反应中因为酮不容易继续氧化，所以不需要立即分离。

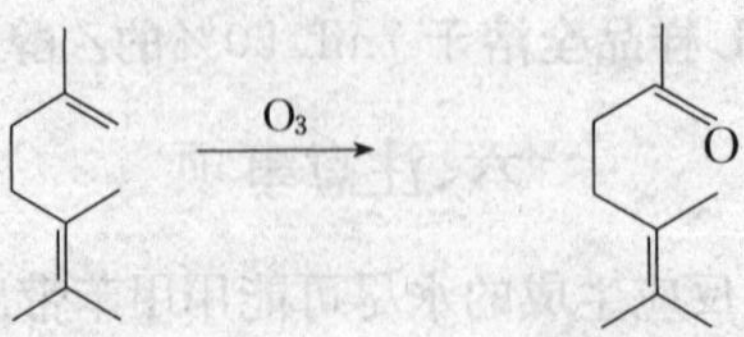

2,6-二甲基-1,5-庚二烯　　　甲基庚烯酮

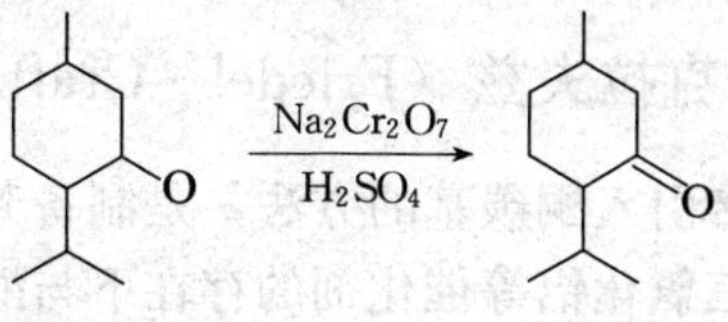

薄荷醇　　　　薄荷酮

$$CH_3(CH_2)_5-\underset{}{\overset{OH}{\overset{|}{C}H}}-CH_3 \xrightarrow[100℃,H_2O]{K_2Cr_2O_7+H_2SO_4} CH_3(CH_2)_5-\overset{O}{\overset{\|}{C}}-CH_3$$

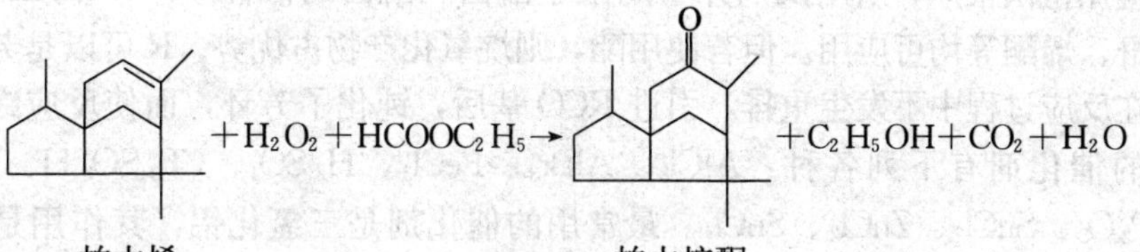

α-柏木烯　　　　柏木烷酮

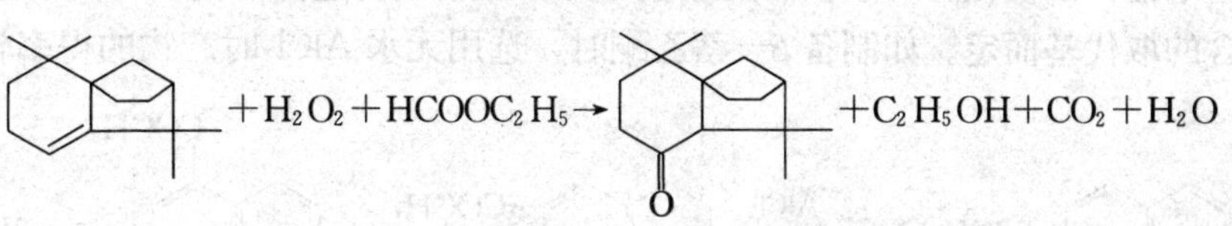

异长叶烯　　　　异长叶烷酮

以铜或银为催化剂,仲醇可以被氧化制备纯度很高的酮,这也是工业上生产酮的主要方法之一。

$$CH_3-\overset{OH}{\overset{|}{C}H}-CH_3 \xrightarrow[300℃]{O_2,Cu} CH_3-\overset{O}{\overset{\|}{C}}-CH_3$$

(二)欧朋脑尔氧化反应(Oppenauer Oxidation)

欧朋脑尔氧化反应是梅尔外因-潘道夫还原反应(Meerwein- Ponndorf-Verley Reduction)的逆反应。此反应主要是使仲醇氧化为酮,在苯或甲苯溶剂中将需要被氧化的仲醇与叔丁醇铝或异丙醇铝及丙酮一起加热回流。为了使反应更加完全,必须用过量很多的丙酮。反应中除了用丙酮外,还可使用环己酮或丁酮替代。

欧朋脑尔氧化反应(Oppenauer Oxidation)在温和的条件下进行,且产率较好。

$$\begin{matrix}R\\ \quad\diagdown\\ \quad CHOH\\ \quad\diagup\\ R'\end{matrix} + \begin{matrix}CH_3\\ \quad\diagdown\\ \quad C{=}O\\ \quad\diagup\\ CH_3\end{matrix} \xrightleftharpoons{[(CH_3)_2CO]_3Al} \begin{matrix}R\\ \quad\diagdown\\ \quad C{=}O\\ \quad\diagup\\ R'\end{matrix} + \begin{matrix}CH_3\\ \quad\diagdown\\ \quad CHOH\\ \quad\diagup\\ CH_3\end{matrix}$$

$$CH_3CH_2CH_2CH{=}CH-\underset{OH}{\underset{|}{C}H}CH_3+CH_3COCH_3 \xrightleftharpoons{[(CH_3)_2CO]_3Al} CH_3CH_2CH_2CH{=}CH-\underset{O}{\underset{\|}{C}}-CH_3+CH_3\underset{OH}{\underset{|}{C}H}CH_3$$

$$\underset{R}{\underset{|}{C}H}{=}CH-CH_2-\underset{R'}{\underset{|}{C}HOH}+CH_3COCH_3 \xrightleftharpoons{[(CH_3)_2CO]_3Al} \underset{R}{\underset{|}{C}H}{=}CH-CH_2-\underset{R'}{\underset{|}{C}}{=}O+CH_3\underset{OH}{\underset{|}{C}H}CH_3$$

三、傅雷德尔-克拉夫兹（Friedel - Crafts）酰基化反应

此反应是在芳香环上直接引入酮羰基的方法，是制备芳香酮的主要方法之一。芳香族化合物在 Lewis 酸如无水三氯化铝等催化剂的存在下与酸酐或酰卤作用，然后水解而制得酮类化合物。其反应过程为：

$$ArH + RCOCl \xrightarrow{\text{催化剂}} ArCOR + HCl$$

此法应用范围很广，所用试剂并不局限于酰卤（酰卤的活性顺序：I>Br>Cl>F），羧酸、酸酐、烯酮等均可应用。但若使用酯，则烷氧化产物占优势。R 可以是芳烃基或脂烃基，且在反应过程中不发生重排，引进 RCO 基后，钝化了芳环，而使反应终止。反应中所使用的催化剂有下列各种：$AlCl_3$、$AlBr_3$、$FeCl_3$、H_2SO_4、CF_3SO_3H、BF_3、HF、H_3PO_4、P_2O_5、$SnCl_2$、$ZnCl_2$、$SnCl_4$。最常用的催化剂是三氯化铝，其作用是增加羰基碳原子的正电性，以便较弱的亲核试剂进攻芳环。至于如何选择催化剂，需根据芳香族化合物上所含的取代基而定。如制备 β—萘乙酮时，选用无水 $AlCl_3$ 时产物的得率较高。

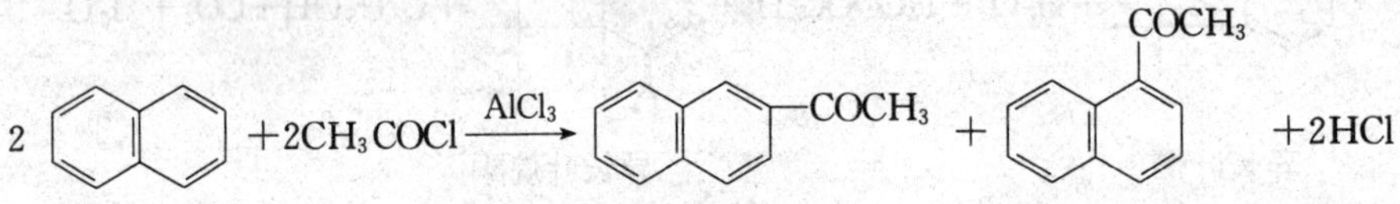

萘　　β-萘乙酮（多）　　α-萘乙酮（少）

茴香醚合成山楂花酮时，其催化剂除可选用无水 $AlCl_3$ 外，也可采用无水 $ZnCl_2$。用 $ZnCl_2$ 作催化剂时反应过程中没有 HC1 气体放出，同时操作便利。

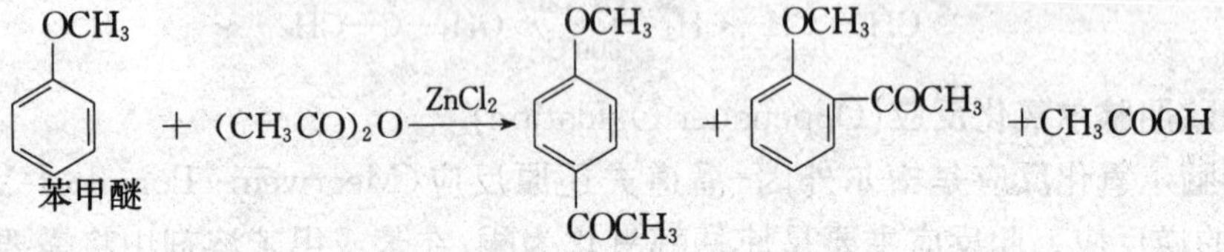

苯甲醚　　对甲氧基苯乙酮（多）　　邻甲氧基苯乙酮（少）

以柏木油脱脑后的柏木烯（其中 α-柏木烯为 40%～50%，β-柏木烯为 5%～15%，罗汉柏烯为 40%～50%）为原料制备乙酰基柏木烯（又称甲基柏木酮），其催化剂一般选用多聚磷酸，使用乙酸酐对该混合萜烯进行乙酰化反应。

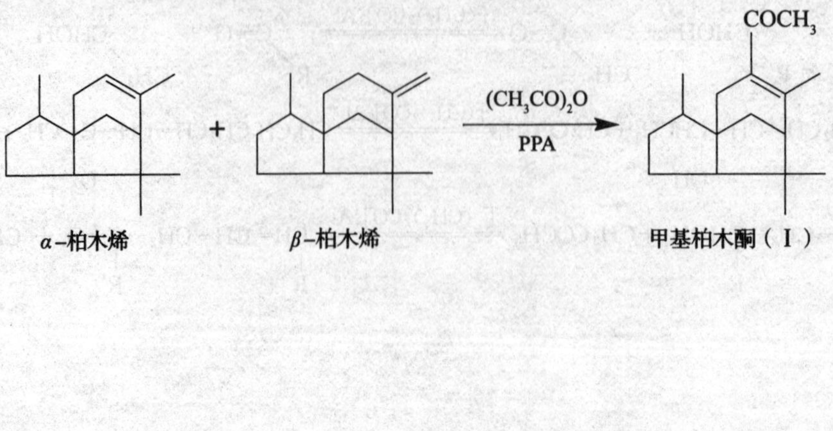

α-柏木烯　　β-柏木烯　　甲基柏木酮（Ⅰ）

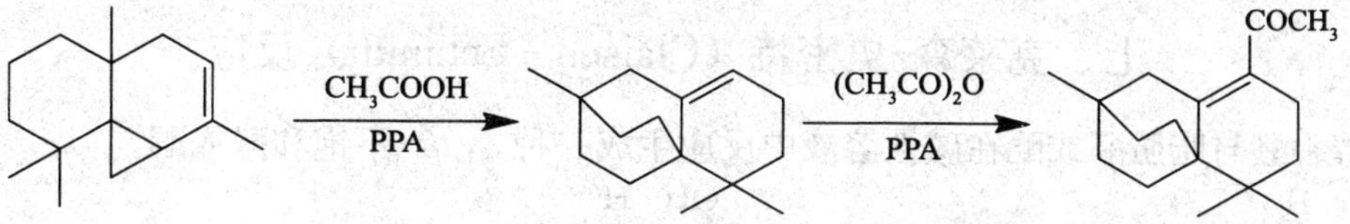

罗汉柏烯　　　　　　　　　　甲基柏木酮（Ⅱ）

四、付瑞斯（Fries）重排反应

酚的酯类在无水三氯化铝存在下，酰基发生重排反应，生成邻位或对位的酚酮类化合物。若用硝基苯或二硫化碳为溶剂，重排反应可在较低的温度下进行。

至于反应后生成的是邻位产物还是对位产物，一般在低温条件下反应时得到的主要是对位异构体，在高温条件下得到的主要是邻位产物。如：

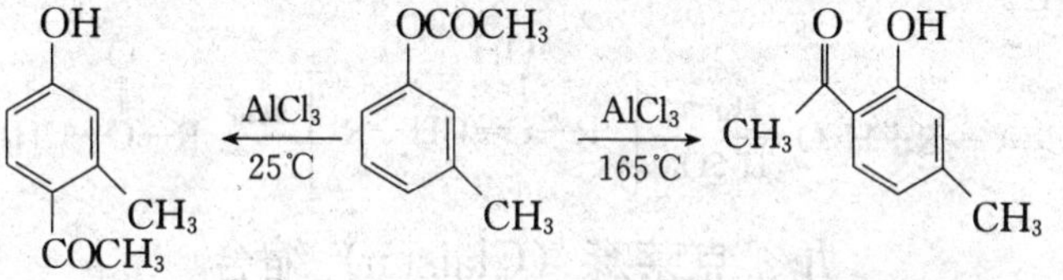

得率为 80%　　　　　　　　得率为 95%

五、应用 Kondakoff 反应制备 β，γ-不饱和酮类新香料

Kondakoff 反应是不饱和烃类化合物和酸酐或酰氯在氯化锌催化下得到 β，γ-不饱和酮的反应。该反应在合成香料工业中，尤其是在合成萜类香料中得到了广泛应用。例如，1-对孟烯与丙酸酐进行 Kondakoff 反应可以得到橙花酮，橙花酮在异丙醇铝的催化下，经 Meerwein - Ponndorf - Verley 还原，可以生成具有木香、青香香气的醇。

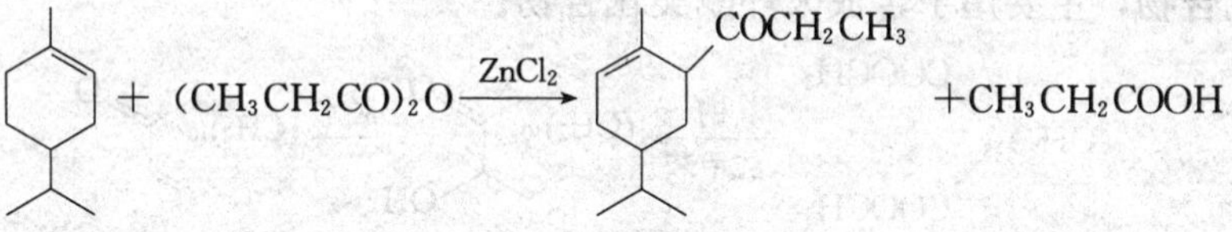

1-对孟烯　　　　　　　　橙花酮

六、羧酸催化还原-萨巴蒂埃（Sabatier）反应

当羧酸的蒸气通过加热的催化剂（钍、锰等金属氧化物沉积在沸石上）时，两分子羧酸失去一分子二氧化碳和一分子水而生成羰基化合物，此法适用于制备脂肪族醛、酮和芳香族醛类。

$$2R-C(=O)-OH \xrightarrow[320\sim340^\circ C]{MnO_2\text{-沸石}} R-C(=O)-R + CO_2 + H_2O$$

反应中如果用两种不同的羧酸，则产物是混合物，因为每种羧酸都有脱去二氧化碳和水的可能。

反应中如果使用的一种羧酸是甲酸，则产物可得到醛（参见第六章）。

七、克莱森-史密特(Claisen - Schmidt)反应

芳香醛与脂肪醛或酮在碱性溶液中反应生成一种 α,β-不饱和醛或酮。

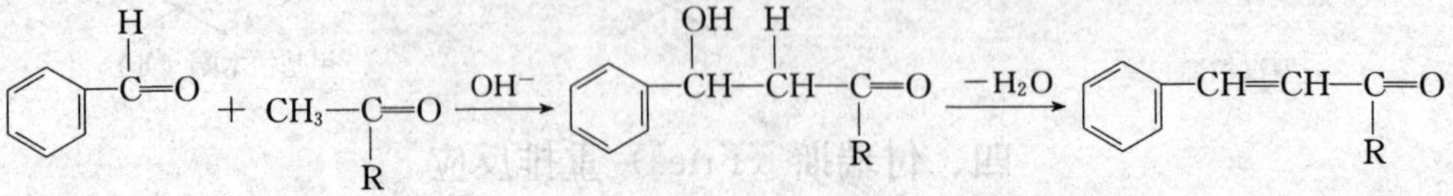

八、炔烃的水合反应

在汞盐和硫酸存在下,炔烃和水反应生成不稳定的烯烃中间体,然后经过重排反应得到相应的酮。除了乙炔的水合反应生成乙醛外,其他炔烃的水合反应都生成酮,产率可以达到 80%以上。

$$R{-}C{\equiv}C{-}R + H_2O \xrightarrow[H_2SO_4]{Hg^{2+}} \left[R{-}\overset{OH}{\overset{|}{C}}{=}CH{-}R \right] \xrightarrow{\text{重排}} R{-}\overset{O}{\overset{\|}{C}}{-}CH_2{-}R$$

九、克莱森(Claisen)缩合

在 Na、$NaNH_2$、$NaOC_2H_5$ 等催化剂存在下,通过酯类化合物与羰基化合物的缩合反应可以合成酮。

$$CH_3COOC_2H_5 + CH_3COCH_3 \xrightarrow{\text{碱}} CH_3COCH_2COCH_3 + C_2H_5OH$$

十、醇酮缩合反应

在苯、醚等介质中,脂肪酸酯类化合物在金属钠的作用下,经缩合反应生成具有醇酮结构的化合物,主要用于合成大环酮类化合物。

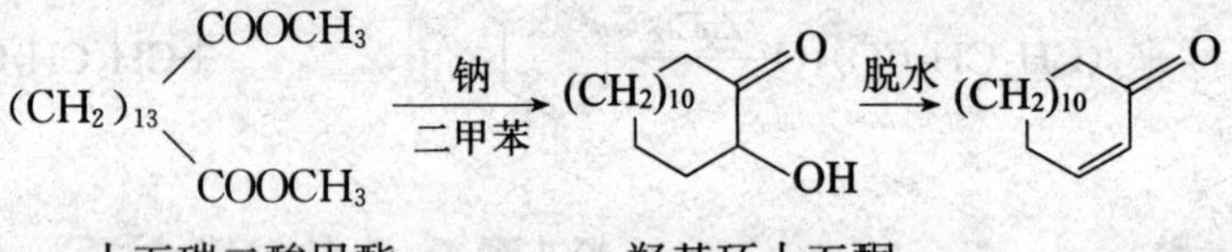

十五碳二酸甲酯　　α-羟基环十五酮

十一、迈克尔(Michael)反应

在醇钠催化下,α,β-不饱和羰基化合物的双键很容易与丙二酸二乙酯、乙酰乙酸酯等化合物的活泼亚甲基发生缩合反应。

$$CH_2{=}CHCOOC_2H_5 + CH_3COCH_2COOC_2H_5 \xrightarrow{C_2H_5ONa} CH_3CO\underset{\underset{CH_2CH_2COOC_2H_5}{|}}{CH}COOC_2H_5$$

第二节 脂肪族酮类香料

一、丁二酮(2,3 - Butanedione)

丁二酮又称二乙酰、双乙酰、联乙酰。

分子式为 $C_4H_6O_2$，相对分子质量 86.09。CAS 为 431-03-8。

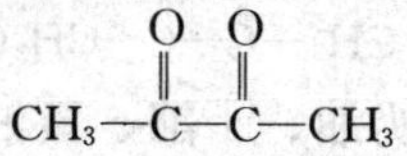

（1）理化性质　黄色至淡黄色液体，具有强烈的、尖刺的香气，稀释后有似奶油香气，极易挥发。与水 1∶4 混溶，溶于乙醇等有机溶剂。沸点为 87～88℃，熔点为 −3～4℃，相对密度（d_{25}^{25}）为 0.977～0.985，折射率（n_D^{20}）为 1.3930～1.3970，闪点为 10℃。

（2）天然存在　存在于芬兰松、当归、薰衣草精油中以及留尼汪香叶油、爪哇香茅油和赖百当油中；在许多水果、蔬菜、乳制品、白脱油中也有存在。丁二酮多半是在植物原料进行水蒸气蒸馏时生成的，且含于馏出水中。

（3）制备方法

①以发酵法得到的 2，3-丁二醇为原料，经催化脱氢制得。

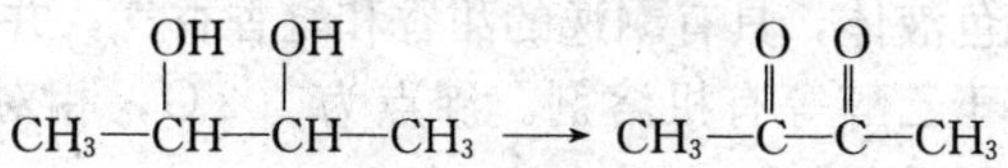

②以 2-丁酮为原料，通过亚硝化反应制得。

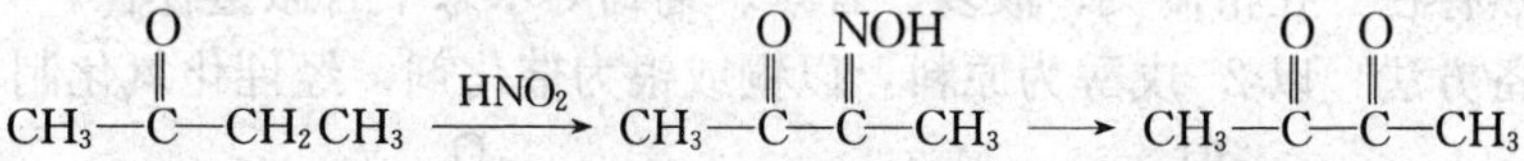

③ 以乙醛为原料，在过氧化氢存在下生成乙偶姻，然后再氧化生成丁二酮。

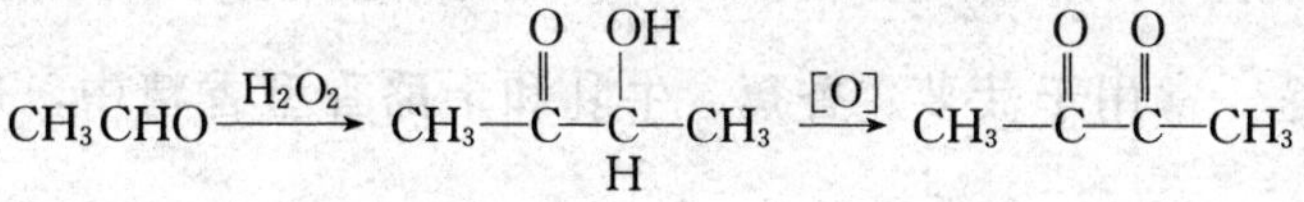

乙偶姻

（4）主要用途　主要用于调配食用香精，是奶香型香精的主香成分，还广泛用于人造奶油的加香。在日化香精中用得较少。

（5）安全管理　FEMA 号 2370，FDA184.1278，COE752，GB 2760—2014 批准为暂时允许使用的食品香料。

二、2，3-戊二酮（2，3-Pentanedione）

2，3-戊二酮又称乙酰基丙酰。

分子式为 $C_5H_8O_2$，相对分子质量 100.12。

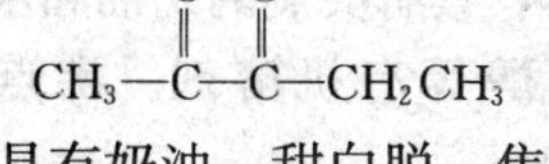

（1）理化性质　黄色液体，具有奶油、甜白脱、焦糖香气，并带有坚果底香。微溶于水，溶于乙醇等有机溶剂。沸点为 110～112℃，相对密度（d_4^{15}）为 0.953～0.959，折射率（n_D^{20}）为 1.4080。

（2）天然存在　存在于朗姆酒、啤酒、威士忌、红葡萄酒、白葡萄酒、咖啡和芬兰松精油中。

（3）制备方法　以甲基丙基酮为原料通过亚硝化反应制备。

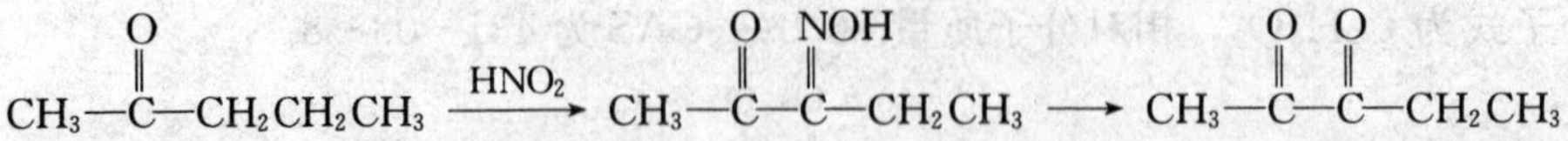

（4）主要用途　主要用于调配奶油、干酪、黄油、可可、咖啡、焦糖、朗姆酒、水果和香草等香型的食用香精。

（5）安全管理　FEMA 号 2841，FDA172.515，COE2039，GB 2760—2014 批准为允许使用的食品香料。

三、2-戊酮（2-Pentanone）

2-戊酮又称乙基丙酮、甲基丙基酮。

分子式为 $C_5H_{10}O$，相对分子质量 86.13。

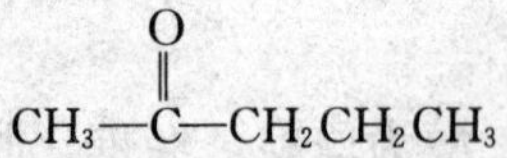

（1）理化性质　无色液体，具有飘逸的甜香和醚香香气，并带有类似香蕉和发酵过的香韵。微溶于水，溶于乙醇等有机溶剂。沸点为 102℃，相对密度（d_4^{25}）为 0.805，折射率（n_D^{20}）为 1.3920～1.3980。

（2）天然存在　在柑橘类、菠萝、香蕉、葡萄等水果中有微量存在。

（3）制备方法　以 2-戊醇为原料，以铜或银为催化剂，经催化氧化制备。

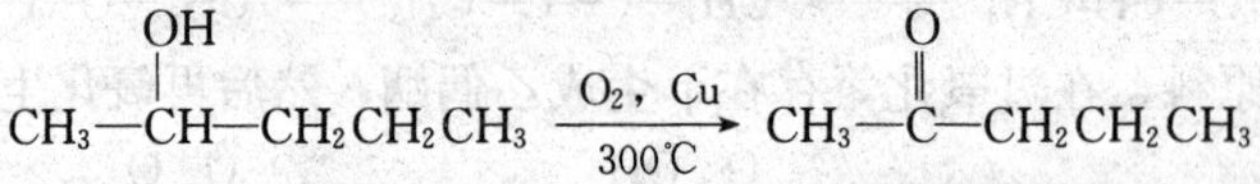

（4）主要用途　常用于菠萝、香蕉、牛乳和干酪香型香精中，是水果香精的和合剂。

（5）安全管理　FEMA 号 2842，FDA172.515，COE754，GB 2760—2014 批准为允许使用的食品香料。

四、5-甲基-2，3-己二酮（5-Methyl-2，3-hexanedione）

5-甲基-2，3-己二酮又称乙酰异戊酰、甲基异丁基二酮。

分子式为 $C_7H_{12}O_2$，相对分子质量 128.17。

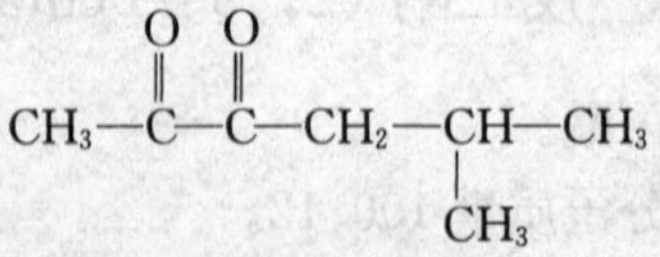

（1）理化性质　淡黄色液体，具有尖刺的奶油和水果香气。稀释后具有甜的奶油和菠萝香韵。微溶于水，溶于乙醇等有机溶剂。沸点为 138℃，相对密度（d_4^{20}）为 0.908，折射率（n_D^{20}）为 1.4110。

（2）天然存在　未见文献报道。

（3）制备方法　以 5-甲基-2-己二酮为原料通过亚硝化反应制备。

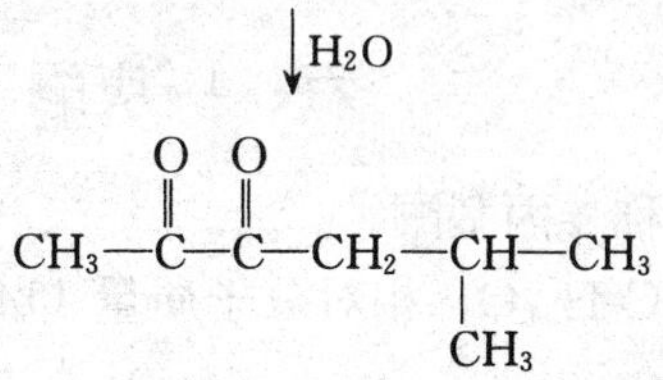

（4）主要用途　主要用于调配香蕉、菠萝蜜、朗姆酒、奶油、干酪等香型的食用香精。

（5）安全管理　FEMA 号 3190，COE11148，GB 2760—2014 批准为允许使用的食品香料。

五、2-庚酮（2-Heptanone）

2-庚酮又称甲基戊基酮。

分子式为 $C_7H_{14}O$，相对分子质量 114.19。

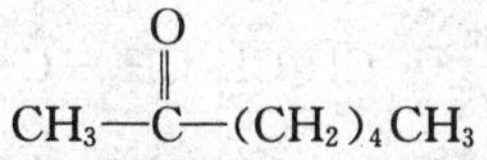

（1）理化性质　无色液体，具有香蕉、乳酪香气以及轻淡的药香。微溶于水，溶于乙醇等有机溶剂。沸点为 150～152℃，相对密度（d_4^{20}）为 0.816～0.824，折射率（n_D^{20}）为 1.4080～1.4100。

（2）天然存在　少量存在于丁香油、肉桂油、白面包、生梨、椰子、肉和干酪中。

（3）制备方法

①以溴丁烷和乙酰乙酸乙酯为原料，脱溴化氢生成正丁基乙酰乙酸乙酯，然后在稀硫酸存在下进行酮式分解而得到。

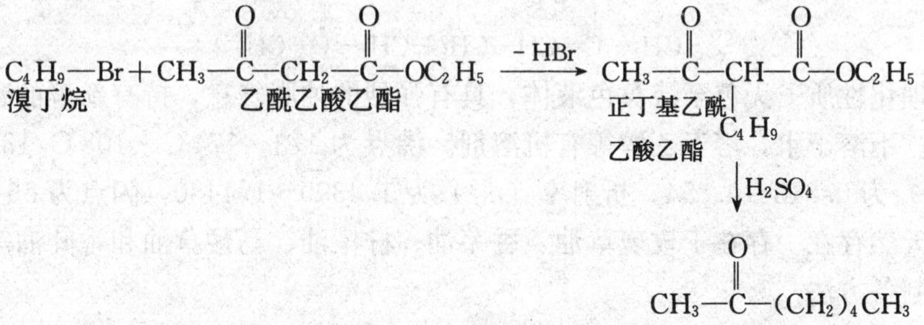

②以甲基戊基原醇为原料，在金属银催化下氧化生成。

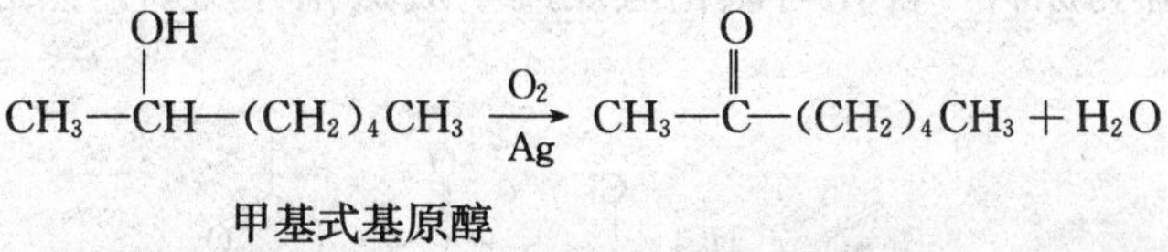

甲基式基原醇

（4）主要用途　微量地用于康乃馨等香型的日用香精中。主要用于调配草莓、菠萝、香蕉、柑橘、桃、椰子、黄油和干酪等香型的食用香精。

（5）安全管理　FEMA 号 2544，FDA172.515，COE136，GB 2760—2014 批准为允许使用的食品香料。

六、4-庚酮(4-Heptanone)

4-庚酮又称二丙基酮。

分子式为 $C_7H_{14}O$，相对分子质量 114.19。

$$CH_3CH_2CH_2-\overset{\overset{\displaystyle O}{\|}}{C}-CH_2CH_2CH_3$$

(1) 理化性质　无色液体，具有飘逸的甜香和果香香气，并带有菠萝蜜和乳酪香韵。不溶于水，溶于乙醇等有机溶剂。沸点为 143～144℃，相对密度(d_4^{20})为 0.814～0.816，折射率(n_D^{20})为 1.4070～1.4100。

(2) 天然存在　在番木瓜、苹果、生梨、烤土豆、面包、咖啡、花生、鸡肉和烟草等中均有存在。

(3) 制备方法　以丁酸为原料，在 400～425℃下通过氧化锰层而制取。

$$2CH_3CH_2CH_2-\overset{\overset{\displaystyle O}{\|}}{C}-OH \xrightarrow[\triangle]{MnO_2} CH_3CH_2CH_2-\overset{\overset{\displaystyle O}{\|}}{C}-CH_2CH_2CH_3 + CO_2 + H_2O$$

(4) 主要用途　主要用于调配香蕉、菠萝蜜和热带水果等香型的食用香精。

(5) 安全管理　FEMA 号 2546，FDA172.515，COE2034，GB 2760—2014 批准为允许使用的食品香料。

七、甲基庚烯酮(Methyl heptenone)

甲基庚烯酮又称 6-甲基-5-庚烯-2-酮。

分子式为 $C_8H_{14}O$，相对分子质量 126.20。CAS 为 110-93-0；409-02-9。

$$CH_3-\overset{\overset{\displaystyle CH_3}{|}}{C}=CH-CH_2-CH_2-\overset{\overset{\displaystyle O}{\|}}{C}-CH_3$$

(1) 理化性质　无色至淡黄色液体，具有强烈的油脂气息，持有新鲜的青香，伴有柑橘香韵。不溶于水，溶于乙醇等有机溶剂。沸点为 173～174℃、108℃/133Pa，相对密度(d_{25}^{25})为 0.848～0.854，折射率(n_D^{20})为 1.4390～1.4430，闪点为 56℃。

(2) 天然存在　存在于玫瑰草油、香茅油、柠檬油、马鞭草油和香叶油等精油中。

(3) 制备方法

①以玫瑰草油、香茅油等为原料，用真空分馏的方法单离出甲基庚烯酮。

②以异戊二烯为原料，首先与氯化氢反应生成氯化异戊烯，然后再与丙酮反应而制得。

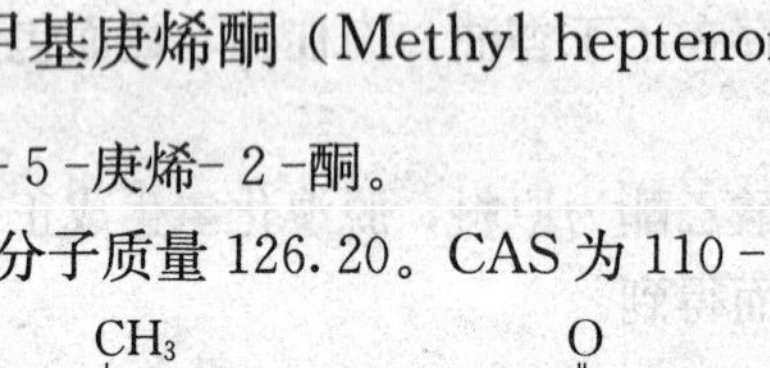

异戊二烯　氯化异戊烯

③以乙炔和丙酮为原料制备。

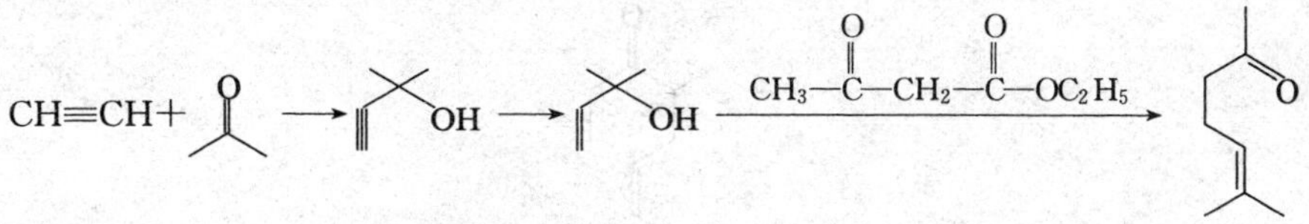

④以异丁烯、甲醛和丙酮为原料制备。

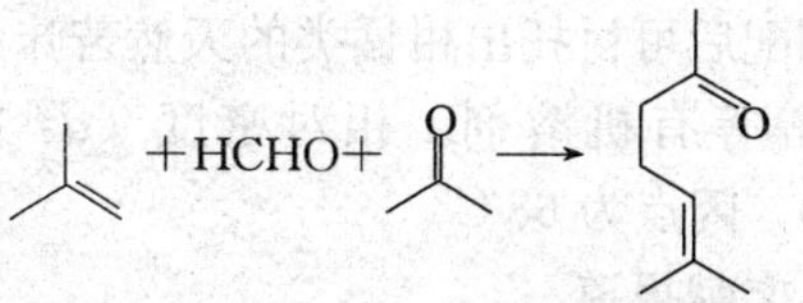

（4）主要用途　少量用于花香型香皂、香水和化妆品香精中，也可微量用于香蕉、苹果、生梨、柑橘、浆果、坚果和蔬菜等香型的食品香精中。甲基庚烯酮是合成芳樟醇等萜类含氧香料化合物的重要中间体。

（5）安全管理　FEMA 号 2707，FDA172.515，COE149，GB 2760—2014 批准为允许使用的食品香料。

八、甲基庚基酮（Methyl heptyl ketone、2 - Nonanone）

甲基庚基酮又称 2 -壬酮。

分子式为 $C_9H_{18}O$，相对分子质量 142.24。CAS 为 821 - 55 - 6。

$$CH_3-\overset{\overset{\displaystyle O}{\|}}{C}-(CH_2)_6CH_3$$

（1）理化性质　无色油状液体，具有果香、甜香香气，并伴有草香香韵，带有油脂气息。不溶于水，溶于乙醇等有机溶剂。沸点为 194～196℃、75～77℃/1.6kPa，相对密度（d_4^{20}）为 0.831～0.832，折射率（n_D^{20}）为 1.4210，闪点为 76℃。

（2）天然存在　存在于丁香油、芸香油等精油中。

（3）制备方法　可通过庚基溴化镁和乙酸乙酯进行格氏反应制得。

$$CH_3(CH_2)_6MgBr+CH_3COOC_2H_5 \longrightarrow CH_3-\overset{\overset{\displaystyle O}{\|}}{C}-(CH_2)_6CH_3$$

（4）主要用途　可用于日化香精中。也可用于食用香精中，用于调配菠萝蜜、椰子等果香型香精。

（5）安全管理　FEMA 号 2785，FDA172.515，COE154，GB 2760—2014 批准为允许使用的食品香料。

九、二甲基辛烯酮（Dimethyl octenone）

二甲基辛烯酮又称 2，5 -二甲基- 2 -辛烯- 6 -酮。

分子式为 $C_{10}H_{18}O$，相对分子质量 154.25。CAS 为 2550 - 11 - 0。

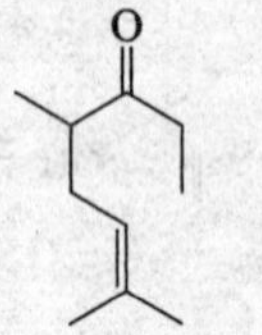

（1）理化性质　无色至淡黄色液体，具有新鲜的柑橘香气和果香香气。其化学性能稳定，与柑橘类香料调配后可衬托出柑橘类的天然苦味；与香根香料配合能使头香突出。不溶于水，溶于乙醇等有机溶剂。相对密度（d_4^{20}）为 0.845～0.850，折射率（n_D^{20}）为 1.4410～1.4440，闪点为 68℃。

（2）天然存在　未见文献报道。

（3）制备方法　由二乙基酮和氯代异戊烯在相转移催化剂存在下经缩合反应制得。

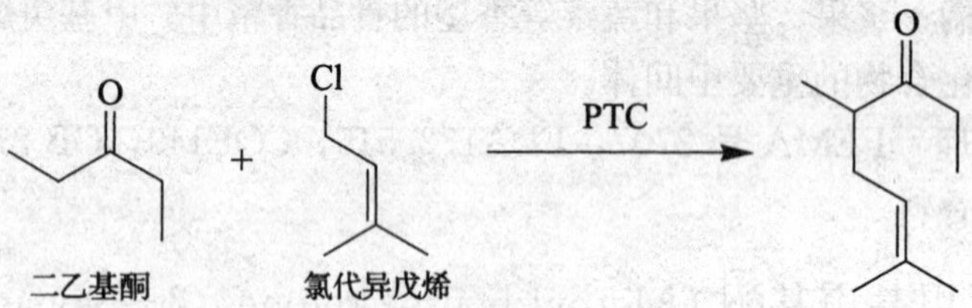

（4）主要用途　在日化香精中用于调配化妆品香精和皂用香精。

（5）安全管理　IFRA 没有限制规定。

十、甲基壬基酮（Methyl nonyl ketone、2－Undecanone）

甲基壬基酮又称 2－十一酮、芸香酮。

分子式为 $C_{11}H_{22}O$，相对分子质量 170.30。CAS 为 112－12－9。

$$CH_3(CH_2)_8-\overset{O}{\overset{\|}{C}}-CH_3$$

（1）理化性质　无色至淡黄色液体，具有油脂和草香香气，并带有柑橘似的香韵。不溶于水，溶于乙醇等有机溶剂。熔点≥10℃，沸点为 225～226℃、95～98℃/1.3kPa，相对密度（d_{25}^{25}）为 0.822～0.826，折射率（n_D^{20}）为 1.4280～1.4330，闪点为 90℃。

（2）天然存在　存在于芸香油、白柠檬油、黄柏油、椰子油、棕榈油等精油中。

（3）制备方法

①天然的芸香油中含有高达 90%以上的甲基壬基酮，所以可用分馏法单离出来。

②以壬酸和乙酸为原料，经脱羧反应制得。

$$\underset{\text{壬酸}}{CH_3(CH_2)_8-\overset{O}{\overset{\|}{C}}-OH}+\underset{\text{乙酸}}{CH_3-\overset{O}{\overset{\|}{C}}-OH}\xrightarrow{MnO_2}CH_3(CH_2)_8-\overset{O}{\overset{\|}{C}}-CH_3+CO_2+H_2O$$

③ 由相应的醇经氧化反应制得。

$$CH_3(CH_2)_8-\underset{}{\overset{OH}{\underset{|}{C}}}H-CH_3 \xrightarrow{[O]} CH_3(CH_2)_8-\overset{O}{\overset{\|}{C}}-CH_3$$

（4）主要用途　少量地应用于皂用、除臭剂等香精中。主要用于调配椰子、桃、橙子、菠萝蜜、蘑菇、干酪、黄油和酥油等香型的食用香精。

（5）安全管理　FEMA 号 3093，FDA172.515，COE150，GB 2760—2014 批准为允许使用的食品香料。

第三节　芳香族酮类香料

一、苯乙酮（Acetophenone）

苯乙酮又称甲基苯基酮。

分子式为 C_8H_8O，相对分子质量 120.15。CAS 为 98-86-2。

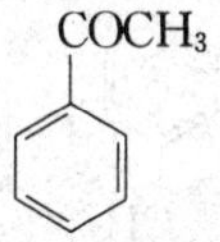

（1）理化性质　无色液体，具有山楂花香气，带有金合欢和含羞草似的香韵。不溶于水，溶于乙醇等有机溶剂。沸点 202℃、87℃/1.73kPa，最低凝固点为 19～20℃，相对密度（d_{25}^{25}）为 1.025～1.028，折射率（n_D^{20}）为 1.5330～1.5350，闪点为 80℃。

（2）天然存在　在岩蔷薇浸膏、海狸香浸膏、阔叶柏、覆盆子、豌豆、乳酪、斯里兰卡桂油和鸢尾油中均有存在。

（3）制备方法

①以苯和乙酰氯为原料，无水三氯化铝为催化剂，通过 Fredel - Crafts 酰基化反应制备。

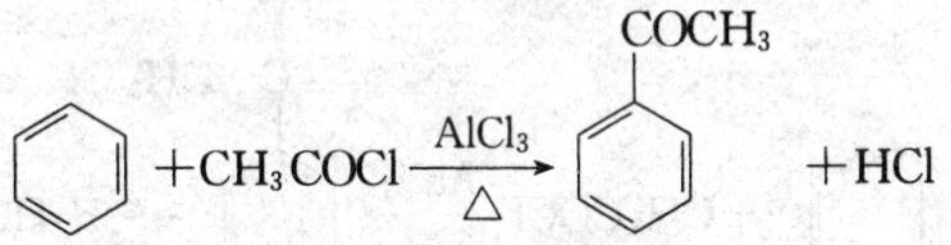

乙酰氯

②以苯和乙酸酐为原料，无水三氯化铝为催化剂，通过 Fredel - Crafts 酰基化反应制备。

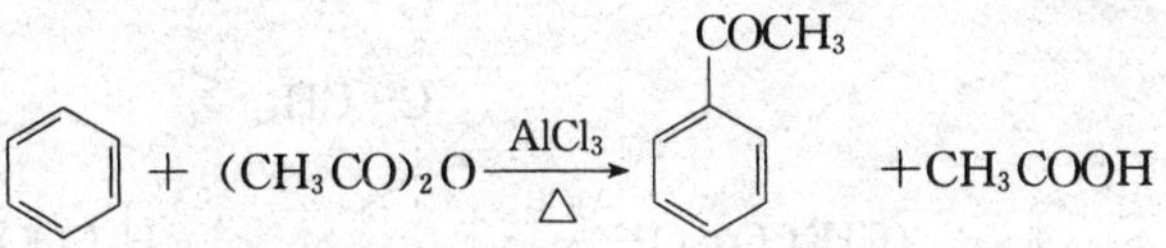

乙酸酐

③以苯乙烷为原料，在硬脂酸钴催化下，通过氧化反应制取。

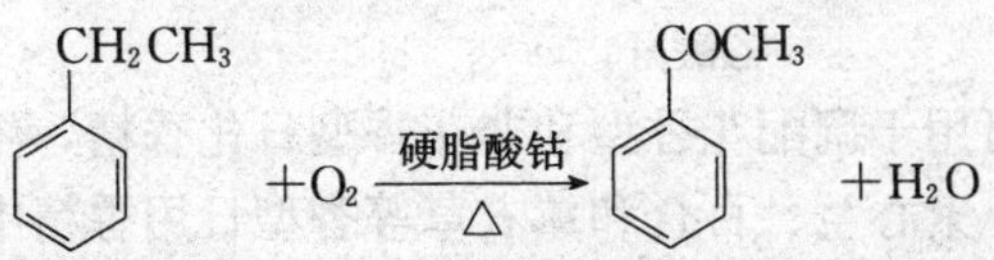

（4）主要用途　苯乙酮香气既有些似大茴香醛，也有些似香豆素，可将这两种香料

同用于山楂花、葵花、新刈草、薰衣草、香薇、紫丁香、含羞花、金合欢等香型香精中。与大茴香醛、松油醇、苯乙醛及洋茉莉醛能协调。主要用于紫丁香、山楂花和百合等香型日用香精中，在水果香精、葡萄、樱桃、番茄、杏、烟草和坚果等香型香精中也有少量使用。

(5) 安全管理 FEMA 号 2009，FDA172.515，COE138，GB 2760—2014 批准为允许使用的食品香料。

二、对甲基苯乙酮 (ρ-Methyl acetophenone)

对甲基苯乙酮又称 4-甲基苯乙酮、对乙酰基甲苯。

分子式为 $C_9H_{10}O$，相对分子质量 134.18。CAS 为 122-00-9。

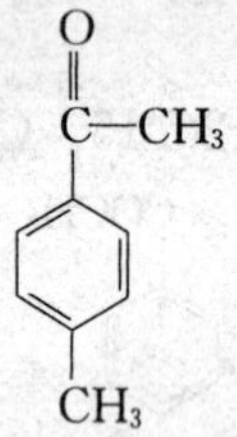

(1) 理化性质 无色至淡黄色液体，室温较低时为针状晶体。具有强烈的山楂花和金合欢香气，香气较苯乙酮柔和，极度稀释后有似草莓样的果香。不溶于水和甘油，溶于乙醇等有机溶剂。熔点为 28℃，沸点为 227～228℃，相对密度 (d_{25}^{25}) 为 1.001～1.004，折射率 (n_D^{20}) 为 1.5320～1.5350，闪点为 96℃。

(2) 天然存在 存在于玫瑰木油、巴西檀香木油、西藏柏木油、芳樟油、金合欢浸提液和含羞草中。

(3) 制备方法 以甲苯和乙酰氯或乙酸酐为原料，在无水三氯化铝存在下，通过弗-克酰基化反应制备。

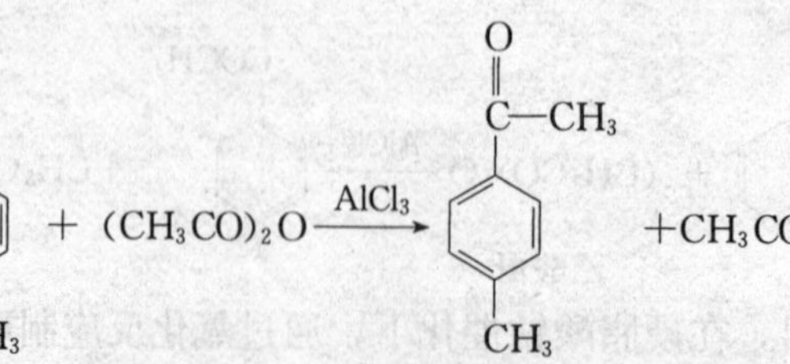

乙酰氯

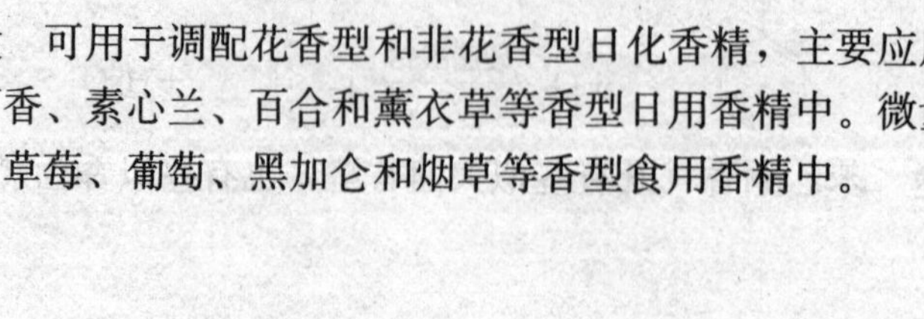

乙酸酐

(4) 主要用途 可用于调配花香型和非花香型日化香精，主要应用于山楂花、风信子、金合欢、紫丁香、素心兰、百合和薰衣草等香型日用香精中。微量地用于坚果、杏仁、樱桃、香草、草莓、葡萄、黑加仑和烟草等香型食用香精中。

（5）安全管理 FEMA 号 2677，FDA172.515，COE156，GB 2760—2014 批准为允许使用的食品香料。

三、对甲氧基苯乙酮（*p* - Methoxy acetophenone）

对甲氧基苯乙酮又称山楂花酮。

分子式为 $C_9H_{10}O_2$，相对分子质量 150.18。CAS 为 100 - 06 - 1。

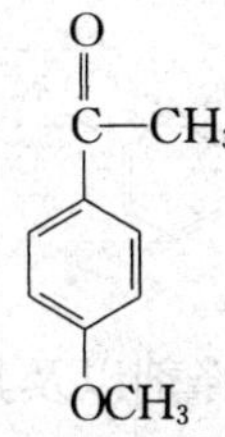

（1）理化性质 无色至淡黄色晶体，具有强烈而持久的干草香气，带有香豆素似的香韵，并有花香和山楂花的气息。不溶于水和甘油，溶于乙醇等有机溶剂。熔点为 36～37℃，沸点为 263℃、136℃/1.3kPa，相对密度（d_4^{41}）为 1.081，折射率（n_D^{40}）为 1.5550，闪点>100℃。

（2）天然存在 存在于海狸香和茴香籽中。

（3）制备方法 以茴香醚为原料，在无水三氯化铝存在下，与乙酸酐通过乙酰化反应制得。

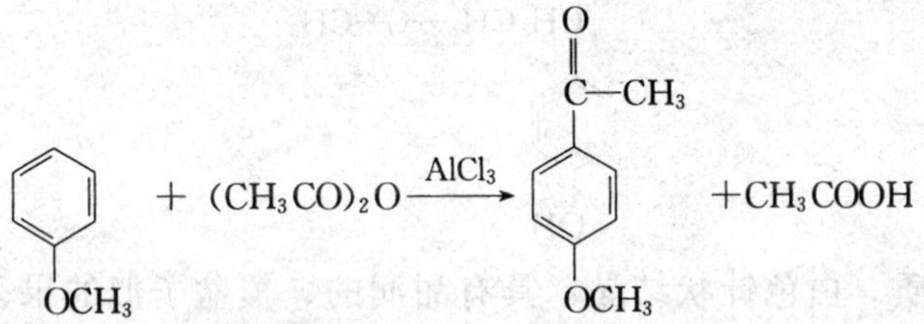

茴香醚 乙酸酐

（4）主要用途 主要用于含羞草、丁香、素心兰、山楂花、金合欢、香薇等香型日化香精中；由于它在碱性介质中比较稳定，故特别适宜用于香皂和洗涤剂香精配方中。也可用于樱桃、香草、番茄、杏、巧克力、奶油、烟草等香型食用香精中。

（5）安全管理 FEMA 号 2005，FDA172.515，COE570，GB 2760—2014 批准为允许使用的食品香料。

四、苄基丙酮（Benzyl acetone）

苄基丙酮又称 4 -苯基- 2 -丁酮。

分子式为 $C_{10}H_{12}O$，相对分子质量 148.21。CAS 为 2550 - 26 - 7。

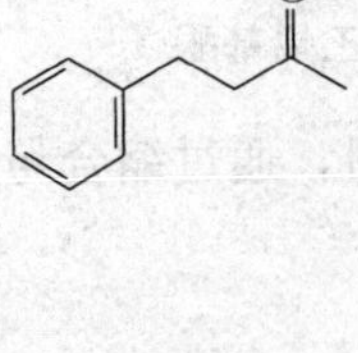

(1) 理化性质　无色液体，具有花香和草香香气，带有茉莉香韵。不溶于水，溶于乙醇等有机溶剂。沸点为 235℃、115℃/1.7kPa，相对密度（d_{25}^{25}）为 0.985～0.990，折射率（n_D^{20}）为 1.5100～1.5130，闪点>100℃。

(2) 天然存在　存在于芦荟浸提物中。

(3) 制备方法　以苯甲醛和丙酮为原料，通过缩合反应、选择性催化氢化反应制得。

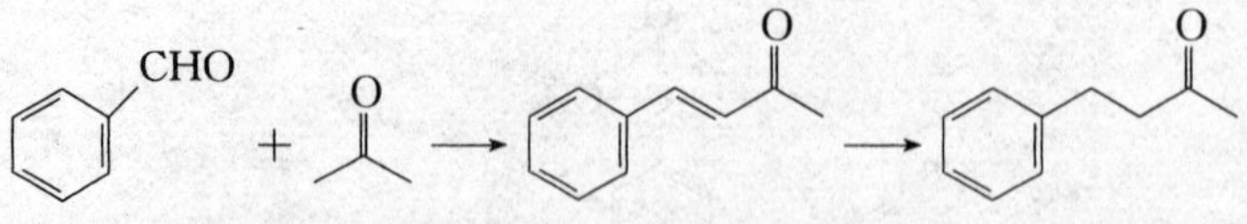

(4) 主要用途　主要用于肥皂、洗涤剂以及其他日化产品的香精配方中。

(5) 安全管理　根据 IFRA 的建议，在苄基丙酮商品中不允许含有亚苄基丙酮，因为该物质对人体有致敏作用，已被禁止使用。

五、覆盆子酮（Raspberry ketone）

覆盆子酮又称对羟基苯乙基甲基甲酮、对羟基苯丁酮、悬钩子酮。

分子式为 $C_{10}H_{12}O_2$，相对分子质量 164.21。CAS 为 5471-51-2。

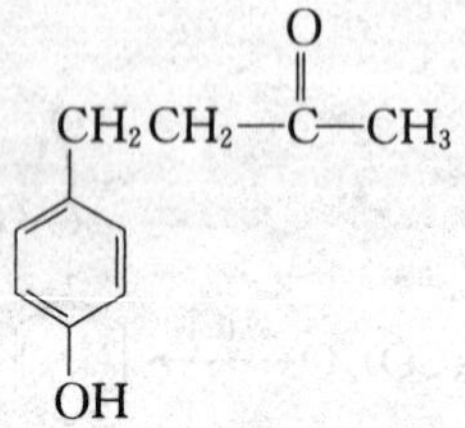

(1) 理化性质　白色针状结晶，具有甜润的、覆盆子似的果香香气。几乎不溶于水，溶于乙醇等有机溶剂。熔点为 82～83℃，沸点为 161℃/0.67kPa，闪点>100℃。

(2) 天然存在　存在于覆盆子汁中，是覆盆子精油的 25 个中性挥发组分之一，也是覆盆子香气的重要成分。

(3) 制备方法

①以苯酚和甲基乙烯基酮为原料，硫酸为催化剂制取。

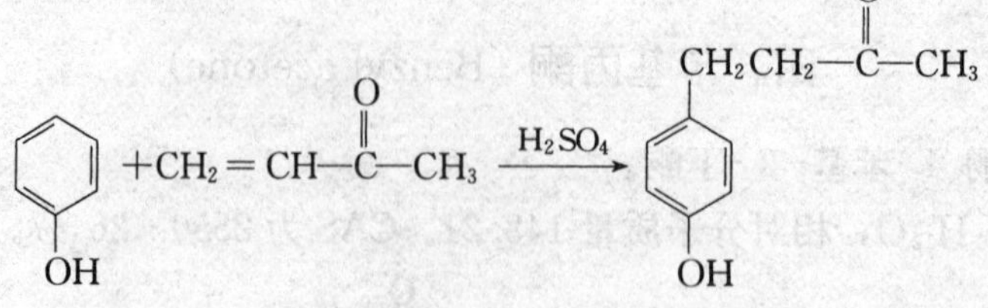

甲基乙烯基酮

②以对羟基苯甲醛和丙酮为原料，通过缩合与选择性氢化反应制备。

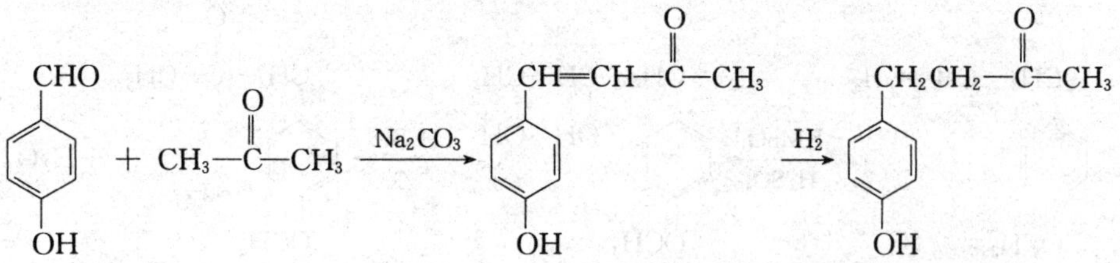

③以苯酚和丁酮醇为原料，在甲苯溶液中以硫酸或磷酸为催化剂制取。

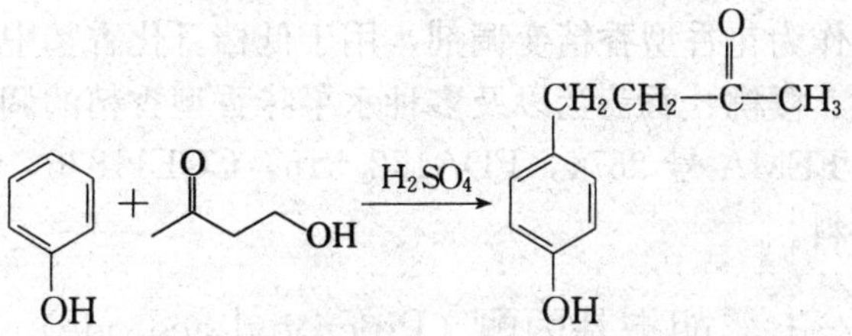

（4）主要用途　可用于茉莉、晚香玉、栀子花等香型日化香精中，常用于花香型香精中作为修饰剂。在食用香精中应用很广，多用于调配覆盆子、葡萄、柑橘、桃、李子、草莓、菠萝等香型香精。

（5）安全管理　FEMA 号 2588，FDA172.515，COE755，GB 2760—2014 批准为允许使用的食品香料。

六、茴香酮（Anisic ketone）

茴香酮又称大茴香酮、ρ-甲氧基苯丙酮、大茴香基甲基酮、1-（对甲氧基苯基）-2-丙酮。

分子式为 $C_{10}H_{12}O_2$，相对分子质量 164.21。

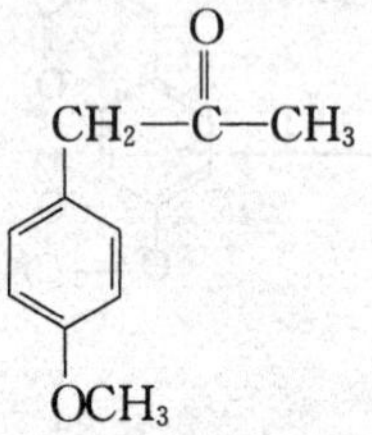

（1）理化性质　无色油状液体，具有甜的果香、辛香香气，并有大茴香膏的香韵。几乎不溶于水，溶于乙醇等有机溶剂。沸点为 264～265℃，相对密度（d_4^{18}）为 1.067，折射率（n_D^{20}）为 1.5253。

（2）天然存在　在樱桃、八角茴香油和小茴香油中均有存在。

（3）制备方法　以草蒿脑为原料，经高锰酸钾硫酸溶液氧化生成 3-（对甲氧基苯基）-1，2-丙二醇，然后在稀硫酸溶液中加热制备。

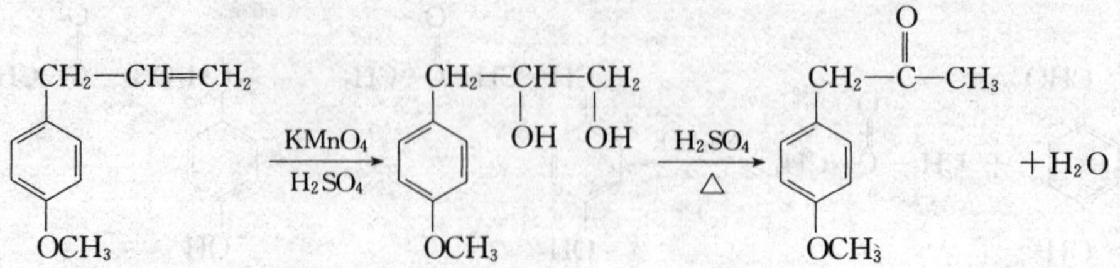

草蒿脑　　3-（对甲氧基苯基）-1，2-丙二醇

（4）主要用途　作为花香型香精变调剂，用于低档日化香精中。在食用香精中多用于香草、坚果、肉桂、樱桃、香荚兰以及多种水果味香型香精的调配。

（5）安全管理　FEMA 号 2674，FDA172.515，COE11836，GB 2760—2014 批准为允许使用的食品香料。

七、胡椒基丙酮（Piperonyl acetone）

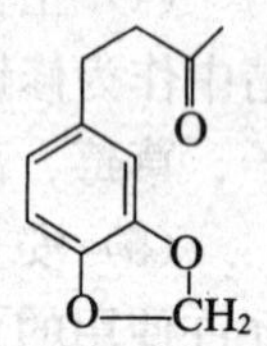

胡椒基丙酮又称 3，4-亚甲基二氧苄基丙酮、4-（3，4-亚甲基二氧苯基）-2-丁酮。

分子式为 $C_{11}H_{12}O_3$，相对分子质量 192.22。CAS 为 55418-52-5。

（1）理化性质　白色结晶体，具有柔和的花香香气，带有覆盆子似的香韵，并有茴香和木香香调。不溶于水，溶于乙醇等有机溶剂。熔点为 55℃，沸点为 164～165℃/1.5kPa。

（2）天然存在　未见文献报道。

（3）制备方法　以洋茉莉醛和丙酮为原料，在碱性溶液中进行缩合反应，然后将缩合产物选择性催化加氢制得。

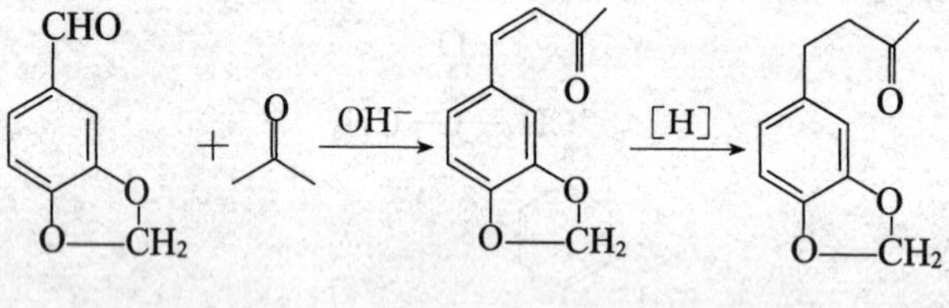

洋茉莉醛

（4）主要用途　在日化香精中，主要用于调配花香型香精，适用于香水、化妆品和香皂等的加香。

（5）安全管理　FEMA 号 2701，COE165，GB 2760—2014 批准为允许使用的食品香料。

八、大茴香基丙酮（Anisyl acetone）

大茴香基丙酮又称 4-（*p*-甲氧基苯基）-2-丁酮、甲氧基苯丁酮。

分子式为 $C_{11}H_{14}O_2$，相对分子质量 178.23。CAS 为 104-20-1。

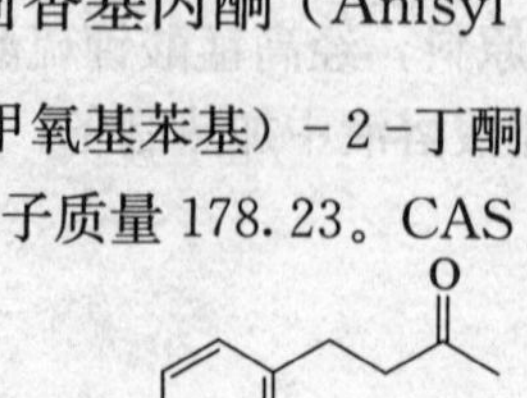

（1）理化性质　无色液体，低于 10℃时凝成固体。具有花香和果香香气，并带有覆盆子和樱桃似的香韵。极微量溶于水，难溶于丙二醇，溶于乙醇等有机溶剂。沸点为 152～153℃/2kPa，相对密度（d_{20}^{20}）为 1.043～1.047，折射率（n_D^{20}）为 1.5190～1.5220，闪点＞100℃。

（2）天然存在　存在于沉香木和茴香中。

（3）制备方法　以大茴香醛和丙酮为原料，在碱性溶液中进行缩合反应，然后将缩合产物选择性催化加氢即可制得。

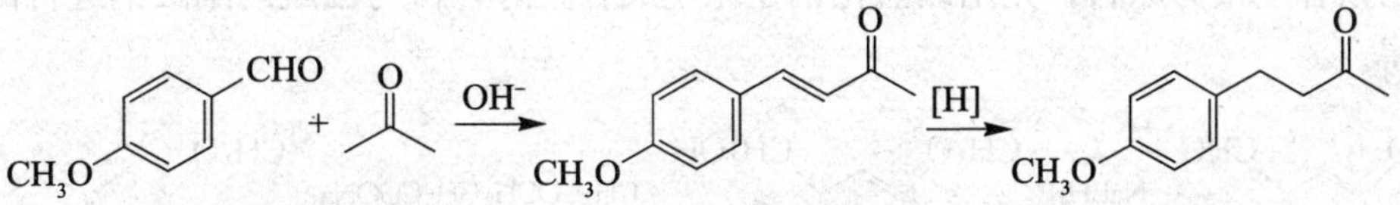

大茴香醛

（4）主要用途　可用于日化香精中。在食品香精中，主要用于调配覆盆子和樱桃等果香型香精。

（5）安全管理　FEMA 号 2672，FDA172.515，COE163，GB 2760—2014 批准为暂时允许使用的食品香料。

九、姜酮（Zingerone）

姜酮又称 4-羟基-3-甲氧基苄基丙酮、香草基丙酮、姜油酮。

分子式为 $C_{11}H_{14}O_3$，相对分子质量 194.23。CAS 为 122-48-5。

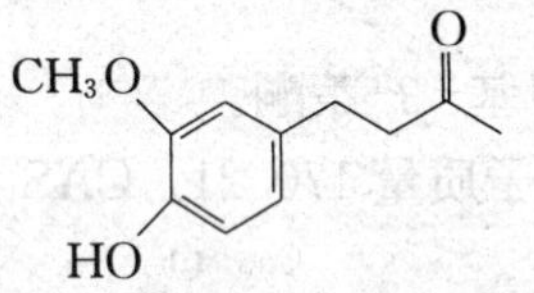

（1）理化性质　淡黄色液体或结晶体，具有甜香和辛香、浓郁而沉厚的花香香气，并有姜似的气味和香荚兰样的香韵，留香持久。不溶于水，溶于乙醇等有机溶剂。熔点为 40～41℃，沸点为 189～190℃/2.1kPa，相对密度（d_4^{25}）为 1.138～1.139，折射率（n_D^{20}）为 1.5440～1.5450，闪点为 99℃。

（2）天然存在　存在于姜的精油和覆盆子中。姜酮是姜辣素的主要成分，是姜根茎的主要辣味成分之一。

（3）制备方法

①以香兰素和丙酮为原料，在碱性条件下进行缩合反应得到脱氢姜酮，然后经催化还原反应制得。

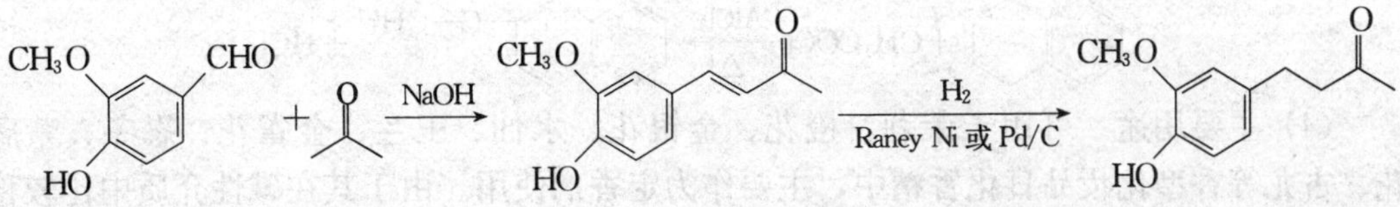

香兰素

②以 4-（4-羟基-3-甲氧基苯基）-2-丁烯为原料，在 $PdCl_2$ 存在下与 MeONO

反应制得。

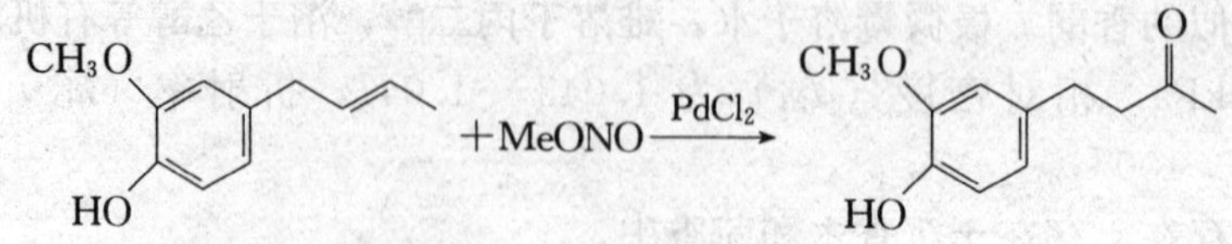

4-（4-羟基-3-甲氧基苯基）-2-丁烯

③以香兰素为原料，先用硼氢化钠还原生成香兰醇，再与乙酰丙酮酸钠进行回流反应制得。

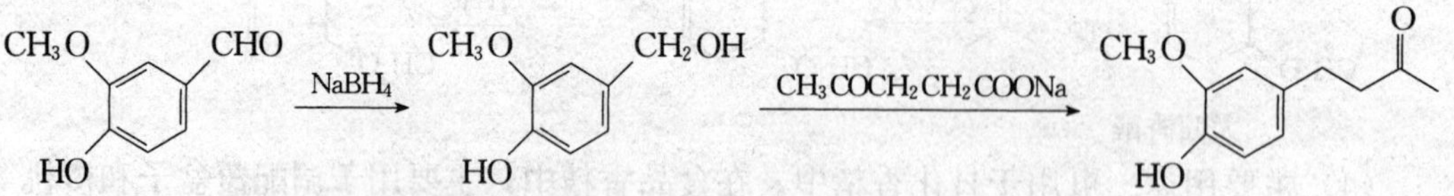

香兰素　　香兰醇

（4）主要用途　可用于覆盆子、香荚兰香型及辛香型食用香精和调味品配方中。由于留香时间比较长，主要用作浓香型香精的增甜剂等。姜酮还可以作为合成药物的重要中间体。

（5）安全管理　FEMA 号 3124，FDA172.515，COE2140，GB 2760—2014 批准为暂时允许使用的食品香料。

十、β-萘乙酮（β-Acetonaphthone）

β-萘乙酮又称甲基萘酮、甲基-β-萘酮。

分子式为 $C_{12}H_{10}O$，相对分子质量 170.21。CAS 为 93-08-3。

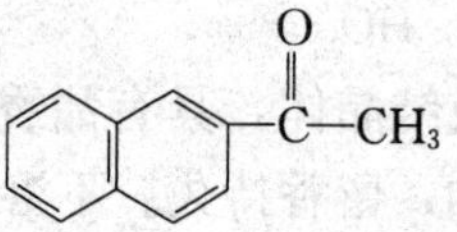

（1）理化性质　白色至淡黄色晶体，具有橙花香气，带有柑橘似的香韵，香气平和，留香时间长；稀释后有草莓、葡萄样香味。不溶于水，溶于乙醇等有机溶剂。熔点为 56℃，沸点为 300～301℃、171～173℃/1.7kPa，闪点＞100℃。

（2）天然存在　未见有文献报道。

（3）制备方法　以萘为原料，无水三氯化铝为催化剂，与乙酰氯或乙酸酐通过 Friedel-Crafts 酰基化反应制得。

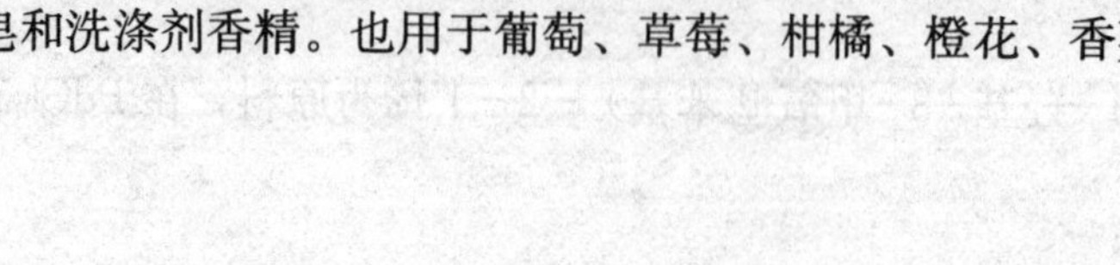

（4）主要用途　可用于茉莉、橙花、金银花、水仙、玉兰、金雀花、忍冬、紫藤花、古龙等香型化妆品日化香精中，主要作为定香剂使用。由于其在碱性介质中比较稳定，故常用于香皂和洗涤剂香精。也用于葡萄、草莓、柑橘、橙花、香荚兰等香型食用香精。

（5）安全管理　FEMA 号 2723，GB 2760—2014 批准为允许使用的食品香料。

十一、二苯甲酮（Benzophenone，Diphenyl ketone）

二苯甲酮又称二苯基甲酮、苯酮、苯甲酰苯。

分子式为 $C_{13}H_{10}O$，相对分子质量 182.22。CAS 为 119-61-9。

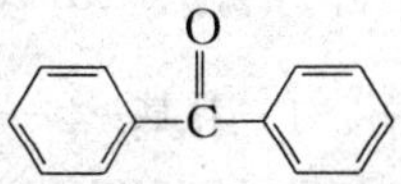

（1）理化性质　白色有光泽的菱形结晶，具有玫瑰和香叶甜香，香气柔而甜，且香气持久，化学性质稳定。不溶于水，溶于乙醇等有机溶剂。熔点为 47～48℃，沸点为 306℃、224.4℃/13.30kPa、170℃/2kPa，相对密度（d_{25}^{25}）为 1.098，折射率（n_D^{20}）为 1.6075～1.6077，闪点＞100℃。

（2）天然存在　在葡萄中微量检出。

（3）制备方法

①以苯和氯化苯甲酰为原料，通过傅雷德尔-克拉夫兹（Fredel-Crafts）酰基化反应制得。

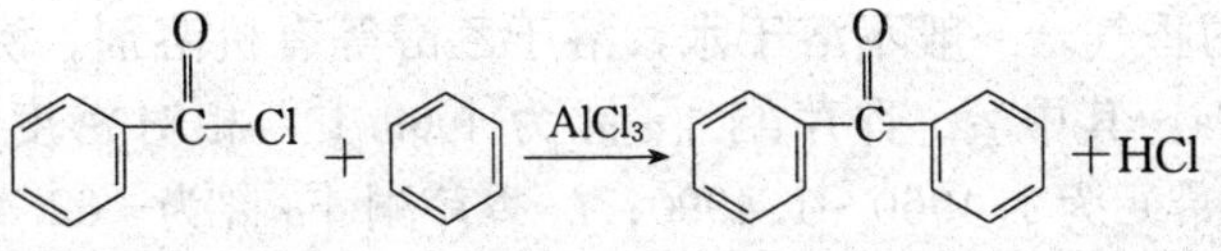

氯化苯甲酰

②以苯及光气为原料，在无水三氯化铝催化下经光气化、水解、脱溶等过程，制得高质量的片状二苯甲酮。

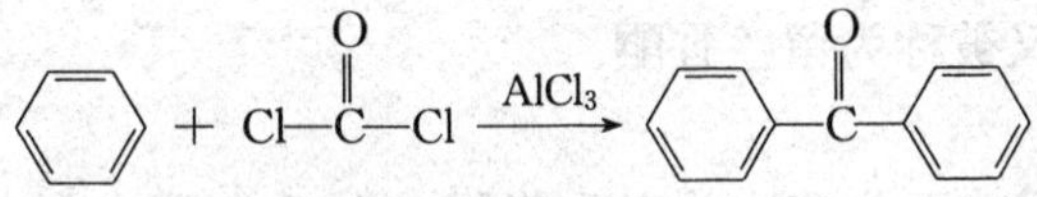

光气

③以二苯甲烷为原料，经催化氧化反应制得。

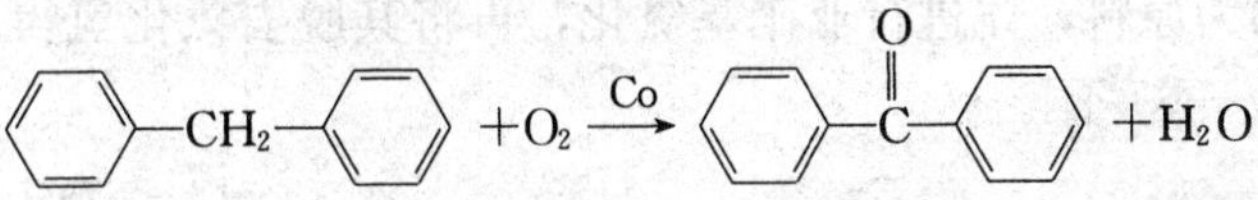

二苯甲烷

④以苯和四氯化碳为原料，首先生成二氯代二苯甲烷，然后进行水解反应制得。

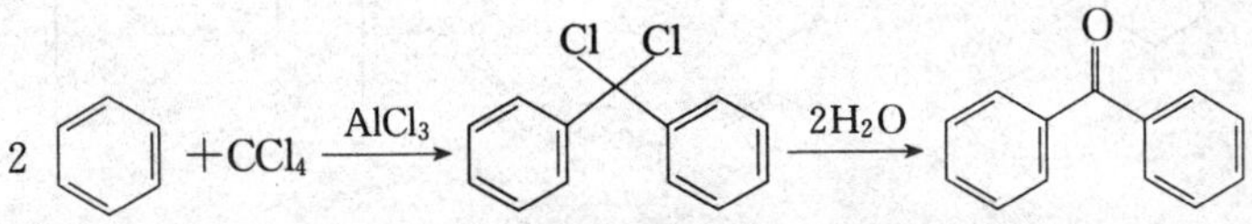

二氯代二苯甲烷

（4）主要用途　由于二苯酮的沸点较高，挥发性小，因而常作为定香剂使用，与许多类型的香料调和，赋予香精甜的气息，主要用于玫瑰、香叶、铃兰、葵花、山楂花等香型的低档日化香精中。在杏仁、桃、椰子、奶油等香型食用香精中也可微量使用。二苯甲酮还是紫外线吸收剂，是合成有机颜料、医药、香料、杀虫剂的中间体。

(5) 安全管理 FEMA 号 2134，FDA172.515，COE166，GB 2760—2014 批准为允许使用的食品香料。

第四节 萜酮类香料

一、香芹酮 (Carvone)

香芹酮又称葛缕子酮、留兰香酮、1-甲基-4-异丙烯基-6-环己烯-2-酮。

分子式为 $C_{10}H_{14}O$，相对分子质量 150.22。CAS 为 6485-40-1；99-49-0；2244-16-8。

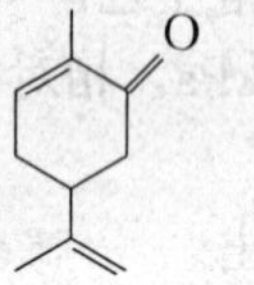

(1) 理化性质 无色至淡黄色液体，有 *d*-香芹酮和 *l*-香芹酮两种旋光异构体。香芹酮的香气因光学异构不同而有差异，*d*-香芹酮具有葛缕子、莳萝籽的香气，而 *l*-香芹酮具有留兰香的香气。一般不溶于水，溶于乙醇等有机溶剂。沸点为 230～231℃、91～92℃/1.33kPa。其中 *d*-香芹酮 $[\alpha]_D^{20}$ 为 +69.1°，相对密度（d_4^{20}）为 0.955～0.960，折射率（n_D^{20}）为 1.4960～1.4990；*l*-香芹酮 $[\alpha]_D^{20}$ 为 -62.4°，相对密度（d_{20}^{20}）为 0.959，折射率（n_D^{20}）为 1.4990，闪点为 100℃。

(2) 天然存在 *d*-香芹酮大量存在于葛缕子油和莳萝油中，含量为 30%～76%，所以 *d*-香芹酮也称葛缕子酮；*l*-香芹酮大量存在于各种留兰香油中，含量为 55%～75%，所以 *l*-香芹酮又被称为留兰香酮。

(3) 制备方法

①从天然精油中用减压分馏法单离香芹酮。*d*-香芹酮来自莳萝油，*l*-香芹酮来自留兰香油。

②以 *d*-苧烯为原料，先进行亚硝基氯化，再将其脱去氯化氢得到酮肟，酮肟再经酸性水解则得到 *l*-香芹酮。

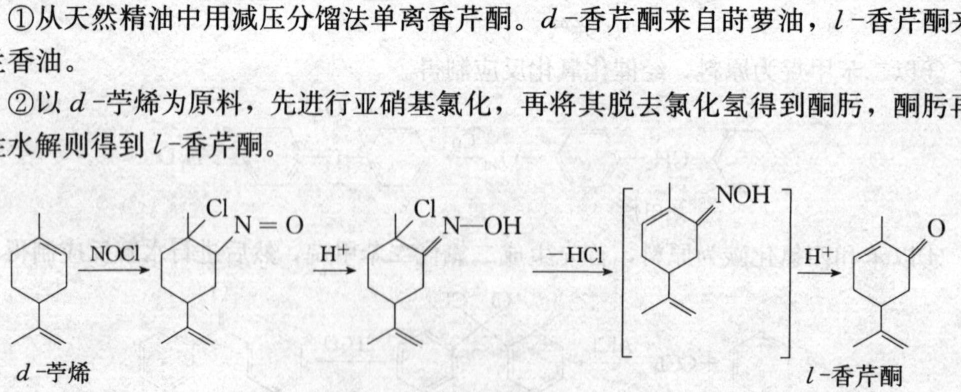

③以 α-蒎烯为原料合成香芹酮有两条合成路线，一条合成路线是 α-蒎烯用过酸氧化开环，然后脱水得到香芹酮。另一合成路线是 α-蒎烯经硼氢化转化为蒎烷-2-酮，然后经乙酰化、裂解、异构化得到香芹酮。

(4) 主要用途 香芹酮是常用的香料，主要用于调配薄荷香型、留兰香型、花香型香精，香芹酮可以增加天然气息。也可用于香芹、白酒、腌渍品、调味品、留兰香、薄

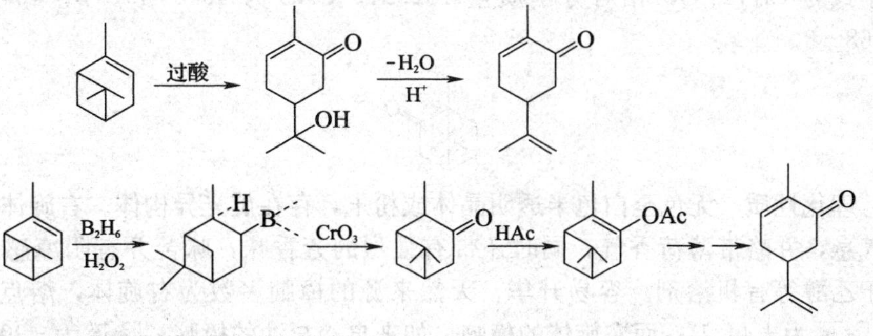

荷香等香型的食用香精。

（5）安全管理　FEMA 号 2249，FDA182.60，COE146，GB 2760—2014 批准为允许使用的食品香料。

二、胡薄荷酮（Pulegone）

胡薄荷酮又称 1-甲基-4-亚异丙基-3-环己酮。

分子式为 $C_{10}H_{16}O$，相对分子质量 152.23。

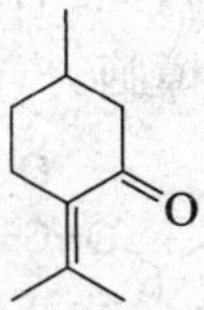

（1）理化性质　无色油状液体，具有令人愉快的草香、薄荷香、果香、覆盆子香和新鲜的叶子青香香气。不溶于水，溶于乙醇等有机溶剂。沸点为 220～222℃，相对密度（d_{15}^{15}）为 0.941，折射率（n_D^{20}）为 1.4690～1.4880。

（2）天然存在　存在于胡薄荷油、薄荷油、百里香油、布枯油、桉树油、甜橙油中。

（3）制备方法

①从精油中首先单离出粗胡薄荷酮，然后用亚硫酸氢钠加成法进行纯化处理。

②以香茅酸为原料制取。

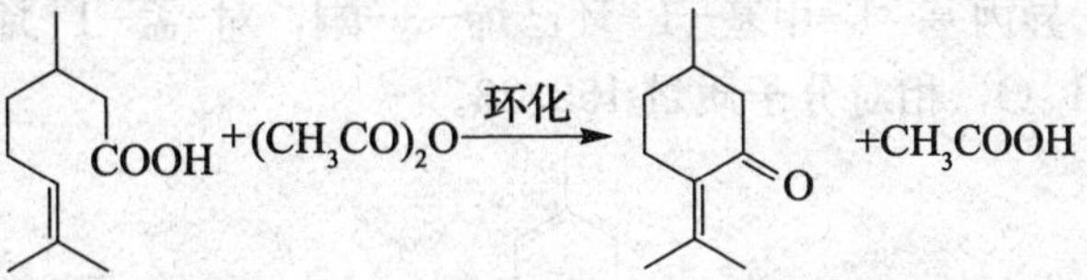

（4）主要用途　在皂用香精中有少量使用。用于调配薄荷、覆盆子、热带水果、葡萄、桃、草莓等香型的食用香精。

（5）安全管理　FEMA 号 2963，FDA172.515，COE2050，GB 2760—2014 批准为允许使用的食品香料。

三、樟脑（Camphor）

樟脑又称 2-莰酮、2-冰片酮。

分子式为 $C_{10}H_{16}O$，相对分子质量 152.24。CAS 为 464－49－3；464－48－2；21368－68－3。

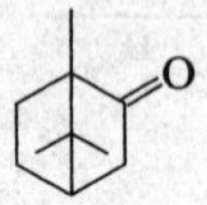

（1）理化性质　无色至白色半透明晶体或粉末，存在旋光异构体。右旋体具有独特的樟脑气息，并略带薄荷香气，同时还带有强烈的芳香味，味苦并有阴凉感。微溶于水，溶于乙醇等有机溶剂。容易升华。天然来源的樟脑多数为右旋体，熔点为 179～181℃，$[\alpha]_D^{25}$ 为＋44.1°；而左旋体的樟脑，如来自冷杉油的樟脑，$[\alpha]_D^{20}$ 为－39°～－44°；化学合成的樟脑一般为外消旋体，熔点为 175～177℃，沸点为 204℃，相对密度 d_4^{15} 为 0.990～0.995，闪点为 64℃。

（2）天然存在　存在于许多精油中，主要存在于多种樟树的樟脑油中，且多数以右旋体形式存在。

（3）制备方法

①从樟脑油中用水蒸气蒸馏法单离出樟脑。

②以 α－蒎烯为原料，先转化成莰烯，然后进行酯化生成乙酸龙脑酯，接着进行皂化反应生成异龙脑，将其氧化后便得到樟脑。

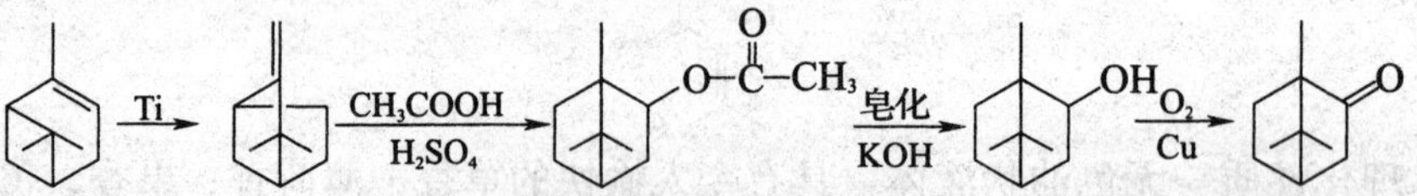

（4）主要用途　医药工业用于配制兴奋剂、强心剂、十滴水、清凉油或防蛀剂、防腐剂、薰香剂等。在食用香精中作为矫香剂少量用于人造精油、牙膏、口腔卫生用品等。主要用于配制薄荷型食用香精。

（5）安全管理　*d*－樟脑，FEMA 号 2230，FDA172.515，COE140，GB 2760—2014 批准为允许使用的食品香料。

四、胡椒酮（Piperitone）

胡椒酮又称 4－异丙基－1－甲基－1－环已烯－3－酮，对－孟－1－烯－3－酮。

分子式为 $C_{10}H_{16}O$，相对分子质量 152.23。

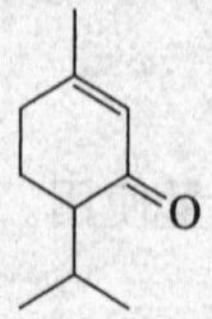

（1）理化性质　无色至黄色液体，具有辛香和薄荷香气。几乎不溶于水，溶于乙醇等有机溶剂。沸点为 233～235℃，相对密度（d_4^{20}）为 0.933～0.934，折射率（n_D^{20}）为 1.4848。

（2）天然存在　存在于桉树油、薄荷油和香茅油中。

（3）制备方法

①从薄荷油或桉树油中用真空分馏的方法单离出胡椒酮。

②以 5 -甲基- 2 -异丙基大茴香醚为原料，在氨液中用金属钠还原法制备。

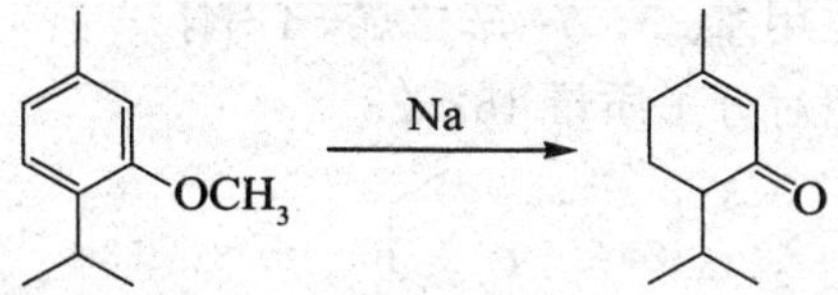

③以 α -羟基薄荷酮为原料制备。

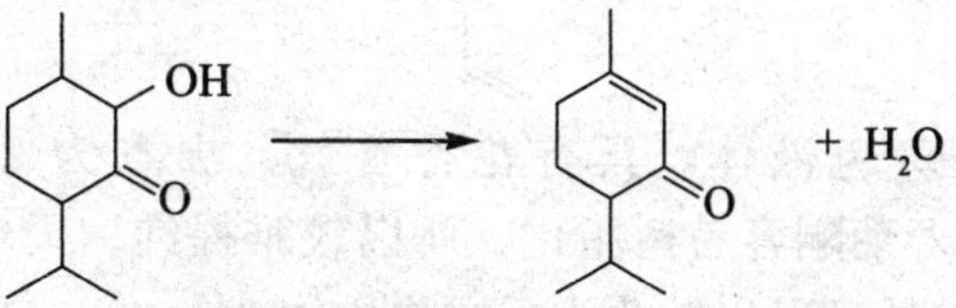

(4) 主要用途　作为辛香型香料少量应用于水果、薄荷等香型的食用香精中，用于调配调味品香精与合剂、牙膏香精。也可用作工业气味掩蔽剂和口腔清洁剂。

(5) 安全管理　*d* -胡椒酮，FEMA 号 2910，GB 2760—2014 批准为允许使用的食品香料。

五、芹菜酮（Celery ketone、Gravenone、Livescone）

芹菜酮又称 3 -甲基- 5 -丙基- 2 -环己烯酮。

分子式为 $C_{10}H_{16}O$，相对分子质量 152.23。CAS 为 3720 - 16 - 9。

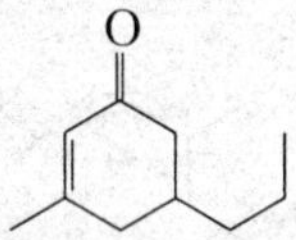

(1) 理化性质　无色至淡黄色液体，具有浓郁的辛香和草香香气，带有芹菜香韵。不溶于水，溶于乙醇等有机溶剂。沸点为 242～244℃，相对密度（d_4^{20}）为 0.921～0.931，折射率（n_D^{20}）为 1.4780～1.4880，闪点为 110℃。

(2) 天然存在　未见文献报道。

(3) 制备方法　以丁醛和乙酰乙酸乙酯为原料，在叔胺存在下相互作用，反应产物再经脱水和脱双酯基后得到芹菜酮。

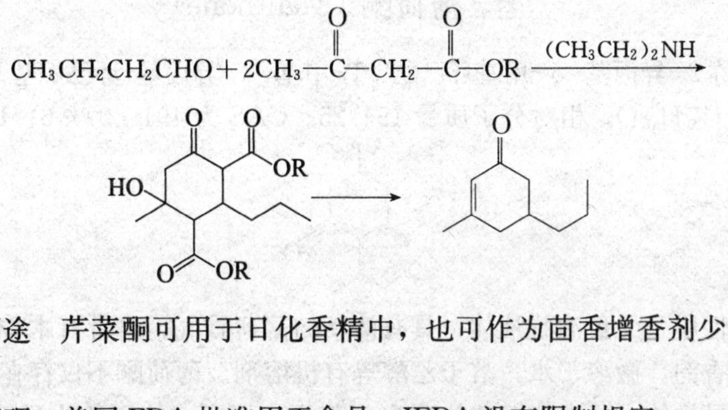

(4) 主要用途　芹菜酮可用于日化香精中，也可作为茴香增香剂少量用于食用香精中。

(5) 安全管理　美国 FDA 批准用于食品。IFRA 没有限制规定。

六、万寿菊酮（Tagetone）

万寿菊酮又称 2，6-二甲基-5，7-辛二烯-4-酮。

分子式为 $C_{10}H_{16}O$，相对分子质量 152.23。

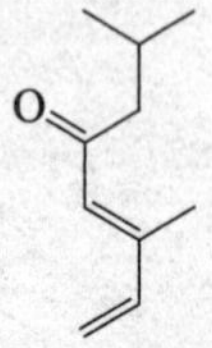

（1）理化性质　淡黄色液体，具有花香香气，沸点为 205～210℃/101.3kPa、60℃/0.4～0.5kPa。万寿菊酮容易树脂化，所以较难提纯。天然精油中，主要以顺式异构体形式存在，但用碘处理可以转化为反式异构体。

（2）天然存在　存在于万寿菊花油中，其中万寿菊酮含量达 50%～60%。

（3）制备方法　以 3-甲基-2-戊烯-4-炔-1-醇为原料，首先将其氧化成醛，然后生成的醛与异丁基溴化镁进行格氏反应，再经选择性加氢、氧化而制得万寿菊酮。

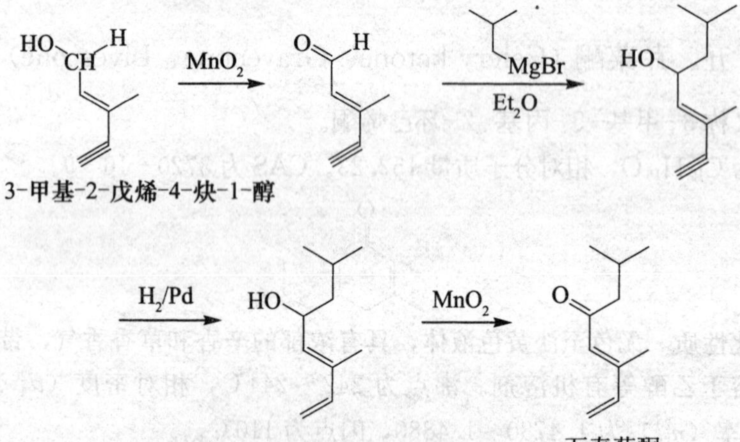

3-甲基-2-戊烯-4-炔-1-醇

万寿菊酮

（4）主要用途　主要作为花香型香料用于香精的调配中。

（5）安全管理　IFRA 没有限制规定。

七、薄荷酮（Menthone）

薄荷酮又称 2-异丙基-5-甲基环己酮、1-甲基-4-异丙基-环己烷基-3-酮。

分子式为 $C_{10}H_{18}O$，相对分子质量 154.25。CAS 为 491-07-6；14073-97-3。

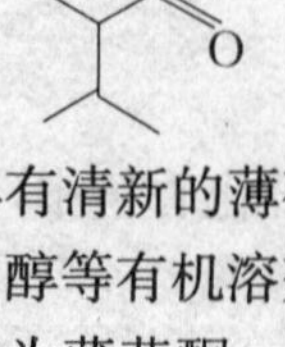

（1）理化性质　无色油状液体，具有清新的薄荷香气，略带有木香香韵，而异薄荷酮则带有水果香韵。微溶于水，溶于乙醇等有机溶剂。薄荷酮不仅存在旋光异构体，同时还存在顺反异构体。通常将反式体称为薄荷酮，而顺式体则称为异薄荷酮。其中 1-

薄荷酮的沸点为 210℃，$[\alpha]_D$为- 28.5°，相对密度（d_{20}^{20}）为 0.896，折射率（n_D^{20}）为 1.4500，闪点为 89℃；*d*-异薄荷酮的沸点为 212℃，$[\alpha]_D$为+95.0°，相对密度（d_4^{20}）为 0.900，折射率（n_D^{20}）为 1.4530。

（2）天然存在　存在于欧洲薄荷油、亚洲薄荷油以及其他许多精油中。

（3）制备方法

①从亚洲薄荷油脱脑后的薄荷素油中采用真空精馏法单离出薄荷酮。

②以薄荷醇为原料，在铜铬催化剂上脱氢，得到的是薄荷酮和异薄荷酮的混合物，两者比例为 6∶4。

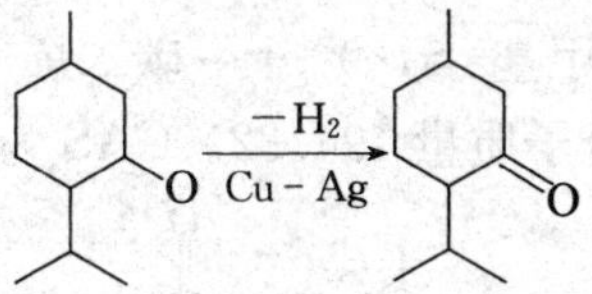

③以胡薄荷酮为原料制备。

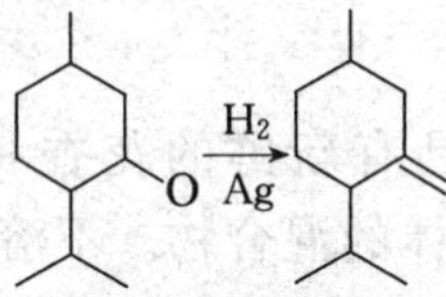

④以 3-对孟烯为原料制备。

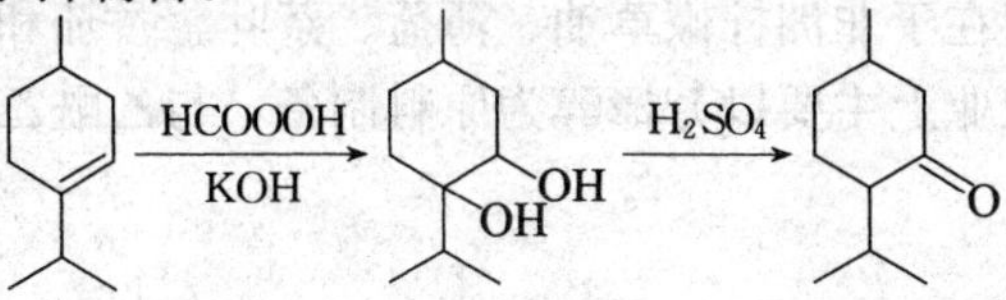

（4）主要用途　薄荷酮是香叶油的主要成分之一，是配制人造香叶油的香料。主要用于牙膏、化妆品以及其他日化产品的加香，是牙膏赋香的好香料。也用于玫瑰、香叶、香薇、薰衣草等香型日化香精中起提调花香的作用。还用于调配桃、覆盆子以及清凉香型的食用香精。

（5）安全管理　FEMA 号 2667，FDA172.515，COE2035，GB 2760—2014 批准为允许使用的食品香料。

八、异万寿菊酮（Isotagetone）

异万寿菊酮又称 2，7-二甲基-3-辛烯-5-酮。

分子式为 $C_{10}H_{18}O$，相对分子质量 154.25。CAS 为 68419-46-5。

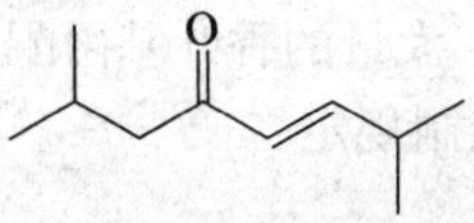

（1）理化性质　淡黄色液体，具有花香和果香香气，并有万寿菊和春黄菊的香韵。不溶于水，溶于乙醇等有机溶剂。沸点为 58～62℃/267Pa，相对密度（d_4^{20}）为 0.826，折射率（n_D^{20}）为 1.4460。

（2）天然存在　未见文献报道。

（3）制备方法

以异丁醛和甲基异丁基酮为原料，在碱性溶液中经缩合反应制得。

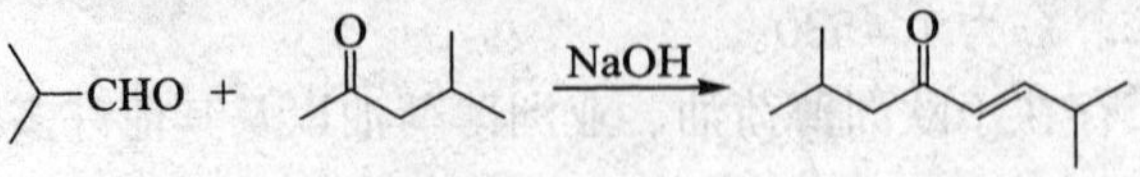

（4）主要用途　可用于日化香精配方中。

（5）安全管理　IFRA 没有限制规定。

九、香叶基丙酮（Geranyl acetone）

香叶基丙酮又称 6，10-二甲基-5，9-十一碳二烯-2-酮。

分子式为 $C_{13}H_{22}O$，相对分子质量 194.32。CAS 为 3796-70-1。

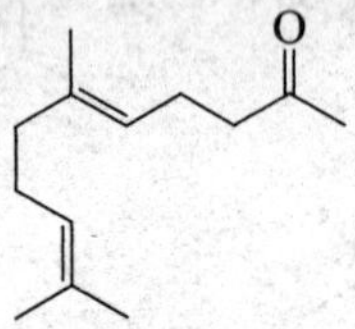

（1）理化性质　无色液体，具有新鲜的花香和果香香气，青香香韵，沸点为 124℃/1.3kPa，为反式和顺式异构体的混合物。不溶于水，溶于乙醇等有机溶剂。相对密度（d_{25}^{25}）为 0.865～0.870，折射率（n_D^{20}）为 1.4650～1.4690，闪点>100℃。

（2）天然存在　存在于非洲柠檬草油、薄荷、茶叶、番茄和西番莲中。

（3）制备方法　工业上主要以芳樟醇为原料制备，与乙酰乙酸乙酯或甲基异丙烯基醚反应制得。

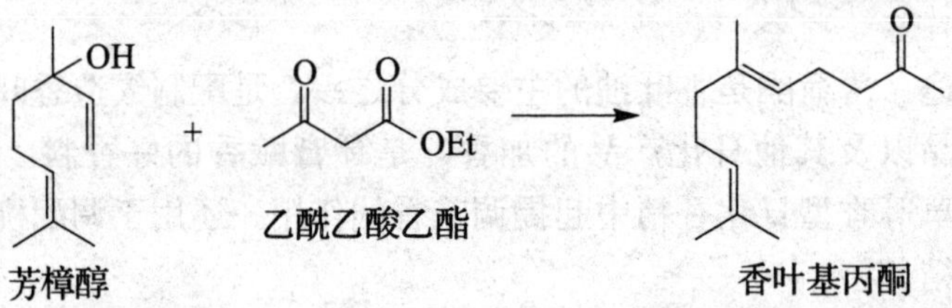

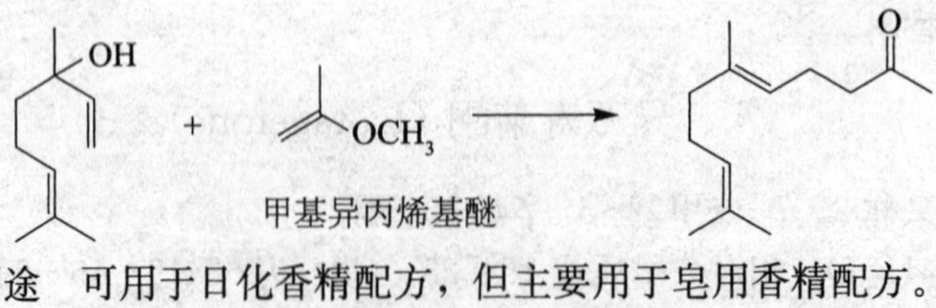

（4）主要用途　可用于日化香精配方，但主要用于皂用香精配方。香叶基丙酮是生产橙花叔酮和金合欢醇的中间体，大量的香叶基丙酮被用于合成维生素 E。

（5）安全管理　IFRA 没有限制规定。

十、亚香茅基丙酮（Citronellylideneacetone）

亚香茅基丙酮又称 6，10-二甲基-3，9-十一碳二烯-2-酮。

分子式为 $C_{13}H_{22}O$，相对分子质量 194.32。CAS 为 68916-62-1。

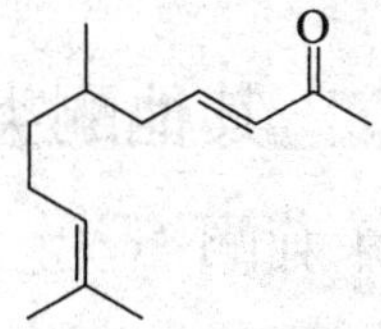

（1）理化性质　无色液体，具有强烈的玫瑰和香叶香气，并富有天然感和甜的水果风味。不溶于水，溶于乙醇等有机溶剂。相对密度（d_4^{20}）为 0.925～0.935，折射率（n_D^{20}）为 1.4750～1.4780，闪点为 61～100℃。

（2）天然存在　未见文献报道。

（3）制备方法　以天然香茅油为原料，在碱性条件下与丙酮进行缩合反应制得。

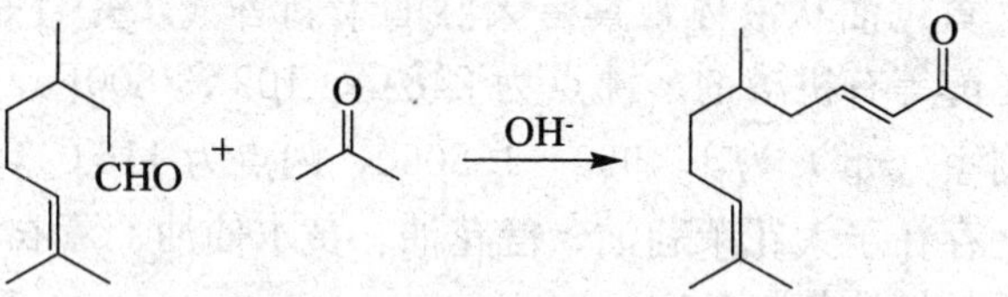

（4）主要用途　亚香茅基丙酮可用于香水、香皂、化妆品等日化香精的调配。

（5）安全管理　IFRA 没有限制规定。

十一、香茅基丙酮（Citronellylacetone）

香茅基丙酮又称 6，10 -二甲基- 9 -十一碳烯- 2 -酮。

分子式为 $C_{13}H_{24}O$，相对分子质量 196.33。CAS 为 4433 - 36 - 7。

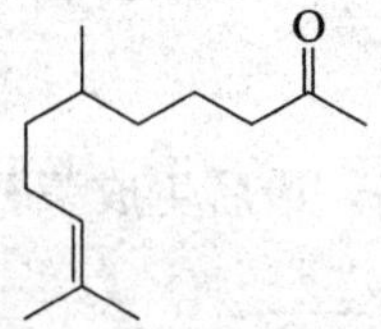

（1）理化性质　无色液体，具有花香和香脂香气，带有玫瑰和木香香韵，甜的水果风味。不溶于水，溶于乙醇等有机溶剂。沸点为 234℃，相对密度（d_{25}^{25}）为 0.852，折射率（n_D^{20}）为 1.4540～1.4600。

（2）天然存在　存在于北美腊梅叶油中。

（3）制备方法　将芳樟醇与乙酸酐、乙醇钠反应，然后进行选择性氢化制得。

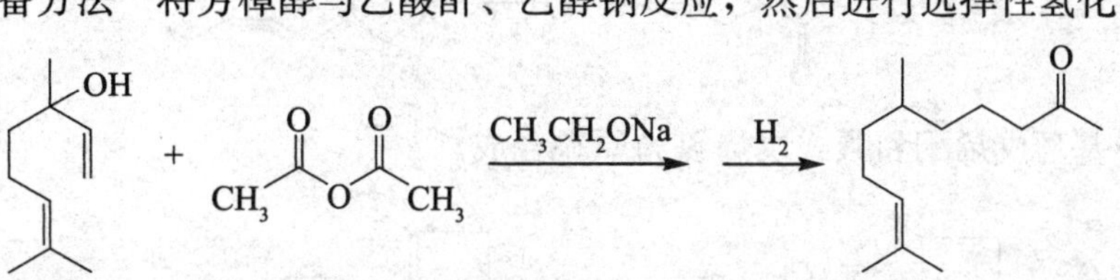

（4）主要用途　香茅基丙酮可用于配制香水、化妆品和皂用香精，也可用于其他日化产品的加香。

（5）安全管理　FEMA 认定为 GRAS，FDA 批准用于食品中，欧洲理事会也将其列入可用于食品而不危害人体健康的食用香料表中。

第五节　其他酮类香料

一、顺式茉莉酮(*cis*—Jasmone)

顺式茉莉酮又称3-甲基-2-(顺-2-戊烯基)-2-环戊烯-1-酮。

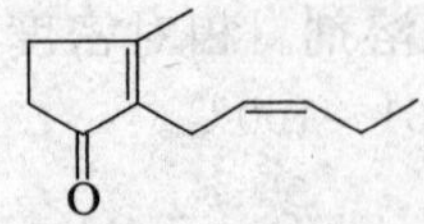

分子式为$C_{11}H_{16}O$，相对分子质量164.25。CAS为488-10-8。

(1) 理化性质　黄色油状液体，具有天然的茉莉香气，并且是茉莉香气的主要成分。溶于水，溶于乙醇等有机溶剂。沸点为248℃、109℃/800Pa，相对密度(d_{20}^{20})为0.940～0.950，折射率(n_D^{20})为1.4950～1.5050，闪点为116℃。

(2) 天然存在　存在于大花茉莉油、橙花油、黄水仙油、薰衣草油、海桐花油、长寿花油、薄荷油、香柠檬油等精油中。

(3) 制备方法

①以环戊烯-2-酮为原料，与顺式戊烯基氯反应生成。

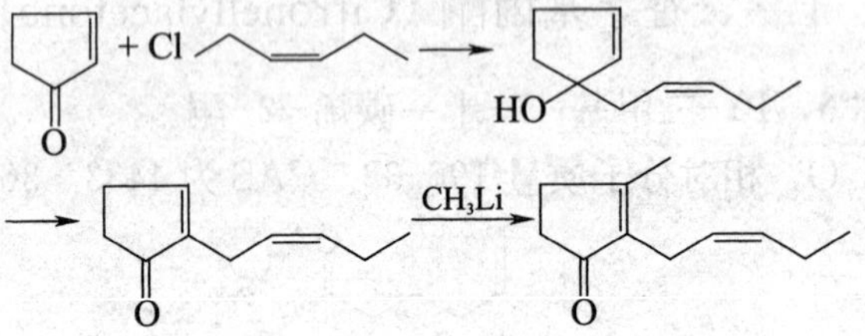

②将γ-酮醛环化，再引入甲基，最后生成茉莉酮。

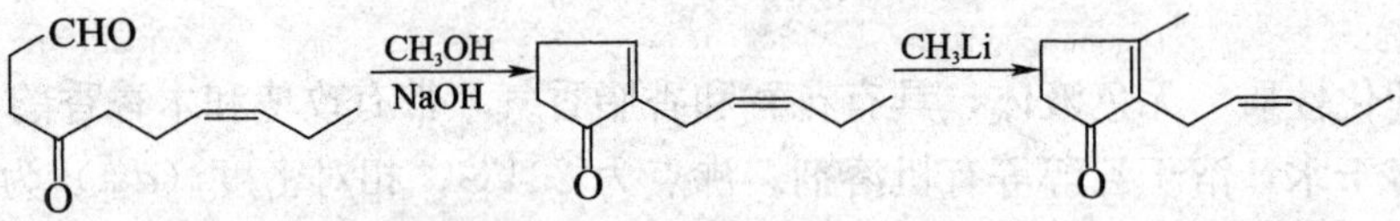

③以2，5-二酮-8-十一烯为原料合成。

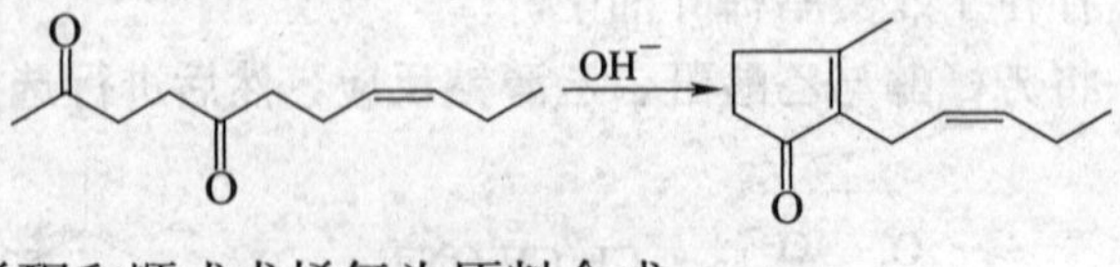

④以甲基环戊烯酮和顺式戊烯氯为原料合成。

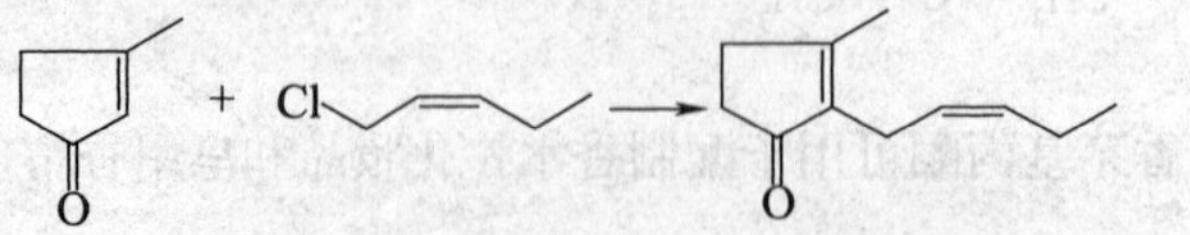

(4) 主要用途　顺式茉莉酮是配制模拟天然茉莉香气的关键成分，是配制茉莉系列香精的主香剂，主要用于配制高档香水香精，也可用于桃、薄荷、番茄、芹菜、柑橘、蜜糖、茶叶等香型的食用香精和烟用香精中。

（5）安全管理　FEMA 号 3196，FDA172.515，COE11786，GB 2760—2014 批准为暂时允许使用的食品香料。

二、异茉莉酮（Isojasmone）

异茉莉酮又称 2-正己基-2-环戊烯-1-酮。

分子式为 $C_{11}H_{18}O$，相对分子质量 166.26。CAS 为 95-41-0；11050-62-7。

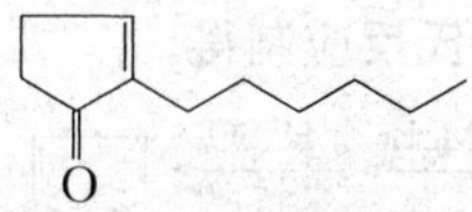

（1）理化性质　黄色油状液体，具有茉莉花似的香气，并伴有果香和青香香韵。微溶于水，溶于乙醇等有机溶剂。沸点为 144℃/1.33kPa，相对密度（d_{25}^{25}）为 0.908～0.920，折射率（n_D^{20}）为 1.4750～1.4800，闪点>100℃。

（2）天然存在　未见文献报道。

（3）制备方法　以十一烯酸为原料，在磷酸催化下进行环化反应和脱水制得。

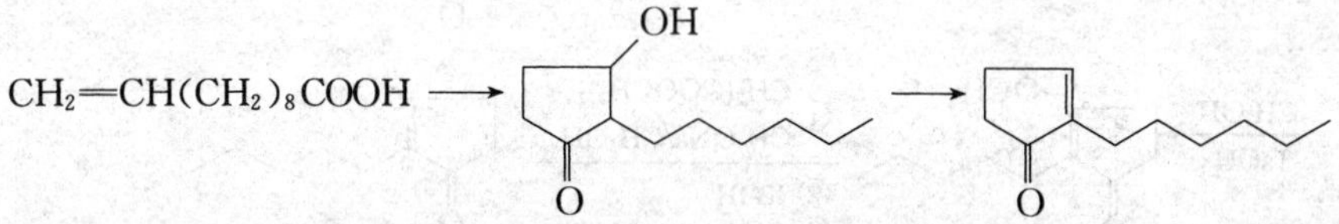

（4）主要用途　可用于日化香精中。由于异茉莉酮的香气接近天然的茉莉香气，其合成方法又比较简单，因此是茉莉酮的廉价代用品。

（5）安全管理　FEMA 号 3552，FDA172.515，COE167，IOFI，GB 2760—2014 批准为暂时允许使用的食品香料。

三、二氢茉莉酮（Dihydro jasmone）

二氢茉莉酮又称 2-戊基-3-甲基-2-环戊烯酮，四氢除虫菊酮。

分子式为 $C_{11}H_{18}O$，相对分子质量 166.26。CAS 为 1128-08-1；68411-18-7。

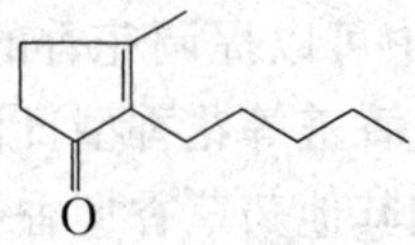

（1）理化性质　无色至淡黄色液体，具有强烈而清新的茉莉花香气和果香香韵，兼有没药样香气底韵。微溶于水，溶于乙醇等有机溶剂。沸点为 230℃、140～147℃/2.93kPa、101～102℃/670Pa，相对密度（d_{25}^{25}）为 0.912～0.916，折射率（n_D^{20}）为 1.4780～1.4820，闪点为 121℃。

（2）天然存在　存在于茉莉油中。

（3）制备方法

①以丙烯酸酯和 2-辛醇为原料合成：丙烯酸酯和 2-辛醇在过氧化物作用下，通过游离基加成反应生成甲基癸内酯，然后在多聚磷酸存在下进行脱水、分子重排反应，最后得到二氢茉莉酮。

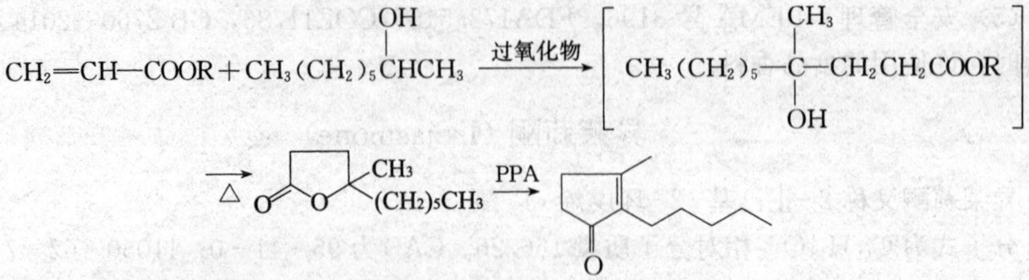

②以甲基环戊二酮为原料经格氏反应制得。

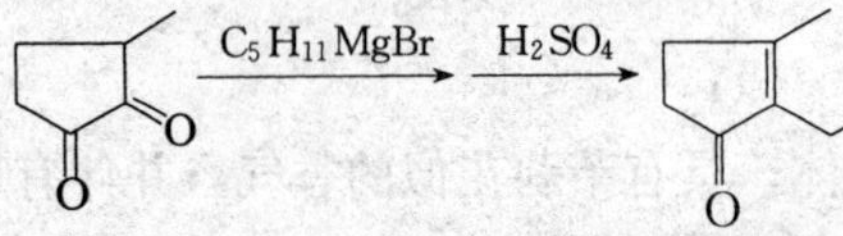

③由丁烯二酸和庚酰氯为原料制备。

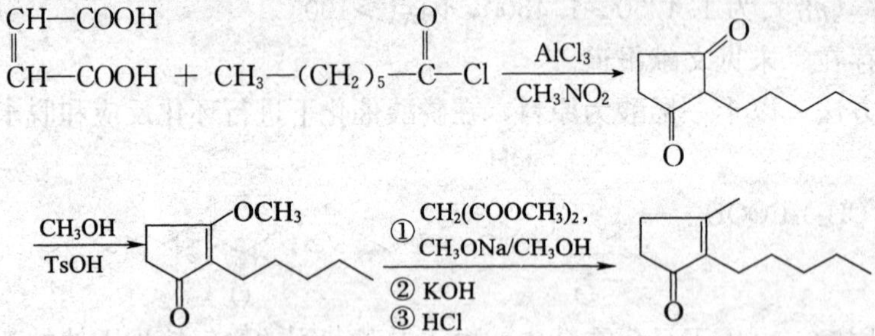

④以庚醛和甲基乙烯基酮为原料，先缩合生成十一烷-2，5-二酮，再进行分子内缩合环化生成二氢茉莉酮。

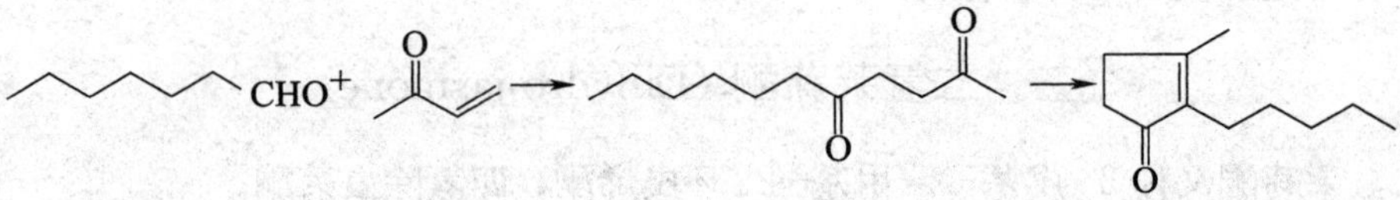

（4）主要用途　二氢茉莉酮具有强烈而持久的茉莉香气及浓厚温和的果香，通常微量地用于香精配方。在果香-花香型中可以提调花香的气势，如微量用于茉莉、依兰依兰、铃兰、玉兰、栀子、金合欢、晚香玉等花香型日化香精中以提调花香。它有增强香柠檬、薰衣草、杂薰衣草、香紫苏和其他药草香型香气的功能，是近年发展起来的一种新型香料。其特点是香气高雅清淡，时隐时现，留香久远。二氢茉莉酮与多种香料的调配效果都很好，受到各国的普遍欢迎。在香料工业中常以二氢茉莉酮代替顺式茉莉酮使用，这是由于两者的香气极其相似。

（5）安全管理　FEMA 号 3763，GB 2760—2014 批准为允许使用的食品香料。美国 RIFM、IFRA 认为可以安全外用。

四、巨豆三烯酮（Megastigmatrienone）

巨豆三烯酮又称 3，5，5-三甲基-4-（2-亚丁烯基）-2-环己烯-1-酮，烟酮，烟草酮。

分子式为$C_{13}H_{18}O$，相对分子质量190.28。CAS为13215-88-8。

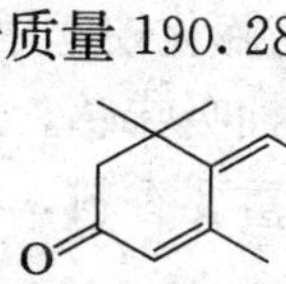

（1）理化性质　淡黄色至黄色清澈液体，具有甜润而持久的烟草香气、干果香气和辛香底韵，为四种异构体的混合物，沸点为105℃/100Pa，相对密度为（d_4^{20}）0.985～1.005，折射率为（n_D^{20}）1.5360～1.5560，含量50%～65%，闪点>100℃。不溶于水，溶于乙醇等有机溶剂。

（2）天然存在　存在于白肋烟、土耳其烟和希腊烟叶中，也存在于广藿香油、藏红花油、香烟烟雾中。

巨豆三烯酮的四种异构体为：

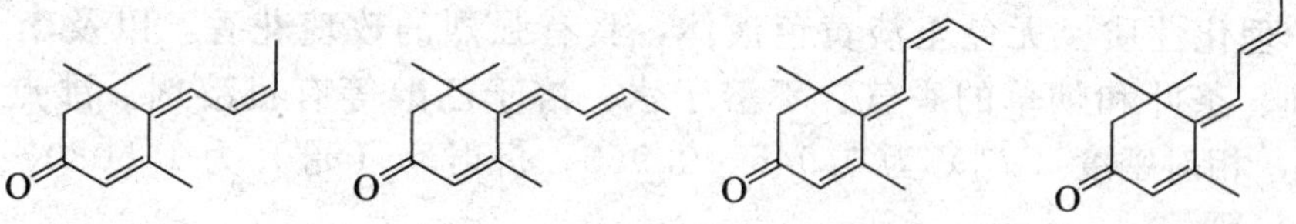

a（ZZ）　b（ZE）　c（EZ）　d（EE）

（3）制备方法

①以α-紫罗兰酮为原料，经硼氢化钠还原制得相应的醇，再用乙酸酐乙酰化制得相应的乙酸酯，然后用三氧化铬氧化生成相应的酮酯，酮酯皂化水解生成相应的酮醇，最后由酮醇经脱水、分子重排生成巨豆三烯酮。

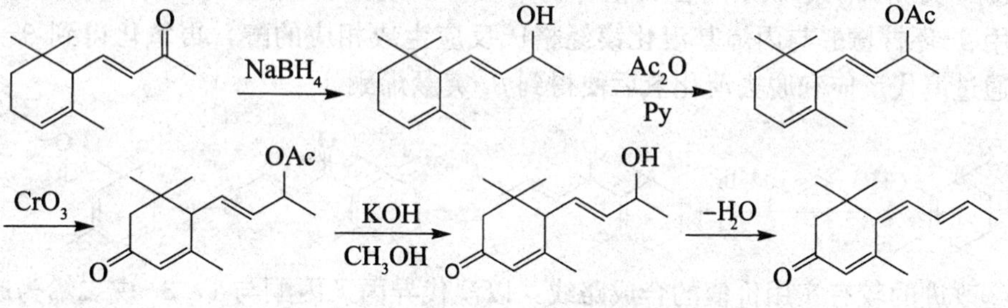

②以氧异佛尔酮和巴豆醛为原料制备巨豆三烯酮。

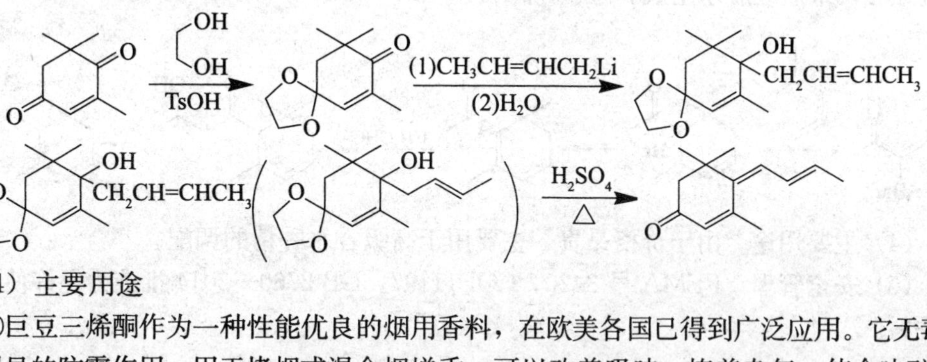

（4）主要用途

①巨豆三烯酮作为一种性能优良的烟用香料，在欧美各国已得到广泛应用。它无毒并具有明显的防霉作用，用于烤烟或混合烟增香，可以改善吸味，掩盖杂气，使余味醇和，

特别适用于中低档卷烟的加香和烟草薄片与膨化梗丝用量较大的低焦烤烟型卷烟的加香。

②巨豆三烯酮不仅能增强烟香、改善抽吸味感，还能起到调和烟气以及减少刺激性的作用，是调配各种高档香烟不可缺少的重要香料，在烟草行业中具有重要作用。

五、β-突厥烯酮（β-Damascenone）

β-突厥烯酮又称β-大马酮、1-（2，6，6-三甲基-1，3-环己二烯-1）-2-丁烯-1-酮。

分子式为$C_{13}H_{18}O$，相对分子质量190.28。CAS为23696-85-7。

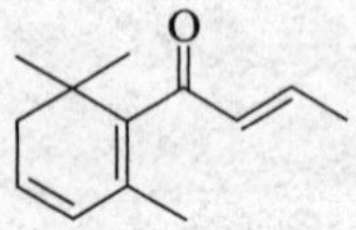

（1）理化性质　无色至淡黄色液体，具有强烈的玫瑰花香，以及李子、覆盆子、圆柚、茶叶和烟草的香气。不溶于水，溶于乙醇等有机溶剂。沸点为57℃/0.13kPa，相对密度（d_{20}^{20}）为0.946～0.952，折射率（n_D^{20}）为1.5080～1.5140，闪点＞100℃。

（2）天然存在　β-突厥烯酮是著名学者Demole等人在20世纪60年代末首先从保加利亚玫瑰油中发现的，其含量仅为0.05%。后来研究发现在红茶、烟草以及覆盆子油和布枯叶油中也有存在。

（3）制备方法

①β-突厥烯酮是该系列香料化合物中最早发现并合成的产品。早期的合成方法是首先用β-环柠檬醛与丙烯基溴化镁经格氏反应生成相应的醇，再氧化得到β-突厥酮，最后通过溴代反应和脱去溴化氢后便得到β-突厥烯酮。

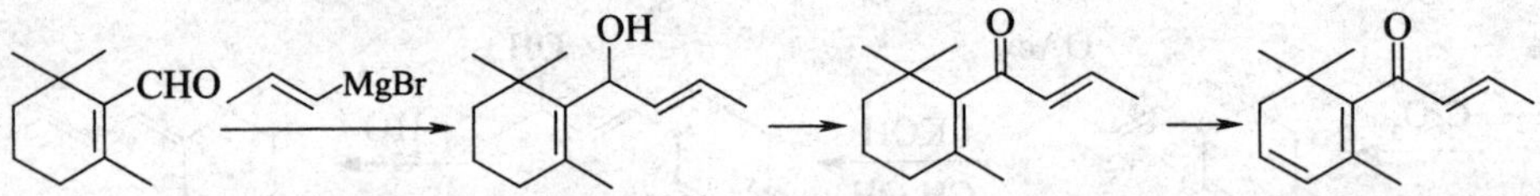

②改进的较有实用价值的合成路线：以溴代异丙叉丙酮与1，3-戊二烯为原料，首先进行加成缩合反应，所得产物经脱去溴化氢后生成三甲基环己二烯甲基酮，后者再与乙醛缩合，最后经脱水生成β-突厥烯酮。

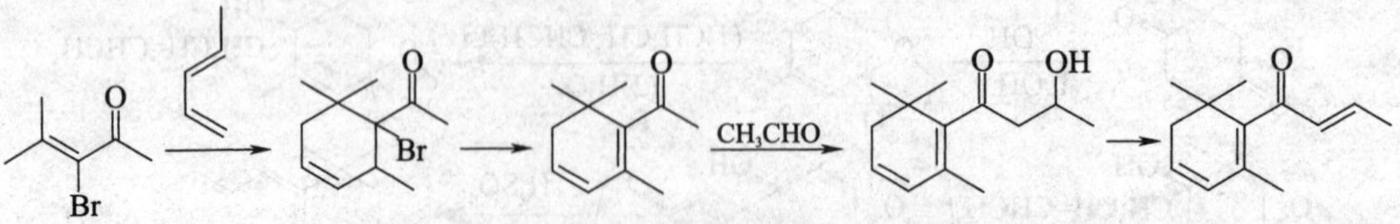

（4）主要用途　由于价格昂贵，主要用于高级香水香精的调配。

（5）安全管理　FEMA号3420，COE11197，GB 2760—2014批准为允许使用的食品香料。

六、异突厥酮（Isodamascone）

异突厥酮又称 1-（2，4，4-三甲基-2-环己烯-1）-2-丁烯-1-酮。

分子式为 $C_{13}H_{20}O$，相对分子质量 192.30。

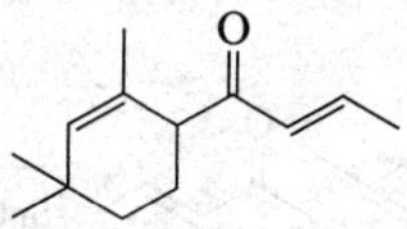

（1）理化性质　无色至淡黄色液体，具有花香和果香香气，香气近似于β-突厥酮，香气强度不及α-突厥酮和β-突厥酮。不溶于水，溶于乙醇等有机溶剂。为异构体的混合物，沸点为 80～90℃/400Pa，相对密度（d_{20}^{20}）为 0.921～0.931，折射率（n_D^{20}）为 1.4870～1.4970，闪点>110℃。

（2）天然存在　未见文献报道。

（3）制备方法　以 1，3，3-三甲基-6-环己烯与巴豆酸酐为原料，在氯化锌催化下相互作用制得。

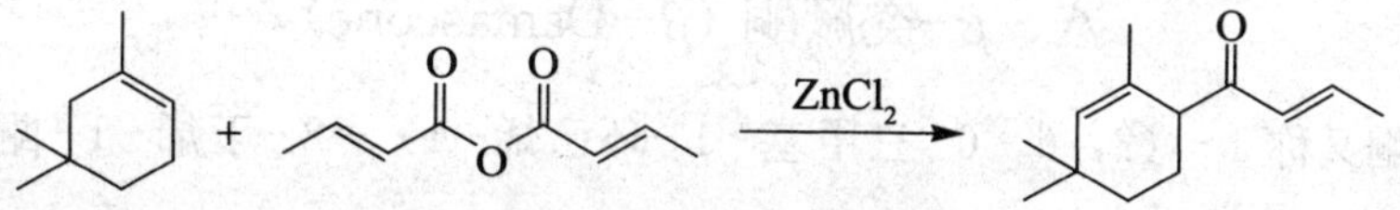

（4）主要用途　可用于化妆品、香水和皂用香精中。

（5）安全管理　IFRA 没有限制规定。

七、α-突厥酮（α-Damascone）

α-突厥酮又称 1-（2，6，6-三甲基-2-环己烯-1）-2-丁烯-1-酮、α-二氢大马酮。

分子式为 $C_{13}H_{20}O$，相对分子质量 192.30。CAS 为 43052-87-5。

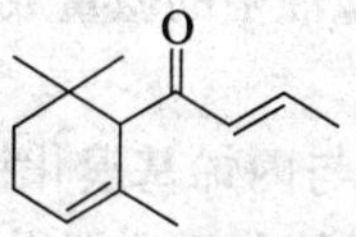

（1）理化性质　无色至淡黄色液体，具有强烈而持久的玫瑰似的花香香气，以及苹果似的果香香韵。不溶于水，溶于乙醇等有机溶剂。为顺式和反式异构体的混合物，沸点为 90～100℃/13Pa，相对密度（d_{20}^{20}）为 0.932～0.938，折射率（n_D^{20}）为 1.4930～1.4990，闪点>10℃。

（2）天然存在　存在于红茶精油中。

（3）制备方法　以柠檬醛为原料，首先和烯丙基溴化镁缩合形成醇；进而氧化成酮；再用叔丁醇钾将酮末端的双键异构化，形成共轭二烯酮，最后用酸性催化剂进行环化得到α-突厥酮。

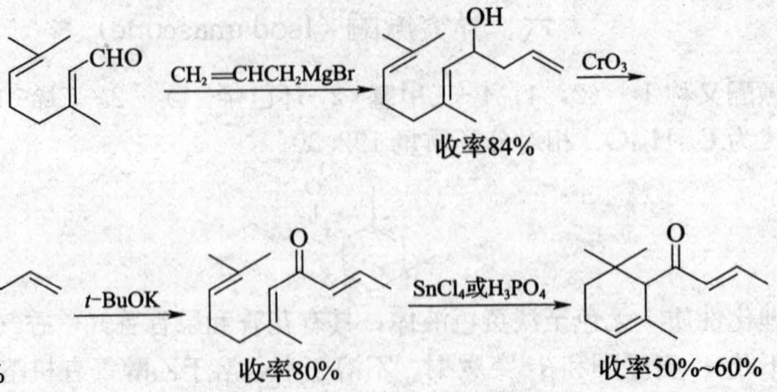

（4）主要用途　可用于日化香精中，但由于价格昂贵，故主要用于高级香水香精中。其特点是只需少量用于配方中，即能受到明显的效果。

（5）安全管理　FEMA 号 3659，COE11053，GB 2760—2014 批准为允许使用的食品香料。

八、β-突厥酮（β-Damascone）

β-突厥酮又称 1-（2，6，6-三甲基-1-环己烯-1）-2-丁烯-1-酮、β-二氢大马酮。

分子式为 $C_{13}H_{20}O$，相对分子质量 192.30。CAS 为 35044-68-9。

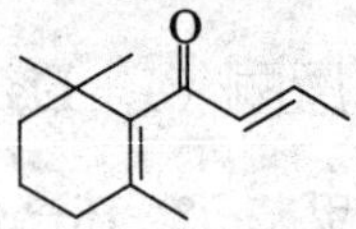

（1）理化性质　无色至淡黄色液体，具有强烈的玫瑰香气，并伴有果香、青香和烟叶香韵。不溶于水，溶于乙醇等有机溶剂。为顺式和反式异构体的混合物，沸点为68～70℃/3Pa，相对密度（d_{20}^{20}）为 0.934～0.942，折射率（n_D^{20}）为 1.4960～1.5010，闪点＞100℃。

（2）天然存在　β-突厥酮是玫瑰油中的微量成分，在红茶和烟叶中也有存在。

（3）制备方法

①以β-环柠檬醛为原料，首先与丙烯基溴化镁进行格氏反应生成醇，然后将醇氧化成酮，酮在叔丁醇钾催化下进行异构化反应即得β-突厥酮。

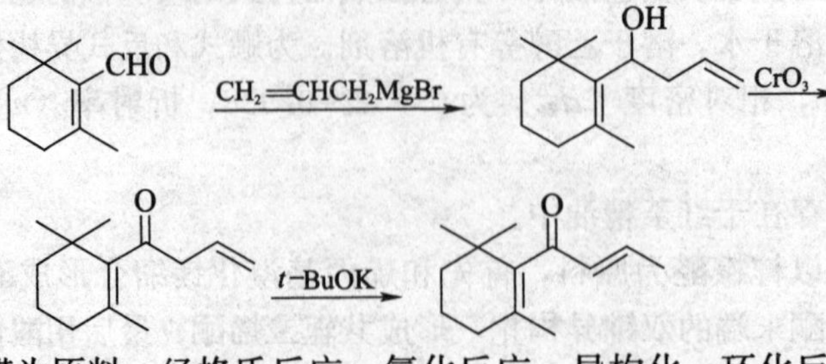

②以柠檬醛为原料，经格氏反应、氧化反应、异构化、环化反应制得。

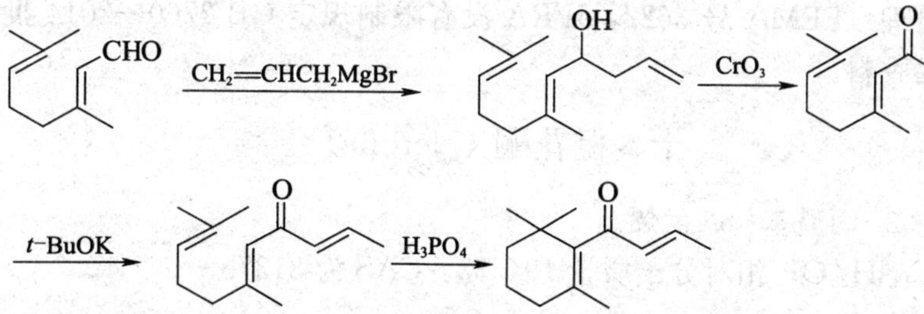

③ 以β-紫罗兰酮为原料，经氧化反应得到二醇，然后用80%甲酸处理所得二醇得到β-突厥酮。

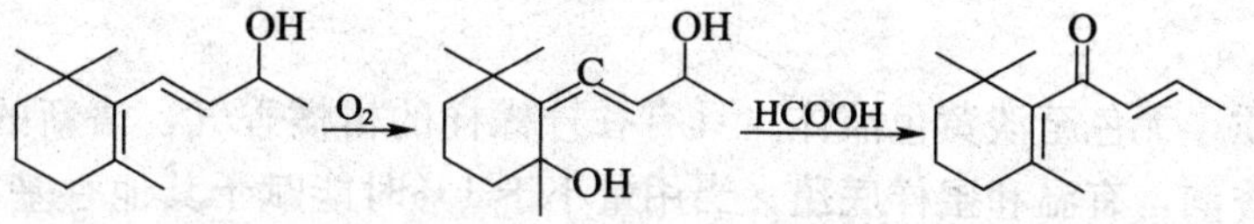

(4) 主要用途　主要用于高级日化香精中。由于它的阈值极低，在配方中只需少量使用，即能取得显著效果。

(5) 安全管理　FEMA号3243，COE2340，GB 2760—2014批准为允许使用的食品香料。

九、δ-突厥酮（δ-Damascone）

δ-突厥酮又称1-（2，6，6-三甲基-3-环己烯-1）-2-丁烯-1-酮、δ-二氢大马酮。分子式为$C_{13}H_{20}O$，相对分子质量192.30。CAS为57378-68-4。

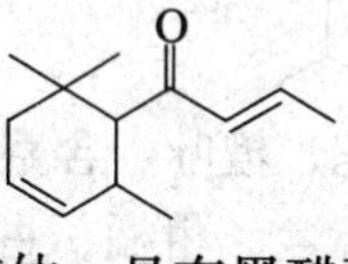

(1) 理化性质　无色至淡黄色液体，具有黑醋栗似的香气，并带有果香香韵，香气富有天然感。不溶于水，溶于乙醇等有机溶剂。为顺式和反式异构体的混合物，沸点为87.5～89℃/400Pa，相对密度（d_4^{20}）为0.926～0.934，折射率（n_D^{20}）为1.4890～1.4940，闪点>100℃。

(2) 天然存在　未见文献报道。

(3) 制备方法　以异丙叉丙酮和1，3-戊二烯为原料，首先在三氯化铝催化剂存在下进行双烯缩合，再与乙醛相互作用生成醇酮，最后在酸性催化剂存在下脱水即得δ-突厥酮。

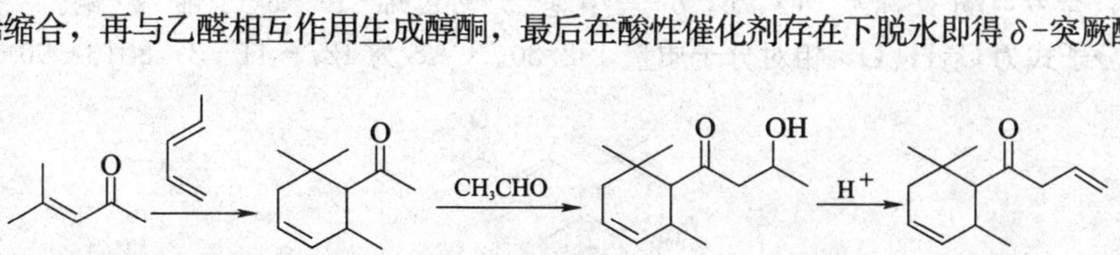

(4) 主要用途　主要用于高级日化香精中。

(5) 安全管理　FEMA 号 3622，IFRA 没有限制规定 GB 2760—2014 批准为暂时允许使用的食品香料。

十、橙花酮 (Nerone)

橙花酮又称 2-丙酰基-6-孟烯。

分子式为 $C_{13}H_{22}O$，相对分子质量 194.32。CAS 为 31375-17-4。

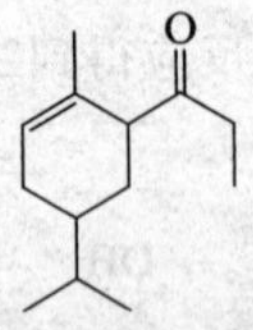

(1) 理化性质　无色至淡黄色液体。具有香柠檬样的柑橘香气，清新的青香气息，带有强烈的橙叶香韵，有温和蜜样底蕴。当用量小于 1%时能赋予其他香基以天然香气的特征。几乎不溶于水，溶于乙醇等有机溶剂。沸点为 102～105℃/5.07kPa、91～94℃/266Pa，相对密度 (d_4^{20}) 为 0.911～0.916，折射率 (n_D^{20}) 为 1.4680～1.4740，闪点>100℃。由于橙花酮分子结构中环己烯的立体异构，致使丙酰基与异丙基的空间位置不同，故存在顺式和反式两种异构体，其中顺式异构体的香气较强，是橙花酮的主要发香成分；反式异构体的香气非常微弱。

(2) 天然存在　未见文献报道。

(3) 制备方法　以双戊烯或苧烯为原料，先在金属镍催化下将苧烯氢化生成对孟烯，然后以氯化锌为催化剂，用丙酸酐通过酰基化反应制得。

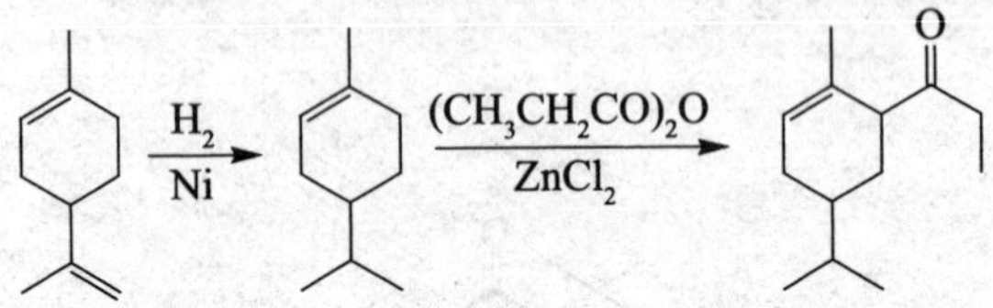

(4) 主要用途　可用以调配橙花、橙叶、含羞花、新刈草等香型香精，少量使用即能赋予天然的橙花韵味。也用于素心兰、柑橘、古龙香型和东方型香精等，用途颇广。还可用以增强海狸香基橡苔或树苔气息。由于它对碱和光稳定，故特别适用于香皂、洗涤剂和化妆品香精。

(5) 安全管理　RIFM 认可安全外用。IFRA 没有限制规定。

十一、α-紫罗兰酮 (α-Ionone)

α-紫罗兰酮 又称 4-(2，6，6-三甲基-2-环己烯-1)-3-丁烯-2-酮。

分子式为 $C_{13}H_{20}O$，相对分子质量 192.30。CAS 为 127-41-3；8013-90-9。

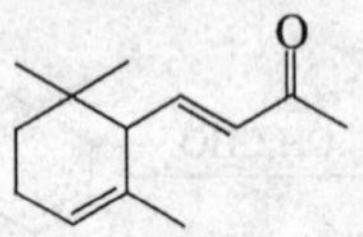

(1) 理化性质　无色至淡黄色液体，具有花香香气，香气酷似紫罗兰花，还有木香

气息，略有果香和鸢尾的香韵。α-紫罗兰酮微溶于水，溶于乙醇等有机溶剂。沸点为237℃、121～122℃/1.3kPa，相对密度（d_{25}^{25}）为0.927～0.933，折射率（n_{D}^{20}）为1.4970～1.5070，闪点>100℃。

（2）天然存在　在自然界中并不多见，仅少量存在于某些精油中，如当归油、桂花浸膏、金合欢油等。

（3）制备方法

紫罗兰酮的合成方法一般有两种：一种是半合成法，即以天然精油中所含的柠檬醛及松节油中所含的α-蒎烯为原料；另一种方法是全合成法，即以化工原料乙炔和丙酮及石油化工原料异戊二烯为原料。

①以柠檬醛为原料的半合成法：减压蒸馏条件下将山苍子油中富含的柠檬醛（70%～80%）单离出来，然后将柠檬醛和丙酮在碱性介质中进行缩合反应制得假性紫罗兰酮，再用60%的硫酸进行环化反应生成以α-紫罗兰酮为主、β-紫罗兰酮为辅的混合物。因α-体和β-体的香气相似，所以不用分离就可用于调香。

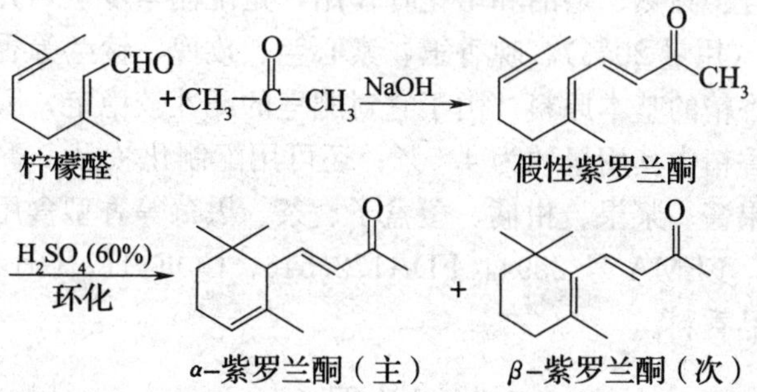

②以乙炔和丙酮为原料的全合成法：以乙炔和丙酮为原料，经过一系列反应生成脱氢芳樟醇，脱氢芳樟醇与乙酰乙酸乙酯反应生成乙酰乙酸脱氢芳樟酯，再经过高温脱羧和分子重排反应制得假性紫罗兰酮，最后经过环化反应制得以α-紫罗兰酮为主的产品。

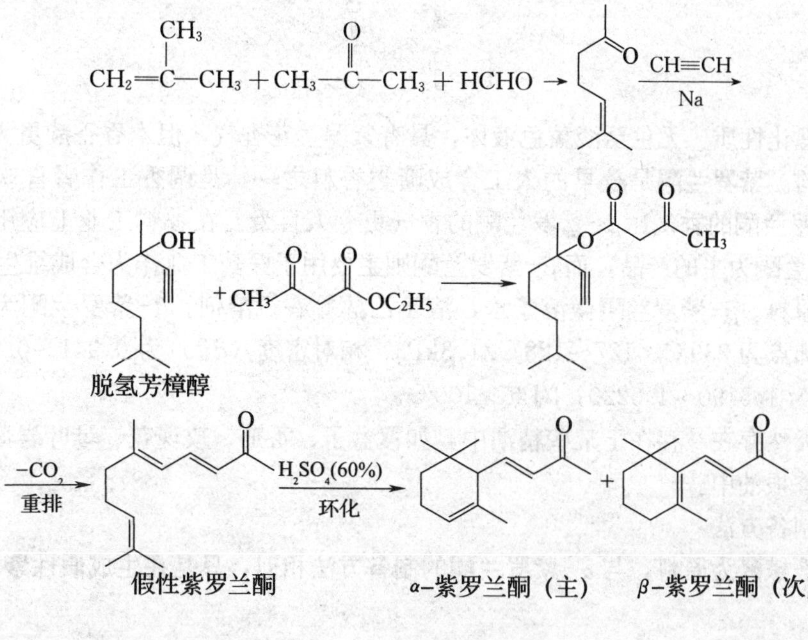

另外，还可以采用脱氢芳樟醇与甲基异丙烯基醚进行缩合反应得到假性紫罗兰酮，后者再用60%的硫酸进行环化反应制得以α-紫罗兰酮为主的产物。

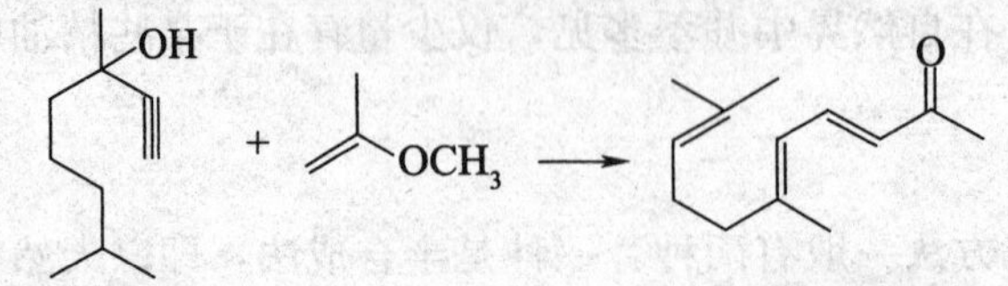

脱氢芳樟醇 假性紫罗兰酮

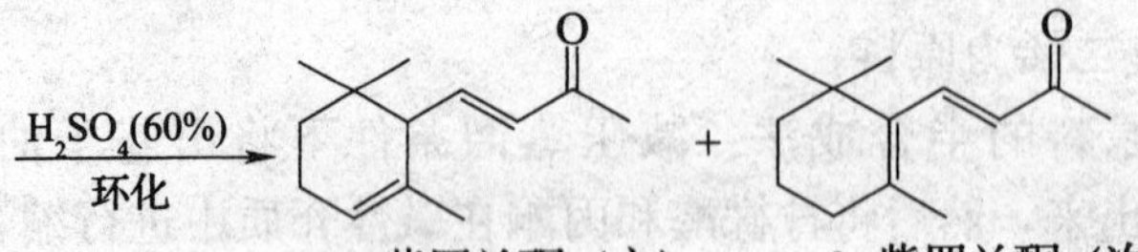

α-紫罗兰酮（主） β-紫罗兰酮（次）

（4）主要用途　α-紫罗兰酮是最常用的合成香料之一，可用于各种香型香精中，它能起到修饰、和合、圆熟、增甜和增花香作用，是配制紫罗兰（用量30%）、金合欢(用量20%)、桂花（用量20%)、晚香玉、素心兰、玫瑰、铃兰等香型香精所不可缺少的原料，是紫罗兰香精的基本原料。由于它对肥皂的碱性较稳定，因此也常用于皂用香精中，如茉莉皂用香精中其用量约为4.5%；还可用配制化妆品、香水香精。也少量用于调配杨梅、桑子果酱、浆果、柑橘、覆盆子、茶、黑莓等香型食用香精。

（5）安全管理　FEMA号2594，FDA172.515，COE141，GB 2760—2014批准为暂时允许使用的食品香料。

十二、β-紫罗兰酮（β-Ionone）

β-紫罗兰酮又称4-（2，6，6-三甲基-1-环己烯-1）-3-丁烯-2-酮。

分子式为$C_{13}H_{20}O$，相对分子质量192.30。CAS为79-77-6；14901-07-6。

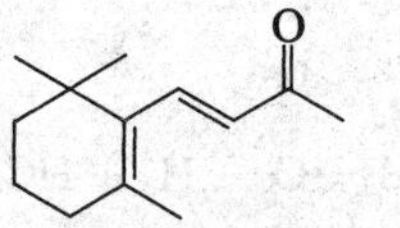

（1）理化性质　无色至淡黄色液体，具有紫罗兰花香气，但木香香韵更为突出，略有鸢尾香韵。紫罗兰酮是较早的人工合成萜类香料之一，是调香工作者喜欢使用的香料，α-紫罗兰酮的香气比β-紫罗兰酮的香气更令人喜爱。在香料工业上应用较多的是以α-紫罗兰酮为主的产品，而β-紫罗兰酮则主要用于医药工业作为合成维生素A和胡萝卜素的原料。β-紫罗兰酮微溶于水，溶于乙醇等有机溶剂。β-紫罗兰酮为异构体的混合物，沸点为239℃、127～128℃/1.3kPa，相对密度（d_{25}^{25}）为0.941～0.947，折射率（n_D^{20}）为1.5190～1.5220，闪点>100℃。

（2）天然存在　存在于某些精油中，如覆盆子、番茄、玫瑰花、琴叶岩薄荷、博罗尼亚油及香根油中。

（3）制备方法

①以柠檬醛为原料，与α-紫罗兰酮的制备方法相似，只是在生成假性紫罗兰酮后，

环化反应阶段采用98%的浓硫酸，制得以β-紫罗兰酮为主的产品。

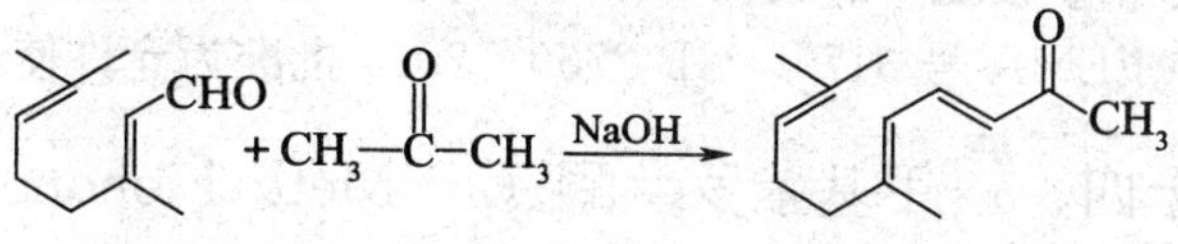

柠檬醛　　假性紫罗兰酮

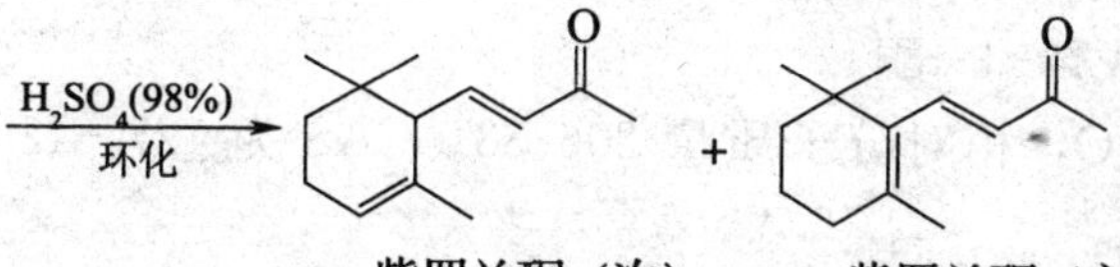

α-紫罗兰酮（次）　β-紫罗兰酮（主）

②直接将β-紫罗兰醇氧化制得β-紫罗兰酮。

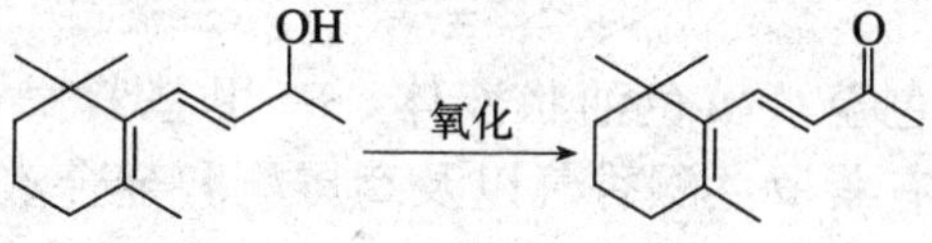

β-紫罗兰醇　β-紫罗兰酮

（4）主要用途　β-紫罗兰酮在日化香精中的应用与α-紫罗兰酮相类似，是配制紫罗兰、金合欢、玫瑰、铃兰等香型香精的主香剂。可用于调配樱桃、菠萝、覆盆子、草莓、葡萄、甘蓝等香型食用香精。β-紫罗兰酮还用作合成维生素A的中间体，目前是我国主要依靠进口的医药中间体之一。

（5）安全管理　FEMA号2595，FDA172.515，COE142，GB 2760—2014批准为暂时允许使用的食品香料。

十三、γ-紫罗兰酮（γ-Ionone）

γ-紫罗兰酮又称4-（2，2-二甲基-6-亚甲基环己基）-3-丁烯-2-酮。

分子式为$C_{13}H_{20}O$，相对分子质量192.30。

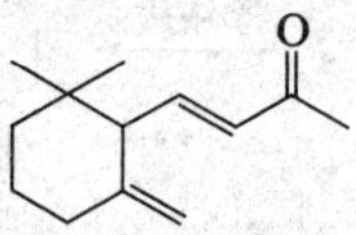

（1）理化性质　无色至淡黄色液体，具有紫罗兰、覆盆子、木香、果香香气，略有鸢尾香韵。在紫罗兰酮的三个同分异构体中，γ-紫罗兰酮的香气最为优美，γ-紫罗兰酮具有珍贵的龙涎香香气。γ-紫罗兰酮不溶于水，溶于乙醇等有机溶剂。沸点为80℃/1.3kPa，相对密度（d_4^{20}）为0.943，折射率（n_D^{20}）为1.5140。

（2）天然存在　α-紫罗兰酮和β-紫罗兰酮在自然界中均有存在，但还未发现γ-紫罗兰酮在自然界中的存在。二氢-γ-紫罗兰酮在龙涎香中有极微量存在。

（3）制备方法　将γ-环柠檬醛与丙酮经Wittig试剂反应可以制得γ-紫罗兰酮。

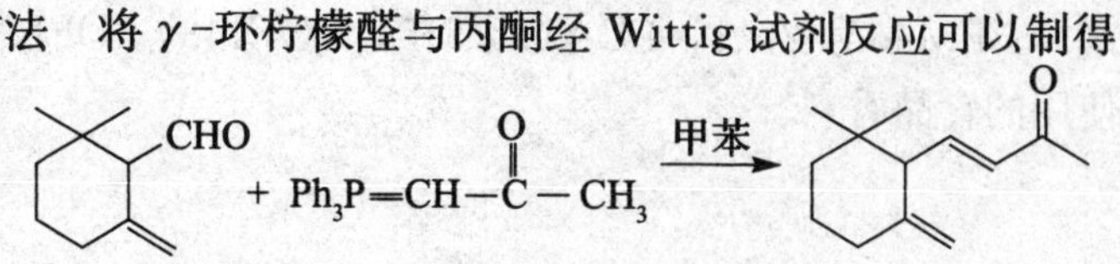

(4) 主要用途　γ-紫罗兰酮主要用于紫罗兰、金合欢、素心兰香型和东方型等日化香精中。也可微量用于覆盆子、葡萄、草莓、浆果、茶、口香糖等香型食用香精中。

(5) 安全管理　FEMA 号 3175，GB 2760—2014 批准为允许使用的食品香料。

十四、α-甲基紫罗兰酮（α - Methyl ionone）

α-甲基紫罗兰酮又称α-环柠檬烯丁酮、甲基-α-紫罗兰酮、5-（2，6，6-三甲基-2-环己烯-1）-4-戊烯-3-酮。

分子式为 $C_{14}H_{22}O$，相对分子质量 206.33。CAS 为 127-42-4；7779-30-8；1335-46-2。

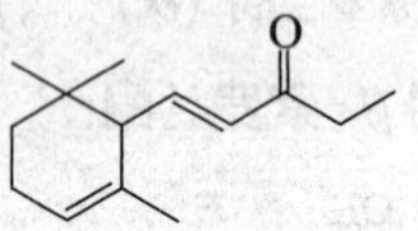

(1) 理化性质　无色至淡黄色油状液体，α-甲基紫罗兰酮香气较甜，具有木香和紫罗兰花香气，伴有紫罗兰酮香气以及鸢尾酮和金合欢醇的气息，若鸢尾酮和金合欢醇短缺，可以用甲基紫罗兰酮代替。它是桂花香精的主要基香（38%），与紫罗兰酮一起作为基香原料用于紫丁香花香香精中。α-甲基紫罗兰酮不溶于水，溶于乙醇等有机溶剂。沸点为 125～126℃/1.1kPa、97℃/0.35kPa，相对密度（d_4^{20}）为 0.942，折射率（n_D^{20}）为 1.4962，闪点＞100℃。市售的甲基紫罗兰酮通常为四种异构体的混合物：α-甲基紫罗兰酮、β-甲基紫罗兰酮、α-异甲基紫罗兰酮、β-异甲基紫罗兰酮。

(2) 天然存在　未见文献报道。

(3) 制备方法　以柠檬醛和甲基乙基酮为原料，在季铵盐等碱性催化剂存在下，通过缩合反应生成假性甲基紫罗兰酮，然后经过环化反应和重排反应制得α-甲基紫罗兰酮和β-甲基紫罗兰酮的混合物。

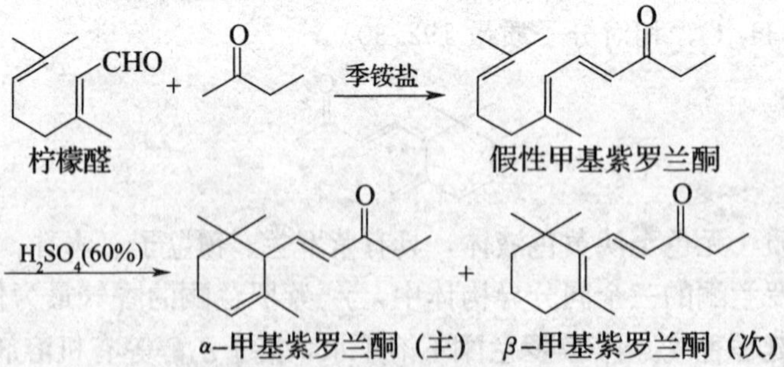

(4) 主要用途　可用于日化香精配方中，主要用于紫罗兰、金合欢、素心兰香型和东方型等日化香精中。也可以微量地应用于覆盆子、浆果、茶、草莓、葡萄、口香糖等香型食用香精中。

(5) 安全管理　FEMA 号 2711，FDA172.515，COE143，IOFI，GB 2760—2014 批准为暂时允许使用的食品香料。

十五、α-异甲基紫罗兰酮（α-iso-Methyl ionone）

α-异甲基紫罗兰酮又称4-（2，6，6-三甲基-2-环己烯-1）-3-甲基-3-丁烯-2-酮。

分子式为$C_{14}H_{22}O$，相对分子质量206.33。CAS为127-51-5。

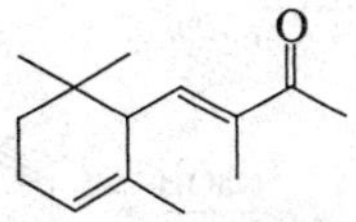

（1）理化性质　无色至淡黄色油状液体，具有强烈而优雅的紫罗兰和鸢尾香气，并有木香香韵。不溶于水，溶于乙醇等有机溶剂。为异构体的混合物，沸点为93℃/0.41kPa，相对密度（d_4^{20}）为0.935，折射率（n_D^{20}）为1.5019，闪点>100℃。

（2）天然存在　未见文献报道。

（3）制备方法　以柠檬醛和甲基乙基酮为原料，碱性醇钠（甲醇钠或乙醇钠）为催化剂，通过缩合反应生成假性异甲基紫罗兰酮，然后使用硫酸或磷酸进行环化反应制得α-异甲基紫罗兰酮和β-异甲基紫罗兰酮的混合物。

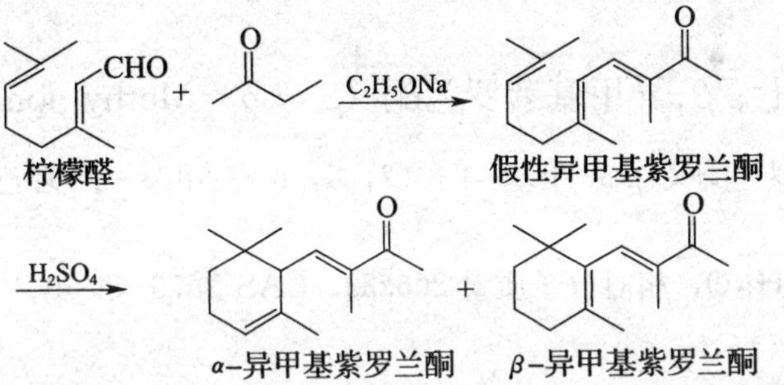

（4）主要用途　α-异甲基紫罗兰酮是紫罗兰酮系列产品中香气最佳、最受调香师欢迎的名贵香料，广泛用于香水、化妆品和皂用香精中，是许多花香型香精中不可缺少的重要原料，主要用于调配紫罗兰、金合欢、素心兰、馥奇等香型香精。在食品中主要用于覆盆子、草莓、黑莓、口香糖等香型香精。

（5）安全管理　FEMA号2714，GB 2760—2014批准为允许使用的食品香料。

十六、β-甲基紫罗兰酮（β-Methyl ionone）

β-甲基紫罗兰酮又称β-环柠檬烯丁酮、甲基-β-紫罗兰酮、5-（2，6，6-三甲基-1-环己烯-1）-4-戊烯-3-酮。

分子式为$C_{14}H_{22}O$，相对分子质量206.33。

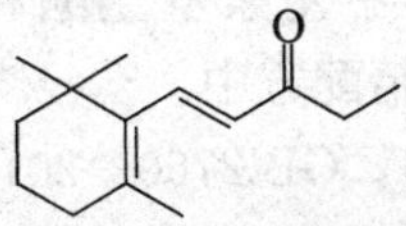

（1）理化性质　无色至淡黄色油状液体，具有很甜的木香和花香香气，有似鸢尾酮

和金合欢醇的气息。不溶于水，溶于乙醇等有机溶剂。沸点为242℃/0.35kPa，相对密度（d_4^{20}）为0.939，折射率（n_D^{20}）为1.5153。

（2）天然存在　未见文献报道。

（3）制备方法　以柠檬醛和甲基乙基酮为原料，在氢氧化钠碱性催化剂存在下，通过缩合反应生成假性甲基紫罗兰酮，然后在浓硫酸作用下，经环化反应制得β-甲基紫罗兰酮和α-甲基紫罗兰酮的混合物。

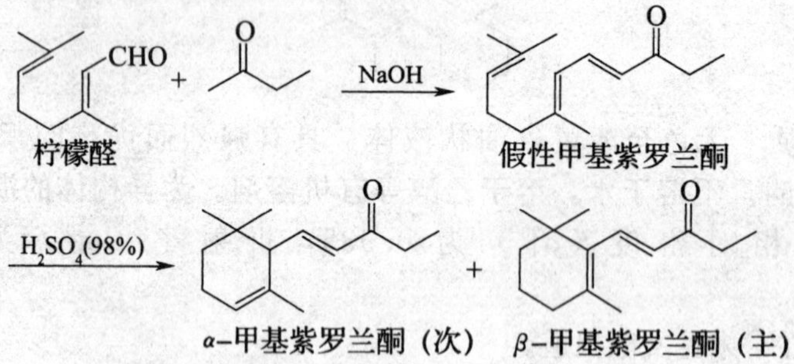

（4）主要用途　主要用于紫罗兰、金合欢、兰花、素心兰等香型日化香精中。也可用于调配覆盆子、草莓、黑莓、口香糖等香型食用香精。

（5）安全管理　FEMA号2712，GB 2760—2014批准为暂时允许使用的食品香料。

十七、β-异甲基紫罗兰酮（β-*iso*—Methyl ionone）

β-异甲基紫罗兰酮又称3-甲基-4-（2，6，6-三甲基-1-环己烯-1）-3-丁烯-2-酮。

分子式为$C_{14}H_{22}O$，相对分子质量206.33。CAS为79-89-0。

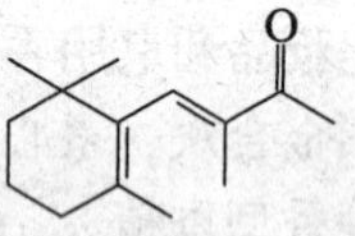

（1）理化性质　无色至淡黄色油状液体，具有紫罗兰花香气，并伴有鸢尾和木香香韵。不溶于水，溶于乙醇等有机溶剂。为异构体的混合物，沸点为94℃/400Pa，相对密度（d_{25}^{25}）为0.932～0.937，折射率（n_D^{20}）为1.5050～1.5110。

（2）天然存在　未见文献报道。

（3）制备方法　以柠檬醛和甲基乙基酮为原料，在醇钠（甲醇钠或乙醇钠）碱性催化剂存在下，通过缩合反应生成假性异甲基紫罗兰酮，然后使用98%硫酸或磷酸进行环化反应制得α-异甲基紫罗兰酮和β-异甲基紫罗兰酮的混合物。

（4）主要用途　可用于日化香精配方中。

（5）安全管理　FEMA号2714，GB 2760—2014批准为允许使用的食品香料。

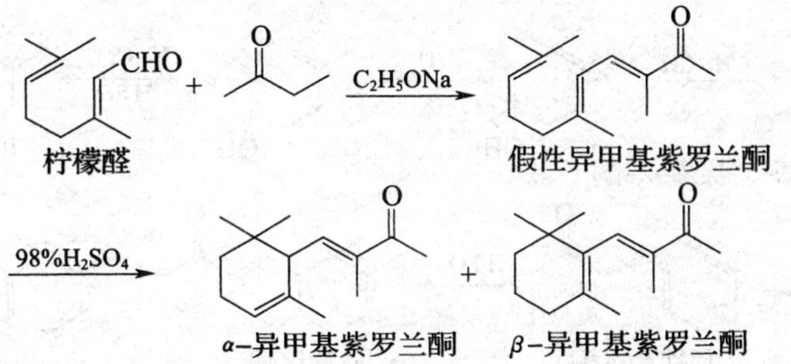

十八、α-鸢尾酮（α-Irone）

α-鸢尾酮又称6-甲基紫罗兰酮、4-（2，5，6，6-四甲基-2-环己烯-1）-3-丁烯-2-酮、6-甲基紫罗兰酮。

分子式为$C_{14}H_{22}O$，相对分子质量206.33。CAS为79-69-6。

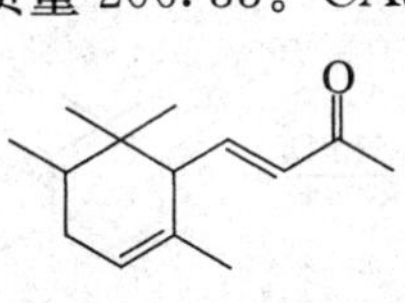

（1）理化性质　α-鸢尾酮为淡黄色液体，具有独特的鸢尾和紫罗兰香气。α-鸢尾酮是鸢尾酮的异构体之一，还有β-鸢尾酮和γ-鸢尾酮。合成品为α-、β-、γ-三种异构体的混合物，以α-鸢尾酮居多。α-鸢尾酮几乎不溶于水，溶于乙醇等有机溶剂。沸点为248℃，相对密度（d_4^{20}）为0.931～0.937，折射率（n_D^{20}）为1.5000～1.5030，闪点>100℃。

（2）天然存在　存在于鸢尾根、覆盆子的精油中。

（3）制备方法

①以柠檬醛为原料：柠檬醛和丙酮在氢氧化钠碱性催化剂存在下，通过缩合反应生成假性甲基紫罗兰酮，再经过两步反应制得以α-鸢尾酮为主的混合物。

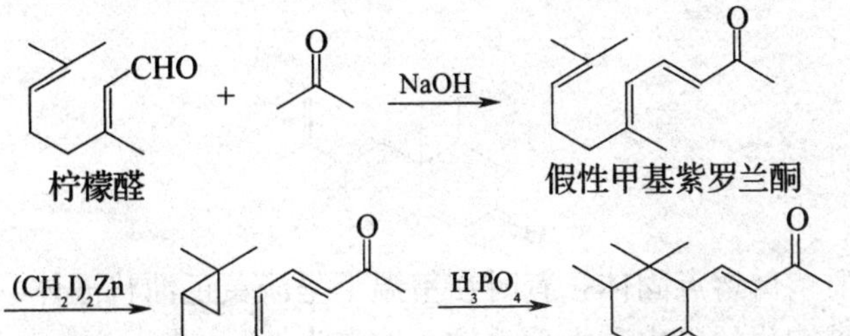

②以5，6-二甲基-5-庚烯-2-酮为原料：5，6-二甲基-5-庚烯-2-酮与乙炔缩合生成6-甲基脱氢芳樟醇，然后经加氢、氧化、脱水制得6-甲基柠檬醛，6-甲基柠檬醛再与丙酮在氢氧化钠作用下生成假性鸢尾酮，最后经闭环反应制得α-鸢尾酮和β-鸢尾酮的混合物。

③以二甲基丁二烯为原料：二甲基丁二烯与氯化氢反应，生成的产物再与异戊二烯

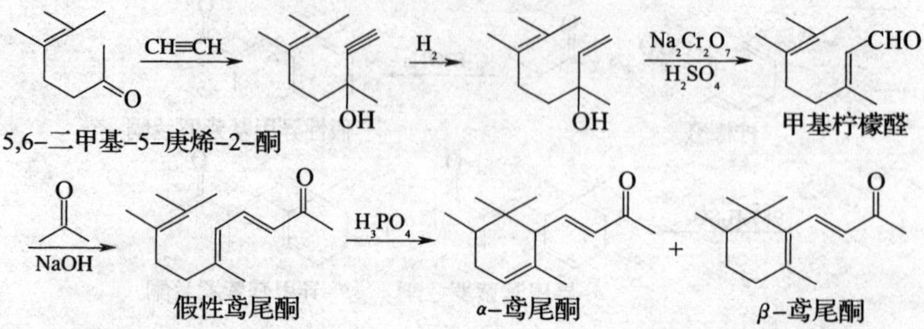

反应制得甲基香叶基氯，甲基香叶基氯与乌洛托品反应生成 6 -甲基柠檬醛，6 -甲基柠檬醛再如方法②制得鸢尾酮。

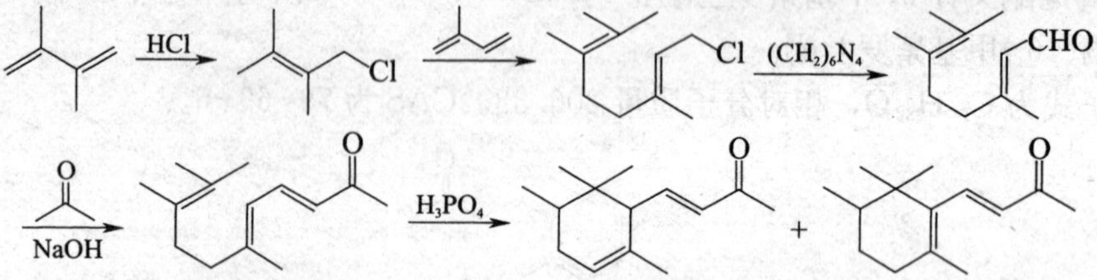

(4) 主要用途　主要用于鸢尾、紫罗兰、紫藤花、桂花等香型的高级香水香精和化妆品香精。也可用于覆盆子、浆果、草莓、混合水果等香型食用香精中。

(5) 安全管理　FEMA 认定为 GRAS，FEMA 号 2597，FDA172. 515，COE145，GB 2760—2014 批准为允许使用的食品香料。

十九、圆柚酮 (Nootkatone)

圆柚酮属于雅槛蓝烷 (Eremophillane) 系的双环倍半萜酮，又称诺卡酮、5，6 -二甲基- 8 -异烯丙基-二环［4. 4. 0］癸-1 -烯- 3 -酮。

分子式为 $C_{15}H_{22}O$，相对分子质量 218. 34。CAS 为 4674 - 50 - 4。

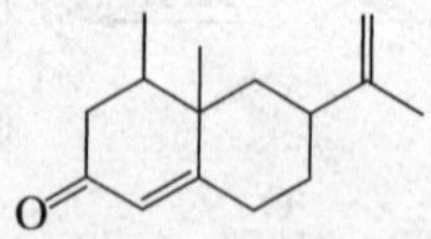

(1) 理化性质　低熔点固体，有时在室温下呈淡黄色油状液体。具有圆柚、柑橘和橙子的香气，并带有甜的果皮和木香香韵。熔点为 36～37℃。

(2) 天然存在　存在于圆柚油、柠檬油、柑橘油。

(3) 制备方法

①以橘烯为原料制备。

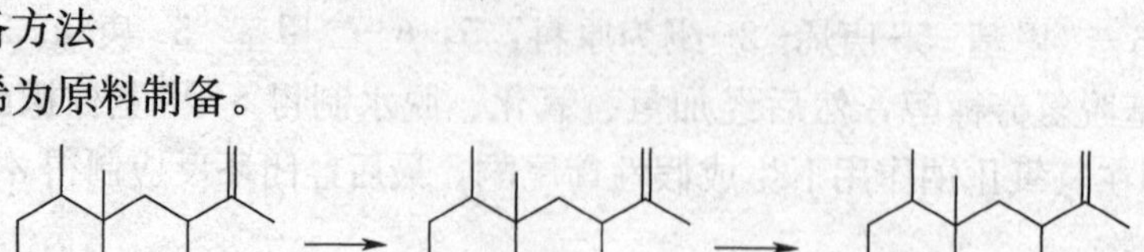

②以丙二酸二乙酯和丙烯腈为原料，经过 Michael 加成、水解、脱羧、酯化、Dickmann 环化、甲基化、水解、脱羧、缩酮化、有机锂反应、Wittig 反应和水解等一系列反应，最后与反-3-戊烯-2-酮成环得到（±）圆柚酮。

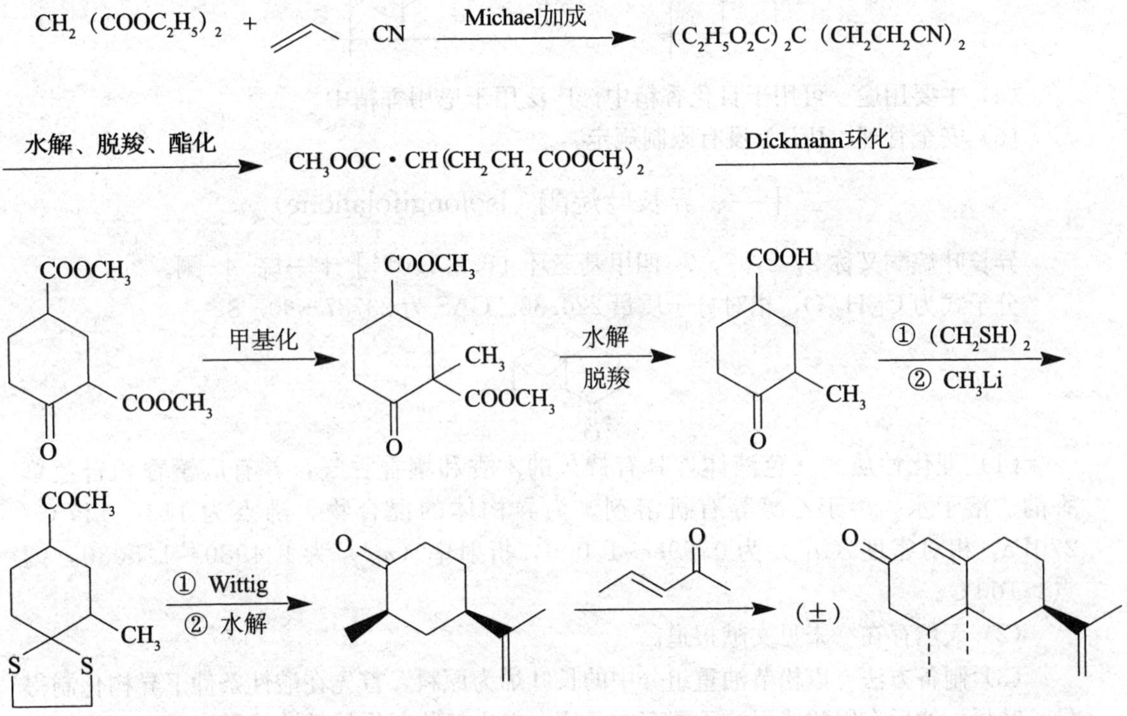

（4）主要用途　可用于果香型日化香精中。也可用于圆柚、甜橙、柑橘、热带水果等食用香精中。用于饮料食品的加香。在圆柚香精中作定香剂、和合剂。圆柚酮宜低浓度使用，只需添加 2～6mg/kg 就能增强香气，达到满意的效果。

（5）安全管理　FEMA 认定为 GRAS，FEMA 号 3166，FDA172.515，COE11164，GB 2760—2014 批准为暂时允许使用的食品香料。

二十、柏木烷酮（Cedralon）

柏木烷酮又称 2，2，6，10-四甲基三环［5.3.1.0^{3,7}］十一烷-9-酮。

分子式为 $C_{15}H_{24}O$，相对分子质量 220.36。CAS 为 68648-34-0。

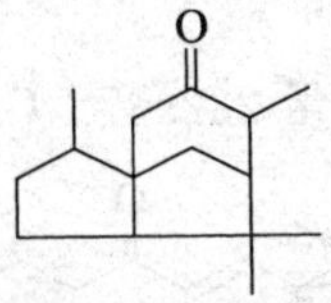

（1）理化性质　无色液体，具有细腻的木香香气，柏木似的香韵。溶于水，溶于乙醇等有机溶剂。沸点为 124～126℃/30Pa，相对密度（d_4^{20}）为 0.995～1.005，折射率（n_D^{20}）为 1.4970～1.5040，闪点＞110℃。

（2）天然存在　未见文献报道。

（3）制备方法　在甲酸乙酯溶剂中，将 α-柏木烯用过氧化氢氧化制得柏木烷酮。

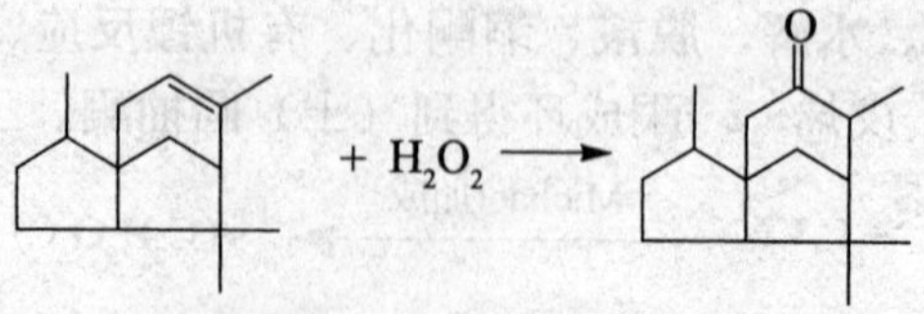

(4) 主要用途 可用于日化香精中。广泛用于皂用香精中。

(5) 安全管理 IFRA 没有限制规定。

二十一、异长叶烷酮(Isolongifolanone)

异长叶烷酮又称 2,2,7,7-四甲基三环[6.2.1.0^{3,8}]十一烷-4-酮。

分子式为 $C_{15}H_{24}O$,相对分子质量 220.36。CAS 为 23787-90-8。

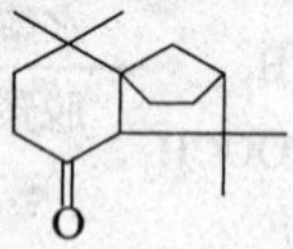

(1) 理化性质 无色液体,具有持久的木香和壤香香气,并有广藿香和岩兰草香韵。溶于水,溶于乙醇等有机溶剂。为异构体的混合物。沸点为 113~117℃/270Pa,相对密度(d_4^{20})为 0.998~1.006,折射率(n_D^{20})为 1.4980~1.5030,闪点>100℃。

(2) 天然存在 未见文献报道。

(3) 制备方法 以松节油重组分中的长叶烯为原料,首先在酸性条件下异构化制得异长叶烯,然后在甲酸或甲酸乙酯存在下用双氧水氧化制得异长叶烷酮。

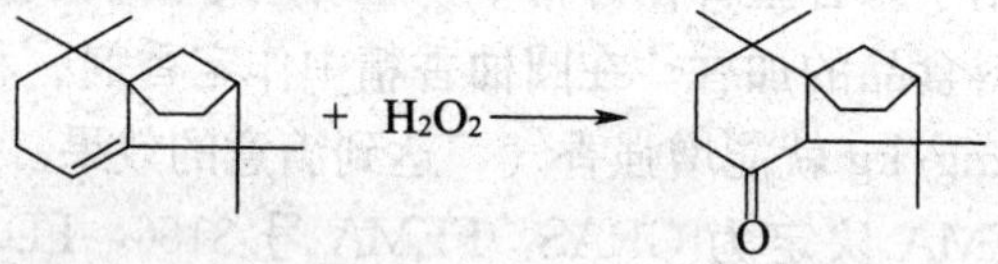

(4) 主要用途 可用于日化香精中。

(5) 安全管理 IFRA 没有限制规定。

二十二、烯丙基紫罗兰酮(Allyl ionone)

烯丙基紫罗兰酮又称 1-(2,6,6-三甲基-2-环己烯基-1)-1,6-庚二烯-3-酮。

分子式为 $C_{16}H_{24}O$,相对分子质量 232.37。CAS 为79-78-7。

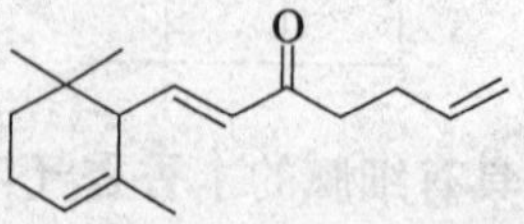

(1) 理化性质 无色至淡黄色油状液体,具有花香和强烈的菠萝果香香气。几乎不溶于水,溶于乙醇等有机溶剂。为异构体的混合物,沸点为 102~104℃/20Pa,相对密度(d_4^{20})为 0.927~0.935,折射率(n_D^{20})为 1.5020~1.5090,闪点>100℃。

(2) 天然存在 未见文献报道。

（3）制备方法

①以柠檬醛和烯丙基丙酮为原料，在碱性条件下进行缩合反应，再进行环化反应制得。

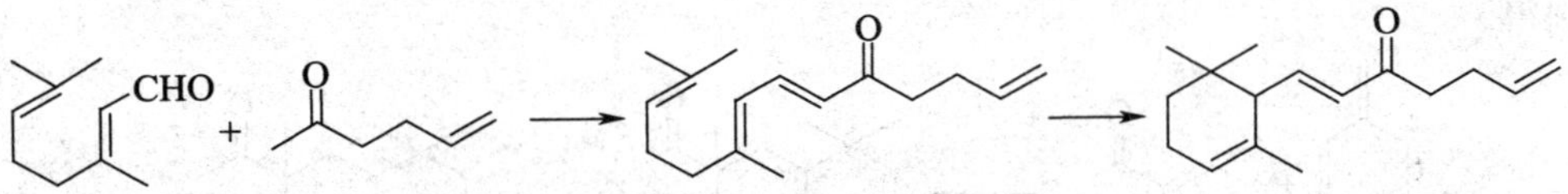

②以α-紫罗兰酮为原料，与丙稀醇在高压下加热缩合制得。

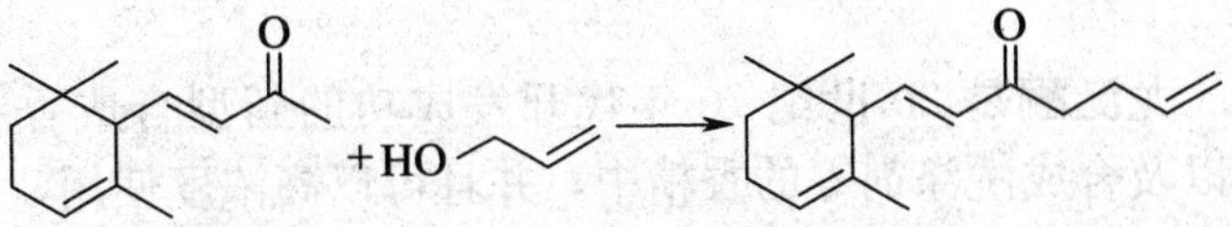

③以α-紫罗兰酮为原料，在碱性条件下与乙酸酯进行缩合反应生成二元酮，再与烯丙基氯作用生成烯丙基取代的二元酮，经皂化和脱羧后制得烯丙基紫罗兰酮。

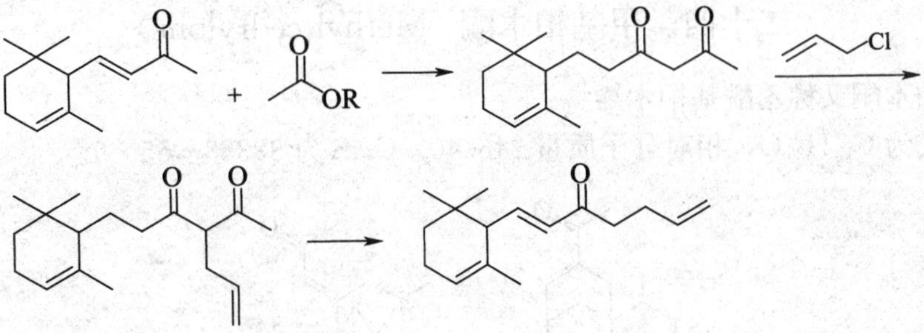

（4）主要用途　可用于日化香精配方中，也可用于食用香精中，主要用于配制果香型香精。

（5）安全管理　FEMA 认定为 GRAS，FEMA 号 2033，FDA172.515，COE2040，GB 2760—2014 批准为暂时允许使用的食品香料。

二十三、龙涎酮（Ketofix、Iso E super、Iso cyclemone E）

龙涎酮又称 2，3，8，8-四甲基-2-乙酰基八氢萘。

分子式为 $C_{16}H_{26}O$，相对分子质量 234.39。CAS 为 54464-57-2。

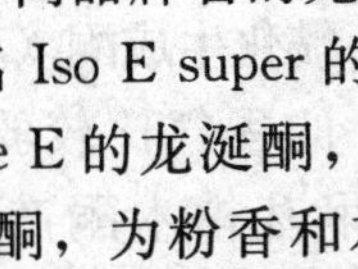

（1）理化性质　无色至淡黄色液体，具有龙涎香和木香香气，扩散力强且留香持久，为三种异构体的混合物。不同品牌名的龙涎酮的香气有差异，这主要是由于异构体的组成不同所造成的。牌名 Iso E super 的龙涎酮含γ-异构体较多，为龙涎香和木香香气；牌名 Iso cyclemone E 的龙涎酮，含γ-异构体较少，因而其木香香气更为突出；牌名 Ketofix 的龙涎酮，为粉香和木香香气。不溶于水，溶于乙醇等有机溶剂。相对密度（d_{25}^{25}）为 0.960～0.968，折射率（n_D^{20}）为 1.4790～1.5020，闪点>100℃。

(2) 天然存在　未见文献报道。

(3) 制备方法　首先在碱性条件下由丁酮和乙醛进行缩合反应制得3-甲基-3-戊烯-2-酮，然后与月桂烯在三氯化铝催化下进行双烯加成反应，最后用磷酸进行环化反应制得。

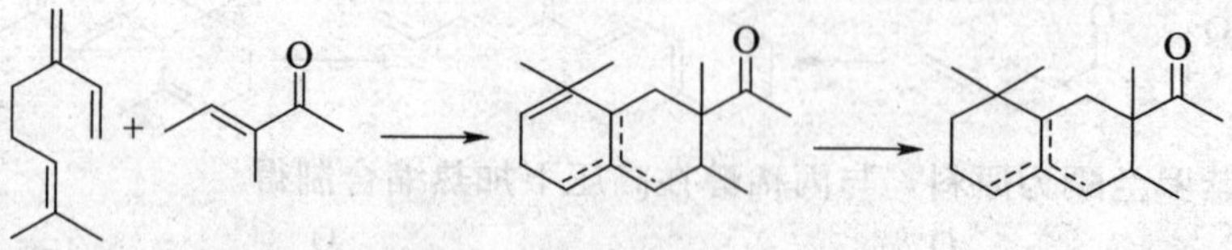

(4) 主要用途　龙涎酮是20世纪70年代开发成功的新型合成香料，广泛用于香水、化妆品、香皂以及合成洗涤剂等的香精中，并且可以高浓度使用，其在香精配方中的最高用量可达30%。龙涎酮还可用于烟草加香，作为烟用香精的重要成分和添加剂，对提高烟草的香气质量效果良好。

(5) 安全管理　IFRA没有限制规定。

二十四、甲基柏木酮(Methyl cedrylone)

甲基柏木酮又称乙酰基柏木烯。

分子式为$C_{17}H_{26}O$，相对分子质量246.40。CAS为32388-55-9。

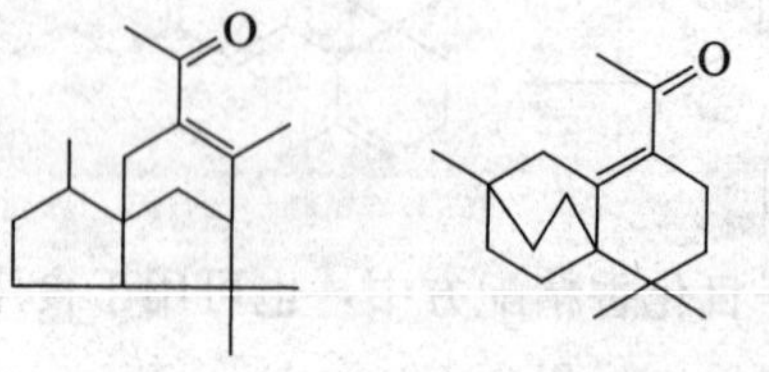

(Ⅰ)　　(Ⅱ)

(1) 理化性质　无色液体，具有强烈而持久的木香香气，龙涎香似的香韵。溶于水，溶于乙醇等有机溶剂。为异构体的混合物，(Ⅰ)为2，2，6，10-四甲基-9-乙酰基三环[5.3.1.0^{3,7}]-9-十一碳烯；(Ⅱ)为2，2，8-三甲基-5-乙酰基三环[6.2.2.0^{1,6}]-5-十二碳烯。沸点为105～110℃/80Pa，相对密度(d_4^{20})为1.020～1.030，折射率(n_D^{22})为1.5150～1.5120，闪点>100℃。

(2) 天然存在　未见文献报道。

(3) 制备方法　甲基柏木酮是以柏木油脱脑后的柏木烯为原料制成的。在该萜烯中，α-柏木烯为40%～50%，β-柏木烯为5%～15%，罗汉柏烯为40%～50%。以多聚磷酸为催化剂，采用乙酸酐对该混合萜烯进行乙酰化反应，即可获得甲基柏木酮。在实际反应过程中，α-柏木烯和β-柏木烯的乙酰化产物为酮(Ⅰ)，而罗汉柏烯则是先在酸性条件下发生异构化反应，再经乙酰化生成酮(Ⅱ)。

评香分析研究表明，酮(Ⅰ)的香气比较弱，而酮(Ⅱ)的香气不仅强烈而且具有龙涎香的香气特征。因此甲基柏木酮产品质量的优劣，则主要取决于酮(Ⅱ)的含量。为了保证和提高产品的香气质量，必须提高原料中罗汉柏烯的含量。

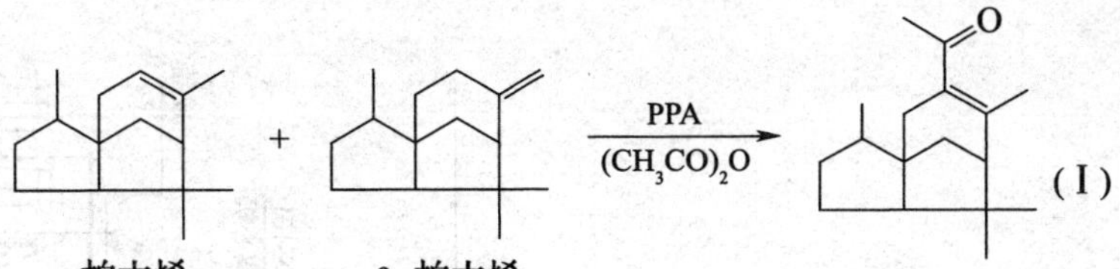

α-柏木烯 β-柏木烯

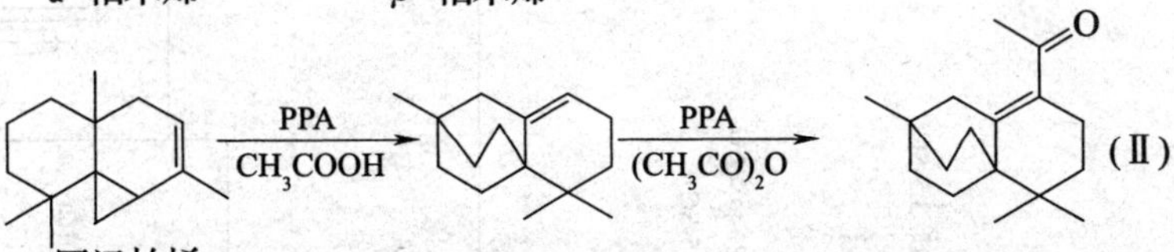

罗汉柏烯

（4）主要用途 甲基柏木酮是大宗香料之一，现世界年产量已超过 2000t，它是柏木油系统合成香料中应用最广泛的产品。甲基柏木酮可广泛用于香水、化妆品和皂用香精等日化香精中。配方中的用量在 20%以内。

（5）安全管理 IFRA 没有限制规定。

第六节 酮类香料生产工艺

以对甲氧基苯乙酮为例，简述如下。

一、化学结构式

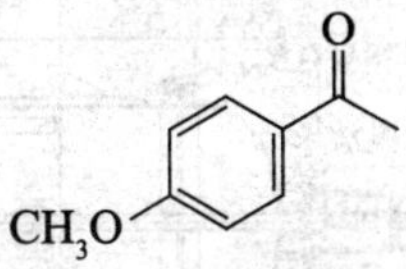

对甲氧基乙酮

二、反应式

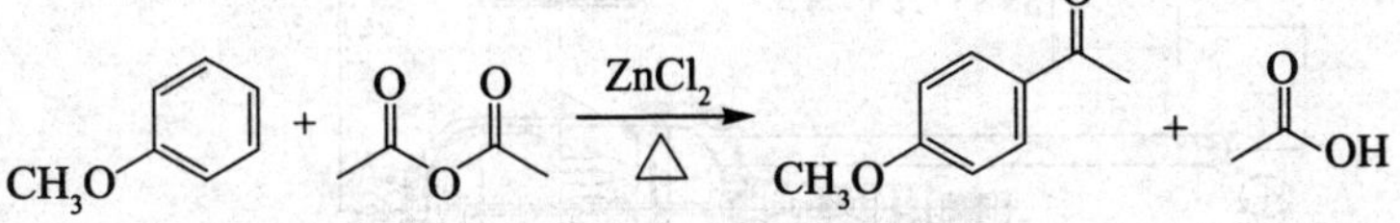

三、原料规格

（1）苯甲醚 d_{20}＝0.995～1.000；n_{20}＝1.5179；沸程 153～156。

（2）乙酸酐 含量≥98%，工业级。

（3）氯化锌 工业级，无水。

四、工艺过程

对甲氧基苯乙酮生产工艺设备流程如图 7－1 所示。

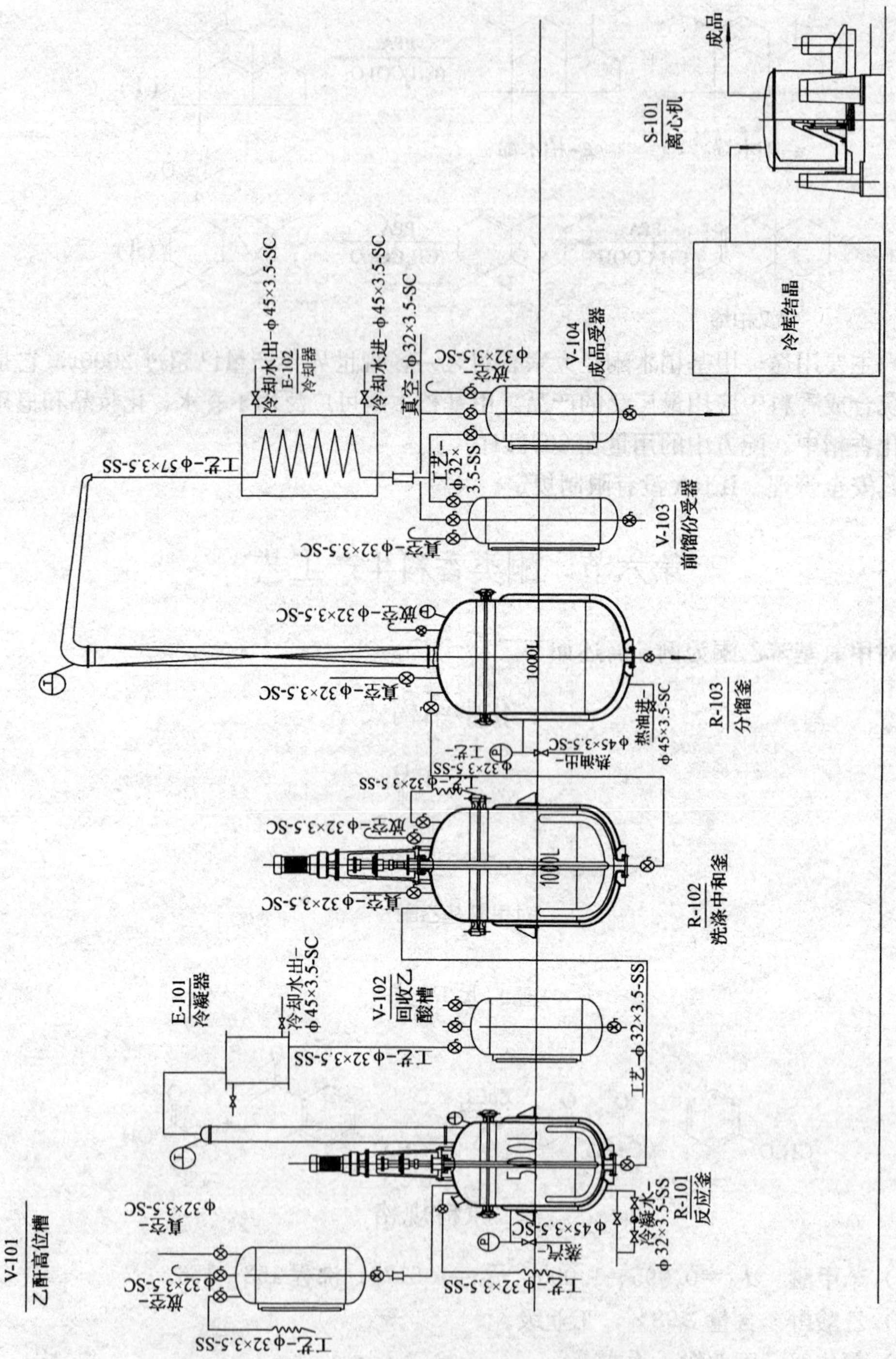

图 7-1 对甲氧基苯乙酮生产工艺设备流程图

(1) 在干燥的 500L 搪瓷反应釜内加入苯甲醚 200kg，开启搅拌，在加料口加入

16kg 氯化锌并迅速关闭加料口。开启反应釜夹套蒸汽，使锅内温升至 90～95℃，开始滴加备于高位槽内的 200kg 乙酸酐，滴加时升温。将滴加温度控制在 110～120℃，1.5h 滴加完毕。待乙酸酐滴加完毕后，再使锅内温度升至 130～132℃（馏出乙酸进入乙酸贮槽）继续反应 3h，即可出料。

（2）在出料锅内预先放入清水 300kg，开启出料锅搅拌，将反应料液全部加入进行水解。冲洗反应锅及出料管道的水，放入出料锅内。水解搅拌 0.5h 后，静止 1h。分出油层。废酸水用 30kg 纯苯萃取。油层用 200kg 温水（>40℃）洗涤一次油层，使 pH 达到 8～9、废酸水和洗涤水均用苯萃取，萃取液回收苯后残液合并洗涤油后一起分馏。

（3）在分馏锅外温达 160℃时将洗涤后的油层加入分馏锅，先将残余量的苯甲醚及前馏分蒸出，当明显无馏出液流出时，提高外温到 180～200℃，将对甲氧基苯乙酮蒸出，直至锅内只剩残渣为止。分馏时冷却器水温度≥40℃。

表 7-1　对甲氧基苯乙酮的生产工艺过程

分段	外温/℃	真空度/kPa	占投入量/%
Ⅰ前段	120～160	1.33	10～15
Ⅱ产品	120～160	1.33	75～78
Ⅲ残留物			8～10

（4）结晶是本产品的提纯方法。把分馏制得的产品冷冻结晶 24h，然后拿出敲碎，用离心机除去母液，离心时不少于 30min。离心后从离心机取出，以离心后的结晶为 1 份计，加 95%的乙醇 0.3 份洗涤结晶，洗涤结晶后再经离心机离心 40min，取出晾干即得对甲氧基苯乙酮晶体（母液经回收处理后，再进行反复结晶提纯，可再次回收得到部分对甲氧基苯乙酮晶体）。

五、对甲氧基苯乙酮产品规格

（1）性状　无色透明结晶体；

（2）相对密度　$d_{d}^{20}=1.0818$；

（3）折光指数　$n_{41.3}=1.5468$；

（4）熔点　38～39℃；

（5）凝固点　≥36℃；

（6）含酮量　≥98%；

（7）沸点　258℃/0.1MPa，136℃/1.33kPa；

（8）香气　具有介于大茴香醛与洋茉莉醛之间的香气。

六、注意事项

（1）投料前应预先将所需设备、原料等彻底干燥；

（2）分馏时先使用水泵，为防止苯甲醚抽入机械泵内影响设备，因此应尽量将苯甲醚蒸干后再使用机械泵。

(3) 分馏时防止阻塞。冷却水应保持水温在 35～40℃。

本反应是典型的 Friedl-Crafts 反应，催化剂除用 $ZnCl_2$ 也可使用 $AlCl_3$。与 $AlCl_3$ 相比，使用 $Zncl_2$ 操作简便，在反应过程中没有 HCl 气体放出，而且催化剂用量大为减少。

第八章　缩羰基类香料

醛类和酮类香料在日化和食品香精中起着极为重要的作用。但大多数醛和酮等羰基化合物的化学性质比较活泼，特别是醛类化合物含有活泼的氢和双键，在空气、光、热等影响下极易被氧化使色泽变深，在碱性介质中容易产生缩合、加成等反应，所以在加香产品中不稳定。同时与羰基化合物的 α-碳原子相连的氢较活泼，在碱性介质中，也极易引起羟醛缩合反应。与羰基化合物相比，缩羰基化合物的化学性质比较稳定，在空气和碱性介质中稳定而不变色，同时缩羰基类香料保持和改善了原来的醛类和酮类香料所具有的香气，因此缩羰基化合物在香料工业中起着较大的作用。

缩羰基类香料是近三十年来发展较快的新型香料化合物，它们化学性质稳定、香气温和圆润，大多数具有花香、木香、薄荷香、杏仁香，可以增加香精的天然感，深受调香师欢迎。大多数缩醛类化合物的香气比原醛类化合物圆润，如带有尖刺气息的香茅醛不受调香人员喜爱，而将其制成二甲缩香茅醛时其香气就变得柔和，可在配制玫瑰型香精时使用。而某些缩羰基化合物的香气与原羰基类原料的香气不同，如正戊醛具有不受人们欢迎的气息，难于在香精中使用。当正戊醛与 2-甲基 2，4-戊二醇作用生成 2-丁基-4，4，6-三甲基-1，3-二氧噁烷，其香气具有薰衣草-薄荷-月桂样的香气，大大提高了其在调香中的使用价值，深受调香人员的喜爱；又如丙醛具有刺激性气息，当与 2-乙基-4-甲基-1，3-戊二醇作用生成 2，5-二乙基-4-异丙基-1，3-二氧噁烷后，则具有强烈的青香和花香香气，因此缩羰基类化合物目前已发展出许多品种，并且可以制成混合缩醛供调香使用。

在自然界中，缩羰基类化合物存在于多种水果的挥发性香味物质中，各种乙缩羰基类化合物在其中占有相当大的比例，因而使得某些合成的缩羰基类化合物可以作为“天然等同香料”而被允许使用于食品添加剂中。

第一节　缩羰基类化合物的制备方法

缩羰基化合物是指羰基化合物（醛或酮）与一元醇、多元醇或原甲酸酯等在酸性条件下进行缩合反应而得的产物，包括缩醛和缩酮两大类。缩羰基类化合物的制备方法一般比较简单，通常是通过缩羰基化反应来制备。缩羰基化反应是典型的可逆反应，即在质子酸催化下，羰基化合物与一元醇或多元醇进行缩合反应，得到缩醛或缩酮。合成此类化合物的关键是尽量降低反应体系中水的浓度，使该平衡反应向着生成缩羰基化合物的方向移动。可采用将醇大大过量而不除去水的直接缩合法，但在工业生产中，多采用形成共沸物连续脱水法（分去水分或用干燥剂脱水）或用原甲酸酯缩合法或亚硫酸二烷基酯与羰基化合物反应，其中原甲酸酯缩合法被认为是制备缩酮的标准方法。缩合反应的通式如下：

$$R^1R^2C{=}O + 2R_3CH_2OH \rightleftharpoons R_1R_2C(OCH_2R_3)_2 + H_2O$$

缩羰基类化合物的制备方法可分为以下几种。

一、直接缩合法

这是制备缩醛或缩酮的常用方法，即在质子催化剂存在下，由醛或酮与醇直接反应制取缩醛或缩酮。直接缩合法所用的非均相共沸剂可以是环已烷、苯、二甲苯、甲苯、1，2-二氯乙烷等溶剂。用它们来带走反应中生成的水，直到分水器内不再有更多的水分分出时，表示反应已经完成。

制备缩醛类化合物所用的催化剂，可选用 Lewis 酸，如氯化锌、氯化铵、氯化铁、硝酸铵等。制备缩酮类化合物一般需要用较强的酸，如盐酸、硫酸、磷酸、对甲基苯磺酸等。在工业化生产中，一般低碳醇类化合物与醛缩合时，常用干燥氯化氢气体为催化剂。

$$RCHO + 2CH_3OH \xrightleftharpoons{HCl} RCH(OCH_3)_2 + H_2O$$

$$CH_3-(CH_2)_6-CHO + 2CH_3OH \xrightarrow{H^+} CH_3-(CH_2)_6-CH(OCH_3)_2 + H_2O$$

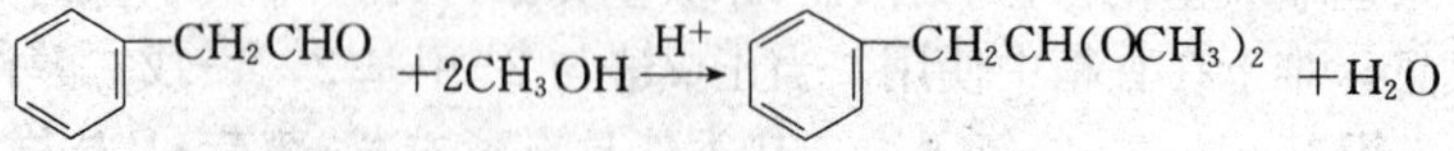

除使用干燥氯化氢气体为催化剂外，还可选用其他催化剂，如草酸、柠檬酸、反-丁烯二酸和阳离子交换树脂或阳离子交换膜。如果合成的缩羰基化合物作为食用香精的组分，则应选用柠檬酸为催化剂。

脱水剂可采用无水硫酸铜、氧化铝、分子筛等。

二、原甲酸酯缩合法

在无机酸或对甲基苯磺酸催化下，醛或酮与原甲酸三酯反应，加热回流制得缩醛或缩酮类化合物。

$$R^1R^2C{=}O + HC(OCH_3)_3 \xrightleftharpoons{H^+} R^1R^2C(OCH_3)_2 + HCOOCH_3$$

$$R^1R^2C{=}O + HC(OC_2H_5)_3 \xrightleftharpoons{H^+} R^1R^2C(OC_2H_5)_2 + HCOOC_2H_5$$

当用直接缩合法制备缩羰基类化合物得率较低或不能用醇直接与醛、酮缩合时，均可采用原甲酸酯缩合法。此法的优点是催化剂（采用对甲基苯磺酸时）用量少，反应条件比较温和，副反应少。

在原甲酸酯缩合法中，加入醇可以加快反应的速度。缩合反应中生成的水直接和反应混合物中的原甲酸酯反应生成醇和甲酸酯，使平衡反应朝着生成产物的方向移动。

常用的原甲酸酯有原甲酸三乙酯、原甲酸三甲酯、原乙酸三乙酯，可根据沸点和反应温度来选择。由于硫酸会使原甲酸酯分解，所以常用对甲基苯磺酸作为质子酸。

催化剂的加入方式对缩羰基类化合物的得率影响很大。合理的加料方式是将醛或酮与催化剂对甲基苯磺酸一起加入原甲酸酯中进行反应，得率最高。例如，柠檬醛二乙缩醛的制备。

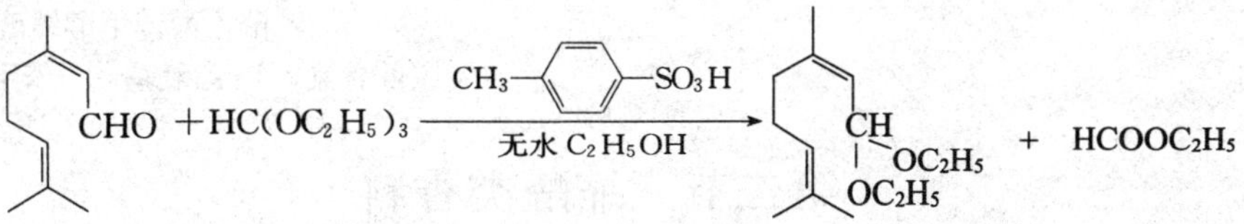

三、原硅酸酯缩合法

在少量无机酸催化下，醛或酮与原硅酸四酯反应，加热回流制得缩醛或缩酮化合物。

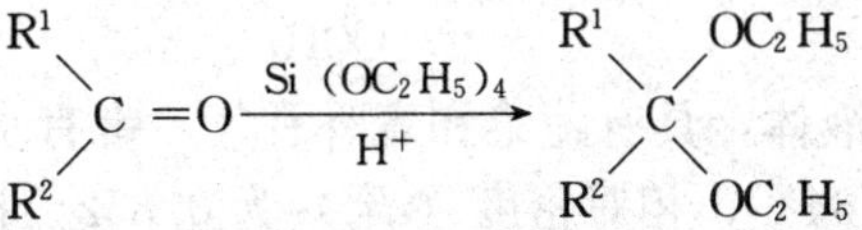

四、交换法

与酯的合成相似，合成缩羰基化合物，尤其是在制取缩酮时，经常使用交换法，往往可以制得高产率的缩酮。

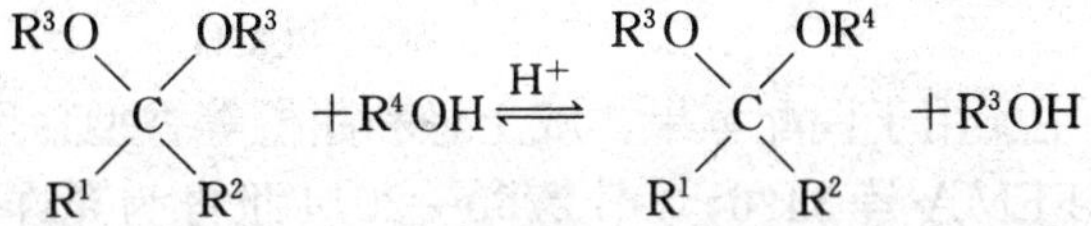

（Ⅰ）　（Ⅱ）　（Ⅲ）　（Ⅳ）

在催化剂存在下（Ⅰ）和（Ⅱ）之间发生烷氧基交换，通常使用过量的醇（Ⅱ），使平衡反应朝着生成新的缩羰基化合物（Ⅲ）的方向移动，有利于反应完全。

五、环缩羰基类化合物的制备

环缩羰基类化合物多数是用羰基化合物与多元醇（主要是二元醇）直接缩合制得。所用的催化剂有柠檬酸、草酸等，也可用活性炭负载金属钯、铂、铑、铱等为催化剂。将羰基化合物与二元醇共热，同时蒸出反应过程中生成的水，即可得到环缩羰基化合物。

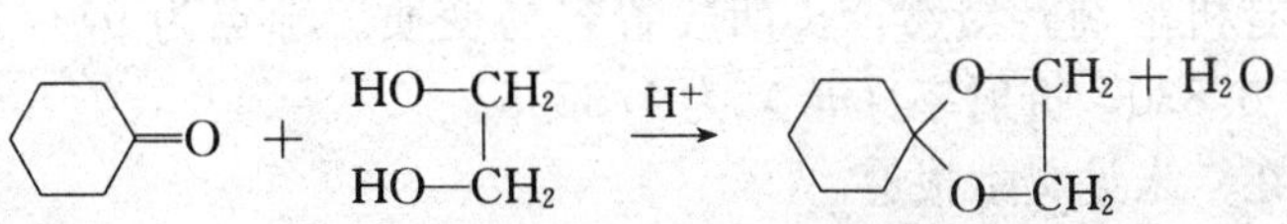

环己酮乙二醇缩酮

六、混缩羰基类化合物的制备

羰基化合物与两种不同的一元醇在酸性催化剂存在下通过缩合反应可以制得混合缩

羰基化合物。

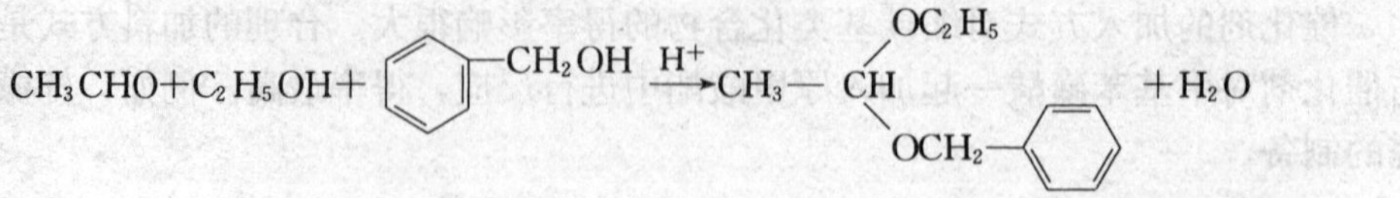

乙醛乙醇苯甲醇缩醛

（叶青素，1-乙氧基-1-苯甲氧基乙烷）

第二节　缩醛类香料

一、二甲缩醛（Dimethyl acetal）

二甲缩醛又称乙醛二甲缩醛、1，1-二甲氧基乙烷。

分子式为 $C_4H_{10}O_2$，相对分子质量 90.12。

$$CH_3CH(OCH_3)_2$$

（1）理化性质　无色液体，具有蔬菜和青香香气，带有水果香韵。微溶于水，溶于乙醇等有机溶剂。沸点为 64℃，相对密度（d_4^{20}）为 0.852，折射率（n_D^{20}）为 1.3670。

（2）天然存在　未见文献报道。

（3）制备方法　以乙醛和甲醇为原料，在酸性催化剂下经缩合反应制得。

$$CH_3CHO + 2CH_3OH \xrightarrow{H^+} CH_3CH(OCH_3)_2 + H_2O$$

（4）主要用途　主要用于调配苹果、威士忌和甜橙等香型食用香精。

（5）安全管理　FEMA 号 3426，GB 2760—2014 批准为允许使用的食品香料。

二、二乙缩醛（Acetaldehyde diethyl acetal）

二乙缩醛又称乙醛二乙缩醛、1，1-二乙氧基乙烷，乙缩醛。

分子式为 $C_6H_{14}O_2$，相对分子质量 118.18。

$$CH_3CH(OCH_2CH_3)_2$$

（1）理化性质　无色液体，具有尖刺的木香和青香香气，带有威士忌香韵。微溶于水，溶于乙醇等有机溶剂。易燃，长期放置容易变质。沸点为 97～112℃，相对密度（d_4^{20}）为 0.826～0.830，折射率（n_D^{20}）为 1.3805。

（2）天然存在　未见文献报道。

（3）制备方法　在氯化钙的存在下，由乙醛和乙醇进行缩合反应制得。

$$CH_3CHO + 2CH_3CH_2OH \xrightarrow{CaCl_2} CH_3CH(OCH_2CH_3)_2 + H_2O$$

（4）主要用途　主要用于调配水果、坚果、菠萝、威士忌、朗姆酒等香型食用香精。也可少量用于果香型日化香精中。

（5）安全管理　FEMA 号 2002，FDA172.515，COE35，GB 2760—2014 批准为允许使用的食品香料。

三、苯甲醛二甲缩醛（Benzaldehyde dimethyl acetal）

苯甲醛二甲缩醛又称二甲氧基苯甲烷。

分子式为 $C_9H_{12}O_2$，相对分子质量 152.19。

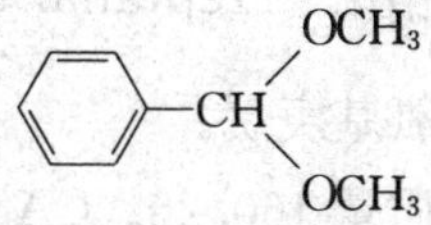

（1）理化性质　无色液体，具有果香、青香和花香香气，伴有杏仁和樱桃香韵。几乎不溶于水，溶于乙醇等有机溶剂。沸点为 198～207℃，相对密度（d_4^{15}）为 1.025～1.030，折射率（n_D^{20}）为 1.4950。

（2）天然存在　极少量存在于土豆和大黄中。

（3）制备方法

①在酸性催化剂作用下，由苯甲醛和甲醇进行缩合反应制得。

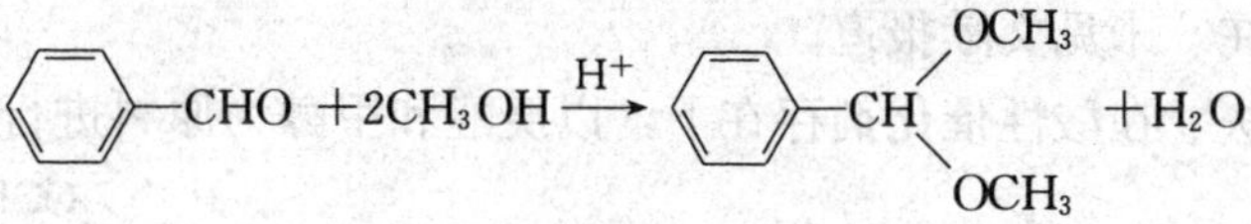

②在无水氯化氢存在下，由苯甲醛和原硅酸四甲酯在甲醇溶液中进行缩合反应制得。

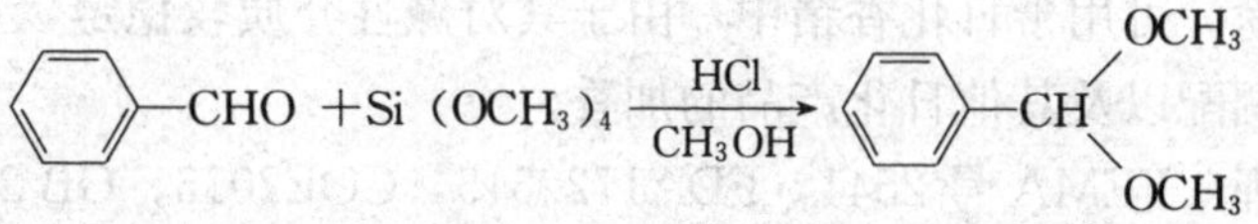

（4）主要用途　在香皂和洗涤剂等的日化香精中作为花香型香精的变调剂。也可用于坚果、水果、咖啡、杏、杏仁、威士忌、朗姆酒等香型食用香精中。

（5）安全管理　FDA172.515，COE37。

四、庚醛乙二醇环缩醛（Heptanal ethylene glycol acetal）

庚醛乙二醇环缩醛又称橘柠醛、2-已基-1，3-二氧戊环。

分子式为 $C_9H_{18}O_2$，相对分子质量 158.24。CAS 为 1708-34-5。

（1）理化性质　无色液体，具有新鲜的柑橘和香柠檬果香香气，并带有青香和油脂气息。不溶于水，溶于乙醇等有机溶剂。沸点为 98～100℃/3.5kPa，相对密度（d_{20}^{20}）为 0.913～0.919，折射率（n_D^{20}）为 1.4290～1.4340，闪点为 74℃。

（2）天然存在　未见文献报道。

（3）制备方法　在酸性催化剂作用下，以庚醛和乙二醇为原料，经缩合反应制得。

在蒸馏精制产品时，应尽量除去残存的庚醛，因为即使极少量庚醛的存在会影响产品的香气质量。

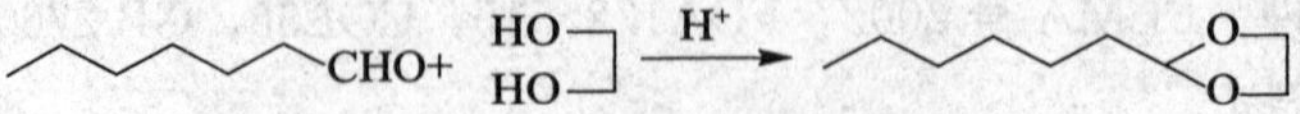

（4）主要用途　主要用于肥皂、合成洗涤剂香精以及其他日化产品的加香，在配方中用量在20%以内。

（5）安全管理　IFRA没有限制规定。

五、庚醛二甲缩醛（Heptanal dimethylacetal）

庚醛二甲缩醛又称1，1-二甲氧基庚烷。

分子式为$C_9H_{20}O_2$，相对分子质量160.26。CAS为10032-05-1。

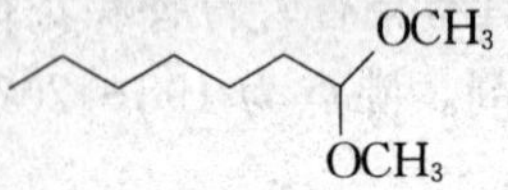

（1）理化性质　无色液体，具有尖刺的草香、青香、木犀草香气，并带有油脂气息。不溶于水，溶于乙醇等有机溶剂。沸点为180℃，相对密度（d_{20}^{20}）为0.845～0.855，折射率（n_D^{20}）为1.4090～1.4150，闪点为65℃。

（2）天然存在　未见文献报道。

（3）制备方法　在酸性催化剂存在下，以庚醛和甲醇为原料进行缩合反应制得。

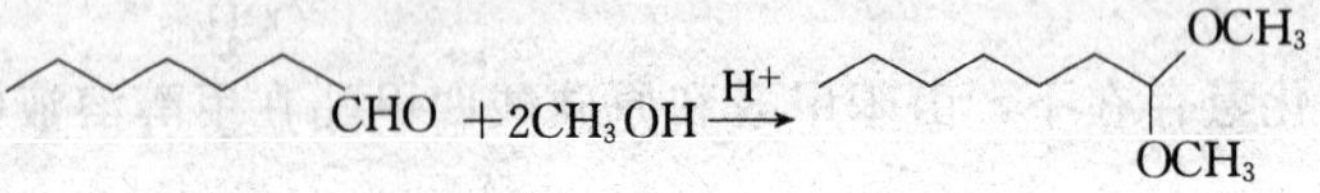

（4）主要用途　可用于日化香精中，由于其对碱性介质较稳定，主要用于皂用香精和合成洗涤剂的调配以及其他日化产品的加香。

（5）安全管理　FEMA号2541，FDA172.515，COE2015，GB 2760—2014批准为允许使用的食品香料。

六、苯甲醛丙二醇缩醛（Benzaldehyde propylene glycol acetal）

分子式为$C_{10}H_{12}O_2$，相对分子质量164.21。

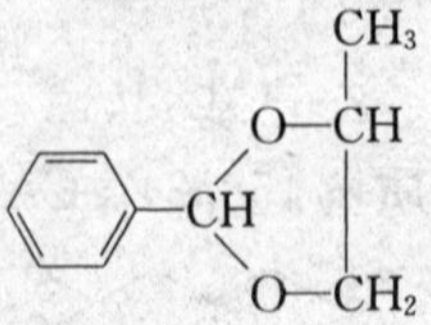

（1）理化性质　无色液体，具有杏仁香气。不溶于水，溶于乙醇等有机溶剂。沸点为218～222℃，相对密度（d_{20}^{20}）为1.068～1.073，折射率（n_D^{20}）为1.5100～1.5140。

（2）天然存在　存在于葡萄酒中。

（3）制备方法　在酸性催化剂作用下，以苯甲醛和丙二醇为原料，经缩合反应制得。

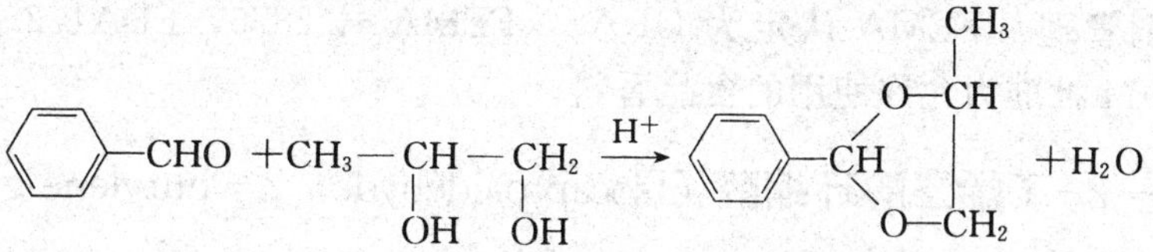

（4）主要用途　主要用于坚果、杏、桃、樱桃、葡萄等香型食用香精中。

（5）安全管理　FEMA号2130，FDA172.515，COE2226，GB 2760—2014批准为暂时允许使用的食品香料。

七、苯乙醛乙二醇缩醛（Phenylacetaldehyde ethylene glycol acetal）

分子式为$C_{10}H_{12}O_2$，相对分子质量164.21。CAS为101-49-5。

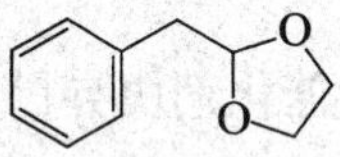

（1）理化性质　无色液体，具有强烈的青香香气，并有玫瑰香韵。不溶于水，溶于乙醇等有机溶剂。沸点为115～120℃/1.6kPa，相对密度（d_{25}^{25}）为1.084～1.088，折射率（n_D^{20}）为1.5190～1.5220，闪点>100℃。

（2）天然存在　未见文献报道。

（3）制备方法　以苯乙醛和乙二醇为原料，在酸性催化剂存在下，经缩合反应制得。

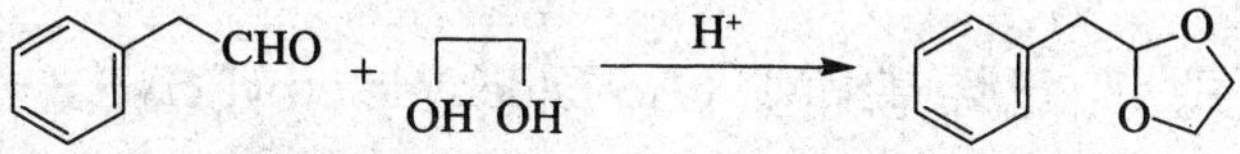

（4）主要用途　可用于日化香精中。

（5）安全管理　IFRA没有限制规定。

八、苯乙醛二甲缩醛（Phenylacetaldehyde dimethylacetal）

分子式为$C_{10}H_{14}O_2$，相对分子质量166.22。CAS为101-48-4。

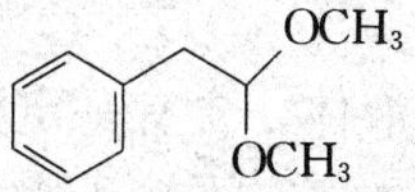

（1）理化性质　无色液体，具有青香、玫瑰、风信子香气。不溶于水，溶于乙醇等有机溶剂。沸点为99～101℃/1.6kPa，相对密度（d_{25}^{25}）为1.002～1.006，折射率（n_D^{20}）为1.4930～1.4960，闪点为88℃。

（2）天然存在　未见文献报道。

（3）制备方法　以苯乙醛和甲醇为原料，在酸性催化剂或阳离子交换树脂催化剂作用下，经缩合反应制得。

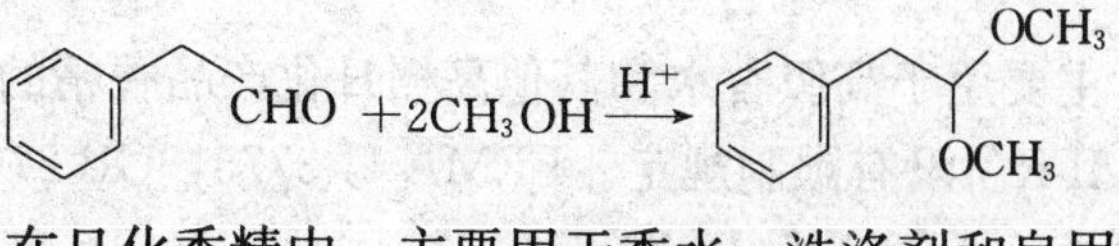

（4）主要用途　在日化香精中，主要用于香水、洗涤剂和皂用香精的调配。

(5) 安全管理 FEMA 认定为 GRAS，FEMA 号 2876，FDA172.515，COE40，GB 2760—2014 批准为允许使用的食品香料。

九、异己醛-2-丁烯二醇环缩醛(Isocaproaldehyde-2-butylene glycol acetal)

分子式为 $C_{10}H_{18}O_2$，相对分子质量 170.25。CAS 为 53338-06-0。

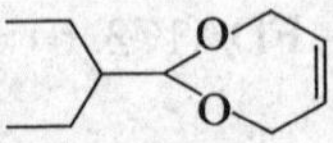

(1) 理化性质 无色液体，具有强烈的青香香气。不溶于水，溶于乙醇等有机溶剂。沸点为 47℃/130Pa，相对密度 (d_4^{20}) 为 0.951～0.961，折射率 (n_D^{20}) 为 1.4540～1.4600，闪点为 82℃。

(2) 天然存在 未见文献报道。

(3) 制备方法 以对甲苯磺酸为催化剂由异己醛和 2-丁烯-1，4-二醇经缩合反应制得。

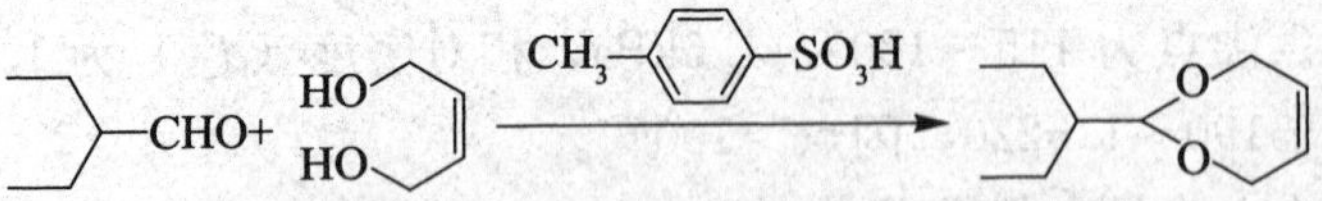

(4) 主要用途 在日化香精中，主要用于肥皂、合成洗涤剂以及其他日化产品的香精调配。

(5) 安全管理 IFRA 没有限制规定。

十、乙醛乙基顺式-3-己烯基缩醛(Acetaldehyde ethyl *cis*-3-hexenyl acetal)

分子式为 $C_{10}H_{20}O_2$，相对分子质量 172.27。CAS 为 28069-74-1。

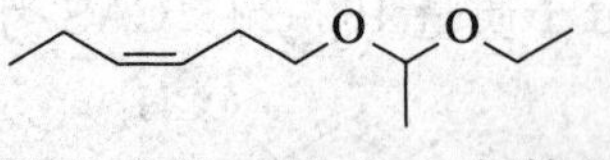

(1) 理化性质 无色至淡黄色液体，含有一定数量的反式异构体。具有强烈的青香、紫罗兰叶香气以及天然的青叶香气。不溶于水，溶于乙醇等有机溶剂。相对密度 (d_4^{20}) 为 0.849～0.857，折射率 (n_D^{20}) 为 1.4200～1.4260，闪点为 69℃。

(2) 天然存在 未见文献报道。

(3) 制备方法 在酸性催化剂存在下，由顺式-3-己烯醇与乙醛二乙缩醛进行缩醛交换反应制得。

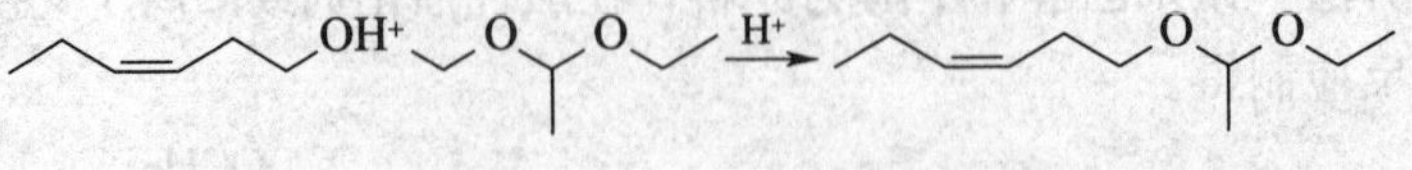

(4) 主要用途 主要用于高级香水和其他高档日化产品香精的调配。

(5) 安全管理 IFRA 没有限制规定。FEMA 号 3775，GB 2760—2014 批准为暂时允许使用的食品香料。

十一、乙醛乙基己基缩醛（Acetaldehyde ethyl hexyl acetal）

分子式为 $C_{10}H_{22}O_2$，相对分子质量 174.29。CAS 为 54484-73-0。

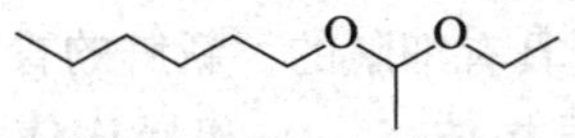

（1）理化性质　无色液体，具有天然的青香和花香香气，并伴有蘑菇香韵。不溶于水，溶于乙醇等有机溶剂。相对密度（d_{20}^{20}）为 0.832，折射率（n_D^{20}）为 1.4120，闪点为 66℃。

（2）天然存在　未见文献报道。

（3）制备方法　在酸性催化剂存在下，由正己醇和乙醛二乙缩醛进行缩醛交换反应制得。

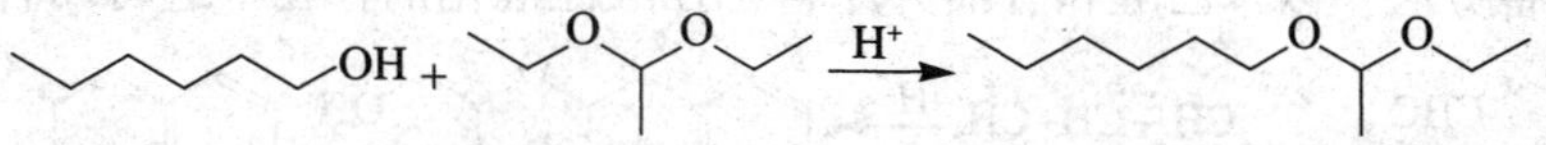

（4）主要用途　在日化香精中，用于香水、合成洗涤剂香精、皂用香精等的调配。

（5）安全管理　IFRA 没有限制规定。

十二、桂醛乙二缩醛（Cinnamaldehyde ethylene glycol acetal、Cinncloval）

桂醛乙二缩醛又称桂丁醛、肉桂醛乙二缩醛、2-苯乙烯基-1，3-二氧杂环戊烷。

分子式为 $C_{11}H_{12}O_2$，相对分子质量 176.22。

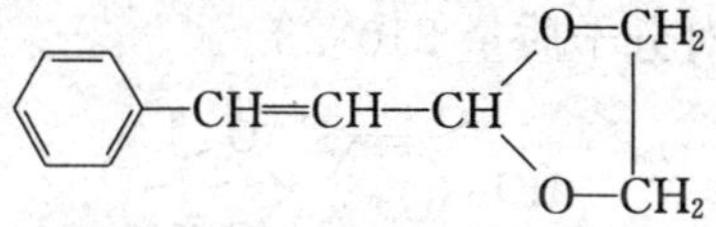

（1）理化性质　无色油状液体，具有甜润的、柔和的肉桂样辛香香气，伴有丁香香韵。不溶于水、溶于乙醇等有机溶剂。凝固点≥28℃，沸点为 265℃，折射率（n_D^{20}）为 1.5630～1.5650。

（2）天然存在　未见文献报道。

（3）制备方法　在柠檬酸的催化作用下，肉桂醛和乙二醇通过缩合反应制得桂醛乙二缩醛。

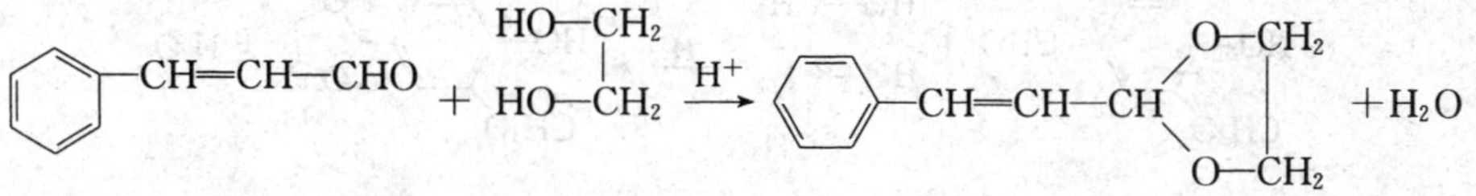

（4）主要用途　可用于化妆品和皂用香精的配方中。也可用于调味料、烘烤食品、糖果等的食用香精中。

（5）安全管理　FEMA 认定为 GRAS，FEMA 号 2287，FDA172.515，COE48，GB 2760—2014 批准为允许使用的食品香料。

十三、苯乙醛甘油缩醛（Phenylacetaldehyde glyceryl acetal）

分子式为 $C_{11}H_{14}O_3$，相对分子质量 194.23。CAS 为 29895-73-6。

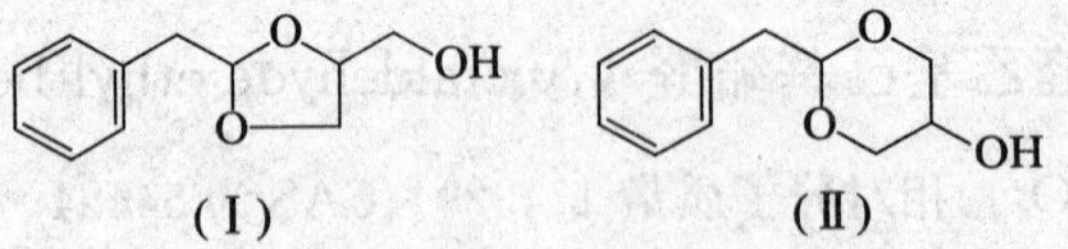

(1) 理化性质　无色液体，具有细腻的、新鲜的青香香气，并带有玫瑰和风信子香韵。为两种异构体的混合物，异构体（Ⅰ）和异构体（Ⅱ）的比例为 6∶4。异构体（Ⅰ）称为 5-羟甲基-2-苄基-1，3-二氧戊环，沸点为 145℃/400Pa；异构体（Ⅱ）称为 5-羟基-2-苄基-1，3-二噁烷，沸点为 140℃/400Pa。不溶于水，溶于乙醇等有机溶剂。相对密度（d_4^{20}）为 1.154～1.164，折射率（n_D^{20}）为 1.5290～1.5340，闪点为 95℃。

(2) 天然存在　未见文献报道。

(3) 制备方法　以苯乙醛和甘油为原料，在酸性催化剂存在下进行缩合反应制得。

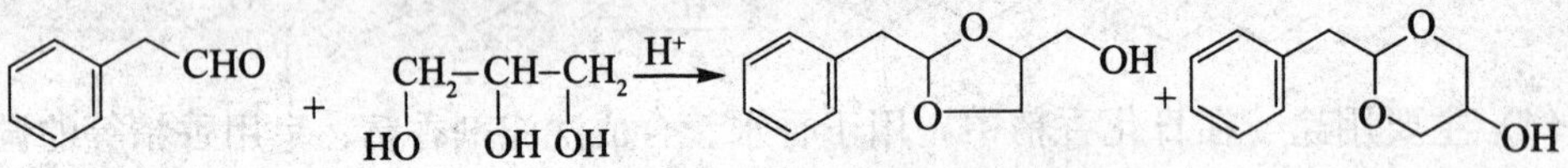

(4) 主要用途　可用于日化香精中。

(5) 安全管理　IFRA 没有限制规定。FEMA 认定为 GRAS，FEMA 号 2877，并经 FDA 批准食用。GB2760—2014 批准为允许使用的食品香料。

十四、香兰素丙二醇缩醛（Vanillin propylene glycol acetal）

分子式为 $C_{11}H_{14}O_4$，相对分子质量 210.23。

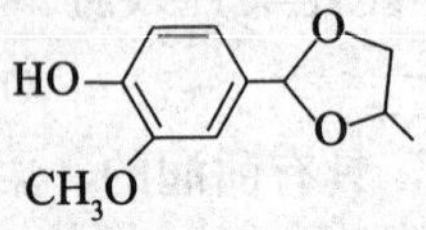

(1) 理化性质　无色至淡黄色黏稠液体，具有香兰素的香气。不溶于水，溶于乙醇等有机溶剂。沸点为 155～158℃/400Pa，折射率（n_D^{20}）为 1.5400～1.5460。

(2) 天然存在　未见文献报道。

(3) 制备方法　在酸性催化剂作用下，由香兰素和 1，2-丙二醇经缩合反应制得。

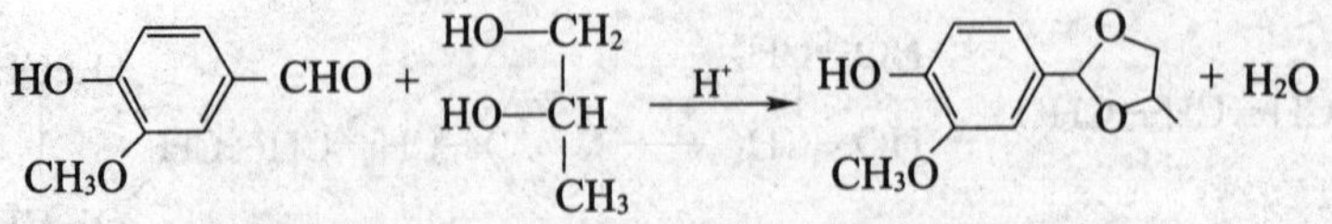

(4) 主要用途　主要用于调配面包、可可、威士忌、乳制品、方便食品等食用香精。

(5) 安全管理　FEMA 号 3905，GB 2760—2014 批准为允许使用的食品香料。

十五、龙葵醛乙二醇缩醛（Hydratropaldehyde ethylene glycol acetal）

分子式为 $C_{11}H_{14}O_2$，相对分子质量 178.23。CAS 为 4362-22-5。

(1) 理化性质　无色液体，具有壤香和蘑菇香气，并伴有青香香韵。不溶于水，溶

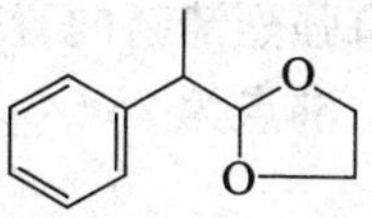

于乙醇等有机溶剂。沸点为106～108℃/670Pa，相对密度（d_4^{20}）为1.065～1.073，折射率（n_D^{20}）为1.5150～1.5190，闪点>100℃。

（2）天然存在　未见文献报道。

（3）制备方法　以龙葵醛和乙二醇为原料，在酸性催化剂存在下进行缩合反应制得。

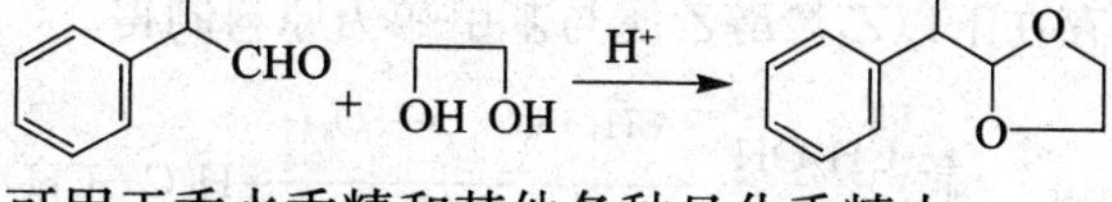

（4）主要用途　可用于香水香精和其他各种日化香精中。

（5）安全管理　IFRA没有限制规定。

十六、龙葵醛二甲缩醛（Hydratropaldehyde dimethylacetal）

龙葵醛二甲缩醛又称2-苯基丙醛二甲缩醛、1，1-二甲氧基-2-苯基丙烷。

分子式为$C_{11}H_{16}O_2$，相对分子质量180.25。CAS为90-87-9。

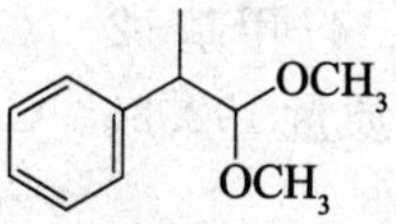

（1）理化性质　无色液体，具有强烈的青香香气以及壤香和蘑菇香气，并带有玫瑰叶香韵。不溶于水，溶于乙醇等有机溶剂。沸点为70℃/200Pa，相对密度（d_{25}^{25}）为0.989～0.997，折射率（n_D^{20}）为1.4920～1.4970，闪点为83℃。

（2）天然存在　未见文献报道。

（3）制备方法　以龙葵醛和甲醇为原料，在酸性催化剂存在下进行缩合反应制得。

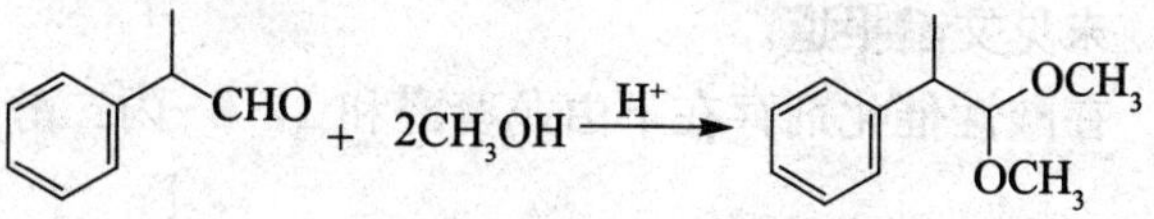

（4）主要用途　可用于香水香精和其他多种日化香精中。

（5）安全管理　FEMA号2888，FDA172.515，COE2017，GB 2760—2014批准为允许使用的食品香料。

十七、乙醛乙醇苯甲醇缩醛（Acetaldehyde ethyl benzyl acetal）

乙醛乙醇苯甲醇缩醛又称1-乙氧基-1-苯甲氧基乙烷、叶青素。

分子式为$C_{11}H_{16}O_2$，相对分子质量180.25。

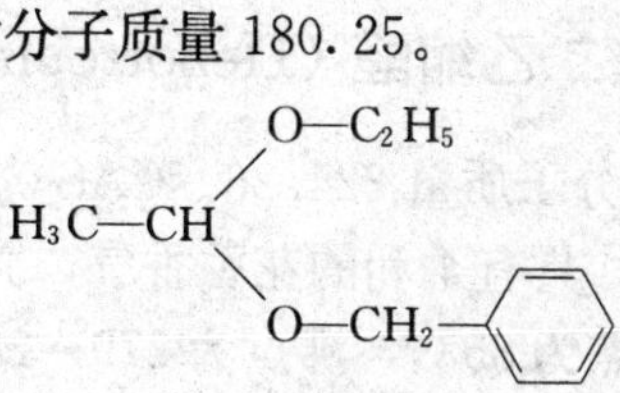

(1) 理化性质　无色液体，具有强烈清新的青叶香气，带有风信子和玫瑰香韵。几乎不溶于水，溶于乙醇等有机溶剂。沸点为 78～80℃/400～500Pa。

(2) 天然存在　未见文献报道。

(3) 制备方法

①在酸性催化剂存在下以乙缩醛和苯甲醇为原料进行缩醛交换反应制得。

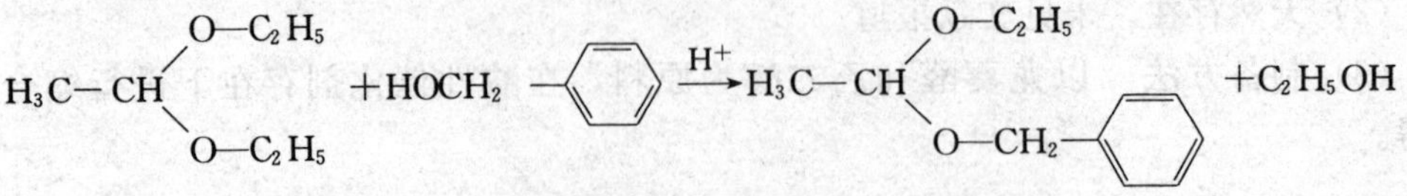

②在酸性催化剂存在下以乙烯醇乙醚与苯甲醇为原料制得。

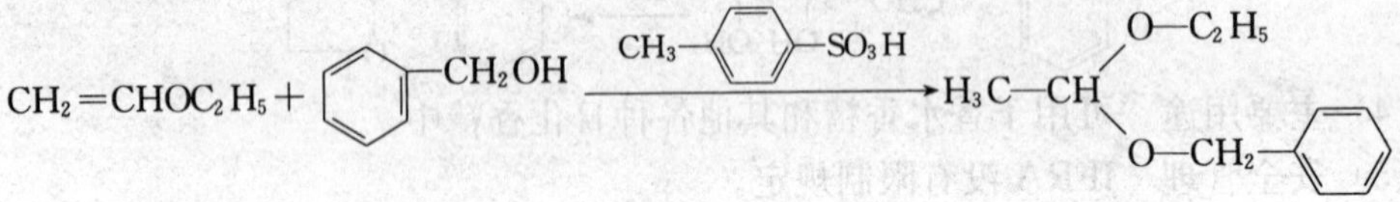

(4) 主要用途　主要用于肥皂、洗涤剂、化妆品等日化香精中。

(5) 安全管理　IFRA 没有限制规定。

十八、龙葵醛丙二醇缩醛 (Hydratropaldehyde propylenglycolacetal)

龙葵醛丙二醇缩醛又称蘑菇醛、4-甲基-2-(1-苯乙基)-1，3 二噁烷。

分子式为 $C_{12}H_{16}O_2$，相对分子质量 192.26。CAS 为 67634-23-5。

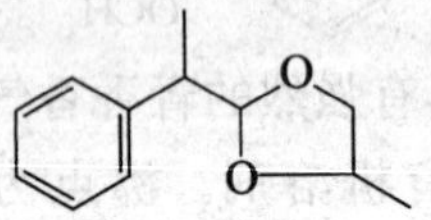

(1) 理化性质　无色液体，具有花香香气，蘑菇香韵，青香香调。不溶于水，溶于乙醇等有机溶剂。闪点>100℃，相对密度 (d_4^{20}) 为 1.028～1.036，折射率 (n_D^{20}) 为 1.5030～1.5070，闪点>100℃。

(2) 天然存在　未见文献报道。

(3) 制备方法　在酸性催化剂存在下由龙葵醛和 1，2-丙二醇相互作用制得。

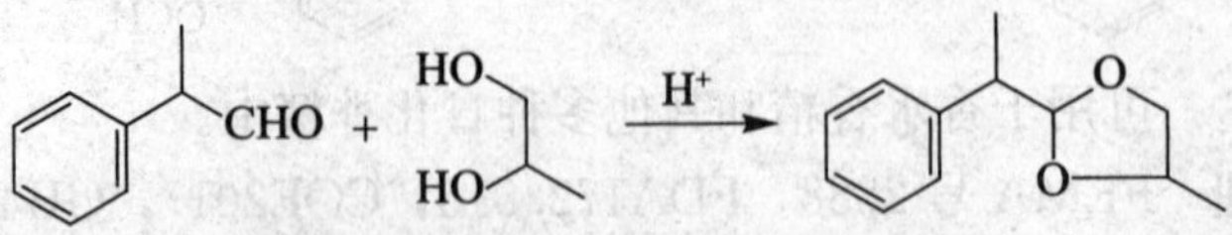

(4) 主要用途　可用于调配日化香精。由于其扩散力强，透发性好，尤其适用于调配制金银花、兔耳草等花香型香精。此外，由于其稳定性好，可广泛用于皂用香精和化妆品香精中。

(5) 安全管理　IFRA 没有限制规定。

十九、洋茉莉醛二乙缩醛 (Heliotropine diethylacetal)

分子式为 $C_{12}H_{16}O_4$，相对分子质量 224.26。CAS 为 40527-42-2。

(1) 理化性质　无色液体，具有柔和的花香香气，并带有甜润的辛香香韵。不溶于水，溶于乙醇等有机溶剂。闪点为 85℃，沸点为 279～281℃、153～154℃/1.5kPa，相

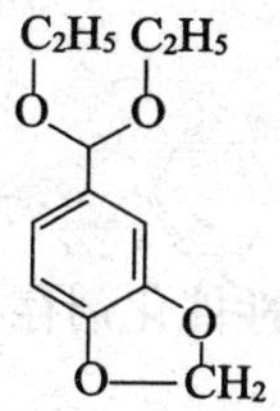

对密度（d_4^{20}）为 1.113～1.121，折射率（n_D^{20}）为 1.4990～1.5040，闪点为 85℃。

（2）天然存在　未见文献报道。

（3）制备方法　在酸性催化剂存在下，由洋茉莉醛和乙醇通过缩合反应制得。

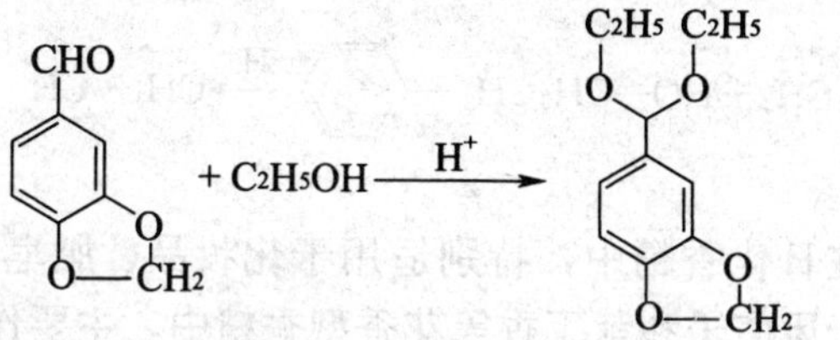

（4）主要用途　可用于日化香精中。

（5）安全管理　IFRA 没有限制规定。

二十、乙醛乙醇苯乙醇缩醛（Acetaldehyde ethyl phenethyl acetal）

乙醛乙醇苯乙醇缩醛又称 1-乙氧基-1-苯乙氧基乙烷、风信子素。

分子式为 $C_{12}H_{18}O_2$，相对分子质量 194.27。CAS 为 2556-10-7。

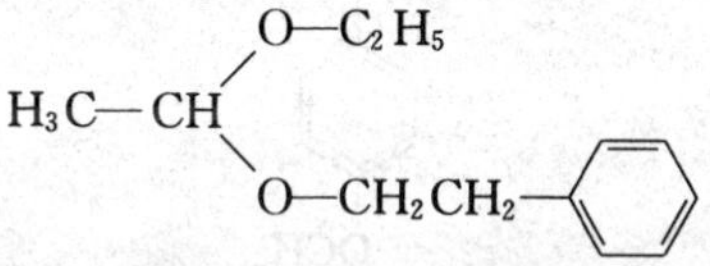

（1）理化性质　无色液体，具有强烈清新的青叶香气，类似风信子似的香韵、玫瑰似的香调。几乎不溶于水，溶于乙醇等有机溶剂。沸点为 110℃/670Pa，相对密度（d_4^{20}）为 0.954～0.962，折射率（n_D^{20}）为 1.4780～1.4830，闪点>100℃。

（2）天然存在　未见文献报道。

（3）制备方法

①在酸性介质中，由乙醛、乙醇和苯乙醇进行缩合反应制得。

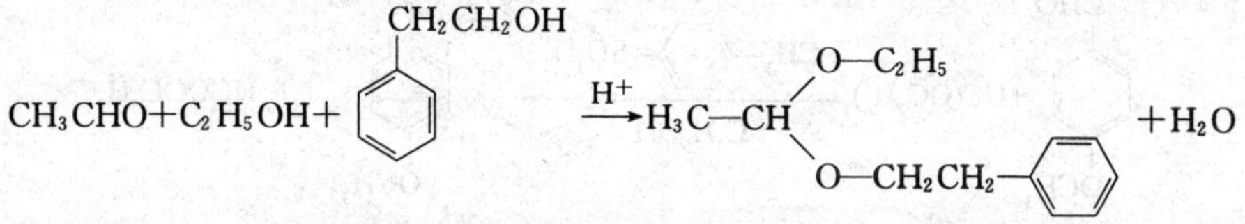

②以 α-氯代二乙醚和苯乙醇钠为原料制备。

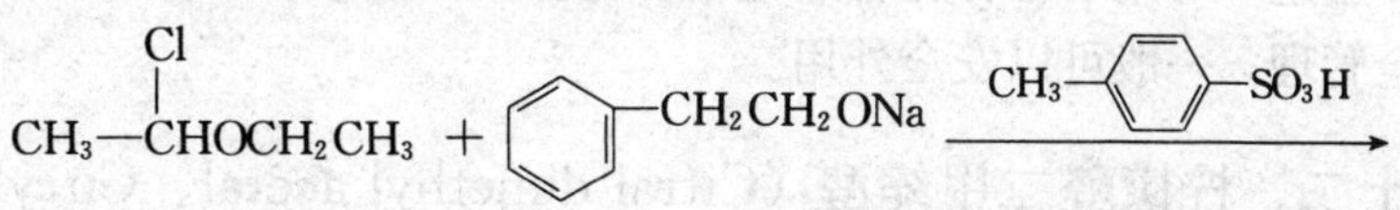

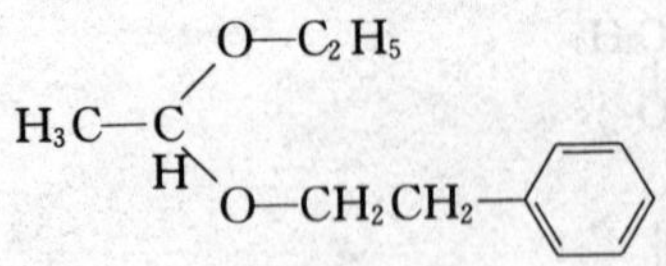

③由苯乙醇和乙醛二乙缩醛在酸性催化剂存在下，通过缩醛交换反应制得。

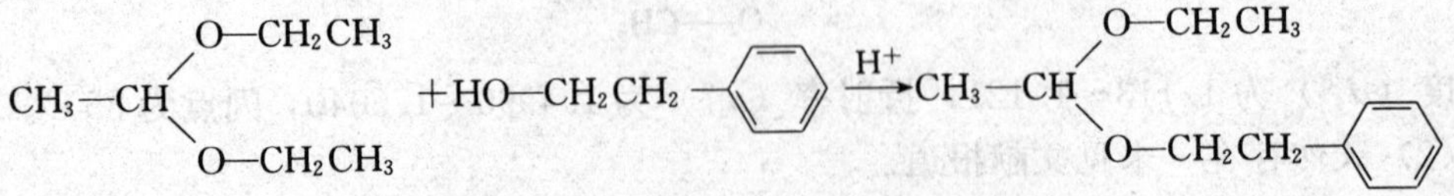

④由苯乙醇和乙烯基乙基醚在酸性条件下相互作用制得。

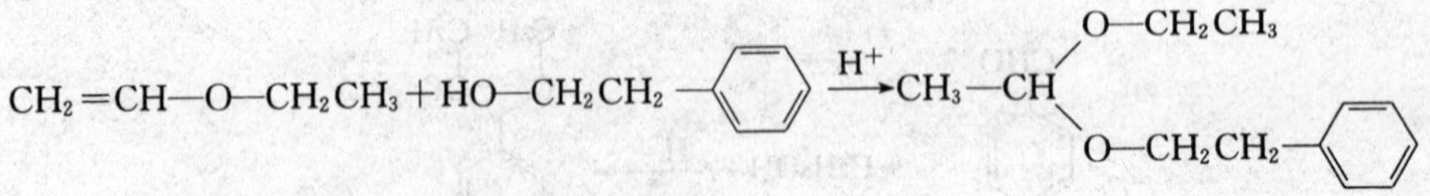

(4) 主要用途　在日化香精中，特别适用于化妆品、肥皂及洗涤剂等的香精配方中。也可少量地应用于风信子和紫丁香等花香型香精中，主要作为头香剂使用。

(5) 安全管理　IFF 公司认为可以安全外用。IFRA 没有限制规定。

二十一、茴香醛二乙缩醛（Anisaldehyde diethyl acetal）

茴香醛二乙缩醛又称对甲氧基苯基二乙氧基甲烷。

分子式为 $C_{12}H_{18}O_3$，相对分子质量 210.30。

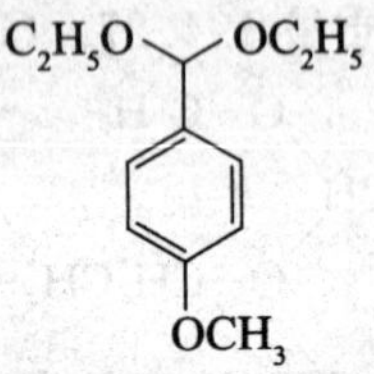

(1) 理化性质　无色液体，具有茴香和花香香气。几乎不溶于水，溶于乙醇等有机溶剂。沸点为 130℃/1.6kPa，相对密度（d_{15}^{15}）为 0.993。

(2) 天然存在　未见文献报道。

(3) 制备方法　以对甲基苯磺酸为催化剂（少量），由茴香醛和原甲酸三乙酯在无水乙醇中加热回流制得茴香醛二乙缩醛。

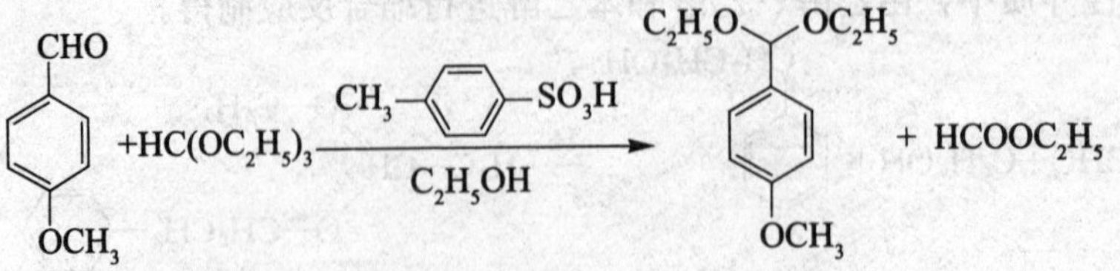

(4) 主要用途　可用于各种花香型皂用和化妆品香精中。

(5) 安全管理　一般可以安全外用。

二十二、柠檬醛二甲缩醛（Citral dimethyl acetal、Citryl M）

柠檬醛二甲缩醛又称 1，1-二甲氧基-3，7-二甲基-2，6-辛二烯、3，7-二甲基-

2，6-辛二烯醛二甲醇缩醛。

分子式为 $C_{12}H_{22}O_2$，相对分子质量 198.31。CAS 为 7549-37-3。

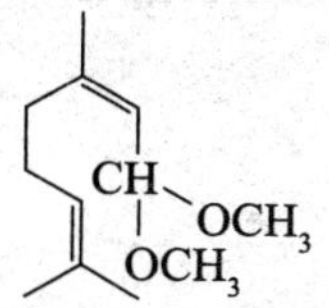

（1）理化性质　无色液体，具有柠檬香气，其香气比柠檬醛更柔和、更富天然感。几乎不溶于水，溶于乙醇等有机溶剂。为顺式和反式异构体的混合物，沸点为105～106℃/1.3kPa，相对密度（d_4^{20}）为 0.886～0.894，折射率（n_D^{20}）为 1.4540～1.4600，闪点为 82℃。

（2）天然存在　未见文献报道。

（3）制备方法　由柠檬醛和甲醇在酸性催化剂存在下经脱水缩合制得。

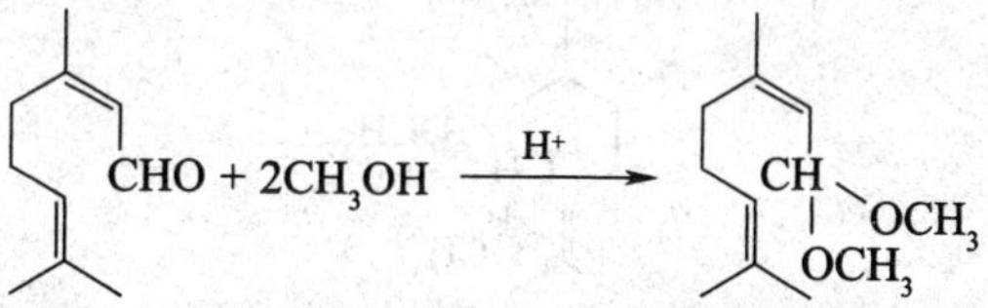

（4）主要用途　可用于日化香精中，由于它对碱性比较稳定，具有不变色的优点，特别适用于肥皂和合成洗涤剂香精的配制。也可用于食用香精中，常用于配制柠檬、苹果等果香型食用香精。

（5）安全管理　FEMA 号 2305，FDA172.515，COE39，IOFI，GB2760—2014 批准为允许使用的食品香料。

二十三、柠檬醛乙二醇缩醛（Citral ethylene glycol acetal、Citracetal）

柠檬醛乙二醇缩醛又称 3，7-二甲基-2，6-辛二烯醛乙二醇缩醛。

分子式为 $C_{12}H_{22}O_2$，相对分子质量 198.31。CAS 为 66408-78-4。

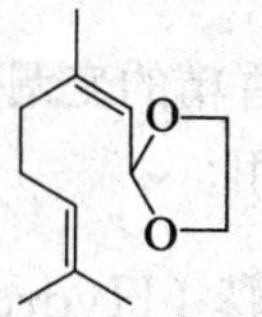

（1）理化性质　无色液体，具有强烈的柠檬和花香香气。不溶于水，溶于乙醇等有机溶剂。为顺式和反式异构体的混合物，沸点为 72～74℃/130Pa，折射率（n_D^{20}）为 1.4780。

（2）天然存在　未见文献报道。

（3）制备方法　由柠檬醛直接进行缩醛化反应制得；或者由柠檬醛二甲缩醛与乙二醇进行缩醛交换反应制得。

（4）主要用途　可用于香水香精和皂用香精等日化香精中。

（5）安全管理　IFRA 没有限制规定。

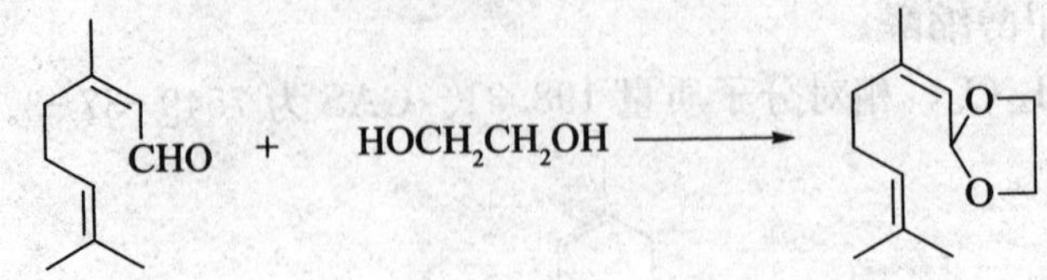

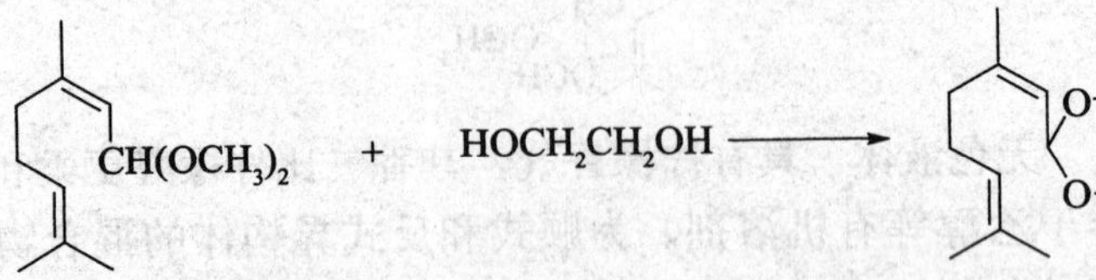

二十四、香茅醛二甲缩醛（Citronellal dimethyl acetal）

香茅醛二甲缩醛又称 1，1-二甲氧基-3，7-二甲基-6-辛烯。

分子式为 $C_{12}H_{24}O_2$，相对分子质量 200.23。

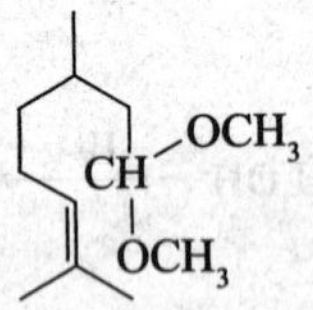

（1）理化性质　淡黄色油状液体，具有花香和青香香气。不溶于水，溶于乙醇等有机溶剂。沸点为 110～112℃/1.5kPa，相对密度（d_{20}^{20}）为 0.933，折射率（n_D^{20}）为 1.4590～1.4600。

（2）天然存在　未见文献报道。

（3）制备方法　在无水氯化钙存在下，由香茅醛和甲醇通过缩合反应制得香茅醛二甲缩醛。

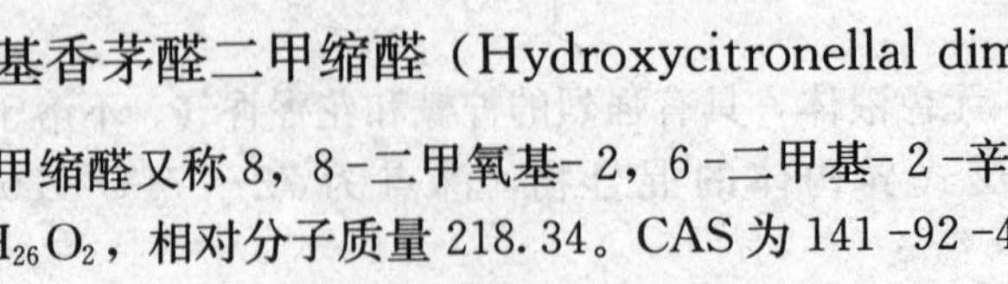

（4）主要用途　主要作为花香型香精的变调剂，可以增加香精的天然感。

（5）安全管理　一般可以安全外用。

二十五、羟基香茅醛二甲缩醛（Hydroxycitronellal dimethyl acetal）

羟基香茅醛二甲缩醛又称 8，8-二甲氧基-2，6-二甲基-2-辛醇。

分子式为 $C_{12}H_{26}O_2$，相对分子质量 218.34。CAS 为 141-92-4。

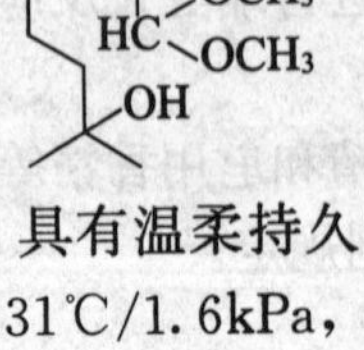

（1）理化性质　无色黏稠液体，具有温柔持久的花香香气，铃兰花香韵。不溶于水，溶于乙醇等有机溶剂。沸点为 131℃/1.6kPa，相对密度（d_4^{20}）为 0.926～0.930，折射率（n_D^{20}）为1.4410～1.4440，闪点>100℃。

（2）天然存在　未见文献报道。

（3）制备方法　在酸性催化剂作用下，由羟基香茅醛和甲醇进行缩合反应制得。

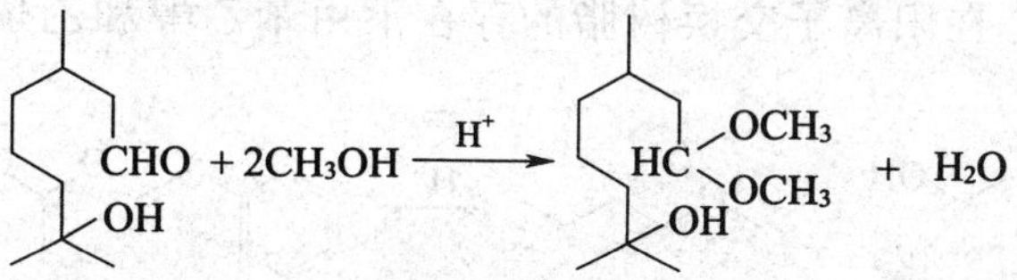

（4）主要用途　羟基香茅醛二甲缩醛化学性质比较稳定，可用于花香型皂用香精和洗涤剂香精中，还可以增加香精的天然感。少量用于浆果、甜瓜、柑橘等香型食用香精中。

（5）安全管理　FEMA认定为GRAS，FEMA号2585，GB 2760—2014批准为允许使用的食品香料。一般可以安全外用。

二十六、乙醛丙基苯乙基缩醛（Acetaldehyde propyl phenylethyl acetal）

分子式为$C_{13}H_{20}O_2$，相对分子质量208.30。CAS为7493-57-4。

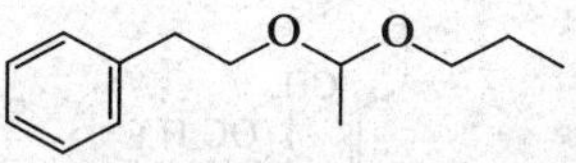

（1）理化性质　无色至淡黄色液体，具有强烈的青叶香气，并带有风信子和紫丁香花香香韵。不溶于水，溶于乙醇等有机溶剂。相对密度（d_{25}^{25}）为0.945～0.950，折射率（n_D^{20}）为1.4770～1.4810，闪点>100℃。

（2）天然存在　未见文献报道。

（3）制备方法

①在酸性催化剂存在下，由苯乙醇和乙醛二丙缩醛进行缩醛交换反应制得。

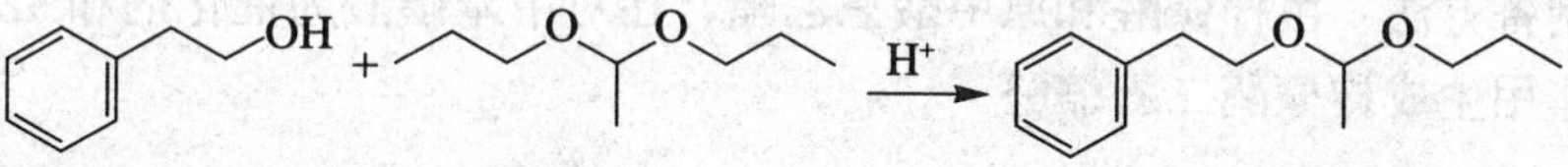

②在酸性催化剂存在下，由苯乙醇和乙烯基丙基醚相互作用制得。

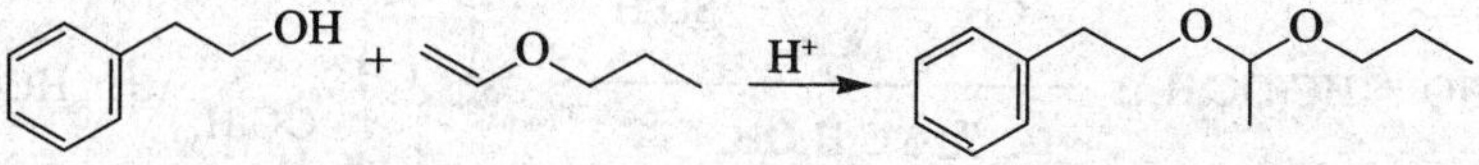

（4）主要用途　在日化香精中，主要用于香水、化妆品和皂用香精的调配。也可用于食用香精，如蔬菜和水果香型香精的调配。

（5）安全管理　FEMA号2004，GB 2760—2014批准为允许使用的食品香料。

二十七、乙醛丁基苯乙基缩醛（Acetaldehyde butyl phenylethyl acetal）

分子式为$C_{14}H_{22}O_2$，相对分子质量222.33。CAS为64557-91-9。

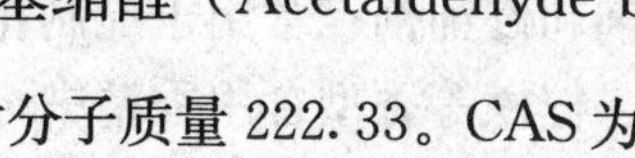

（1）理化性质　无色液体，具有风信子香气，伴有青香香韵。不溶于水，溶于乙醇

等有机溶剂。沸点为 267～270℃、113℃/400Pa，相对密度（d_4^{20}）为 0.936，折射率（n_D^{20}）为 1.4770～1.4880，闪点为 120℃。

（2）天然存在　未见文献报道。

（3）制备方法　在阳离子交换树脂的存在下由苯乙醇和乙烯基丁基醚相互作用制得。

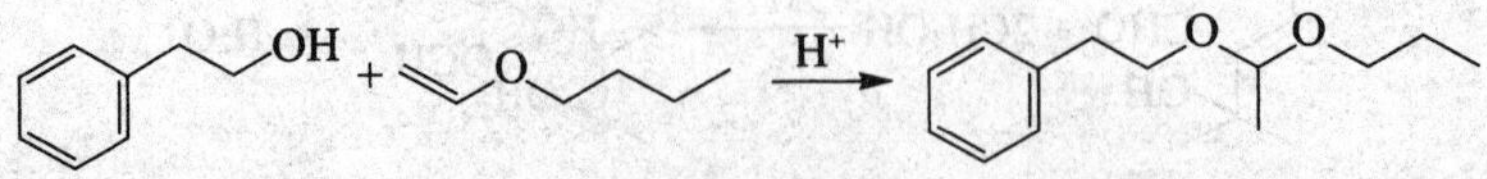

（4）主要用途　在日化香精中，主要用于香水、化妆品和皂用香精的调配。

（5）安全管理　IFRA 没有限制规定。

二十八、柠檬醛二乙缩醛（Citral diethyl acetal、Citryl A、Citrathal）

柠檬醛二乙缩醛又称 1，1-二乙氧基-3，7-二甲基-2，6-辛二烯、3，7-二甲基-2，6-辛二烯醛二乙醇缩醛。

分子式为 $C_{14}H_{26}O_2$，相对分子质量 226.36。CAS 为 7492-66-2。

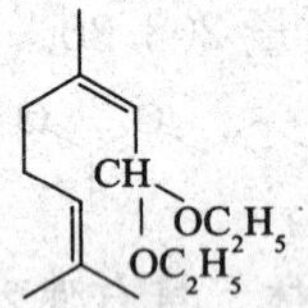

（1）理化性质　无色液体，具有新鲜的白柠檬和柑橘香气，香气比柠檬醛柔和，伴有青香和草香香韵。几乎不溶于水，溶于乙醇等有机溶剂。为顺式和反式异构体的混合物，沸点为 230℃、117～118℃/1.3kPa，相对密度（d_{25}^{25}）为 0.867～0.873，折射率（n_D^{20}）为 1.4500～1.4540，闪点>100℃。

（2）天然存在　未见文献报道。

（3）制备方法　由柠檬醛和原甲酸三乙酯，在对甲苯磺酸为催化剂和无水乙醇的存在下相互作用生成柠檬醛二乙缩醛。

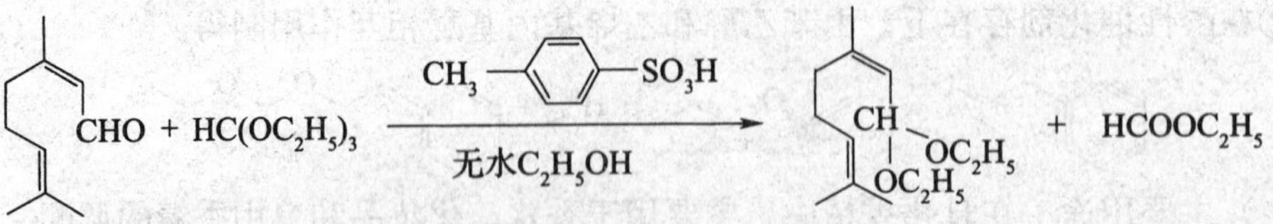

在合成柠檬醛二乙缩醛中所用的原甲酸三乙酯极易水解，合成过程中要注意防水，否则会影响反应的收率。

（4）主要用途　由于柠檬醛二乙缩醛在碱性介质中比较稳定，可以作为花香型香水、皂用和洗涤剂香精的头香剂和修饰剂；常用于配制花香型、果香型和青香型等日化香精。也可用于柑橘、白柠檬、柠檬等香型食用香精中。

（5）安全管理　FEMA 号 2304，FDA172.515，COE38，GB 2760—2014 批准为允许使用的食品香料。

二十九、乙醛乙基芳樟基缩醛（Acetaldehyde ethyl linalyl acetal）

分子式为 $C_{14}H_{26}O_2$，相对分子质量 226.36。CAS 为40910 -49 - 4。

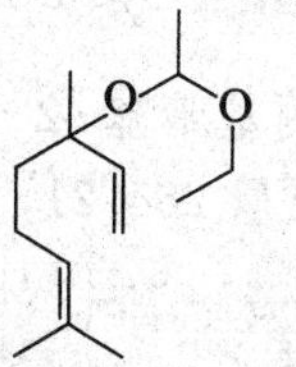

（1）理化性质　无色液体，具有新鲜的花香和铃兰香气，并伴有草香香韵。不溶于水，溶于乙醇等有机溶剂。沸点为 95℃/670Pa，相对密度（d_{20}^{20}）为 0.872～0.874，折射率（n_D^{20}）为 1.4470～1.4500，闪点为 77℃。

（2）天然存在　未见文献报道。

（3）制备方法　在酸性催化剂存在下由芳樟醇和乙烯基乙基醚相互作用制得。

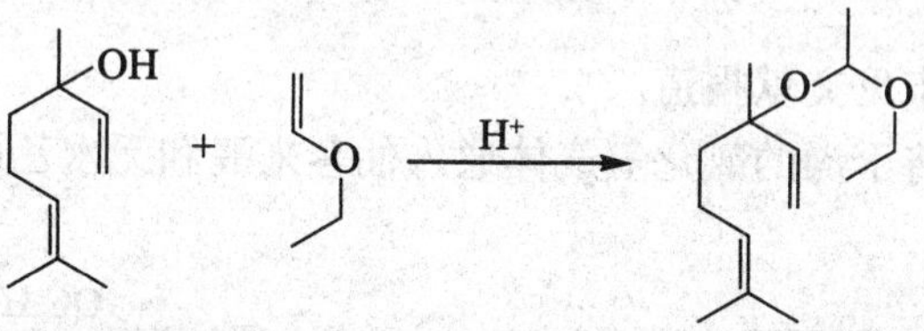

（4）主要用途　在日化香精中，主要用于香水香精和皂用香精的调配。

（5）安全管理　IFRA 没有限制规定。

三十、α-戊基桂醛二甲缩醛（Amylcinnamic aldehyde dimethyl acetal）

分子式为 $C_{16}H_{24}O_2$，相对分子质量 248.37。CAS 为 91 - 87 - 2。

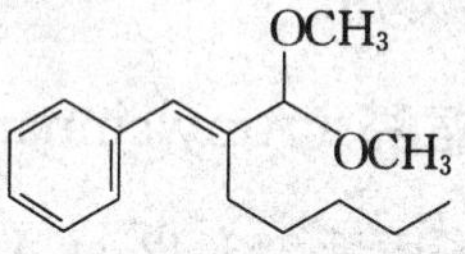

（1）理化性质　无色液体，为顺式和反式异构体的混合物。具有柔和的茉莉花香气且留香持久。不溶于水，溶于乙醇等有机溶剂。相对密度（d_{25}^{25}）为 0.953～0.963，折射率（n_D^{20}）为 1.5080～1.5130，闪点为 92℃。

（2）天然存在　未见文献报道。

（3）制备方法　在酸性催化剂存在下，由 α-戊基桂醛和甲醇通过缩合反应制得。

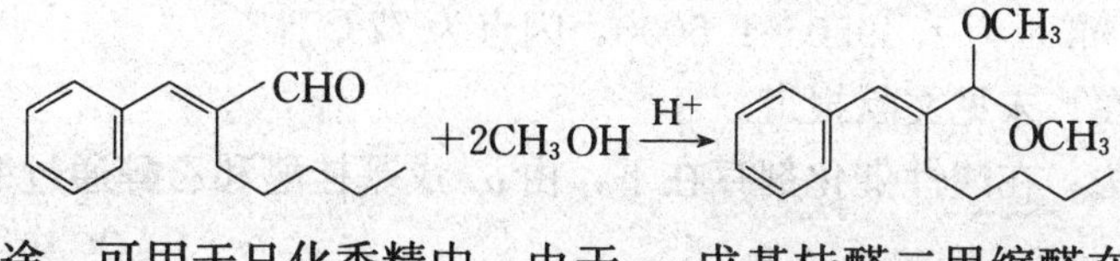

（4）主要用途　可用于日化香精中。由于 α-戊基桂醛二甲缩醛在碱性介质中的化学性能较 α-戊基桂醛稳定，不易被氧化，因此特别适用于皂用香精中，具有不变色的特点。另外，由于其协调性好，被广泛用作 α-戊基桂醛的矫香剂和调和剂，也可用作茉莉型香精的定香剂。

（5）安全管理　FEMA 认定为 GRAS，FEMA 号 2062，并经 FDA 批准食用。GB2760—2014 批准为允许使用的食品香料。

三十一、仙客来醛二乙缩醛（Cyclamen aldehyde diethyl acetal）

仙客来醛二乙缩醛又称 3-对异丙基苯基-2-甲基-1，1-二乙氧基丙烷。

分子式为 $C_{17}H_{28}O_2$，相对分子质量 264.21。

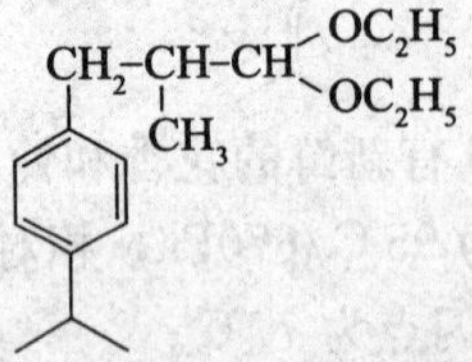

（1）理化性质　无色黏稠液体，具有铃兰、青香香气。不溶于水，溶于乙醇等有机溶剂。沸点为 117～122℃/1.6kPa，相对密度（d_4^{25}）为 0.938，折射率（n_D^{25}）为 1.4850。

（2）天然存在　未见文献报道。

（3）制备方法　将干燥的氯化氢气体通入仙客来醛和无水乙醇的混合溶液中，通过缩合反应而制得。

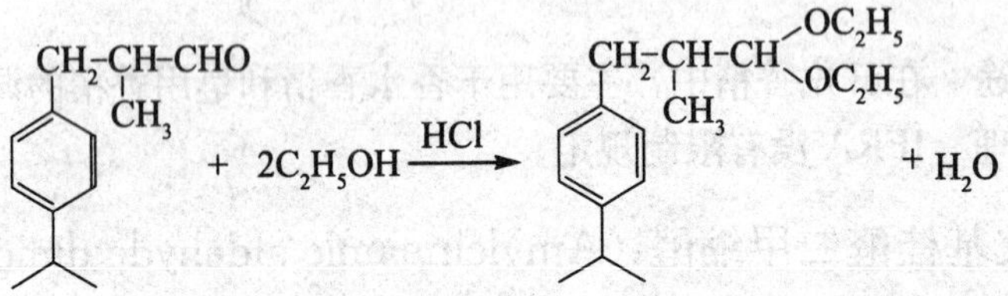

（4）主要用途　少量用于木香型和花香型日化香精中，可以增加香精的天然感。

（5）安全管理　一般可以安全外用。

三十二、α-戊基桂醛二乙缩醛（Amylcinnamic aldehyde diethyl acetal）

分子式为 $C_{18}H_{28}O_2$，相对分子质量 276.42。CAS 为60763-41-9。

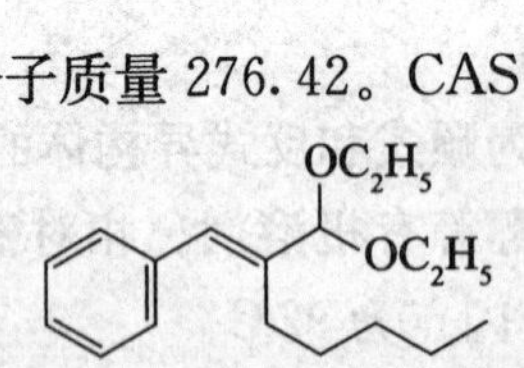

（1）理化性质　无色液体，为顺式和反式异构体的混合物。具有茉莉花香气，并伴有苹果香韵和青香香调。不溶于水，溶于乙醇等有机溶剂。相对密度（d_4^{20}）为0.931～0.939，折射率（n_D^{20}）为 1.4950～1.5000，闪点为 72℃。

（2）天然存在　未见文献报道。

（3）制备方法　在酸性催化剂存在下，由 α-戊基桂醛和乙醇通过缩合反应制得。

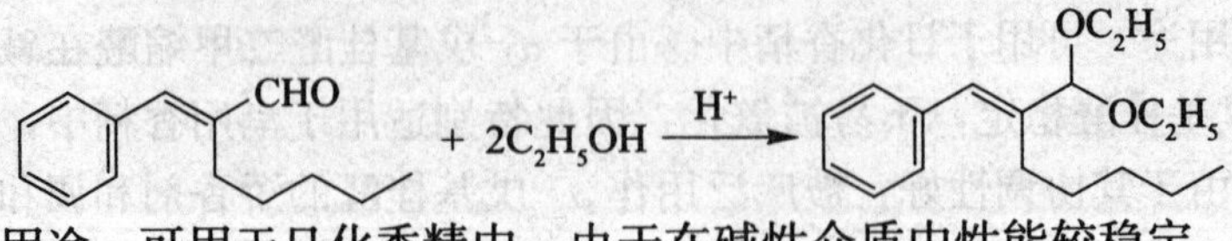

（4）主要用途　可用于日化香精中，由于在碱性介质中性能较稳定，故特别适用于

皂用香精中。

（5）安全管理　IFRA 没有限制规定。

第三节　缩酮类香料

一、丙酮丙二醇缩酮（Acetone propylene glycol ketal）

丙酮丙二醇缩酮又称 2，2，4-三甲基-1，3-二氧杂环戊烷。

分子式为 $C_6H_{12}O_2$，相对分子质量 116.16。

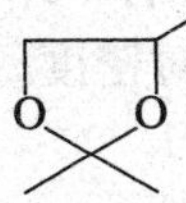

（1）理化性质　无色液体，具有果香、青香和蔬菜香气，带有马铃薯和番茄香韵。不溶于水，溶于乙醇等有机溶剂。沸点为 98～99℃。

（2）天然存在　存在于番茄中。

（3）制备方法　在草酸催化下，丙酮与丙二醇发生缩合反应制得丙酮丙二醇缩酮。

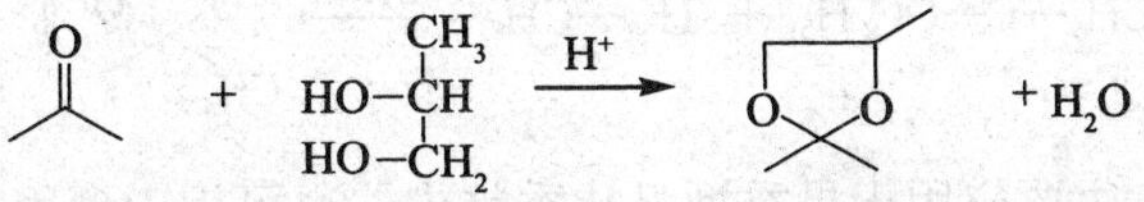

（4）主要用途　主要用于调配马铃薯、番茄、咖啡等香型的食用香精。

（5）安全管理　COE11423。

二、环已酮环乙二醇缩酮（Cyclohexanone cyclic ethylene ketal）

环已酮环乙二醇缩酮又称环已酮乙二醇缩酮。

分子式为 $C_8H_{14}O_2$，相对分子质量 142.22。

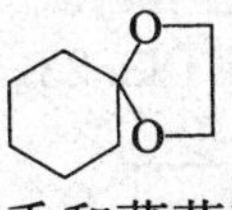

（1）理化性质　无色液体，具有花香和薄荷香气，带有木香香韵。不溶于水，溶于乙醇等有机溶剂。沸点为 73℃/2.1kPa，相对密度（d_4^{20}）为 1.028，折射率（n_D^{20}）为 1.4582。

（2）天然存在　未见文献报道。

（3）制备方法　在环已烷溶液中，以草酸为催化剂，将环已酮和乙二醇进行缩合反应制得。

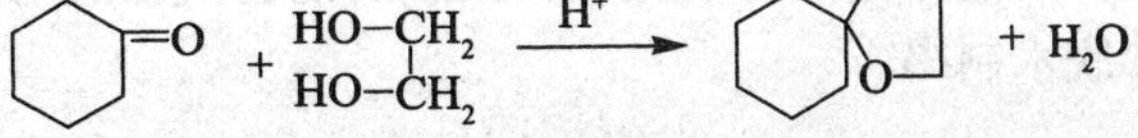

（4）主要用途　主要在花香型日化香精中作为协调剂使用，只需少量便可增加香精的天然感。

（5）安全管理　可以安全外用。

三、乙酰乙酸乙酯乙二醇缩酮（Ethyl acetoacetate ethylene glycol ketal）

乙酰乙酸乙酯乙二醇缩酮又称苹果酯（Fructone）、2-甲基-2-乙酸乙酯-1，3-二氧茂烷。

分子式为 $C_8H_{14}O_4$，相对分子质量 174.19。CAS 为 6413-10-1。

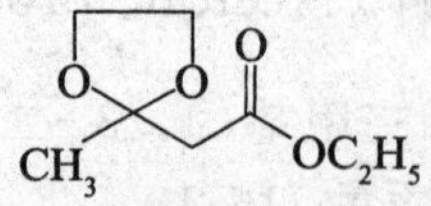

（1）理化性质　无色液体，具有新鲜青苹果香气和苹果香韵。不溶于水，溶于乙醇等有机溶剂。沸点为 125℃/6.7kPa，相对密度（d_{25}^{25}）为 1.083～1.091，折射率（n_D^{20}）为 1.4310～1.4350，闪点为 93℃。

（2）天然存在　未见文献报道。

（3）制备方法　以少量柠檬酸为催化剂，由新鲜的乙酰乙酸乙酯和乙二醇在乙苯中加热回流恒沸脱水制得。

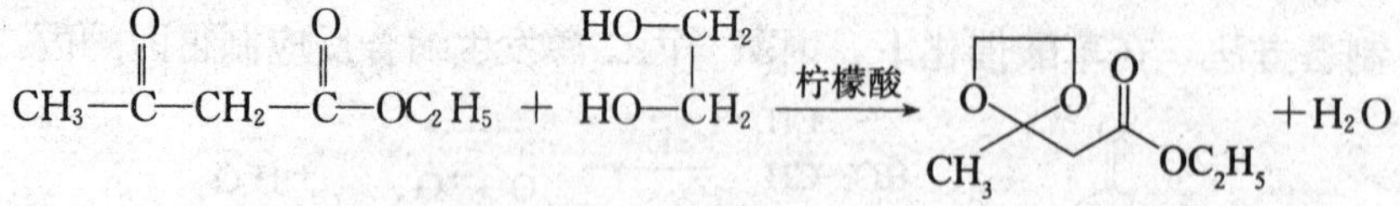

（4）主要用途　主要应用于果香型日化香精中，也可用于食用香精中。

（5）安全管理　IFF 公司认为可以安全外用，可以微量食用。IFRA 没有限制规定。

四、乙酰乙酸乙酯丙二醇缩酮（Ethyl acetoacetate propylene glycol-1，2-ketal）

乙酰乙酸乙酯丙二醇缩酮又称星苹酯、草莓酯、新苹果酯、2，4-二甲基-2-乙酸乙酯-1，3-二氧茂烷。

分子式为 $C_9H_{16}O_4$，相对分子质量 188.23。CAS 为 6290-17-1。

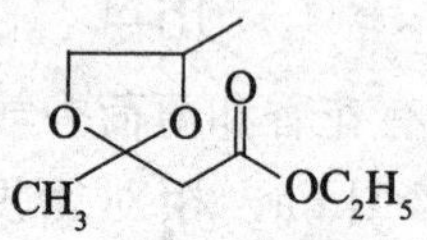

（1）理化性质　无色液体，具有新鲜的果香香气，并有苹果和草莓香韵。不溶于水，溶于乙醇等有机溶剂。为异构体的混合物，沸点为 109～111℃/2.7kPa，相对密度（d_{25}^{25}）为 1.038～1.046，折射率（n_D^{20}）为 1.4250～1.4300，闪点为 91℃。

（2）天然存在　未见文献报道。

（3）制备方法　以少量柠檬酸为催化剂，由新鲜的乙酰乙酸乙酯和 1，2-丙二醇在乙苯中加热回流恒沸脱水制得。

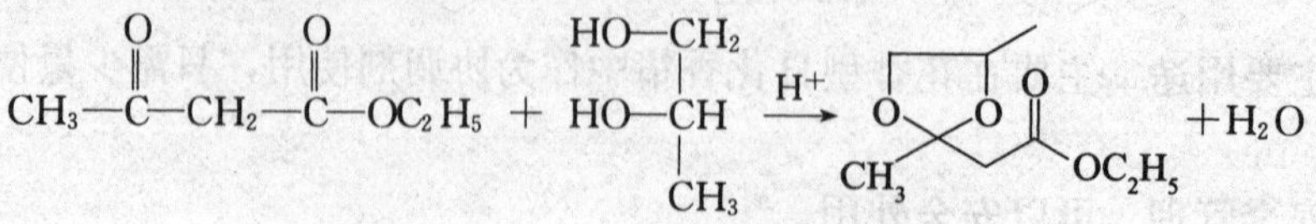

（4）主要用途　主要用于调配苹果、草莓等花香型和果香型日化香精。

（5）安全管理　IFRA 没有限制规定。FEMA 号 4294，GB 2760—2014 批准为允许使用的食品香料。

五、环己酮丙二醇-1，3-丙二缩酮（Cyclohexanone cyclic propylene glycol-1，3-ketal）

环己酮丙二醇-1，3-丙二缩酮又称环己酮-1，3-丙二缩酮。

分子式为 $C_9H_{16}O_2$，相对分子质量 156.24。

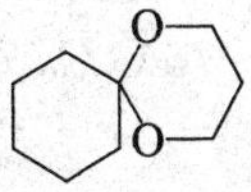

（1）理化性质　无色液体，具有花香和木香香气。不溶于水，溶于乙醇等有机溶剂。沸点为 91～93℃/2.1kPa，相对密度（d_4^{20}）为 1.030，折射率（n_D^{20}）为 1.4692。

（2）天然存在　未见文献报道。

（3）制备方法　以磷酸为催化剂，由环己酮和丙二醇在甲苯溶液中进行缩合反应制得环己酮丙二醇-1，3-丙二缩酮。

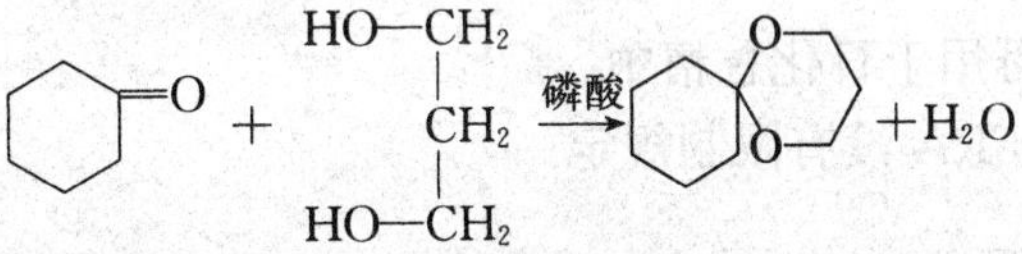

（4）主要用途　可用于花香型和木香型香精中，主要作为协调剂使用。

（5）安全管理　一般可以安全外用。

六、环己酮丁二醇缩酮（Cyclohexanone 1，3-butanediol ketal）

环己酮丁二醇缩酮又称海路酮。

分子式为 $C_{10}H_{18}O_2$，相对分子质量 170.25。CAS 为 6413-26-9。

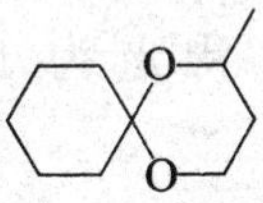

（1）理化性质　无色液体，具有草香、木香和辛香香气。不溶于水，溶于乙醇等有机溶剂。相对密度（d_4^{20}）为 0.988～998，折射率（n_D^{20}）为 1.4570～1.4670，闪点为 78℃。

（2）天然存在　未见文献报道。

（3）制备方法　在酸性催化剂存在下，由环己酮和 1，3-丁二醇进行缩合反应制得。

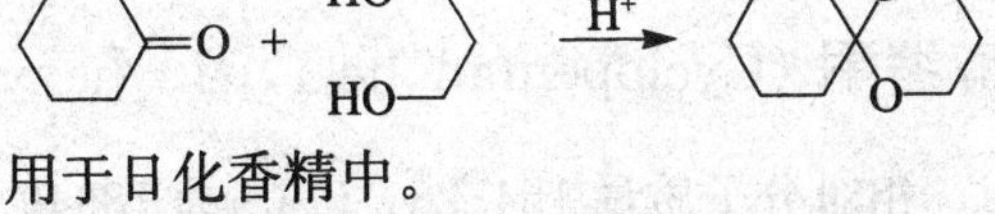

（4）主要用途　可用于日化香精中。

（5）安全管理　IFRA 没有限制规定。

七、环已酮二乙缩酮 (Cyclohexanone diethyl ketal)

环已酮二乙缩酮又称 1，1-二乙氧基环己烷。

分子式为 $C_{10}H_{20}O_2$，相对分子质量 172.27。

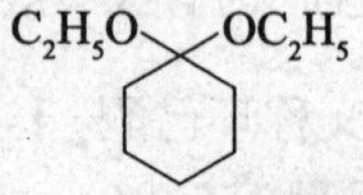

(1) 理化性质　无色液体，具有令人愉快的果香、辛香、木香和烟草香气。不溶于水，溶于乙醇等有机溶剂。沸点为 75～76℃/1.7kPa，相对密度 (d_{20}^{20}) 为 0.914，折射率 (n_D^{20}) 为 1.4360，闪点为 66℃。

(2) 天然存在　未见文献报道。

(3) 制备方法　在酸性催化剂存在下，由环已酮和原甲酸乙酯相互作用而制得。

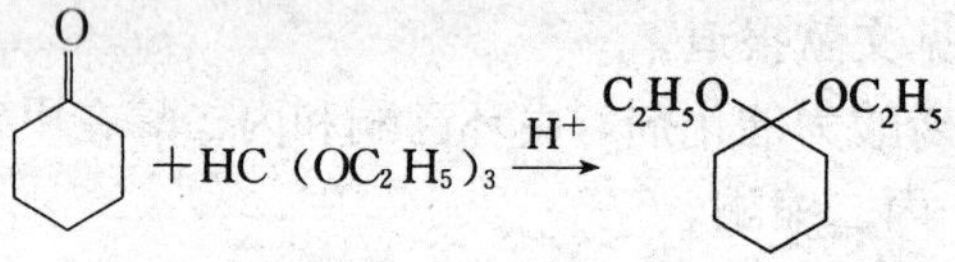

(4) 主要用途　可用于日化香精中。

(5) 安全管理　IFRA 没有限制规定。

八、对甲氧基苯乙酮环乙二缩酮 (*p*-Methoxy acetophenone cyclic ethylene ketal)

对甲氧基苯乙酮环乙二缩酮又称山楂花酮乙二缩酮。

分子式为 $C_{11}H_{14}O_3$，相对分子质量 194.25。

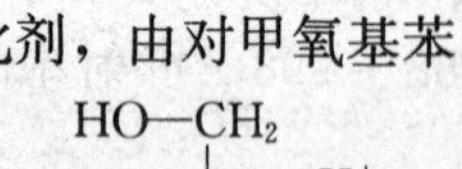

(1) 理化性质　无色液体，具有强烈的豆香和茴香香气，香气柔和，且留香持久。不溶于水，溶于乙醇等有机溶剂。沸点为 114～115℃/66.7kPa，折射率 (n_D^{28}) 为 1.5240。

(2) 天然存在　未见文献报道。

(3) 制备方法　以磷酸为催化剂，由对甲氧基苯乙酮和乙二醇相互作用制得。

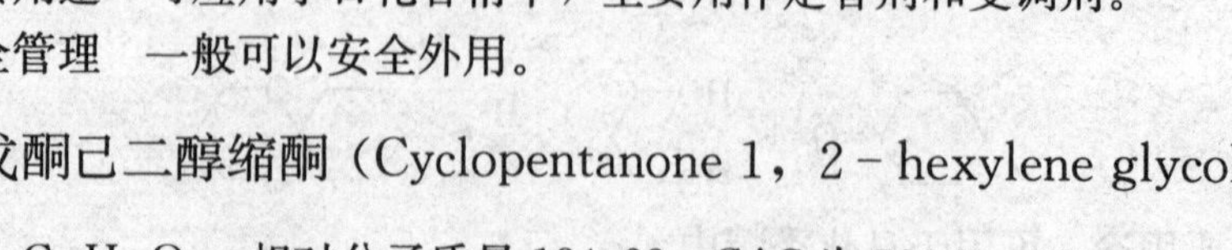

(4) 主要用途　可应用于日化香精中，主要用作定香剂和变调剂。

(5) 安全管理　一般可以安全外用。

九、环戊酮已二醇缩酮 (Cyclopentanone 1，2-hexylene glycol ketal)

分子式为 $C_{11}H_{20}O_2$，相对分子质量 184.28。CAS 为 78649-62-4。

(1) 理化性质　无色液体，具有茉莉香气，并伴有蘑菇香韵。不溶于水，溶于乙醇等有机溶剂。相对密度 (d_{25}^{25}) 为 0.944，折射率 (n_D^{20}) 为 1.4470～1.4500，闪点

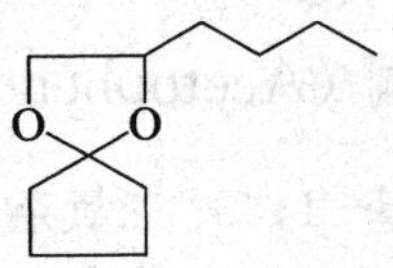

为 95℃。

（2）天然存在　未见文献报道。

（3）制备方法　在酸性催化剂存在下，由环戊酮和 1，2 -己二醇进行缩酮化反应制得。

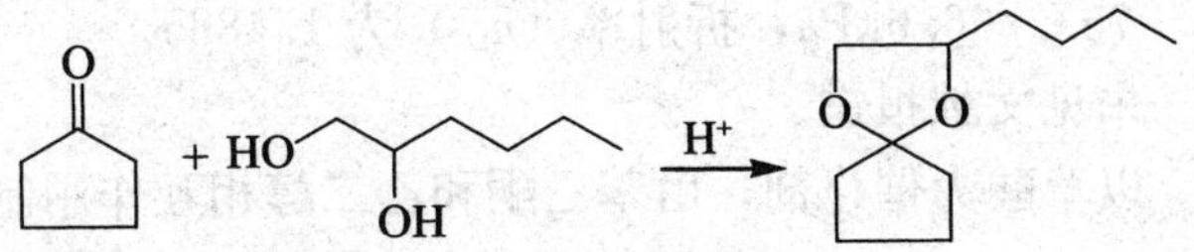

（4）主要用途　可用于日化香精中。

（5）安全管理　IFRA 没有限制规定。

十、4 -叔丁基环己酮乙二缩酮（4 - *tert*—Butyl cyclohexanone cyclic ethylene glycol ketal）

4 -叔丁基环己酮乙二缩酮又称吉普缩酮。

分子式为 $C_{12}H_{22}O_2$，相对分子质量 198.31。

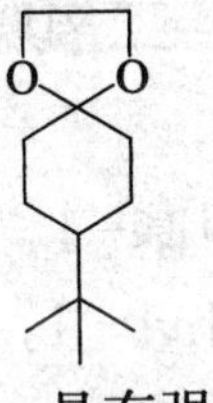

（1）理化性质　无色至淡黄色液体，具有强烈而持久的麝香和木香香气。不溶于水，溶于乙醇等有机溶剂。沸点为 116℃/930Pa、86～88℃/130Pa，相对密度（d_{15}^{25}）为 0.972，折射率（n_D^{20}）为 1.4640～1.4650。

（2）天然存在　未见文献报道。

（3）制备方法　以 4 -叔丁基环己醇为原料，首先将其氧化或催化脱氢制得 4 -叔丁基环己酮，再在苯或甲苯溶剂中，4 -叔丁基环己酮和乙二醇在阳离子交换树脂或对甲基苯磺酸等酸性催化剂存在下相互作用，得到 4 -叔丁基环己酮乙二缩酮。

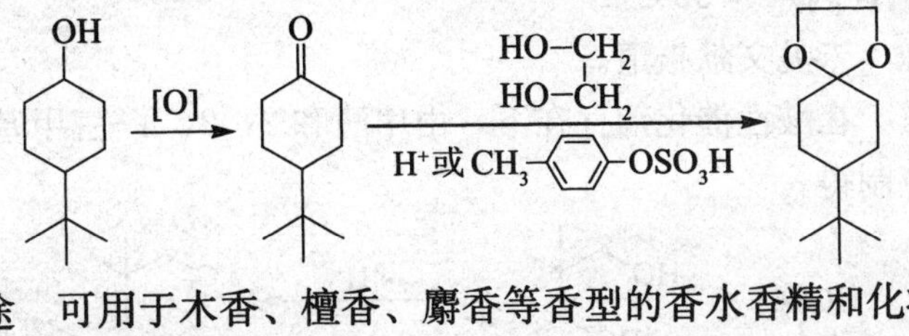

（4）主要用途　可用于木香、檀香、麝香等香型的香水香精和化妆品香精中，也可用于皂用和合成洗涤剂香精的配方中。

（5）安全管理　一般可以安全外用。IFRA 没有限制规定。

十一、苯乙酮环乙二缩酮(Acetophenone cyclic ethylene ketal)

苯乙酮环乙二缩酮又称甲基苯基-1,3-二氧杂环戊烷。

分子式为 $C_{12}H_{22}O_2$,相对分子质量 164.22。

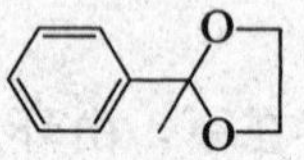

(1) 理化性质　无色液体,具有强烈的杏仁和豆香香气。不溶于水,溶于乙醇等有机溶剂。沸点为 73~75℃/66.6kPa,折射率(n_D^{28})为 1.4885。

(2) 天然存在　未见文献报道。

(3) 制备方法　以草酸为催化剂,由苯乙酮和乙二醇相互作用制得。

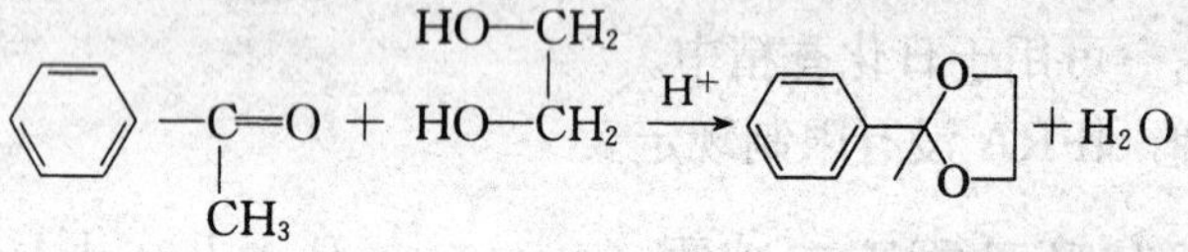

(4) 主要用途　可以用作木香型和果香型等日化香精的定香剂。用于花香型香精可以起到协调剂的作用。

(5) 安全管理　可以安全外用。

第四节　二氧噁烷类香料

一、4-异丙基-5,5-二甲基-1,3-二氧噁烷(4-Isopropyl-5,5-dimethyl-1,3-diohexane)

分子式为 $C_9H_{18}O_2$,相对分子质量 158.24。CAS 为 3583-00-4。

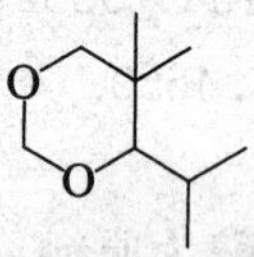

(1) 理化性质　无色液体。具有草香、冰片和樟脑香气。不溶于水,溶于乙醇等有机溶剂。沸点为 71℃/2.7kPa,闪点为 53℃,相对密度(d_4^{20})为 0.936,折射率(n_D^{20})为 1.4370~1.4410,闪点为 53℃。

(2) 天然存在　未见文献报道。

(3) 制备方法　在酸性催化剂存在下,由甲醛和 2,2,4-三甲基-1,3-戊二醇为原料通过缩合反应制得。

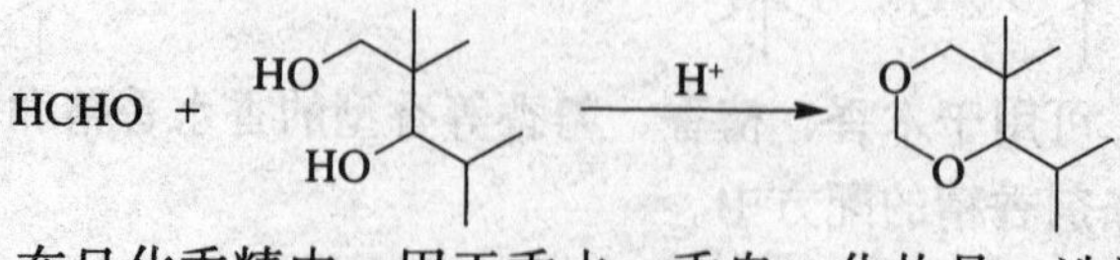

(4) 主要用途　在日化香精中,用于香水、香皂、化妆品、洗涤剂、空气清新剂等日化香精的调配,还可用于纺织品等工业品的加香。

（5）安全管理　IFRA 没有限制规定。

二、3-乙基-2，4-二氧杂螺-［5.5］-8-十一烯
（3 - Ethyl - 2，4 - dioxaspiro［5.5］- 8 - undecene）

分子式为 $C_{11}H_{18}O_2$，相对分子质量 182.26。CAS 为 74235-28-2。

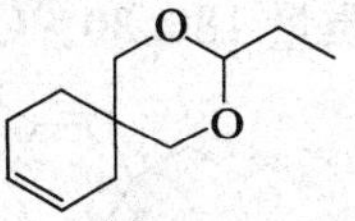

（1）理化性质　无色油状液体，为异构体的混合物。具有多种天然的花香和果香香气，并带有玫瑰、茉莉、风信子等香韵。不溶于水，溶于乙醇等有机溶剂。沸点为86℃/600Pa，闪点为 103℃，相对密度（d_4^{20}）为 1.012，折射率（n_D^{20}）为 1.4730～1.4770，闪点为 103℃。

（2）天然存在　未见文献报道。

（3）制备方法　在酸性催化剂存在下，由 1，1-二羟甲基-3-环己烯和丙醛进行缩合反应制得。

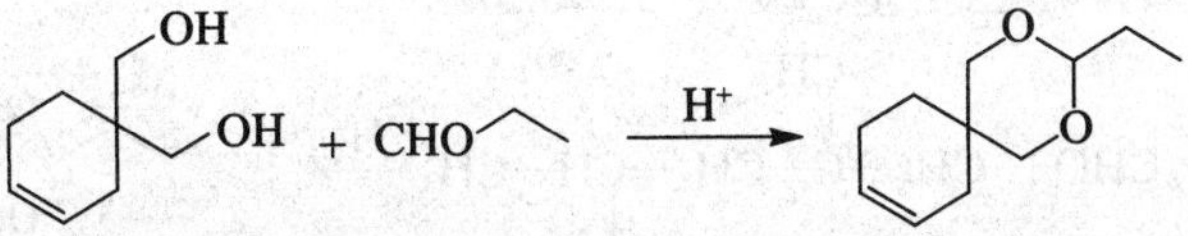

（4）主要用途　可用于日化香精中。

（5）安全管理　IFRA 没有限制规定。

三、3-甲基-2，4-二氧杂-7，10-亚甲基螺［5.5］-十一烷
（3 - Methyl - 2，4 - dioxa - 7，10 - methylene - spiro［5.5］- undecane）

3-甲基-2，4-二氧杂-7，10-亚甲基螺［5.5］-十一烷又称甲基二氧杂亚甲基螺十一烷。

分子式为 $C_{11}H_{18}O_2$，相对分子质量 182.26。CAS 为 87641-24-5。

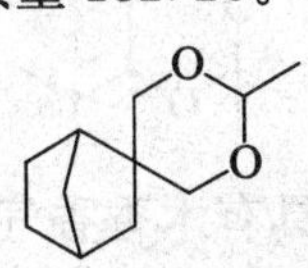

（1）理化性质　无色油状液体，为异构体的混合物。具有果香香气和新鲜的青香香气，并带有格蓬似的香韵。不溶于水，溶于乙醇等有机溶剂。沸点为 67～70℃/170Pa，闪点为 102℃，相对密度（d_{25}^{25}）为 1.049，折射率（n_D^{20}）为 1.4820～1.4840，闪点为 102℃。

（2）天然存在　未见文献报道。

（3）制备方法　以环戊二烯和丙烯醛为原料，经四步合成反应制得。

（4）主要用途　可用于日化香精。

（5）安全管理　IFRA 没有限制规定。

四、2-正丁基-4，4，6-三甲基-1，3-二氧噁烷（2-*n*-Butyl-4，4，6-trimethyl-1，3-diohexane）

2-正丁基-4，4，6-三甲基-1，3-二氧噁烷又称正戊醛与2-甲基-2，4-戊二醇缩醛、丁基三甲基二噁烷。

分子式为$C_{11}H_{22}O_2$，相对分子质量186.30。CAS为54546-26-8。

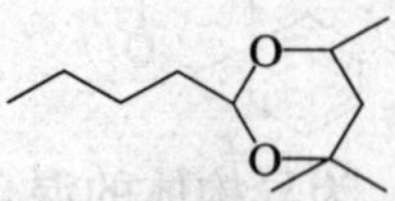

（1）理化性质　无色油状液体，具有薰衣草、草香、花香和辛香香气，可部分代替薰衣草油用于日化香精中。不溶于水，溶于乙醇等有机溶剂。沸点为72～74℃/1.33kPa，相对密度（d_{20}^{20}）为0.887～0.892，折射率（n_D^{20}）为1.4270～1.4320，闪点为76℃。

（2）天然存在　未见文献报道。

（3）制备方法　以草酸为催化剂，由正戊醛与2-甲基-2，4-戊二醇进行缩合反应制得2-正丁基-4，4，6-三甲基-1，3-二氧噁烷。

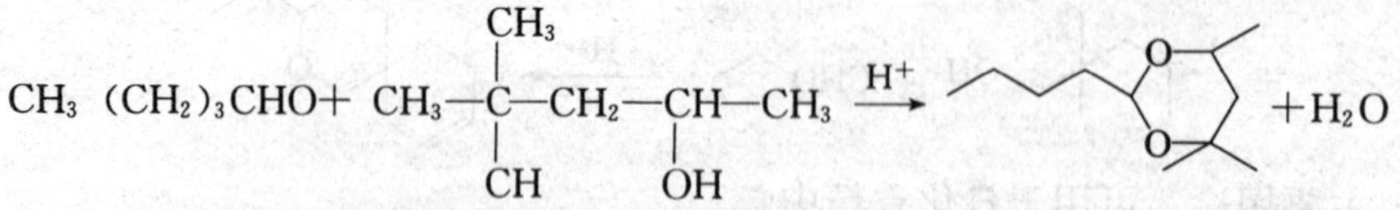

（4）主要用途　可用于香荚兰、薰衣草-馥奇香型等皂用香精和其他日化香精中。

（5）安全管理　IFRA没有限制规定。

五、2，2，5，5-四甲基-4-异丙基-1，3-二氧噁烷（2，2，5，5-Tetramethyl-4-isopropyl-1，3-diohexane）

分子式为$C_{11}H_{22}O_2$，相对分子质量186.30。CAS为61920-45-4。

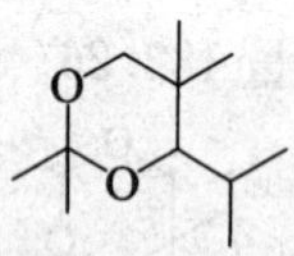

（1）理化性质　无色油状液体，具有木香香气，并伴有青香、果香、壤香香韵。不溶于水，溶于乙醇等有机溶剂。沸点为70℃/1.7kPa，相对密度（d_{25}^{25}）为0.892，折射率（n_D^{20}）为1.4280～1.4320，闪点为54℃。

（2）天然存在　未见文献报道。

（3）制备方法　在酸性催化剂存在下，由2，2，4-三甲基-1，3-戊二醇与丙酮进行缩合反应制得。

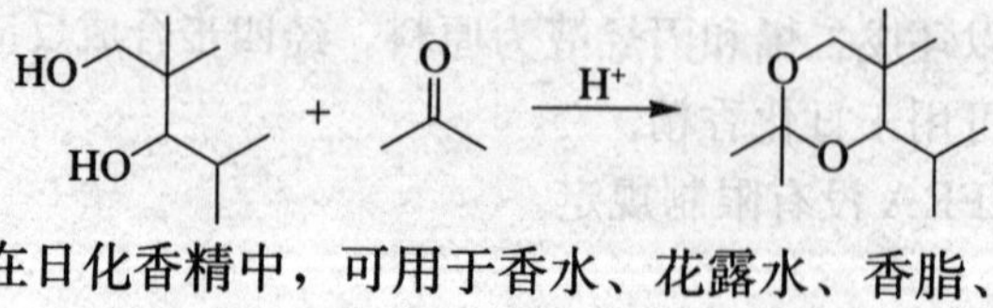

（4）主要用途　在日化香精中，可用于香水、花露水、香脂、香皂、洗涤剂等香精

的调配。另外还可用于工业品的加香。

(5) 安全管理　IFRA 没有限制规定。

六、2，4，6-三甲基-4-苯基-1，3-二氧噁烷
(2，4，6-Trimethyl-4-phenyl-1，3-diohexane)

分子式为 $C_{13}H_{18}O_2$，相对分子质量 206.28。CAS 为 5182-36-5。

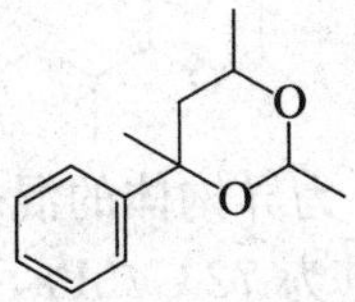

(1) 理化性质　无色液体。具有新鲜的草香香气，并带有花香、青香和圆柚香韵。不溶于水，溶于乙醇等有机溶剂。相对密度（d_4^{20}）为 1.015～1.025，折射率（n_D^{20}）为 1.4990～1.5090，闪点为 96℃。

(2) 天然存在　未见文献报道。

(3) 制备方法　以 α-甲基苯乙烯和乙醛为原料，通过 Prins 反应制得。

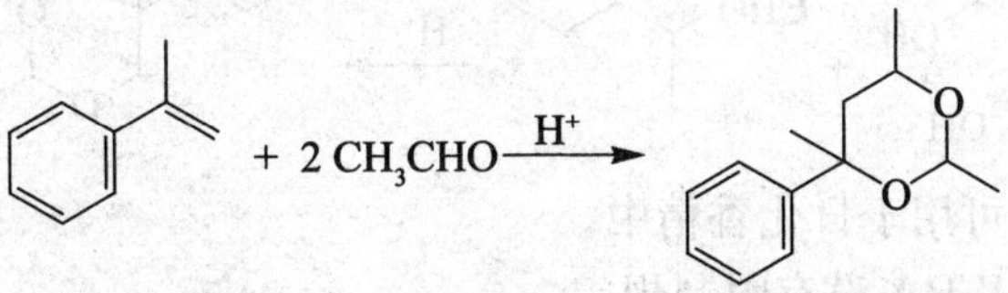

(4) 主要用途　在日化香精中，可用于香水、化妆品和皂用香精的调配。

(5) 安全管理　IFRA 没有限制规定。

七、3-乙基-9，11-二甲基-2，4-二氧杂螺［5.5］-8-十一烯
(3-Ethyl-9，11-dimethyl-2，4-dioxaspiro［5.5］-8-undecene)

分子式为 $C_{13}H_{22}O_2$，相对分子质量 210.32。CAS 为 71566-53-5。

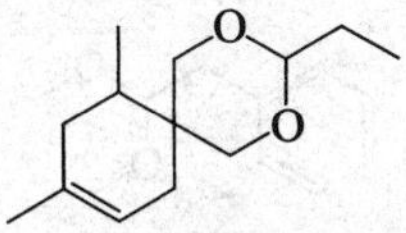

(1) 理化性质　无色油状液体，为异构体的混合物。具有天然的草香香气，并带有典型的芹菜香韵。不溶于水，溶于乙醇等有机溶剂。沸点为 108～110℃/670Pa，闪点为 118℃，相对密度（d_{25}^{25}）为 0.987，折射率（n_D^{20}）为 1.4770～1.4810。

(2) 天然存在　未见文献报道。

(3) 制备方法　在酸性条件下，2，4-二甲基-4-环己烯甲醛首先和甲醛反应生成二醇，然后再与丙醛反应制得。

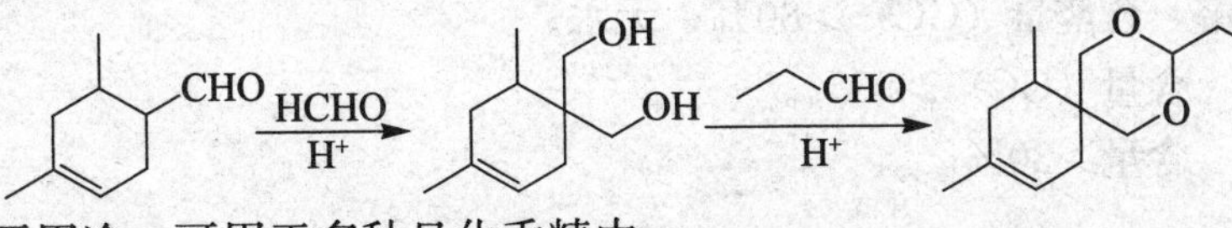

(4) 主要用途　可用于多种日化香精中。

（5）安全管理　IFRA 没有限制规定。

八、5-甲基-5-丙基-2-（1-甲基丁基）-1，3-二氧噁烷

（5-Methyl-5-propyl-2-（1-methylbutyl）-1，3-diohexane）

分子式为 $C_{13}H_{26}O_2$，相对分子质量 214.36。CAS 为 80480-24-6。

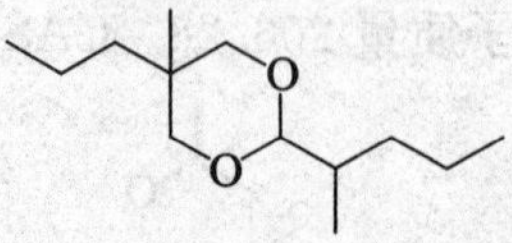

（1）理化性质　无色油状液体，为异构体的混合物。具有绿色植物的青香香气。不溶于水，溶于乙醇等有机溶剂。沸点为 72℃/3Pa，相对密度（d_{25}^{25}）为 0.889，折射率（n_D^{20}）为 1.4400～1.4430，闪点为 126℃。

（2）天然存在　未见文献报道。

（3）制备方法　在酸性催化剂存在下，由 2-甲基-2-丙基-1，3-丙二醇和 2-甲基戊醛通过缩合反应制备。

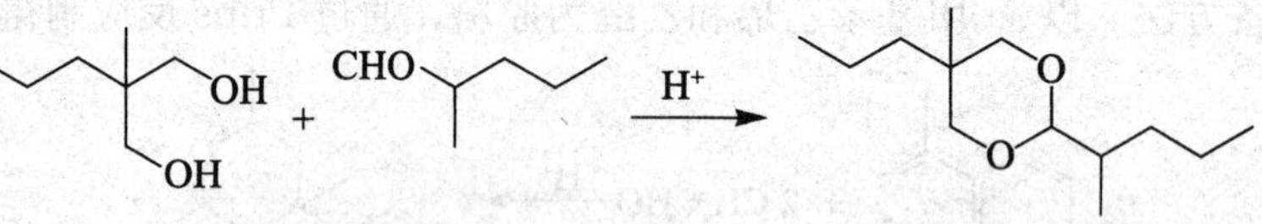

（4）主要用途　可用于日化香精中。

（5）安全管理　IFRA 没有限制规定。

第五节　缩羰基类香料生产工艺

以苯乙二甲缩醛为例，简述如下。

一、化学结构式

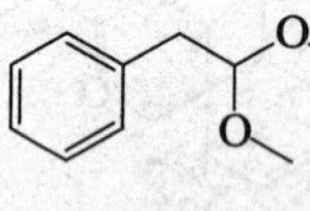

二、反应式

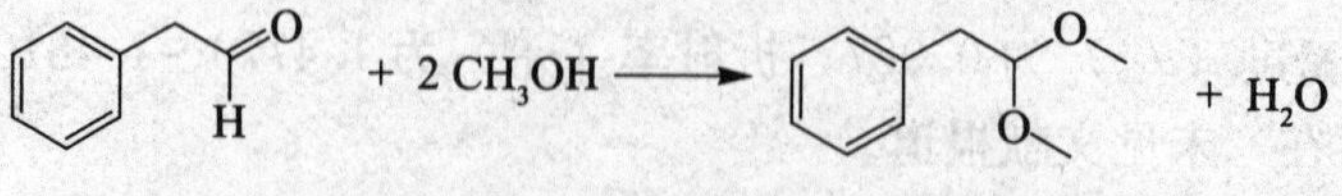

三、原料规格

（1）苯乙醛　含醛量（GC）＞80%，无水。

（2）甲醇　含量（GC）＞99%。

（3）盐酸　含量＞30%。

四、工艺过程

投料配比：甲醇200kg，盐酸7kg，苯乙醛80kg。

先在反应锅内投入甲醇100kg，盐酸7kg，再将剩余100kg甲醇全部吸入，开启反应锅夹层冷冻水和搅拌；当锅内料温达10℃时，在搅拌下缓缓滴加苯乙醛80kg（在加入苯乙醛时，务使内温不超过20℃），约2h左右可加毕，搅拌10min，室温下静置24h。抽取少量产物用盐水洗涤至中性后，用化学法测定含醛量，当含醛量≤5%，且10h后不降低时，反应结束（含醛量以苯乙醛计）。

料液用纯碱粉中和至pH＝7后，用反应锅加热回收甲醇，当内温达100℃时，停止加热并冷却，当内温冷却至50℃以下时，加水20kg以溶解锅内的纯碱粉及盐类等固体物质，然后料液用饱和食盐水100kg左右洗涤两次，分去洗涤水后即得粗缩醛。

粗缩醛进行分馏，分馏前可在粗醛内加入0.3%小苏打或0.1%纯碱粉。

在外温120℃，30mmHg压力条件下减压蒸出水分。

在外温120～150℃，气温85℃/15mmHg以前馏分为头子，约为投料量的12%，集中复苏后约得65%的苯乙二甲缩醛。

在外温150～180℃，内温115℃，气相温度85～104℃/15mmHg下收集的馏分为苯乙二甲缩醛，约为投料量72%～74%。其余为水分及脚子。

五、苯乙二甲缩醛成品规格

（1）色状　无色或微黄色透明液体，色泽<No.7；

（2）酸值　≤5mgKOH/g；

（3）苯乙醛含量　≤3%；

（4）香气　浓郁、持久和润的绿叶青香。

六、注意事项

（1）甲醇有毒，对眼睛有影响，严重可致失明。

（2）苯乙醛必须不含水分，苯乙醛中聚合物含量越少越好（因此必须使用新鲜制得的苯乙醇），否则影响缩合；缩合反应终点的含醛量越低越好，否则影响得率。

第九章　羧酸类香料

羧酸是含有羧基（—COOH）的含氧有机化合物。它可以看作是烃分子中的氢被羧基取代而成的化合物。羧酸，尤其是脂肪族羧酸，广泛分布于天然产物中，它们是植物的花、叶和果实里的酯类和脂肪的组成成分。少数的芳香族羧酸，如苯甲酸、水杨酸、没食子酸和桂酸等，是以游离态和结合态的形式存在于天然的植物中。目前工业上使用的羧酸大部分是人工合成的。

饱和一元酸中，甲酸、乙酸、丙酸具有强烈的酸味和刺激性。含有 4～9 个碳原子的羧酸具有腐败恶臭，呈油状液体，动物的汗液和奶油变质的气味就是因为存在游离正丁酸的缘故。含 10 个以上碳原子的羧酸为石蜡状固体，挥发性很低，没有气味。

大多数羧酸一般没有令人愉快的香气，但少数几种羧酸在日化香精和食品香精中却是不可缺少的，如乙酸、丁酸、异戊酸、十四酸、草莓酸、桂酸、苯乙酸、山梨酸等都是重要的香味成分，有些甚至可以作为调味剂直接应用于食品行业。羧酸是酯类的母体，香料中所用的各种酯类大部分是从羧酸酯化而得，羧酸的酯类化合物大都具有令人愉快、甜美的果香、酒香、花香，在调香配方中是不可缺少且占有很大比例的，所以羧酸的合成在合成香料工业中也占有重要地位。此外，在合成香料工业中，羧酸也广泛用作基本原料，是合成酯类香料的重要中间体。

第一节　羧酸类化合物的制备方法

一、氧化反应制备羧酸

制备羧酸使用的氧化剂一般有高锰酸钾、重铬酸钾或重铬酸钠、氧气、硝酸等。

（一）伯醇和醛的氧化

醇和醛均可直接氧化生成羧酸，这是制备羧酸的主要方法之一。伯醇氧化时，首先生成醛，醛再进一步氧化成羧酸。醛氧化时最常用的氧化剂是高锰酸钾的酸性或碱性水溶液。用悬浮在碱液中的氧化银作氧化剂可使反应温和且能选择性地进行。

$$CH_3(CH_2)_2—CH_2—OH \xrightarrow{KMnO_4+H_2SO_4} CH_3(CH_2)_2—CHO \xrightarrow{KMnO_4+H_2SO_4} CH_3(CH_2)_2—\overset{\overset{\large O}{\|}}{C}—OH$$

$$CH_3CH_2CH_2—CHO \xrightarrow[30\sim50℃]{O_2,\ Mn(Ac)_2} CH_3CH_2CH_2—COOH$$

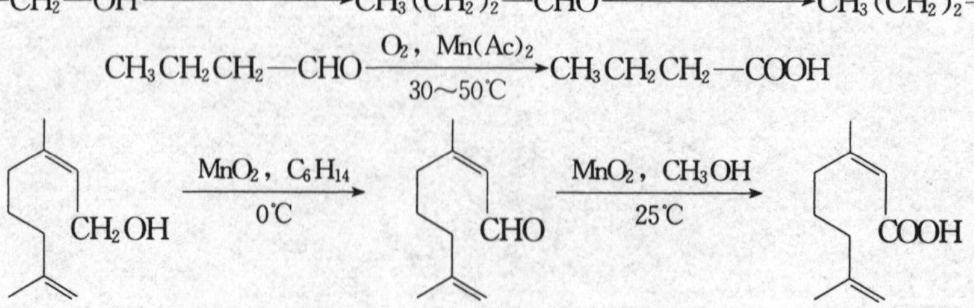

此外，也可采用催化氧化脱氢法由醛制备羧酸。催化氧化脱氢法是利用氧气为氧化剂将醛类氧化成相应的羧酸，因氧气的来源十分丰富且价廉，同时很少有三废污染，故此法在工业上被广泛采用。一般在较高温度和催化剂（铜盐、钴盐、锰盐、钒盐等）存在下，于常压或加压下进行连续气相反应。如由丁醛制备丁酸、由异戊醛制备异戊酸、由 2-甲基戊烯-2-醛制备 2-甲基戊烯-2-酸均可采用催化氧化脱氢工艺。

（二）不饱和烃的氧化

烯烃用臭氧氧化得到中间体醛，再用双氧水氧化生成羧酸。

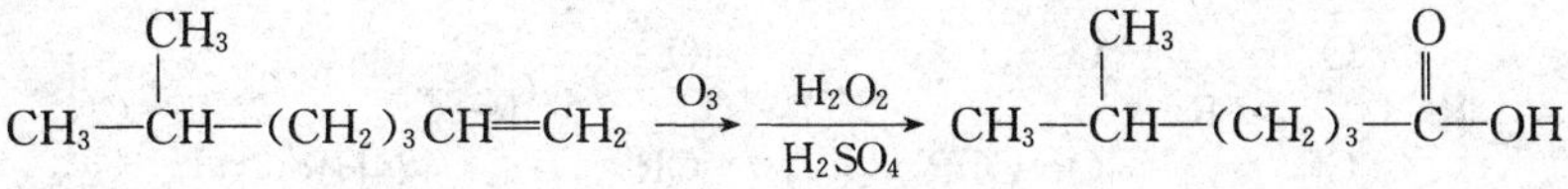

（三）烃的氧化

石蜡（C_{20}～C_{30}）在高锰酸钾（用量为混合物重量的 0.1%～0.3%）的催化下，在 120～150℃通入空气氧化，发生了碳链的断裂，产生一系列的混合物。

烷基苯可氧化成苯甲酸，条件是与芳核连接的碳至少有一个 C—H 键，即有一个 α-H。芳环上有羟基、氨基等取代基时，易被氧化，所以此法不适用。氧化剂常用高锰酸钾、重铬酸钾、硝酸。

$$RCH_2-CH_2R' \xrightarrow[120\sim150℃]{空气，KMnO_4} RCOOH + R'COOH$$

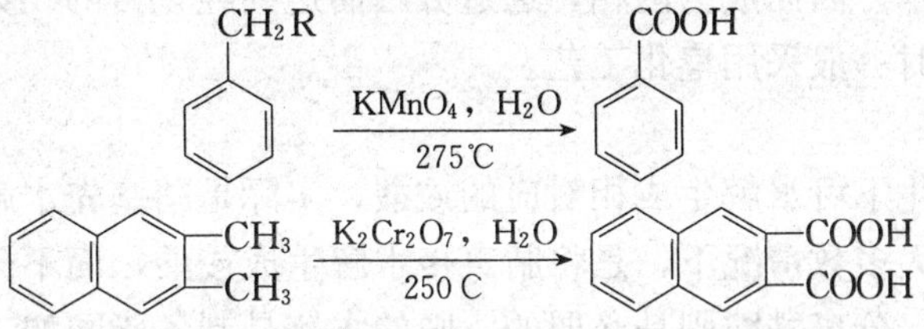

（四）酮的氧化

酮氧化成羧酸要使 C—C 键断裂，较伯醇或醛的氧化困难，制备方法如下。

1. 环酮的裂解氧化

某些环酮能被浓硫酸、浓硝酸、三氧化铬-乙酸酐等氧化剂氧化开环生成二元酸。如在 V_2O_5 催化下，环己酮被浓硝酸氧化生成己二酸。

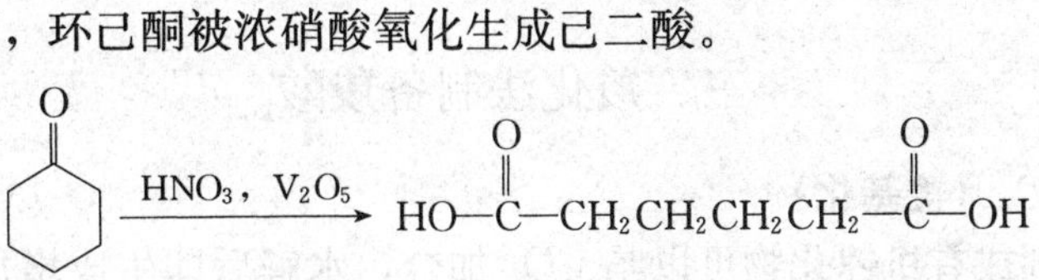

2. 甲基酮（或甲基仲醇的氧化）

甲基酮（或甲基仲醇）在碱液中卤化生成三卤甲酮，后者在碱液中很快分解成卤仿和羧酸盐，这一方法（卤仿反应）适用于合成不饱和酸，未观察到卤素与烯键的竞争反应。

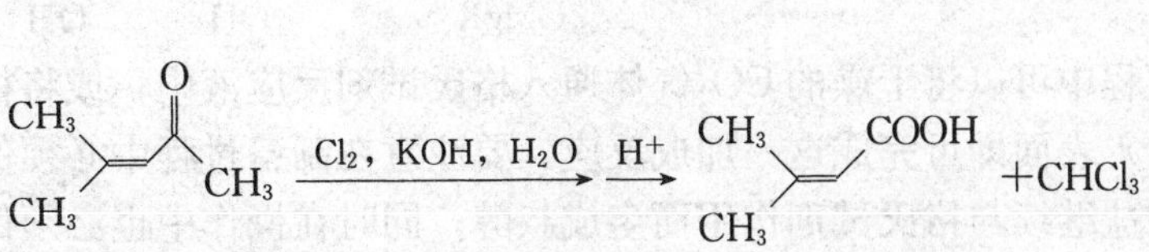

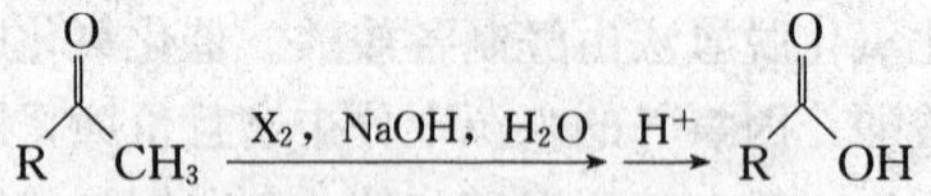

若使用的卤素是碘，则称为碘仿反应。

二、水解反应制备羧酸

羧酸衍生物，如酰卤、酯、酰胺、酸酐、腈等均能水解成羧酸。其水解的难易程度如下。

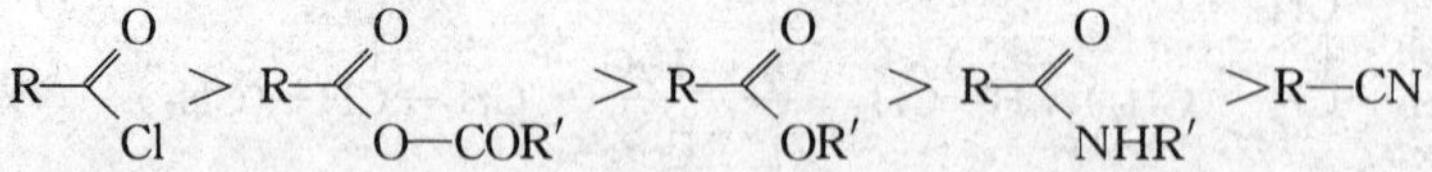

只有酰氯和酸酐能自动地水解生成羧酸，但它们大多是由羧酸制成的，故在合成上无意义。酯和酰胺与水反应得很慢，需用酸或碱催化。所以只研究酯类或腈类的水解。

（一）酯的水解

羧酸酯在酸性或碱性介质中进行水解反应，生成相应的羧酸：

$$RCOOR'+H_2O\xrightarrow{H^+或OH}RCOOH+R'OH$$

酯的水解常采用碱性（KOH、NaOH、$Ba(OH)_2$或$Ca(OH)_2$）水溶液中进行，称为皂化反应。其优点可使酯的水解更完全，并且能与不皂化物分离。羧酸盐溶于水，而不皂化物却不溶于水，因而成为两相，通过分层而达到纯化目的。如用油脂（脂肪酸甘油酯）制备脂肪酸时一般采用皂化工艺。

（二）腈的水解

腈在酸或碱催化下可水解生成相对应的羧酸，实际是腈基先水解成酰胺，酰胺再水解成相应的酸。在大多数情况下，是将腈直接水解生成羧酸，而不分离出酰胺。但当处理很难水解的腈时，分离酰胺则是必要的。腈的水解是制备脂肪酸、芳香酸和杂环酸的最重要方法之一，其反应为：

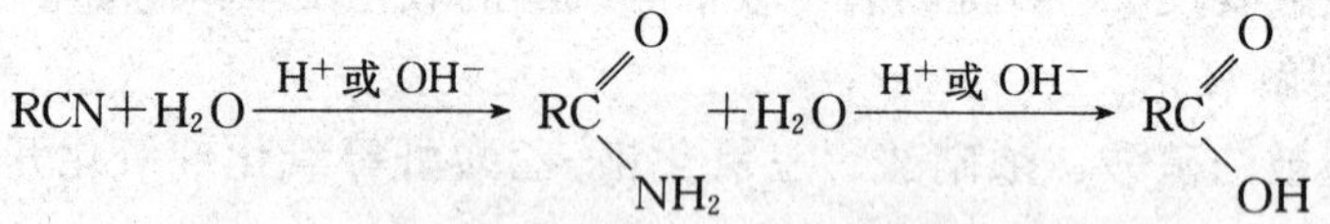

三、羧化法制备羧酸

（一）插入 CO_2（羧基化）

Grignard 试剂或有机锂化物可以与 CO_2 加合，水解后即生成增加一个碳原子的羧酸，即 Grignard 反应制备羧酸。

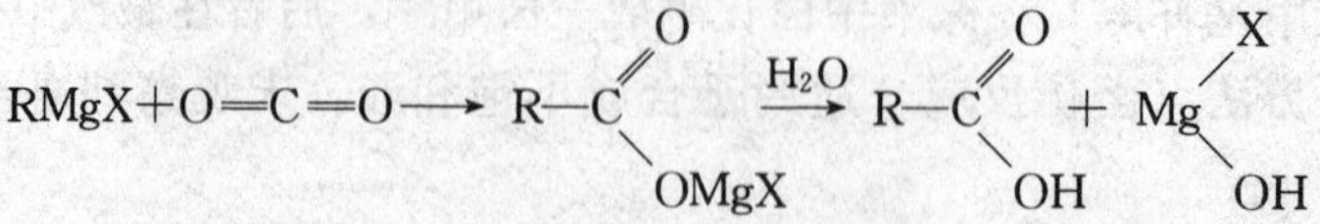

在制备过程中可以将干燥的CO_2气体通入格氏试剂反应液中，或将格氏试剂倒在干冰（固体CO_2）表面即可完成这一加成反应。要注意在制备过程中必须保持低温，以免使生成的羧酸盐继续与格氏试剂作用而生成叔醇；同时在操作中也必须保持干燥，否则

也会影响产物的得率或生成叔醇类副产物。

有机锂化物与 CO_2 作用即酸化生成增加一个碳原子的羧酸。

$$RLi + CO_2 \longrightarrow RCOOLi \xrightarrow{H_2O} RCOOH$$

（二）插入 CO（羰基化）

Reppe 反应是在过渡金属催化剂作用下加入 CO 生成酸的过程。例如，烯烃或炔烃在 $Ni(CO)_4$ 催化剂的存在下吸收 CO 和 H_2O 生成羧酸。除烯烃与炔烃外，醇也可以进行这类反应，如用甲醇羰基化法制备乙酸是目前合成乙酸的主要方法。

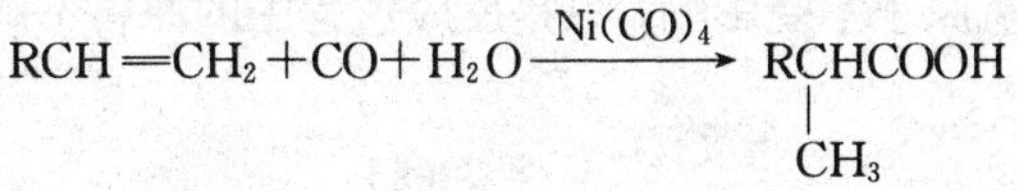

$$CH{\equiv}CH + CO + H_2O \xrightarrow[\triangle]{Ni(CO)_4} CH_2{=}CHCOOH$$

四、酰化反应制备羧酸

芳烃和二元酸酐发生酰基化反应，是合成芳酮酸的主要方法。

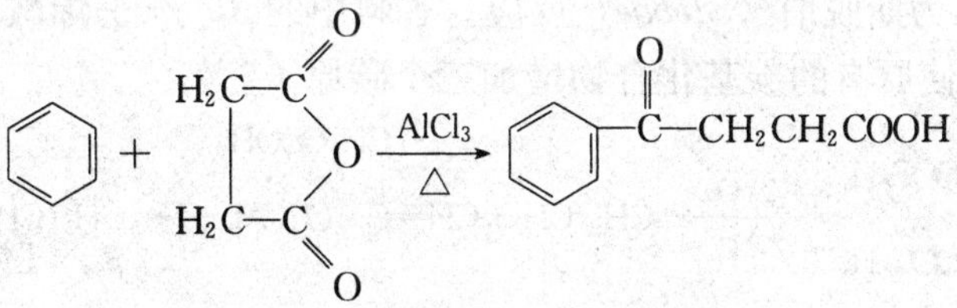

五、热解法制备羧酸

热解法制备羧酸只适用于某些特殊的例子。例如，蓖麻油或蓖麻酸甲酯热解，可以制得庚醛和十一烯酸。但实际操作中最好不要直接将蓖麻油热解，通常是将蓖麻油制成蓖麻酸甲酯或乙酯后再处理。具体操作是，将过量的甲醇或乙醇与蓖麻油在硫酸存在下加热回流，可发生酯交换反应使甘油酯转化为甲酯或乙酯。

蓖麻酸甲酯的热解是在 4.8kPa、550℃时将蓖麻酸甲酯通过不锈钢管或铜管进行的。热解产物主要是庚醛和十一烯酸甲酯。混合物中的庚醛可以采用水蒸气冲蒸分离，再减压分馏将庚醛提纯或将亚硫酸氢钠溶液加入裂解油中，使 $NaHSO_3$ 与庚醛形成溶于水的加成物而与十一烯酸甲酯分离。残留液中含有十一烯酸甲酯，经皂化反应后得到十一烯酸，再用减压分馏加以精制。十一烯酸本身不适宜用作香料，但以它为原料可以合成很多种香料，如十一烯醛、壬醇、壬醛、环十五内酯等。

六、缩合反应制备羧酸

（一）柏金（Perkin）反应

利用缩合反应制备羧酸的方法中，最有实用价值的是柏金（Perkin）反应，即芳香醛与酸酐在有机酸的钾盐（或钠盐）等碱性催化剂存在下进行缩合反应，170～180℃加热数小时，生成 α，β-不饱和酸。所用的催化剂一般是与酸酐对应的羧酸钠盐或钾盐，以钾盐为最好。柏金（Perkin）反应中羰基化合物羰基上的 α-碳原子上不应含有活泼氢。这一反应在香料合成工业中有一定的价值，是合成肉桂酸的主要方法。

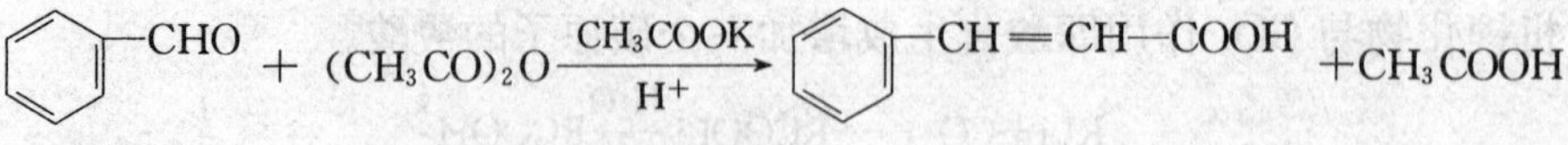

(二) 克脑文盖尔 (Knoevenagel) 反应

含羰基的化合物，特别是芳香族醛或脂肪族醛类在氨或伯胺、仲胺存在下，能与含活泼亚甲基的化合物（如丙二酸或丙二酸酯）缩合，生成 α，β-不饱和酸，称为克脑文盖尔(Knoevenagel) 反应。此反应与柏金 (Perkin) 反应相似，但在 Knoevenagel 反应中，羰基化合物的 α-碳原子上含有氢原子不受影响，只是反应过程中的原料不同而已，如 α，β-壬烯酸的合成。

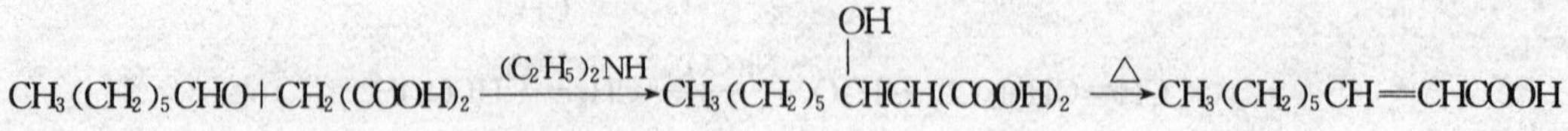

α，β-壬烯酸

(三) 斯脱伯 (Stobbe) 反应

醛或酮在碱性催化剂存在下与丁二酸酯缩合，经脱水、水解和脱羧，可以制备 β，γ-不饱和羧酸，称为斯脱伯（*Stobbe*）反应。香料中的 β，γ-壬烯酸就是采用这一方法合成的。此反应可使原有的羰基化合物增加三个碳原子。

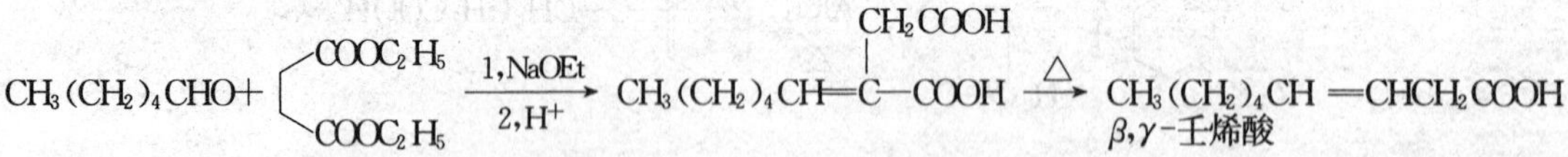

己醛　　丁二酸二乙酯

第二节　脂肪族酸类香料

一、甲酸 (Formic acid、Methanoic acid、Carboxylic acid)

甲酸最早由蒸馏赤蚁获得，甲酸是蚂蚁的分泌物，故又称蚁酸。

分子式为 CH_2O_2，相对分子质量 46.03。

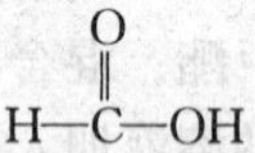

(1) 理化性质　无色而有刺激性的液体，具有刺激性气味，稀释一定倍数后具有醋香和果香香气。溶于水和乙醇等有机溶剂，呈强酸性，为强还原剂。加热至 160℃以上分解成 CO_2 和 H_2，与浓硫酸一起加热分解出 CO。熔点为 8.24℃，沸点为 100～101℃、50℃/16kPa，闪点为 68℃，相对密度（d_4^{20}）为 1.219，折射率（n_D^{20}）为 1.3710～1.3740。

(2) 天然存在　甲酸在自然界分布很广，在草莓、覆盆子、生梨、苹果、甜樱桃、番木瓜、花生、橙汁、甜瓜、威士忌酒、面包中均有存在。

(3) 制备方法

①甲酸钠法：CO 和粉状 NaOH 在 120～125℃和 0.6～0.8MPa 下相互作用生成甲酸盐，然后用浓硫酸酸化即制得甲酸。该法一般是先获得浓度约为 75%的产品，再用

其他分离方法提纯精制。

$$CO+NaOH\xrightarrow[1.4\sim1.8MPa]{160\sim200^{\circ}C}HCOONa\xrightarrow{H_2SO_4}HCOOH$$

②甲酸甲酯法：先将CO和甲醇在80℃和4MPa条件下，以甲醇钠为催化剂进行反应，生成甲酸甲酯。然后在酸性催化剂存在及90～140℃和0.5～1.8MPa条件下甲酸甲酯水解为甲醇和甲酸，经分离精制可获得纯度85%以上的浓甲酸。甲醇则返回羰基化反应器。

$$CO+CH_3OH\xrightarrow[4MPa]{80^{\circ}C}HCOOCH_3$$

$$HCOOCH_3+H_2O\xrightarrow[0.5\sim1.8MPa]{90\sim140^{\circ}C}HCOOH+CH_3OH$$

③甲酰胺法：以一氧化碳和无水氨为原料，在甲醇溶液中以甲醇钠为催化剂，首先生成甲酰胺，再用硫酸进行水解，生成甲酸和硫酸铵。

$$CO+NH_3+CH_3OH\xrightarrow{CH_3ONa}HCONH_2+CH_3OH$$

$$2HCONH_2+H_2SO_4+H_2O\longrightarrow2HCOOH+(NH_4)_2SO_4$$

（4）主要用途　用于调配菠萝蜜、番木瓜、苹果、面包、干酪、奶油等香型的食用香精及威士忌和朗姆酒用香精。在食品工业中，甲酸用于酿酒行业的消毒、防腐，用作罐头的清洗剂、消毒剂，果汁和食物的保藏剂。

（5）安全管理　FEMA号2487，FDA172.515，COE1，GB 2760—2014批准为允许使用的食品香料。

二、乙酸（Acetic acid）

乙酸俗称醋酸，是食醋的主要成分，普通食醋中含量为6%～8%。

分子式为$C_2H_4O_2$，相对分子质量60.05。

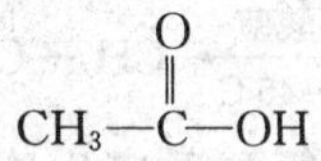

（1）理化性质　无色而有刺激性气味的液体，具有刺激性、尖酸的气味，稀释一定倍数后具有酸味。溶于水和乙醇等有机溶剂。将水加到乙酸中，混合后的溶液总体积变小，密度增加；直至分子比为1∶1，进一步稀释，不再发生体积的改变。熔点为16.6℃，易冻结，故通称为冰醋酸。沸点为118℃，闪点为39℃，相对密度（d_{25}^{25}）为1.049，折射率（n_D^{20}）为1.3718。

（2）天然存在　在苦橙油、柠檬叶油、柠檬油、草莓、醋中均有存在。乙酸在自然界分布很广，在水果或植物油中主要以酯的形式存在。在动物的组织、排泄物和血液中以游离态存在。许多微生物可以将不同的有机物通过发酵作用转化为乙酸。

（3）制备方法　以甲醇为原料，采用低压羰化法生产乙酸，此法（甲醇羰基合成法）是合成乙酸的主要方法。

$$CH_3OH+CO\longrightarrow CH_3COOH\text{（主反应）}$$

$$CH_3COOH+CH_3OH\longrightarrow CH_3COOCH_3+H_2O\text{（副反应）}$$

（4）主要用途　主要用于调配葡萄、覆盆子、干酪、草莓、巧克力、朗姆酒、辛香、醋、酒类、烟草等食用香精。乙酸是大宗化工产品，是最重要的有机酸之一。

（5）安全管理　FEMA 号 2006，FDA184.1005，COE2，GB 2760—2014 批准为允许使用的食品香料。

三、乳酸（Lactic acid）

乳酸又称 2-羟基丙酸、α-羟基丙酸、丙醇酸。

分子式为 $C_3H_6O_3$，相对分子质量 90.08。

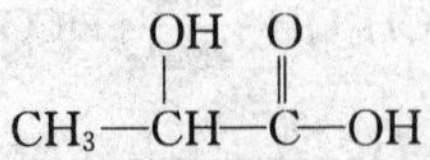

（1）理化性质　具有温和的奶油香气和令人愉快的酸味。乳酸是一种羟基酸，最早是由酸牛乳中获得，故名乳酸。因分子中有一个不对称碳原子，所以乳酸有两种旋光异构体。两种光学异构体分别是右旋乳酸和左旋乳酸。右旋乳酸 [L-（+）-乳酸]，熔点 53℃，溶于水、乙醇、丙酮和甘油，微溶于乙醚，少量存在于人类及动物血液及肌肉中；左旋乳酸 [D-（-）-乳酸]，无色结晶，熔点 52.8℃，溶于水、乙醇、丙酮和甘油，不溶于氯仿，存在于酸牛乳中。外消旋乳酸（DL-乳酸）是右旋乳酸与左旋乳酸的混合物，为无色或白色结晶或淡黄色黏稠液体，有吸湿性，有酸味，熔点 18℃，沸点为 122～123℃/2.0kPa，相对密度（d_4^{25}）为 1.206，折射率（n_D^{20}）为 1.4392。能与水、乙醇、甘油混溶，微溶于乙醚，不溶于苯、氯仿、二硫化碳和石油醚等。无论是发酵法还是合成法制得的市售品，均为外消旋乳酸。

（2）天然存在　在苹果、番茄等水果中均有存在，是酸乳的成分之一。

（3）制备方法

①发酵法：由淀粉、葡萄糖、牛乳等发酵制得。

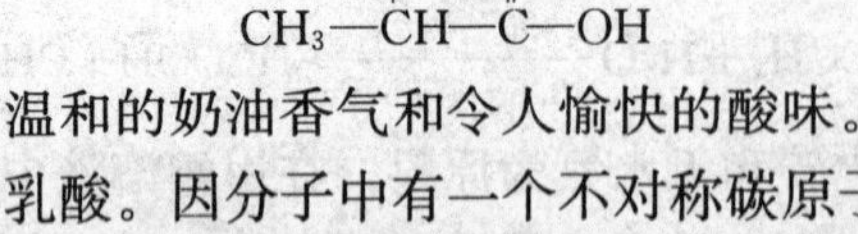

②合成法：以乙醛为原料，与氢氰酸反应生成氰化乙醇，再水解生成粗乳酸；粗乳酸转化为乳酸乙酯，然后再水解生成乳酸。

（4）主要用途　乳酸是一种重要有机酸，在医药、食品、卷烟、制革、发酵等工业中具有广泛应用，主要用于调配黄油、奶油、干酪、酸酪、巧克力、核桃、水果、酒、烟草等香型食用香精。

（5）安全管理　FEMA 号 2611，FDA184.1061，COE4，GB 2760—2014 批准为允许使用的食品香料。

四、苹果酸（Malic acid）

苹果酸又称羟基丁二酸、羟基琥珀酸。

分子式为 $C_4H_6O_5$，相对分子质量 134.09。

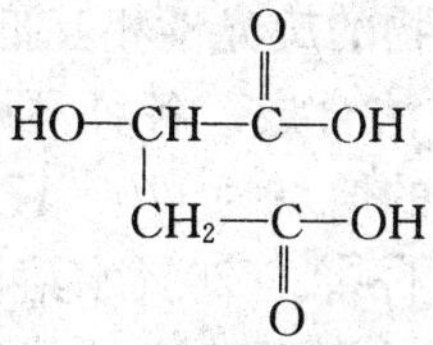

（1）理化性质　白色晶体，具有特殊的水果酸味。溶于水和乙醇。苹果酸具有旋光异构体，右旋和左旋苹果酸的熔点均为 100℃，沸点为 140℃（发生分解，生成丁烯二酸），相对密度（d_4^{20}）为 1.595。外消旋苹果酸的熔点为 132℃，沸点为 180℃（发生分解，生成丁烯二酸），相对密度（d_4^{20}）为 1.601。

（2）天然存在　在苹果、葡萄汁、山楂中均有存在，是苹果中的主要酸成分。

（3）制备方法

①从不成熟的苹果中单离出苹果酸。

②工业上主要以苯为原料，经催化氧化生成顺丁烯二酸，然后在高温高压下与水反应制得。

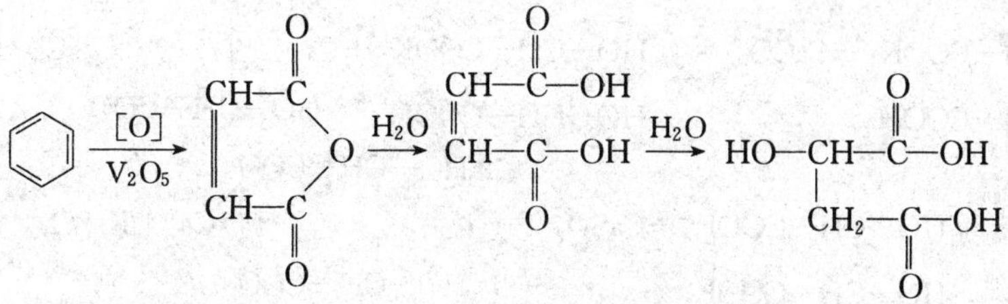

（4）主要用途　本品市售商品有 L-苹果酸、D-苹果酸、DL-苹果酸，以 DL-苹果酸为主，广泛用于医药、日用化工、食品、合成香料、合成树脂、化学助剂等行业。作为酸味剂，苹果酸的酸化效果比柠檬酸好，酸味柔和且比柠檬酸强 20%，有取代柠檬酸的趋势。它广泛用于普通和浓缩清凉饮料、粉末软饮料、乳酸菌饮料、乳饮料、汽水和冰淇淋、雪糕等冷饮；可作为口香糖、水果糖、冻胶、果酱、番茄酱、辣酱油、醋、果酱、蛋黄酱、人造奶油等食品的佐料。在 DL-苹果酸中，占 50%的 D 型无生理活性，而 L-苹果酸是当前国际公认的安全的食品添加剂。此外，苹果酸还可用于漱口剂、牙膏和无盐酱油，有促进口涎分泌、稳定乳化的作用。

（5）安全管理　FEMA 号 2655，FDA184.1069，COE17，GB 2760—2014 批准为允许使用的食品用酸度调节剂。

五、酒石酸（Tartaric acid）

酒石酸又称 2，3-二羟基丁二酸、葡萄酸、2，3-二羟基琥珀酸。

分子式为 $C_4H_6O_6$，相对分子质量 150.09。

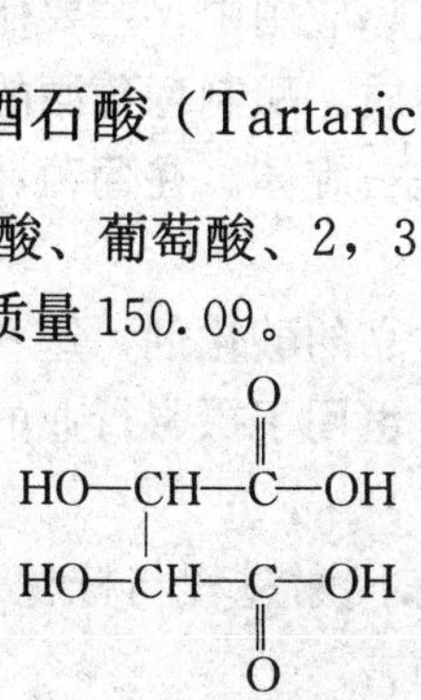

(1) 理化性质　酒石酸存在三种立体异构体：右旋酒石酸、左旋酒石酸和内消旋酒石酸。等量右旋体和左旋体的混合物的旋光性相互抵消，称为外消旋酒石酸。内消旋体不存在于自然界中，可以由化学方法合成。各种酒石酸都是易溶于水和乙醇的无色结晶，具有独特的酸味。右旋酒石酸的熔点为170～172℃，$[\alpha]_D^{25}$（20%水溶液）为+12°；左旋酒石酸的熔点为170～172℃，$[\alpha]_D^{20}$（20%水溶液）为-12.4°；内消旋酒石酸的熔点为146～148℃，无旋光性；外消旋酒石酸熔点为206～210℃，无旋光性。

(2) 天然存在　酒石酸主要以钾盐的形式存在于多种植物和植物的果实中，也有少量以游离态存在。在葡萄等水果中广泛存在。

(3) 制备方法

工业上常用葡萄糖发酵来制取右旋酒石酸，外消旋体可由反丁烯二酸用高锰酸钾氧化制备；内消旋体可由顺丁烯二酸用高锰酸钾氧化而制备；左旋酒石酸可由外消旋体拆分制备。

①将葡萄酿酒时产生的酒石用石灰乳处理，使之转化为酒石酸钙，再用硫酸处理，最后得到酒石酸。该法生产的酒石酸都是右旋体。

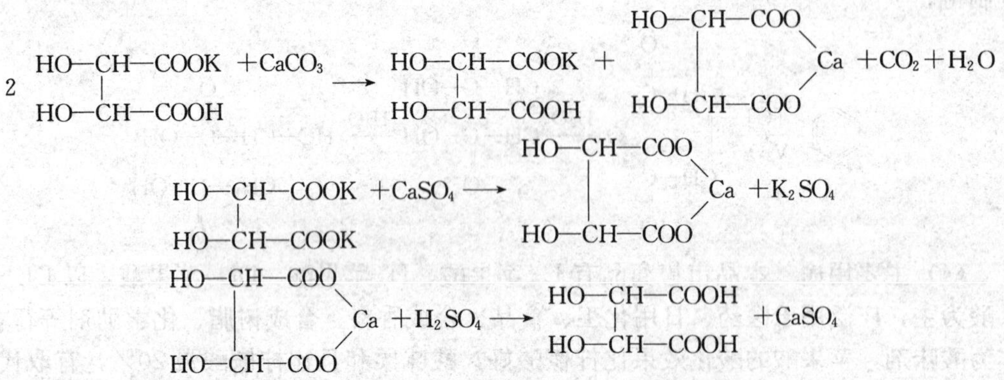

②以顺丁烯二酸酐为原料，通过过氧化氢氧化，生成酒石酸。

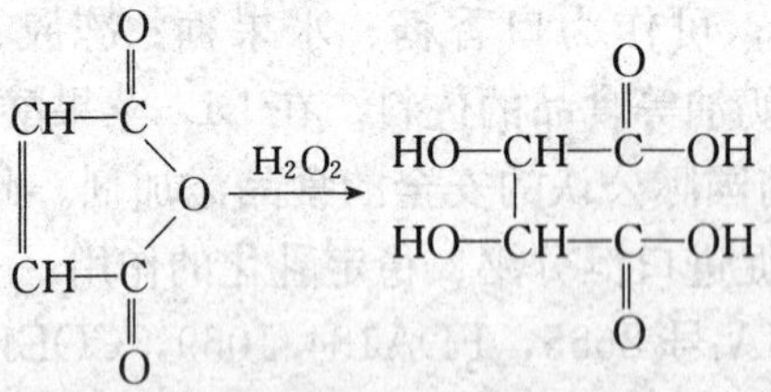

(4) 主要用途　在酒石酸的实际应用中，主要使用右旋酒石酸或其复盐。酒石是在葡萄汁酿酒过程中沉淀于桶壁的物质。酿制葡萄酒的副产品酒石是目前生产试剂酒石酸的主要原料，所生产的酒石酸都是右旋体。在葡萄汁中存在着酒石酸氢钾，此盐难溶于水和乙醇。

酒石酸广泛用作饮料和其他食品的酸化剂，这一用途与柠檬酸类似。酒石酸与单宁合用，可作为酸性染料的媒染剂，也用于摄影行业的某些显影和定影过程，其铁盐具有光敏性，因此可用于制作蓝图。

酒石酸及其盐在人体内的新陈代谢过程与柠檬酸不同，只发生轻微氧化，随尿排出，但大剂量会对肾和心脏造成伤害。

（5）安全管理　IFRA 没有限制规定。

六、正丁酸（*n* - Butyric acid）

正丁酸又称酪酸、丁酸、乙基乙酸。

分子式为 $C_4H_8O_2$，相对分子质量 88.10。

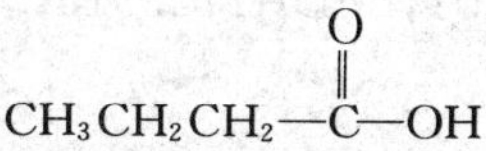

（1）理化性质　无色液体，具有持久、刺鼻、酸败的奶油气味，稀释一定倍数后具有乳香、干酪香、果香。溶于水和乙醇等有机溶剂。沸点为 163.5℃，相对密度（d_4^{15}）为 0.960，折射率（n_D^{20}）为 1.3983～1.3985。

（2）天然存在　存在于苹果汁、草莓、干酪，奶油、白面包、缬草、香茅、薰衣草、肉豆蔻、白千层、啤酒中。

（3）制备方法

①以正丁醛为原料经氧化反应制得。

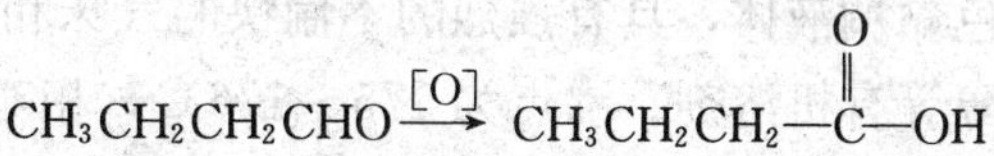

②由淀粉发酵制得。

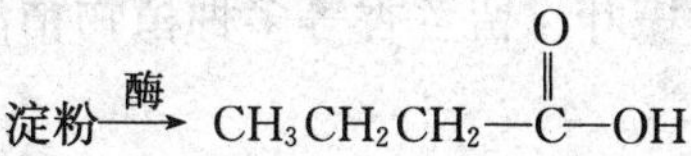

（4）主要用途　可用于食用香精的配方中，主要用于调配奶油香精，也可用于调配白脱、黄油、干酪、草莓、坚果、胡桃、巧克力、朗姆酒等香型食用香精。

（5）安全管理　FEMA 号 2221，FDA182.60，COE5，GB 2760—2014 批准为允许使用的食品香料。

七、正戊酸（*n* - Valeric acid）

正戊酸又称缬草酸、丙基乙酸、戊酸。

分子式为 $C_5H_{10}O_2$，相对分子质量 102.13。

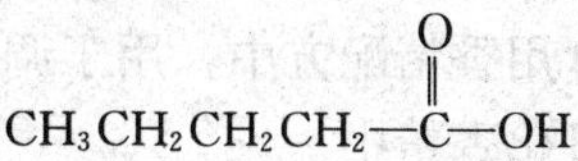

（1）理化性质　无色液体，具有尖刺的酸味，稀释后具有果香、乳香和干酪香。微溶于水，溶于乙醇等有机溶剂。沸点为 185℃，相对密度（d_4^{20}）为 0.939，折射率（n_D^{20}）为 1.4080。

（2）天然存在　存在于酸乳酪、干酪、牛乳、苹果、菠萝、草莓、柠檬叶中。

（3）制备方法

①水蒸气蒸馏缬草根得到的蒸馏液中可分离出正戊酸。

②以正戊醇为原料，经氧化反应制得正戊酸。

$$CH_3(CH_2)_3CH_2OH \xrightarrow{KMnO_4} \xrightarrow{H_2SO_4} CH_3(CH_2)_3COOH$$

③以戊腈为原料，经水解反应制得正戊酸。

$$CH_3(CH_2)_2CH_2CN \xrightarrow[H_2O]{NaOH} CH_3(CH_2)_3COOH$$

（4）主要用途　主要用于动物香型日化香精中。也用于调配干酪、牛乳、奶油、巧克力、苹果、水果等香型食用香精。

（5）安全管理　FEMA 号 3101，FDA172.515，COE7，GB 2760—2014 批准为允许使用的食品香料。

八、异戊酸（Isovaleric acid）

异戊酸又称 3-甲基丁酸。

分子式为 $C_5H_{10}O_2$，相对分子质量 102.13。CAS 为 503-74-2。

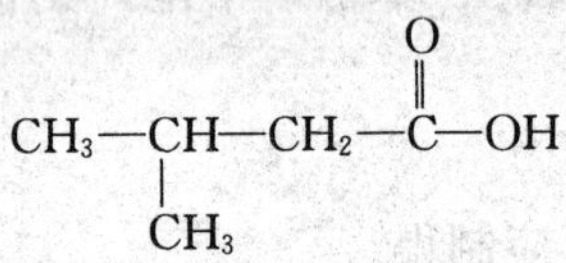

（1）理化性质　无色黏稠液体，具有强烈的不愉快的气味和酸味，高度稀释后有甜润的果香。溶于水和乙醇等有机溶剂。沸点为 175～176℃，相对密度（d_4^{20}）为 0.931，折射率（n_D^{20}）为 1.4043，闪点为 82℃。

（2）天然存在　存在于柠檬叶、留兰香等多种植物精油和水果中。

（3）制备方法

①以异戊醛为原料经氧化反应制得。

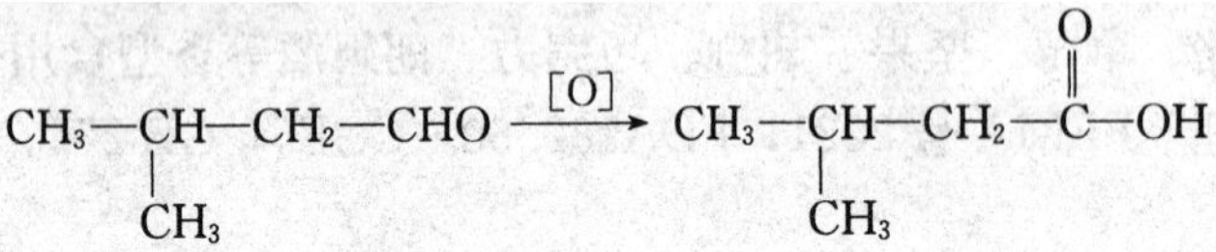

②以异戊醇为原料经连续氧化反应制得。

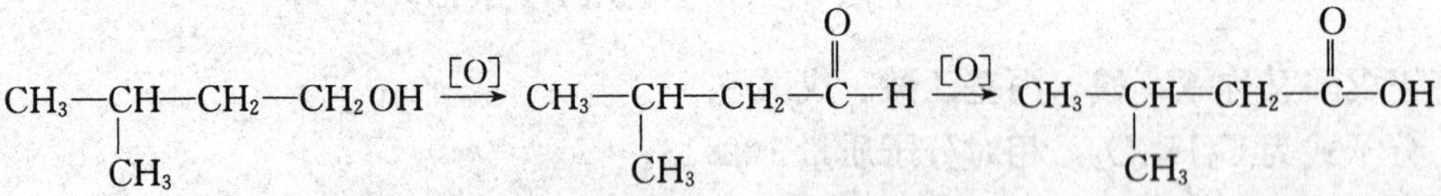

（4）主要用途　主要用于食用香精配方中，用于调配奶油、黄油、干酪、草莓、坚果等香型食用香精。也可用于日化香精中。

（5）安全管理　FEMA 号 3102，FDA172.515，COE8，GB 2760—2014 批准为允许使用的食品香料。

九、2-甲基丁酸（2-Methyl butyric acid）

分子式为 $C_5H_{10}O_2$，相对分子质量 102.13。CAS 为 116-53-0。

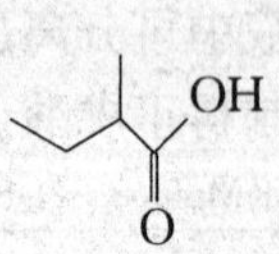

(1) 理化性质　无色液体，具有辛辣味、酸味和尖刺的奶酪味，在高度稀释时(<10mg/kg)有水果香味。有左旋、右旋和外消旋等光学异构体。溶于水和乙醇等有机溶剂。沸点为 173～176℃，闪点为 78℃，相对密度（d_{25}^{25}）为 0.930～0.937，折射率（n_D^{20}）为 1.4030～1.4080，闪点为 78℃。

(2) 天然存在　右旋体以酯的形式存在于薰衣草油中，消旋体存在于当归根油和咖啡中。

(3) 制备方法

①以正丁醛和甲醛为原料，在碱性条件下进行醇醛缩合反应，再进行氢化反应和氧化反应制得。

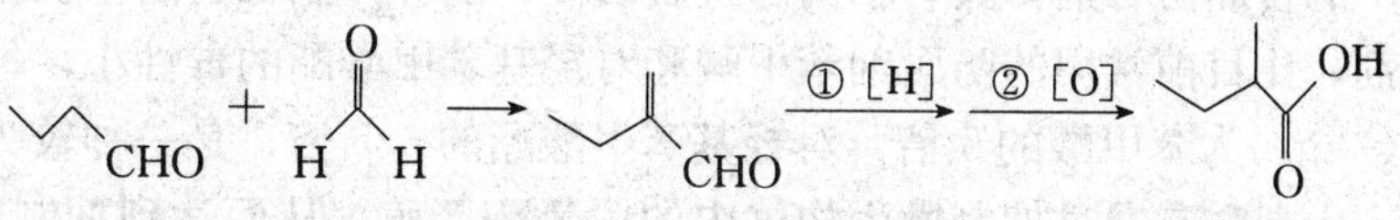

②以仲丁醇为原料，经氯代、格氏、羧基化等反应，最后经酸性水解制得。

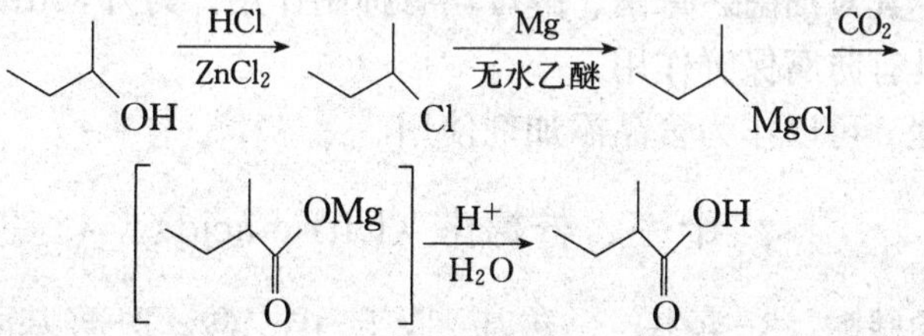

(4) 主要用途　可用于食用香精中，更主要的是作为合成使用价值更高的酯类香料的原料。

(5) 安全管理　FEMA 号 2695，FDA172.515，COE2002，GB 2760—2014 批准为允许使用的食品香料。

十、山梨酸 (Sorbic acid)

山梨酸又称 2，4-己二烯酸、花楸酸。

分子式为 $C_6H_8O_2$，相对分子质量 112.14。

$$CH_3-CH=CH-CH=CH-\overset{\overset{\displaystyle O}{\|}}{C}-OH$$

(1) 理化性质　无色针状晶体，具有特殊的酸味。微溶于冷水，溶于乙醇等有机溶剂。熔点为 133～135℃，沸点为 228℃，闪点为 127℃，相对密度（d_4^{20}）为 1.203～1.205。

(2) 天然存在　微量存在于未成熟的山梨果的果汁中有。

(3) 制备方法

①乙烯酮法：低温条件下（一般在 0℃）由 2-丁烯醛（巴豆醛）和乙烯酮在三氟化硼催化下反应制得，粗产品用乙醇重结晶得到纯的山梨酸。这条工艺路线原料易得，收率高，成本低，具有较高的经济效益。

$$CH_3CHO \longrightarrow CH_3-\overset{\overset{\displaystyle OH}{|}}{CH}-CH_2CHO \longrightarrow CH_3CH=CH-CHO$$

$$CH_2{=}C{=}O + CH_3CH{=}CH{-}CHO \xrightarrow{BF_3} CH_3{-}CH{=}CH{-}CH{=}CH{-}\overset{\overset{\displaystyle O}{\|}}{C}{-}OH$$

②乙醛法：由巴豆醛和乙醛缩合生成山梨醛，再经银催化氧化生成山梨酸。由于已二烯醛有可能在不同部位发生氧化反应，使用该法产物复杂，分离困难。

$$CH_3CH{=}CH{-}CHO + CH_3CHO \xrightarrow{OH^-} CH_3{-}HC{=}CH{-}CH{=}CH{-}CHO$$

$$\xrightarrow{Ag} CH_3{-}CH{=}CH{-}CH{=}CH{-}\overset{\overset{\displaystyle O}{\|}}{C}{-}OH$$

(4) 主要用途　主要作为食品防腐剂和调味料应用于食品香精中。山梨酸目前是国际上应用最广的食品防霉剂，具有较高的抗菌活性，能够抑制霉菌的生长繁殖。山梨酸为酸性防腐剂，比目前常用的防腐剂苯甲酸和对羟基苯甲酸酯的毒性小，每日允许摄入量值为25mg/kg，为苯甲酸的5倍，对羟基苯甲酸酯的2.5倍，是一种较为安全的食品防腐保鲜剂。山梨酸是通过抑制微生物体内的脱氢酶繁殖，从而达到抑制微生物生长、发挥防腐作用的，其对细菌、霉菌、酵母均有抑制作用。另外，山梨酸还对面包、饮料和果酱食品罐头具有防腐保鲜作用。

(5) 安全管理　可以作为食品添加剂使用。

十一、柠檬酸 (Citric acid)

柠檬酸又称枸橼酸、3-羟基-3-羧基-1，5-戊二酸、2-羟基丙三羧酸。

分子式为 $C_6H_8O_7$，相对分子质量 192.12。

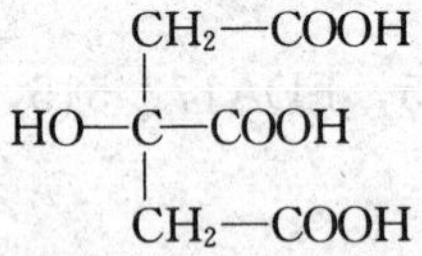

(1) 理化性质　无色晶体，具有令人愉快的酸味。易溶于水和乙醇。熔点为 152～153℃，相对密度 (d_4^{18}) 为 1.542。

(2) 天然存在　在柠檬、葡萄、柑橘、覆盆子、玫瑰茄等许多天然植物中均有存在。

(3) 制备方法　目前我国生产柠檬酸主要以白薯为原料，经发酵和提取制得。

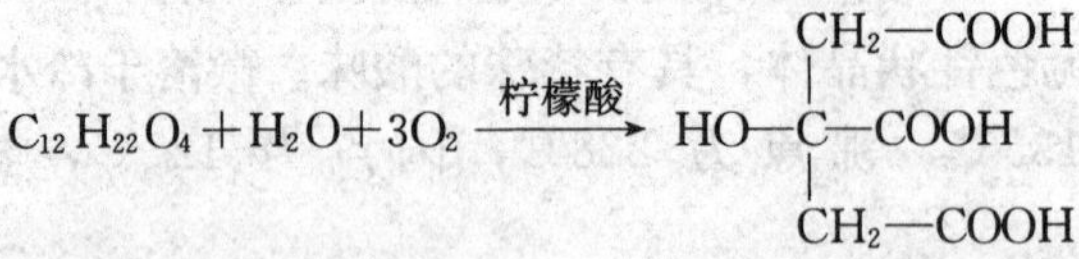

(4) 主要用途　柠檬酸具有无毒、安全、可口的酸味，可以调节 pH，因此柠檬酸被称为第一食用酸味剂。广泛用于糖果、汽水、果酱、果冻等的食用香精中。

(5) 安全管理　FEMA 号 2306，FDA182.1033，COE20，GB 2760—2014 批准为允许使用的食品用酸度调节剂和香料。

十二、草莓酸 (Strawberriff)

草莓酸又称 2-甲基-2-戊烯酸。

分子式为 $C_6H_{10}O_2$，相对分子质量 114.14。CAS 为 3142－72－1。

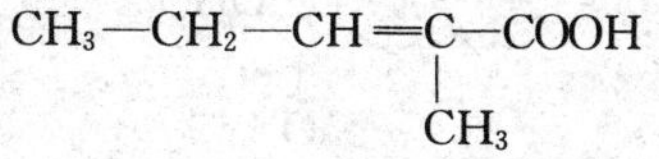

（1）理化性质　无色液体，具有甜润的浆果样水果香气和酸味，草莓香味尤为丰富。微溶于水，溶于乙醇等有机溶剂。草莓酸有顺式（Z）和反式（E）两种立体异构体。顺式（Z）异构体为液体，熔点为－42℃，沸点为 94℃/1.33kPa，相对密度（d_4^{20}）为 0.982，折射率（n_D^{20}）为 1.4488；反式（E）异构体为固体，熔点为 24.1℃，沸点为 106.5℃/1.33kPa，相对密度（d_4^{20}）为 0.983，折射率（n_D^{20}）为 1.4578。

（2）天然存在　存在于草莓中。

（3）制备方法

①以 2-戊酮为原料制得顺式草莓酸。

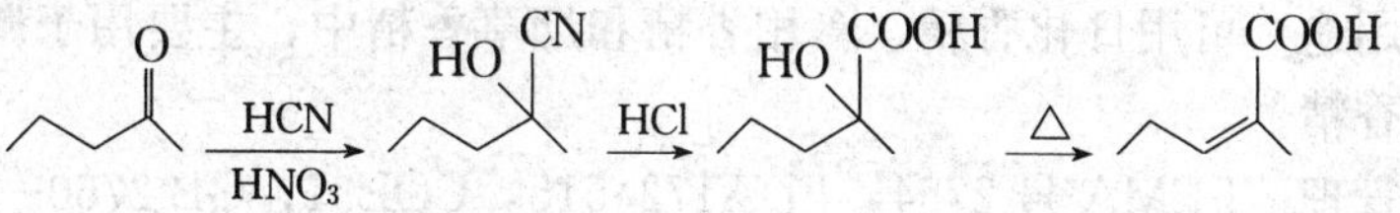

②以丙醛为原料制得反式草莓酸。

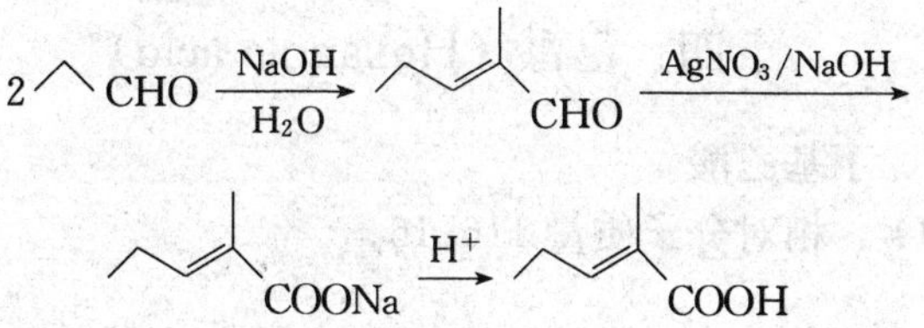

③以 2-甲基戊酸为原料制得反式草莓酸。

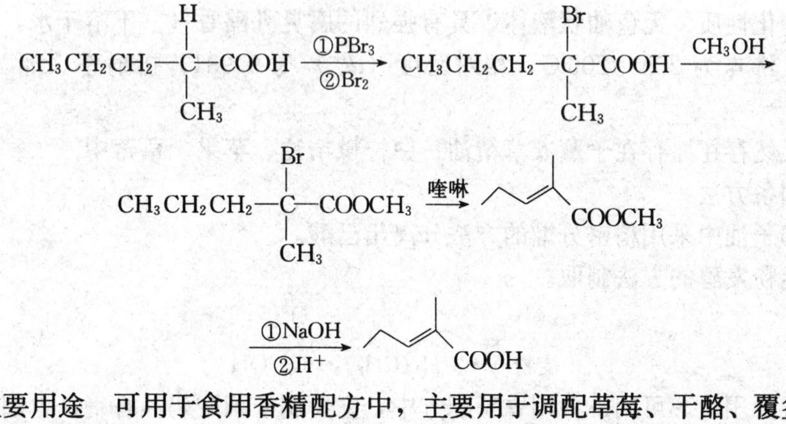

（4）主要用途　可用于食用香精配方中，主要用于调配草莓、干酪、覆盆子、热带水果等香型食用香精。

（5）安全管理　FEMA 号 3195，COE11680，GB 2760—2014 批准为允许使用的食品香料。

十三、2-甲基戊酸（2－Methyl valeric acid）

2-甲基戊酸又称二氢草莓酸。

分子式为 $C_6H_{12}O_2$，相对分子质量 116.16。CAS 为 97－61－0。

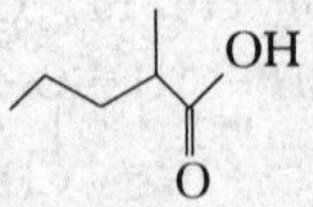

（1）理化性质　无色液体，具有尖刺的、令人不愉快的酸味，但高度稀释后有牛乳香味和酸味。溶于水和乙醇等有机溶剂。沸点为 195～197℃，闪点为 91℃，相对密度（d_4^{20}）为 0.923～0.931，折射率（n_D^{20}）为 1.4130～1.4140。

（2）天然存在　存在于干酪、葡萄酒、咖啡中。

（3）制备方法　以 2-甲基戊醛为原料，经催化氧化反应制得。

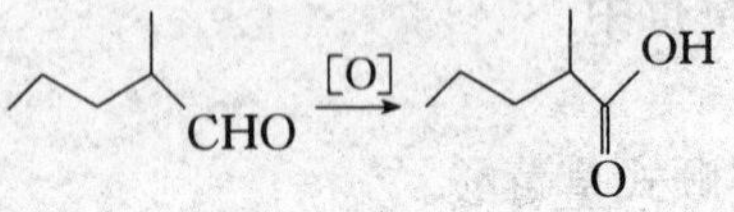

（4）主要用途　可用日化香精、食用香精和烟草香精中，主要用于调配巧克力和可可等香型食用香精。

（5）安全管理　FEMA 号 2754，FDA172.515，COE31，GB 2760—2014 批准为允许使用的食品香料。

十四、己酸（Hexanoic acid）

己酸又称羊油酸、丁基乙酸。

分子式为 $C_6H_{12}O_2$，相对分子质量 116.16。

$$CH_3(CH_2)_4—\overset{\overset{\large O}{\|}}{C}—OH$$

（1）理化性质　无色油状液体，具有强烈的腐臭乳酪香气。不溶于水，溶于乙醇等有机溶剂。沸点为 205～206℃，相对密度（d_4^{15}）为 0.931，折射率（n_D^{20}）为 1.4150～1.4190。

（2）天然存在　存在于薰衣草精油、白柠檬精油、苹果、草莓中。

（3）制备方法

①从椰子油中采用精密分馏的方法分离出己酸。

②由淀粉发酵的方法制取。

$$\text{淀粉} \xrightarrow{\text{酶}} CH_3(CH_2)_4—\overset{\overset{\large O}{\|}}{C}—OH$$

（4）主要用途　可用于食用香精配方中，主要用于调配奶油香精，也用于黄油、奶糖、焦糖、干酪、水果、坚果、朗姆酒等香型食用香精中。

（5）安全管理　FEMA 号 2559，FDA172.515，COE9，GB 2760—2014 批准为允许使用的食品香料。

十五、庚酸（Heptanoic acid）

庚酸又称正庚酸。

分子式为 $C_7H_{14}O_2$，相对分子质量 130.19。

$$CH_3(CH_2)_5—\overset{\overset{\displaystyle O}{\|}}{C}—OH$$

(1) 理化性质　无色透明油状液体，具有发酵香、蜡香、果香、乳酪、菠萝蜜的香气。微溶于水，溶于乙醇等有机溶剂。沸点为 223～223.5℃，相对密度（d_4^{20}）为 0.917～0.920，折射率（n_D^{20}）为 1.4210～1.4240。

(2) 天然存在　存在于金合欢、紫罗兰、薄荷、香蕉、苹果、猕猴桃、麦芽、鸡蛋果、鸡脂肪、猪脂肪中。

(3) 制备方法　由庚醛氧化制得。

$$CH_3(CH_2)_5—\overset{\overset{\displaystyle O}{\|}}{C}—H \xrightarrow[H_2SO_4]{KMnO_4} CH_3(CH_2)_5—\overset{\overset{\displaystyle O}{\|}}{C}—OH$$

(4) 主要用途　主要用于调配菠萝蜜、鸡蛋果、干酪等香型食用香精。

(5) 安全管理　FEMA 号 3348，FDA173.315，COE28，GB 2760—2014 批准为允许使用的食品香料。

十六、壬酸（Nonanoic acid）

分子式为 $C_9H_{18}O_2$，相对分子质量 158.24。

$$CH_3(CH_2)_7—\overset{\overset{\displaystyle O}{\|}}{C}—OH$$

(1) 理化性质　无色至淡黄色油状液体，具有蜡、乳酪、脂肪以及椰子香气。不溶于水，溶于乙醇等有机溶剂。熔点为 11～12.5℃，沸点为 253～254℃，相对密度（d_4^{20}）为 0.906，折射率（n_D^{20}）为 1.4310～1.4330。

(2) 天然存在　存在于香蕉、苹果、柑橘以及各种干酪中。

(3) 制备方法　由油酸（9-十八碳烯酸）氧化制得。

$$CH_3(CH_2)_7CH{=}CH(CH_2)_7—\overset{\overset{\displaystyle O}{\|}}{C}—OH \xrightarrow{[O]} CH_3(CH_2)_7—\overset{\overset{\displaystyle O}{\|}}{C}—OH$$

(4) 主要用途　主要用于调配牛乳、奶油、干酪等香型食用香精。

(5) 安全管理　FEMA 号 2784，FDA172.515，COE29，GB 2760—2014 批准为允许使用的食品香料。

十七、10-十一烯酸（10-Undecenonic acid）

10-十一烯酸又称十一烯酸。

分子式为 $C_{11}H_{20}O_2$，相对分子质量 184.28。

$$CH_2{=}CH—(CH_2)_7—CH_2—\overset{\overset{\displaystyle O}{\|}}{C}—OH$$

(1) 理化性质　无色片状物，具有蜡及柑橘香气。不溶于水，溶于乙醇等有机溶剂。熔点为 24.5℃，沸点为 137℃/267Pa，相对密度（d_4^{20}）为 0.912，折射率（n_D^{20}）为 1.4493。

(2) 天然存在　未见文献报道。

(3) 制备方法　由蓖麻油裂解制取。蓖麻油为蓖麻酸（9-烯基-12-羟基十八酸）甘油酯。蓖麻油首先与甲醇在氢氧化钠存在下进行醇交换反应制得蓖麻酸甲酯，再将蓖麻酸甲酯进行高温热裂解生成庚醛和十一烯酸甲酯，然后十一烯酸甲酯与氢氧化钠溶液在搅拌下进行皂化反应，再用稀硫酸酸化，最后经真空分馏制得。

$$CH_3(CH_2)_5CHOHCH_2CH{=}CH(CH_2)_7COOCH_3 \xrightarrow[\triangle]{\text{裂解}} CH_3(CH_2)_5CHO + CH_2{=}CH(CH_2)_8COOCH_3$$

$$CH_2{=}CH(CH_2)_8COOCH_3 \xrightarrow{NaOH} CH_2{=}CH(CH_2)_8COONa \xrightarrow{H_2SO_4} CH_2{=}CH(CH_2)_8COOH$$

(4) 主要用途　可少量用于食用香精中，主要用于调配椰子、李子、白兰地等香型食用香精。十一烯酸主要用作合成环十五内酯和桃醛（γ-十一内酯）的主要原料。

(5) 安全管理　FEMA号3247，GB 2760—2014批准为允许使用的食品香料。

十八、十一酸（Undecanoic acid）

十一酸又称正十一碳酸。

分子式为$C_{11}H_{22}O_2$，相对分子质量186.32。

$$CH_3(CH_2)_9{-}\overset{\overset{\large O}{\|}}{C}{-}OH$$

(1) 理化性质　无色结晶体，具有蜡香和乳香，并有类似干酪、脂肪和椰子香韵。不溶于水，溶于乙醇等有机溶剂。熔点为28～29℃，沸点为284℃、164.5℃/2.0kPa，相对密度（d_4^{20}）为0.995，折射率（n_D^{30}）为1.4355。

(2) 天然存在　存在于蘑菇、圆柚汁、威士忌、朗姆酒中。

(3) 制备方法　由从蓖麻油中得到的ω-十一烯酸经还原制得。

$$\text{蓖麻油} \longrightarrow CH_2{=}CH{-}(CH_2)_8{-}\overset{\overset{\large O}{\|}}{C}{-}OH \xrightarrow{[H]} CH_3(CH_2)_9{-}\overset{\overset{\large O}{\|}}{C}{-}OH$$

(4) 主要用途　主要用于调配干酪、奶油、椰子等香型食用香精。

(5) 安全管理　FEMA号3245，COE696，GB 2760—2014批准为允许使用的食品香料。

十九、月桂酸（Lauric acid）

月桂酸又称十二碳酸。

分子式为$C_{12}H_{24}O_2$，相对分子质量186.32。

$$CH_3(CH_2)_{10}{-}\overset{\overset{\large O}{\|}}{C}{-}OH$$

(1) 理化性质　淡黄色油状液体或固体，具有月桂油的香气。不溶于水，极易溶于乙醇等有机溶剂。熔点为44℃，沸点为225℃/13.3kPa、160～165℃/2.66kPa，相对密度（d_4^{60}）为0.864，折射率（n_D^{60}）为1.4267。

(2) 天然存在　存在于月桂油、椰子油中。

分子式为 $C_8H_8O_2$，相对分子质量 136.15。CAS 为 103-82-2。

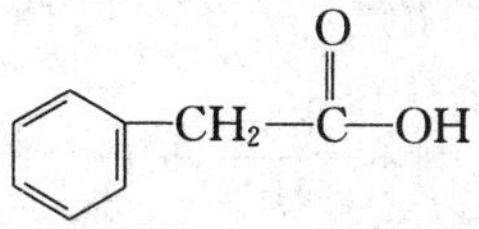

（1）理化性质　白色晶体，具有蜜香香气，伴有甜润的香韵。微溶于水，溶于热水，溶于乙醇等有机溶剂。熔点为 76～78℃，沸点为 265～266℃，相对密度（d_4^{16}）为 1.080，折射率（n_D^{15}）为 1.5397，闪点>100℃。

（2）天然存在　在百叶玫瑰、亚洲薄荷油、橙花油等精油中有微量存在。

（3）制备方法　苯乙酸有很多合成方法，但主要合成方法有以下 3 种。

①苯乙腈水解法：以氯苄为原料，常温常压下用 NaCN 氰化取代生成苯乙腈，再经碱性水解得苯乙酸钠，最后经酸化、离心、烘干得苯乙酸。

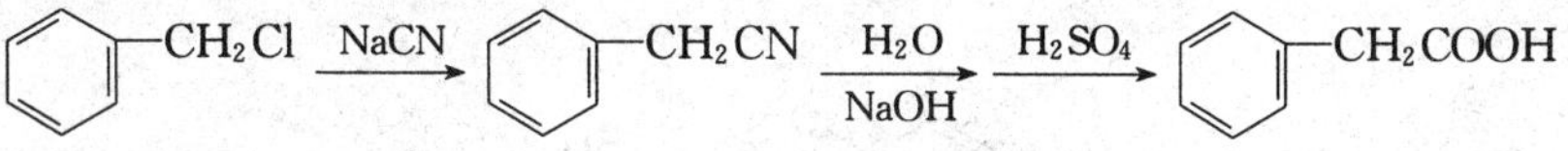

②氯苄羰基合成法：以氯苄、CO 为主要原料，在羰基化催化剂存在下合成苯乙酸。

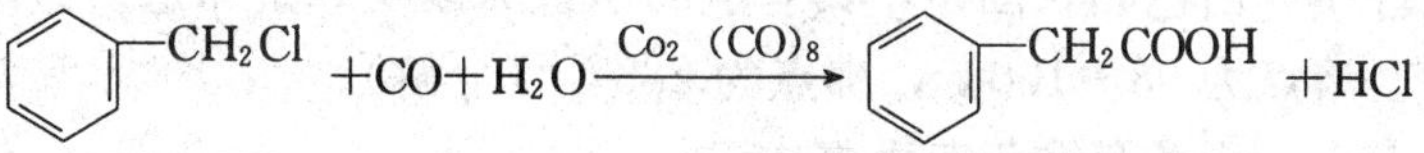

③氯苄格氏法：以苄氯为原料，通过格氏试剂法或氰化法制备

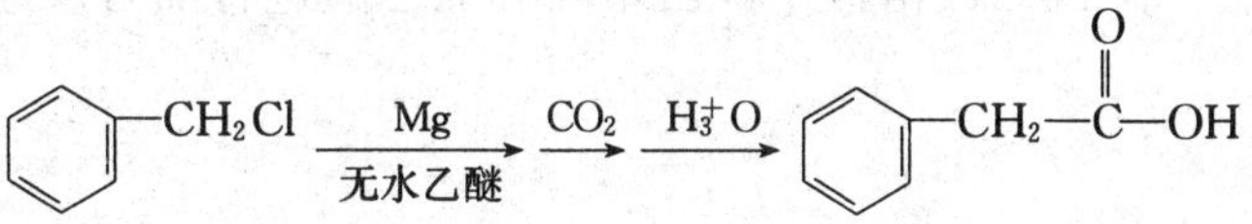

（4）主要用途　作为定香剂用于玫瑰、桂花、金合欢、蜂花等香型日化香精中。广泛用于调配蜜糖、香荚兰、可可、葡萄、草莓、绿茶、热带水果、蜂蜜等香型食用香精。苯乙酸在低浓度时具有甜蜂蜜味，在 1×10^{-6} mg/L 以下仍具有甜味，是一种重要的香料成分。苯乙酸还具有很强的杀菌作用。

（5）安全管理　FEMA 号 2878，FDA172.515，COE672，GB 2760—2014 批准为允许使用的食品香料。

四、茴香酸（Anisic acid）

茴香酸又称对甲氧基苯甲酸、4-甲氧基苯甲酸。

分子式为 $C_8H_8O_3$，相对分子质量 152.14。

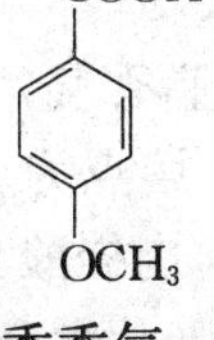

（1）理化性质　白色晶体，具有茴香香气。微溶于水，溶于乙醇等有机溶剂。熔点为 183～185℃，沸点为 275～280℃。

（2）天然存在　少量存在于茴香籽中。

（3）制备方法　以茴香醛为原料，经氧化反应而生成茴香酸。

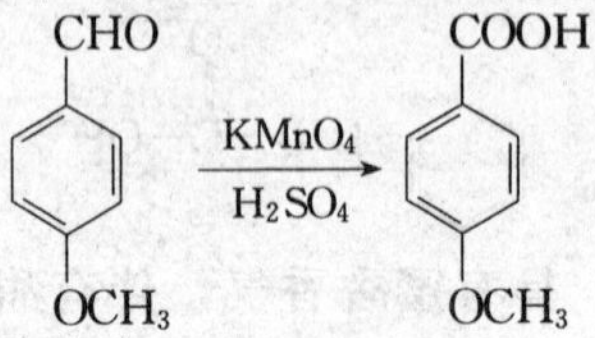

（4）主要用途　作为定香剂微量用于日化香精中。

（5）安全管理　FEMA 号 3945，一般可以安全外用。GB2760—2014 批准为允许使用的食品香料。

五、苯氧乙酸（Phenoxyacetic acid）

分子式为 $C_8H_8O_3$，相对分子质量 152.14。CAS 为 122-59-8。

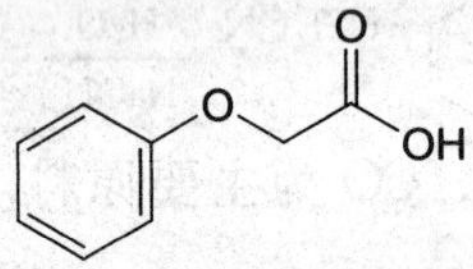

（1）理化性质　白色晶状固体，具有酸的甜香味以及蜂蜜味道。微溶于水，溶于乙醇等有机溶剂。熔点为 98～100℃，沸点为 285℃（分解）。

（2）天然存在　少量存在于茴香籽中。

（3）制备方法　在 NaOH 溶液中，由苯酚和氯乙酸进行缩合反应，然后酸化制得苯氧乙酸。

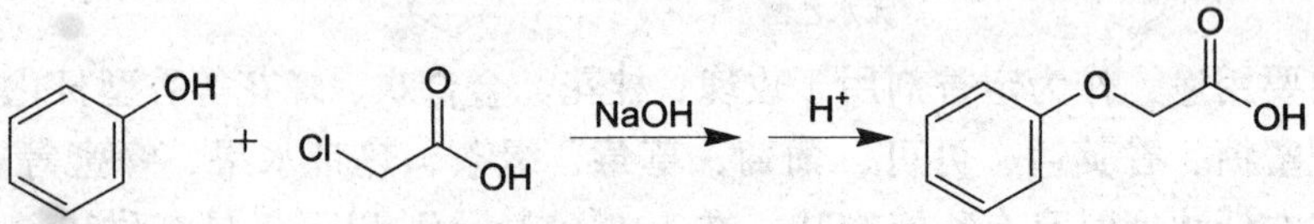

（4）主要用途　可用于日化香精和食用香精中。

（5）安全管理　FEMA 认定为 GRAS。

六、肉桂酸（Cinnamic acid）

肉桂酸又称桂酸、3-苯基-2-丙烯酸、桂皮酸。

分子式为 $C_9H_8O_2$，相对分子质量 148.16。CAS 为 621-82-9。

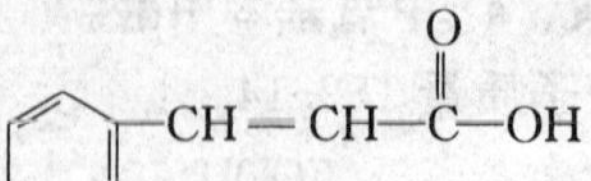

（1）理化性质　白色晶体，具有香脂香气，伴有肉桂和杏的香韵。几乎不溶于水，微溶于乙醇，溶于苯、丙酮和精油中。熔点为 130～134℃，沸点为 300℃，相对密度（d_4^{15}）为 1.245～1.280，闪点＞100℃。肉桂酸具有反式和顺式两种异构体，反式异构体较稳定，自然界存在的天然肉桂酸以及化学合成的肉桂酸主要为反式异构体。

（2）天然存在　存在于中国肉桂油、罗勒油等精油和秘鲁香脂、吐鲁香脂、苏合香脂等树脂中。

（3）制备方法

①从天然苏合香脂中经减压分馏单离出肉桂酸。

②Perkin 法：以苯甲醛为原料，在碱催化下，与乙酸酐发生柏金（Perkin）反应，制得肉桂酸。

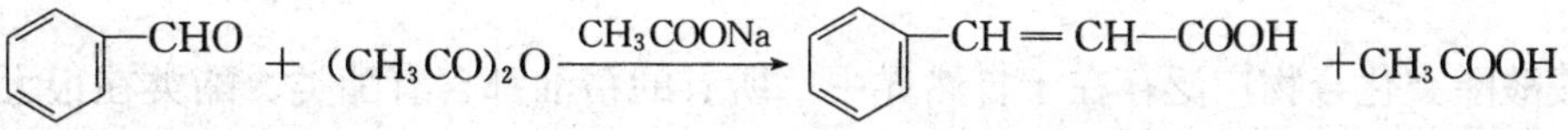

③苯乙烯-四氯化碳法：首先苯乙烯和四氯化碳在溶解于脂肪胺中的一价铜配合物的催化下发生加成反应生成 1，3，3，3-四氯丙基苯，再将该加成产物在酸性介质中水解生成肉桂酸。

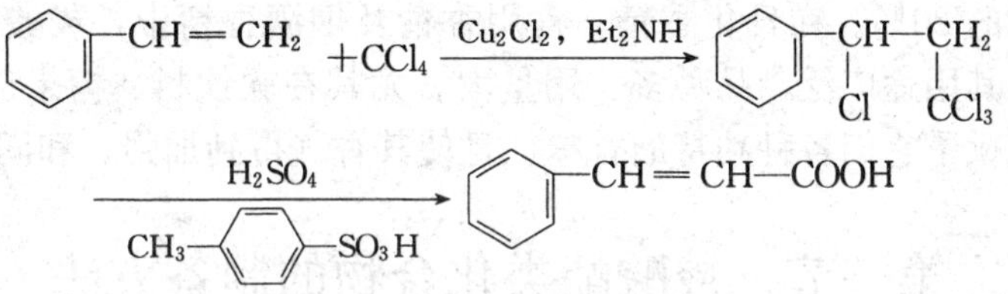

（4）主要用途　作为定香剂微量用于日化香精中。主要用于调配肉桂香、辛香、蜜香等香型食用香精。

（5）安全管理　FEMA 号 2288，FDA172.515，COE22，GB 2760—2014 批准为允许使用的食品香料。

七、氢化桂酸（Hydrocinnamic acid）

氢化桂酸又称苄基乙酸、苯丙酸、3-苯基丙酸。

分子式为 $C_9H_{10}O_2$，相对分子质量 150.18。

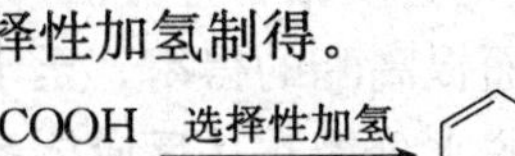

（1）理化性质　白色针状结晶，具有弱香脂和幽雅的香豆素、香荚兰豆等香气，还伴有风信子、玫瑰等花香香韵。微溶于水，溶于乙醇、丙二醇、甘油和油脂。熔点为 47～49℃，沸点为 280℃，相对密度（d_4^{20}）为 1.070。

（2）天然存在　未见文献报道。

（3）制备方法　由肉桂酸选择性加氢制得。

（4）主要用途　用于调配风信子及玫瑰等香型的系列香精；也可用作食用香精定香剂，调配干酪香精。

（5）安全管理　FEMA 号 2889，GB 2760—2014 批准为允许使用的食品香料。

第十章　羧酸酯类香料

羧酸酯类化合物广泛存在于自然界中，所有的精油都含有酯类。酯类在很大程度上使许多花类具有花香和果香，如各种瓜果、花、草等的香成分中都含有酯类。而且大部分酯类化合物具有令人愉快的香味，大都具有花香、果香、酒香或蜜香香气，深受调香工作者的喜爱和重视。酯类香料在香料工业中占有特别重要的地位，羧酸酯类香料的品种约占香料总数的20%。在日化香精、食用香精及烟酒香精中，羧酸酯类香料都是不可缺少的，而且其用途广泛、品种多、用量大。尤其在软饮料、糖果以及酒用香精中，羧酸酯类香料能赋予它们各种独特的香味，且使其香气得到加强、和润与丰满。

第一节　羧酸酯类化合物的制备方法

羧酸酯是羧酸和醇反应脱去一分子水而生成的化合物，这种生成酯的反应称为酯化反应。同时，当醇和酰基化试剂（酰氯、酸酐）作用时，也可生成酯。羧酸酯类化合物的制备方法必须根据酯类化合物的结构性质而定，现将其制备方法介绍如下。

一、直接酯化法

在酯类香料的生产中，最常用的方法就是直接酯化法，即酯化反应。直接酯化法就是将羧酸和醇在少量的无机酸或有机酸催化下加热回流，生成酯和水，达到反应的平衡。

$$R-\overset{\overset{\large O}{\|}}{C}-OH + R'OH \xrightleftharpoons{H^+} R-\overset{\overset{\large O}{\|}}{C}-OR' + H_2O$$

上述酯化反应是可逆反应，为了能使酯化反应进行得更彻底，即酸和醇作用得更完全，可以从两方面进行考虑，一是增加反应物（酸或醇）的浓度，二是将生成物水除去(即在反应过程中将水蒸出或与其他物质结合等方法)，以达到破坏平衡的目的，使反应朝着有利于酯化的方向移动，从而提高酯的得率。至于选用哪一种方法有利，需要根据具体反应而定，目前均采用共沸脱水分馏法从反应体系中除去水。除利用酯、醇与水共沸除去水外，还可以在反应体系中加入苯或甲苯形成三元（苯-水-醇）共沸物除去水，达到促进反应完全的目的。

酯化反应过程中，通常采用的催化剂有硫酸、盐酸或将氯化氢通入反应物内，也可用苯磺酸、对甲苯磺酸、三氟化硼、阳离子交换树脂或阴离子交换树脂等作为催化剂。因为价格便宜且催化效果较好，在工业上一般采用硫酸。但硫酸能使仲醇或叔醇失水而生成烯烃，当仲醇或叔醇进行酯化反应时用氯化氢效果较好。

酯化反应的速度与羧酸及醇的结构有关，羧酸的α-碳原子上有侧链时，酯化反应速度会减慢。当使用相同的羧酸和不同的醇进行酯化反应时，反应速度伯醇>仲醇>叔醇。

二、酰化法

乙酸酐或酰氯与醇直接作用制取酯的方法称为酰化法，这种反应是不可逆的，所以酯化反应的得率较高。尤其对于一般难于用直接酯化法制备的酯类，或在直接酯化中容易产生副反应的酯类较为适用，如乙酸芳樟酯、乙酸柏木酯、苯乙酸对甲酚酯等香料均采用此法生产。

$$R-\overset{\overset{O}{\|}}{C}-O-\overset{\overset{O}{\|}}{C}-R+R'OH \longrightarrow R-\overset{\overset{O}{\|}}{C}-OR'+R-\overset{\overset{O}{\|}}{C}-OH$$

$$R-\overset{\overset{O}{\|}}{C}-X+R'OH \longrightarrow R-\overset{\overset{O}{\|}}{C}-OR'+HX$$

从上述两个反应式可以看出，醇分子羟基上的氢原子被酰基（R—C＝O）取代，因此称为酰化反应，如果酰基是乙酰基，就称为乙酰化反应。

乙酸酐与醇的酰化反应中，常用的酸性催化剂有硫酸、盐酸、对甲基苯磺酸、氯磺酸、过氯酸等。常用的碱性催化剂有醇钠、Na_2CO_3、吡啶、叔胺等。

酰氯与醇的酰化反应中常用碱性试剂吸收生成的氯化氢，常用的碱性试剂有氢氧化钠水溶液、碳酸钠、三乙胺等。

三、卤代烃与羧酸盐的反应

在香料工业中有时也采用卤代烃与羧酸盐反应生成酯的方法。当采用直接酯化法有困难（如叔醇酯类）或者卤代烃原料容易大量获得时（如R’为苄基或丙烯基等）采用此法。

$$R-\overset{\overset{O}{\|}}{C}-OM+R'X \longrightarrow R-\overset{\overset{O}{\|}}{C}-OR'+MX$$

M＝Ag，K，Na 等

当醇与酸直接进行酯化反应有困难时（如叔醇酯类），或卤代烃和羧酸盐比其相应的醇和酸更为易得和价廉时，往往使用卤代烃和羧酸盐反应来制备酯，常采用 *N*，*N*-二甲基甲酰胺和吡啶等催化剂。卤代烃的反应活性顺序为：RI＞RBr＞RCl，羧酸盐中银盐比其他盐类容易参与反应，而钠盐在反应时活性最差。

四、酯交换反应

（一）醇交换

醇交换反应也是制备酯类香料广泛使用的方法之一。其反应通式为：

$$R-\overset{\overset{O}{\|}}{C}-OR'+R''OH \underset{\text{或}\,OH^-}{\overset{H^+}{\rightleftharpoons}} R-\overset{\overset{O}{\|}}{C}-OR''+R'OH$$

此反应也是可逆反应，为了提高产物的得率，就必须将反应物中某一原料量过量，并且将其中一种生成物从反应体系中不断地移走，破坏可逆反应的平衡，即可提高产物的得率。至于在反应体系中增加或除去何种物质，则必须根据具体的产品来决定，一般总是把酯分子中的伯醇基用另一高沸点的伯醇基取代。

此反应中所采用的酸性或碱性催化剂有醇钠、纯碱（干燥及粉末状）、金属、金属氧化物、无机酸盐、羧酸盐、阳离子交换树脂、对甲苯磺酸、乙酸锌等。

例如，水杨酸薄荷酯的制备就是采用醇交换法进行的。以水杨酸甲酯（冬青油）为原料，加入适量薄荷脑以及少量甲醇钠为催化剂，反应中通过分馏塔将生成的甲醇蒸出，使反应趋向于水杨酸薄荷酯的生成。

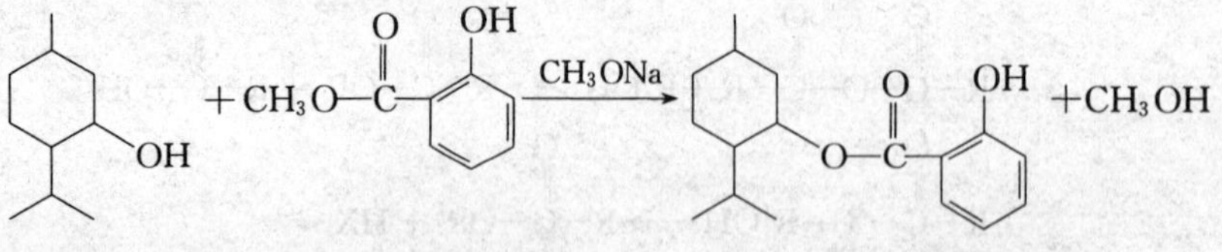

薄荷脑　　　　水杨酸甲酯　　　　水杨酸薄荷酯

（二）酯交换

除采用醇交换反应外，还可采用酯交换反应。反应通式如下：

$$R-\overset{O}{\overset{\|}{C}}-OR' + R''-\overset{O}{\overset{\|}{C}}-OR''' \longrightarrow R-\overset{O}{\overset{\|}{C}}-OR''' + R''-\overset{O}{\overset{\|}{C}}-OR'$$

如邻-氨基苯甲酸芳樟酯的制备，就是采用邻氨基苯甲酸甲酯和甲酸芳樟酯在乙醇钠存在下进行酯交换反应制得。

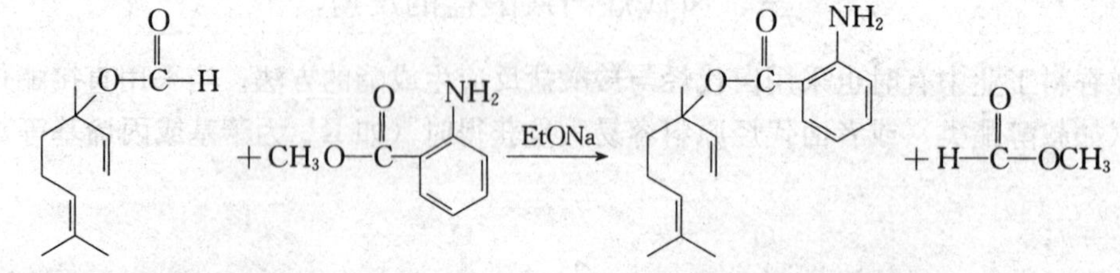

甲酸芳樟酯　　　邻-氨基苯甲酸甲酯　　　邻-氨基苯甲酸芳樟酯

上述两种方法，主要弥补有些酯类化合物不能采用直接酯化法及酰化法来制备的缺点，尤其对含有双键的酯，采用此法更为有利。

五、酯的羧酸解反应

酯和羧酸的羧酸解反应也可合成酯类化合物，特别适用于合成二元酸单酯以及羧酸乙烯酯类等。

例如，在浓盐酸存在下，已二酸二乙酯与已二酸在二丁醚中回流，生成已二酸单乙酯。

$$C_2H_5O-\overset{O}{\overset{\|}{C}}-(CH_2)_4-\overset{O}{\overset{\|}{C}}-OC_2H_5 + HO-\overset{O}{\overset{\|}{C}}-(CH_2)_4-\overset{O}{\overset{\|}{C}}-OH$$

$$\xrightarrow[(C_4H_9)_2O]{HCl} HO-\overset{O}{\overset{\|}{C}}-(CH_2)_4-\overset{O}{\overset{\|}{C}}-OC_2H_5$$

在乙酸汞和浓硫酸存在下，乙酸乙烯酯与十二酸反应，加热回流可以生成十二酸乙烯酯。

$$CH_3(CH_2)_{10}-\overset{O}{\overset{\|}{C}}-OH + CH_3-\overset{O}{\overset{\|}{C}}-OCH=CH_2$$

$$\xrightarrow[H_2SO_4]{Hg(OAc)_2} CH_3(CH_2)_{10}-\overset{O}{\overset{\|}{C}}-OCH=CH_2 + CH_3COOH$$

六、Prins 反应

在酸性条件下，烯烃对甲醛的加成反应在不同介质中可以得到不同的酯类产物。如在冰乙酸介质中 α-烯烃与甲醛可以制得 1，3-二乙酸酯。

$$R-CH=CH_2 + CH_2O \xrightarrow{HAc+H_2SO_4} R-\underset{OCOCH_3}{\underset{|}{CH}}-CH_2CH_2OCOCH_3$$

七、烯烃与羧酸反应

羧酸酯也可采用将羧酸（甲酸、乙酸或同系羧酸）加到烯烃中，并在强酸催化下制得。反应通式为：

$$\gt C=C\lt + HO-\overset{O}{\overset{\|}{C}}-R \xrightarrow{H^+} -\overset{H}{\overset{|}{C}}-\overset{O-\overset{O}{\overset{\|}{C}}-R}{\overset{|}{C}}-$$

此反应中的催化剂为高氯酸（$HClO_4$）或三氟化硼（BF_3），氯化锌（$ZnCl_2$）也曾使用过。当使用浓硫酸作为催化剂时需在加压的条件下进行反应。

此反应的优点除可将烯烃直接加成制备羧酸酯以外，当某些醇不易直接制备羧酸酯类时，可采用相应的烯烃进行反应得到酯。

此反应在合成香料中已被应用于乙酸三环癸烯酯和丙酸三环癸烯酯的合成。

1. 一步法

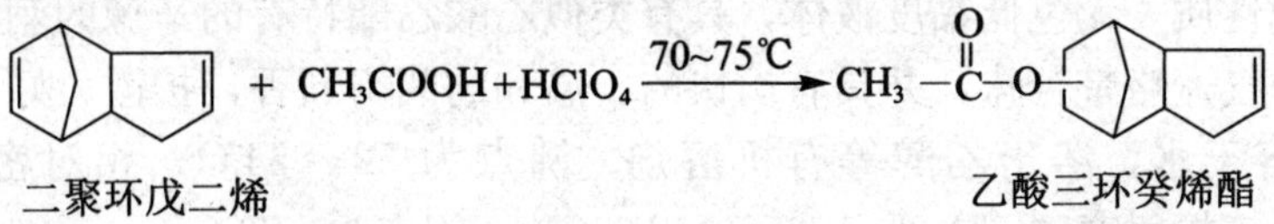

二聚环戊二烯　　乙酸三环癸烯酯

2. 两步法

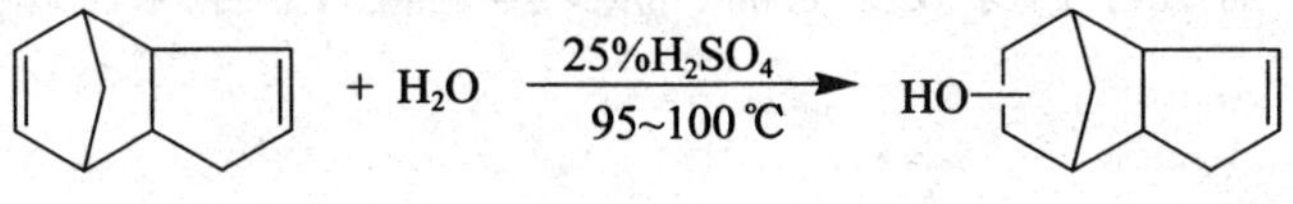

二聚环戊二烯

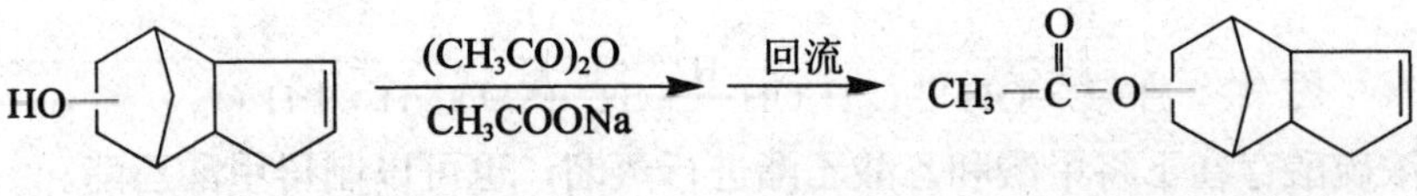

乙酸三环癸烯酯

八、腈的醇解

在硫酸或氯化氢存在下,腈与醇一起加热即可直接得到酯类化合物。脂肪族、芳香族、杂环族的腈化物均可转变为相应的酯类。

$$R-CN+R'-OH\xrightarrow{HX}\left[\begin{array}{c}NH\cdot HX\\ \|\\ R-C-OR'\end{array}\right]\xrightarrow{H_2O}R-\overset{O}{\overset{\|}{C}}-OR'+NH_4X$$

九、烷氧羰基化反应

以卤代烃为原料,在金属羰基化合物催化剂存在下,与一氧化碳和醇反应制备酯类。常用的金属羰基化合物有四羰基镍、四羰基钴钠、四羰基铁二钠等。

$$R-X+CO+R'-OH\xrightarrow{Ni\ (CO)_4}R-\overset{O}{\overset{\|}{C}}-OR'+HX$$

以不饱和烃为原料,在贵金属催化剂存在下,与一氧化碳和醇反应也可制备酯类。常用的贵金属催化剂有钯、二氯化钯、四羰基镍、铂氯氢酸-二氯化锡等。

$$R-CH=CH_2+CO+R'-OH\xrightarrow{PdCl_2}RCH_2CH_2-\overset{O}{\overset{\|}{C}}-OR'$$

第二节 脂肪族羧酸酯类香料

一、甲酸乙酯(Ethyl formate)

甲酸乙酯又名蚁酸乙酯。

分子式为 $C_3H_6O_2$,相对分子质量 74.08。CAS 为 109-94-4。

$$H-\overset{O}{\overset{\|}{C}}-OC_2H_5$$

(1)理化性质 无色低黏度液体,具有类似乙酸乙酯特有的辛辣的刺激性气味和菠萝样的果香香气,略带苦味,并具有愉快的、温和的朗姆酒香,扩散力好,但是留香时间较短。微溶于水,溶于乙醇等有机溶剂。沸点为 52~54℃,相对密度(d_{25}^{25})为 0.918~0.921,折射率(n_D^{20})为 1.3590~1.3630,闪点为-20℃。

(2)天然存在 存在于齿芽波罗尼油、佛罗里达橙汁、苹果、蜂蜜、梨、蒸馏酒中。

(3)制备方法

①由甲酸与乙醇在硫酸存在下直接酯化制得。

$$H-\overset{O}{\overset{\|}{C}}-OH+C_2H_5OH\xrightarrow{H^+}H-\overset{O}{\overset{\|}{C}}-OC_2H_5+H_2O$$

②在浓硫酸存在下将甲酸和乙酸乙酯进行蒸馏,也可以制得甲酸乙酯。

$$H-\overset{O}{\overset{\|}{C}}-OH+CH_3-\overset{O}{\overset{\|}{C}}-OC_2H_5\xrightarrow[\triangle]{H_2SO_4}H-\overset{O}{\overset{\|}{C}}-OC_2H_5+CH_3COOH$$

（4）主要用途　在花香型日化香精中起修饰剂的作用。主要用于果香型食用香精，如用作杏、桃、樱桃、苹果、草莓、香蕉、菠萝、梅、葡萄、覆盆子、甜酒、葡萄酒、带蜜饯的冰淇淋或糖果、白兰地、菠萝蜜、醚类的头香剂。用作食品、香烟、谷类、干燥果品等的杀菌剂、杀幼虫剂和熏蒸剂。甲酸乙酯也是有机合成的中间体。

（5）安全管理　FEMA 号 2434，FDA184.1295，COE339，GB 2760—2014 批准为允许使用的食品香料。

二、甲酸丙酯（Propyl formate）

分子式为 $C_4H_8O_2$，相对分子质量 88.11。

$$H-\overset{\overset{\large O}{\|}}{C}-OCH_2CH_2CH_3$$

（1）理化性质　无色液体，具有甜香、果香和朗姆酒香，稀释一定倍数则具有水果的味道。不溶于水，溶于乙醇、乙醚等有机溶剂。熔点为-93℃，沸点为 81～82℃，相对密度（d_4^{20}）为 0.901～0.904，折射率（n_D^{20}）为 1.3750，闪点为-3℃。

（2）天然存在　存在于苹果、李子、菠萝蜜、黑加仑、白兰地中。

（3）制备方法　由甲酸与丙醇在硫酸存在下通过酯化反应制得。

$$H-\overset{\overset{\large O}{\|}}{C}-OH+CH_3CH_2CH_2OH\xrightarrow{H^+}H-\overset{\overset{\large O}{\|}}{C}-OCH_2CH_2CH_3+H_2O$$

（4）主要用途　主要用于调配苹果、樱桃、菠萝蜜等果香型食用香精以及朗姆酒和白兰地等的酒用香精。

（5）安全管理　FEMA 号 2943，FDA172.515，COE340，GB 2760—2014 批准为允许使用的食品香料。

三、丙酸烯丙酯（Allyl propionate）

分子式为 $C_6H_{10}O_2$，相对分子质量 114.15。

$$CH_3-CH_2-\overset{\overset{\large O}{\|}}{C}-O-CH_2-CH{=}CH_2$$

（1）理化性质　无色透明液体，具有苹果、杏等水果香气，带有葱蒜香味。微溶于水，溶于乙醇等有机溶剂。沸点为 122～123℃，相对密度（d_4^{20}）为 0.914，折射率（n_D^{20}）为 1.4105。

（2）天然存在　未见文献报道。

（3）制备方法　在酸性催化剂存在下由丙酸和烯丙醇直接进行酯化反应制得。

$$CH_3-CH_2-\overset{\overset{\large O}{\|}}{C}-OH+HO-CH_2-CH{=}CH_2\xrightarrow{H^+}CH_3-CH_2-\overset{\overset{\large O}{\|}}{C}-O-CH_2-CH{=}CH_2+H_2O$$

（4）主要用途　可用于调配苹果、生梨、杏、热带水果、芥菜、姜、辣根、调味品等香型食用香精。

（5）安全管理　FEMA 号 2040，FDA172.515，COE2094，GB 2760—2014 批准为

暂时允许使用的食品香料。

四、甲酸异戊酯（Isoamyl formate）

甲酸异戊酯又称蚁酸异戊酯。

分子式为 $C_6H_{12}O_2$，相对分子质量 116.11。CAS 为 110－45－2。

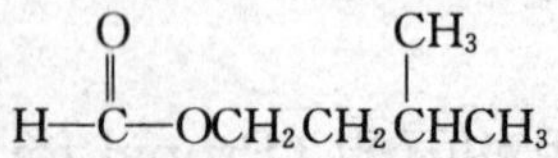

（1）理化性质　无色透明流动性液体，具有苹果、草莓、杨梅等水果似的香气。微溶于水，溶于乙醇、乙醚等有机溶剂，几乎不溶于甘油。沸点为 123～124℃，相对密度（d_4^{20}）为 0.878～0.885，折射率（n_D^{20}）为 1.3960～1.4000，闪点为 53℃。

（2）天然存在　存在于苹果、草莓、朗姆酒、威士忌、葡萄酒中。

（3）制备方法　由甲酸与异戊醇在浓硫酸催化下通过酯化反应制得。

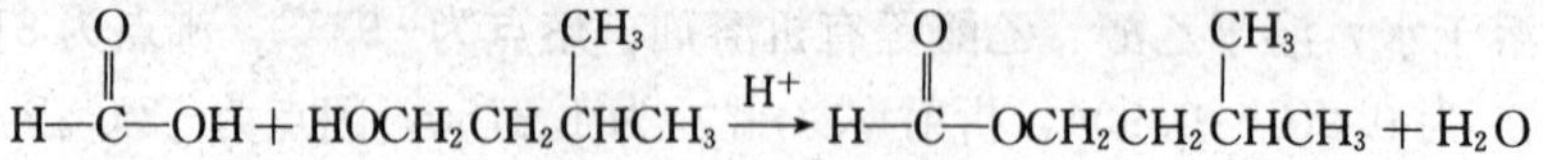

（4）主要用途　可用于日化香精中，但应用不多。主要用于调配杏、杏仁、樱桃、香蕉、坚果、菠萝、草莓、苹果、菠萝蜜、桃和朗姆酒等香型食用香精。此外，甲酸异戊酯也是用途广泛的有机溶剂。

（5）安全管理　FEMA 号 2069，FDA172.515，COE500，GB 2760—2014 批准为允许使用的食品香料。

五、乙酸丁酯（Butyl acetate）

乙酸丁酯又名醋酸丁酯。

分子式为 $C_6H_{12}O_2$，相对分子质量 116.16。CAS 为 123－86－4。

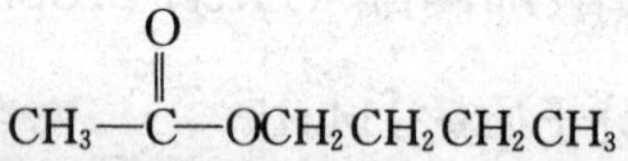

（1）理化性质　无色透明液体，具有强烈的水果香气，稀释后则有令人愉快的香蕉、菠萝香气。微溶于水，溶于乙醇等有机溶剂。沸点为 126～127℃，相对密度（d_4^{15}）为 0.883～0.887，折射率（n_D^{20}）为 1.3930～1.3970，闪点为 29℃。

（2）天然存在　存在于许多蔬菜、水果和浆果中。

（3）制备方法　在硫酸存在下，由乙酸和正丁醇经直接酯化反应制得。也可将乙酸甲酯与丁醇进行酯交换反应而得。

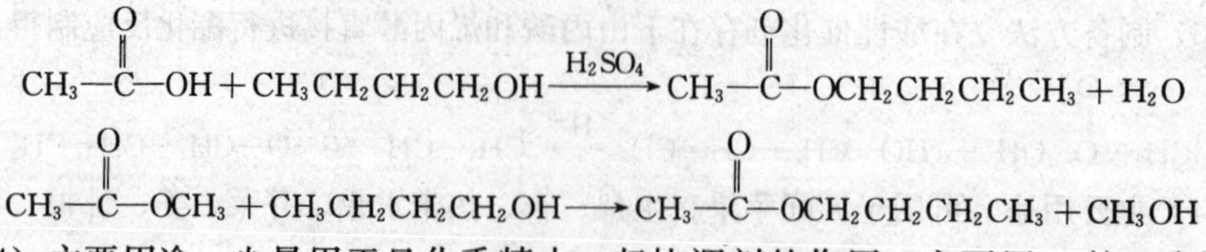

（4）主要用途　少量用于日化香精中，起协调剂的作用。主要用于梨、香蕉、菠萝、桃、杏、苹果、草莓、浆果、乳制品等香型食用香精中。

(5) 安全管理　FEMA 号 2174，FDA172.515，COE194，GB 2760—2014 批准为允许使用的食品香料。

六、丙酸丙酯 (Propyl propionate)

分子式为 $C_6H_{12}O_2$，相对分子质量 116.16。CAS 为 106-36-5。

$$CH_3CH_2—\overset{\overset{\large O}{\|}}{C}—OCH_2CH_2CH_3$$

(1) 理化性质　无色液体，具有香蕉、苹果、菠萝等水果香气。微溶于水，易溶于乙醇、乙醚和丙二醇等有机溶剂。熔点为－76℃，沸点为 122～125℃，相对密度 (d_4^{15}) 为 0.883，折射率 (n_D^{20}) 为 1.3935，闪点为 19℃。

(2) 天然存在　存在于香蕉、苹果、葡萄、梨、欧洲越橘、朗姆酒、葡萄酒、苹果酒中。

(3) 制备方法　由丙酸和丙醇在浓硫酸或三氟化硼催化剂作用下酯化制得。

$$CH_3CH_2—\overset{\overset{\large O}{\|}}{C}—OH + HOCH_2CH_3CH_3 \xrightarrow{H^+} CH_3CH_2—\overset{\overset{\large O}{\|}}{C}—OCH_2CH_2CH_3 + H_2O$$

(4) 主要用途　可用于日化香精中，但应用不多。主要用于调配朗姆酒、香蕉、樱桃、甜瓜、水果、热带水果等香型食用香精。

(5) 安全管理　FEMA 号 2958，FDA172.515，COE403。GB2760—2014 批准为允许使用的食品香料。

七、丁酸乙酯 (Ethyl butyrate)

丁酸乙酯又名酪酸乙酯。

分子式为 $C_6H_{12}O_2$，相对分子质量 116.16。CAS 为 105-54-4。

$$CH_3CH_2CH_2—\overset{\overset{\large O}{\|}}{C}—OC_2H_5$$

(1) 理化性质　无色挥发性液体，具有强烈的果香香气，伴有菠萝和香蕉样的香韵。微溶于水，溶于乙醇等有机溶剂。凝固点为－93.3℃，沸点为 121～122℃，48.8℃/6.69kPa，相对密度 (d_{25}^{25}) 为 0.874～0.882，折射率 (n_D^{20}) 为 1.3900～1.3940，闪点为 24℃。

(2) 天然存在　在草莓汁和橄榄油中有少量存在。

(3) 制备方法　在硫酸或氯化镁存在下由正丁酸和乙醇发生酯化反应制得。

$$CH_3CH_2CH_2—\overset{\overset{\large O}{\|}}{C}—OH + C_2H_5OH \xrightarrow[\triangle]{H_2SO_4\text{ 或 }MgCl_2} CH_3CH_2CH_2—\overset{\overset{\large O}{\|}}{C}—OC_2H_5 + H_2O$$

(4) 主要用途　具有果香和菠萝香气，微量用于果香型和花香型日化香精中。主要用于菠萝、香蕉、樱桃、桃、苹果、葡萄、奶油、黄油、干酪、胡桃、焦糖、朗姆酒、蒸馏酒等香型食用香精中。此外，玫瑰香精和烟用香精中也有使用。还有丁酸乙酯在工业上作溶剂使用。

(5) 安全管理　FEMA 号 2427，FDA182.60，COE264，GB 2760—2014 批准为允许使用的食品香料。

八、甲酸顺式-3-己烯酯 (*cis*-3-Hexenyl formate)

甲酸顺式-3-己烯酯又称甲酸叶醇酯。

分子式为 $C_7H_{12}O_2$，相对分子质量 128.18。CAS 为 33467-73-1。

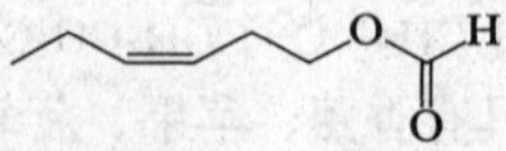

(1) 理化性质　无色液体，具有强烈持久的青香和果香香气，并伴有茉莉香韵。不溶于水，溶于乙醇等有机溶剂。沸点为 155℃、85℃/1kPa，相对密度 (d_{25}^{25}) 为 0.908，折射率 (n_D^{20}) 为 1.4270。

(2) 天然存在　存在于茶叶、覆盆子中。

(3) 制备方法　在酸性条件下由顺式-3-己烯醇与甲酸进行酯化反应制得。

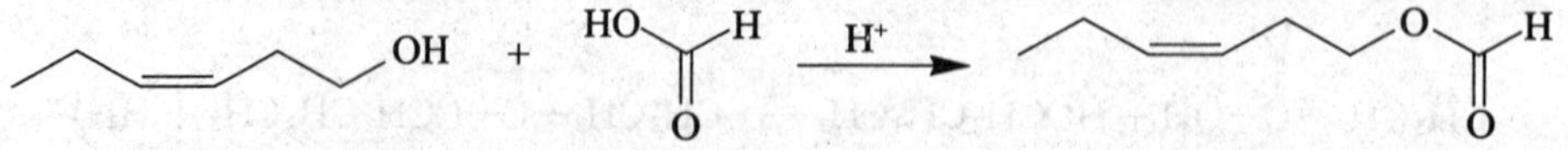

(4) 主要用途　可用于日化香精和食用香精的调配，主要用于调配苹果、香蕉、番石榴、甜瓜、猕猴桃、草莓、黄瓜、芹菜等青香型、花香型和果香型香精。因其香气强烈，故在配方中只需加入少量就能达到预期效果。

(5) 安全管理　FEMA 号 3353，COE2153，GB 2760—2014 批准为允许使用的食品香料。

九、2-己烯酸甲酯 (Methyl 2-hexenoate)

分子式为 $C_7H_{12}O_2$，相对分子质量 128.18。CAS 为 32585-08-3。

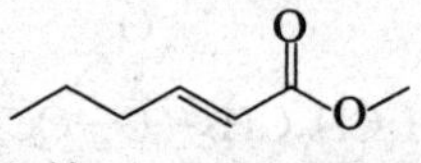

(1) 理化性质　无色至淡黄色液体，具有果香和青香香气，并伴有香蕉香韵。微溶于水，溶于乙醇等有机溶剂。沸点为 169℃，相对密度 (d_{25}^{25}) 为 0.915，折射率 (n_D^{20}) 为 1.4320～1.4360，闪点为 50℃。

(2) 天然存在　未见文献报道。

(3) 制备方法　可由 2-己烯酸和甲醇通过酯化反应制得。

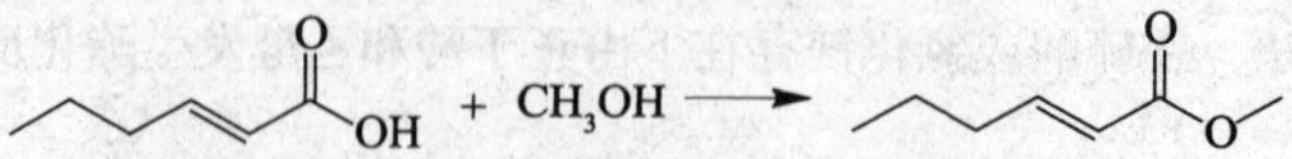

(4) 主要用途　可用于日化香精和食用香精。用于调配苹果、香蕉、菠萝、甜瓜等香型食用香精。

(5) 安全管理　FEMA 认定为 GRAS，FEMA 号 2709，GB2760—2014 批准为暂时允许使用的食品香料。

十、丙二酸二乙酯（Diethyl malonate）

分子式为 $C_7H_{12}O_4$，相对分子质量 160.17。CAS 为 105-53-3。

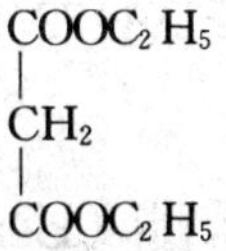

（1）理化性质　无色透明液体，具有温柔的果香香气，并有苹果香韵。不溶于水，溶于乙醇等有机溶剂。沸点为 198～200℃，相对密度（d_4^{20}）为 1.055，折射率（n_D^{20}）为1.4130～1.4150，闪点为 100℃。

（2）天然存在　存在于葡萄、苹果酒、草莓酒、威士忌、白兰地等中。

（3）制备方法　在硫酸存在下由丙二酸与乙醇经酯化反应制得。

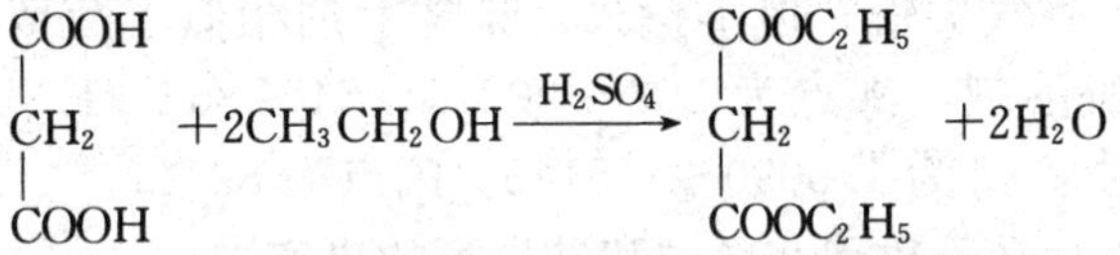

（4）主要用途　主要用于水果、菠萝、苹果、梨、葡萄、桃等香型食用香精。还可以作为油性香精溶剂。

（5）安全管理　FEMA 号 2375，FDA172.515，COE2106，GB 2760—2014 批准为允许使用的食品香料。

十一、乙酸异戊酯（Isoamyl acetate）

分子式为 $C_7H_{14}O_2$，相对分子质量 130.18。CAS 为 123-92-2。

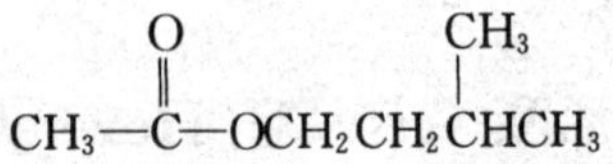

（1）理化性质　无色透明液体，具有强烈的水果香气，稀释后有香蕉、苹果、梨等果香香韵。通常乙酸异戊酯是乙酸-3-甲基-丁醇酯（$CH_3-C(=O)-OCH_2CH_2CH(CH_3)CH_3$）与乙酸-2-甲基丁醇酯（$CH_3-C(=O)-OCH_2CH(CH_3)-CH_2CH_3$）的混合物，前者约占 85%，后者约占 15%。几乎不溶于水，溶于乙醇等有机溶剂。熔点为-78℃，沸点为 142～143℃，相对密度（d_{25}^{25}）为 0.869～0.874，折射率（n_D^{20}）为 1.4001～1.4004，闪点为 36℃。

（2）天然存在　存在于香蕉、苹果、浆果、可可豆中。

（3）制备方法　在硫酸存在下，由乙酸和异戊醇通过酯化反应制得。

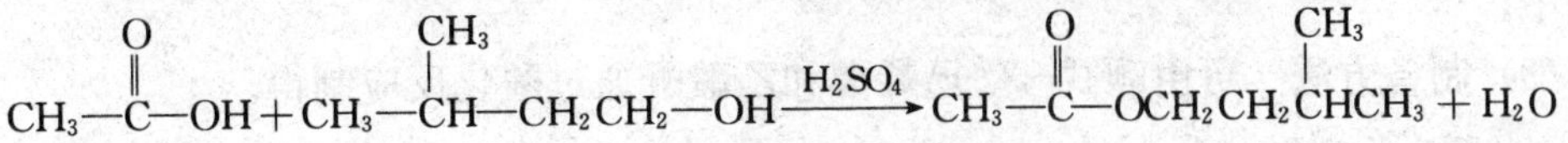

（4）主要用途　在桂花香型等日化香精中起修饰剂作用。在菠萝、苹果、橘子、香蕉、梨、樱桃、葡萄、奶油、可可、椰子、香荚豆、可乐、焦糖、覆盆子等香型食用香

精中起主香剂的作用，是最常用的果香型食用香精之一。也可用于调配酒用和烟用香精。乙酸异戊酯为脂肪族羧酸和脂肪族醇所生成的酯，不仅可应用于香料工业中配制人造梨香精，并且可作为溶剂大量地应用于其他化学工业。

(5) 安全管理　FEMA 号 2055，FDA172.515，COE214，GB 2760—2014 批准为允许使用的食品香料。

十二、甲酸苄酯 (Benzyl formate)

分子式为 $C_8H_8O_2$，相对分子质量 136.15。CAS 为 104－57－4。

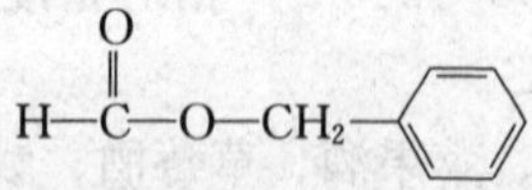

(1) 理化性质　无色液体，低温时固化，具有香蕉的果香和茉莉的花香香气，带有药草香和辛香香韵，香气尖锐，但不持久。味觉上油相似于菠萝和杏的甜味。微溶于水，溶于乙醇等有机溶剂，沸点为 202～203℃、84～85℃/1.3kPa，相对密度 d_{25}^{25} 为 1.084～1.092，折射率 n_D^{20} 为 1.5090～1.5140，闪点为 82℃。

(2) 天然存在　存在于玫瑰花净油和酸果蔓的果实中。

(3) 制备方法　在硫酸存在下甲酸与苄醇通过酯化反应而制得。

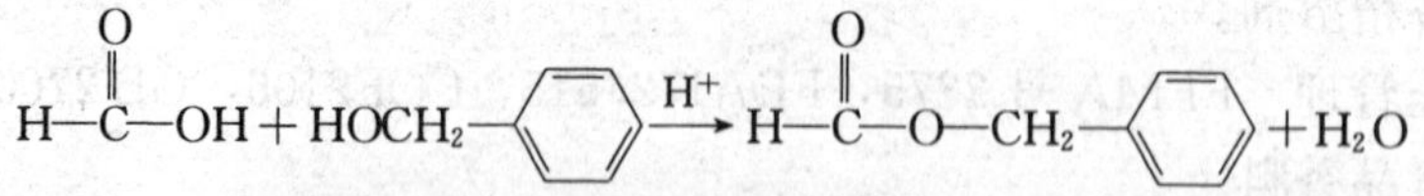

(4) 主要用途　用于调配香蕉、菠萝、苹果、樱桃、梨、草莓、杏仁、坚果、覆盆子、蜜香、桃、巧克力等香型的食用香精和酒用香精。

(5) 安全管理　FEMA 号 2145，FDA172.515，COE344，GB 2760—2014 批准为允许使用的食品香料。

十三、乙酸顺式－3－己烯酯 (*cis*－3－Hexenyl acetate、Leaf acetate)

乙酸顺式－3－己烯酯又称乙酸叶醇酯。

分子式为 $C_8H_{14}O_2$，相对分子质量 142.20。CAS 为 1708－82－3。

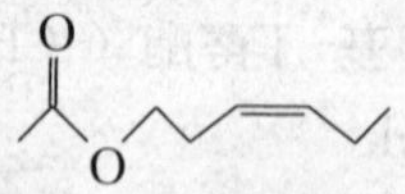

(1) 理化性质　无色至淡黄色液体，具有强烈的新刈草青香香气，以及青叶和青果香气，并伴有苹果、梨及瓜果香韵。几乎不溶于水，溶于乙醇等有机溶剂。沸点为 66℃/2.13kPa，相对密度 (d_{25}^{25}) 为 0.896～0.904，折射率 (n_D^{20}) 为 1.4230～1.4280，闪点为 54℃。

(2) 天然存在　存在于植物叶片以及苹果、草莓、番石榴、热带水果中，还存在于绿茶中。

(3) 制备方法　可由顺式－3－己烯醇和乙酸酐通过酰化反应制得。

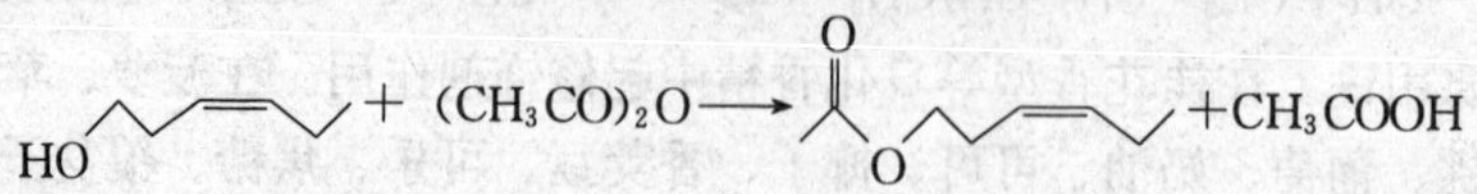

（4）主要用途　在日化香精中，主要用于调配高档香水香精和化妆品香精，用量通常不超过 1%，甚至在微量使用的情况下，也能对香精的香气产生很大影响。在食用香精中，用于调配苹果、香蕉、菠萝、梨等果香型食用香精以及各种蔬菜香精。还可用于烟草香精的调配。

（5）安全管理　FEMA 认定为 GRAS，FEMA 号 3171，COE644，GB 2760—2014 批准为允许使用的食品香料。

十四、顺式-3-己烯基碳酸甲酯（*cis*-3-Hexenylmethylcarbonate）

分子式为 $C_8H_{14}O_3$，相对分子质量 158.20。CAS 为 67333-96-9。

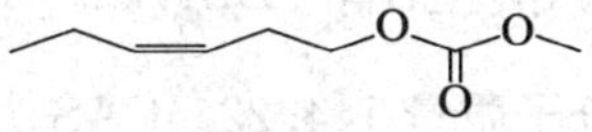

（1）理化性质　无色液体，具有强烈的天然的紫罗兰叶香气以及新鲜的青香香气。微溶于水，溶于乙醇等有机溶剂。相对密度（d_4^{20}）为 0.965～0.973，折射率（n_D^{20}）为 1.4230～1.4290，闪点为 77℃。

（2）天然存在　未见文献报道。

（3）制备方法　可由顺式-3-己烯醇和碳酸二甲酯通过酯交换反应制得。

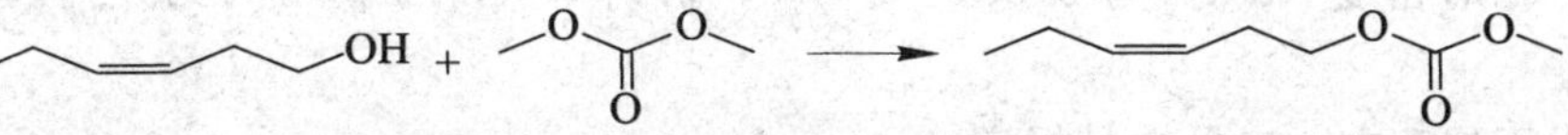

（4）主要用途　在日化香精中，可用于调配香水香精、化妆品香精。而且只需微量用于香精配方中，即能有效地起到应有的作用。

（5）安全管理　IFRA 没有限制规定。

十五、丁二酸二乙酯（Diethyl succinate）

丁二酸二乙酯又称琥珀酸二乙酯。

分子式为 $C_8H_{14}O_4$，相对分子质量 174.20。

$$C_2H_5O-\overset{\displaystyle O}{\overset{\|}{C}}-(CH_2)_2-\overset{\displaystyle O}{\overset{\|}{C}}-OC_2H_5$$

（1）理化性质　无色至淡黄色透明液体，具有水果、葡萄、青香香气。不溶于水，溶于乙醇等有机溶剂。沸点为 216℃，相对密度（d_{25}^{25}）为 1.031～1.041，折射率（n_D^{20}）为 1.4190～1.4200。

（2）天然存在　存在于苹果和可可中。

（3）制备方法

①硫酸存在下由丁二酸和乙醇在苯溶液中直接酯化制得。

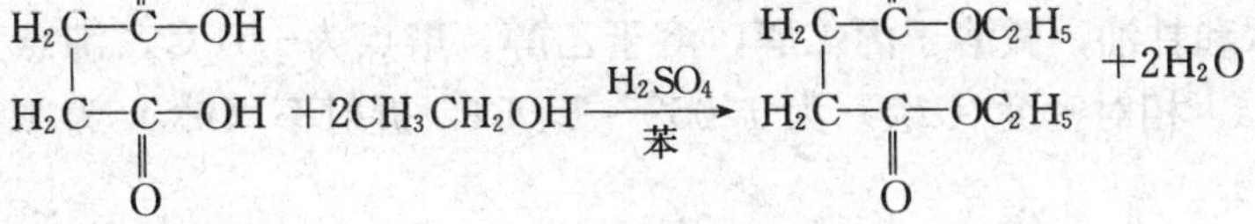

②由丁二酸酐和乙醇通过酰化与酯化反应制得。

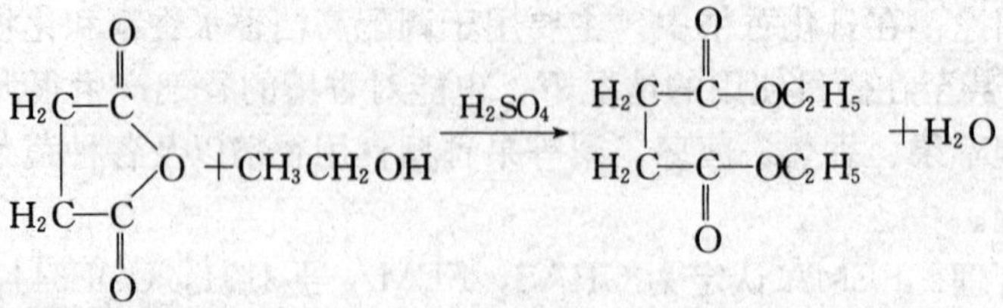

(4) 主要用途　主要用于浆果、水果香型香精中，并且在香精中起定香剂和溶剂的作用。

(5) 安全管理　FEMA 号 2377，GB 2760—2014 批准为允许使用的食品香料。

十六、2-甲基戊酸乙酯 (Ethyl 2-methylvalerate)

分子式为 $C_8H_{16}O_2$，相对分子质量 144.22。CAS 为 39255-32-8。

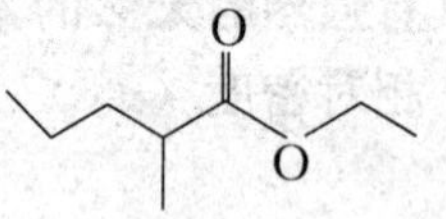

(1) 理化性质　无色液体，具有新鲜的果香和青香香气。不溶于水，溶于乙醇等有机溶剂。相对密度 (d_{20}^{20}) 为 0.864～0.870，折射率 (n_D^{20}) 为 1.4020～1.4060，闪点为 46℃。

(2) 天然存在　未见文献报道。

(3) 制备方法　可由 2-甲基戊酸和乙醇通过酯化反应制得。

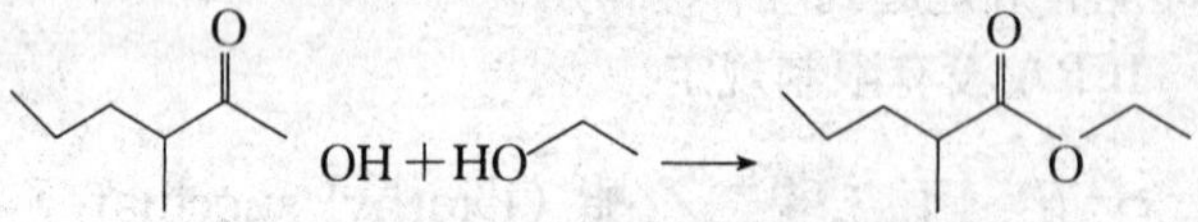

(4) 主要用途　主要用于调配洗发香波和合成洗涤剂等中日化香精。

(5) 安全管理　IFRA 没有限制规定。FEMA 号 3488，GB 2760—2014 批准为允许使用的食品香料。

十七、乙酸苄酯 (Benzyl acetate)

乙酸苄酯又称乙酸苯甲酯、醋酸苄酯。

分子式为 $C_9H_{10}O_2$，相对分子质量 150.18。CAS 为 140-11-4。

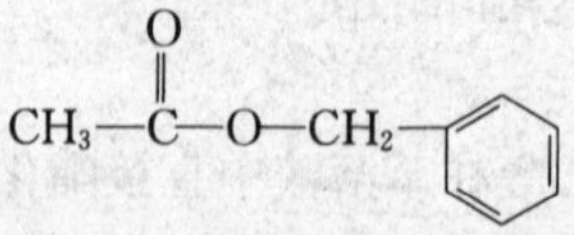

(1) 理化性质　无色油状液体，具有强烈的茉莉花、铃兰花香气，并略带果香香韵。不溶于水和甘油，微溶于丙二醇，溶于乙醇。熔点为-51℃，沸点为 215～216℃、110℃/3.5kPa，相对密度 (d_{25}^{25}) 为 1.052～1.054，折射率 (n_D^{20}) 为 1.5010～1.5030，闪点为 102℃。

(2) 天然存在　存在于大花茉莉油、苦橙花油、依兰依兰油、风信子油、晚香玉油、栀子油等精油中。

（3）制备方法

①从依兰依兰油和橙花油中采用精密分馏法单离出乙酸苄酯。

②在酸性催化剂作用下由乙酸和苯甲醇通过酯化反应制得。

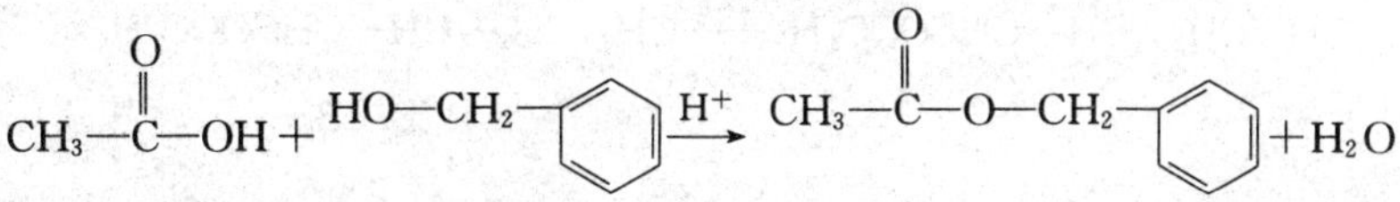

③由乙酸钠与氯化苄反应制得，目前此法有取代上述方法②的趋势。

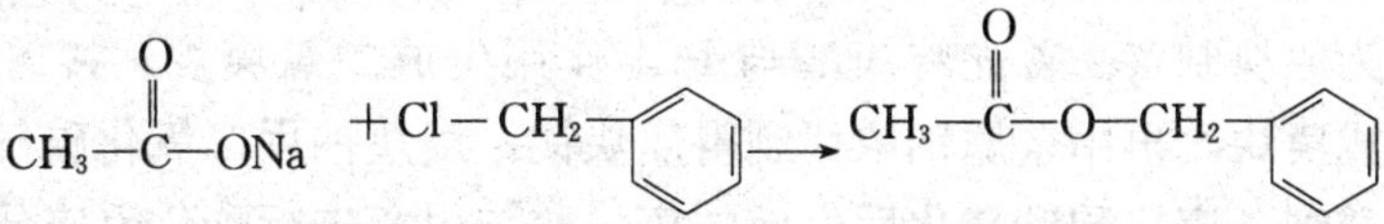

④以甲苯为原料，在乙酸介质中，用负载在氧化铝上的钯作催化剂，用氧进行氧化也可制得乙酸苄酯。

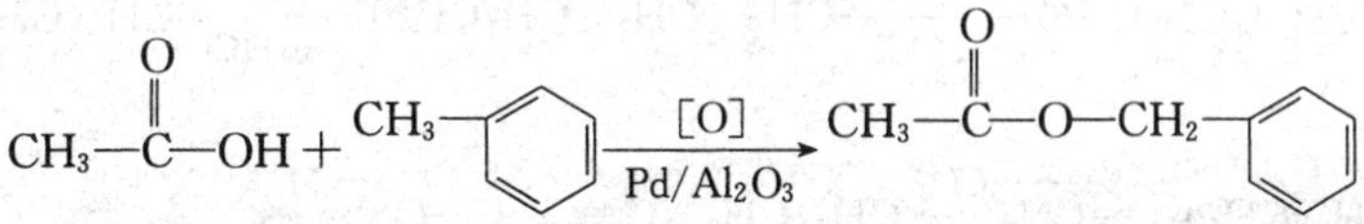

（4）主要用途　在茉莉、白兰、风信子、栀子花等香型日化香精中起主香剂的作用；在玫瑰、橙花、铃兰、依兰依兰、紫丁香、金合欢、香石竹、晚香玉等香型日化香精中起协调剂的作用。在香蕉、葡萄、草莓、菠萝、苹果、杏仁、樱桃、覆盆子、桃、梅子、奶油等香型的食用香精中也经常使用。

（5）安全管理　FEMA 号 2135，FDA172.515，COE204，GB 2760—2014 批准为暂时允许使用的食品香料。

十八、庚炔羧酸甲酯（Methyl heptin carbonate）

庚炔羧酸甲酯又称 2-庚炔羧酸甲酯。

分子式为 $C_9H_{14}O_2$，相对分子质量 154.21。CAS 为 111-12-6。

$$CH_3(CH_2)_4-C\equiv C-\overset{\displaystyle O}{\overset{\|}{C}}-OCH_3$$

（1）理化性质　无色至淡黄色液体，浓度高时具有强烈的辛辣气息，在极稀释状态下具有新鲜的紫罗兰叶香气以及黄瓜和蔬菜样的青香香气，故其在配制紫罗兰型香精中不可缺少，并且能保持持久的香气。几乎不溶于水，溶于乙醇等有机溶剂。沸点为216～217℃，相对密度（d_{25}^{25}）为 0.919～0.924，折射率（n_D^{20}）为 1.4460～1.4490，闪点为95℃。

（2）天然存在　未见文献报道。

（3）制备方法

①以己酸为原料制备。

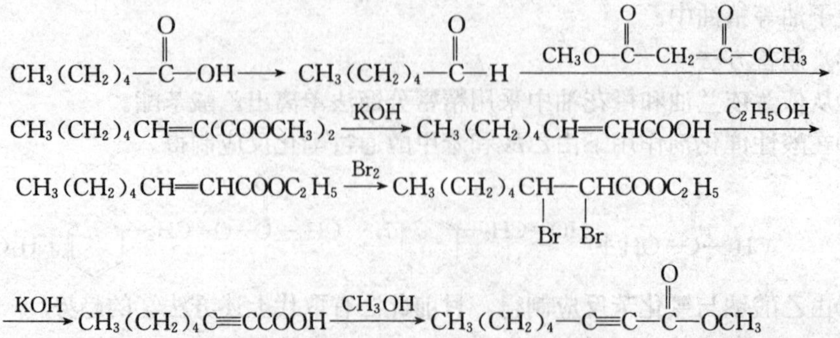

②以庚醛为原料制备。首先将庚醛与 PCl_5 作用生成二氯庚烷，接着用氢氧化钾进行消除反应生成庚炔，再用金属钠取代制得庚炔钠，庚炔钠用二氧化碳气体进行羧基化反应生成庚炔酸钠，庚炔酸钠酸化后生成的庚炔酸与甲醇进行酯化反应便得到庚炔羧酸甲酯。

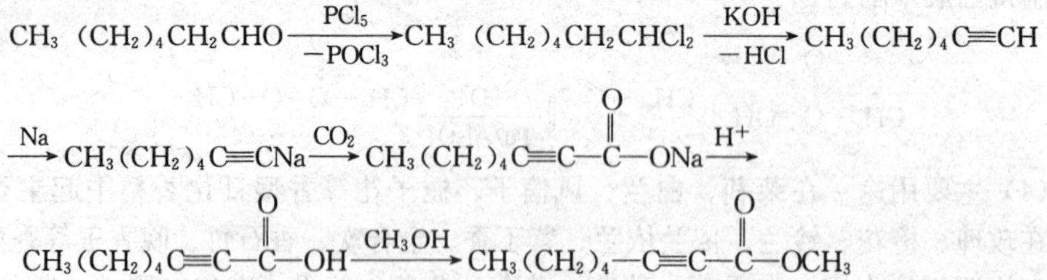

（4）主要用途　可少量地用于香水香精、皂用香精及化妆品香精中，作为清香型香料应用于紫罗兰、素心兰、金合欢、薰衣草、玫瑰、桂花、栀子花、铃兰、鸢尾等日化香精中。极微量地应用于黄瓜、桃、香蕉、草莓、梨、甜瓜、浆果等食用香精中。

（5）安全管理　FEMA 号 2729，COE481，GB 2760—2014 批准为暂时允许使用的食品香料。

十九、己酸烯丙酯（Allyl hexanoate）

己酸烯丙酯又称十九醛、凤梨醛。

分子式为 $C_9H_{16}O_2$，相对分子质量 156.23。CAS 为 123-68-2。

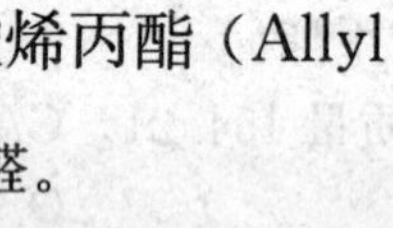

（1）理化性质　无色液体，具有强烈的菠萝香气，并有朗姆酒似的风味。微溶于水，溶于乙醇等有机溶剂。沸点为 186～188℃，相对密度（d_4^{20}）为 0.884～0.892，折射率（n_D^{20}）为 1.4220～1.4260，闪点为 65℃。

（2）天然存在　未见文献报道。

（3）制备方法　在酸性催化剂存在下由己酸和烯丙醇进行直接酯化反应制备。

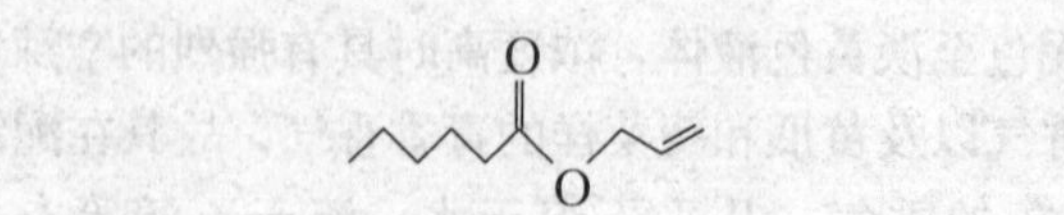

(4) 主要用途　可用于香水香精和其他日化香精配方中。广泛用于食用香精中，常用于调配苹果、草莓、菠萝、甜橙、桃、杏等果香型香精，以及白酒、朗姆酒等酒用香精。

(5) 安全管理　FEMA 号 2032，FDA172.515，COE2181，GB 2760—2014 批准为暂时允许使用的食品香料。

二十、丙酸顺式-3-己烯醇（*cis*-3-Hexenyl propionate）

丙酸顺式-3-己烯醇又称丙酸叶醇酯。

分子式为 $C_9H_{16}O_2$，相对分子质量 156.23。CAS 为 33467-74-2。

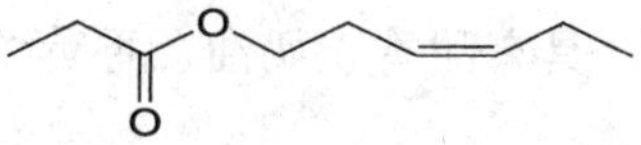

(1) 理化性质　无色透明液体，具有强烈的、新鲜的青香香气。微溶于水，易溶于乙醇等有机溶剂。沸点为 172℃、83℃/2.3kPa，相对密度（d_{25}^{25}）为 0.896，折射率（n_D^{20}）为 1.4310。

(2) 天然存在　存在于茶叶、红茶、百里香、梅子、新鲜芒果中。

(3) 制备方法　可由丙酸和顺式-3-己烯醇经过酯化反应制得。

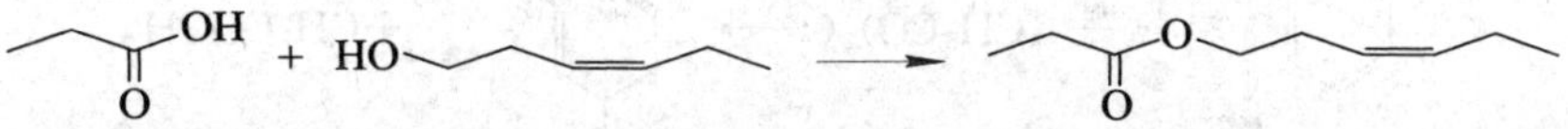

(4) 主要用途　在日化香精中，主要用于调配高档香水香精和化妆品香精。

(5) 安全管理　IFRA 没有限制规定。GB2760—2014 批准为暂时允许使用的食品香料。

二十一、丁酸戊酯（Amyl butyrate）

分子式为 $C_9H_{18}O_2$，相对分子质量 158.24。CAS 为 626-77-7。

$$CH_3(CH_2)_2-\overset{\overset{\displaystyle O}{\|}}{C}-O(CH_2)_4CH_3$$

(1) 理化性质　无色透明油状液体，具有强烈果香香气，稀释后具有香蕉、菠萝、杏样的香韵，此外还有朗姆酒、白兰地酒、巧克力的味道。不溶于水，易溶于乙醇和醚等有机溶剂。熔点−73.2℃，沸点为 185～186℃，相对密度（d_{20}^{20}）为 0.865～0.870，折射率（n_D^{20}）为 1.4120～1.4140，闪点为 65℃。

(2) 天然存在　在苹果、葡萄、草莓、香蕉、番茄、可可豆、椰子油中均有存在，在薰衣草油和桉树油等精油中也有存在。

(3) 制备方法　在硫酸存在下由正丁酸和正戊醇发生酯化反应制得。

$$CH_3(CH_2)_2-\overset{\overset{\displaystyle O}{\|}}{C}-OH+CH_3(CH_2)_4OH \xrightarrow{H_2SO_4} CH_3(CH_2)_2-\overset{\overset{\displaystyle O}{\|}}{C}-O(CH_2)_4CH_3+H_2O$$

(4) 主要用途　可用于日化香精中，在山楂花、香薇等香型日化香精中起协调剂的作用。主要用于配制香蕉、苹果、杏、李、桃、樱桃、葡萄、菠萝、梨、奶油等香型食用香精。在烟用和酒用香精中也经常使用。

(5) 安全管理　FEMA 号 2059，FDA172.515，COE270，GB 2760—2014 批准为

允许使用的食品香料。

二十二、乙酸香兰素酯（Vanillin acetate）

分子式为 $C_{10}H_{10}O_4$，相对分子质量 194.18。

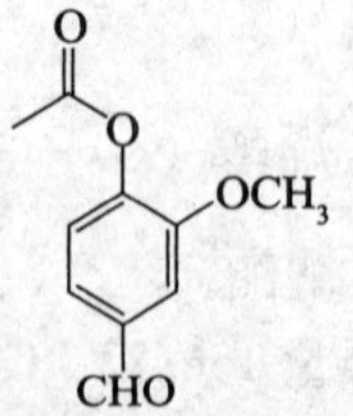

（1）理化性质　结晶固体，具有甜香、奶油、香荚兰香气。微溶于水，溶于乙醇等有机溶剂。熔点为 78～79℃。

（2）天然存在　未见文献报道。

（3）制备方法　可由香兰素和乙酸酐通过酰化反应制得。

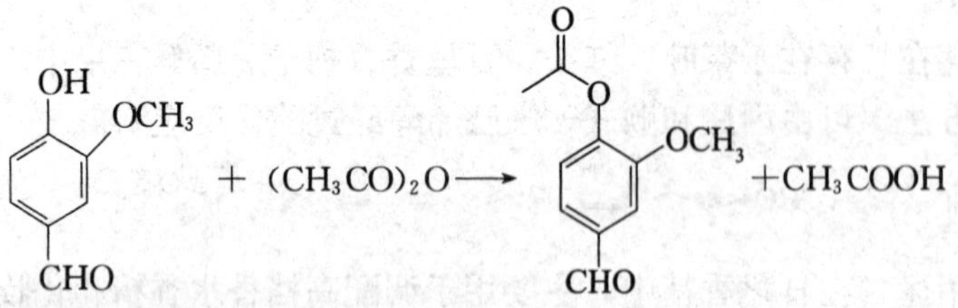

（4）主要用途　可用于调配奶油、冰淇淋、可可、香荚兰等香型食用香精和烟草香精。

（5）安全管理　FEMA 号 3108，FDA172.515，COE225。GB2760—2014 批准为允许使用的食品香料。

二十三、丙酸苄酯（Benzyl propionate）

分子式为 $C_{10}H_{12}O_2$，相对分子质量 164.21。CAS 为 122-63-4。

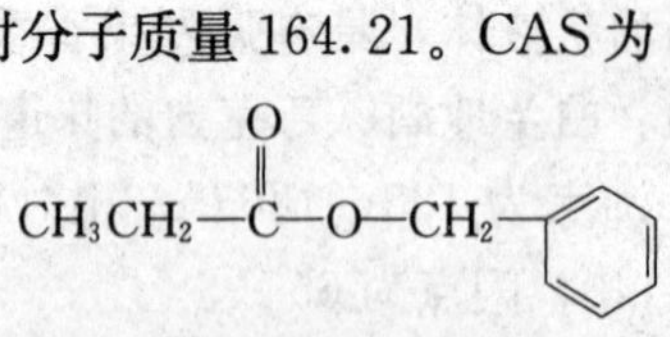

（1）理化性质　无色液体，具有果香和花香香气，并伴有茉莉和多种水果香韵，留香时间长。不溶于水和甘油，溶于乙醇等有机溶剂。沸点为 220～222℃，相对密度（d_4^{20}）为 1.031～1.034，折射率（n_D^{20}）为 1.4960～1.5000，闪点为 100℃。

（2）天然存在　在草莓中有少量存在。

（3）制备方法　在硫酸存在下由丙酸和苄醇通过酯化反应制得。

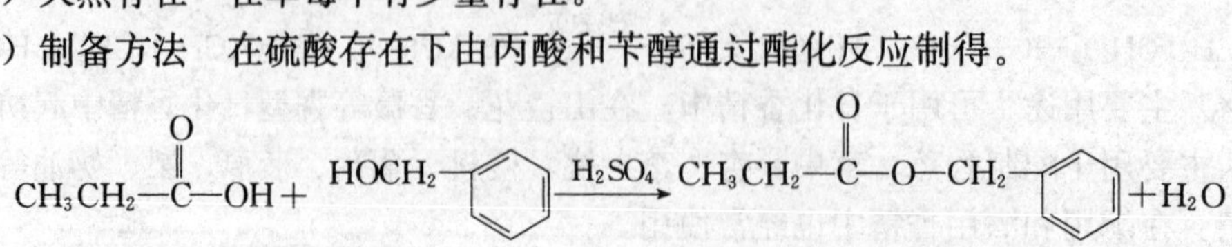

（4）主要用途　在茉莉、铃兰、玫瑰等花香型香精中起修饰剂作用。可以增加香精

的清鲜感。可用于配制食品、烟、香皂、日用化妆品香精，如素馨香精、果实香精等。也可在苹果、梨、香蕉、菠萝、葡萄、甜瓜、樱桃等香型食用香精中应用。

（5）安全管理　FEMA 号 2150，FDA172.515，COE413，GB 2760—2014 批准为允许使用的食品香料。

二十四、乙酸苏合香酯（Styrallyl acetate）

乙酸苏合香酯又称乙酸甲基苯基原酯。

分子式为 $C_{10}H_{12}O_2$，相对分子质量 164.21。CAS 为 93-92-5。

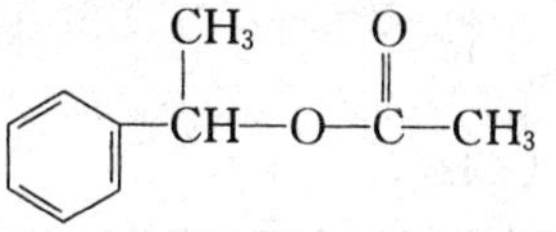

（1）理化性质　无色液体，具有强烈的青香和果香香气，带有栀子花香韵。几乎不溶于水，溶于乙醇等有机溶剂。沸点为 213～214℃、72～73℃/530Pa，相对密度（d_{25}^{25}）为 1.023～1.026，折射率（n_D^{20}）为 1.4940～1.4970，闪点为 81℃。

（2）天然存在　存在于栀子花油中。

（3）制备方法

①以苯乙酮为原料，首先进行氢化反应生成苏合香醇，最后将其与乙酸酐进行酯化制得。

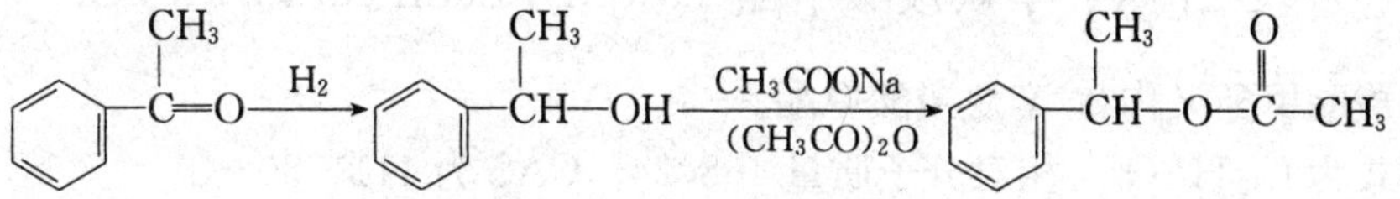

②由乙酸钠和 1-溴乙基苯在乙酸中反应制得。

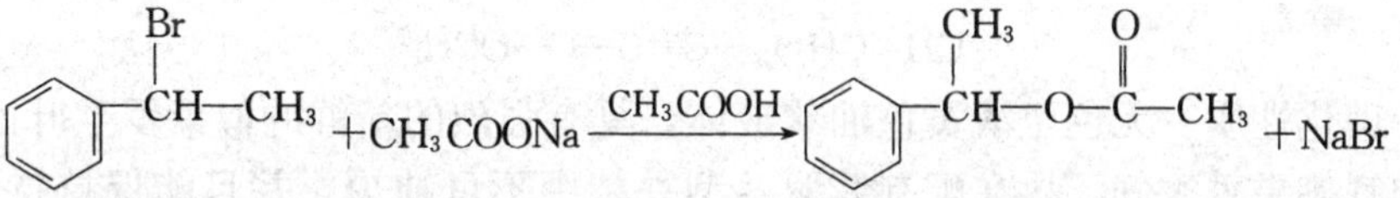

（4）主要用途　主要用于栀子花、紫丁香、茉莉、晚香玉、风信子、铃兰等香型的日化香精，作头香剂使用。在苹果、菠萝、桃、杏、草莓、悬钩子、茶、蔬菜等香型食用香精中也可以微量使用。

（5）安全管理　FEMA 号 2684，FDA172.515，COE573，GB 2760—2014 批准为允许使用的食品香料。

二十五、乙酸茴香酯（Anisyl acetate）

乙酸茴香酯又称乙酸大茴香酯。

分子式为 $C_{10}H_{12}O_3$，相对分子质量 180.21。CAS 为 104-21-2。

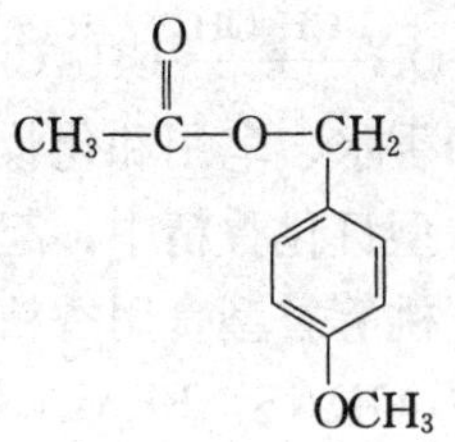

（1）理化性质　无色至黄褐色液体，具有花香、果香、香脂香气，并伴有覆盆子香韵。不溶于水，易溶于乙醇和乙醚等有机溶剂。沸点为 270℃、120℃/660Pa，相对密度（d_4^{20}）为 1.105～1.109，折射率（n_D^{20}）为 1.5110～1.5160，闪点＞100℃。

（2）天然存在　存在于某些植物精油和红茶薰子中。

（3）制备方法　在酸性条件下由乙酸酐或乙酸和大茴香醇通过乙酰化反应制得。

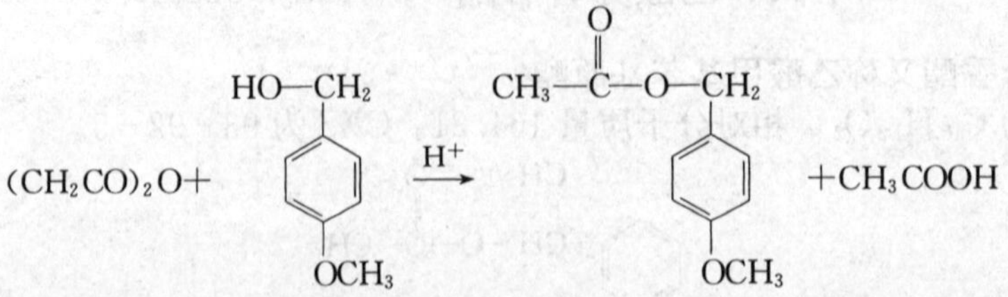

（4）主要用途　在日化香精中，可用于调配金银花、金合欢、紫丁香等花香型香精，效果很好，能产生很好的粉香感。与兔耳草醛配合调制的兔耳草型香精，能产生异常强烈的令人愉快的香气。在食用香精中，常用于调配巧克力、浆果、香荚兰、可可、茴香等香型香精。

（5）安全管理　FEMA 号 2098，FDA172.515，COE209，GB 2760—2014 批准为允许使用的食品香料。

二十六、辛炔羧酸甲酯（Methyl octin carbonate）

辛炔羧酸甲酯又称 2-辛炔羧酸甲酯。

分子式为 $C_{10}H_{16}O_2$，相对分子质量 168.24。CAS 为 111－80－8。

$$CH_3(CH_2)_5-C\equiv C-\overset{\displaystyle O}{\overset{\|}{C}}-OCH_3$$

（1）理化性质　无色至淡黄色油状液体，具有强烈的新鲜的似紫罗兰叶的香气，并有青香和鲜桃果香香气，故在配制紫罗兰型香精中不可缺少，并且能保持持久的香气。几乎不溶于水，溶于乙醇等有机溶剂。沸点为 220℃，相对密度（d_{25}^{25}）为 0.913～0.916，折射率（n_D^{20}）为 1.4480～1.4500，闪点＞100℃。

（2）天然存在　未见文献报道。

（3）制备方法　以辛醛为原料制取。

$$CH_3(CH_2)_5CH_2CHO \xrightarrow{PCl_5} CH_3\ (CH_2)_5CH_2CHCl_2 \xrightarrow{KOH} CH_3(CH_2)_5C\equiv CH$$

$$\xrightarrow{Na} CH_3(CH_2)_5C\equiv CNa \xrightarrow{CO_2} CH_3(CH_2)_5C\equiv C-\overset{\displaystyle O}{\overset{\|}{C}}-ONa \xrightarrow{H^+}$$

$$CH_3(CH_2)_5C\equiv C-\overset{\displaystyle O}{\overset{\|}{C}}-OH \xrightarrow{CH_3OH} CH_3(CH_2)_5-C\equiv C-\overset{\displaystyle O}{\overset{\|}{C}}-OCH_3$$

（4）主要用途　可少量地用于香水、皂用和化妆品香精中，用于玫瑰、桂花、紫罗兰、栀子花、风信子、晚香玉等香型日化香精中，起头香剂和提调香气的作用，也可微量用于荔枝、黄瓜、甜瓜、香蕉、桃等香型食用香精中。

（5）安全管理　FEMA 认定为 GRAS，FEMA 号 2726，GB 2760—2014 批准为允

许使用的食品香料。

二十七、异丁酸 2，4 -己二烯酯（2，4 - Hexadienyl isobutyrate）

分子式为 $C_{10}H_{16}O_2$，相对分子质量 168.24。CAS 为 16491 - 24 - 0。

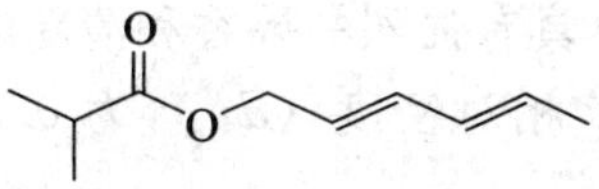

（1）理化性质　无色液体，具有强烈的青香和果香香气，并带有格蓬、苹果和梨香韵。不溶于水，溶于乙醇等有机溶剂。相对密度（d_4^{20}）为 0.903～0.911，折射率（n_D^{20}）为 1.4640～1.4690，闪点为 80℃。

（2）天然存在　未见文献报道。

（3）制备方法　可由异丁酸和 2，4 -己二烯醇通过酯化反应制得。

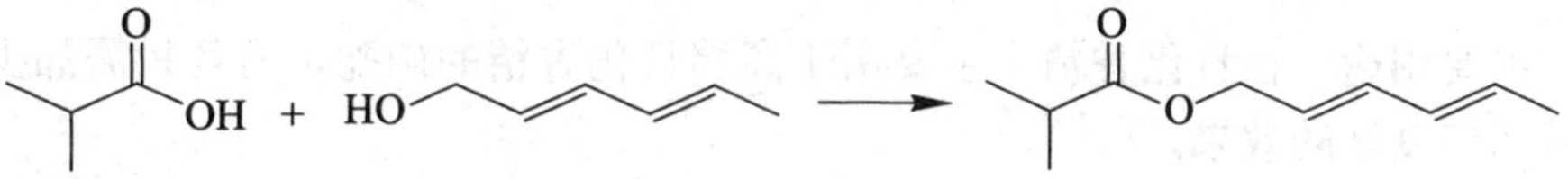

（4）主要用途　可用于多种日化香精中。

（5）安全管理　IFRA 没有限制规定。

二十八、丁酸顺式- 3 -己烯酯（*cis* - 3 - Hexenyl butyrate）

丁酸顺式- 3 -己烯酯又称丁酸叶醇酯。

分子式为 $C_{10}H_{18}O_2$，相对分子质量 170.25。CAS 为 16491 - 36 - 4。

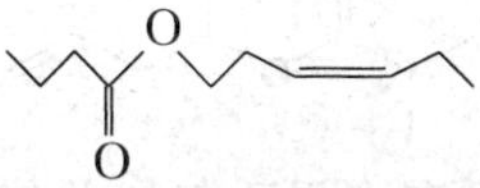

（1）理化性质　无色透明液体，具有强烈的水果香气和新鲜的青香香气，并略带香荚兰和奶油似的香味。不溶于水，几乎不溶于醇，可以与精油混溶。沸点为 192℃、103℃/3.3kPa，相对密度（d_{25}^{25}）为 0.889，折射率（n_D^{20}）为 1.3432。

（2）天然存在　存在于苹果、芒果、草莓、葡萄、橙子、绿茶、柠檬皮、鸡蛋果中。

（3）制备方法　可由丁酸和顺式- 3 -己烯酯通过酯化反应制得。

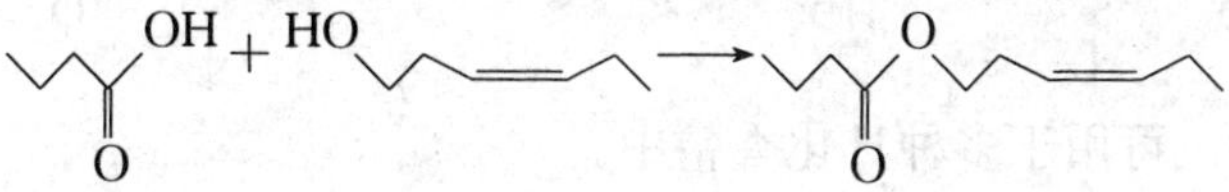

（4）主要用途　可用于日化香精中。

（5）安全管理　FEMA 认定为 GRAS，FEMA 号 3402，COE11859，GB 2760—2014 批准为允许使用的食品香料。

二十九、异丁酸顺式- 3 -己烯酯（*cis* - 3 - Hexenyl isobutyrate）

异丁酸顺式- 3 -己烯酯又称异丁酸叶醇酯。

分子式为 $C_{10}H_{18}O_2$，相对分子质量 170.25。CAS 为 41519－23－7。

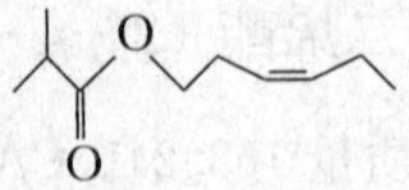

(1) 理化性质　无色液体，具有强烈的果香和清新的青香香气。不溶于水，溶于乙醇等有机溶剂。沸点为 182℃，相对密度（d_4^{20}）为 0.879～0.889，折射率（n_D^{20}）为 1.4250～1.4310，闪点为 67℃。

(2) 天然存在　存在于某些薄荷油中。

(3) 制备方法　可由异丁酸和顺式-3-己烯酯通过酯化反应制得。

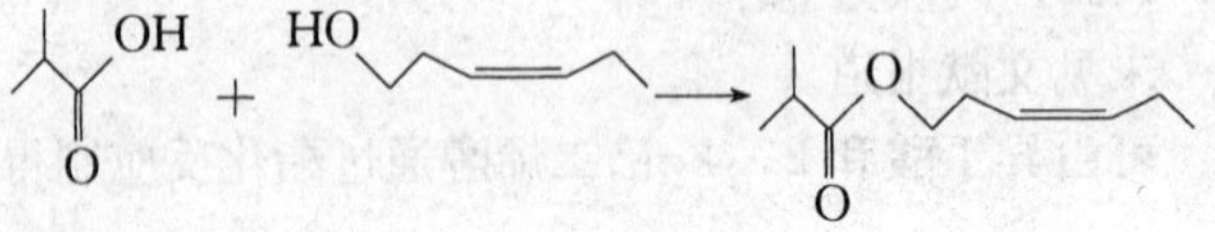

(4) 主要用途　在日化香精中主要用于高档日化香精的调配，而且只需加少量于配方中即可达到良好的效果。

(5) 安全管理　IFRA 没有限制规定。FEMA 号 3929，GB 2760—2014 批准为允许使用的食品香料。

三十、异丁酸-1，3-二甲基-3-丁烯酯 (1，3-Dimethyl-3-butenyl isobutyrate)

分子式为 $C_{10}H_{18}O_2$，相对分子质量 170.25。CAS 为 80118－06－5。

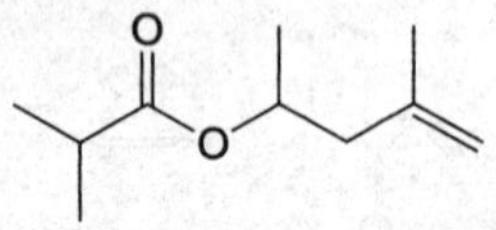

(1) 理化性质　无色液体，具有水果香气，并伴有花香和草香香韵，带有母菊香调。不溶于水，溶于乙醇等有机溶剂。相对密度（d_{20}^{20}）为 0.867～0.874，折射率（n_D^{20}）为 1.4190～1.4230，闪点为 53℃。

(2) 天然存在　未见文献报道。

(3) 制备方法　可由异丁酸酐和 4-甲基-4-戊烯-2-醇通过酰化反应制得。

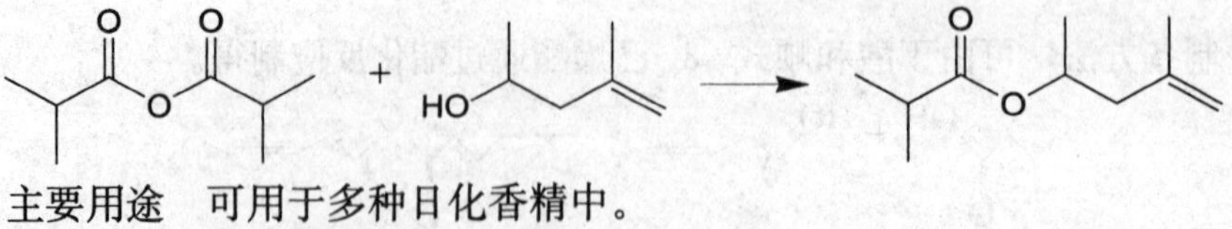

(4) 主要用途　可用于多种日化香精中。

(5) 安全管理　IFRA 没有限制规定。

三十一、乙酸环己基乙酯 (Cyclohexylethyl acetate)

分子式为 $C_{10}H_{18}O_2$，相对分子质量 170.25。CAS 为 21722－83－8。

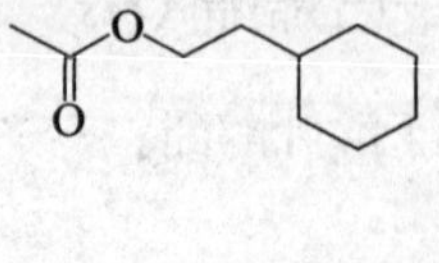

（1）理化性质　无色液体，具有薄荷样草香香气，并有覆盆子果香香味以及玫瑰似的香调。不溶于水，溶于乙醇等有机溶剂。沸点为218～221℃、104℃/2kPa，相对密度（d_{25}^{25}）为0.944～0.952，折射率（n_D^{20}）为1.4450～1.4500，闪点为79℃。

（2）天然存在　未见文献报道。

（3）制备方法　可由乙酸和环己基乙醇通过酯化反应制得。

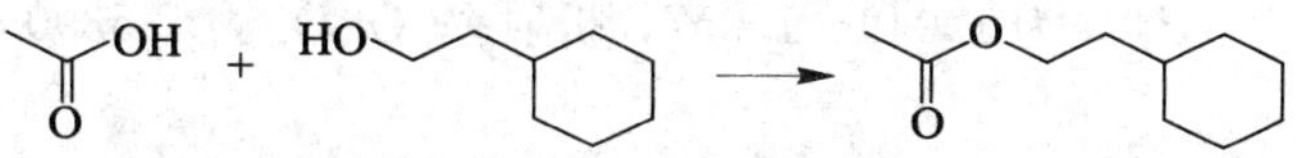

（4）主要用途　可用于日化香精和食用香精中。用于调配香蕉、覆盆子香型香精。

（5）安全管理　FEMA认定为GRAS，FEMA号2348，GB 2760—2014批准为允许使用的食品香料。

三十二、格蓬酯（Allyl amyl glycolate、Isogalbanate、Galballynate）

格蓬酯又称异戊氧基乙酸烯丙酯。

分子式为$C_{10}H_{18}O_3$，相对分子质量186.25。CAS为67634-00-8。

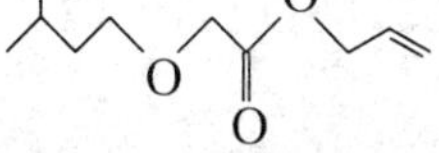

（1）理化性质　无色液体，为异构体的混合物。具有强烈的格蓬香气和果香香气。不溶于水，溶于乙醇等有机溶剂。沸点为99～102℃/667Pa，相对密度（d_4^{20}）为0.936～0.944，折射率（n_D^{20}）为1.4280～1.4330，闪点>100℃。

（2）天然存在　未见文献报道。

（3）制备方法

①在硫酸存在下，由异戊氧基乙酸和烯丙醇经酯化反应制得。

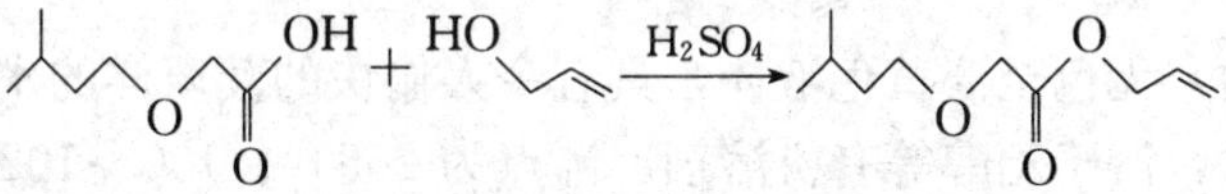

②以异戊醇为原料，首先异戊醇和金属钠反应生成异戊醇钠，然后与一氯乙酸烯丙酯发生醚化反应而生成格蓬酯。

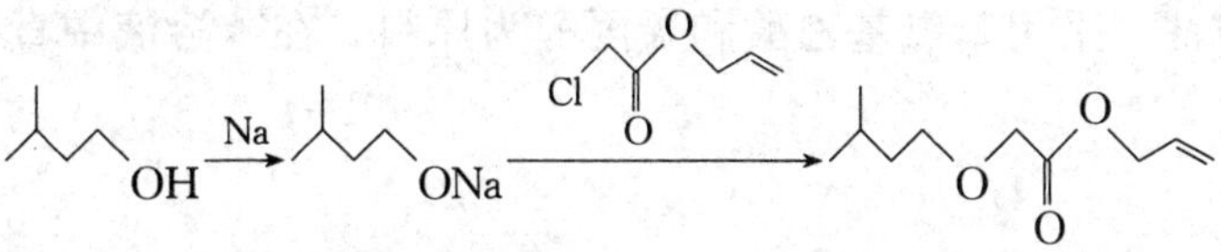

（4）主要用途　可用于日化香精的配方中。

（5）安全管理　IFRA规定禁止使用烯丙醇含量超过0.1%的异戊氧基烯丙酯，这是由于烯丙醇有缓发的刺激作用。

三十三、乙酸桂酯（Cinnamyl acetate）

乙酸桂酯又称乙酸肉桂酯。

分子式为$C_{11}H_{12}O_2$，相对分子质量176.22。CAS为103-54-8。

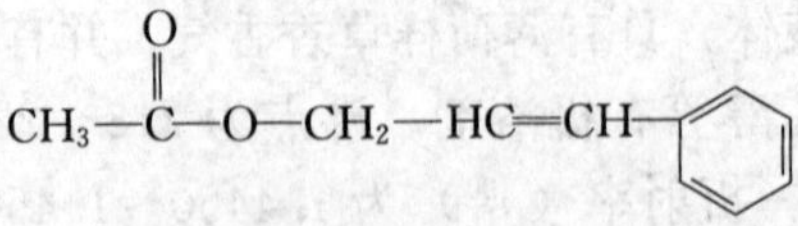

(1) 理化性质 无色至淡黄色液体，具有甜润且温柔的花香、果香香气，以及肉桂的辛香香气。微溶于水，溶于乙醇等有机溶剂。沸点为 262～265℃、139～140℃/1.3kPa，相对密度（d_4^{20}）为 1.049～1.057，折射率（n_D^{20}）为 1.5390～1.5440，闪点>100℃。

(2) 天然存在 存在于肉桂油、银白金合欢油、甜瓜、龙蒿、荔枝中。

(3) 制备方法 由乙酸酐或乙酸和肉桂醇通过乙酰化反应制得。

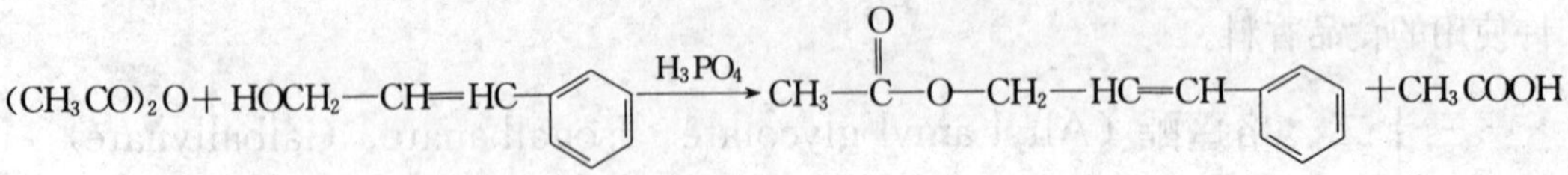

(4) 主要用途 因具有膏香和定香能力，故可应用于紫丁香、茉莉、金银花、香石竹、风信子、铃兰等香型日化香精中。也可应用于菠萝、肉桂、香荚兰豆、玫瑰、樱桃、葡萄、桃、杏、苹果、蜜糖等香型食用香精中。

(5) 安全管理 FEMA 号 2293，FDA172.515，COE208，GB 2760—2014 批准为允许使用的食品香料。

三十四、苯氧乙酸烯丙酯（Allyl phenoxyacetate、Acetate PA）

苯氧乙酸烯丙酯又称菠萝醚。

分子式为 $C_{11}H_{12}O_3$，相对分子质量 192.22。CAS 为 7493 - 74 - 5。

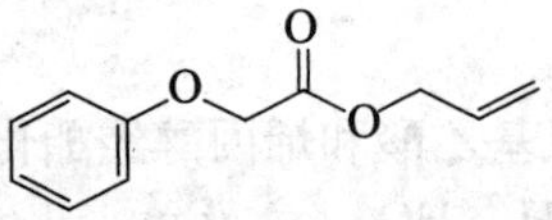

(1) 理化性质 无色至淡黄色液体，具有令人愉快的菠萝样的水果香气，并伴有蜜香香韵。不溶于水，溶于乙醇等有机溶剂。沸点为 265℃、100～102℃/133Pa，相对密度（d_{25}^{25}）为 1.100～1.105，折射率（n_D^{20}）为 1.5140～1.5170，闪点>100℃。

(2) 天然存在 未见文献报道。

(3) 制备方法 采用苯氧基乙酸和烯丙醇为原料，在苯溶液中直接进行酯化反应制得。

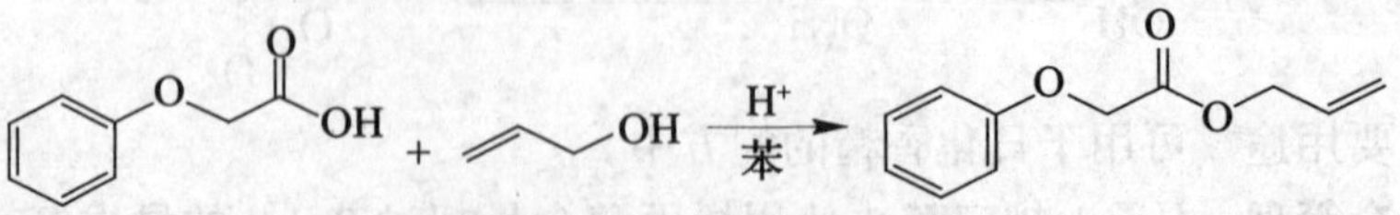

(4) 主要用途 可用于日化香精中。在食用香精中，可用于调配菠萝、香蕉等果香型香精。

(5) 安全管理 FEMA 号 2038，FDA172.515，COE228，IOFI，GB 2760—2014 批准为允许使用的食品香料。

三十五、甲酸丁香酚酯（Eugenyl formate、Eugenol formate）

分子式为 $C_{11}H_{12}O_3$，相对分子质量 192.22。CAS 为 10031－96－6。

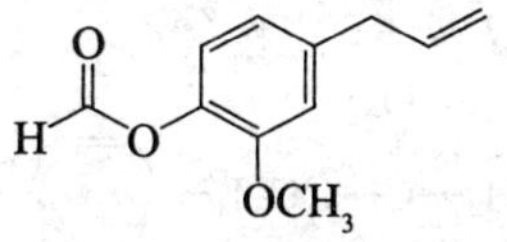

（1）理化性质　无色至淡黄色液体，具有鸢尾香气。不溶于水，溶于乙醇等有机溶剂。沸点为 270℃，相对密度（d_4^{15}）为 1.105～1.109，折射率（n_D^{20}）为 1.5240～1.5260，闪点为 102℃。

（2）天然存在　未见文献报道。

（3）制备方法　可由甲酸和丁香酚进行酯化反应制得。

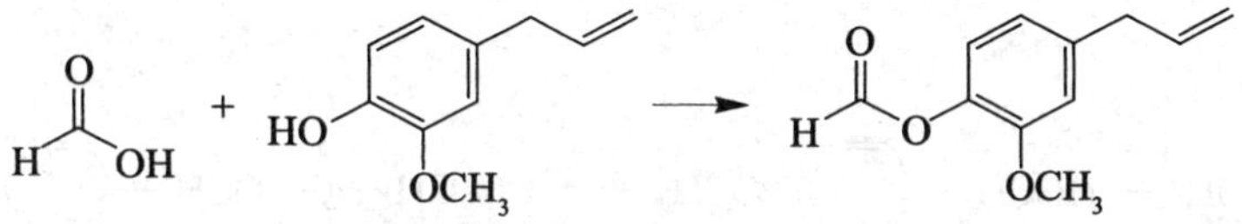

（4）主要用途　可用于日化香精和食用香精中。用于调配辛香味香精及合剂。

（5）安全管理　FEMA 认定为 GRAS。

三十六、乙酸龙葵酯（hydratropic acetate）

分子式为 $C_{11}H_{14}O_2$，相对分子质量 178.23。CAS 为 10402－52－5。

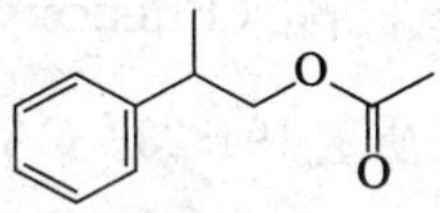

（1）理化性质　无色液体，具有新鲜的青香和花香香气，并伴有风信子和丁香香韵。不溶于水，溶于乙醇等有机溶剂。沸点为 92～96℃/400Pa，相对密度（d_4^{20}）为 1.012～1.020，折射率（n_D^{20}）为 1.4940～1.4980，闪点＞100℃。

（2）天然存在　未见文献报道。

（3）制备方法

①由乙酸和龙葵醇通过酯化反应制得。

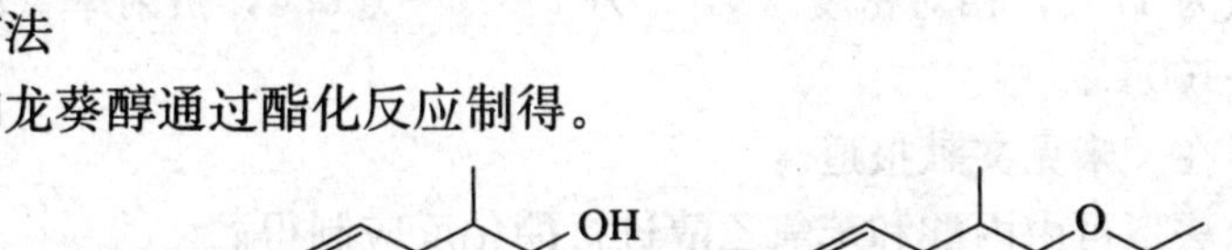

②由乙酸酐和龙葵醇共热制得。

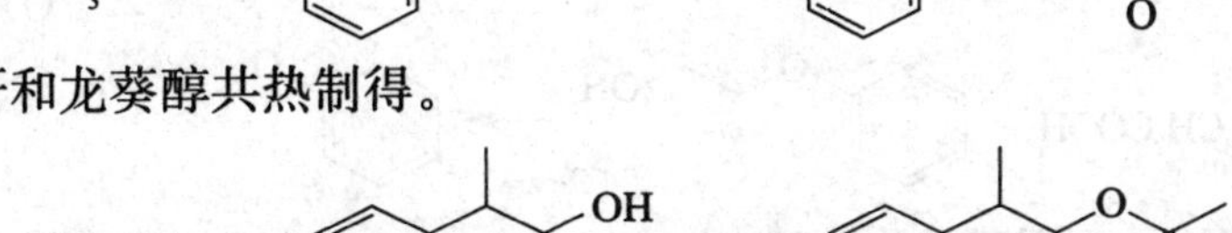

（4）主要用途　在日化香精中，主要用于调配铃兰型香精和丁香型香精。

（5）安全管理　IFRA 没有限制规定。

三十七、丙酸茴香酯(Anisyl propionate)

丙酸茴香酯又称丙酸大茴香酯。

分子式为 $C_{11}H_{14}O_3$，相对分子质量 194.23。

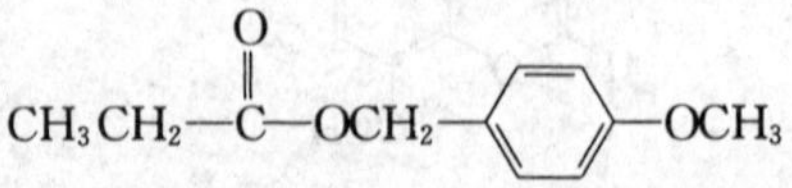

(1) 理化性质　无色至淡黄色液体，具有草香、樱桃、桃香气。不溶于水，溶于乙醇等有机溶剂。沸点为 277℃、100～103℃/66.7Pa，相对密度（d_4^{15}）为 1.078，折射率（n_D^{23}）为 1.5490。

(2) 天然存在　未见文献报道。

(3) 制备方法　在酸性催化剂存在下由丙酸或丙酸酐和大茴香醇通过酯化反应制得。

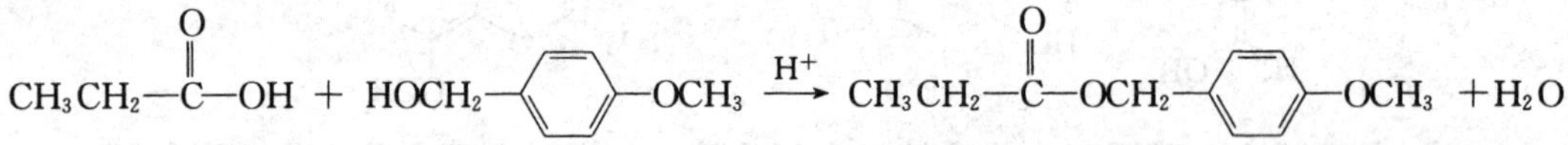

(4) 主要用途　可用于日化香精中。在食用香精中，主要用于调配桃、菠萝、草莓、樱桃、杏等香型香精。

(5) 安全管理　FEMA 号 2102，FDA172.515，COE426。并经 FDA 批准食用。GB2760—2014 批准为允许使用的食品香料。

三十八、丙酸苯氧乙酯(Phenoxyethyl propionate)

分子式为 $C_{11}H_{14}O_3$，相对分子质量 194.23。CAS 为 23495 - 12 - 7。

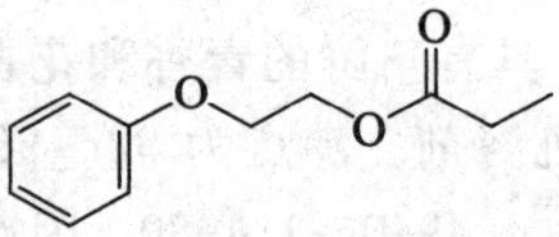

(1) 理化性质　无色液体，具有微弱的花香和果香香气。不溶于水，溶于乙醇等有机溶剂。凝固点为 17℃，相对密度（d_4^{20}）为 1.076～1.084，折射率（n_D^{23}）为1.4990～1.5040，闪点＞100℃。

(2) 天然存在　未见文献报道。

(3) 制备方法　可由丙酸和苯氧乙醇进行酯化反应制得。

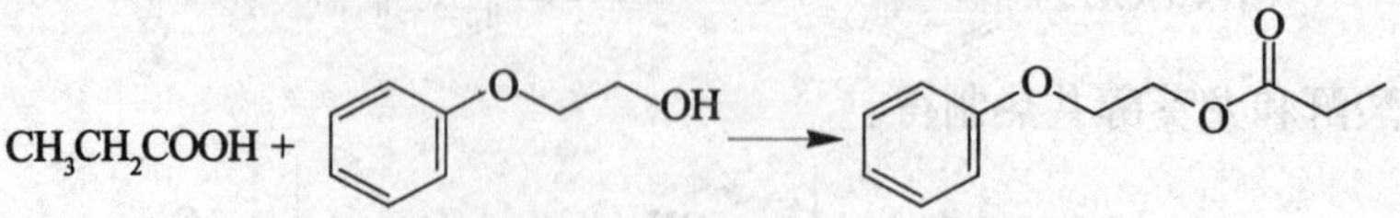

(4) 主要用途　可用于日化香精中。

(5) 安全管理　IFRA 没有限制规定。

三十九、甲酸芳樟酯(Linalyl formate)

甲酸芳樟酯又称 3，7 -二甲基- 1，6 -辛二烯- 3 -醇甲酸酯。

分子式为 $C_{11}H_{18}O_2$，相对分子质量 182.26。CAS 为 115-99-1。

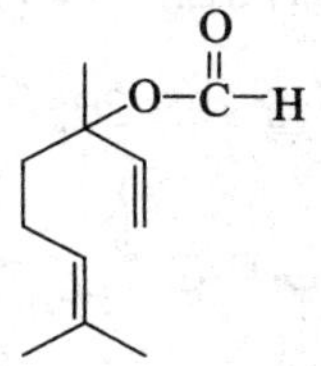

（1）理化性质　无色至淡黄色液体，具有果香和清新的青香香气，并伴有香柠檬香韵。不溶于水，溶于乙醇等有机溶剂。沸点为 192℃、102～103℃/1.34kPa，相对密度（d_{25}^{25}）为 0.910～0.918，折射率（n_D^{20}）为 1.4530～1.4580，闪点为 73℃。

（2）天然存在　存在于白柠檬油、香紫苏油、杂薰衣草油、橙叶、桃、杏中。

（3）制备方法　由甲酸和芳樟醇直接进行酯化反应制得。

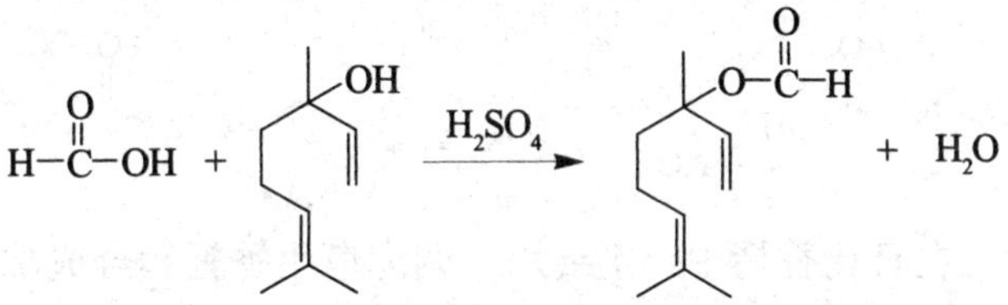

（4）主要用途　可用于日化香精中，少量用于古龙、香薇、素心兰香型和果香型日化香精中，有提调香气的作用。可微量用于调配菠萝、白柠檬、苹果、桃、杏以及各种浆果等香型的食用香精。

（5）安全管理　FEMA 号 2642，FDA172.515，COE347，GB 2760—2014 批准为暂时允许使用的食品香料。

四十、乙酸二甲基环己烯基甲酯（2，4-Dimethyl-3-cyclohexenylmethyl acetate）

分子式为 $C_{11}H_{18}O_2$，相对分子质量 182.26。CAS 为 67634-25-7。

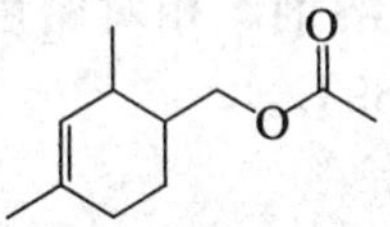

（1）理化性质　无色液体，为异构体的混合物（1，2，4-和 1，3，5-取代）。具有柑橘和圆柚香气，并伴有酸橙油和甜瓜香韵。不溶于水，溶于乙醇等有机溶剂。相对密度（d_4^{20}）为 0.961～0.970，折射率（n_D^{20}）为 1.4620～1.4670，闪点为 85℃。

（2）天然存在　未见文献报道。

（3）制备方法　可由二甲基环己烯甲醛为原料，经选择性催化氢化生成不饱和醇，再与乙酸酐发生酰化反应制得。

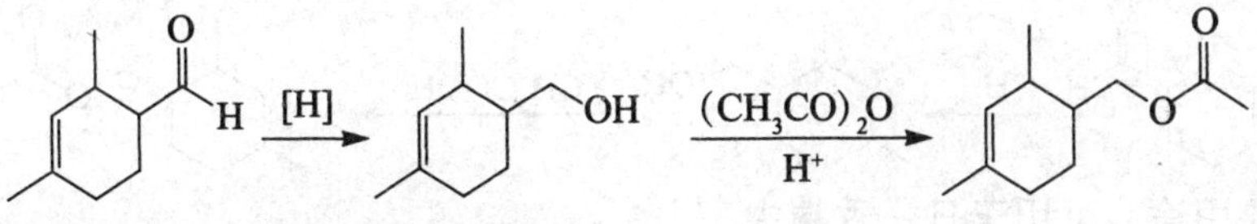

（4）主要用途　可用于日化香精中。

（5）安全管理　IFRA 没有限制规定。

四十一、环己氧乙酸烯丙酯（Allyl cyclohexoxyacetate）

分子式为 $C_{11}H_{18}O_3$，相对分子质量 198.26。CAS 为 68901－15－5。

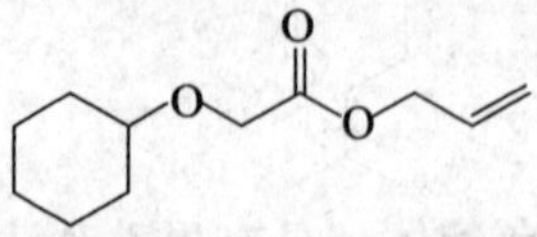

（1）理化性质　无色液体，具有极强烈的格蓬青香香气，并伴有果香香韵。不溶于水，溶于乙醇等有机溶剂。沸点为 85℃/400Pa，相对密度（d_{20}^{20}）为 1.016～1.024，折射率（n_D^{20}）为 1.4610～1.4670，闪点为 98℃。

（2）天然存在　未见文献报道。

（3）制备方法　可由环己氧基乙酸和烯丙醇进行酯化反应制得。

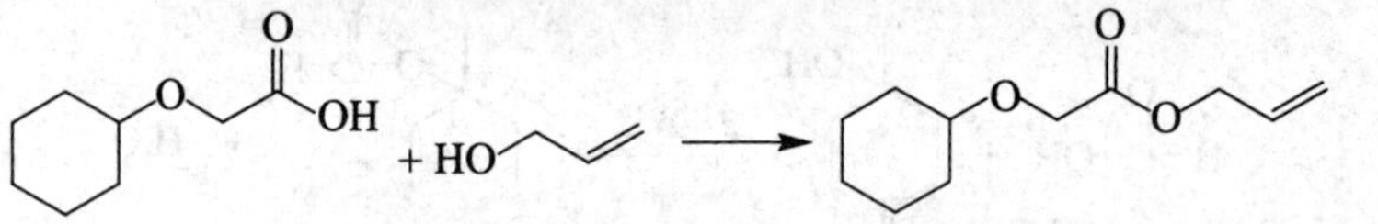

（4）主要用途　在日化香精中，主要用于调配皂用香精和合成洗涤剂香精。

（5）安全管理　根据 IFRA 的建议，本产品中烯丙醇的含量不得超过 0.1%。

四十二、乙酸二甲基环己基甲酯（2，4－Dimethyl cyclohexylmethyl acetate）

分子式为 $C_{11}H_{20}O_2$，相对分子质量 184.28。CAS 为 67634－22－4。

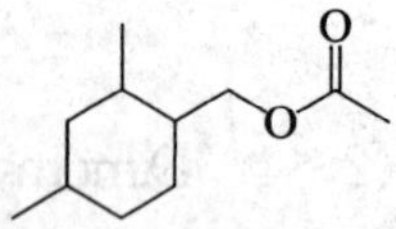

（1）理化性质　无色液体，为异构体的混合物（2，4－和 3，5－取代）。具有花香香气。不溶于水，溶于乙醇等有机溶剂。相对密度（d_4^{20}）为 0.933～0.941，折射率（n_D^{20}）为 1.4450～1.4500，闪点为 89℃。

（2）天然存在　未见文献报道。

（3）制备方法

①由乙酸二甲基环己烯基甲酯催化氢化制得。

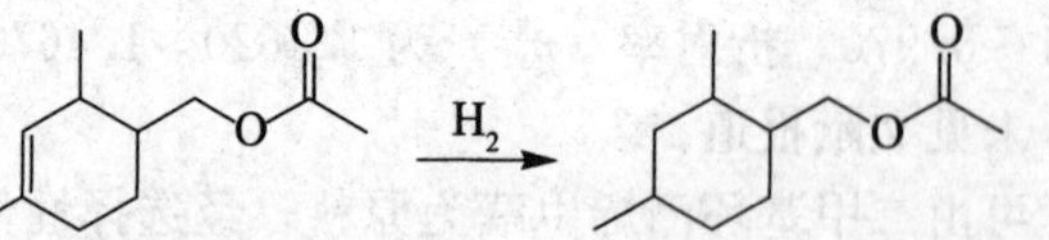

②可由二甲基环己烯甲醛经完全氢化生成饱和醇，再与乙酸发生酯化反应制得。

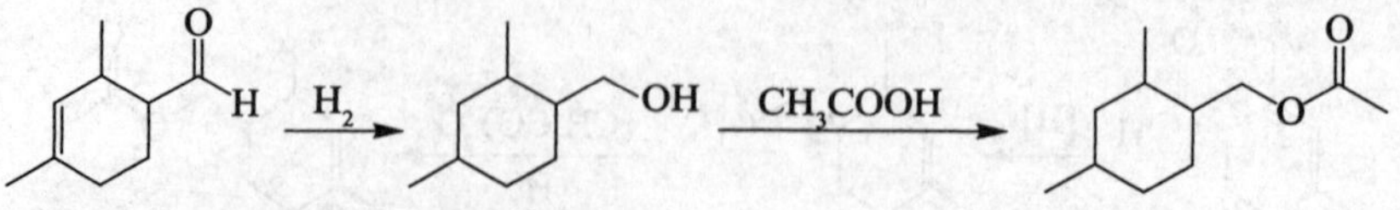

（4）主要用途　可用于日化香精中。

（5）安全管理　IFRA 没有限制规定。

四十三、乙酸三甲基环己酯（Trimethyl cyclohexyl acetate）

分子式为 $C_{11}H_{20}O_2$，相对分子质量 184.28。CAS 为 67859－96－5。

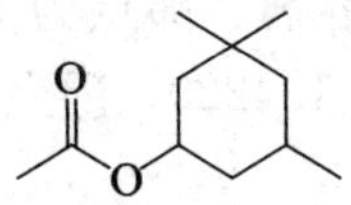

（1）理化性质　无色液体，为顺式和反式异构体的混合物。具有果香和草香香气，并伴有薄荷香韵。不溶于水，溶于乙醇等有机溶剂。相对密度（d_4^{20}）为 0.919，折射率（n_D^{20}）为 1.4400，闪点为 99℃。

（2）天然存在　未见文献报道。

（3）制备方法　以 3，5，5－三甲基－2－环己烯酮为原料，先将其还原完全氢化生成三甲基环己醇，再与乙酸酐发生酰化反应制得乙酸三甲基环己酯。

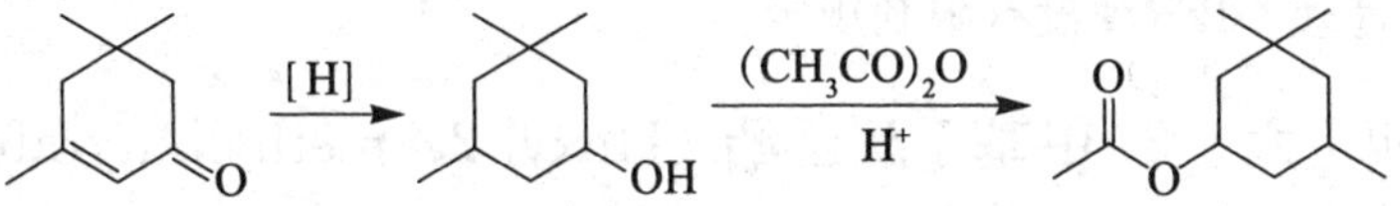

（4）主要用途　可用于日化香精中。

（5）安全管理　IFRA 没有限制规定。

四十四、乙酸－3，5，5－三甲基己酯（3，5，5－Trimethylhexyl acetate）

乙酸－3，5，5－三甲基己酯又称乙酸异壬酯。

分子式为 $C_{11}H_{22}O_2$，相对分子质量 186.30。CAS 为 58430－94－7。

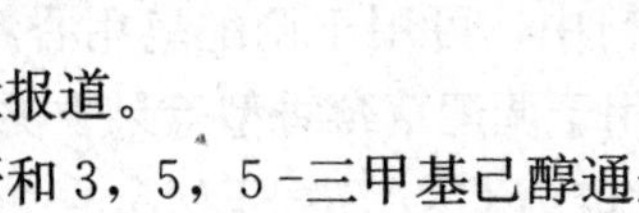

（1）理化性质　无色液体，为异构体的混合物。具有木香和果香香气，并伴有紫罗兰和鸢尾香韵，带有香柠檬和覆盆子香调。不溶于水，溶于乙醇等有机溶剂。沸点为 209℃，相对密度（d_{25}^{25}）为 0.860～0.870，折射率（n_D^{23}）为 1.4190～1.4240，闪点为 80℃。

（2）天然存在　未见文献报道。

（3）制备方法　由乙酸酐和 3，5，5－三甲基己醇通过乙酰化反应制得。

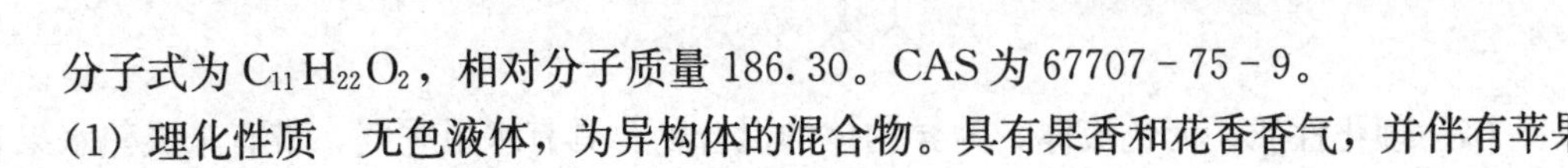

（4）主要用途　在日化香精中，主要用于调配皂用香精和合成洗涤剂香精。

（5）安全管理　IFRA 没有限制规定。

四十五、3，5，5－三甲基己酸乙酯（Ethyl 3，5，5－trimethylhexanoate）

分子式为 $C_{11}H_{22}O_2$，相对分子质量 186.30。CAS 为 67707－75－9。

（1）理化性质　无色液体，为异构体的混合物。具有果香和花香香气，并伴有苹果

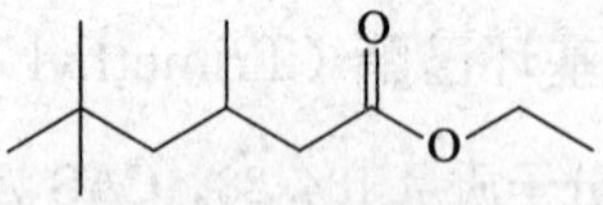

香韵。不溶于水，溶于乙醇等有机溶剂。沸点为 83～85℃/1.6kPa，相对密度（d_{25}^{25}）为 0.860，折射率（n_D^{23}）为 1.4180～1.4220，闪点为 76℃。

（2）天然存在　未见文献报道。

（3）制备方法　可由 3，5，5-三甲基己酸和乙醇通过酯化反应制得。

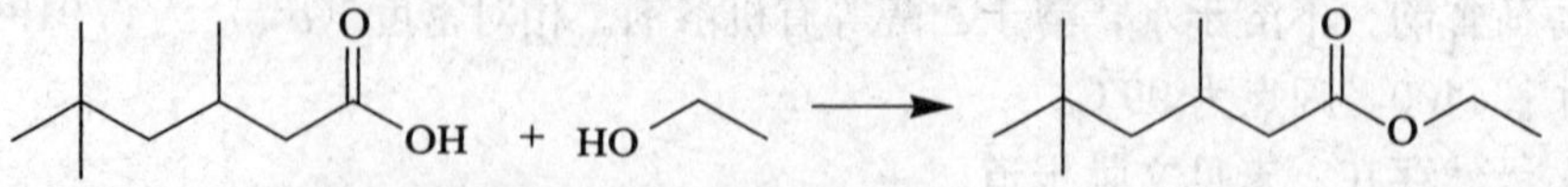

（4）主要用途　在日化香精中，可用于调配香水、化妆品、皂用和合成洗涤剂香精。

（5）安全管理　IFRA 没有限制规定。

四十六、2-甲基丁酸己酯（Hexyl 2-methylbutyrate）

分子式为 $C_{11}H_{22}O_2$，相对分子质量 186.30。CAS 为 10032-15-2。

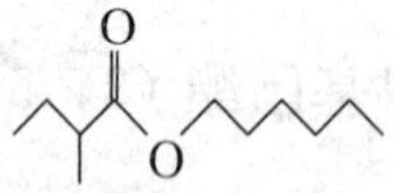

（1）理化性质　无色液体，具有水果的青香香气，并带有甜润的草莓香味。不溶于水，溶于乙醇等有机溶剂。沸点为 62℃/270Pa，相对密度（d_{20}^{20}）为 0.860～0.864，折射率（n_D^{20}）为 1.4160～1.4200，闪点为 91℃。

（2）天然存在　存在于苹果、草莓、香蕉、油桃等水果以及薄荷油、白葡萄酒中。

（3）制备方法　可由 2-甲基丁酸和正己醇通过酯化反应制得。

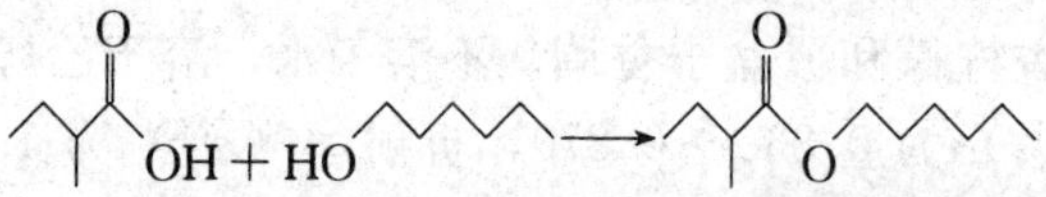

（4）主要用途　在日化香精中，可用于调配皂用香精和合成洗涤剂香精等日化香精。也可用于食用香精中，常用于调配草莓香型等果香类香精。

（5）安全管理　FEMA 认定为 GRAS，FEMA 号 3499，FDA172.515，COE414，GB 2760—2014 批准为允许使用的食品香料。

四十七、异戊酸己酯（Hexyl isopentanoate）

异戊酸己酯又名 3-甲基丁酸己酯。

分子式为 $C_{11}H_{22}O_2$，相对分子质量 186.30。CAS 为 10032-13-0。

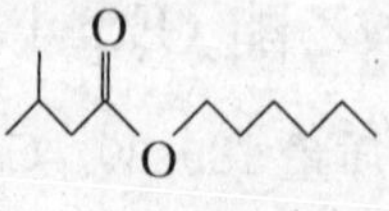

（1）理化性质　无色液体，为异构体的混合物。具有水果香气，带有未成熟水果香

韵和烟叶香韵。不溶于水，溶于乙醇等有机溶剂。沸点为 215℃，折射率（n_D^{20}）为 1.4180。

（2）天然存在　存在于某些水果中。

（3）制备方法　可由异戊酸和正己醇通过酯化反应制得。

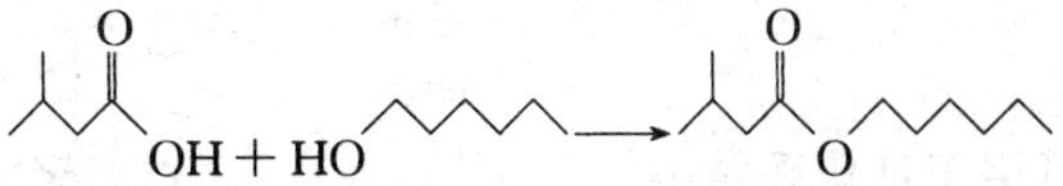

（4）主要用途　可少量用于日化香精中。可用于调配苹果、香蕉、梨、菠萝等水果香型香精。

（5）安全管理　FEMA 认定为 GRAS，FEMA 号 3500，并经 FDA 批准可用于食品中。GB2760—2014 批准为允许使用的食品香料。

四十八、丙酸桂酯（Cinnamyl propionate）

丙酸桂酯又称丙酸肉桂酯。

分子式为 $C_{12}H_{14}O_2$，相对分子质量 190.24。

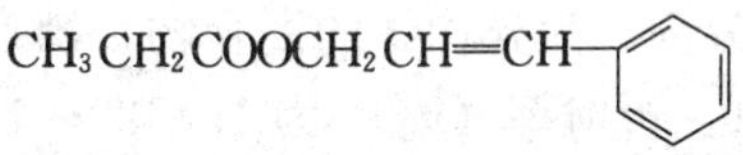

（1）理化性质　无色至淡黄色液体，具有辛香、果香、木香香气，香脂底香，具甜的、强烈而浓重的草药味道。不溶于水，溶于乙醇等有机溶剂。沸点为 289℃，相对密度（d_{25}^{25}）为 0.991～0.995，折射率（n_D^{20}）为 1.5180～1.5240，闪点>100℃。

（2）天然存在　未见文献报道。

（3）制备方法　在酸性催化剂作用下由丙酸和肉桂醇通过酯化反应制得。

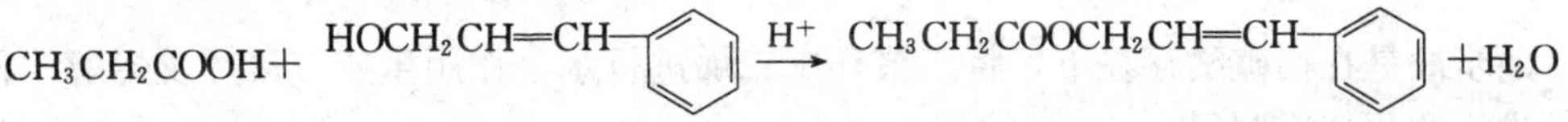

（4）主要用途　用于调配桃、葡萄、樱桃、杨梅、菠萝、巧克力、黑加仑等香型食用香精。

（5）安全管理　FEMA 号 2301，FDA172.515，COE414，GB 2760—2014 批准为允许使用的食品香料。

四十九、乙酸枯名酯（Cuminyl acetate）

分子式为 $C_{12}H_{16}O_2$，相对分子质量 192.26。CAS 为 59230-57-8。

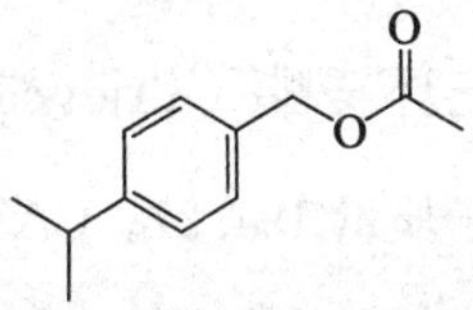

（1）理化性质　无色液体，为对位和邻位异构体的混合物。具有新鲜的果香香气，并伴有香柠檬香韵。不溶于水，溶于乙醇等有机溶剂。为异构体的混合物，沸点为 136℃/2.2kPa，相对密度（d_4^{20}）为 0.993～1.003，折射率（n_D^{20}）为 1.4940～1.4990，闪点>100℃。

（2）天然存在　存在于喇叭茶油，以及黑枯名籽油中。

（3）制备方法　可由乙酸和枯名醇经酯化反应制得。

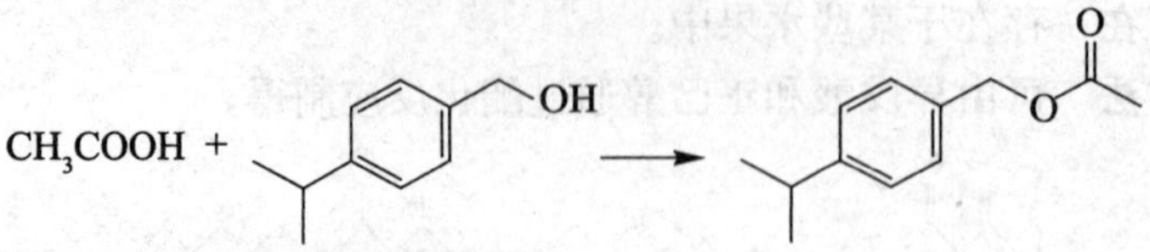

（4）主要用途　可用于日化香精中。

（5）安全管理　IFRA 没有限制规定。

五十、乙酸三环癸烯酯（Tricyclodecenyl acetate）

分子式为 $C_{12}H_{16}O_2$，相对分子质量 192.26。CAS 为 2500-83-6；5413-60-5。

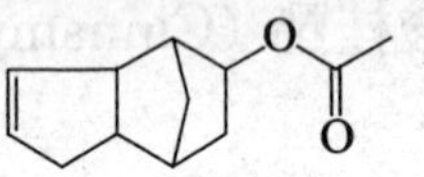

（1）理化性质　无色液体，具有强烈的草香香气及新鲜的木香、青香、水果香气。不溶于水，溶于乙醇等有机溶剂。为异构体的混合物，沸点为 119～121℃/1kPa，相对密度（d_{20}^{20}）为 1.075～1.081，折射率（n_D^{20}）为 1.4920～1.4980，闪点为 124℃。

（2）天然存在　未见文献报道。

（3）制备方法　以二聚环戊二烯为原料，采用一步法或两步法制得。

一步法是在高氯酸存在下，将二聚环戊二烯用乙酸进行乙酰化反应制得。

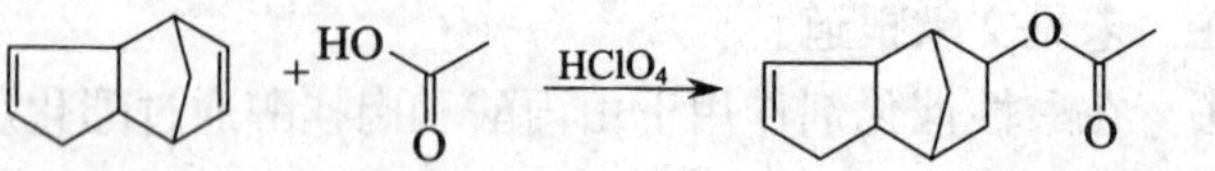

两步法是在稀硫酸存在下，将二聚环戊二烯进行水合作用生成二聚环戊烯醇，再与乙酸进行酯化反应制得。

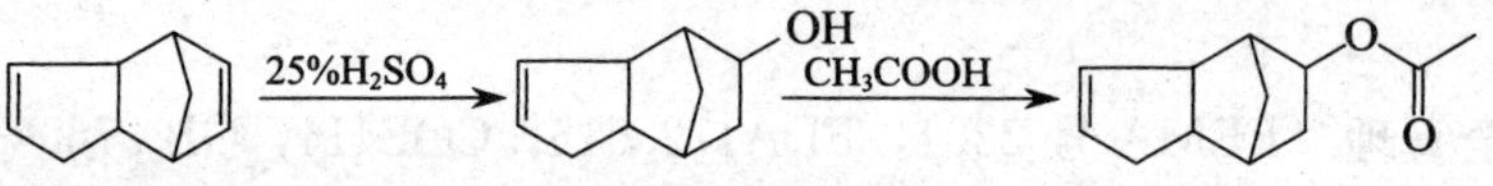

（4）主要用途　乙酸三环癸烯酯由于香气持久，且在香精中透发性好，在碱性介质中也比较稳定，故可广泛用于多种日化香精中，特别适宜用于皂用香精和洗涤剂用香精。可用于调配薰衣草、素心兰、木香、醛香、馥奇、果香、青香等香型香精。

（5）安全管理　IFRA 没有限制规定。

五十一、乙酸三环癸酯（Tricyclo decyl acetate）

分子式为 $C_{12}H_{18}O_2$，相对分子质量 194.27。CAS 为 64001-15-6。

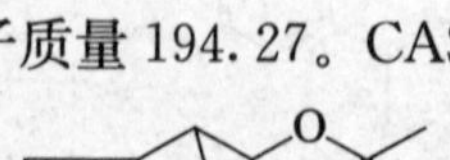

（1）理化性质　无色液体，为异构体的混合物。具有强烈的青香和草香香气，并伴有罗勒油香韵。不溶于水，溶于乙醇等有机溶剂。沸点为 81～82℃/270Pa，相对密度

(d_4^{20}) 为 1.047～1.055，折射率 (n_D^{20}) 为 1.4820～1.4870，闪点>100℃。

（2）天然存在　未见文献报道。

（3）制备方法　可由乙酸三环癸烯酯经催化氢化制得。

（4）主要用途　可用于日化香精中。

（5）安全管理　IFRA 没有限制规定。

五十二、乙酸香芹酯 (Carvyl acetate)

乙酸香芹酯又名乙酸葛缕酯。

分子式为 $C_{12}H_{18}O_2$，相对分子质量 194.27。CAS 为 1205-42-1。

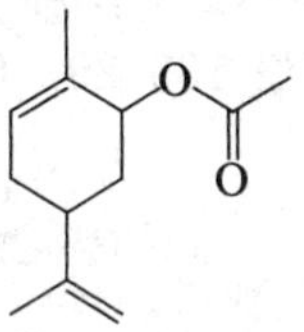

（1）理化性质　无色液体，具有留兰香香气。不溶于水，溶于乙醇等有机溶剂。沸点为 115～116℃，相对密度 (d_4^{15}) 为 0.976。

（2）天然存在　存在于皱缘叶薄荷和水生薄荷中。

（3）制备方法　由香芹醇和乙酸酐在乙酸钠存在下进行酰化反应制得。

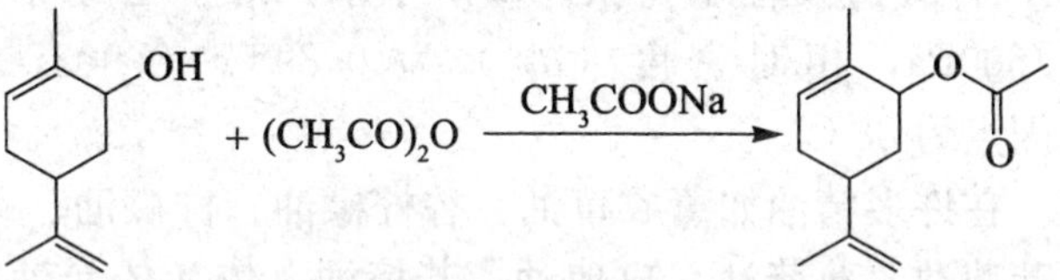

（4）主要用途　可用于日化香精和食用香精中。

（5）安全管理　FEMA 认定为 GRAS，FEMA 号 2250，FDA172.515，COE2063，GB 2760—2014 批准为允许使用的食品香料。

五十三、乙酸二氢香芹酯 (Dihydrocarvyl acetate)

乙酸二氢香芹酯又名乙酸二氢葛缕酯。

分子式为 $C_{12}H_{20}O_2$，相对分子质量 196.29。CAS 为 20777-39-3。

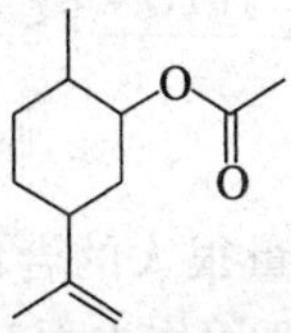

（1）理化性质　无色液体，为异构体的混合物。具有玫瑰的花香香气，并带有草香和薄荷香韵。不溶于水，溶于乙醇等有机溶剂。沸点为 232～234℃，相对密度 (d_4^{20}) 为 0.942～0.950，折射率 (n_D^{20}) 为 1.4580～1.4630，闪点>100℃。

(2) 天然存在　存在于某些品种的薄荷油以及芹菜中。

(3) 制备方法　可由二氢香芹醇和乙酸酐在乙酸钠存在下通过酰化反应制得。

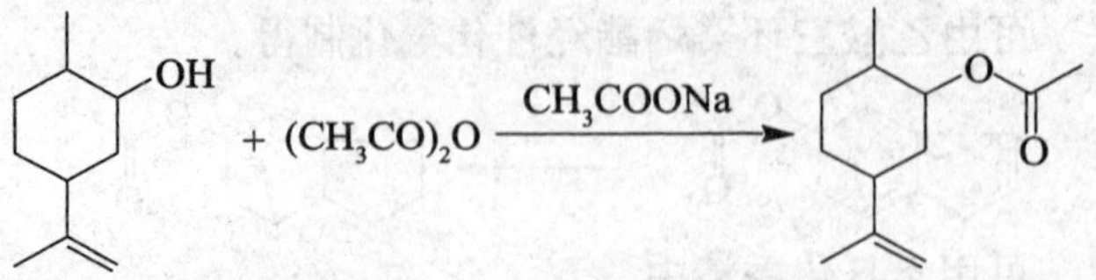

(4) 主要用途　可用于日化香精中。在食用香精中主要用于配制薄荷香型等香精。

(5) 安全管理　FEMA 认定为 GRAS，FEMA 号 2380，FDA172.515，COE2064，GB 2760—2014 批准为允许使用的食品香料。

五十四、乙酸芳樟酯 (Linalyl acetate)

乙酸芳樟酯又称 3，7-二甲基-1，6-辛二烯-3-醇乙酸酯。

分子式为 $C_{12}H_{20}O_2$，相对分子质量 196.29。CAS 为 115-95-7。

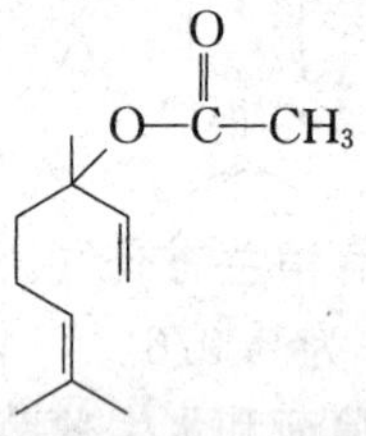

(1) 理化性质　无色液体，具有令人愉快的花香和果香香气，香气似香柠檬和薰衣草，强烈而又甜蜜，香气透发但不持久。微溶于水，溶于乙醇等有机溶剂。沸点为 220℃，88～89℃/600Pa，相对密度 (d_{20}^{20}) 为 0.898～0.903，折射率 (n_D^{20}) 为 1.4490～1.4520，闪点为 88℃。

(2) 天然存在　在许多精油如薰衣草油、香柠檬油、柠檬油、香紫苏油、橙叶油、橙花油、罗勒油、茉莉油、薄荷油、玫瑰油、芳樟油、依兰依兰油、栀子油中均有存在，也存在于芹菜、桃、番茄、肉豆蔻中。

(3) 制备方法

①从天然精油中采用减压分馏法单离出乙酸芳樟酯。

②在磷酸催化剂存在下，由芳樟醇和乙酸酐经乙酰化反应制得。

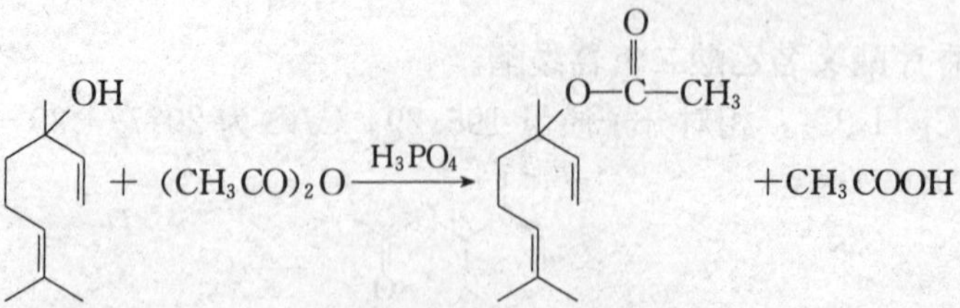

(4) 主要用途　是使用广泛、产量很大的合成香料之一。可以调配果香型、草香型、花香型、青香型等日化香精。主要用作主香剂，用于配制茉莉、橙花、薰衣草、香柠檬等香型日化香精；是紫丁香、依兰依兰、菩提花等香型日化香精的修饰剂。在茶、柑橘、桃、梨、菠萝等香型食用香精中也有使用。

(5) 安全管理　FEMA 号 2636，FDA182.60，COE203，GB 2760—2014 批准为暂

时允许使用的食品香料。

五十五、乙酸罗勒烯酯（Ocimenyl acetate）

分子式为 $C_{12}H_{20}O_2$，相对分子质量 196.29。CAS 为 72214－23－4。

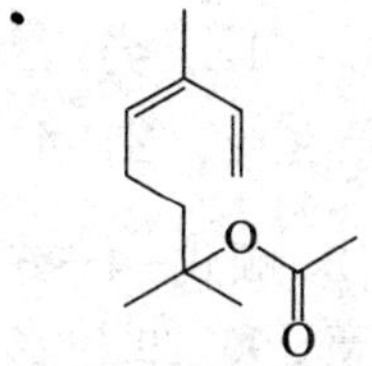

（1）理化性质　无色液体，为反式和顺式异构体的混合物。具有花香和柑橘香气，并伴有香柠檬、薰衣草、菠萝香韵。不溶于水，溶于乙醇等有机溶剂。相对密度（d_4^{20}）为 0.908～0.915，折射率（n_D^{20}）为1.4650～1.4700，闪点为 92℃。

（2）天然存在　未见文献报道。

（3）制备方法　可由乙酸酐和罗勒烯醇进行酰化反应制得。

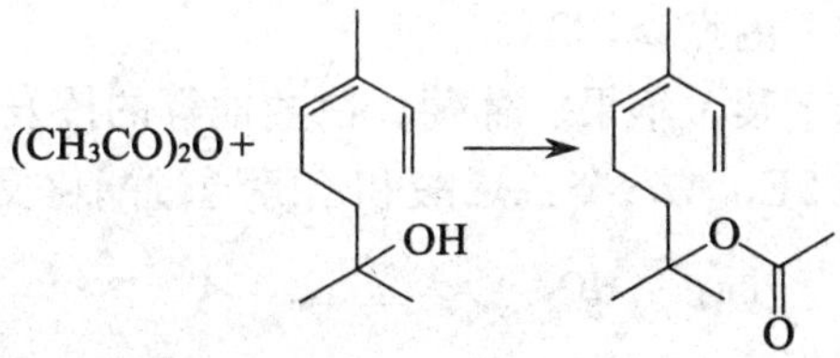

（4）主要用途　可用于日化香精中。

（5）安全管理　IFRA 没有限制规定。

五十六、环己基丙酸烯丙酯（Allyl cyclohexyl propionate、Cyclohexylpropionic acid allyl ester）

环己基丙酸烯丙酯又称菠萝酯。

分子式为 $C_{12}H_{20}O_2$，相对分子质量 196.29。CAS 为 2705－87－5。

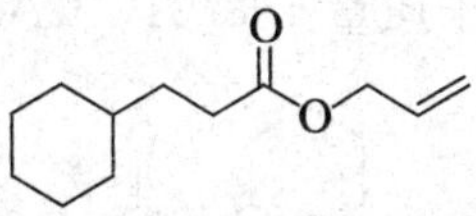

（1）理化性质　无色液体，具有强烈而又甜润的菠萝香气。不溶于水，溶于乙醇等有机溶剂。沸点为 91℃/133Pa，相对密度（d_4^{20}）为 0.946～0.954，折射率（n_D^{20}）为 1.4580～1.4630，闪点>100℃。

（2）天然存在　未见文献报道。

（3）制备方法　在酸性催化剂存在下由环己基丙酸和烯丙醇经直接酯化反应制得。

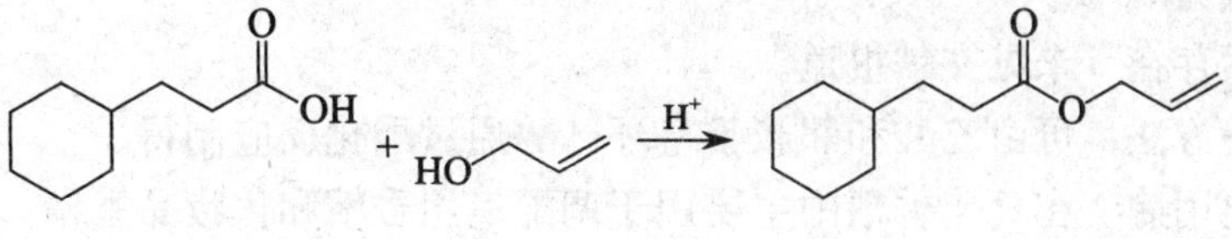

(4) 主要用途　可用于调配日化香精，也可用于调配食用香精和酒用香精如用于调配苹果、菠萝、椰子、甜瓜、西红柿等香型食用香精。

(5) 安全管理　FEMA 号 2026，FDA172.515，COE2223，GB 2760—2014 批准为暂时允许使用的食品香料。

五十七、2E，4Z-癸二烯酸乙酯

(Ethyl*trans*-2，*cis*-4-decadienoate、2，4-Decadienoic acid ethyl ester)

2E，4Z-癸二烯酸乙酯又名反式-2-顺式-4-癸二烯酸乙酯。

分子式为 $C_{12}H_{20}O_2$，相对分子质量 196.29。CAS 为 3025-30-7。

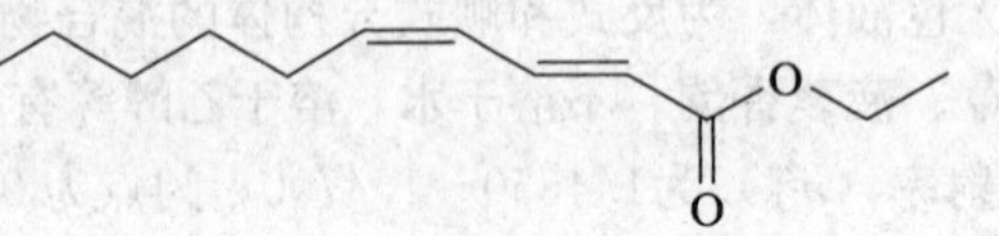

(1) 理化性质　无色油状液体，具有强烈的梨的香气，并有热带水果、蔬菜的味道。不溶于水，溶于乙醇等有机溶剂。为异构体的混合物，沸点为 70～72℃/600Pa，相对密度（d_4^{20}）为 0.904，闪点＞100℃。

(2) 天然存在　存在于梨、苹果、葡萄、白兰地等的挥发性成分中。

(3) 制备方法　可由 2E，4Z-癸二烯酸和乙醇通过酯化反应制得。

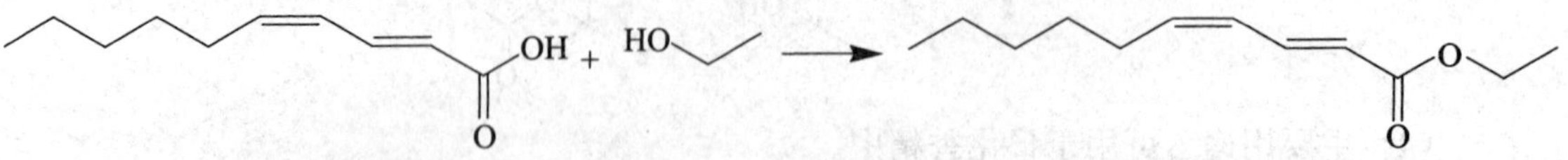

(4) 主要用途　可用于日化香精中。可用于调配梨、葡萄、苹果、香蕉、芒果、番石榴、甜瓜等香型食用香精和酒用香精。

(5) 安全管理　FEMA 认定为 GRAS，FEMA 号 3148，COE10574，GB 2760—2014 批准为暂时允许使用的食品香料。

五十八、乙酸邻叔丁基环已酯 (*o*-*tert*-Butyl cyclohexyl acetate)

分子式为 $C_{12}H_{22}O_2$，相对分子质量 198.31。CAS 为 88-41-5；20298-69-5。

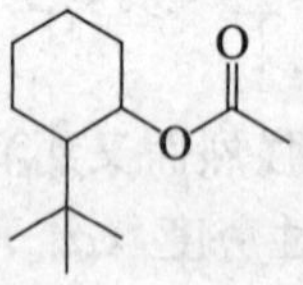

(1) 理化性质　无色液体或固体结晶，为顺式和反式异构体的混合物。具有新鲜的香柠檬和白柠檬的柑橘型果香香气，并伴有松柏的木香香韵。不溶于水，溶于乙醇等有机溶剂。熔点为 35℃，相对密度（d_4^{20}）为 0.938～0.946，折射率（n_D^{20}）为 1.4500～1.4550，闪点为 90℃。

(2) 天然存在　未见文献报道。

(3) 制备方法　可由乙酸和邻叔丁基环已醇通过酯化反应制得。

(4) 主要用途　在日化香精中主要用于调配皂用香精和化妆品香精。

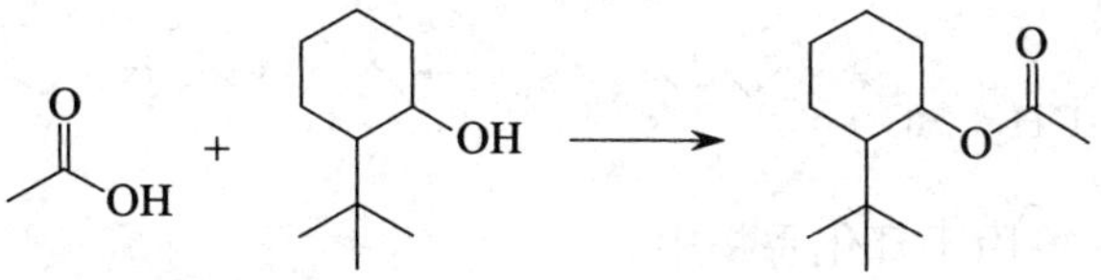

（5）安全管理　IFRA 没有限制规定。

五十九、乙酸对叔丁基环己酯（*p*－*tert*－Butyl cyclohexyl acetate）

乙酸对叔丁基环己酯又称鸢尾酯。

分子式为 $C_{12}H_{22}O_2$，相对分子质量 198.31。CAS 为 32210－23－4。

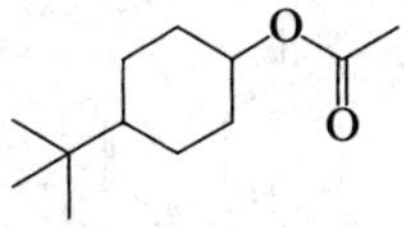

（1）理化性质　无色液体，为顺式和反式异构体的混合物，通常顺式∶反式约为 3∶7，顺式异构体的香气比反式异构体的香气更为细腻和强烈。具有花香、木香和鸢尾香气。不溶于水，溶于乙醇等有机溶剂。沸点为 246℃、105～106℃/1.2kPa，相对密度（d_4^{20}）为 0.933～0.941，折射率（n_D^{20}）为 1.4490～1.4540，闪点＞100℃。

（2）天然存在　未见文献报道。

（3）制备方法　以苯酚为原料，先用叔丁醇或异丁烯进行烷基化反应生成对叔丁基苯酚，再催化氢化生成叔丁基环己醇，最后和乙酸酐进行酰化反应生成乙酸对叔丁基环己酯。

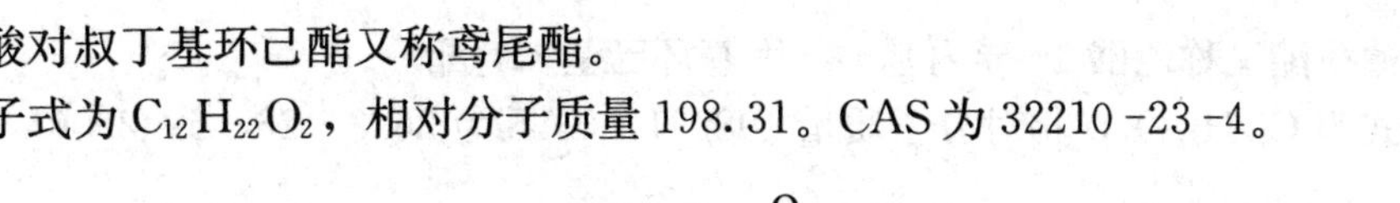

（4）主要用途　广泛用于调配香水香精、化妆品香精和皂用香精等日化香精。

（5）安全管理　IFRA 没有限制规定。

六十、乙酸癸烯酯（Decenyl acetate）

分子式为 $C_{12}H_{22}O_2$，相对分子质量 198.31。CAS 为50816－18－7。

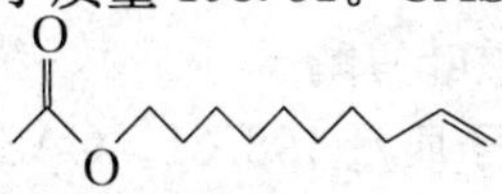

（1）理化性质　无色液体，为异构体的混合物。具有柔和的玫瑰香气。不溶于水，溶于乙醇等有机溶剂。相对密度（d_4^{20}）为 0.876～0.884，折射率（n_D^{20}）为 1.4340～1.4390，闪点＞100℃。

（2）天然存在　未见文献报道。

（3）制备方法　可由乙酸和 9－癸烯醇进行酯化反应制得。

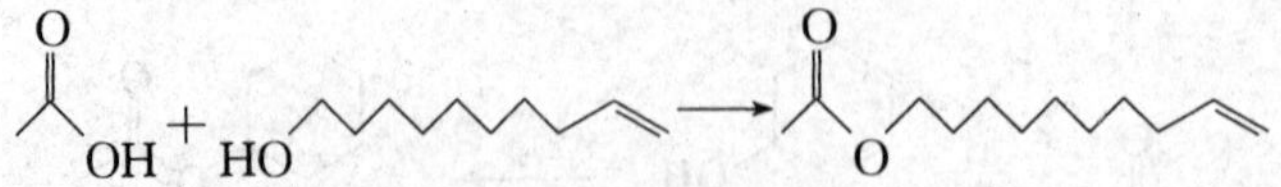

(4) 主要用途　可用于日化香精中。

(5) 安全管理　IFRA 没有限制规定。

六十一、乙酸薄荷酯(Menthyl acetate)

乙酸薄荷酯又称乙酸 1-异丙基-4-甲基环己基-2-酯。

分子式为 $C_{12}H_{22}O_2$，相对分子质量 198.31。CAS 为 2623-26-6；29066-34-0。

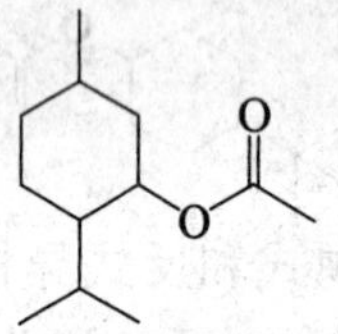

(1) 理化性质　无色液体，具有清新的薄荷、水果、草香香气，并略有清凉气息。不溶于水，溶于乙醇等有机溶剂。沸点为 227～228℃、116℃/3kPa，相对密度(d_{25}^{25})为 0.922～0.925，折射率(n_D^{20})为 1.4450～1.4500，闪点为 96℃。

(2) 天然存在　左旋的乙酸薄荷酯存在于许多品种的薄荷油中。

(3) 制备方法　由薄荷脑和乙酸酐直接经乙酰化反应制得。当使用合成的消旋薄荷脑为原料时，因可能存在消旋的异薄荷脑杂质，所以可能会产生消旋的乙酸异薄荷酯。

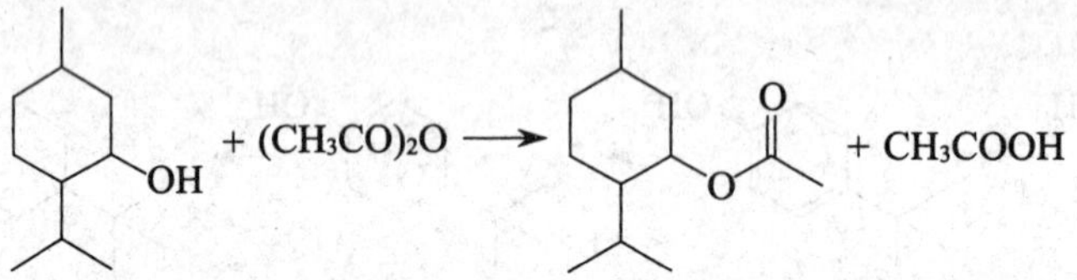

(4) 主要用途　主要用于调配薄荷、留兰香、桃、覆盆子、浆果等香型食用香精。

(5) 安全管理　FEMA 号 2668，FDA172.515，COE206，GB 2760—2014 批准为允许使用的食品香料。

六十二、己酸顺式-3-己烯酯(*cis*-3-Hexenyl caproate)

己酸顺式-3-己烯酯又称己酸叶醇酯。

分子式为 $C_{12}H_{22}O_2$，相对分子质量 198.31。CAS 为 31501-11-8。

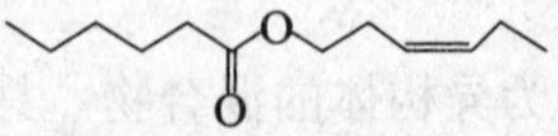

(1) 理化性质　无色透明液体，具有强烈而又透发的果香香气和青香香气。不溶于水，溶于乙醇等有机溶剂。沸点为 112℃/1.6kPa，相对密度(d_{20}^{20})为 0.878～0.885，折射率(n_D^{20})为 1.4340～1.4410。

(2) 天然存在　存在于草莓、番石榴、芒果、油桃、木瓜等水果中，在橙皮油和茶叶中也有存在。

（3）制备方法　可由己酸和顺式-3-己烯醇通过酯化反应制得。

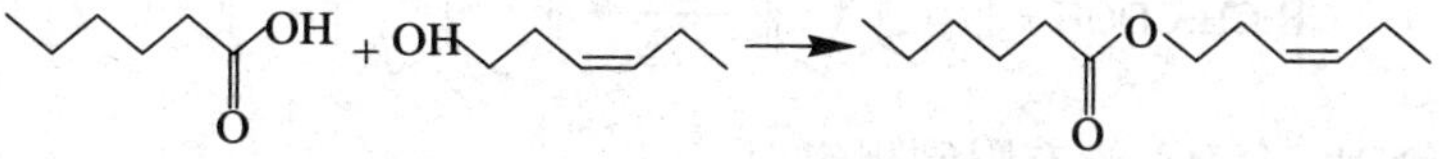

（4）主要用途　在日化香精中主要用于调配青香型香精。在食用香精中主要用于调配草莓、苹果、梨、菠萝等果香型香精。

（5）安全管理　FEMA 认定为 GRAS，FEMA 号 3403，COE11779，GB 2760—2014 批准为暂时允许使用的食品香料。

六十三、柠檬酸三乙酯（Triethyl citrate）

分子式为 $C_{12}H_{20}O_7$，相对分子质量 276.29。CAS 为 77-93-0。

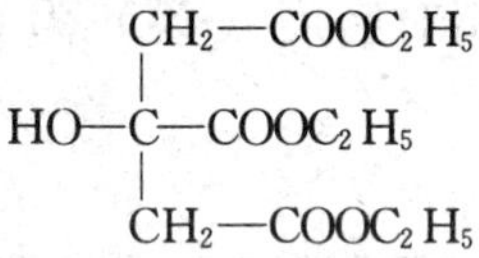

（1）理化性质　无色液体，具有很弱的果香香气，并具有李子香韵。不溶于水，溶于乙醇等有机溶剂。沸点 294℃、127℃/133Pa，相对密度（d_4^{20}）为 1.137～1.140，折射率（n_D^{20}）为 1.4420～1.4480。

（2）天然存在　未见文献报道。

（3）制备方法　可由柠檬酸和乙醇在浓硫酸存在下进行酯化反应制得。

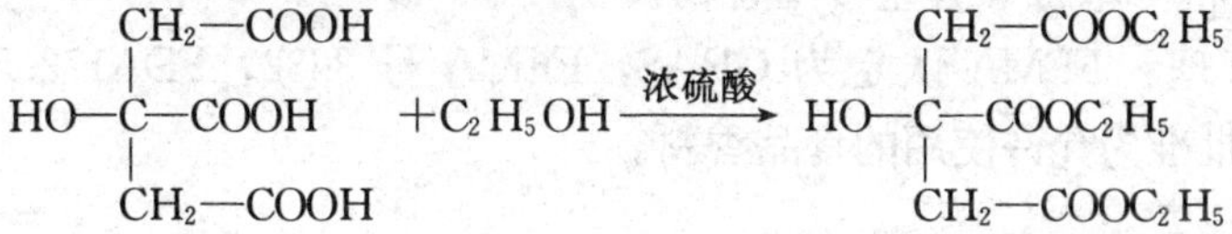

（4）主要用途　可用于日化香精中，主要作为矫香剂和稀释剂使用。也可用于食用香精，但要求含量在 99%以上，其最高用量为 180mg/kg，可用作食用香精的保香剂。

（5）安全管理　IFRA 没有限制规定。FEMA 认定为 GRAS，FEMA 号 3083，GB 2760—2014 批准为允许使用的食品香料。欧洲理事会将柠檬酸三乙酯列入尚未充分评价的人造食用香料表中。

六十四、丙酸三环癸烯酯（Tricyclodecenyl propionate）

分子式为 $C_{13}H_{18}O_2$，相对分子质量 206.28。CAS 为 17511-60-3。

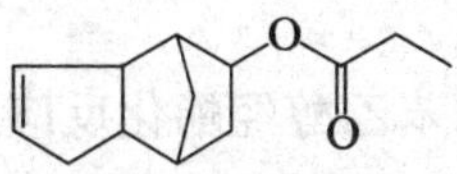

（1）理化性质　无色液体，为异构体的混合物。具有草香香气和青香香气，并具有花香和果香香气，并伴有木香香韵。不溶于水，溶于乙醇等有机溶剂。相对密度（d_4^{20}）为 1.048～1.056，折射率（n_D^{20}）为 1.4890～1.4930，闪点＞100℃。

（2）天然存在　未见文献报道。

（3）制备方法　可由丙酸和二聚环戊二烯进行加成反应制得。

（4）主要用途　可用于日化香精中。

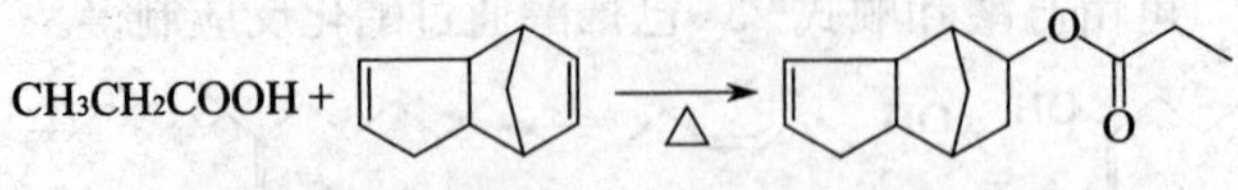

（5）安全管理　IFRA 没有限制规定。

六十五、2-甲基丁酸苯乙酯（Phenylethyl 2-methylbutyrate）

分子式为 $C_{13}H_{18}O_2$，相对分子质量 206.28。CAS 为 24817-51-4。

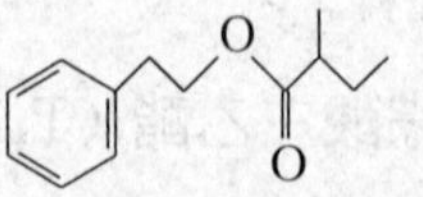

（1）理化性质　无色液体，具有强烈的玫瑰花香和果香，并有青香和草香香调。不溶于水，溶于乙醇等有机溶剂。相对密度（d_{20}^{20}）为 0.977，折射率（n_D^{20}）为 1.4850，闪点为 129℃。

（2）天然存在　存在于薄荷中。

（3）制备方法　可由 2-甲基丁酸和苯乙醇进行酯化反应制得。

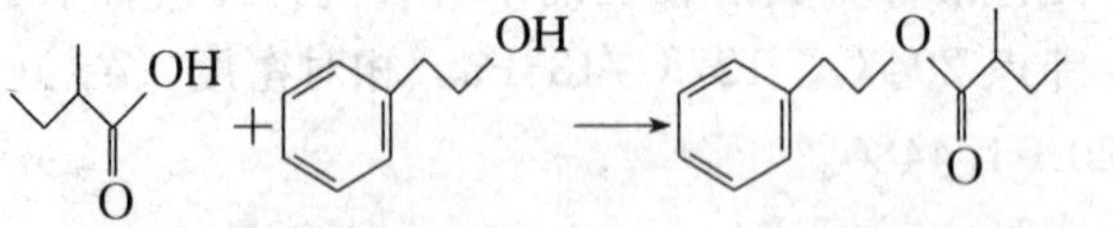

（4）主要用途　可用于日化香精和食用香精中。用于调配薄荷、苹果、梨、桃、李子、葡萄、猕猴桃、草莓等香型食用香精。

（5）安全管理　FEMA 认定为 GRAS，FEMA 号 3632，FDA172.515，COE10883，GB 2760—2014 批准为允许使用的食品香料。

六十六、新戊酸苯乙酯（Phenylethyl pivalate）

分子式为 $C_{13}H_{18}O_2$，相对分子质量 206.28。CAS 为 67662-96-8。

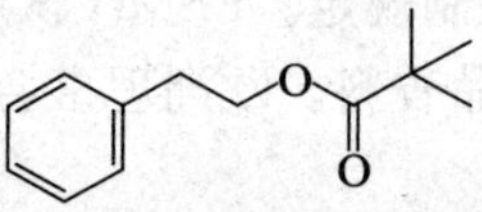

（1）理化性质　无色液体，具有玫瑰花香气，香气酷似玫瑰醇。不溶于水，溶于乙醇等有机溶剂。沸点为 100℃/670Pa，相对密度（d_{20}^{20}）为 0.971～0.973，折射率（n_D^{20}）为 1.4810～1.4840，闪点为 121℃。

（2）天然存在　未见文献报道。

（3）制备方法　可由新戊酸和苯乙醇经酯化反应制得。

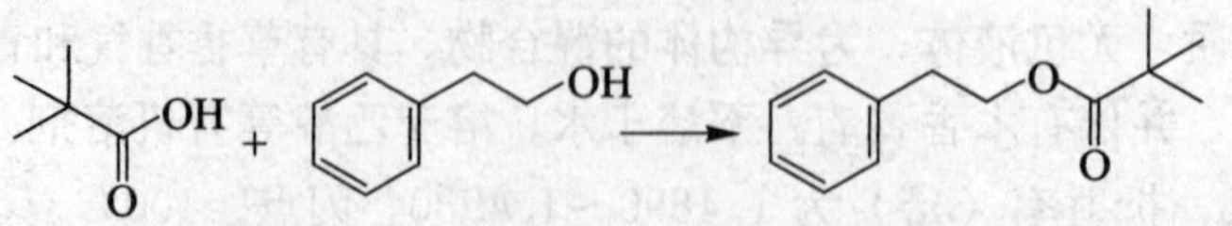

（4）主要用途　在日化香精中，主要用于调配花香型香水香精和化妆品香精。

（5）安全管理　IFRA 没有限制规定。

六十七、丙酸二甲基苄基原酯（Dimethyl benzyl carbinyl propionate）

分子式为 $C_{13}H_{18}O_2$，相对分子质量 206.28。CAS 为 67785-77-7。

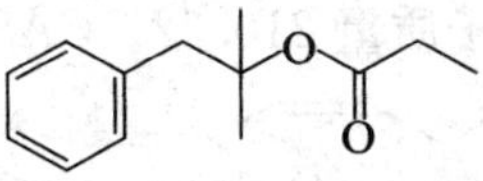

（1）理化性质　无色液体，具有令人愉快的花香香气和果香香气，并伴有茉莉花香韵。不溶于水，溶于乙醇等有机溶剂。相对密度（d_4^{20}）为 0.981～0.989，折射率（n_D^{20}）为 1.4870～1.4920，闪点>100℃。

（2）天然存在　未见文献报道。

（3）制备方法　可由丙酸酐和二甲基苄基原醇经酰化反应制得。

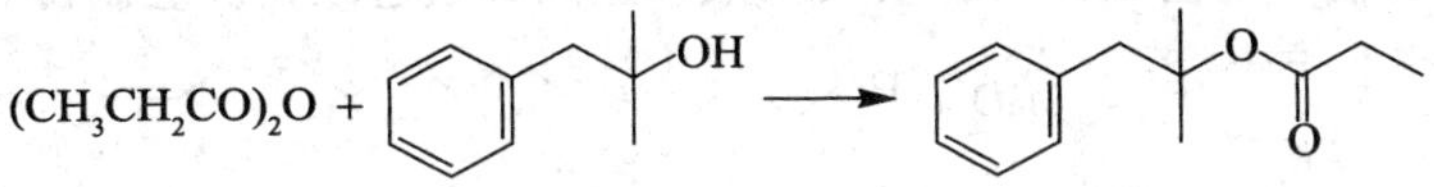

（4）主要用途　可用于日化香精中。

（5）安全管理　IFRA 没有限制规定。

六十八、乙酸诺卜酯（Nopyl acetate）

分子式为 $C_{13}H_{20}O_2$，相对分子质量 208.30。CAS 为 128-51-8。

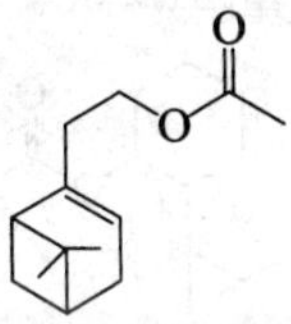

（1）理化性质　无色液体，具有甜润的木香香气，并带有柑橘香韵。不溶于水，溶于乙醇等有机溶剂。沸点为 122℃/1.5kPa，相对密度（d_{25}^{25}）为 0.976～0.984，折射率（n_D^{20}）为 1.4700～1.4760，闪点>100℃。

（2）天然存在　未见文献报道。

（3）制备方法　在氯化锌等催化剂作用下，β-蒎烯和甲醛或多聚甲醛进行 Prins 反应生成诺卜醇，诺卜醇与乙酸进行酰化反应制得乙酸诺卜酯。

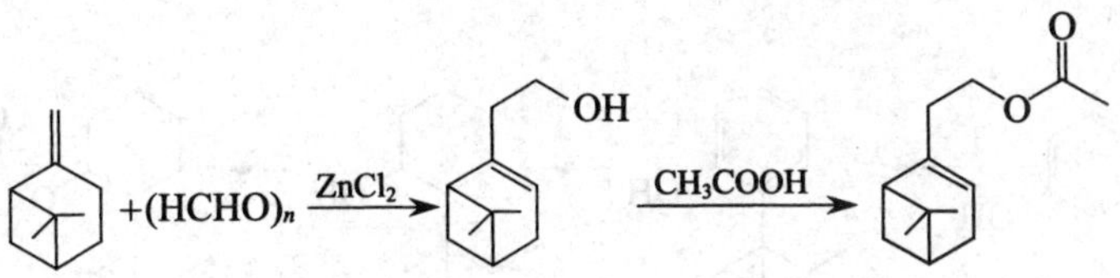

（4）主要用途　广泛用于日化香精中，常用于调配馥奇、柑橘、香柠檬、薰衣草、茉莉、橙花等香型的皂用香精与合成洗涤剂用香精。

（5）安全管理　IFRA 没有限制规定。

六十九、2E，4Z-癸二烯酸丙酯

(2E，4Z-Decadienoic acid*n*-propyl ester、Propyl 2E，4Z-decadienoate)

分子式为 $C_{13}H_{22}O_2$，相对分子质量 210.32。CAS 为 28316-62-3。

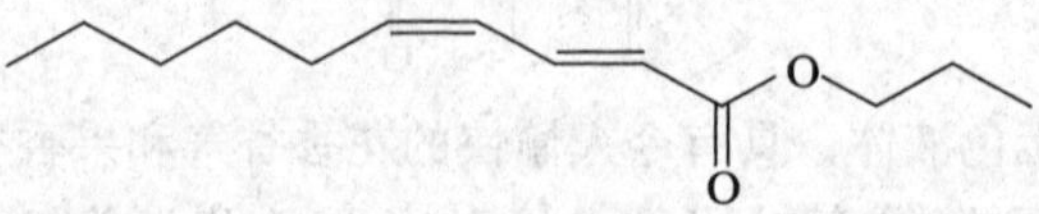

(1) 理化性质　无色液体，为异构体的混合物，具有强烈的梨的香气。不溶于水，溶于乙醇等有机溶剂。相对密度（d_4^{20}）为 0.898，闪点为 132℃。

(2) 天然存在　未见文献报道。

(3) 制备方法　可由 2E，4Z-癸二烯酸和正丙醇通过酯化反应制得。

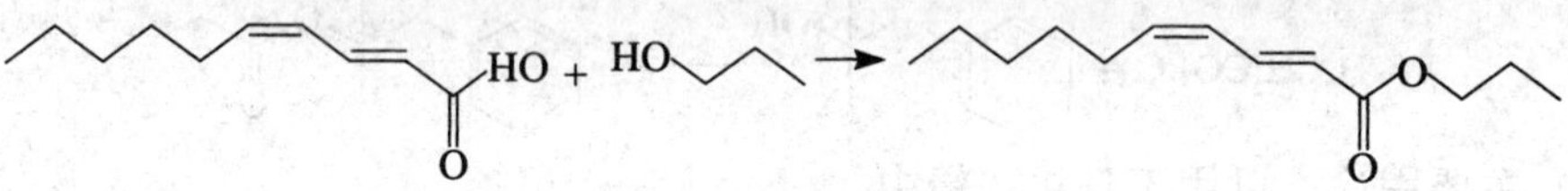

(4) 主要用途　可用于日化香精和食用香精中。

(5) 安全管理　IFRA 没有限制规定。

七十、乙酸邻叔戊基环己酯（*o*-*tert*-Amylcyclohexyl acetate)

分子式为 $C_{13}H_{24}O_2$，相对分子质量 212.33。CAS 为 67874-72-0。

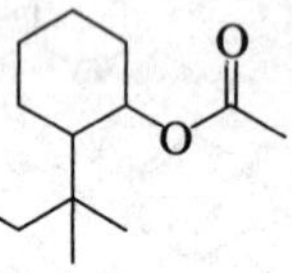

(1) 理化性质　无色液体，为顺式和反式异构体的混合物。具有香脂和木香香气。不溶于水，溶于乙醇等有机溶剂。相对密度（d_4^{20}）为 0.940～0.948，折射率（n_D^{20}）为 1.4550～1.4590，闪点>100℃。

(2) 天然存在　未见文献报道。

(3) 制备方法　以苯酚为初始原料，先用异戊烯进行烷基化反应生成邻叔戊基苯酚，再将其催化氢化生成邻叔戊基环己醇，最后与乙酸酐发生酰化反应生成乙酸邻叔戊基环己酯。

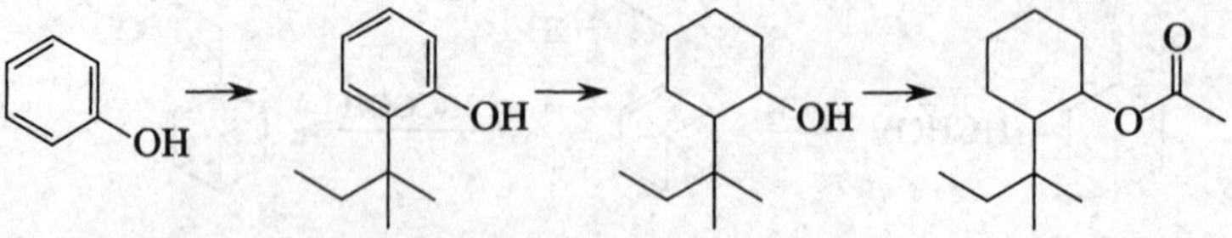

(4) 主要用途　可用于日化香精中。

(5) 安全管理　IFRA 没有限制规定。

七十一、丙酸香茅酯 (Citronellyl propionate)

丙酸香茅酯又称 3，7-二甲基-6-辛烯-1-醇丙酸酯。

分子式为 $C_{13}H_{24}O_2$，相对分子质量 212.33。CAS 为 141-14-0。

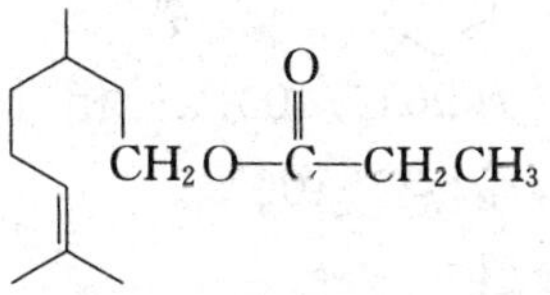

（1）理化性质　无色透明液体，具有花香和果香香气，伴有玫瑰香韵。不溶于水，溶于乙醇等有机溶剂。沸点为 116～118℃/700Pa，相对密度（d_4^{20}）为 0.878～0.886，折射率（n_D^{20}）为 1.4390～1.4440，闪点>100℃。

（2）天然存在　存在于番茄中。

（3）制备方法　在酸性条件下由香茅醇和丙酸酐通过酰化反应制得。

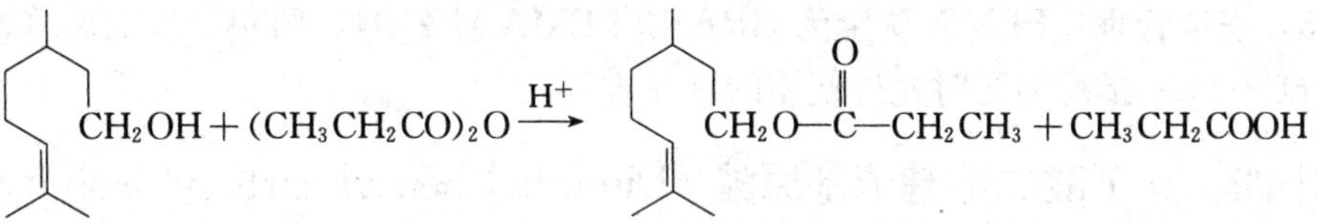

（4）主要用途　可用于食用香精中，主要用于调配柠檬、香蕉、柑橘、樱桃等果香型香精。

（5）安全管理　FEMA 号 2316，FDA172.515，COE410，GB 2760—2014 批准为允许使用的食品香料。

七十二、丙酸癸烯酯（Decenyl propionate）

分子式为 $C_{13}H_{24}O_2$，相对分子质量 212.33。CAS 为 68480-06-8。

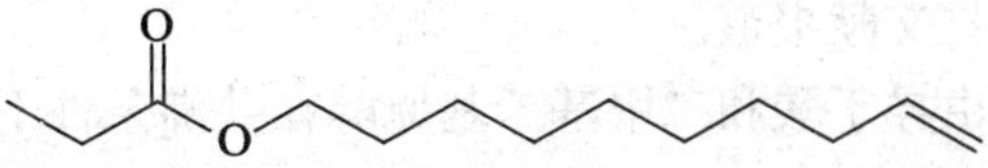

（1）理化性质　无色液体，为异构体的混合物。具有柔和的玫瑰样的花香香气，并略带黄葵油香调。不溶于水，溶于乙醇等有机溶剂。相对密度（d_4^{20}）为 0.874～0.882，折射率（n_D^{20}）为 1.4360～1.4410，闪点>100℃。

（2）天然存在　未见文献报道。

（3）制备方法　可由丙酸和 9-癸烯醇通过酯化反应制得。

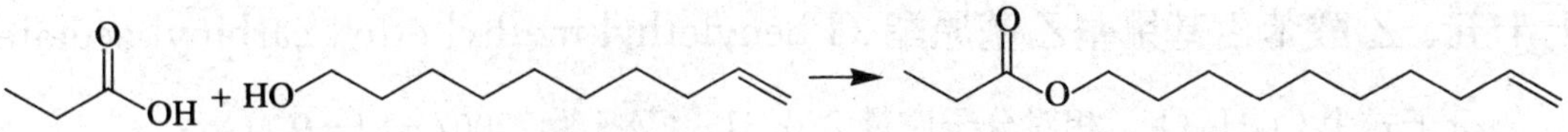

（4）主要用途　可用于日化香精中。

（5）安全管理　IFRA 没有限制规定。

七十三、丁酸二甲基苄基原酯（Dimethyl benzyl carbinyl butyrate）

丁酸二甲基苄基原酯又称丁酸二甲基 α，α-苯乙酯。

分子式为 $C_{14}H_{20}O_2$，相对分子质量 220.31。CAS 为 10094-34-5。

（1）理化性质　无色液体，具有草香和果香香气，并伴有李子和杏香韵。不溶于

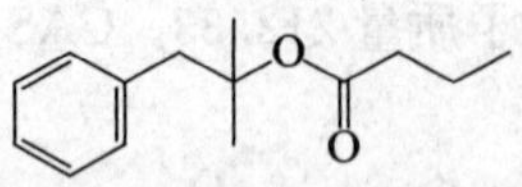

水，溶于乙醇等有机溶剂。沸点为96℃/400Pa，相对密度（d_4^{20}）为0.968～0.976，折射率（n_D^{20}）为1.4830～1.4880，闪点>100℃。

(2) 天然存在 未见文献报道。

(3) 制备方法 可由丁酸酐和二甲基苄基原醇经酰化反应制得。

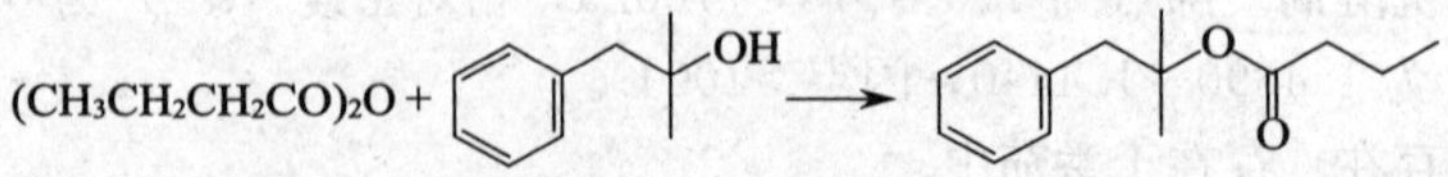

(4) 主要用途 可用于日化香精和食用香精中。

(5) 安全管理 FEMA认定为GRAS，FEMA号2394，FDA172.515，COE2084，GB 2760—2014批准为暂时允许使用的食品香料。

七十四、异丁酸二甲基苄基原酯（Dimethyl benzyl carbinyl isobutyrate）

分子式为$C_{14}H_{20}O_2$，相对分子质量220.31。CAS为59354-74-1。

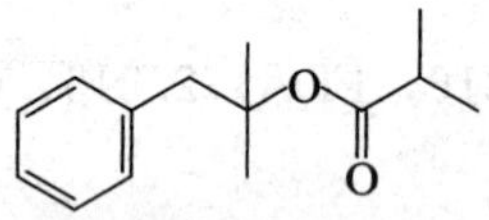

(1) 理化性质 无色液体，具有果香香气，并伴有葡萄干和黑茶镳子香韵。不溶于水，溶于乙醇等有机溶剂。相对密度（d_4^{20}）为0.960～0.968，折射率（n_D^{20}）为1.4810～1.4850，闪点>100℃。

(2) 天然存在 未见文献报道。

(3) 制备方法 可由异丁酸和二甲基苄基原醇在共沸条件下经酯化反应制得。

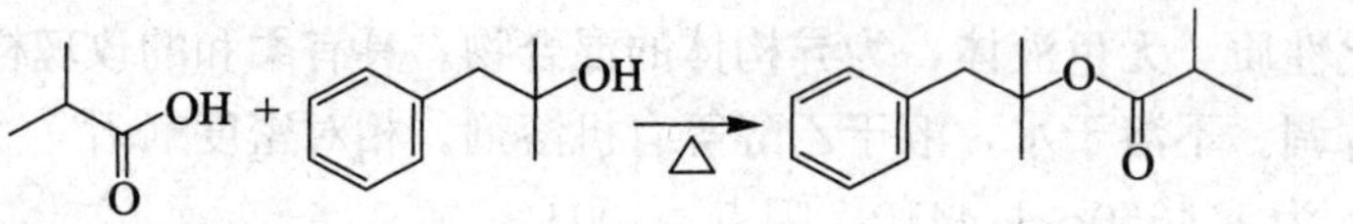

(4) 主要用途 可用于日化香精中。

(5) 安全管理 IFRA没有限制规定。

七十五、乙酸苯乙基甲基乙基原酯（Phenylethyl methyl ethyl carbinyl acetate）

分子式为$C_{14}H_{20}O_2$，相对分子质量220.31。CAS为72007-81-9。

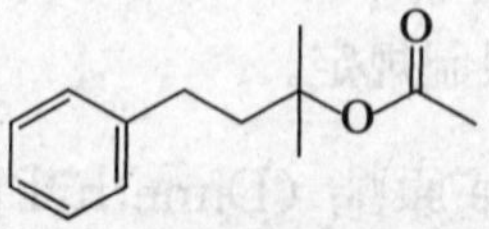

(1) 理化性质 无色液体，具有新鲜的花香香气，并伴有风信子、百合、茶叶香韵，带有果香香调。不溶于水，溶于乙醇等有机溶剂。沸点为262℃，相对密度（d_4^{20}）为0.976～0.984，折射率（n_D^{20}）为1.4870～1.4920，闪点>100℃。

(2) 天然存在 未见文献报道。

（3）制备方法　可由乙酸酐和苯乙基甲基乙基原醇经酰化反应制得。

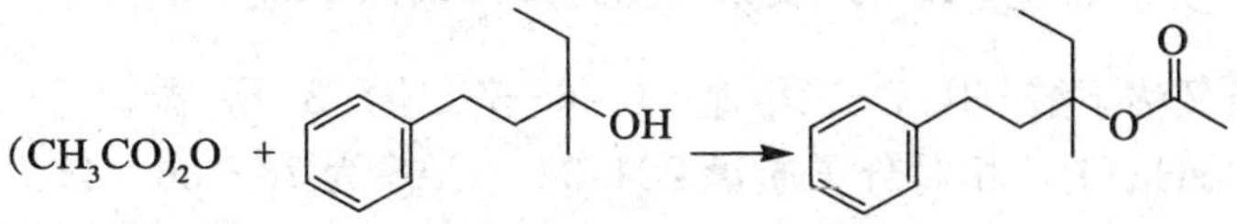

（4）主要用途　可用于日化香精中。

（5）安全管理　IFRA 没有限制规定。

七十六、丁酸三环癸烯酯（Tricyclodecenyl butyrate）

分子式为 $C_{14}H_{20}O_2$，相对分子质量 220.31。CAS 为 68039－39－4。

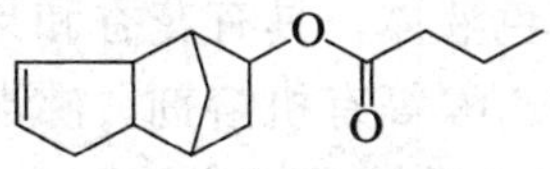

（1）理化性质　无色液体，为异构体的混合物。具有强烈的花香香气。不溶于水，溶于乙醇等有机溶剂。相对密度（d_{20}^{20}）为 1.027，折射率（n_D^{20}）为 1.4850，闪点＞100℃。

（2）天然存在　未见文献报道。

（3）制备方法　可由丁酸和二聚环戊二烯进行加成反应制得。

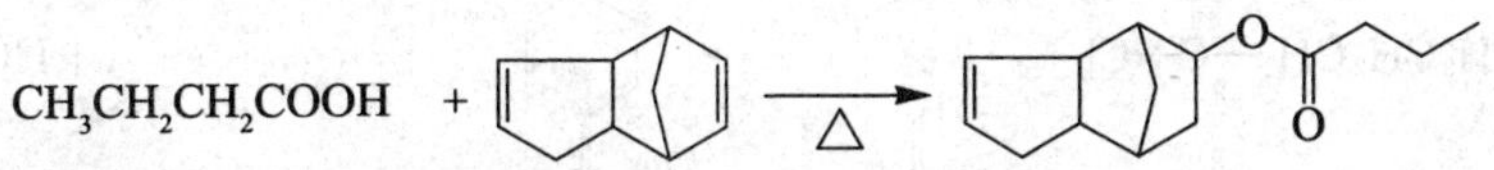

（4）主要用途　可用于日化香精中。

（5）安全管理　IFRA 没有限制规定。

七十七、异丁酸三环癸烯酯（Tricyclodecenyl butyrate）

分子式为 $C_{14}H_{20}O_2$，相对分子质量 220.31。CAS 为 67634－20－2。

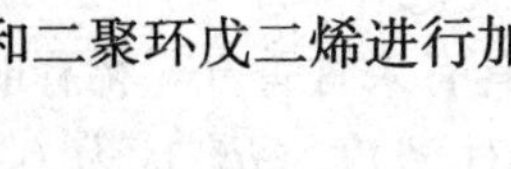

（1）理化性质　无色液体，为异构体的混合物。具有草香和果香香气。不溶于水，溶于乙醇等有机溶剂。相对密度（d_{20}^{20}）为 1.027～1.035，折射率（n_D^{20}）为 1.4820～1.4870，闪点为 111℃。

（2）天然存在　未见文献报道。

（3）制备方法　可由异丁酸和二聚环戊二烯进行加成反应制得。

（4）主要用途　可用于日化香精中。

（5）安全管理　IFRA 没有限制规定。

七十八、丁酸芳樟酯(Linalyl butyrate)

丁酸芳樟酯又称丁酸-3，7-二甲基-1，6-辛二烯-3-醇-酯。

分子式为$C_{14}H_{24}O_2$，相对分子质量224.34。CAS为78-36-4。

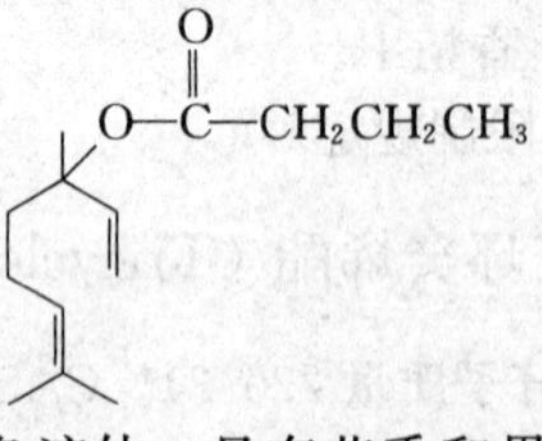

(1) 理化性质　无色至淡黄色液体，具有花香和果香香气，稀释后有蜂蜜、菠萝蜜、柑橘香韵。不溶于水，溶于乙醇等有机溶剂。沸点为232℃、112～114℃/900Pa，相对密度(d_4^{20})为0.888～0.893，折射率(n_D^{20})为1.4490～1.4530，闪点为102℃。

(2) 天然存在　存在于薰衣草油和杂薰衣草油中。

(3) 制备方法　由丁酰氯和芳樟醇通过酰化反应制得。

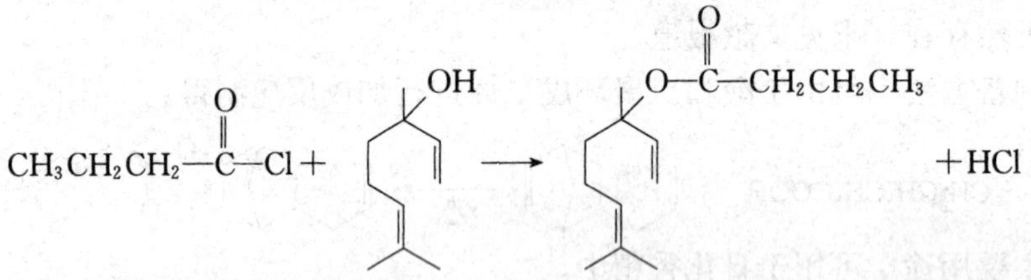

(4) 主要用途　可用于食用香精中，常用于调配柑橘、香蕉、葡萄、橘子、枣、苹果、梨、桃、茶叶等果香型香精和蜜香型香精。也可微量用于调配日化香精。

(5) 安全管理　FEMA号2639，FDA172.515，COE276，GB 2760—2014批准为允许使用的食品香料。

七十九、乙酸-2-甲基-2-环己基-4-戊酯
(2-Methyl-2-cyclohexylpent-4-yl acetate)

分子式为$C_{14}H_{26}O_2$，相对分子质量226.36。CAS为93917-67-0。

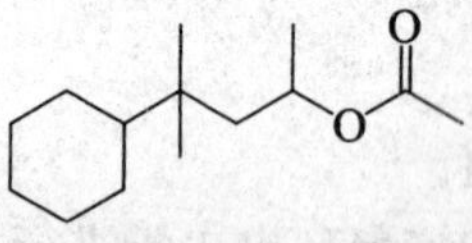

(1) 理化性质　无色液体，具有果香香气，稀释时则具有铃兰和圆柚香韵。不溶于水，溶于乙醇等有机溶剂。相对密度(d_4^{20})为0.933～0.938，折射率(n_D^{20})为1.4560～1.4610，闪点为116℃。

(2) 天然存在　未见文献报道。

(3) 制备方法　以苯为原料，首先和异丙叉丙酮缩合生成苯异丙基丙酮，然后将其完全氢化生成2-甲基-2-环己基-4-戊醇，最后进行酰化反应制得。

(4) 主要用途　可用于日化香精中，特别适宜调配洗发香波和泡沫洗涤剂用香精。

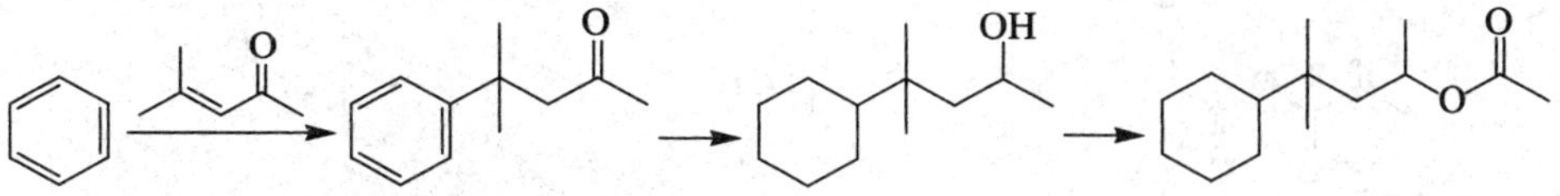

（5）安全管理 IFRA 没有限制规定。

八十、癸二酸二乙酯（Diethyl sebacate）

分子式为 $C_{14}H_{26}O_4$，相对分子质量 258.36。CAS 为 110－40－7。

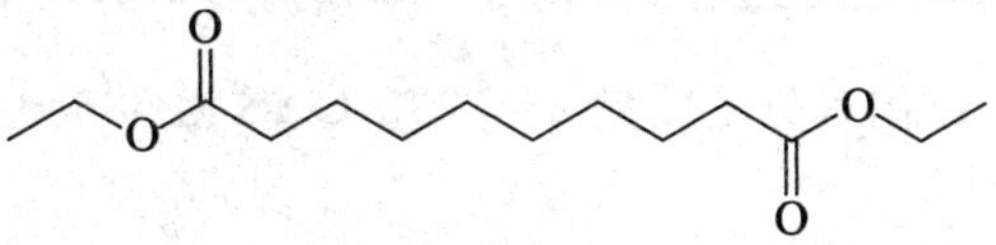

（1）理化性质 无色至淡黄色液体，具有微弱的果香香气，并带有甜瓜香韵。微溶于水，溶于乙醇等有机溶剂。沸点为 307～308℃，156℃/800Pa，相对密度（d_4^{20}）为 0.963～0.964，折射率（n_D^{20}）为 1.4360～1.4370，闪点为 71℃。

（2）天然存在 未见文献报道。

（3）制备方法 由癸二酸和乙醇在浓硫酸存在下，经加热脱水直接酯化反应制得。

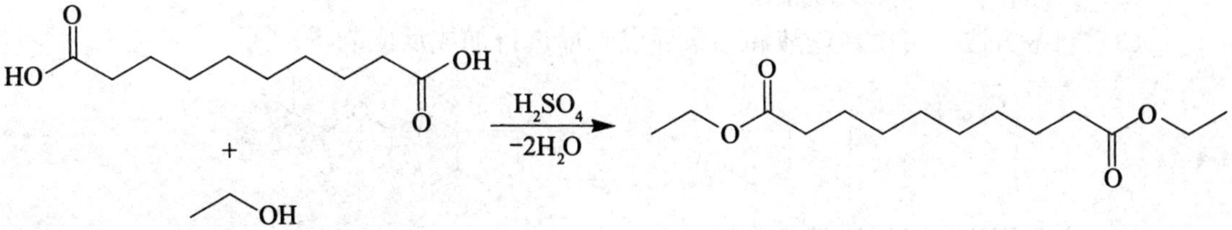

（4）主要用途 可用于日化香精中，在香精中起定香剂和溶剂作用。还可用于食用香精。

（5）安全管理 IFRA 没有限制规定。FEMA 认定为 GRAS，FEMA 号 2376，并经 FDA 批准食用。GB2760—2014 批准为允许使用的食品香料。欧洲理事会将癸二酸二乙酯列入可用于食物中而不危害人体健康的人造食用香料表中，其最高用量为 10mg/kg。

八十一、异丁酸二甲基苯乙基原酯（Dimethyl phenylethyl carbinyl isobutyrate）

分子式为 $C_{15}H_{22}O_2$，相对分子质量 234.33。CAS 为 10031－71－7。

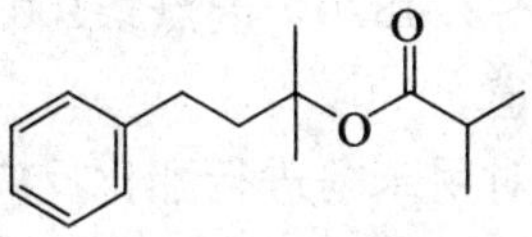

（1）理化性质 无色液体，具有果香和草香香气，并伴有番木瓜和茶叶香韵。不溶于水，溶于乙醇等有机溶剂。沸点为 250℃，相对密度（d_4^{20}）为 0.950～0.958，折射率（n_D^{20}）为 1.4770～1.4820，闪点＞100℃。

（2）天然存在 未见文献报道。

（3）制备方法 可由异丁酸酐和二甲基苯乙基原醇经酰化反应制得。

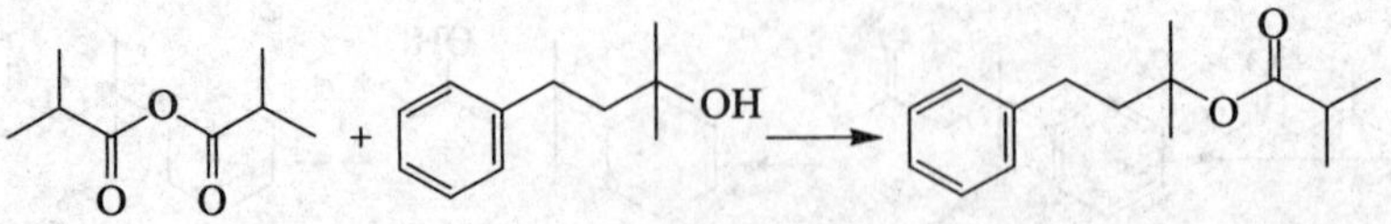

（4）主要用途　可用于日化香精和食用香精中。

（5）安全管理　IFRA 没有限制规定。FEMA 认定为 GRAS，FEMA 号 2736，并经 FDA 批准食用。GB2760—2014 批准为允许使用的食品香料。

八十二、新戊酸三环癸烯酯（Tricyclodecenyl pivalate）

分子式为 $C_{15}H_{22}O_2$，相对分子质量 234.33。CAS 为 68039-44-1；68039-45-2。

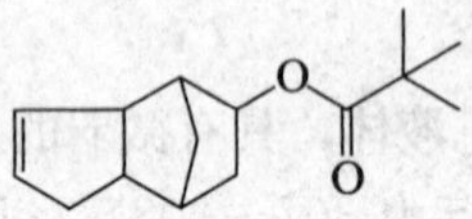

（1）理化性质　白色结晶体，为异构体的混合物。具有粉香和花香香气，并伴有桃的香韵。不溶于水，溶于乙醇等有机溶剂。熔点为 42℃，相对密度（d_{20}^{20}）为 1.002～1.006（过冷），折射率（n_D^{20}）为 1.4800～1.4840（过冷），闪点＞100℃。

（2）天然存在　未见文献报道。

（3）制备方法　可由新戊酸和二聚环戊二烯进行加成反应制得。

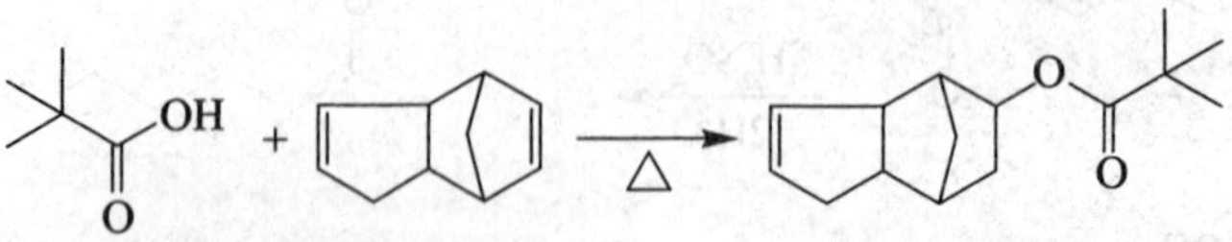

（4）主要用途　可用于日化香精中。

（5）安全管理　IFRA 没有限制规定。

八十三、辛酸对甲酚酯（*p*-Cresyl caprylate、*p*-Tolyl octanoate）

分子式为 $C_{15}H_{22}O_2$，相对分子质量 234.33。CAS 为 59558-23-5。

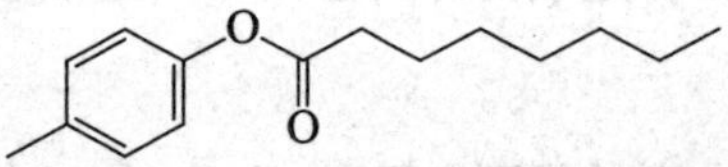

（1）理化性质　无色液体，具有水仙花香气，并伴有动物香韵和茉莉香调。不溶于水，溶于乙醇等有机溶剂。沸点为 265℃、175℃/270Pa，相对密度（d_4^{20}）为 0.955～0.963，折射率（n_D^{20}）为 1.4830～1.4870，闪点＞100℃。

（2）天然存在　未见文献报道。

（3）制备方法　可由辛酸和对甲苯酚进行酯化反应制得。

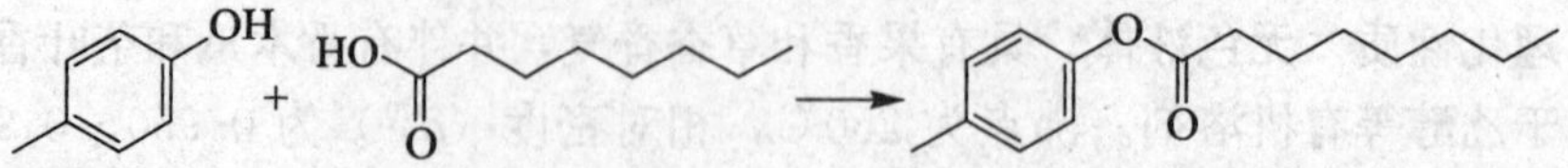

（4）主要用途　可用于日化香精中。

（5）安全管理　IFRA 没有限制规定。FEMA 号 3733，GB 2760—2014 批准为允许使用的食品香料。

八十四、乙酸柑青酯（Myraldyl acetate）

乙酸柑青酯又称乙酸-4-（4-甲基-3-戊烯基）-3-环己烯甲酯。

分子式为 $C_{15}H_{24}O_2$，相对分子质量 236.36。CAS 为 72403-67-9。

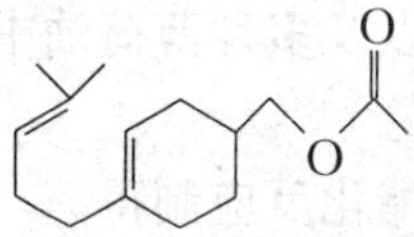

（1）理化性质　无色液体，为异构体的混合物。具有花香和果香香气，并带有青香和柑橘香韵。不溶于水，溶于乙醇等有机溶剂。沸点为 84～85℃/1.3Pa，相对密度（d_4^{20}）为 0.947～0.957，折射率（n_D^{20}）为 1.4750～1.4850，闪点>100℃。

（2）天然存在　未见文献报道。

（3）制备方法　以柑青醛为原料，首先经选择性还原制得不饱和的柑青醇，然后再用乙酸酐和磷酸混合物将不饱和柑青醇进行酰化反应制得乙酸柑青酯。

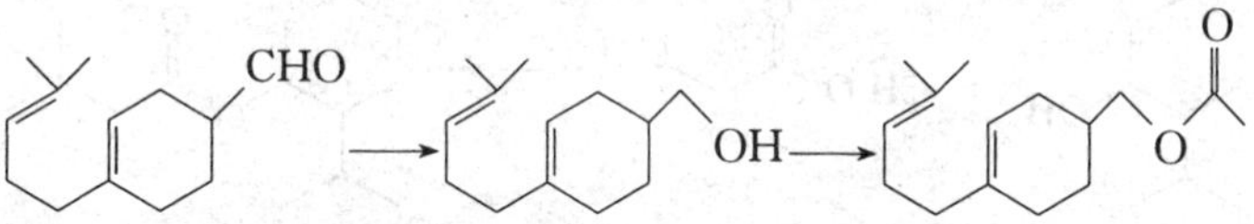

（4）主要用途　可用于日化香精中。

（5）安全管理　IFRA 没有限制规定。

八十五、异戊酸-2E，4Z-癸二烯酯（2E，4Z-Decadienyl isovalerate）

分子式为 $C_{15}H_{26}O_2$，相对分子质量 238.38。CAS 为 56699-32-3。

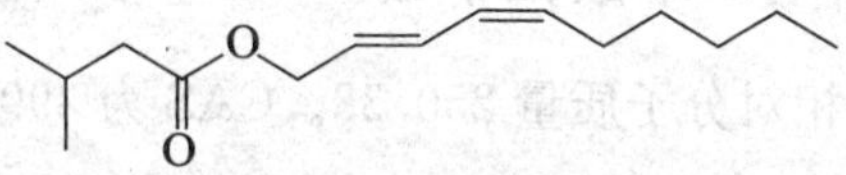

（1）理化性质：无色液体，具有刺柏浆果香气。不溶于水，溶于乙醇等有机溶剂。相对密度（d_4^{20}）为 0.886，闪点为 151℃。

（2）天然存在　存在于柏木油中。

（3）制备方法　由异戊酸和 2E，4Z-癸二烯醇通过酯化反应制得。

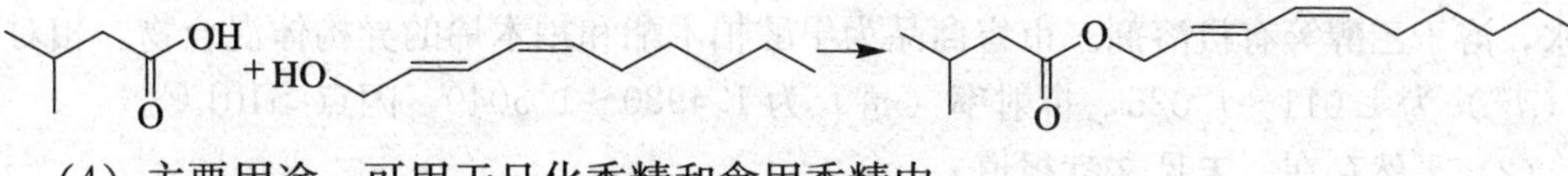

（4）主要用途　可用于日化香精和食用香精中。

（5）安全管理　IFRA 没有限制规定。

八十六、异戊酸薄荷酯（Menthyl isovalerate）

分子式为 $C_{15}H_{28}O_2$，相对分子质量 240.39。CAS 为 16409-46-4。

（1）理化性质　无色油状液体，具有薄荷香气和异戊酸气味，以及草香、凉香、木香香气。不溶于水，溶于乙醇等有机溶剂。沸点为 241℃、129℃/1.2kPa，相对密度（d_4^{15}）为 0.904～0.908，折射率（n_D^{20}）为 1.4470～1.4480，闪点为 120℃。

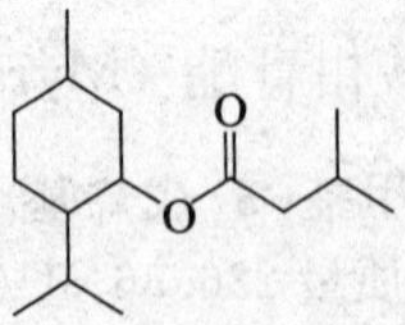

(2) 天然存在　存在于肉豆蔻以及多种薄荷油中。

(3) 制备方法

①由左旋薄荷脑和异戊酸通过酯化反应制得。

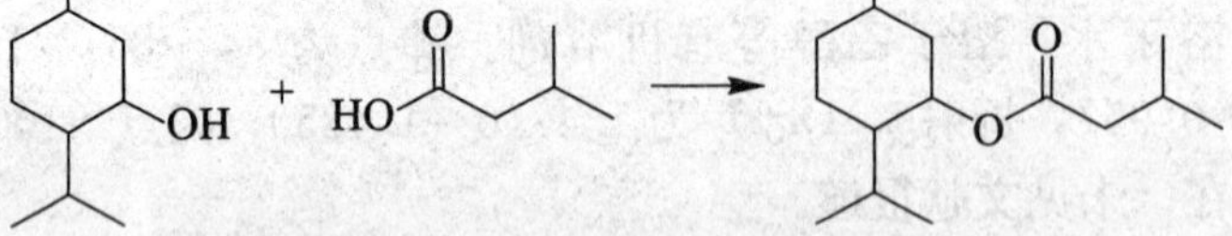

②由左旋薄荷脑和异戊酸甲酯通过酯交换反应制得。

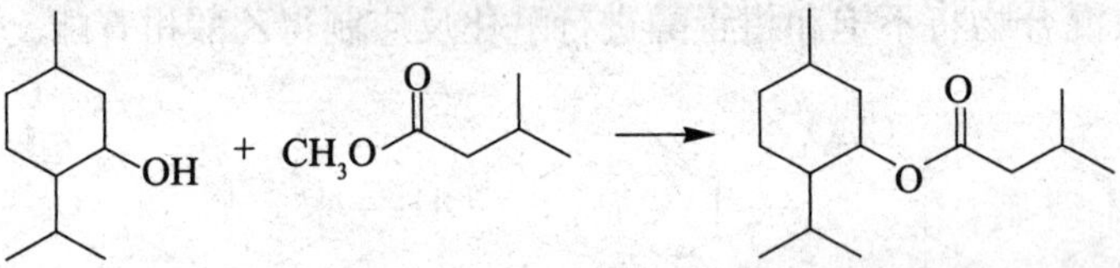

(4) 主要用途　可用于日化香精中，用于调配薄荷、留兰香香型的牙膏香精。可用于食用香精中，用于调配苹果、甜瓜、桃、杏、菠萝蜜、梅脯等果香型香精。

(5) 安全管理　FEMA 认定为 GRAS，FEMA 号 2669，FDA172.515，COE450，GB 2760—2014 批准为允许使用的食品香料。

八十七、甲酸柏木酯 (Cedryl formate)

分子式为 $C_{16}H_{26}O_2$，相对分子质量 250.38。CAS 为 39900-38-4。

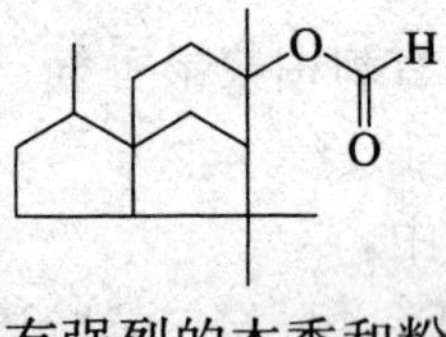

(1) 理化性质　无色液体，具有强烈的木香和粉香香气，并伴有龙涎香香韵。不溶于水，溶于乙醇等有机溶剂。市售商品为甲酸柏木酯和柏木烯的异构体混合物。相对密度 (d_4^{20}) 为 1.011～1.025，折射率 (n_D^{20}) 为 1.4980～1.5040，闪点>101℃。

(2) 天然存在　未见文献报道。

(3) 制备方法　将分去结晶柏木脑后的液体柏木油馏分与甲酸相互作用制得。

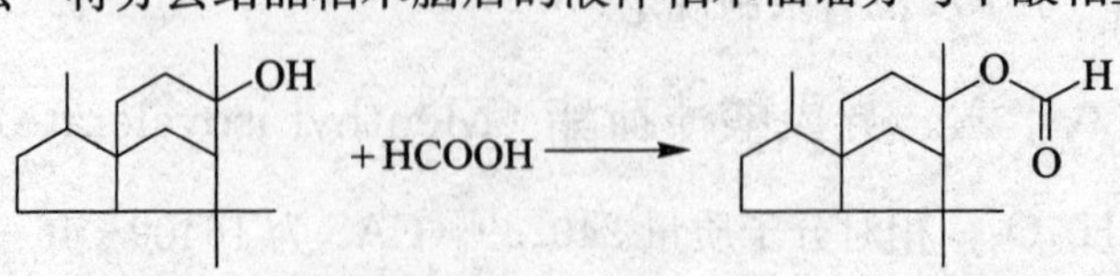

(4) 主要用途　可用于日化香精中。

(5) 安全管理　IFRA 没有限制规定。

八十八、乙酸檀香酯（Santalyl acetate）

分子式为 $C_{17}H_{26}O_2$，相对分子质量 262.40。CAS 为 1323－00－8。

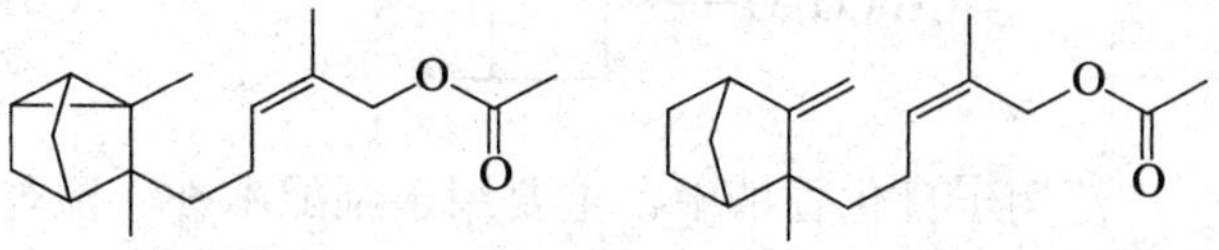

α-体　　β-体

（1）理化性质　无色至淡黄色黏稠液体，为 α-异构体和 β-异构体的混合物，市售的产品通常含有 50%～70%的乙酸 α-檀香酯和 20%～40%的乙酸 β-檀香酯。具有强烈而持久的檀香香气，并略带甜润的麝香香韵，头香带有果香，有令人愉快的苦甜味。不溶于水，溶于乙醇等有机溶剂。沸点为 308～317℃，相对密度（d_{25}^{25}）为 0.980～0.988，折射率（n_D^{20}）为 1.4860～1.4920，闪点>100℃。

（2）天然存在　未见文献报道。

（3）制备方法　在酸性催化剂存在下，由檀香醇和乙酸酐通过酰化反应制得。

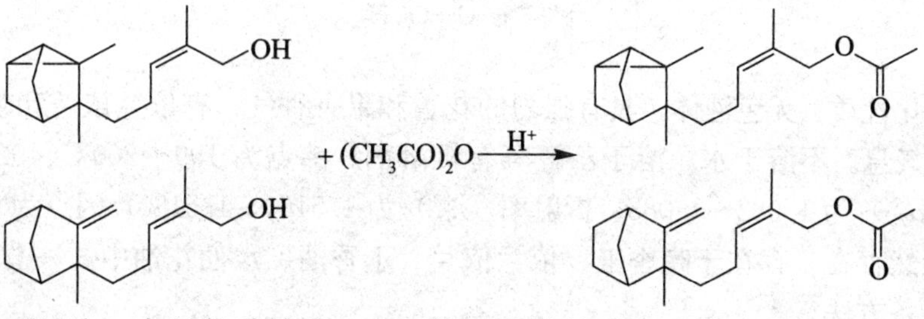

（4）主要用途　在日化香精中，主要用于高档的香水香精、化妆品香精、皂用香精配方中，用以调配东方型、木香檀香型、素心兰型等香精。在食用香精中，主要用于调配菠萝、梨、杏、桃等果香型香精。

（5）安全管理　IFRA 没有限制规定，FEMA 认定为 GRAS，FEMA 号 3007，FDA172.515，COE224。GB2760—2014 批准为允许使用的食品香料。

八十九、乙酸柏木酯（Cedryl acetate）

分子式为 $C_{17}H_{28}O_2$，相对分子质量 264.41。CAS 为 77－54－3；61789－42－2。

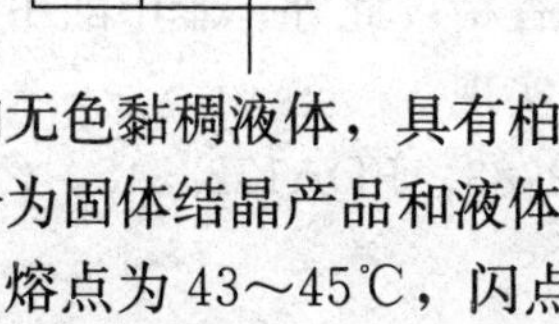

（1）理化性质　白色结晶和无色黏稠液体，具有柏木和岩兰草香气。因加工用的原料不同，所以商品乙酸柏木酯分为固体结晶产品和液体产品两种。不溶于水，溶于乙醇等有机溶剂。晶体乙酸柏木酯，熔点为 43～45℃，闪点>100℃；液体乙酸柏木酯，相对密度（d_{25}^{25}）为 0.992～1.017，折射率（n_D^{20}）为 1.4950～1.5030，闪点为 126℃。

（2）天然存在　未见文献报道。

（3）制备方法　在酸催化下由柏木醇或含柏木醇的柏木油馏分和乙酸酐直接乙酰化

反应，分别得到晶体乙酸柏木酯和液体乙酸柏木酯。

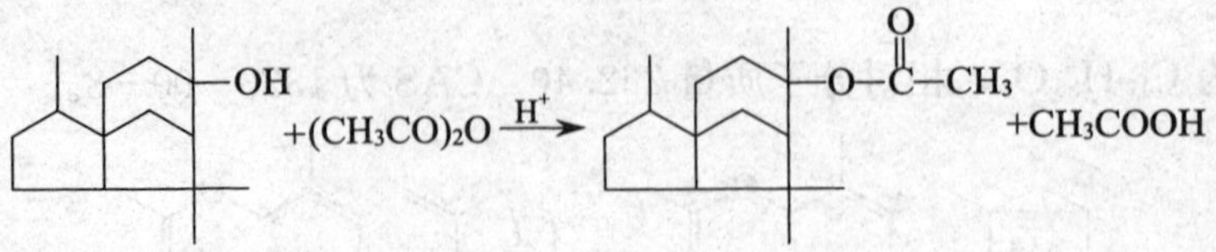

(4) 主要用途　广泛用于日化香精中，主要用于调配木香、檀香、玫瑰、素心兰等香型日化香精，主要用作定香剂。

(5) 安全管理　RIPM 和 COE 认为可以安全外用。

第三节　芳香族羧酸酯类香料

一、苯甲酸甲酯 (Methyl benzoate)

分子式为 $C_8H_8O_2$，相对分子质量 136.15。CAS 为 93－58－3。

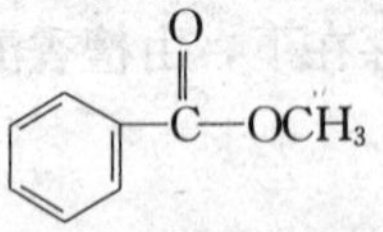

(1) 理化性质　无色液体，具有强烈的花香和果香香气，有依兰依兰和晚香玉香韵，并伴有酚的气息。不溶于水，溶于乙醇等有机溶剂。沸点为 199～200℃、92℃/2.7kPa，相对密度 (d_{25}^{25}) 为 1.082～1.088，折射率 (n_D^{20}) 为 1.5160～1.5180，闪点为 85℃。

(2) 天然存在　存在于晚香玉、依兰依兰、丁香油、水仙花油中。

(3) 制备方法

①由苯甲酸和硫酸二甲酯加热下制得。

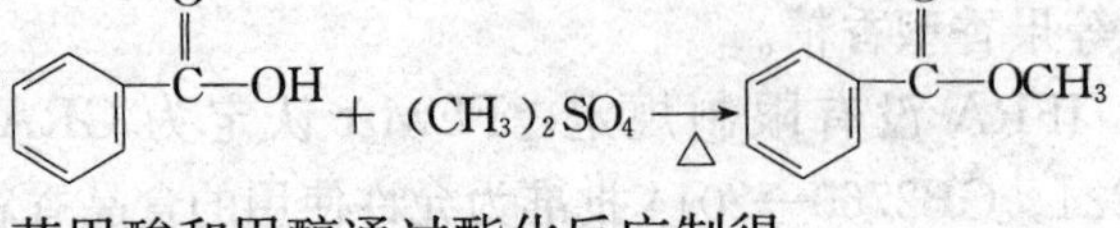

②酸性条件下由苯甲酸和甲醇通过酯化反应制得。

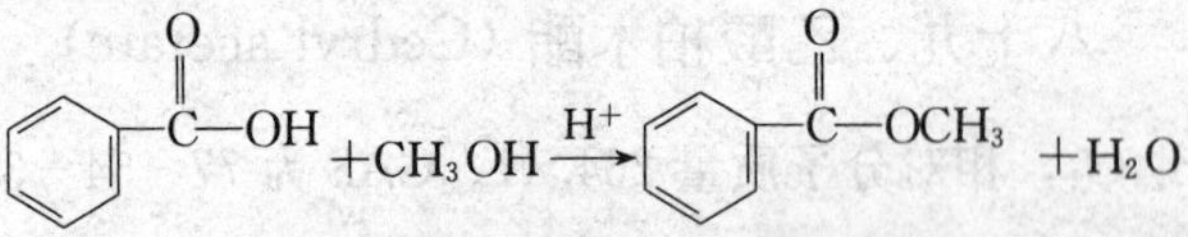

(4) 主要用途　可用于日化香精中，用以调配依兰依兰、晚香玉、檀香、玫瑰、香薇等香型日化香精。也可用于食用香精中，用以调配樱桃、菠萝、香草、草莓、丁香、朗姆酒、甜酒、肉桂等香型食用香精。此外，苯甲酸甲酯还可作为制备其他苯甲酸酯类的原料，一般采用酯交换反应来实现。

(5) 安全管理　FEMA 号 2683，FDA172.515，COE260，GB 2760—2014 批准为允许使用的食品香料。

二、水杨酸甲酯 (Methyl salicylate)

水杨酸甲酯又称邻羟基苯甲酸甲酯、柳酸甲酯、冬青油、合成冬绿油。

分子式为 $C_8H_8O_3$，相对分子质量 152.14。CAS 为 119－36－8。

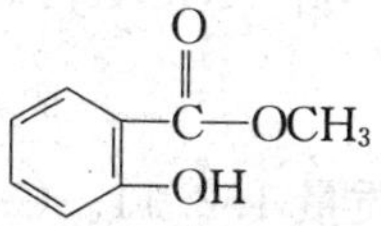

（1）理化性质　无色液体，具有特有的冬青油香气。几乎不溶于水，溶于乙醇等有机溶剂。沸点为 222～223℃、101℃/1.6kPa，相对密度（d_{25}^{25}）为 1.181～1.184，折射率（n_D^{20}）为 1.5350～1.5380，闪点为 99℃。

（2）天然存在　存在于冬青油、金合欢油、依兰依兰油、桦木、樱桃、香石竹、晚香玉、依兰依兰、葡萄、桃、黑加仑、番茄、樱桃、苹果、草莓中。

（3）制备方法

①从天然精油中用分馏的方法单离出水杨酸甲酯。

②在硫酸存在下用水杨酸和甲醇直接酯化法制备。

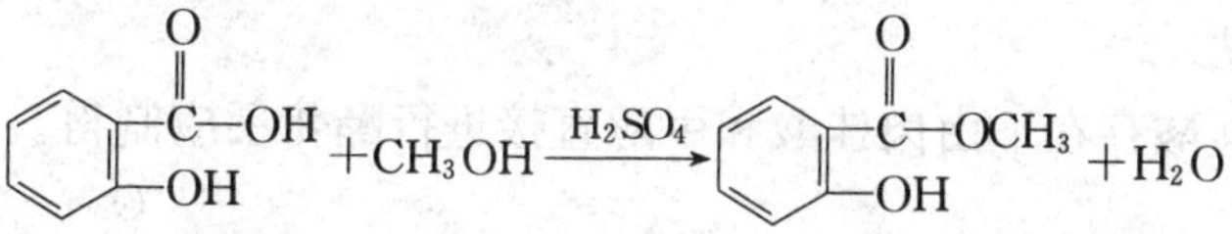

（4）主要用途　可应用于依兰依兰、晚香玉、金合欢、素心兰等香型日化香精中，特别适用于牙膏、口腔清洁剂。在草莓、葡萄、香子兰等香型食用香精中也经常使用。

（5）安全管理　FEMA 号 2745，COE433，GB 2760—2014 批准为暂时允许使用的食品香料。

三、苯甲酸乙酯（Ethyl benzoate）

分子式为 $C_9H_{10}O_2$，相对分子质量 150.18。CAS 为 93－89－0。

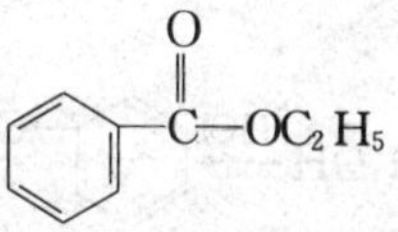

（1）理化性质　无色液体，具有果香和依兰依兰花香香气，香气较苯甲酸甲酯温和。几乎不溶于水，溶于乙醇等有机溶剂。沸点为 212～213℃、87℃/1.3kPa，相对密度（d_{25}^{25}）为 1.043～1.047，折射率（n_D^{20}）为 1.5040～1.5060，闪点为 88℃。

（2）天然存在　在桃、菠萝、覆盆子、啤酒、朗姆酒、红茶藨子中均有存在。

（3）制备方法　在硫酸催化下由苯甲酸和乙醇通过酯化反应制得。

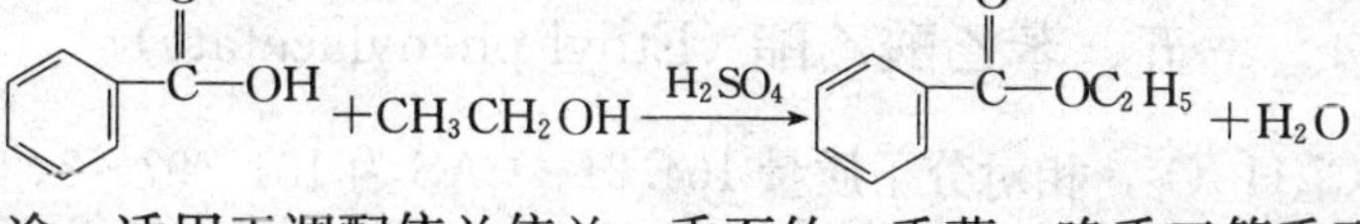

（4）主要用途　适用于调配依兰依兰、香石竹、香薇、晚香玉等香型日化香精。也可用于香蕉、葡萄、樱桃、草莓、胡桃、桃、香草、烟草、酒等香型食用香精中。

（5）安全管理　FEMA 号 2422，FDA172.515，COE261，GB 2760—2014 批准为允许使用的食品香料。

四、桂酸甲酯(Methyl cinnamate)

桂酸甲酯又称肉桂酸甲酯。

分子式为 $C_{10}H_{10}O_2$，相对分子质量 162.11。CAS 为 103-26-4。

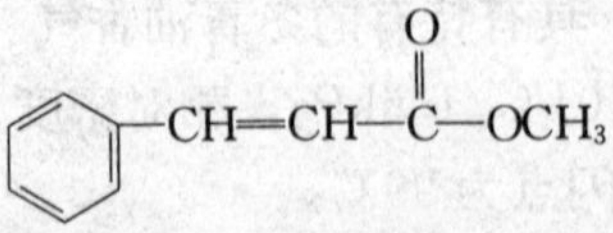

(1) 理化性质　白色至淡黄色晶体，具有强烈的果香和香脂香气，稀释时有草莓香韵。不溶于水和甘油，溶于乙醇等有机溶剂。桂酸甲酯有顺式和反式两种异构体，市售品通常为反式异构体。反式桂酸甲酯为固体结晶，熔点为 34～36℃，沸点为 262℃、127℃/1.3kPa，相对密度(d_4^{35})为 1.070，折射率(n_D^{35})为 1.5650，闪点>100℃。

(2) 天然存在　在桂叶油、灰罗勒叶油、良姜属的根茎油中均有存在。

(3) 制备方法

①在硫酸或盐酸存在下由肉桂酸和甲醇直接进行酯化反应制得。

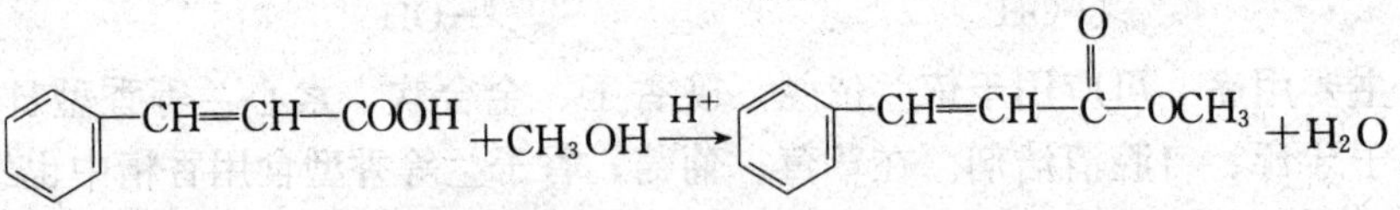

②以苯乙烯为原料，经催化氧化制得。

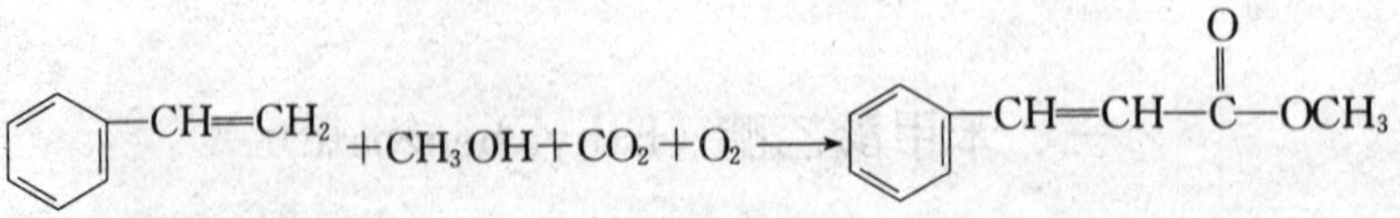

③由桂腈和甲醇在盐酸存在下加热至沸腾制得。

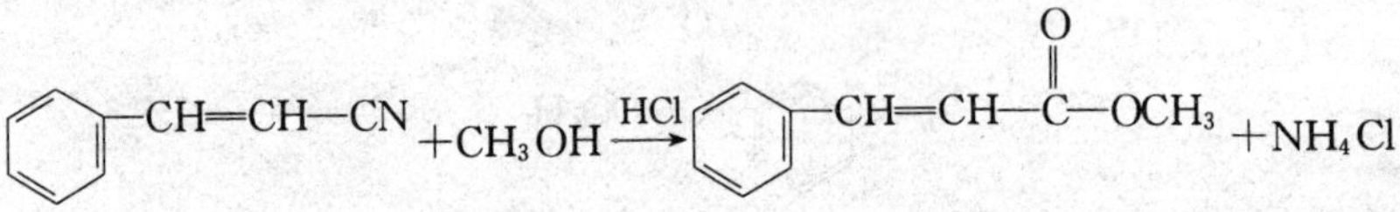

(4) 主要用途　常用于薰衣草、紫丁香、玫瑰、香石竹、水仙香型和果香型香皂、洗涤剂和空气清新剂等日化香精中。可用于食用香精中，主要用于调配草莓、葡萄、桃、樱桃、奶油、香草、酒等香型食用香精。

(5) 安全管理　FEMA 号 2698，FDA172.515，COE333，GB 2760—2014 批准为允许使用的食品香料。

五、苯乙酸乙酯(Ethyl phenylacetate)

分子式为 $C_{10}H_{12}O_2$，相对分子质量 164.21。CAS 为 101-97-3。

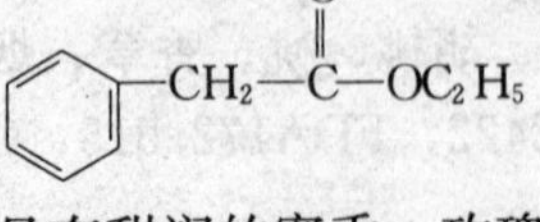

(1) 理化性质　无色液体，具有甜润的蜜香、玫瑰花香和果香香气。不溶于水，溶于乙醇等有机溶剂。沸点为 226～229℃、120～125℃/2.3kPa，相对密度(d_{25}^{25})为

1.027～1.032，折射率（n_D^{20}）为1.4960～1.5000，闪点>100℃。

（2）天然存在　存在于苹果酒、葡萄酒、圆柚汁、番石榴、番木瓜中。

（3）制备方法

①在硫酸存在下由苯乙酸和乙醇直接酯化反应制得。

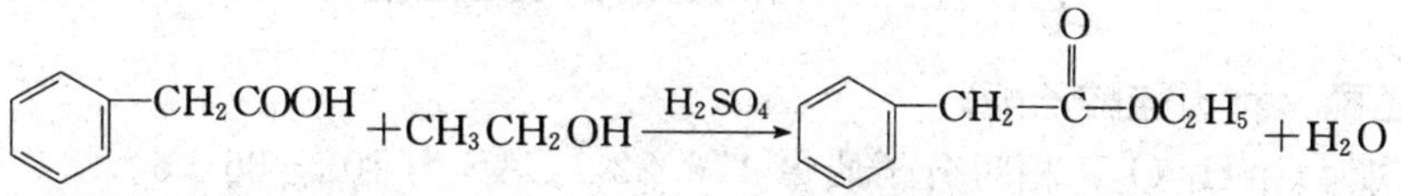

②在硫酸存在下由苯乙腈和乙醇进行醇解反应制得。

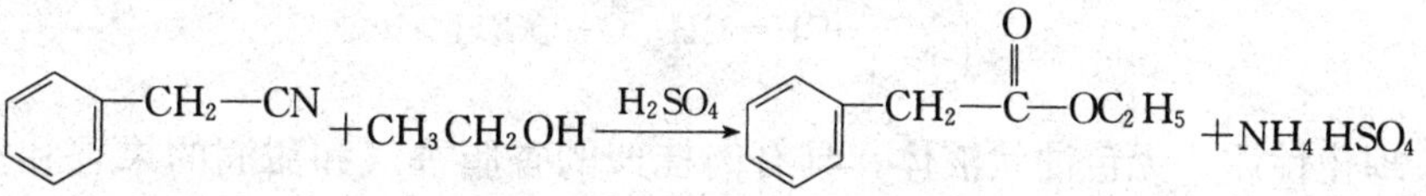

（4）主要用途　主要用于中档或低档的铃兰、橙花、玫瑰等香型日化香精中。因具有显著的蜜香和玫瑰花香，所以也较普遍地用于化妆品香精中。少量应用于蜂蜜、樱桃、可可、香草、烟草、奶油、杏、桃等香型食用香精中。

（5）安全管理　FEMA号2452，FDA172.515，COE2156，GB 2760—2014批准为暂时允许使用的食品香料。

六、茴香酸乙酯（Ethyl anisate）

茴香酸乙酯又称大茴香酸乙酯。

分子式为$C_{10}H_{12}O_3$，相对分子质量180.21。CAS为94-30-4。

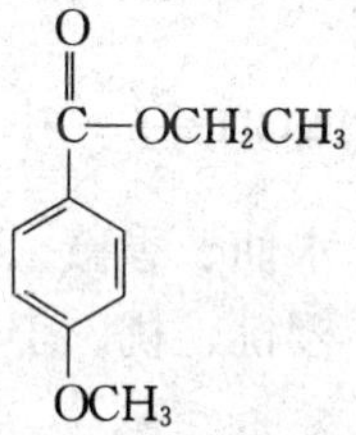

（1）理化性质　无色至淡黄色液体，具有温柔的花香和甜润的果香香气，并伴有茴香香韵。几乎不溶于水，溶于乙醇等有机溶剂。熔点为7～8℃，沸点为269～270℃，相对密度（d_{25}^{25}）为1.101～1.104，折射率（n_D^{20}）为1.5220～1.5260，闪点>100℃。

（2）天然存在　存在于番石榴中。

（3）制备方法　以硫酸为催化剂，由茴香酸和乙醇通过酯化反应制得。

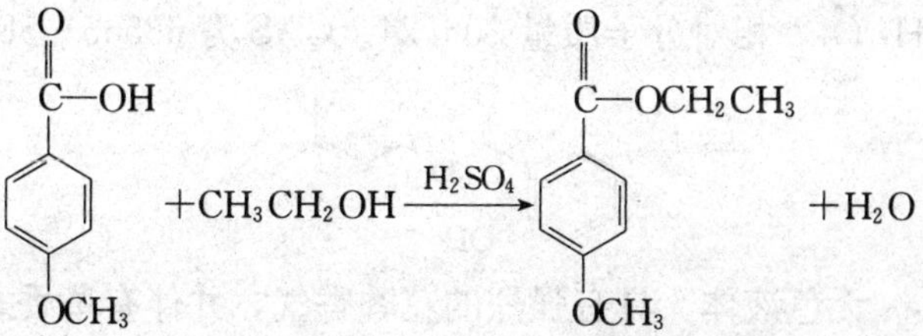

（4）主要用途　可用于日化香精中，主要用于调配依兰依兰、丁香、康乃馨等香型香精。还可用于调配大茴香、小茴香、甘草、圆柚、柠檬、覆盆子、香草、草莓、樱

桃、葡萄、杏仁、坚果等香型的食用香精。

(5) 安全管理　FEMA 号 2420，FDA172.515，COE249，GB 2760—2014 批准为允许使用的食品香料。

七、桂酸乙酯(Ethyl cinnamate)

桂酸乙酯又称肉桂酸乙酯。

分子式为 $C_{11}H_{12}O_2$，相对分子质量 176.22。CAS 为 103-36-6。

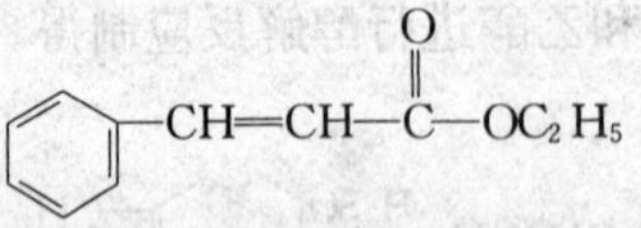

(1) 理化性质　无色油状液体，具有肉桂似的香脂香气和甜润的果香和蜜香香韵。不溶于水，溶于乙醇等有机溶剂。熔点为 6.5～8.0℃，沸点为 271℃、127℃/800Pa，相对密度(d_{25}^{25})为 1.045～1.048，折射率(n_D^{20})为 1.5590～1.5610，闪点>100℃。

(2) 天然存在　以反式异构体形式存在于安息香等精油中。

(3) 制备方法

①以苯甲醛和乙酸乙酯为原料，在碱催化下经 Claisen 缩合反应制得。

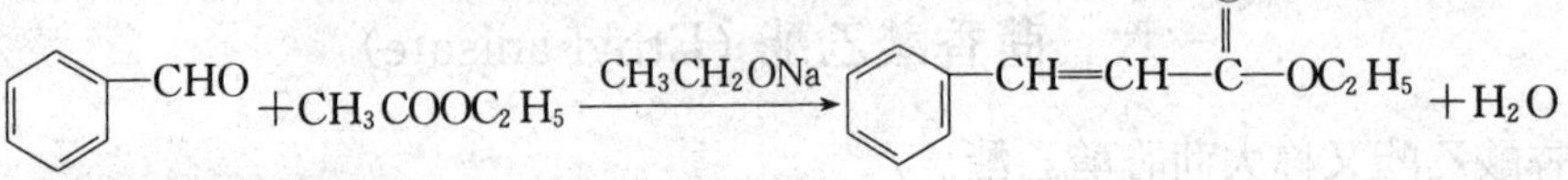

②在硫酸存在下由桂酸和乙醇为原料经酯化反应制得。

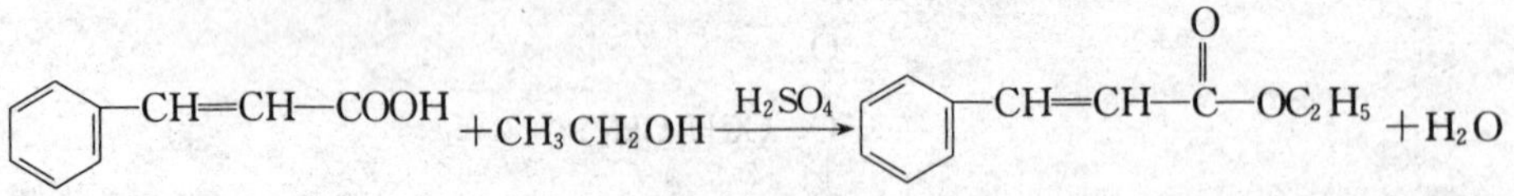

(4) 主要用途　用于调配茉莉、水仙、香薇、玫瑰、古龙、素心兰、柑橘等香型日化香精。也可用于调配肉桂、葡萄、樱桃、桃、李子、草莓、杏仁、香草、覆盆子、蜂蜜等香型食用香精。

(5) 安全管理　FEMA 号 2430，FDA172.515，COE323，GB 2760—2014 批准为暂时允许使用的食品香料。

八、水杨酸异戊烯酯(Prenyl salicylate)

水杨酸异戊烯酯又称邻羟基苯甲酸异戊烯酯、柳酸异戊烯酯。

分子式为 $C_{12}H_{14}O_3$，相对分子质量 206.24。CAS 为 68555-58-8。

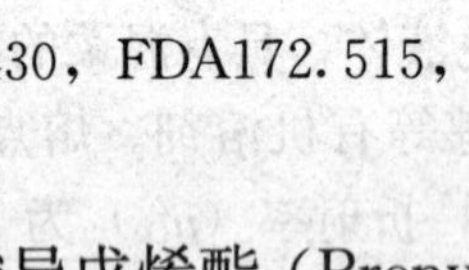

(1) 理化性质　无色液体，具有强烈的花香香气，并伴有草香香韵和木香香调。微溶于水，溶于乙醇等有机溶剂。沸点为 85～87℃/1Pa，相对密度(d_{20}^{20})为 1.082～1.085，折射率(n_D^{20})为 1.5600～1.5330，闪点为 68℃。

(2) 天然存在 未见文献报道。

(3) 制备方法 在相转移催化剂氯化四丁铵（TBAC）的存在下，由固体水杨酸钠与氯代异戊烯作用制得。

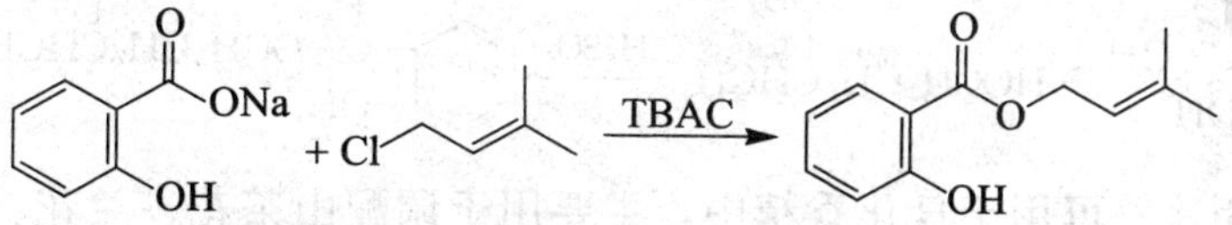

(4) 主要用途 可用于日化香精中。

(5) 安全管理 IFRA 没有限制规定。

九、邻苯二甲酸二乙酯 (Diethyl phthalate)

邻苯二甲酸二乙酯又称酞酸二乙酯。

分子式为 $C_{12}H_{14}O_4$，相对分子质量 222.23。CAS 为 84-66-2。

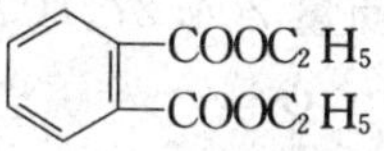

(1) 理化性质 无色液体，无气味。不溶于水，溶于乙醇等有机溶剂。沸点为298℃、156℃/1.4kPa，相对密度（d_{25}^{25}）为 1.115～1.118，折射率（n_D^{20}）为 1.5010～1.5030，闪点>100℃。

(2) 天然存在 未见文献报道。

(3) 制备方法 在少量酸性催化剂存在下由苯酐和乙醇通过缩合酯化制得。

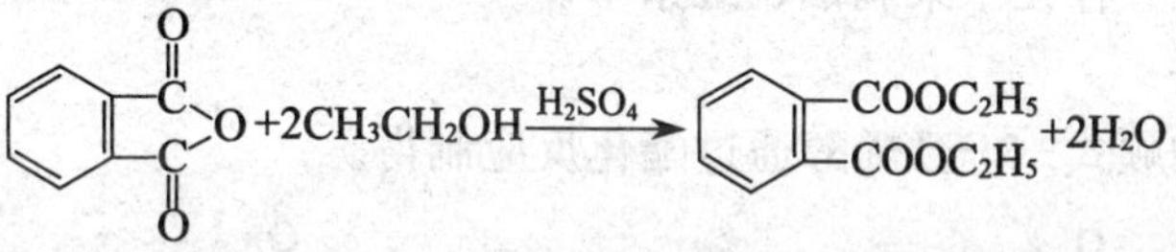

(4) 主要用途 邻苯二甲酸二乙酯由于是无味的，所以不直接作为香料使用，但有时可作为定香剂用于日化香精中。另外，可作油性香精的溶剂和食品包装塑料的增塑剂。

(5) 安全管理 本品无毒，可做食品用溶剂。

十、水杨酸异戊酯 (Isoamyl salicylate)

水杨酸异戊酯又称邻羟基苯甲酸异戊酯、柳酸异戊酯。

分子式为 $C_{12}H_{16}O_3$，相对分子质量 208.26。CAS 为 87-20-7。

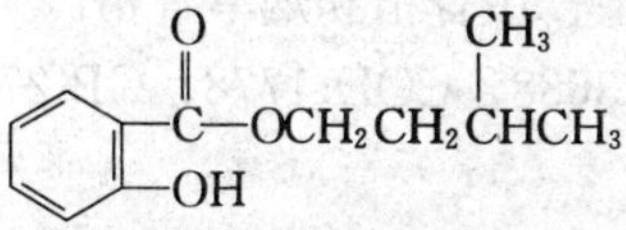

(1) 理化性质 无色液体，具有花香和草香香气，兰花和三叶草香韵，留香持久。微溶于水，溶于乙醇等有机溶剂。沸点为 270～273℃、151℃/2kPa，相对密度（d_{25}^{25}）为 1.047～1.052，折射率（n_D^{20}）为 1.5050～1.5080，闪点>100℃。

(2) 天然存在 未见文献报道。

(3) 制备方法　在硫酸存在下由水杨酸和异戊醇(3-甲基-1-丁醇)通过直接酯化反应制得。

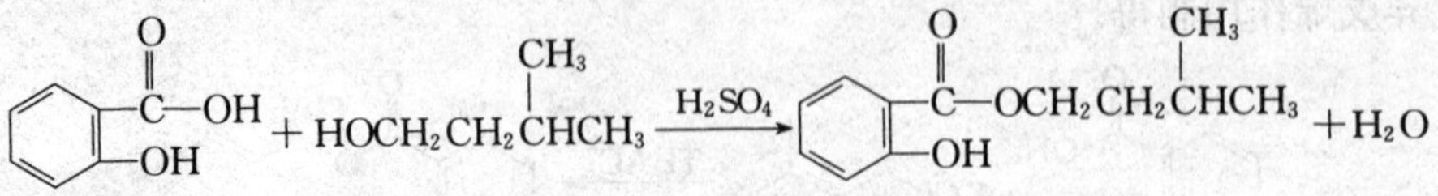

(4) 主要用途　可用于日化香精中，主要用于调配山茶花、兰花、素心兰、康乃馨、三叶草、紫罗兰、香石竹、风信子、桂花、菊花等香型日化香精。也可微量地用于莱根汽水等用食用香精中。

(5) 安全管理　FEMA 号 2084，GB 2760—2014 批准为允许使用的食品香料。

十一、苯甲酸顺式-3-己烯酯(*cis*-3-Hexenyl benzoate)

苯甲酸顺式-3-己烯酯又称苯甲酸叶醇酯(Leaf benzoate)。

分子式为 $C_{13}H_{16}O_2$，相对分子质量 204.27。CAS 为 25152-85-6。

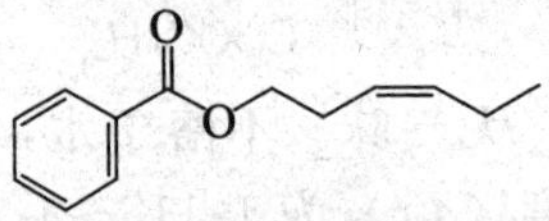

(1) 理化性质　无色至淡黄色液体，具有柔和的草香、新鲜的青香气，留香持久。不溶于水，溶于乙醇等有机溶剂。沸点为 256℃、130℃/670Pa，相对密度(d_4^{20})为 0.997～1.005，折射率(n_D^{20})为 1.5050～1.5100，闪点>100℃。

(2) 天然存在　存在于茉莉油、红茶中。

(3) 制备方法

①由苯甲酸和顺式-3-己烯醇通过酯化反应制得。

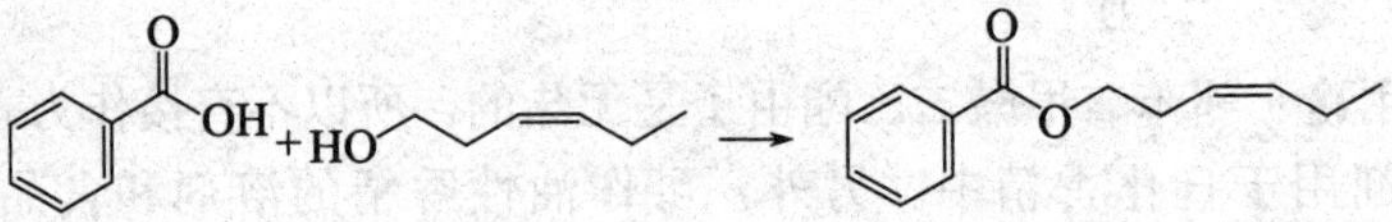

②由苯甲酸甲酯和顺式-3-己烯醇通过酯交换反应制得。

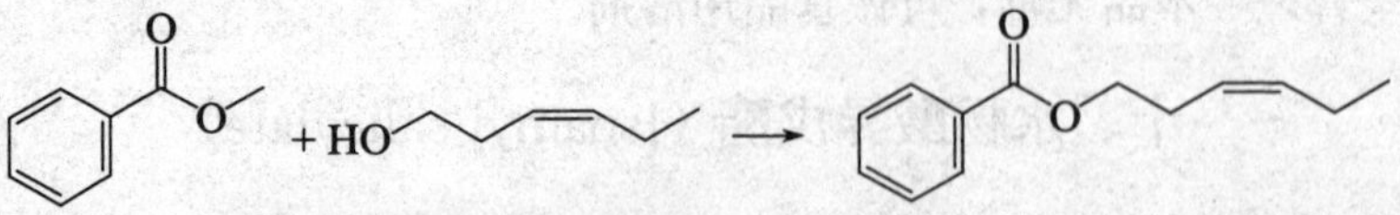

(4) 主要用途　在日化香精中，主要用于香水香精和高档化妆品香精的调配。也可用于调配苹果、梨、茶叶等香型食用香精和烟草香精。

(5) 安全管理　FEMA 号 3688，COE11778，GB 2760—2014 批准为允许使用的食品香料。

十二、水杨酸顺式-3-己烯酯(*cis*-3-Hexenyl salicylate)

分子式为 $C_{13}H_{16}O_3$，相对分子质量 220.27。CAS 为 65405-77-8。

(1) 理化性质　无色液体，具有强烈的、新鲜的青香香气，留香持久。不溶于水，

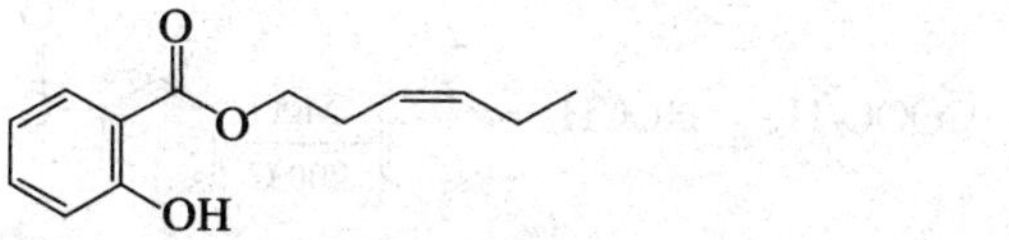

溶于乙醇等有机溶剂。沸点为145℃/670Pa，相对密度（d_{25}^{25}）为1.056～1.064，折射率（n_D^{20}）为1.5180～1.5220，闪点>100℃。

（2）天然存在　未见文献报道。

（3）制备方法

①由水杨酸和顺式-3-己烯醇通过酯化反应制得。

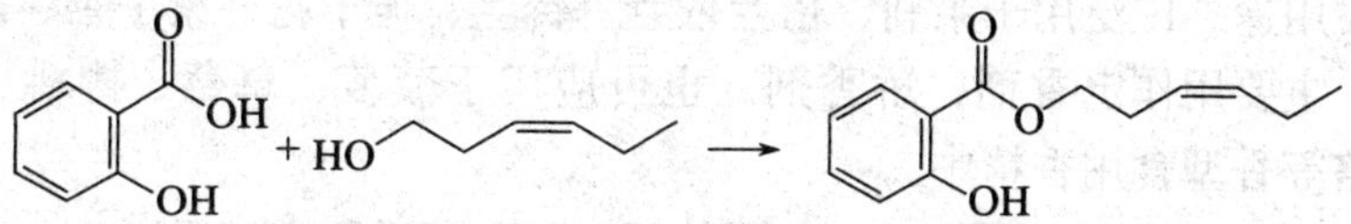

②由水杨酸甲酯和顺式-3-己烯醇通过酯交换反应制得。

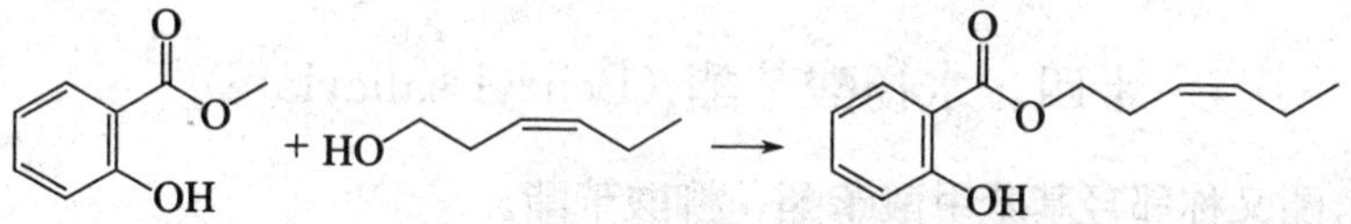

（4）主要用途　在日化香精中，主要用于香水香精和高档化妆品香精的配制。

（5）安全管理　IFRA没有限制规定。

十三、苯甲酸苄酯（Benzyl benzoate）

分子式为$C_{14}H_{12}O_2$，相对分子质量212.25。CAS为120-51-4。

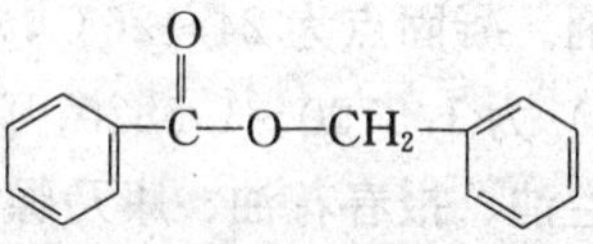

（1）理化性质　无色黏稠液体，具有极微弱的香脂香气。不溶于水，溶于乙醇等有机溶剂。沸点为323～324℃、170～171℃/2kPa，凝固点为18℃，相对密度（d_{25}^{25}）为1.116～1.120，折射率（n_D^{20}）为1.5680～1.5700，闪点>100℃。

（2）天然存在　在依兰依兰油、晚香玉油、香石竹油、风信子油、秘鲁香脂、吐鲁香脂等中均有存在。

（3）制备方法

①由苯甲醛进行自缩合反应制得。

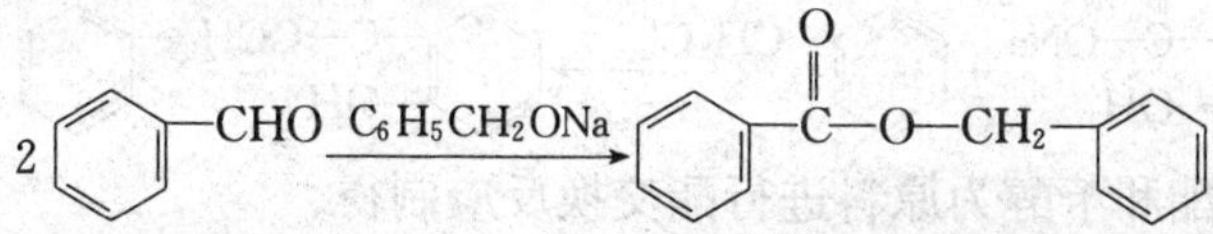

②由苯甲酸甲酯和苄醇在200℃时，以氧化镁为催化剂进行酯交换反应制得，该法收率高，副反应少，产品质量好。

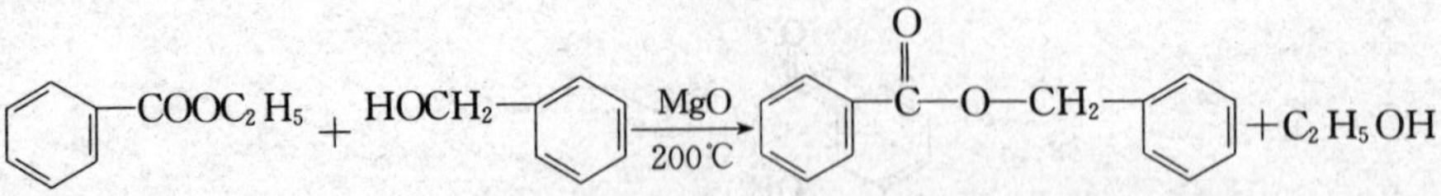

③ 以苯甲酸为原料，先与 NaOH 水溶液反应生成苯甲酸钠，苯甲酸钠与氯化苄相互作用生成苯甲酸苄酯。

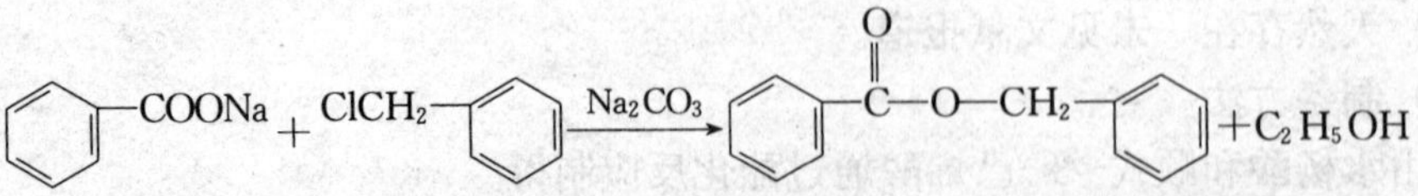

(4) 主要用途　广泛用于茉莉、依兰依兰、铃兰、栀子花、紫丁香、晚香玉等香型日化香精中，主要用作定香剂、矫香剂。也可应用于菠萝、草莓、樱桃、覆盆子、坚果、酒、干酪等香型食用香精中。

(5) 安全管理　FEMA 号 2138，FDA172.515，COE262，GB2760—2014 批准为允许使用的食品香料。

十四、水杨酸苄酯 (Benzyl salicylate)

水杨酸苄酯又称邻羟基苯甲酸苄酯、柳酸苄酯。

分子式为 $C_{14}H_{12}O_3$，相对分子质量 228.25。CAS 为 118-58-1。

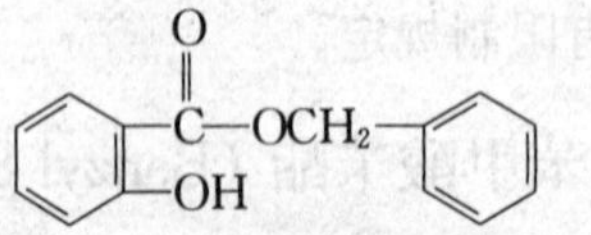

(1) 理化性质　无色油状液体，具有微弱的琥珀香、果香、花香及香脂香气。几乎不溶于水，溶于乙醇等有机溶剂。凝固点为 24～26℃，沸点为 300℃，相对密度 (d_{25}^{25}) 为 1.176～1.180，折射率 (n_D^{20}) 为 1.5790～1.5820，闪点＞100℃。

(2) 天然存在　在依兰依兰油、报春花油、康乃馨油、香石竹油中均有存在。

(3) 制备方法

①在硫酸存在下由水杨酸和苄醇进行酯化反应制得。

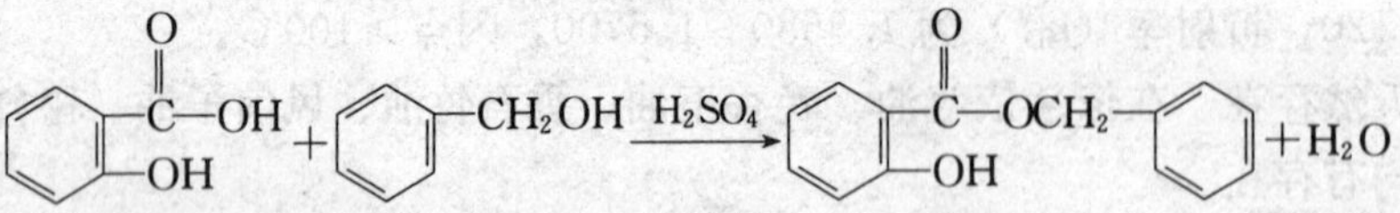

②以水杨酸钠和苄氯为原料制得。

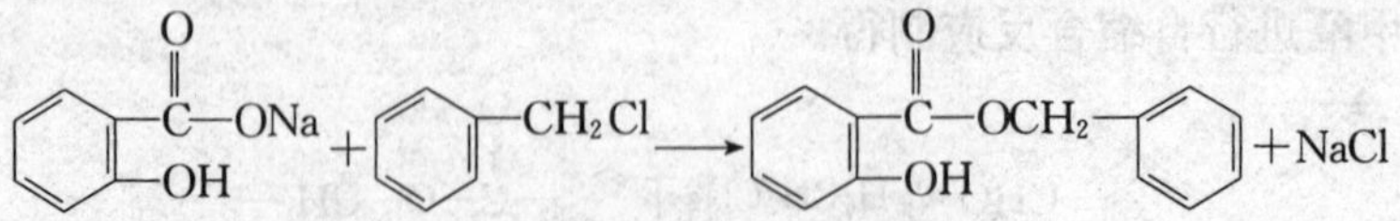

③以水杨酸甲酯和苄醇为原料进行酯交换反应制得。

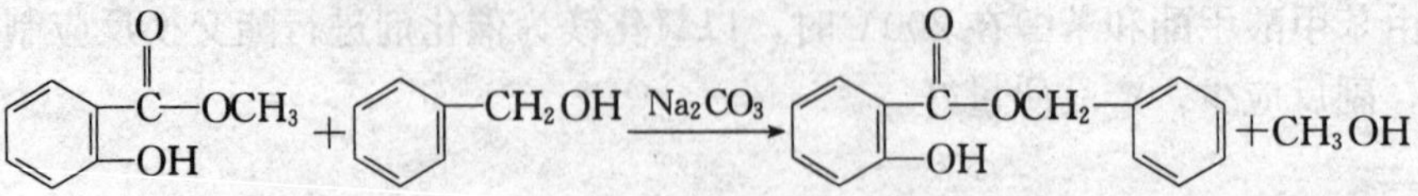

(4) 主要用途　在依兰依兰、铃兰、香罗兰、茉莉、栀子、金合欢、素心、香石

竹、紫丁香、晚香玉等香型日化香精中用作定香剂。极微量地应用于桃、梨、香蕉、杏、草莓、覆盆子等香型食用香精中。

（5）安全管理　FEMA 号 2151，FDA172.515，COE436，GB 2760—2014 批准为允许使用的食品香料。

十五、苯乙酸顺式-3-己烯酯（*cis*-3-Hexenyl phenylacetate）

苯乙酸顺式-3-己烯酯又称苯乙酸叶醇酯（Leaf phenylacetate）。

分子式为 $C_{14}H_{18}O_2$，相对分子质量 218.28。CAS 为 42436-07-7。

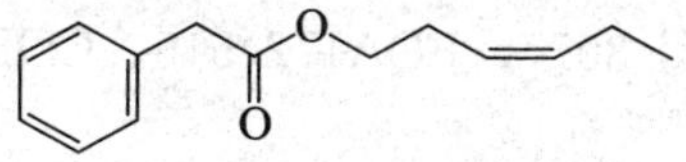

（1）理化性质　无色液体，具有新鲜的蜜香香气，留香持久。不溶于水，溶于乙醇等有机溶剂。沸点为 133℃/530Pa，相对密度（d_{25}^{25}）为 0.990，折射率（n_D^{20}）为 1.5010。

（2）天然存在　未见文献报道。

（3）制备方法

①由苯乙酸和顺式-3-己烯醇通过酯化反应制得。

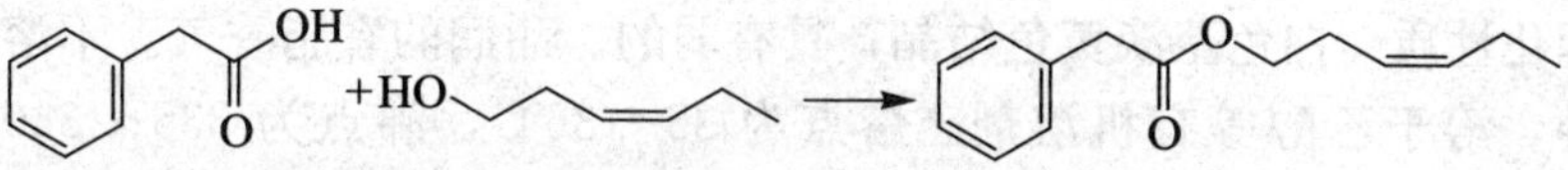

②由苯乙酸甲酯和顺式-3-己烯醇通过酯交换反应制得。

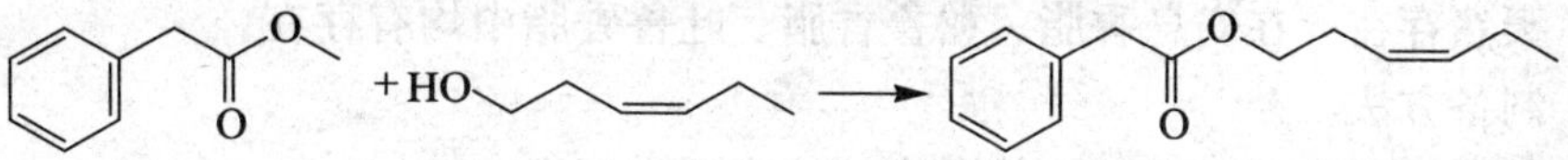

（4）主要用途　在日化香精中，主要用于调配高级香水、化妆品和皂用香精。

（5）安全管理　FEMA 号 3633，GB 2760—2014 批准为允许使用的食品香料。

十六、苯乙酸对甲酚酯（*ρ*-Cresyl phenylacetate）

苯乙酸对甲酚酯又称苯乙酰基对甲酚醚。

分子式为 $C_{15}H_{14}O_2$，相对分子质量 226.28。CAS 为 101-94-0。

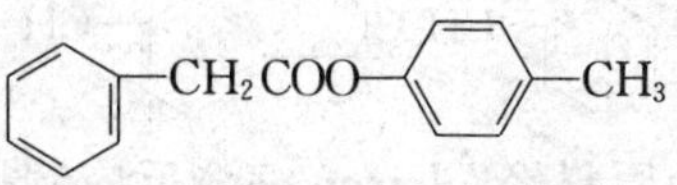

（1）理化性质　白色不透明晶体，具有蜜香香气，并有微弱而持久的风信子、百合、水仙花香香气，并伴有动物香韵。不溶于水，溶于乙醇等有机溶剂。熔点为 74～75℃，沸点为 310℃、190～195℃/700Pa，闪点>100℃。

（2）天然存在　未见文献报道。

（3）制备方法　酸性条件下由对甲酚和苯乙酸通过直接酯化反应制得。

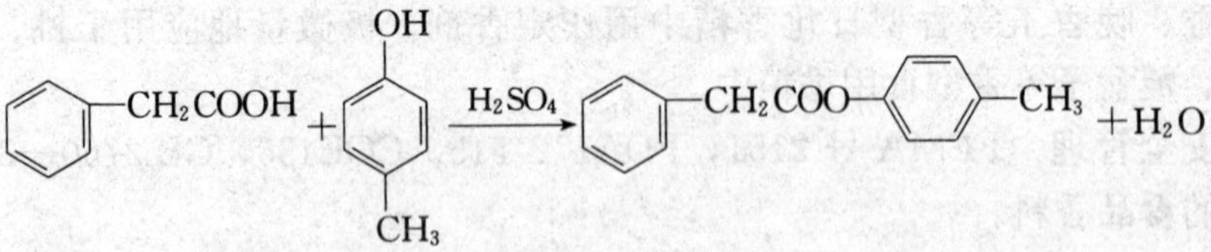

（4）主要用途　可用于日化香精，主要用于调配依兰依兰、月下香、水仙、茉莉、风信子、晚香玉等花香型香精。由于其化学性质稳定，不易变色，尤其适用于白色香皂香精，能起到吲哚类香料起不到的效用。微量用于草香、蜂蜜、坚果、奶油、黄油、焦糖等香型食用香精中。还可用于配制动物香型香精。

（5）安全管理　FEMA 号 3077，FDA172.515，COE236，GB 2760—2014 批准为允许使用的食品香料。

十七、桂酸苄酯（Benzyl cinnamate）

分子式为 $C_{16}H_{14}O_2$，相对分子质量 238.29。CAS 为 103－41－3。

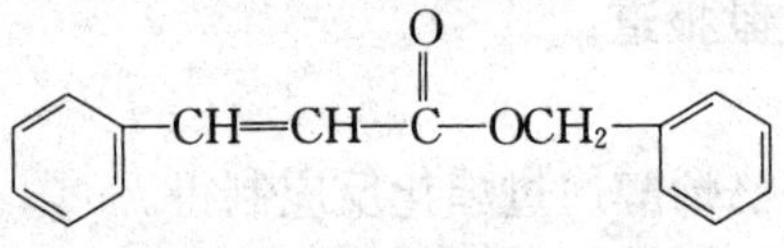

（1）理化性质　白色至淡黄色结晶，具有弱的、甜润的香脂香气。不溶于水、丙二醇和丙三醇，溶于乙醇等有机溶剂。熔点为 35～36℃，沸点为 335～340℃、195℃/670Pa，相对密度（d_4^{15}）为 1.109，闪点＞100℃。

（2）天然存在　在安息香脂、秘鲁香脂、吐鲁香脂中均有存在。

（3）制备方法

①以硫酸为催化剂由桂酸和苄醇直接酯化反应制得。

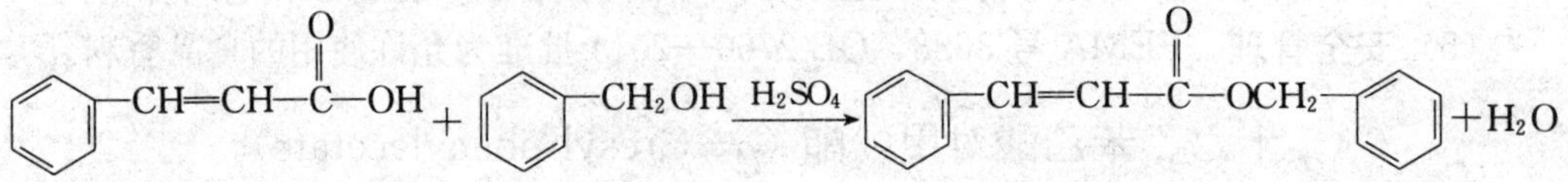

②以桂酸钠和苄氯为原料相互作用制得。

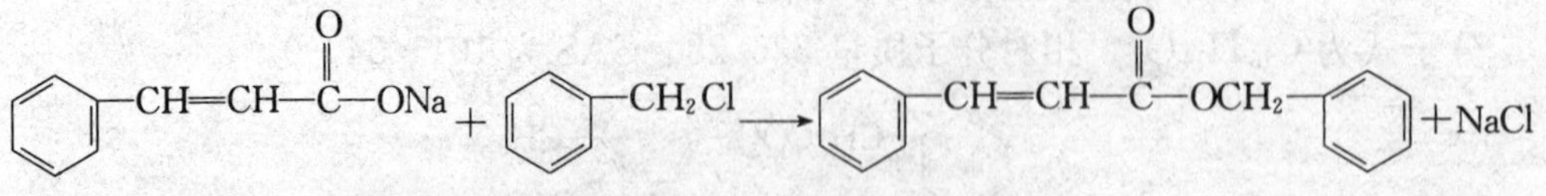

③以乙酸苄酯和苯甲醛为原料经 Claisen 缩合反应制得。

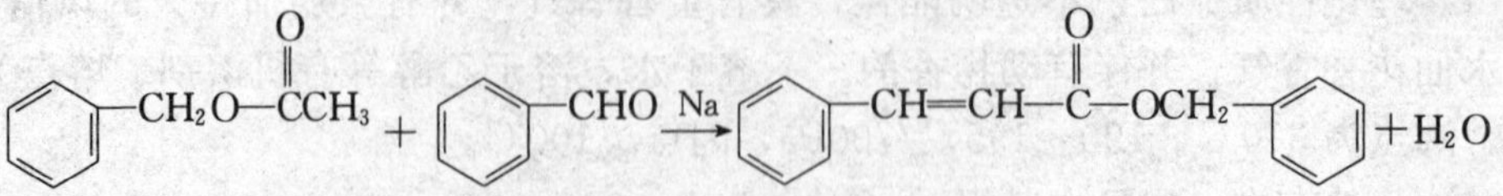

④以桂酸甲酯和苄醇进行酯交换反应制得。

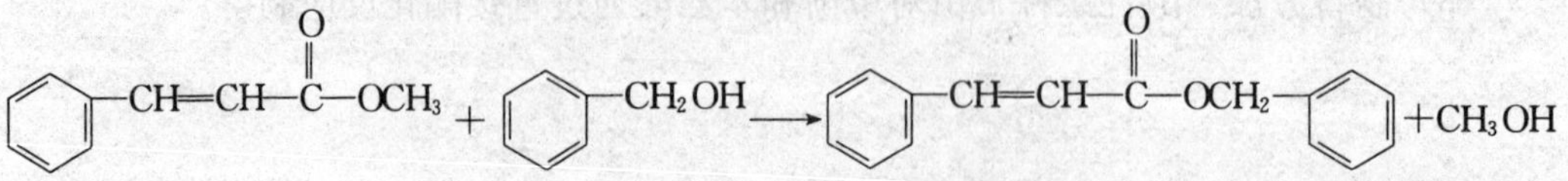

（4）主要用途　在古龙、桂花、薰衣草等香型日化香精中作为定香剂使用。也可用

于调配樱桃、桃、李子、草莓、覆盆子、杏、菠萝、巧克力、蜂蜜、朗姆酒、烟草等香型的食用香精。

（5）安全管理 FEMA 号 2142，FDA172.515，COE331，GB 2760—2014 批准为允许使用的食品香料。

十八、桂酸桂酯（Cinnamyl cinnamate）

分子式为 $C_{16}H_{16}O_2$，相对分子质量 264.32。CAS 为 122-69-0。

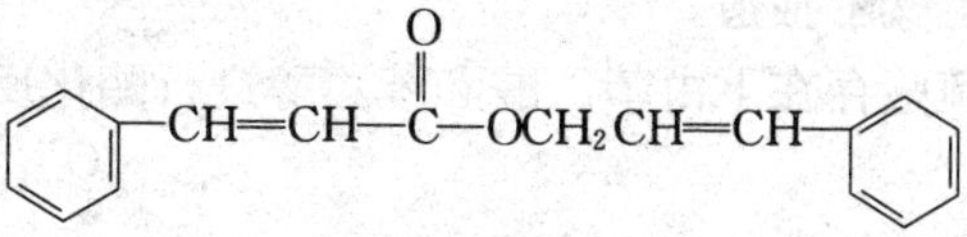

（1）理化性质 白色结晶，具有柔和的香脂香气，桂甜香韵，香气持久。不溶于水和丙三醇，溶于乙醇等有机溶剂。熔点为 44～45℃，沸点为 370℃，相对密度（d_4^4）为 1.156～1.157。

（2）天然存在 存在于秘鲁香脂、苏合香脂、玉簪花精油中。

（3）制备方法

①以桂酸乙酯和桂醇为原料进行酯交换反应制得。

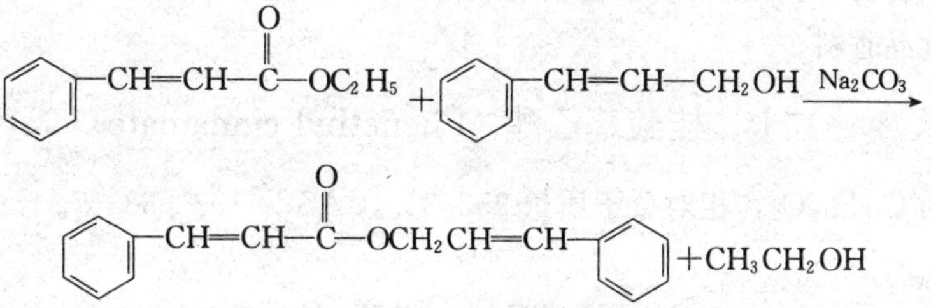

②在二甲基苯胺存在下由肉桂酰氯和桂醇反应制得。

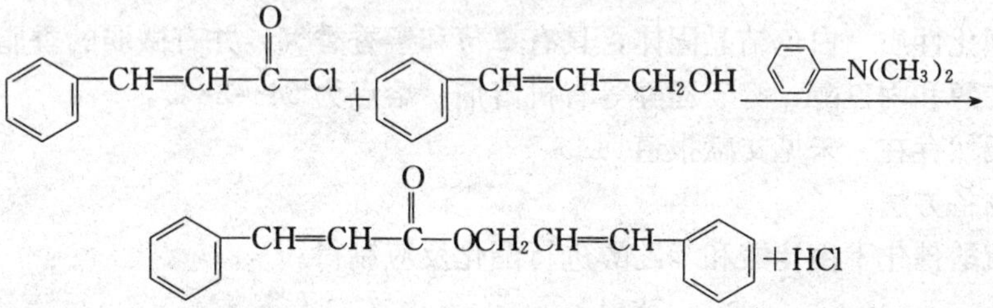

（4）主要用途 可用于日化香精中，用以调配玉兰、白兰、铃兰、香石竹、风信子、晚香玉、素心兰、玉簪、檀香等香型的日化香精，作为定香剂使用；也常用于檀香、白兰、玉簪、素心兰等需要桂甜香气的浓重型香精中。还可以少量用于调配香蕉、樱桃、梅子等果香型食用香精。

（5）安全管理 FEMA 号 2298，FDA172.515，COE332，GB 2760—2014 批准为允许使用的食品香料。

十九、苯乙酸苯乙酯（Phenethyl phenylacetate）

分子式为 $C_{16}H_{16}O_2$，相对分子质量 240.31。CAS 为 102-20-5。

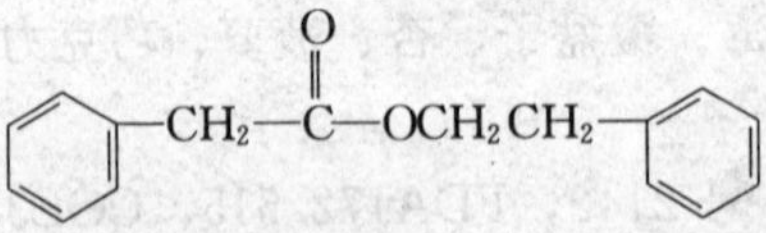

（1）理化性质　无色至淡黄色液体或固体，具有甜润而又浓郁的玫瑰和风信子似的花香和香脂香气，兼有蜜香特征，留香时间长。几乎不溶于水，溶于乙醇等有机溶剂。沸点为325～330℃、177～178℃/600Pa，凝固点为26℃，相对密度（d_4^{20}）为1.078～1.086，折射率（n_D^{20}）为1.5470～1.5520，闪点≥100℃。

（2）天然存在　未见文献报道。

（3）制备方法　在硫酸存在下由苯乙酸和苯乙醇进行酯化反应制得。

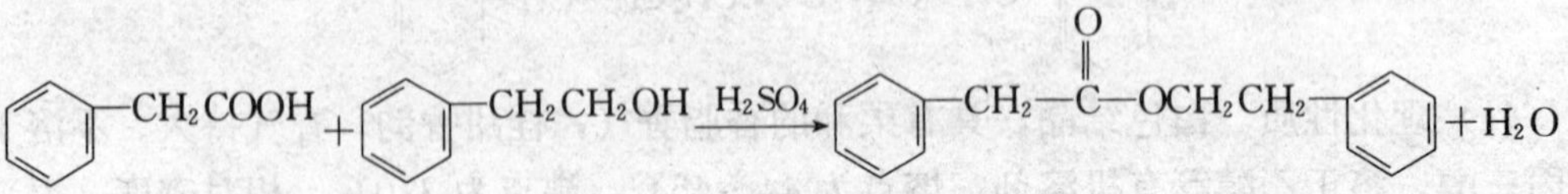

（4）主要用途　可用于日化香精中，常用于玫瑰、茉莉、铃兰、水仙、黄水仙、风信子、紫丁香等东方型、甜木香型、花香型和烟草香型香精中，作定香剂使用，对于合成麝香、香豆素及果香内酯起支持作用。也可用于奶油、香草、樱桃、蜂蜜、杏仁、椰子等食用香精中。

（5）安全管理　FEMA号2866，FDA172.515，COE234，GB 2760—2014批准为允许使用的食品香料。

二十、桂酸苯乙酯（Phenethyl cinnamate）

分子式为$C_{17}H_{16}O_2$，相对分子质量252.32。CAS为103-53-7。

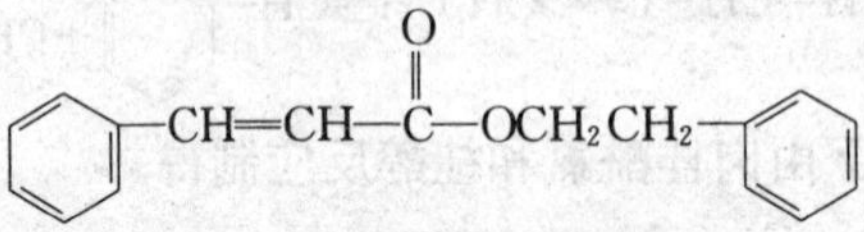

（1）理化性质　白色结晶固体，具有草莓和蜜香香气，并有微弱的香脂香气。不溶于水、乙二醇和丙三醇，溶于乙醇等有机溶剂。熔点为54～58℃。

（2）天然存在　未见文献报道。

（3）制备方法

①在硫酸催化下由桂酸和苯乙醇进行酯化反应制得。

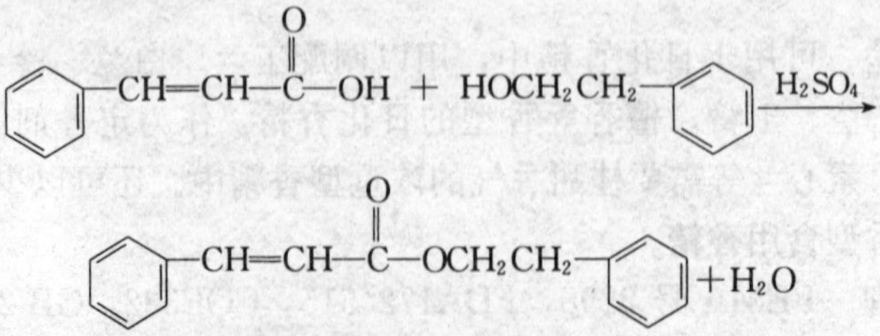

②由桂酸甲酯和苯乙醇通过酯交换反应而制得。

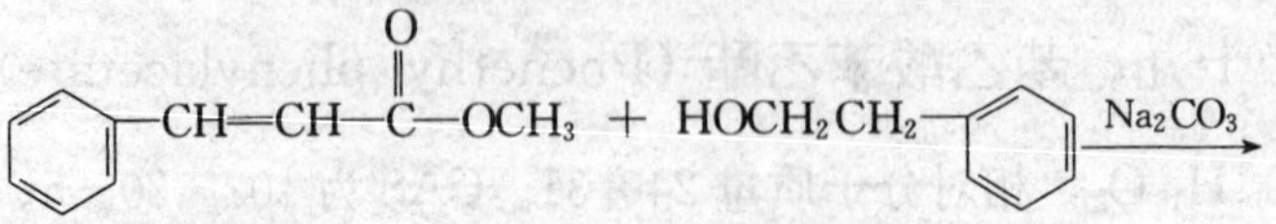

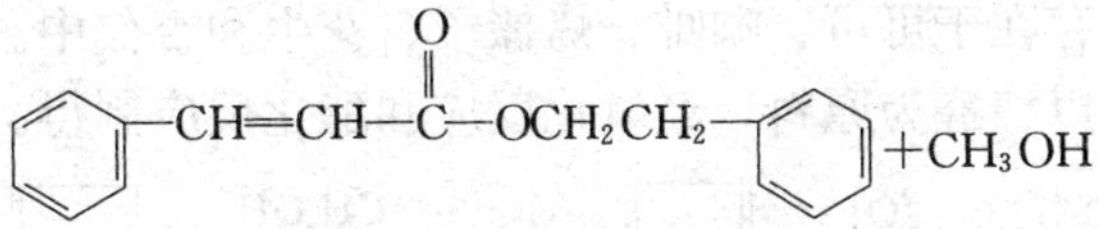

（4）主要用途　在紫丁香、晚香玉、黄水仙、风信子、香石竹、玫瑰、栀子、铃兰、玉兰等香型日化香精中作为定香剂使用。也可以少量用于桃、杏、李子、樱桃、草莓等香型食用香精中。

（5）安全管理　FEMA 号 2863，GB 2760—2014 批准为暂时允许使用的食品香料。

第四节　其他酯类香料

一、乳酸乙酯（Ethyl lactate）

乳酸乙酯又称 2-羟基丙酸乙酯。

分子式为 $C_5H_{10}O_3$，相对分子质量 118.14。CAS 为 97-64-3。

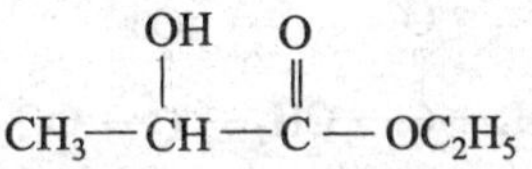

（1）理化性质　无色液体，具有柔和的醚样油性气息。几乎不溶于水，溶于乙醇等有机溶剂。沸点为 154℃，相对密度（d_4^{20}）为 1.030～1.035，折射率（n_D^{20}）为 1.4120～1.4140，闪点为 55℃。

（2）天然存在　在柑橘、菠萝、葡萄、苹果、杏仁、覆盆子、啤酒、葡萄酒中均有存在。

（3）制备方法　在四氯化碳溶剂中可由消旋的乳酸和乙醇共热经酯化反应制得。

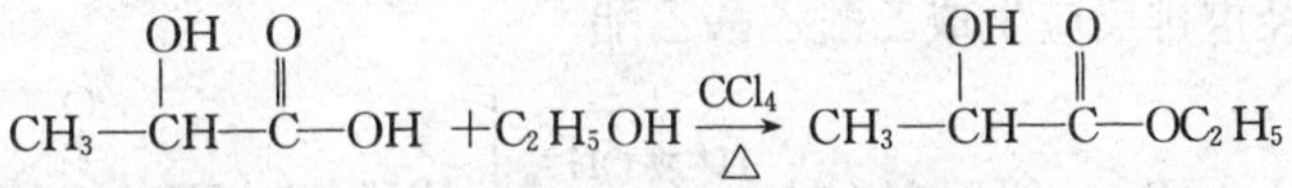

（4）主要用途　可用于日化香精中，主要作为溶剂使用，特别是需要减少乙醇的含量时，可部分代替乙醇使用。主要用于调配苹果、菠萝、椰子、葡萄、焦糖、牛乳、奶油、朗姆酒、白酒、葡萄酒等香型的食用香精和酒用香精。

（5）安全管理　FEMA 号 2440，FDA172.515，COE371，GB 2760—2014 批准为允许使用的食品香料。

二、糠酸甲酯（Methyl furoate、Methyl 2-furoate）

分子式为 $C_6H_6O_3$，相对分子质量 126.11。CAS 为 611-13-2。

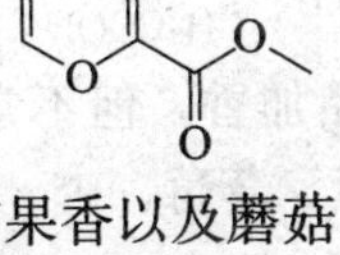

（1）理化性质　无色液体，具有果香以及蘑菇、香菌香气。几乎不溶于水，溶于乙醇等有机溶剂。沸点为 181～182℃、81～82℃/2.67kPa，相对密度（d_4^{20}）为 1.179，折射率（n_D^{20}）为 1.4860，闪点为 73℃。

(2) 天然存在　存在于可可、咖啡、烤榛子、花生和杏仁中。

(3) 制备方法　以糠醛为原料，经氧化反应和酯化反应制得。

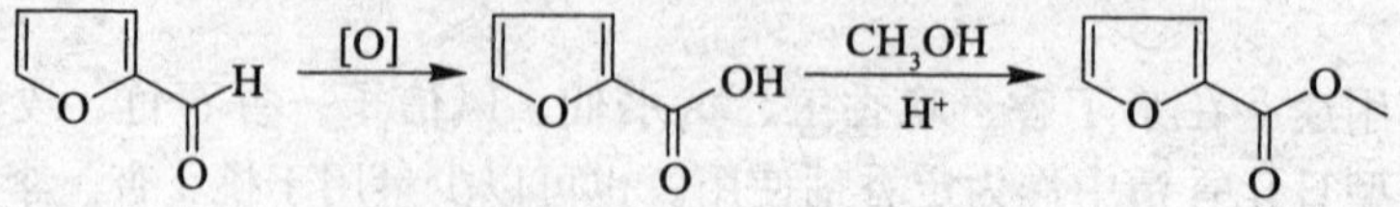

(4) 主要用途　可用于日化香精中，也可用于食用香精中，但均很少应用。

(5) 安全管理　FEMA 认定为 GRAS，FEMA 号 2703，GB 2760—2014 批准为允许使用的食品香料。欧洲理事会将糠酸甲酯列入可用于食品中而不会危害人体健康的人造食用香料表中，最高用量为 1mg/kg。

三、乙酰乙酸乙酯（Ethyl acetoacetate）

乙酰乙酸乙酯又称 3-氧代丁酸乙酯。

分子式为 $C_6H_{10}O_3$，相对分子质量 130.14。CAS 为 141-97-9。

$$CH_3-\overset{\displaystyle O}{\overset{\|}{C}}-CH_2-\overset{\displaystyle O}{\overset{\|}{C}}-OC_2H_5$$

(1) 理化性质　无色液体，具有醚和苹果的香气，并伴有朗姆酒香韵。微溶于水，溶于乙醇等有机溶剂。沸点为 181～184℃，相对密度（d_4^{20}）为 1.028，折射率（n_D^{20}）为 1.4180～1.4200，闪点为 85℃。

(2) 天然存在　未见文献报道。

(3) 制备方法

①乙烯酮法：在硫酸存在下将乙烯酮（双乙烯酮）和乙醇进行醇解反应，生成烯醇式中间体，然后经重排反应生成乙酰乙酸乙酯。

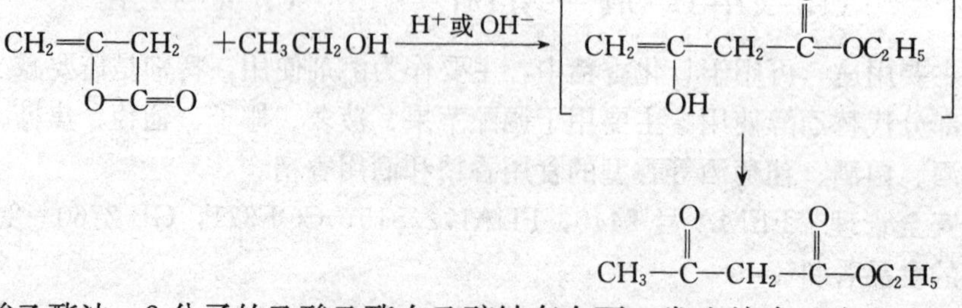

②乙酸乙酯法：2 分子的乙酸乙酯在乙醇钠存在下，发生缩合反应生成乙酰乙酸乙酯。此法成本高，目前主要使用乙烯酮法生产。

$$CH_3-\overset{\displaystyle O}{\overset{\|}{C}}-OC_2H_5 + CH_3-\overset{\displaystyle O}{\overset{\|}{C}}-OC_2H_5 \xrightarrow[CH_3COOH]{C_2H_5ONa} CH_3-\overset{\displaystyle O}{\overset{\|}{C}}-CH_2-\overset{\displaystyle O}{\overset{\|}{C}}-OC_2H_5+C_2H_5OH$$

(4) 主要用途　可用于日化产品加香，但不常用。少量用于栀子花等花香型香精中，起头香剂的作用。主要用于香蕉、草莓、杏、苹果、热带水果、黄酒、白酒、白兰地、威士忌、朗姆酒等香型食用香精。

(5) 安全管理　FEMA 号 2415，FDA172.515，COE240，GB 2760—2014 批准为允许使用的食品香料。

四、惕各酸甲酯（Methyl tiglate）

惕各酸甲酯又称反-3-甲基-2-丁烯酸甲酯、反-3-甲基巴豆酸甲酯。

分子式为$C_6H_{10}O_2$，相对分子质量114.15。CAS为6622-76-0。

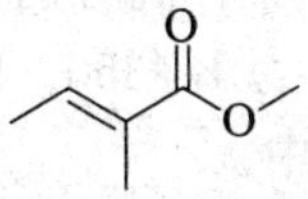

（1）理化性质　无色液体，具有飘逸的朗姆酒香味。不溶于水，溶于乙醇等有机溶剂。沸点为136℃/98.6kPa，相对密度（d_{20}^{20}）为0.949，折射率（n_D^{20}）为1.4370，闪点为40℃。

（2）天然存在　未见文献报道。

（3）制备方法　由惕各酸和甲醇经酯化反应制得。

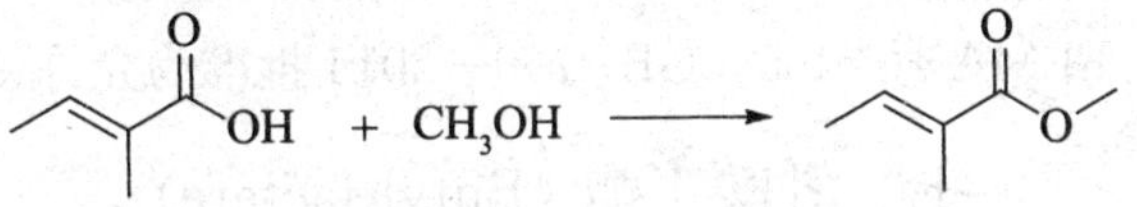

（4）主要用途　可用于调配日化香精。

（5）安全管理　IFRA没有限制规定。

五、糠酸乙酯（Ethyl 2-furoate）

分子式为$C_7H_8O_3$，相对分子质量140.14。CAS为614-99-3。

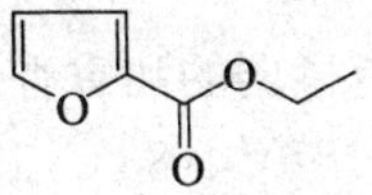

（1）理化性质　白色固体，具有青苹果和猕猴桃似的果香香气，并略带蘑菇和香菌香韵。不溶于水，溶于乙醇等有机溶剂。熔点为35～37℃，沸点为196℃，相对密度（d_4^{20}）为1.117，折射率（n_D^{20}）为1.4990，闪点为70℃。

（2）天然存在　未见文献报道。

（3）制备方法　以糠醛为原料，经空气催化氧化，并在酸性条件下进行酯化反应制得。

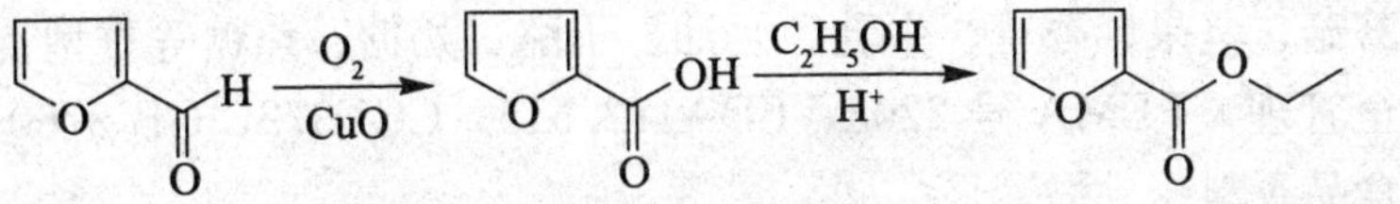

（4）主要用途　可用于调配食用香精和烟用香精，主要用以调配果香型香精。此外还可用于制杀虫剂，对杀臭虫和虱子有特效。

（5）安全管理　IFRA没有限制规定。

六、惕各酸乙酯（Ethyl tiglate）

惕各酸乙酯又称反-2-甲基-2-丁烯酸乙酯、反-2-甲基巴豆酸乙酯。

分子式为$C_7H_{12}O_2$，相对分子质量128.18。CAS为5837-78-5。

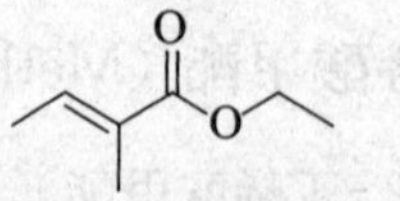

（1）理化性质：无色至淡黄色液体，具有强烈的、飘逸的梨、苹果等果香香气，并伴有焦糖香韵。不溶于水，溶于乙醇等有机溶剂。沸点为141.5℃、56℃/2kPa，相对密度（d_{20}^{20}）为0.924，折射率（n_D^{20}）为1.4350，闪点为43℃。

（2）天然存在　存在于栀子花油中。

（3）制备方法　由惕各酸和乙醇经酯化反应制得。

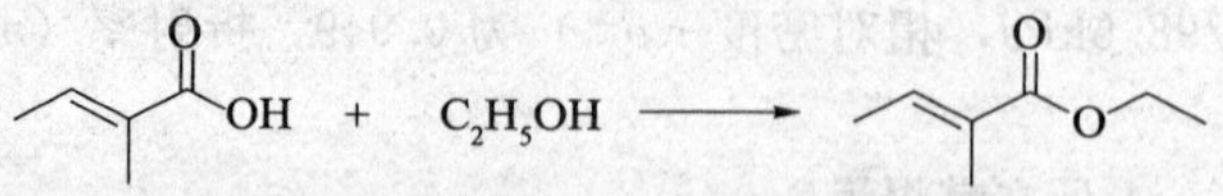

（4）主要用途　可用于日化香精中。也可用于食用香精中，用于调配梨、苹果、朗姆酒、浆果等香型食用香精。

（5）安全管理　FEMA号2460，GB 2760—2014批准为允许使用的食品香料。

七、乳酸丁酯（Butyl lactate）

乳酸丁酯又称2-羟基丙酸丁酯。

分子式为$C_7H_{14}O_3$，相对分子质量146.16。CAS为138-22-7。

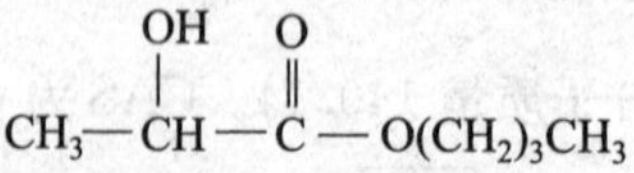

（1）理化性质　无色液体，具有微弱的甜香香气。几乎不溶于水，溶于乙醇等有机溶剂。熔点为-49℃，沸点为185～187℃、83℃/1.73kPa，相对密度（d_4^{20}）为0.974～0.984，折射率（n_D^{20}）为1.4216，闪点为69℃。

（2）天然存在　未见文献报道。

（3）制备方法　由消旋的乳酸和丁醇通过酯化反应制得。

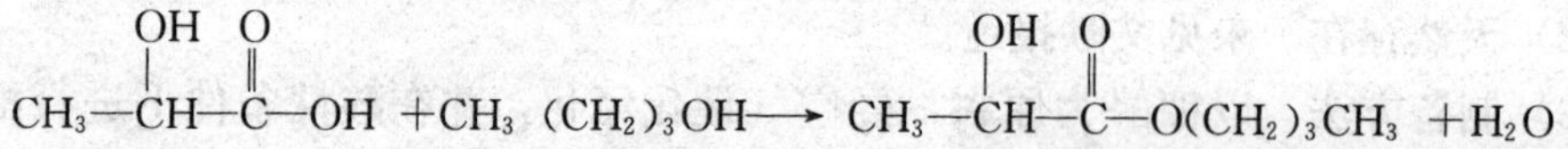

（4）主要用途　可用于日化香精中，但很少应用。主要用于调配菠萝、咖啡、椰子、苹果、蘑菇、坚果、香草、牛乳、奶油、干酪、奶糖、焦糖等香型食用香精。

（5）安全管理　FEMA号2205，FDA172.515，COE372，GB 2760—2014批准为允许使用的食品香料。

八、三乙酸甘油酯（Glyceryl triacetate、Triacetyl glycerine、Triacetin）

分子式为$C_9H_{14}O_6$，相对分子质量218.20。CAS为102-76-1。

（1）理化性质　无色液体，具有清新的、微弱的果香和柔甜的香气，低浓度时有苦味。微溶于水，溶于乙醇等有机溶剂。熔点为3℃，沸点为258℃，相对密度（d_{25}^{25}）为1.152～1.158，折射率（n_D^{20}）为1.4290～1.4330，闪点>100℃。

（2）天然存在　未见文献报道。

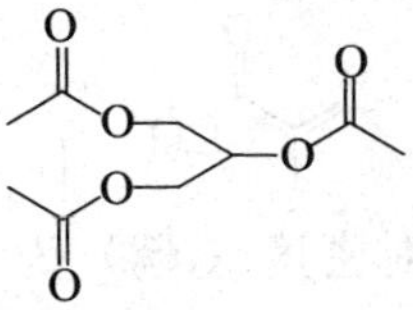

（3）制备方法　可由甘油和乙酸或乙酸酐进行酯化反应制得。

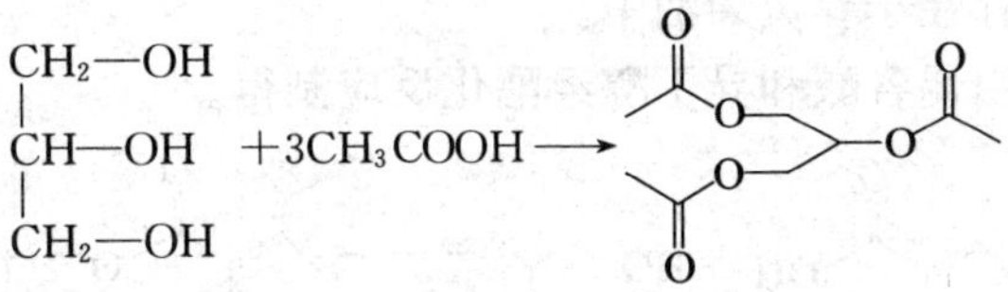

（4）主要用途　可用于日化香精中，主要作为定香剂使用。也可用于食用香精中，用于调配奶油香精，是极好的稀释剂。

（5）安全管理　FEMA 认定为 GRAS，FEMA 号 2007，FDA184.1901，GB2760—2014 批准为允许使用的食品香料。

九、当归酸异丁酯（Isobutyl *cis*-2-methyl-2-butenoate、Isobutyl angelate）

当归酸异丁酯又称顺-2-甲基-2-丁烯酸异丁酯、顺-2-甲基巴豆酸异丁酯。

分子式为 $C_9H_{16}O_2$，相对分子质量 156.23。CAS 为 7779-81-9。

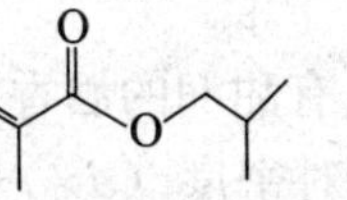

（1）理化性质　无色液体，通常在产品中还含有一定量的反式异构体，即惕各酸异丁酯。具有药草香、辛香、木香、花香和果香香气，春黄菊似的香调。不溶于水，溶于乙醇等有机溶剂。沸点为 177～177.5℃、75℃/1.6kPa，相对密度（d_{20}^{20}）为 0.893，折射率（n_D^{20}）为 1.4300～1.4400，闪点为 56℃。

（2）天然存在　存在于春黄菊油中。

（3）制备方法　由当归酸和异丁醇经酯化反应制得。

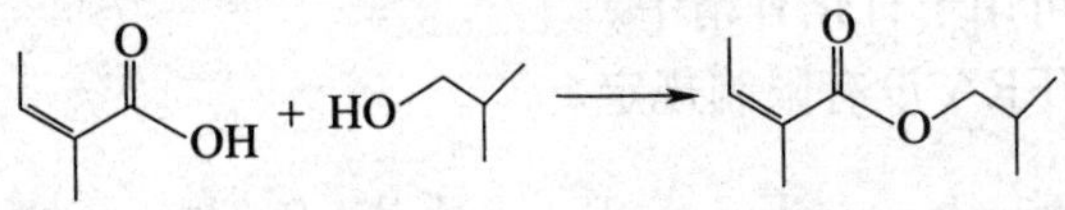

（4）主要用途　可用于日化香精和食用香精中。用于调配烟用香精以及辛香型、春黄菊、莳萝、胡椒、葛缕子、留兰香等香型食用香精。

（5）安全管理　FEMA 认定为 GRAS，FEMA 号 2180，FDA172.515，COE247。GB2760—2014 批准为允许使用的食品香料。

十、惕各酸异丁酯（Isobutyl tiglate）

惕各酸异丁酯又称反-2-甲基-2-丁烯酸异丁酯、反-2-甲基巴豆酸异丁酯。

分子式为 $C_9H_{16}O_2$，相对分子质量 156.23。CAS 为 61692-84-0。

（1）理化性质　无色液体，具有草香和果香香气。不溶于水，溶于乙醇等有机溶

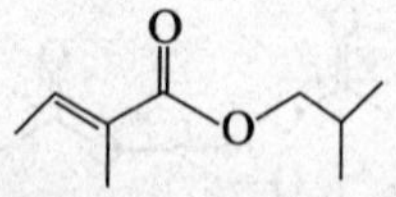

剂。沸点为74～75℃/1.6kPa，相对密度（d_{20}^{20}）为0.899，折射率（n_D^{20}）为1.4350～1.4400，闪点为58℃。

（2）天然存在　存在于春黄菊油中。

（3）制备方法　由惕各酸和异丁醇经酯化反应制得。

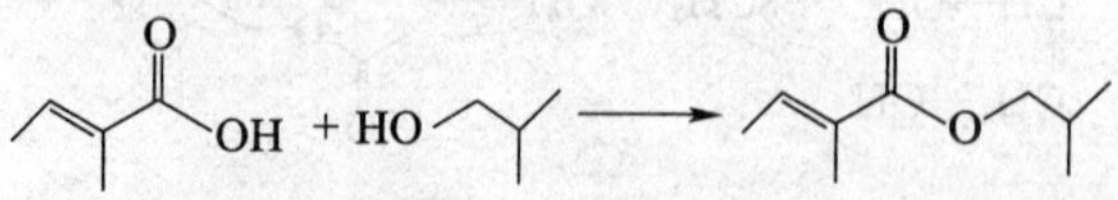

（4）主要用途　可用于日化香精中，也可用于食用香精中。

（5）安全管理　IFRA没有限制规定。

十一、惕各酸异戊酯（Isoamyl tiglate）

惕各酸异戊酯又称反-2-甲基-2-丁烯酸异戊酯、反-2-甲基巴豆酸异戊酯。分子式为$C_{10}H_{18}O_2$，相对分子质量170.25。CAS为41519-18-0。

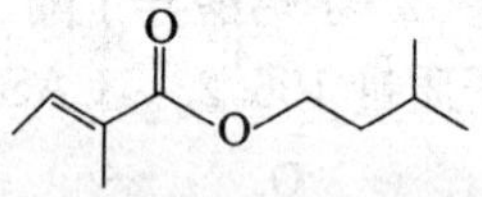

（1）理化性质　无色液体，具有甜润的酒香和草香香气。不溶于水，溶于乙醇等有机溶剂。沸点为91℃/1.6kPa，相对密度（d_{20}^{20}）为0.897，折射率（n_D^{20}）为1.4380～1.4430，闪点为62℃。

（2）天然存在　存在于春黄菊油中。

（3）制备方法　由惕各酸和异戊醇经酯化反应制得。

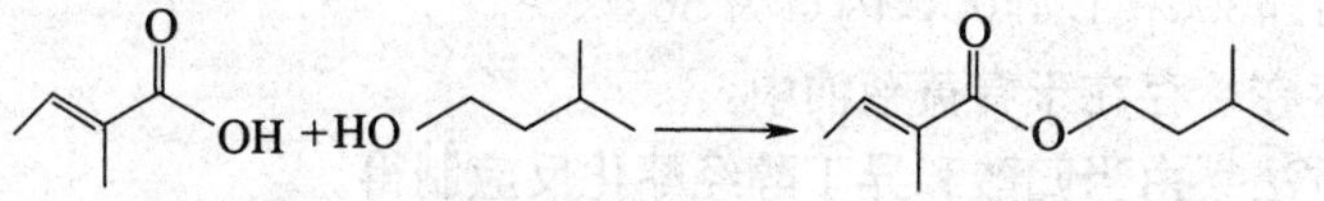

（4）主要用途　可用于日化香精中。

（5）安全管理　IFRA没有限制规定。

十二、当归酸异戊酯（Isoamyl *cis*-2-methyl-2-butenoate、Isoamyl angelate）

当归酸异戊酯又称顺-2-甲基-2-丁烯酸异戊酯、顺-2-甲基巴豆酸异戊酯。分子式为$C_{10}H_{18}O_2$，相对分子质量170.25。CAS为10482-55-0。

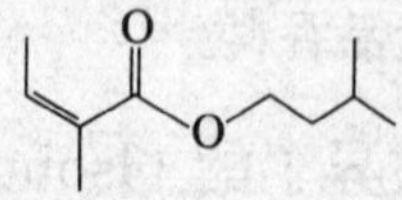

（1）理化性质　无色液体，通常在产品中还含有一定量的反式异构体，即惕各酸异戊酯。具有草香香气，并略带花香香韵。不溶于水，溶于乙醇等有机溶剂。沸点为200～201℃、86℃/1.6kPa，相对密度（d_{20}^{20}）为0.893，折射率（n_D^{20}）为1.4350～

1.4450，闪点为56℃。

（2）天然存在 存在于春黄菊油中。

（3）制备方法 由当归酸和异戊醇经酯化反应制得。

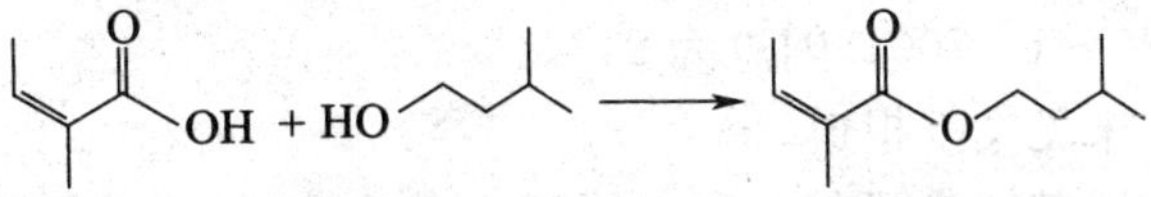

（4）主要用途 可用于日化香精中。

（5）安全管理 IFRA没有限制规定。

十三、苯基缩水甘油酸乙酯（Ethyl phenylglicidate）

苯基缩水甘油酸乙酯又称杨梅酯、3-苯基-2，3-环氧丙酸乙酯。

分子式为$C_{11}H_{12}O_3$，相对分子质量192.22。CAS为121-39-1。

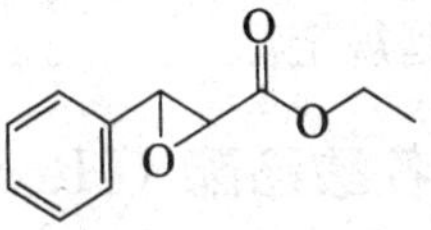

（1）理化性质 无色至淡黄色液体，具有强烈的杨梅、草莓香气。不溶于水，溶于乙醇等有机溶剂。沸点为122～125℃/267Pa、104℃/40Pa，相对密度（d_{25}^{25}）为1.119～1.127，折射率（n_D^{20}）为1.5150～1.5200，闪点>100℃。

（2）天然存在 未见文献报道。

（3）制备方法

①以氨基钠或乙醇钠为缩合剂，苯甲醛和氯乙酸乙酯在碱性溶液中进行Darzens缩合反应制得。

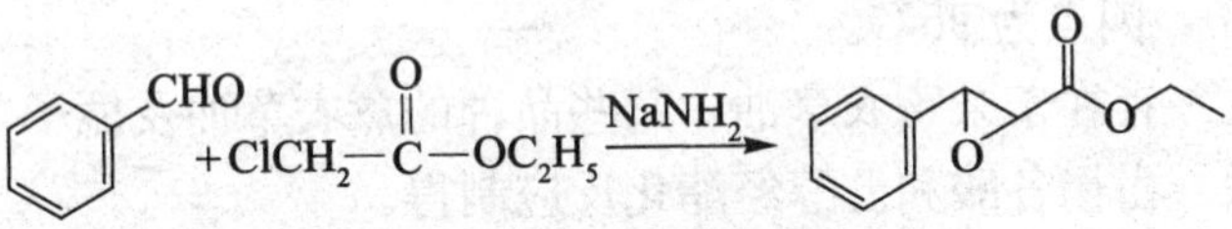

②可由桂酸乙酯和过氧乙酸进行环氧化反应制得。

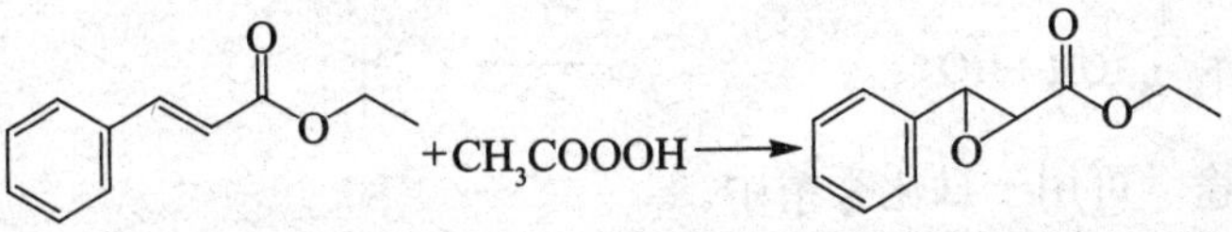

（4）主要用途 可用于日化香精中。在食用香精中，主要用于调配杨梅、草莓、浆果、樱桃、香蕉等果香型香精以及蜂蜜香精。

（5）安全管理 FEMA认定为GRAS，FEMA号2454，GB 2760—2014批准为允许使用的食品香料。

十四、异莰烷酸甲酯（Cistulate、Methyl 2，2-dimethylnorbornyl-3-carboxylate）

异莰烷酸甲酯又称2，2-二甲基降冰片基-3-羧酸甲酯。

分子式为$C_{11}H_{18}O_2$，相对分子质量182.26。CAS为52557-97-8。

（1）理化性质 无色液体，具有松木香气，并带有迷迭香盒香紫苏香韵。不溶于水，溶于乙醇等有机溶剂。沸点为80℃/400Pa，相对密度（d_{20}^{20}）为1.008～1.011，折

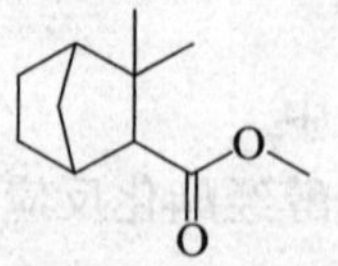

射率（n_D^{20}）为1.4670～1.4700，闪点为94℃。

（2）天然存在　未见文献报道。

（3）制备方法　以莰烯为原料，先与甲酸乙酯和60%的过氧化氢回流反应，经皂化和酸化反应后生成异莰烷酸，异莰烷酸与甲醇进行酯化反应制得异莰烷酸甲酯。

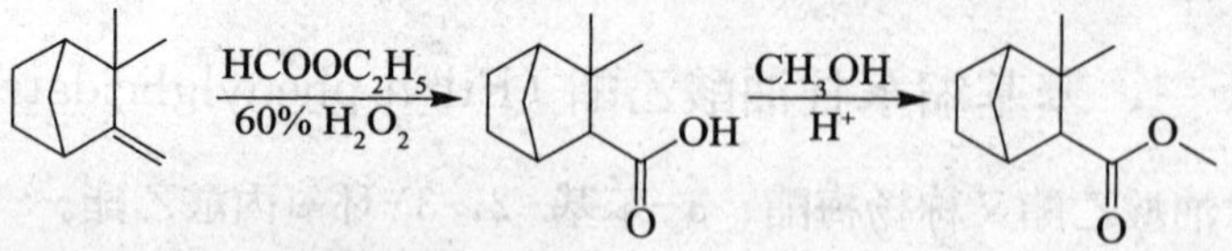

（4）主要用途　可用于多种日化香精中。

（5）安全管理　IFRA没有限制规定。

十五、惕各酸己酯（Hexyl tiglate）

惕各酸己酯又称反-2-甲基-2-丁烯酸己酯、反-2-甲基巴豆酸己酯。

分子式为$C_{11}H_{20}O_2$，相对分子质量184.28。CAS为16930-96-4。

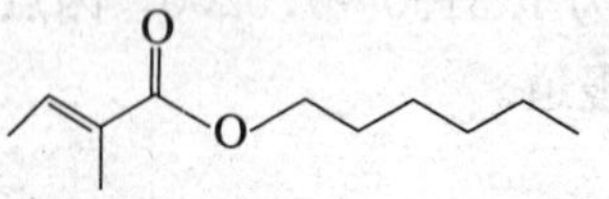

（1）理化性质　无色液体，具有草香香气，并带有花香和青香香韵。不溶于水，溶于乙醇等有机溶剂。沸点为108℃/1.6kPa，相对密度（d_{20}^{20}）为0.894，折射率（n_D^{20}）为1.4420～1.4450，闪点为95℃。

（2）天然存在　存在于杂薰衣草油、某些品种的薰衣草油及栀子花油等精油中。

（3）制备方法　由惕各酸和己醇经酯化反应制得。

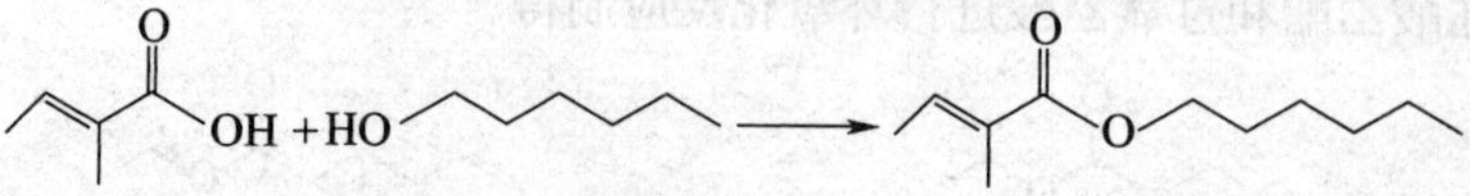

（4）主要用途　可用于日化香精中。

（5）安全管理　IFRA没有限制规定。

十六、草莓醛（Strawberry aldehyde）

草莓醛又称β-甲基-β-苯基-环氧丙酸乙酯、甲基苯基缩水甘油酸乙酯、3-甲基-3-苯基-缩水甘油酸乙酯、十六醛、杨梅醛。

分子式为$C_{12}H_{14}O_3$，相对分子质量206.24。CAS为77-83-8。

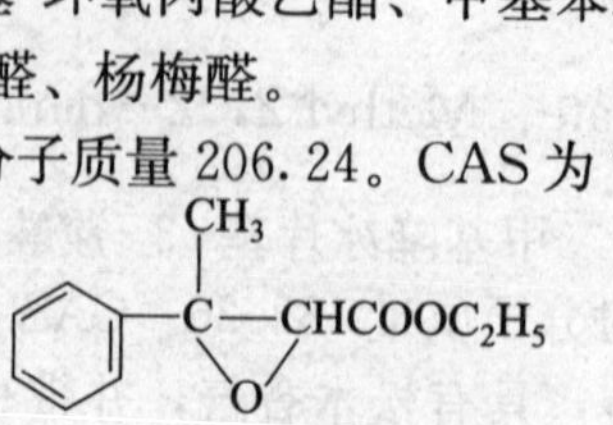

（1）理化性质　无色至淡黄色液体，具有强烈的草莓水果香气，并伴有草莓的甜酸味道。不溶于水，溶于乙醇等有机溶剂。沸点为260℃，相对密度（d_{25}^{25}）为1.088～1.112，折射率（n_D^{20}）为1.5040～1.5130，闪点>100℃。

（2）天然存在　未见文献报道。

（3）制备方法　以氨基钠或乙醇钠为缩合剂，苯乙酮和氯乙酸乙酯在碱性溶液中进行Darzens缩合反应制得。

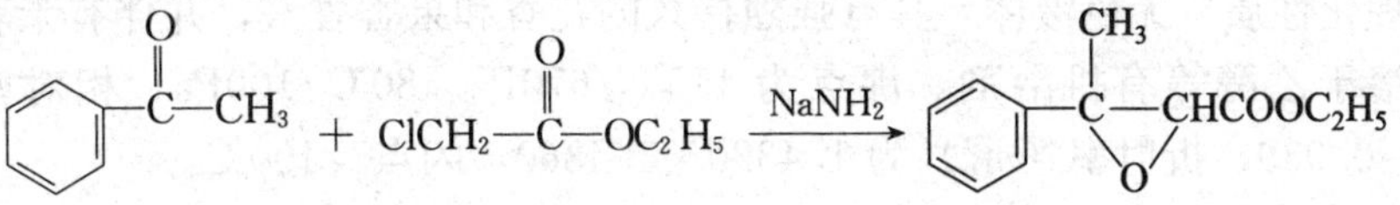

（4）主要用途　在茉莉、橙花、素心兰、紫丁香、玫瑰、风信子等香型日化香精中有提调香气的作用。在苹果、草莓、樱桃、桃、杏、葡萄、覆盆子等香型食用香精中也经常使用，与桃醛能很好地和合。

（5）安全管理　IFRA没有限制规定。FEMA认定为GRAS。FEMA号2444，FDA182.60，COE6002，GB 2760—2014批准为暂时允许使用的食品香料。

十七、覆盆子醛（Raspberry aldehyde）

覆盆子醛又称对甲基-β-苯基缩水甘油酸乙酯、二十醛。

分子式为$C_{12}H_{14}O_3$，相对分子质量206.23。

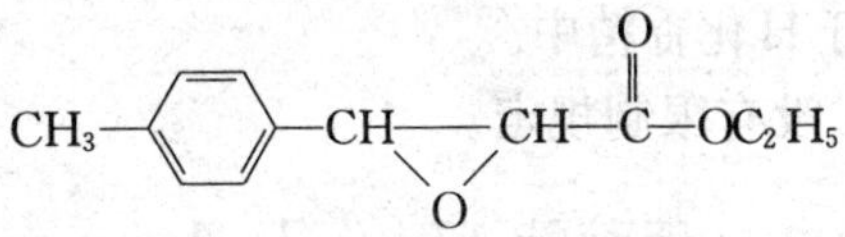

（1）理化性质　无色黏稠液体，具有覆盆子果香香气。不溶于水，溶于乙醇等有机溶剂。相对密度（d_4^{25}）为1.026～1.027，折射率（n_D^{20}）为1.5080～1.5090。

（2）天然存在　未见文献报道。

（3）制备方法

①在乙醇钠催化下由对甲基苯甲醛与氯乙酸乙酯进行缩合反应制得。

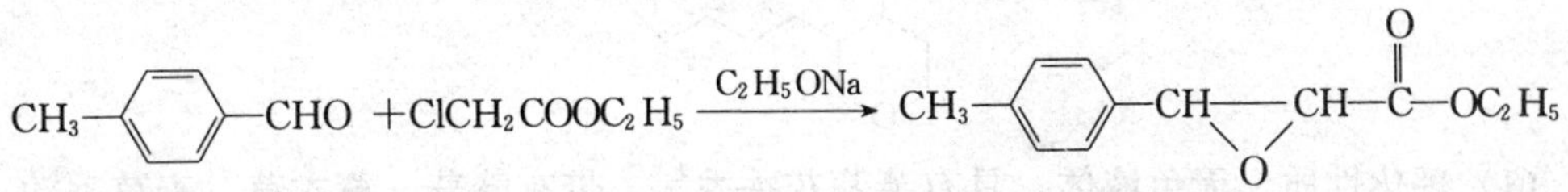

②以氨基钠为缩合剂，对甲基苯乙醛与氯乙酸乙酯在碱性溶液中进行缩合反应制得。

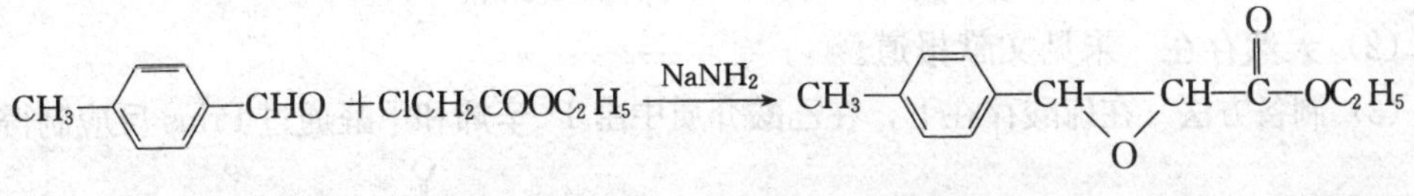

（4）主要用途　可用于东方香型和素心兰等香型日化香精中。主要用于覆盆子和草莓等果香型食用香精中。

（5）安全管理　可以微量用于食品香精中。

十八、2-己基乙酰乙酸乙酯（Ethyl 2-hexyl acetoacetate）

分子式为 $C_{12}H_{22}O_3$，相对分子质量 214.31。CAS 为 29214-60-6。

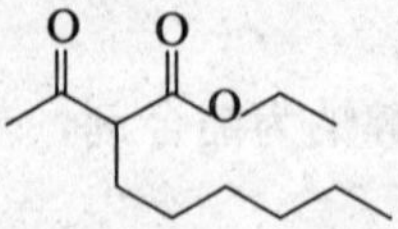

（1）理化性质　无色液体，具有强烈持久的花香和果香香气，并伴有茉莉香韵。不溶于水，溶于乙醇等有机溶剂。沸点为 115℃/670Pa、80℃/100Pa，相对密度（d_4^{20}）为 0.931～0.939，折射率（n_D^{20}）为 1.4320～1.4360，闪点>100℃。

（2）天然存在　未见文献报道。

（3）制备方法

①在碱性催化剂醇钠存在下，由正溴己烷和乙酰乙酸乙酯反应制得。

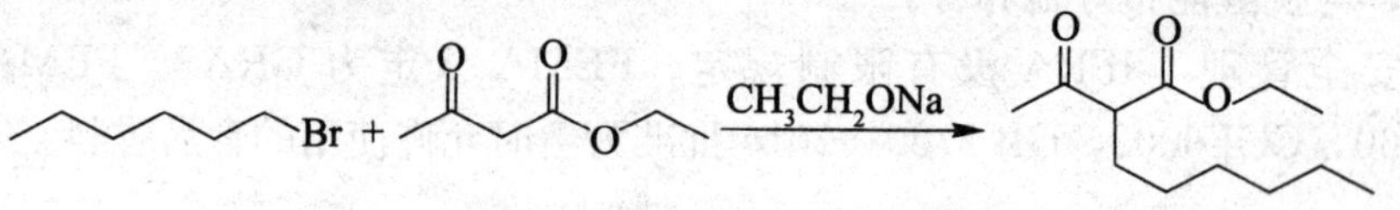

②由 1-己烯和乙酰乙酸乙酯通过游离基加成反应制得。

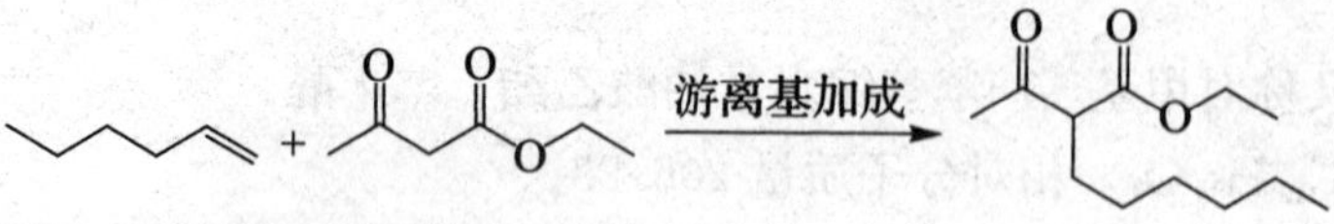

（4）主要用途　可用于日化香精中。

（5）安全管理　IFRA 没有限制规定。

十九、茉莉酯（Jasmal、Jessemal）

茉莉酯又称 3-戊基-4-乙酰氧基-四氢吡喃。

分子式为 $C_{12}H_{22}O_3$，相对分子质量 214.31。CAS 为 18871-14-2。

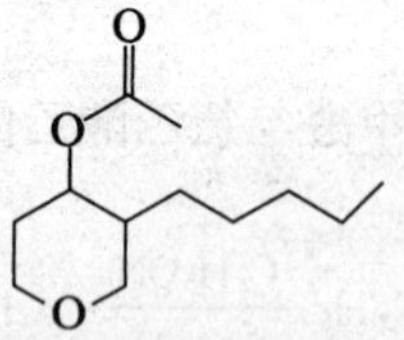

（1）理化性质　无色液体，具有茉莉花香香气，带有蘑菇、薰衣草、青草香韵。不溶于水，溶于乙醇等有机溶剂。沸点为 102～103℃/133Pa，相对密度（d_{25}^{25}）为 0.964～0.970，折射率（n_D^{20}）为 1.4410～1.4450，闪点>100℃。

（2）天然存在　未见文献报道。

（3）制备方法　在硫酸存在下，在乙酸介质中由 1-辛烯和甲醛通过 Prins 反应制得。

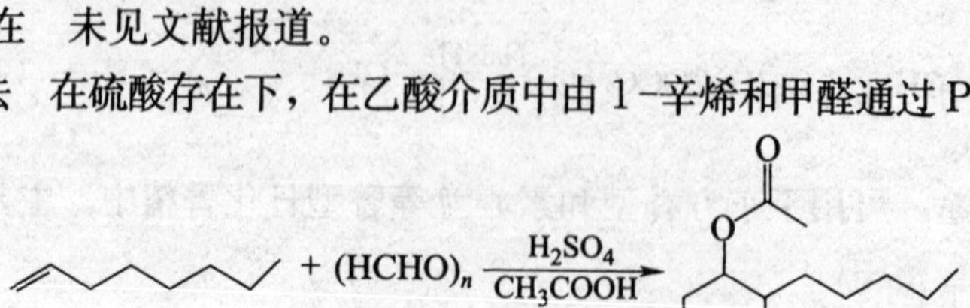

茉莉酯的化学结构曾经被误认为是1，3-壬二醇二乙酸酯（Ⅲ），实际上它只是上述反应的副产物之一，在反应混合物中占5%～10%，另外两个副产物是4-己基-1，3-二噁烷（Ⅰ）和3-戊基-4-羟基四氢吡喃（Ⅱ）。

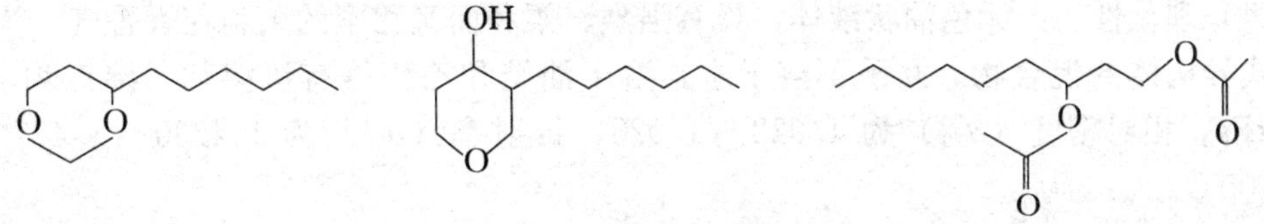

（Ⅰ）　（Ⅱ）　（Ⅲ）

市售茉莉酯的香气质量取决于最终反应混合物的分离方法和分离程度。研究表明，高质量的茉莉酯中应不含有（Ⅰ）和（Ⅲ），即使含有1%～2%的（Ⅰ）和（Ⅲ），也会使茉莉酯的香气受损，（Ⅱ）的含量也不应超过3%，否则也会影响茉莉酯的香气品质。

（4）主要用途　广泛用于日化香精中，主要用于皂用香精和洗涤剂香精，常用于调配茉莉花香型和百花香型等香精。也可用于调配食用香精。

（5）安全管理　FEMA认定为GRAS。

二十、惕各酸苯乙酯（Phenylethyl tiglate）

惕各酸苯乙酯又称反-2-甲基-2-丁烯酸苯乙酯、反-2-甲基巴豆酸苯乙酯。

分子式为$C_{13}H_{16}O_2$，相对分子质量204.27。CAS为55719-85-2。

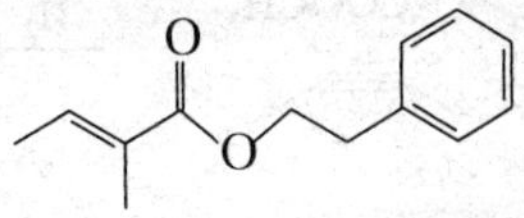

（1）理化性质：无色至淡黄色液体，具有令人愉快的草香、叶子青香、花香香气，并带有玫瑰香韵及坚果味道。不溶于水，溶于乙醇等有机溶剂。沸点为259℃、139～140℃/930Pa，相对密度（d_4^{20}）为1.018，折射率（n_D^{20}）为1.5120～1.5160，闪点为125℃。

（2）天然存在　存在于非洲香叶油和玫瑰油中。

（3）制备方法　由惕各酸和苯乙醇经酯化反应制得。

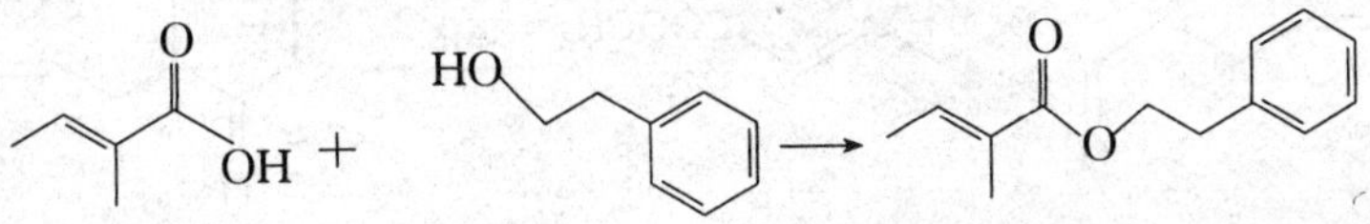

（4）主要用途：可用于日化香精中。也可用于调配坚果等香型食用香精。

（5）安全管理　FEMA号2870，GB 2760—2014批准为允许使用的食品香料。

二十一、茉莉酮酸甲酯（Methyl jasmonate）

茉莉酮酸甲酯又称2-（顺-2-戊烯-1-基）环戊酮-3-乙酸甲酯。

分子式为$C_{13}H_{20}O_3$，相对分子质量224.30。CAS为1211-29-6；39924-52-2。

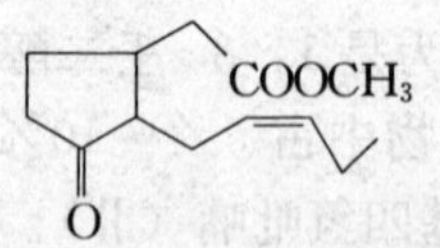

（1）理化性质　无色油状液体，具有强烈、柔和而又甜蜜的茉莉花香香气。为顺式和反式异构体的混合物。几乎不溶于水，溶于油类和乙醇等有机溶剂。沸点为 94℃/5.66kPa，相对密度（d_{20}^{20}）为 1.022～1.028，折射率（n_D^{20}）为 1.4730～1.4770，闪点＞100℃。

（2）天然存在　存在于绿茶、茉莉油和突尼斯迷迭香油中。

（3）制备方法

①以间苯二酚为原料制得。

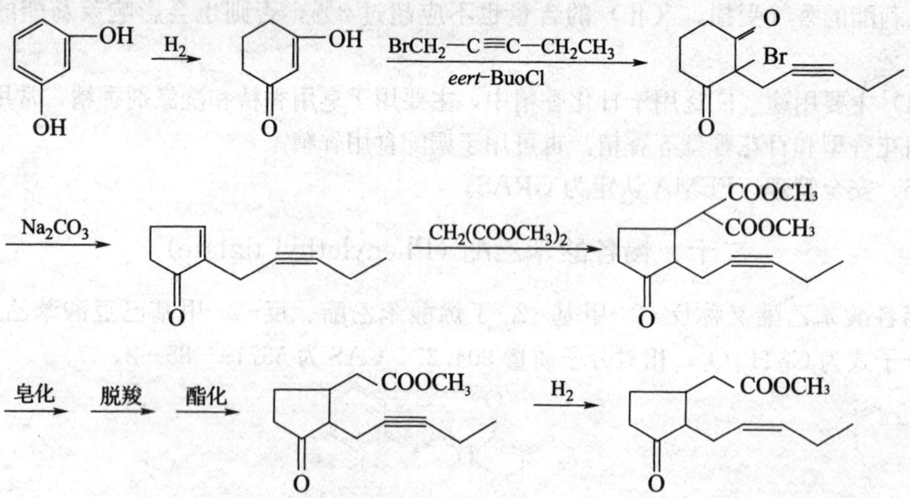

②以 3-氧代-顺-6-壬烯酸乙酯为原料制得。

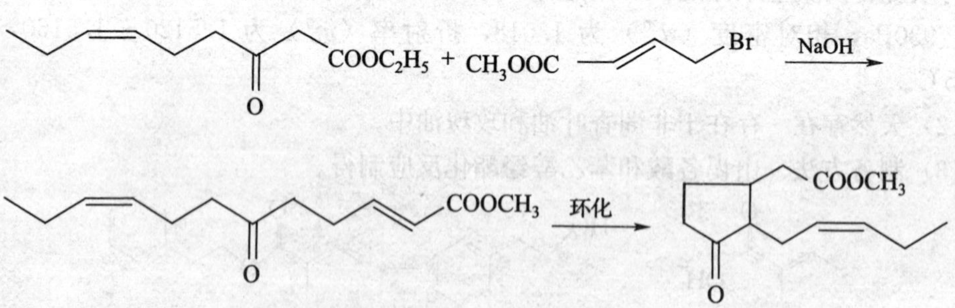

③ 以 2-烯丙基-2-环戊烯酮为初始原料，经过以下一系列反应制得。

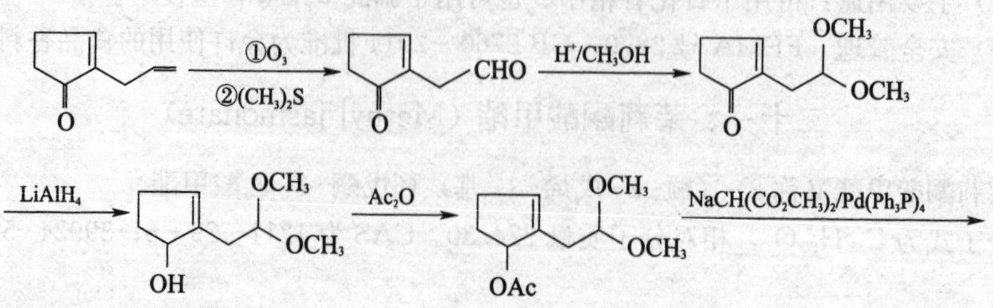

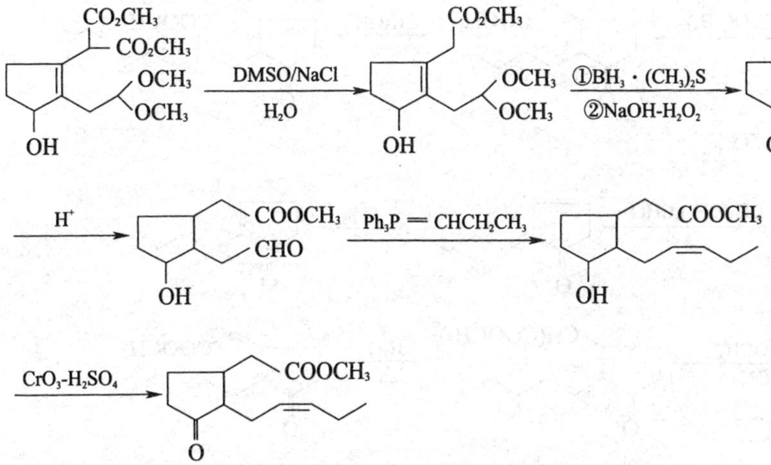

(4) 主要用途　茉莉酮酸甲酯由于价格比较昂贵，故主要用于茉莉、晚香玉、栀子花等香型的各种高级香水、化妆品和皂用香精中，可用于调配茉莉香基，使香精具有天然茉莉花的特征香气。也用于调配苹果、李子、梨、甜瓜、浆果、蜜饯、冰淇淋、茉莉等香型食用香精。

(5) 安全管理　FEMA 号 3410，COE10821，GB 2760—2014 批准为允许使用的食品香料。

二十二、二氢茉莉酮酸甲酯 (Methyl dihydrojasmonate)

二氢茉莉酮酸甲酯又称 2-戊基环戊酮-3-乙酸甲酯。

分子式为 $C_{13}H_{22}O_3$，相对分子质量 226.32。CAS 为 24851-98-7。

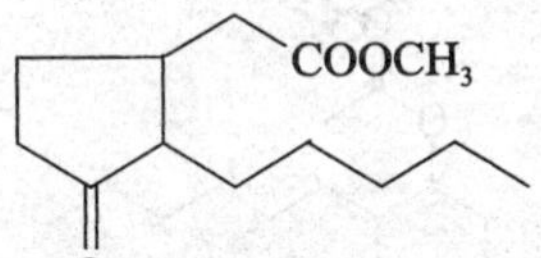

(1) 理化性质　无色至淡黄色油状液体，具有清雅的茉莉花香气，新鲜而又柔和的柠檬果香香韵，有多种异构体，其中 Cis-(2R，3S) 构型香气最好。几乎不溶于水，溶于油类和乙醇等有机溶剂。沸点为 109～112℃/26.6Pa，相对密度（d_{20}^{20}）为 0.998～1.006，折射率（n_D^{20}）为 1.4570～1.4620，闪点＞100℃。

(2) 天然存在　存在于大花茉莉油中。

(3) 制备方法

①以环戊二烯为原料制备。

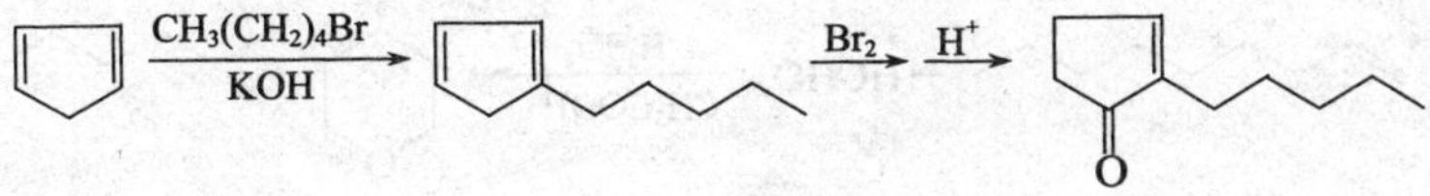

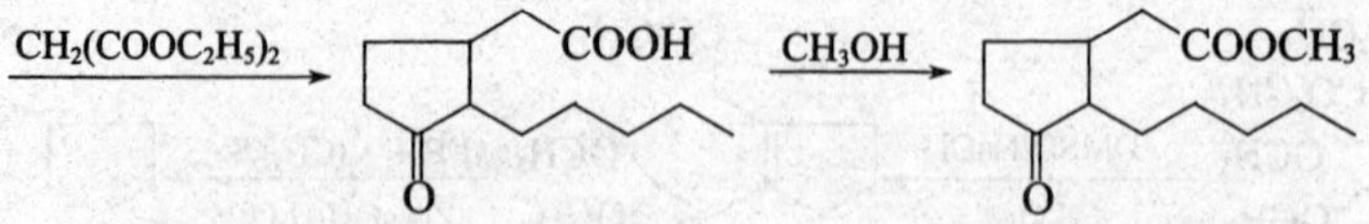

② 以环戊酮为原料。

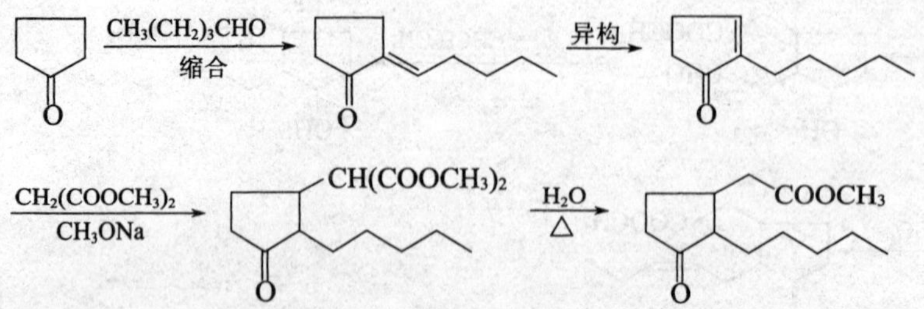

(4) 主要用途　二氢茉莉酮酸甲酯是目前流行且深受调香师欢迎的合成香料。过去由于价格昂贵，主要用于高级香水香精中，现已广泛用于香水、化妆品和皂用香精中。因其化学性质比较稳定，具有不变色的优点，其香气优于天然的茉莉酮酸甲酯，故常用于调配铃兰、素心兰、月下香、茉莉、晚香玉、人造茉莉香型精油和东方型等日化香精。也适用于草莓、柠檬、水果、覆盆子、圆柚等香型食用香精。

(5) 安全管理　FEMA 号 3408，COE10785，GB 2760—2014 批准为暂时允许使用的食品香料。

二十三、茉莉-9 (Jasmin-9)

茉莉-9 又称 3-己基-4-乙酰氧基-四氢吡喃。

分子式为 $C_{13}H_{24}O_3$，相对分子质量 228.33。

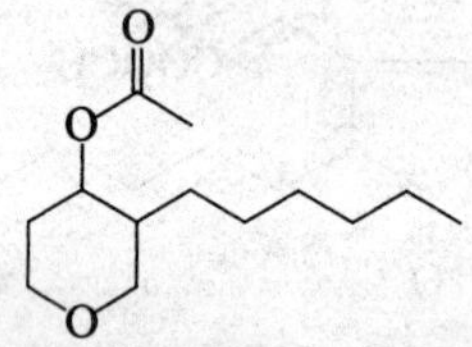

(1) 理化性质　无色液体，具有强烈的茉莉花香香气。不溶于水，溶于乙醇等有机溶剂。沸点为 84℃/13Pa，折射率（n_D^{20}）为 1.4490～1.4540，闪点为 124℃。

(2) 天然存在　未见文献报道。

(3) 制备方法　由分离 α-烯烃馏分得到的 1-壬烯为原料，在乙酸和硫酸介质中与甲醛进行 Prins 反应制得。

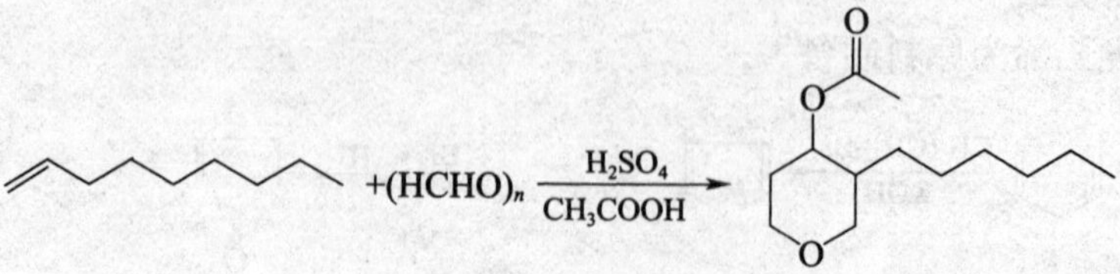

研究结果表明，在商品茉莉-9中，3-己基-4-羟基四氢吡喃（Ⅰ）的含量不得超过15%，4-庚基-1，3-二噁烷（Ⅱ）的含量不得超过10%，癸二醇二乙酸酯（Ⅲ）的含量应低于8%，才能保证产品具有良好的香气质量。

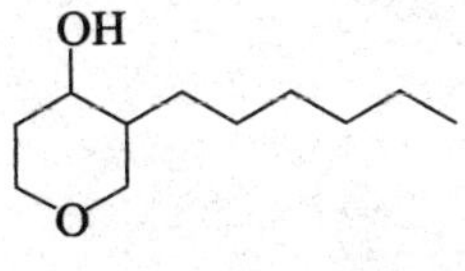

（Ⅰ）

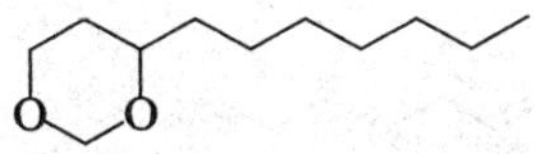

（Ⅱ）

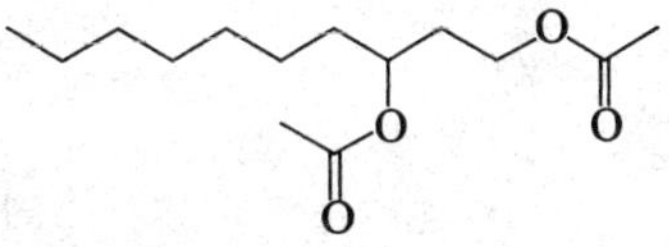

（Ⅲ）

（4）主要用途　可用于日化香精中，主要用于调配茉莉花香型香精。

二十四、茉莉-10（Jasmin-10）

茉莉-10又称3-庚基-4-乙酰氧基-四氢吡喃。

分子式为$C_{14}H_{26}O_3$，相对分子质量242.35。

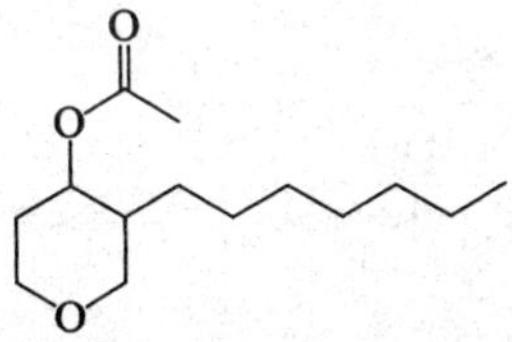

（1）理化性质　无色液体，具有强烈的茉莉花香气，并略带有油脂气味和辛香味。不溶于水，溶于乙醇等有机溶剂。沸点为111℃/67Pa，折射率（n_D^{20}）为1.4520。

（2）天然存在　未见文献报道。

（3）制备方法　以1-癸烯为原料，在乙酸和硫酸介质中与甲醛进行Prins反应制得。

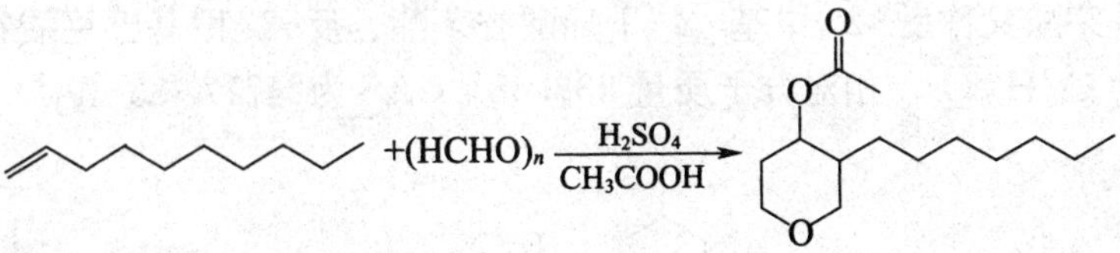

研究结果表明，在商品茉莉-10中，3-庚基-4-羟基四氢吡喃（Ⅰ）的含量必须低于15%，4-辛基-1，3-二噁烷（Ⅱ）的含量不得超过10%，十一烷二醇二乙酸酯（Ⅲ）的含量应低于8%，才能保证产品具有良好的香气质量。

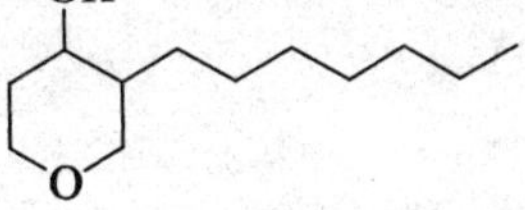

（Ⅰ）

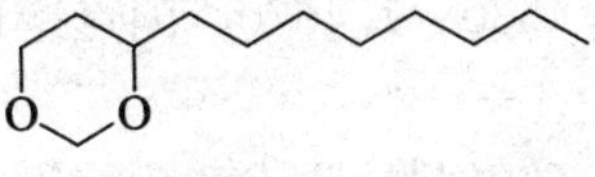

（Ⅱ）

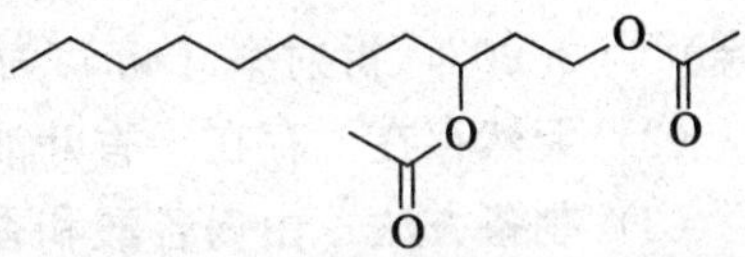

（Ⅲ）

（4）主要用途　可用于日化香精中，主要用于调配茉莉花香型香精。

二十五、惕各酸香叶酯 (Geranyl tiglate)

惕各酸香叶酯又称反-2-甲基-2-丁烯酸香叶酯、反-2-甲基巴豆酸香叶酯。

分子式为 $C_{15}H_{24}O_2$，相对分子质量 236.36。CAS 为7785-33-3。

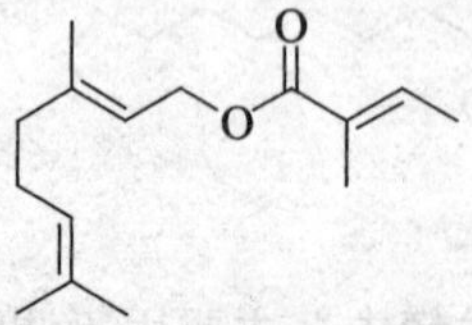

(1) 理化性质 无色液体，具有香叶香气，并伴有果香香韵，香气持久。不溶于水，溶于乙醇等有机溶剂。为异构体的混合物，沸点为149～151℃/930Pa、105℃/20Pa，相对密度（d_{20}^{20}）为 0.923，折射率（n_D^{20}）为 1.4770～1.4890，闪点>100℃。

(2) 天然存在 存在于香叶油中。

(3) 制备方法 由惕各酸甲酯和香叶醇经酯交换反应制得。

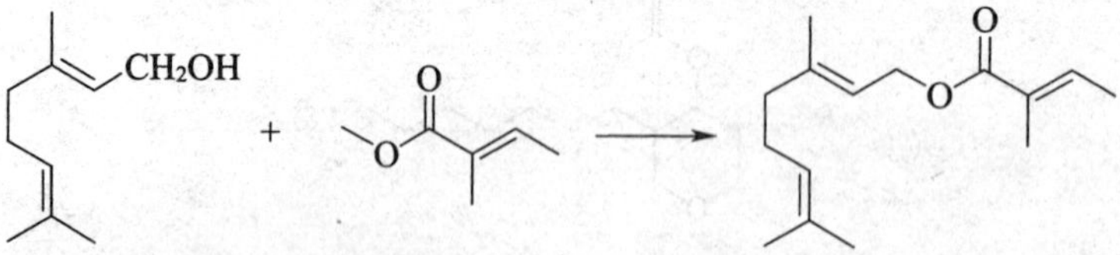

(4) 主要用途 可用于日化香精中。

(5) 安全管理 IFRA 没有限制规定。

二十六、惕各酸香茅酯 (Citronellyl tiglate)

惕各酸香茅酯又称反-2-甲基-2-丁烯酸香茅酯、反-2-甲基巴豆酸香茅酯。

分子式为 $C_{15}H_{26}O_2$，相对分子质量 238.38。CAS 为24717-85-9。

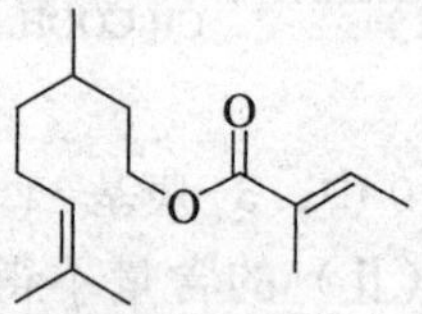

(1) 理化性质 无色液体，具有温柔的花香和香脂香气，带有玫瑰和草香香韵，香气持久。不溶于水，溶于乙醇等有机溶剂。沸点为 144～145℃/900Pa，相对密度（d_{20}^{20}）为 0.903，折射率（n_D^{20}）为 1.4630～1.4670，闪点>100℃。

(2) 天然存在 存在于香叶油中。

(3) 制备方法 由惕各酸和香茅醇经共沸脱水酯化制得。

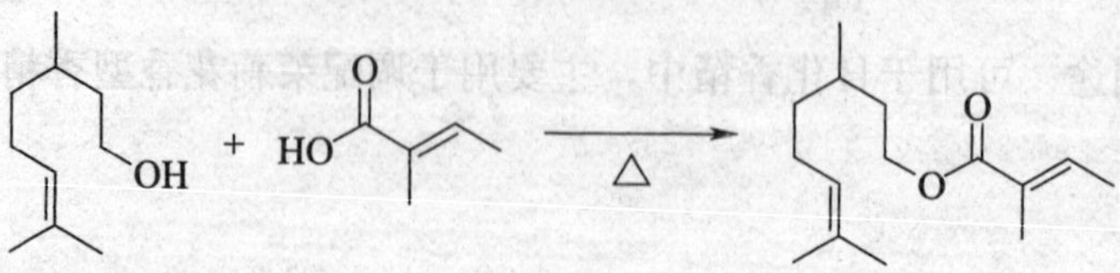

(4) 主要用途　可用于日化香精中。
(5) 安全管理　IFRA 没有限制规定。

第五节　酯类香料生产工艺

以乙酸苄酯为例，简述如下。

一、化学结构式

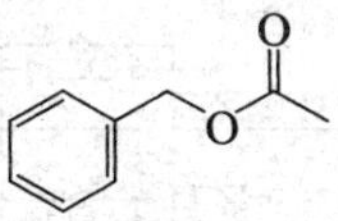

二、反应式

1. 主反应

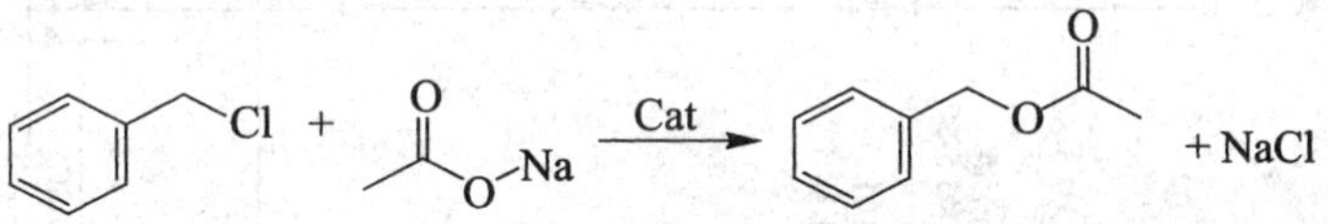

2. 副反应

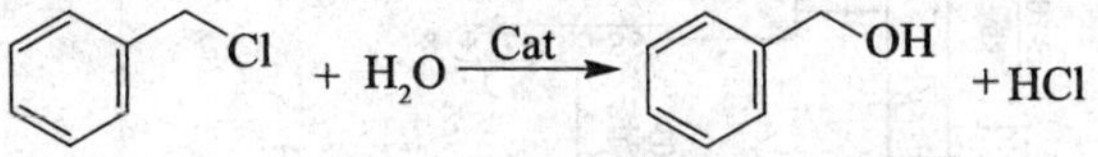

三、原料规格

(1) 三结晶水乙酸钠　晶形白色颗粒，含量 58%～60%。
(2) 氯化苄　含量（GC）≥98.5%；二氯化合物含量≤0.5%。
(3) 三乙胺　含量（GC）≥99%；工业级。

四、工艺过程

在具高效快速搅拌（500 转/分）功能的 2000L 搪瓷反应锅内依次加入氯化苄 600kg，三结晶水乙酸钠 715kg 和催化剂三乙酸铵 11kg，开启高速搅拌；然后快速升温进行脱水，脱水要求越快越好，脱水温度控制在 105℃左右，脱水量约 300kg，脱水时间 1～1.5h。随着脱水量的增加，料液反应温度逐渐升高，最后控制在 140℃，反应2～3h，抽样进行 GC 分析，氯化苄含量<0.5%即为反应终点。

冷却，洗涤（除去氯化钠及催化剂），放去水层，分出油层即可进行分馏。分馏设备要求与苯甲醇相同（图 10-1）。

五、乙酸苄酯产品规格

(1) 色状　无色透明液体，≤NO.3。
(2) 含酯量（GC）　>99%。

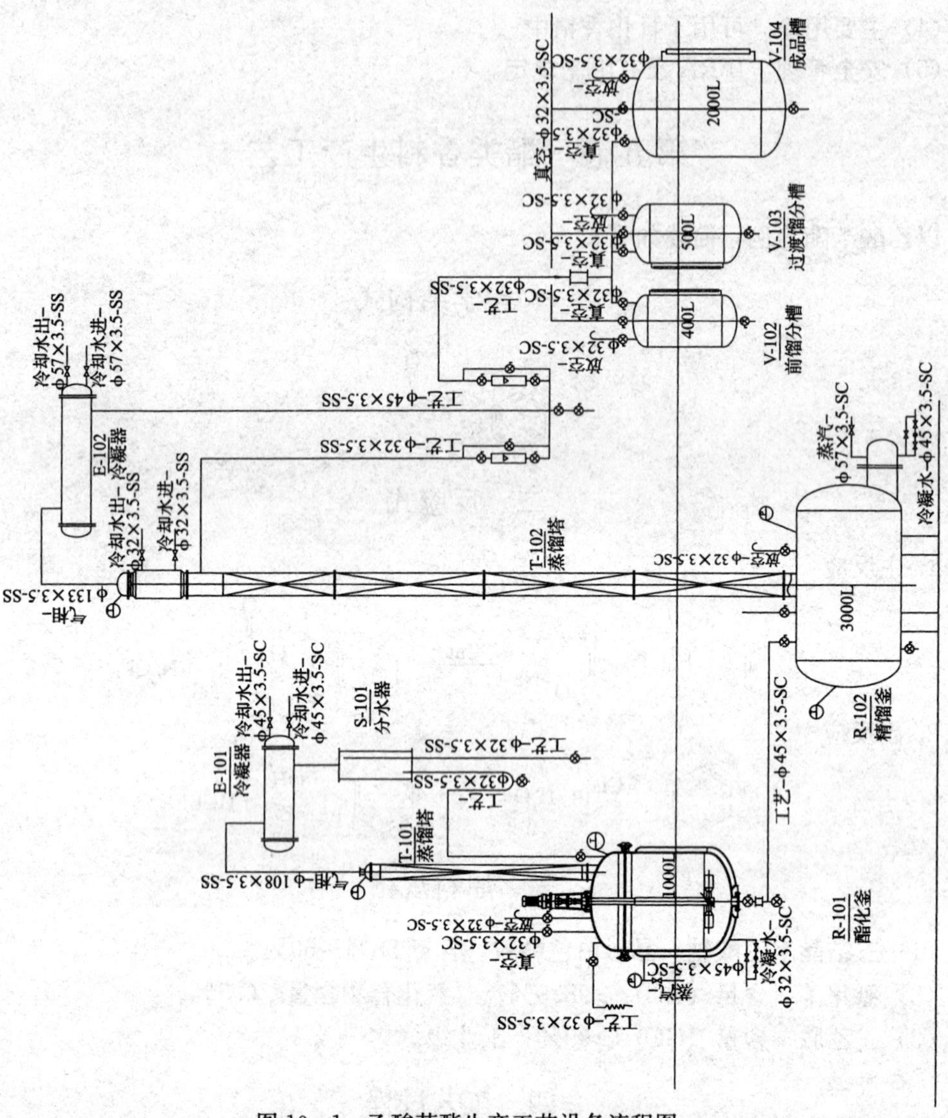

图 10-1 乙酸苄酯生产工艺设备流程图

(3) 香气 果香，茉莉香气。

(4) 溶解度(25℃) 1mL 样品全溶于 5mL 的 60%的乙醇中。

(5) 相对密度 $d_{25}^{25}=1.052\sim1.054$。

(6) 折光指数 $n_{d}^{20}=1.5010\sim1.5030$。

(7) 含氯试验 负反应。

六、注意事项

(1) 氯化苄忌铁，与大面积铁器接触并加热时会引起氯化苄发生聚合反应，生成高分子聚合物，并放出大量热引起爆炸，因此必须特别注意。

(2) 若在反应终点抽样时二氯化苄含量在 0.5%左右，可加 Na_2CO_3 粉 1～3kg 及适量水，在高效搅拌下反应一段时间，二氯化苄即可转化为苯甲醛，在分馏中除去。

（3）脱水速度要快，否则苄醇含量会偏高。

（4）生产中的乙苄前段，主要为乙苄和苄醇二个组分，处理这一段分的中间体，或加乙酐酯化成乙苄，或用15％液碱皂化成苄醇。

第十一章　内酯类香料

内酯化合物是羟基酸分子中的醇羟基和羧基脱去一分子水生成的产物。内酯化合物具有酯类的特性，在香气上与酯类有许多共同之处，但也有自己的特征香气。内酯类化合物大都具有花香、果香、乳香，广泛应用于日化香精和食用香精中。内酯之间最为突出的是在香气上均有果香，而且留香时间长且具圆和增香作用。但是内酯的环的位置和大小不同时，其香气有很大的差别。如 γ-内酯具有果香，大多具有桃、椰子、苹果等水果的香气（如表 11-1 所示）；δ-内酯往往具有乳香和乳酪香味，香气比相应的 γ-内酯更为柔软。δ-内酯如今不仅大量地应用于食用香精中，而且也应用于某些日化香精中。

表 11-1　　　γ-内酯和 δ-内酯香气表

R	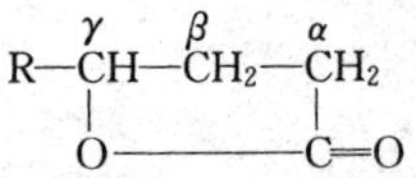	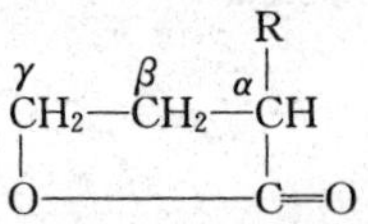	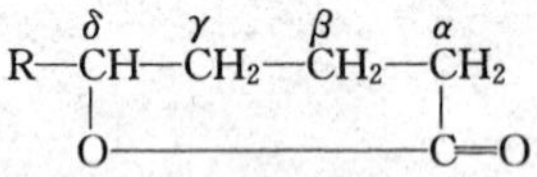
甲基			淡乳脂香
乙基	甜的药草-焦糖香气		乳香
正丙基	麦芽-焦糖香气	姬茴香型	奶油-乳脂香气
正丁基	椰子-姬茴香型	姬茴香型	坚果-乳香
正戊基	椰子香气	—	油腻的桃-乳香
异戊基	欧白芷香气	欧白芷香气	
正己基	桃香气	杏-琥珀香气	椰子-桃-乳脂香气
3-己烯基	较细腻的桃香气	—	
正庚基	强烈的桃香气	桃-麝香香气	水果-奶油香气
3-庚烯基	较强且优美的桃香气	—	
正辛基	桃-麝香香气	桃-麝香香气	
正壬基	桃-麝香香气	桃-椰子香气	
正癸基	微弱的桃香气	草-麝香-椰子香气	
苯基		香膏树脂型	
甲苯基		吐鲁香膏香气	

值得注意的是，酯类香料几乎在一切类型的香精中都能使用，而内酯类化合物虽然具有愉快的香气，但因个别的内酯生产过程较复杂、原料来源困难等原因，在香料工业上的应用受到一定的限制，尤其是几个巨环内酯化合物。

第一节　内酯类化合物的制备方法

一、β-内酯(β-Lactone)的制备

1. 由羟基酸脱水内酯化制得

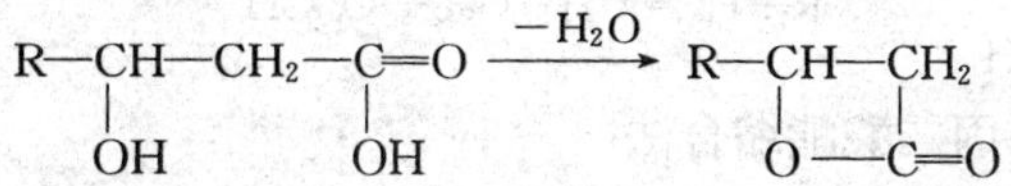

2. 由醛和丙二酸为原料反应制得

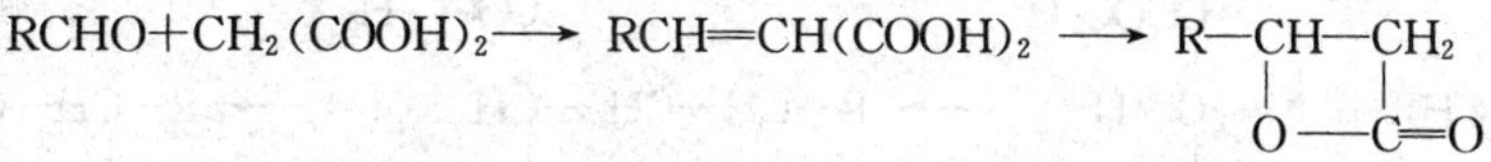

3. 由甲醛和乙烯酮为原料反应制得

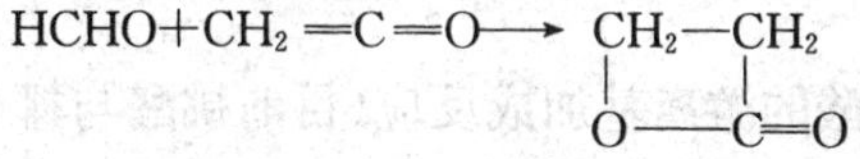

二、γ-内酯(γ-Lactone)的制备

1. 雷福尔马斯基(Reformatsky)反应合成法

通常利用雷福尔马斯基(Reformatsky)反应将羰基化合物与β-卤代酸酯在锌存在下进行缩合反应，可以得到γ-羟基羧酸酯，后者再在酸催化下脱水生成相应的γ-内酯。

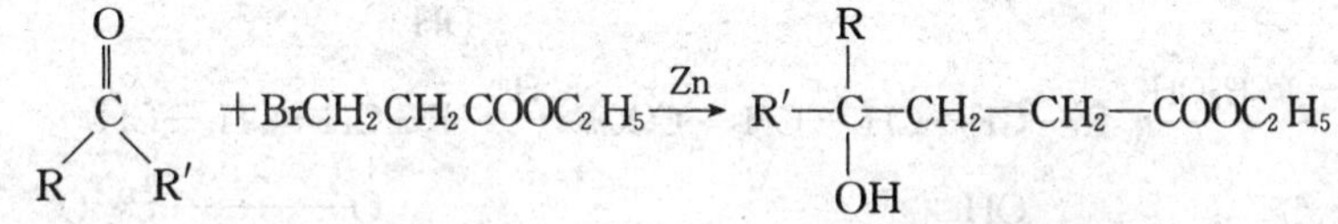

β-卤代酸酯　　　　γ-羟基羧酸酯

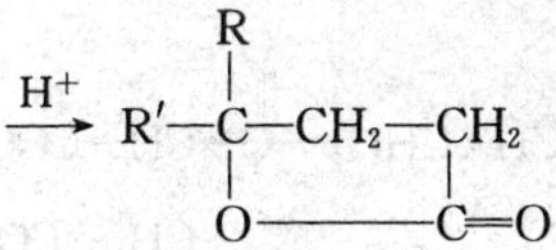

γ-内酯

2. 由γ-酮酸还原环化制得

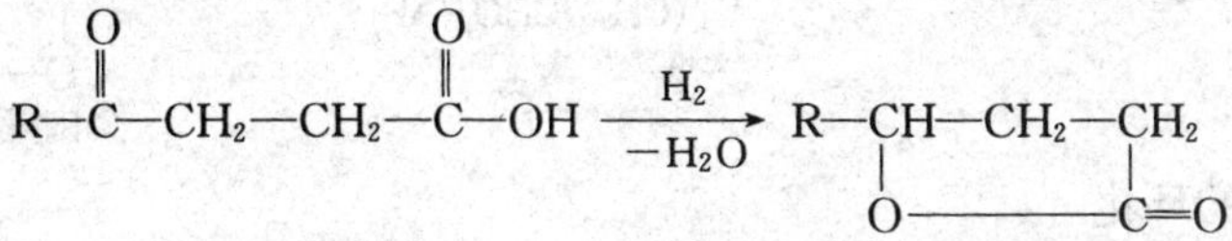

酰基丙酸　　　　γ-内酯

不饱和的γ-内酯可由γ-酮酸在适当的温度下缓慢加热制得。

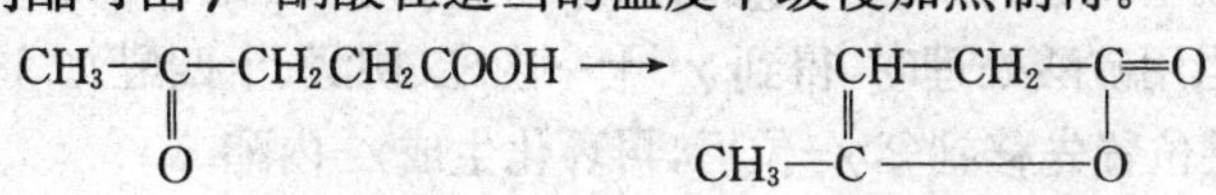

γ-戊酮酸　　　　当归内酯

3. 丙二酸与脂肪醛缩合法

将丙二酸和脂肪醛进行缩合反应,首先得到α,β-和β,γ-不饱和酸,经内酯化生成γ-内酯。这一方法的优点是原料易得,可用于合成多种γ-内酯,尤其适用于合成γ-壬内酯(椰子醛)。

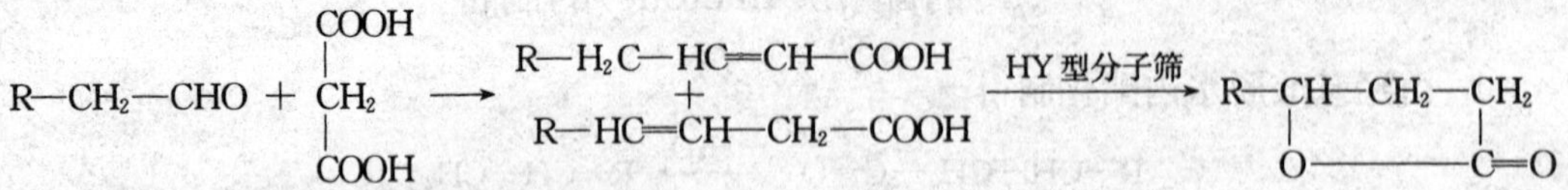

4. 取代环氧乙烷与丙二酸酯缩合法

烷基环氧乙烷与丙二酸二乙酯的钠盐进行缩合反应,然后脱羧形成γ-内酯。

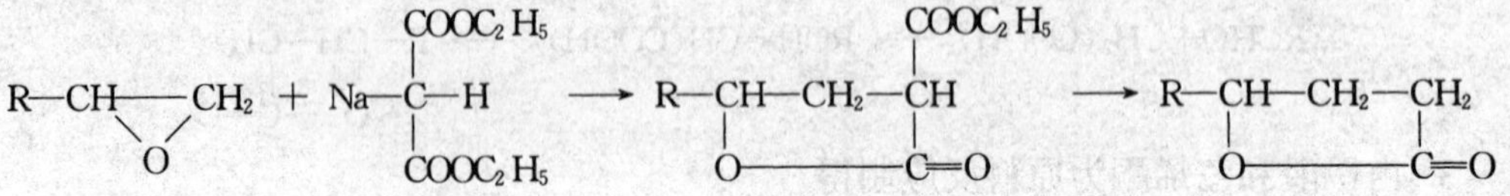

5. 过氧化物氧化法

(1)利用醇类与不饱和酸的游离基加成反应(目前桃醛与椰子醛等γ-内酯均采用此法生产)

醇类在游离基引发剂(如二叔丁基过氧化物)等存在下先生成游离基,然后与不饱和羧酸酯进行加成反应生成γ-内酯。

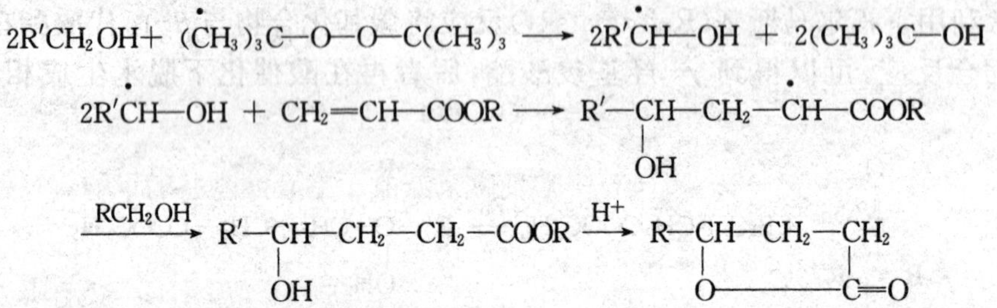

(2)由醛和丁烯二酸二乙酯作用

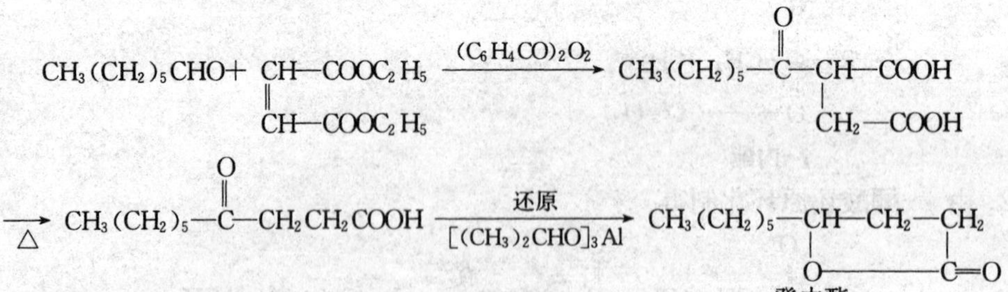

癸内酯

6. 不饱和酸的环化

蒸馏或用硫酸处理β,γ-或γ,δ-不饱和羧酸制得γ-内酯。若双键的位置不在β,γ-或γ,δ-位,而是距离羧基较远的烯酸,生成的内酯仍然是γ-内酯。如ω-十一稀酸,双键位置在C_{10}和C_{11}之间,当用硫酸处理时,得到γ-十一内酯(桃醛、十四醛)。这是因为加热时发生了异构化移位,双键位置先移到β,γ-位后,再环化生成γ-内酯。

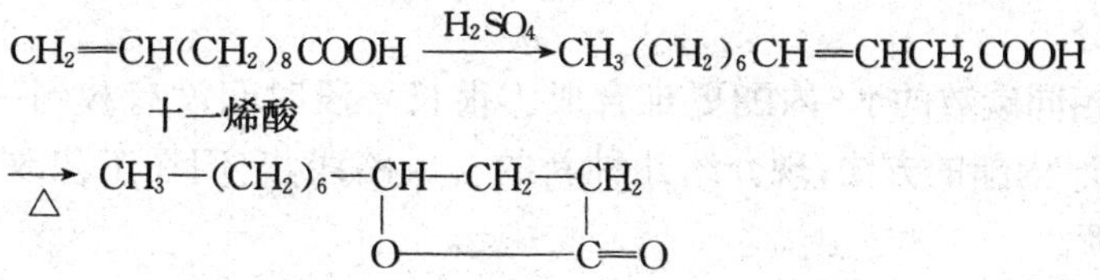

7. 由糠醛制得

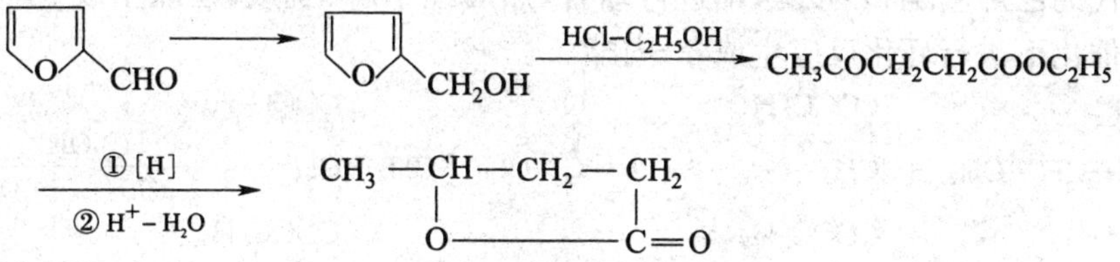

γ-戊内酯

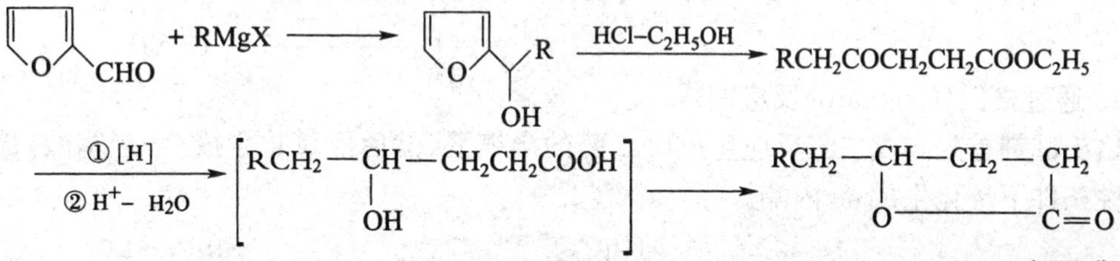

R=—C_4H_9，椰子醛
R=—C_3H_7，γ-辛内酯

当R为不同的取代基时，即可合成各种不同的γ-内酯，利用该法合成的γ-内酯带有青香气息。

8. 由γ-卤代酸和乙醇钠作用制得

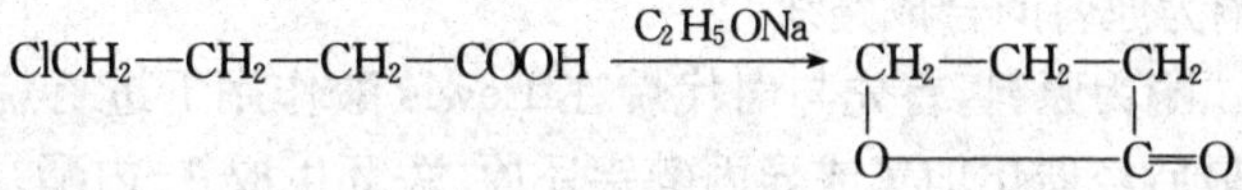

9. 由酸酐还原制得

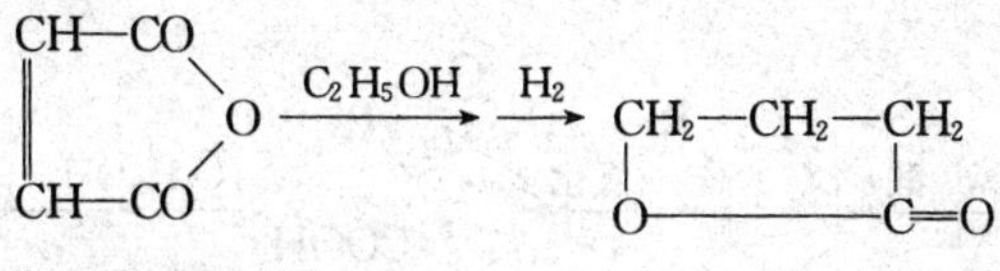

10. 由1,4-二元醇催化脱氢制得

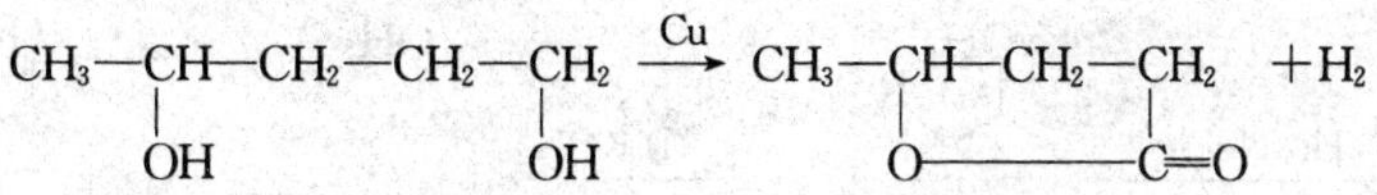

三、δ-内酯(δ-Lactone)的制备

δ-内酯又称戊内酯。

δ-内酯主要用于食用香精中，也可少量添加到某些化妆品香精和香水中，可起到画龙点睛的作用。δ-内酯的香气和香味与相应的γ-内酯相比更为柔和，在配方中往往起到关键性的作用。例如，δ-十二内酯对于白脱、冰淇淋和乳酪香精配方中是不可

缺少的重要成分。

δ-内酯比相同碳数的γ-内酯更难合成。很长一段时间没有找到一条步骤简单、收率较高的合成δ-内酯的方法,现介绍几种新的合成路线,它们在工艺改进和收率提高方面都有新的突破。

1. 由乙烯基酮和丙二酸酯缩合反应制得

将取代的乙烯基酮和丙二酸酯进行缩合,然后经水解、脱羧、还原生成δ-羟基酸,最后在酸性催化下进行环化反应生成δ-内酯。

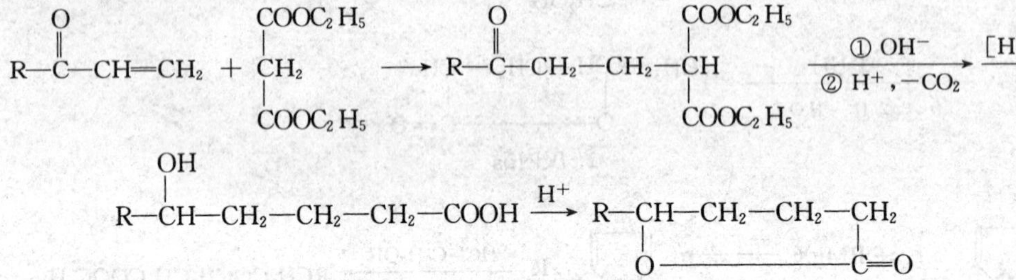

2. 通过格氏(Grignard)反应制得

格氏试剂首先与戊二醛反应生成戊二醛的半缩醛,然后经氧化生成δ-羟基酸,最后在酸性条件下环化生成δ-内酯。

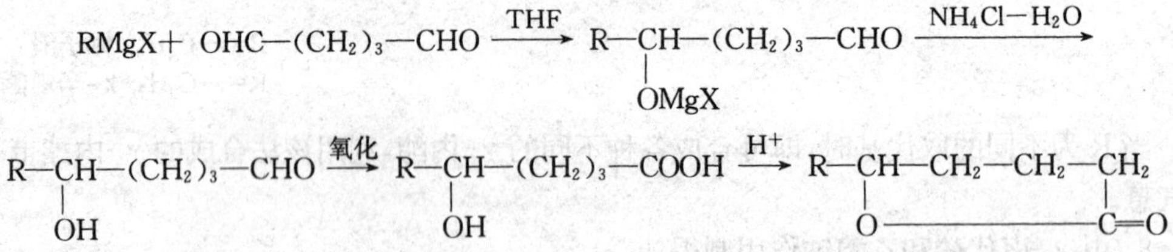

3. 以环己二酮为原料的合成路线

以1,3-环己二酮为原料,首先与卤代烷在 Lewis 酸作用下进行烷基化反应,然后氧化开环生成酮酸,最后经催化加氢或异丙醇铝还原、关环生成δ-内酯。

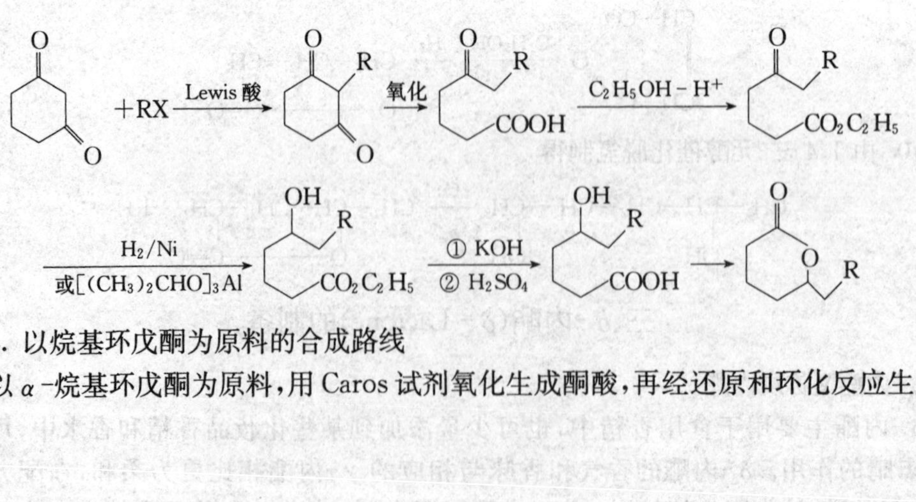

4. 以烷基环戊酮为原料的合成路线

以α-烷基环戊酮为原料,用 Caros 试剂氧化生成酮酸,再经还原和环化反应生成δ-内酯。

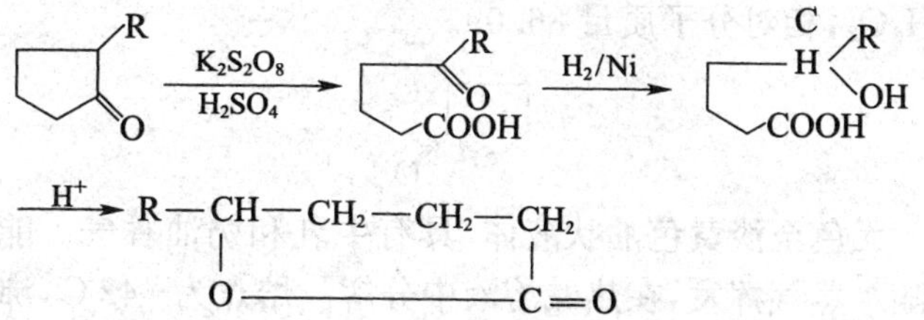

5. 以脂肪醇和乙烯基乙酸酯为原料进行缩合反应制得

脂肪醇与乙烯基乙酸乙酯进行缩合反应，首先生成 δ-羟基酸，然后环化生成 δ-内酯。

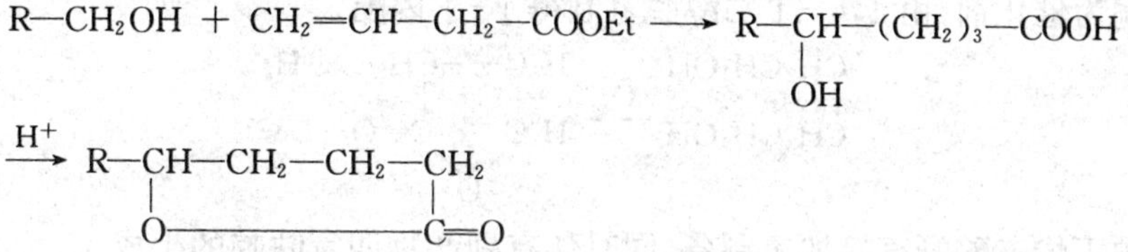

6. 扩环的方法

(1)以环戊酮和脂肪醛为原料的合成路线

环戊酮和脂肪醛在碱性条件下进行缩合反应生成 α-亚烷基环戊酮，然后选择加氢生成 α-烷基环戊酮，最后用过氧乙酸或双氧水-尿素氧化扩环生成 δ-内酯。

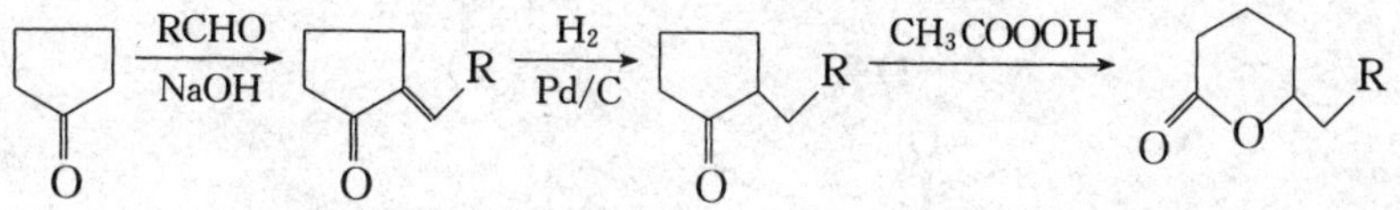

R=—C_4H_9，δ-癸内酯

R=—C_6H_{13}，δ-十二内酯

(2)以己二酸二乙酯为原料的合成路线

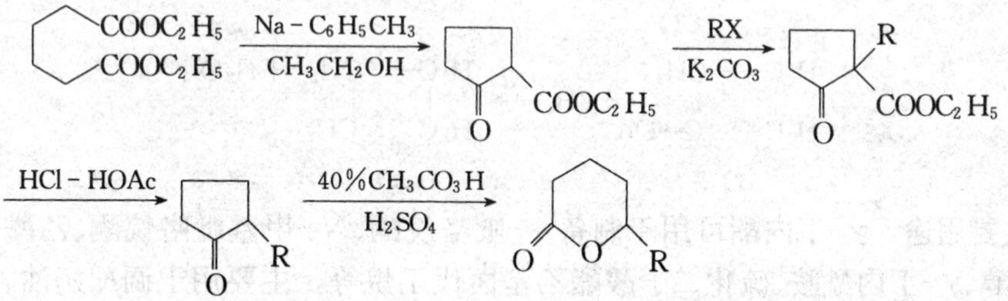

7. 由 1,5-二元醇催化脱水制得

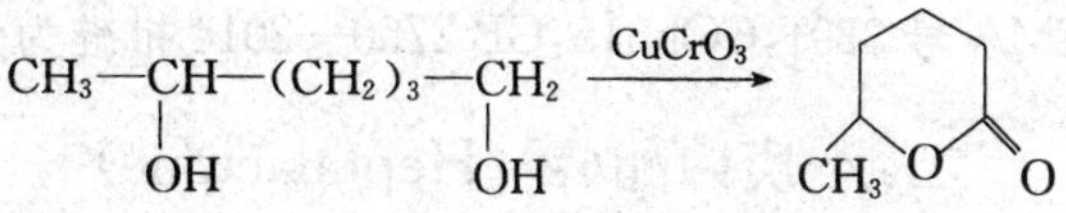

第二节　内酯类香料

一、γ-丁内酯（γ-Butyrolactone）

γ-丁内酯又称 4-羟基丁酸内酯。

分子式为 $C_4H_6O_2$，相对分子质量 86.09。

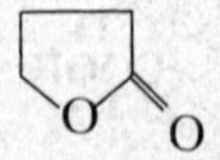

(1)理化性质　无色至淡黄色油状液体，具有牛乳和奶油香气。能与水混溶，溶于乙醇等有机溶剂，能随水蒸气挥发，在热碱溶液中分解。熔点为-42℃，沸点为 203～204℃，相对密度(d_4^{15})为 1.129，折射率(n_D^{20})为 1.4341。

(2)天然存在　在啤酒、白葡萄酒、芒果、咖啡、炒榛子中均有存在。

(3)制备方法

①以铜为催化剂，由 1,4-丁二醇脱氢制得 γ-丁内酯。

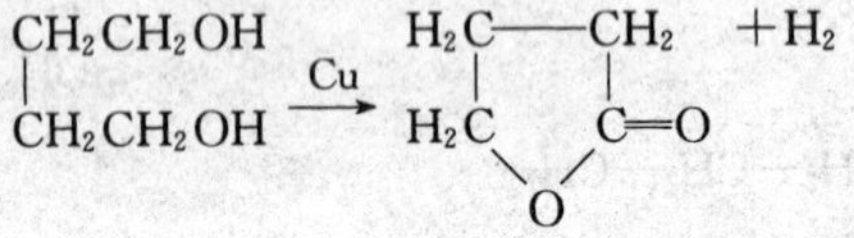

②由顺丁烯二酸酐直接加氢制备，同时伴有副产物四氢呋喃的生成。

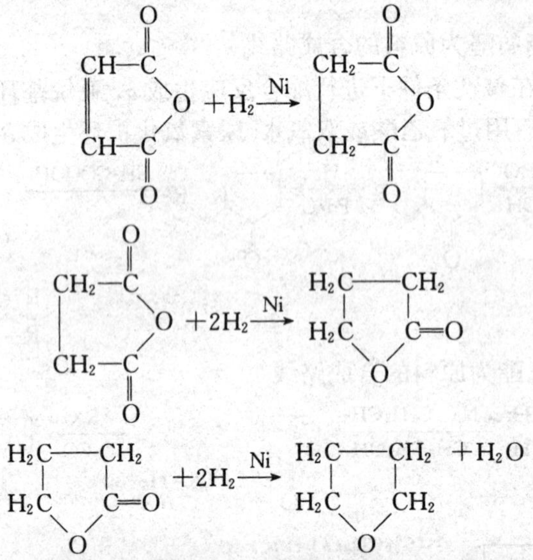

(4)主要用途　γ-丁内酯可用于制备 α-吡咯烷酮、N-甲基吡咯烷酮、乙酰丁内酯、1,4-丁二醇、γ-丁内酰胺、硫化二丁酸酯乙基卤代丁烷等。主要用于调配奶油、牛乳、巧克力、可可、咖啡、椰子、桃、芒果、水果等香型食用香精。

(5)安全管理　FEMA 号 3291，COE615，GB 2760—2014 批准为允许使用的食品香料。

二、γ-庚内酯(γ-Heptalactone)

γ-庚内酯又称 4-羟基庚酸-γ-内酯、γ-正丙基-γ-丁内酯、1,4-庚内酯。

分子式为 $C_7H_{12}O_2$，相对分子质量 128.17。CAS 为 105-21-5。

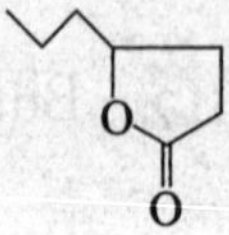

(1)理化性质 无色油状液体,具有甜香的坚果似焦糖香气,并有麦芽、焦糖、药草香味。微溶于水,溶于乙醇等有机溶剂。沸点为107℃/2kPa,相对密度(d_4^{20})为1.002,折射率(n_D^{20})为1.4410。

(2)天然存在 存在于香木瓜、桃、芦笋、草莓中。

(3)制备方法

①由γ-羟基庚酸进行分子内酯化反应制得。

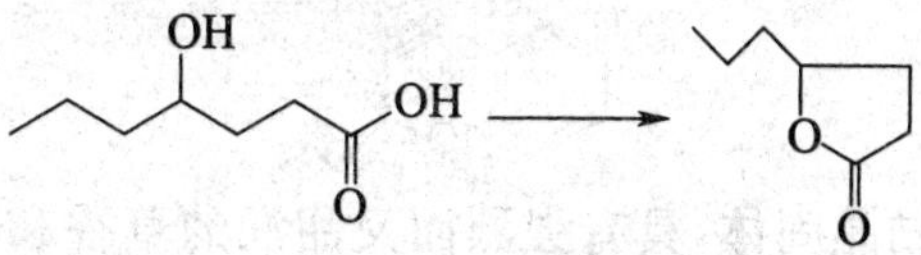

②由丙烯酸甲酯与丁醇进行催化加成缩合反应制得。

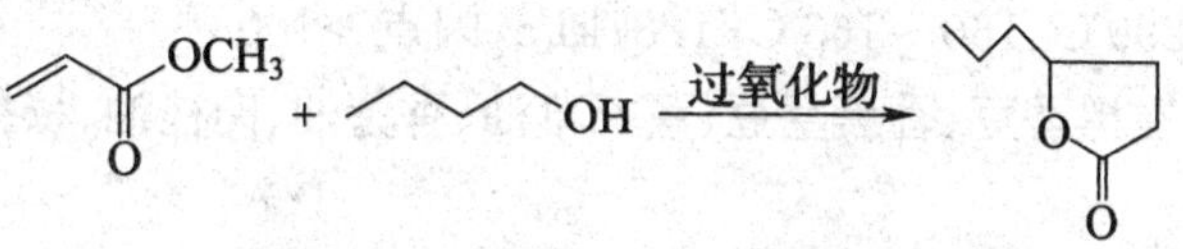

(4)主要用途 可用于日化香精、食用香精和烟草香精中。

(5)安全管理 FEMA认定为GRAS,FEMA号2539,FDA172.515,COE2253,GB 2760—2014批准为允许使用的食品香料。欧洲理事会将γ-庚内酯列入暂时允许使用的人造食用香料表中,其最高用量为10mg/kg。

三、γ-辛内酯(γ-Octalactone)

γ-辛内酯又称4-羟基辛酸内酯、γ-正丁基-γ-丁内酯、1,4-辛内酯。

分子式为$C_8H_{14}O_2$,相对分子质量为1420.20。CAS104-50-7。

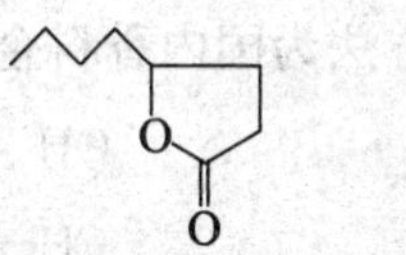

(1)理化性质 淡黄色液体,具有强烈而又甜润的椰子果香香气。微溶于水,稍溶于丙二醇,溶于乙醇等有机溶剂。沸点为234℃、116~117℃/1.3kPa,相对密度(d_{25}^{25})为0.970~1.980,折射率(n_D^{20})为1.4430~1.4470,闪点>100℃。

(2)天然存在 存在于杏和桃中。

(3)制备方法 以己醛为原料,首先与丙二酸进行缩合反应,缩合产物经脱羧后生成辛烯酸,最后经内酯化生成γ-辛内酯。

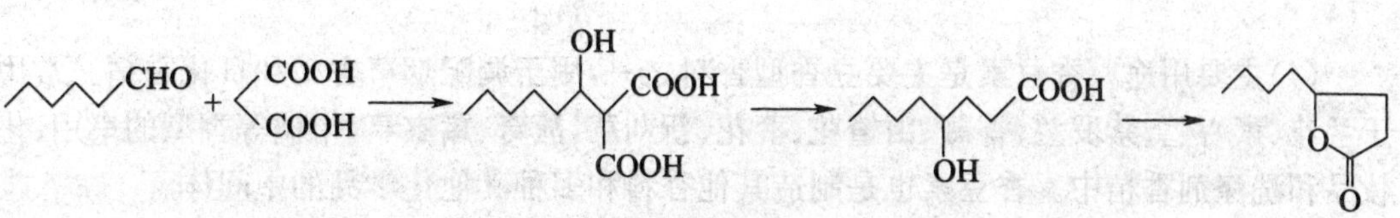

(4)主要用途 可用于日化香精和食用香精中。

(5)安全管理　FEMA 认定为 GRAS，FEMA 号 2796，FDA172.515，COE2274，GB 2760—2014 批准为允许使用的食品香料。欧洲理事会将 γ-辛内酯列入暂时允许使用的人造食用香料表中，其最高用量为 10mg/kg。

四、香豆素（Coumarin）

香豆素又称 1，2-苯并吡喃酮。

分子式为 $C_9H_6O_2$，相对分子质量 146.15。CAS 为 91-64-5。

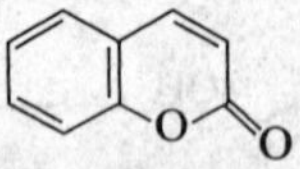

(1)理化性质　白色结晶固体，具有强烈而又甜润的草香和辛香香气，稀释时有干草和烟草似的香韵。微溶于水，易溶于乙醇等有机溶剂，溶于氢氧化钠溶液。熔点为 68～70℃，沸点为 297～299℃、160～163℃/1.87kPa，闪点＞100℃。

(2)天然存在　在黑香豆、香荚兰豆、薰衣草油、香荠油、肉桂油、秘鲁香脂中均有存在。

(3)制备方法

①以邻甲酚为原料，经过生成邻甲酚磷酸酯和邻甲酚碳酸酯、邻甲酚乙酸酯的阶段，最后生成香豆素。

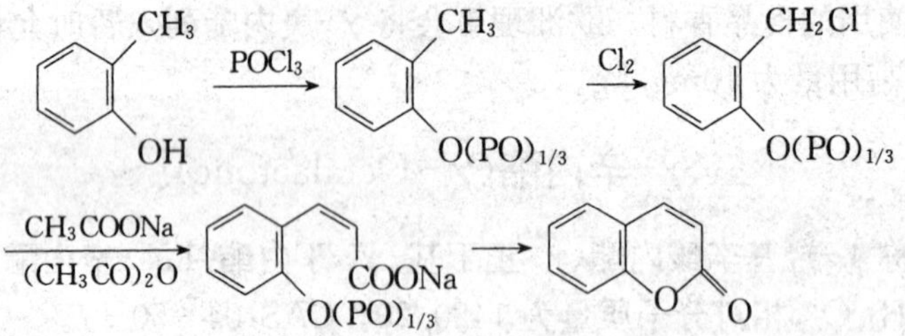

②以水杨醛为原料制备，此方法为国内香料企业生产香豆素的主要方法。

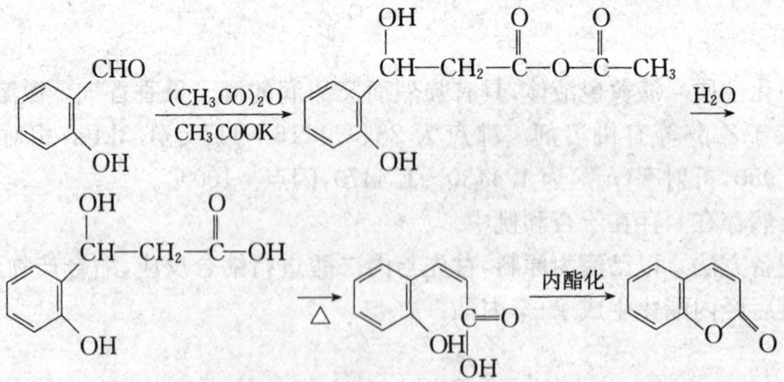

(4)主要用途　香豆素是主要豆香型香料之一，用于调配烟草香精和日化香精。常用于兰花、素心兰、紫罗兰、香薇、山楂花、葵花、新刈草、馥奇、薰衣草、柑橘等香型的皂用、化妆品和洗涤剂香精中。香豆素也是制造其他香料和多种其他化学品的中间体。

(5)安全管理　中国、美国已不允许使用于食品香料，允许用于烟草中。认为可以安全外用。

五、二氢香豆素(Dihydrocoumarin)

二氢香豆素又称苯并二氢吡喃酮。

分子式为 $C_9H_8O_2$，相对分子质量 148.16。CAS 为 119-84-6。

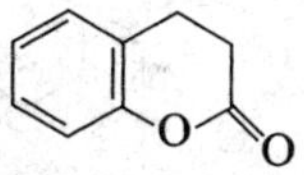

(1)理化性质　无色至淡黄色黏稠液体或低熔点结晶，具有甜润的草香香气，伴有甘草、桂皮、焦糖香韵。微溶于水，溶于乙醇等有机溶剂。沸点为 272℃、146℃/2.3kPa，凝固点为 23～24℃，相对密度(d_{25}^{25})为 1.187～1.191，折射率(n_D^{20})为 1.5540～1.5580，闪点>100℃。

(2)天然存在　在草木犀中有少量存在。

(3)制备方法

①以香豆素为原料在镍催化剂存在下经催化氢化反应制得。

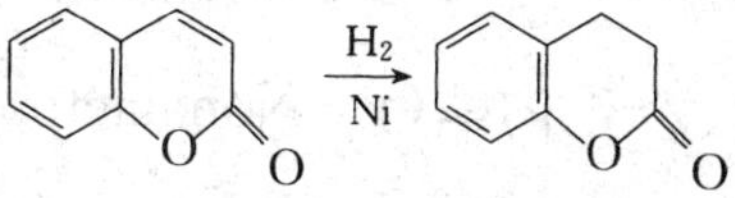

②以邻氯苯甲醛为原料制得。

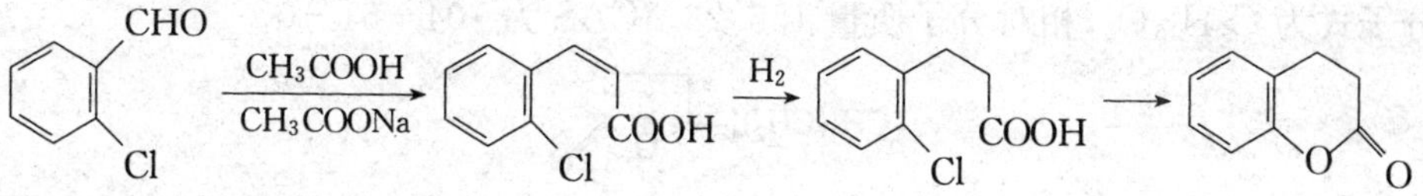

③以邻氯苯丙酸为原料制得。

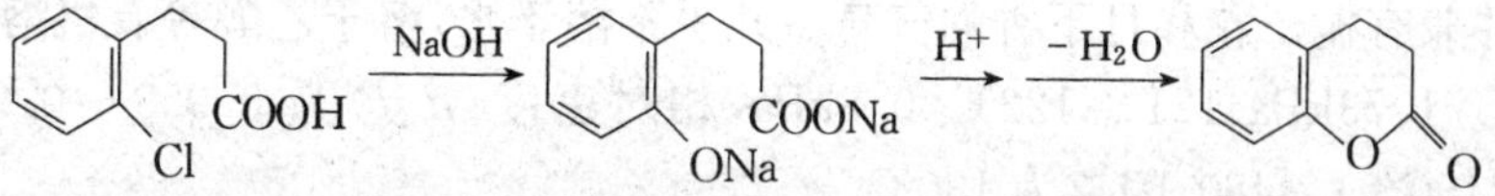

(4)主要用途　可以作为香豆素的代用品，用于铃兰、素心兰、葵花等香型的皂用、化妆品和洗涤剂香精中。主要用于调配豆香、果香、肉桂、椰子、焦糖、香草、杏仁、可可、奶油、黄油、樱桃、坚果、甜酒、烟草等香型食用香精。

(5)安全管理　FEMA 认定为 GRAS，FEMA 号 2381，COE535，GB 2760—2014 批准为允许使用的食品香料。欧洲理事会将二氢香豆素列入可用于食品中而不危害人体健康的人造食用香料表中。

六、八氢香豆素(Octahydrocoumarin)

八氢香豆素又称苯并八氢吡喃酮。

分子式为 $C_9H_{14}O_2$，相对分子质量 154.21。CAS 为 4430-31-3。

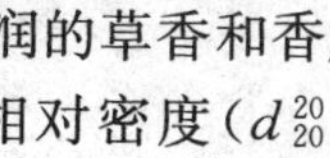

(1)理化性质　无色液体，具有甜润的草香和香脂香气。不溶于水，溶于乙醇等有机溶剂。沸点为 144～146℃/2.1kPa，相对密度(d_{20}^{20})为 1.088～1.098，折射率(n_D^{20})为

1.4880～1.4980,闪点为152℃。

(2)天然存在　未见文献报道。

(3)制备方法

①以香豆素为原料在镍催化剂存在下经催化氢化反应制得。

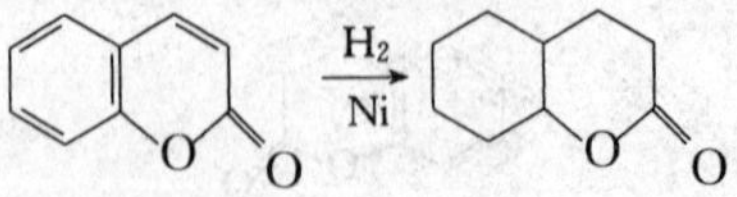

②以环己酮为原料,与丙烯酸酯进行加成缩合反应生成环己酮酯,再将得到的酮酯转化为香豆素。

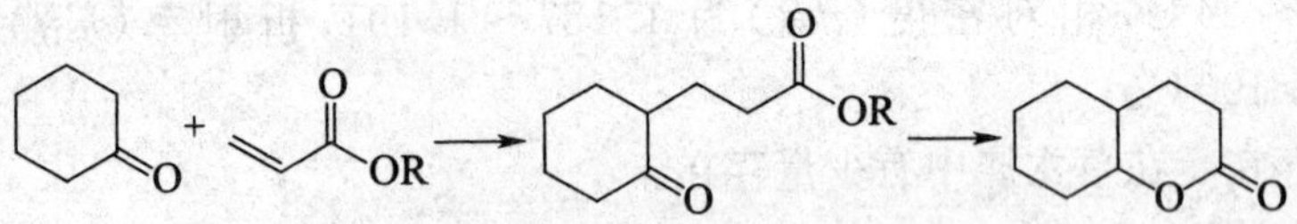

(4)主要用途　可用于日化香精和烟草香精中。

(5)安全管理　FEMA号3791,GB 2760—2014批准为允许使用的食品香料。

七、γ-壬内酯(γ-Nonalactone)

γ-壬内酯又称γ-戊基丁内酯、十八醛、椰子醛(商业俗名)。

分子式为$C_9H_{16}O_2$,相对分子质量156.23。CAS为104-61-0。

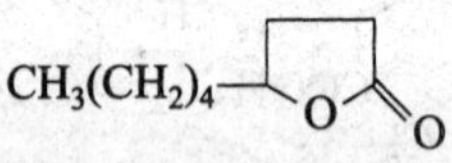

(1)理化性质　无色至淡黄色液体,具有奶油和椰子香气,稀释后又有桃、李子、杏的果香香气,并兼有栀子花和月下香的气息。几乎不溶于水,溶于乙醇等有机溶剂。沸点为243℃、136℃/1.73kPa、121～122℃/0.8kPa,相对密度(d_{25}^{25})为0.959～0.965,折射率(n_D^{20})为1.4450～1.4480,闪点为130℃。

(2)天然存在　主要存在于桃和杏中,在番茄、芒果、绿茶、啤酒、朗姆酒、白葡萄酒、白兰地酒、焙炒大麦中也有存在。

(3)制备方法

①丙烯酸甲酯或丙烯酸和己醇在二叔丁基过氧化物存在下反应制得,目前本法为γ-戊基丁内酯的主要生产方法。

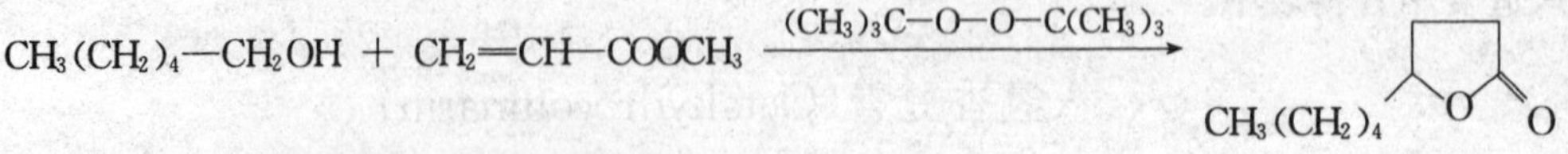

②由γ-羟基壬酸脱水环化制得。

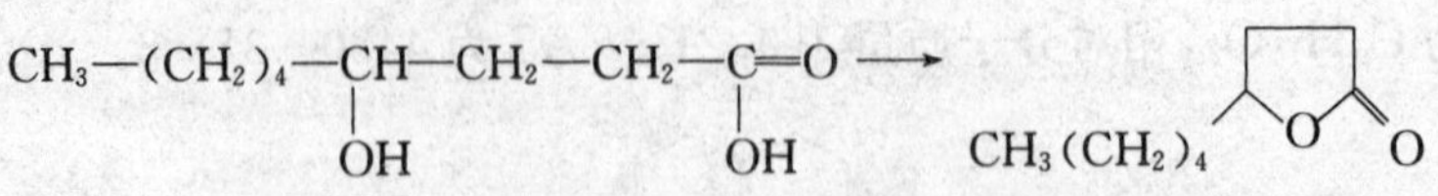

③以庚醛和丙二酸为原料,首先经缩合反应生成壬烯酸,然后以硫酸为内酯化剂,经加热环化制得。

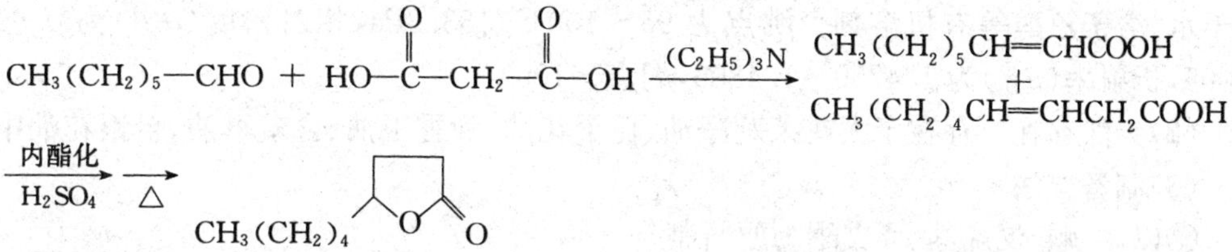

(4)主要用途　在日化香精中γ-壬内酯常用于茉莉、栀子、玫瑰、铃兰、百合、晚香玉等花香型或幻想型香精中，也用于栀子花、月下香等香型化妆品香精，还可用于香皂的生产，是一种食用香料。在食用香精中除作为椰子香精的主香剂外，还用于调配桃、杏、杏仁、牛乳、奶油、黄油、香草、樱桃、坚果、热带水果等香型食用香精。

(5)安全管理　FEMA 号 2781，FDA172.515，COE178，GB 2760—2014 批准为暂时允许使用的食品香料。

八、6-甲基香豆素(6-Methyl Coumarin)

6-甲基香豆素又称 6-甲基苯并吡喃酮。

分子式为 $C_{10}H_8O_2$，相对分子质量 160.17。

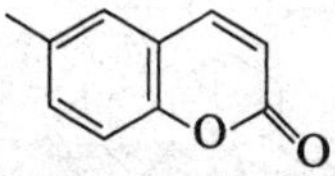

(1)理化性质　白色结晶固体，具有甜椰子、香荚兰和奶油香气。微溶于热水，可溶于乙醇等有机溶剂。沸点为 303℃/96.7kPa，熔点为 73～76℃。

(2)天然存在　未见文献报道。

(3)制备方法　以对甲酚和马来酸为原料制备。

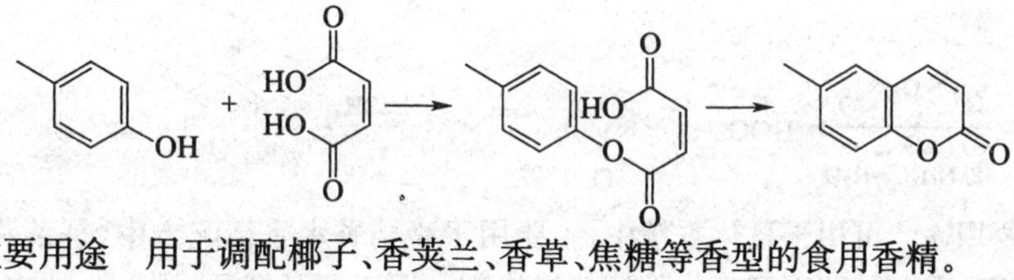

(4)主要用途　用于调配椰子、香荚兰、香草、焦糖等香型的食用香精。

(5)安全管理　FEMA 号 2699，COE579，GB 2760—2014 批准为允许使用的食品香料。

九、δ-茉莉内酯(Jasmolactone)

δ-茉莉内酯又称顺式-7-癸烯-5-内酯、5-羟基-7-癸烯酸内酯、顺式-2-戊烯-δ-戊内酯。

分子式为 $C_{10}H_{16}O_2$，相对分子质量 168.24。CAS 为 32686-71-0。

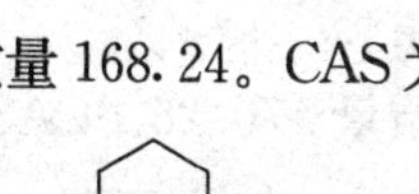

(1)理化性质　无色至淡黄色液体，具有强烈的果香香气，并有茉莉花香韵。茉莉内酯分为天然和合成的两种。天然的茉莉内酯化学名称为左旋顺式-7-癸烯-5-内酯。不溶于水，溶于乙醇等有机溶剂。沸点为 95～100℃/133.3Pa，相对密度(d_{20}^{20})为 0.995～1.005，折射率(n_D^{20})为 1.4750～1.4800，闪点＞100℃。

(2)天然存在　存在于大花茉莉净油、栀子花油、晚香玉油、含羞草油、金银花油中。

(3)制备方法

①以 2-顺-戊烯基-环戊酮为原料制备。

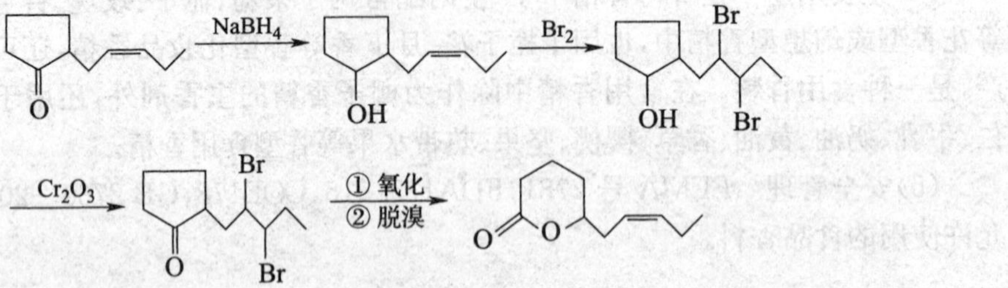

②以 ω-醛基丁酸酯和 1-溴-2-戊炔为原料制备。

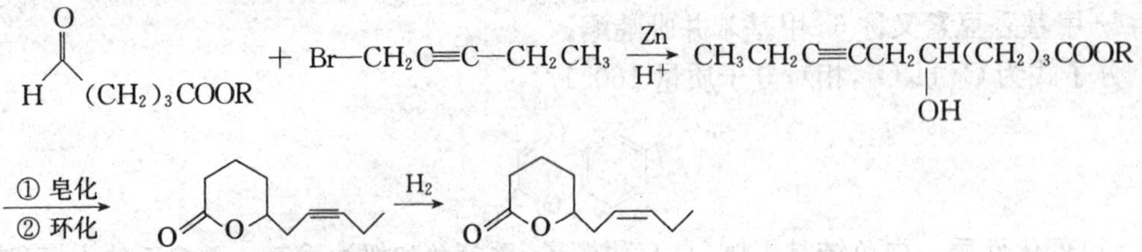

③以叶醇为原料制备。

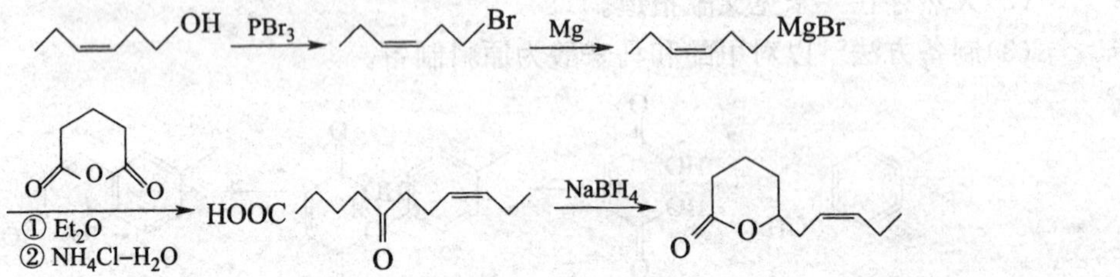

(4)主要用途　可用于日化香精中，主要用于高档香水香精配方中，是茉莉香型日化香精的主香剂，是其他花香型日化香精的修饰剂。用于调配椰子、桃、杏、乳味、热带水果等香型的食用香精。

(5)安全管理　FEMA 号 3745，GB 2760—2014 批准为允许使用的食品香料。

十、γ-癸内酯(γ-Decalactone)

γ-癸内酯又称 γ-正己基丁内酯。

分子式为 $C_{10}H_{18}O_2$，相对分子质量 170.25。CAS 为 706-14-9。

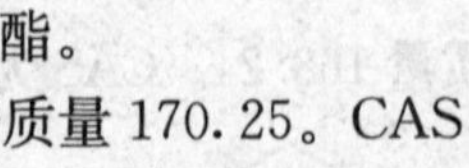

(1)理化性质　无色液体，具有强烈的果香香气，稀释时具有桃、椰子似的香气。微溶于水，溶于乙醇等有机溶剂。沸点为 281℃、156℃/2.3kPa，相对密度(d_4^{20})为 0.951～

0.955，折射率(n_D^{20})为 1.4470～1.4520，闪点＞100℃。

(2)天然存在　在桃、杏仁、草莓、椰子、芒果、朗姆酒、啤酒中均有存在。

(3)制备方法

① 以辛醛为原料与丙二酸缩合，然后再脱羧、内酯化制得。

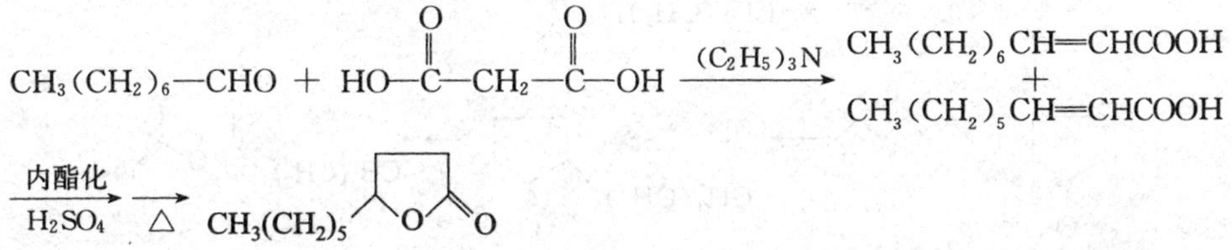

②以 2-癸烯酸为原料，在冷时与 85%的硫酸混合，然后加热至 80℃，最后通过水合和环化反应制得。

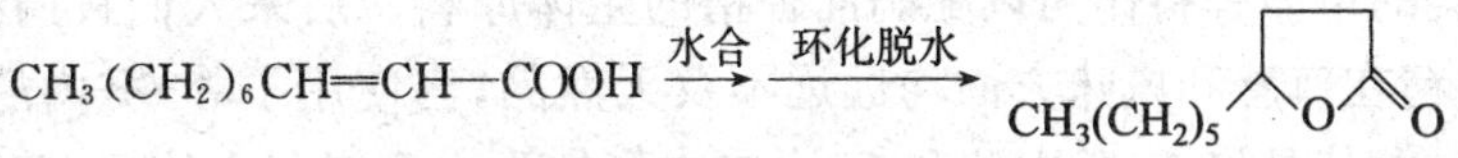

(4)主要用途　在花香型日化香精中作协调剂。在果香型食用香精中作主香剂，常用于调配椰子、桃、杏、草莓、芒果、柑橘、奶油、牛乳、浆果、巧克力等香型食用香精。

(5)安全管理　FEMA 号 2360，FDA172.515，COE2230，GB 2760—2014 批准为允许使用的食品香料。

十一、δ-癸内酯(δ-Decalactone)

δ-癸内酯又称 5-羟基癸酸内酯、δ-正戊基-δ-戊内酯、1,5-癸内酯。

分子式为 $C_{10}H_{18}O_2$，相对分子质量 170.25。CAS 为 705-86-2。

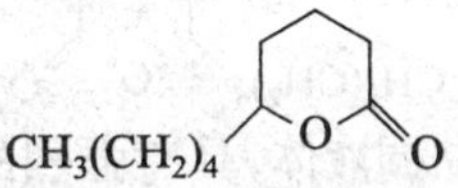

(1)理化性质　无色黏稠液体，具有奶油香味，椰子及桃的果香香气。几乎不溶于水，溶于乙醇等有机溶剂。沸点为 281℃、117～120℃/3Pa，相对密度(d_{20}^{20})为 0.968～0.974，折射率(n_D^{20})为 1.4570～1.4610，闪点＞100℃。

(2)天然存在　存在于椰子、覆盆子和芒果中。

(3)制备方法

①以环戊酮为原料，首先与正戊醛进行醇醛缩合反应，缩合产物经脱水、选择性还原后生成 2-戊基环戊酮，最后经氧化扩环反应生成 δ-癸内酯。该法最具有工业生产价值。

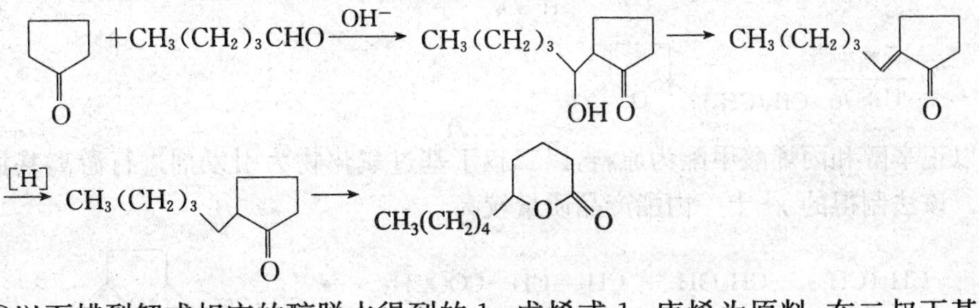

②以石蜡裂解或相应的醇脱水得到的 1-戊烯或 1-庚烯为原料，在二叔丁基过氧化

物引发下，与环戊酮进行游离基加成反应生成2-戊基环戊酮(或2-庚基环戊酮)，再经氧化扩环反应生成δ-癸内酯(或δ-十二内酯)。

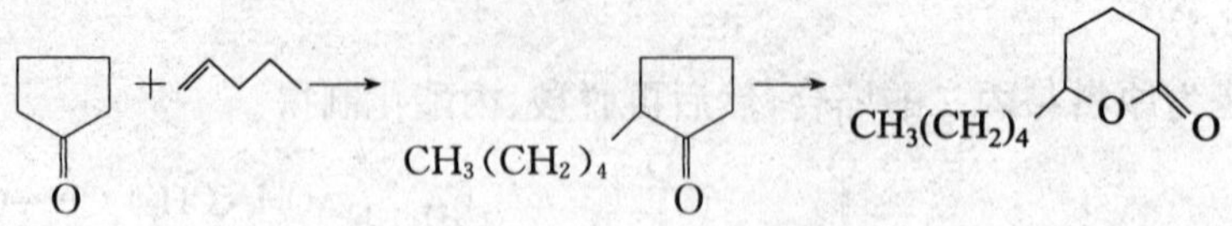

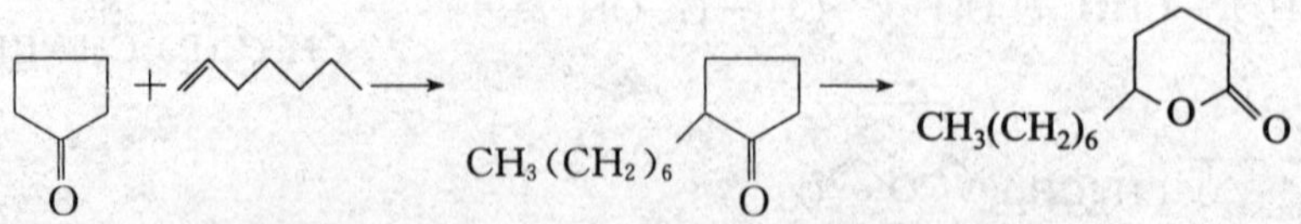

(4)主要用途　δ-癸内酯主要用于牛乳、奶油、黄油、杏仁、桃、椰子、浆果、坚果等香型食用香精中，被认为具有天然奶油的特征香味。在此之前，调香师们只局限于使用丁二酮、香兰素之类的单体香料作为调配奶油香精的主体原料。后来人们普遍感到如此调配出来的奶油香精在口感和风味方面均远远不及天然品，当使用了δ-癸内酯后，才呈现逼真的奶油香味，尤其是将δ-癸内酯和δ-十二内酯作为主香剂配合使用，调配出的奶油香精风味效果更佳。

(5)安全管理　FEMA号2361，FDA172.515，COE621，GB 2760—2014批准为允许使用的食品香料。

十二、γ-十一内酯(γ-Undecalactone)

γ-十一内酯又称γ-庚基丁内酯、十四醛、桃醛(商业俗名)。

分子式为$C_{11}H_{20}O_2$，相对分子质量184.28。CAS为104-67-6。

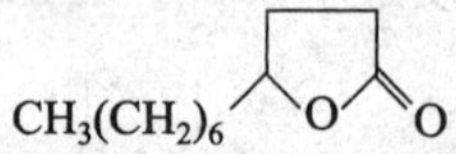

(1)理化性质　淡黄色至黄色黏稠液体，具有强烈的果香香气，桃和杏仁香韵。不溶于水和甘油中，溶于乙醇等有机溶剂。沸点为286℃、162℃/1.7kPa，相对密度(d_{25}^{25})为0.942～0.945，折射率(n_D^{20})为1.4500～1.4540，闪点>100℃。

(2)天然存在　存在于桃和杏仁中。

(3)制备方法

①以热解蓖麻油制得的ω-十一烯酸为原料，在酸性条件下异构化生成β,γ-十一烯酸，最后经内酯化反应制得。

$$CH_2{=}CH{-}(CH_2)_8{-}COOH \xrightarrow[H_2SO_4]{异构化} CH_3(CH_2)_6CH{=}CHCH_2{-}COOH$$

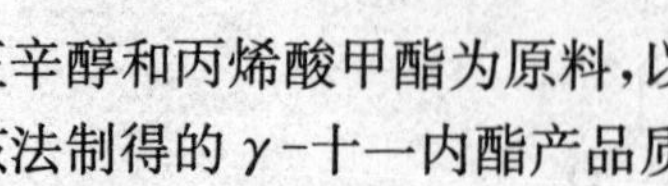

②以正辛醇和丙烯酸甲酯为原料，以二叔丁基过氧化物为引发剂进行游离基加成反应制得。该法制得的γ-十一内酯产品质量较高。

$$CH_3(CH_2)_6{-}CH_2OH + CH_2{=}CH{-}COOCH_3 \longrightarrow$$

(4)主要用途　γ-十一内酯是最常用的内酯香料之一。常用于紫丁香、桂花、茉莉、栀子花、金合欢、铃兰、橙花、白玫瑰等香型日化香精中。也常用于桃、樱桃、杏、椰子、甜瓜、牛乳、奶油、黄油、坚果、香草、蘑菇等香型食用香精中。

(5)安全管理　FEMA 号 3091,FDA172.515,COE179,GB 2760—2014 批准为暂时允许使用的食品香料。

十三、γ-十二内酯(γ-Dodecalactone)

γ-十二内酯又称 4-羟基十二酸内酯、1,4-十二内酯。

分子式为 $C_{12}H_{22}O_2$,相对分子质量 198.31。CAS 为 2305-05-7。

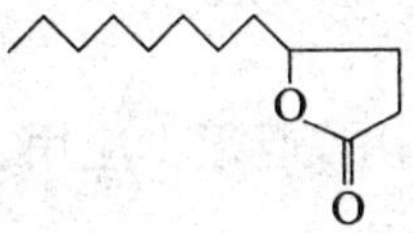

(1)理化性质　无色至淡黄色油状液体,具有油脂粉香香气,桃似的香韵,香气持久。不溶于水,稍溶于丙二醇,溶于乙醇、脂肪油和精油。沸点为 258℃、130℃/680Pa,相对密度(d_{20}^{20})为 0.935～0.939,折射率(n_D^{20})为 1.4510～1.4540,闪点＞100℃。

(2)天然存在　存在于桃中。

(3)制备方法　以二叔丁基过氧化物为引发剂,壬醇和丙烯酸甲酯为原料通过游离基加成反应制得。

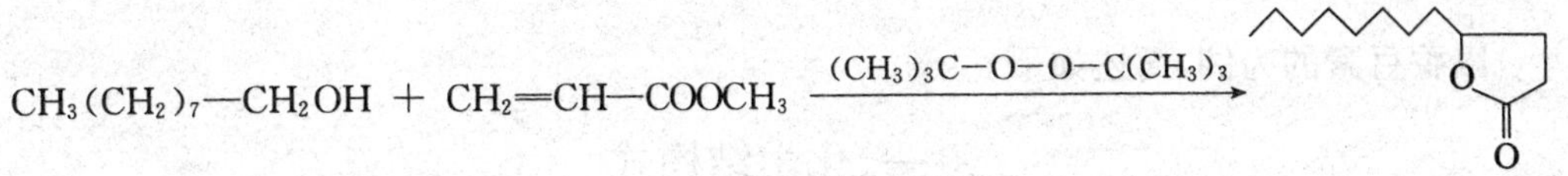

(4)主要用途　可用于日化香精和食用香精中。用于调配黄油、坚果、椰子、桃、菠萝以及混合水果等香型食用香精。

(5)安全管理　FEMA 认定为 GRAS,FEMA 号 2400,FDA172.515,COE2240,GB 2760—2014 批准为允许使用的食品香料。欧洲理事会将 γ-十二内酯列入可暂时允许使用的人造食用香料表中,用量为 5mg/kg。

十四、δ-十二内酯(δ-Dodecalactone)

δ-十二内酯又称 5-羟基十二酸内酯。

分子式为 $C_{12}H_{22}O_2$,相对分子质量 198.31。CAS 为 713-95-1。

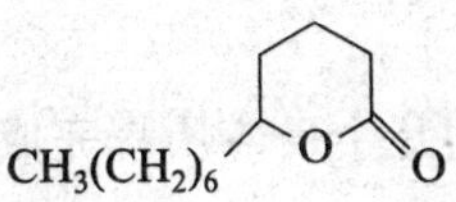

(1)理化性质　无色至淡黄色黏稠液体,具有强烈的奶油香气和果香香气。不溶于水,稍溶于丙二醇,溶于乙醇和脂肪油。沸点为 129～130℃/133.3Pa,相对密度(d_{25}^{25})为 0.942～0.950,折射率(n_D^{20})为 1.4580～1.4610,闪点为 110℃。

(2)天然存在　存在于椰子、桃、草莓、覆盆子、干酪、乳制品、黄油、猪脂肪、朗姆酒、雪利酒中。

(3)制备方法

①以庚醛和环戊酮为原料,经缩合、脱水、加氢和氧化扩环反应制得。

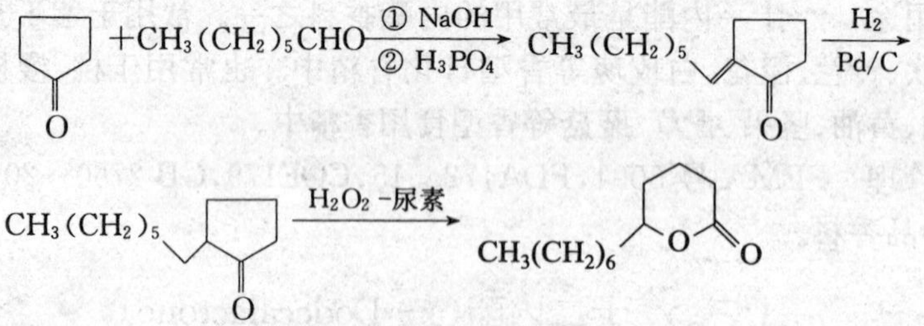

②以δ-羟基十二酸为原料,经内酯化反应制得。

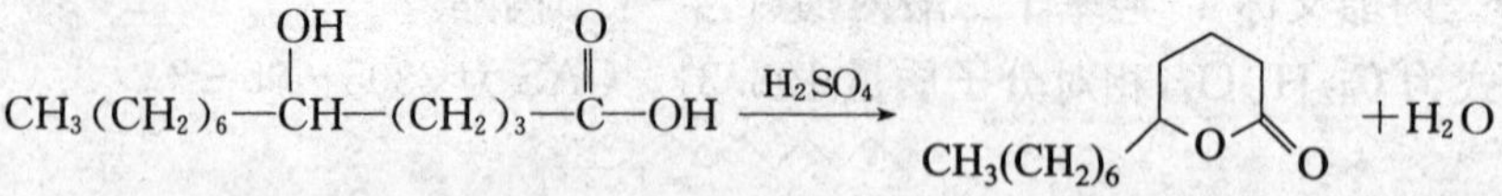

(4)主要用途　可用于日化香精中,但很少应用。主要用于调配奶油、牛乳、干酪、黄油、椰子、桃、梨、坚果等香型食用香精。

(5)安全管理　FEMA 认定为 GRAS,FEMA 号 2401,FDA172.515,COE624,GB 2760—2014 批准为允许使用的食品香料。欧洲理事会将δ-十二内酯列入可用于食品中而不危害人体健康的人造食用香料表中,用量为 40mg/kg。

第三节　内酯类香料生产工艺

以香豆素的为例,简述如下。

一、化学结构式

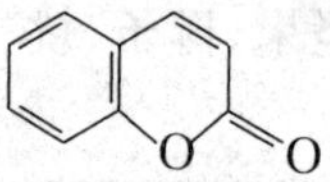

二、反应式

主反应:

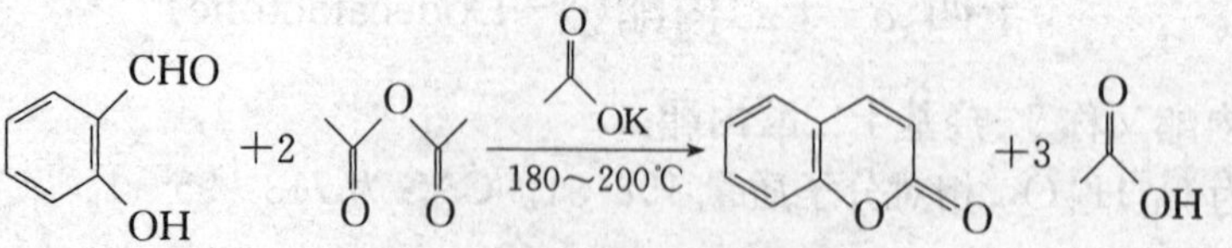

上述主反应事实上是经过下列几个反应历程完成的:

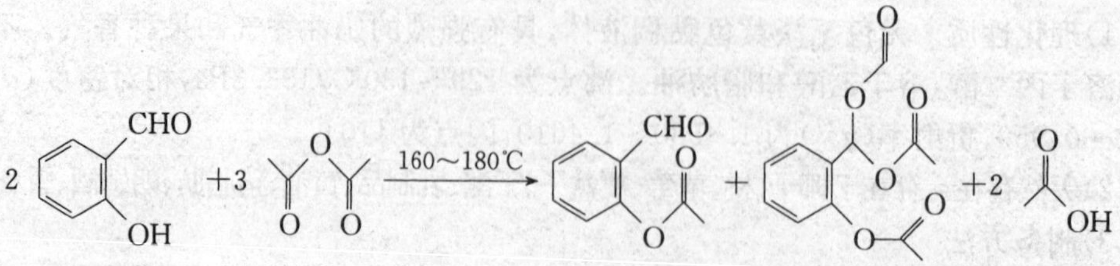

水杨醛　　　　单乙酸水杨醛酯　三乙酸水杨醛酯　　乙酸

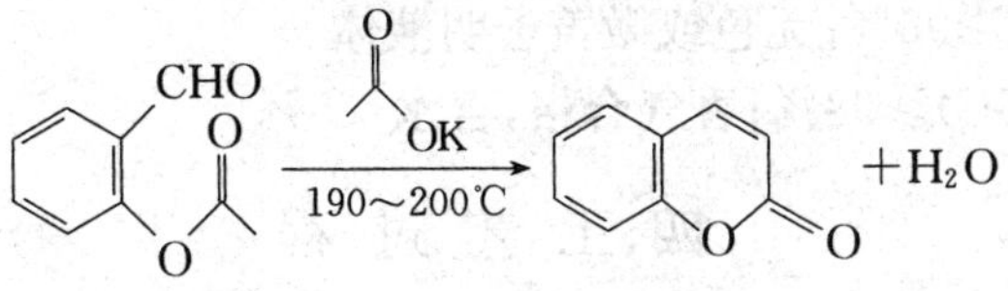

单乙酸水杨醛脂　香豆素　水

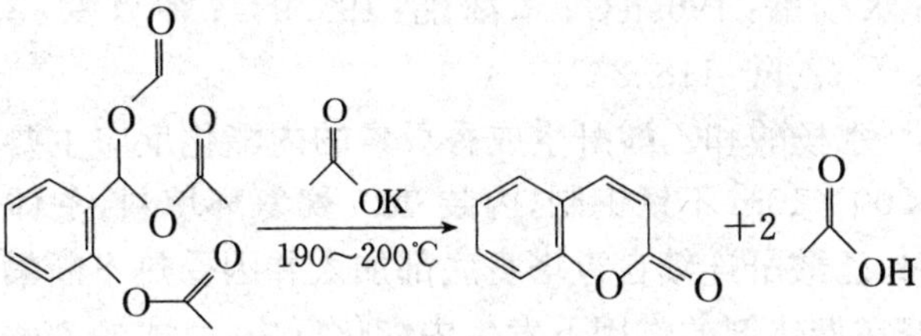

三乙酸水杨醛酯　香豆素　乙酸

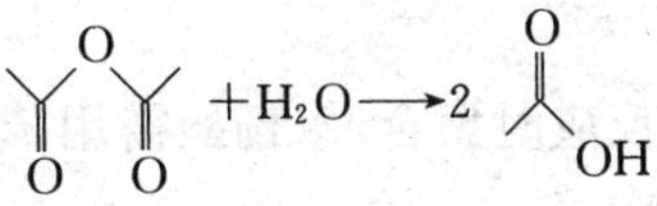

乙酸酐　水　乙酸

副反应：

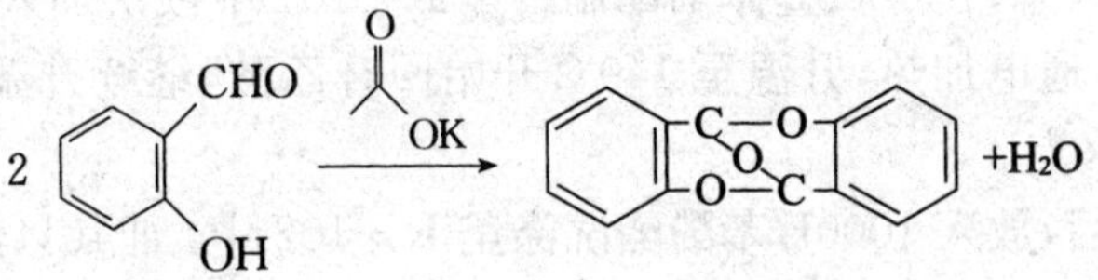

水杨醛　二聚水杨醛　水

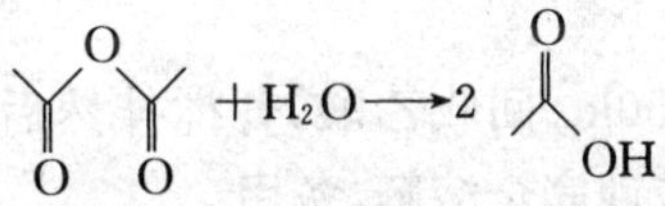

乙酸酐　水　乙酸

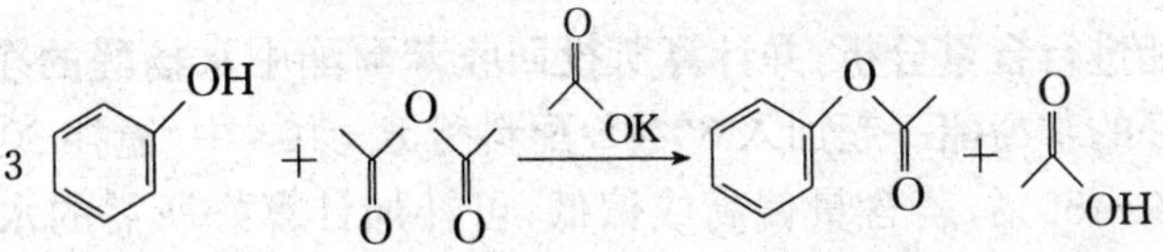

苯酚　乙酸酐　苯酚酯　乙酸

二聚水杨醛经硫酸处理，可水解为水杨醛：

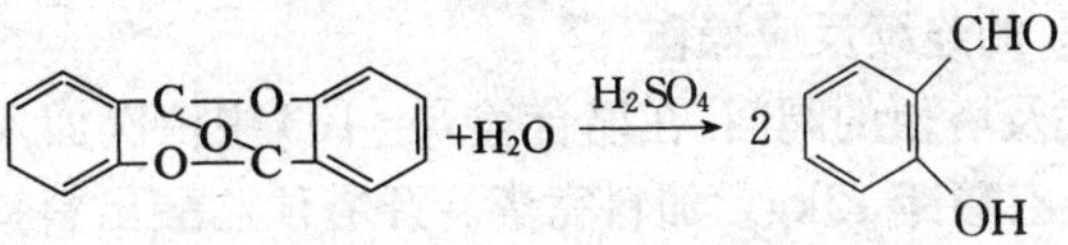

二聚水杨醛　水　水杨醛

三、原料规格

(1)水杨醛　含量(GC)≥96%；后段≤3%。

(2)无水碳酸钾　工业级；含量(GC)≥95%。

(3)乙酸酐　含量≥96%;无色或微黄透明液体。

(4)苯酚　含量(GC)≥98%;香气合格,含水<5%。

四、工 艺 过 程

了解下列物质的沸点,对香豆素合成的操作是有益的。

苯酚:182.2℃;水杨酸:196.5℃;苯酚酯:195.9℃;香豆素:303℃;二聚水杨酸:319.5℃;乙酸酐:140℃;乙酸:118.2℃;

如图11-1所示,水杨酸和乙酸酐生成香豆素的内酯化反应主要在缩合釜R-103的塔内进行;塔身为Φ200×10m不锈钢制,内装Φ25聚氨环填料,釜体容积1000L,具有自动出料装置。反应时,乙酸酐连续自近塔身底部加入并因受热不断攀升,与从塔中部加入的向下回流的水杨醛在催化剂的作用下发生内酯化反应,生成的乙酸向塔顶攀升,生成的香豆素由于沸点高,由塔内回落至釜内,釜内的香豆素连续溢出至粗品槽,整个生产是连续的过程。

为避免水杨酸在较高温度反应时聚合,水杨酸需用苯酚酯稀释至45%~50%,反应催化剂乙酸钾一起配入水杨醛中。

1. 苯酚酯的制备

将苯酚预热至液态,在1000L苯酚酯制备釜R-101中依次加入苯酚400kg、乙酸酐400kg、乙酸钾2kg,通电加热,升温至140℃开始回升乙酸,继续升温,不断馏出乙酸,至内温195℃为反应终点。

待釜内料稍冷后,放入1000L苯酚酯洗涤釜R-102中,加10%纯碱水,洗涤至物料呈中性,静置半小时以上,分去水层,苯酚酯装桶备用。

2. 乙酸钾溶液的配制

在乙酸钾溶解锅中抽入350kg回收乙酸,开搅拌然后倒入100kg乙酸钾,开水蒸气加热,慢慢升温至70℃,使乙酸钾完全溶解,备用。

3. 水杨醛的配制

将回收苯酚酯进行含量分析,并计算所投回收苯酚酯中水杨醛的净含量。将计算好的水杨醛和制备好的苯酚酯一起加入3000L配料釜R-103中,搅拌30min以上,取样分析,含量应在48%~50%,若含量偏高或偏低,可补加计算好所需的水杨醛或苯酚酯以后,搅拌半小时以上,经釜底过滤网过滤后打入1000L水杨醛高位槽V-103内备用。

4. 乙酸酐经计算后抽入1000L乙酸酐高位槽V-104中备用。

5. 缩合釜R-103的连续反应操作

关闭出料口、釜底及塔顶的阀门,在缩合釜R-103中依次加入苯酚酯250kg,乙酸酐400kg,水杨醛200kg,乙酸钾12kg。加料完毕。开塔顶乙酸出料口阀门,开电加热,在釜温145℃时,釜液开始沸腾,温度上升,此时可开塔顶回流比2:2,若温度超过120℃可适当加大回流比,以防乙酸酐馏出。待油温升至215~218℃,内温超过200℃时可以开始连续进料。此时打开塔顶缩合液出料阀门,同时打开乙酸酐进料阀门,调节至适当流量,进料15min后打开水杨醛进料阀门,调节流量稍大于乙酸酐流量,此时应密切注意观察顶温,若顶温冲高,说明乙酸酐流量偏大,应适当减小;若顶温低于116℃,说明水杨醛流量

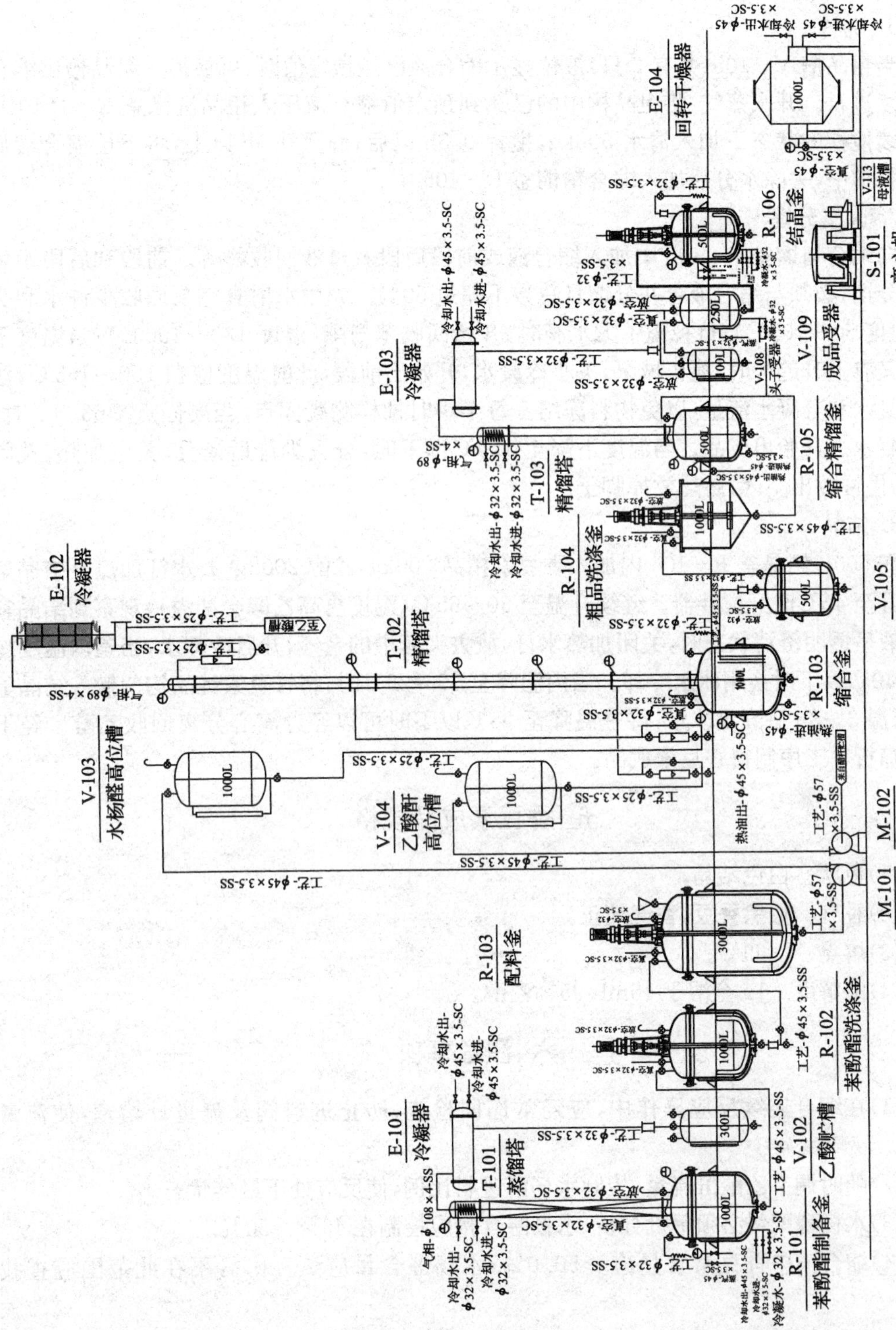

图 11－1　香豆素生产工艺设备流程图

偏大,应适当减小。塔顶回流比一般控制在 2∶2,当顶温超过 120℃时,可适当加大回流比,同时调节酐、醛流量,待正常后调回 2∶2。

6. 洗料

当粗品槽 V-105(共有 2 只)液位显示缩合液已达预定值时,可换另一粗品槽供缩合釜连续进料。开水蒸气,将粗品槽中的已达到预定值缩合液压入粗品洗涤釜 R-104 中。在连续搅拌的状态下加入清水 500kg,搅拌 0.5h 以后,静置 0.5h 以上,将下层缩合液放至储料槽中,去除水分后加入缩合精馏釜 R-105 中。

7. 真空分馏

向缩合精馏釜 R-105 中加入缩合液或前段后段及母液回收物等。前段和后段不可单独分馏,必须与缩合液合并分馏且总数不超过 50%。先用水射真空泵回收少许水和头子(温度 50～105℃);待视镜中无水滴时,开始回收苯酚酯(温度 130～150℃);当温度下降后又有上升趋势时,换机械泵,关小冷凝水,开始出前段,此时温度应在 150～165℃,注意冷凝水和分凝水流量,以免物料冻结。每半小时抽样测凝固点,当凝固点≥63.5℃时,关分凝水。开始出成品。当温度下降至 155℃以下时,分去少许后馏分,关电加热,关闭真空,慢慢放出空气,趁热放掉脚子。

8. 结晶

在 500L 结晶釜 R-106 内加入香豆素精品 200kg,乙醇 200kg,开水汀加热至结晶釜内温升至 45℃时开搅拌器。继续升温至 60～65℃(温度再高乙醇会冲溢),观察到结晶釜内溶液呈透明澄清状态时,关闭加热水汀,放去夹套中的余气,开启冷却水,当釜内温度冷却至 40℃以下时换用冰水冷却。当内温降至 33～36℃时,将香豆素纯品均匀撒入结晶釜中,保温 2～3h 后开足冰水,待釜温降至 25℃以下时可以经过离心分离回收乙醇。经干燥与筛析等工序制得香豆素成品。

五、香豆素成品规格

(1)色状　白色结晶。

(2)香气　似黑香豆,香气纯正。

(3)熔点　≥69℃。

(4)溶解度　1g 全溶于 15mL 95%乙醇。

六、注意事项

(1)在缩合连续反应操作中,应经常巡回检查,防止进料阀及流量计堵塞,使流量失准。

(2)随时调节乙酸酐流量,控制水杨醛进料比例,使反应处于最佳状态。

(3)水杨醛配料必须每批分析,水杨醛含量应控制在 46%～50%。

(4)缩合液中香豆素含量应≥50.0%,水杨醛含量应≤7.0%,不在此范围应查找原因。

第十二章　合成麝香类香料

第一节　概　　述

麝香在香料工业和医药工业中具有重要的价值，是五大动物香料(麝香、灵猫香、海狸香、龙涎香、麝香鼠香)之首，香味浓厚，浓郁芳馥，留香持久。麝香在香料中的应用由来已久，是香料家族中的佼佼者。过去常将天然麝香配成3%～10%的酊剂，作为香气的载体和定香剂用于高档化妆品香精，特别是香水香精之中，可以增强香精香气的扩散力和持久性。通常在香精中加入千分之几至万分之几就可使香精的香气圆熟、协调与柔和，提高香气效果。麝香类香料对于配制日化香精是不可缺少的，但是在近代的香精配方中大多数已被合成麝香类化合物所代替。

天然麝香可以从麝鹿和麝香鼠等动物的分泌物中得到，也可以从黄葵和当归等植物中提取。但价格极其昂贵，且来源有限，在应用上受到很大限制。随着现代检测分析分离和有机合成技术的进步与发展，从天然麝香中不断地单离出有效的发香成分，鉴定其化学结构，然后将它们合成出来。另一方面，经过不断地探索和研究，发现了许多天然麝香中并不存在但却具有麝香香气的化合物。因此，合成麝香类香料越来越具有发展潜力。

合成麝香类化合物在香料工业中的应用已有100多年的历史，最初应用的有芳香族硝基化合物和大环麝香类化合物。近代又出现了一系列无硝基苯环、双环和多环类麝香化合物。合成麝香有多种分类方法。按照麝香化合物的成环结构可分为单环、多环和大环麝香，单环麝香和多环麝香又可按分子结构中有无硝基进一步分为硝基麝香和非硝基麝香。不含硝基的单环麝香一般作为香料使用的价值不大，所以单环麝香基本上都属于硝基麝香类。相反，多环麝香则以非硝基麝香为主。因此，人们习惯上将麝香分为硝基麝香、多环麝香和大环麝香三大类。

一、硝基麝香

硝基麝香按分子中硝基的数目可分为一硝基、二硝基、三硝基和多硝基麝香等。

二、多环麝香

(1)二环麝香　又可分为茚满型和萘满型。

(2)三环麝香　又可分为异色满型、氢化引达省型和范型。

三、大环麝香

(1)大环酮　又可分为饱和酮、不饱和酮与氧杂酮。

(2)大环内酯　又分为饱和内酯、不饱和内酯与氧杂内酯。

(3)大环双酯。

(4)其他大环酯　包括大环碳酸酯、大环酸酐、醇、醚、含氧化合物、含硫化合物、二环化合物等。

第二节　硝基麝香

硝基麝香是最早开发的合成麝香,也曾经是品种最多、产量最大的一类合成麝香,目前硝基麝香的产量仍占合成麝香的半数。价格低廉是硝基麝香最大的优点,但是硝基麝香的香气与多环麝香、大环麝香相比却相形见绌,而且其稳定性也较差,所以硝基麝香正在逐步被其他合成麝香所取代。

硝基麝香的创始人是德国化学家鲍尔(Albert Baur),他发现某些结构简单的苯的硝基衍生物具有类似天然麝香的香气。他从 m -叔丁基甲苯出发,通过硝化反应首次合成了具有强烈麝香香气的晶体化合物,即 2,4,6 -三硝基- 3 -叔丁基甲苯。他于 1888 年申请了该化合物的合成专利,由于这个化合物具有天然麝香的香气,后来人们就把它称为“鲍尔麝香”,也称为甲苯麝香。在 1889—1894 年的五年间,鲍尔又先后合成了一系列硝基化合物,如二甲苯麝香、葵子麝香、酮麝香和西藏麝香等芳香环上含有硝基的芳香族化合物。这些化合物和类似的具有麝香香气的化合物通称为硝基麝香。这些硝基麝香不仅香气优雅名贵,价格低廉,而且还具有极佳的定香效果,所以至今仍被广泛地用于调香。应该指出,它们之中没有一个在天然产物中被发现过。二甲苯麝香、葵子麝香、酮麝香和西藏麝香都可以工业化大规模生产。

一、分类与结构

硝基麝香按结构可分为单环和双环两大类。单环麝香中香料价值较高的品种有酮麝香、二甲苯麝香、西藏麝香和葵子麝香。双环麝香中有伞花麝香、萘满麝香 A 和萘满麝香 B。

单环麝香按硝基的数量又可分为一硝基、二硝基和三硝基麝香等,其中使用价值较高的是二硝基麝香和三硝基麝香。二硝基麝香中最重要的是酮麝香、葵子麝香和西藏麝香,三硝基麝香中具有代表性的是鲍尔麝香(即甲苯麝香)和二甲苯麝香。鲍尔麝香问世最早,二甲苯麝香是继鲍尔麝香后不久出现的,因为香气质量优于鲍尔麝香,所以很快就取代了鲍尔麝香,并被广泛应用至今。

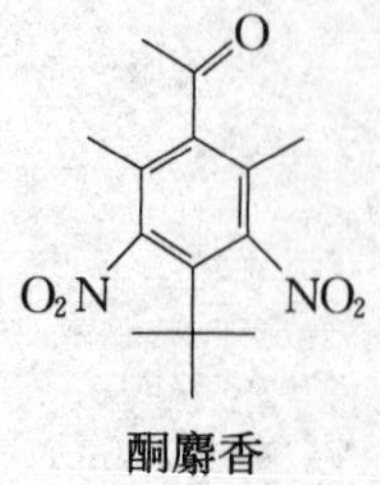

酮麝香

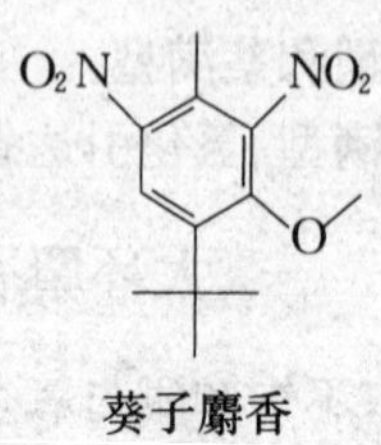

葵子麝香

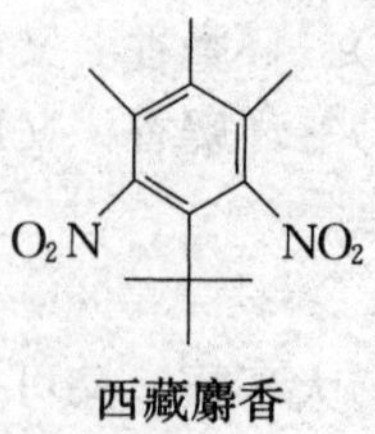

西藏麝香

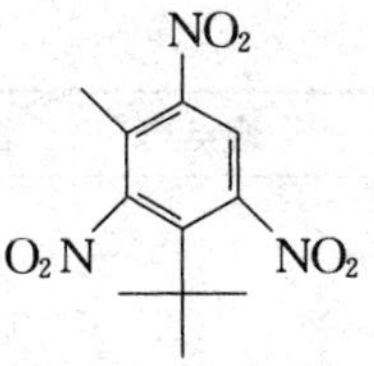

鲍尔麝香(甲苯麝香)

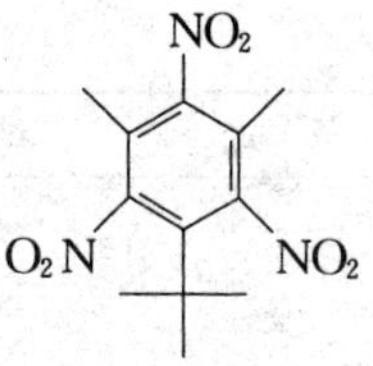

二甲苯麝香

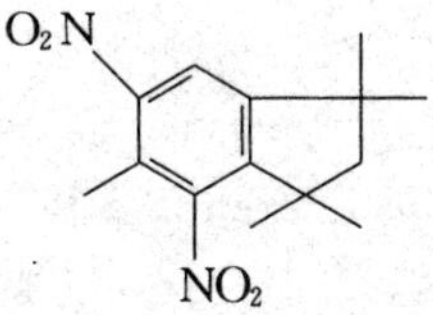

伞花麝香

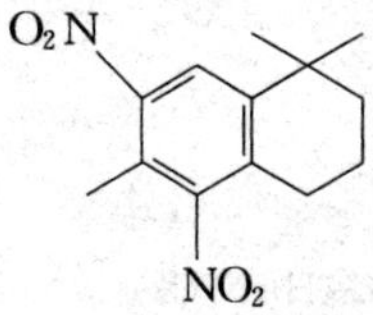

萘满麝香 A

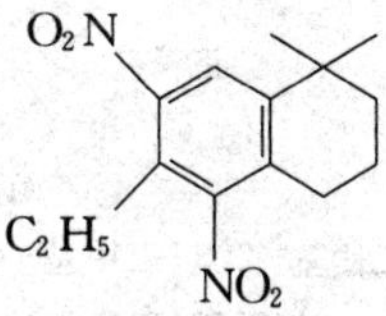

萘满麝香 B

表 12-1 列出了一些主要的苯系硝基麝香化合物。

表 12-1　主要苯系硝基麝香化合物

化学名称	分子式	结构式	熔点/℃	香气特征
3,5-二硝基-2,6-二甲基-4-叔丁基苯乙酮(酮麝香)	$C_{14}H_{18}N_2O_5$	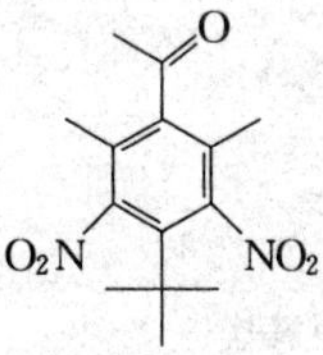	135	麝香香气
2,6-二硝基-3-甲氧基-4-叔丁基甲苯(葵子麝香)	$C_{12}H_{16}N_2O_5$	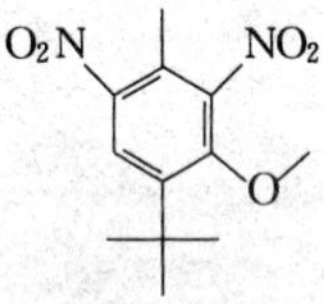	85	强麝香香气
2,6-二硝基-3-甲氧基-4-叔丁基苯	$C_{11}H_{14}N_2O_5$	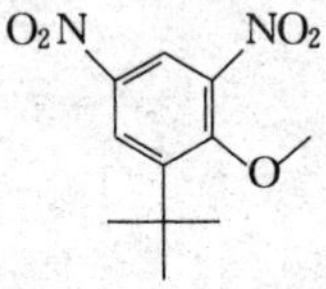	82	强麝香香气
2,6-二硝基-3-乙氧基-4-叔丁基苯	$C_{12}H_{16}N_2O_5$	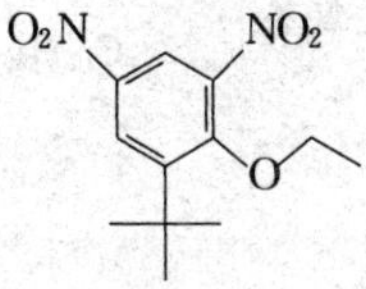	79.5	强麝香香气
2,6-二硝基-3-乙氧基-4-叔丁基甲苯	$C_{13}H_{18}N_2O_5$	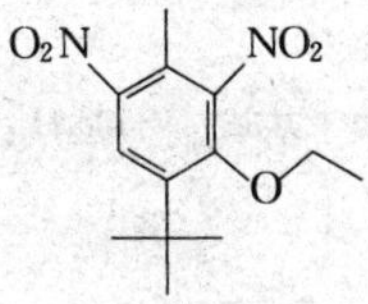	68.5	强麝香香气

续表

化学名称	分子式	结构式	熔点/℃	香气特征
2,6-二硝基-3,4,5-三甲基叔丁基苯(西藏麝香)	$C_{13}H_{18}N_2O_4$	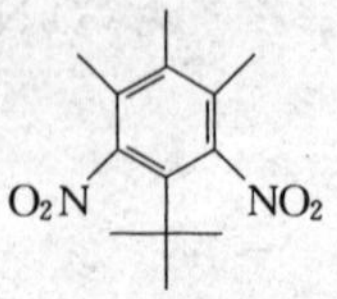	136	强麝香香气
3,5-二硝基-2,6-二甲基-4-叔丁基苯甲醛(醛麝香)	$C_{13}H_{16}N_2O_5$	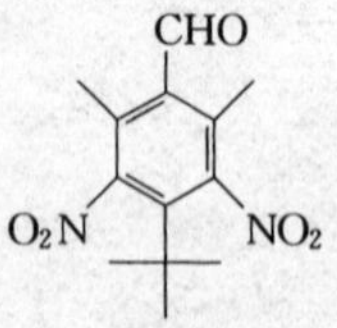	114	强麝香香气
3,5-二硝基-2,4-二甲基-6-叔丁基苯乙酮	$C_{14}H_{18}N_2O_5$	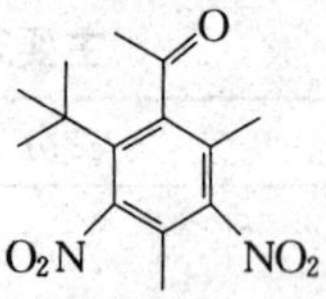	136	麝香香气
3,5-二硝基-4-乙基-2-甲氧基叔丁基苯	$C_{13}H_{18}N_2O_5$	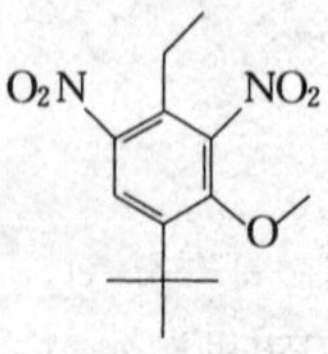	78.5	强麝香香气
3,5-二硝基-4-甲基-2-甲氧基叔戊基苯	$C_{13}H_{18}N_2O_5$	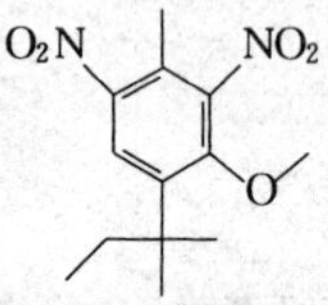	44	强麝香香气
3,5-二硝基-4-乙基-2-乙氧基叔丁基苯	$C_{14}H_{20}N_2O_5$	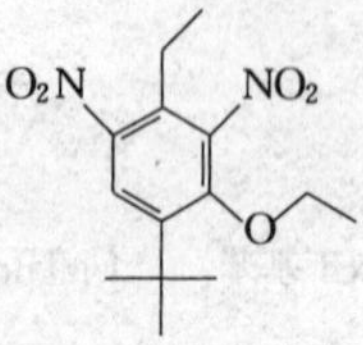	62.5	强麝香香气
3,5-二硝基-2,4-二甲氧基叔丁基苯	$C_{12}H_{16}N_2O_6$	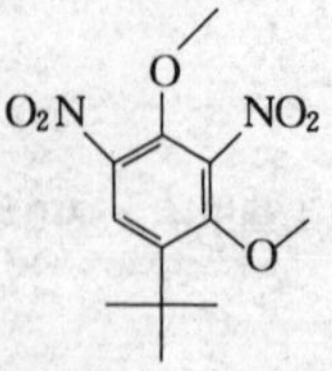	99	强麝香香气

续表

化学名称	分子式	结构式	熔点/℃	香气特征
3,5-二硝基-4-乙基-2-甲氧基叔戊基苯	$C_{14}H_{20}N_2O_5$	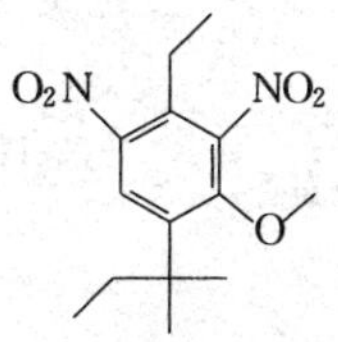	42.5	强麝香香气
2,6-二硝基-3,5-二甲基-4-氰基叔丁基苯	$C_{13}H_{15}N_3O_4$	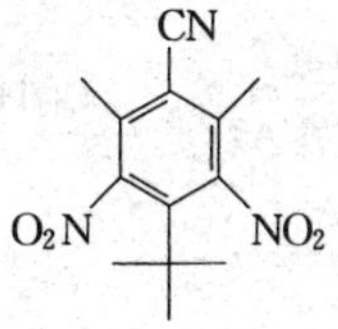	110	麝香香气
2,4,6-三硝基-3-甲基叔丁基苯（鲍尔麝香）	$C_{11}H_{13}N_3O_6$	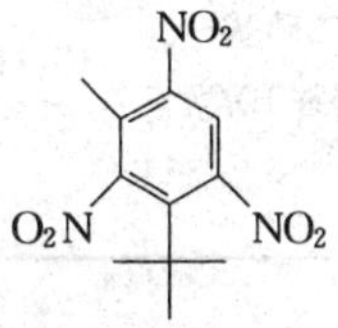	97	强麝香香气
2,4,6-三硝基-3,5-二甲基叔丁基苯（二甲苯麝香）	$C_{12}H_{15}N_3O_6$	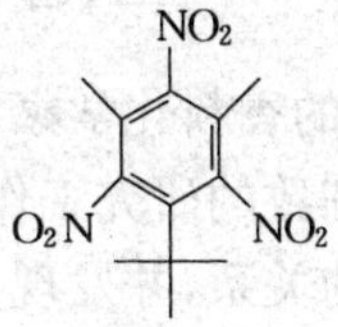	114	柔和的麝香香气
3-甲基-2,4,6-三硝基-叔丁基苯（拜氏麝香）	$C_{11}H_{13}N_3O_6$	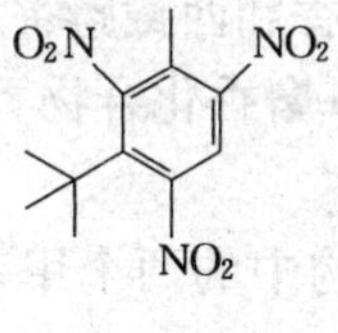	97	麝香香气
3-甲基-5-乙基-2,4,6-三硝基-叔丁基苯	$C_{13}H_{17}N_3O_6$	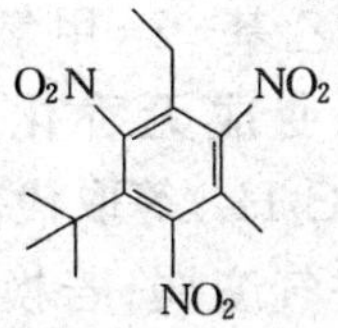	76	强麝香香气
1,1,3,3,5-五甲基-4,6-二硝基茚满（伞花麝香）	$C_{14}H_{18}N_2O_4$	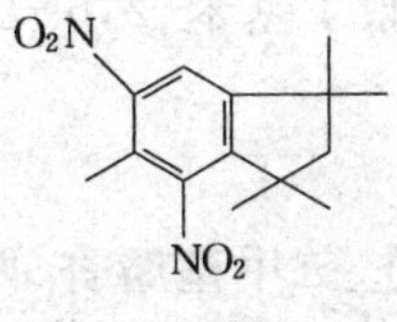	132	麝香香气

续表

化学名称	分子式	结构式	熔点/℃	香气特征
1,1,2,3,3,5-六甲基-4,6-二硝基茚满(2-甲基伞花麝香)	$C_{15}H_{20}N_2O_4$	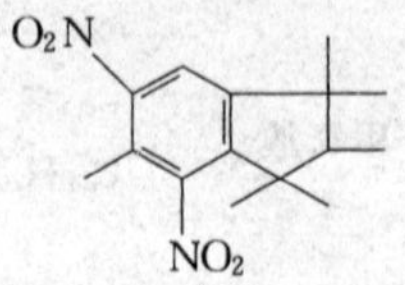	160	麝香香气
1,1,6-三甲基-5,7-二硝基-1,2,3,4-四氢化萘(萘满麝香 A)	$C_{13}H_{16}N_2O_4$	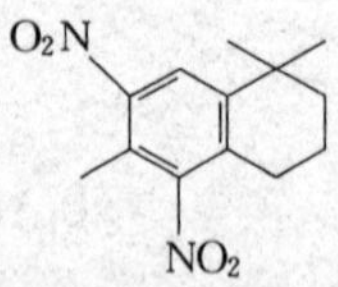		柔和的麝香香气
1,1-二甲基-6-乙基-5,7-二硝基-1,2,3,4-四氢化萘(萘满麝香 B)	$C_{14}H_{18}N_2O_4$	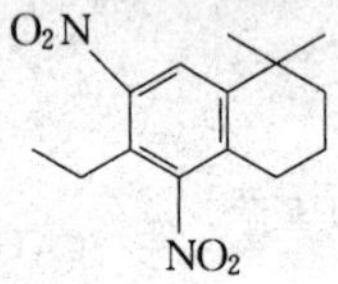	173	浓郁的麝香香气

二、香气与结构的关系

瑞士 Givaudan 公司的香料化学家 Carpenter 在硝基麝香化合物的合成、分子结构和香气的关系进行了深入细致的研究工作,他共合成了近 40 种有关联的化合物,系统阐明了分子结构与香气之间的关系,并发现了具有麝香香气的某些化合物的构成规律,但迄今为止还没有发现比酮麝香、葵子麝香、二甲苯麝香、西藏麝香等香质更优越的其他苯系硝基麝香。葵子麝香、酮麝香和西藏麝香均属于二硝基麝香,鲍尔麝香和二甲苯麝香属于三硝基麝香。取代基对硝基麝香化合物香气的影响可以归纳如下规律。

1. 甲基

若将二甲苯麝香结构中的两个甲基去掉,其香气消失。如果将其中一个甲基换成乙基,则仍具有麝香香气。例如,表 12-1 中的 3,5-二硝基-4-甲基-2-甲氧基叔戊基苯和 3,5-二硝基-4-乙基-2-甲氧基叔戊基苯均具有强烈的麝香香气。若将两个甲基换成两个乙基,则变成无香化合物。在葵子麝香中,无甲基或具有甲氧基($—OCH_3$)、乙氧基($—OC_2H_5$)等取代基,仍具有强烈的麝香香气。但如果换成异丙氧基(—*iso*—OC_3H_7),则香气变弱;若换成叔丁基(—*t*—C_4H_9)或丁氧基($—OC_4H_9$),则香气消失。例如,表12-1中的葵子麝香和 2,6-二硝基-3-甲氧基-4-叔丁基苯、2,6-二硝基-3-乙氧基-4-叔丁基苯、2,6-二硝基-3-乙氧基-4-叔丁基甲苯均具有强烈的麝香香气。

2. 叔丁基

在酮麝香、葵子麝香、二甲基麝香、西藏麝香等硝基麝香中,如果将叔丁基换成正丁基、异丁基、仲丁基等,则香气随之消失;若为叔戊基,则仍具有强麝香香气。例如,

表 12-1中的 3,5-二硝基-4-乙基-2-甲氧基叔丁基苯与 3,5-二硝基-4-甲基-2-甲氧基叔戊基苯均具有强烈的麝香香气。如果将叔丁基进一步增大，如换成叔己基、叔庚基、叔辛基等，香气反而消失。可见，叔丁基对麝香香气的形成起着关键作用。这种影响不仅存在于葵子麝香，其他几种麝香如二甲苯麝香、酮麝香、西藏麝香等也同样如此。此外，近年来发现无叔丁基的某些硝基化合物也同样具有麝香香气，所以早期的非叔丁基无麝香香气的论断是不正确的。

在葵子麝香及其同系物和类似的衍生物中，叔丁基均位于甲氧基或乙氧基（—OCH_3或—OC_2H_5）基团的邻位，当处于非邻位时其麝香香气也将消失。通常把这种位置关系，即叔丁基与烷氧基互为邻位的原则称为邻位法则。

3. 硝基

二甲基麝香中有三个硝基，如果将其中的一个硝基去掉，则麝香香气消失。如果这一硝基被其他取代基取代，如引入氰基（—CN）、甲醛基（—CHO）、丁酰基（C_3H_7CO—）、戊酰基（C_4H_9CO—）、氯甲酰基（—COCl）、甲酸甲酯基（—$COOCH_3$）、乙基（—C_2H_5）、甲基（—CH_3）等，则仍然具有麝香香气（见表 12-1）。但是若引入氨基（—NH_2）、羧基（—COOH）、羟基（—OH）、甲醇基（—CH_2OH）、甲氧基（—OCH_3），则麝香香气消失。

硝基同样存在位次关系，而且也不是一定要有硝基存在才具有麝香香气，如 2,4-二叔丁基-5-甲氧基苯甲醛化合物分子中并不含有硝基，但仍然具有麝香香气。

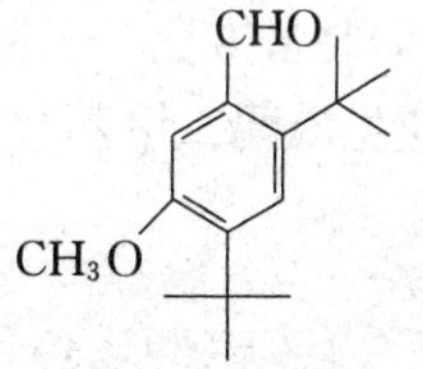

2,4-二叔丁基-5-甲氧基苯甲醛

三、硝基麝香化合物的制备

硝基麝香化合物的主要合成反应如下。

1. Friedel-Crafts 缩合反应

此类反应通常使用的缩合催化剂有三氯化铝和三氯化铁等。

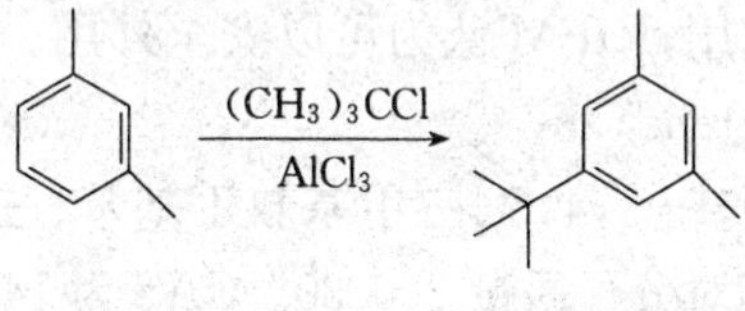

间二甲苯　　间二甲基叔丁基苯

2. 硝化反应

此类反应通常使用混合酸作为硝化剂，例如，发烟硫酸和发烟硝酸，浓硫酸和浓硝酸，硫酸和硝酸盐、五氧化二氮、乙酸和硝酸等混合物。

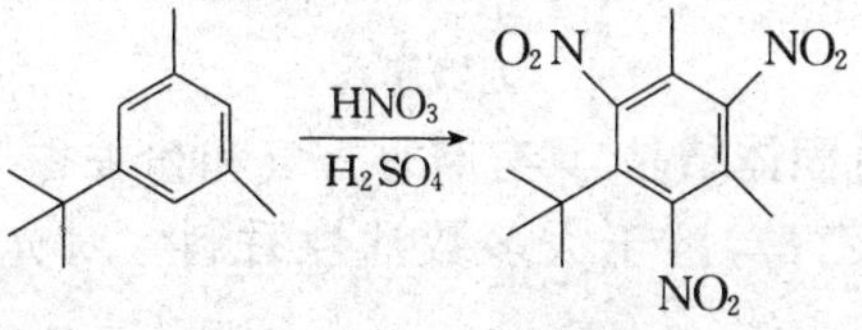

间二甲基叔丁基苯　　2,4,6-三硝基-3,5-二甲基叔丁基苯

四、主要硝基麝香

1. 二甲苯麝香(Musk xylene)

二甲苯麝香又称2,4,6-三硝基-3,5-二甲基叔丁基苯。

分子式为$C_{12}H_{15}N_3O_6$,相对分子质量297.27。CAS为81-15-2。

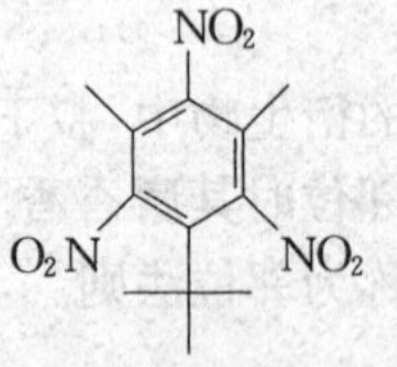

二甲苯麝香

(1)理化性质 淡黄色结晶,具有强烈的麝香香气,但香气较为粗糙。不溶于水,微溶于乙醇和丙二醇,溶于大多数油性香料。受光照易变色。熔点为112~114℃,闪点>100℃。

(2)天然存在 未见文献报道。

(3)制备方法 二甲苯麝香工业化生产是以间二甲苯和异丁烯为初始原料,经叔丁基化反应生成间二甲基叔丁基苯,再用由硝酸和硫酸组成的混酸进行硝化反应制得。

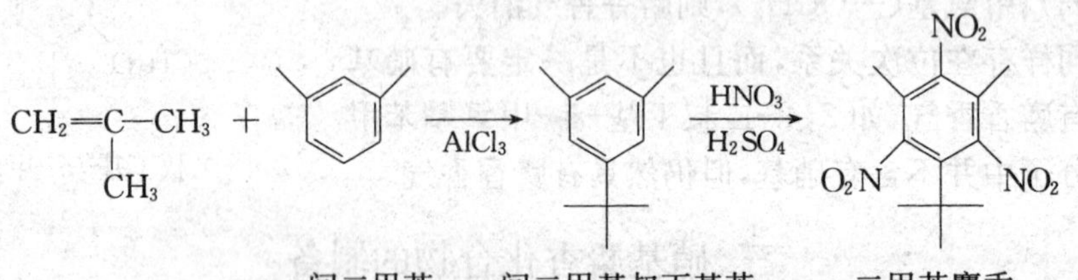

间二甲苯 间二甲基叔丁基苯 二甲苯麝香

(4)主要用途 二甲苯麝香是价格最低廉的合成麝香,广泛用于日化香精中,主要用于低档化妆品以及皂用、室内清香用香精中。通常与水杨酸戊酯、香豆素、柑橘油和杂薰衣草油等香料调配。

(5)安全管理 不允许食用,RIFM认为可以安全外用。IFRA没有限制规定。

2. 西藏麝香(Musk Tibetene)

西藏麝香又称2,6-二硝基-3,4,5-三甲基叔丁基苯、三甲苯麝香。

分子式为$C_{13}H_{18}N_2O_4$,相对分子质量266.30。CAS为145-39-1。

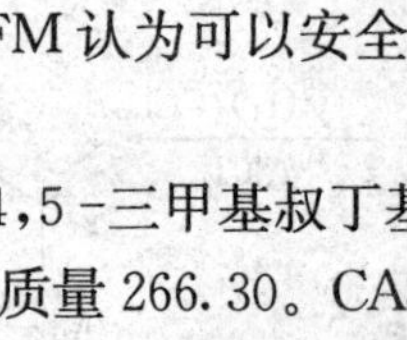

西藏麝香

(1)理化性质 淡黄色固体结晶,具有麝香香气和粉香香气,并有花香香调和甜润的香韵。不溶于水,微溶于乙醇,溶于大多数油性香料。对光比较稳定。熔点为135~136℃,闪点>100℃。

(2)天然存在 未见文献报道。

(3)制备方法 以间二甲苯为初始原料,经叔丁基化、氯甲基化、锌粉脱氯还原、硝化等反应制得。

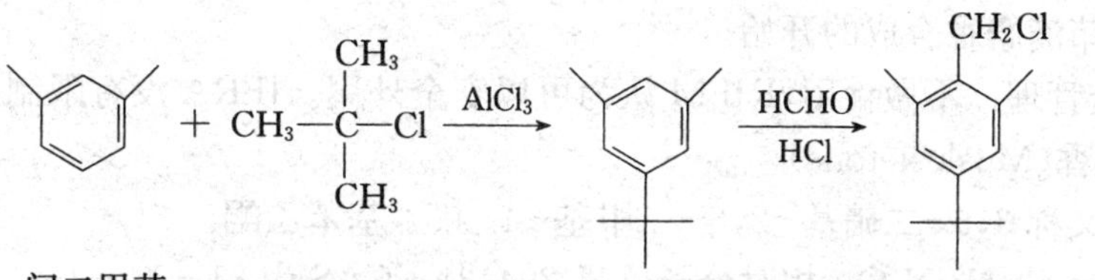

间二甲苯

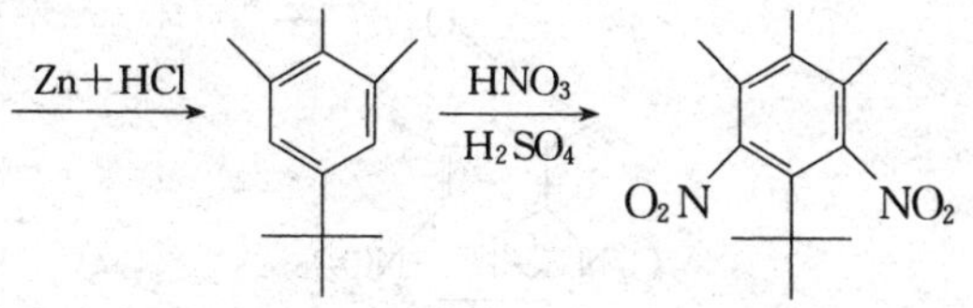

西藏麝香

（4）主要用途　由于对光比较稳定，因此应用范围较广。适用于调配东方香型香精、皂用香精、古龙香型香精等。在花香、粉香、古龙、东方型香精中起定香剂和修饰剂的作用。此外也可作为酮麝香的代用品。

（5）安全管理　可用于日化香精配方中，主要作为定香剂使用，用量为1%～5%。不做食用，RIFM认为可以安全外用。

3. 伞花麝香（Moskene、Musk cymene）

伞花麝香又称1,1,3,3,5-五甲基-4,6-二硝基茚满、麝香烃。

分子式为$C_{14}H_{18}N_2O_4$，相对分子质量278.31。CAS为116-66-5。

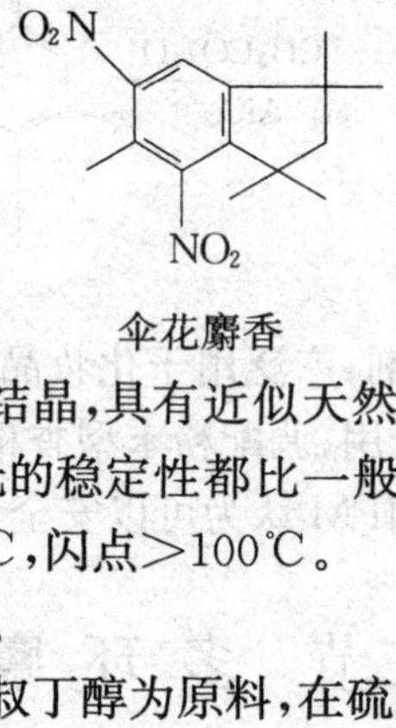

伞花麝香

（1）理化性质　白色至淡黄色结晶，具有近似天然麝香的香气，其香气特征介于葵子麝香和酮麝香之间。溶解性和对光的稳定性都比一般的硝基麝香好。不溶于水，溶于乙醇等有机溶剂。熔点为132～133℃，闪点>100℃。

（2）天然存在　未见文献报道。

（3）制备方法　以对伞花烃和叔丁醇为原料，在硫酸存在下与叔丁醇进行环烷化反应生成五甲基茚满，再用由硝酸和硫酸组成的混酸进行硝化反应制得。

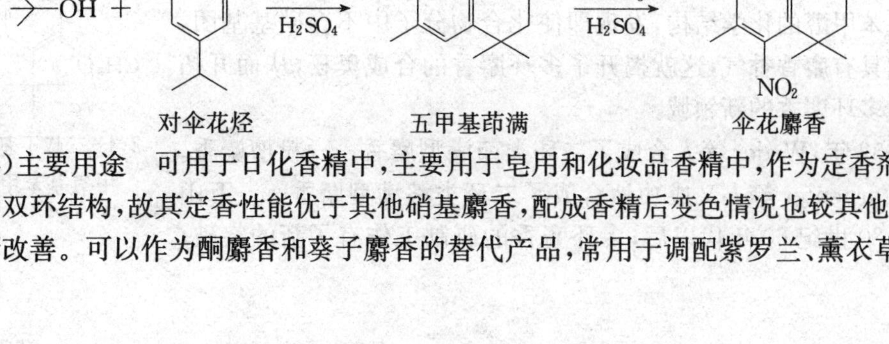

对伞花烃　五甲基茚满　伞花麝香

（4）主要用途　可用于日化香精中，主要用于皂用和化妆品香精中，作为定香剂使用。因其为双环结构，故其定香性能优于其他硝基麝香，配成香精后变色情况也较其他硝基麝香有所改善。可以作为酮麝香和葵子麝香的替代产品，常用于调配紫罗兰、薰衣草、香薇等香型日化香精。伞花麝香是从硝基麝香向无硝基茚满麝香演变的过渡产品,它的出现标志着多环茚满麝香合成的开始。

(5)安全管理 不做食用,RIFM 认为可以安全外用。IFRA 没有限制规定。

4. 酮麝香(Musk ketone)

酮麝香又称 3,5-二硝基-2,6-二甲基-4-叔丁基苯乙酮。

分子式为 $C_{14}H_{18}N_2O_5$,相对分子质量 294.30。CAS 为 81-14-1。

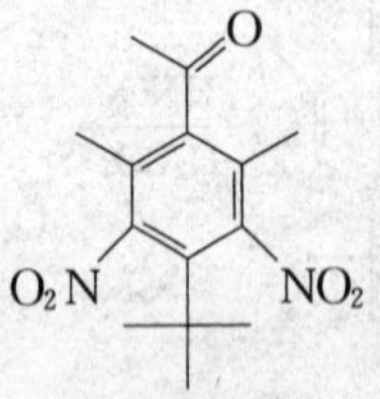

酮麝香

(1)理化性质 淡黄色固体结晶,具有优雅而浓郁的麝香香气,略带天然麝香的香韵,并有粉香香气,香气比二甲苯麝香温和,香质稍逊于葵子麝香。不溶于水,微溶于乙醇,溶于大多数油性香料。熔点为 134.5~136.5℃,闪点>100℃。

(2)天然存在 未见文献报道。

(3)制备方法 以间二甲苯为初始原料,与异丁烯进行叔丁基化反应,然后用乙酸酐进行乙酰化反应,最后用由硝酸和硫酸组成的混酸进行硝化反应制得。

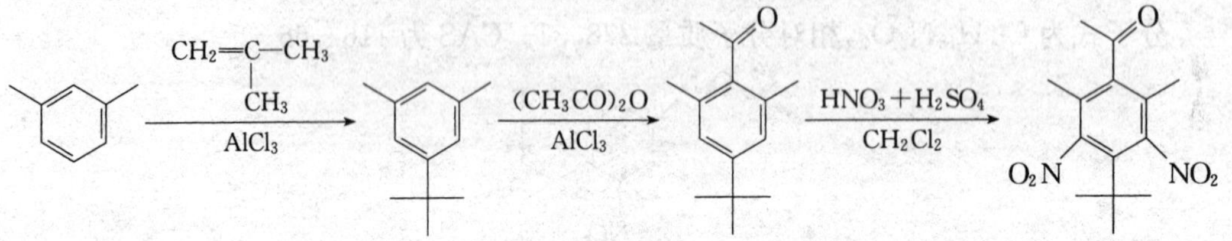

间二甲苯 酮麝香

(4)主要用途 主要作为定香剂,广泛用于化妆品香精和皂用香精中,也可与甲基紫罗兰酮、水杨酸苄酯、桂醇等香料合用,调配粉末型香精。

(5)安全管理 不允许食用,RIFM 认为可以安全外用。IFRA 没有限制规定。

第三节 多环麝香

多环麝香的开发研制是从 20 世纪 50 年代开始的。1948 年,Carpenter 和 Easter 等人研究了非硝基化合物 2,4-二叔丁基-5-甲氧基苯甲醛的化学结构,发现即使化合物分子中不含硝基基团,其仍然具有麝香香气,这就揭开了多环麝香的合成奥秘,从而开拓出合成多环麝香的新领域。

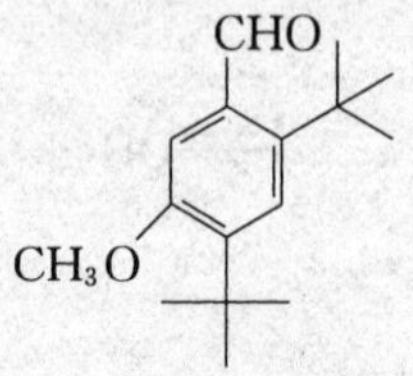

2,4-二叔丁基-5-甲氧基苯甲醛

1952 年,Weder 等人合成了二环类茚满型麝香——粉檀麝香。之后,Carpenter 等人又成功地合成了二环类萘满型麝香——万山麝香。20 世纪 60 年代以后,多环麝香的研制工作有了新的突破,特别是瑞士 Givaudan 香料公司开发了一系列茚满、苯并茚酮等多环麝香，从二环麝香又发展到三环麝香，尤其引人注目的是 IFF 公司 Heeringga 和 Beets 等人研制的三环异色满麝香。近年来，世界各国竞相改进已有的多环合成方法，不断研制和开发新的多环麝香品种，出现了一系列新型麝香化合物，其中包括异色满型、氢化引达省型和苊型等三环麝香。

多环麝香的香气比硝基麝香优雅、细腻，有的多环麝香品种的香韵接近于大环麝香。多环麝香以香质优异、价格低廉、性质稳定、不变色、容易生产等优点在香料市场上极具竞争力，其产量已经超过硝基麝香而占合成麝香之首。

一、分类与结构

多环麝香按具有环的个数可以分为二环麝香、三环麝香及多环麝香。其中，二环麝香又可分为茚满型和萘满型两类，三环麝香又可分为异色满型、氢化引达省型和苊型三类。

1. 二环类：茚满型和萘满型。

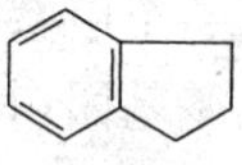
茚满型

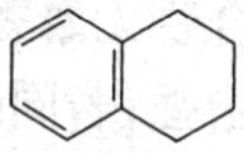
萘满型

2. 三环类：异色满型、氢化引达省型、苊型。

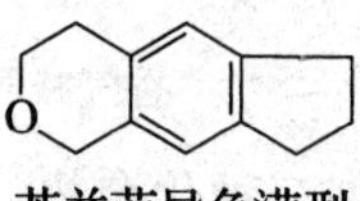
苯并茚异色满型

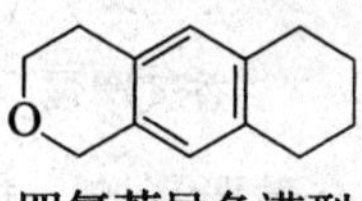
四氢萘异色满型

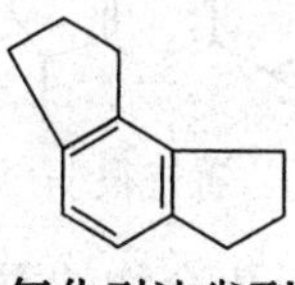
氢化引达省型

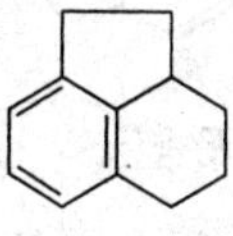
氢化苊型

二、香气与结构的关系

各种取代基对多环麝香香气的影响如下。

(一)茚满型和萘满型

1. 芳香环中的取代基

(1)甲基　化合物分子中甲基的存在对化合物的香气具有非常重要的影响。化合物分子的芳香环上具有甲基的各种同系物基本上都具有明显的麝香香气，但是当芳香环上存在两个甲基时香气变弱，当芳香环上没有甲基时则无麝香香气。

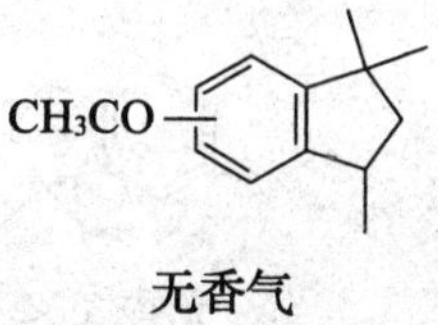

无香气

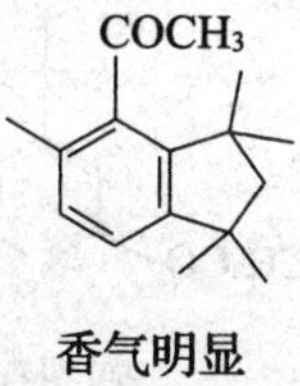

香气明显

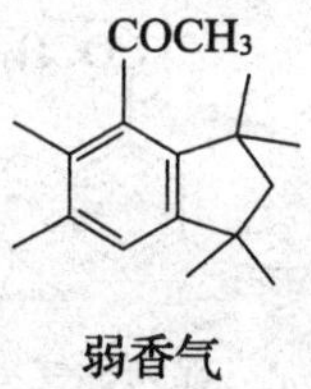

弱香气

(2)其他取代基　若芳香环上的取代基为仲丁基，则麝香香气变弱；若为异丙基，则具有强烈的麝香香气；若为叔碳或季碳取代基，则麝香香气更加强烈。

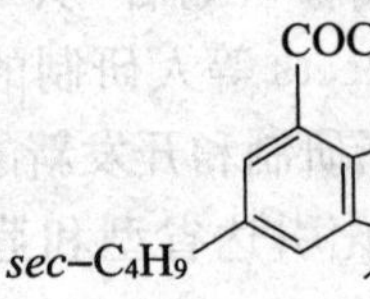

较弱

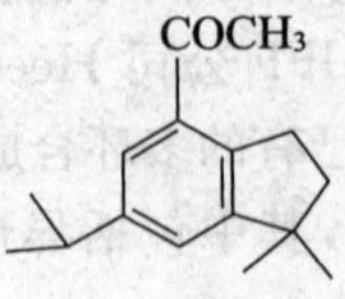

强烈

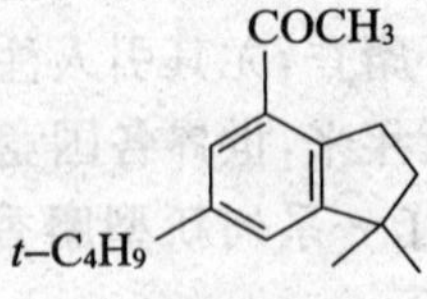

更强烈

(3)其他官能团　若芳香环上不含酰基,只有羟基或氰基,也同样具有强烈的麝香香气。

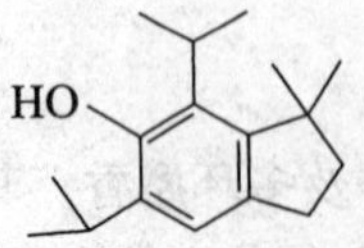

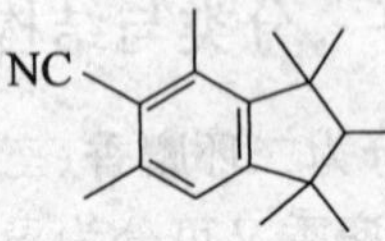

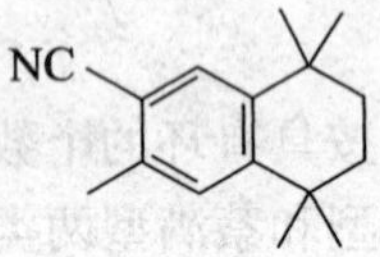

2. 脂肪环中的取代基

脂肪环上无甲基时,化合物无麝香香气;若引入一个甲基,则具有较弱的麝香香气;若引入两个甲基,则香气明显增强;若同时具有甲基乙基基团,其香气又显著减弱。

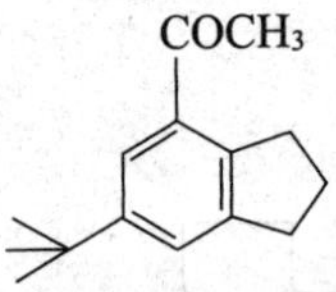

无香气

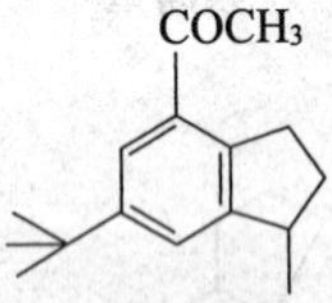

香气很弱

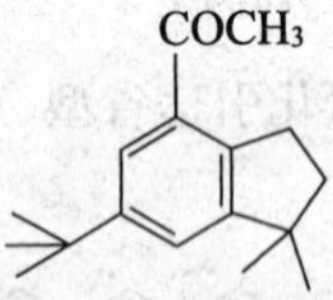

香气增强

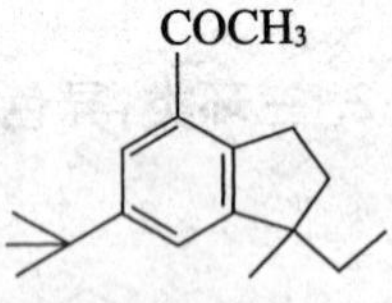

香气减弱

脂肪环上甲基的位置对化合物的香气也有重要影响。如下列三种化合物,由于甲基位置的变化,其香气强度差别很大。

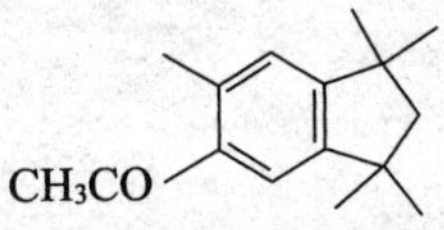

弱香气

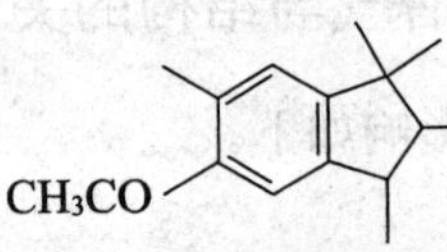

弱香气

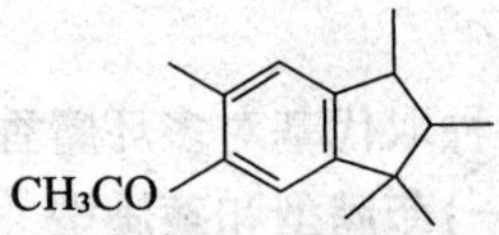

无香气

3. 取代基的屏蔽效应

下列结构相似的三种化合物中,前两个具有强烈的麝香香气,而后者由于叔丁基的空间位阻效应,使其失去香气。

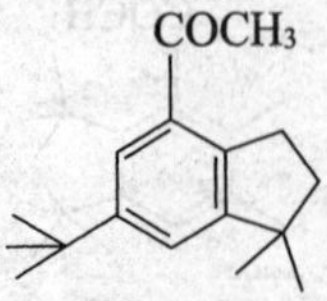

强烈香气

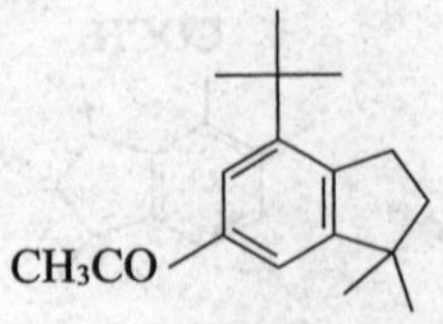

强烈香气

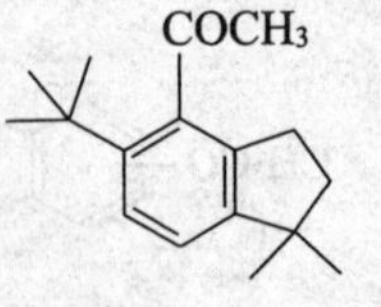

无香气

萘满型麝香化合物的结构与茚满型相比有许多相似之处,但是只具有一个季碳原子结构的萘满型化合物是没有香气的。

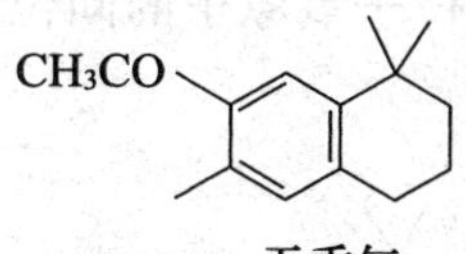

无香气

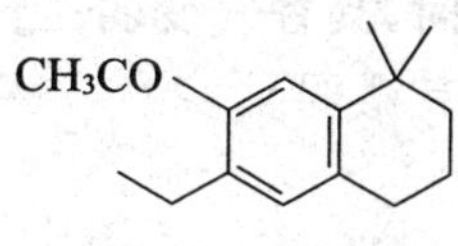

无香气

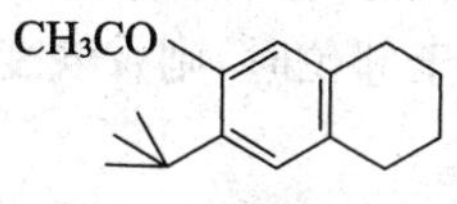

无香气

萘满型的脂环结构中，若分子中存在两个叔碳原子或季碳原子，则该化合物呈现出麝香香气。

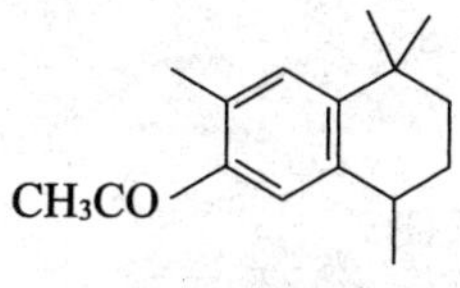

麝香香气

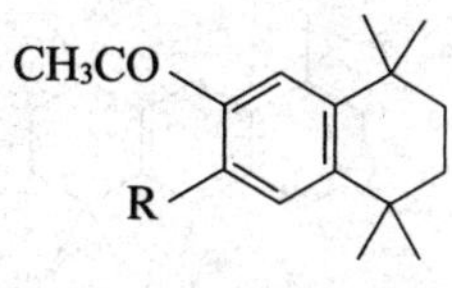

麝香香气

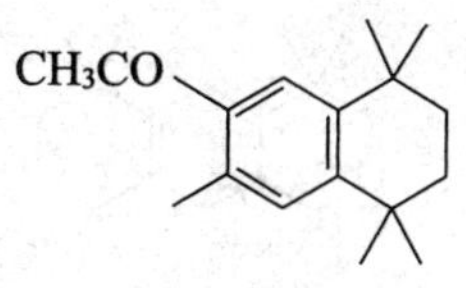

麝香香气

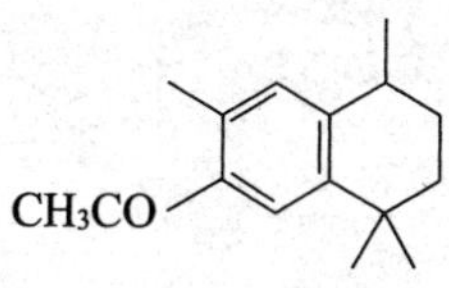

麝香香气

总之，茚满型和萘满型麝香化合物一般具有以下结构特点：

(1)化合物分子中必须具有 4～20 个碳原子，其中含 16～18 个碳原子的化合物麝香香气最强。

(2)化合物的芳香环结构中必须含有一个极性基团，通常是酰基，也可以是羟基或氰基，此外还必须含有一个低碳烷基(C1～C3)。

(3)化合物的脂肪环结构中必须具有一定数量的低碳烷基，如至少 2 个甲基；此外，还必须含有一个以上(一般为 2 个)的叔碳原子或季碳原子，其中至少有 1 个应属脂肪环骨架原子。

(二)异色满型

三环异色满型化合物分子结构中脂肪环上取代基(如甲基)的数目、氧杂环中甲基的数目和位次将直接影响其香气强度。例如，下列化合物结构中的脂肪环虽然都是五元环，但其香气强度随着甲基数目的增加而增强，只含 2 个甲基时，其香气消失。它们的香气强度如下：

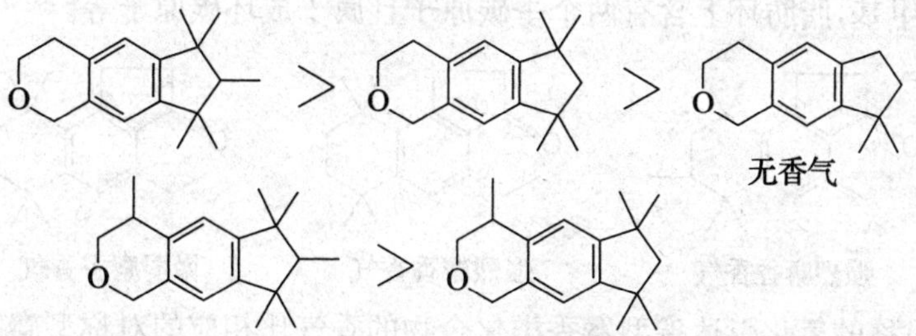

异色满型化合物结构中六元脂肪环与上述五元环正好相反，随着环上甲基数目的增加(4 个以上时)，香气强度反而降低。它们的香气强度变化趋势如下：

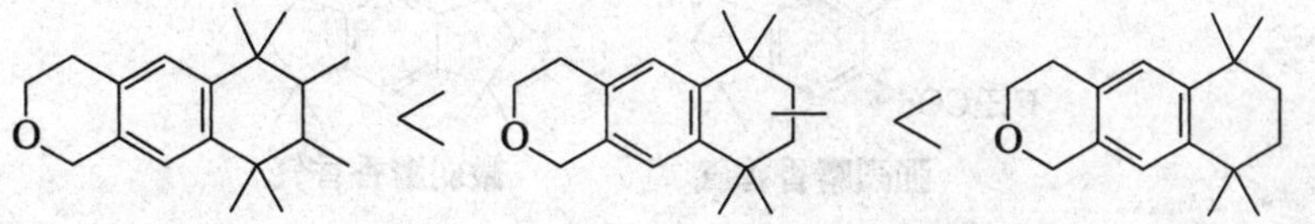

异色满型化合物结构中氧杂环上甲基的数目和位次对其香气强度也有重要影响。当

甲基数目增加并具有季碳原子结构时,其香气变弱;当甲基位于氧原子的间位时,其香气最强;当位于邻位时,则香气变得极其微弱。

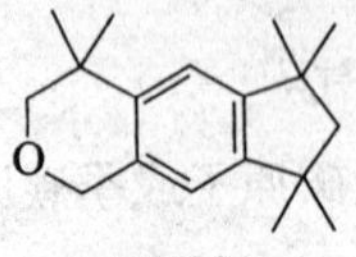
弱香气

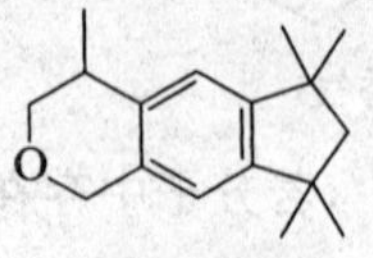
强香气

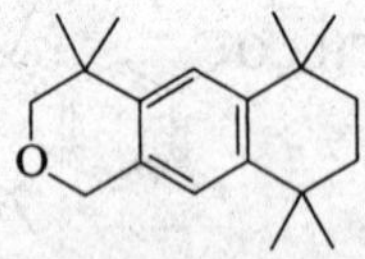
弱香气

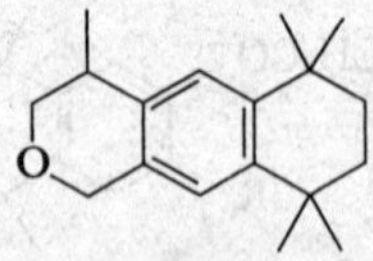
强香气

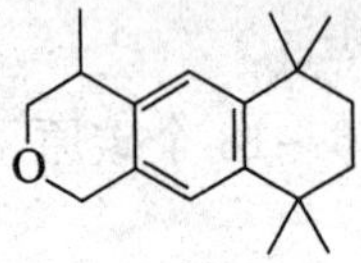
强香气

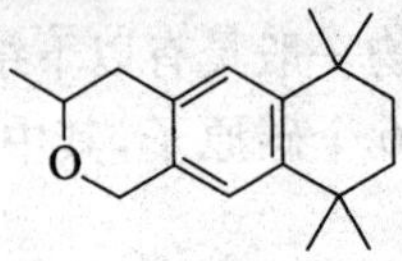
无香气

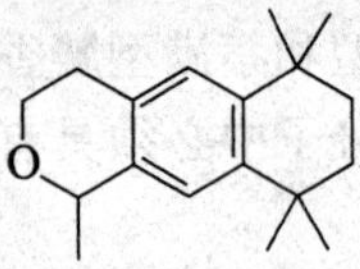
无香气

总之,三环异色满型麝香化合物一般具有下列结构特征:

(1)化合物结构中必须具有 16～19 个碳原子,且其中含有 17～18 个碳原子的化合物的麝香香气强度最强。

(2)通常情况下,化合物结构中的脂肪环上都有两个季碳原子(四个甲基),并属于成环碳原子。

(3)化合物结构中氧杂环上的甲基必须位于氧杂原子的间位才具有麝香香气。

(三)氢化引达省型、苊型及其他型

这些类型的三环麝香类化合物实际上也属于茚满型和萘满型衍生物,因此化学结构与香气之间的关系与前两类化合物基本相似。例如,化合物分子结构中的芳香环上都具有一定数目的甲基,脂肪环上含有两个季碳原子且属于成环碳原子等。

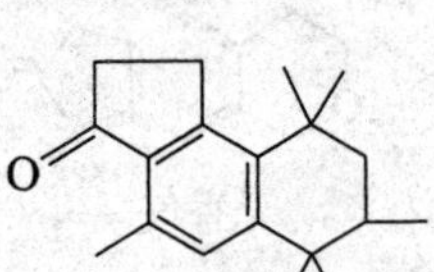
强烈麝香香气

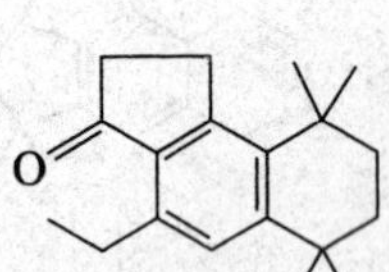
强烈麝香香气

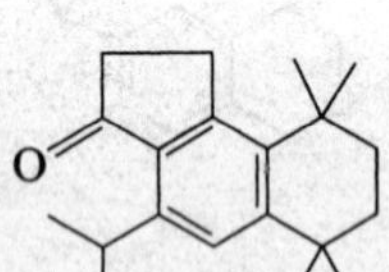
微弱麝香香气

此外,不对称的氢化引达省型麝香类化合物的香气比相应的对称型麝香的香气强。

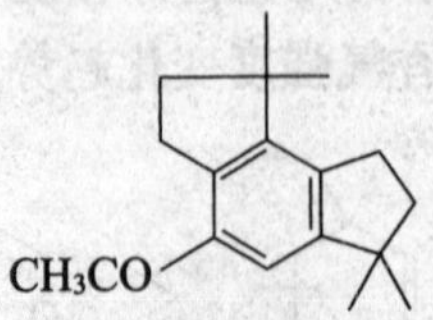

强烈麝香香气

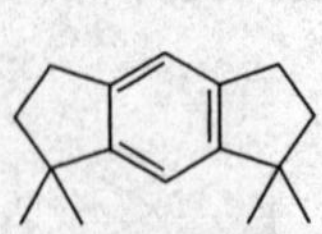
微弱麝香香气

三、主要的多环麝香类化合物

茚满和萘满型化合物的合成，一般方法是将芳烃化合物与烯烃和适当的脂肪醇进行烷基化、缩合环化反应，先制得茚满或萘满，然后再用酰氯或乙酸酐进行乙酰化反应制得。

(一)茚满型麝香

1. 萨利麝香(Celestolide)

萨利麝香又称 4-乙酰基-6-叔丁基-1,1-二甲基茚满、Musk-DTI。

分子式为 $C_{17}H_{24}O$，相对分子质量 244.38。CAS 为 13171-00-1。

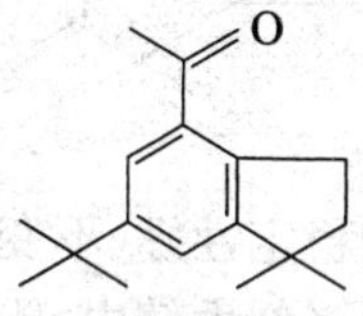

萨利麝香

(1)理化性质　白色结晶，具有优雅而又强烈的麝香香气，并有甜香香韵。不溶于水，溶于乙醇等有机溶剂，可与精油、香料相混合。熔点为 76～78℃，沸点为 112～114℃/66.6Pa，闪点>100℃。

(2)天然存在　未见文献报道。

(3)制备方法

①将苯与叔丁醇反应生成叔丁基苯，然后与异戊二烯反应生成 1,1-二甲基-6-叔丁基茚满，最后以三氯化铝为催化剂与乙酰氯进行乙酰化反应制得。

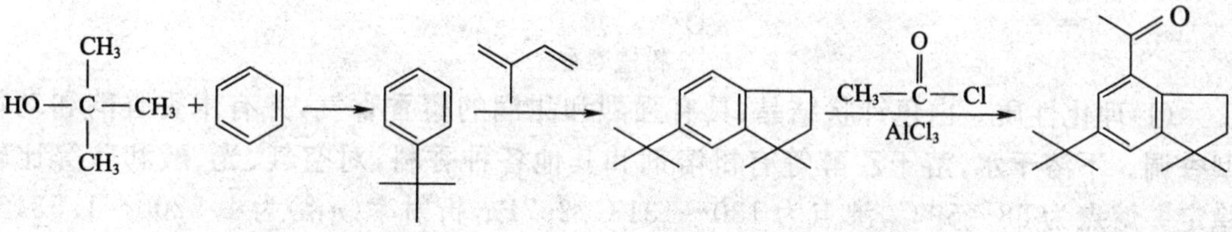

苯　叔丁基苯　1,1-二甲基-6-叔丁基茚满　萨利麝香

②以对叔丁基甲苯为原料，经缩合、闭环、乙酰化等反应而制得。

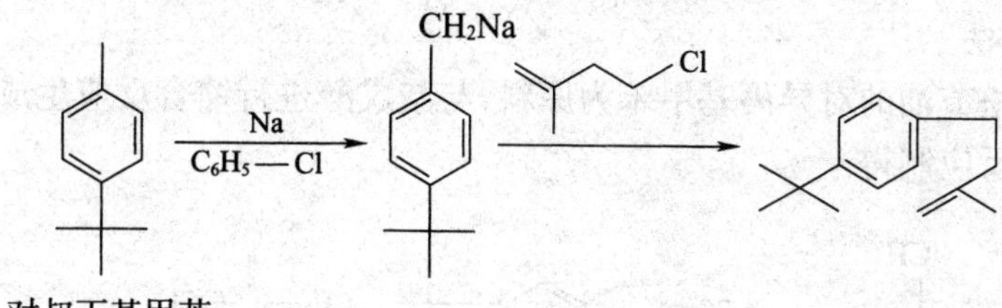

对叔丁基甲苯

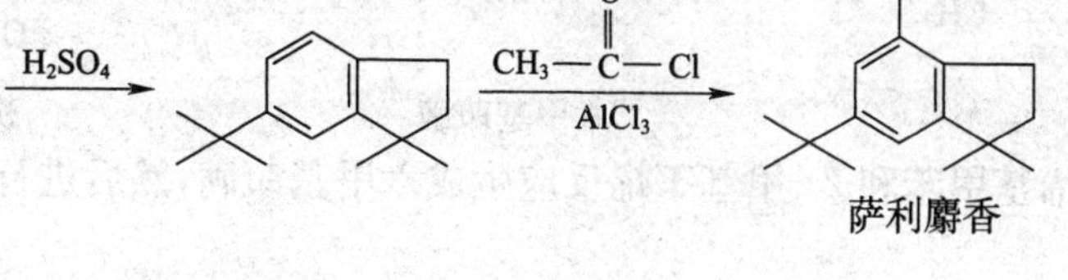

萨利麝香

③以叔丁基苯为原料,经氯甲基化、环化、酰化等反应合成。

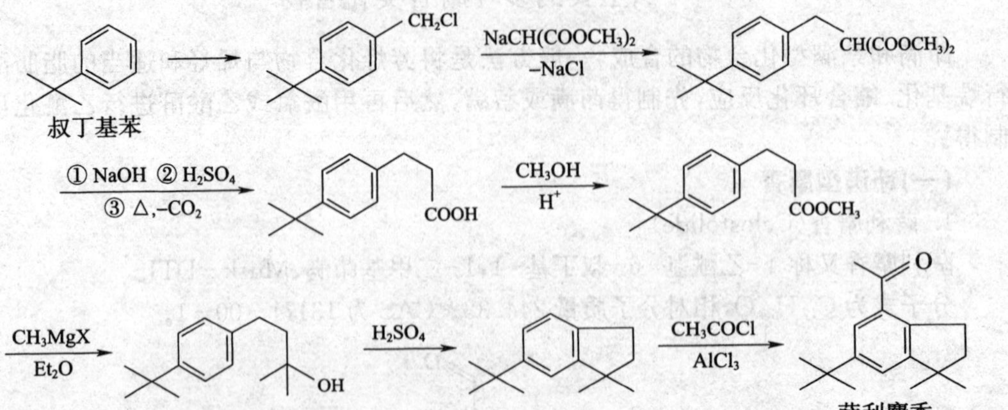

萨利麝香

(4)主要用途　由于萨利麝香的稳定性好,不变色,香气柔和、持久、协调性好,因而可用于香水、化妆品香精以及皂用和洗涤剂香精中,能产生稳定而持久的麝香香气。

(5)安全管理　不做食用,IFF 公司、Givaudan 公司认为可以安全外用。IFRA 没有限制规定。

2. 粉檀麝香(Phantolid)

粉檀麝香又称 5-乙酰基-1,1,2,3,3,6-六甲基茚满。

分子式为 $C_{17}H_{24}O$,相对分子质量 244.38。CAS 为 15323-35-0。

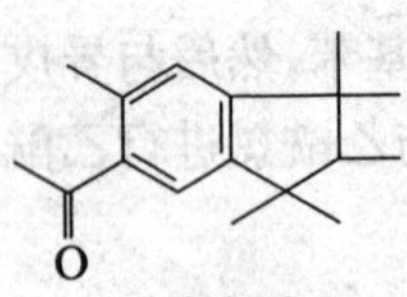

粉檀麝香

(1)理化性质　白色针状结晶,具有强烈和甜润的麝香香气,并有木香香韵和动物型香调。不溶于水,溶于乙醇等有机溶剂和其他各种香料,对空气、光、酸和碱等比较稳定。熔点为 58～59℃,沸点为 130～131℃/267Pa,折射率(n_D^{20})为 1.5200～1.5310,闪点>100℃。

(2)天然存在　未见文献报道。

(3)制备方法

①以取自松节油的对异丙基甲苯为原料,与叔戊醇进行缩合反应生成六甲基茚满,然后进行乙酰化反应制得。

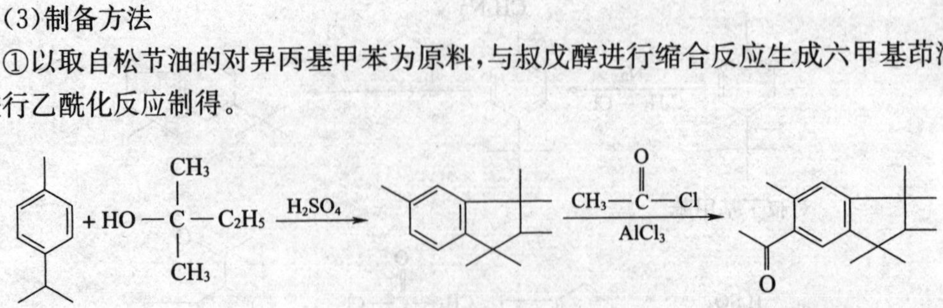

对异丙基甲苯　　六甲基茚满　　粉檀麝香

②对异丙烯基甲苯和 2-甲基丁烯反应生成六甲基茚满,然后进行乙酰化反应制得。

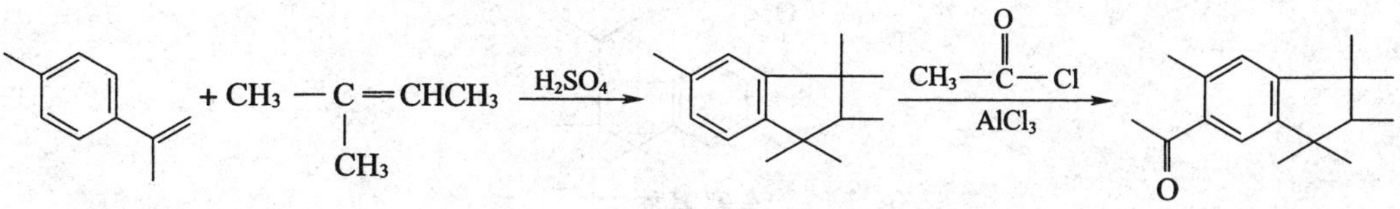

对异丙烯基甲苯　　六甲基茚满　　粉檀麝香

(4)主要用途　作为定香剂，通常与紫罗兰酮、檀香油、柏木油等较好地调和，适用于中档化妆品、香皂、香波、洗衣粉等日化香精中。

(5)安全管理　不做食用，因为有光毒性，IFRA 限量 5%以下外用。

3. 麝香-DDHI(Musk-DDHI)

麝香-DDHI 又称 5,7-二异丙基-1,1-二甲基-6-羟基茚满。

分子式为 $C_{17}H_{26}O$，相对分子质量 246.20。

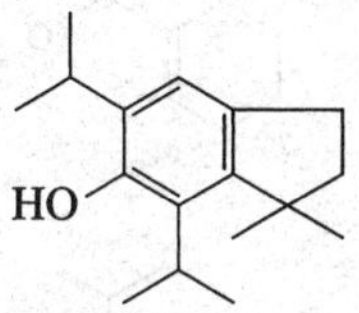

麝香-DDHI

(1)理化性质　无色结晶，具有强烈而令人愉快的麝香香气。几乎不溶于水，溶于乙醇等有机溶剂。熔点为 99～100℃，沸点为 118～121℃/200Pa。

(2)天然存在　未见文献报道。

(3)制备方法　以苯酚和丙烯为原料，首先以苯酚铝作催化剂，制得 2,6-二异丙基苯酚，然后再用磷酸或硫酸作催化剂与异戊二烯反应制得。

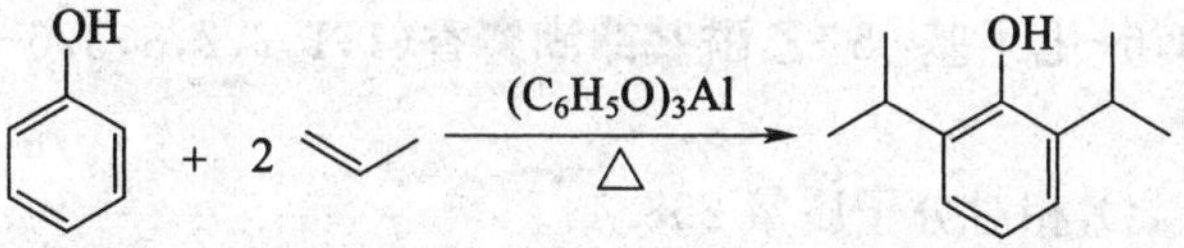

苯酚　　丙烯　　2,6-二异丙基苯酚

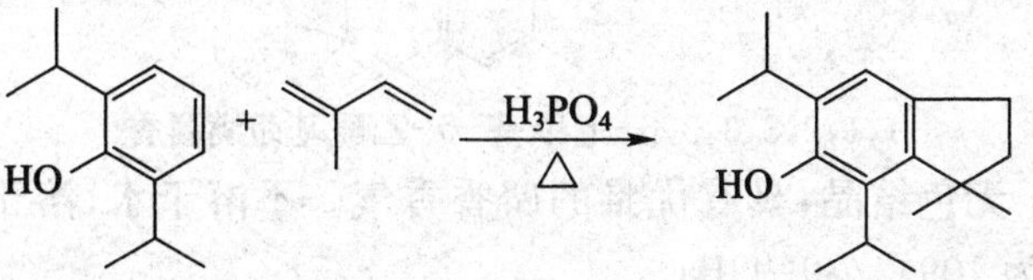

异戊二烯　　麝香-DDHI

(4)主要用途　作为定香剂和抗氧化剂，在香精中使用 1%时就能增强花香特征，使香精香气更加浓郁而持久。

(5)安全管理　一般可以安全外用。

4. 全赛麝香(Traseolide)

全赛麝香又称特拉斯麝香、5-乙酰基-3-异丙基-1,1,2,6-四甲基茚满。

分子式为 $C_{18}H_{26}O$，相对分子质量 258.41。CAS 为 68140-48-7。

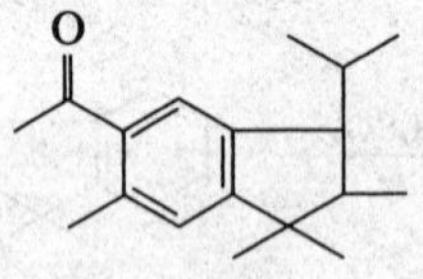

全赛麝香

(1)理化性质　无色至淡黄色黏稠液体,为异构体的混合物。具有强烈、持久而又柔和的麝香香气。不溶于水,溶于乙醇等有机溶剂。沸点为 178℃/670Pa,相对密度(d_{20}^{20})为 0.975～0.983,折射率(n_D^{20})为 1.5280～1.5340,闪点>100℃。

(2)天然存在　未见文献报道。

(3)制备方法　以甲苯和异丁酰氯为初始原料,经以下反应制得。

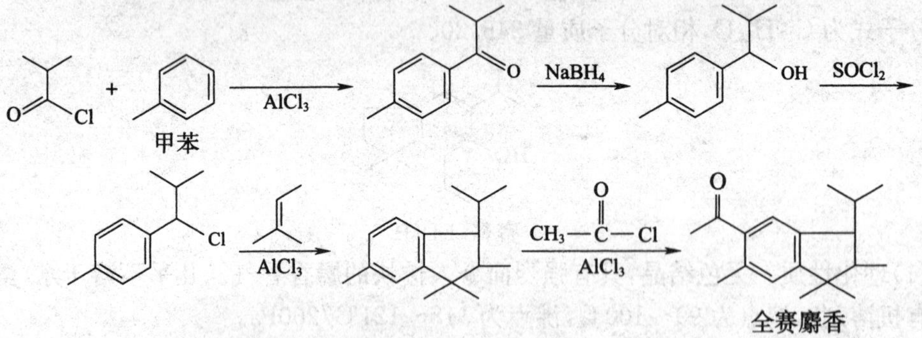

(4)主要用途　全赛麝香是多环麝香中的最新品种,它是 20 世纪 80 年代初开始工业规模生产的,现年产量数百吨,仅次于佳乐麝香和吐纳麝香,是一个很有竞争力的产品。可用于各种类型的日化香精中,使用量在 20%以内。

(5)安全管理　不做食用,RIFM 认为可以安全外用。IFRA 没有限制规定。

5. 1,1,2,2,3,3,6-七甲基-5-乙酰基茚满麝香(1,1,2,2,3,3,6-Heptamethyl-5-acetylindane)

分子式为 $C_{18}H_{26}O$,相对分子质量 258.44。

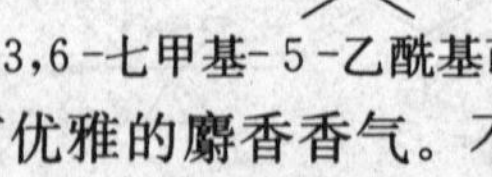

1,1,2,2,3,3,6-七甲基-5-乙酰基茚满麝香

(1)理化性质　无色结晶,具有优雅的麝香香气。不溶于水,溶于乙醇等有机溶剂。熔点为 50℃,沸点为 109℃/39.99Pa。

(2)天然存在　未见文献报道。

(3)制备方法　以对伞花烃和四甲基乙烯为原料,首先以硫酸为催化剂进行缩合反应制得七甲基茚满,然后与乙酰氯进行乙酰化反应制得。

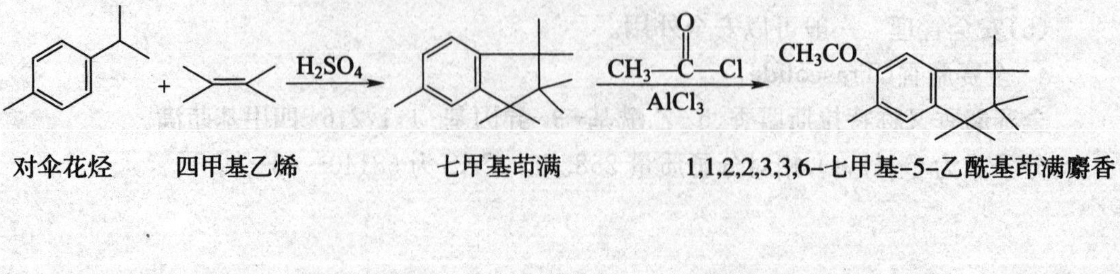

(4)主要用途　主要用于调配化妆品香精和皂用香精，其用途与粉檀麝香和萨利麝香等相同。

(二)二环萘满型麝香

1. 1,1,4,4,6-五甲基-7-乙酰基-1,2,3,4-四氢化萘(1,1,4,4,6-Pentamethyl-7-acetyl-1,2,3,4-tetrahydronaphthalene)

分子式为 $C_{17}H_{24}O$，相对分子质量 244.38。

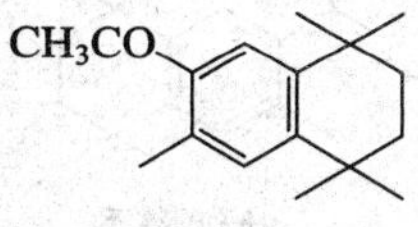

1,1,4,4,6-五甲基-7-乙酰基-1,2,3,4-四氢化萘

(1)理化性质　白色结晶，具有独特的麝香香气。不溶于水，溶于乙醇等有机溶剂。熔点为 63℃。

(2)天然存在　未见文献报道。

(3)制备方法　以甲苯和二甲基二氯己烷为原料，经缩合、酰基化反应制得。

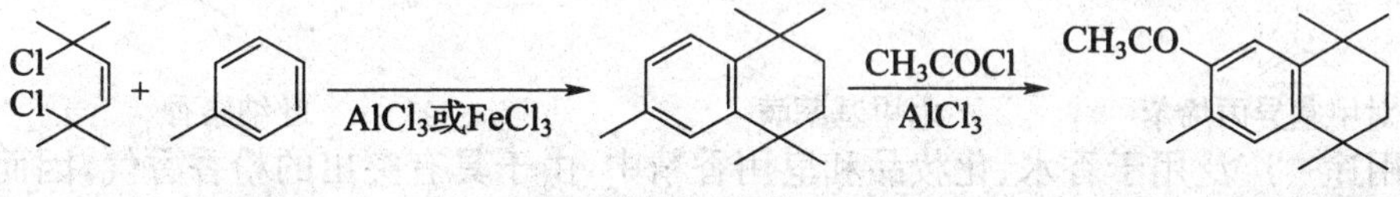

(4)主要用途　主要作为麝香代用品用于化妆品香精和皂用香精的调配。

2. 吐纳麝香(Tonalid)

吐纳麝香又名 1,1,3,4,4,6-六甲基-7-乙酰基-1,2,3,4-四氢化萘、Fixolide、Tetralide。

分子式为 $C_{18}H_{26}O$，相对分子质量 258.41。CAS 为 1506-02-1;21145-77-7。

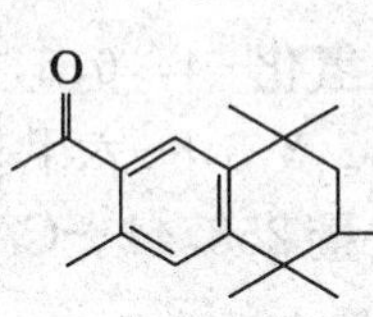

吐纳麝香

(1)理化性质　白色结晶，具有强烈的麝香香气和粉香香气。不溶于水，溶于乙醇等有机溶剂。熔点为 55.5℃，沸点为 248℃、142～143℃/400Pa，闪点>100℃。

(2)天然存在　未见文献报道。

(3)制备方法

①以对伞花烃和新己烯(叔丁基乙烯)为原料，并加入叔丁基氯作为氢的消除剂，以三氯化铝为催化剂，在二氯乙烷溶剂中进行环烷化反应，生成六甲基萘满，最后在三氯化铝的二氯乙烷溶液中用乙酰氯进行乙酰化反应制得吐纳麝香。

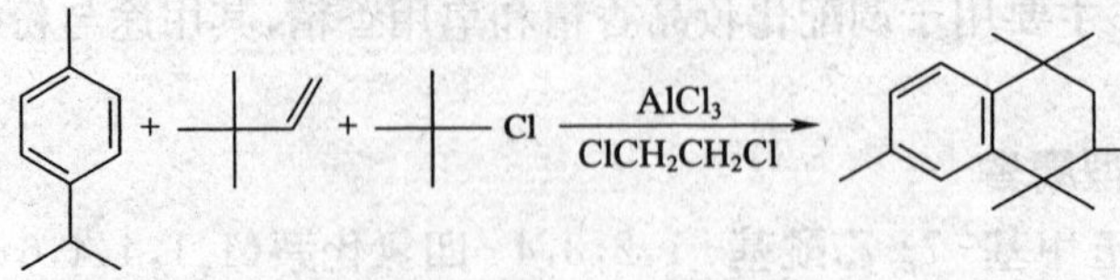

对伞花烃 新己烯 叔丁基氯 六甲基萘满

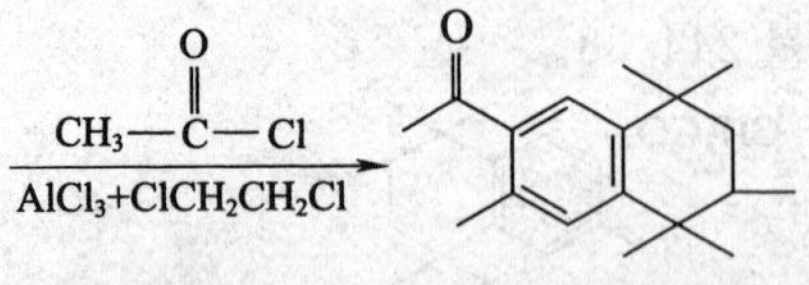

吐纳麝香

②以对甲基异丙烯苯和2,3-二甲基-2-羟基丁烷为原料首先生成六甲基萘满,然后再经乙酰化反应制得吐纳麝香。

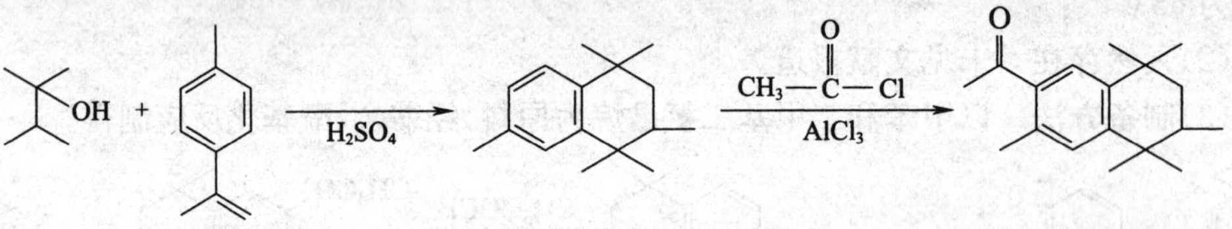

对甲基异丙烯苯 六甲基萘满 吐纳麝香

(4)主要用途 广泛用于香水、化妆品和皂用香精中,由于具有突出的粉香香气,因而特别适用于皂用香精配方中。吐纳麝香被称为完美的定香剂,并有良好的合香性能,作为定香剂和协调剂,主要用于调配重浓花香型和东方型日化香精,在香皂、香水、化妆品中均能起到良好的效果。

(5)安全管理 一般可以安全外用。IFRA没有限制规定。

(三)苯并茚异色满型麝香

1. 佳乐麝香(Galaxolide)

佳乐麝香又称1,3,4,6,7,8-六氢化-4,,6,6,7,8,8-六甲基-环戊-γ-2-苯并吡喃、三环异色满麝香和6-氧杂-1,1,2,3,3,8-六甲基-1,2,3,5,7,8-六氢-1H-苯并茚。

分子式为$C_{18}H_{26}O$,相对分子质量258.41。CAS为1222-05-5。

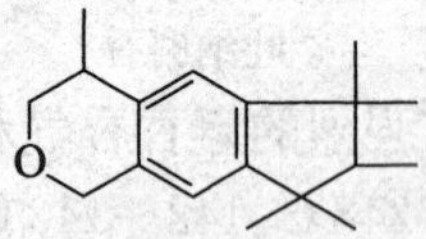

佳乐麝香

(1)理化性质 纯佳乐麝香为固体结晶,工业品一般含量在70%~80%,其余为四个异构体和其他杂质。外观为高黏稠液体,遇冷难于流动。佳乐麝香具有强烈而持久的麝香香气,伴有木香香韵,留香持久,且在配方中协调性和配伍性极佳,价格适中,深受调香师青睐。在碱性介质中稳定,香气不变。不溶于水,溶于乙醇等有机溶剂和油。沸点为129℃/110Pa,相对密度(d_4^{20})为1.005,折射率(n_D^{20})为1.5280~1.5340,闪点>100℃。由于佳乐麝香的流动性极差,久贮后会出现局部凝固,造成使用极为不便,为此商业上常用四种稀释剂将主成分含量稀释至50%,供商品销售。这四种稀释剂是:邻苯二甲酸二乙酯(DEP)、十四酸异丙酯(IPM)、苯甲酸苄酯(BB)、二丙二醇醚(DPG)。

(2)天然存在　存在于灵香草油中。

(3)制备方法

①以 2-甲基苯乙烯和异戊烯为原料，首先在酸性催化下进行双烯加成缩合反应生成五甲基茚满，然后以三氯化铝为催化剂与环氧丙烷进行羟烷基化反应生成六甲基茚满醇，最后在酸性条件下催化与多聚甲醛或甲醛的缩醛进行缩合环化反应，增长亚甲基碳链后制得佳乐麝香。

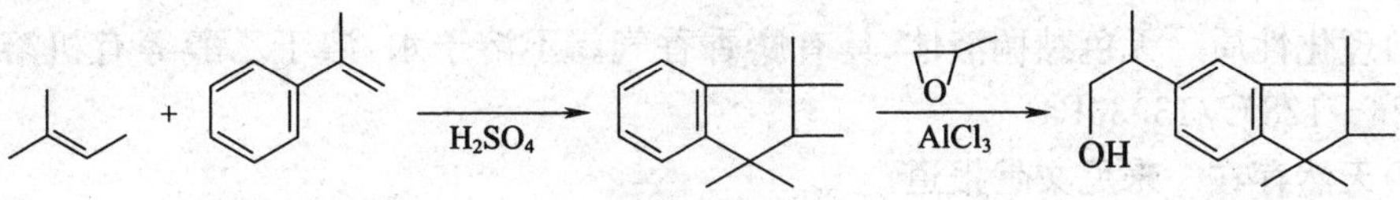

α-甲基苯乙烯　　五甲基茚满　　六甲基茚满醇

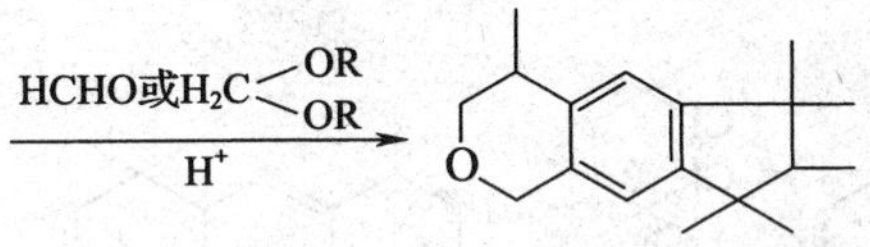

佳乐麝香

②将使用方法①得到的五甲基茚满作为原料，首先在三氯化铝催化下与环氧丙烷反应生成茚满醇，此时不必取出所生成的茚满醇，而是向该反应混合物中加入低级醇或其他物质作为失活剂，使部分三氯化铝失去活性，最后加入甲醛的缩醛进行反应制得佳乐麝香。该方法的特点是两步反应和工艺处理都在同一反应器中进行，因而是一种比较经济的制备方法。

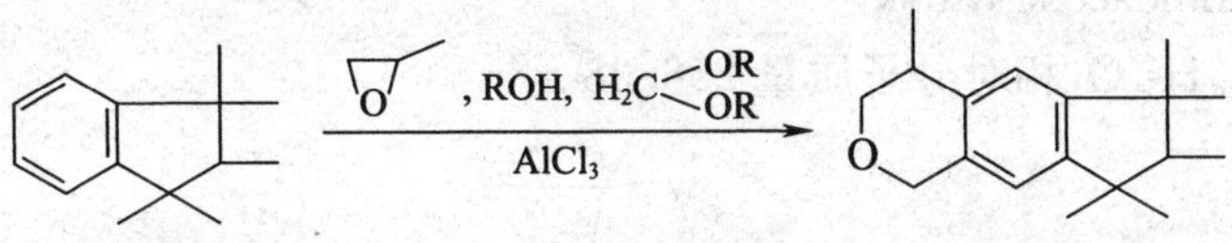

五甲基茚满　　佳乐麝香

③首先将苯和环氧丙烷反应生成 β-苯丙醇，再与甲醛反应生成甲基异色满，最后与 2,4-二氯-2,3,4-三甲基戊烷反应制得佳乐麝香。

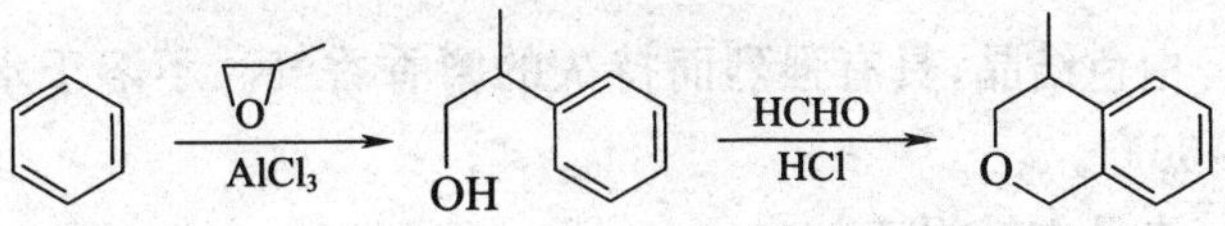

苯

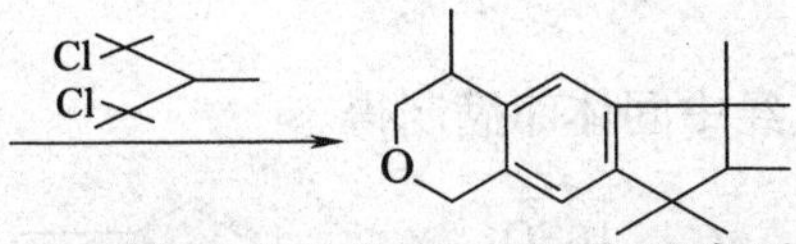

(4)主要用途　佳乐麝香是应用最多的多环麝香之一，能用于创拟不变色的香精，因其价廉，用途极广。用于碱性介质，香气稳定而不导致变色。它的木香、陈根香可用一些增甜香料如十一内酯、桂酸酯类、香膏类等来调整。大量、广泛用于香水香精和化妆品香精配方中，在香精中的用量可达 25%。作为定香剂和协调剂，可以应用于金合欢、紫罗兰、水仙、素心兰、白兰、百花、玫瑰香型和果香型等皂用香精、洗涤剂香精以及其他日化香精中。

(5)安全管理　不做食用，RIFM 认为可以外用。IFRA 没有限制规定。

2. 麝香 89(Musk 89)

麝香 89 又称 2-氧-4,6,6,9,9-五甲基-1,2,3,4,6,7,8,9-八氢蒽。

分子式为 $C_{18}H_{26}O$,相对分子质量 258.41。

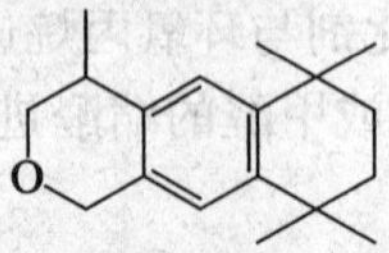

(1)理化性质　无色黏稠液体,具有麝香香气。不溶于水,溶于乙醇等有机溶剂。沸点为 126~128℃/13.33Pa。

(2)天然存在　未见文献报道。

(3)制备方法　以 α-甲基苯乙醇为原料制得。

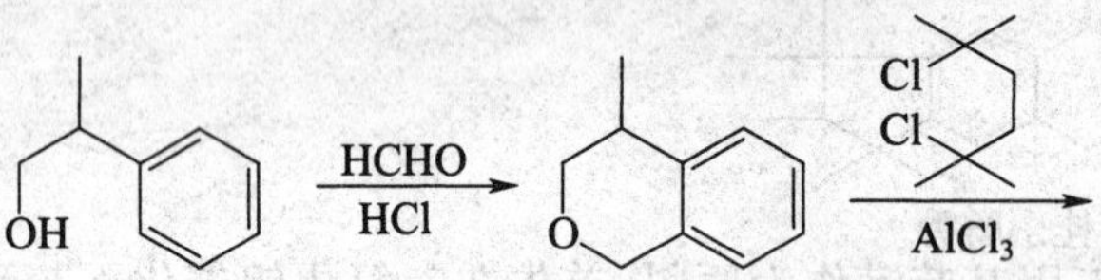

(4)主要用途　主要用于调配香水和化妆品香精,在香水和皂用香精中具有很好的稳定性,不变色。

(四)三环氢化引达省型麝香

4-乙酰基-1,1,6,6-四甲基不对称氢化引达省麝香(4-Acetyl-1,1,6,6-tetramethyl-*cis*-hydroindacene Musk)

分子式为 $C_{18}H_{24}O$,相对分子质量 256.38。

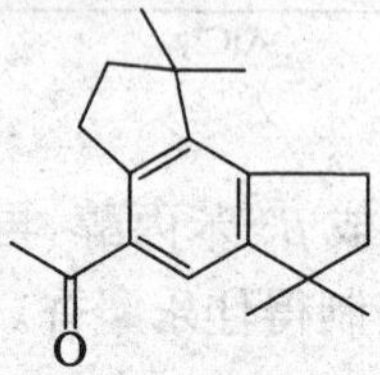

(1)理化性质　白色结晶,具有强烈而持久的麝香香气。不溶于水,溶于乙醇等有机溶剂。熔点为 95~96℃。

(2)天然存在　未见文献报道。

(3)制备方法

①以异丙苯和异戊二烯为原料,经中间体茚满制得。

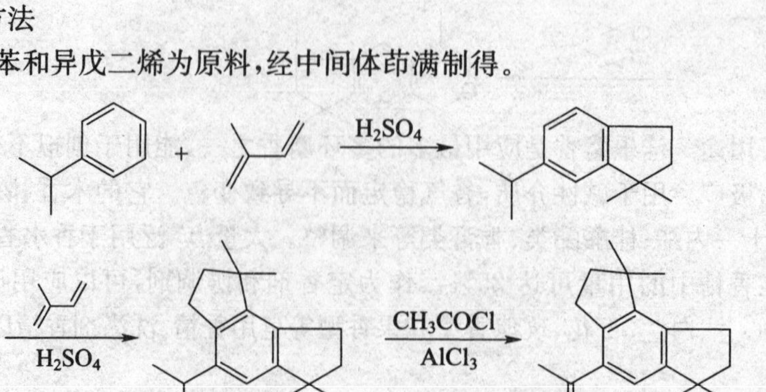

②以间二氯苄为原料，经格氏反应、环化反应和乙酰化反应制备。在该方法中会生成具有对成结构的副产物，但其香气甚微。

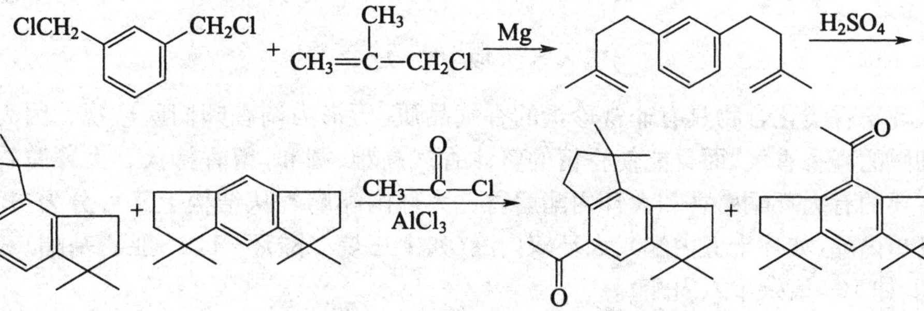

(4)主要用途　在香皂、香水和化妆品香精中起定香剂与调和剂的作用。

(5)安全管理　不做食用，可以外用。

(五)三环苊型麝香

7-乙酰基-2,3,4,5-四氢-1,1,5,5-四甲基苊麝香(7-Acetyl-2,3,4,5-tetrahydro-1,1,5,5-tetramethylacenaphthene Musk)

分子式为 $C_{18}H_{24}O$，相对分子质量 256.38。

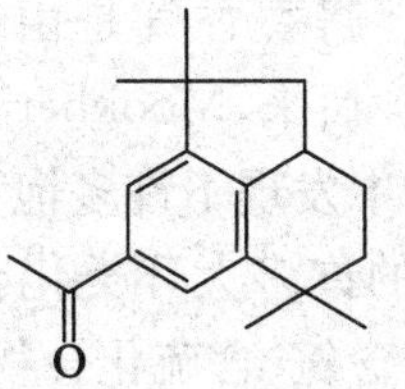

(1)理化性质　几乎无色结晶，具有强烈的麝香香气。不溶于水，溶于乙醇等有机溶剂。熔点为 117～118℃。

(2)天然存在　未见文献报道。

(3)制备方法　首先由1,1-二甲基化萘和次氯酸叔丁酯反应生成1,1-二甲基-4-氯-四氢化萘，再经格氏反应和乙酰化反应制得。

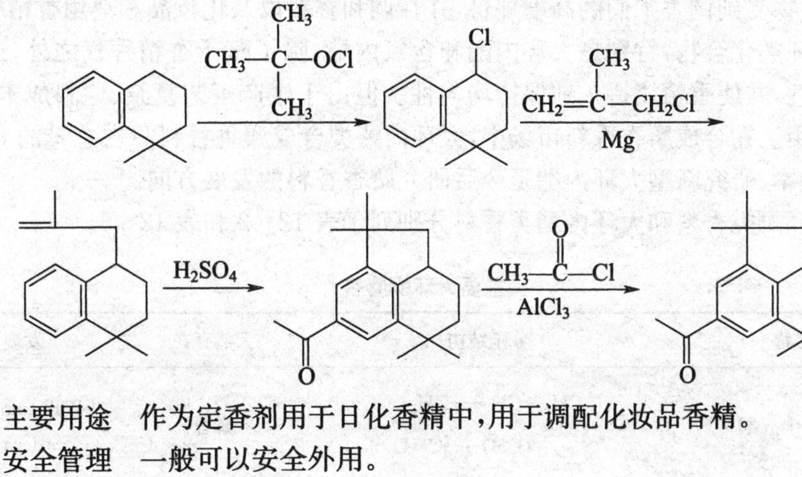

(4)主要用途　作为定香剂用于日化香精中，用于调配化妆品香精。

(5)安全管理　一般可以安全外用。

第四节 大环麝香

一、概　述

大环麝香类化合物具有非常珍贵的香气品质，历来为调香师们所珍视。因为它不仅具有细腻的麝香香气，而且能使香精的整体香气高雅、圆和、留香持久。大环麝香类化合物最主要的有大环酮麝香和大环内酯麝香。大环内酯麝香从结构上又可分为三种类型，即大环单内酯(如环十五内酯)、大环双内酯(如十三烷二酸环-1,2-亚乙基酯)和氧杂大环内酯(如10-氧杂十六内酯)。

1906年，Walbaum从天然麝香中分离出一种具有麝香香气的酮类化合物，当时还未明确其化学结构，直到1926年瑞士化学家Ruzicka及其同事才确定其分子结构为3-甲基环十五酮，俗称麝香酮。1915年Sack从天然灵猫香中分离出一种不饱和大环酮，1926年Ruzicka确定其分子结构为9-环十七烯酮，俗称灵猫酮。1927年，Kerschbaum在麝香葵籽油中发现一种内酯，环上有16个碳原子，为7-环十六烯内酯，即麝葵内酯。之前已有人从含有麝香香气的圆叶当归根油中单离出一种酸，分子式为$C_{15}H_{30}O_3$，Kerschbaum指出该酸为α,ω-十五羟酸，麝香香气是由此酸的环十五内酯发出的，1928年Ruzicka确定并合成了环十五内酯。后来，Mookherjee、Ditto、Wan Dorp等化学家又先后从天然麝香、灵猫香、麝香鼠分泌物中发现了许多饱和大环酮以及不饱和大环酮麝香类香料化合物。另外，自然界中未发现的许多大环类化合物也已经被合成出来，包括氧杂内酯、酮内酯、双酯、碳酸酯、酸酐以及含氮、含硫化合物和二环化合物等，真正商品化的有麝香酮、环十五酮、灵猫酮、麝香-TMⅡ、环十六酮、环十七酮、环十五内酯、环十六内酯、麝葵内酯、10-氧杂十六内酯、11-氧杂十六内酯、12-氧杂十六内酯和十三碳乙二醇环酯等。

大多数大环内酯类化合物都具有珍贵的类似于天然麝香的香气，香气较硝基麝香温和且持久，其中尤以环十五内酯最为珍贵。大环内酯和含氧内酯对调香工业有很大的意义，这些化合物受到调香师们的高度评价，并在调和香料以及化妆品和皂用香精中得到广泛应用。大环类化合物，特别是大环内酯和含氧内酯，除了赋予香精香气之外，还具有圆和香气的特性，并使香精能持久地保持均匀性。但由于生产工艺复杂、原料成本太高，并不能普遍应用。在合成麝香香料市场中，大环内酯类合成麝香香料只占总量的6%，改进工艺、降低成本、研究新型大环内酯是今后研究麝香香料的发展方向。

主要大环酮类香料和大环内酯类香料分别列于表12-2和表12-3。

表12-2　　主要大环酮麝香

化学名称	分子结构	天然存在	发现者
3-甲基环十五酮	CH$_3$—CH——CH$_2$ |　　　| (CH)$_{12}$—C=O	麝香	Walbaum 1906; Ruzicka 1926

续表

化学名称	分子结构	天然存在	发现者
9-环十七烯酮	CH——$(CH_2)_7$ ‖　　　| $CH-(CH_2)_7-C{=}O$	灵猫香	Sack 1915； Ruzicka 1926
3-甲基环十三酮	CH_3-CH——CH_2 |　　　| $(CH_2)_{10}-C{=}O$	麝香	Mookherjee 1970
环十四酮	CH_2——CH_2 |　　　| $(CH_2)_{11}-C{=}O$	麝香	Ditto
环十五酮	CH_2——CH_2 |　　　| $(CH_2)_{12}-C{=}O$	麝香鼠	Wan Dorp 1973
环十六酮	CH_2——CH_2 |　　　| $(CH_2)_{13}-C{=}O$	灵猫香 麝香鼠	Mookherjee 1970； Wan Dorp 1973
环十七酮	CH_2——CH_2 |　　　| $(CH_2)_{14}-C{=}O$	灵猫香 麝香鼠	Mookherjee 1970； Wan Dorp 1973
环十八酮	CH_2——CH_2 |　　　| $(CH_2)_{15}-C{=}O$	灵猫香	Mookherjee 1970
环十九酮	CH_2——CH_2 |　　　| $(CH_2)_{16}-C{=}O$	灵猫香 麝香鼠	Mookherjee 1970； Wan Dorp 1973
5-环十四烯酮	CH——$(CH_2)_3$ ‖　　　| $CH-(CH_2)_8-C{=}O$	麝香	Ditto
5-环十五烯酮	CH——$(CH_2)_3$ ‖　　　| $CH-(CH_2)_9-C{=}O$	麝香 麝香鼠	Ditto Wan Dorp 1973
5-环十五炔酮	C——$(CH_2)_3$ ⦀　　　| $C-(CH_2)_9-C{=}O$	麝香鼠	Wan Dorp 1973
7-环十七烯酮	CH——$(CH_2)_5$ ‖　　　| $CH-(CH_2)_9-C{=}O$	麝香鼠	Wan Dorp 1973
9-环十八烯酮	CH——$(CH_2)_7$ ‖　　　| $CH-(CH_2)_8-C{=}O$	灵猫香	Mookherjee 1970

续表

化学名称	分子结构	天然存在	发现者
9-环十九烯酮	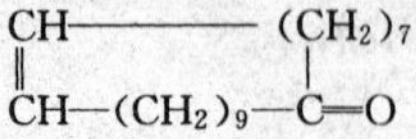	灵猫香	Mookherjee 1970
5-环十七炔酮	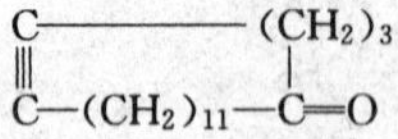	麝香鼠	Wan Dorp 1973
5,11-环十七二烯酮	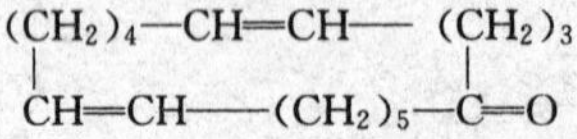	麝香鼠	Wan Dorp 1973
5,7-环十七二烯酮	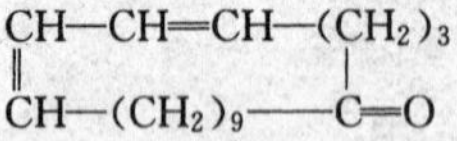	麝香鼠	Wan Dorp 1973

表 12-3　　主要大环内酯麝香

化 学 名 称	分 子 结 构	商 品 名
环十五内酯	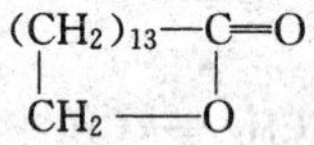	Pentalide; Exaltolide; Thibetolide
环十六内酯	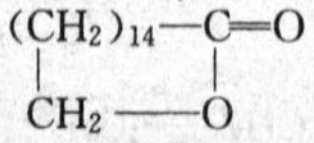	二氢麝葵内酯 (Dihydroambrettolide)
7-十六烯内酯	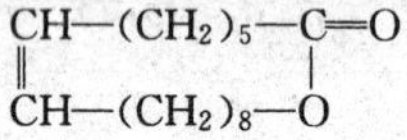	黄葵内酯 (Ambrettolide)
十二烷二酸环-1,2-亚乙基酯	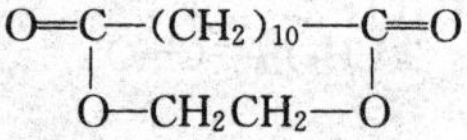	Musk-83; MC-4
十三烷二酸环-1,2-亚乙基酯	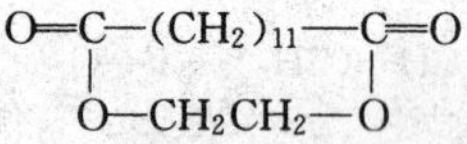	昆仑麝香; Musk-T; MC-5
10-氧杂十六内酯	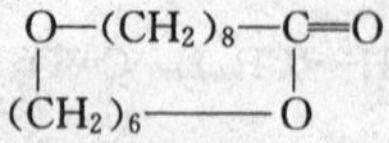	Oxalide T; Musk-906
11-氧杂十六内酯	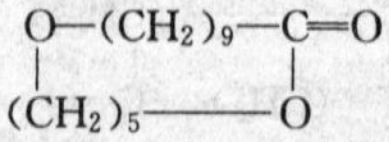	Musk-105; Musk-R-1
12-氧杂十六内酯	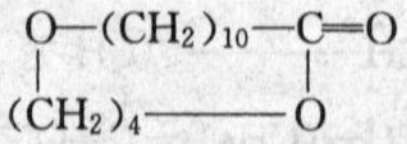	Cervolide; Musk-781
甲基-十三烷二酸环-1,2-亚乙基酯	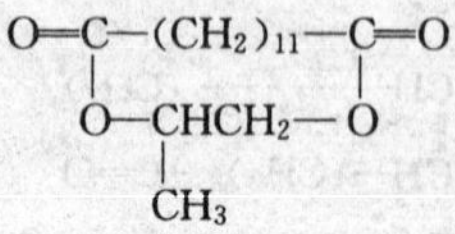	

续表

化学名称	分子结构	商品名
14-甲基-12-氧杂十五内酯	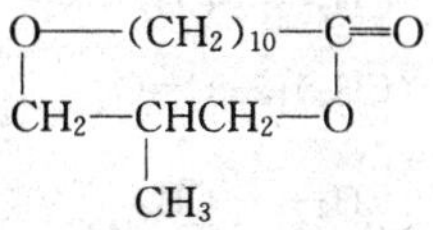	

二、香气与分子结构的关系

对于每一类大环类化合物，其香气的韵调和强度取决于环的大小、杂环氧的位置、以及杂原子之间次甲基的数量。大环类化合物的基本环结构为13～19元环，环上至少有一个官能团。其中以15～16元环的化合物具有最强的麝香香气，随着碳原子数的增加，香气由麝香转向灵猫香气。17元环为灵猫香；18元环为微弱灵猫香；19元环香气更弱甚至无香气。相反，14元环的化合物有弱的麝香香气；而13元环的化合物只有微弱的麝香香气并带有樟脑气息。

对于大环酮类化合物，引入第二个官能团后一般使香气变弱，而且官能团的位置也很重要。一般不饱和大环酮类化合物都具有较强的麝香香气。如麝葵内酯，即7-环十六烯内酯，其麝香香气超过十六内酯；又如灵猫酮，即9-环十七烯酮比环十七酮具有更强烈的灵猫香气。引入甲基则香气减弱，而在这两种情况下香气的麝香特征没有改变。

对于大环内酯类化合物，当环上引入双键后，则香气增强，留香效果降低；引入酮基时，则具有木香香韵，目前对酮基或侧链的影响还未明确，有待进一步深入研究。

大环双内酯类化合物增加侧链后，可以改变其香韵，碳原子数的多少对香气也有一定的影响。氧杂大环内酯类化合物，若有双链存在，虽然香气变化不大，但具有很好的定香效果。

大环状二环化合物、含氮化合物等，其结构中的小环一般为5～6元环，总的碳原子数在16～17的大环化合物占多数。一般情况下，双环与相应的单大环化合物具有相同的香气。如表12-4所示。

表12-4　天然动物香中大环酮

化学名称	分子结构	天然存在	发现者
3-甲基环十五酮	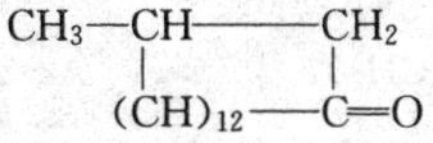	麝香	Walbaum 1906；Ruzicka 1926
9-环十七烯酮	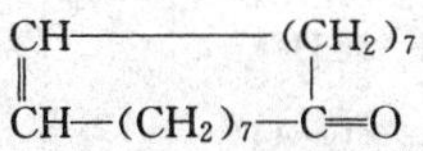	灵猫香	Sack 1915；Ruzicka 1926
3-甲基环十三酮	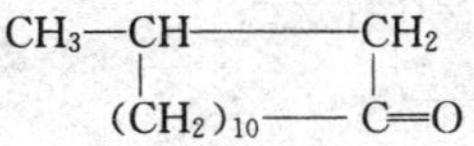	麝香	Mookherjee 1970

续表

化学名称	分子结构	天然存在	发现者
环十四酮	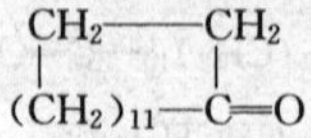	麝香	Ditto
环十五酮	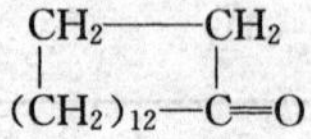	麝香鼠	Wan Dorp 1973
环十六酮	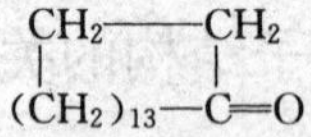	灵猫香 麝香鼠	Mookherjee 1970; Wan Dorp 1973
环十七酮	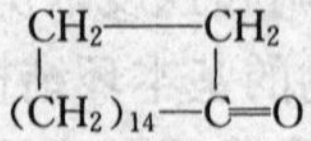	灵猫香 麝香鼠	Mookherjee 1970; Wan Dorp 1973
环十八酮	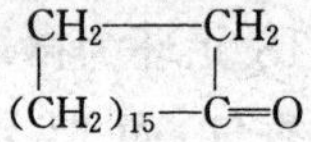	灵猫香	Mookherjee 1970
环十九酮	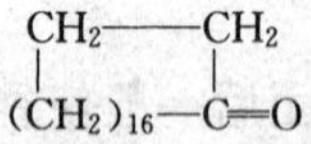	灵猫香 麝香鼠	Mookherjee 1970; Wan Dorp 1973
5-环十四烯酮	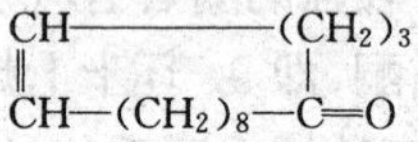	麝香	Ditto
5-环十五烯酮	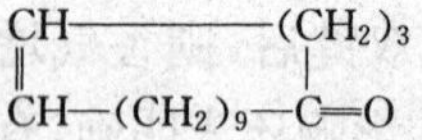	麝香 麝香鼠	Ditto Wan Dorp 1973
5-环十五炔酮	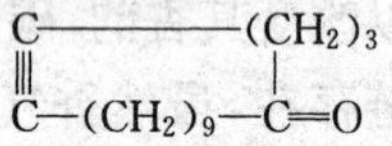	麝香鼠	Wan Dorp 1973
7-环十七烯酮	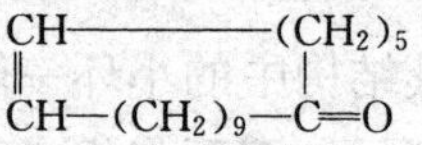	麝香鼠	Wan Dorp 1973
9-环十八烯酮	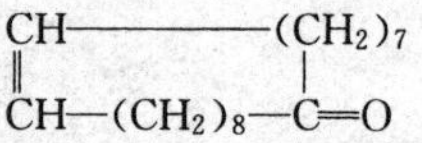	灵猫香	Mookherjee 1970
9-环十九烯酮	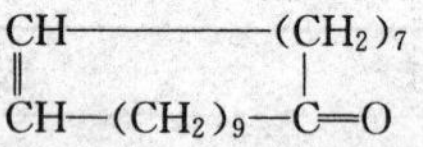	灵猫香	Mookherjee 1970
5-环十七炔酮	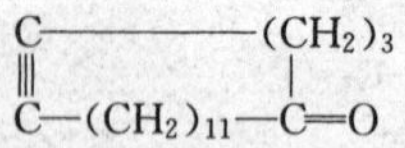	麝香鼠	Wan Dorp 1973
5,11-环十七二烯酮	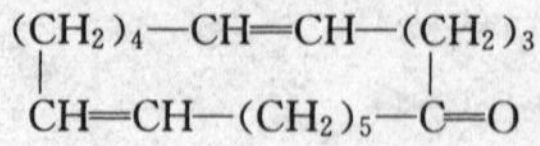	麝香鼠	Wan Dorp 1973
5,7-环十七二烯酮	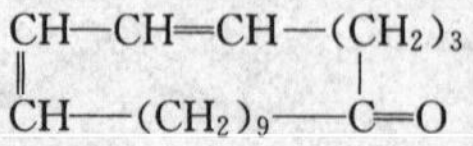	麝香鼠	Wan Dorp 1973

在从天然动物香料中发现大环酮类麝香化合物以后，科学家们又做了大量的合成研制工作。1942 年 Hunsdiecker 合成出了灵猫酮，1948 年 Stoll 又提出灵猫酮和麝香酮的合成新方法。从此，大环酮麝香化合物的研制进入了商业化生产阶段。

三、合成大环麝香的原料

合成具有麝香香气的大环酮或大环内酯，需要有碳数在 13 以上的直链化合物。对于大环酮需要 α,ω-二元酸或其衍生物；对于大环内酯，则需要 ω-羟基酸。如此便可通过环化反应得到所需的大环酮或大环内酯。但是这些直链化合物都没有现成的来源，它们是合成大环麝香的重要中间体，需要有初始原料经多步化学反应才能得到。合成大环麝香的初始原料可分为天然原料和石油化工原料。

(一)天然原料

1. 蓖麻油

蓖麻油的主要成分蓖麻酸十八碳烯酸（即 9-烯基-12-羟基十八酸）甘油酯，经干馏可以得到十一烯酸和十一烯酸酯类，从该原料出发可以制得环十五酮和涉瓦莉等麝香。

$$\underset{\text{蓖麻酸甲酯}}{CH_3(CH_2)_5CHOHCH_2—CH{=}CH(CH_2)_7COOCH_3} \xrightarrow{\triangle} \underset{\text{十一烯酸甲酯}}{CH_2{=}CH(CH_2)_8COOCH_3} + \underset{\text{庚醛}}{CH_3(CH_2)_5CHO}$$

2. 芥子酸

菜籽油的油脚中含有 25%～30% 的芥子酸，它是顺式二十二烯-13 酸，采用五氧化二钒或臭氧可使之氧化成十三碳二酸，该酸是生产麝香-T 的原料。如十三碳二酸与丙二酸二乙酯反应生成增加两个碳的十五碳二酸，可用以合成十五酮和麝香酮。

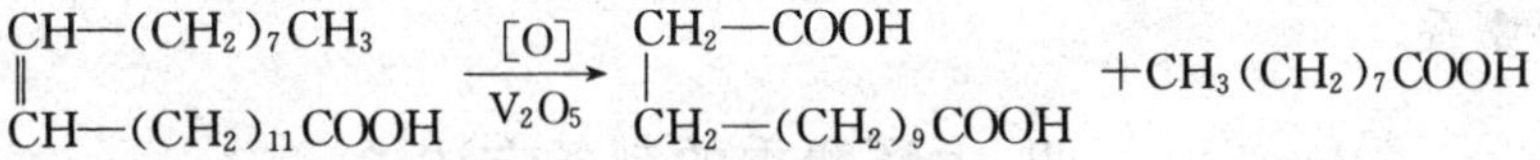

十三碳二酸　　　　壬酸

3. 紫胶桐酸

紫胶桐酸是值得重视的新型大环麝香合成原料，Mathur 等人对其进行了深入细致地研究和开发。从该化合物出发可以合成多种酮类和内酯类大环麝香，如含有 15、16、17 个碳原子的内酯等。

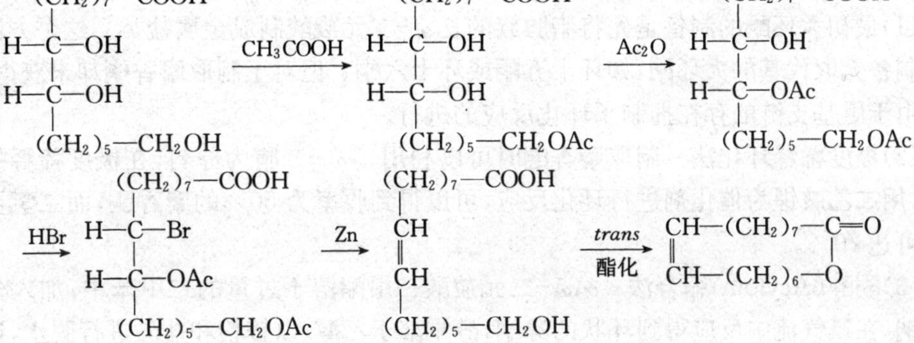

4. 羟基十八碳三烯酸

该化合物存在于加马拉种子油(Mallotus phillippinenis)中，Dhekne 等人采用钾碱醇液进行皂化，回收乙醇，经水稀释、酸化后，再通过萃取制得。

5. 晁模蒜和副大冈子酸

该类化合物是合成大环内酯的重要中间体，1966 年 Baba 等人从晁模油中制得上述两种化合物，并合成出具有麝香香气的两种大环内酯化合物，其结构如下：

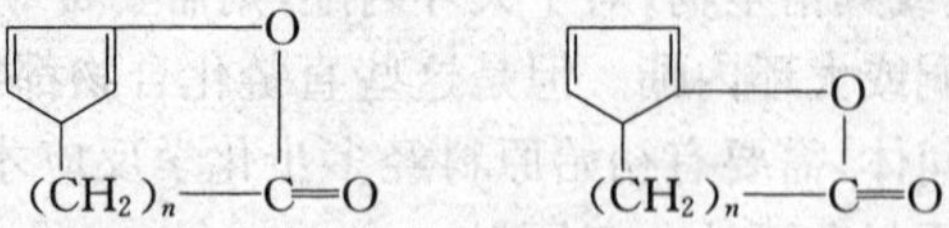

$n=10$，副大冈子基衍生物

$n=12$，晁模基衍生物

6. 蒜头果油

蒜头果的果仁油中含有 32%左右的 15-廿四碳烯酸，经臭氧化和还原反应可得到用于制备环十五内酯的非常重要的中间体——ω-十五羟酸。

(二)石油化工原料

(1)乙烯-四氯化碳调聚物。

(2)丁二烯的低聚体。

(3)环十二碳烯、环十二酮及其衍生物。

(4)1,9-环十六碳二烯及其衍生物。

(5)石油烷烃，如以正构烷烃为原料，采用微生物发酵法可以获得 α,ω-二元酸，进一步合成大环麝香。

四、大环麝香的制备方法

大环麝香类的制备方法可分为两类：一是将无环 α,ω-二官能团化合物进行分子内环合；二是将环的扩大或收缩。一般第一种方法比较简便，但除了分子内反应得到所需要的化合物外，还有分子间的反应，导致产生二聚物或多聚物，因为这是两种竞争反应，故要抑制分子间的反应，则环化反应必须在高度稀释的均相介质中进行。

1. 由分子内环化法制备大环酮

(1)最初大环酮的制备是先将脂肪族的 α,ω-二元羧酸制成金属盐类。这个方法只适合于制备无取代基的大环酮，如环十五酮或环十六酮。但对于制取麝香酮却未获得成功，这是由于甲基支链的存在抑制了环化反应的进行。

(2)极度稀释环化法　制取麝香酮时可以利用 α,ω-二腈为原料，在极度稀释的醚溶液中，用二乙胺锂为催化剂进行环化反应，可以得到收率为 50%的麝香酮，而二氢灵猫酮得率可达 70%。

(3)酮醇(Acyloin)缩合法　α,ω-二元羧酸二甲酯溶于过量的二甲苯中，加入分散的金属钠，在氮气流中反应得到环状的醇酮，醇酮溶于乙醇，以锌粉和盐酸进行脱水，还原得到大环酮。此法反应时间短，不需要高度稀释，且收率高，具有工业化价值。

(4)烯酮二聚法　在温和的反应条件下，烯酮类化合物可以进行二聚反应得到不饱和的 β-内酯，内酯进一步水解和脱羧制得相应的大环酮。

2. 由环扩大法来制备大环酮或大环内酯

一般利用丁二烯聚合所得的十二碳化合物来合成十五碳以上的大环酮或大环内酯。

(1)以1,5,9-环十二碳三烯合成环十五酮和3-甲基环十五酮。

(2)以环十二酮为原料合成环十五内酯。

(3)以环十二单烯为原料合成3-甲基环十五酮。

3. 大环内酯的制备

(1)高度稀释法　将 α,ω-羟基酸用催化剂环化制得大环内酯，Hunsdiecker采取的方法是使用大量的溶剂，溶剂的量要达到极度稀释的程度，再用过量10～40倍的对甲苯磺酸作为催化剂制得相应的大环内酯。采用高度稀释法可以减少长碳链化合物分子间的接触机会，有利于分子的内酯环化，提高得率。但要在工业生产条件下应用稀释法，在工艺装备、能源消耗上会带来很大的困难。

(2)Collaud的甘油交换法　将 ω-羟基酸制成甘油酯，在碱性催化剂存在下于甘油中减压加热回流，通过酯交换反应制得大环内酯，并与甘油一同蒸馏出来。

甘油酯可用1-氯-2,3-丙二醇与 ω-羟基酸钠盐进行分子间缩合，得到高沸点化合物，在甲氧基钠催化剂存在下减压蒸馏解聚，生成的内酯是蒸馏物中最易挥发的组分，因此内酯一经形成就被蒸出，有利于反应朝着生成内酯的方向进行，此法可用于制备具有支链或不具支链的内酯和醚内酯。

(3)Carother的线性聚酯解聚法　ω-羟基酸在200℃加热容易发生聚合，释放出的水可蒸出，得到线性聚酯，此粗制聚酯在氯化镁存在下加热至270℃，可以进行分子内的酯交换反应，即内酯化，从而达到环化的目的，制得大环内酯，环化得率较高，可达理论产量的80%～90%。

该法可用于醚内酯的制备，其优点在于可以得到所需的碳链长度，从乙二醇单钠与 ω-溴代十一酸经分子间缩合可以制得直链醚的羟基钠，其酸化后的醚羟酸经加热缩合脱水转化为聚醚酯，进而解聚制得单体的醚内酯。

五、主要大环酮香料

1. 环十五酮(Cyclopentadecanone)

环十五酮又称黄蜀葵酮(Exaltone、Musk CPD)。

分子式为 $C_{15}H_{28}O$，相对分子质量224.39。CAS为502-72-7。

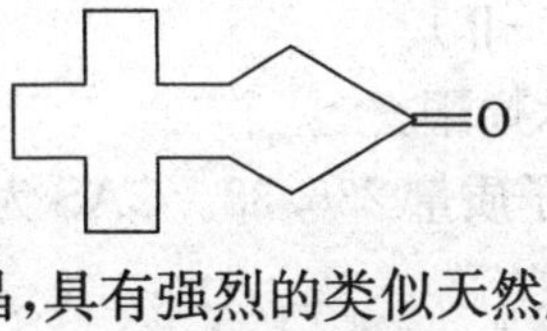

(1)理化性质　白色针状结晶，具有强烈的类似天然麝香的香气，香气较麝香酮柔和，扩散力强而持久。不溶于水，溶于乙醇等有机溶剂。熔点为64～66℃，沸点为344℃、120℃/40Pa，相对密度(d_{20}^{20})为0.924，折射率(n_D^{66})为1.4637，闪点>100℃。

(2)天然存在　在美洲麝香鼠分泌腺中有少量存在。

(3)制备方法

①环十五酮的合成方法很多,但普遍认为酮醇缩合法具有较大实用价值,它是工业生产上常用的方法。该法以石蜡分离得到的正构十五烷烃为原料,用生物氧化法转化成α,ω-十五碳二酸,酯化后生成十五碳二酸二甲酯,然后在金属钠的存在下,在甲苯溶液中进行酮醇缩合反应环化制得2-羟基十五酮,最后用锌粉和盐酸还原,即得环十五酮。

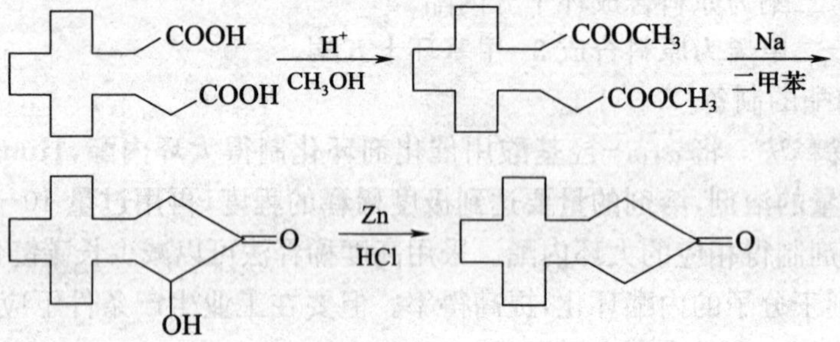

②以十六烷二酸二乙酯为原料制备。

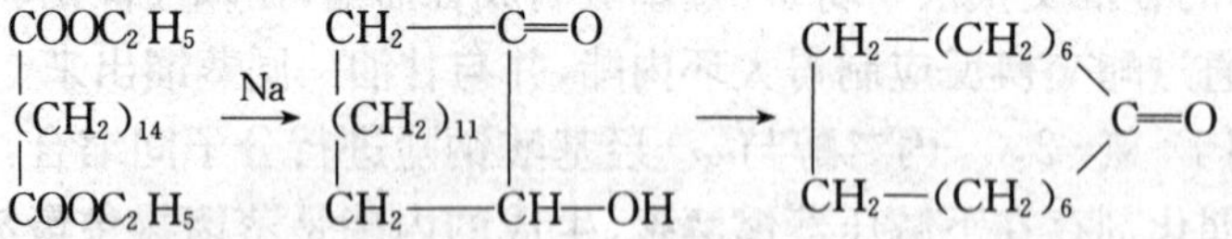

③以十二酮为原料制备。

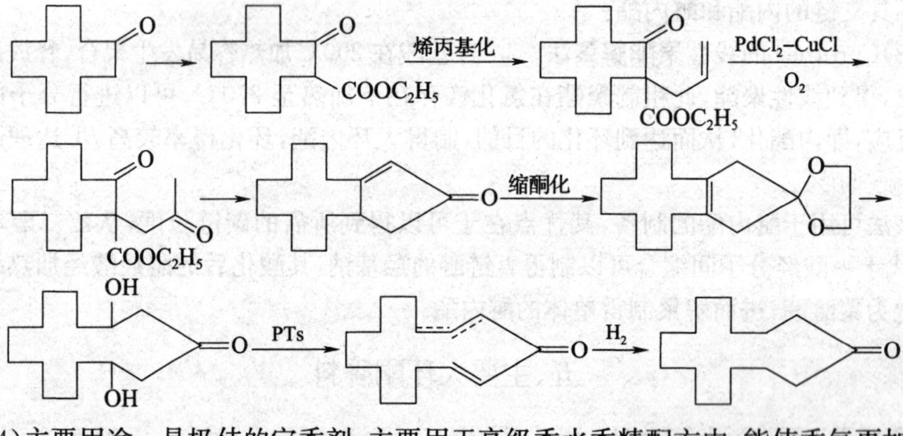

(4)主要用途　是极佳的定香剂,主要用于高级香水香精配方中,能使香气更加圆和,并有突出的提香效果,在配方中的用量在5%以内。

(5)安全管理　RIFM认可安全外用。IFRA没有限制规定。

2. 麝香TM-Ⅱ(Musk TM-Ⅱ)

麝香TM-Ⅱ又称5-环十六烯酮。

分子式为$C_{16}H_{28}O$,相对分子质量236.38。CAS为37609-25-9。

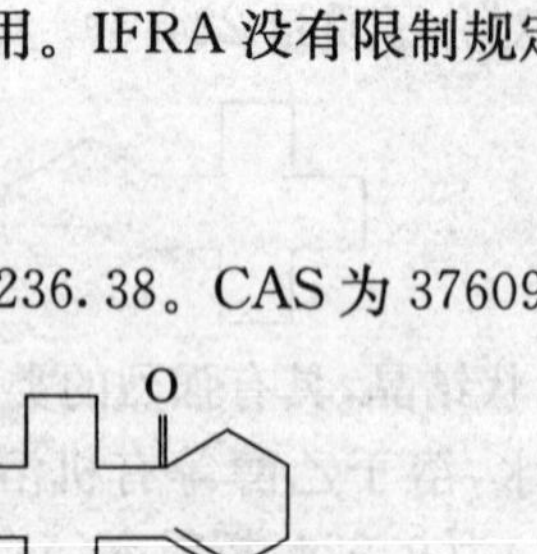

(1)理化性质　油状液体,市售品为顺式和反式两种异构体的混合物,具有强烈的、接近天然麝香的香气。不溶于水,溶于乙醇等有机溶剂。沸点为 114℃/13.3Pa、129～131℃/270Pa,相对密度(d_{25}^{25})为 0.930～0.935,折射率(n_D^{20})为 1.4850～1.4950,闪点为 167℃。在合成产品中 65%为反式异构体,35%为顺式异构体。反式体香气强烈,顺式体香气较淡;反式体熔点为 11～12.5℃,顺式体熔点为 36～37℃。

(2)天然存在　未见文献报道。

(3)制备方法

①以环十二酮为原料,向其甲醇溶液中通入氯气得到氯代环十二酮,然后用格氏试剂进行二乙烯基化,水解后得到二乙烯基环十二醇,接着在加热条件下进行 Oxly-Cope 转位重排反应便可制得 5-环十六烯酮。

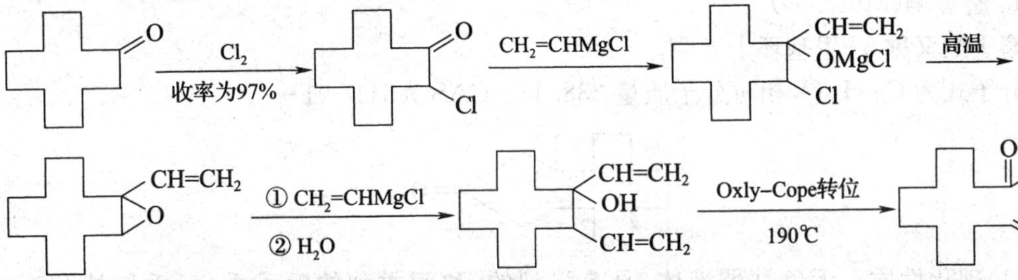

②以环十二烷并环氧乙烷为原料制备。

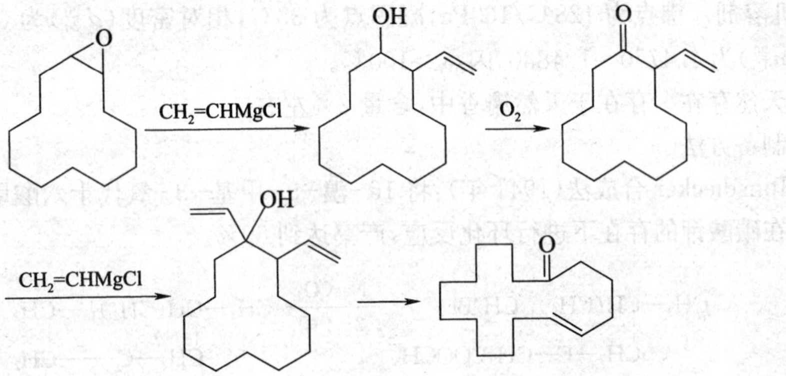

(4)主要用途　5-环十六烯酮不仅香气强烈,而且留香极为持久,化学性质稳定,主要作为定香剂应用于高级化妆品、香皂、香水、香脂等用日化香精中。

(5)安全管理　一般可以安全外用。IFRA 没有限制规定。

3. 8-环十六烯酮(8-Cyclohexadecenone)

分子式为 $C_{16}H_{28}O$,相对分子质量 236.38。CAS 为 3100-36-5。

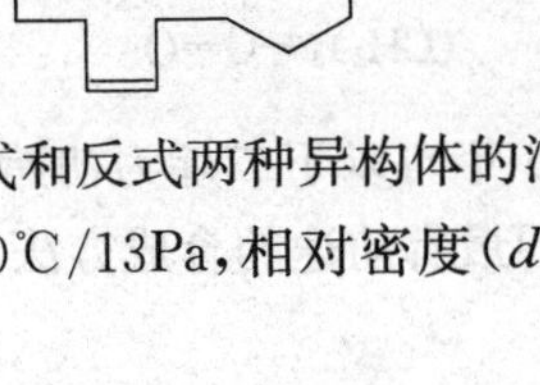

(1)理化性质　无色固体,为顺式和反式两种异构体的混合物,具有麝香香气,并伴有花香香韵。熔点为 30℃,沸点为 120℃/13Pa,相对密度(d_4^{30})为 0.923,折射率(n_D^{30})为

1.4800～1.4900,闪点为160℃。

(2)天然存在　未见文献报道。

(3)制备方法　以环辛烯为原料,首先通过复分解反应生成环十六碳二烯,再转变为8-环十六烯酮。

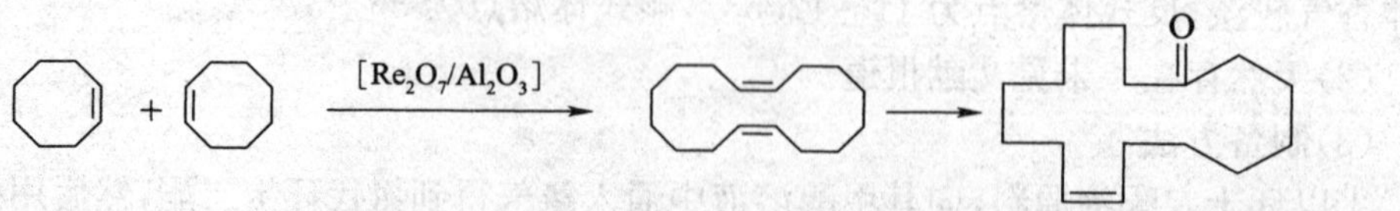

(4)主要用途　可用于日化香精中,主要作为定香剂使用,可替代葵子麝香使用。

(5)安全管理　一般可以安全外用。IFRA没有限制规定。

4. 麝香酮(Muscone)

麝香酮又称3-甲基环十五酮。

分子式为$C_{16}H_{30}O$,相对分子质量238.42。CAS为541-91-3。

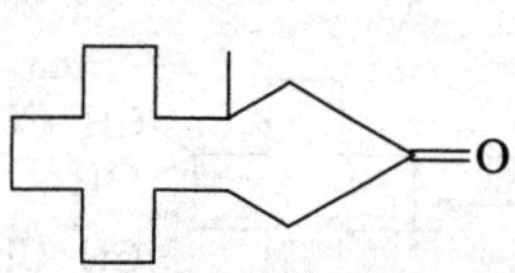

(1)理化性质　无色黏稠液体,具有强烈的、甜而柔和的麝香香气,香气持久而有力。天然来源的麝香酮单离品为*l*-体,合成品一般为消旋体。几乎不溶于水,溶于乙醇等有机溶剂。沸点为128℃/160Pa,凝固点为33℃,相对密度(d_{20}^{20})为0.918～0.925,折射率(n_D^{20})为1.4770～1.4830,闪点>100℃。

(2)天然存在　存在于天然麝香中,含量2%左右。

(3)制备方法

①Hunsdiecker合成法(1941年):将16-溴-5-甲基-3-氧代十六酸甲酯于2-丁酮溶液中,在碳酸钾的存在下进行环化反应,产率达到60%。

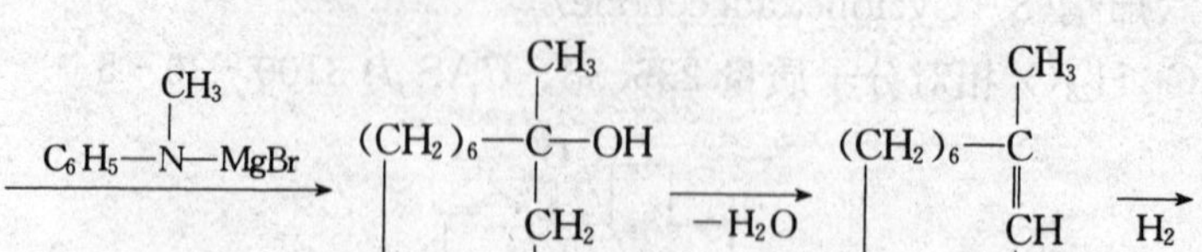

②Stoll合成法(1948年):将十六碳二酮与*N*-甲基苯胺溴化镁的乙醚溶液加热至沸发生环化反应,经脱水、氢化反应制得,产率为17%。

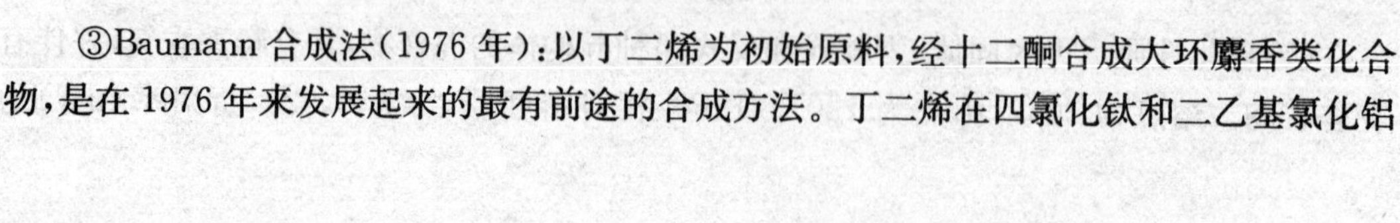

③Baumann合成法(1976年):以丁二烯为初始原料,经十二酮合成大环麝香类化合物,是在1976年来发展起来的最有前途的合成方法。丁二烯在四氯化钛和二乙基氯化铝

存在下，通过三聚生成1,5,9-十二碳三烯，然后经氢化和氧化反应生成环十二酮，环十二酮再与丁炔醇反应，所得产物经重排、还原、氧化、Wolff-Kishmer反应，氧化制得麝香酮，收率为40%。

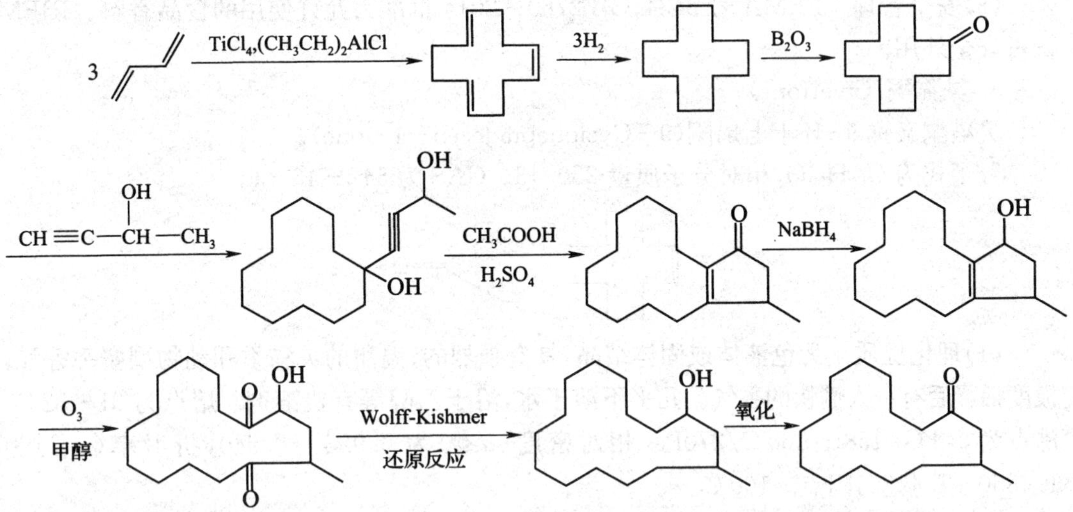

④Mookherjee合成法(1971年)：以环十五酮为基本原料，经以下5步反应制得麝香酮，产率约为50%。

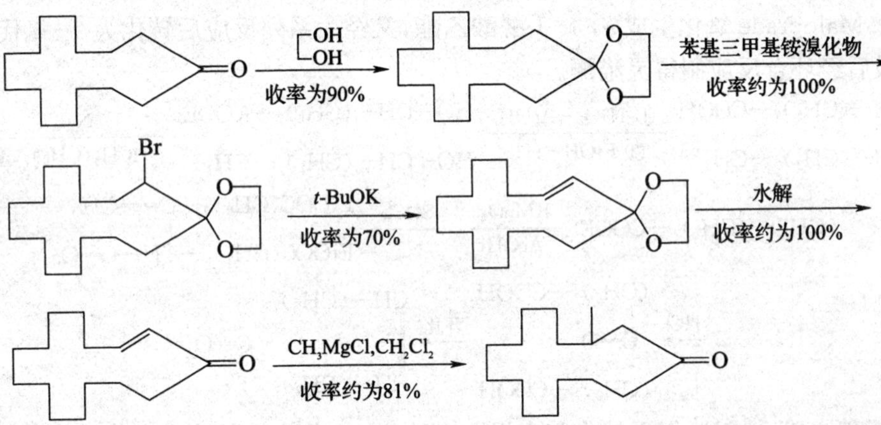

⑤Wittig反应合成法(1979年)：从α,ω-二醛为初始原料，经Wittig反应闭环，然后经甲基化反应、氢化反应制得。

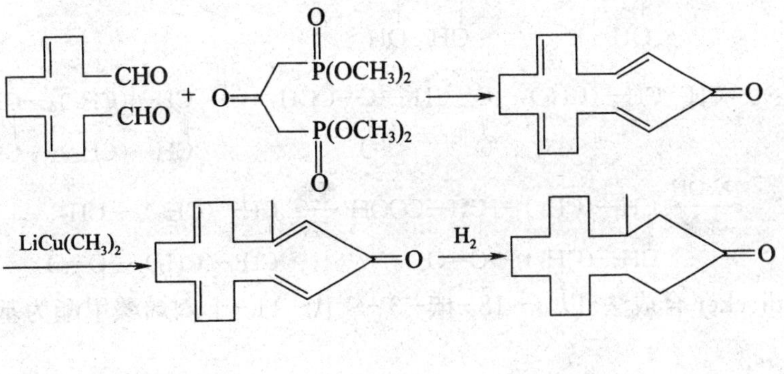

(4)主要用途　由于麝香酮的产量很少,价格极其昂贵,主要作为定香剂应用于高档香水、香粉、膏霜等用日化香精中,只需少量使用就能取得极佳的效果。微量用于水果、梨等香型食用香精。

(5)安全管理　FEMA 号 3434,GB 2760—2014 批准为允许使用的食品香料。RIFM 认可安全外用。

5. 灵猫酮(Civettone)

灵猫酮又称 9-环十七烯酮(9-Cycloheptadecen-1-one)。

分子式为 $C_{17}H_{30}O$,相对分子质量 250.43。CAS 为 542-46-1。

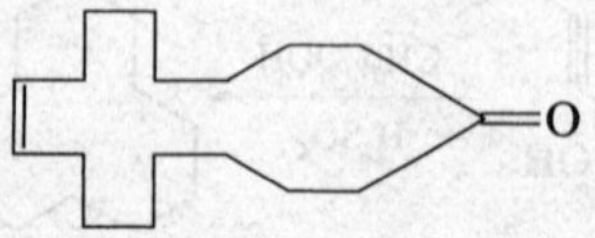

(1)理化性质　无色液体或固体结晶,具有强烈的、温甜的灵猫香和动物型麝香香气,极度稀释后有令人愉快的香气。几乎不溶于水,溶于乙醇等有机溶剂。熔点为 31～32℃,沸点为 344℃、158～160℃/270Pa,相对密度(d_{20}^{20})为 0.923～0.940,折射率(n_D^{20})为 1.4850～1.4920,闪点＞100℃。

(2)天然存在　灵猫酮以顺式体存在于天然灵猫中,含量为 3%左右。

(3)制备方法

①油酸合成法:以油酸(9-十八碳烯酸)为基本原料,首先用双氧水氧化,然后经酯化和 M. L. Maloprade 氧化生成 α,ω-壬醛酸乙酯,又经一系列反应后转化为 9-氧代十七碳二酸,最后经环合反应制得灵猫酮。

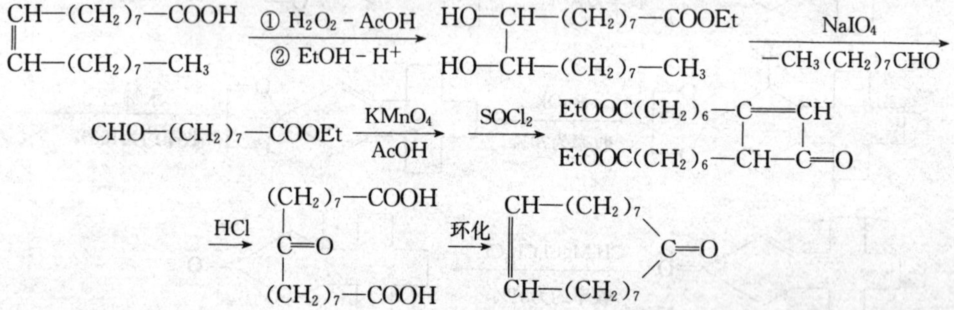

②天然虫胶合成法:以天然虫胶中提取出的 9,10,16-三羟基十六酸为初始原料,经以下反应步骤制得。

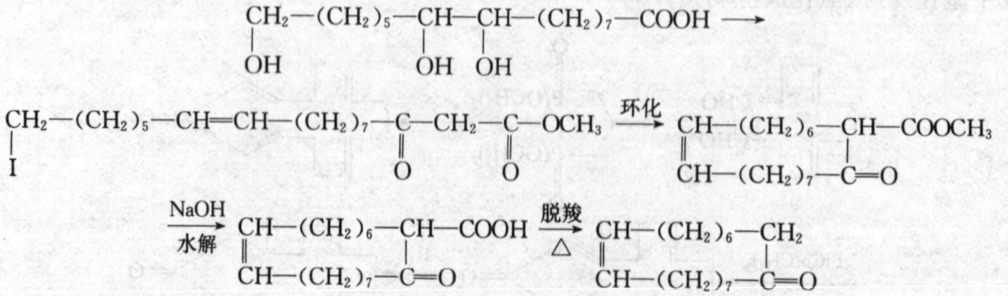

③Hunsdiecker 合成法:以 α-18-碘-3-氧代-11-十六烯酸甲酯为基本原料,经以

下反应步骤制得。

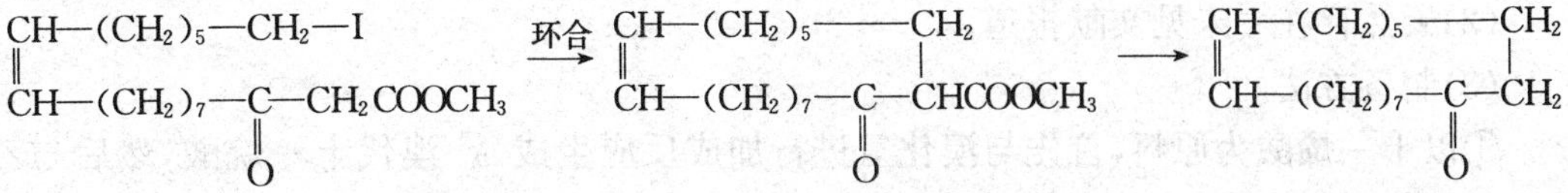

(4)主要用途　作为定香剂及调和剂应用于茉莉、水仙、玫瑰、白兰、金合欢、素心兰香型和东方型等日化香精中。主要用于高级香水香精配方中，用量在1%以内，甚至极少用量(0.01%)就能起到很好的效果。可微量用于食用香精中。

(5)安全管理　FEMA号3425，GB 2760—2014批准为允许使用的食品香料。

6. 二氢灵猫酮(Dihydrocivettone)

二氢灵猫酮又称环十七酮。

分子式为$C_{17}H_{32}O$，相对分子质量252.45。

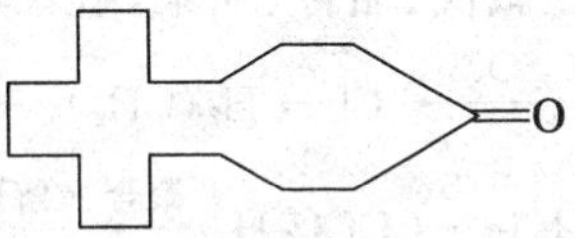

(1)理化性质　无色结晶，具有强烈的灵猫香气。不溶于水，溶于乙醇等有机溶剂。熔点为60℃，沸点为145℃/0.13kPa，相对密度(d_4^{70})为0.883，折射率(n_D^{70})为1.4622。

(2)天然存在　在灵猫和麝香鼠分泌物中有少量存在。

(3)制备方法　以十七碳二酸和乙醇为原料，首先进行酯化反应生成十七碳二酸二乙酯，然后经环化、还原反应制备。

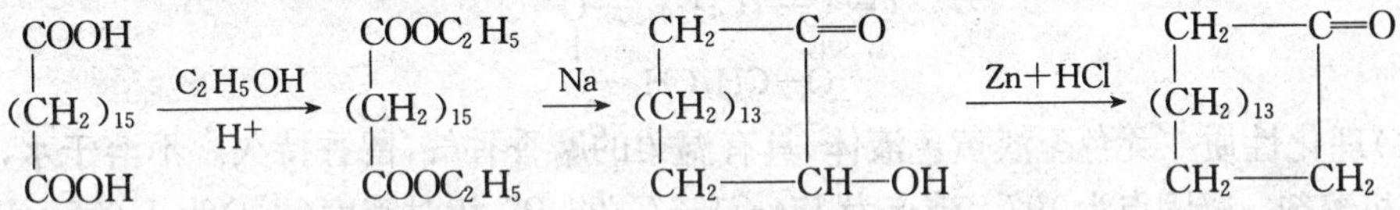

(4)主要用途　可用于高档香水、香皂、洗涤剂等日化香精的配方中，主要作为定香剂使用。

(5)安全管理　一般可以安全外用。

六、主要大环内酯类香料

ω-羟基酸是制备大环内酯类麝香香料的关键中间体。首先将ω-羟基酸加热生成线性聚酯化合物；然后在适当的碱性催化剂如碳酸钾等存在下，与甘油一起在减压、200℃条件下加热回流，这时线性聚酯就发生解聚反应，并同时进行分子内酯化反应，生成大环内酯。

1. 12-氧杂十四内酯(12-Oxatetradecanolide)

分子式为$C_{13}H_{24}O_3$，相对分子质量228.32。

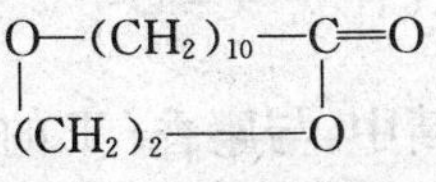

(1)理化性质　无色液体，具有麝香和木香香气，但香气相对较弱。不溶于水，溶于乙醇等有机溶剂。沸点为143～145℃/1.07kPa，相对密度(d_4^{20})为1.006～1.008，折射率

(n_D^{20})为 1.4680～1.4690。

(2)天然存在　未见文献报道。

(3)制备方法

①以十一烯酸为原料,首先与溴化氢进行加成反应生成 ω-溴代十一烷酸,然后与乙醇进行酯化反应生成 ω-溴代十一酸乙酯,再与乙二醇单钠进行缩合反应生成 14-羟基-12-氧杂十四酸酯,最后进行聚合和解聚反应制得 12-氧杂十四内酯。

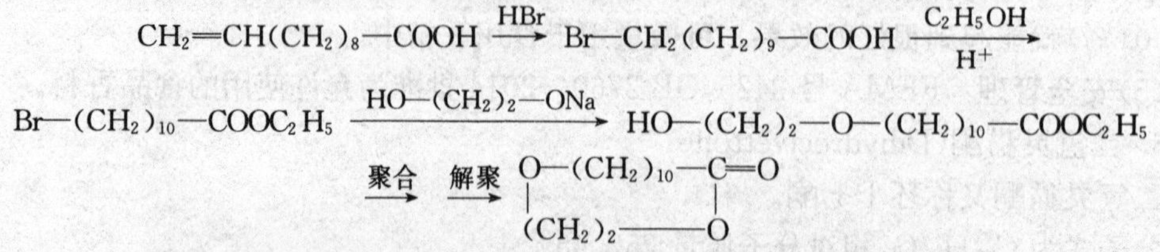

②以十一烯酸乙酯为原料,经氯代、缩合、缩聚、解聚等反应制得 12-氧杂十四内酯。

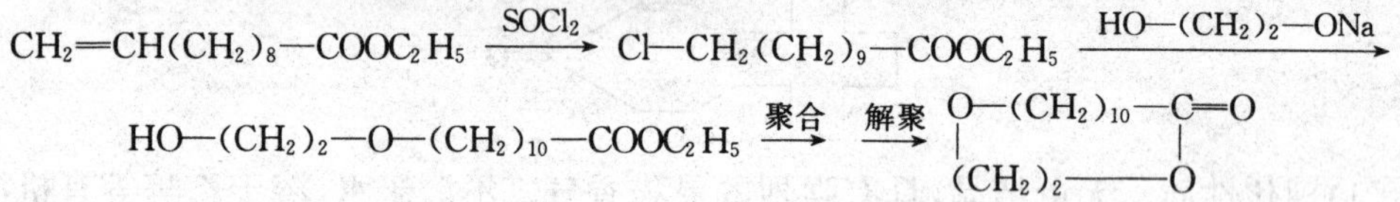

(4)主要用途　可用于日化香精中。

2. 麝香-83(Musk-83)

麝香-83 又称十二烷二酸环-1,2-亚乙基酯、MC-4。

分子式为 $C_{14}H_{24}O_4$,相对分子质量 256.34。CAS 为 54982-83-1。

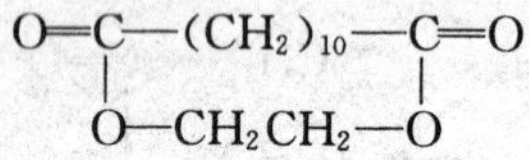

(1)理化性质　无色至淡黄色液体,具有温柔的麝香香气,留香持久。不溶于水,溶于乙醇等有机溶剂。凝固点为 19℃,沸点为 154～156℃/270Pa,相对密度(d_{20}^{20})为 1.055～1.065 折射率(n_D^{20})为 1.4650～1.4800,闪点为 168℃。

(2)天然存在　未见文献报道。

(3)制备方法　以环十二酮为初始原料,经开环得到 α,ω-十二烷二酸,后者再与乙二醇进行缩聚反应生成聚酯,最后再在高温下解聚环化制得所需产品。所需的十二烷二酸,可自轻蜡分馏得到正十二烷经生物发酵氧化获得;也可用丁二烯为原料,先制成环十二酮和环十二醇,然后再经氧化开环制得。

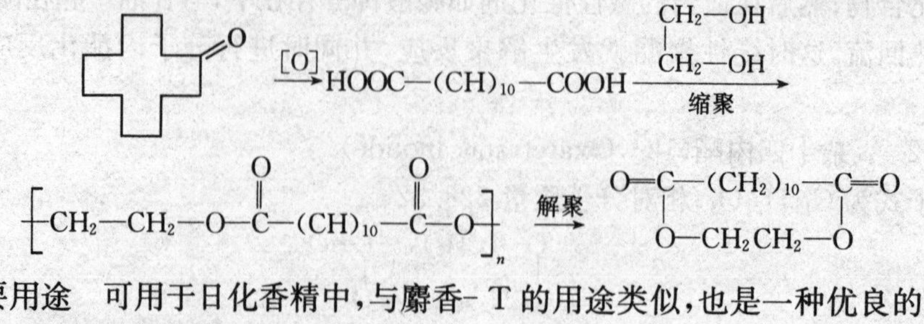

(4)主要用途　可用于日化香精中,与麝香-T 的用途类似,也是一种优良的定香剂,主要作为定香剂应用于花香型日化香精中。

(5)安全管理　一般可以安全外用。IFRA 没有限制规定。

3. 麝香-T(Musk-T)

麝香-T又称昆仑麝香(Conron Musk)、十三烷二酸环-1,2-亚乙基酯、十三碳二酸环乙二醇二酯、Musk-BRB、Mc-5。

分子式为$C_{15}H_{26}O_4$,相对分子质量270.38。CAS为105-95-3。

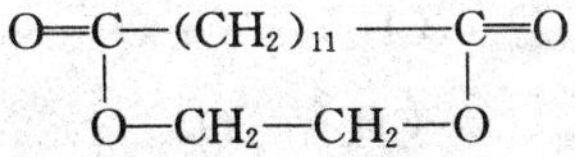

(1)理化性质　无色至淡黄色稠厚液体,冷冻后会固化,具有强烈的、甜的麝香香气,稍有油脂气息,香气持久。它在碱性介质中不够稳定,在酸性介质中稳定。不溶于水,溶于乙醇等有机溶剂。熔点为5℃,沸点为332℃、138～142℃/133Pa,相对密度(d_{25}^{25})为1.040～1.047,折射率(n_D^{25})为1.4680～1.4740,闪点为200℃。

(2)天然存在　未见文献报道。

(3)制备方法

①以十一烯酸为原料,制成溴代十一酸甲酯或乙酯,再与丙二酸二乙酯钠缩合得到十三烷二酸(巴西基酸)。十三烷二酸再与乙二醇反应,经聚合、解聚制得麝香-T。该反应所需的十三烷二酸也可由正十三烷经发酵氧化法制得或由芥酸臭氧化反应制得,如方法②中。

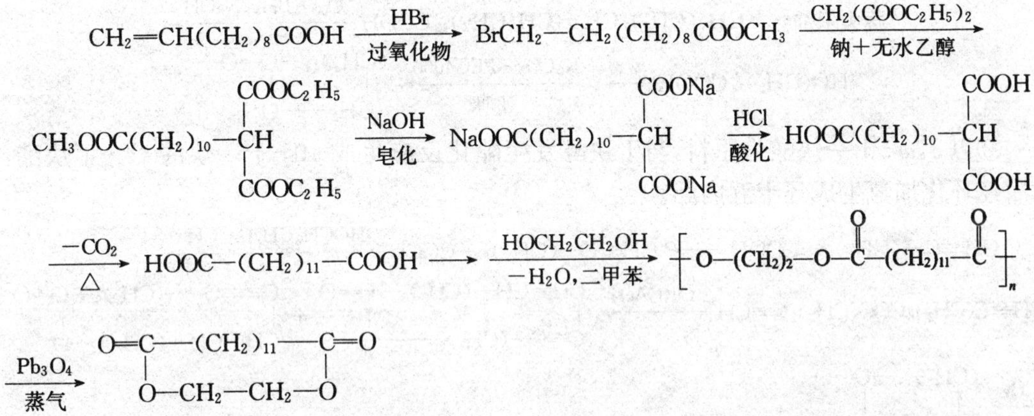

②以芥酸为原料,经氧化生成α,ω-十三碳二酸,最后与乙二醇聚合、解聚制得。

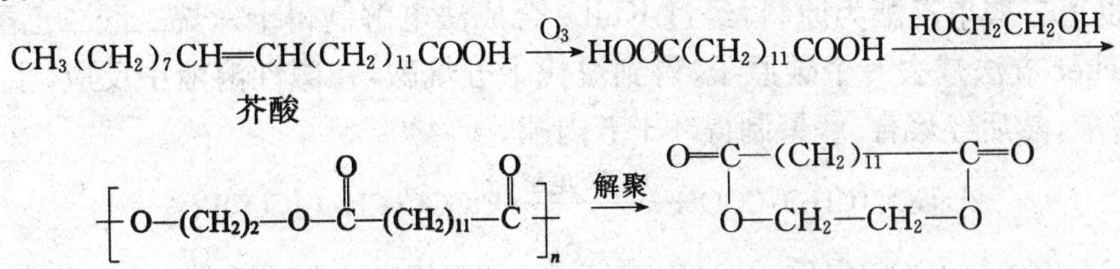

(4)主要用途　麝香-T是大环麝香中产量最大的品种,约占全部大环麝香产量的一半,主要制造商是日本高砂香料公司。麝香-T是优良的定香剂和花香增香剂,扩散性好,留香持久。被广泛应用于花香型香水香精、化妆品香精和皂用香精等日化香精中。微量用于香荚兰、樱桃、香豆素、肉桂、热带水果等食用香精中。

(5)安全管理　FEMA号3543,RIFM认可安全外用。IFRA没有限制规定。GB 2760—2014批准为允许使用的食品香料。

4. 环十五内酯(Cyclopentadecanolide)

环十五内酯又称 15-羟基十五酸-ω-内酯、ω-十五内酯、当归内酯、Exaltolide、Thibetolide、Pentalide。

分子式为 $C_{15}H_{28}O_2$，相对分子质量 240.29。CAS 为 106-02-5。

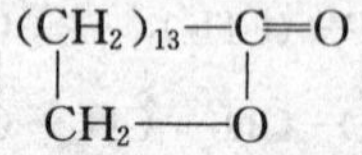

(1)理化性质　无色液体，在室温时凝固为白色针状结晶，具有优美的、强烈的类似于龙涎-麝香型的香气，香气细腻且圆和，文雅持久，有良好的定香作用，即使在极低的浓度下仍有明显的圆和及定香作用。几乎不溶于水，溶于乙醇等有机溶剂。熔点为 37～38℃，沸点为 280℃、175℃/2kPa，相对密度(d_4^{20})为 0.939～0.949，折射率(n_D^{20})为1.4650～1.4740，闪点>100℃。

(2)天然存在　在当归油中有少量存在。

(3)制备方法

①以我国西南地区的一种油料植物——蒜头果油为原料，经皂化反应后得到混合脂肪酸，其中含有 45%的 15-二十四碳烯酸，经分馏精制或重结晶法可得到。然后将其进行臭氧化和还原裂解反应得到 15-羟基十五烷酸，最后经缩聚、解聚制得环十五内酯。

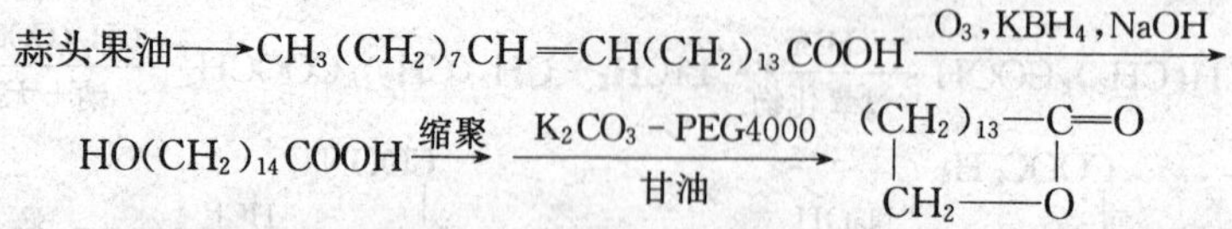

②以 α,ω-十一炔酸为原料，与丁炔醇发生酯化反应生成 10-十一炔酸-4-丁炔酯，然后经环化加氢生成环十五内酯。

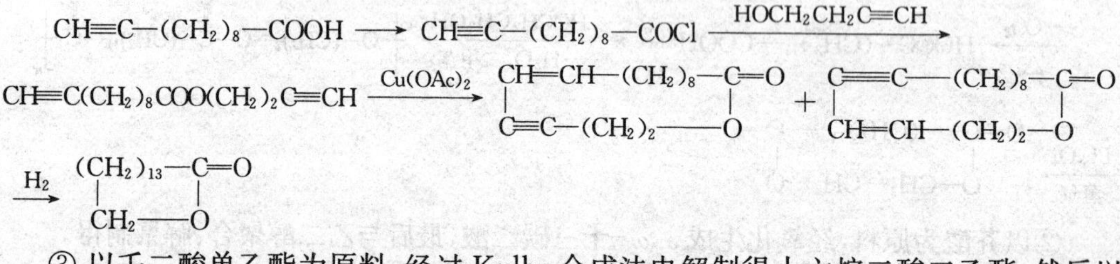

③ 以壬二酸单乙酯为原料，经过 Kulbe 合成法电解制得十六烷二酸二乙酯，然后以 Hunsdiecker 方法减去一个碳原子，得到溴代十五烷酸，在碱性溶液中反应，生成 15-羟基十五烷酸，然后经聚合、解聚制得环十五内酯。

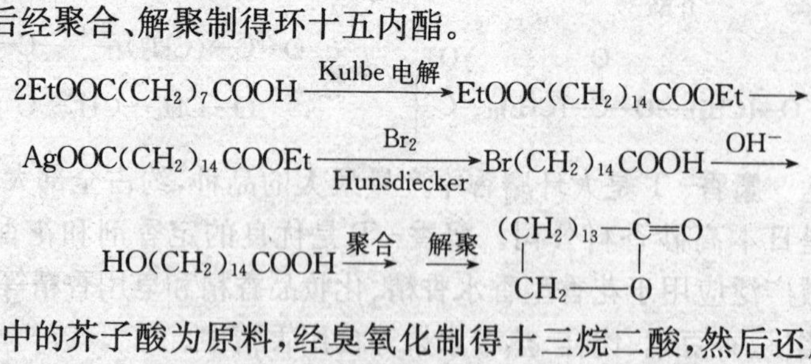

④以菜籽油中的芥子酸为原料，经臭氧化制得十三烷二酸，然后还原得到十三碳二醇，在 HBr 作用下得到 13-溴十三碳醇，使其与丙二酸二乙酯的钠盐作用，水解脱羧，得到 15-羟基十五烷酸，环化制得环十五内酯。

$$CH_3(CH_2)_7CH{=}CH(CH_2)_{11}COOH \xrightarrow{O_3} \xrightarrow{水解} HOOC(CH_2)_{11}COOH \xrightarrow{[H]} HO(CH_2)_{13}OH$$

$$\xrightarrow{HBr} Br(CH_2)_{13}OH \xrightarrow{[CH(COOEt)_2]Na} HO(CH_2)_{13}CH(COOEt)_2 \xrightarrow{H^+,H_2O}$$

$$HO(CH_2)_{13}CH(COOH)_2 \xrightarrow[\triangle]{-CO_2} HO(CH_2)_{14}COOH \longrightarrow \begin{array}{l}(CH_2)_{13}-C{=}O \\ \;| \qquad\qquad\; | \\ CH_2 \text{———} O\end{array}$$

⑤以 11 -溴代十一烷酸和己二酸为原料，通过 11 -乙酰氧基十一烷酸、己二酸单乙酯、15 -乙酰氧基十五烷酸乙酯、15 -羟基十五烷酸，最后经过聚合、解聚得到环十五内酯。

$$BrCH_2(CH_2)_9COOH + CH_3COONa \longrightarrow CH_3COO(CH_2)_{10}COOH$$

$$\xrightarrow[Pt,K_2CO_3,电解]{己二酸单乙酯} CH_3COO(CH_2)_{14}COOC_2H_5 \xrightarrow{KOH} HO(CH_2)_{14}COOK$$

$$\xrightarrow{HCl} HO(CH_2)_{14}COOH \xrightarrow{聚合} \xrightarrow{解聚} \begin{array}{l}(CH_2)_{13}-C{=}O \\ \;| \qquad\qquad\; | \\ CH_2 \text{———} O\end{array}$$

⑥以环十二酮为原料，经生成氧杂双环十六烯，再转化成氧杂双环十六烯的氢过氧化物，最后经反应生成环十五内酯。

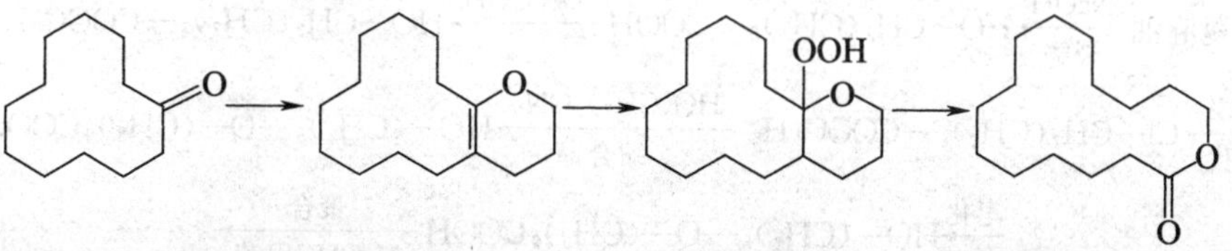

(4)主要用途　广泛用于高级香水、化妆品香精配方中，用量在 10%以内，有时在配方中只需使用 0.1%就能达到所需效果。作为优良的定香剂，微量地应用于花香型、木香型、湖泊香型、东方香型和幻想型高级日化香精中。微量地应用于香豆素、茴香、番石榴、烟草等香型食用香精中。

(5)安全管理　FEMA 认定为 GRAS，FEMA 号 2840，FDA172.515，COE181，GB 2760—2014 批准为允许使用的食品香料。美国 FDA 批准用于食品。

5. 麝香- 906(Musk - 906)

麝香- 906 又称 10 -氧杂十六内酯、Oxalide T。

分子式为 $C_{15}H_{28}O_3$，相对分子质量 256.39。CAS 为 1725 - 01 - 5。

$$\begin{array}{l}O-(CH_2)_8-C{=}O \\ | \qquad\qquad\qquad\; | \\ (CH_2)_6 \text{———} O\end{array}$$

(1)理化性质　无色黏稠液体，具有甜润的、柔和的动物型麝香香气，留香持久。不溶于水，溶于乙醇等有机溶剂。沸点为 160～161℃/670Pa，相对密度(d_{25}^{25})为 0.975～0.985，折射率(n_D^{20})为 1.4650～1.4700，闪点为 149℃。

(2)天然存在　未见文献报道。

(3)制备方法　由己二醇单钠和溴代壬酸甲酯反应生成羟基氧杂酸酯，后者再经聚合和解聚制得。

$$HO-(CH_2)_6-ONa + Br-(CH_2)_8-COOCH_3 \xrightarrow{缩合}$$

$$HO-(CH_2)_6-O-(CH_2)_8-COOCH_3 \xrightarrow{聚合} \xrightarrow{解聚} \begin{array}{l}O-(CH_2)_8-C{=}O \\ | \qquad\qquad\qquad\; | \\ (CH_2)_6 \text{———} O\end{array}$$

(4)主要用途　可用于日化香精配方中，主要作为优良的定香剂使用。

(5)安全管理　一般可以安全外用。IFRA没有限制规定。

6. 麝香-105(Musk-105)

麝香-105又称11-氧杂十六内酯、Musk R-1。

分子式为$C_{15}H_{28}O_3$，相对分子质量256.39。CAS为3391-83-1。

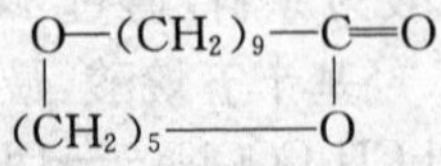

(1)理化性质　无色黏稠液体或半透明针状晶体，具有强烈的类似环十五内酯的麝香香气，并带有葵子内酯香韵，香气持久而细腻，被认为是含氧内酯中香气最为强烈者。几乎不溶于水，溶于乙醇等有机溶剂。熔点为35℃，沸点为135℃/133.3Pa，闪点为166℃。

(2)天然存在　未见文献报道。

(3)制备方法　以蓖麻油为原料，首先将其进行裂解分离出ω-羟基癸酸，然后经过酯化、卤代、缩合、皂化、聚合、解聚、内酯化等一系列反应，最后得到产物。

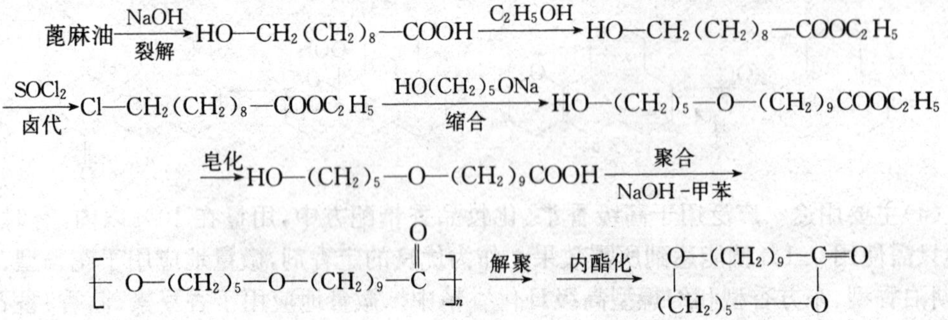

(4)主要用途　可用于日化香精配方中，广泛应用于香水、香粉、香脂、香皂等日化香精中，对香精有提升与圆和的作用，是一种良好的定香剂，在配方中用量在5%以内。

(5)安全管理　IFMA认可安全外用。IFRA没有限制规定。

7. 麝香-781(Musk-781)

麝香-781又称12-氧杂十六内酯。

分子式为$C_{15}H_{28}O_3$，相对分子质量256.39。CAS为6707-60-4。

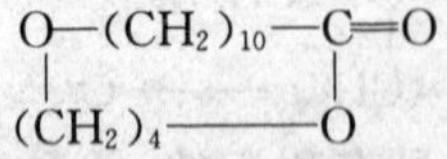

(1)理化性质　无色黏稠液体，具有清淡的麝香香气，并略带果香香韵。不溶于水，溶于乙醇等有机溶剂。沸点为140～142℃/270Pa，相对密度(d_{20}^{20})为0.982～0.986，折射率(n_D^{20})为1.4670～1.4700，闪点为151℃。

(2)天然存在　未见文献报道。

(3)制备方法　以十一烯酸为初始原料，首先与溴化氢进行加成反应生成ω-溴代十一碳酸，然后与乙醇进行酯化反应生成ω-溴代十一酸乙酯，再与丁二醇单钠进行缩合反应生成16-羟基-12-氧杂十六酸酯，最后进行聚合和解聚反应制得产物。

$$CH_2{=}CH(CH_2)_8{-}COOH \xrightarrow{HBr} Br{-}CH_2(CH_2)_9{-}COOH \xrightarrow[H^+]{C_2H_5OH}$$

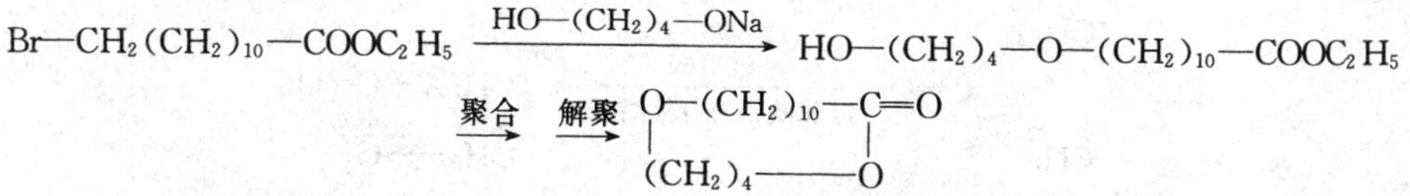

(4)主要用途　作为优良的定香剂应用于日化香精和皂用香精中，用量在15%以内。

(5)安全管理　一般可以安全外用。IFRA没有限制规定。

8. 葵子内酯(Ambrettolide)

葵子内酯又称黄葵内酯、麝葵内酯、ω－7－十六烯酸内酯(ω－Hexadecenlactone)。分子式为$C_{16}H_{28}O_2$，相对分子质量252.40。CAS为28645－51－4。

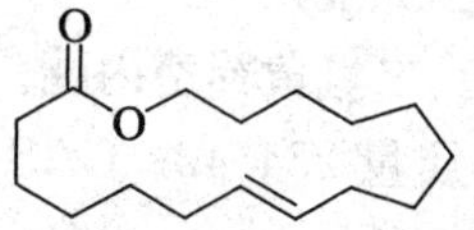

(1)理化性质　无色黏稠液体，具有强烈而又优雅的麝香香气，并伴有花香香韵，香气持久。不溶于水，溶于乙醇等有机溶剂。沸点为306℃、154～156℃/133Pa，相对密度(d_4^{20})为0.949～0.957，折射率(n_D^{20})为1.4770～1.4820，闪点>100℃。

(2)天然存在　少量存在于黄葵油、麝葵籽油中。

(3)制备方法

①以紫胶桐酸为原料，桐酸是9,10,16－三羟基十六酸，先将桐酸酯化成桐酸酯，然后与丙酮作用，再经脱水、环化制得。

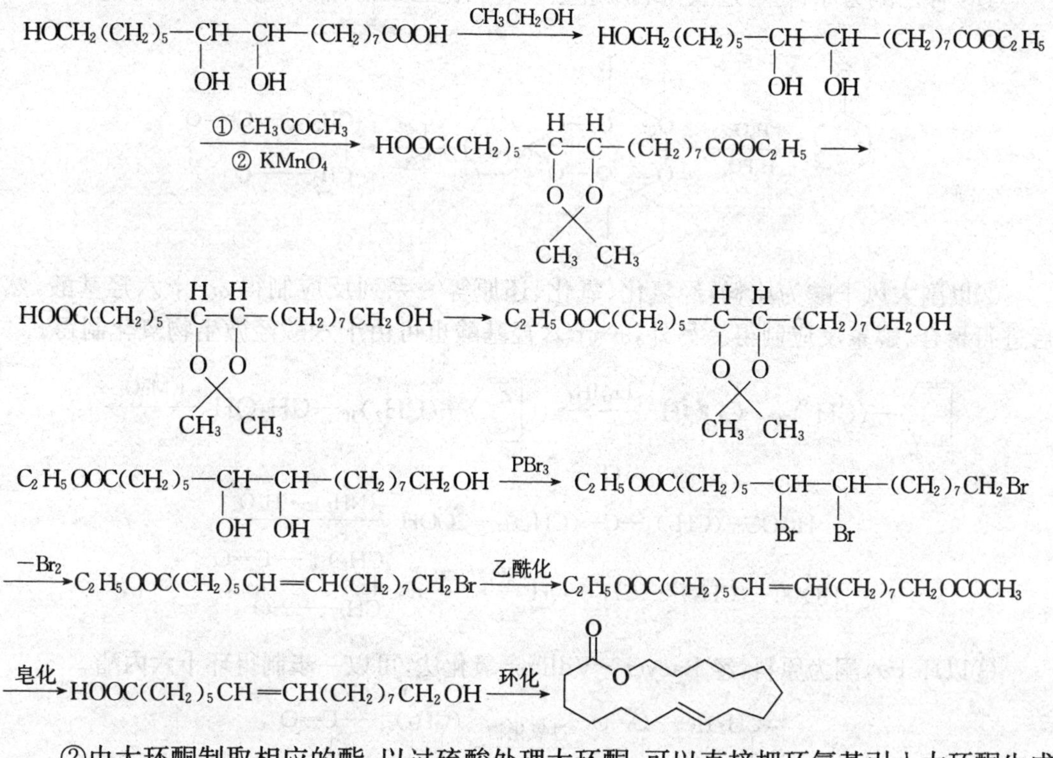

②由大环酮制取相应的酯：以过硫酸处理大环酮，可以直接把环氧基引入大环酮生成相应的大环内酯。

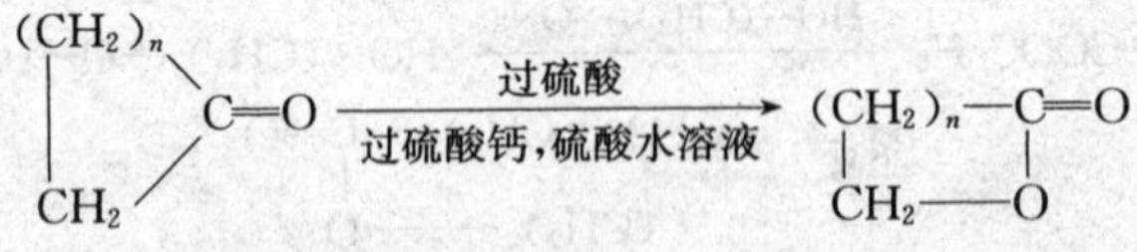

n=11～15

(4)主要用途 主要用于高档日化香精配方中，在配方中用量很少，在2%以内。

(5)安全管理 FEMA号2555，FDA172.515，COE180。GB 2760—2014批准为允许使用的食品香料。

9. 环十六内酯(Cyclohexadecanolide)

环十六内酯又称二氢黄葵内酯、二氢黄蜀葵内酯。

分子式为$C_{16}H_{30}O_2$，相对分子质量254.42。CAS为109-29-5。

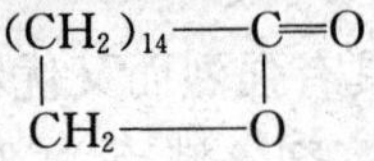

(1)理化性质 白色结晶，具有强烈而又持久的麝香香气，并略带油脂气息。不溶于水，溶于乙醇等有机溶剂。熔点为34～36℃，沸点为294℃、188℃/2kPa，折射率(n_D^{20})为1.4680～1.4730(过冷时)，闪点＞100℃。

(2)天然存在 未见文献报道。

(3)制备方法

①以环己酮为原料，与过氧化氢反应生成过氧化三聚物，然后进行热分解反应制得。

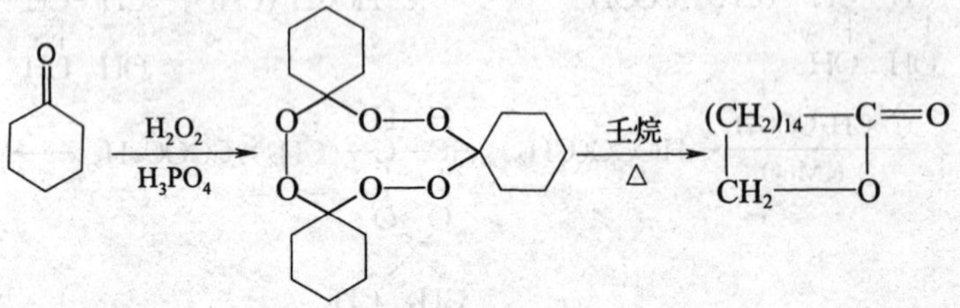

②以副大风子酸为原料，经氢化、氧化、还原等一系列反应制得ω-十六羟基酸，然后进行聚合、解聚反应制得。另外，ω-十六羟基酸也可由十六酸经微生物氧化制得。

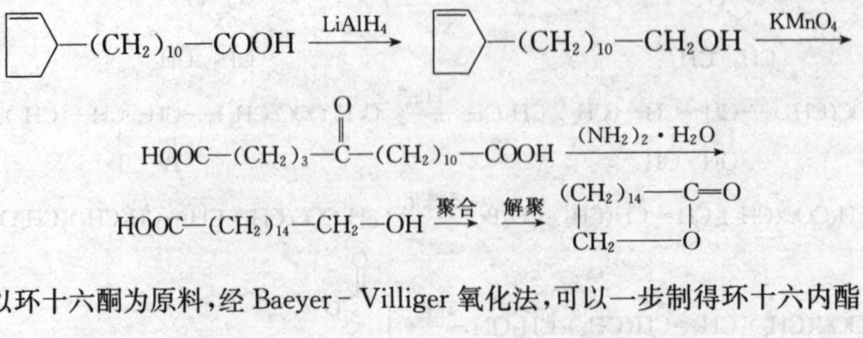

③以环十六酮为原料，经Baeyer-Villiger氧化法，可以一步制得环十六内酯。

(4)主要用途　可用于日化香精中，用量在3%以内，主要作为优良的定香剂应用于花香型日化香精中。

(5)安全管理　一般可以安全外用。IFRA没有限制规定。

第五节　合成麝香生产工艺

以麝香105(R－1)为例，简述如下。

一、化学结构式

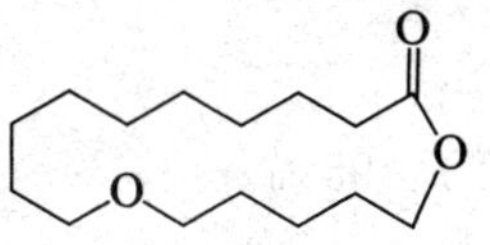

二、反　应　式

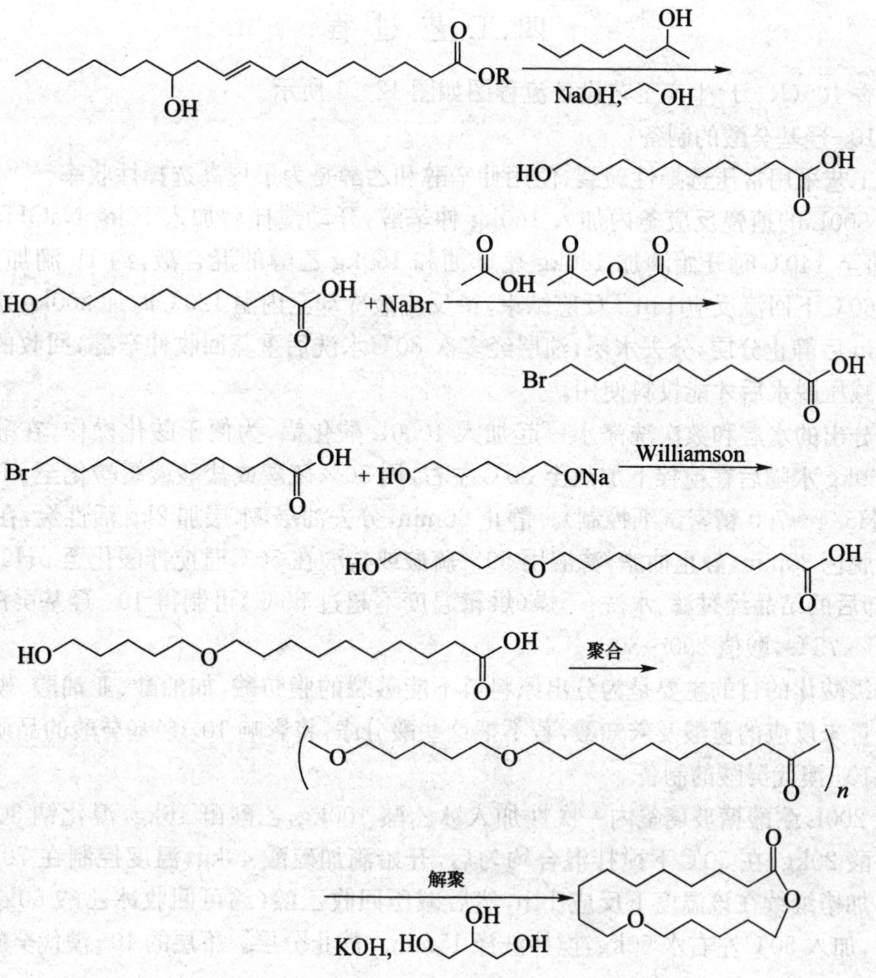

三、原料规格

(1)蓖麻油　n^{20}=1.4780～1.4880;d_{25}^{25}=0.956～0.969;皂化值:176～186;酸值≤2;碘值:82～90;溶解度:以任意比例溶于95%乙醇中。

(2)仲辛醇　n=1.230～1.425;馏程(170～183℃)≥95%。

(3)粉状NaOH　含量≥98%。

(4)乙醇　含量≥95%。

(5)溴化钠　含量≥98%。

(6)浓硫酸　工业级;含量≥97%。

(7)冰乙酸　含量≥99%。

(8)乙酸酐　含量≥97%。

(9)戊二醇　馏程(235～243℃)≥95%。

(10)甲苯　工业级;含量≥99%。

(11)无水甘油　工业级;含量≥95%。

(12)氢氧化钾　工业级;含量≥80%。

四、工艺过程

麝香105(R-1)生产工艺设备流程图如图12-1所示。

1. 10-羟基癸酸的制备

本工艺采用常压选择性碱裂,使用仲辛醇和乙醇是为了提高选择性收率。

在500L的搪瓷反应釜内加入160kg仲辛醇,开动搅拌后加入50kg NaOH和11kg水,加热至140℃时开始滴加160kg蓖麻油和160kg乙醇的混合液,约1h滴加完毕,在155～160℃下回流反应13h。反应结束,待反应液冷却至内温120℃时加200kg水连续搅拌15min后静止分层,分去水层,油层经多次80℃水洗后重蒸回收仲辛醇,回收的仲辛醇需经过减压脱水后才能投料使用。

将分出的水层和数次洗涤水一起加入1000L酸化锅,为便于酸化操作,在酸化锅内加入150kg水随后在搅拌下加热至80℃左右,用50%硫酸或盐酸缓缓酸化至pH6.5(必须用pH5.4～7.0精密试纸控制)。静止60min,分去油层,水层加2kg活性炭,在50℃左右搅拌脱色30min,静止抽滤,滤液用50%硫酸或盐酸在50℃时搅拌酸化至pH2,停止搅拌,冷却后的结晶经过滤、水洗、干燥(烘箱温度不超过50℃)可制得10-羟基癸酸30kg,熔点73～75℃,酸值290～300。

分级酸化的目的主要是为分出原料口不能碱裂的脂肪酸,如油酸、亚油酸、硬脂酸等以及少量未反应的蓖酸及未知酸,若不把这些酸分净,将影响10-羟基癸酸的品质。

2. 10-溴代癸酸的制备

在200L耐酸搪玻璃釜内一次性加入冰乙酸100kg,乙酸酐16kg,溴化钠30kg,10-羟基癸酸20kg,在50℃下搅拌混合均匀后,开始滴加硫酸40kg,温度控制在70～80℃,4～5h,加毕继续在该温度下反应14h,然后减压回收乙酸(约可回收冰乙酸60kg),回收结束后,加入50℃左右水50kg,搅拌洗涤15min。静止分层。下层的10-溴代癸酸放出后

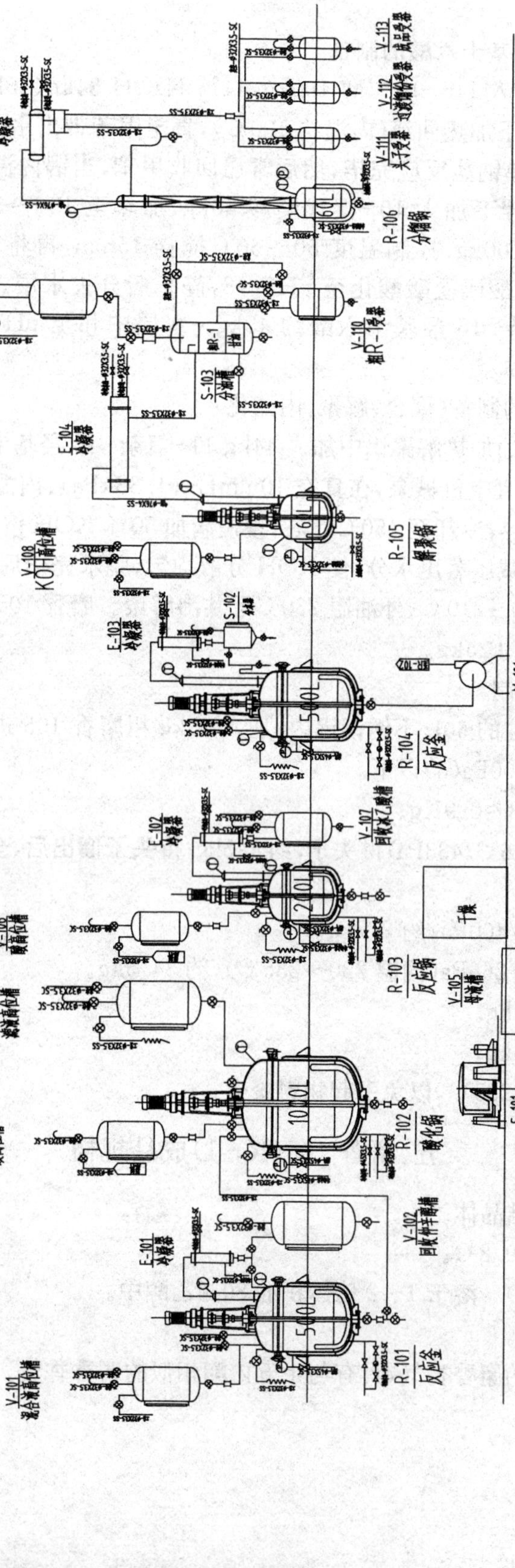

图 12-1　麝香 105(R-1)生产工艺设备流程图

用 50℃左右的水洗涤至中性,风干,可制得 10-溴代癸酸结晶 21～22kg,熔点:40.5～42℃,含溴量 97%～98%。

3. 11-氧杂-16 羟基十六酸的制备

在 500L 反应釜加入 1,5-戊二醇 100kg,44% NaOH 34kg(15kg 固体 NaOH,19kg 水)和甲苯 80kg,搅拌下加热回流(内温约 100℃),直至甲苯带出水分极少时(约 25kg 左右)说明 1,5-戊二醇单钠盐反应完毕,然后常压回收甲苯,当锅内温达 125℃时,甲苯蒸完后冷却至 90℃,搅拌下加入 10-溴代癸酸 40kg,加热至 130～140℃继续搅拌反应 4h,稍冷后加入清水 100kg,控制温度 50～60℃搅拌 15min,再将料液打入酸化锅内。在搅拌下用 50%的硫酸或盐酸酸化至 pH2～3,静止后分去水层。油层用热水洗涤至中性,可得到 11-氧杂-16 羟基十六酸约 45kg。水层中和至 pH7,供回收 1,5-戊二醇用。

4. 粗麝香 R-1 的制备(聚合、解聚、内酯化)

在 60L 的不锈钢油加热解聚锅中加入 44kg 11-氧杂-16 羟基十六酸,在真空下逐步升温至 130℃,调换高真空机械泵,在真空 10mmHg(1.33kPa)、内温 200℃下维持 1h,这时聚合完毕。停止加热,冷却至 150℃左右,慢慢滴加 50% KOH 溶液(1kg KOH 干粉溶于 1kg 水中),加热并减压蒸出水分,使 KOH 分散均匀,脱水完毕后,加入甘油 8kg,在真空 10mmHg、内温 190～210℃、外油温 230℃下共沸解聚。麝香 105 随甘油一起被蒸出,每批可得粗麝香 105 约 25kg。

5. 麝香 105 的精制

在配有 2m 分馏柱的 60L 不锈钢锅内,加入 45kg 粗麝香 105 进行减压分馏,真空残压越小越好,至少在 400Pa(3)以下。

(1)蒸除水分,0.8～0.9Kg。

(2)蒸除前馏分(16℃/433Pa)得头子,约 1.5kg;待头子馏出后,全回流 1h,0℃/400Pa,回流比 3∶1。

(3)中段　155℃/400Pa;约 2.7kg。

(4)正段　155℃/266Pa(内温 230～235℃),约 34.5kg。

(5)后段　约 2.7kg。

(6)脚子　约 1.5kg。

锅内温不宜高于 235℃,以免引起物料聚合。

五、麝香 105(R-1)成品规格

(1)色状　无色结晶体。

(2)凝固点　≥29.8℃。

(3)溶解度(20℃)　溶于 1～2 倍体积的 80%乙醇中。

(4)酸值　≤1.0。

(5)香气　浓郁的麝香香气,具有与十五内酯相似的麝香香气。

六、聚合、解聚、内酯化反应釜

如图 12－2 所示。甘油和粗麝香 R－1 分离装置是由玻璃制作，便于观察。

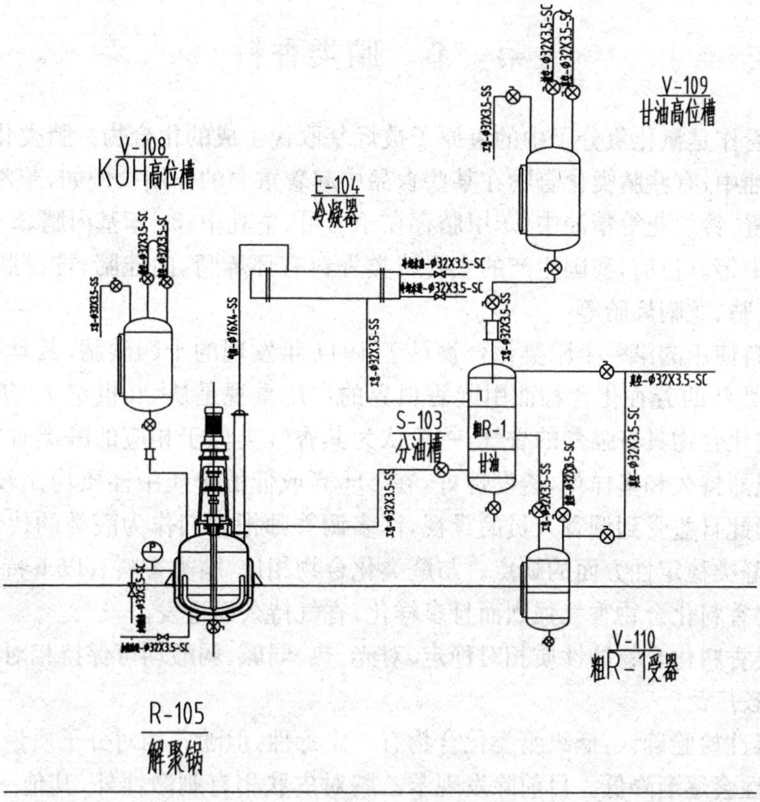

图 12－2　麝香 105(R－1)聚合、解聚、内酯化工艺设备流程图

第十三章 含氮类香料

第一节 腈类香料

腈可以看作是氰化氢分子中的氢原子被烃基取代生成的化合物。腈类化合物存在于一些植物精油中，有些腈类化合物在某些食品中起着重要的作用。例如，苯乙腈存在于红茶、番茄、苦橙、铃兰花等精油中；苯甲腈存在于可可、牛乳中；3-苯基丙腈、2-甲硫基辛腈存在于水芹中等。目前，我国生产的主要腈类香料有环烯腈、肉桂腈、柠檬腈、香茅腈、玫瑰腈、紫罗兰腈、龙脑烯腈等。

作为香料使用的第一个腈类化合物是于1944年发现的十四碳腈，其具有柑橘香气。腈类作为一类新的芳香化合物而引起香料界的广泛重视是从20世纪70年代以后开始的，不少腈类化合物具有强烈的香气，一般认为其香气类似于相应的醛类香料，但比醛类更为尖辛、强烈持久和多样化，透发性好，在pH高或低的介质中性质均比较稳定且香气不会减弱，因此日益受到调香人员的重视，许多调香师把它们作为醛类的代用品使用，其目的是克服醛类稳定性方面的缺点。与醛类化合物相比，腈类香料有以下特点：

(1)腈类香料化合物香气强烈而且多样化，香气持久而透发。

(2)腈类香料化合物的性质相对稳定，对光、热、弱碱、弱酸均可保持相对稳定，因此应用的范围比较广泛。

(3)经毒性检验确认，低级腈类化合物有一定毒性，但随着相对分子质量的增大，腈的毒性和刺激性会逐渐降低。目前除发现苯乙腈对皮肤稍有刺激性外，其他一些相对分子质量较高的腈类香料化合物的毒性和对皮肤的刺激性比相应的醛类香料化合物低，如柠檬腈和肉桂腈的毒性不高于相应的柠檬醛和肉桂醛。

一、腈类化合物的制备方法

合成腈类化合物的方法较多，可以根据腈类的不同性质选择不同的合成方法，下面简要介绍各种腈类的合成方法。

(一)保持分子中碳数不变的合成方法

1. 从醛通过肟制备腈

将醛或酮与羟胺反应很容易得到相应的肟，然后在脱水试剂的作用下，可以制得腈类化合物，常用的脱水试剂有乙酸酐、磷酸酐等，其他脱水剂如苯甲酰氯或三氟乙酸酐在吡啶存在下均可使用；也可以用过量的羟胺磺酸酯与醛反应得到肟的磺酸酯后，在碱的作用下制得腈。

$$R{-}CHO + NH_2OH \longrightarrow R{-}CH{=}NOH \longrightarrow R{-}CN$$

$$R{-}CHO + NH_2OSO_3H \longrightarrow R{-}CH{=}NOSO_3H \longrightarrow R{-}CN$$

例如，香茅腈的合成就是利用这种方法。

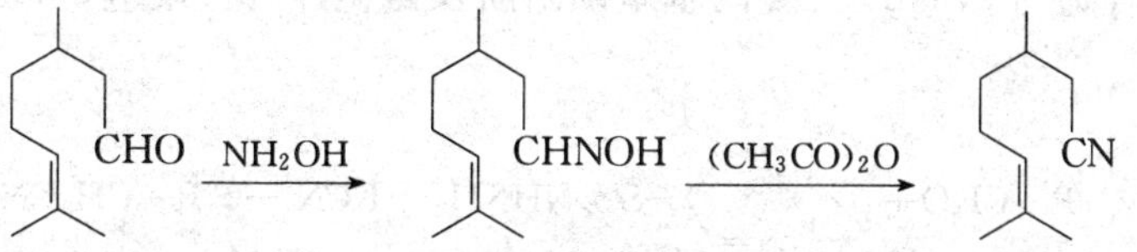

2. 从羧酸通过酰胺制备腈

将羧酸转化为酰胺后，在脱水剂的作用下制得腈，这是一种常用的方法，脱水剂可以为多聚磷酸、氧氯化磷、五氧化二磷、氯化磷、氯化亚砜、亚硫酰氯、磺酸铵、对甲苯磺酰氯、三氟乙酸酐在吡啶中、四氯化钛在碱性介质中等。

$$R—CO_2H \longrightarrow R—CONH_2 \longrightarrow R—CN$$

例如，苯甲腈的合成可以从苯甲酸出发经酰胺化脱水后制得。

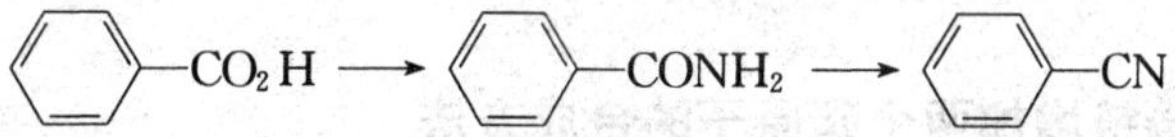

3. 将胺氧化制备腈

某些胺类化合物通过氧化反应可以直接合成腈类化合物。

$$R—CH_2NH_2 \xrightarrow{Oxo} R—CN$$

例如，己胺在镍的过氧化物的催化下可以制得己腈。

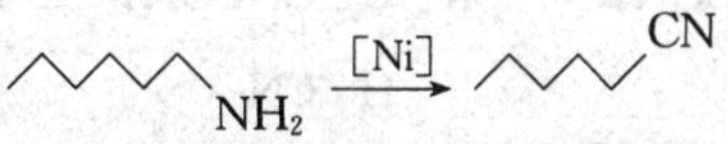

(二)在分子中增长一个碳链的合成方法

1. 从卤代烷烃制备腈

由卤代烷烃和氰化钾(钠)发生亲核取代反应制得，这是一种经典的合成伯腈类化合物的方法，对于仲腈和叔腈一般不用这种方法。由于该反应涉及到剧毒的氰化钠，因此在合成腈类香料时该方法不常用。

$$R—CH_2—X + NaCN \xrightarrow{C_2H_5OH} R—CH_2CN + NaX$$

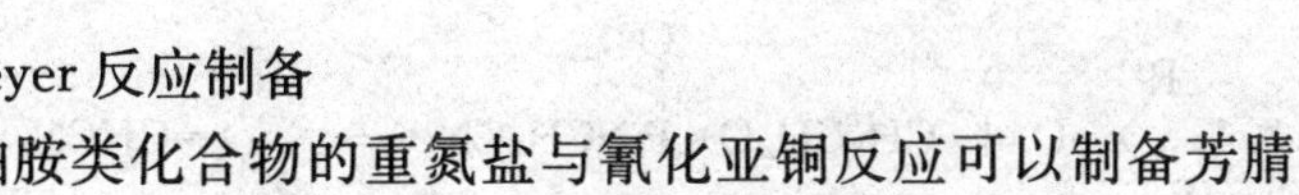

2. 由 Sandmeyer 反应制备

将芳香族的伯胺类化合物的重氮盐与氰化亚铜反应可以制备芳腈，这个反应就是 Sandmeyer 反应。

$$ArNH_2 + NaNO_2 \xrightarrow{H^+} ArN_2Cl \xrightarrow{CuCN} ArCN$$

3. 由醛类化合物制备

将醛类化合物与 2,4,6-三异丙基苯磺酰肼及氰化钾(钠)反应，可提高腈的产率。

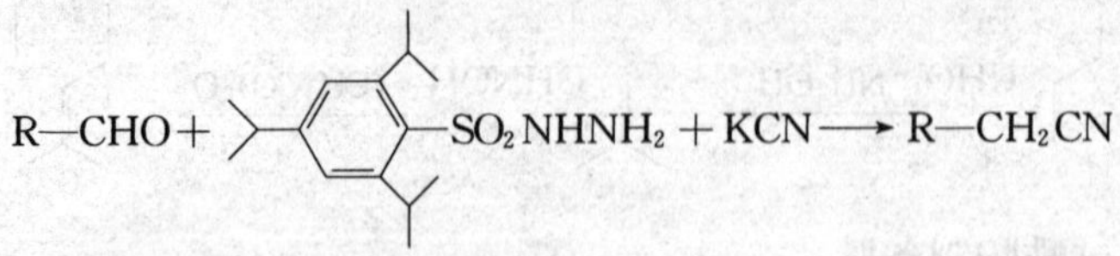

4. 由炔烃、烯烃与氢氰酸加成反应制备

由炔烃和氢氰酸加成，可以得到 α,β-不饱和腈，还可以进一步制得饱和腈。

$$R—C{\equiv}CH + HCN \longrightarrow R—CH{=}CHCN \longrightarrow RCH_2CH_2CN$$

也可以由烯烃和氢氰酸加成制得腈。

$$R—CH{=}CH_2 + HCN \longrightarrow RCH_2CH_2CN$$

(三)将分子的碳链增加两个碳原子的合成方法

1. 利用醛、酮和氰乙酸的反应制备

利用氰乙酸和醛、酮发生加成反应后在脱羧、脱水制得 α,β-不饱和腈，这是制备α,β-不饱和腈的常用方法。一般在该反应中，选用六氢吡啶或环己胺作为碱，以能与水形成共沸的溶剂作为反应溶剂。

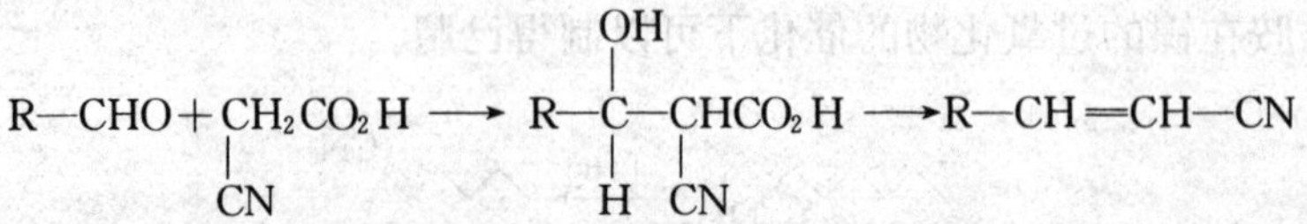

2. 利用乙腈和醛、酮的加成反应制备

由于乙腈的 α 氢比较活泼，在强碱的作用下，可以和醛、酮发生加成反应制得 α,β-不饱和腈。通常利用 NaOH、KOH 和季铵盐作为碱，并适当加入一定的相转移催化剂。

$$R—CHO + CH_3CN \xrightarrow{NaOH} R—CH{=}CH—CN$$

3. 利用 Wittig 反应制备

这一方法是利用醛、酮和 Wittig 试剂氰甲基磷酸二乙酯或三苯基氰亚甲基磷反应，制得 α,β-不饱和腈。

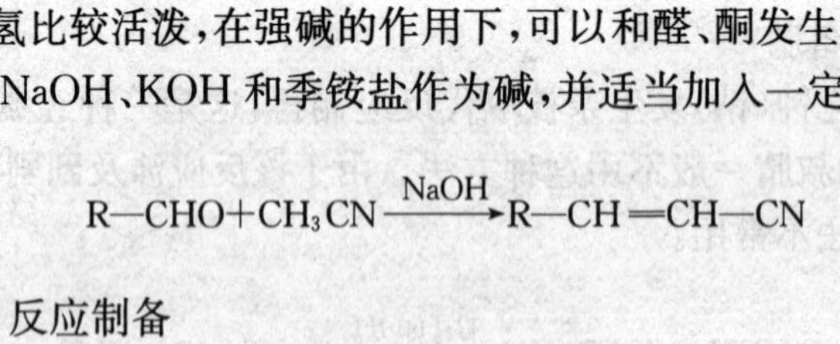

(四)将分子的碳链增加三个碳原子的合成方法

1. 利用丙烯腈和醇的反应制备腈

将丙烯腈和醇类反应可以制得增长三个碳链的β-烷氧基丙腈。

$$ROH+CH_2=CHCN \longrightarrow ROCH_2CH_2CN$$

2. 利用 Diels - Alder 反应制备腈

利用 Diels - Alder 反应制备腈在工业上有广泛的应用,通常利用丙烯腈或取代的丙烯腈作为亲双烯体进行反应,例如,环烯腈的制备就是利用月桂烯和丙烯腈在 Lewis 酸催化反应制得。

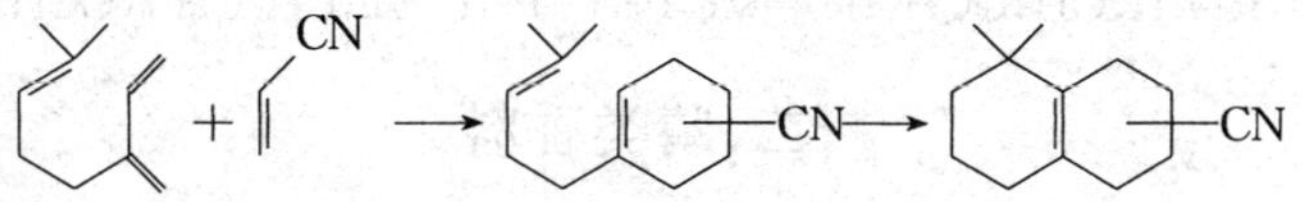

(五)以腈基取代乙酰基制取茚满腈类

例如,粉檀麝香腈的合成。

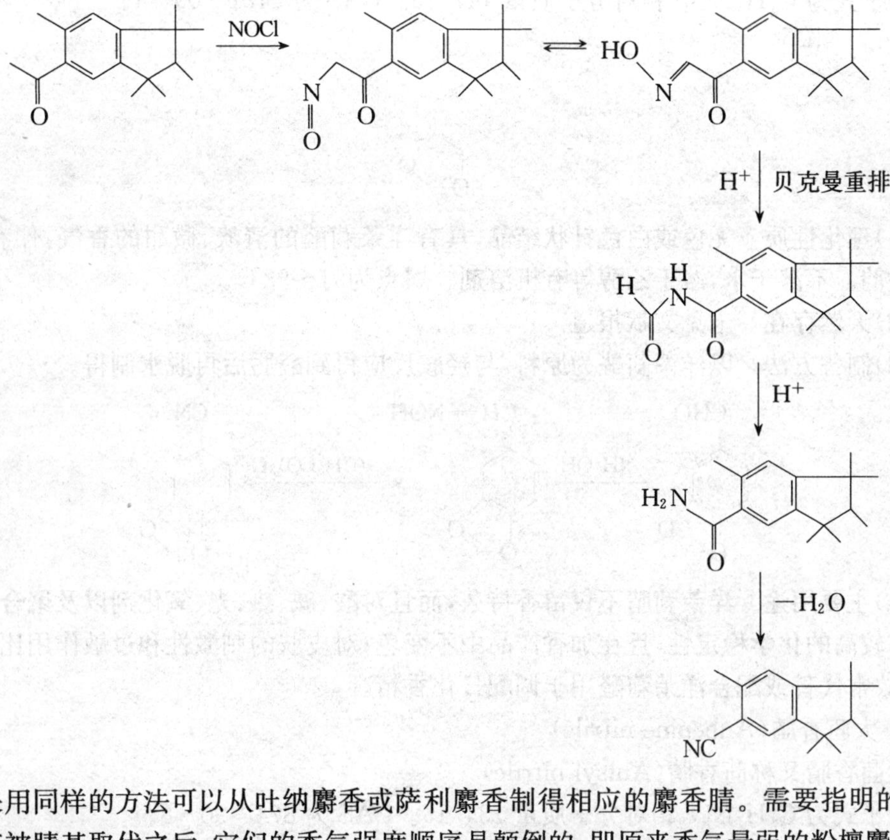

采用同样的方法可以从吐纳麝香或萨利麝香制得相应的麝香腈。需要指明的是,在乙酰基被腈基取代之后,它们的香气强度顺序是颠倒的,即原来香气最弱的粉檀麝香转化成粉檀麝香腈之后却具有最强的香气强度,而萨利麝香腈却几乎毫无香气。

(六)腈类化合物的其他制备方法

(1)伯胺与镍的过氧化物作用,可以制备十二腈、己腈、α-糠腈等。

(2)羟基羧酸和其他腈类化合物作用,可以制备新的腈类化合物。

(3)不饱和烃或芳烃在催化剂存在下与氧、氨以及水一起反应，可以制备相应的腈。例如，以对甲苯甲醚为原料可以制备大茴香腈。

(4)苯乙腈或取代苯乙腈，在相转移催化剂存在下，如 TABA(苄基三乙氯化铵)，可与卤代烃发生腈基的 α-取代反应，用以制备新的腈类香料。例如，苯乙腈类的烷基化需要在强碱的作用下，一般在相转移催化剂存在下进行烷基化反应，可以获得较高的得率。

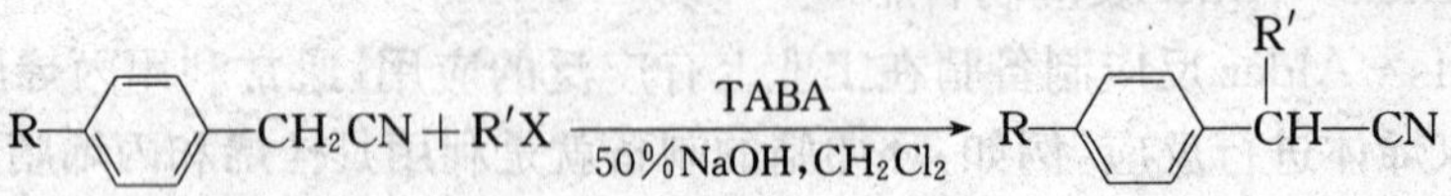

40%～95%

其中：R＝H，OH，OCH_3；R′＝Me，Pr，i-Pr，i-Bu，$CH_2CH-(OCH_3)_2$ 等

二、腈类香料

1. 洋茉莉腈(Piperonyl nitrile)

洋茉莉腈又称胡椒腈。

分子式为 $C_8H_5NO_2$，相对分子质量 147.13。CAS 为 4421-09-4。

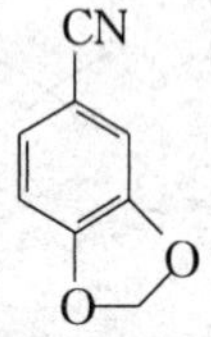

(1)理化性质　无色或白色针状结晶，具有洋茉莉醛的清淡、微甜的香气，伴有葵花、樱桃香韵。不溶于水，溶于乙醇等有机溶剂。熔点为91～92℃。

(2)天然存在　未见文献报道。

(3)制备方法　以洋茉莉醛为原料，与羟胺反应得到醛肟后再脱水制得。

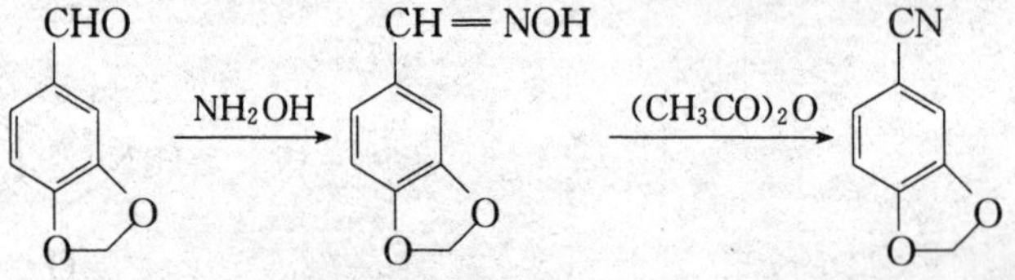

(4)主要用途　洋茉莉腈不仅留香持久，而且对酸、碱、热、光、氧化剂以及聚合反应等都具有较高的化学稳定性，且在加香产品中不变色，对皮肤的刺激性和过敏作用比洋茉莉醛小，故常代替或配合洋茉莉醛用于调配日化香精。

2. 大茴香腈(Aubepine nitrile)

大茴香腈又称茴香腈(Anisyl nitrile)

分子式为 C_8H_7NO，相对分子质量 134.15。CAS 为 874-90-8。

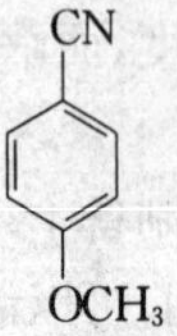

(1)理化性质　无色或白色针状结晶,具有强烈、细腻而持久的香豆素香气。不溶于水,溶于乙醇等有机溶剂。熔点为57～60℃。

(2)天然存在　未见文献报道。

(3)制备方法　以大茴香醛为原料,与盐酸羟胺反应得到醛肟后再脱水制得。

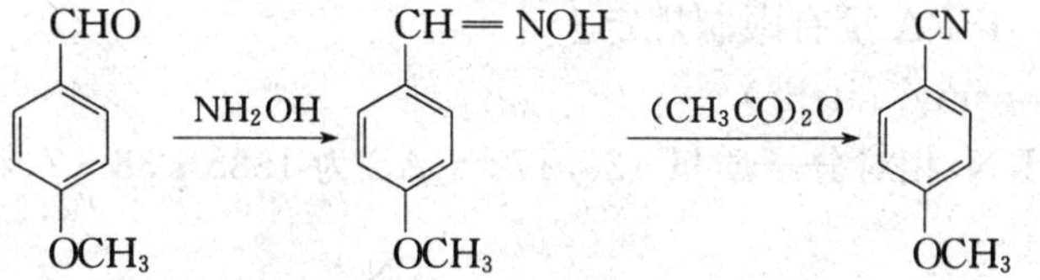

(4)主要用途　可用于调配铃兰、紫罗兰、薰衣草等香型日化香精。由于具有性能稳定、抗碱能力强且留香持久、不会变色的优点,特别适用于洗涤用品香精。此外,大茴香腈还可用于烟用香精。

(5)安全管理　一般可以安全外用。

3. 己氧基乙腈(Hexahoxy acetonitrile)

分子式为$C_8H_{15}NO$,相对分子质量189.25。

(1)理化性质　无色液体,具有类似紫罗兰花香的香气。微溶于水,溶于乙醇等有机溶剂。

(2)天然存在　未见文献报道。

(3)制备方法　首先将己醇与甲醛和氯化氢气体反应制得己基氯甲醚,然后将己基氯甲醚和氰化亚铜反应制得己氧基乙腈。

$$CH_3(CH_2)_4CH_2OH + HCHO + HCl \longrightarrow CH_3(CH_2)_4CH_2—O—CH_2Cl + H_2O$$

$$CH_3(CH_2)_4CH_2—O—CH_2Cl + CuCN \xrightarrow{100℃} CH_3(CH_2)_4CH_2—O—CH_2CN + CuCl$$

(4)主要用途　主要用于茉莉、素心兰、玫瑰、薰衣草等香型日化香精中,作为头香剂使用。

(5)安全管理　一般可以外用,不做食用。

4. 甲基庚酮肟(5 - Methyl - 3 - heptanone oxime)

分子式为$C_8H_{17}NO$,相对分子质量143.24。CAS为22457 - 23 - 4。

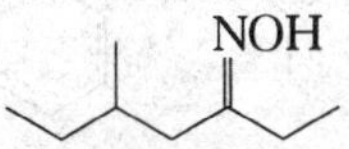

(1)理化性质　无色液体,具有强烈的青香和叶香香气。不溶于水,溶于乙醇等有机溶剂。相对密度(d_4^{20})为0.886～0.891,折射率(n_D^{20})为1.4500～1.4550,闪点为95℃。

(2)天然存在　未见文献报道。

(3)制备方法　以5 -甲基- 3 -庚酮为原料,与羟胺反应制得。

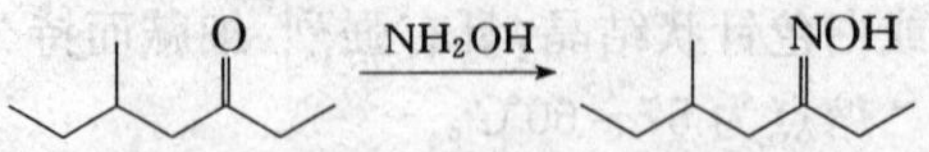

(4)主要用途　主要用于皂用香精和合成洗涤剂用香精,也可用于其他日化产品的加香,用量在5%以内。

(5)安全管理　IFRA没有限制规定。

5. 肉桂腈(Cinnamyl nitrile)

分子式为C_9H_7N,相对分子质量129.17。CAS为1885-38-7,4360-47-8。

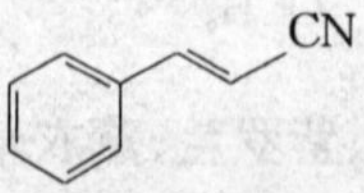

(1)理化性质　无色结晶固体或无色透明黏稠液体,具有强烈而温暖的肉桂的辛香香气,并伴有花香香韵。不溶于水,溶于乙醇等有机溶剂。反式肉桂腈的熔点为23~24℃,沸点为109~110℃/533 Pa,相对密度(d_4^{20})为1.024~1.032,折射率(n_D^{20})为1.5990~1.6040,闪点>100℃。

(2)天然存在　未见文献报道。

(3)制备方法

①以肉桂醛为原料,与羟胺反应得到醛肟后再脱水制得。

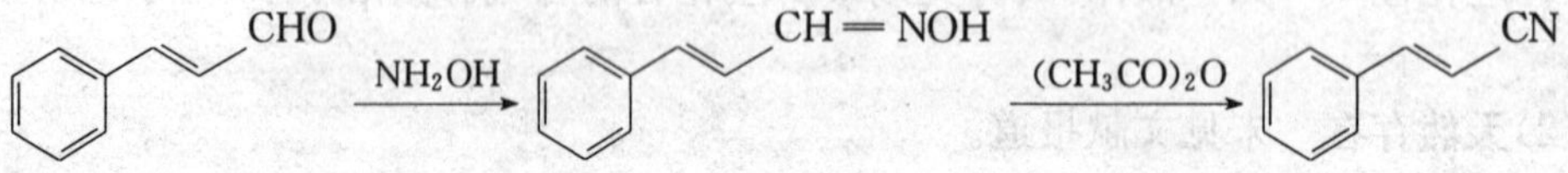

②以苯甲醛为原料,与乙腈在氢氧化钾溶液中经缩合反应制得。

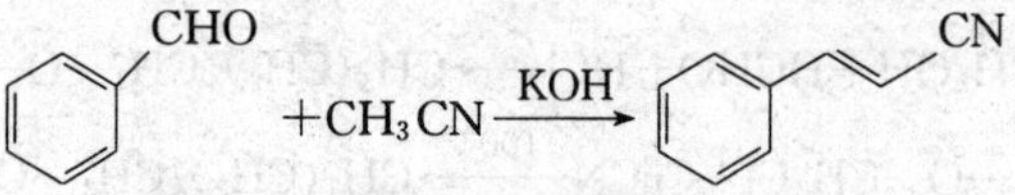

(4)主要用途　可用于调配日化香精,主要用于调配皂用、洗涤剂等日化香精,也用于烟草香精。

(5)安全管理　IFRA没有限制规定。

6. 女贞腈(Tonkavert)

分子式为$C_9H_{13}N$,相对分子质量135.21。CAS为66848-40-6。

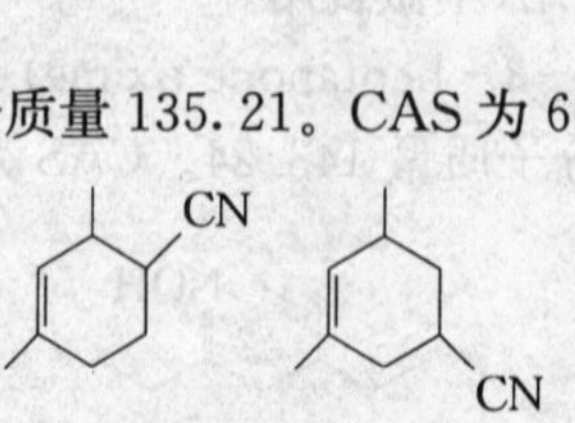

(1)理化性质　无色透明液体,具有香豆香气,并伴有强烈的青香、木香和莳萝香韵。女贞腈是异构体的混合物。不溶于水,溶于乙醇等有机溶剂。相对密度(d_4^{20})为0.912~0.922,折射率(n_D^{20})为1.4671~1.4771,闪点为88℃。

(2)天然存在　未见文献报道。

(3)制备方法　以2-甲基-1,3-戊二烯为原料,经与丙烯腈发生Diels-Alder反应制得。

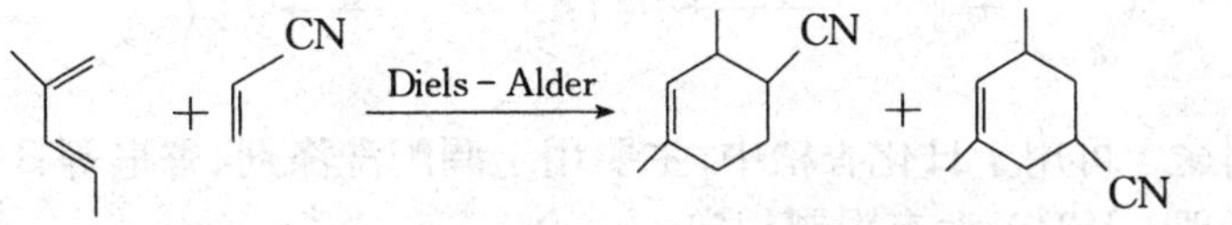

(4)主要用途　女贞腈具有很高的稳定性,主要用于调配洗涤剂、清洁剂、香皂等日化香精。

(5)安全管理　IFRA没有限制规定。

7. 枯茗腈(Cumin nitrile)

分子式为$C_{10}H_{11}N$,相对分子质量145.21。CAS为13816-33-6。

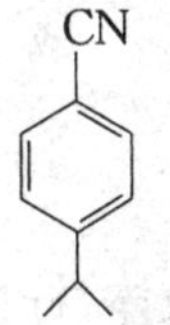

(1)理化性质　无色液体,具有强烈的、清新的辛香香气,并伴有植物性和动物性香韵。不溶于水,溶于乙醇等有机溶剂。沸点为90～91℃/670Pa,相对密度(d_{20}^{20})为0.952～0.958,折射率(n_D^{20})为1.5171～1.5211,闪点为98℃。

(2)天然存在　未见文献报道。

(3)制备方法　以枯茗醛为原料,经与羟胺反应得到醛肟后再脱水制得。

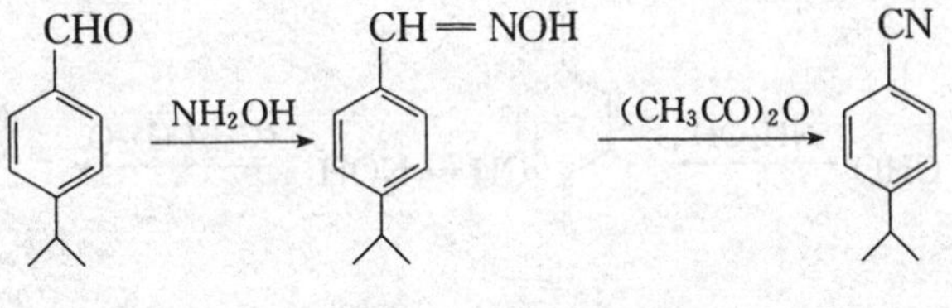

(4)主要用途　可用于调配洗涤剂、香皂等日化香精。

8. 二甲基降龙脑基腈[3,6(5)-Dimethylnorborn-2-ylcarbonitrile、Romaryl]

分子式为$C_{10}H_{15}N$,相对分子质量149.24。

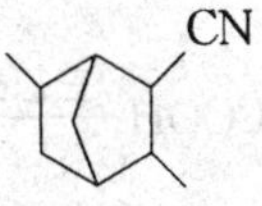

(1)理化性质　无色透明液体,具有新鲜的草香香气,并伴有迷迭香油的香韵。二甲基降龙脑基腈是异构体的混合物。不溶于水,溶于乙醇等有机溶剂。相对密度(d_4^{20})为0.939～0.949,折射率(n_D^{20})为1.4651～1.4751,闪点为85℃。

(2)天然存在　未见文献报道。

(3)制备方法　以甲基环戊二烯为原料,经与丙烯腈发生双烯加成反应后再催化加氢制得。

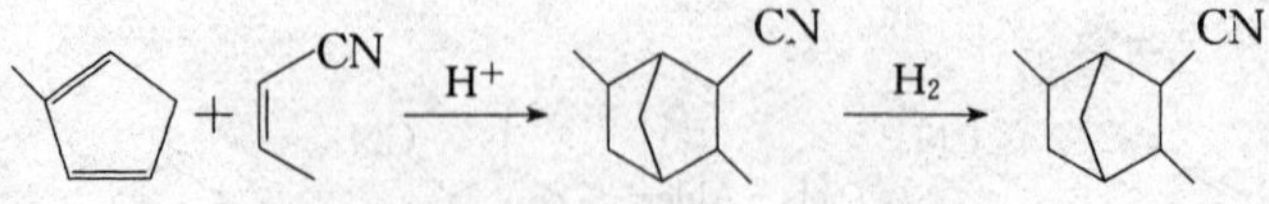

(4)主要用途　可用于日化香精中,主要用于调配洗涤剂、香皂等日化香精。

(5)安全管理　IFRA 没有限制规定。

9. 柠檬腈(Geranyl nitrile、Citralva、Geranonitrile)

柠檬腈又称香叶腈、橙花腈、3,7-二甲基-2,6-辛二烯腈。

分子式为 $C_{10}H_{15}N$,相对分子质量 149.24。CAS 为 5146-66-7;5585-39-7;31983-27-4。

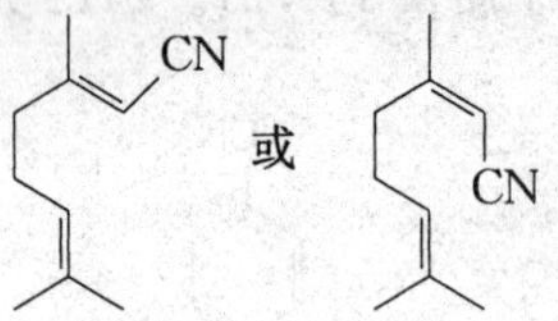

(1)理化性质　无色或淡黄色油状液体,柠檬腈是以香叶腈和橙花腈为主的六种异构体的混合物,具有强烈的柠檬香气,并带有草香香韵。不溶于水,溶于乙醇等有机溶剂。沸点为 220～221℃、110℃/1.3kPa,相对密度(d_4^{20})为 0.863～0.871,折射率(n_D^{20})为 1.4711～1.4781,闪点>100℃。

(2)天然存在　未见文献报道。

(3)制备方法

①以柠檬醛为原料,与盐酸羟胺反应得到相应的肟后再用乙酸酐脱水制得柠檬腈。

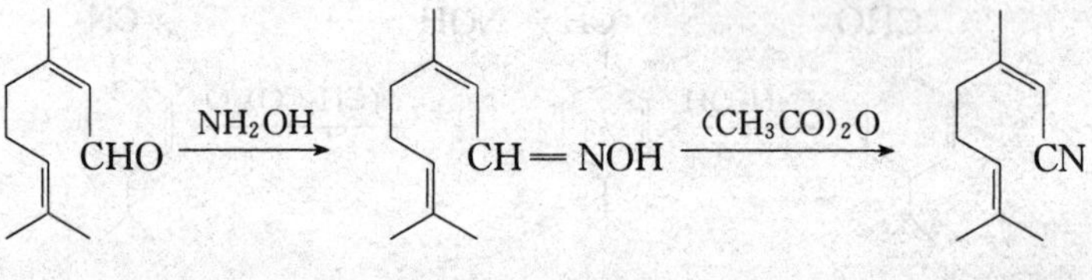

②以 2-甲基-2-庚烯-6-酮(甲基庚烯酮)为原料,与氰乙酸在碱性条件下进行缩合反应制得;或甲基庚烯酮与乙腈在 KOH 溶液中共热回流制得。

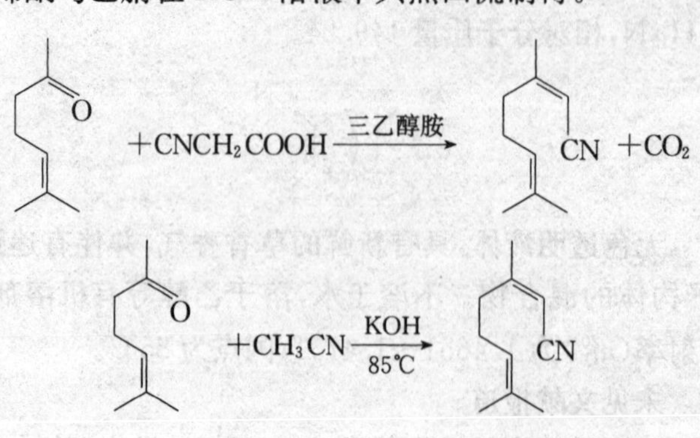

(4)主要用途　可以代替柠檬醛用于调配日化香精,因为它比柠檬醛的性质稳定而且留香持久。主要用于皂用香精和合成洗涤剂用香精中,也常用于其他日化制品的加香,用量在10%以内。

(5)安全管理　IFRA没有限制规定。RIFM认为可以外用,不做食用。

10. 香茅腈(Citronellyl nitrile,Citronalva)

分子式为$C_{10}H_{17}N$,相对分子质量151.26。CAS为51566-62-2。

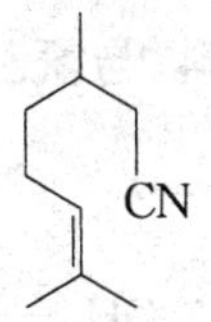

(1)理化性质　无色液体,具有强烈的、新鲜的柠檬果香和柑橘香气,并带有醛香香韵。不溶于水,溶于乙醇等有机溶剂。沸点为110～111℃/2kPa、90～91℃/666Pa,相对密度(d_4^{20})为0.855～0.860,折射率(n_D^{20})为1.4490～1.4520,闪点>110℃。

(2)天然存在　未见文献报道。

(3)制备方法　以香茅醛为原料,经与羟胺反应得到相应的肟后再用乙酸酐脱水制得香茅腈。

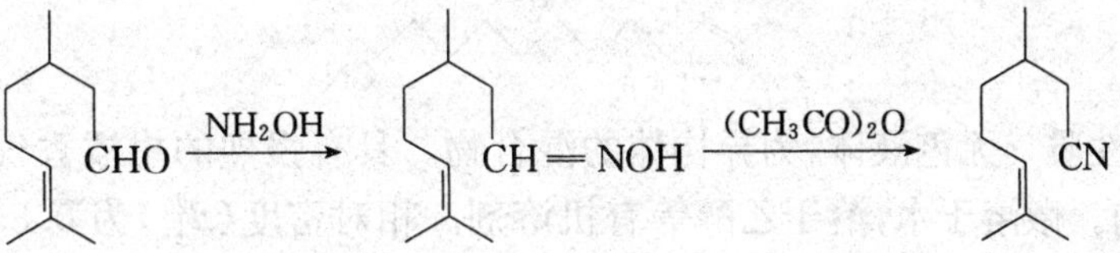

(4)主要用途　主要用于配制柑橘型、柠檬型和古龙香型的化妆品香精、皂用香精和洗涤剂用香精,也可用于其他日化制品的加香。

(5)安全管理　RIFM认为可以外用,不做食用。IFRA没有限制规定。

11. 乙基柠檬腈(Lemonile)

乙基柠檬腈又称3,7-二甲基-2(3),6-壬二烯腈。

分子式为$C_{11}H_{17}N$,相对分子质量163.27。CAS为61792-11-8。

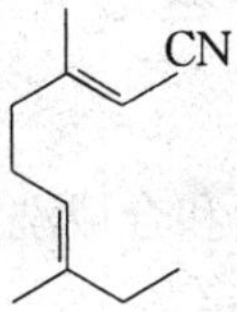

(1)理化性质　无色油状液体,为反式和顺式异构体的混合物。具有强烈的柠檬和柑橘香气。不溶于水,溶于乙醇等有机溶剂。相对密度(d_4^{20})为0.862～0.870,折射率(n_D^{20})为1.4720～1.4770,闪点为95℃。

(2)天然存在　未见文献报道。

(3)制备方法

①以乙基柠檬醛为原料,与盐酸羟胺反应得到相应的醛肟后再用乙酸酐脱水制得。

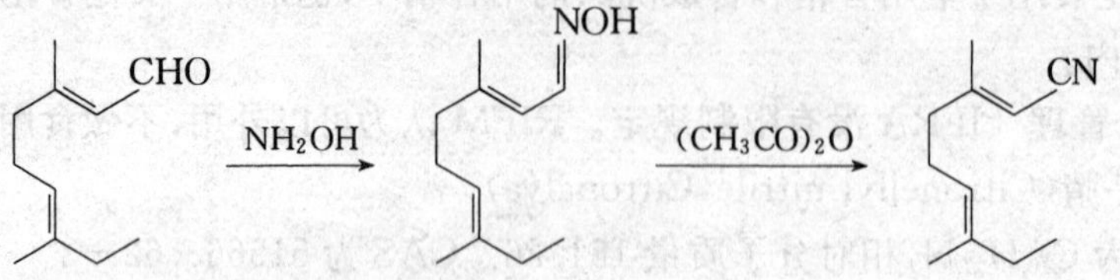

②以 6-甲基-5-辛烯-2-酮为原料,与氰乙酸在碱性条件下进行缩合反应制得。

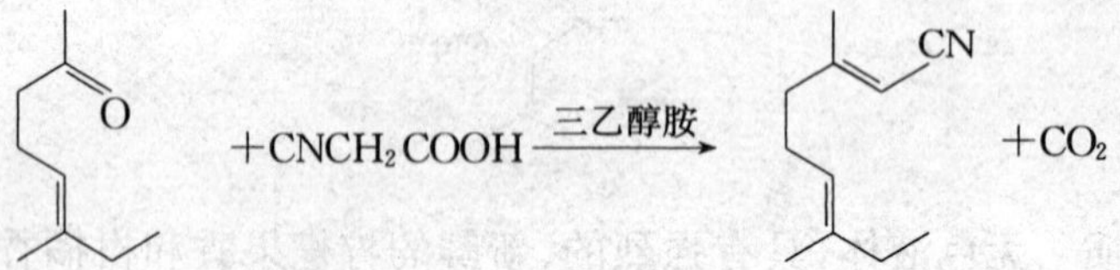

(4)主要用途　在日化香精中,主要用于皂用香精和合成洗涤剂用香精。

(5)安全管理　IFRA 没有限制规定。

12. 十一烯腈(Undecylennitrile)

分子式为 $C_{11}H_{19}N$,相对分子质量 165.28。

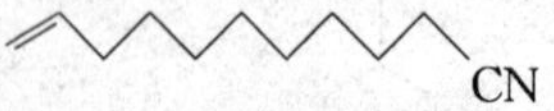

(1)理化性质　无色液体,为异构体的混合物。具有强烈的柑橘香气,并伴有清新的海风似的香韵。微溶于水,溶于乙醇等有机溶剂。相对密度(d_4^{20})为 0.830～0.840,折射率(n_D^{20})为 1.4450～1.4530,闪点>110℃。

(2)天然存在　未见文献报道。

(3)制备方法　以十一烯醛为原料,首先与羟胺反应生成肟,然后再脱水生成十一烯腈。

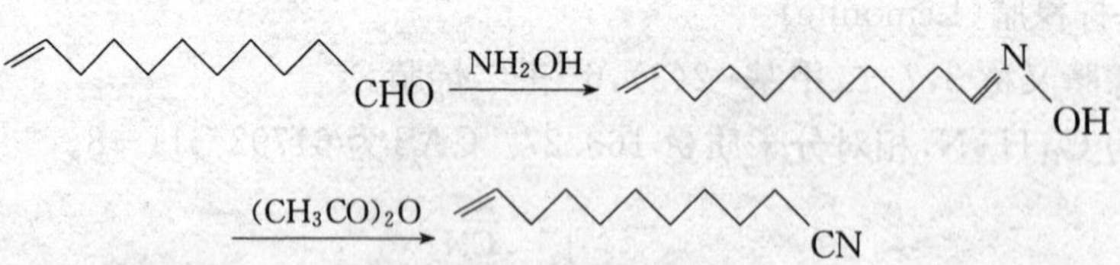

(4)主要用途　主要用于皂用香精和合成洗涤剂用香精。

(5)安全管理　IFRA 没有限制规定。

13. 2-甲基癸腈(2 - Methyl decyl nitrile)

分子式为 $C_{11}H_{21}N$,相对分子质量 177.30。CAS 为 69300-15-8。

(1)理化性质　无色液体,具有轻淡的茉莉花香,并伴有桃的香韵,香气持久。微溶于

水，溶于乙醇等有机溶剂。沸点为245℃，相对密度(d_{20}^{20})为0.814，折射率(n_D^{20})为1.4290，闪点>68℃。

(2)天然存在　未见文献报道。

(3)制备方法　以2-甲基癸醛为原料，首先与羟胺反应生成肟，再脱水生成2-甲基癸腈。

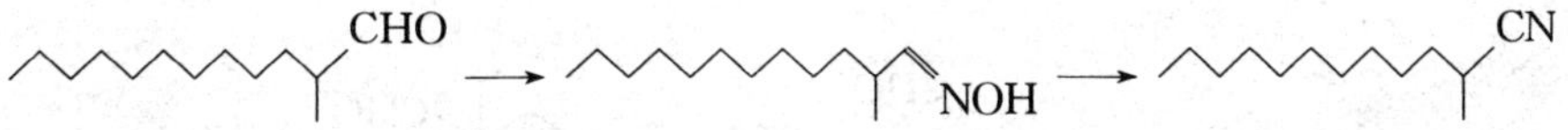

(4)主要用途　可用于调配日化香精，用量在2%以内。

(5)安全管理　IFRA没有限制规定。

14. 甲基苯基戊烯腈(3-Methyl-5-phenyl-2-pentenenitrile、Citronitrile)

甲基苯基戊烯腈又称3-甲基-5-苯基-2-戊烯腈。

分子式为$C_{12}H_{13}N$，相对分子质量171.24。CAS为53243-59-7，53243-60-0。

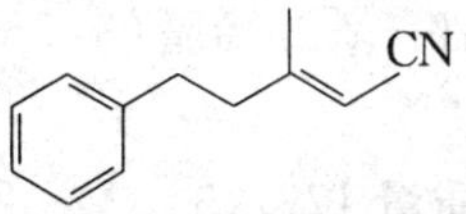

(1)理化性质　无色液体，具有醛香、木香、麝香香韵的柑橘似的果香香气，并伴有花香和香脂香调。不溶于水，溶于乙醇等有机溶剂。为反式和顺式异构体混合物，沸点为94～112℃/40Pa，相对密度(d_{25}^{25})为0.976～0.980，折射率(n_D^{20})为1.5330～1.5360，闪点>100℃。

(2)天然存在　未见文献报道。

(3)制备方法　以苄基丙酮为原料，与氰乙酸进行缩合反应，再脱羧制得。

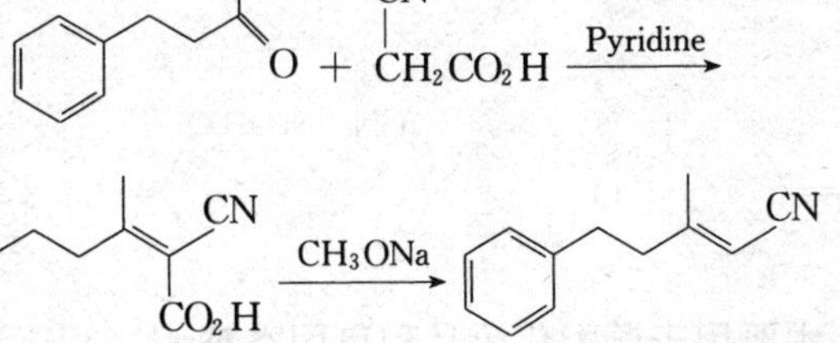

(4)主要用途　可用于调配日化香精。因其性质稳定，抗碱性强，故特别适用于调配洗涤剂和皂用等日化香精，主要用于调配柑橘型香精。

15. 苄基甲基丁烯腈(2-Benzyl-2-methyl-3-butenylnitrile、Citrowanile B)

苄基甲基丁烯腈又称2-苄基-2-甲基-3-丁烯腈。

分子式为$C_{12}H_{13}N$，相对分子质量171.24。

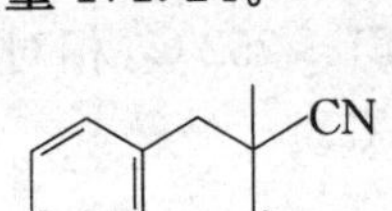

(1)理化性质　无色液体,具有柑橘香气,并伴有辛香和草香香调,香气持久。不溶于水,溶于乙醇等有机溶剂。沸点为93℃/60Pa,相对密度(d_{20}^{20})为0.971,折射率(n_D^{20})为1.5130～1.5170,闪点为108℃。

(2)天然存在　未见文献报道。

(3)制备方法　以氯化苄为原料,在相转移催化剂存在下,与2-甲基-2-丁烯醛进行加成反应,将生成的醛与羟胺反应生成醛肟,最后醛肟脱水生成苄基甲基丁烯腈。

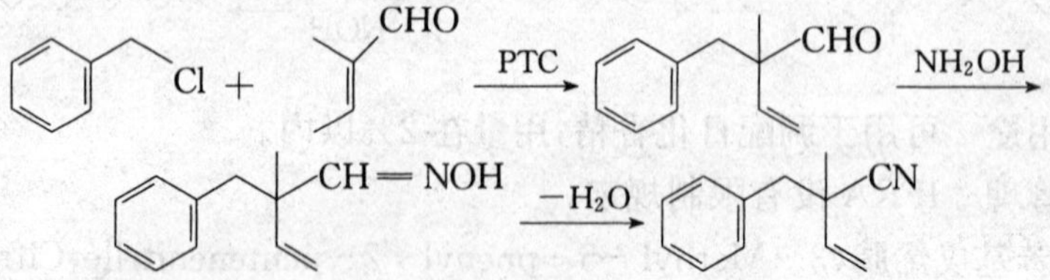

(4)主要用途　可用于日化香精中,特别适用于洗涤剂和清洁剂的加香。

(5)安全管理　IFRA没有限制规定。

16. 3,7-二甲基-2-乙基-2,6-辛二烯腈(3,7-Dimethyl-2-ethyl-2,6-octadiene-1-nitrile)

分子式为$C_{12}H_{19}N$,相对分子质量177.15。

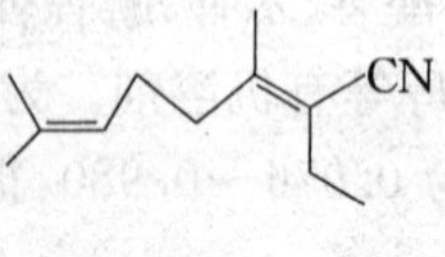

(1)理化性质　无色液体,具有清新的茉莉和蜡菊香气。不溶于水,溶于乙醇等有机溶剂。沸点为118～135℃/2266 Pa。

(2)天然存在　未见文献报道。

(3)制备方法　以甲基庚烯酮为原料,经与丁腈反应制得。

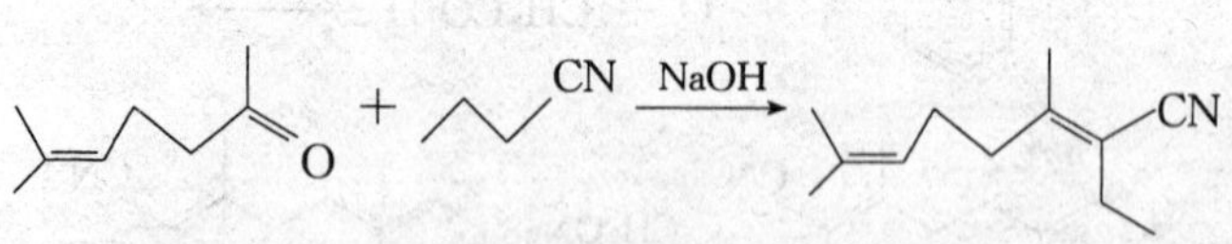

(4)主要用途　主要用于调配化妆品和皂用香精。

17. 十二腈(Dodecyl nitrile)

分子式为$C_{12}H_{23}N$,相对分子质量181.32。CAS为2437-25-4。

(1)理化性质　无色通明油状液体,具有柑橘、香柠檬香气,并带有醛香香韵。微溶于水,溶于乙醇等有机溶剂。沸点为251～252℃,相对密度(d_4^{20})为0.820～0.828,折射率(n_D^{20})为1.4331～1.4381,闪点>100℃。

(2)天然存在　未见文献报道。

(3)制备方法　工业生产方法是以十二醛为原料，与羟胺反应得到相应的肟后再用乙酸酐脱水制得十二腈。

$$CH_3(CH_2)_{10}CHO \xrightarrow{NH_2OH} CH_3(CH_2)_{10}CH{=}NOH \xrightarrow{(CH_3CO)_2O} CH_3(CH_2)_{10}CN$$

(4)主要用途　主要用于调配皂用、合成洗涤剂用香精。

(5)安全管理　IFRA 没有限制规定。

18. 十三碳二烯腈(3,12 - Tridecadiennitrile)

分子式为 $C_{13}H_{21}N$，相对分子质量 191.30。CAS 为 134769 - 33 - 8。

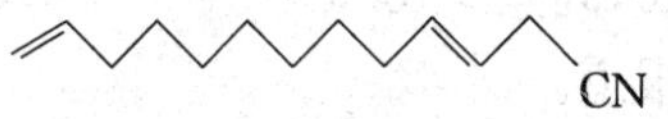

(1)理化性质　无色液体，具有橙皮和醛香香气，并有甜润的红橘香韵，以及兔耳草和海风似的香调。不溶于水，溶于乙醇等有机溶剂。相对密度(d_{25}^{25})为0.849～0.859，折射率(n_D^{20})为 1.4560～1.4630，闪点>100℃。

(2)天然存在　未见文献报道。

(3)制备方法　可由十一烯醛和氰乙酸进行缩合反应，然后脱羧脱水制得十三烯腈。

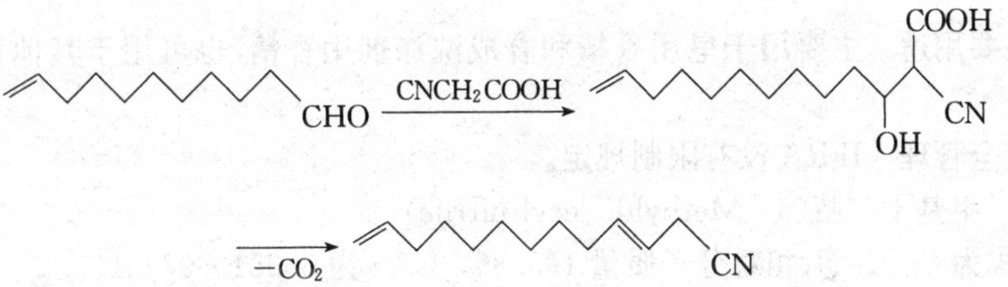

(4)主要用途　可用于日化香精中。

19. 环烯腈(Palmanitrile)

环烯腈又称 8,8 -二甲基- 1,2,3,4,5,6,7,8 -八氢- 2(3)-萘腈。

分子式为 $C_{13}H_{22}N$，相对分子质量 189.30。CAS 为 72928 - 51 - 9。

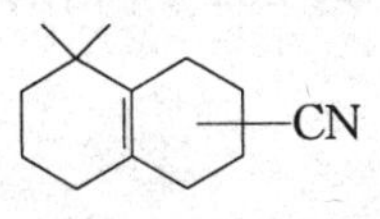

(1)理化性质　无色透明液体，易趋于结晶，为异构体的混合物，具有强烈而持久臭氧和玫瑰香气。不溶于水，溶于乙醇等有机溶剂。沸点为 110～111℃/266 Pa，相对密度(d_4^{20})为 0.970～0.980，折射率(n_D^{25})为1.4980～1.5080，闪点为 125℃。

(2)天然存在　未见文献报道。

(3)制备方法　以蒎烯为原料，经高温裂解后得到月桂烯，再与丙烯腈发生Diels - Alder 反应，最后在磷酸等酸性催化剂存在下进行分子内环化制得。

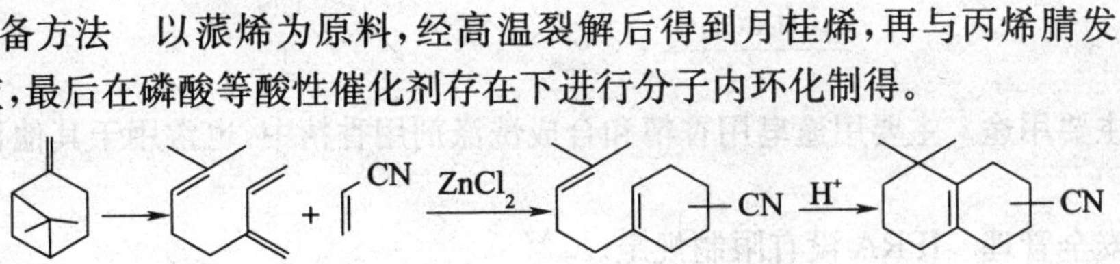

(4)主要用途　主要用于调配皂用和洗涤剂用香精,也可用于配制香水香精。

(5)安全管理　IFRA 没有限制规定。

20. 十三烯腈(Tridecene-2-nitrile)

分子式为 $C_{13}H_{23}N$,相对分子质量 193.33。CAS 为 22629-49-8。

(1)理化性质　无色液体,为异构体的混合物,具有强烈的果香香气,香气似甜橙和橘子油。不溶于水,溶于乙醇等有机溶剂。沸点为 110~118℃/133Pa,相对密度(d_{25}^{25})为 0.832~0.838,折射率(n_D^{20})为 1.4510~1.4540,闪点>100℃。

(2)天然存在　未见文献报道。

(3)制备方法　可由十一醛和氰乙酸进行缩合反应,然后脱羧脱水制得十三烯腈。

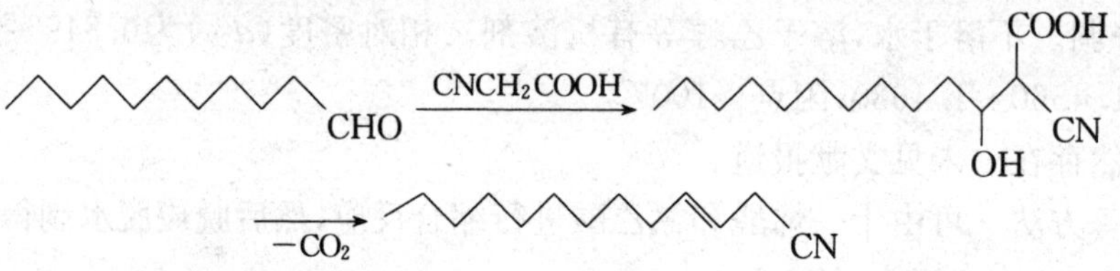

(4)主要用途　主要用于皂用香精和合成洗涤剂用香精,也可用于其他日化产品的加香。

(5)安全管理　IFRA 没有限制规定。

21. 3-甲基十二腈(3-Methyldodecyl nitrile)

分子式为 $C_{13}H_{25}N$,相对分子质量 195.35。CAS 为 85351-07-1。

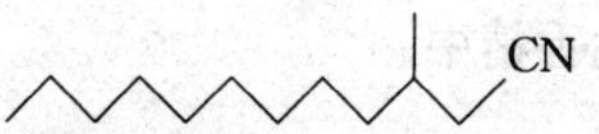

(1)理化性质　无色液体,具有强烈的甜橙香气,并伴有海风似的清新的香韵。不溶于水,溶于乙醇等有机溶剂。沸点为 282℃,相对密度(d_{20}^{20})为 0.825,折射率(n_D^{20})为 1.4390,闪点>100℃。

(2)天然存在　未见文献报道。

(3)制备方法　以 3-甲基十二醛为原料,首先经肟化反应生成肟,然后脱水而制得。

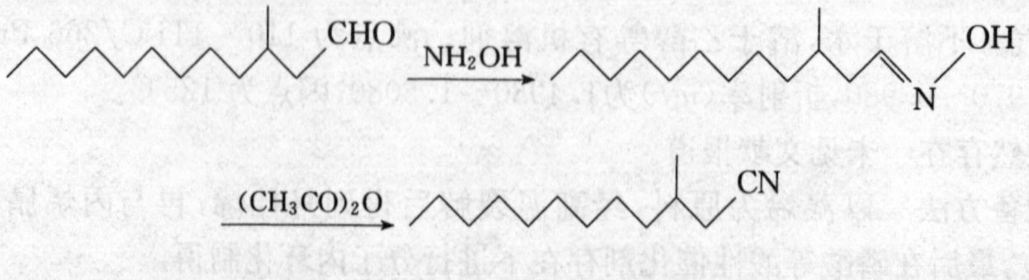

(4)主要用途　主要用途皂用香精和合成洗涤剂用香精中,也常用于其他日化产品的加香。

(5)安全管理　IFRA 没有限制规定。

22. 十四腈(Tetradecanenitrile,Myristic nitrile,Oranile)

分子式为 $C_{14}H_{27}N$,相对分子质量 209.38。CAS 为 629－63－0。

(1)理化性质　无色或淡黄色液体,具有强烈的、新鲜的橘皮、甜橙香气和青香香气,并带蜡质的气息。不溶于水,溶于乙醇等有机溶剂。熔点为 19℃,沸点为 285～286℃,相对密度(d_{20}^{20})为 0.823～0.825,折射率(n_D^{20})为 1.4401～1.4411,闪点为 157℃。

(2)天然存在　未见文献报道。

(3)制备方法

①以十四伯胺为原料,与镍的过氧化物反应制得。

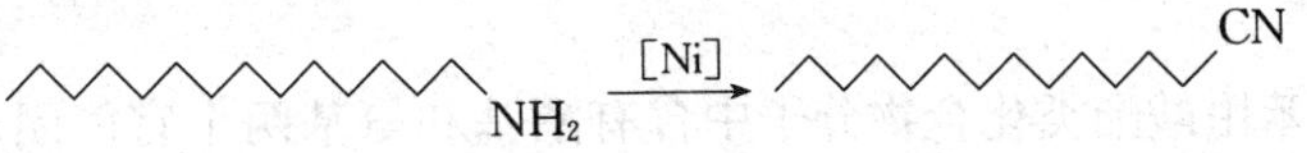

②以十四醛为原料,首先经肟化反应生成肟,再用乙酸酐脱水制得十四腈。

$$CH_3(CH_2)_{12}CHO \xrightarrow{NH_2OH} CH_3(CH_2)_{12}CH{=}NOH \xrightarrow{(CH_3CO)_2O} CH_3(CH_2)_{12}CN$$

(4)主要用途　主要用于调配化妆品用高级香精。

(5)安全管理　IFRA 没有限制规定。

23. 1,1,4,4,6－五甲基-四氢萘腈(1,1,4,4,6－Pentamethyl－tetrahydronaphth－7－nitrile)

分子式为 $C_{16}H_{21}N$,相对分子质量 227.17。

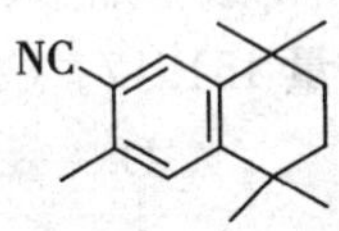

(1)理化性质　无色固体,具有优良的麝香香气。不溶于水,溶于乙醇等有机溶剂。沸点为 124～125℃。

(2)天然存在　未见文献报道。

(3)制备方法　以 2,5－二甲基-2,5－二氯己烷为原料,与甲苯发生烷基化反应,再与甲醛发生氯甲基化,用碱处理后得到甲酰化产物,与盐酸羟胺反应得到相应的肟,最后用乙酸酐处理制得。

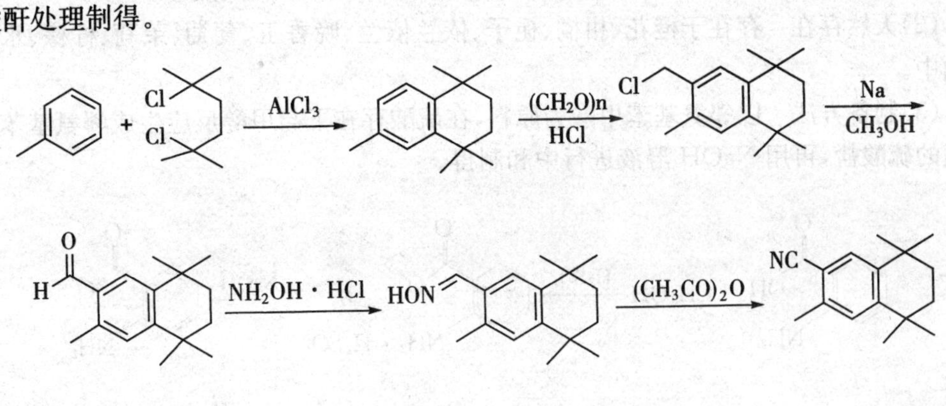

(4)主要用途　主要用于调配玫瑰香型日化香精。

第二节　邻氨基苯甲酸酯类香料

一、概述

邻氨基苯甲酸甲酯最早由 Walbaum 于 1899 年在橙花油中发现,以后又在其他芳香油如茉莉、甜橙油中发现,此外它还存在于葡萄汁中。后来人们在很多天然植物精油中如橘子油、橙子油、茉莉油、柠檬油、栀子油、依兰依兰油等都发现了邻氨基苯甲酸酯类化合物。由于这类化合物具有强烈的水果和花香香气,因而在日化香精和食用香精中得到了广泛的应用。

由于邻氨基苯甲酸酯类化合物分子中含有酯基和氨基两个官能团,因此它们具有酯类和胺类的双重化学性质。如氨基与醛作用可以得到在碱性条件下更加稳定、在调香中香气更加浓郁的希夫碱。这类希夫碱类香料在香精中可以作为定香剂使用。例如,邻氨基苯甲酸甲酯与羟基香茅醛进行缩合反应可以生成橙花素,与戊基桂醛可以生成茉莉素。这类希夫碱的化学性质比原来的醛更加稳定,香气也更加浓郁持久,可以广泛应用于花香型香精中。

二、邻氨基苯甲酸酯类香料

1. 邻氨基苯甲酸甲酯(Methyl anthranilate)

邻氨基苯甲酸甲酯又称 2-氨基苯甲酸甲酯、人造橙花油。

分子式为 $C_8H_9NO_2$,相对分子质量 151.17。CAS 为 134-20-3。

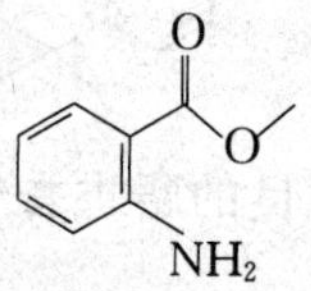

(1)理化性质　无色液体或固体结晶,具有愉快的花香和果香香气,稀释时具有橙花和葡萄香气。微溶于水,溶于乙醇等有机溶剂。熔点为 24℃,沸点为 256℃,127℃/1.5kPa,相对密度(d_{25}^{25})为 1.159~1.168,折射率(n_D^{20})为 1.5800~1.5850,闪点>100℃。

(2)天然存在　存在于橙花、柑橘、栀子、依兰依兰、晚香玉、葡萄、茉莉、柠檬、水仙等精油中。

(3)制备方法　以邻氨基苯甲酸为原料,在硫酸存在下与甲醇反应生成邻氨基苯甲酸甲酯的硫酸盐,再用 NaOH 溶液进行中和制得。

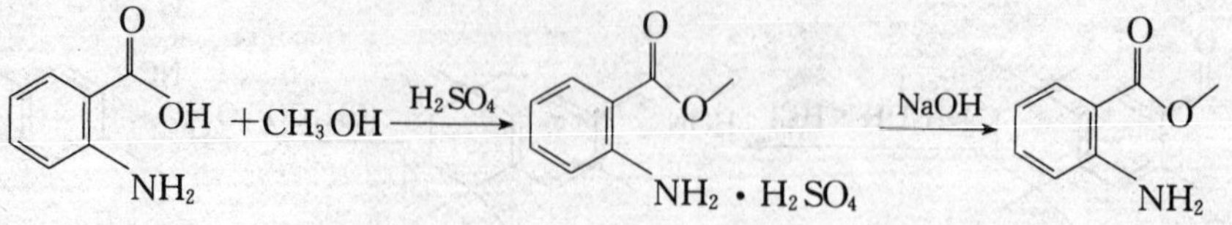

(4)主要用途　广泛用于橙花、栀子花、依兰依兰、茉莉、晚香玉、白兰等香型日化香精中。也可用于食用香精和烟用香精中，常用于调配柠檬、葡萄、柑橘、香蕉、菠萝、草莓、甜瓜等果香型香精。

(5)安全管理　FEMA 认定为 GRAS，FEMA 号 2682，FDA182.60，COE250，GB 2760—2014 批准为暂时允许使用的食品香料。

2. 邻氨基苯甲酸乙酯(Ethyl anthranilate)

邻氨基苯甲酸乙酯又称 2-氨基苯甲酸乙酯。

分子式为 $C_9H_{11}NO_2$，相对分子质量 165.20。CAS 为 87-25-2。

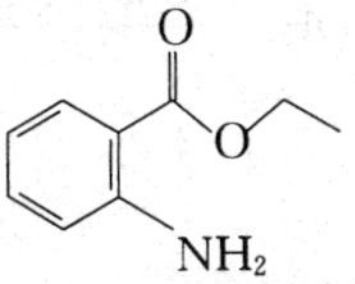

(1)理化性质　无色液体，具有橙花和葡萄香气，其香气较邻氨基苯甲酸甲酯温柔。微溶于水，溶于乙醇等有机溶剂。熔点为 12～13℃，沸点为 138℃/1.9kPa，相对密度(d_{25}^{25})为 1.115～1.120，折射率(n_D^{20})为 1.5630～1.5660，闪点为 99℃。

(2)天然存在　存在于葡萄中。

(3)制备方法　以邻氨基苯甲酸为原料在硫酸存在下与乙醇经酯化反应制得，或以邻氨基苯甲酸甲酯为原料在碳酸钾存在下与乙醇进行酯交换反应制得。

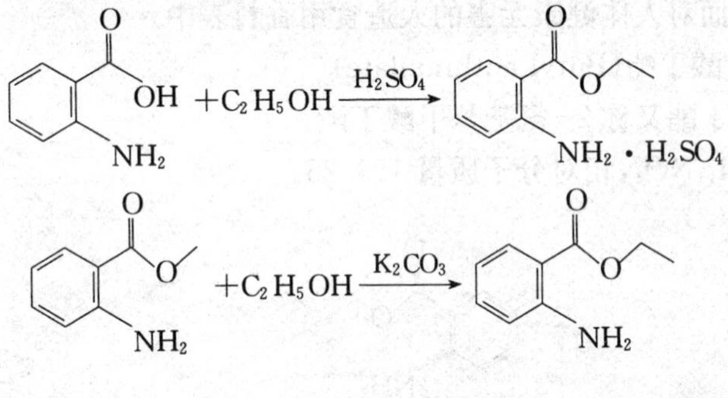

(4)主要用途　可用于日化香精中，可用以调配橙花、茉莉等香型香精。也可用于食用香精中，主要用以调配葡萄、柑橘、樱桃等香型香精。

(5)安全管理　FEMA 号 2421，FDA172.515，COE251，GB 2760—2014 批准为允许使用的食品香料。

3. *N*-甲基邻氨基苯甲酸甲酯(Methyl N-methylanthranilate)

分子式为 $C_9H_{11}NO_2$，相对分子质量 165.20。CAS 为 85-91-6。

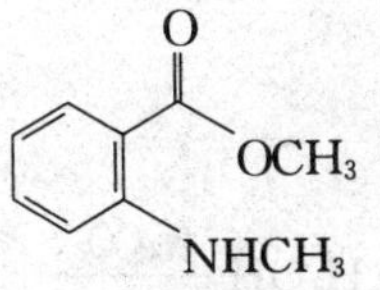

(1)理化性质　带有淡蓝色荧光的淡黄色液体，具有橙花、葡萄、柑橘的花香和果香香

气。不溶于水和甘油中,溶于乙醇等有机溶剂。凝固点为 18℃,沸点为 256℃、130～131℃/1.6kPa,相对密度(d_{25}^{25})为 1.123～1.130,折射率(n_D^{20})为 1.5780～1.5810,闪点>100℃。

(2)天然存在 存在于橙花油、橙叶油、橘子油、橘叶油、风信子油、芸香油等精油中。

(3)制备方法 可由 N-甲基邻氨基苯甲酸与甲醇进行酯化反应制得,或将邻氨基苯甲酸甲酯进行氨基甲基化反应制得。

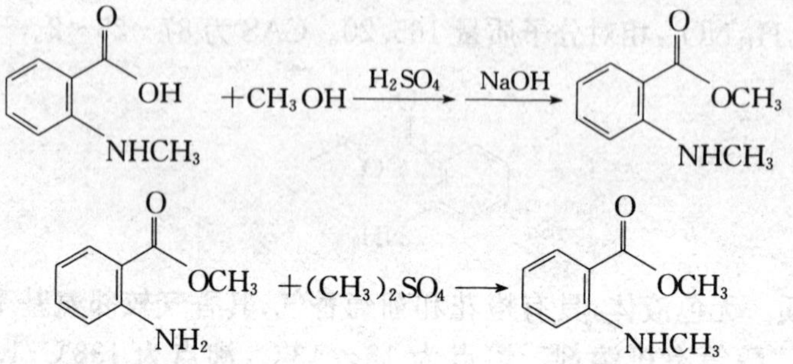

(4)主要用途 可用于橙花、依兰依兰、风信子等香型日化香精中。也可用于食用香精中,常用于配制甜橙、樱桃、桃、葡萄、柑橘、圆柚、香蕉、杏、柠檬等果香型香精。

(5)安全管理 FEMA 认定为 GRAS,FEMA 号 2718,FDA172.515,COE756,GB 2760—2014批准为允许使用的食品香料。欧洲理事会将 N-甲基邻氨基苯甲酸甲酯列入可用于食品中而对人体健康无害的人造食用香料表中。

4. 邻氨基苯甲酸丁酯(Butyl anthranilate)

邻氨基苯甲酸丁酯又称 2-氨基苯甲酸丁酯。

分子式为 $C_{11}H_{15}NO_2$,相对分子质量 193.25。

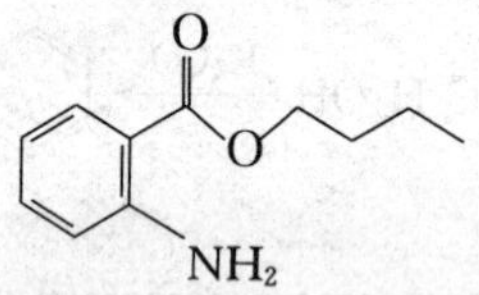

(1)理化性质 无色至淡黄色液体,具有梅子和柠檬果香香气。几乎不溶于水,溶于乙醇等有机溶剂。熔点为 0℃,沸点为 303℃,相对密度(d_4^{15})为 1.060,折射率(n_D^{20})为 1.5420。

(2)天然存在 未见文献报道。

(3)制备方法 以邻氨基苯甲酸甲酯为原料在碳酸钾存在下与正丁醇进行酯交换反应制得。

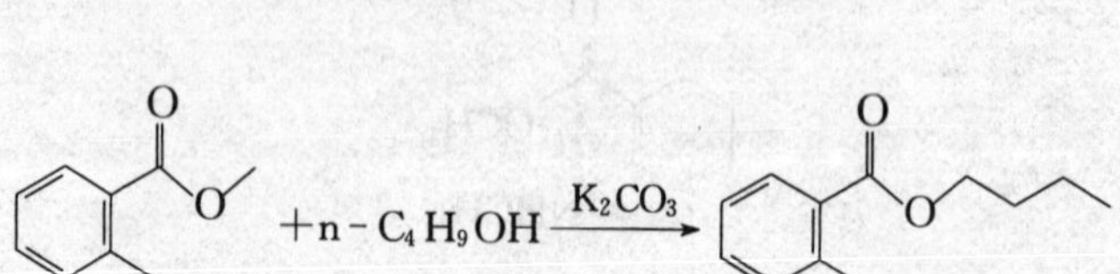

(4)主要用途　可用于日化香精中,也可用于食用香精中,但均很少应用。

(5)安全管理　FEMA 认定为 GRAS,FDA172.515,COE252。

5. 邻氨基苯甲酸顺-3-己烯酯(*cis*-3-Hexenyl anthranilate)

分子式为 $C_{13}H_{17}NO_2$,相对分子质量 219.28。CAS 为 65405-76-7。

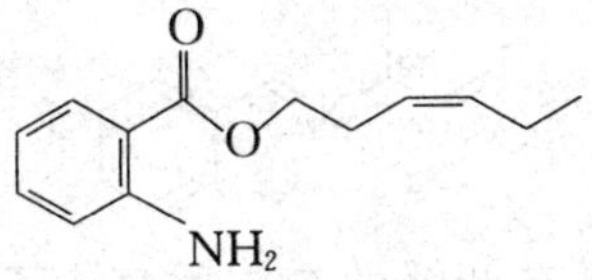

(1)理化性质　无色液体,具有青香和果香香气。不溶于水,溶于乙醇等有机溶剂。相对密度(d_{20}^{20})为 1.053～1.060,折射率(n_D^{20})为 1.5500～1.5560。

(2)天然存在　未见文献报道。

(3)制备方法　以邻氨基苯甲酸甲酸与顺-3-己烯醇通过酯化反应制得。

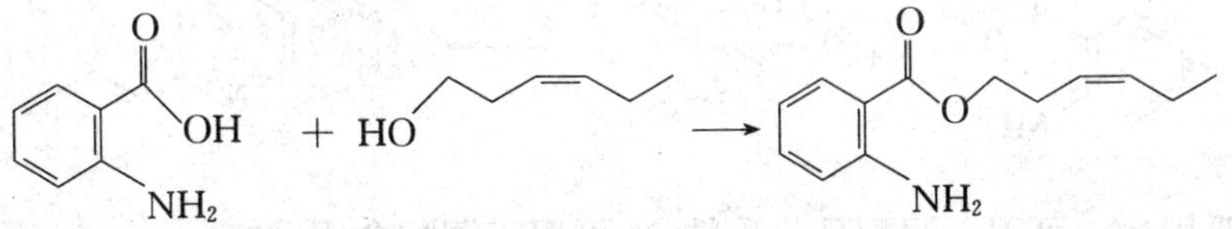

(4)主要用途　可用于日化香精中。

6. 2-甲基戊醛邻氨基苯甲酸甲酯希夫碱(2-Methylpentanal-Methylanthranilate schiff base,Mevantraal)

分子式为 $C_{14}H_{20}NO_2$,相对分子质量 234.32。CAS 为 50607-64-2。

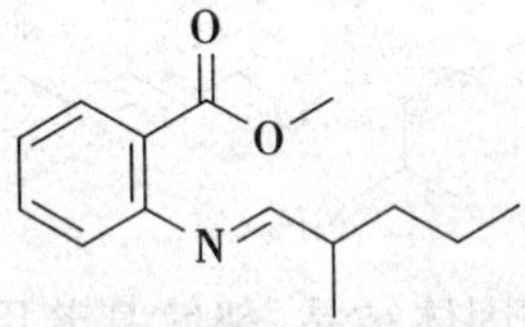

(1)理化性质　无色液体,具有甜润的花香和果香香气,并带有青香香韵。不溶于水,溶于乙醇等有机溶剂。沸点为 165℃/670Pa,相对密度(d_{20}^{20})为 1.040～1.044,折射率(n_D^{20})为 1.5810～1.5840,闪点为 138℃。

(2)天然存在　未见文献报道。

(3)制备方法　由邻氨基苯甲酸甲酯和 2-甲基戊醛共沸脱水缩合制得。

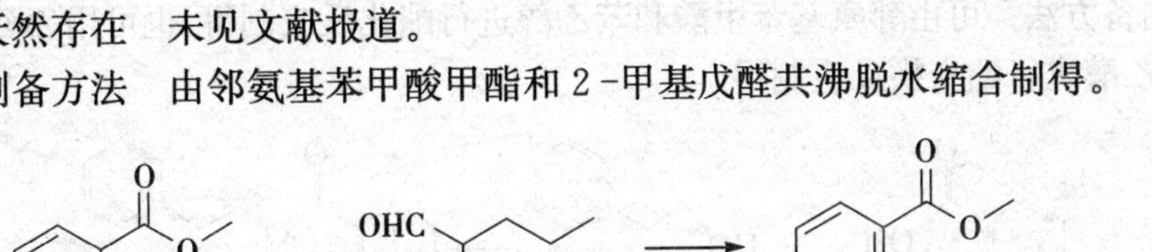

(4)主要用途　可用于调配日化香精。

(5)安全管理　IFRA 没有限制规定。

7. 苯甲醛邻氨基苯甲酸甲酯希夫碱(Benzaldehyde - Methylanthranilate schiff base, Amandolene liquide)

分子式为 $C_{15}H_{13}NO_2$，相对分子质量 239.28。

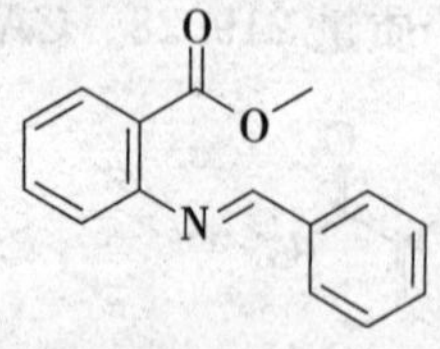

(1)理化性质 无色液体，具有新鲜的杏仁香气。不溶于水，溶于乙醇等有机溶剂。相对密度(d_{20}^{20})为 1.136，折射率(n_D^{20})为 1.5503，闪点为 88℃。

(2)天然存在 未见文献报道。

(3)制备方法 可由邻氨基苯甲酸甲酯和苯甲醛通过缩合反应制得。

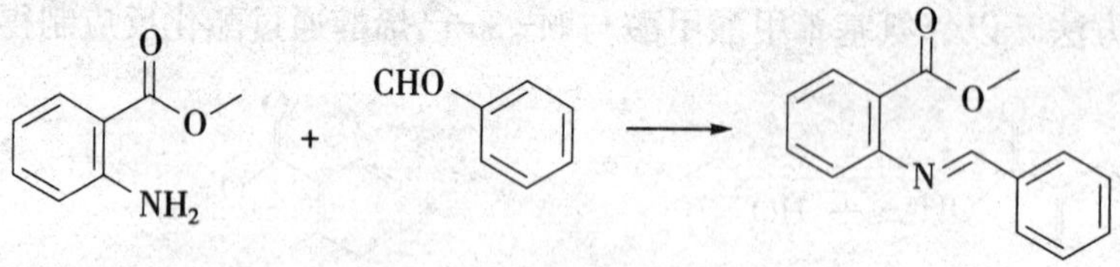

(4)主要用途 可用于调配日化香精，也可用于调配食用香精。

(5)安全管理 IFRA 没有限制规定。

8. 邻氨基苯甲酸苯乙酯(Phenylethyl anthranilate)

邻氨基苯甲酸苯乙酯又称 2-氨基苯甲酸苯乙酯。

分子式为 $C_{15}H_{15}NO_2$，相对分子质量 241.30。CAS 为 133-18-6。

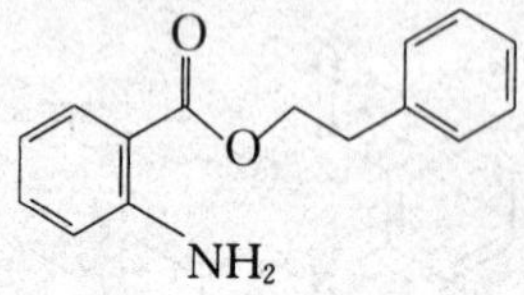

(1)理化性质 无色或白色的固体结晶，邻氨基苯甲酸苯乙酯纯品几乎无味，带有杂质时则具有橙花和圆柚香气。不溶于水，溶于乙醇等有机溶剂。熔点为 42～43℃，沸点为 324℃。

(2)天然存在 未见文献报道。

(3)制备方法 可由邻氨基苯甲酸和苯乙醇进行酯化反应制得，也可用邻氨基苯甲酸甲酯和苯乙醇进行酯交换反应制得。

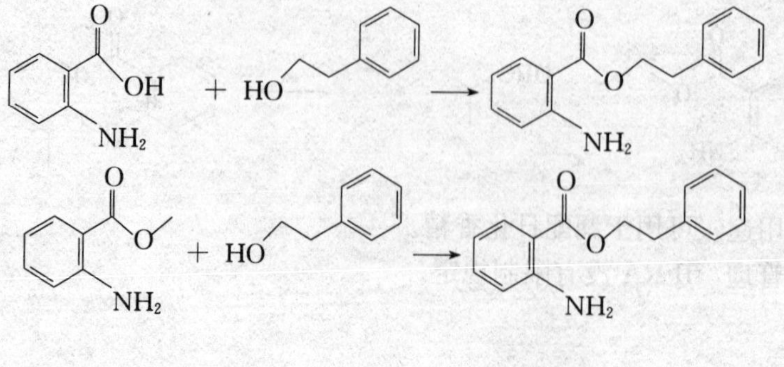

（4）主要用途　仅少量用于花香型日化香精中，也可用于食用香精中，用于调配蜂蜜、葡萄香型香精。

（5）安全管理　FEMA 认定为 GRAS，FEMA 号 2859，FDA172.515，COE258。GB 2760—2014 批准为允许使用的食品香料。

9. 邻氨基苯甲酸桂酯（Cinnamyl anthranilate）

邻氨基苯甲酸桂酯又称邻氨基苯甲酸肉桂酯、2-氨基苯甲酸肉桂酯。

分子式为 $C_{16}H_{15}NO_2$，相对分子质量 253.30。

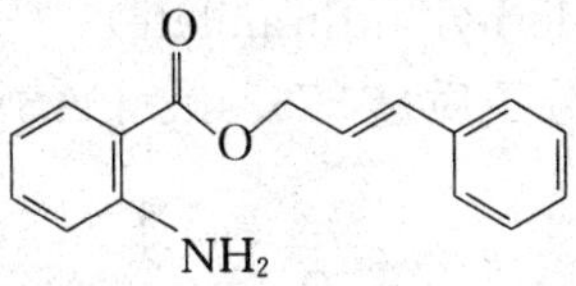

（1）理化性质　淡棕色固体粉末，具有香脂香气，略有葡萄的果香香气。不溶于水，溶于乙醇等有机溶剂。熔点＞60℃，沸点为 332℃。

（2）天然存在　未见文献报道。

（3）制备方法　由邻氨基苯甲酸与肉桂醇进行酯化反应制得。

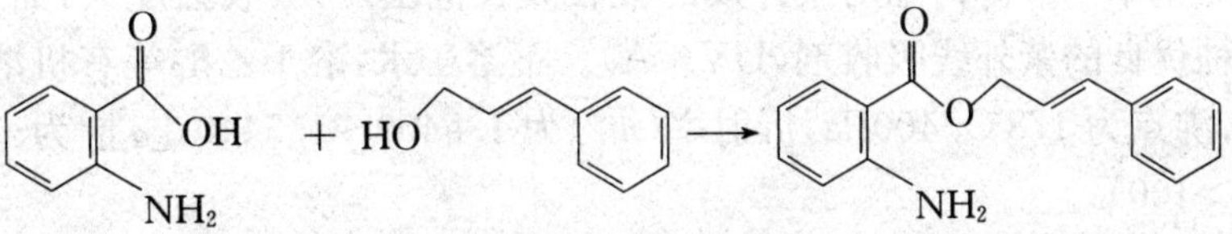

（4）主要用途　可用于日化香精中，也可用于调配樱桃、葡萄等香型食用香精。

（5）安全管理　FEMA 认定为 GRAS，FDA172.515，COE255。GB 2760—2014 批准为允许使用的食品香料。

10. 女贞醛邻氨基苯甲酸甲酯希夫碱（Ligustral - Methylanthranilate schiff base，Vertosine，Ligantraal）

分子式为 $C_{17}H_{21}NO_2$，相对分子质量 271.37。CAS 为 68738-99-8。

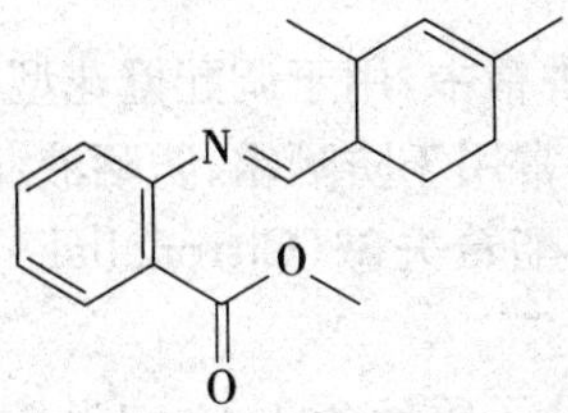

（1）理化性质　无色液体，为异构体的混合物。具有新鲜的青香香气，并伴有橙花香韵。不溶于水，溶于乙醇等有机溶剂。沸点为 170℃/270Pa，相对密度（d_{25}^{25}）为 1.074～1.084，折射率（n_D^{20}）为 1.6020～1.6080，闪点＞100℃。

（2）天然存在　未见文献报道。

（3）制备方法　可由邻氨基苯甲酸甲酯和女贞醛通过缩合反应制得。

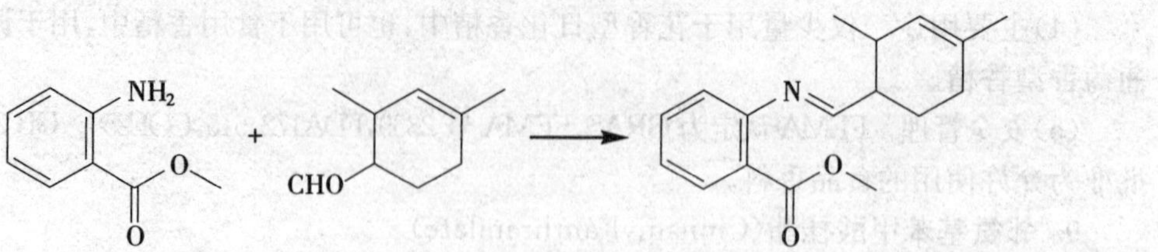

(4)主要用途　可用于日化香精中。

(5)安全管理　IFRA 没有限制规定。

11. 邻氨基苯甲酸薄荷酯(Methyl anthranilate)

分子式为 $C_{17}H_{25}NO_2$,相对分子质量 275.40。CAS 为 134-09-8。

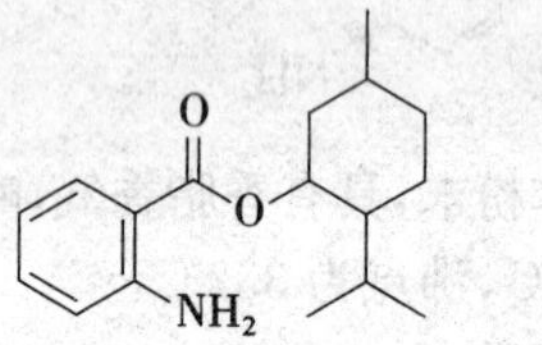

(1)理化性质　黏稠状液体或白色至淡黄色固体结晶,具有微弱的甜香和薄荷脑香气。由于邻氨基苯甲酸薄荷酯对紫外线的吸收波长范围广,吸收强度大,而对日光稳定,因此它是一种优良的紫外线吸收剂(UV-A)。不溶于水,溶于乙醇等有机溶剂。熔点为 163~164℃,沸点为 178℃/400Pa,折射率(n_D^{20})为 1.5400~1.5440,$[\alpha]_D^{20}$为-4°~+4°(乙醇中),闪点>100℃。

(2)天然存在　未见文献报道。

(3)制备方法　以邻氨基苯甲酸甲酯和薄荷脑为原料,在醇钠催化剂作用下进行酯交换反应制得。

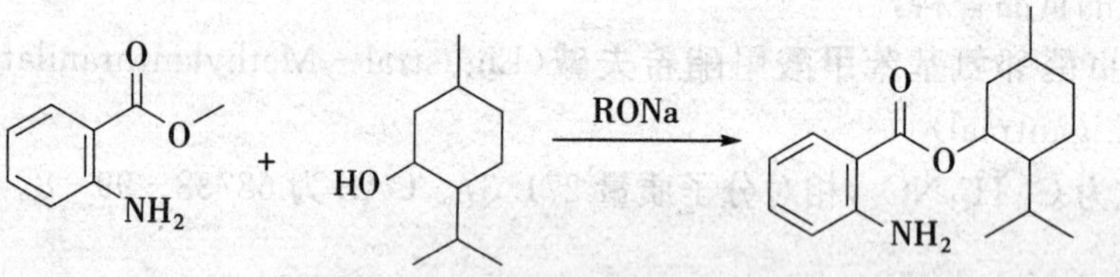

(4)主要用途　可用于日化香精中,用于调配橙花型香精。主要作为防晒剂广泛用于化妆品中,是防晒用品的滤光剂,常用于防晒霜、防晒液、防晒粉等防晒型化妆品中。

12. 香茅醛邻氨基苯甲酸甲酯希夫碱(Citronellal-Methylanthranilate schiff base, Citronama)

分子式为 $C_{18}H_{25}NO_2$,相对分子质量 287.41。CAS 为 67845-42-5。

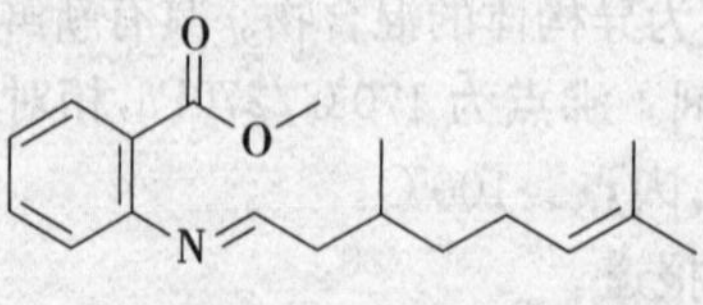

(1)理化性质　无色液体,具有甜润的花香,并有甜橙和橙花的香韵,香气持久。不溶于水,溶于乙醇等有机溶剂。相对密度(d_{25}^{25})为 1.004~1.034,折射率(n_D^{20})为 1.5350~1.5650,

闪点>100℃。

(2)天然存在　未见文献报道。

(3)制备方法　可由邻氨基苯甲酸甲酯和香茅醛通过缩合反应制得。

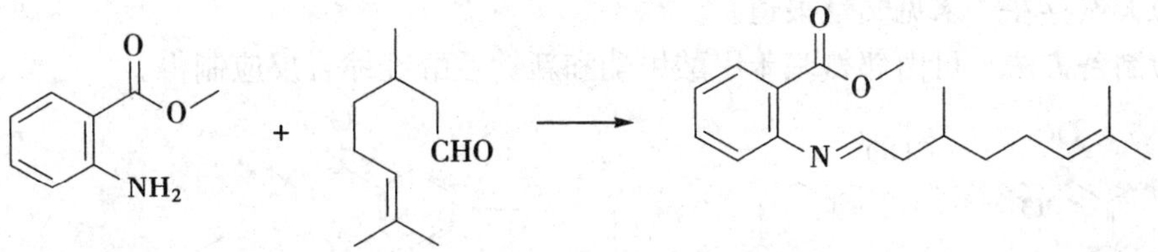

(4)主要用途　可用于调配香水、香皂和合成洗涤剂香精。

(5)安全管理　IFRA 没有限制规定。

13. 羟基香茅醛邻氨基苯甲酸甲酯希夫碱(Hydroxycitronellal - Methylanthranilate schiff base,Aurantiol)

羟基香茅醛邻氨基苯甲酸甲酯希夫碱又称橙花素(Aurantiol)。

分子式为 $C_{18}H_{27}NO_3$,相对分子质量 305.43。CAS 为 89-43-0。

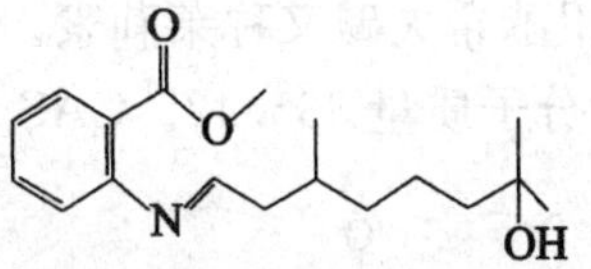

(1)理化性质　黏稠液体,具有甜润和浓重的花香香气,并有橙花和铃兰香韵。不溶于水,溶于乙醇等有机溶剂。沸点为 300℃,相对密度(d_{25}^{25})为 1.049~1.079,折射率(n_D^{20})为 1.5350~1.5600,闪点>100℃。

(2)天然存在　未见文献报道。

(3)制备方法　可由邻氨基苯甲酸甲酯和羟基香茅醛在真空下加热制得。

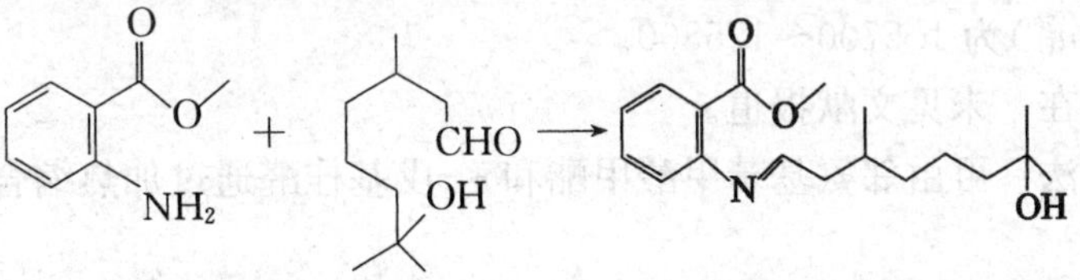

(4)主要用途　可用于调配化妆品、香水、香皂、合成洗涤剂等日化香精。

(5)安全管理　IFRA 没有限制规定。

14. 新铃兰醛邻氨基苯甲酸甲酯希夫碱(Lyral - Methylanthranilate schiff base, Lyrame super C,Lyrantiol DPG)

分子式为 $C_{21}H_{29}NO_3$,相对分子质量 343.47。CAS 为 67634-12-2。

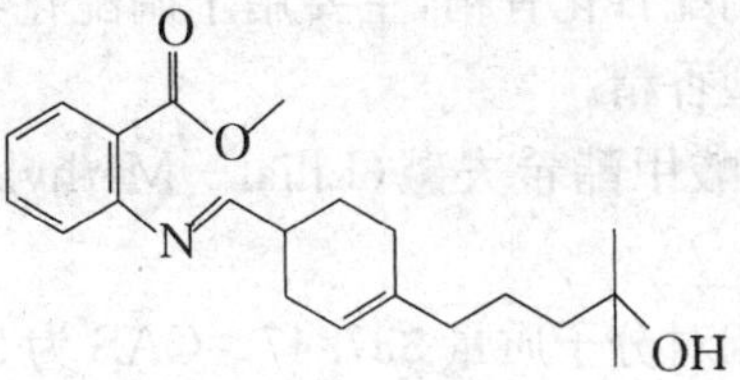

(1)理化性质　无色液体,为异构体的混合物。具有甜润的花香香气,并有橙花香韵。不溶于水,溶于乙醇等有机溶剂。相对密度(d_4^{20})为 1.120,折射率(n_D^{20})为 1.5860,闪点>100℃。

(2)天然存在　未见文献报道。

(3)制备方法　可由邻氨基苯甲酸甲酯和新铃兰醛经缩合反应制得。

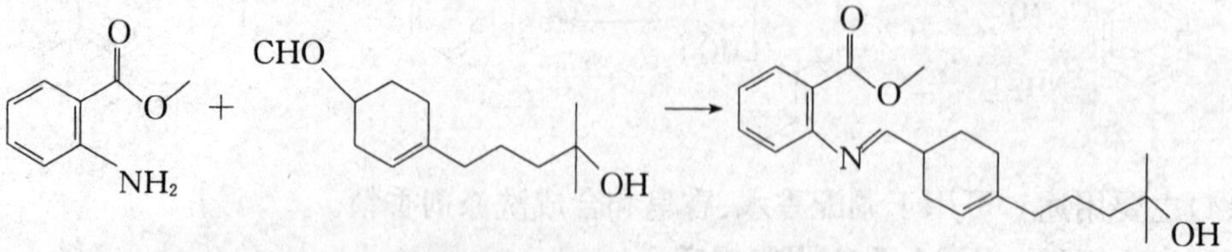

(4)主要用途　可用于日化香精中。

(5)安全管理　IFRA 没有限制规定。

15. α-戊基桂醛邻氨基苯甲酸甲酯希夫碱(α - Amyl cinnamic aldehyde - Methylanthranilate schiff base, Jasmalique)

α-戊基桂醛邻氨基苯甲酸甲酯希夫碱又称茉莉素。

分子式为 $C_{22}H_{25}NO_2$,相对分子质量 335.42。CAS 为 68527 - 78 - 6。

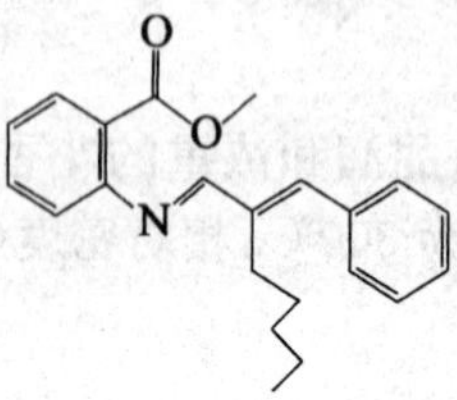

(1)理化性质　黄色液体,具有茉莉和金雀花似的香气。不溶于水,溶于乙醇等有机溶剂。折射率(n_D^{20})为 1.5700～1.5800。

(2)天然存在　未见文献报道。

(3)制备方法　可由邻氨基苯甲酸甲酯和 α-戊基桂醛通过加热缩合制得。

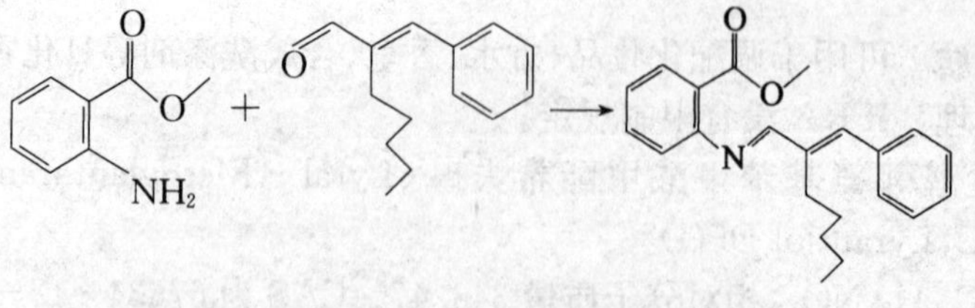

(4)主要用途　可用于调配日化香精,主要用于调配化妆品和皂用香精,常用于配制金雀花、茉莉和含羞草等香型香精。

16. 铃兰醛邻氨基苯甲酸甲酯希夫碱(Lilial - Methylanthranilate schiff base, Verdantiol)

分子式为 $C_{22}H_{27}NO_2$,相对分子质量 337.47。CAS 为 91 - 51 - 0。

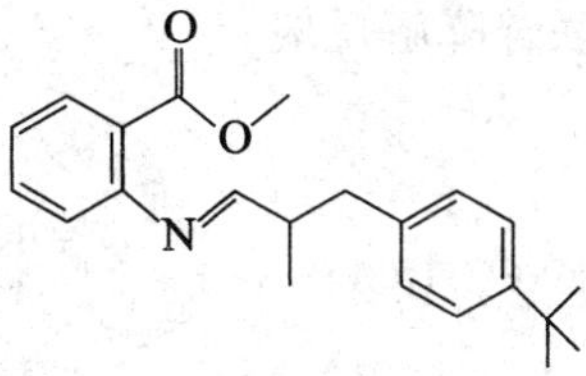

(1)理化性质　黏稠液体。具有椴树花香和橙花香气。不溶于水，溶于乙醇等有机溶剂。折射率(n_D^{20})为1.5850～1.5950，闪点>100℃。

(2)天然存在　未见文献报道。

(3)制备方法　可由邻氨基苯甲酸甲酯和铃兰醛经缩合反应制得。

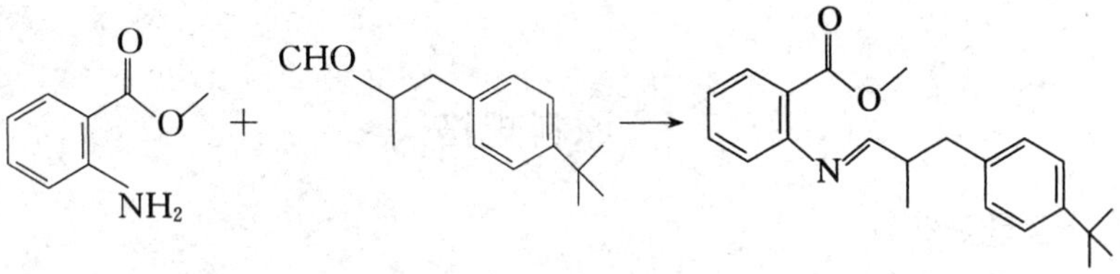

(4)主要用途　可用于日化香精中。

(5)安全管理　IFRA没有限制规定。

第三节　邻氨基苯甲酸酯香料生产工艺

以邻氨基苯甲酸甲酯为例，简述如下。

一、化学结构式

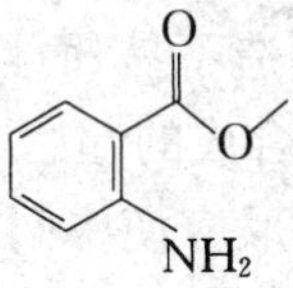

二、反应式

1. 酰胺化反应

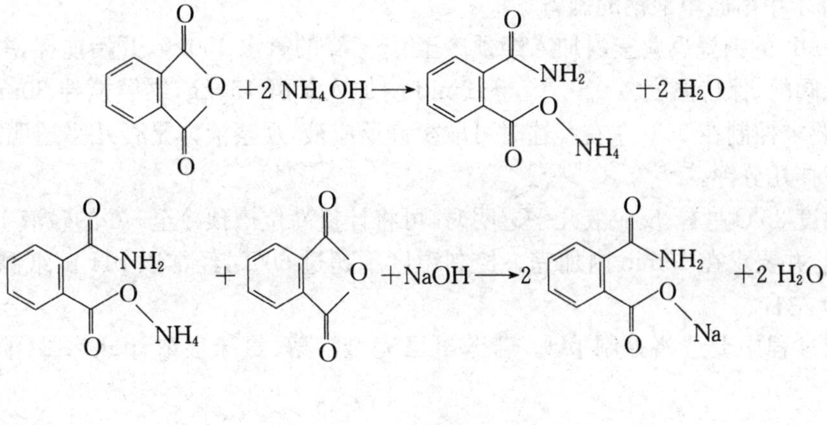

2. 哈夫门(Hoffman)-酯化联合降解反应

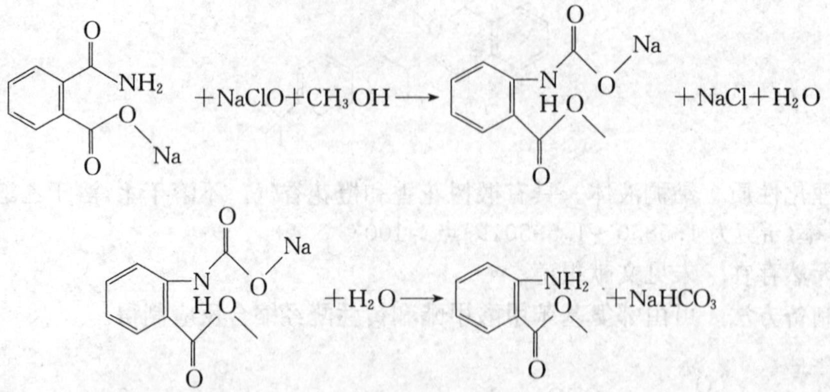

三、原料规格

(1)碱液　含量≥29%。

(2)氨水　含量≥22%(NH_3)。

(3)苯酐　含量≥99%;含萘测试合格。熔点 129～131℃,香气合格。

(4)KOH　含量≥85%。

(5)NaOH　含量≥95%。

(6)次氯酸钠　含有效氯≥10%;含碱 1.5%～2%。

(7)甲醇　含量≥99%;香气纯正无杂质。

四、工艺过程

邻氨基苯甲酸甲酯最简单的合成方法是由邻氨基苯甲酸和甲醇在酸性催化剂下直接酯化而成,但遗憾的是邻氨基苯甲酸制造不易,而且价格很高,难以购买。我国在 20 世纪 40 年代后期开始采用邻苯二甲酸酐为合成的起始原料,先制成邻氨甲酰基苯甲酸钠的中间体,然后经过哈夫门(Hoffman)降解反应使中间体的酰胺基变为少了一个碳原子的氨基,即成为邻氨基苯甲酸钠,如在反应中同时加入甲醇,则可经一步反应就制得邻氨苯甲酸甲酯。这确实是具有我国特有的先进生产工艺。

邻氨基苯甲酸甲酯生产工艺设备流程如图 13-1 所示。

1. 邻苯甲酰胺甲酸钠的制备

在 500L 的搪瓷反应釜内加入经预冷至 0～5℃的氨水 150kg,开始搅拌,并开启夹套冷冰盐水阀门,保持温度在 0～5℃,于 2min 内加入苯酐 150kg,继续搅拌 30min,温度逐渐上升,要求控制在 35℃左右。这时可取少许反应液,观察液体是否几乎透明;若未达要求可再搅拌几分钟。

在温度 35℃左右、反应液几乎透明时,可将计量高位槽预冷至 5℃的碱液 1kg 渐渐加入反应釜,并要求在 10min 内加完。控制温度不超过 60℃,经常以 pH 试纸测 pH,要求在 pH 10 左右。

反应过程中要严格控制 pH。若苯酐已完全溶解、氨味很浓、pH>12(酚酞试纸很

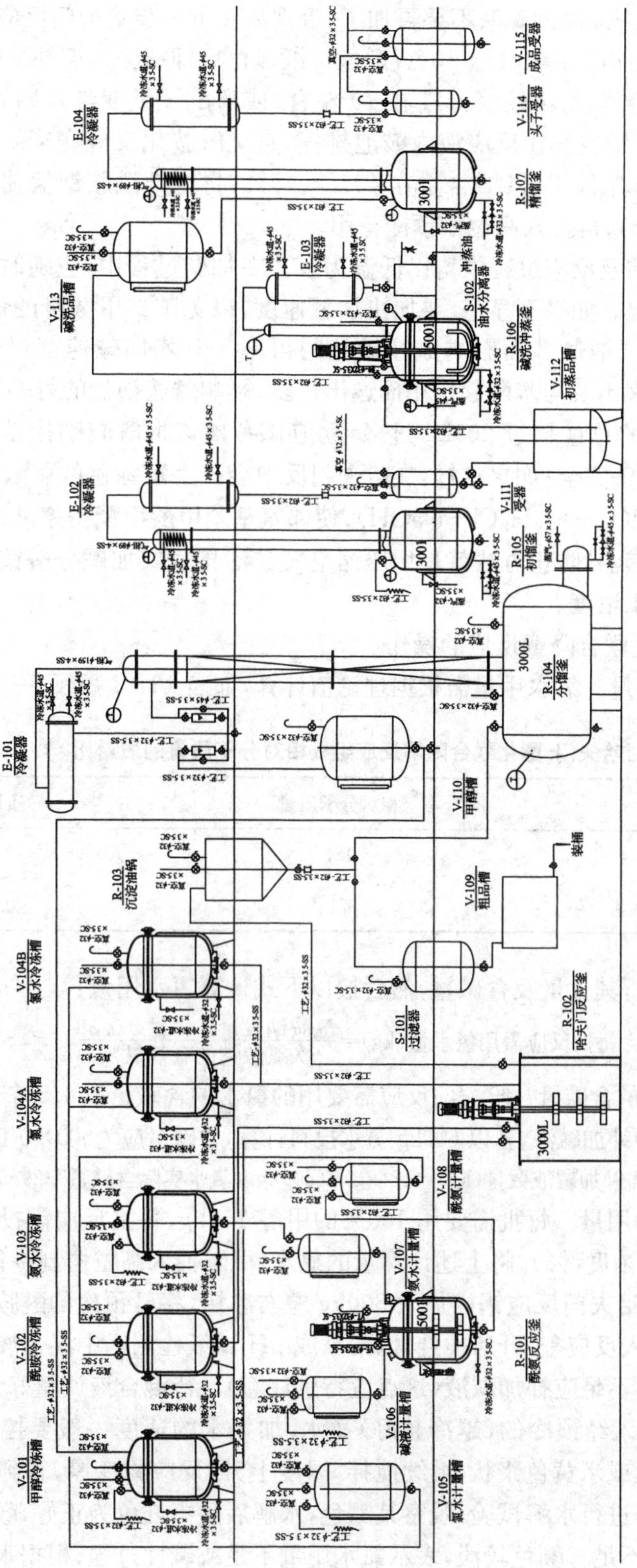

图 13－1　邻氨基苯甲酸甲酯生产工艺设备流程图

红),说明碱液过量,未加完的碱液不要再加了,否则易使下一步哈夫门反应所生成的邻氨基苯甲酸甲酯破坏而损失;若 pH<10(或酚酞试纸显色后即褪去),应补加碱液。

在苯酐已完全溶解、氨味较淡、pH 在 10 左右(或酚酞试纸变红),即表示终点已到,再搅拌 5h,同时用压缩空气在反应液内鼓泡排氨,直至酰胺化反应完毕。反应液取样分析,当酰胺钠盐(邻苯艰险甲酸钠)含量在 40%~45%,将全部酰胺钠盐抽入过磅槽称重(一般在 400~450kg),再打入高位槽预冷备用。

本反应在反应前及反应过程中均以低温为宜。在加碱过程中,应随时检测反应液对酚酞试纸的显色情况。如果不显色,要加快加碱速度,以免苯二甲酸酐的慢性水解过多,即生成邻苯二甲酸二钠过多而影响酰胺钠盐的得率。但若加碱速度过快也将使氨气(NH_3)产生太快而来不及与苯酐起作用而逸出过多,影响酰胺钠盐的得率。

若净酰胺钠盐的总量超过 200kg 过多,就应该考虑该批酰胺钠盐是否有过多游离氨,或尚有铵盐未分解完全;如果这样,在哈夫门反中会产生黄绿色的刺激性气体 NH_2Cl(氯胺)($NH_3 + NaClO \longrightarrow NH_2Cl + NaOH$),使邻氨基苯甲酸甲酯得率减少,严重时还会产生大量泡沫形成满溢,防止方法就是用压缩空气鼓泡排氨或加碱分解铵盐以及控制在哈夫门反应中的氨水浓度。

2. 哈夫门-酯化联合降解反应的操作

(1)计算氯水用量　氯水用量需根据理论值计算,如表 13-1 所示。

表 13-1　　哈夫门-酯化联合降解反应组成相对分子质量的质量比

成分	相对分子质量	质量比
酰胺钠盐	187	1
次氯酸钠中有效氯	71	0.38

取次氯酸钠分析其含量及含碱量,然后按以下式计算氯水用量:

$$\text{每批反应需用氯水量(kg)} = \frac{\text{酰胺钠投量} \times \text{含量} \times 0.38}{\text{次氯酸钠的有效氯\%}}$$

(2)调节氯水中的含碱量　哈夫门反应需要用的氯水的含碱量以 1.5%~2%为宜,如碱含量不足可在反应中补加碱液,若以 600kg 氯水投料计算,含碱量应为600×0.02=12kg。

氯水中需补加碱液数量(kg)=12(kg)-(600kg×氯水实际含碱量)/29.5%

(3)计算甲醇的用量　每批需要用 100%的甲醇 150kg,每批反应需投甲醇量(kg)=150kg/甲醇 20℃时浓度(%),将上述计算量的氯水、甲醇抽入高位槽制冷备用。

在铁制 3000L 哈夫门反应锅内加入 800kg 左右冰块,将已预冷的酰胺钠盐和计算好的甲醇由高位槽放入反应釜,开启搅拌,以酚酞或 pH 试纸检测锅中混合液应呈红色或在 pH 10 左右,如碱性不足应补加碱液(这点应特别注意)。待混合液调整好含碱量,温度降至<-5℃时开始放入经预冷的(越冷越好)氯水,加氯水的速度一般要控制在 20min 左右,反应物呈淡米色或米黄色浆状,继续搅拌,温度上升,反应物变厚,直到形成不易流动的半固体,这时取样进行水解试验,观察其颜色,水解后呈枣红色为正好,颜色偏深表示氯水用量太多或碱性不足。颜色较淡,表示氯水用量不足或碱性过强,根据水解试验结果来

调节反应中碱和氯的用量。在反应温度上升到30℃时，反应物开始水解，变薄，色泽也变为红棕色，约 15min 水解即可完成。从水解物底部抽取油层至淀油锅中，稍微加热使温度保持在 50℃左右，使油下沉静置 1h 后，将下层粗油放入过滤器过滤得粗品，装桶待精制。一般每批可得粗品约 140kg。反应后的水层加入甲醇回收锅，回收甲醇。

3. 邻氨基苯甲酸甲酯的精制

粗品经减压初馏，馏出物分为头子、中段和脚子。头子和脚子分别累积后进行复蒸。中段用 KOH 溶液（KOH 用量为初馏中段量的 0.5%，配成 20%水溶液）洗涤。分出油层，油层用清水洗涤至中性后仍在原设备中加热至 100℃，开水汀冲蒸，冲蒸的目的是去除萘等杂质，保证香气纯正。一般冲蒸 15h 以上，以无明显杂质为终点。

冲蒸结束再用 2% NaOH 溶液洗涤，分出油层，油层再用清水洗 2 次，使油层的酸值控制在 0.05mgKOH/g 以下。将冲蒸洗涤油加 0.1% NaOH 进行减压分馏，按水头 5%、前段 8%、正段 80%～85%、后段 2%、脚子 2%分成五段即可。

五、邻氨基苯甲酸甲酯成品规格

(1)色状　无色至微橙色带有蓝色荧光的液体。

(2)含量　GC≥99.6%。

(3)凝固点　≥24℃。

(4)溶解度(25℃)　1g 全溶于 4mL 60%乙醇。

(5)相对密度　d_{25}^{25}=1.162～1.167。

(6)香气　橙花，紫葡萄香气。

六、注意事项

在哈夫门反应中所用氯水含有效氯需≥10%，若小于此数值而需使用时，可按表13－2折算。

表 13－2　哈夫门反应中有效氯含量和折扣率

实际含有效氯/%	9.0	9.1	9.2	9.3	9.4	9.5	9.6	9.7	9.8	9.9
折扣率/%	86	88	90	92	93	94	95	96	97	98

第十四章　含硫类香料

第一节　硫醇类香料

醇分子中的氧原子被硫原子取代而形成的化合物，即为硫醇。硫醇（R－SH，R 为烃基）也可看作是烃分子中的氢原子被氢硫基—SH（通称巯基）所取代的化合物。如果巯基直接与苯环相连的化合物称为硫酚。

相对分子质量较低的硫醇有毒，具有极其难闻的臭味，乙硫醇在空气中的浓度达到 10^{-11} g/L 时即能为人所感觉。黄鼠狼散发出来的防护剂中就含有丁硫醇。环境污染中硫醇为恶臭的主要来源。随着硫醇相对分子质量增大其臭味逐渐减弱。低浓度的硫醇类化合物却常常呈现令人愉快的食品类香味，大部分肉类香味化合物都是含硫化合物。

硫醇类香料是 20 世纪 70 年代以后发展起来的一类新型香料，许多含硫的有机化合物被发现存在于天然香花挥发性组分、精油和食物香味成分中，它们大都是食品中的微量香气成分，一般在食品中含量在 10^{-6} 级和 10^{-9} 级，有的甚至低到 10^{-12} 级，即使含量极微，但对食品香气、香味和特色风味的形成起着很重要的作用。例如，在大蒜中含有烯丙硫醇；在洋葱中含有丙硫醇；在咖啡中含有糠硫醇；在牛肉香成分中含有甲硫醇和乙硫醇；在洋葱、胡萝卜、牛乳、咖啡中均发现含有甲硫醇。又如，5－甲基糠硫醇的浓度在 $>1\mu g/kg$ 时具有硫磺气味，但当稀释至 $0.5\sim1\mu g/kg$ 时，就变成肉香；4－甲氧基－2－甲基－2－丁硫醇是黑加仑花蕾香气中的关键成分。

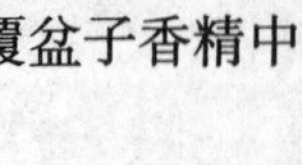

5－甲基糠硫醇

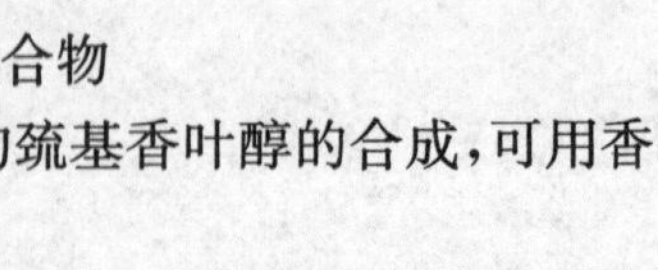

4－甲氧基－2－甲基－2－丁硫醇

一、硫醇类化合物的一般制备方法

1. 卤代物与硫化氢反应制取硫醇类化合物

例如，在配制覆盆子香精中极有价值的巯基香叶醇的合成，可用香叶醇的溴代物与硫化氢反应制得。

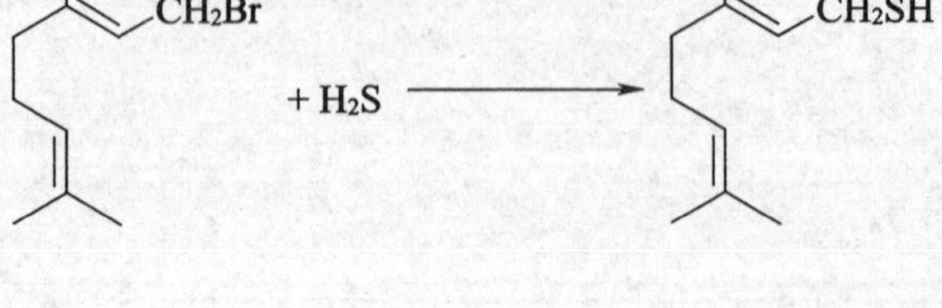

2. 卤代烷与硫氢化钠或硫氢化钾在乙醇溶液中共热制取硫醇类化合物

这是制备硫醇类香料常用的方法之一。

$$RX + NaSH \xrightarrow[\triangle]{\text{乙醇}} RSH + NaX$$

在反应过程中，生成的硫醇将会进一步被烷基化而产生大量的副产物硫醚。为了避免硫醚的生成，实验室通常用硫脲代替硫氢化钠。先由硫脲与卤代烷反应，生成一种稳定的盐(异硫脲盐)，然后经碱性水解制得硫醇。

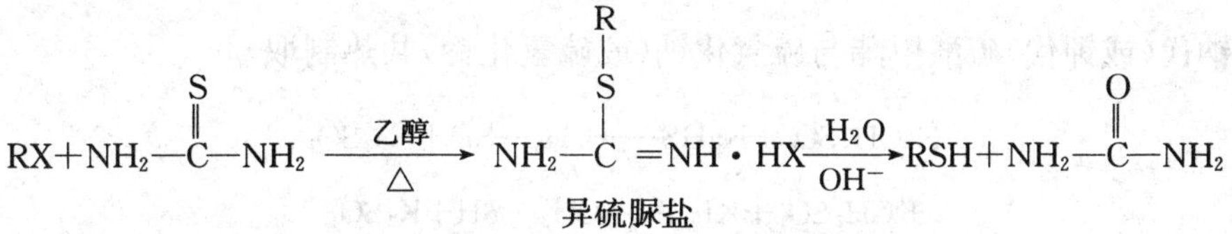

硫酚通常用高价含硫化合物还原制得。例如，苯磺酰氯与锌和硫酸反应，被还原生成硫酚。

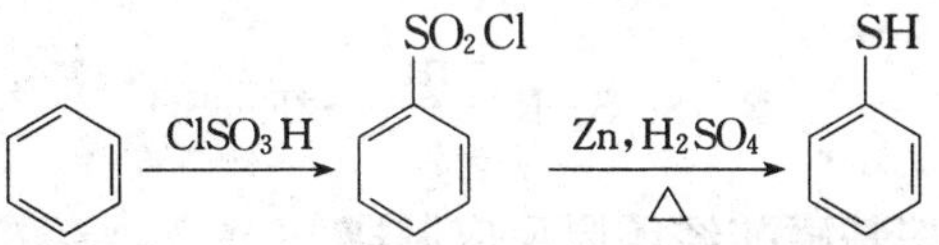

3. 醇的蒸气与硫化氢混合后在 400℃下通过氧化钍，经加热缩合脱水制取硫醇

$$R-OH + H-SH \xrightarrow[400\ ℃]{ThO_2} RSH + H_2O$$

4. α,β-不饱和烯烃与硫化氢发生加成反应制取硫醇

例如，将紫罗兰酮或二氢茉莉酮与硫化氢反应可以制备硫醇。它们在香水中添加极少量时，就可以大大增加香水的新鲜感。

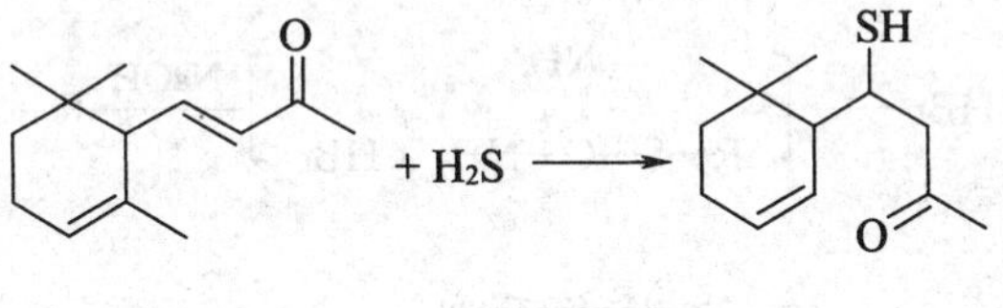

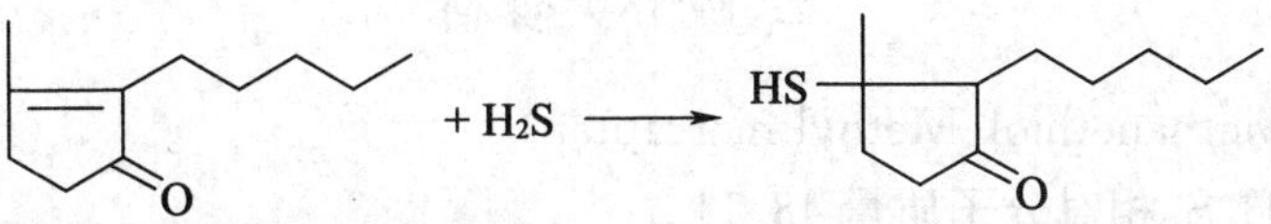

5. 用 Grignard 反应制取硫醇类香料

某些结构比较复杂的硫醇类香料，也可通过 Grignard 反应来制取。例如从黑薰子花芽中提取到的一种微量花香成分 4-甲氧基-2-甲基-2-丁硫醇，它可以用氯甲基甲醚在氯化亚汞的存在下与异丁烯进行加成反应，生成 4-甲氧基-2-甲基-2-氯丁烷，将其制成格氏试剂，然后与硫磺反应，生成 RSMgCl。最后经水解可以得到硫醇香料。

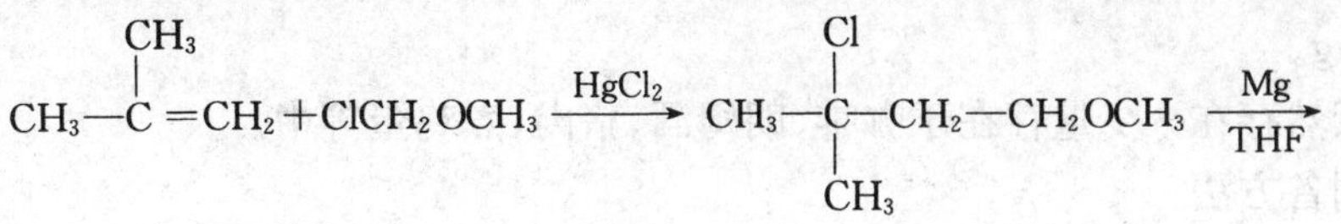

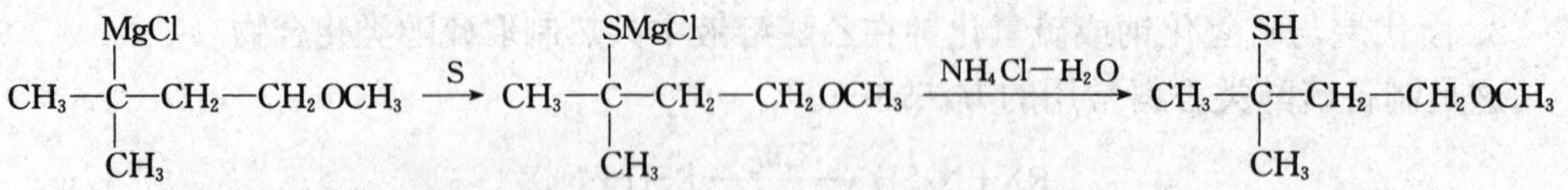

6. 卤代烃与硫代硫酸盐反应制取硫醇

卤代烃与硫代硫酸盐反应生成 Bunte 盐,该盐在酸性催化下水解生成硫醇。

$$RX + Na_2S_2O_3 \longrightarrow NaRS_2O_3 \longrightarrow RSH$$

7. 钠代(或钾代)硫酸甲酯与硫氢化钠(或硫氢化钾)共热制取

$$NaCH_3SO_4 + NaHS \xrightarrow[\triangle]{} CH_3—SH + Na_2SO_4$$

$$KCH_3SO_4 + KHS \xrightarrow[\triangle]{} CH_3—SH + K_2SO_4$$

8. 二硫醚经还原反应制取

$$R—S—S—R \xrightarrow{H_2} 2R—SH$$

9. 由烷基氯磺酸或烷基磺酸经还原反应制取

$$RSO_3Cl \xrightarrow{Zn+HCl} R—SH$$

$$R—SO_3H \xrightarrow[Ni]{H_2} R—SH$$

10. 由醇和硫脲、溴化氢反应制取

醇和硫脲、溴化氢反应生成 S-烷基代异硫酸盐,然后碱性水解、酸化而制得。

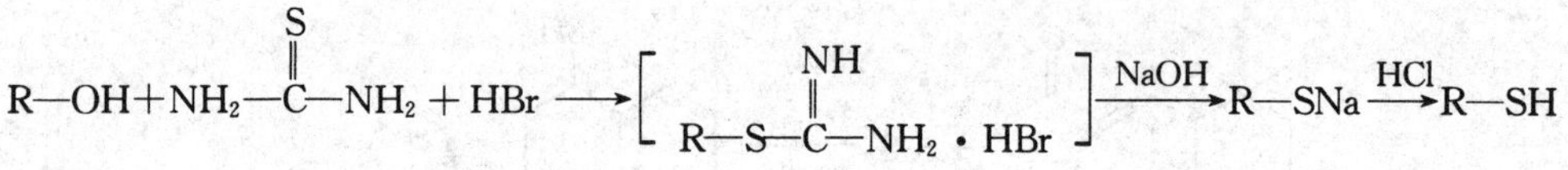

二、硫醇类香料

1. 甲硫醇(Methanethiol、Methyl mercaptan)

分子式为 CH_4S,相对分子质量 48.11。

$$CH_3—SH$$

(1)理化性质　常温下为无色气体,在低温下为无色液体,其水合物为白色结晶。具有硫化物气味,稀释到一定程度具有甘蓝、洋葱、肉香、鸡蛋、乳酪和咖啡香味。微溶于水,溶于乙醇等有机溶剂。熔点为 -123℃,沸点为 6℃,相对密度(d_4^4)为 0.849,阈值为 0.01mg/kg。

(2)天然存在　少量存在于咖啡、朗姆酒、猪肉、煮鸡蛋等中。

(3)制备方法

①甲醇与硫化氢在氧化钍催化下，经加热缩合脱水制得。

$$CH_3—OH+H_2S \xrightarrow[\triangle]{ThO_2} CH_3—SH+H_2O$$

②二甲硫醚与硫化氢共热制得。

$$CH_3—S—CH_3+H_2S \xrightarrow[\triangle]{} 2CH_3—SH$$

③钾代硫酸甲酯与硫氢化钾共热制得。

$$KCH_3SO_4+KHS \xrightarrow[\triangle]{} CH_3—SH+K_2SO_4$$

(4)主要用途　可用于食用香精中，微量用于洋葱、大蒜、咖啡、蔬菜、乳制品、肉味等香型食用香精中。

(5)安全管理　FEMA 号 2716，FDA172.515，COE475，GB 2760—2014 批准为允许使用的食品香料。

2. 烯丙硫醇(Allyl mercaptan)

烯丙硫醇又称 2-丙烯-1-硫醇。

分子式为 C_3H_6S，相对分子质量 74.14。

$$CH_2═CH—CH_2—SH$$

(1)理化性质　无色液体，具有强烈的大蒜气味。不溶于水，溶于乙醇等有机溶剂。沸点为 67～68℃，相对密度(d_4^{20})为 0.930，折射率(n_D^{20})为 1.4765。

(2)天然存在　存在于大蒜和洋葱中。

(3)制备方法　由烯丙醇和硫化氢在二氧化钍存在下，通过加热缩合反应制得。

$$CH_2═CH—CH_2—OH+H_2S \xrightarrow[\triangle]{ThO_2} CH_2═CH—CH_2—SH+H_2O$$

(4)主要用途　可用于调配大蒜、葱、肉味等香型食用香精。

(5)安全管理　FEMA 号 2035，FDA172.515，COE476。GB 2760—2014 批准为允许使用的食品香料。

3. 丙硫醇(Propyl mercaptan)

丙硫醇又称巯基正丙烷。

分子式为 C_3H_8S，相对分子质量 76.17。

$$CH_3CH_2CH_2—SH$$

(1)理化性质　无色透明液体，具有洋葱及甘蓝香气。微溶于水，溶于乙醇等有机溶剂。沸点为 67～68℃，相对密度(d_4^{20})为 0.840～0.842，折射率(n_D^{20})为 1.4370～1.4380，阈值为 0.002mg/kg。

(2)天然存在　少量存在于洋葱中。

(3)制备方法　可由氯丙烷和硫氢化钾制得或由丙醇和硫化氢制得。

$$CH_3CH_2CH_2—Cl+KHS \xrightarrow[\triangle]{} CH_3CH_2CH_2—SH+KCl$$

$$CH_3CH_2CH_2—OH+H_2S \xrightarrow[\triangle]{ThO_2} CH_3CH_2CH_2—SH+H_2O$$

(4)主要用途　主要用于大蒜、洋葱和肉味等香型食用香精中。

(5)安全管理　FEMA 号 3521,FDA172.515,COE11816。GB 2760—2014 批准为允许使用的食品香料。

4. 异丙硫醇(Isopropyl mercaptan)

异丙硫醇又称 2-丙硫醇。

分子式为 C_3H_8S,相对分子质量 76.17。

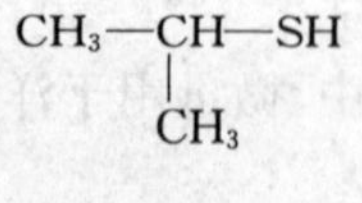

(1)理化性质　无色透明液体,具有洋葱和鸡肉香气。微溶于水,溶于乙醇等有机溶剂。沸点为 57～60℃,相对密度(d_4^{20})为 0.820,折射率(n_D^{20})为 1.4255。

(2)天然存在　存在于大蒜、洋葱和啤酒中。

(3)制备方法　由 2-溴丙烷和硫脲反应制得。

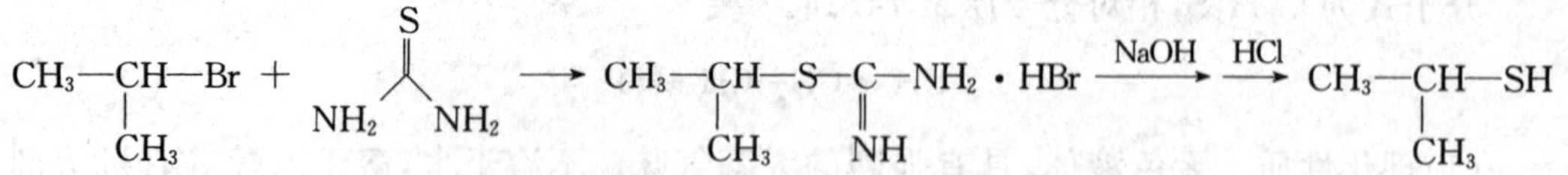

(4)主要用途　用于鸡肉、鸡蛋、咖啡、可可等香型食用香精中。

(5)安全管理　FEMA 号 3897,COE11565。GB 2760—2014 批准为允许使用的食品香料。

5. 3-巯基-2-丁酮(3-Mercapto-2-butanone)

分子式为 C_4H_8OS,相对分子质量 104.17。

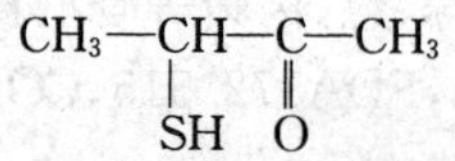

(1)理化性质　无色液体,具有类似硫磺的气息,稀释后具有肉香和果香。难溶于水,易溶于乙醇等有机溶剂。沸点为 50℃/2.39kPa,相对密度(d_4^{20})为 1.015～1.016,折射率(n_D^{20})为 1.4694。

(2)天然存在　未见文献报道。

(3)制备方法　可由 3-溴-2-丁酮与硫氢化钠反应制得。

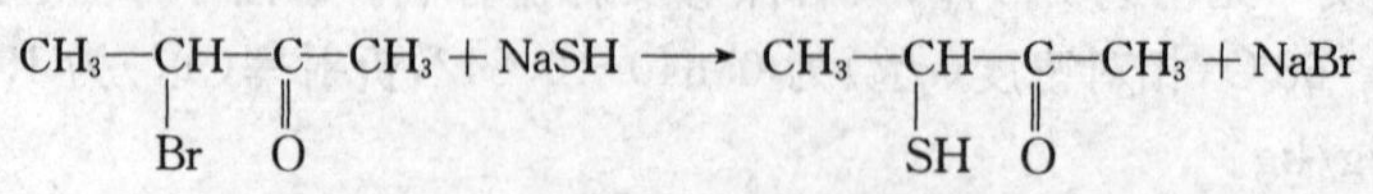

(4)主要用途　可用于食用香精中,主要用于调配乳味、肉味等香型食用香精。

(5)安全管理　FEMA 号 3298,COE11497,GB 2760—2014 批准为允许使用的食品香料。

6. 1 -丁硫醇(1 - Butanethiol)

1 -丁硫醇又称 1 -巯基丁烷。

分子式为 $C_4H_{10}S$，相对分子质量 90.18。

$$CH_3CH_2CH_2CH_2—SH$$

(1)理化性质　无色透明液体，具有硫化物、蔬菜、肉香、洋葱、大蒜气味。微溶于水，极易溶于乙醇等有机溶剂。沸点为 98℃，相对密度(d_4^{20})为 0.842，折射率(n_D^{20})为 1.4430。

(2)天然存在　存在于煮鸡蛋、牛肉、鸡肉、乳酪、啤酒中。

(3)制备方法　可由溴代正丁烷和硫氢化钾反应制得。

$$CH_3CH_2CH_2CH_2—Br+KHS \xrightarrow[\triangle]{} CH_3CH_2CH_2CH_2—SH+KBr$$

(4)主要用途　用于调配干酪、牛肉、鸡蛋、洋葱、大蒜等香型食用香精。

(5)安全管理　FEMA 号 3478，COE526，GB 2760—2014 批准为允许使用的食品香料。

7. 3 -巯基- 2 -丁醇(3 - Mercapto - 2 - butanol)

3 -巯基- 2 -丁醇又称 2 -巯基- 3 -丁醇、“935”。

分子式为 $C_4H_{10}OS$，相对分子质量 106.18。

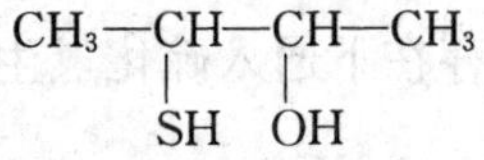

(1)理化性质　无色透明液体，具有肉香、烤肉香、洋葱、大蒜香气。不溶于水，溶于乙醇等有机溶剂。沸点为 59～61℃/1.33kPa，相对密度(d_4^{20})为 0.999，折射率(n_D^{20})为 1.4779。

(2)天然存在　未见文献报道。

(3)制备方法　可由 2,3 -环氧丁烷与硫化氢反应制得。

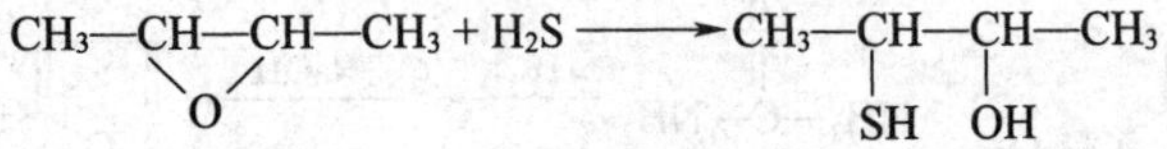

(4)主要用途　用于调配烤牛肉、猪肉、鸡肉、洋葱、大蒜、辛香味等香型食用香精。

(5)安全管理　FEMA 号 3502，COE760，GB 2760—2014 批准为允许使用的食品香料。

8. 2,3 -丁二硫醇(2,3 - Butanedithiol)

2,3 -丁二硫醇又称 2,3 -二巯基丁烷、“865”。

分子式为 $C_4H_{10}S_2$，相对分子质量 122.25。

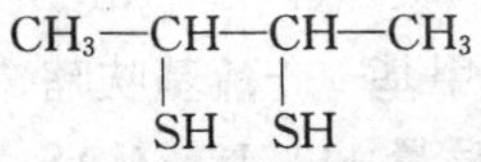

(1)理化性质　淡黄色液体，具有肉香、烤牛肉香、猪肉、脂肪、鸡蛋香。不溶于水，溶于乙醇等有机溶剂。沸点为 86～87℃/557Pa，相对密度(d_4^{20})为 0.995，折射率(n_D^{20})为 1.5194。

(2)天然存在　未见文献报道。

(3)制备方法 以2,3-环氧丁烷为原料,与硫氰酸钾反应生成2,3-环硫丁烷,再与硫氢化钾的乙醇溶液反应制得2,3-丁二硫醇。

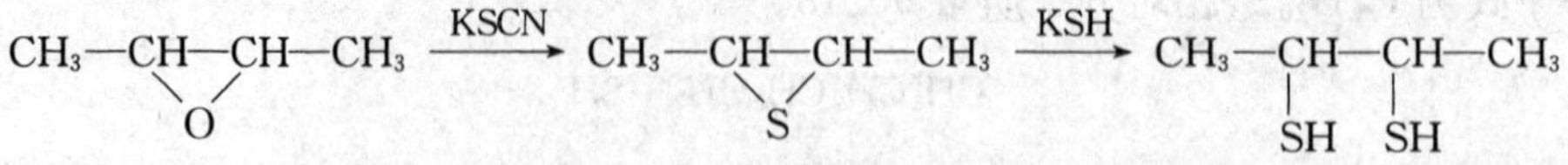

(4)主要用途 用于调配烤牛肉、煮牛肉、猪肉、鸡蛋、咖啡等香型食用香精。

(5)安全管理 FEMA号3477,COE725,GB 2760—2014批准为允许使用的食品香料。

9. 糠硫醇(Furfuryl mercaptan、Furanmethanethiol)

糠硫醇又称2-呋喃基甲硫醇、咖啡醛。

分子式为C_5H_6OS,相对分子质量114.17。CAS为98-02-2。

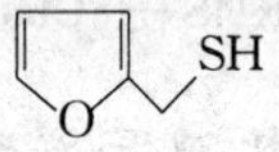

(1)理化性质 无色至淡黄色透明油状液体,稀释时具有强烈的咖啡香气和甜润的焦糖香气。不溶于水,溶于乙醇等有机溶剂。沸点为155℃、47℃/1.6kPa,相对密度(d_4^{20})为1.131～1.132,折射率(n_D^{20})为1.5320～1.5330,闪点为45℃。

(2)天然存在 存在于香油、咖啡、牛肉、猪肉、鸡肉中。

(3)制备方法

①以糠醛为原料,在硫氢化钠存在下通入硫化氢生成二糠二硫化物,然后在乙醇溶液中用锌粉还原制得。

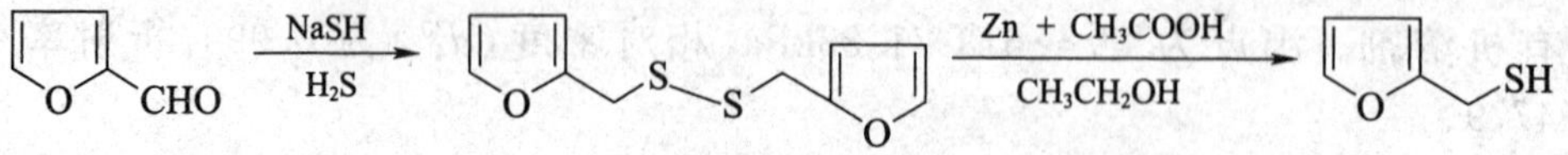

②以糠醇或糠基氯为原料,与硫脲缩合,再水解制得。

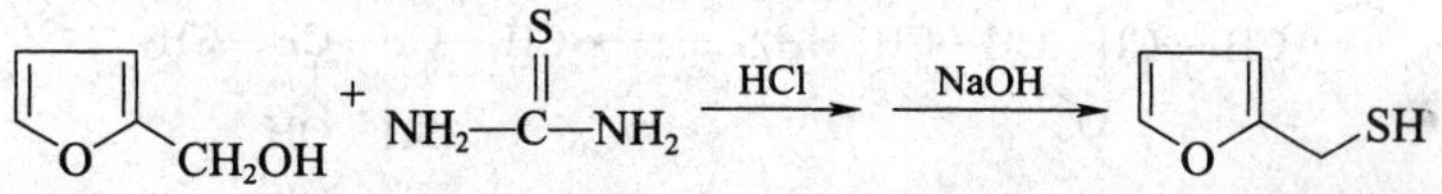

(4)主要用途 可用于食用香精中,主要用于调配咖啡、巧克力、焦糖、芝麻、烤香味等香型香精,也可用于烟用香精中。

(5)安全管理 FEMA认定为GRAS,FEMA号2493,COE2202,GB 2760—2014批准为允许使用的食品香料。

10. 2-甲基-3-呋喃硫醇(2-Methyl-3-furanthiol)

2-甲基-3-呋喃硫醇又称2-甲基-3-巯基呋喃、"030"。

分子式为C_5H_6OS,相对分子质量114.17。CAS为28588-74-1。

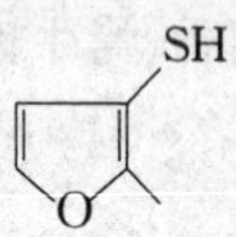

(1)理化性质 淡黄色透明液体,具有烤肉和炒咖啡香气。不溶于水,溶于乙醇等有

机溶剂。沸点为 57～60℃/5.87kPa，相对密度(d_4^{20})为 1.145，折射率(n_D^{20})为 1.5170，闪点为 36℃。

(2)天然存在　存在于煮牛肉、猪肉、鸡肉、生鸡肉及金枪鱼中。

(3)制备方法

①由 2-甲基-3-乙酰硫基呋喃水解制得。

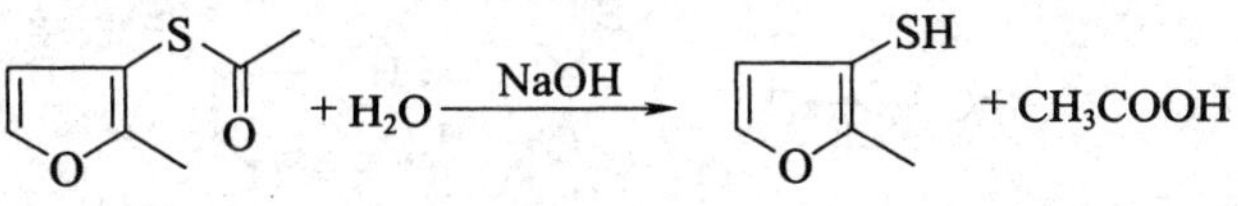

②以 2-甲基四氢呋喃酮为原料，首先与硫化氢反应生成 2-甲基二氢-3-呋喃硫醇，最后经脱氢制得。

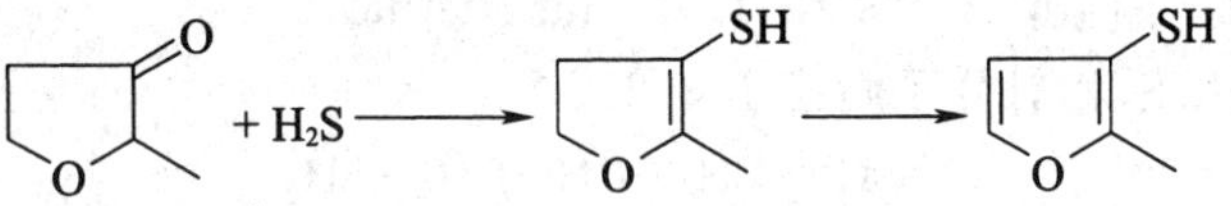

(4)主要用途　可用于食用香精中，主要用于调配猪肉、牛肉、鸡肉、大马哈鱼、金枪鱼、贝类等香型食用香精，是肉味香精的关键性香料，尤其适宜用作烤肉类、灌肠类和肉汤类产品的增香剂。

(5)安全管理　FEMA 认定为 GRAS，FEMA 号 3188，COE11678，GB 2760—2014 批准为允许使用的食品香料。

11. 环戊硫醇(Cyclopentyl mercaptan，Cyclopentanethiol)

分子式为 $C_5H_{10}S$，相对分子质量 102.19。

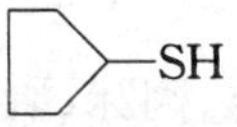

(1)理化性质　无色至淡黄色液体，具有大蒜、洋葱、辣根、肉香、鸡蛋、蔬菜、芹菜香气。不溶于水，溶于乙醇等有机溶剂。沸点为 129～131℃/99.3kPa，相对密度(d_4^{20})为 0.955，折射率(n_D^{20})为 1.4880。

(2)天然存在　未见文献报道。

(3)制备方法　可由溴代环戊烷与硫氢化钾或硫氢化钠反应制得。

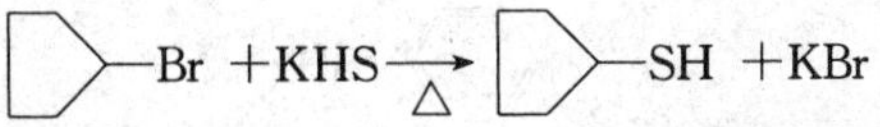

(4)主要用途　用于调配大蒜、洋葱、鸡蛋、肉味、蔬菜等香型食用香精。

(5)安全管理　COE2321。

12. 2-甲基-3-四氢呋喃硫醇(2-Methyl-3-tetrahydrofuranthiol)

2-甲基-3-四氢呋喃硫醇又称 2-甲基-3-巯基四氢呋喃。

分子式为 $C_5H_{10}OS$，相对分子质量 118.19。

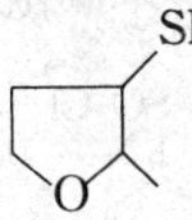

(1)理化性质　无色至淡黄色透明液体，具有顺式和反式两种异构体，在调香中使用

的是异构体的混合物。具有肉香和烤肉香。不溶于水，溶于乙醇等有机溶剂。沸点为32～36℃/90Pa。

(2)天然存在　存在于煮牛肉、猪肉、鸡肉及金枪鱼中。

(3)制备方法　以2-甲基-3-四氢呋喃为原料，在DMF中与硫代乙酸钾反应制得2-甲基-3-乙酰硫基四氢呋喃，然后在碱性条件下水解，最后酸化制得。

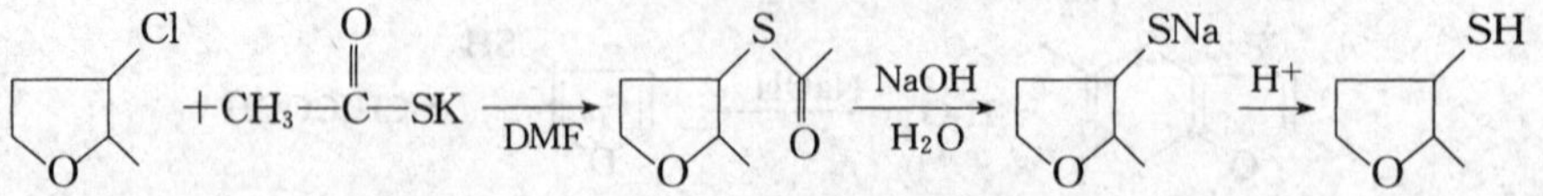

(4)主要用途　用于调配猪肉、牛肉、鸡肉等香型食用香精。

(5)安全管理　FEMA号3787，GB 2760—2014批准为允许使用的食品香料。

13. 2-甲基-1-丁硫醇(2-Methyl-1-butanethiol)

分子式为$C_5H_{12}S$，相对分子质量104.21。

$$CH_3-CH_2-\underset{\displaystyle CH_3}{\underset{|}{CH}}-CH_2-SH$$

(1)理化性质　无色液体，具有硫醇香气，稀释后有葱蒜香味。不溶于水，溶于乙醇等有机溶剂。沸点为116～117℃，相对密度(d_4^{20})为0.848，折射率(n_D^{20})为1.4465。

(2)天然存在　未见文献报道。

(3)制备方法　可由2-甲基-1-溴丁烷与硫氢化钾和硫氢化钠反应制得。

$$CH_3-CH_2-\underset{\displaystyle CH_3}{\underset{|}{CH}}-CH_2-Br+KHS\xrightarrow{\triangle}CH_3-CH_2-\underset{\displaystyle CH_3}{\underset{|}{CH}}-CH_2-SH+KBr$$

(4)主要用途　用于调配大蒜、洋葱、肉味、乳味、烤香等香型食用香精。

(5)安全管理　FEMA号3303，COE11509，GB 2760—2014批准为暂时允许使用的食品香料。

14. 苯硫醇(Benzenethiol)

苯硫醇又称苯硫酚、硫代苯酚。

分子式为C_6H_6S，相对分子质量110.17。

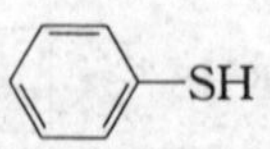

(1)理化性质　无色液体，具有肉香和大蒜的气味，并带有硫磺的气息。不溶于水，溶于乙醇等有机溶剂。熔点为-15℃，沸点为169～170℃，相对密度(d_4^{20})为1.073，折射率(n_D^{20})为1.5880。

(2)天然存在　未见文献报道。

(3)制备方法　以苯为原料，首先制得苯磺酰氯，后者再用锌和硫酸还原生成苯硫醇。

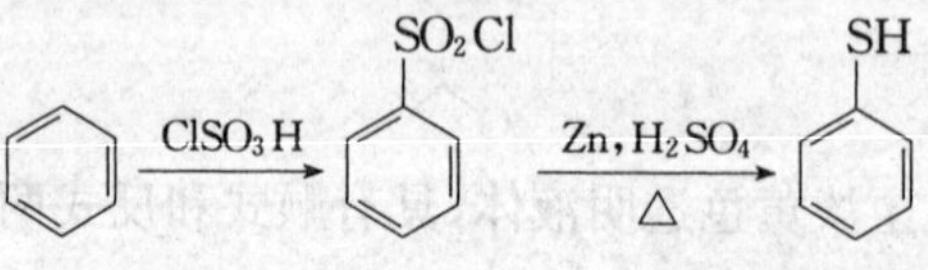

（4）主要用途　用于调配洋葱、大蒜、肉味、坚果等香型食用香精。

（5）安全管理　FEMA 号 3616，FDA172.515，COE11585。GB 2760—2014 批准为暂时允许使用的食品香料。

15. 环己硫醇（Cyclohexyl mercaptan）

分子式为 $C_6H_{12}S$，相对分子质量 116.23。

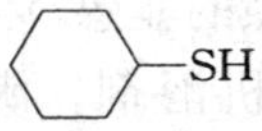

（1）理化性质　无色至淡黄色液体，具有葱、蒜香气。不溶于水，溶于乙醇等有机溶剂。沸点为 158～160℃，相对密度（d_4^{20}）为 0.950，折射率（n_D^{20}）为 1.4921。

（2）天然存在　未见文献报道。

（3）制备方法　以环己醇为原料，与硫脲、氢溴酸反应生成环己基异硫脲氢溴酸盐，再与碱作用制得。

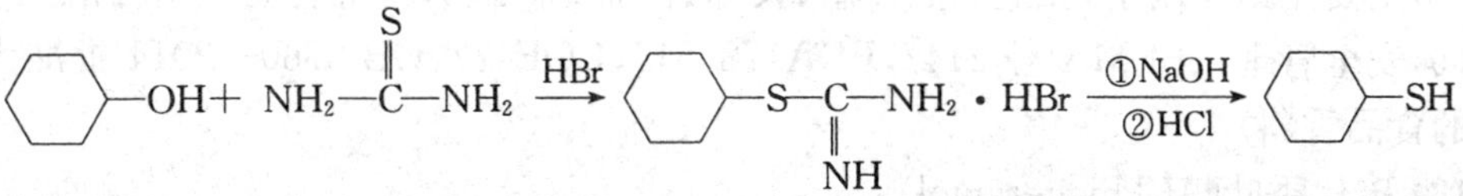

（4）主要用途　用于调配辛香味、大蒜、洋葱等香型食用香精。

（5）安全管理　COE529。

16. 1,6-己二硫醇（1,6-Hexanedithiol）

分子式为 $C_6H_{14}S_2$，相对分子质量 150.31。

$$HSCH_2—CH_2CH_2CH_2CH_2—CH_2SH$$

（1）理化性质　无色透明液体，具有鸡肉香气。不溶于水，溶于乙醇等有机溶剂。沸点为 242～243℃、118～119℃/2.0kPa，相对密度（d_4^{20}）为 0.995，折射率（n_D^{20}）为1.5110～1.5140。

（2）天然存在　少量存在于鸡肉和清炖牛肉中。

（3）制备方法　以 1,6-己二醇为原料，首先与三溴化磷反应生成 1,6-二溴己烷，再与硫脲反应，生成的产物经 NaOH 水溶液水解可得到 1,6-己二硫醇。

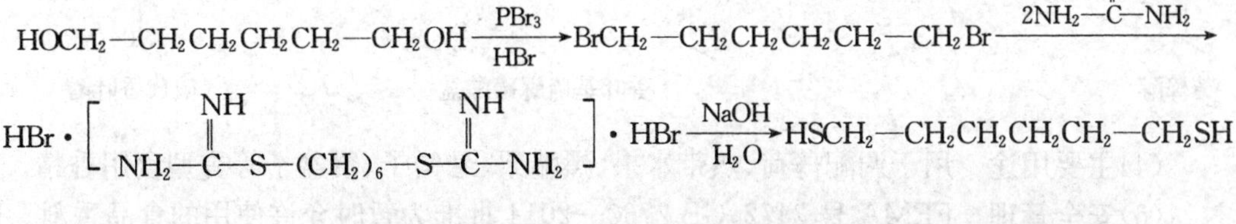

（4）主要用途　用于调配鸡肉等香型食用香精，可增加产品的鸡肉特征香味。

（5）安全管理　FEMA 号 3495，COE11486，GB 2760—2014 批准为允许使用的食品香料。

17. 苄硫醇(Benzyl mercaptan)

苄硫醇又称氢硫化苄。

分子式为 C_7H_8S,相对分子质量 124.19。

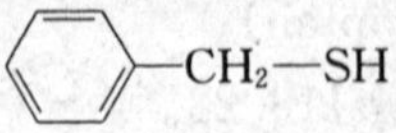

(1)理化性质　无色液体,具有强烈的韭葱、洋葱、大蒜香气,并有甘蓝、辣根、番茄、咖啡的气息。不溶于水,溶于乙醇等有机溶剂。沸点为 194～195℃,相对密度(d_4^{20})为 1.057～1.059。

(2)天然存在　存在于咖啡和猪肉中。

(3)制备方法　可由氯化苄和硫氢化钾反应制得。

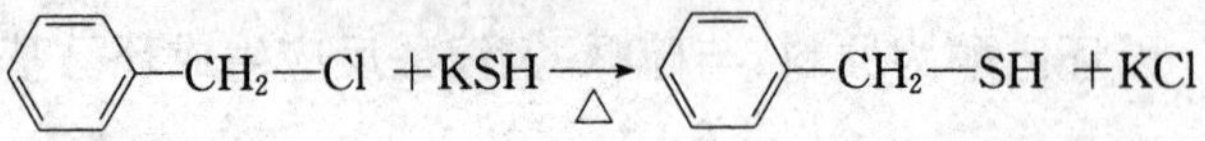

(4)主要用途　用于调配韭葱、洋葱、大蒜、番茄、辣根、咖啡等香型食用香精。

(5)安全管理　FEMA 号 2147,FDA172.515,COE477,GB 2760—2014 批准为允许使用的食品香料。

18. 硫代香叶醇(Thiogeraniol)

分子式为 $C_{10}H_{18}S$,相对分子质量 170.32。

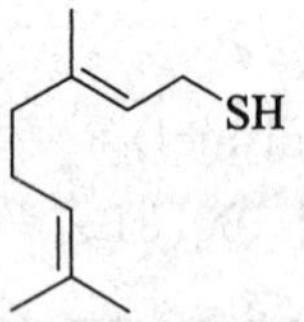

(1)理化性质　具有青香、浆果香、薄荷香。沸点为 125～130℃/2.34kPa,折射率(n_D^{20})为 1.5030。

(2)天然存在　未见文献报道。

(3)制备方法　由芳樟醇、硫脲、氢溴酸经反应后用对甲苯磺酸处理得到香叶基硫脲磺酸盐,然后再用 NaOH 处理即可制得硫代香叶醇。

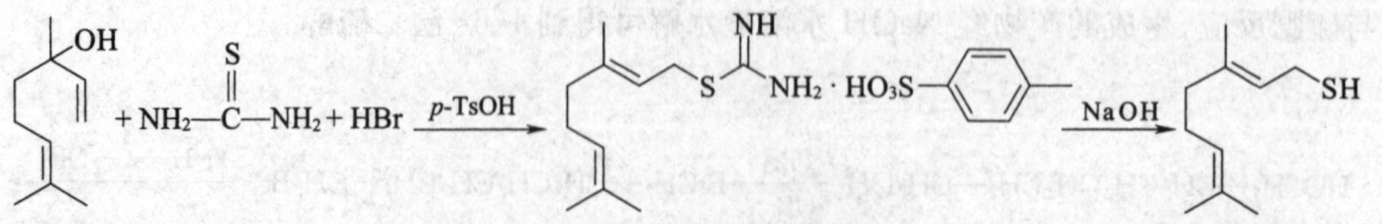

芳樟醇　　香叶基硫脲磺酸盐　　硫代香叶醇

(4)主要用途　用于调配薄荷、热带水果、黑醋栗、悬钩子、覆盆子等香型食用香精。

(5)安全管理　FEMA 号 3472,GB 2760—2014 批准为暂时允许使用的食品香料。

19. 1-对-孟烯-8-硫醇(1-*p*-Menthene-8-thiol)

分子式为 $C_{10}H_{18}S$,相对分子质量 170.32。

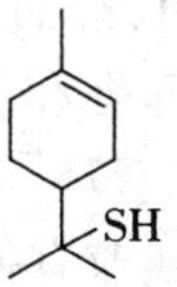

（1）理化性质　无色至淡黄色液体，具有葡萄、热带水果、芒果、洋葱和大蒜香气。

（2）天然存在　存在于葡萄汁中。

（3）制备方法　可由 α-松油醇与硫脲、氢溴酸反应制得。

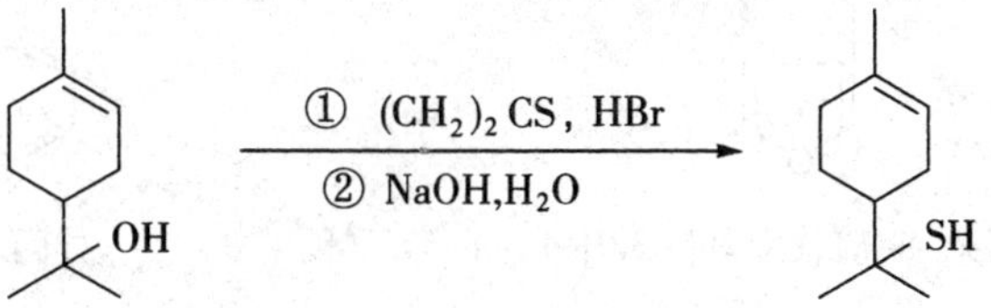

（4）主要用途　用于调配葡萄、热带水果、芒果、黑醋栗等香型食用香精。

（5）安全管理　FEMA 号 3700，GB 2760—2014 批准为允许使用的食品香料。

20. 对孟-8-硫醇-3-酮（p-Mentha-8-thiol-3-one）

对孟-8-硫醇-3-酮又称硫代薄荷酮（Thiomenthone）、8-巯基薄荷酮。

分子式为 $C_{10}H_{18}OS$，相对分子质量 186.32。

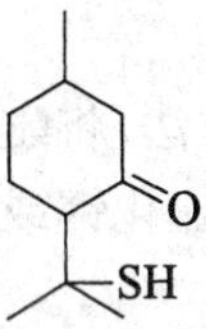

（1）理化性质　为多种异构体混合物，具有果香、浆果、黑醋栗、薄荷、布枯香气。沸点为 270～272℃、62℃/13Pa，相对密度（d_4^{20}）为 1.000，折射率（n_D^{20}）为 1.4948～1.4960。

（2）天然存在　存在于布枯叶油中。

（3）制备方法　以胡薄荷酮为原料制得。

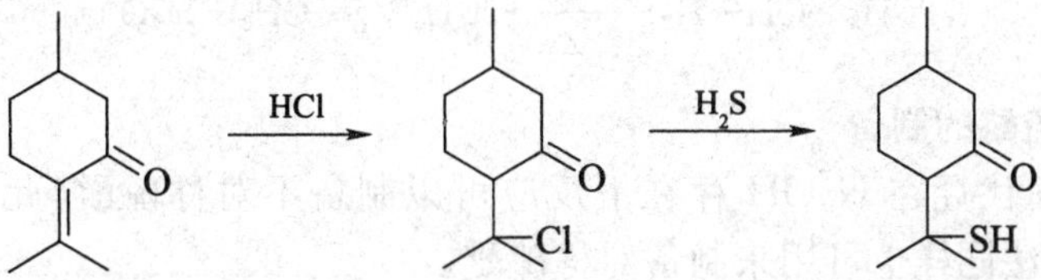

（4）主要用途　用于调配薄荷、葡萄、草莓、覆盆子、桃、热带水果等香型食用香精。

（5）安全管理　FEMA 号 3177，GB 2760—2014 批准为允许使用的食品香料。

第二节　硫醚类香料

醚分子中的氧原子被硫原子所取代的化合物，称为硫醚。硫醚类化合物存在于很多食品中,例如,二甲硫醚存在于牛肉、牛油、酱油和啤酒中;二乙硫醚存在于啤酒、蒸馏酒中。大多数硫醚类化合物具有肉香、葱蒜香和菜香,且香气强烈,在食品中用量一般为10^{-6}级。例如,2-甲基-3-氧杂-8-硫代双环[3.3.0]-1,4-辛二烯,具有尖锐的类似硫磺的烘烤味、带有少许咖啡和烤肉香韵,还兼有强烈的、愉快的韭葱和烟熏特征香味;异丙苯偕二甲硫醚则是很有价值的汤类香味料;在酵母萃取物中发现的3-异丁基-5-甲基-1,2,4-三硫戊环,具有淡的青香、可可、猪肉以及烤肉香味;异戊基(2-甲基-3-糠基)二硫醚则具有烤肉和鸡油香味。

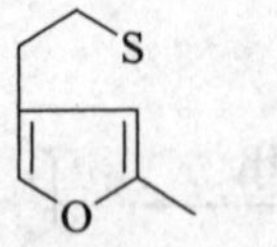

2-甲基-3-氧杂-8-硫代双环[3.3.0]-1,4-辛二烯

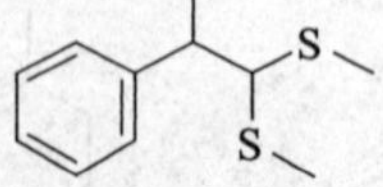

异丙苯偕二甲硫醚

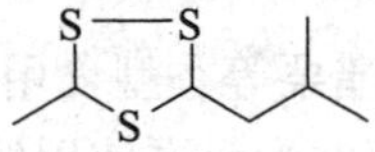

3-异丁基-5-甲基-1,2,4-三硫戊环

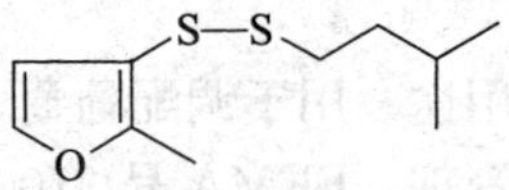

异戊基(2-甲基-3-糠基)二硫醚

一、硫醚类化合物的一般制备方法

(一)对称硫醚的制备

对称硫醚的制备可以有以下四种方法:将醚和五硫化二磷反应制取;将卤代烃和硫化钾或硫化钠反应制取;将烷基硫酸酯和硫化钾或硫化钠反应制取;将醇与硫化氢在催化剂存在下共热制取。

$$5R—O—R + P_2S_5 \xrightarrow[\triangle]{} 5R—S—R + P_2O_5$$

$$2R—X + K_2S \xrightarrow[\triangle]{} R—S—R + 2KX$$

$$2R_2SO_4 + K_2S \xrightarrow[\triangle]{} R—S—R + 2KRSO_4$$

$$2CH_3—OH + H_2S \xrightarrow[\triangle]{Al_2O_3} 2CH_3—S—CH_3 + H_2O$$

(二)不对称硫醚的制备

硫醇金属与卤代烃在 NaOH 存在下反应可以制备不对称硫醚,此法与 Williamson 合成法相类似,该法同样也可用来制备对称硫醚。

$$RSH + NaOH \longrightarrow RSNa$$

$$RSNa + R'X \longrightarrow R—S—R' + NaX$$

其中 R 和 R′都为烷基或芳基。

(三)α-酮基和α-羟基类硫醚的制备

α-酮基硫醚和α-羟基硫醚类化合物往往具有各种花香、蔬菜香和果香等香气,并且还兼有增香及扩香作用。如表14-1所示,不同结构的α-酮基硫醚和α-羟基硫醚具有不同的香气特征。

表 14－1　　　α－酮基和 α－羟基硫醚的香气特征

名称	化学结构	香气特征
3－甲硫基－4－庚酮	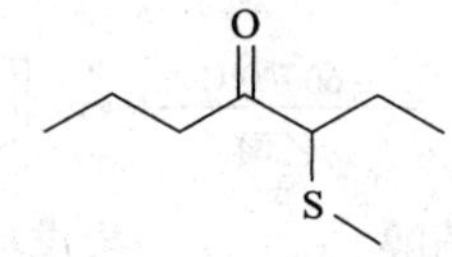	松针香、青香、果香，在 10mg/kg 时具有黑加仑和葡萄香气
3－丁硫基－4－庚酮	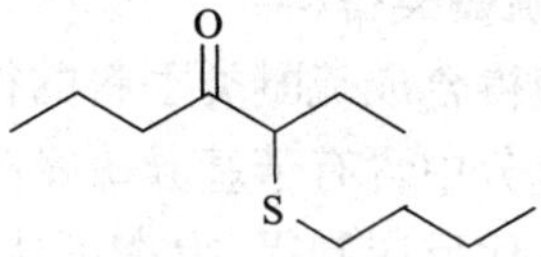	甜的花香、茉莉和酱果似的芳香，在 2mg/kg 时具有黑加仑和柚子香气
3－烯丙硫基－2，6－二甲基－4－庚酮	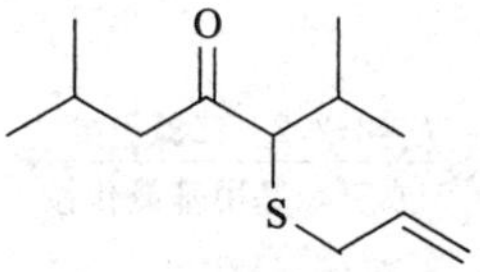	花香、柑橘、柚子、木香、香草醇香，在3mg/kg 时具有柚子、柑橘、芫荽香气
3－丙硫基－4－庚醇	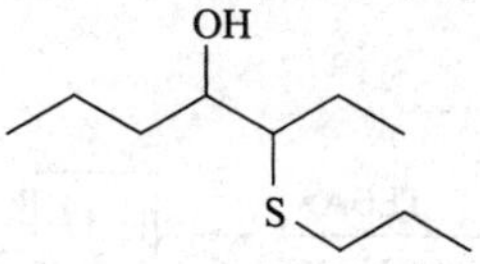	紫罗兰、水果、黄瓜、甜瓜、蔬菜和花的芳香，在 5mg/kg 时具有蔬菜、柑橘、大蒜香气

α－羟基硫醚类香料的合成，可以将相应的酮与 SO_2Cl_2 反应生成 α－氯代烷酮。然后将该氯代烷酮与 NaSR 反应制得烷硫基酮，即 α－酮基硫醚。α－酮基硫醚再用 $NaBH_4$ 还原即可制得 α－羟基硫醚。例如，3－丙硫基－4－庚醇的合成如下所示。

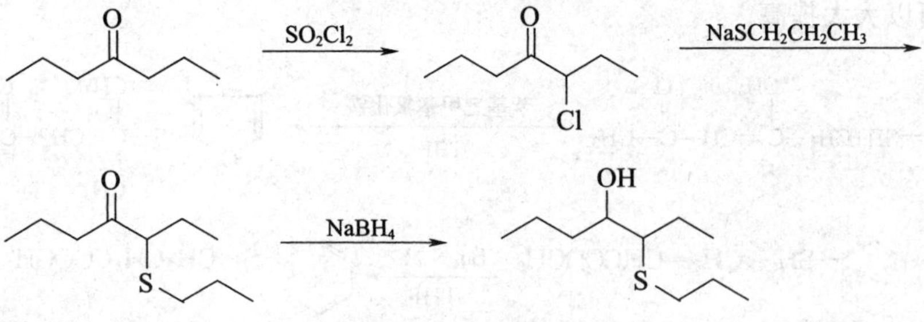

（四）硫基卤化物与硫醇反应制取二硫醚类化合物

各种二硫醚类香料均可采用此法合成。例如，异戊基（2－甲基－3－糠基）二硫醚的制备，可以利用烷基二硫醚为起始原料，首先制得烷基氯化硫－异戊基氯化硫，然后将 2－甲基－3－糠基硫醇与等当量的异戊基氯化硫在乙醚、四氯化碳或环己烷等溶剂中，在－60～0℃的温度条件下反应即可制得所需的二硫醚类化合物。

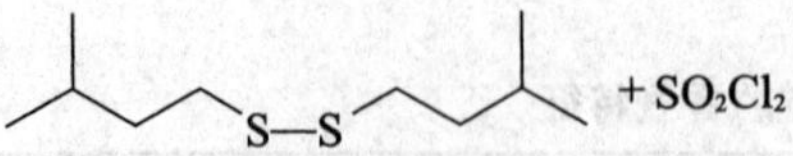

烷基二硫醚

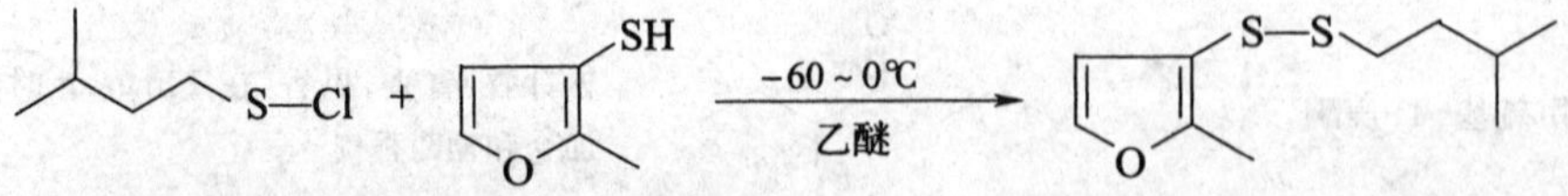

异戊基氯化硫 2-甲基-3-糠基硫醇 异戊基(2-甲基-3-糠基)二硫醚

(五)利用相转移催化反应制备硫醚类香料

近年来利用相转移催化反应,使得合成硫醚类香料的得率有较大的提高。

例如,食用蘑菇的香味挥发性成分中含有苄基异硫氰酸酯,它可由氯化苄与硫氰酸钾在相转移催化剂存在下,进行亲核取代反应制得,得率可达86%。

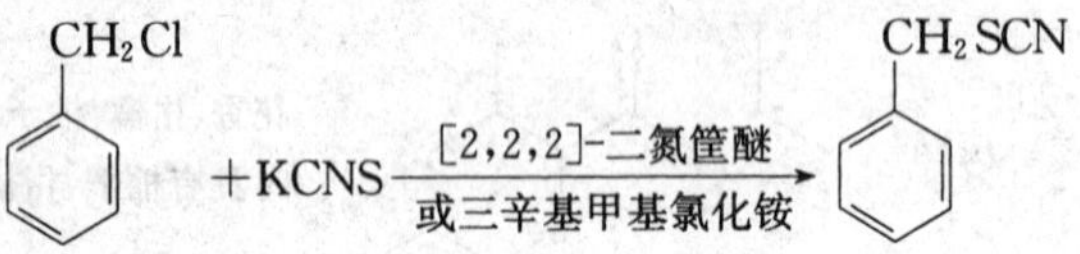

具有浓郁大蒜、洋葱、蘑菇和咖啡香味的糠基烷基硫醚,可以采用相应的硫醇与卤代烃在相转移催化剂存在下反应制得。

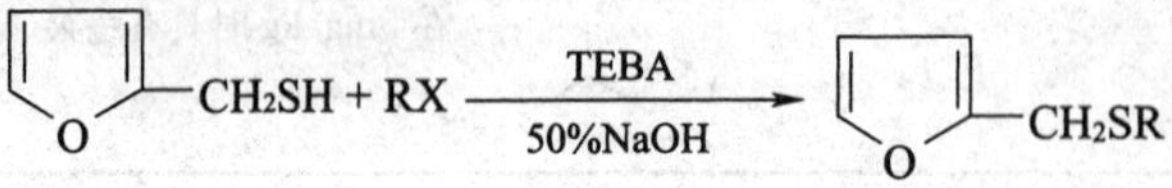

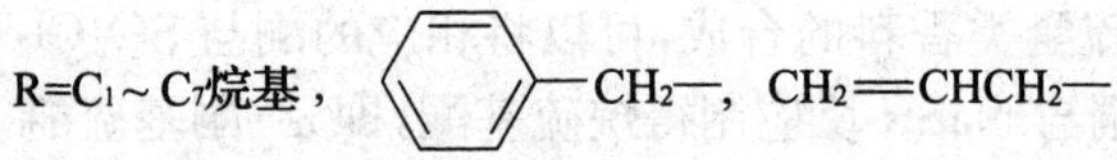

在硫醇和α,β-不饱和羰基化合物的Michael加成反应中,利用相转移催化剂进行反应,得率可以大大提高。

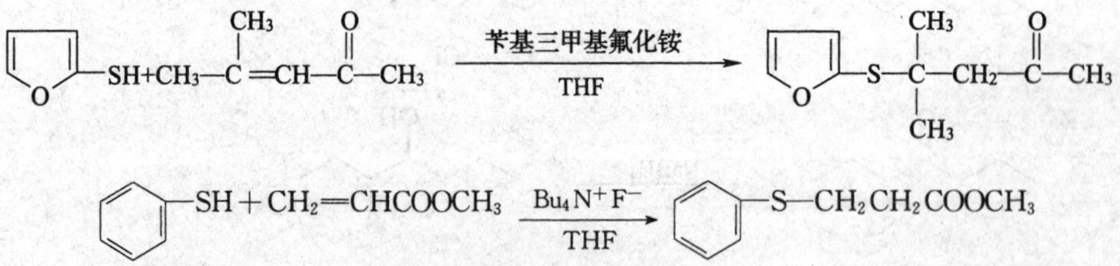

(六)从二烷基二硫醚制备三硫戊环类香料

具有青香、可可香、猪肉和烤肉香的3-异丁基-5-甲基-1,2,4-三硫戊环是多种食品香精中的重要成分。以二乙基二硫醚和二异戊基二硫醚为起始原料,经氯代反应生成硫基氯代化合物,再经缩合和环化反应制得取代的三硫代环戊烷。

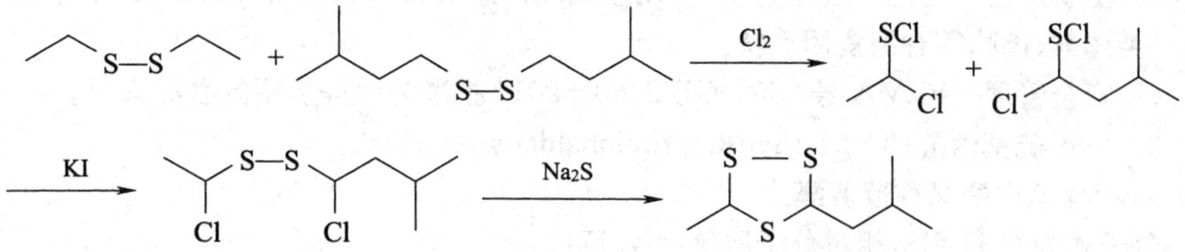

二、硫醚类香料

1. 甲硫醚(Methyl sulfide)

甲硫醚又称二甲基硫醚。

分子式为 C_2H_6S，相对分子质量 62.13。CAS 为 75－18－3。

$$CH_3—S—CH_3$$

(1)理化性质　无色透明液体，极度稀释时具有蔬菜香气。不溶于水，溶于乙醇、乙醚等有机溶剂。沸点为 38℃，相对密度(d_4^{20})为 0.846，折射率(n_D^{20})为 1.4351～1.4360，闪点为－36℃。

(2)天然存在　存在于某些精油，以及牛肉和牛乳中。

(3)制备方法　可由甲醇和硫化氢在氧化铝催化下制取；或由氯甲烷和硫化钾在甲醇溶液中制取；或由硫酸二甲酯和硫化钠共热制取或由甲醇和二硫化碳共热制取。

$$2CH_3—OH+H_2S\xrightarrow[38℃]{Al_2O_3}2CH_3—S—CH_3+H_2O$$

$$2CH_3—Cl+K_2S\xrightarrow{CH_3OH}CH_3—S—CH_3+2KCl$$

$$(CH_3)_2SO_4+Na_2S\xrightarrow[\triangle]{}CH_3—S—CH_3+Na_2SO_4$$

$$4CH_3—OH+CS_2\xrightarrow[\triangle]{}2CH_3—S—CH_3+CO_2+2H_2O$$

(4)主要用途　可用于调配番茄、谷物、土豆、乳制品、鱼、果汁香型的食用香精。

(5)安全管理　FEMA 认定为 GRAS，FEMA 号 2746，FDA172.515，COE483，GB 2760—2014 批准为允许使用的食品香料。

2. 甲基乙基硫醚(Methyl ethyl sulfide)

分子式为 C_3H_8S，相对分子质量 76.16。

$$CH_3—S—CH_2CH_3$$

(1)理化性质　无色透明液体，具有蒜、甘蓝、蔬菜、肉香、咖啡香气。不溶于水，溶于乙醇、乙醚等有机溶剂。沸点为 66～67℃，相对密度(d_4^{20})为 0.842，折射率(n_D^{20})为 1.4392。

(2)天然存在　未见文献报道。

(3)制备方法　可由甲硫醇钠和溴乙烷反应制得。

$$CH_3SNa+CH_3CH_2Br\longrightarrow CH_3—S—CH_2CH_3+NaBr$$

(4)主要用途 可用于食用香精中,用于调配洋葱、大蒜、咖啡、甘蓝、蔬菜、番茄、马铃薯、贝类海鲜、肉味等香型食用香精。

(5)安全管理 FEMA 号 3860,GB 2760－2014 批准为允许使用的食品香料。

3. 3-甲硫基丙醛(3-Methylthiopropionaldehyde)

3-甲硫基丙醛又称菠萝醛。

分子式为 C_4H_8OS,相对分子质量 104.17。

$$CH_3—S—CH_2CH_2CHO$$

(1)理化性质 无色至淡黄色液体,具有硫化物气味,以及番茄、马铃薯、蔬菜、肉香香气。几乎不溶于水,溶于乙醇等有机溶剂。沸点为 165～166℃/1.47kPa,相对密度(d_4^{20})为 1.052。

(2)天然存在 存在于番茄、乳酪、威士忌中。

(3)制备方法 由甲硫醇和丙烯醛反应制得。

$$CH_3SH+CH_2═CHCHO \longrightarrow CH_3—S—CH_2CH_2CHO$$

(4)主要用途 用于食用香精中,用以调配番茄、马铃薯、蔬菜、肉味等香型食用香精。

(5)安全管理 FEMA 号 2747,FDA172.515,COE125,GB 2760－2014 批准为允许使用的食品香料。

4. 乙硫醚(Ethyl sulfide)

乙硫醚又称二乙硫醚。

分子式为 $C_4H_{10}S$,相对分子质量 90.19。

$$CH_3CH_2—S—CH_2CH_3$$

(1)理化性质 无色液体,不溶于水,溶于乙醇、乙醚等有机溶剂。沸点为 90～92℃,相对密度(d_4^{20})为 0.837,折射率(n_D^{20})为 1.4420。

(2)天然存在 存在于啤酒和蒸馏酒中。

(3)制备方法 可由溴乙烷和硫化钠反应制得。

$$2CH_3CH_2Br+Na_2S \longrightarrow CH_3CH_2—S—CH_2CH_3+2NaBr$$

(4)主要用途 主要用于调配肉味、葱蒜、海鲜等香型食用香精。

(5)安全管理 FEMA 号 3825,GB 2760－2014 批准为允许使用的食品香料。

5. 3-甲硫基丙醇(3-Methylthiopropanol)

3-甲硫基丙醇又称菠萝醇。

分子式为 $C_4H_{10}OS$,相对分子质量 106.19。

$$CH_3—S—CH_2CH_2CH_2OH$$

(1)理化性质 淡黄色透明液体,具有硫化物气味,以及洋葱、大蒜、蔬菜、辛香香气。微溶于水,溶于乙醇等有机溶剂。沸点为 195℃,相对密度(d_4^{20})为 1.030,折射率(n_D^{20})为 1.4832。

(2)天然存在 存在于啤酒、白葡萄酒、威士忌中。

(3)制备方法　可由甲硫醇钠和 3 -氯丙烷反应制得。

$$CH_3SNa + Cl—CH_2CH_2CH_2OH \longrightarrow CH_3—S—CH_2CH_2CH_2OH$$

(4)主要用途　可用于食用香精中，用于调配番茄、酱油、干酪、蔬菜、肉味等香型食用香精。

(5)安全管理　FEMA 号 3415，COE11554，GB 2760－2014 批准为暂时允许使用的食品香料。

6. 4 -甲硫基- 2 -丁酮(4 - Methylthio - 2 - butanone)

分子式为 $C_5H_{10}OS$，相对分子质量 118.19。

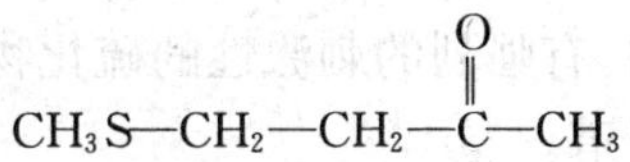

(1)理化性质　无色液体，具有硫化物样气息，蔬菜、马铃薯、番茄、壤香、鱼香、脂肪香。沸点为 106℃/7.33kPa、77～78℃/2.67kPa，折射率(n_D^{20})为 1.4711。

(2)天然存在　未见文献报道。

(3)制备方法　可由甲基乙烯基酮和甲硫醇反应制得。

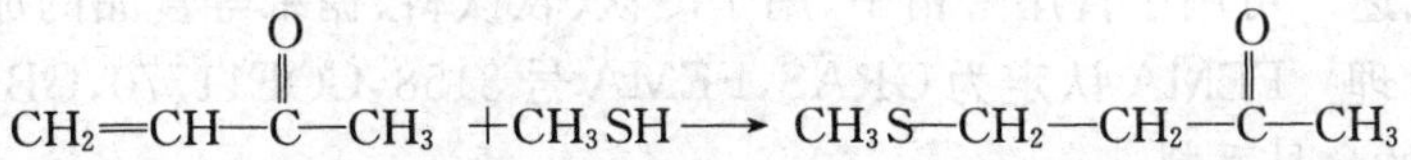

(4)主要用途　可用于食用香精中，用于调配番茄、马铃薯、菠萝、蘑菇、鱼等香型食用香精。

(5)安全管理　FEMA 号 3375，COE11688。GB 2760－2014 批准为允许使用的食品香料。

7. 3 -甲硫基丙酸甲酯(Methyl 3 - methylthiopropionate)

3 -甲硫基丙酸甲酯又称菠萝甲酯。

分子式为 $C_5H_{10}O_2S$，相对分子质量 134.19。CAS 为 13532 - 18 - 8。

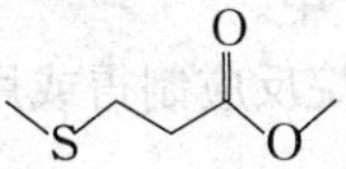

(1)理化性质　无色透明液体，高浓度时具有洋葱香气，稀释后则具有甜润的菠萝香气。沸点为 181℃、74～75℃/1.73kPa，相对密度(d_4^{20})为 1.077，折射率(n_D^{20})为 1.4650，闪点为 72℃。

(2)天然存在　存在于菠萝中。

(3)制备方法　由甲硫醇和丙烯酸甲酯反应制备或由甲硫醇钠和溴代丙酸甲酯反应制备。

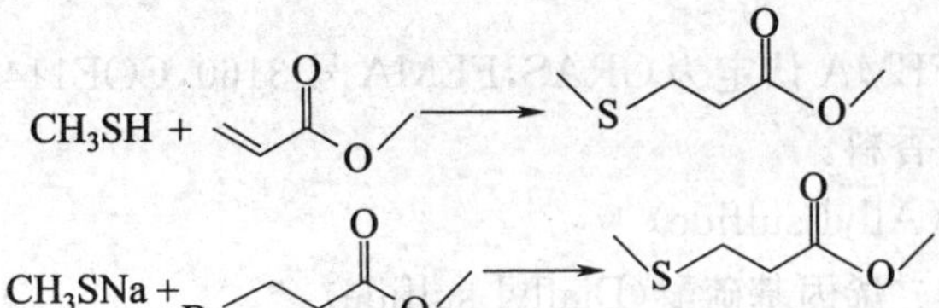

(4)主要用途 用于食用香精中,用于调配牛肉、猪肉、鸡肉、洋葱、大蒜、辣根、番茄、菠萝等香型食用香精。

(5)安全管理 FEMA 认定为 GRAS,FEMA 号 2720,FDA172.515,COE428,GB 2760—2014批准为允许使用的食品香料。

8. 硫代甲酸糠酯(Furfuryl thioformate)

分子式为 $C_6H_6O_2S$,相对分子质量 142.17。CAS 为 59020-90-5。

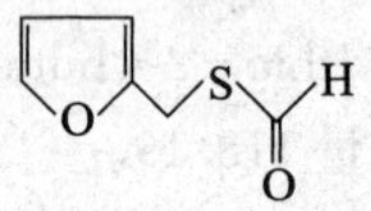

(1)理化性质 无色液体,具有强烈的刺激性的硫化物气味,稀释后则具有果香香气。

(2)天然存在 未见文献报道。

(3)制备方法 可由糠硫醇和甲酰氯在 NaOH 溶液中进行缩合反应制得。

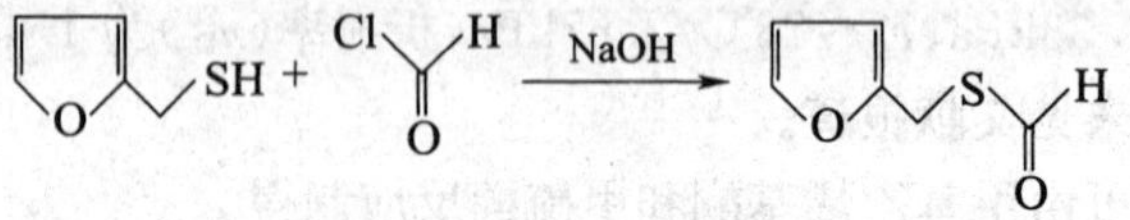

(4)主要用途 可用于食用香精中,用于冷饮、软饮料、糖果等食品的加香。

(5)安全管理 FEMA 认定为 GRAS,FEMA 号 3158,COE11770,GB 2760—2014 批准为允许使用的食品香料。

9. 糠基甲基硫醚(Furfuryl methyl sulfide)

分子式为 C_6H_8OS,相对分子质量 128.19。CAS 为 1438-91-1。

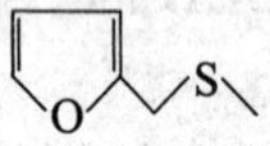

(1)理化性质 淡黄色液体,是咖啡香味组分中的微量成分,具有咖啡、可可香气。沸点为 66~67℃/3.07kPa,相对密度(d_4^{20})为 1.070,折射率(n_D^{20})为 1.5220,闪点为 63℃。

(2)天然存在 存在于香油、咖啡中。

(3)制备方法 由糠硫醇和碘甲烷反应制得或用硫酸二甲酯将糠硫醇甲基化制得。

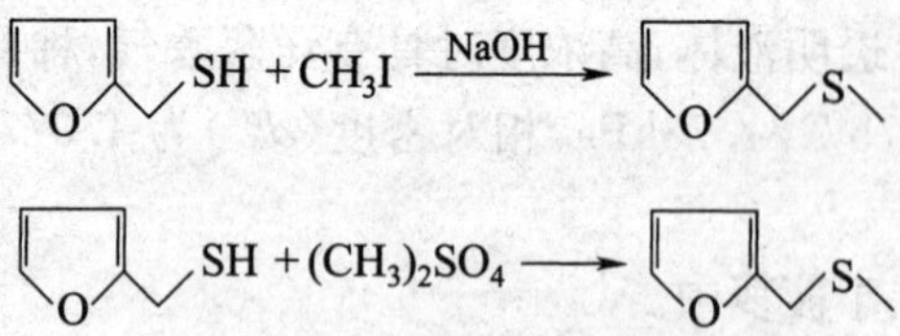

(4)主要用途 可用于食用香精中,主要用于调配咖啡、可可以及坚果等香型食用香精。

(5)安全管理 FEMA 认定为 GRAS,FEMA 号 3160,COE11482,GB 2760—2014 批准为允许使用的食品香料。

10. 烯丙基硫醚(Allyl sulfide)

烯丙基硫醚又称二烯丙基硫醚(Diallyl sulfide)。

分子式为 $C_6H_{10}S$，相对分子质量 114.20。CAS 为 592-88-1。

$$CH_2═CHCH_2—S—CH_2CH═CH_2$$

(1)理化性质　无色至淡黄色透明液体，具有特征性的大蒜香味。不溶于水，溶于乙醇、乙醚等有机溶剂。沸点为 138℃，相对密度(d_4^{20})为 0.886～0.888，折射率(n_D^{20})为 1.4887～1.4889，闪点为 46℃。

(2)天然存在　存在于大蒜和辣根等植物中。

(3)制备方法　可由烯丙基氯和硫化钠共热制得。

$$2CH_2═CHCH_2—Cl + Na_2S \xrightarrow{\triangle} CH_2═CHCH_2—S—CH_2CH═CH_2 + 2NaCl$$

(4)主要用途　用于调配洋葱、大蒜、辣根、萝卜、芥末、辛香味等香型食用香精。

(5)安全管理　FEMA 认定为 GRAS，FEMA 号 2042，FDA172.515，COE11846，GB 2760—2014批准为允许使用的食品香料。

11. 二烯丙基二硫(Diallyl disulfide、Allyl disulfide)

二烯丙基二硫又称二烯丙基二硫醚、烯丙基二硫醚。

分子式为 $C_6H_{10}S_2$，相对分子质量 146.26。CAS 为 2179-57-9。

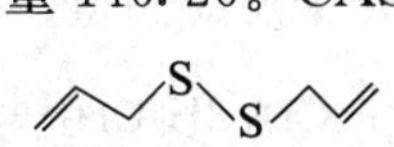

(1)理化性质　无色液体，具有特征性的大蒜香气。不溶于水，溶于乙醇等有机溶剂。沸点为 138～139℃，相对密度(d_4^{20})为 1.008，折射率(n_D^{20})为 1.5410，闪点为 62℃。

(2)天然存在　存在于大蒜油和洋葱油中。

(3)制备方法

①由烯丙基溴化物和硫代硫酸钠反应生成烯丙基硫代硫酸钠，然后再与 KOH 反应制得二烯丙基二硫。

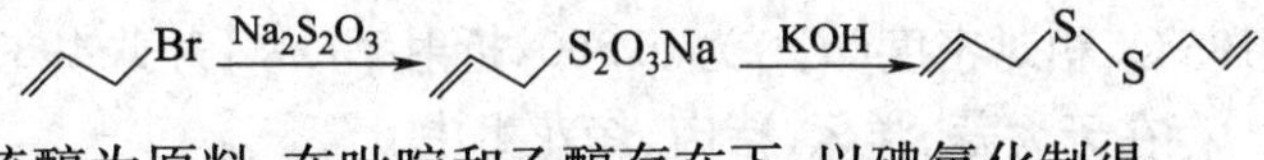

②以烯丙基硫醇为原料，在吡啶和乙醇存在下，以碘氧化制得。

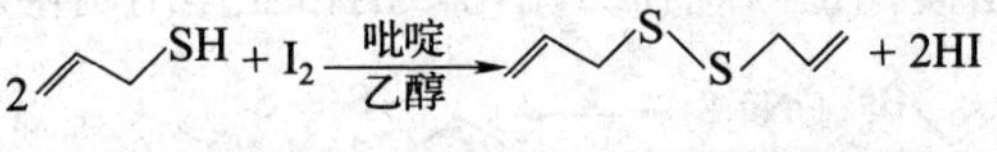

(4)主要用途　可用于食用香精中，主要用于各种调味品的加香。

(5)安全管理　FEMA 认定为 GRAS，FEMA 号 2028，FDA172.515，COE485，GB 2760—2014 批准为允许使用的食品香料。

12. 3-甲硫基丙酸乙酯(Ethyl 3-methylthiopropionate)

3-甲硫基丙酸乙酯又称菠萝乙酯。

分子式为 $C_6H_{12}O_2S$，相对分子质量 148.22。

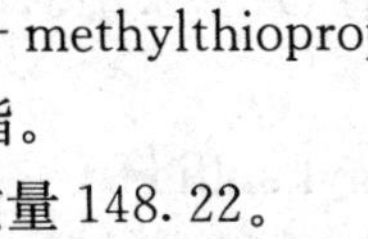

(1)理化性质　无色透明液体，具有硫化物样味道，洋葱、大蒜、菠萝、番茄、蔬菜香气。相对密度(d_4^{20})为 1.031，折射率(n_D^{20})为 1.4590～1.4610。

(2)天然存在　存在于菠萝中。

(3)制备方法　由甲硫醇与丙烯酸乙酯反应制得。

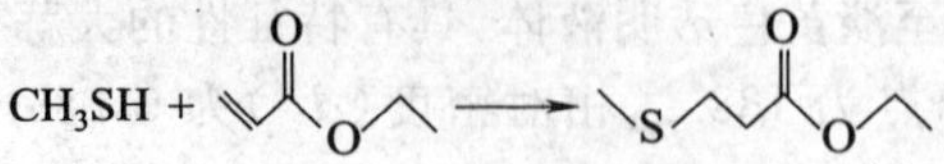

(4)主要用途　用于调配菠萝、番茄、坚果、蔬菜等香型食用香精。

(5)安全管理　FEMA 号 3343,COE11476,GB 2760－2014 批准为允许使用的食品香料。

13. 二丙基硫醚(Dipropyl sulfide)

分子式为 $C_6H_{14}S$,相对分子质量 118.18。

$$CH_3CH_2CH_2—S—CH_2CH_2CH_3$$

(1)理化性质　无色液体,具有葱、蒜香气。不溶于水,溶于乙醇、乙醚等有机溶剂。沸点为 146℃,相对密度(d_4^{20})为 0.835,折射率(n_D^{20})为 1.4460～1.4540。

(2)天然存在　存在于熟鸡肉、洋葱、大蒜、炒花生中。

(3)制备方法　可由溴丙烷和硫化钠反应制得。

$$2CH_3CH_2CH_2Br+Na_2S \longrightarrow CH_3CH_2CH_2—S—CH_2CH_2CH_3 + 2NaBr$$

(4)主要用途　可用于调配葱、蒜、韭菜、肉味等香型食用香精。

(5)安全管理　COE541。

14. 二丙基二硫醚(Propyl disulfide)

分子式为 $C_6H_{14}S_2$,相对分子质量 150.31。

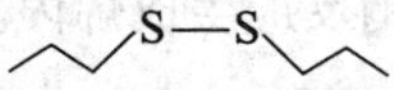

(1)理化性质　无色透明液体,具有大蒜和洋葱香气。不溶于水,溶于乙醇等有机溶剂。沸点为 193～195℃,相对密度(d_4^{20})为 0.960,折射率(n_D^{20})为 1.4981。

(2)天然存在　存在于大蒜、洋葱、猪肉、烤花生中。

(3)制备方法　可由溴代正丙烷和二硫化二钠相互作用制得。

(4)主要用途　可用于食用香精中,主要用于调配大蒜、洋葱、猪肉、牛肉、鸡肉、蔬菜、热带水果等香型食用香精。

(5)安全管理　FEMA 号 3228,FDA172.515,COE540,GB 2760－2014 批准为允许使用的食品香料。

15. 甲基苯基硫醚(Methyl phenyl sulfide)

分子式为 C_7H_8S,相对分子质量 124.20。

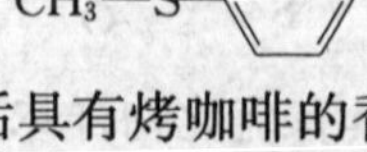

(1)理化性质　无色液体,稀释后具有烤咖啡的香气。不溶于水,可溶于乙醇、乙醚等有机溶剂。沸点为 187～188℃,相对密度(d_4^{20})为 1.056,折射率(n_D^{20})为 1.5842。

(2)天然存在　存在于咖啡中。

(3)制备方法　可由碘甲烷和苯硫酚反应而制得。

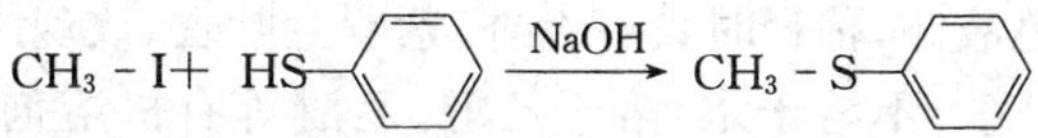

(4)主要用途　可用于调配咖啡、薄荷、樱桃等香型食用香精。

(5)安全管理　COE11533。

16. 硫代乙酸糠酯(Furfuryl thioacetate)

分子式为 $C_7H_8O_2S$,相对分子质量 156.20。CAS 为 13678 - 68 - 7。

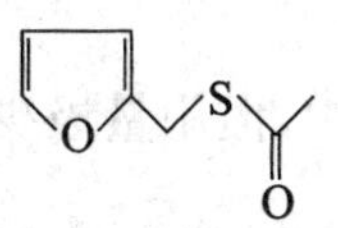

(1)理化性质　无色液体,是天然咖啡的香味成分之一,稀释后具有甜润的果香和酒香香气。沸点为 90～92℃/1.6kPa,相对密度(d_4^{20})为 1.171,折射率(n_D^{20})为 1.5260,闪点为 92℃。

(2)天然存在　存在于咖啡中。

(3)制备方法　可由糠硫醇和乙酰氯在 NaOH 溶液中进行缩合反应制得。

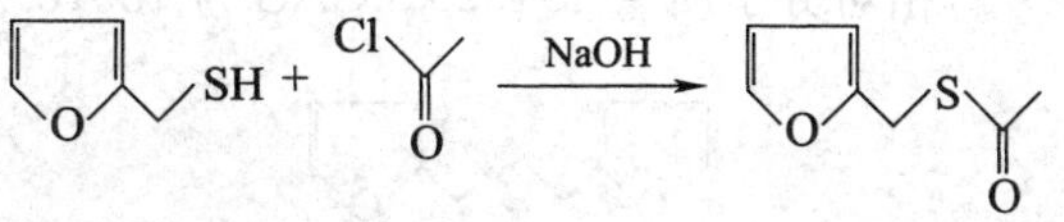

(4)主要用途　可用于食用香精中。

(5)安全管理　FEMA 认定为 GRAS,FEMA 号 3162,COE2250,GB 2760—2014 批准为允许使用的食品香料。

17. 糠基异丙基硫醚(Furfuryl isopropyl sulfide)

分子式为 $C_8H_{12}OS$,相对分子质量 156.25。

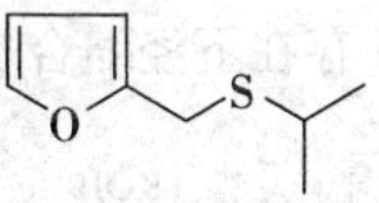

(1)理化性质　无色至淡黄色液体,长时间放置颜色容易加深,具有葱蒜和咖啡香气。沸点为 84℃/2.13kPa。

(2)天然存在　未见文献报道。

(3)制备方法　可由糠硫醇和溴代异丙烷反应制得。

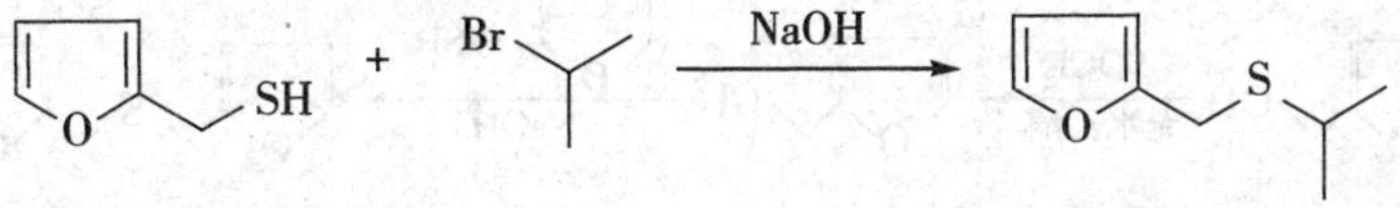

(4)主要用途　可用于食用香精,主要用以调配洋葱、大蒜、咖啡、肉味等香型食用香精。

(5)安全管理　FEMA 号 3161,COE2248。GB 2760—2014 批准为允许使用的食品香料。

18. 丁硫醚(Butyl sulfide)

丁硫醚又称二丁基硫醚(Dibutyl sulfide)。

分子式为 $C_8H_{18}S$,相对分子质量 146.30。CAS 为 544-40-1。

$$CH_3CH_2CH_2CH_2—S—CH_2CH_2CH_2CH_3$$

(1)理化性质　无色液体,稀释时具有青香、紫罗兰叶香、玫瑰、香叶香气,在极度稀释时具有庚炔羧酸甲酯香气。不溶于水,溶于乙醇、乙醚等有机溶剂。沸点为 182℃,相对密度(d_4^{20})为 0.838~0.842,折射率(n_D^{20})为 1.4500~1.4550,闪点为 67℃。

(2)天然存在　存在于葱、蒜中。

(3)制备方法　可由溴丁烷或氯丁烷与硫化钠在沸腾的乙醇中相互作用制得。

$$2CH_3CH_2CH_2CH_2Br + Na_2S \xrightarrow[\triangle]{C_2H_5OH} CH_3CH_2CH_2CH_2—S—CH_2CH_2CH_2CH_3 + 2NaBr$$

(4)主要用途　可用于日化香精中,但用量极少。主要用于调配洋葱、大蒜、水果、肉味、果香型、花香型等香型食用香精。

(5)安全管理　FEMA 号 2215,FDA172.515,COE484,GB 2760—2014 批准为允许使用的食品香料。

19. 二糠基硫醚(Difurfuryl sulfide)

二糠基硫醚又称糠硫醚、二糠硫醚。

分子式为 $C_{10}H_{10}O_2S$,相对分子质量 194.25。CAS 为 13678-67-6。

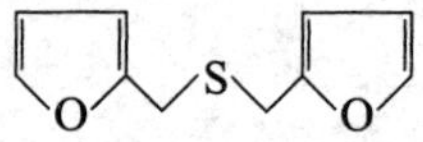

(1)理化性质　无色液体,是天然咖啡的挥发性成分之一,不仅具有咖啡香味,还具有肉香味。熔点为 31~32℃,沸点为 135~143℃/1.87kPa,折射率(n_D^{20})为 1.5560,闪点>110℃。

(2)天然存在　存在于咖啡和香油中。

(3)制备方法

①可由糠硫醇和糠基溴在 KOH 存在下经缩合反应制得。

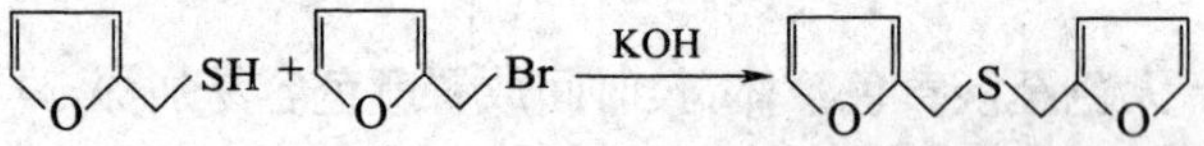

②以糠醇为原料,首先与氯化亚砜作用生成糠基氯,然后在碱性条件下和糠硫醇反应制得二糠基硫醚。

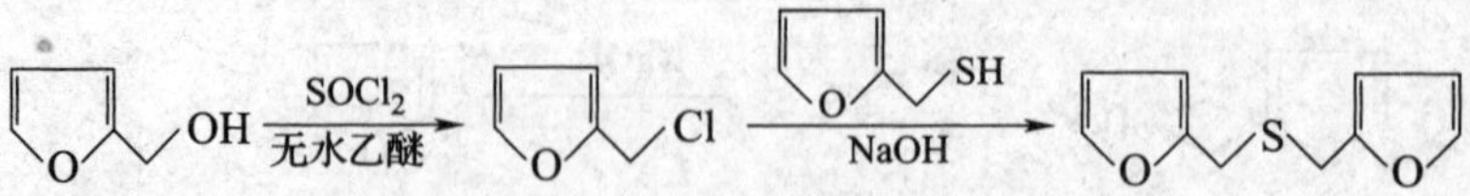

(4)主要用途　可用于食用香精中,主要用于调配咖啡型香精和肉香型香精。

(5)安全管理　FEMA 认定为 GRAS,FEMA 号 3238,COE11438,GB 2760—2014 批准为暂时允许使用的食品香料。

20. 二糠基二硫(Difurfuryl disulfide、Furfuryl disulfide)

二糠基二硫又称二糠基二硫醚、糠基二硫醚。

分子式为 $C_{10}H_{10}O_2S_2$，相对分子质量 226.32。CAS 为 4437－20－1。

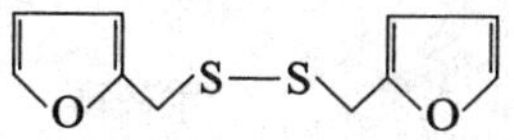

（1）理化性质　淡黄色液体，高度稀释时具有焙炒香味，以及坚果香、咖啡、肉香香气。熔点为 10～11℃，沸点为 112～115℃/66.6Pa，相对密度（d_4^{20}）为 1.233，折射率（n_D^{20}）为 1.5850，闪点＞110℃。

（2）天然存在　存在于煮牛肉、咖啡、香油中。

（3）制备方法　可由糠醛和硫化氢在硫氢化钠存在下相互作用制得；或由糠基氯与硫化钠进行缩合反应制得；或以糠醇为原料，首先与硫脲反应生成糠硫醇，再经氧化反应制得。

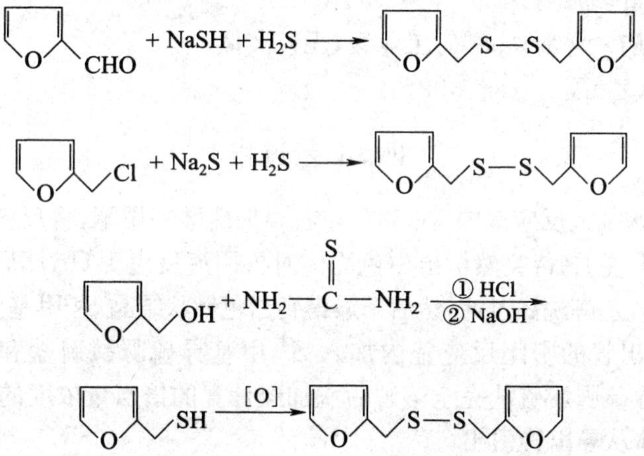

（4）主要用途　可用于食用香精中，主要用于烘烤食品、软饮料、糖果、汤料、调味品等的加香。

（5）安全管理　FEMA 认定为 GRAS，FEMA 号 3146，COE11480，GB 2760－2014 批准为暂时允许使用的食品香料。

第三节　硫醚类香料生产工艺

以 3－甲硫基丙酸甲酯（乙酯）为例，简述如下。

一、化学结构式

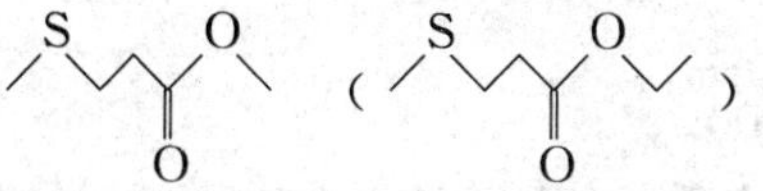

二、反应式

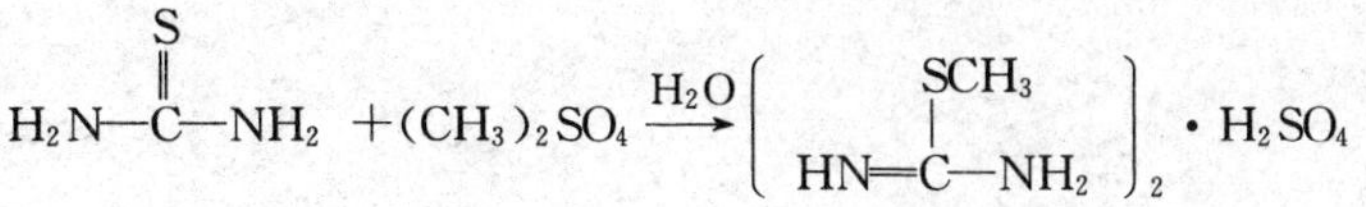

硫脲　　硫酸二甲酯　　S－甲基异硫脲硫酸盐

$$\left[HN{=}C(SCH_3){-}NH_2\right]_2 \cdot H_2SO_4 + 2NaOH \longrightarrow 2CH_3SH + Na_2SO_4 + 2N{\equiv}CNH_2 + 2H_2O$$

甲硫醇　　氨基腈(氰胺)

$$CH_3SH + CH_2{=}CH{-}C({=}O){-}OCH_3 \longrightarrow CH_3{-}S{-}CH_2CH_2{-}C({=}O){-}OCH_3$$

丙烯酸甲酯　　3-甲硫基丙酸甲酯

(俗称菠萝甲酯)

三、原料规格

(1)硫脲　含量≥98%。

(2)硫酸二甲酯　含量≥98%,工业级,无色液体。

(3)丙烯酸甲(乙)酯　含量≥99%。

四、工艺过程

(1)将硫脲和水加入反应锅内,在50℃左右滴加硫酸二甲酯,将反应温度控制在115~120℃,继续反应1h左右,待突然析出白色固体时再回流反应1.5h,然后冷却至40℃以下,过滤;向结晶中加入乙醇洗涤过滤,然后干燥得到白色针状结晶*S*-甲基异硫脲酸硫盐。

(2)在具有导出管的密闭反应釜内加入*S*-甲基异硫脲酸硫盐和水,搅拌并加热至80℃,待*S*-甲基异硫脲酸硫盐完全溶解后滴加经计算的倍当量浓度的NaOH溶液,不断生成的甲硫醇气体从导出管引出。

(3)在装有搅拌器、回流冷凝管(通入-10℃冷冻盐水)、温度计和甲硫醇气体导出管的5L反应锅中,加入1720g丙烯酸甲酯和15mL哌啶(哌啶为强有机碱,或加入强无机碱碳酸钾),将导出管插入液面下。物料用冷冻盐水冷却至-5℃,在快速搅拌下通入约30mL甲硫醇气体,控制通入甲硫醇的速度,使反应液的温度≤5℃。通完甲硫醇气体后,反应物继续搅拌1h;关闭冷冻盐水,搅拌下使反应液的温度逐渐上升至25~30℃,在此温度下搅拌0.5h。然后常压蒸出未反应的丙烯酸甲酯,最后再将物料在减压下蒸馏,收集68~70℃/1466Pa(11mmHg)和74~75℃/1733Pa馏分即为产品。

五、3-甲硫基丙酸甲酯规格

(1)色状　无色至淡黄色液体。

(2)含量　GC≥98%。

(3)折射率　$n_D^{22}=1.4600$。

(4)香气　具有浓烈的肉香、洋葱、蒜、韭香味,稀释时有甜果香香气(如果将原料丙烯酸甲酯换用丙烯酸乙酯即得最终产品为3-甲硫基丙酸乙酯,即菠萝乙酯)。

第十五章　杂环类香料

第一节　概　　述

在环状有机化合物中，构成环的原子中除碳原子之外还有其他原子，而且这种环具有芳香结构（闭环共轭体系）和一定程度的稳定性，这种环状有机化合物统称为杂环化合物（Heterocyclic compound）。组成杂环的原子除碳原子以外都称作杂原子。最常见的杂原子为氧、氮和硫原子，例如，呋喃、吡啶是最常见的杂环。杂环上可以含有一个、两个或更多的杂原子。杂环氢化后可成饱和的或部分饱和的环。例如，呋喃氢化后生成四氢呋喃。习惯上把各种氢化的环如四氢呋喃看作杂环的衍生物，而把呋喃、吡啶等具有芳香结构的环称作母核。含有这些环的化合物，不论是饱和的、不饱和的或芳香结构的，都称为杂环化合物。至于含有杂原子的环状化合物如环酸酐、内酯、环氧乙烷等，习惯上不将它们看作杂环化合物。

杂环化合物非常重要，而且在自然界分布很广，功能很多。例如，中草药的有效成分生物碱大多是含氮杂环化合物；在动植物体内起着重要生理作用的叶绿素、血红素、植物碱、核酸的碱基等都是杂环化合物；部分维生素和抗菌素以及某些植物色素和植物染料都含有杂环化合物；某些天然香料中也发现含有杂环化合物，有些已被合成和使用，它们由于具有肉类和果蔬类的香气而被广泛应用于食品的加香及调味中。

芳香杂环化合物中最常见、最稳定的杂环化合物可以分为五元杂环和六元杂环两大类，在每一类中又可根据杂原子的种类和数目、环的数目等进行分类，如表 15 - 1 所示。

表 15 - 1　　常见的杂环化合物

类别	环数	含一个杂原子	含两个杂原子
五元杂环类	单环	 呋喃  噻吩 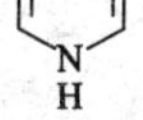 吡咯	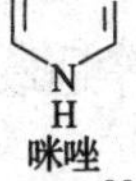 咪唑 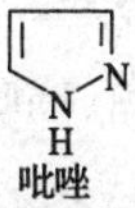 吡唑 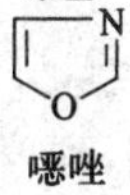 噁唑  噻唑
	稠环	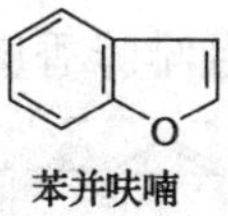 苯并呋喃 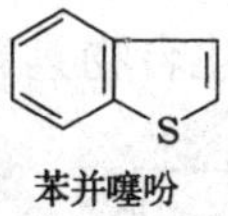 苯并噻吩 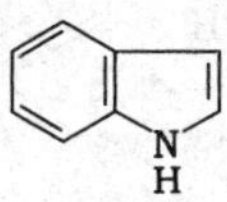 吲哚	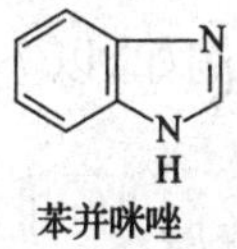 苯并咪唑 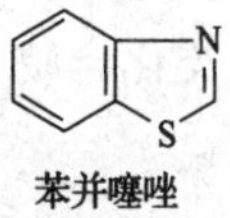 苯并噻唑 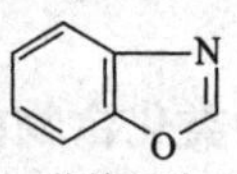 苯并噁唑

续表

类别	环数	含一个杂原子	含两个杂原子
六元杂环类	单环	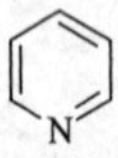 吡啶	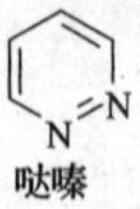 哒嗪 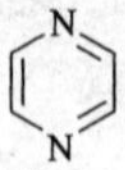 吡嗪 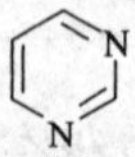 嘧啶
	稠环	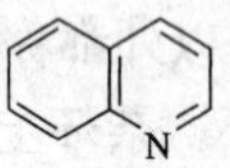 喹啉 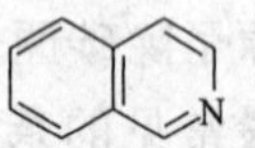 异喹啉 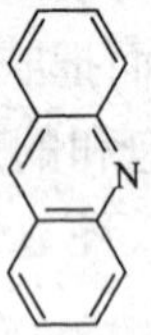 吖啶 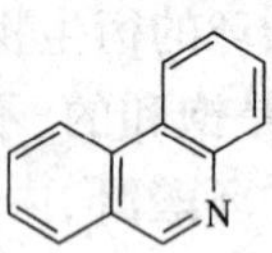 菲啶	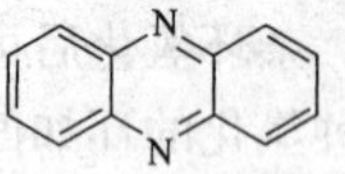 吩嗪 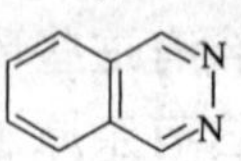 酞嗪

本章将主要介绍芳香杂环化合物中的最常见和最稳定的杂环类香料，大致可以分为含一个或多个杂原子的五元环体系、含一个或多个杂原子的六元环体系。氮杂环的吡嗪类、氧杂环的呋喃类和氮硫杂环的噻唑类化合物是自然界中分布最广的杂环化合物，它们在食品和日化产品加香中均有使用。其他有价值的化合物包括吡咯类、吡啶类、噻吩类和噁唑类化合物，由于这些物质在 FEMA - GRAS 名单中的数目相当少，因此，它们对香料工业的重要性不如吡嗪类、呋喃类和噻唑类重要。

第二节　含一个或多个杂原子的五元环体系

呋喃、噻吩、吡咯等是最常见的五元杂环化合物。

一、呋喃类

早在 20 世纪初期，科学家就从天然食品中鉴定出呋喃类化合物的存在，20 世纪 60 年代，科学家合成出水果型呋喃衍生物，之后逐渐合成出了肉香、海鲜香、烤香以及咖啡香等呋喃类化合物。例如，以下几个呋喃类化合物具有咖啡味香味。

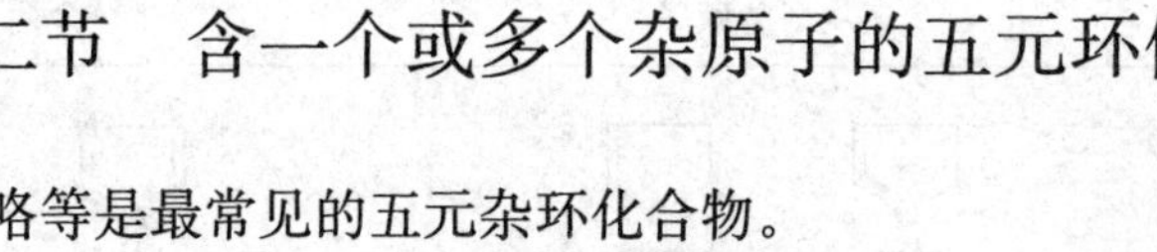

(一)呋喃类化合物的制备

呋喃类化合物的制备通常采用以下两种合成方法得到。

1. Paal－Knorr 合成法

采用 1,4－二羰基化合物在酸的催化作用下脱水制得。

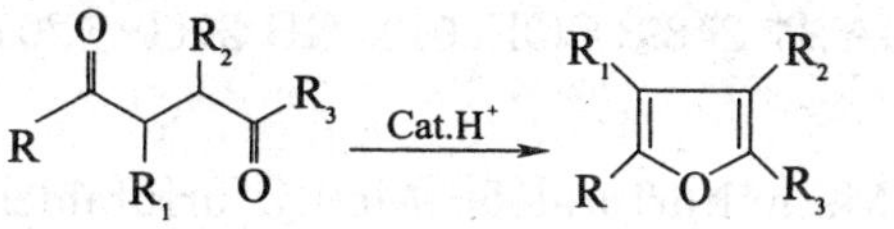

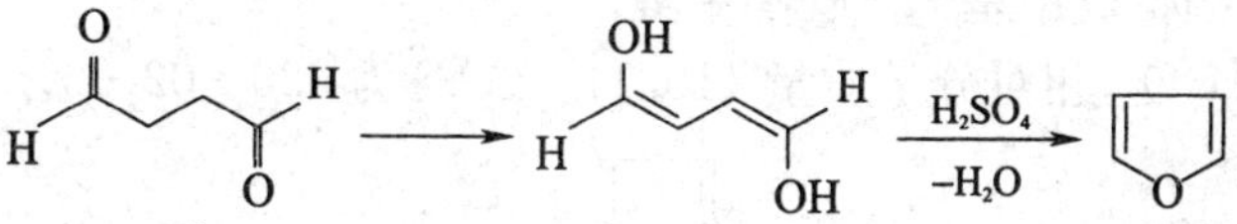

丁二醛　　　　　　　　　　　　　　呋喃

2. Feist－Benary 合成法

采用 α－卤代酮和 β－酮酸酯反应制得。

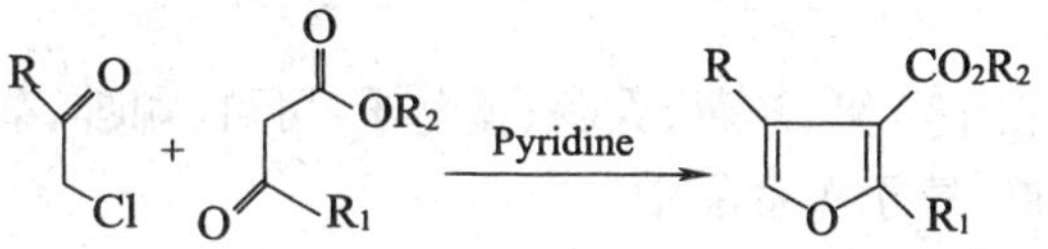

(二)呋喃类香料

呋喃类香料发展得非常快,其中大部分可以由糠醛为起始原料制备。3－呋喃硫化物香料和糠硫醇系列香料在呋喃类香料中占有非常重要的地位,它们的香味特征和应用范围与含硫香料更接近,在本书中放在“第十四章　含硫类香料”中讨论。

1. 糠醛(Furfural)

糠醛又称 2－呋喃甲醛。

分子式为 C_5H_4O,相对分子质量 96.08。

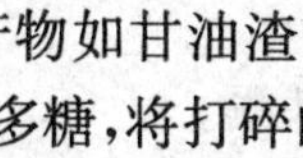

(1)理化性质　无色透明液体,在空气中逐渐变为黄色至棕褐色,具有甜香、烤香、木香等香气。溶于水,溶于乙醇等有机溶剂。沸点为161～162℃,相对密度(d_4^{20})为 1.154～1.155,折射率(n_D^{20})为 1.5250～1.5261。

(2)天然存在　存在于清炖牛肉、烤牛肉、茶、咖啡等食品中。

(3)制备方法　在工业上由农副产物如甘油渣、玉米芯、高粱秆、稻米糠、棉子壳等用稀酸加热蒸煮制取。这些原料含有戊多糖,将打碎的原料放进蒸煮釜内加入稀硫酸,通入水蒸气加热处理,则戊多糖水解成为戊糖,后者进一步脱水为糠醛,随水蒸气馏出,糠醛的产率约为 3%～4%。经减压蒸馏可制得 97%以上的糠醛。

$$\underset{\text{戊多糖}}{(C_5H_8O_4)n} + \underset{\text{水蒸气}}{nH_2O} \xrightarrow[\text{水解},\triangle]{3\%\sim5\%\text{稀 }H_2SO_4} \underset{\text{戊糖}}{nC_5H_{10}O_5}$$

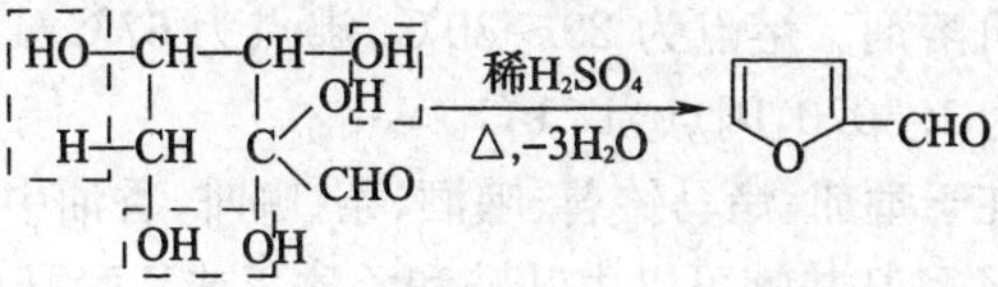

戊糖　　　　　　　　　　糠醛

(4)主要用途 用于调配烟草、糖果、烘烤食品等食用香精及制备其他取代的呋喃类化合物的原料。

(5)安全管理 FEMA 号 2489,COE2014,GB 2760—2014 批准为允许使用的食品香料。

2. 5-甲基糠醛(5-Methylfurfural、5-Methylfurfuraldehyde)

5-甲基糠醛又称 5-甲基-2-呋喃甲醛。

分子式为 $C_6H_6O_2$,相对分子质量 110.11。CAS 为 620-02-0。

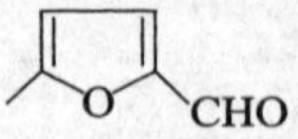

(1)理化性质 无色至淡黄色液体,具有辛香、甜香、焦糖香气。微溶于水,溶于乙醇等有机溶剂。沸点为 187℃、78～81℃/1.7kPa,相对密度(d_4^{20})为 1.107,折射率(n_D^{20})为 1.5310,闪点为 72℃。

(2)天然存在 存在于芦笋、洋葱、大蒜、覆盆子、可可、咖啡、茶叶、熟肉以及焙烤过的马铃薯、大麦、花生、芝麻、榛子等食品中。

(3)制备方法

①方法一:由甲基戊糖在酸性催化下脱水制得。

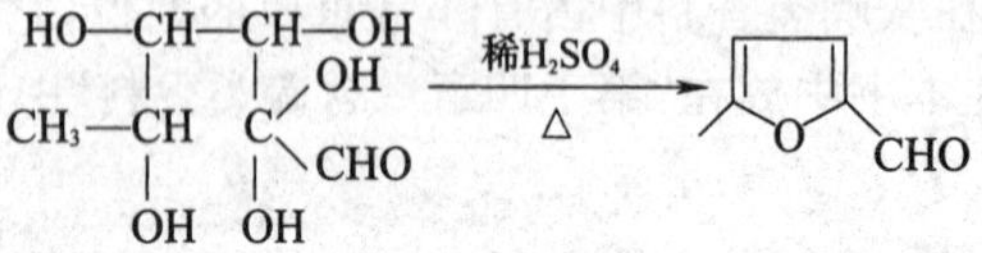

②方法二:由 2-甲基呋喃通过 Vilsmeier 甲酰化反应制得。

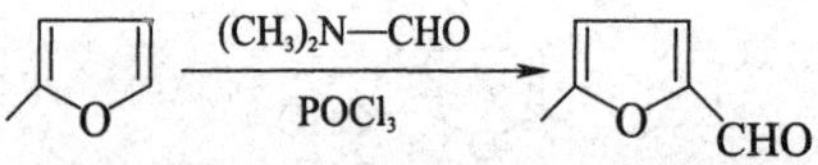

(4)主要用途 可用于日化香精中。也可用于食用香精中,主要用于烘烤食品、糖果制品和咖啡的加香。

(5)安全管理 FEMA 认定为 GRAS,FEMA 号 2702,COE119,GB 2760—2014 批准为允许使用的食品香料。

3. 2-乙酰基呋喃(2-Acetylfuran)

2-乙酰基呋喃又称 2-呋喃基甲基酮。

分子式为 $C_6H_6O_2$,相对分子质量 110.11。CAS 为 1192-62-7。

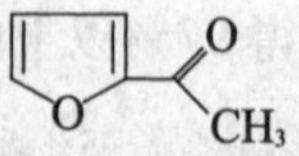

(1)理化性质 浅黄色液体或结晶体,具有甜香、香脂、烤马铃薯香味和面包香味。不溶于水,溶于乙醇等有机溶剂。熔点为 29～30℃,沸点为 67℃/1.33kPa,相对密度(d_4^{20})为 1.098,折射率(n_D^{20})为 1.5070,闪点为 71℃。

(2)天然存在 存在于番茄、烤马铃薯、啤酒、茶、咖啡、香油中。

(3)制备方法 2-乙酰基呋喃可以由呋喃和乙酰氯或乙酸酐反应制得。

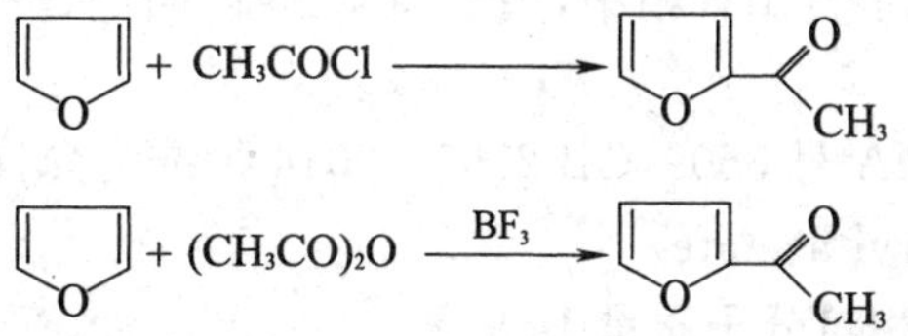

(4)主要用途　在食用香精和烟用香精中，用于调配烟草、糖果、焙烤食品、杏仁、坚果、可可、谷类、面包、肉味等香型香精。

(5)安全管理　FEMA 认定为 GRAS，FEMA 号 3163，GB 2760－2014 批准为允许使用的食品香料。

4. 糠酸甲酯(Methyl furoate)

糠酸甲酯又称 2-呋喃甲酸甲酯。

分子式为 $C_6H_6O_3$，相对分子质量 126.22。

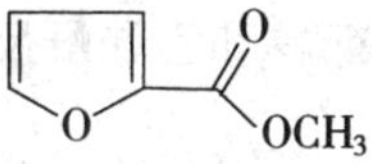

(1)理化性质　无色液体，具有水果的香味，带有蘑菇的味道。不溶于水，溶于乙醇等有机溶剂。沸点为 181～182℃，相对密度(d_4^{15})为 1.178～1.179，折射率(n_D^{20})为 1.4862。

(2)天然存在　未见文献报道。

(3)制备方法　以糠酸为原料，经甲酯化制得。

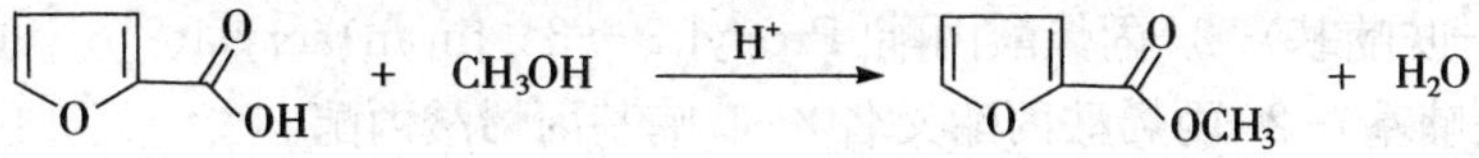

(4)主要用途　主要用于调配烟草、水果及肉味香型香精。

(5)安全管理　FEMA 号 2703，COE358，GB 2760－2014 批准为允许使用的食品香料。

5. 5-甲基-2-乙酰基呋喃(2-Acetyl-5-methylfuran)

5-甲基-2-乙酰基呋喃又称 2-甲基-5-乙酰基呋喃。

分子式为 $C_7H_8O_2$，相对分子质量 124.14。

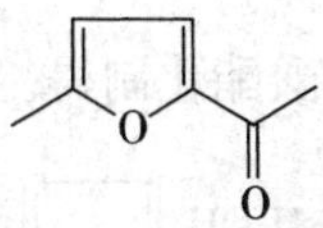

(1)理化性质　无色至淡黄色液体，具有甜香、烤面包、坚果、焦糖香气。不溶于水，溶于乙醇等有机溶剂。沸点为 100～101℃/3.33kPa，相对密度(d_4^{20})为 1.066，折射率(n_D^{20})为 1.5130。

(2)天然存在　存在于面包、啤酒、咖啡中。

(3)制备方法　可由 2-甲基呋喃和乙酸酐反应制得。

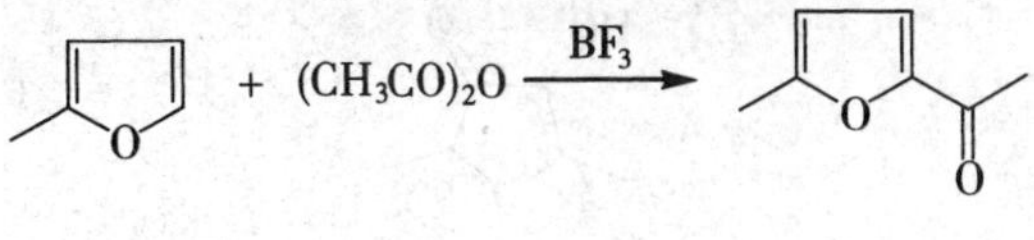

(4)主要用途　可用于食用香精中,用于调配咖啡、面包、坚果、可可、焦糖等香型食用香精。

(5)安全管理　FEMA 号 3609,GB 2760—2014 批准为允许使用的食品香料。

6. 乙酸糠酯(Furfuryl acetate)

分子式为 $C_7H_8O_3$,相对分子质量 140.14。

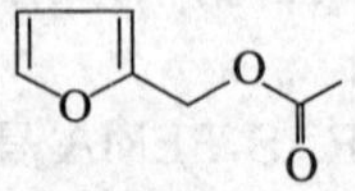

(1)理化性质　浅黄色液体或结晶体,具有水果、焦糖、坚果、花香、酯香等香气。不溶于水,溶于乙醇等有机溶剂。沸点为 175～177℃,相对密度(d_4^{20})为 1.118,折射率(n_D^{20})为 1.4618。

(2)天然存在　存在于奶油、面包、茶、咖啡、炒花生、炒榛子等食品中。

(3)制备方法　乙酸糠酯可以由糠醇和乙酸酐反应制得。

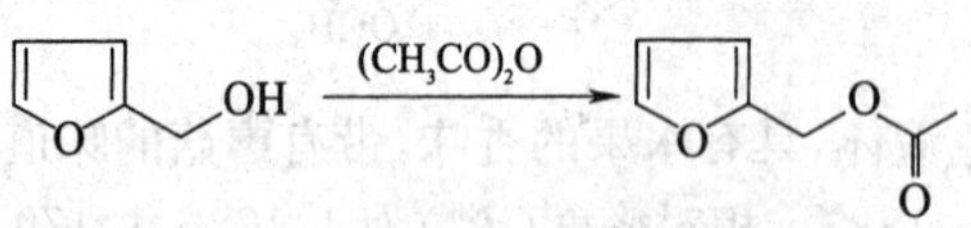

(4)主要用途　用于调配水果香精、咖啡香精等食用香精。

(5)安全管理　FEMA 号 2490,COE2065,GB 2760—2014 批准为允许使用的食品香料。

7. 3-(2-呋喃基)-2-丙烯酸丙酯[Propyl 3-(2-furan)acrylate]

3-(2-呋喃基)-2-丙烯酸丙酯又名 2-呋喃基丙烯酸丙酯。

分子式为 $C_{10}H_{12}O_3$,相对分子质量 180.20。

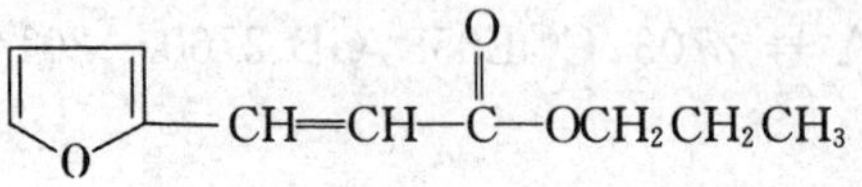

(1)理化性质　无色或浅黄色液体,具有甜的水果香气。不溶于水,溶于乙醇等有机溶剂。沸点为 118～119℃/933Pa,相对密度(d_4^{20})为 1.074,折射率(n_D^{20})为 1.5229。

(2)天然存在　未见文献报道。

(3)制备方法　由 2-呋喃基丙烯酸酯化制得。

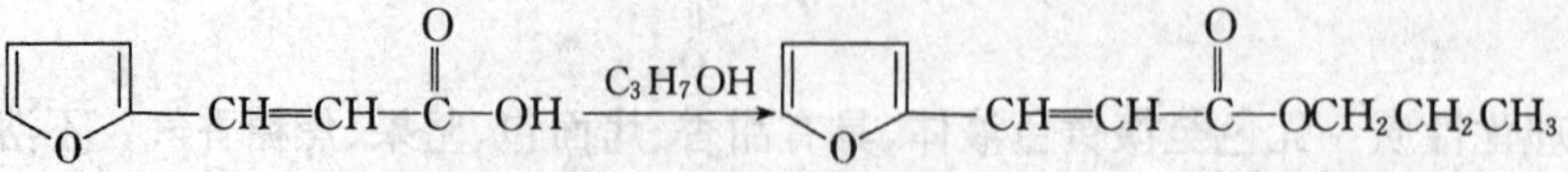

(4)主要用途　主要用于调配香蕉、草莓、梨、苹果、菠萝、桃等水果型香精。

(5)安全管理　FEMA 号 2945,GB 2760—2014 批准为允许使用的食品香料。

8. 草莓呋喃酮(2,5-dimethyl-4-hydroxy-3[2H]-furanone)

分子式为 $C_6H_8O_3$,相对分子质量 128.13。

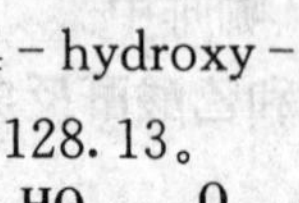

(1)理化性质 白色至浅黄色结晶体或粉末状固体。具有强烈的焙烤焦糖香味，特征香气为果香、焦香、焦糖和菠萝香气。沸点为 188～190℃/266Pa，相对密度(d_4^{15})为 1.049，折射率(n_D^{20})为 1.439。

(2)天然存在 存在于草莓、燕麦、干酪、煮牛肉、啤酒、可可、咖啡、茶叶、芒果、荔枝、麦芽、鹅莓、葡萄、加热牛肉、菠萝等中，1965 年 J. O. Rodin 等人在菠萝汁的乙醚萃取液中首次分离出呋喃酮，并确定了其分子结构式。

(3)制备方法

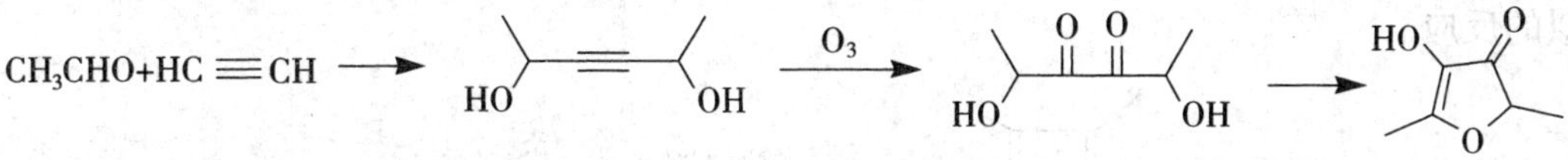

(4)主要用途 具有较弱的、非常特殊的香气，稀释后会呈现菠萝及草莓的香气。可广泛用于食品、饮料以及日化产品中。

(5)安全管理 FEMA 号 3174，COE536，GB 2760—2014 批准为允许使用的食品香料。

二、噻吩类

早在 19 世纪末，科学家就从煤焦油中分离出了噻吩，由于含噻吩环的化合物在燃料、香料、医药以及有机合成中有很重要的作用，对噻吩类化合物的研究越来越多。近几年来，人们研究发现大多数噻吩类香料具有肉香、葱蒜香、焦香、烤肉香等独特的香气和味道，对许多食品的感官特性有极大的贡献，使得这一类化合物在香料中起着重要的作用。例如，下列化合物具有独特的香味。

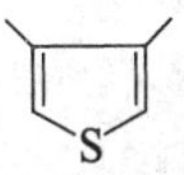

3,4-二甲基噻吩（洋葱香）

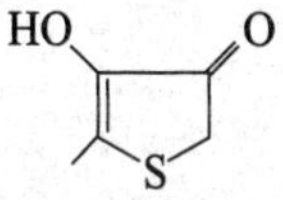

5-甲基-4-羟基-3-噻吩酮（烤肉香）

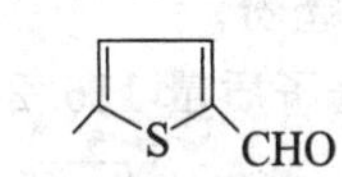

5-甲基-2-醛基噻吩（杏仁香）

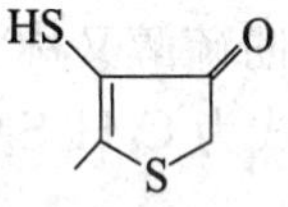

5-甲基-4-巯基-3-噻吩酮（坚果香）

(一)噻吩化合物的制备

1. 缩合环化法

由丁烷、丁烯、丁二烯等与硫在气相中反应可以制得噻吩。

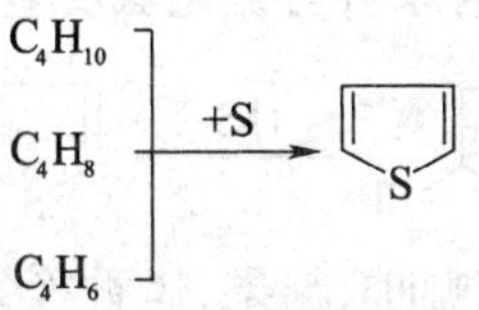

有取代的烯烃和硫反应能制得取代的噻吩类化合物。

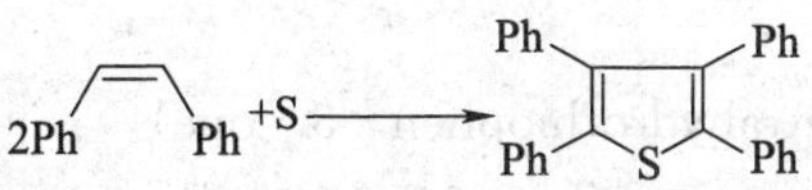

2. Paal - Knorr 合成法

采用 1,4 -二羰基化合物在酸的催化作用下脱水制得，例如，丁二酸及其盐、1,4 -二羰基化合物与五硫化二磷反应也能制得噻吩环。

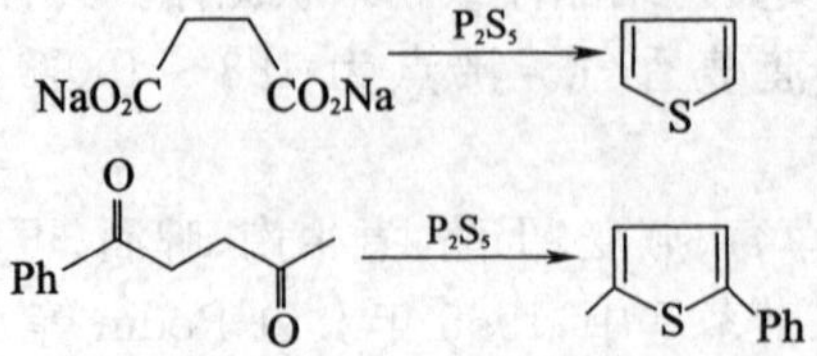

3. Hinsberg 合成法

采用1,2-二酮和硫代二乙酯在碱作用下反应；1,3-二酮和巯基乙酸酯也能发生类似的反应。

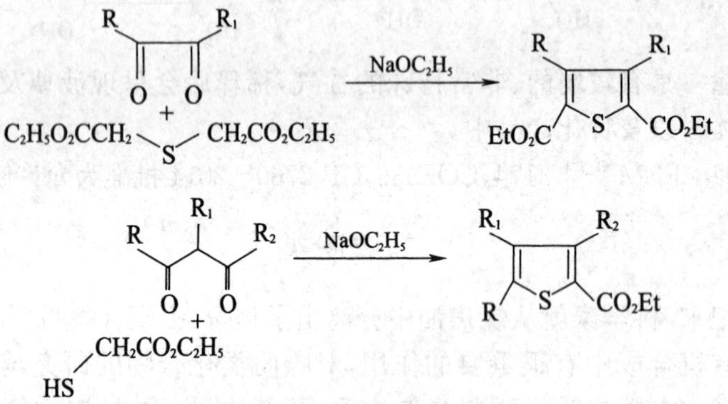

(二)噻吩类香料

噻吩类香料目前允许使用的品种不多，主要原因之一是生产成本高。

1. 2-噻吩硫醇(Thienyl mercaptan)

2-噻吩硫醇又称2-巯基噻吩。

分子式为 $C_4H_4S_2$，相对分子质量116.21。

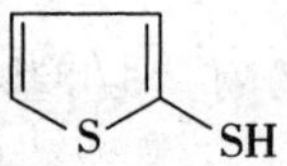

(1)理化性质　无色或淡黄色油状液体，具有焦煳-橡胶、烤咖啡香气。在空气中容易氧化。极微溶于水，溶于乙醇等有机溶剂。沸点为165～166℃。

(2)天然存在　未见文献报道。

(3)制备方法　以2-氯噻吩为原料与硫化氢反应合成。

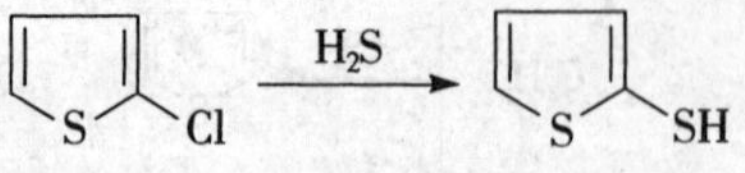

(4)主要用途　主要用于调配咖啡、糖果、烤香等各种香精。

(5)安全管理　FEMA号3062，FDA172.515，COE478。GB 2760—2014 批准为允许使用的食品香料。

2. 四氢噻吩-3-酮(Tetrahydrothiophen-3-one)

四氢噻吩-3-酮又称4,5-二氢-3(2*H*)噻吩酮[4,5-Dihydro-3(2*H*) thiophenone]

分子式为 C_4H_6OS，相对分子质量102.16。

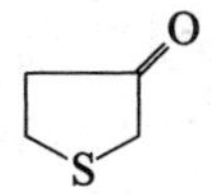

(1)理化性质　无色或淡黄色液体，具有烤香、烧肉香、葱香以及蔬菜香气。不溶于水，溶于乙醇等有机溶剂。沸点为 175℃，相对密度(d_4^{20})为 1.194，折射率(n_D^{20})为 1.5280。

(2)天然存在　存在于牛肉、猪肉、咖啡、炒花生、炒榛子等中。

(3)制备方法　由 4-甲酯基-3-四氢噻吩酮脱羧制得。

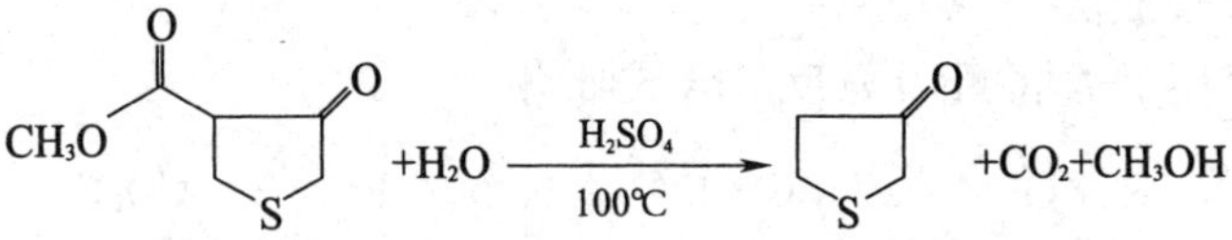

(4)主要用途　可用于调配肉味、咖啡、洋葱、坚果等香型香精。

(5)安全管理　FEMA 号 3266。GB 2760—2014 批准为允许使用的食品香料。

3. 5-甲基-2-噻吩基甲醛(5-Methyl-2-thiophenecarboxaldehyde)

分子式为 C_6H_6OS，相对分子质量 126.18。

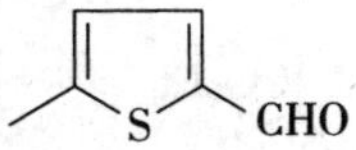

(1)理化性质　无色液体，具有甜香、樱桃、杏仁、木香香气。不溶于水，溶于乙醇等有机溶剂。沸点为 113～114℃/3.33kPa，相对密度(d_4^{20})为 1.170，折射率(n_D^{20})为 1.5740～1.5831。

(2)天然存在　存在番茄、炸马铃薯、炒花生、生鸡肉、威士忌、咖啡等中。

(3)制备方法　以 2-甲基噻吩为原料，经 Vilsmeier 反应合成制得。

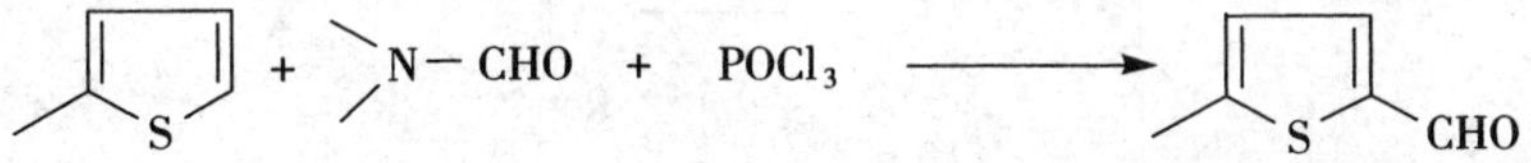

(4)主要用途　主要用于调配浆果、草莓、樱桃等各种水果型香精。

(5)安全管理　FEMA 号 3209，COE2203。GB 2760—2014 批准为允许使用的食品香料。

三、吡咯类

1857 年，科学家从骨焦油或煤焦油中分离得到一种新的化合物，命名为吡咯。吡咯是五元杂环中最重要的杂环母核，含有吡咯环的血红素和叶绿素在动物界和植物界所起的作用是显而易见的。自然界中许多的生物碱、蛋白质中都含有吡咯环的化合物；另外，在许多的食品中，例如，烤咖啡、烤面包、炸牛肉、炒花生、烟草及许多谷物制品中都含有吡咯环的化合物。在这些食品中吡咯类化合物主要是通过氨基酸类和糖类化合物在烤、烘、炖、炸中经 Maillard 反应或 Strecker 反应形成的。例如，下列用于食品加香的吡咯类化合物。

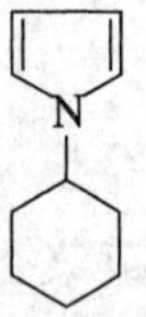

1-环己基吡咯
甜的茴香香气

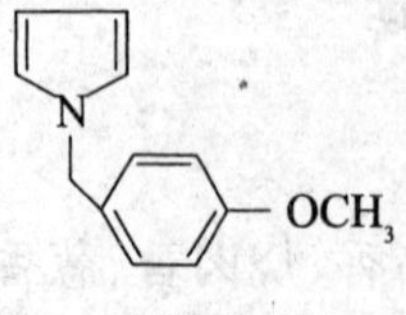

1-（4-甲氧苄基）吡咯
青香、红萝卜香气

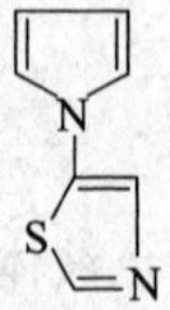

5-吡咯基噻唑
木香、果香、桃香香气

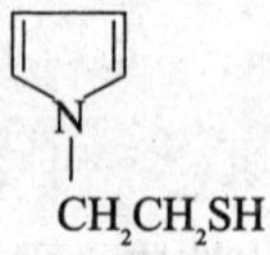

N-巯乙基吡咯
咖啡、炒肉香气

(一)吡咯类化合物的制备

吡咯类化合物的制备通常采用以下三种合成方法制得。

1. Hantzsch 合成法

由 α-卤代酮和 β-酮酸酯及氨反应合成吡咯。

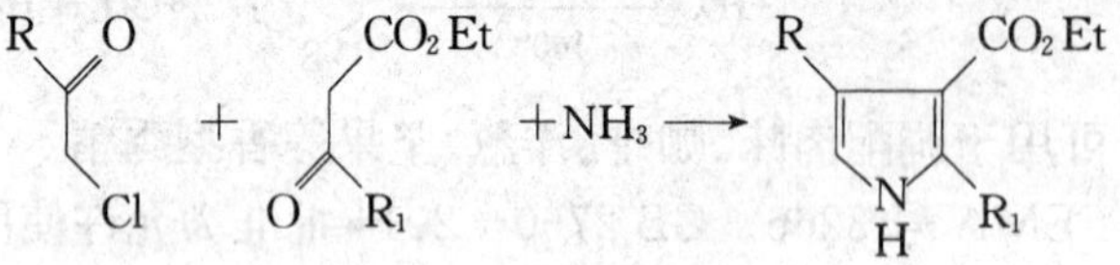

2. Knorr 吡咯合成法

从 α 卤代酮氨化后生成的 α-氨基酮和 β-酮酸酯反应生产吡咯。

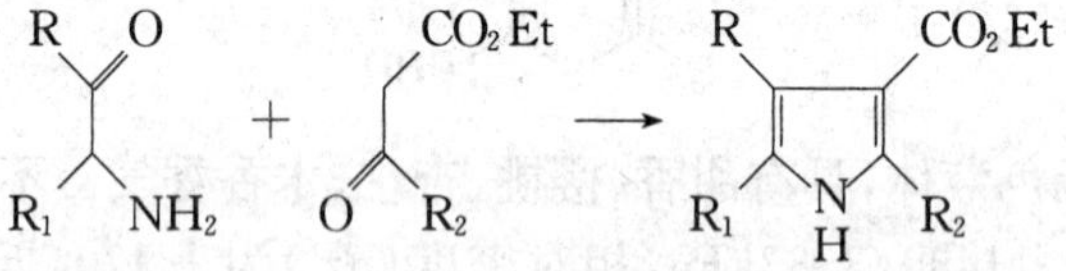

3. Paal-Knorr 吡咯合成法

1,4-二酮和伯胺反应制得吡咯：

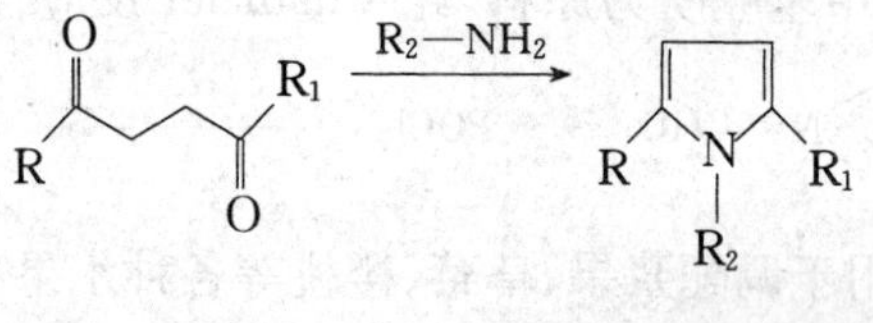

(二)吡咯类香料

目前允许使用的吡咯类香料的品种不多，主要为烷基吡咯和酰基吡咯。某些吡咯类香料具有海产品样的香味特征，在海鲜香精中的应用已经引起了咸味香精界的重视。

1. 吡咯(Pyrrole)

吡咯又称氮杂茂。

分子式为 C_4H_5N，相对分子质量 67.09。

(1)理化性质　无色液体，具有甜的醚样香气。不溶于水，溶于乙醇等有机溶剂。沸点为 130～131℃，相对密度(d_4^{20})为 0.968～0.969，折射率(n_D^{20})为 1.5091～1.5101。

(2)天然存在　在骨油、马鞭草、炒花生、炒榛子、烤面包、咖啡、烟草、柠檬、柑橘中均有存在。

(3)制备方法

①方法一：以 1,4 -丁二醛为原料经 Paal - Knorr 法合成。

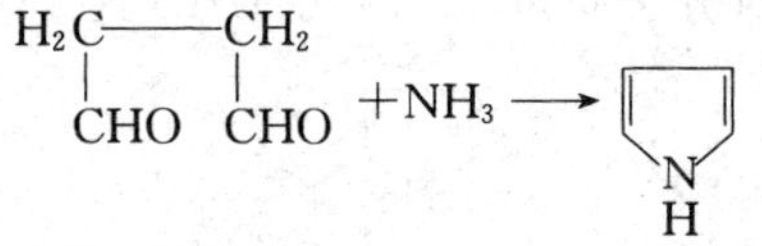

②方法二：以 1,4 -丁二炔醇为原料制备。

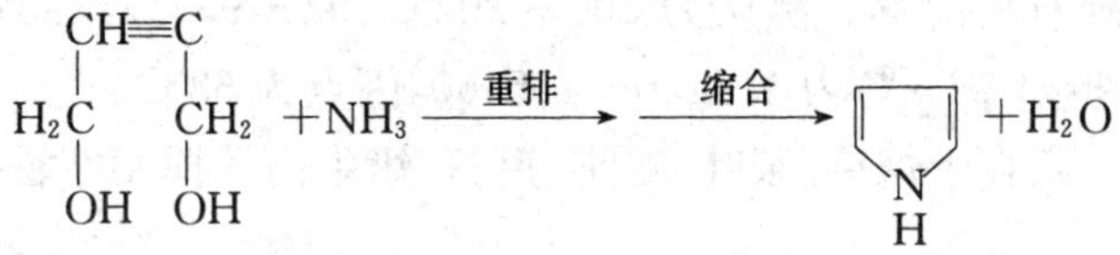

(4)主要用途　主要用于调配烟草、水果及肉味等香型食用香精。

(5)安全管理　FEMA 号 3386。GB 2760—2014 批准为允许使用的食品香料。

2. 2 -乙酰基吡咯(2 - Acetylpyrrole)

2 -乙酰基吡咯又称甲基- 2 -吡咯基酮。

分子式为 C_6H_7ON，相对分子质量 109.13。CAS 为 1072 - 83 - 9。

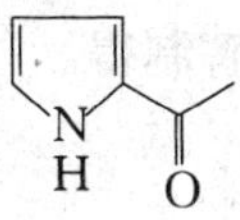

(1)理化性质　白色针状结晶体，具有核桃、甘草、烤面包、炒榛子和鱼的香气。溶于水，也溶于乙醇等有机溶剂。熔点为 85～90℃，沸点为220～221℃。

(2)天然存在　存在于烟草、茶叶、咖啡、炒榛子、烤面包、杏仁、柑橘、芦笋等的挥发性香味组分中。

(3)制备方法

①方法一：以吡咯为原料经 Friedel - Crafts 酰基化反应合成。

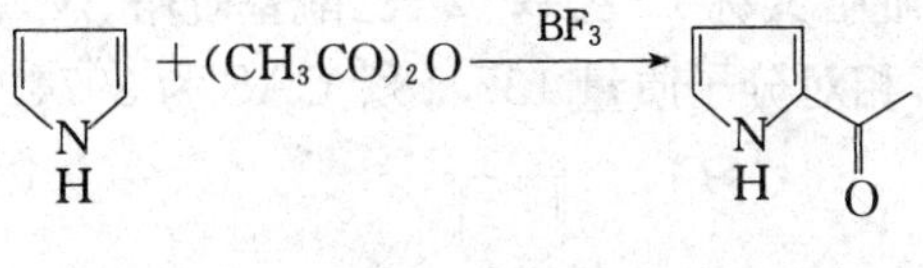

②方法二：以吡咯为原料，先在通入氯化氢气体的情况下与乙腈反应，再将反应生成物用碱水溶液水解制得。

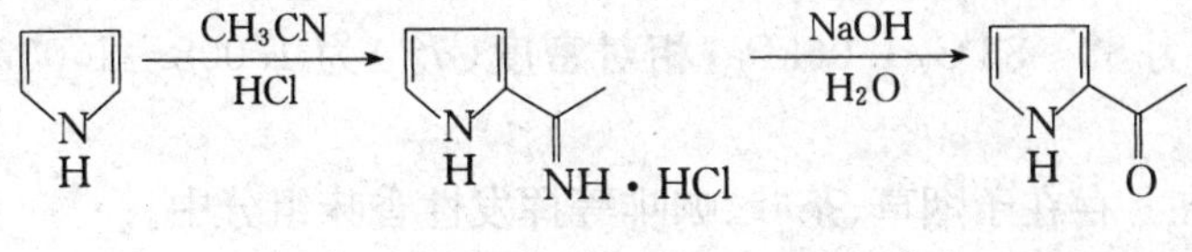

(4)主要用途　主要用于调配咖啡、茶叶、榛子、坚果、可可、烟草及肉味香型香精。

(5)安全管理　FEMA 号 3202,COE11721,GB 2760－2014 批准为暂时允许使用的食品香料。

3. *N*-甲基-2-乙酰基吡咯(*N*-Methyl-2-actetylpyrrole)

N-甲基-2-乙酰基吡咯又称 1-甲基-2-乙酰基吡咯、*N*-甲基吡咯基酮。

分子式为 C_7H_9ON,相对分子质量 123.15。CAS 为 932-16-1。

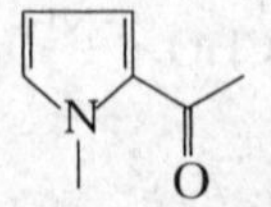

(1)理化性质　白色或浅黄色油状液体,具有诱人的咖啡香味和烤坚果、杏仁香气。溶于水,溶于乙醇等有机溶剂。沸点为 200～202℃、92～93℃/2.93kPa,相对密度(d_4^{20})为 1.048～1.052,折射率(n_D^{20})为 1.5420～1.5460,闪点为 68℃。

(2)天然存在　存在于烟草、茶叶、咖啡、芦笋、烤牛肉等挥发性香味组分中。

(3)制备方法

①方法一:以 *N*-甲基吡咯为原料经 Friedel-Crafts 酰基化合成。

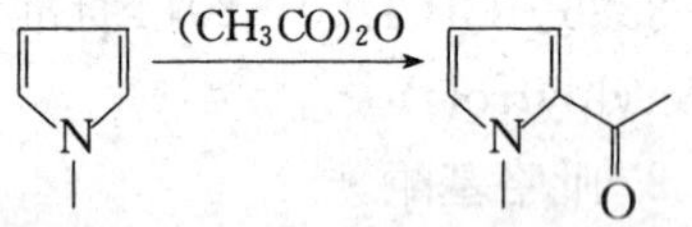

②方法二:以丁二醛和甲胺为原料,先经缩合反应生成 1-甲基吡咯,然后在氯化氢的存在下与乙腈反应,最后用碱水溶液水解制得。

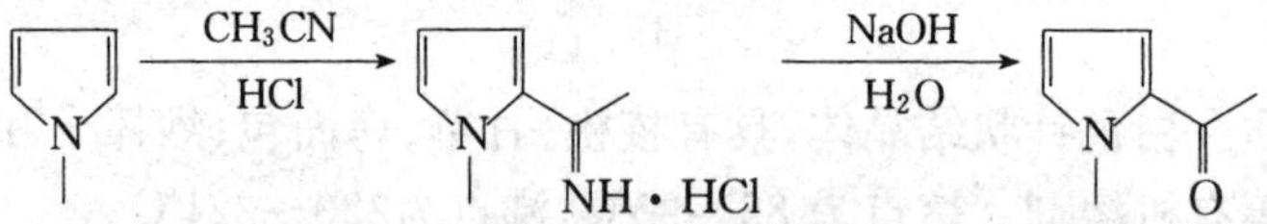

(4)主要用途　主要用于调配咖啡、水果、可可等香型食用香精。

(5)安全管理　FEMA 号 3184,COE11373,GB 2760－2014 批准为允许使用的食品香料。

4. *N*-乙基-2-乙酰基吡咯(*N*-ethyl-2-actetylpyrrole)

N-乙基-2-乙酰基吡咯又称 1-乙基-2-乙酰基吡咯、*N*-乙基吡咯基酮。

分子式为 $C_8H_{11}ON$,相对分子质量 137.18。CAS 为 39741-41-8。

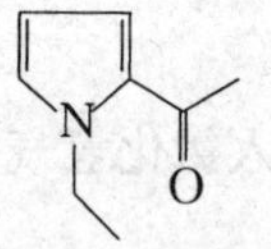

(1)理化性质　白色或浅黄色油状液体,具有咖啡和坚果香气。溶于水,溶于乙醇等有机溶剂。沸点为 82～83℃/1.06kPa,相对密度(d_4^{20})为 1.008～1.009,折射率(n_D^{20})为 1.5309～1.5310。

(2)天然存在　存在于烟草、茶叶、咖啡等挥发性香味组分中。

(3)制备方法

①方法一：以 *N* -乙基吡咯为原料经 Friedel - Crafts 酰基化合成。

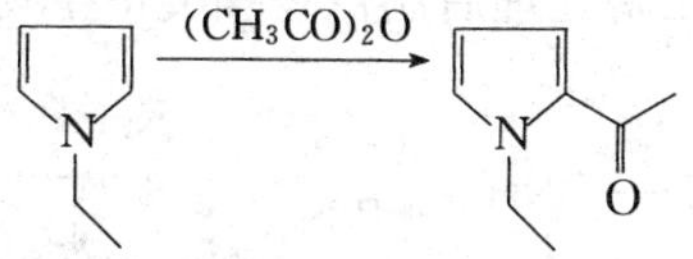

②方法二：以 1,4 -丁二醛和乙胺为原料，先经缩合环化生成 1 -乙基吡咯，再在氯化氢存在下与乙腈反应，最后用碱水溶液水解制得。

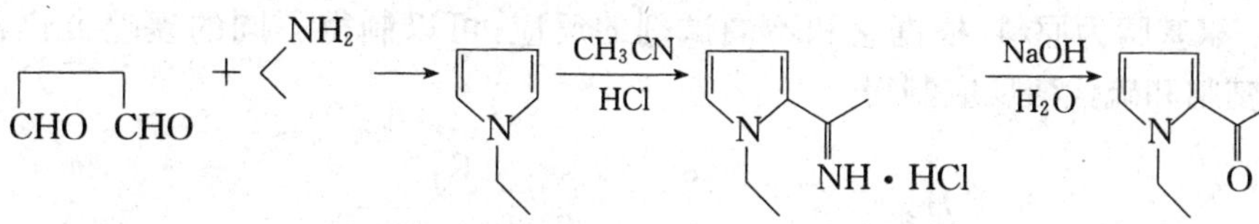

(4)主要用途　主要用于调配咖啡及水果等香型食用香精。

(5)安全管理　FEMA 号 3147，COE11371，GB 2760—2014 批准为允许使用的食品香料。

四、噻唑、咪唑、吡唑类

这几类香料均是含有两个杂原子的五元杂环类化合物。

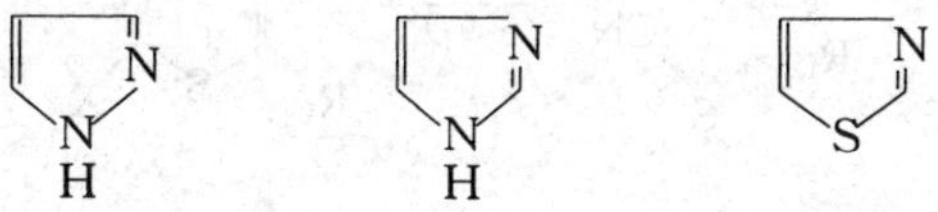

吡唑　　咪唑　　噻唑

在以上三类五元杂环香料中，以噻唑类香料应用最广泛。

噻唑类化合物广泛存在于许多天然食品中，如咖啡、可可、茶叶、红豆、爆米花、烤马铃薯、芦笋、炒榛子、炒花生、米饭、炖牛肉、熟猪肝、熟肉干、葡萄酒、朗姆酒、威士忌、啤酒、麦芽等，它们一般具有鲜菜香、烤肉香、坚果香等香味特征，香势强、阈值低。噻唑类衍生物的含量在煮马铃薯中比在剧烈处理过的马铃薯片中要多，这表明噻唑类的形成可能与温度及水的存在有关。进一步地研究表明，噻唑类化合物主要是通过糖、半胱氨酸和胱氨酸的降解形成的。

(一)噻唑类化合物的制备

合成噻唑类化合物的方法较多，可以根据不同的噻唑类化合物选择合适的合成方法，以下简要介绍噻唑类化合物的合成。

1. Hantzsch 噻唑合成法

以硫代酰胺为原料与 α -卤代醛或酮反应制得。

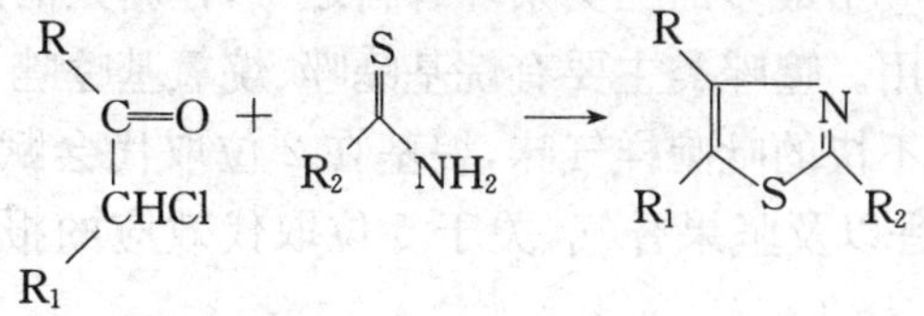

2. Gabriel 噻唑合成法

将 α -酰胺基酮以五硫化二磷处理后制得噻唑类衍生物。

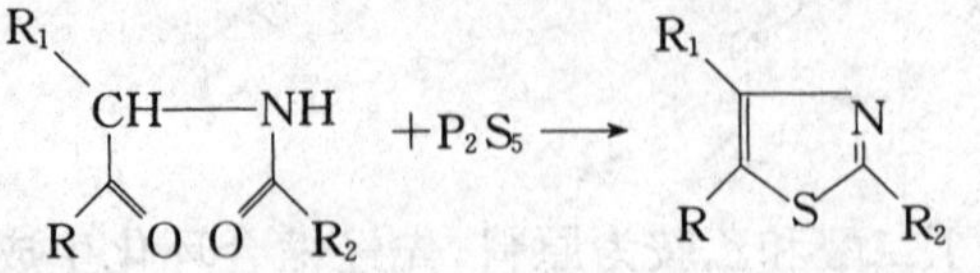

3. 以 α -氨基腈为原料制备

以 α -氨基腈为原料,根据它和不同试剂的反应,可以制得不同的噻唑类化合物,例如,α -氨基腈和硫代酸反应制得。

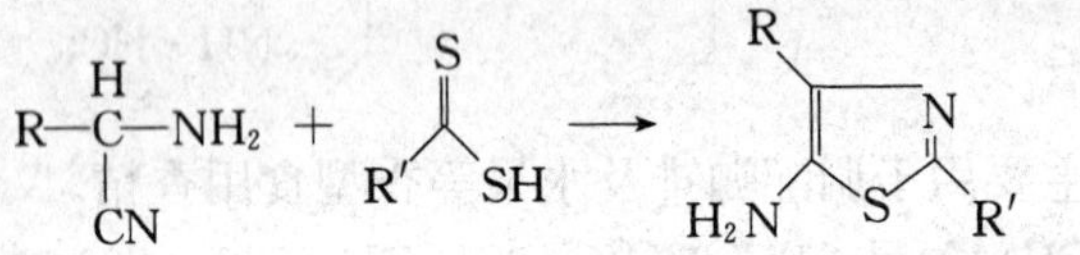

4. 以 α -硫氰基酮为原料制备

由 α -硫氰基酮在卤代酸存在下进行环化反应,可以合成 2 -卤代噻唑类化合物。许多的 2 位取代噻唑可以通过 2 -卤代噻唑转化制得。

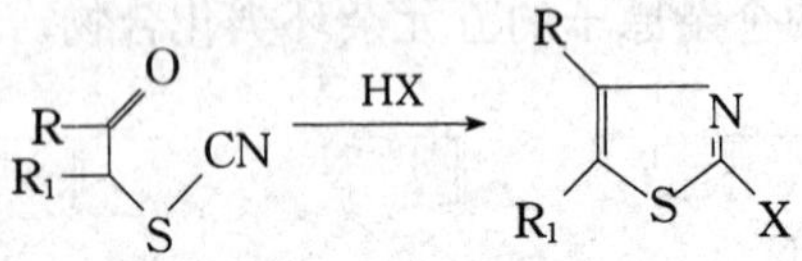

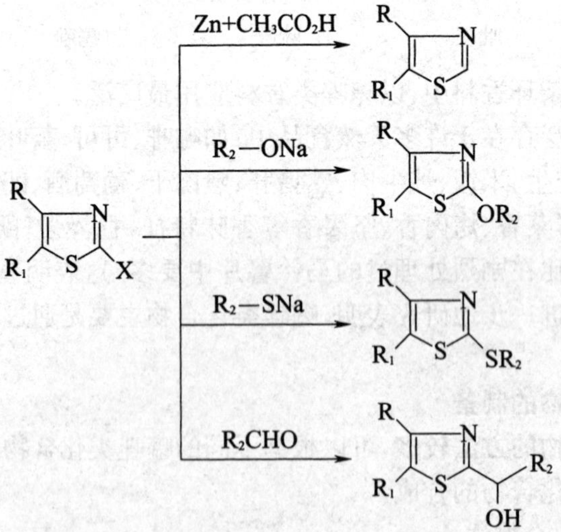

(二)噻唑类香料

噻唑类香料是目前应用最多的三类杂环香料之一,在新兴的咸味香精、传统食品和烟草香精中得到了广泛应用。噻唑类主要有烷基噻唑、烷氧基噻唑、酰基噻唑和噻唑硫化物四大类。噻唑具有令人不快的吡啶样气味,烷基在 2 位取代会赋予化合物生青药草的香气。4 位取代会产生青香以及坚果香气,关于 5 位取代效应的报道较少。用多步取代反应合成的噻唑化合物表明4-甲基-5-乙基噻唑有坚果、青香、壤香香气;2,4-二甲基噻唑具有肉香、可可香气,2,4-二甲基-5-乙基噻唑具有坚果及烘烤香气。已有文献报道,含氧取代基的引入会导致分子的香气特性发生改变。2-乙酰基噻唑具有强坚界香、爆米花香气;4-乙酰基噻唑具有烘烤香、肉香香气;2-甲氧基噻唑有甜、烘烤、酚香的特征香气以及丁氧基噻唑具有生蔬菜的香气特征,另外,5-乙氧基噻唑具炒葱头香气。烷基和酰基在噻唑环上的共同取代会产生更令人感兴趣的结果,例如,2-甲基-5-乙酰基噻唑具有咖啡样香气,4-甲基-5-乙酰基噻唑具有烘烤香气并带有硫化物的香韵,2,5-二甲基-4-乙酰基噻唑带有更令人愉快的烤香、坚果香、肉香的香气特征。烷基和烷氧基在噻唑环上的共同取代会产生青蔬菜香气。4-异丁基-5-甲氧基噻唑具有非常令人愉快的和非常强烈的钟形胡椒香气,2-甲基-4-异丁基-5丁甲氧基噻唑具有青蔬菜香气。可以看出一般的规律,烷基取代数目的增加会使噻唑类香气特征由坚果青香向坚果烤香改变。烷氧基取代的增加会倾向于香气特征由青蔬菜向炒熟的蔬菜香气改变。

1. 2-乙酰基噻唑(2-Acetyl thiazole)

分子式为C_5H_5NOS,相对分子质量127.16。CAS为24295-03-2。

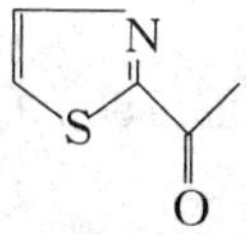

(1)理化性质 无色或黄色油状液体,具有爆米花、炒板栗、烤麦片、烤肉、坚果、面包香气。微溶于水,溶于乙醇等有机溶剂。沸点为89~91℃/1.6kPa,相对密度(d_4^{20})为1.227,折射率(n_D^{20})为1.5480~1.5491,闪点为78℃。

(2)天然存在 存在于牛肉汤、炖牛肉、牛肝、白面包、芦笋、马铃薯、猪肝、米饭中。

(3)制备方法 α-氯代噻唑为原料,经丁基锂处理后再和乙醛反应,最后用红矾钠氧化制得。

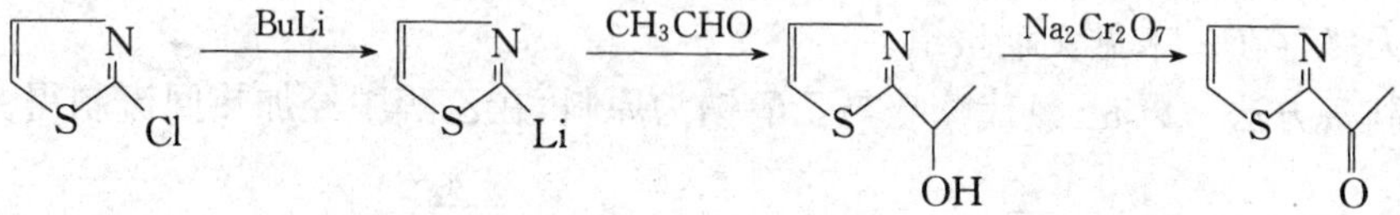

(4)主要用途 主要用于调配坚果、麦片、面包、爆玉米花、肉味等香型食用香精。

(5)安全管理 FEMA号3328,COE11726,GB 2760—2014批准为允许使用的食品香料。

2. 4,5-二甲基噻唑(4,5-Dimethylthiazole)

分子式为C_5H_7NS,相对分子质量113.18。CAS为3581-91-7。

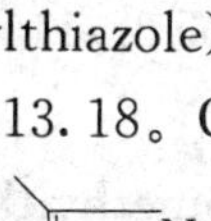

(1)理化性质 白色结晶固体,具有诱人的坚香和青香香气。不溶于水,溶于乙醇等有机溶剂。熔点为83~84℃,沸点为157~158℃,相对密度(d_4^{20})为1.070,折射率(n_D^{20})为1.5210,闪点为51℃。

(2)天然存在　存在于桃、烟草、咖啡、炒花生、猪肉、虾、扇贝等食品中。

(3)制备方法

①方法一:以 α -硫氰基甲乙酮为原料,通入干燥的氯化氢气体经环化后并氯代,然后再用锌粉和乙酸还原脱氯制得。

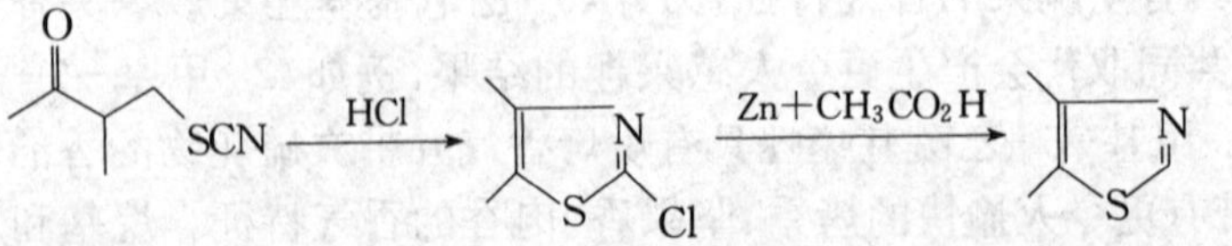

②方法二:以 3 -溴- 2 -丁酮和硫代甲酰胺为原料制备。

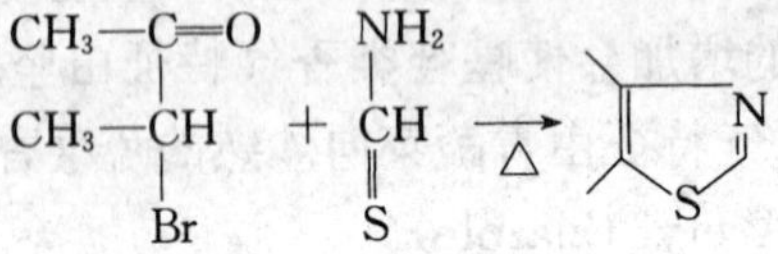

(4)主要用途　主要用于调配糖果制品、烘烤食品及虾类、贝类、蟹类、蔬菜、咖啡、坚果等香型食用香精。

(5)安全管理　FEMA 号 3274,COE11606,GB 2760—2014 批准为允许使用的食品香料。

3. 2 -乙氧基噻唑(2 - Ethoxylthiazole)

分子式为 C_5H_7NOS,相对分子质量 129.18。CAS 为 15679 - 19 - 3。

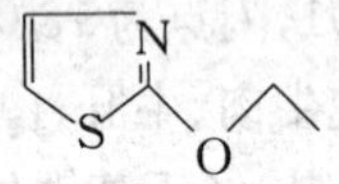

(1)理化性质　无色或黄色透明油状液体,具有烤肉香、坚果香、乳香等香味,带有洋葱、白菜似的蔬菜香气。不溶于水,溶于乙醇等有机溶剂。沸点为 58～60℃/2.4kPa。

(2)天然存在　未见文献报道。

(3)制备方法　以 α -氯代噻唑与乙醇钠为原料,在乙醇中经加热回流制得。

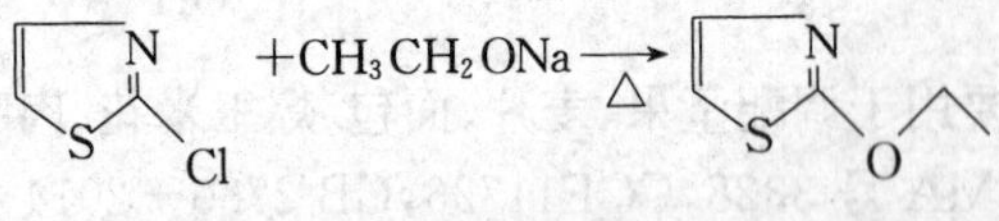

(4)主要用途　主要用于调配咖啡、肉类、蔬菜、可可、胡桃等香型食用香精。

(5)安全管理　FEMA 号 3340,COE11611,GB 2760—2014 批准为暂时允许使用的食品香料。

4. 2,4,5 -三甲基噻唑(2,4,5 - Trimethylthiazole)

2,4,5 -三甲基噻唑又称三甲基噻唑。

分子式为 C_6H_9NS,相对分子质量 127.21。CAS 为 13623 - 11 - 5。

(1)理化性质　无色液体,具有烤香、肉香、可可、巧克力、坚果样香气。不溶于水,溶于乙醇等有机溶剂。沸点为 66～67℃/2.6kPa,相对密度(d_4^{20})为 1.013,折射率(n_D^{20})为 1.5091,闪点为 56℃。

(2)天然存在　存在于牛肉、煮马铃薯、红豆和葡萄酒中。

(3)制备方法

①方法一:以 α-氯代丁酮和硫代乙酰胺为原料,经加热缩合制得。

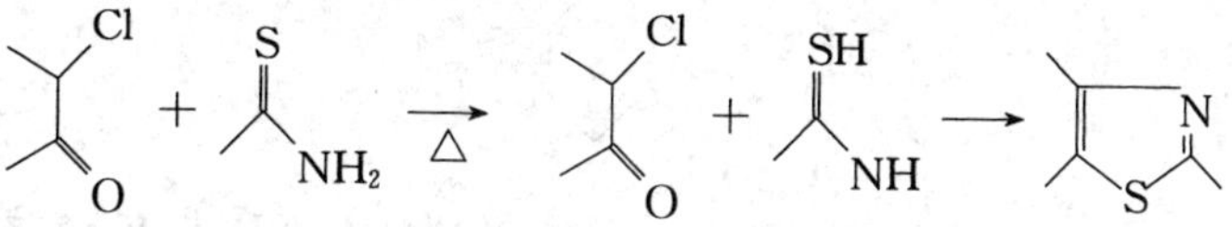

②方法二:将 2,4-二甲基噻唑-5-乙酸进行脱羧反应制得。

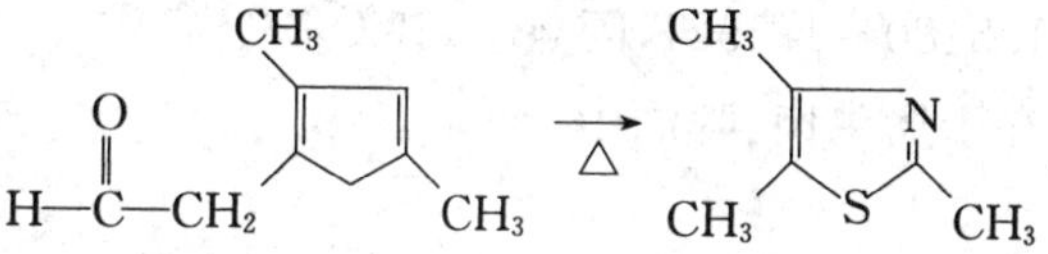

③方法三:由 3-溴代-2-丁酮与五硫化二磷和乙酰胺加热回流反应制得。

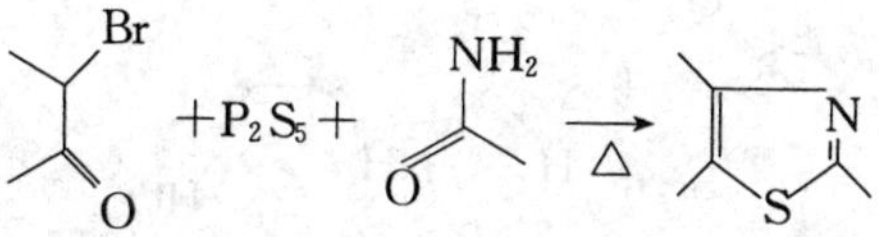

(4)主要用途　主要用于调配可可、巧克力、冰淇淋、肉类等香型食用香精和烟用香精。

(5)安全管理　FEMA 号 3325,COE11650,GB 2760—2014 批准为允许使用的食品香料。

5. 2-乙基-4-甲基噻唑(2-Ethyl-4-methylthiazole)

分子式为 C_6H_9NS,相对分子质量 127.21。CAS 为 15679-12-6。

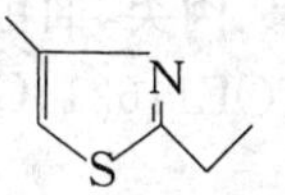

(1)理化性质　无色或黄色液体,是咖啡的挥发性香味组分之一,具有咖啡、坚果、榛子、烤香、菜肴、肉香香气。不溶于水,溶于乙醇等有机溶剂。沸点为 162～163℃、65～71℃/1.33kPa,相对密度(d_4^{20})为 1.026～1.027,折射率(n_D^{20})为 1.5110。

(2)天然存在　存在于咖啡的挥发性香味组分中。

(3)制备方法　以 α-氯代丙酮和硫代丙酰胺为原料,经加热缩合制得。

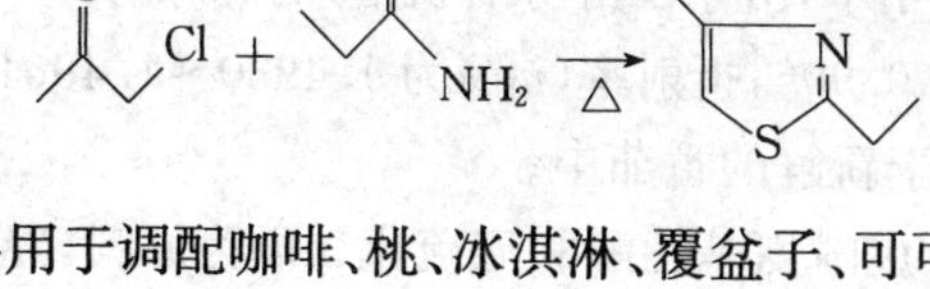

(4)主要用途　主要用于调配咖啡、桃、冰淇淋、覆盆子、可可、肉味、坚果、菜肴、蔬菜

等香精食用香精。

(5)安全管理　FEMA 号 3680,COE11612,GB 2760—2014 批准为允许使用的食品香料。

6. 4 -甲基- 5 -羟乙基噻唑(4 - Methyl - 5 - hydroxyethyl thiazole)

4 -甲基- 5 -羟乙基噻唑又称噻唑醇。

分子式为 C_6H_9NOS,相对分子质量 143.21。CAS 为 137 - 008。

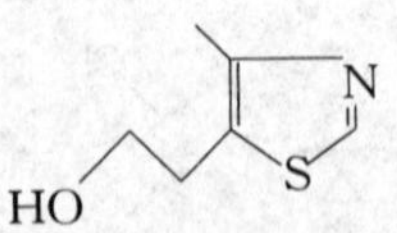

(1)理化性质　无色或黄色黏稠液体,在稀释时具有令人喜爱的坚果、烤香和肉香香气。溶于水,溶于乙醇等有机溶剂。沸点为 135~136℃/933Pa,相对密度(d_4^{20})为 1.196~1.202,折射率(n_D^{20})为 1.5480~1.5521,闪点>110℃。

(2)天然存在　存在于烤牛肉、啤酒中。

(3)制备方法

①方法一:以 α -溴代乙酰正丙醇和硫代甲酰胺为原料,经缩合环化制得。

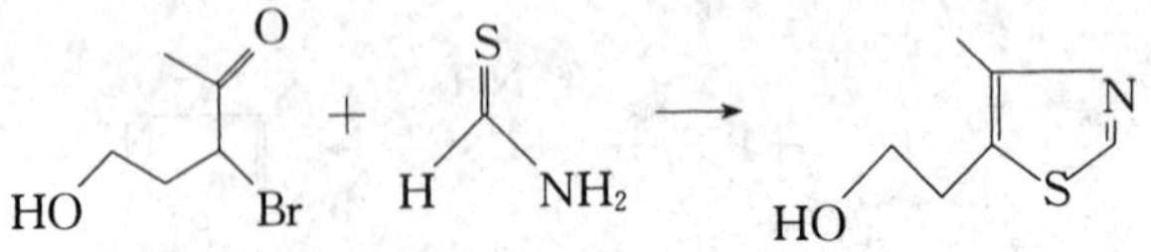

②方法二:由 4 -甲基- 5 -羟乙基噻唑乙酸酯水解制得。

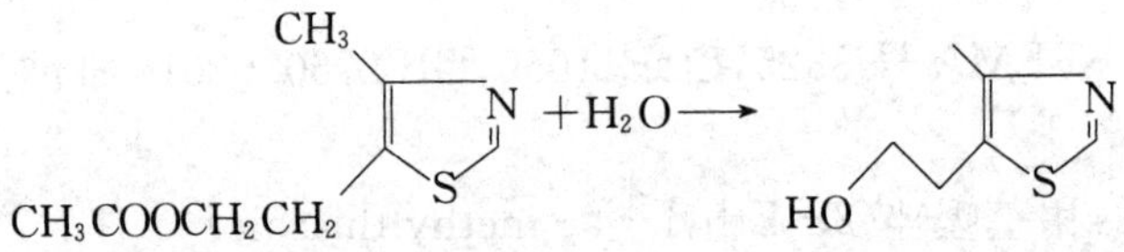

(4)主要用途　主要用于调配坚果、肉类、面包、乳制品等香型食用香精。

(5)安全管理　FEMA 号 3204,COE11621,GB 2760—2014 批准为暂时允许使用的食品香料。

7. 2 -异丁基噻唑(2 - Isobutylthiazole)

分子式为 $C_7H_{11}NS$,相对分子质量 141.23。

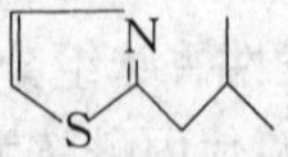

(1)理化性质　无色或黄色油状液体,是番茄的主要香气成分之一,具有蔬菜、青香、草香、番茄-叶香气。不溶于水,溶于乙醇等有机溶剂。沸点为 180~181℃、66℃/1.33kPa,相对密度(d_4^{20})为 0.995~0.996,折射率(n_D^{20})为 1.4930~1.4961。

(2)天然存在　存在于新鲜的番茄中。

(3)制备方法　以 α -戊酰氨基乙醛和五硫化二磷为原料,经加热缩合制得。

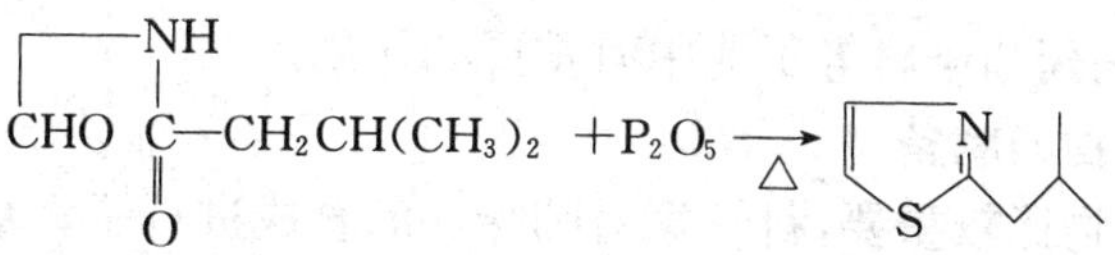

(4)主要用途　主要用于调配肉类、蔬菜、番茄、青香等香型食用香精。

(5)安全管理　FEMA 号 3134,FDA172.515,COE11618,GB 2760－2014 批准为允许使用的食品香料。

8. 4-甲基-5-(2-乙酰氧基乙基)-噻唑[4-Methyl-5-(2-acetoxyethyl)thiazole]

4-甲基-5-(2-乙酰氧基乙基)-噻唑又称噻唑酯、4-甲基-5-羟乙基噻唑乙酸酯。

分子式为 $C_8H_{11}NO_2S$,相对分子质量 185.24。CAS 为 656-53-1。

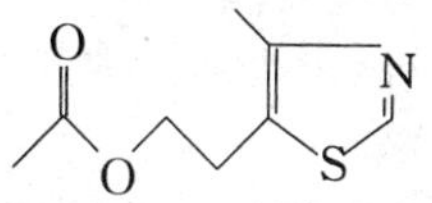

(1)理化性质　无色或黄色黏稠液体,具有烤肉、豆香、坚果、乳香、面包、肉汤、火腿香气。不溶于水,溶于乙醇等有机溶剂。沸点为 117～118℃/0.8kPa,相对密度(d_4^{20})为 1.147,折射率(n_D^{20})为 1.5070～1.5110℃,闪点>110℃。

(2)天然存在　未见文献报道。

(3)制备方法

①方法一:以乙酸 3-溴-4-氧代-1-戊酯和硫代甲酰胺为原料,经缩合环化制得。

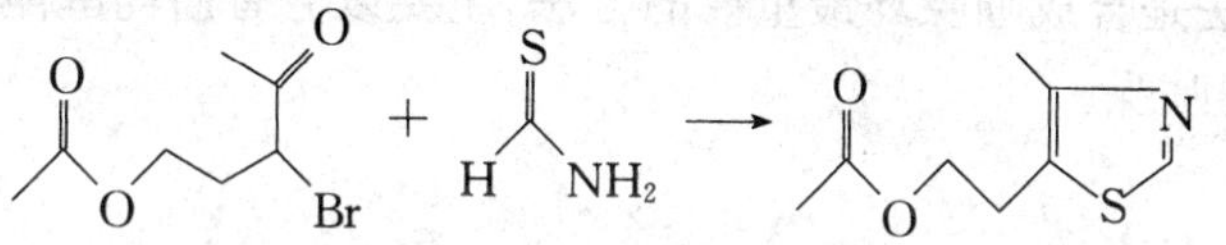

②方法二:可由 2-甲硫基-4-甲基-5-(2-乙酰氧基乙基)噻唑和铝汞齐反应制得。

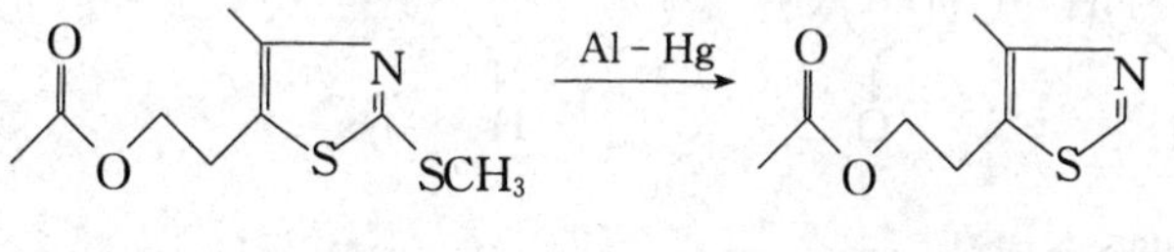

(4)主要用途　主要用于调配糖果、饮料、火腿、坚果、乳味、烘烤食品等香型食用香精。

(5)安全管理　FEMA 号 3205,GB 2760－2014 批准为暂时允许使用的食品香料。

五、由五元杂环衍生的稠环类香料

由五元杂环衍生的稠环类化合物中,有吲哚、苯并呋喃、苯并噻唑等,本节主要介绍在香料工业中有重要作用的五元稠环化合物——吲哚。

自 1866 年 Baeyer 首次分离得到吲哚以来,它不仅存在于 240～260℃馏分的煤焦油中,科学家还发现吲哚也存在于自然界的许多植物中。例如,茉莉、水仙、柠檬、橙花等;另外,许多的天然化合物都含有吲哚环,如蛋白质中的色氨酸,生物碱中的新长春碱、马钱子碱等。吲哚的—N 或—C 取代衍生物,例如,甲基吲哚和二甲基吲哚在香料工业中也有一定的使用价值,这些化合物已经从鱼、虾、肉、牛乳、茶叶、米糠、灵猫香中检测出。因此,吲哚类化合物在香料、医药和染料等工业中有重要的作用。

(一)吲哚类化合物的制备

由于吲哚类化合物比较重要,科学家对吲哚环的合成进行了大量研究,下面简要介绍各种取代吲哚的合成反方法。

1. Bartoli 吲哚合成法

该方法是由邻硝基取代苯和乙烯基格氏试剂反应制得 7 位取代吲哚的方法。

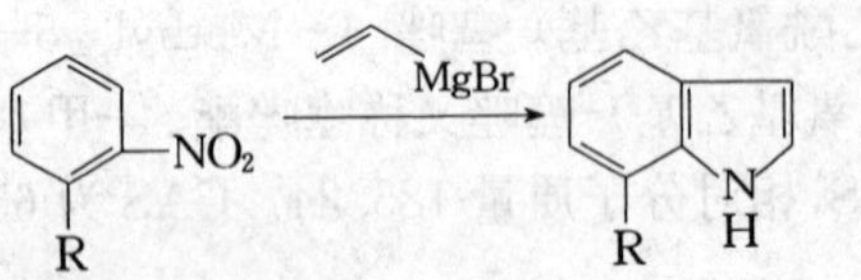

2. Bischler - Mohlau 吲哚合成法

该合成法是由 α -卤代酮或 α -羟基酮和芳香胺反应制得吲哚类化合物。

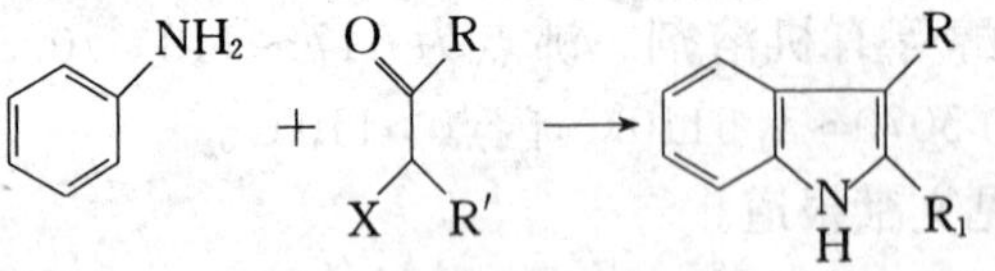

3. Fischer 吲哚合成法

Fischer 合成法是合成吲哚环最重要的方法,主要以芳香肼与醛酮为原料在路易斯酸的催化下关环制得吲哚。

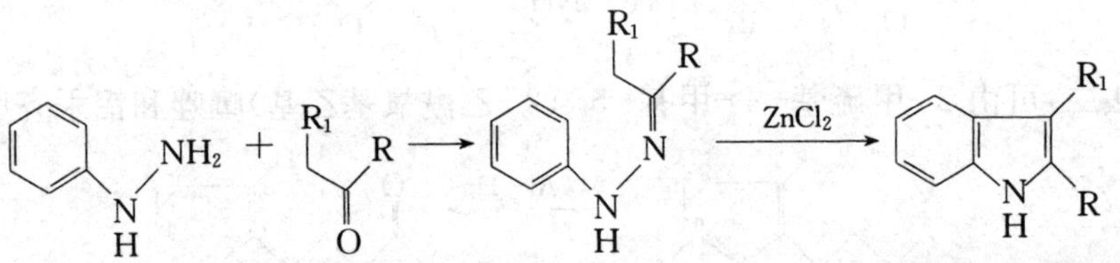

4. Gassman 吲哚合成法

该合成法是以 *N* -氯代苯胺和 α -甲硫基酮为原料制得 3 位甲硫基取代的吲哚。

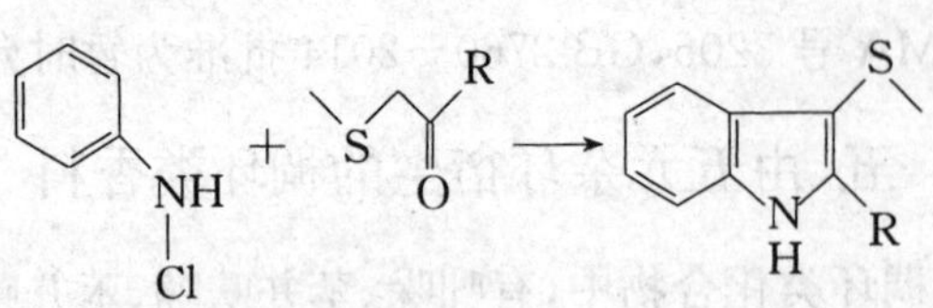

5. Hegedus 吲哚合成法

该合成法是利用邻位的烯丙基苯胺在化学计量 Pd(Ⅱ)催化下关环制得吲哚。

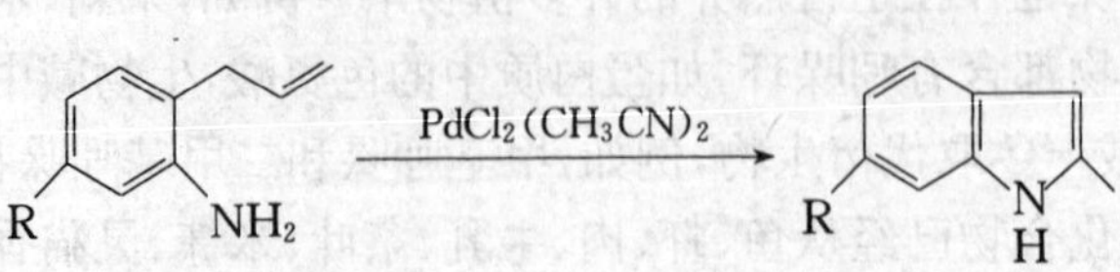

6. Larock 吲哚合成

该合成法是利用邻碘苯胺和丙炔醇在 Pd(Ⅱ)催化下发生偶联反应制得吲哚。

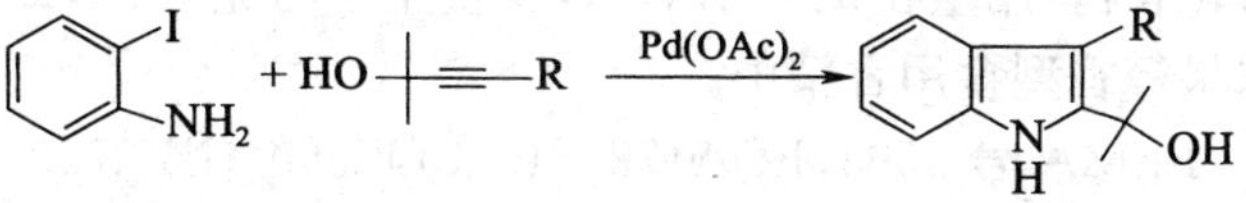

7. Madelung 吲哚合成法

该合成法以 2-酰胺基甲苯为原料，在强碱作用下环化制得吲哚。

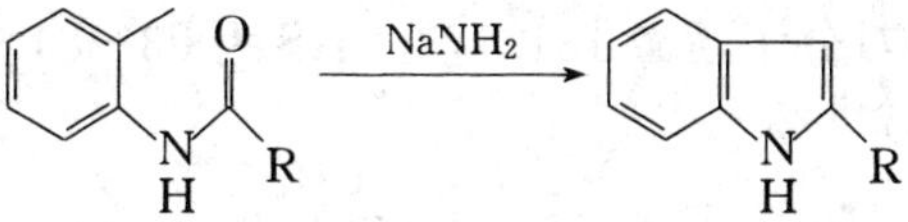

8. Nenitzescu 吲哚合成法

该合成法以苯醌和 β-胺基丁烯酸酯缩合制得 5-羟基吲哚。

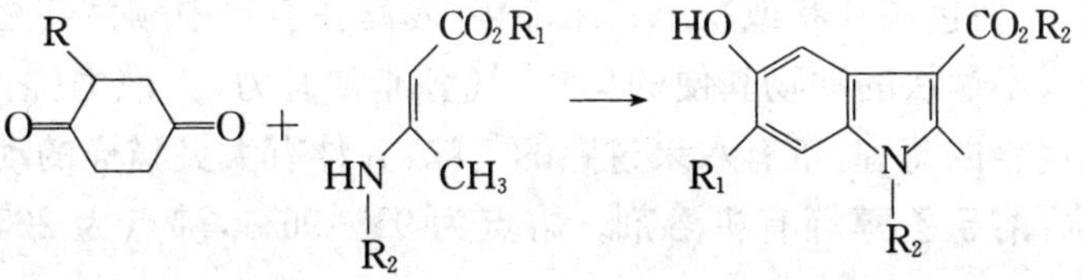

(二)吲哚类香料

1. 吲哚(Indole)

吲哚又称 1-氮杂茚、2,3-苯并吡咯。

分子式为 C_8H_7N，相对分子质量 117.15。CAS 为 120-72-9。

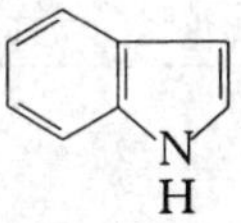

(1)理化性质　白色结晶体，浓度高时具有强烈的动物粪便的臭味，稀释后具有令人愉快的茉莉花、橙花样鲜香香气。几乎不溶于水，溶于乙醇等有机溶剂。熔点为 51～53℃，沸点为 253～254℃、128℃/1.3kPa，相对密度(d_4^{20})为 1.220，折射率(n_D^{60})为 1.6090，闪点>100℃。

(2)天然存在　存在于茉莉花、橙花、柠檬、水仙、长寿花、香罗兰等精油及咖啡等天然食品中。

(3)制备方法　制备吲哚的方法较多，在工业上可从煤焦油里分离得到，它在煤焦油中的含量为 2%～3%。在工业上也可以邻氨基乙苯为原料，在氮气气流中，在氧化铝存在下脱氢环化制得。

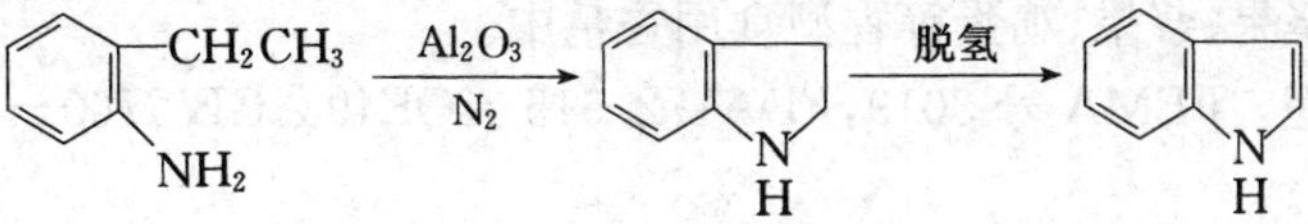

为了获得调香规格的吲哚，需将工业品进行真空蒸馏和重结晶提纯，才能符合要求。

(4)主要用途　主要用于调配茉莉、紫丁香、橙花、荷花、水仙、白兰、依兰依兰等花香型和动物香型等日化香精，用量在1%以内。极少量用于巧克力、草莓、苦橙、咖啡、坚果、干酪、柑橘、混合水果等香型食用香精中。

(5)安全管理　FEMA号2593，FDA172.515，COE560，GB 2760—2014批准为允许使用的食品香料。

2. 3-甲基吲哚(3-Methylindole)

3-甲基吲哚又称粪臭素、β-甲基吲哚。

分子式为C_9H_9N，相对分子质量131.17。CAS为83-84-1。

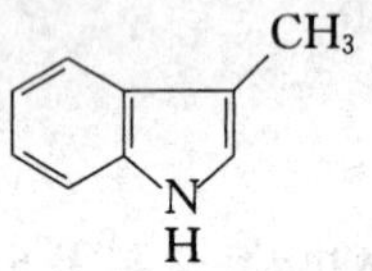

(1)理化性质　白色鳞片状或粉末状结晶体，暴露在空气中颜色会逐渐变深。浓度高时具有强烈的令人不愉快的动物粪便的臭味，气势非常有力，扩散力强而持久；稀释后却具有令人愉快的优雅的花香，带有水果过熟的气味，并伴有大灵猫样的动物香。几乎不溶于冷水，溶于沸水，溶于乙醇等有机溶剂。熔点为95～96℃，沸点为265～266℃，闪点>100℃。

(2)天然存在　存在于某些精油、灵猫的分泌物和粪便中以及不同种的奈克坦木中。

(3)制备方法

①方法一：以邻乙基-N-甲酰基苯胺为原料，经异构化和环化制得。

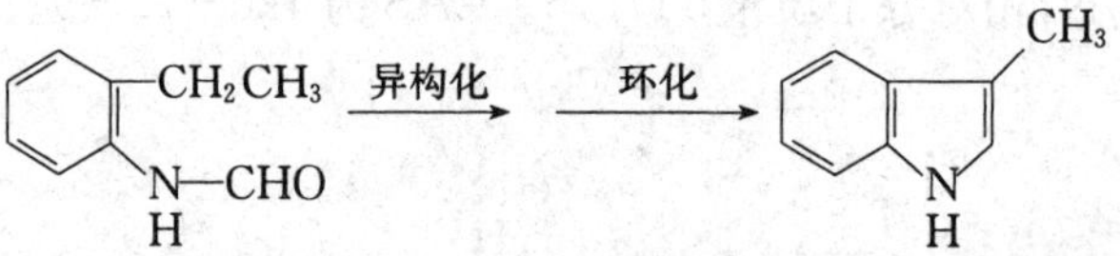

②方法二：以苯肼和丙醛为原料，首先经加热反应脱水后生成丙醛苯胺，然后再以氯化铜或氯化锌为催化剂通过加热脱氨环化制得。

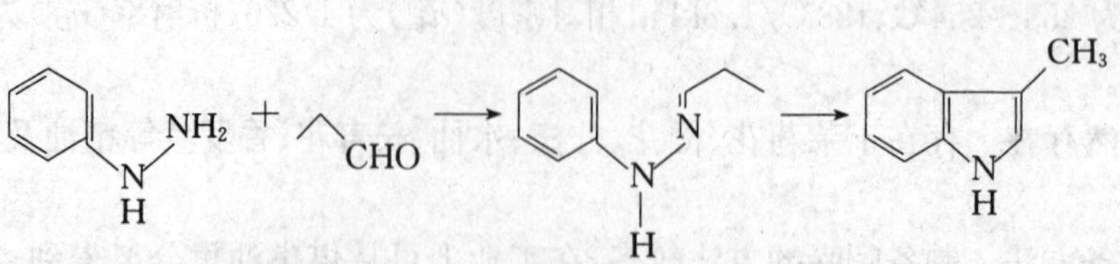

(4)主要用途　3-甲基吲哚是一种很好的定香剂，它在配方中用量很少，通常是大量稀释后使用，极微量地用于调配花香型和人造灵猫香膏香型等日化香精；极微量地用于葡萄、干酪、果香、坚果、浆果、鸡蛋等香型食用香精中。

(5)安全管理　FEMA号3019，FDA172.515，COE493，GB 2760—2014批准为允许使用的食品香料。

第三节　含一个或多个杂原子的六元环体系

一、吡啶类

苯环上的一个次甲基被氮原子取代后形成的化合物就是吡啶。吡啶及其同系物早在19世纪下半叶就被科学家从煤焦油中分离制得，此后化学家就对含有吡啶环的化合物进行了大量的研究，发现这些化合物广泛地存在于生物体内。对于吡啶类香料的研究开始于20世纪70年代，在茉莉、玫瑰草、薰衣草等精油及马铃薯、大麦、茶叶、咖啡、烟草等食品中发现了少量的吡啶类化合物。到目前为止，吡啶类香料广泛地应用于烘烤食品、肉制品、软饮料等食用香精中，发展前景广阔。调香中所使用的吡啶类香料均为合成品，其中以烷基吡啶类香料最多，还有烷氧基吡啶类香料，以及用作食品增香剂的吡啶硫化物等。

(一)吡啶类化合物的制备

1. Chichibabin 吡啶合成法

该合成法以氨或胺类化合物与醛反应制得吡啶化合物。

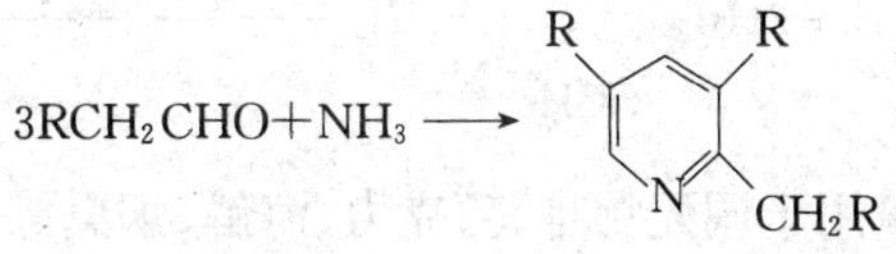

2. Hantzsch 合成法

该法主要以1,3-二羰基化合物与醛在氨的作用下反应制得吡啶类化合物。

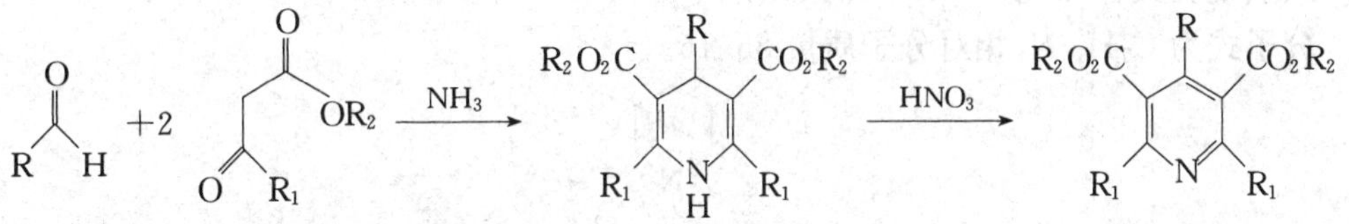

3. Kröhnke 合成法

该合成法以α卤代酮的吡啶盐和α,β-不饱和酮发生加成反应后再经环化制得。

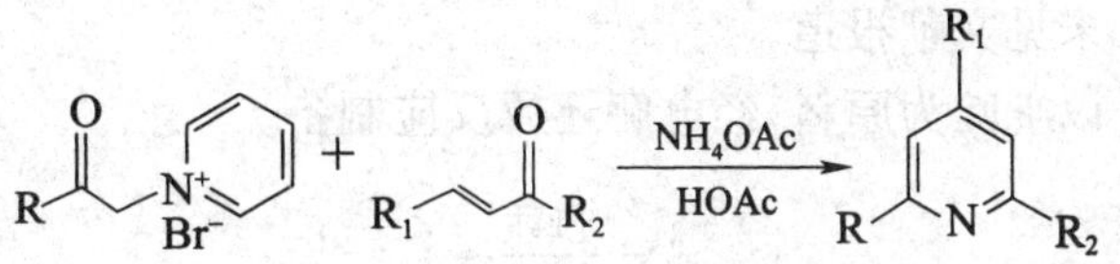

另外，通过吡啶类化合物的亲电和亲核反应，也可以得到一系列吡啶类衍生物。

(二)吡啶类香料

吡啶类香料在甜味香精中的应用不普遍，这类香料在咸味香精中的应用前景很好，在烟草香精中应用也较多。

1. 吡啶(Pyridine)

吡啶又称氮杂苯。

分子式为 C_5H_5N,相对分子质量 79.10。

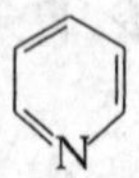

(1)理化性质　无色液体,具有强烈的、刺鼻的胺味和辛辣味,恶臭。溶于水,溶于乙醇等有机溶剂。熔点为-42℃,沸点为 115～116℃,相对密度(d_4^{20})为 0.980～0.981,折射率(n_D^{20})为 1.5090～1.5101,闪点为 21℃。

(2)天然存在　存在于煤焦油、页岩油和骨焦油种。

(3)制备方法

①方法一:以糠醛为原料制备。

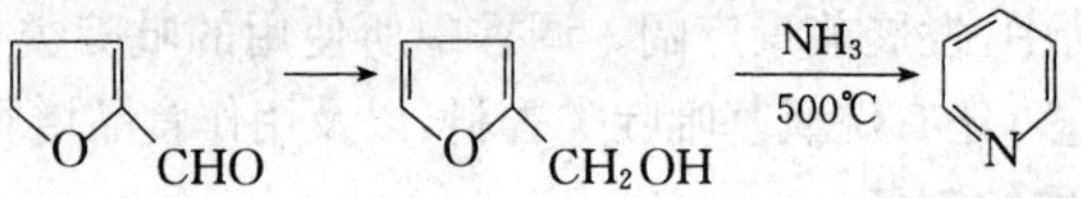

②方法二:以乙炔为原料制备。

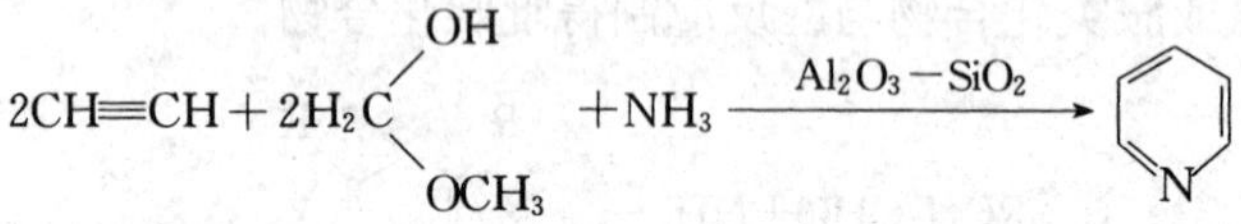

(4)主要用途　极少量用于调配咖啡、巧克力、海鲜、烟熏等香型食用香精。

(5)安全管理　FEMA 号 2966,GB 2760－2014 批准为允许使用的食品香料。

2. 六氢吡啶(Hexahydropyridine)

六氢吡啶又称哌啶(Piperidine)、氮杂苯。

分子式为 $C_5H_{11}N$,相对分子质量 85.15。

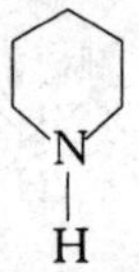

(1)理化性质　无色液体,具有动物香气,辛香气息。溶于水,溶于乙醇等有机溶剂。熔点为-13℃,沸点为 106℃,相对密度(d_4^{20})为 0.860～0.861,折射率(n_D^{20})为 1.4525。

(2)天然存在　未见文献报道。

(3)制备方法　以吡啶为原料,经电解还原反应制备。

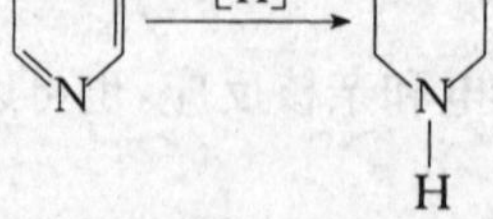

(4)主要用途　主要用于调配辛香味、鱼、海鲜等香型食用香精。

(5)安全管理　FEMA 号 2908,GB 2760－2014 批准为允许使用的食品香料。

3. 2-乙酰基吡啶(2-Acetylpyridine)

分子式为 C_7H_7ON,相对分子质量 121.14。

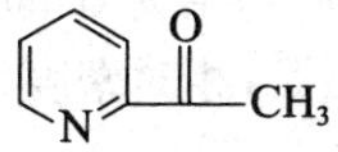

(1)理化性质　无色液体，具有爆米花、坚果香气。暴露于空气中逐渐变为黄色。不溶于水，溶于乙醇等有机溶剂。沸点为 192～193℃，折射率(n_D^{20})为 1.5203。

(2)天然存在　未见文献报道。

(3)制备方法　由吡啶甲酸乙酯经氨化后得到酰胺，再脱水生成吡啶腈，最后与甲基格氏试剂反应制得 2-酰基吡啶。

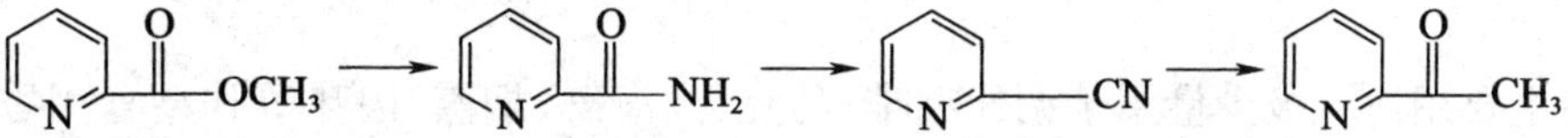

(4)主要用途　用来调配烤香、乳味、肉味、烟草、爆玉米花等香型食用香精。

(5)安全管理　FEMA 号 3251，COE2315，GB 2760－2014 批准为允许使用的食品香料。

4. 3-乙酰基吡啶(3-Acetylpyridine)

3-乙酰基吡啶又称 β-乙酰基吡啶、3-吡啶基甲基酮。

分子式为 C_7H_7ON，相对分子质量 121.14。

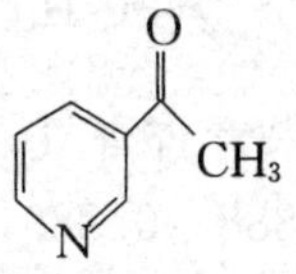

(1)理化性质　无色液体，具有爆米花、花生、坚果、烟草等香气。溶于水，溶于乙醇等有机溶剂。沸点为 220～221℃。

(2)天然存在　未见文献报道。

(3)制备方法　由 3-吡啶甲酸和乙酸钙、氧化钙一起干馏制得。

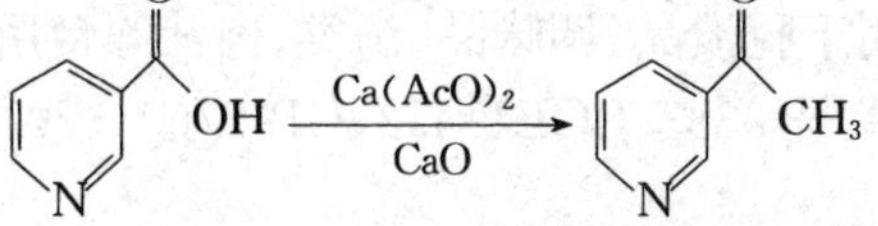

(4)主要用途　主要用于调配爆玉米花、面包、花生、肉味等香型食用香精和烟草香精。

(5)安全管理　FEMA 号 3424，COE2316，GB 2760－2014 批准为允许使用的食品香料。

5. 3-乙基吡啶(3-Ethylpyridine)

3-乙基吡啶又称 β-乙基吡啶。

分子式为 C_7H_9N，相对分子质量 107.15。

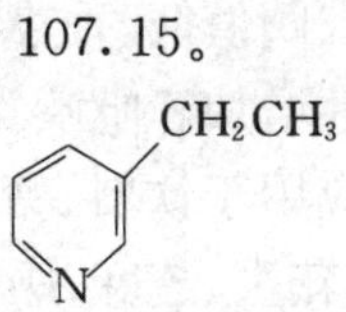

(1)理化性质 无色或浅棕色液体,具有簝草的香气、烤香和熏香香味。微溶于水,溶于乙醇等有机溶剂。沸点为 163～165℃,相对密度(d_4^{20})为 0.940,折射率(n_D^{20})为 1.5020～1.5030。

(2)天然存在 少量存在于咖啡、茶叶和茉莉中。

(3)制备方法 以 3-乙酰基吡啶为原料,经还原制得。

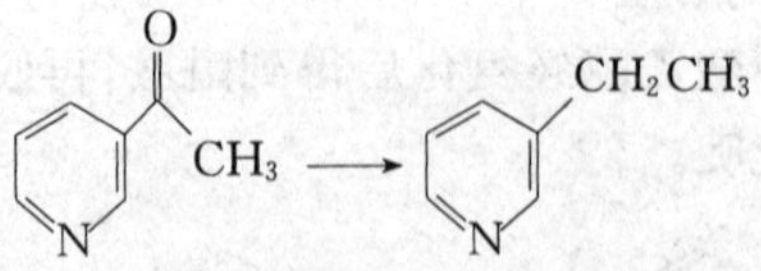

(4)主要用途 极少量用于调配咖啡、巧克力、海鲜、烟熏、肉味等香型食用香精和烟草香精。

(5)安全管理 FEMA 号 3394,COE11386,GB 2760－2014 批准为允许使用的食品香料。

6. 2-正戊基吡啶(2-Pentylpyridine)

分子式为 $C_{10}H_{15}N$,相对分子质量 149.23。

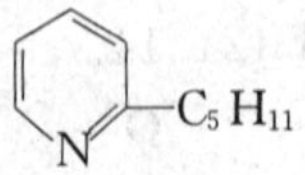

(1)理化性质 油状液体,具有坚果青香香气。微溶于水,溶于乙醇等有机溶剂。沸点为 104～105℃,相对密度(d_4^{20})为 0.888～0.889,折射率(n_D^{20})为 1.4830～1.4840。

(2)天然存在 在炒花生、炒榛子、炸牛肉中有微量存在。

(3)制备方法 以 2-戊烯基吡啶为原料,经氢化还原反应制得。

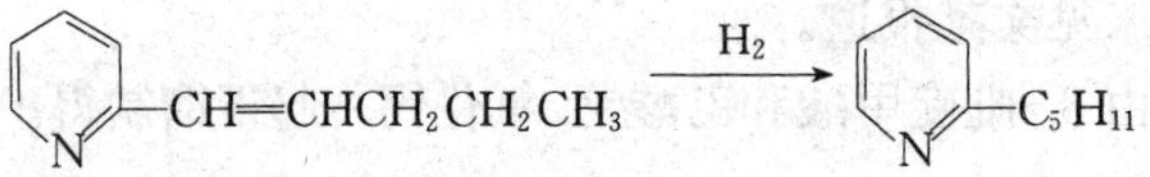

(4)主要用途 微量用于腌渍品、调味品、汤类、肉汁等食用香精的调配。

(5)安全管理 FEMA 号 3383,COE11412,GB 2760－2014 批准为允许使用的食品香料。

二、吡嗪类

早在 1879 年科学家就从食品中分离出烷基吡嗪,并于 1888 年首次合成出吡嗪。吡嗪类化合物在自然界中存在较少,但是在 20 世纪 60 年代后,科学家在对许多天然食品的研究中发现了大量的含有吡嗪环的化合物,如炸马铃薯、咖啡、大麦、大豆产品、面包、豌豆等。吡嗪类化合物对某些食品的香味起着明显的作用,是构成某些食品香味的微量成分,并且这一类化合物具有香气特征突出、阈值低、香势特别强等特点,在食品中使用量极少,因而可以使加香成本降低,安全可靠性增加。吡嗪类化合物大多数具有咖啡、巧克力、坚果香气以及焙烤焦香香气,它们广泛应用于饮料、糖果、糕点、肉制品和乳制品中,用于调配咖啡、可可、核桃、桃、巧克力、糖果、花生、芝麻、奶油、饮料、饼干、烟酒等食用香精。

(一)烷基吡嗪类化合物的制备

吡嗪环是比较容易合成的芳环,合成的方法也比较多。烷基吡嗪的主要制备方法有以下几种。

1. 由含活泼亚甲基的酮类化合物合成

用亚硝酸处理含有活泼亚甲基的酮得到异亚甲硝基酮,然后将其还原为 α -氨基酮,再脱水环化得二氢吡嗪。这是制备烷基吡嗪的常用方法。

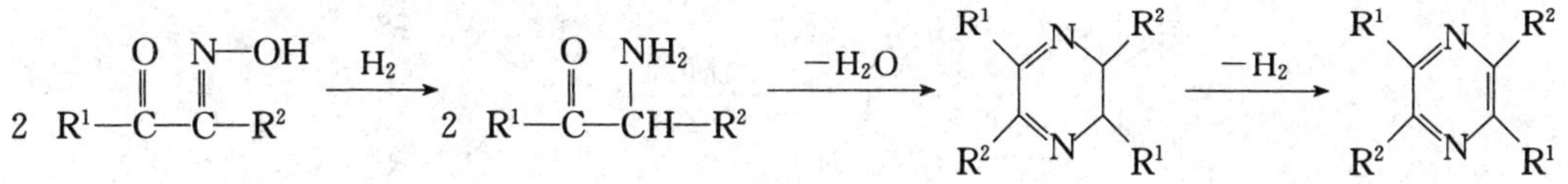

2. 邻二酮和邻二胺反应先生成二氢吡嗪

邻二酮和邻二胺首先缩合生成二氢吡嗪,然后经空气自动氧化或催化脱氢生成吡嗪环。

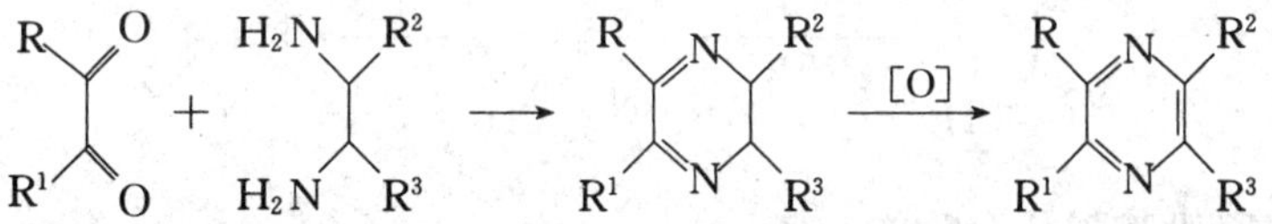

3. 由 α -卤代甲基酮制备

α -卤代甲基酮和氨在高压釜中于高温下进行反应,卤素被氨基取代生成 α -氨基酮,α -氨基酮进一步缩合闭环生成二氢吡嗪,最后被空气氧化生成吡嗪,此法用于制备 2,5-二取代吡嗪。

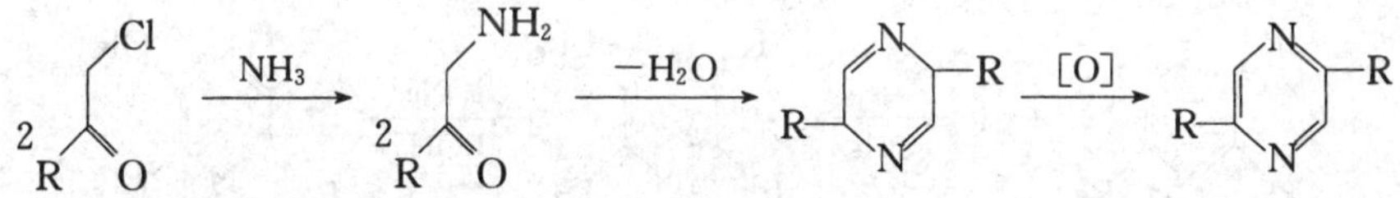

4. 由 α -氨基酮制备

α -氨基酮可以与 α -卤代酰卤反应制得卤代酰胺后再环化为吡嗪。

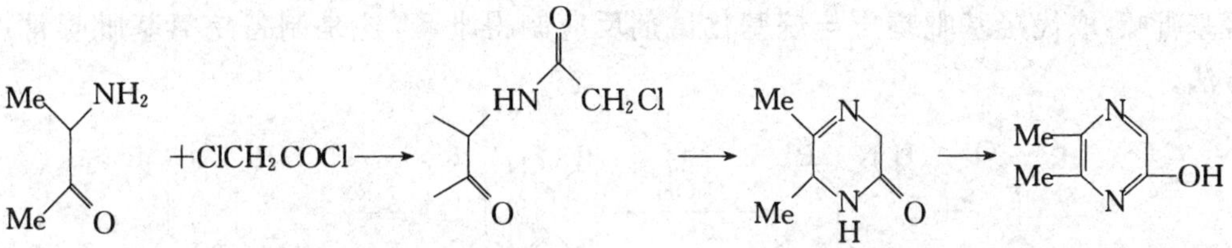

5. 由吡嗪或烷基吡嗪与醛或酮反应制备

吡嗪或烷基吡嗪与醛或酮在钠和液氨存在下反应,这是由吡嗪或烷基吡嗪制备多一个烷基取代基吡嗪的方法。

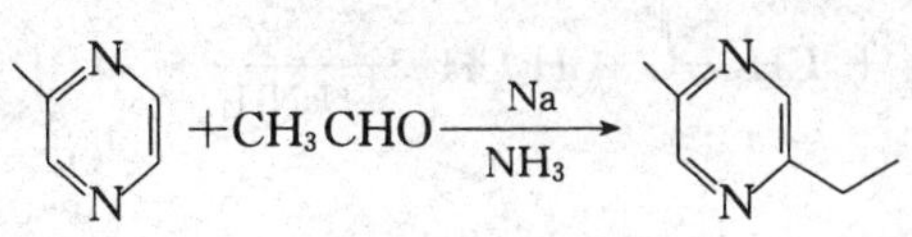

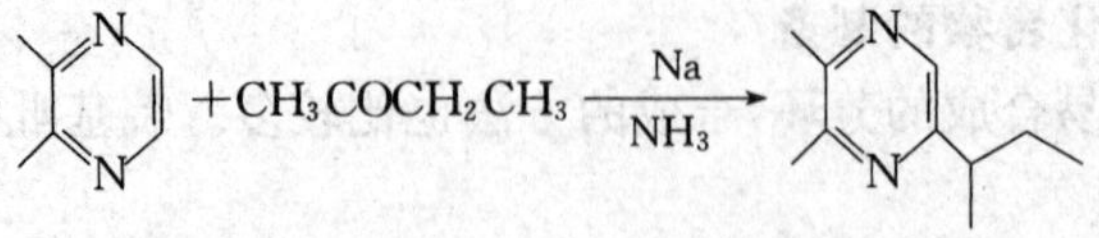

6. 由邻二醇和邻二胺反应制备

这是合成烷基吡嗪的常用方法。

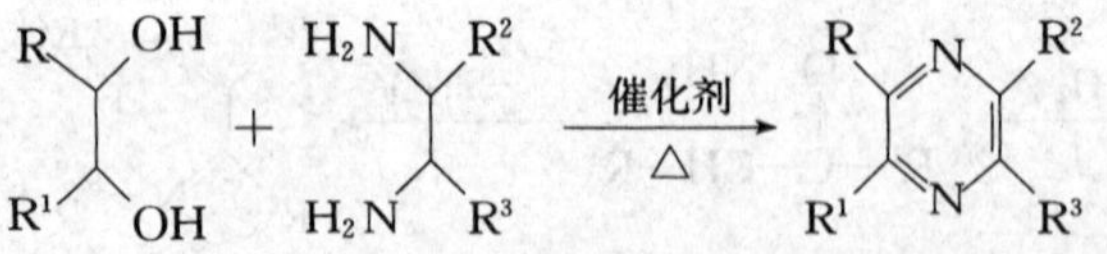

7. 2-甲基吡嗪的增链反应

2-甲基吡嗪与氨基钠在液氨中反应生成相应的阴离子,然后与卤代烷反应。

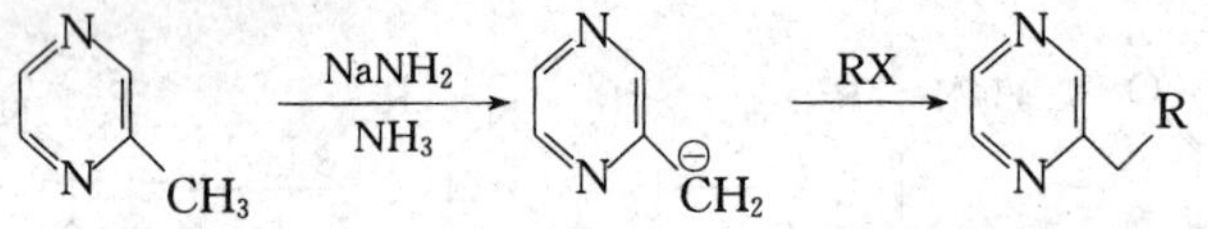

(二)烷氧基吡嗪类化合物的制备

烷氧基吡嗪类化合物是目前研究和应用得较多的一类吡嗪衍生物。这类化合物的制备方法有以下几种。

1. 由卤代吡嗪与醇钠反应制备

这是合成烷氧基吡嗪的一般方法。

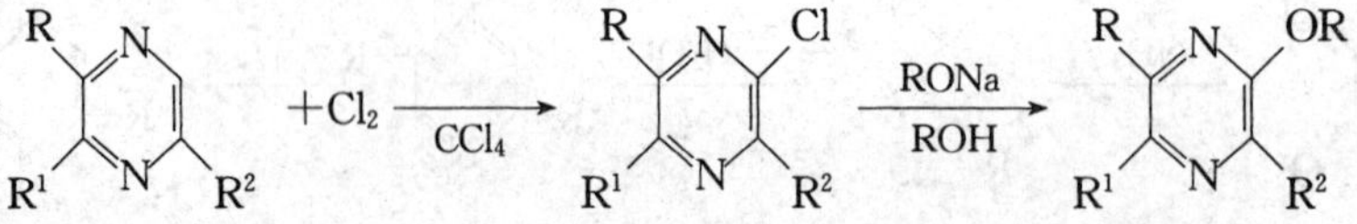

2. 由α-氨基酰胺与α-二羰基化合物制备

α-氨基酰胺与α-二羰基化合物在 NaOH 的作用下,低温进行缩合反应生成取代的羟基吡嗪,取代羟基吡嗪再与烷基化试剂反应制得吡嗪,这是制备烷氧基吡嗪常用的方法。

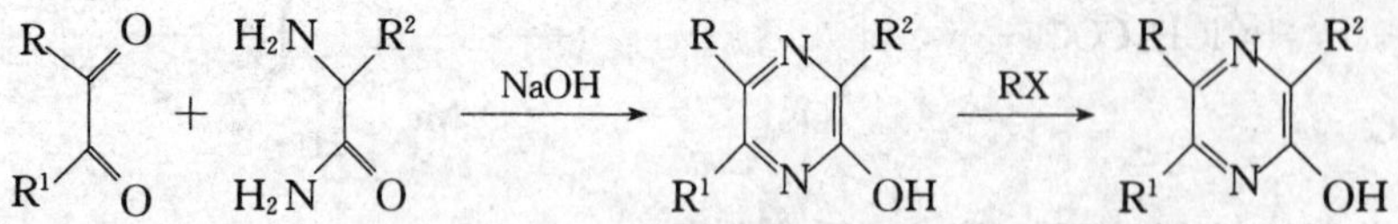

3. 烷氧基吡嗪与酮反应

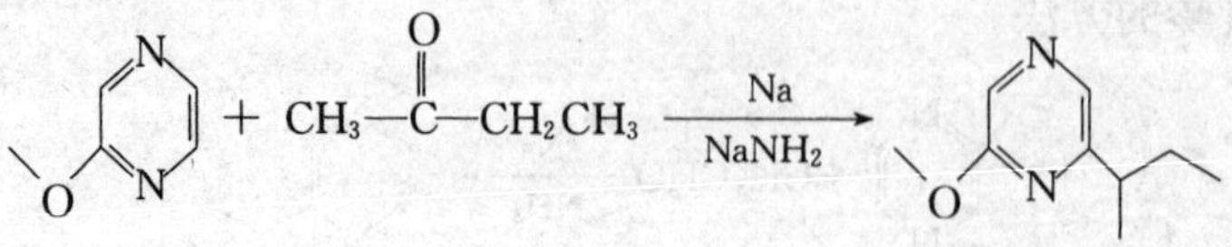

(三)乙酰基吡嗪类化合物的制备

乙酰基吡嗪类化合物是一类极有价值的天然产物，其制备方法主要有以下几种。

1. 由氰基吡嗪制备

由氰基吡嗪与格氏试剂反应可以制得2-乙酰基吡嗪。

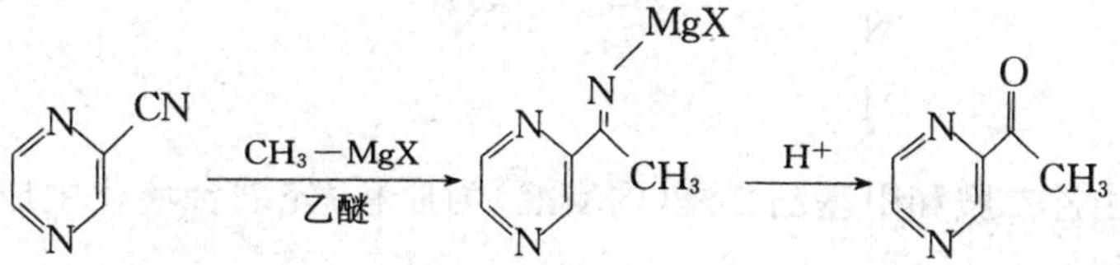

2. 由2-乙基-3-烷基吡嗪制备

2-乙基-3-烷基吡嗪与*N*-卤代琥珀酰亚胺作用生成2-(1-卤代乙基)-3-烷基吡嗪，然后用碱金属和2-硝基丙烷处理制得相应的2-乙酰基-3-烷基吡嗪。

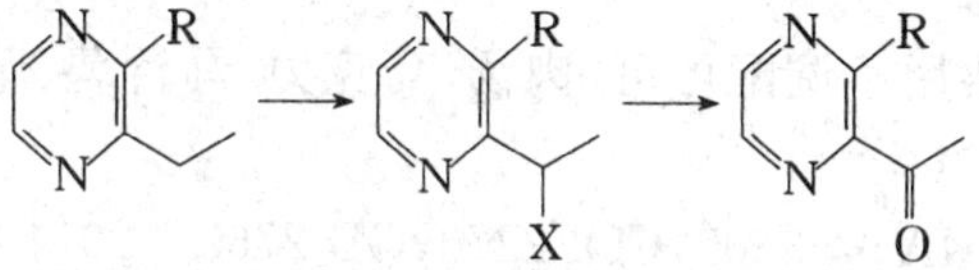

(四)吡嗪类香料

吡嗪类化合物具有十分重要的价值，这不仅是因为它们是存在于自然界的成分，而且更重要的是它们在极低的浓度下可以表现出独特的香气特性。2-乙基-3-甲氧基吡嗪在增强烤土豆的香味时非常有效；烷基吡嗪直接提供食品的焙烤香气；2-乙基-2,5-二甲基吡嗪是烤土豆最重要的香味成分。吡嗪类也可提供烤肉坚果样烤香，2,3-二甲基吡嗪是烤肉香味重要的成分，2,5-二甲基吡嗪是鸡肉汤、烤肉和牛肉的香味成分，2-乙酰基吡嗪是食品理想的香味剂，它赋予食品体系爆米花样香味。2-异丁基-3-甲氧基吡嗪可用于新鲜青胡椒香味的食品中。

1. 2-甲基吡嗪(2-Methylpyrazine)

2-甲基吡嗪又称甲基吡嗪、2-甲基-1,4-二嗪。

分子式为$C_5H_6N_2$，相对分子质量94.12。CAS为109-08-0。

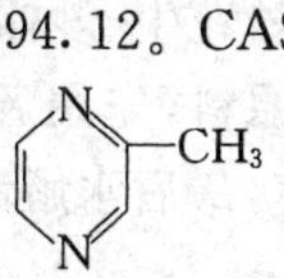

(1)理化性质　无色或浅黄色液体，具有烤香、坚果香香气。溶于水，也溶于乙醇等有机溶剂。沸点为136～137℃，相对密度(d_4^{20})为1.029，折射率(n_D^{20})为1.5050～1.5067，闪点为50℃。

(2)天然存在　存在于烤胡桃、炒大麦、炒花生、可可、咖啡、马铃薯制品等多种食品中。

(3)制备方法

①方法一：由乙二胺和1,2-丙二醇缩合、环化，最后在金属氧化物存在下脱氢制得。

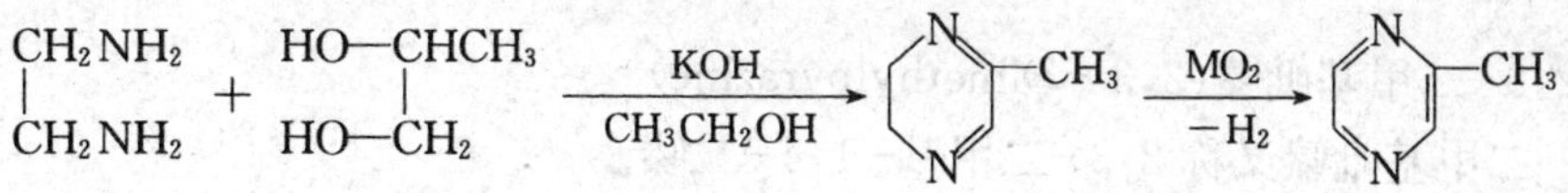

②方法二:由 2-甲基哌嗪催化脱氢制得。

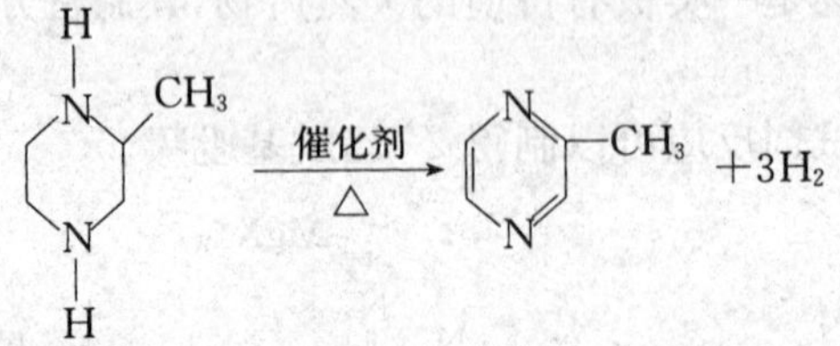

③方法三:由乙二胺和甲基乙二醛(丙酮醛)为原料,先缩合环化生成 2-甲基二氢吡嗪,再经脱氢制得。

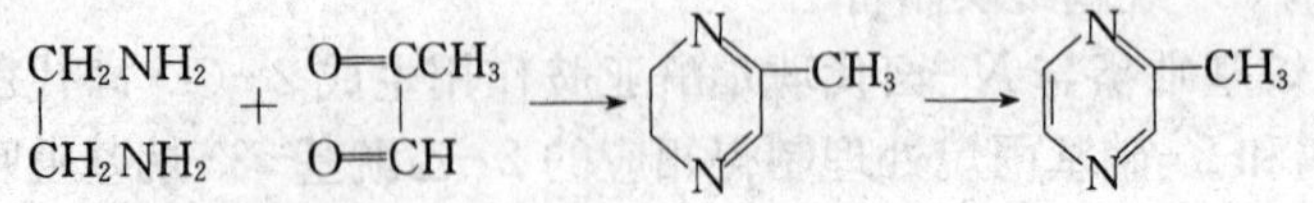

(4)主要用途　主要用于调配可可、肉汤、巧克力、马铃薯、坚果、乳制品等香型食用香精。

(5)安全管理　FEMA 号 3309,COE2270,GB 2760—2014 批准为允许使用的食品香料。

2. 2-乙酰基吡嗪(2-Acetylpyrazine)

2-乙酰基吡嗪又称乙酰基吡嗪、甲基吡嗪基酮。

分子式为 $C_6H_6N_2O$,相对分子质量 122.13。CAS 为 22047-25-2。

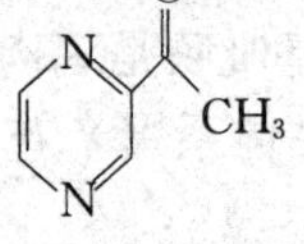

(1)理化性质　白色结晶固体,具有爆玉米花、烤香、坚果、烤花生样香气。几乎不溶于水,溶于乙醇等有机溶剂。熔点为 79～80℃。

(2)天然存在　存在于爆玉米花、炒花生、炒榛子、芝麻油等食品中。

(3)制备方法　以 2-吡嗪酰胺为原料,先用五氯氧磷作为脱水剂,使之转化为 2-氰基吡嗪,再与格氏试剂甲基溴化镁反应,最后水解制得。

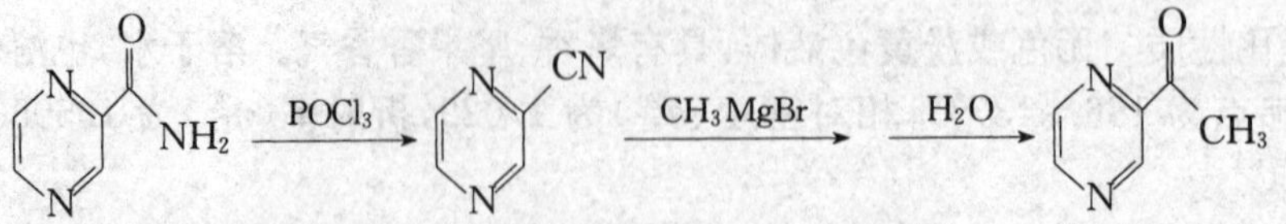

(4)主要用途　用于调配水果、坚果、面包、咖啡、谷制品、马铃薯、爆玉米花等香型食用香精。也可用于调配烟用香精。

(5)安全管理　FEMA 号 3126,COE2286,GB 2760—2014 批准为允许使用的食品香料。

3. 2,3-二甲基吡嗪(2,3-Dimethylpyrazine)

2,3-二甲基吡嗪又称 2,3-二甲基-1,4-二嗪。

分子式为 $C_6H_8N_2$，相对分子质量 108.14。CAS 为 5910-89-4。

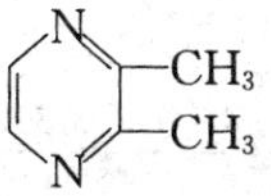

(1)理化性质　白色至淡黄色固体，具有烤香、咖啡、马铃薯、霉香、肉香、奶油香气。溶于水，也溶于乙醇等有机溶剂。熔点为 43～44℃，沸点为 154～155℃，相对密度(d_4^{20})为 1.506～1.509，折射率(n_D^{20})为 1.5070，闪点为 54℃。

(2)天然存在　在炒大麦、炒花生、炒核桃、炒榛子、烤核桃、炸马铃薯片、爆玉米花、可可、咖啡、大豆制品、乳制品、朗姆酒、威士忌、河虾、卷心菜等多种食品中均有存在。

(3)制备方法

①方法一：由 2,3-丁二醇和乙二胺经缩合、闭环和脱氢反应制得。

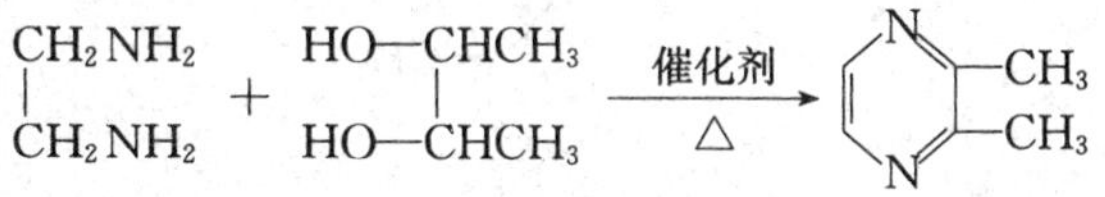

②方法二：以丁二酮和乙二胺为原料，首先生成 2,3-二甲基二氢吡嗪，然后在碱(KOH)的乙醇溶液中加热脱氢制得。

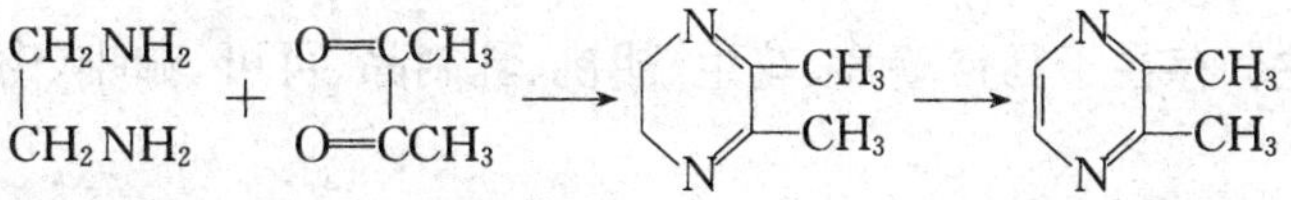

(4)主要用途　主要用于调配咖啡、乳制品、马铃薯、面包、花生、肉、可可、坚果、榛子等香型食用香精。

(5)安全管理　FEMA 号 3271，COE11323，GB 2760—2014 批准为暂时允许使用的食品香料。

4. 2,5-二甲基吡嗪(2,5-Dimethylpyrazine)

2,5-二甲基吡嗪又称 2,5-二甲基-1,4-二嗪。

分子式为 $C_6H_8N_2$，相对分子质量 108.14。CAS 为 123-32-0。

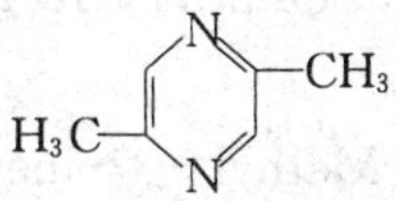

(1)理化性质　无色或浅黄色液体，遇冷会凝固，具有坚果香气和烤马铃薯片的香气。溶于水，也溶于乙醇等有机溶剂。熔点为 15～16℃，沸点为 154～155 ℃，相对密度(d_4^{20})为 0.990，折射率(n_D^{20})为 1.4997～1.5000，闪点为 63℃。

(2)天然存在　存在于炒大麦、炒花生、炒榛子、炒核桃、爆米花、乳制品、炸马铃薯、烘焙咖啡、烘焙胡桃、爆玉米花、可可、河虾、猪肉、炖牛肉、朗姆酒、威士忌等多种食品中。

(3)制备方法

①方法一：由氨基丙酮经自身缩合和氧化汞氧化制得。

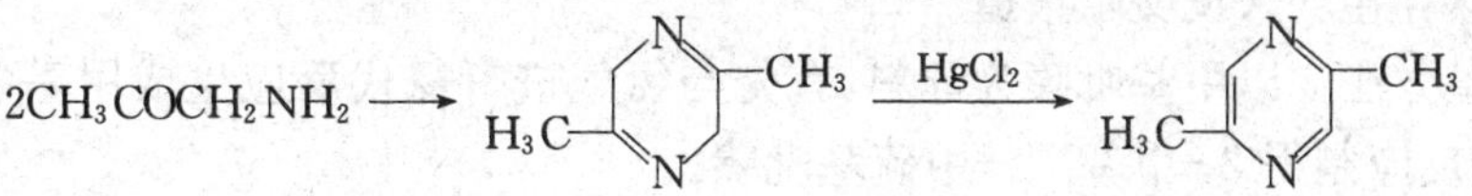

②方法二:由 α-氨基丙醇氧化制得。

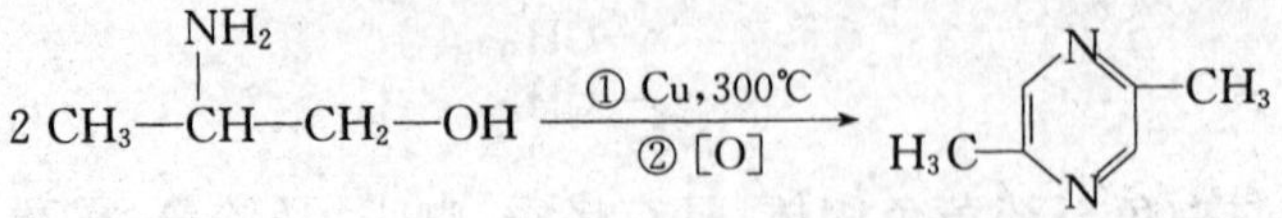

(4)主要用途　主要用于调配马铃薯、面包、花生、咖啡、乳制品、菜肴等香型食用香精。

(5)安全管理　FEMA 号 3272,COE2210,GB 2760—2014 批准为允许使用的食品香料。

5. 2,6-二甲基吡嗪(2,6-Dimethylpyrazine)

分子式为 $C_6H_8N_2$,相对分子质量 108.14。CAS 为 108-50-9。

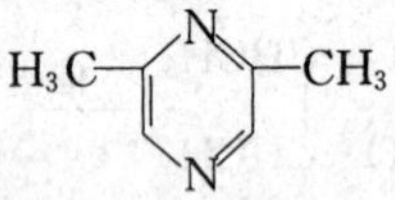

(1)理化性质　白色结晶固体,具有芳香的炒食、烤食以及咖啡、花生、马铃薯等香气。溶于水,也溶于乙醇等有机溶剂。熔点为 35～40℃,沸点为 154～155℃,相对密度(d_4^{50})为 0.965,闪点为 52℃。

(2)天然存在　存在于马铃薯片、花生、胡桃、乳制品、可可、咖啡、肉、威士忌等多种食品中。

(3)制备方法　由 1,2-二氨基丙烷和 1,2-丙二醇经缩合、闭环和脱氢反应制得。

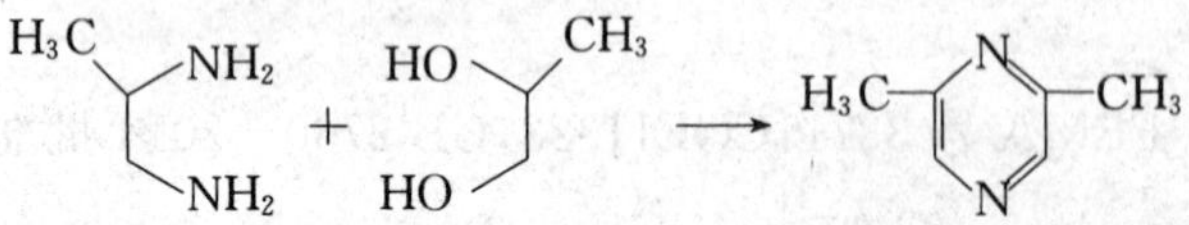

(4)主要用途　主要用于调配肉类、巧克力、咖啡、马铃薯、面包、花生等香型食用香精。

(5)安全管理　FEMA 号 3273,COE2211,GB 2760—2014 批准为允许使用的食品香料。

6. 2-甲基-3-甲硫基吡嗪(2-Methyl-3-methylthiopyrazine)

分子式为 $C_6H_8N_2S$,相对分子质量 140.21。CAS 为 67952-65-2。

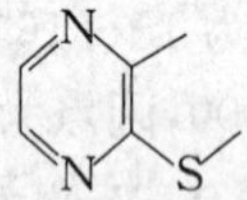

(1)理化性质　无色液体,具有炒杏仁、炒榛子等坚果香气,以及爆玉米花香味。微溶于水,溶于乙醇等有机溶剂。沸点为105～106℃/1.6kPa,相对密度(d_4^{20})为 1.142～1.145,折射率(n_D^{20})为 1.5790～1.5830。

(2)天然存在　未见文献报道。

(3)制备方法　以甲基吡嗪为原料,首先与氯气进行氯代反应生成甲基氯代吡嗪,再与甲硫醇钠反应制得 2-甲基-3-甲硫基吡嗪。

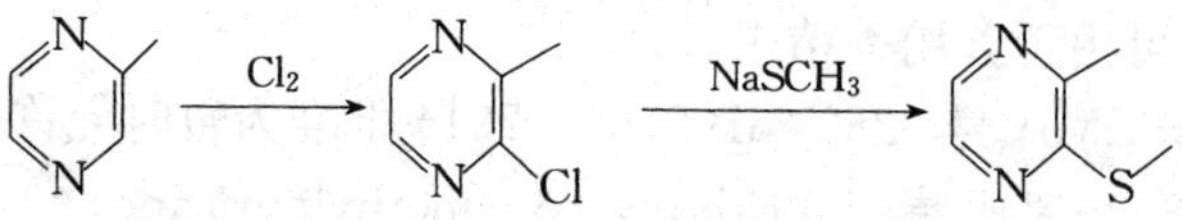

(4)主要用途　在食用香精中，主要用于调配坚果香、烘烤香、肉香型等食用香精。另外，还可用作咖啡香味的增香剂。

(5)安全管理　FEMA 号 3208，COE2290，GB 2760—2014 批准为暂时允许使用的食品香料。

7. 2-乙基-3-甲基吡嗪(2-Ethyl-3-methylpyrazine)

2-乙基-3-甲基吡嗪又称 2-乙基-3-甲基吡嗪。

分子式为 $C_7H_{10}N_2$，相对分子质量 122.17。CAS 为 15707-23-0。

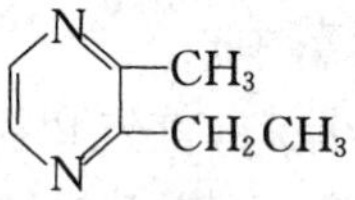

(1)理化性质　无色或浅黄色液体，具有烤香、花生、坚果、巧克力香气。溶于水，也溶于乙醇等有机溶剂。沸点为 69～70℃/1.6kPa，相对密度(d_4^{20})为 0.987，折射率(n_D^{20})为 1.5030～1.5033，闪点为 57℃。

(2)天然存在　存在于炒大麦、马铃薯片、榛子、炒花生、咖啡、大豆制品等多种食品中。

(3)制备方法　由乙二胺和 2,3-戊二酮经缩合、闭环和脱氢反应制得。

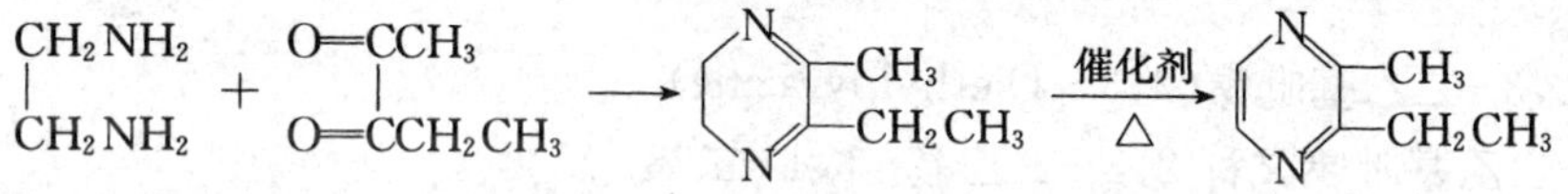

(4)主要用途　主要用于调配花生、坚果、巧克力、爆玉米花、面包、可可等香型食用香精。

(5)安全管理　FEMA 号 3155，COE548，GB 2760—2014 批准为允许使用的食品香料。

8. 2-乙基-3-甲氧基吡嗪(2-Ethyl-3-methoxypyrazine)

分子式为 $C_7H_{10}N_2O$，相对分子质量 138.17。CAS 为 25680-58-4。

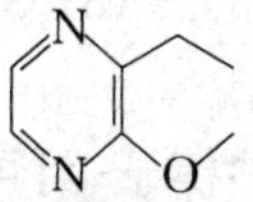

(1)理化性质　无色液体，具有生马铃薯香味。不溶于水，溶于乙醇等有机溶剂。相对密度(d_4^{20})为 1.049，折射率(n_D^{20})为 1.5020，闪点为 68℃。

(2)天然存在　存在于某些脱水马铃薯和碎块的马铃薯中。

(3)制备方法　以 2-乙基吡嗪为原料，首先和氯气进行氯代反应，生成的氯代产物再与甲醇钠进行缩合反应制得 2-乙基-3-甲氧基吡嗪。

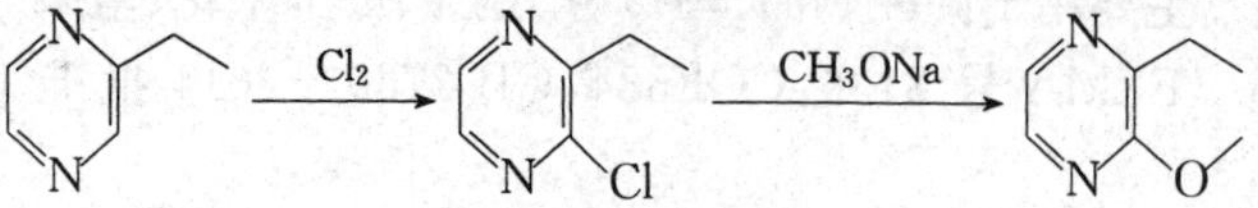

(4)主要用途　可用于食用香精中。

(5)安全管理　FEMA 号 3280,GB 2760—2014 批准为暂时允许使用的食品香料。

9. 2-乙氧基-3-甲基吡嗪(2-Ethoxy-3-methylpyrazine)

分子式为 $C_7H_{10}N_2O$,相对分子质量 138.17。CAS 为 32737-14-7。

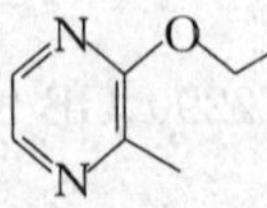

(1)理化性质　无色液体,为邻位、间位和对位异构体的混合物,以邻位异构体占多数。具有坚果和茴香香气。不溶于水,溶于乙醇等有机溶剂。沸点为 82～84℃/4.66kPa,相对密度(d_4^{20})为 1.036～1.037,折射率(n_D^{20})为 1.1950。

(2)天然存在　存在于豌豆、马铃薯中。

(3)制备方法　以 2-甲基吡嗪为原料,首先和氯气进行氯代反应,生成的氯代产物再与乙醇钠进行缩合反应制得 2-乙氧基-3-甲基吡嗪。

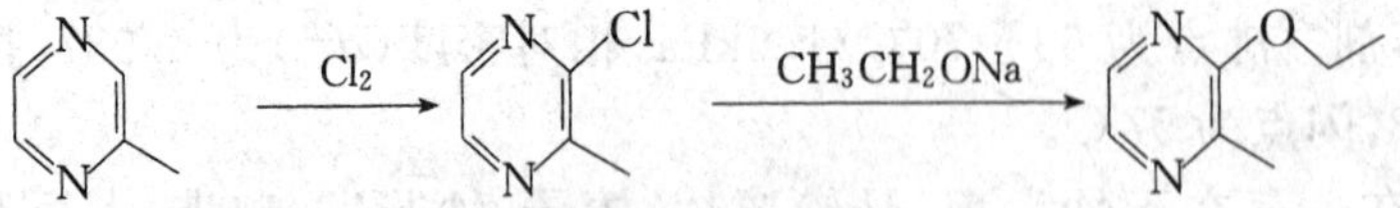

(4)主要用途　可用于食用香精中。

(5)安全管理　FEMA 号 3569,COE11325,GB 2760—2014 批准为暂时允许使用的食品香料。

10. 2,3-二乙基吡嗪(2,3-Diethylpyrazine)

2,3-二乙基吡嗪又称 2,3-二乙基-1,4-二嗪。

分子式为 $C_8H_{12}N_2$,相对分子质量 136.20。

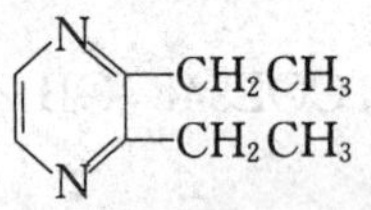

(1)理化性质　无色或浅黄色液体,具有咖啡、马铃薯、坚果、青香、咖啡香气。溶于水,也溶于乙醇等有机溶剂。沸点为 180～181℃,相对密度(d_4^{20})为 0.970,折射率(n_D^{20})为 1.4991。

(2)天然存在　存在于烤马铃薯、炒榛子、可可等多种食品中。

(3)制备方法　由乙二胺和 3,4-己二酮经缩合反应制得。

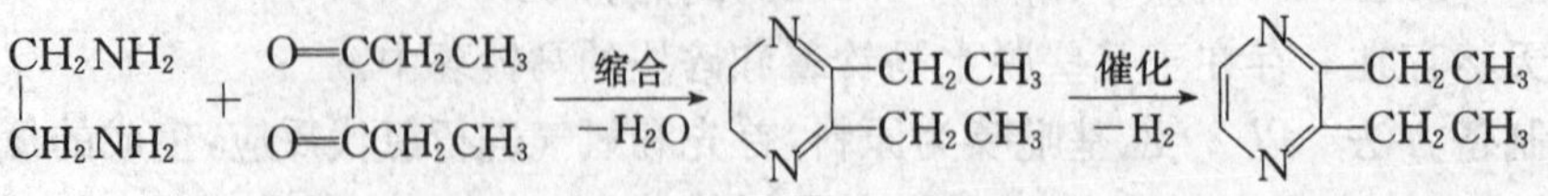

(4)主要用途　主要用于调配奶油、马铃薯、豆芽、爆玉米花、坚果等香型食用香精。

(5)安全管理　FEMA 号 3136,COE534,GB 2760—2014 批准为允许使用的食品香料。

11. 2-乙基-3,5(6)-二甲基吡嗪(2-Ethyl-3,5(6)-dimethylpyrazine)

分子式为 $C_8H_{12}N_2$，相对分子质量 136.20。CAS 为 27043-05-6。

(1)理化性质　无色或浅黄色液体，具有坚果香气，并带有爆玉米花、肉的香味。溶于水，也溶于乙醇等有机溶剂。沸点为 64～66℃/1.06 kPa，相对密度(d_4^{20})为 0.960，折射率(n_D^{20})为 1.5001～1.5031。

(2)天然存在　存在于坚果、咖啡、烤马铃薯、炒大麦、榛子等多种食品中。

(3)制备方法　由 1,2-二胺基丙烷和 2,3-戊二酮经缩合和脱氢反应制得。

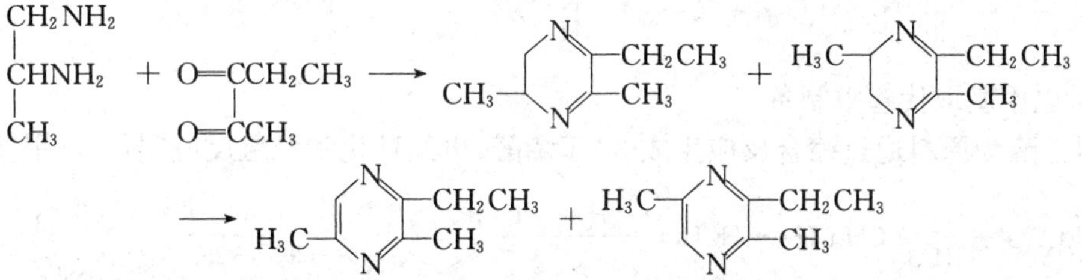

(4)主要用途　用于调配烤坚果、巧克力、咖啡、马铃薯片、胡桃、爆玉米花、焦糖等香型食用香精，特别对于配制坚果型香精效果甚佳。还可用于调配酒用香精和烟用香精。

(5)安全管理　FEMA 号 3149，COE727，GB 2760－2014 批准为允许使用的食品香料。

三、由六元杂环衍生的稠环类香料

由六元杂环衍生的稠环类化合物中，有喹啉、异喹啉、喹喔啉(苯并吡嗪)、嘌呤等，本节主要介绍在香料工业中使用较多的六元杂环稠环类化合物——喹啉。

喹啉存在于煤焦油、页岩油和骨焦油中。有些生物碱(如金鸡纳树皮中的生物碱奎宁)具有喹啉杂环的结构，它的甲基和二甲基衍生物在杂醇油、米糠、烟草、茶叶和威士忌中有微量存在。

(一)喹啉类化合物的制备

1. Skraup 法

将苯胺与甘油、浓硫酸以及氧化剂如硝基苯共热，是制备喹啉最常用的方法之一。

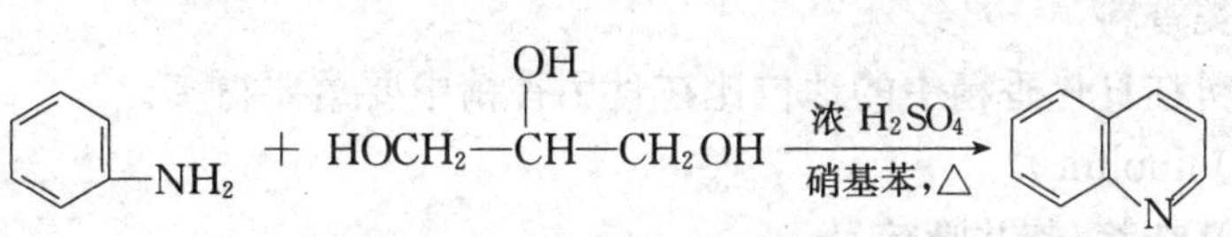

其反应过程是将甘油在浓硫酸存在下脱水，生成不饱和的丙烯醛。

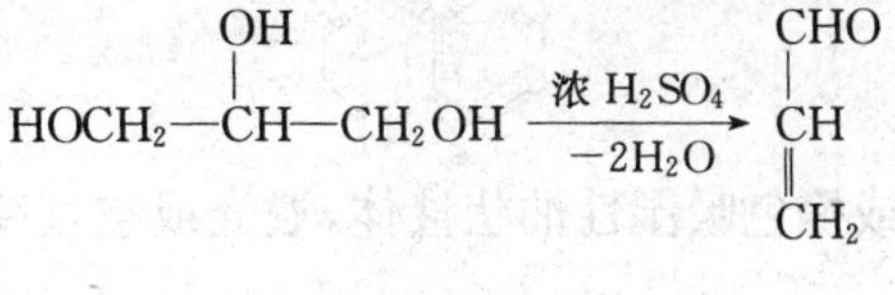

苯胺与丙烯醛进行亲核加成反应生成β-苯胺基丙醛,然后经过烯醇化、关环生成1,2-二氢喹啉,最后经硝基苯氧化后发生芳构化反应制得喹啉。

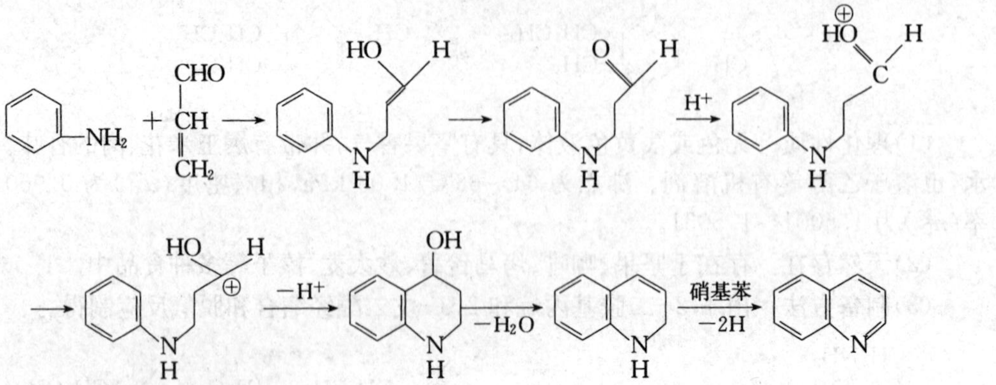

2. 以甲基取代喹啉制备

以乙醛为原料通过缩合反应生成2-丁烯醛,再经环化和脱氢反应制得2-甲基喹啉。

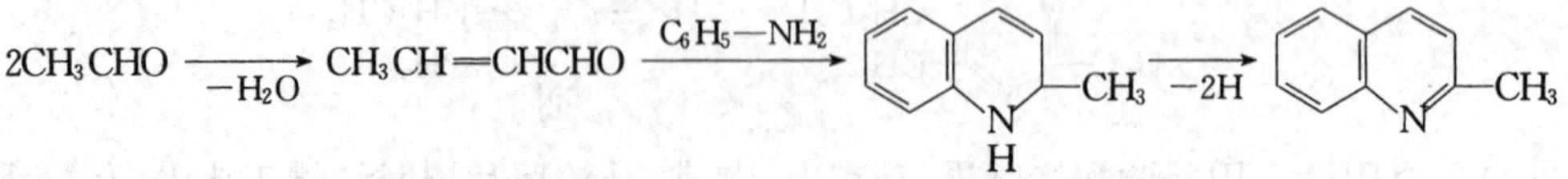

以邻氨基苯甲醛为原料,与酮类化合物进行缩合反应制得2-甲基喹啉。

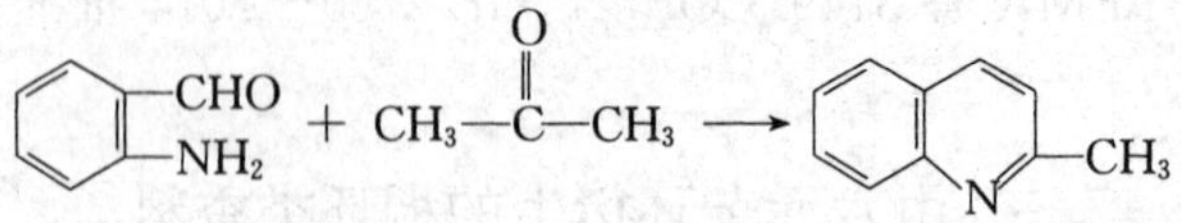

以羟基丁酮为原料经脱水制得烯酮,再与苯胺反应生成4-甲基喹啉。

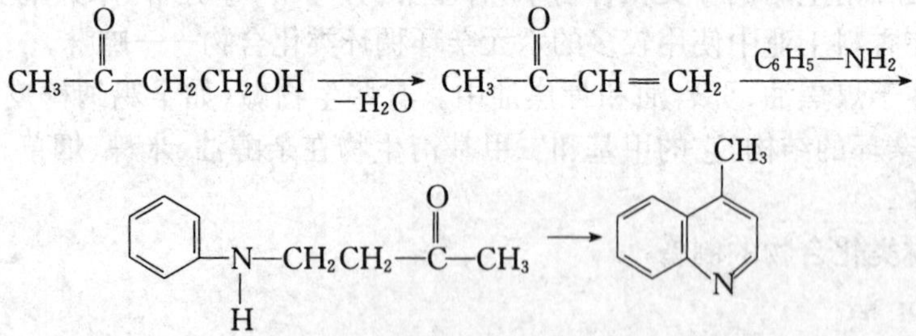

(二)喹啉类香料

喹啉类香料在日化香精中的地位比在食用香精中要重要得多。

1. 喹啉(Quinoline)

喹啉又称氮杂萘、苯并吡啶。

分子式为C_9H_7N,相对分子质量129.15。

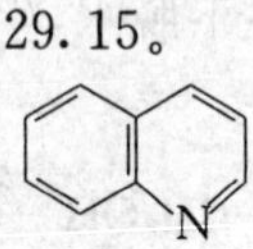

(1)理化性质　无色或橙色吸湿性油状液体,遇光或空气变成黄色,具有尖刺灵猫香

香气以及吡啶样气味。微溶于水，溶于乙醇等有机溶剂，熔点为-19.5℃，沸点为238℃，相对密度(d_4^{20})为1.095，折射率(n_D^{25})为1.6245。

(2)天然存在　存在于煤焦油中。

(3)制备方法　Skraup法：由苯胺、甘油、浓硫酸和氧化剂共同加热制取。

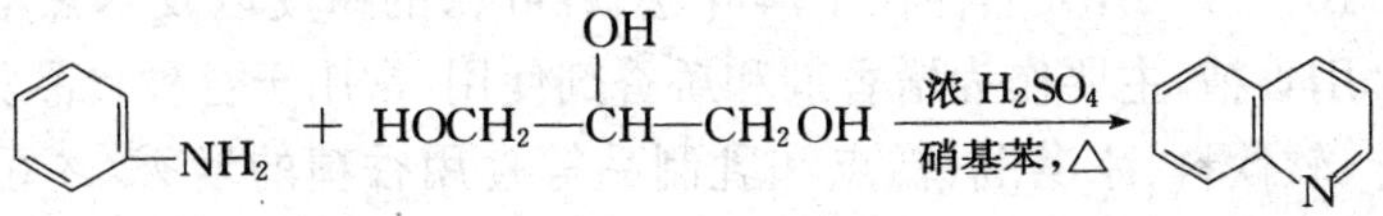

(4)主要用途　主要用于调配海鲜、鱼和香荚兰等香型食用香精。

(5)安全管理　FEMA号3470，COE11364，GB 2760－2014批准为允许使用的食品香料。

2. 6-甲基四氢喹啉(6-Methyl tetrahydroquinoline)

6-甲基四氢喹啉又称四氢对甲基喹啉，也称人造灵猫香。

分子式为$C_{10}H_{13}N$，相对分子质量147.22。CAS为91-91-2。

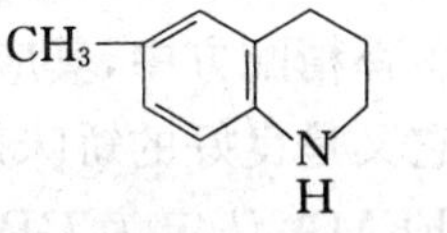

(1)理化性质　无色至淡黄色结晶，浓度高时具有令人不愉快的气味，浓度低时具有强烈灵猫香的动物香韵，并伴有龙涎香和吲哚香调。微溶于水，溶于乙醇等有机溶剂，熔点为38℃，沸点为265℃，折射率(n_D^{20})为1.5770～1.5820(过冷液体)，闪点>100℃。

(2)天然存在　未见文献报道。

(3)制备方法　以6-甲基喹啉为原料，以金属钠和乙醇为还原剂或以钯为催化剂进行加氢反应或以锌粉和硫酸溶液还原制得。

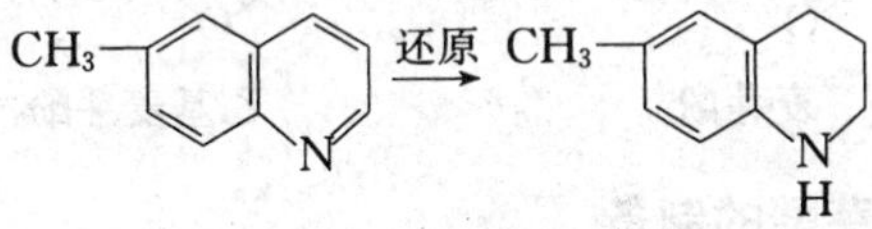

(4)主要用途　可用于忍冬花、紫丁香、东方型和动物香型的日化香精中，但用量很少，在2%以内，主要用作定香剂，并能赋予香精优美的动物香韵。

(5)安全管理　不做食用，可以安全外用。IFRA没有限制规定。

四、吡喃及其衍生物

(一)概述

吡喃是含有一个氧原子的六元杂环化合物，环上有两个双键，由于双键的位置不同而有两种异构体，即α-吡喃和γ-吡喃。

α-吡喃　γ-吡喃

α-吡喃和γ-吡喃本身并不单独存在,但它们的某些衍生物却具有珍贵的香料价值。例如,麦芽酚和乙基麦芽酚就是两种十分重要的食品香料。

麦芽酚又称2-甲基-3-羟基-γ-吡喃酮,是白色针状结晶或粉状结晶,具有令人愉快的焦甜香味,稀释时有草莓和覆盆子的果香香气。熔点为160~163℃,沸点为105℃/670Pa,CAS为118-71-8,天然存在于落叶松、针叶松的树皮以及木焦油和焙烤的麦芽中。广泛用于食用香精,主要作为增香剂和矫香剂使用,常用于各种食品如巧克力、糖果、饮料、酒类、果汁、软饮料、冰淇淋、糕点和乳制品等食用香精的增香,还可用于烟用香精中。麦芽酚在碱性介质中不稳定,在日光、空气中或遇铁时易变色,因此要贮存于避光的密封容器内。麦芽酚被FEMA认定为GRAS,并经FDA批准食用,FEMA号2656,GB 2760—2014批准为允许使用的食品香料。欧洲理事会将麦芽酚列入可用于食品中而不危害人体健康的人造食用香料表中,其最高用量为90mg/kg,ADI值为1mg/kg。

乙基麦芽酚又称2-乙基-3-羟基-γ-吡喃酮,是白色或淡黄色针状固体结晶,它的香气特征和麦芽酚相似,但其香气比麦芽酚更为强烈、甜蜜,具有非常持久的焦糖香气,其强度是麦芽酚的4~6倍,其熔点为89~93℃,CAS为4940-11-8。乙基麦芽酚尚未发现存在于自然界中。广泛用于食用香精配方中,其应用范围与麦芽酚相同,但其增香作用更强,是更佳的香味增效剂,此外它又是良好的矫味剂和改良剂,并可作为除腥剂、除膻剂使用,效果极佳。乙基麦芽酚被FEMA认定为GRAS,并经FDA批准食用,FEMA号3487,GB 2760—2014批准为允许使用的食品香料。欧洲理事会将乙基麦芽酚列入可用于食品中而对人体健康无害的人造食用香料表中,其最高用量为10mg/kg,ADI值为2mg/kg。

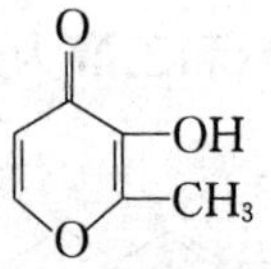

麦芽酚

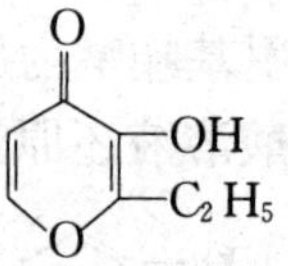

乙基麦芽酚

(二)麦芽酚和乙基麦芽酚的制备

(1)以淀粉为原料,经犁头霉发酵制得曲酸;曲酸与氯化苄经醚化反应生成曲酸苄醚;将曲酸苄醚用二氧化锰氧化生成考门酸苄醚;其在盐酸存在下脱苄基生成考门酸,再经脱羧生成焦袂康酸;焦袂康酸和甲醛缩合,发生羟甲基化反应,最后还原制得麦芽酚。

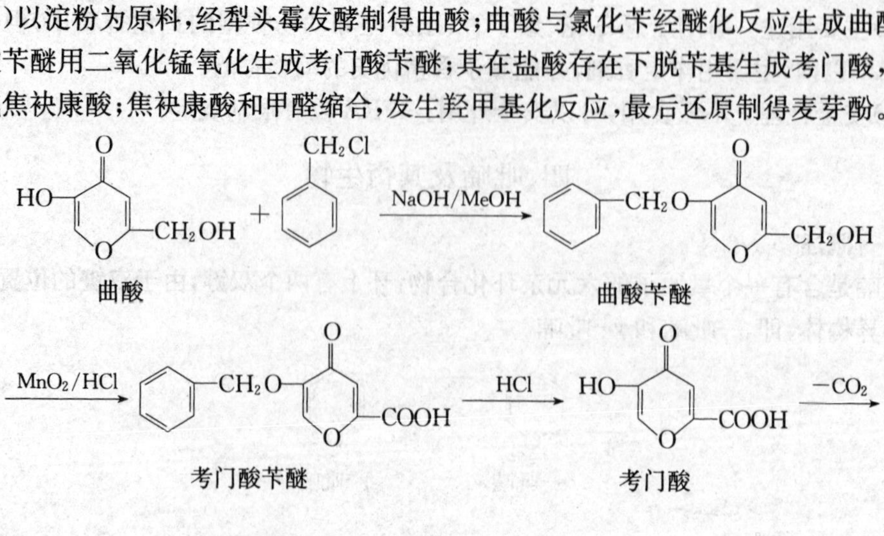

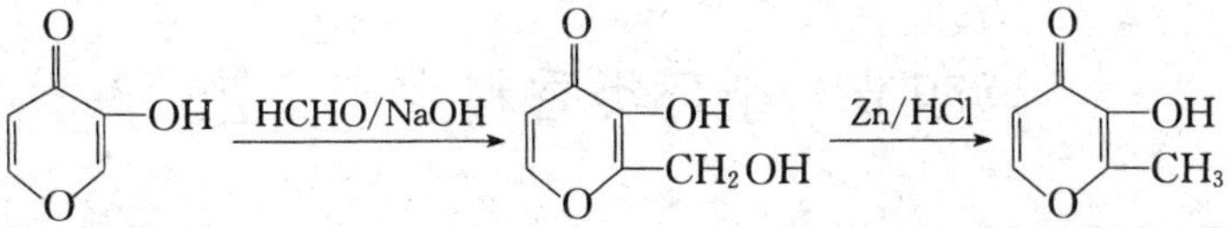

焦袂康酸　　麦芽酚

(2)以糠醇为原料,经氯代反应制得4-氯代-6-羟基-2[H]-吡喃-3[6H]-酮,接着进行水解和芳构化可以制得焦袂康酸。焦袂康酸在碱性条件下与甲醛或乙醛进行缩合反应,便可得到羟甲基或羟乙基焦袂康酸,后者用锌粉在盐酸中将羟甲基或羟乙基还原即可制得麦芽酚或乙基麦芽酚。

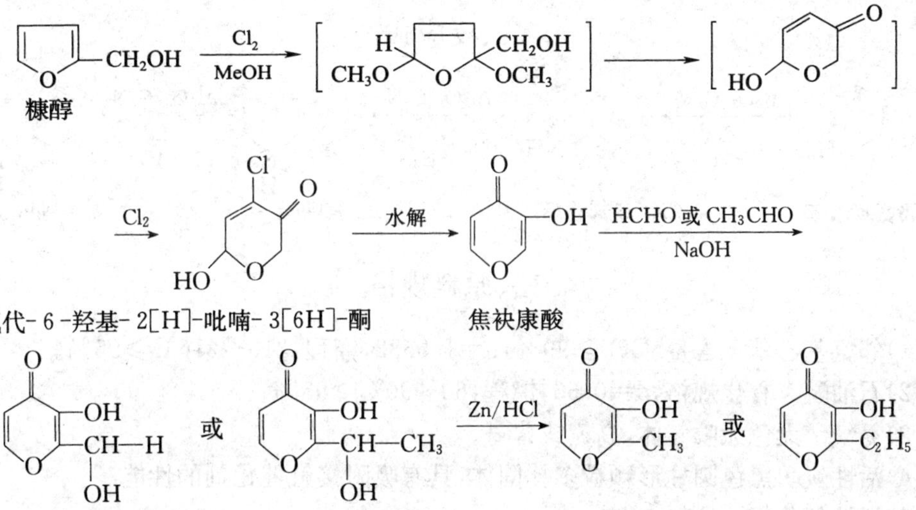

糠醇

4-氯代-6-羟基-2[H]-吡喃-3[6H]-酮　　焦袂康酸

羟甲基焦袂康酸　　羟乙基焦袂康酸　　麦芽酚　　乙基麦芽酚

(3)以糠醛为原料,经Grignard反应制得2-(α-羟基)-呋喃,再经甲氧基化制得二甲氧基二氢呋喃;酸性条件下重排得到二氢吡喃酮衍生物;该衍生物与原甲酸三乙酯反应生成乙氧基二氢吡喃酮衍生物,再用过氧化氢的甲醇溶液处理,在碱性条件下得到环氧酮,最后经重排制得麦芽酚或乙基麦芽酚。

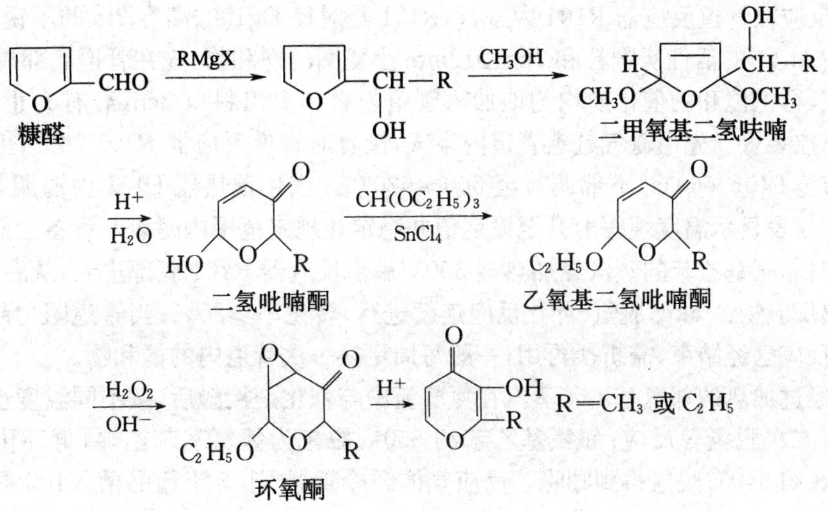

糠醛　　二甲氧基二氢呋喃

二氢吡喃酮　　乙氧基二氢吡喃酮

环氧酮

第四节　杂环类香料生产工艺

以吲哚为例,简述如下。

一、化学结构式

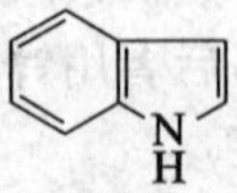

二、反应式

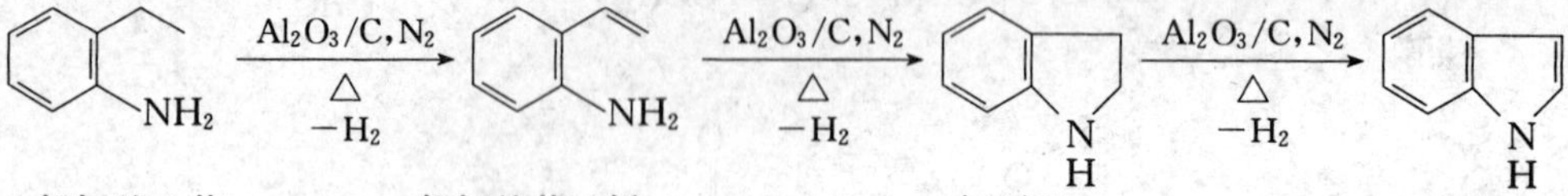

邻氨基乙苯　　邻氨基苯乙烯　　二氢吲哚　　吲哚

三、原料规格

(1)邻氨基乙苯　含量(GC)≥99%,n=1.5582,馏程:210～216℃≥95%。

(2)石油醚　香化规格,d=0.66,馏程:60～90℃≥95%。

(3)氮气　无色无嗅气体,高氮或普氮。

(4)活性炭　黑色圆柱形颗粒多孔固体,具有吸附接触催化剂的性能。

(5)活性氧化铝　Ø5mm。

四、工艺过程

吲哚生产工艺设备流程如图 15-1 所示。

(1)检查整个设备系统,若一切正常,将 200kg 邻氨基苯乙烯抽入高位槽 V101 内,然后将其放入汽化预热器 E101 至一定液位(2/3 体积处)。

(2)反应在管道反应器 R101 内进行,R101 是对径 Dg100、高度 2m 的不锈钢管,内填 3kg 载有 Al_2O_3 的活性炭颗粒和 2kg Φ12mm 小瓷圈的搅和物,先在管道底部放入5～6 个磁圈衬底,再把搅和的催化剂均匀地加入管道内直到离出料口 3cm 载有为止。管道上、下部有温控装置。先用氮气赶走管道内空气,接着对管道反应器 R101 加热,把管道上部温度调节至 640～660℃,下部调节至 600～620℃。汽化预热器 E101 内温调节至 220～230℃,待仪表显示温度缓缓上升至设定值并稳定在规定范围内时表示设备已能正常进行生产,这时邻氨基乙苯的蒸汽经加热至 300℃后由反应器 R101 底部进入,从底部出料,每小时约出反应物 2.5kg,脱氢-环化反应连续进行,转化率≥20%;当管道阻力超过 20kPa 时,说明反应已经结束,需折换再用,一般每周更换一次管道内的搅和物。

(3)经过加热的邻氨基乙苯蒸汽在氮气流中与催化剂接触后,按不同温度逐步进行脱氢、环化、二次脱氢等反应;邻氨基乙苯约 550℃脱氢为邻氨基苯乙烯,再环化为二氢吲哚,最后在约 640℃脱氢得到吲哚。反应气体经冷凝器 E102 于粗品槽 V102 中冷却得管

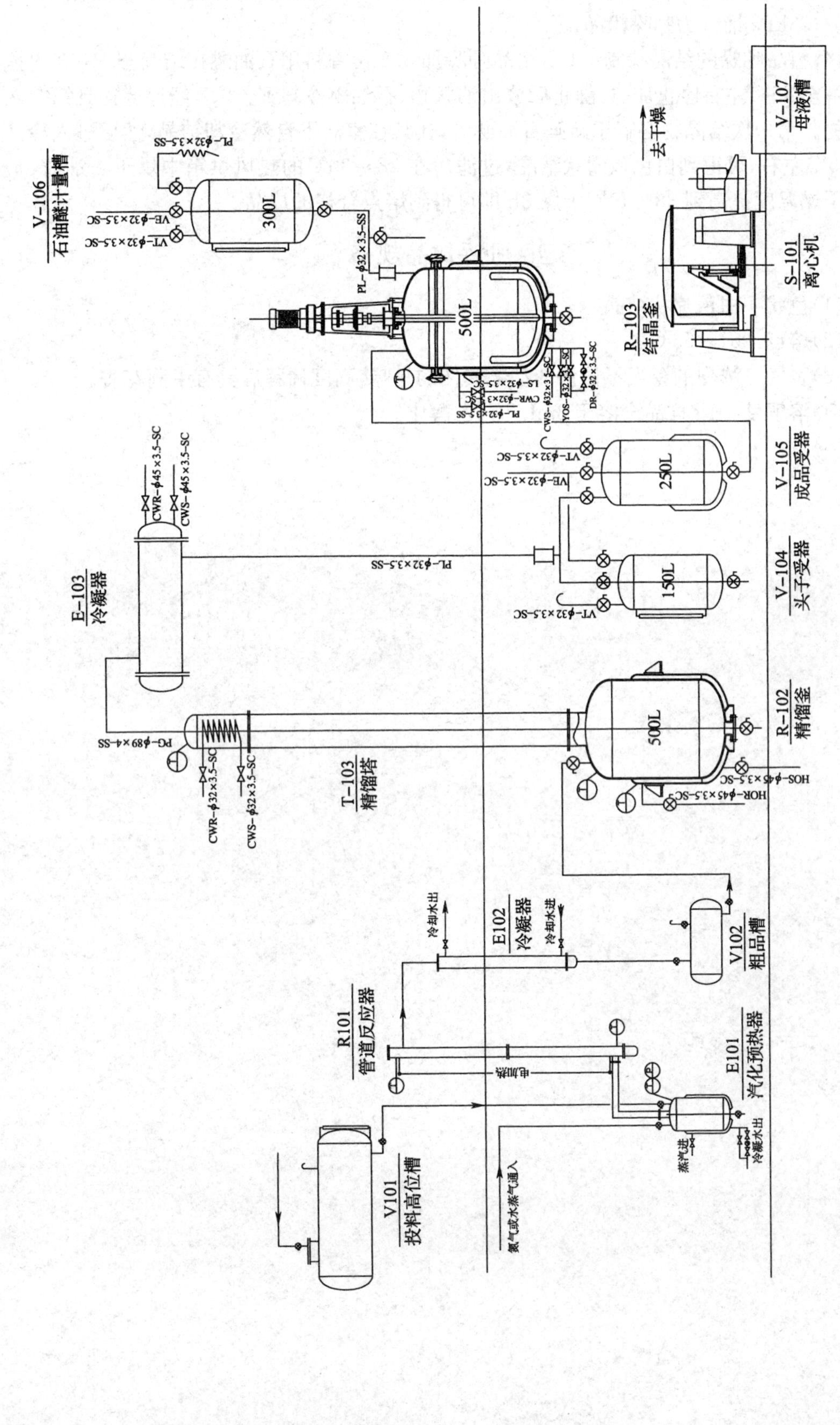

图 15－1　吲哚生产工艺设备流程图

道反应物。管道反应物经精馏釜 R102 在减压条件下回收未反应的原料,收集 124~133℃/1.3kPa 馏分为吲哚粗品。

(4)粗品吲哚的结晶精制 1 份粗品吲哚加 3.5 份香料用石油醚在结晶釜 R103 内搅拌溶解至 45℃左右停止加热,静止后放出油状物,石油醚冷却到-2℃,经过滤得到第一次结晶物。第一次结晶物溶解于新鲜石油醚中,让其在室温下自然冷却结晶,然后进入冷冻室至 5℃左右,可得到白色鱼鳞状结晶,过滤后在 28~30℃的热风烘箱中烘干石油醚,最后把干燥温度提高到 38~40℃干燥 8h 即可得到熔点合格的成品。

五、吲哚成品规格

(1)色状 白色片状结晶。

(2)熔点 51~53℃。

(3)香气 浓烈的令人不愉快的动物粪便的臭味,高度稀释后具有茉莉花香。

(4)溶解度 1g 样品全溶于 3mL70%乙醇中。

参 考 文 献

[1]刘树文. 合成香料技术手册(第二版). 北京:中国轻工业出版社,2009

[2]孙宝国,何坚. 香料化学与工艺学. 北京:化学工业出版社,2004

[3]陈煜强,刘幼君. 香料产品开发与应用. 上海:上海科学技术出版社,1994

[4]范成有. 香料及其应用. 北京:化学工业出版社,1990

[5]丁德生,龚隽芳. 实用合成香料. 上海:上海科学技术出版社,1991

[6]杨峻山. 萜类化学,北京:化学工业出版社,2005

[7]黄致喜,王慧辰. 萜类香料化学. 北京:中国轻工业出版社,1999

[8]Michael B. Simth, Jerry March. March's advanced Organic Chemistry. Canada: AWiley - Interscience Publication. 2001

[9]邢其毅,裴伟伟,徐瑞秋,裴坚. 基础有机化学(上、下册). 北京:高等教育出版社,2005

[10]王葆仁. 有机合成反应(上、下册). 北京:科学出版社,1985

[11]章思规,章伟. 精细化学品及中间体手册(上、下卷). 北京:化学工业出版社,2004

[12]薛永强,王志忠,张蓉. 现代有机合成方法与技术. 北京:化学工业出版社,2004

[13]荣国斌译. Jie Jack Li 原著. 有机人名反应及机理. 上海:华东理工大学出版社,2004

[14]孙宝国,刘玉平. 食用香料手册. 北京:中国石化出版社,2004

[15]舒宏福. 新合成食用香料手册. 北京:化学工业出版社,2005

[16]金其璋. 英汉香料香精技术词汇. 上海:全国香料香精工业信息中心,2006

[17]夏铮南,王文君. 香料与香精. 北京:中国物资出版社,1998

[18]夏铮南,顾忠惠. 合成香料生产工艺. 北京:中国轻工业出版社,1993

[19]黄致喜,王慧辰. 现代合成香料. 北京:中国轻工业出版社,2009